=징난 (束景南)

　　강소성(江蘇省) 단양(丹陽) 사람으로 ⋯⋯⋯⋯⋯⋯⋯⋯⋯⋯⋯⋯⋯ 졸업하고 양저우(揚州) 사범대학에서 강의를 했다. 1978년 푸단대학(復旦大學) 중문과에 들어가서 중국 고대문학을 연구했다. 이 시기에는 문학 창작에도 관심을 기울여서 많은 문학작품을 발표했다. 1981년에 석사학위를 취득한 뒤 쑤저우대학(蘇州大學) 중문과에서 강의를 했다. 1992년에 교수로 승진하여 고대문학 연구소 주임, 중화문화연구소 소장을 역임했다. 1995년부터 저장대학(浙江大學)으로 옮겨서 저장대학 고적연구소, 중외문화교류센터, 송학연구센터에서 교수, 박사지도교수를 역임했다. 2024년 5월 22일에 서거했다.

　　학문 연구의 범위가 매우 넓어서 대학원 연구 시절부터 문학, 역사, 철학 등의 여러 분야에 걸쳐 연구를 했다. 장자, 맹자, 양웅, 양천, 사마상여 등을 주제로 한 수많은 논문을 발표했고, 1982년 이후 송명의 이학, 경학, 역학(易學), 불교와 도교 문화 연구로 전향하여 주렴계의 태극도, 노자와 태극도와 보어(N. H. D. Bohr)의 역학(力學), 석도(石濤)의 회화미학, 방언학 등에 관한 100여 편의 논문을 발표했다. 특히 주자와 왕양명을 중심 연구 주제로 삼아서 주희와 양명의 평생 학문과 사상, 문학 창작, 정치 활동을 수많은 문헌 자료를 근거로 입체적으로 분석하고 다차원적 사유의 시각에서 해석하여 2000년에 『주자대전(朱子大傳)』(『주자평전』, 역사비평사, 2015), 2019년에 『양명대전(陽明大傳)』(『양명평전』, 역사비평사, 2024)으로 펴냈다.

옮긴이 **김태완** (金泰完)

　　영양인(英陽人). 경북 봉화에서 태어나서 유년기와 청소년기를 보냈다. 서울로 올라와 숭실대학교에서 철학을 공부했다. 퇴계와 율곡의 유학을 주로 공부했으며, 율곡 이이의 책문을 텍스트로 삼아 조선 지식인들의 이론과 실천의 조화를 주제로 연구해서 박사학위를 받았다. 박사학위 연구의 주제를 살려 『책문, 이 시대가 묻는다』, 『율곡문답』, 『경연, 왕의 공부』를 출간했다.

　　숭실대학교 철학과와 경원대학교 한의학과 등 여러 대학에서 강의를 했고, 국사편찬위원회 사료연구원, 광주광역시 소재 대안학교인 지혜학교의 철학교육연구소 소장을 역임했다. 현재 전남대학교 호남학연구원의 특별연구원으로 있다.

　　저서 및 역서로는 『도교』, 『상수역학』, 『중국의 고대 축제와 가요』, 『고전이 된 삶』, 『살기 좋은 세상을 향한 꿈 맹자』, 『주자평전』, 『성학집요』, 『시냇가로 물러나 사는 즐거움』, 『어울림을 배우다』 등이 있다.

양명평전

中

문무를 겸비한 심학의 종사

YangmingDaChuan (阳明大传)

Copyright ⓒ by Shu Jingnan

All rights reserved.

Korean translation copyright ⓒ 2024 by Yuksabipyungsa, Publishers, Seoul.

양명평전, 中 — 문무를 겸비한 심학의 종사

초판 1쇄 인쇄 2024년 7월 16일
초판 1쇄 발행 2024년 8월 12일

지은이 수징난
옮긴이 김태완
펴낸이 정순구
책임편집 박민애 조수정
기획편집 조원식 정윤경
마케팅 황주영

출력 블루엔
용지 한서지업사
인쇄 한영문화사
제본 대원바인더리

펴낸곳 (주) 역사비평사
등록 제300-2007-139호 (2007.9.20)
주소 10497 경기도 고양시 덕양구 화중로 100 (비전타워21), 506호
전화 02-741-6123~5
팩스 02-741-6126
홈페이지 www.yukbi.com
전자우편 yukbi88@naver.com

한국어출판권 ⓒ 역사비평사, 2024
ISBN 978-89-7696-592-9 04990 // 978-89-7696-590-5 04990 (set)

陽明評傳

양명
평전

中 문무를 겸비한
심학의 종사

致良知

수징난 지음
김태완 옮김

역사비평사

양명평전, 中 — 문무를 겸비한 심학의 종사

차례

양명평전, 上 ― 성인을 꿈꾼 소년

차례

양명평전, 下 — 성인이 된 보통사람

차례

일러두기

1. 이 책은 중국 항저우杭州 저장대학浙江大學 수징난束景南 교수의 『陽明大傳』(上海 復旦大學出版社, 2020)을 완역한 것이다.

2. 왕양명 문집의 권수는 上海古籍出版社 刊, 『王陽明全集』(2012)을 저본으로 하였다.

3. 본문에서 괄호 안의 별표(＊)는 원서의 괄호 주이다.

4. 운문으로 이루어진 부賦, 사辭는 원문을 병기했으나 전문奠文이나 제문은 원문을 병기하지 않은 경우가 있다.

5. 인물의 생몰 연대를 가능한 한 찾아서 밝혔으며, 제왕의 경우에는 생몰년이 아닌 재위 기간으로 명기했다. 중국 측 정보의 출처에 따라 생몰 연대에 1~2년 차이가 있기도 한데, 이는 음력을 양력으로 환산하면서 일어난 일로 보인다.

6. 인명은 편지나 상소 등의 원문에서 관례상 이름만 쓰는데 경우에 따라 성과 이름을 함께 밝혀주었고, 고유명사의 약어도 필요한 경우에 원래의 용어를 살렸다.
   예 헌부獻夫(방헌부), 신호宸濠(주신호) 등 / 주학 → 주자학 등

7. 시문의 경우에 본문에서는 제목을 번역했지만 각주에서 출전으로 밝혔을 때는 한자 독음으로 표기하였다.
   예 본문: 「장동소에게 앞의 운을 따서 지어 부치다(寄張東所次前韻)」
   　　각주: 「기장동소차전운寄張東所次前韻」

8. 인명과 자가 함께 나올 때에는 성명을 함께 쓰고 뒤에 자를 붙였다.
   예 黃免之省曾→ 황성증 면지

9. 외자로 된 지명은 인용 원문에서는 외자 그대로, 본문에서는 정확한 명칭으로 옮기거나 괄호 안에 이름을 기입하였다.
   예 감贛 → 감주贛州 / 건虔 → 건주虔州 / 남南(남안), 정汀(정주) 등

10. 『전습록』을 인용한 부분에서 제자의 말은 합쇼체로, 양명의 말은 해라체로 옮겨 썼다. 또한 편지에서는 서로 합쇼체로 하되 가족 간 아랫사람에게는 해라체로 옮겼다.

11. 각주는 원주와 역자가 보완한 주가 섞여 있는데 특별한 내용이 아니면 일일이 구분하여 표시하지 않았다. 그러나 주석의 내용이 길거나 오해의 여지가 있을 때는 [역주]라고 밝혔다.

12. 번역어를 선택할 때 고심한 사안 중 하나는 두음법칙 문제였다. 지금은 한자 원음에 관한 감각이 무뎌져서 단어 중간이나 끝의 'ㄹ' 음가가 소실되는 경향을 보이고 있다. 그러나 이 책에서는 'ㄹ' 음가를 갖는 글자가 중간이나 뒤에 나올 경우에는 가능한 한 원음을 살려주기로 한다. 그 대신 성분별로 구별하여서 썼다.

예 周濂溪—주렴계 / 致良知—치량지 / 朱陸同異—주륙동이 / 答陸原靜—답육원정 /
吏部郎中—이부낭중 / 員外郎—원외랑 등

13. 저자의 글은 화려체의 특징이 강하며 전아한 문언문의 기풍이 느껴진다. 이러한 원문의 맥락
과 감성을 살리기 위해 한 글자라도 놓치지 않고 가능한 한 적확하게 옮기려고 노력하였다. 그
리하여 어색한 어휘나 난삽한 문장이 적지 않을 듯하다. 원서는 워낙 만연체가 주를 이루는 데
다 사고의 흐름과 서술의 맥락이 끝도 없을 듯이 이어지는 문장이 계속된다. 부득이 문장을 잘
라서 좀 더 단순한 여러 문장으로 나누기도 하였고, 한 문단이 서너 쪽으로 이어지는 경우에는
여러 단락으로 나누기도 하였다. 번역을 하는 과정에서 역자 나름의 기준과 일관성을 지키려
고 하였는데, 아래에서 그 사례를 몇 가지 예시한다.

(1) 한문이나 중국어는 한 문장이나 한 단락에서 같은 어휘를 피하려고 하는 경향이 있다. 또
한 지시체는 같을지라도 용어에 따라 미묘한 의미의 차이가 있을 수도 있고 뉘앙스가 달
라질 수도 있다. 士子學子, 士子學者 등 거의 동일한 의미를 갖는 중복된 지칭도 뉘앙스에
따라 그 미묘한 어감을 구별하여 옮겼다.
　　예 京師—경사 / 京—서울 / 京都—경도
　　　　士子는 선비로, 學子와 學者는 맥락에 따라 학자, 학생, 배우는 사람 등으로 옮겼다.

(2) 저자는 본문과 각주에서 곳곳에 '생각건대', '살피건대'로 옮길 수 있는 '按'을 많이 쓰는데
처음에는 그대로 옮기고, 꼭 필요한 경우가 아니면 생략하였다.

(3) 상황에 따라 개념어와 번역어를 혼용하였다. 또한 술어+목적어 구조의 한문 구문을 개념
으로 쓸 때는 동사+목적어 순으로, 우리말 맥락으로 쓸 때는 목적어+술어의 순으로 바꾸
기도 하였다.
　　예 隨處體認天理 → '처한 상황에 따라 천리를 체인함' 또는 '수처체인천리'
　　　　體認天理 → 천리체인天理體認

(4) 핵심적인 어휘 가운데 하나인 意는 의식, 의지, 의념, 뜻 등으로 다양한 해석이 가능한데,
『대학』 텍스트에서는 '뜻'으로 일괄 번역하고, 평전의 본문에서는 맥락에 따라 의념, 의식,
의지 등으로 번역하기도 하였다. '發'도 '나타나다', '드러나다', '표현되다' 등으로 상황에
따라 번역어를 선택하였다.

(5) '앎을 끝까지 이루다', '앎을 지극히 하다', '양지를 끝까지 이루다', '양지를 지극히 하다' 등
으로 번역할 수 있는 '致知', '致良知'는 대부분 '앎을 그대로 이루다', '양지를 그대로 이루
다'로 번역하였다.

(6) 『논어』「술이」의 '五十以學易'은 대체로 주자의 집주를 따라 '마침내 역을 배우면…'으로
번역하는데, 평전의 본문에는 글자 그대로 '쉰에 역을 배우면…'으로 읽을 수 있는 맥락이
있다. 양명이 공부를 하는 과정에서는 '마침내…'로, 자기 삶을 술회하여서 감정을 이입한
부분에서는 '쉰에…'로 번역하였다.

9장

새로운 '상국유上國遊'의 심학 악장

대흥륭사大興隆寺에서 학문을 강하고
도를 논하는 심학의 종사宗師

번화하고 장려한 북경성北京城에서 양명이 거주한 장안회창長安灰廠은 대흥륭사 부근에 있었다. 담약수와 이웃에 거처하게 되어서 담약수·황관과 함께 세 사람이 함께 공통으로 성학을 논하기에 편하였다. 나중에 담약수가 "양명 공이 감천자甘泉子(담약수)에게 말하기를 '이에 이제 이웃을 정할 수 있겠다.' 하였다. 마침내 감천자의 장안회창 오른쪽 이웃에 거주하였다. 이때 대흥륭사에서 강학을 하였는데 그곳에서 구암久庵 황종현黃宗賢(황관) 공을 만나 세 사람은 서로 기쁘게 대화하였으며 뜻이 합하였다."[1] 하였다. 황관도 말하기를 "양(양일청) 공이 이에 공을 발탁하여서 이부험봉주사로 삼았다. 우리 세 사람은 자기 직무 외에 조금이라도 틈이 나면 반드시 모여서 강론을 하며 음식을 먹고 기거를 하면서 날마다 함께하고 저마다 서로 격려하며 갈고닦았다."[2]라고 하였다. 이 떠들썩한 시가지의 대흥륭사에서 양명은 당년의 진백사(진헌장)를 배워서 선비나 학자들과 함께 성학(*심학)을 토론하고 창도하는 '상

---

1 『왕양명전집王陽明全集』 권38 「양명선생묘지명陽明先生墓志銘」.

2 『왕양명전집』 권38 「양명선생행장陽明先生行狀」.

국유'의 생활을 시작하였다.

양명이 서울에 와서 접한 가장 큰 사건은 조정에서 그를 회시의 동고시관 同考試官으로 삼아서 봄철 회시의 시권을 비평하고 선비를 뽑는 업무에 참가하게 한 일이다. 그가 직접 녹취錄取한 많은 진사들은 경도에서 학문을 강론할 때 처음으로 그의 제자가 되었다. 그들 가운데 출중한 사람은 다음과 같다.

추수익鄒守益(1491~1562)은 자가 겸지謙之, 호가 동곽東廓이며 안복安福 사람이다. 앞서 주고관이 추수익의 시권을 얻고서 양명에게 묻기를 "그대는 평소 글을 잘 알아보는데 이것은 누가 쓴 글인가?"라고 하였다. 곧 양명에게 판단(取載)을 맡긴 것이다. 양명이 이 시권을 열람한 뒤 "이 글은 필시 안복의 추 아무개가 쓴 것입니다. 논문論文은 논할 것이 없고 그 인품도 천하의 으뜸입니다."라고 하였다. 추수익은 마침내 회시會試 제1명, 정시廷試 제3명으로 뽑혔다.

모헌毛憲(1469~1535)은 자가 식지式之, 호가 고암古庵이며, 무진武進 사람이다. 양명이 모헌의 시권을 열람한 뒤 비평하기를 "경전의 뜻은 평정平正함을 귀하게 여기는데 이 작품은 비록 그다지 기묘하고 특이한 점은 없지만 평정한 것을 취할 뿐이니 녹명한다."라고 하였다. 나중에 모헌이 감탄하며 "아무개가 처음 예부에 응시하였는데 다행히 비루한 글이 녹명되었다. 선생이 '평정' 두 글자로 인정하였으니 감격스럽게도 지우知遇를 입었다."라고 하였다.[3]

만조萬潮(1488~1543)는 자가 여신汝信, 호가 오계五溪이며, 진현進賢 사람이다. 양명은 만조의 시권을 열람한 뒤 비평하기를 "이 삼장三場 시권은 정미精微하고 해박함이 때때로 나오되 끝이 없으며 또한 완곡한 가운데 정문의 법도(程度)에 맞다. 다섯 편의 책문(五策)은 글의 기운이 충만하며 이글거리는

---

3 『고암모선생문집古庵毛先生文集』 권6 「제신건백왕양명祭新建伯王陽明」.

불꽃이 사람을 압도한다. 시무時務를 다룬 한 편(一道)은 더욱 의론이 근거가 있고 식견이 숙련되고 통달하였으니 이것을 분석해보면(刻) 충분히 그 나머지를 알 수 있다. 그러나 내 그대의 말을 추구하여서 지닌 바를 얻는다면 평소 저절로 이보다 중한 것이 있을 터이다. 또한 어찌 반드시 그 글을 다 기록하여서 무엇하겠는가!", "다스림의 도가 구비되었다. 시험장에서 요순에 관해 투철하게 발휘한 것을 볼 수 있다. 이 작품은 글의 기운이 자못 평순하다. 그러므로 녹명한다."[4]라고 하였다. 나중에 양명은 줄곧 만조를 맨 처음 천거하지 않은 일을 한탄하였다.

남대길南大吉(1487~1541)은 자가 원선元善, 호가 서천瑞泉이며, 위남渭南 사람이다. 타고난 성품이 호탕하고 시문에 뛰어났다. 전덕홍錢德洪이 그에 대해 "(양명을) 좌주로 삼고 (스스로) 문생을 일컬었다."라고 한 말은 바로 양명이 남대길을 직접 녹명하여서 취한 일을 가리킨다.

응량應良(1480~1549)은 자가 원충元忠, 호가 남주南洲이며, 선거仙居 사람이다. 담약수가 말하기를 "신미년(1511)에 양명이 우리 선거의 응 선생(應子)이라는 이를 얻었고 또 무성武城의 왕 선생(王子, 王道)을 얻어서 밤낮으로 더불어 서울의 저택(京邸)에서 논의를 하였다."[5]라고 하였는데 응량도 양명이 녹명하여서 취한 사람임을 알 수 있다.

마성로馬性魯(1469~1528)는 자가 진지進之, 호가 벽천璧泉이며, 율양溧陽 사람이다. 마성로의 아들 마일룡馬一龍(1549, 진사)도 양명의 문인이다. 그는 「남도알양명선생소자南都謁陽明先生小剌」에서 다음과 같이 말한다. "가군家君이

---

4 『천일각장명대과거록선간天一閣藏明代科擧錄選刊』 「회시록會試錄·정덕6년회시록正德六年會試錄」.

5 『천옹대전집泉翁大全集』 권15 「증별응원충길사서贈別應元忠吉士敍」.

예전에 문하에서 아낌을 받았고 아무개(某) 또한 가문 세대로 교제한 집안의 어리석은 아들이었다."[6] 이른바 '문하에서 아낌을 받았다'는 말은 역시 마성로가 양명이 녹명하여서 취한 사람임을 가리킨다.

양곡梁穀(1480~?)은 자가 중용仲用, 호가 묵암默庵이며, 동평東平 사람이다. 양곡은 진사에 합격하자마자 곧 양명을 찾아와서 절하고 제자가 되었다. 양명은 그를 위해서 특별히 「양중용묵재설梁仲用默齋說」을 지었다. 그도 양명이 직접 녹명하여 취한 사람임을 알 수 있다.

장오산張鰲山(1511, 진사)은 자가 여립汝立, 호가 석반石磐이며, 안복 사람이다. 장오산은 양명의 가장 충실한 제자 중 한 사람이다. 그는 바로 이해에 진사에 합격한 뒤 서길사庶吉士로 선발되었고, 양명을 찾아와서 배움을 물었다. 양명이 「여제문인야화與諸門人夜話」라는 시에서 "한림원에서는 관원으로 재능을 뽐냈고, 나이도 젊은데 속세를 벗어났네(翰苑爭夸仙吏班, 更兼少年出塵裏)." 라고 한 구절은 장오산을 포함하고 있다.

왕사王思(1481~1524)는 자가 의학宜學, 호가 개재改齋이며, 태화泰和 사람이다. 그도 이해에 진사에 합격한 뒤 서길사로 선발되었으며, 양명을 찾아와서 배움을 물었다. 양명이 「여제문인야화」 시에서 '한림원에서는 관원으로 재능을 뽐냈다'라는 구절은 왕사도 포괄하고 있다.

그 밖에 임유부林有孚(1511, 진사)·정걸鄭傑·왕도·왕연汪淵(1511, 진사)·왕원정王元正(1511, 진사) 등 새로 진사에 급제한 사람들이 있었는데, 그들이 진사에 합격하자마자 양명에게 와서 도를 물은 것으로 보아 역시 모두 양명이 친히 녹명하여서 취한 진사들일 터이다.

각지에서 찾아온 이 후진의 신예들이 노련하고 위세를 떨치는(老氣橫秋)

---

6 『옥화자유예집玉華子遊藝集』 권1.

관료세계의 보수적인 존주尊朱 학자들과 선비들에 견주어 더욱 급진적으로 활약한 것을 감안하면 이들은 양명이 서울에서 학문을 강론하고 도를 논하며 심학을 함께 제창할 때 가장 주요하게 쟁취한 대상이 되었다. 그리고 3월에 막 진사가 된 양곡이 찾아와서 배움을 묻고 경건하게 제자의 예를 취하였다.

황관은 「양장사묘지명梁長史墓志銘」에서 양명이 그에게 도를 전하고 학업을 전수한 일을 다음과 같이 서술하였다.

> 신미년에 진사에 급제하고 개연히 세상에 쓰이려는 뜻을 품었다. 이때 양명, 감천 두 선생과 나는 비로소 서울에서 학문을 강론하였는데 군(양곡)이 양명의 문에 나아가 제자의 예를 취하고 나와 고약계顧箬溪(고응상顧應祥)·왕순거王順渠(왕도王道) 등 여러 벗들과 함께 새벽부터 저녁까지 떠나지 않고 끝까지 궁구하고 강구하였다. 하루는 양명이 "천하에 어떤 물건이 지극히 선한가?" 하고 물었다. 군이 답하기를 "오직 본성이 지극히 선합니다."라고 하였다. 양명이 칭찬하고 감탄하였다. 또 어느 날 저녁은 양명과 같은 침상에서 한밤중까지 이야기를 나누었다. 양명이 개연히 풍속이 날로 타락하고 성학이 밝지 않다(聖學不明)고 하자 군이 눈물을 흘렸다. 그 뜻을 돈독히 하기가 이와 같았다.[7]

양명은 학문을 강론하고 도를 논하면서 사도師道를 존엄하게 하지 않았기에 제자들과 함께 같이 자고 식사를 하며 한밤중까지 이야기를 하였다. 이는 그가 문인 학자들을 평생 편안히 잘 이끌고 교육하며 학문을 강론하는 방식의 특징이었는데 일반 명사숙유名師宿儒는 모두 따라 하기 어려운 일이었

---

7 『황관집黃綰集』 권26 「양장사묘지명梁長史墓志銘」.

다. 이른바 "성학이 밝지 않다"고 한 말은 실제로 그의 심학을 세상 사람들이 알지 못하고 있고, 그가 양곡에게 전수한 '성학'도 자신의 '묵좌징심', '지행합일'의 심학이었음을 가리킨다.

이는 그가 특별히 양곡을 위해 정성을 다해 지은 「묵재설默齋說」에서 다음과 같이 분명하게 찾아볼 수 있다.

중용(양곡)은 식견이 높고 기질이 호방하였다. 진사에 합격한 뒤 날카롭게 천하의 사무에 뜻을 두었다. 하루아침에 자기 뜻을 책하여서 말하기를 "아! 내가 너무 성급하였구나. 어찌 나를 다스리지 못하고서 남을 다스릴 수 있겠는가!"라고 하였다. 이에 오로지 위기爲己의 학문에 마음을 쏟아 기질의 치우침을 깊이 사색하고 말이 쉽게 나옴을 병으로 여겼다. '묵默(침묵)'을 암자의 이름으로 삼고서 나를 찾아와 침묵의 방법을 청하였다. 나또한 천하에 말이 많은 사람이니 어찌 침묵의 도를 충분히 알겠는가? 그러나 나는 일찍이 스스로 징험하였으니, 기운이 들뜨면 말이 많고 의지가 가벼우면 말이 많다. 기운이 들뜨면 밖으로 화려하고 의지가 가벼우면 중심을 놓쳐버린다. 나는 청컨대 옛 가르침을 외어줄 터이니 중용이 스스로 취하기를 바란다. 침묵에는 네 가지 거짓이 있다. 의심스러우나 물을 줄 모르는 것, 가려져 있으나 변별할 줄 모르는 것, 어두우면서 스스로 속이는 것을 일러서 침묵의 어리석음(愚)이라고 한다. 말을 하지 않고 남을 꾀는 자를 일러서 침묵의 교활함(狡)이라고 한다. 남이 장점이나 단점을 엿볼까 염려하여 숨긴 뒤 이를 침묵으로 여기는 것을 일러서 침묵의 속임(誣)이라고 한다. 정을 깊이 감추고 모습을 두텁게 가지며 독을 깊숙이 감추고 사나운 마음을 함정으로 설치하여(淵毒阱狠) 스스로 침묵에 의탁하여서 간사함을 파는 자를 일러서 침묵의 도적이라(賊)고 한다. 이것을 일러서 네 가지 거짓이라고 한다. 또 여덟 가지 성실함이 있다. 공자가 말하기를 "군자는 그 말이 행실을 지나침을 부끄러워한다. 옛날에 말을 밖으로 내지 않은 것은 몸으로 옮기지 못함을 부끄러워했기 때문이다(君子恥其言而過其行. 古者言之不出, 恥躬之不逮也)."라고 하였다. 그러므로 참으로 부끄러움을 알고 난 뒤 침묵을 알게 된다. 또 말하기를 "군자는 말에 어눌하고 행동에 민첩하기를 바란다(君子欲訥於言而敏於行)." 하였으니 참으로 행실에 민첩한 뒤 침묵하고자 한다. 인한 사람은 말이 과묵하니 침묵하려고 하지 않아도 침묵이 거기에 있다. 또 말하기를 "묵묵히 기억한다(默而識之)." 하였으니 이 때문에 반드시 아는 바가 있어 종일 어기지 않음이 마치 어리석은 사람 같다. "묵묵히 이룬다(默而成之)."고 하였으니 이런 까닭에 반드시 성취하는 바가 있어서 물러남에 사생활을 살펴보면 충분히 발전이 있는 것이다. 그러므로 침묵을 잘하는 자는 안자顔子만 한 사람이 없었다. "어두우나 날로 드러난다(暗然而日章)."라고 한 말은 침묵이 쌓인 것이다. "말을 하지 않아도 믿음이 있다(不言而信)."리고 한 말은 침묵의 도가 완성된 것이다. "하늘이 무슨 말을 하는가! 사계절이 운행하고 만물이 거기에서 살아간다(天何言哉, 四時行焉, 萬物生焉)."라고 한 말은 침묵의 도가 지극한 것이다. 성인이 아니면 누가 여기에 참여할 수 있겠는가! 이것이 여덟 가지 성실함이다. 중용은 어찌 이것이 스스로 취하는 것임을 알지 못하겠는가?[8]

양명은 여기서 자기 심학의 관점에서 '침묵'을 전석하였는데 그가 말한 '침묵의 도'는 실제로는 '묵좌징심'의 도이다.

대체로 사람의 기질은 들뜨면 말이 많고, 의지가 가벼우면 이치에 어긋난

---

8 『왕양명전집』 권7 「양중용묵재설梁仲用默齋說」.

다. 그러므로 이 침묵과 말은 한결같이 마음에 있으면서 도道(*理)에서 균형을 이룬다. 왜냐하면 이치가 내 마음에 있기 때문이다. 이는 바로 고요한 가운데 대본大本과 달도達道를 체인하고 마음속의 이치를 맑게 관조하여 묵묵히 알아서 행하고 이치에 부합하면 묵묵히 알아서 발하여 말이 되며, 이치에 부합하지 않으면 침묵할 줄 알고 입으로 내지 않기를 요구한다. 이것이 바로 공자가 말한 '묵묵히 기억한다', '묵묵히 이룬다'라고 한 것이며, 안회가 말한 '인한 사람은 그 말이 과묵하다'라고 한 것이다.

양명은 한 걸음 더 나아가 '지행합일'로부터 이런 '묵좌징심'의 '침묵의 도'를 천석하여서 군자다운 유자는 묵묵히 알고 침묵을 알아서 말이 행실을 지나침을 부끄러워하며 그들은 그 때문에 말을 경솔하게 하지 않으니 바로 '몸이 따르지 못함을 부끄러워하고' 앎과 행함이 일치하지 않음을 부끄러워하는 것이라고 인식하였다. 그리하여 공자가 "군자는 말에 어눌하고 행동에 민첩하기를 바란다."라고 말한 까닭은 행동에 민첩해야 함을 인식했기 때문이다. 그리하여 비로소 말에 경솔하지 않은 것이다. 이로부터 양명의 '묵좌징심'과 '지행합일' 사이의 내재적인 관계를 분명히 간파할 수 있다.

양명은 바로 이러한 심학을 이용하여서 새로 급제한 진사들을 개도하였다. 새로 급제한 진사들은 모두 대개 양곡과 같은 시기에 와서 양명에게 배움을 물었다. 응량은 아마도 황관이 추천하여 양명을 찾아와 뵈었을 터인데 공부의 큰 요체와 실천의 공력, 유교와 불교의 차이에 대해 물었다. 추수익은 말하기를 응량이 "나란히 비서祕書를 읽었는데 감천과 양명 두 선생을 벗으로 삼고 터득한 것이 있었다. 이전의 태도를 고치고(折節) 제자의 예를 취하였다."[9]라고 하였다.

---

9 추수익, 「응방백량묘지應方伯良墓志」, 『광서선거집光緒仙居集』 권4 「문외편文外編·비지碑志」.

양명은 황관·응량과 한차례 학문을 논한 뒤 응량과 황관에게 다음과 같은 편지를 썼다.

어제 저녁에는 말이 너무 많았던 듯하나 두 분(二君)을 만났으므로 말을 많이 하지 않을 수 없었습니다. 그 사이에 조예가 성숙하지 못하여서 말이 또렷하지 않은 점도 있었을 것입니다. 그러나 이는 도리어 그 자체가 우리들의 적실的實한 공부입니다. 생각이 합치하지 않은 부분은 청컨대 경솔하게 지나쳐버리지 않는다면 마땅히 활연한 곳이 있을 터입니다. 성인의 마음은 밝은 거울과 같아서 아무리 작은 티끌(纖翳)이라도 저절로 용납되는 바가 없으니 닦거나 훔치거나(磨刮) 할 필요가 없습니다. 저 보통사람의 마음은 얼룩과 때가 묻은 더럽고 지저분한 거울과 같아서 모름지기 철저히 닦고 훔쳐서(刮磨) 더럽게 낀 녹을 다 벗겨낸 뒤에야 고운 먼지가 보이니 그제야 훔쳐서 제거해나가면 저절로 힘을 낭비하지 않게 됩니다. 이런 경지에 이르면 이미 인의 본체를 알 수 있을 것입니다. 만약 더럽고 지저분한 때를 다 제거하지 않더라도 그 사이에 본래 한 점 밝은 곳이 있었으니 먼지가 떨어지면 저절로 볼 수 있으므로 역시 훔쳐낼 수 있습니다. 더러운 때가 쌓이고 녹이 슨 곳에서는 끝내 비춰 볼 수 없습니다. 이 학문은 이롭거나(利) 애를 쓰거나(困) 힘써 노력함(勉) 등으로 인해 그 말미암은 바가 다르지만 행여 번거롭고 어렵다 해서 의심해서는 안 됩니다. 무릇 사람의 감정은 쉬운 것을 좋아하고 어려운 것을 싫어하는데 그 사이에 역시 저절로 사사로운 의지와 기운과 호흡이 얽어매고 가리니 알아서 깨친 뒤에야 저절로 그 (학문을 하는) 어려움을 보지 않을 것입니다. 옛사람은 심지어 만 번 죽어도 즐거이 하는 자가 있었으니 역시 (이 이치를) 알았기 때문입니다. 종래에는 (공부를 함에) 내부를 지향하는 뜻이 있음을 보지 못하였는데 이런 공부는 저절로 강할 만한 곳이 없습니다. 지금 이미 (이치의) 한 부분을 보았는데 도리어 쉬운 것을 좋아하고 어려운 것을 싫어하여서 곧 선禪과 불교에 흘러들까 두렵습니다. 어제 논한 유교와 불교의 차이에 관해서는 명도가 "경으로써 안을 곧게 한다(敬以直內)."라고 한 말은 (불교와) 관련이 있으나 "의로써 바깥을 반듯하게 한다(義以方外)."라고 한 것은 관련이 없으며, 필경에는 '경으로써 안을 곧게 하는' 것마저 관련이 없게 될 것입니다. 이미 말은 10분의 8, 9는 다했습니다.[10]

이는 참되게 알고 분명하게 보는 심학의 빛을 쏘아 비추는 문장이다. 양명은 심학의 공부를 논하면서 '마음'의 본체를 '밝은 거울'에 비유하여서 보통사람은 먼지와 때가 더럽고 지저분하게 잔뜩 끼어 있으므로 반드시 철저히 '닦아내고 훔쳐내는', 내면을 향한 공부를 하여서 더러운 얼룩과 녹, 먼지와 때를 다 벗겨내야만 비로소 인의 본체를 인식하고 마음의 광명을 회복할 수 있다고 하였다. 이러한 내면을 향하여 마음의 본체로 나아가 '닦아내고 훔쳐내는' 공부론은 이미 양명이 나중에 제창한 '치량지'의 공부론과 본질적으로 일치하며, 다만 아직 '치량지'라는 말로 명석하게 논술하고 있지 않을 뿐이다. 이를 통해 양명이 서울의 '상국유'로 심학을 강론하던 시기에 도달한 새로운 사상적 수준을 잘 간파할 수 있다. 양명은 이것이 바로 일종의 유가의 지고무상한 '경으로써 안을 곧게 하고 의로써 바깥을 반듯하게 하는' 심학의 공부론이며, 불교와 선의 수행 공부는 안팎 두 방면에서 모두 유가의 이와 같은 수준에 도달할 수 없다고 인식하였다.

이와 같이 황관·응량과 함께 학문을 강론하고 도를 논함으로써 같은 기

---

10 『왕양명전집』 권4 「답황종현응원충答黃宗賢應原忠」.

운이 서로 추구하고(同氣相求), 같은 소리가 서로 호응하듯이(同聲相應) 곧 새로 진사에 급제한 임유부와 함께 학문을 강론하고 도를 논하였다. 석애石崖 임유부는 견소見素 임준林俊의 조카인데, 이해 진사에 합격한 것으로 보아 아마도 양명이 친히 녹명하여서 취한 사람인 듯하다. 그리하여 그는 합격한 뒤 바로 양명에게 찾아와서 배움을 물었고 '성인의 학문'을 강론하였다.

12월에 임유부는 감찰어사가 되어서 보전莆田으로 귀성하였는데 양명은 특별히 「중임이길귀성서贈林以吉歸省序」 한 편을 지어서 다음과 같이 말하였다.

성인의 학문을 추구하되 성취하지 못하는 것은 아마도 의지가 확립되지 않았기 때문인가? …… 수백 년 동안 성인의 학문을 추구한 자를 한두 명조차 찾아볼 수 없는 까닭은 그 일이 어렵기 때문인가? 역시 그 뜻이 어렵기 때문인가? 그 일에 뜻을 두지 않고서도 성취할 수 있는 자를 나는 역시 보지 못하였다. 임이길林以吉(임유부)은 장차 성인의 일을 추구하려고 나를 찾아와서 배움을 논하였다. 나는 말하기를 "그대는 어찌 그대의 뜻을 논하는가? 의지를 정한 뒤에야 배움을 논할 수 있다. …… 오랫동안 유속流俗에 빠졌다가 갑자기 성인의 일을 논하면 시작부터 반드시 허출함(餒)이 있어서 감당할 수 없다. 이윽고 낡은 습관에 이끌리면 또 반드시 저절로 어두워져서 결단할 수 없다. 이윽고 바깥의 의론에 마음을 빼앗기면 또 반드시 스스로 막히거나 혹 느슨해진다. 허출하면서 이기기를 구하고 어두우면서 믿기를 구하고 막혔으면서 나아가기를 구하는 경우가 있으니 나는 뜻을 세우기 어려움을 안다. 뜻이 서면 배움은 반을 이룬 것이다. 사자(사서)의 말씀에 성인의 학문이 갖춰 있다(四子之言, 聖人之學備矣). 진실로 뜻이 서면 이에서 추구하는 것이니 자르고 갈고(切磋) 강론하여서 밝히는 유익함을 이길은 스스로 취하였는데 아직도 궁함이 있는가? 견소 선생은 그대의 숙부(諸父)이니 그대가 돌아가서 내 말로써 바로잡는다면 또한 어떠하겠는가?"[11]

양명은 서문에서 주로 '성인의 학문'을 추구하는 뜻을 세움에 대해 말하여서 뜻을 세우는 것이 학문을 강론하고 도를 논하는 가장 큰일이며, 뜻이 서면 배움은 반을 성취한 것이라고 여겼다. 또한 양명은 뜻을 세워서 추구하는 '성인의 학문'에 관해서는 명확하게 논하지 않고 다만 "사자(*사서四書의 말씀을 가리킨다)의 말씀에 성인의 학문이 갖춰져 있다."라고 하였다.

그러나 동시에 황관이 지은 「증임이길시어贈林以吉侍御」에서는 양명을 대신하여 이 '성인의 학문'을 다음과 같이 밝히 말한다.

사람의 마음은 거울과 같은 것인가? 때가 끼면 밝음을 잃어버리고 밝음이
드러나지 않으면 비추는 것이 어둡다. 비추는 것이 자세하지(精) 않으면 밝
음이 충분하지 않은 것이니 그 때를 없애는 데 힘써야 한다. 육경六經과 염
락濂洛(주돈이, 정호)의 말씀은 때를 제거하는 걸레(朽楮)인가? 지금 이것으로
때를 제거하는 데 도리어 장애로 여긴다면 옳은가? 보전의 임이길은 장차
성인의 학문을 추구하려는 뜻이 있어 나의 무리로 와서 벗을 취하였는데
나는 늦게 배워서 터득한 것이 오히려 얕아 유익함이 없음을 애석하게 여
긴다. 이것으로 그에게 알린다. 이길이 스스로 터득한다면 마침내 나에게
도 유익할 것이다![12]

---

11 『왕양명전집』 권7 「증임이길귀성서贈林以吉歸省序」.

12 『황관집』 권8 「증임이길시어贈林以吉侍御」.

황관은 마음을 밝은 거울에 비유하여서 '사람의 마음은 거울과 같고', '그 때를 제거하는 데 힘써야' 한다고 하였는데, 이는 양명이 황관과 응량에게 '성인의 마음은 밝은 거울과 같다', '그 지저분한 녹을 다 제거해야 한다'고 한 말과 한 입에서 나온 것 같다. 황관이 스승을 대신하여 양명의 '성인의 학문'을 임유부에게 들려준 것임을 알 수 있다. 황관은 성인의 마음을 밝은 거울로 삼고서 육경과 염락의 설이 모두 마음의 거울에 생긴 더러운 때를 제거하는 '걸레'에 지나지 않는데 어떤 사람들은 도리어 이 '걸레'에 가로막힌다고 인식하였다. 이는 분명히 주자학의 번쇄한 장구, 훈고의 학문이 '말씀(言)'에 가로막히고 '걸레'에 집착하여서 말의 통발(言筌)로 떨어지는 것을 비판한 것이다. 그리고 그가 이에 정확하게 상대하여 제출한 '성인의 학문'은 바로 상산·백사·양명의 심학이었다. 양명은 자리를 마련하여 동일한 '심법'을 논하여서 황관·응량·임유부를 왕문 심학으로 이끌었다.

그러나 이렇게 새로 급제한 진사들 중에서도 주자학을 존숭하는 선비들이 있었는데 양명은 그들과 학문을 강히고 도를 논히였으니 끝내 서로 일치하기 어려웠다. 무성의 왕도는 본래 양명이 홍치 17년(1504) 산동 향시를 주관할 때 직접 뽑은 선비이다. 그러나 그는 주자학을 독신하는 선비였다. 그도 3월에 양명을 찾아와서 배움을 물었는데 먼저 맹자의 학문을 제시하여서 물었다. 두 사람은 비록 관점이 일치하기는 하였으나, 왕도는 이미 양명의 심학을 가벼이 여기고 의혹하는 마음이 점차 생겨났다.

양명은 나중에 그에게 보낸 편지에서 두 사람이 처음 학문을 논한 일을 다음과 같이 말하였다.

> 나(某)는 평소 매양 동년배(行輩)를 오만하게 보고 세상사(世故)를 가벼이 여기는 마음이 있었습니다. 나중에 비록 조금 징계(懲創)할 줄 알았으나 역시

억지로 바깥의 일을 막아버릴 뿐이었습니다. 귀주에서 3년 동안 귀양살이를 하면서 온갖 어려운 일을 거듭 겪고 난 뒤에야 소견이 있었습니다. 비로소 맹씨孟氏(맹자)의 '우환에서 산다(生於憂患).'는 말씀이 나를 속이지 않았음을 믿었습니다. 일찍이 '군자는 자기가 처한 자리에 따라 행하며 그밖의 것을 원하지 않는다. 부귀에 처해서는 부귀에 맞게 행하고, 빈천에처해서는 빈천에 맞게 행하고, 환난에 처해서는 환난에 맞게 행한다. 그러므로 어떤 상황에서도 스스로 터득하지 않음이 없다(君子素其位而行, 不願乎其外. 素富貴, 行乎富貴, 素貧賤, 行乎貧賤, 素患難, 行乎患難, 故無入而不自得).' 하고 생각하였습니다. 후세의 군자 역시 마땅히 자기가 처한 자리에서 배워야 하며 그 밖의 것을 원하지 않아야 합니다. 부귀에 처해서는 부귀에 처함을 배우고, 빈천과 환난에 처해서는 빈천과 환난에 처함을 배운다면, 어떤 상황에서도 스스로 터득하지 않음이 없습니다. 지난번 순보純甫(왕도)를위해 말하였는데 순보가 깊이 옳게 여겼습니다. 그 뒤 힘을 씀이 어떠한지는 알지 못하겠습니다.[13]

두 사람이 처음 만나 학문을 논했을 때는 본디 마음을 기울이고 서로 의기투합했음을 알 수 있다.

3월에 양명이 학문을 강론하는 여가에 왕도와 황관·정걸·양곡·서애·왕원정·고응상 등 학문을 묻는 선비들과 함께 봄나들이를 갔는데 가는 길 내내시를 주고받고 학문을 강론하였으며, 밤에는 공덕사功德寺에 묵으면서 절구두 수를 읊었다.[14]

---

13 『왕양명전집』 권4 「여왕순보與王純甫」 서1.

14 『왕양명전집』 권20. 『황관집』 권7에 「공덕사功德寺」가 수록되어 있는데 서문에서 다음과

밤에 공덕사에서 묵으며 종현의 운을 따서 읊다, 절구 두 수

夜宿功德寺次宗賢韻二絶

산길을 가며 처음에는 가볍게 옷깃을 잡았더니	山行初試夾衣輕
발은 저리고 돌길에 누런 먼지 이네	脚軟黃塵石路生
한밤 동구의 구름에 잠을 못 이루니	一夜洞雲眠未足
호수에 부는 바람에 달빛은 맑은 시내를 건너네	湖風吹月渡溪淸
물가 버드나무 모정 기둥을 덮고	水邊楊柳覆茅楹
말에게 봄 강물을 먹여 다시 오르네	飮馬春流更一登
오래 앉아서 저녁에도 돌아갈 길을 잊고	坐久遂忘歸路夕
시냇가 구름은 저녁 푸른 산을 씻어내네	溪雲正瀉暮山靑

양명이 마음속으로 이미 종유하는 한 무리의 선비들을 모두 자기의 신진 제자로 보았음을 알 수 있다. 그러나 훗날 상황이 변하여서 양명 스스로 심학에 대한 인식이 심화함에 따라 왕도와 함께 주자 이학과 육상산 심학의 동이를 토론할 때 두 사람은 갈라서게 되었다. 왕도는 주자학을 긍정하고 육학을 부정하였으며, 양명의 사상과 거리가 끌어당길수록 더욱 멀어져서 마침내 정덕 7년(1512) 초에 합치하지 못하고 갈라섰다. 왕도는 남도로 부임하여 떠나갔고, 이에 훗날 두 사람이 남도에서 전개할 주자와 육상산의 동이 논전의

같이 말하였다. "옛날에 내가 일찍이 양명과 정백흥鄭伯興(정걸)·양중용梁仲用(양곡)·서왈 인徐曰仁(서애)·왕순보王純甫(왕도)·고유현顧惟賢(고응상)·왕순경王舜卿(왕원정) 제군과 함께 나들이하였는데 지금 홀연 20여 년이 지났다. 귀록鬼錄(저승의 명부)에 들어간 사람이 이미 반이 넘는다."

복선伏線을 묻어두었다.

사실 새로 급제한(新科) 진사들은 아직 양명이 서울에서 학문을 강론하고 도를 논하는 주요 대상이 아니었다. 정덕 연간(1506~1521) 경도에서는 『백사선생전집』이 남북으로 널리 퍼지게 됨에 따라 백사학白沙學과 육학이 성행하기 시작하면서 경도를 휩싼 정주 이학程朱理學의 일통천하一統天下에 충격을 가하였다. 그리하여 양명은 서울에서 '상국유'의 안목을 광대하게 넓히고 환호성이 드높은 가운데 조정에 드리운 정주 사상의 금고禁錮를 없애기 위해 감히 나섰으며, 이학의 각 학자(各家)와 각 학파, 삼교구류三教九流의 인물들과 함께 광범위한 논변을 전개하였다. 특히 두 부류의 사대부들과 학문을 강론하고 도를 논하는 데 관심을 기울여서 심학의 광대한 소리를 울렸다. 한 부류는 사방에서 이름을 사모하여 경사에 온 학자와 선비였으며, 다른 한 부류는 서울의 관계에서 성리학을 좋아하는 관료의 명사였다.

경사에 온 학자와 선비는 모두 양명을 일대 심학의 종사로 받들고 찾아와서 도를 물었는데 가장 주목을 끈 한차례의 대대적인 학문 강론은 여요의 서수성徐守誠(1493, 진사)이 정덕 6년(1511) 2월에 서울에 와서 양명을 찾아와 주륙朱陸 학문의 토론을 전개한 일이었다. 월越(절강)의 인문 전통은 근원이 깊고 오래되었다. 원·명 이래 주자학과 육학은 모두 선비와 학자들이 전승하고 창도하여 이끌어서 쇠퇴하지 않았는데, 서수성은 주자학 위주의 학문을 하였고 여암興庵 왕문원王文轅은 육학 위주의 학문을 하였다.

두 사람은 월에서 이미 주륙 학문의 논변을 전개하였으며 대체로 월의 두 부류 선비들의 관점을 대표하였다. 논변이 일어난 원인은 왕문원이 상산의 문집을 읽은 뒤 마음으로 육씨의 심학을 모범으로 삼았기 때문이었다. 서수성은 주학 위주의 학문을 하고 육학을 반대했기 때문에 육상산을 긍정하고 주자를 부정하는 왕문원의 관점을 비평하며 서로 대립하여서 물러서지 않았다. 이리하여 그는 이 문제를 안고 서울에 와서 양명을 만나 보았다. 양명은 곧 그들의 주류 학문에 대한 논변에서부터 파고들어가 회암과 상산의 학문을 상세히 밝히고 주륙의 동이를 변석하였다.

양명은 서수성에게 편지를 보내 양쪽이 저마다 치우쳐서 착오를 일으킨 점을 다음과 같이 비평하였다.

> 주륙동이에 관해 물어오셨는데 학술이 세상에 밝혀지지 않은 지 오래되었습니다. 이는 바로 우리들이 오늘날 마땅히 밝혀서 변별해야 할 일입니다. 보내신 편지를 자세히 읽어보니 여암(왕문원)이 상산을 주로 한 것은 이미 잘못되었으나 우리 형(吾兄, 서수성)께서 회암을 주로 한 것도 역시 터득하지 못한 것입니다. 주자를 옳게 여기고 육상산을 그릇되다고 여기는(是朱非陸) 이론은 천하에서 논의가 이루어진 지 오래인데, 오래되면 변하기 어렵습니다. …… 그러므로 저(僕)는 두 형의 오늘날 논의가 반드시 승리를 구할 필요는 없고 상산이 그릇된 까닭과 회암이 옳은 까닭을 탐구하는 데 힘쓰고 본원을 끝까지 궁구하여서(窮本極源) 참으로 털끝만큼의 작은 차이(毫忽之間)에서 득실의 기미幾微를 발견해낸다면 …… 지금 여암이 상산을 논하기를 "비록 오로지 존덕성尊德性을 주로 하여서 선학禪學의 공허함(虛空)에 떨어짐을 면하지는 못하나 마음을 지녀서 지킴이 단정하고 실하여서(持守端實) 끝내 성인의 무리가 됨을 잃어버리지 않았다. 회암과 같이 한결같이 도문학道問學을 한다면 곁가지로 흐르고 찢어져서(支離決裂) 성문聖門의 '성의정심誠意正心'의 학문을 회복하지 못한다."라고 하였고, 우리 형이 회암을 논하기를 "비록 오로지 도문학을 주로 하여서 속학俗學의 곁가지로 흐르는 실수를 면하지는 못하나 순서에 따라 점차 나아가니 끝내 『대학』의 가르침을 배반하지 않는다. 상산과 같이 한결같이 존덕성을 하면 허무적멸

虛無寂滅하여서 『대학』의 '격물치지格物致知'의 학문을 회복하지 못한다."라고 하였습니다. 이미 '존덕성'이라 하면 '선학의 공허함에 떨어진다'고 할 수 없으며, '선학의 공허함에 떨어진다'고 하면 '존덕성'이라 할 수 없습니다. 이미 '도문학'이라고 하면 '속학의 곁가지로 흐르는 실수'라 할 수 없고, '속학의 곁가지로 흐르는 실수'라고 하면 '도문학'이라 할 수 없습니다. 두 가지 변론은 사이에 털끝만큼도 용납할 수 없습니다. 그런즉 두 형의 이론은 모두 억측에 불과합니다. 옛날 자사子思가 학문을 논함에 대체로 천 마디, 백 마디 말을 밑돌지 않았는데 '덕성을 높이고 묻고 배우는 길을 따른다(尊德性而道問學).'는 한마디의 말로 개괄하였습니다. 예컨대 두 형의 변론이 한쪽은 '존덕성'을 주로 하고, 다른 한쪽은 '도문학'을 일삼으니, 이 두 가지는 본래 모두 하나에 치우침을 면하지 못하며, 옳고 그름을 가리는 논란이 오히려 아직 정해지지 않았는데 어찌 저마다 하나가 옳다고 견지하고서 대뜸 서로 상대방을 잘못이라고 하는 것입니까? ……[15]

주희는 '도문학'을 주로 하고, 육구연은 '존덕성'을 주로 하는 것으로 규정한 뒤 주류 학문의 동이를 나누어서 판별하였는데, 이는 원대 유학자로부터 전해진 잘못된 설이다. 서수성과 왕문원은 모두 원대 유학의 잘못된 설에 따라 주류 학문의 동이를 논함으로써 자연스레 착오를 일으켰다. 두 사람의 인식은 주학에 대해서든 육학에 대해서든 어느 것 하나도 취할 만한 것이 없었다. 양명은 주학과 육학에 대한 그들 두 사람의 잘못된 관점을 비평하되 정면으로 주학과 육학 및 그 동이와 시비득실, 취사를 논술하지는 않았다. 다만 입장이 상당히 함축적이며 스스로 문제를 자각하게 하고 제시하지는 않았다

---

15 『왕양명전집』 권21 「답서성지答徐成之」 서1.

(引而不發). 사실상 그가 육학에 '선학의 공허함에 떨어진' 병이 있음을 부인한 것은 역시 육학을 긍정한 것이나 마찬가지이며, 주학에 '속학의 곁가지로 흐른' 병이 있음을 승인한 것은 역시 주학을 부정한 것이나 마찬가지이다.

서수성은 글자 속과 행간에 육학을 긍정하고 주학을 비판하는(是陸非朱) 양명의 입장을 알아챘다. 그리하여 그는 양명에게 보내는 회신에서 "두 견해를 두루뭉술하게 평하였으나 음으로 여암의 관점을 지지하며(舍胡兩解, 而陰爲輿庵之地)", "두 견해의 설을 애매하게 하여서 음으로 여암을 도왔다(漫爲兩解之說以陰助於輿庵)."라고 하였다. 문제가 비교적 날카롭게 제기되어서 이 때문에 토론을 심화해나가야만 하였다. 이에 양명은 회답을 보내며 조금 긴 편지를 써서 육학과 주학에 대한 관점을 상세히 논술하고 육씨의 심학을 존숭하는 자기 입장을 표명하였다.

편지는 시작하자마자 바로 명확하게 육학을 긍정하여서 육씨의 학문은 '덕성을 높이고' 또 '묻고 배우는 길을 따르는' 것으로서 선가의 '공허'의 병폐가 없으며, 육씨가 비록 '이간易簡'과 '각오覺悟'를 말하지만 "그러나 '이간'은 「계사」에서 나왔고, '각오'의 설은 비록 석씨와 같으나 석씨의 설도 저절로 우리 유학과 같은 점이 있으니 그 다른 점을 해치지 않는다."[16]라고 인식하였다. 이는 육씨 심학에 대한 전반적인 긍정이다.

주학에 대해 양명도 이미 '묻고 배우는 길을 따랐으나' 또한 '덕성을 높이는' 것이라고 인정하여서 주자가 비록 장구의 훈고를 좋아하여 '평소 훈고와 해석에 급급하여서 비록 한문韓文·『초사楚辭』·『음부陰符』·『참동參同』 등속에 대해 반드시 주석하고 고찰 변증하여' 번쇄하고 지리함으로 흐름을 면하지 못하였으나 그것은 '후세의 학자가 저지르는 폐단'에 지나지 않는다고 인

---

16 『왕양명전집』 권21 「답서성지答徐成之」 서2.

정하였다. 양명은 정주 관학의 금망禁網에 저촉되는 것이 꺼려져 조심조심(小心翼翼) 주자를 정면으로 비판하기를 회피하여서 '주자만년정론朱子晚年定論'이라는 용어로 감추었다. 그러나 그는 서수성의 "(*주자는) 끝내 『대학』의 가르침을 배반하지 않는다."라는 관점을 인정하지 않았으며, 주학에 대한 비판과 부정 또한 매우 분명히 하였다.

이어서 양명은 주학과 육학을 명석하게 비교, 천석한 뒤 육씨의 심학을 매우 높이 찬양하였다. 그는 300년 동안 독존주학獨尊朱學의 당정자當政者와 세상의 유학자들을 다음과 같이 강개하여 비평하였다.

마음이란 내가 하늘에서 얻은 이치이니 하늘과 사람 사이에 간격이 없고 옛날과 오늘날 사이에 나뉨이 없습니다. 진실로 내 마음을 다해 이치를 추구한다면 적중하지는 않더라도 멀지는 않을(不中不遠) 것입니다. 배움이란 내 마음을 다하기를 구하는 것입니다. 이런 까닭에 덕성을 높이고 묻고 배우는 길을 따르는(尊德性而道問學) 것이니 높임은 이것을 높이는 것이며, 따라감은 이것을 따라가는 것입니다. 마음에서 터득하지 않고 오직 바깥으로 사람을 믿어서 배움을 삼는다면 그 배움이라는 것이 어디에 있는 것입니까! …… 지금 회암의 학문은 천하 사람이 어려서부터 익혀 이미 사람에게 깊숙이 들어와 있으니 논변을 허용할 여지가 없습니다. 그런데 유독 상산의 학문은 일찍이 회암의 말로 인하여 마침내 막혔습니다. 만약 자로와 자공처럼 분과를 달리한다면 옳겠습니다만(使若由賜之殊科焉, 則可矣) 마침내 물리치고 내버려서 폐기하고 배척하기를 마치 아름다운 진짜 옥을 가짜 옥이라 여겨서 버리는 것과 같다면 어찌 심히 지나치지 않겠습니까! …… 상산이 의리義利를 변별한 것은 대본을 세우고 놓친 마음을 구하는 것으로서 후학에게 독실하게 자기를 위하는(爲己) 도를 보여주었으니 그 공이 또한 어찌 다 무함할 수 있는 것이겠습니까! 그런데 세상의 유자들은 부화뇌동하고 그 진실을 탐구하지 않으며 대개 선학이라고 지목해버리니 참으로 원통할 뿐입니다! 그러므로 내(僕)가 일찍이 천하의 놀림을 무릅쓰고 상산을 위해 그 설을 한번 드러냈는데 비록 이로 인해 죄를 얻더라도 한이 없습니다. 저는 회암에 대해 끝없는 은혜를 입고 있으니 어찌 창을 거꾸로 들고 집으로 뛰어들려고 하겠습니까? 회암의 학문을 돌아보면 이미 해와 별이 천하에 밝게 비치는 것과 같으나 상산은 오직 실상이 없는 무함을 뒤집어쓰고 오늘날에 이르렀으며, 또한 400년이 되었는데 아무도 그를 위해 한 번도 (억울함을) 씻어주는 사람이 없었습니다. …… 세상의 학자들이 회암을 대유大儒로 여기고 다시 이른바 과오가 있다고 여기는 것은 마땅하지 않다고 하여서 반드시 왜곡하여 은폐하고 꾸미는 것이 더욱 증가하였으며, 상산을 선학이라 헐뜯는 데 힘을 써서 이를 통해 (회암의) 설을 퍼뜨리려고 추구합니다. 또한 (이렇게 하는 것이) 저절로 회암에게 도움이 된다고 여겨서 더욱 서로 제창하고 이끌어서 정론正論을 부지扶持한다고 합니다. …… 그런데 세상의 유학자들이 소인의 예로 섬기고 있으니 이 어찌 상산을 무함하는 데 두텁고 회암을 대하는 데 박한 것이 아닙니까![17]

이는 양명 평생 가장 격렬하고 첨예한 태도로 주류 학문의 동이를 평론한 글이다. 그가 볼 때 주학과 육학은 비록 모두 똑같이 '덕성을 높이고 묻고 배움을 따르는' 사상체계이기는 하지만 결국은 '자로와 자공처럼 분과를 달리하는', 길이 다른 심성의 학문이다. 주희는 비록 '육경과 『논어』, 『맹자』의 취지를 천하에 밝힌' 공이 있으나 주학은 가장 먼저 '대본'에서 착오를 일으켰

---

17 『왕양명전집』 권21 「답서성지」 서2.

는데(*性卽理, 向外格物), 그리하여 학문이 번쇄하고 지리함을 면하지 못하였다. 육구연은 비록 '이간', '각오'를 강조하였으나 육학은 가장 먼저 '대본'에서 올바르게 섰으니(*心卽理, 自求吾心), 그리하여 육학을 '선학'이라고 할 수는 없는 것이다.

양명의 육학 변호는 사실 자기 심학의 변호이다. 그리하여 이때 서수성과 벌인 주류 학문의 논변은 그가 정주 이학을 이용하여 천하의 선비들을 금고하는 경성京城의 조정을 향해 제기한 '도전'이며, 또한 그가 서울의 '상국유'에서 학문을 강하고 도를 논하며, 성학을 창도하여 밝히기 위해 육학을 긍정하고 주학을 비판하는 기조를 정한 것이었고, 그가 나중에 남도에서 '빙 둘러싸고 공격하는(環堵攻之)' 존주尊朱 학자들과 더불어 전개한 주륙동이 논전의 '서막'이 되었다. 얼마 뒤 석서席書는 『명원록鳴寃錄』 한 부를 써서 육구연을 위해 억울함을 호소하고 무함을 변론하였는데, 이는 분명히 양명과 서수성의 주류 학문 논변에서 직접적인 영향을 받았다. 양명은 육학을 위해 억울한 원안寃案을 심리하여서 바로잡고 천하의 비판을 무릅쓰고 '상산을 위해 그 설을 드러내는' 장거壯擧를 행하려고 하였는데, 이는 석서로 인해 완성되었다.

가장 의미심장한 일은 양명이 서정경徐禎卿과 함께 섭형화기술攝形化氣術을 강론한 것이다. 서정경은 도교 서적을 탐독하였으며 선가仙家의 연단현허술煉丹玄虛術을 흠모하였는데, '전칠자前七子' 가운데 도교의 장생 수련에 가장 미신적인 명사였다. 그도 경사의 장안가에 우거하였다. 정덕 6년 2월, 이부에서 그를 정위廷尉에 제수하였는데 이몽양李夢陽도 녹용되어서 호부원외랑이 되었다. 서정경은 양명이 서울에서 관직을 맡은 사실을 알고 곧 이몽양을 통해 소개를 받아 양명을 찾아와서 섭형화기술을 토론하였다.

제1차 상견에서는 담약수가 현장에 있었다. 담약수는 선과 불교의 설을 반대하여 서정경과의 강론에서 의견이 합치하지 않았기에 서정경은 의기소

침하여서 돌아갔다. 이튿날 서정경이 다시 양명을 찾아와 충거장생술沖擧長生術을 논하였는데 양명이 웃으면서 대응하지 않았다. 그날 밤 서정경은 양명의 처소에서 묵으며 밤새도록 둘이 걸상을 마주하고 함께 토론하였다. 다음과 같은 대화를 나누었다.

먼저 서정경이 물었다. "나는 이인異人으로부터 오금팔석五金八石으로 만든 비약을 받아 복용하였는데 충거沖擧를 얻을 수 있었습니다. 그대는 이에 대해 무슨 말을 하겠습니까?"

양명이 여전히 웃으면서 대응하지 않았다. 서정경이 또 물었다. "나는 옛날의 내 모습을 떨쳐버리고 마음이 높고 현묘한(高玄) 경지에 노닐게 되었으며, 감관을 막고 들뜸을 거둬들여서(塞兌斂華) 영혼(靈珠)이 견고해졌습니다. 이리하여 세속에서 멀리 훌쩍 떠났습니다. 그런데 그대는 오히려 거부하시니 무엇 때문입니까?"

양명이 그대로 웃기만 하고 대응하지 않았다. 서정경이 한참 침묵하다가 물었다. "그대는 내가 그르다고 여기십니까? 아니면 비결로 여기는 것이 있습니까? 유有의 세계에 거하는 자는 무無로 초월할 수 없습니다. 사물에 집착하는(踐器) 자는 도를 융회融會할 수 없습니다. 내가 장차 (사물의) 연고를 알려고 하지 않고 세속(埃壒)의 생활에 머문다면 그대는 나에게 무슨 말을 하겠습니까?"

양명이 마침내 입을 열어 말하였다. "나에게 비결이 있다고 한다면 도는 본래 형체가 없다는 것입니다. 내가 그대를 그르다고 한다면 그대는 내가 옳다고 하지 않을 것입니다. 비록 그러하나 시험 삼아 말하겠습니다. 유를 떠나 무로 초월하면 장차 또 어디로 초월하겠습니까? 사물을 도외시하고(外器) 도와 융회한다(融道)고 하는데, 도와 사물은 짝하는 것이니 본래 초월한 적이 없습니다! 그리고 본래 융회한 적이 없습니다! 영허소식盈虛消息하는 것은 모두 명에 달려 있습니다. 아주 작은 것과 거대한 것, 안과 밖은 모두 성품입니다. 은미隱微하고 고요하고 감응하는(寂感) 것은 모두 마음입니다. 마음을 보존하고 본성을 다하여(存心盡性) 명에 순종할 뿐입니다. 어찌 그 사이에서 취하고 버림이 있겠습니까?"

서정경이 고개를 끄덕이며 수긍한 뒤 한참 침묵하다가 물었다. "그렇게 하여 충거할 수 있습니까(沖擧有諸)?"

양명이 대답하였다. "솔개는 그 성품을 다하면 하늘에 날아오를 수 있습니다. 물고기도 그 성품을 다하면 내에서 헤엄칠 수 있습니다."

서정경이 말하였다. "그렇게 할 수 있겠지요."

양명이 답하였다. "사람이 성품을 다하면 화육化育을 알 수 있습니다."

서정경이 고개를 숙이고 깊이 생각한 뒤 급히 일어나 말하였다. "잘 배웠습니다! 나는 이로써 싹이 트고 얼음이 녹 듯하였습니다. 그대는 따뜻하게 나를 봄볕으로 비춰주었습니다!"

며칠 뒤 서정경은 다시 양명을 찾아와 고별하면서 말하였다. "도가 과연 여기에 있으니 어찌 밖에서 구하리오! 내가 그대를 만나지 못했다면 거의 사람을 망칠 뻔했습니다. 그러나 내 병이 또 발작하여서 높은 경지에 이르지(致遠) 못할까 두렵습니다. 어떻게 해야 할까요?"

양명이 물었다. "두렵습니까?"

서정경이 대답하였다. "삶은 몸을 붙인 것이고 죽음은 돌아가는 것입니다(生, 寄也. 死, 歸也). 무엇이 두렵겠습니까?"[18]

---

18 『왕양명전집』 권25 「서창국묘지徐昌國墓志」.

이에 양명은 그에게 『주역참동계周易参同契』 한 부를 증정하면서 자기는 『주역참동계』를 풀이하지 않을 테니 그 스스로 『주역참동계』를 읽어보라 하고 시 한 수를 청하였다.

서정경은 곧 시 한 수를 지어서 양명에게 증정하였다.[19]

왕 원외가 참동계를 풀이하지 않고 다만 시 한 편을 구하여서 허락하고 내가 선뜻 장난삼아 쓰다　　王員外不解参同契但索一詩許以遺我率爾戲之

왕렬은 통달한 글을 지녔으나	王烈持洞章
망연히 읽을 수 없었네	茫然不能讀
돌 같은 기질은 보랏빛 연기로 사라지고	石氣消紫煙
비서는 십 년 동안 공연히 상자에 담겼네	十年秘空麗
종래 초나라 역사를 읽고 삼분을 알았는데	從來楚史識三墳
완적은 어찌 적문을 알아차릴 수 있으랴!	阮籍焉能辨赤文
한번 화양의 묘결을 엿본 뒤	一自華陽窺妙訣
구산에는 밤마다 학의 울음 소리 들렸네	緱山夜夜鶴相聞

이와 같은 장자莊子 우언寓言 식의 수수께끼 같은 대답은 말 바깥의 뜻이 역시 일목요연하다. 서정경은 일찍이 어떤 도사에게서 '오금팔석의 비약'을 얻었는데 이것을 복용하면 충거하여서 신선이 될 수 있다고 여겼으니 그가

---

19 『적공집迪功集·정집正集』 권2 「왕원외불해참동계단색일시허이유아솔이희지王員外不解参同契但索一詩許以遺我率爾戲之」. 명대에는 6부 아래 각각 낭중郎中·원외랑員外郎·주사主事를 두었는데, 주사는 직위가 원외랑 다음이었다. 그러므로 '원외'라고 일컬을 수 있다.

믿은 것이 도교 외단의 복식服食 수련이었음을 알 수 있다. 양명은 단연코 그의 외단 복식의 경솔한 설을 부정하고 『맹자』의 "마음을 다하고 본성을 알고 하늘을 아는(盡心知性知天)"것과 『주역』의 "이치를 궁구하고 본성을 다하여서 명에 이른다(窮理盡性以至於命)."한 사상을 이용하여서 도교의 이러한 복식장 생설服食長生說을 비판하였다. 그러므로 말하기를 "영허소식하는 것은 모두 명에 달려 있습니다. 아주 작은 것과 거대한 것, 안과 밖은 모두 성품입니다. 은미하고 고요하고 감응하는 것은 모두 마음입니다. 마음을 보존하고 본성을 다하여서 명에 순종할 뿐입니다."라고 하였던 것이다.

분명히 양명은 마음을 보존하고 본성을 아는 심학을 이용하여 서정경을 깨우쳐서 복식으로는 충거장생을 할 수 없으며 본성을 다해야 비로소 쉼 없이 화육을 할 수 있다고 지적하였다. 정수리를 내려치는 양명 심학의 방할棒喝은 마침내 '외부에서 추구하던' 서정경으로 하여금 선가의 충거장생설에 빠져서 헤매던 중에 깨달음을 얻게 하여서 자기 마음속에서 떨쳐내려고 해도 떨쳐지지 않던 삶과 죽음, 장수와 요절로 얽어매고 있던 '얼음덩이(冰澌)'를 녹여냈다. 그러므로 그는 흔연히 말하기를 "나는 이로써 싹이 트고 얼음이 녹 듯하였습니다. 그대는 따뜻하게 나를 봄볕으로 비춰주었습니다!"라고 하였던 것이다.

양명이 자기는 『주역참동계』를 해설하지 못한다고 함축적으로 말한 것은 사실은 『주역참동계』의 외단소련설外丹燒煉說을 불신한다는 말이다. 그는 일찍이 홍치 18년(1505) 제양백諸揚伯에게 준 시에서 "장생은 인을 추구함에 있으니, 금단을 밖에서 찾을 필요가 없네(長生在求仁, 金丹非外待)"[20]라고 하여 『주역참동계』의 설을 부정하였다. 이때 그는 역시 서정경을 제양백과 같은 부류

20 『왕양명전집』 권19 「증양백贈揚伯」.

의 인물로 간주하였고, 그를 '도에 나아가도록' 깨우치고자 하였다.

서정경은 시에서 양명을 도서道書를 알지 못하는 왕렬王烈(141~219)에 견주었는데 실제로는 양명 심학에 대한 최대의 긍정이었다. "비서는 십 년 동안 공연히 상자에 담겼네"라고 한 구절은 양명이 홍치 18년에 금단을 밖에서 찾을 필요가 없음을 깨달은 뒤『주역참동계』를 책 상자에 넣어두고 돌아보지 않았음을 가리킨다. 양명이 이 책을 서정경에게 증정한 의도는 서정경이『주역참동계』의 설을 명철하게 분석하기를 바란 것이다.

시 마지막의 "한번 화양의 묘결을 엿본 뒤, 구산에는 밤마다 학의 울음소리 들렸네"라는 구절은 양명을 화양華陽의 도홍경陶弘景(456~536)에게 견주어서 양명이 홀로 광대정미廣大精微한 심학을 궁구하여서 세상 사람이 밤마다 그가 펼치는 진제眞諦의 묘결을 들을 수 있게 되었음을 찬탄한 것이다. 서정경은 사실 이때 이미 중병을 앓고 있었는데 시기적절하게 양명 심학의 양약 한 첩이 그의 생사 문제에 침투하였으니, 그가 돌아간 뒤 정신과 의지가 어지럽지 않은 상태로 담담하게 죽음을 기다린 것은 이상하지 않은 일이었다. 그는 임종 전에 양명에게 묘지명을 써달라 부탁하였고, 양명은 담감천과 함께 직접 영택靈宅에 나아가 곡을 하고 제사하며 애도를 표하였다.

서정경과 면모가 유사한 안탕雁蕩의 또 다른 명사인 장달덕章達德은 사탁謝鐸(1435~1510)의 제자이며 다릉파茶陵派 시인이다. 그는 임협任俠과 의리를 행하기를 좋아하였고 형가荊軻(?~B.C.227)·반초班超(32~102)와 같은 사람이 되고자 하는 '기남자奇男子'였다. 세공歲貢으로 예부에 들어와 정시廷試에서 1등을 하였지만, 뜻밖에도 교직敎職에 나아가지 않고 북옹北雍에 들어가 경도의 중심지(輦下)에서 왕공 대신과 왕래하였다. 유근이 권력을 농단할 때 유대하劉大夏(1437~1516)가 체포되어서 감옥에 갇혔는데, 장달덕 홀로 팔호八虎의 큰 위세를 두려워하지 않고 날마다 감옥을 왕래하면서 유대하의 기거起居와

침식寢食을 시중들었다. 그는 또한 선진先秦의 자객을 본받아 손에 날카로운 칼을 들고 좁은 길 입구에 숨어서 유근을 찔러 죽여서 백성을 위해 해를 제거할 생각을 하였다. 사탁이 세상을 떠난 뒤 그는 천태天台로 돌아가지 않고 그대로 경도에 머무르며 양명과 감천에게로 전향하여서 배움을 묻고 도를 논하였다.

그는 서정경과 다른 방법으로 신선(仙)을 배웠다. 서정경은 도가 외단의 복식 수련에 탐닉하였는데, 이에 반해 장달덕은 황관·양명과 마찬가지로 도가 내단의 도인 수련을 매우 좋아하였다. 그리하여 그는 동향인 황관의 소개로 양명과 감천에게 와서 배움을 물었다. 양명은 주로 그와 함께 심학을 마음 터놓고 논하면서 동시에 도가 내단의 연기도인법煉氣導引法(*진공련형법)에 대해 토론하였는데 강설이 서로 대부분 합치하였다. 두 사람의 강학론도講學論道는 정덕 6년 가을까지 이어졌다.

담감천이 서울을 떠나 안남安南에 사신으로 가게 되었고 황관도 병을 핑계로 천태로 돌아가게 되자, 장달덕도 안탕으로 돌아가서 은거하며 잠심하여 수련할 결심을 하고서 시기를 기다렸다가 나아갔다. 경사의 문인과 선비들은 그를 당대의 '형가'와 같은 장사壯士로 인정하여서 앞다퉈 강개한 비가를 부르며 전송하고, 글을 모아서 『연시비가燕市悲歌』 한 권을 엮었다. 양명도 「형문衡門」을 읊은' 시 한 수를 짓고 또 특별히 『연시비가』를 위해 서문 한 편을 지어서 그 의의를 밝혔다. 사실 장달덕도 황관과 마찬가지로 양명과 감천의 명을 받들어 안탕으로 돌아가서 안탕산 자소봉紫霄峰 정상에 암자를 짓고 우거하며 양명과 감천이 오기를 기다려서 함께 배우고자 하였다.

황관은 나중에 「조장동안弔章東雁」에서 다음과 같이 말한다. "전에 왕·담 두 공과 함께 안산雁山에 은거하며 동안東雁(장달덕)을 주인으로 삼으려고 했는데 10년 허송세월 동안 세상을 떠나고 말았다. 이제 그 초가집을 지나노라니 두 공의 말씀이 아직도 벽에 남아 있다."[21]

숨어 살려고 십 년간 뜻을 품었더니	十年卜居意
사흘을 안탕 누각에 머무네	三日蕩陰樓
공연히 고반부만 남고	空留考槃賦
사슴들과 노닐기를 기다릴 수 없네	不待鹿糜游
비바람에 그대 생각 마음 아프고	風雨傷君夢
시내와 산에 고향 언덕을 물어보네	溪山問某丘
멀리 그리는 마음 소슬하니	遐心正蕭瑟
철새 오가는 가을에 비길까!	況值燕鴻秋

그러므로 양명은 「송장달덕귀동안서送章達德歸東雁序」에서 다음과 같이
말하였다.

장달덕이 동안으로 돌아가려고 하는데 석룡산인石龍山人(황관)이 그를 위
해 글을 청하였다. 이에 감천자가 「고반」에 의탁하였고, 양명자는 그를 위
해 「형문衡門」을 읊었다. 한자리에 있던 객이 어안이 벙벙하여서(啞然) 말하
기를 "이상하다! 두 분 선생님의 말씀을 나는 알지 못하겠다. 네 형체를 그
치게 하고 네 정기를 빛나지 않게 함이(夫閼爾形, 無瑩爾精) 옳다. 지금 이제
직책과 업무에 겨를이 없을 터인데 안탕을 돌아볼 생각을 하는가? 또한 저
장 선생은 안탕 태생이므로 거처할 만한데도 거처하지 않고 경사에서 여
러 해 의지하며 돌아가지 않았다. 이 두 편의 시는 그 바깥의 것을 사모한

---

21 『황관집黃綰集』 권3 「조장동안弔章東雁」.

다. 진실로 마음이 염담恬淡에 노닐고 복잡하고 더러운 세속의 바깥에 정신이 깃든다면 둘러막힌 좁은 공간(環堵) 사이라도 병하屛霞와 천주天柱가 없겠는가? 또 안탕은 어찌 반드시 암자를 지은 뒤에야 갈 수 있는가? 그렇지 않다. 천석泉石에 발걸음을 맡기고 이록利祿을 그 가운데 날려버리고 비록 늘 구름이 이는 정상이라도 여막을 얽어서 그곳에 거처할 수 있겠는가?'라고 하였다. 이에 양명자는 우러러 탄식하며 굽어 침묵하다가 마침내 응답을 하지 못하였다. 그 말을 기록하여서 장 선생께 보내며 말하기를 "객이 나의 두권杜權(아무런 움직임이 없는 곳에서 일어나는 변화의 기미)을 보고 갔다. 그대는 객의 말씀을 잊지 말고 또한 객의 말씀 때문에 감천자의 부탁을 잊지 말라." 하였다.[22]

양명이 말하는 '객'이란 "객이 나의 두권杜權을 보고"로 볼 때 아마도 석룡산인 황관을 가리키는 듯하다. 왜냐하면 그도 그 자리에서 장달덕을 보내며 다음과 같이 「연시비가서」 한 편을 지었기 때문이다.

아! 선생 같은 사람은 소탈한(倜儻) 장부이며 세속(塵埃)에서 강하게 떨쳐 일어나는 자라고 할 수 있다. 이런 까닭에 「비가」를 지은 것인가? 비록 그러하나 사물은 저마다 쓸모가 있으니 솥이 수레를 지탱하지 않고, 기둥이 이를 뽑는 데 쓰이지 않는다고 하여서 어찌 끝내 쓸모가 없는 것이겠는가? 만약 선생이 끝내 때를 만나지 못한다면 모두 하늘의 뜻이다. 하늘을 만나지 못한다면 성현도 무엇을 할 수 있겠는가? 이제 앞으로의 일은 천운(天)이며 시운(時)이니 나 또한 그것을 알고 있다. 대체로 장차 한두 동지와 함

---

22 『왕양명전집』 권22 「송장달덕귀동안서送章達德歸東雁序」.

께 관을 부수고 띠를 찢어버린 뒤 안산雁山을 바라보고 자취를 맡기려니 선생이 나를 위해 범과 표범(虎豹)을 몰아내고 부뚜막(樵爨)을 설치하겠는 가!²³

이는 양명의 서문에서 말하는 '객의 말씀'과 함께 서로 의미를 밝혀준다. 주의할 점은 양명이 『장자』의 우언寓言을 이용하여서 장달덕·황관과의 강학 론도를 논술한 것이니, 그것에 붙인 뜻이 심원하다.

『장자』「응제왕應帝王」은 열자列子, 무당 계함季咸, 성인 호자壺子가 도를 논한 내용인데, 호자는 계함에게 자기 도를 네 차례 보여주었다. 땅의 무늬(地文)로 보여주고, 하늘의 모습(天壤)으로 보여주며, 아득히 비어서 아무런 조짐이 없는 공허(太沖莫朕)를 보여주고, 아직 근원에서 벗어나지 않은 내 그대로의 본모습(未始出吾宗)을 보여주었다. 그 가운데 두 번째로 호자는 "내가 하늘의 모습으로 보여주겠다."라고 말하였다. 다음 날 (*열자가) 또 (*계함과) 함께 가서 호자를 만났다. 나와서 열지에게 말하기를 "다행입니다! 그대의 선생이 나를 만남이여. 내가 나은 것 같습니다. 완전히 살아났습니다. 내가 그의 두권을 보았습니다!"라고 하였다. 호자도 이렇게 말하였다. "지난번 내가 하늘의 모습으로써 보여주었는데, 이름과 실상이 들어가지 않았으나 생기(機)가 발꿈치에서 드러났으니 이는 거의 나의 착한 사람의 기틀을 본(見吾善者機) 것이다."²⁴

이것은 바로 양명이 말한 "객이 나의 두권을 보았다."라고 하는 말의 출처이다. 그가 말하는 "객이 나의 두권을 보았다."는 말은 곧 '나의 착한 사람

---

23 『황관집』 권11 「연시비가서燕市悲歌序」.

24 『장자莊子』 「응제왕應帝王」.

의 기틀을 보았다'라고 한 사실을 가리키니, 실제로는 그가 바로 황관·장달덕과 함께 학문을 강론할 때 그들에게 보여주었던 '심학'의 도, '심학'의 자아를 가리킨다. 그들이 "지인至人의 마음 씀씀이는 거울과 같아서 보내지도 맞아들이지도 않는다. (사물에) 응하되 감추지 않는다. 그러므로 사물에 대응하되 상하지 않는다."[25]라고 장자가 말한 정신적 경계에 도달하기를 바란 것임을 알 수 있다. 애석한 점은 장달덕이 안탕으로 돌아가 은거하여서 수양한 뒤 정덕 15년(1520)에 세상을 떠났기에 끝내 황관과 함께 다시는 세상에 크게 쓰이지 못했다는 사실이다.

양명이 경사에서 바로 이와 같이 마음 씀씀이를 거울과 같이 하는 당대 심학의 '호자'로서 선비와 문인들과 함께 학문을 강론하고 도를 논한 일은 강학론도를 펼치는 가운데 그들을 향해 '드러내 보인(現示)' 심학 자아의 본래 모습(本相)이다. 그가 '나의 두권을 보이고' '나의 착한 사람의 기틀을 보인', 학문을 강론하고 도를 논한 더욱 많은 대상은 역시 경도 관료세계의 관료 사대부들이었다. 천자의 발아래 있는 경사에서 관계에 모여 있는 사람들은 관방의 정주 이학을 존신하는 사대부들이었으나 역시 사상의 새로운 풍조에 영향을 받은 개화한 선비들로서 육구연과 진백사의 심학으로 전향한 사람들도 있어서 양명을 찾아와 함께 학문을 강론하고 도를 논하였다.

한림검토 목공휘穆孔暉, 한림편수 동기董玘도 회시 동고시관으로 선발되었기 때문에 양명과 함께 학문을 강론하고 도를 논할 기회가 더욱 많았다. 목공휘는 원래 양명이 향시에서 녹명하고 뽑은 제자인데 다만 처음에는 양명의 심학을 믿지 않았으나 이때 서울에 와서 양명을 만난 뒤 학문을 논하고 도를 물으면서 비로소 양명의 심학으로 전향하였다.

---

25 『장자』 「응제왕」.

황좌黃佐(1490~1566)는 다음과 같이 말한다.

공휘는 천성이 배움을 좋아하여 왕수인이 취한 선비이나 일찍이 그 설을
마루로 삼지 않고 송유를 박대하지 않았다. 만년에는 (왕수인의 학설을) 독
실하게 믿었고 선학의 돈종頓宗에 조예가 깊었다. 죽음에 임하여 게를 지
었는데 "이에 이르러 비로소 사람의 일을 끝냈다(到此方爲了事人)." 하는 구
를 지었다. 논하는 자가 이로써 공의 조예를 엿볼 수 있다고 하였다.[26]

목공휘의 이 사상적 변화는 서울에서 양명과 함께 다시 학문을 강론하면
서 시작되었다.
왕도王道는 목공휘의 이러한 사상적 변화를 다음과 같이 상세하게 언급하
였다.

처음 고문사古文詞에 뜻을 두어 그 오의奧義를 일찍이 엿보았다. 그것이 무
익함을 알고서 버린 뒤 다시는 일삼지 않았다. 이에 독실하게 정학正學에
뜻을 두고 의리를 궁구하여서 몸과 마음으로 체득하였다. 그 조예가 탁연
한 곳은 유학의 선배 군자들과 함께 성인에게 질정하여도 어긋나지 않음
에 이른 것이나 공은 스스로 이로써 족하게 여기지 않았다. 일찍이 이르
기를, 옛사람은 이치를 궁구하고 마음을 다하여서 명에 이르렀는데, 지금
은 성명性命의 근원에 대해 읽은 것을 익히기는 하나 애초에 아직 스스로

---

26 『남옹지南廱志』 권21. 『명사』 권283 「추수익전鄒守益傳」에서도 다음과 같이 말한다. "공휘
는 단정하고 전아하며 배움을 좋아하였다. 처음에는 왕수인의 학설을 마루로 삼으려고
하지 않았는데 오래되어서 이에 독실히 믿고 스스로 왕씨의 학을 한다고 하였으나 점차
석씨에 깊이 빠져들었다."

터득하지 못한다고 하였다. 돌아보아 견해가 있다 해도 어찌 속된 사상에 빠져든 것이 아님을 알겠는가 하였다. 이에 가린 울타리를 들추어 제거하고 (배움을) 힘써 넓히고 크게 하였다. 경의 가르침뿐만 아니라 비록 세상의 유학자들이 배척하여 부처나 노자(佛老)와 같은 이단으로 여긴 책이라 하더라도 모두 취하여서 정교하게 가려내고 상세히 해설하여서 우리 성인과 부합하게 한 뒤 이르기를 "본성 중에는 본래 이 분별상分別相이 없다." 하였다. 오랫동안 이렇게 하여 도의 근원을 꿰뚫어 보고 하나로 통달하였다. 일찍이 심학의 요체(心學之要)를 논하기를 "거울은 예쁘고 추한 것을 비추지만 예쁘고 추한 것은 거울(자체)에 들러붙어 있지 않다. 마음은 사물에 감응하는데 사물은 마음에 들러붙어 있지 않다. 저절로 오고 저절로 가며 감응에 따르고 고요함에 따르며 새가 공중을 날아가듯 하니 공허한 본체는 막힘이 없다(鑑照姸媸, 而姸媸不著於鑑. 心應事物, 而事物不著於心. 自來自去, 隨應隨寂, 如鳥過空, 空體弗礙)." 하였다. 이것을 보면 공이 터득한 바가 현묘하다는 것을 믿을 수 있다(*「목공공휘묘지명穆公孔暉墓志銘」).[27]

분명한 것은 목공휘도 양명과 함께 똑같은 사상 발전의 변전 역정을 거쳤다는 점인데, 이 사상의 변전 역정은 분명히 양명이 그와 함께 두 차례 서울에서 행한 강학론도에 그 흔적을 남겼다. 그가 총결한 '심학의 요체'도 양명의 심학 입설立說에 근본을 두었으니 결국 그 스스로 자기 심성의 학문을 '왕씨학王氏學'이라 명명한 것도 이상하지 않다.

양명의 시우詩友 호부좌시랑 교우喬宇도 정주 이학을 존숭한 관료 명사였다. 그는 저명한 다릉파 시인으로서 양일청의 제자이며 나중에 서애 이동양

---

27 『국조헌징록』 권70.

을 종유하였다. 그는 일찍부터 양명과 함께 강학하며 시를 주고받았다. 이때
두 사람이 서울에서 강학론도를 전개할 때 토론의 논점은 양명이 쓴 「송종백
교백암서送宗伯喬白巖序」에서 볼 수 있다.

대종백大宗伯 백암白巖 교 선생(교우)이 장차 남도에 이르렀는데 양명자를
지나가면서 학문을 논하였다. 양명자가 말하기를 "배움은 오롯함을 귀하게
여깁니다(學貴專)."라고 하였다. 선생이 말하기를 "그렇습니다. 나는 어려
서 바둑을 좋아하여 (바둑을 두느라) 먹어도 맛을 모르고 자도 잠자리를 잊
어버리고 눈으로는 다른 것을 보지 않고 귀로는 다른 것을 듣지 않았습니
다. 대체로 1년 만에 고을에서 손꼽히는 사람이 되었고, 3년 만에 나라 안
에서 나를 당할 자가 없었습니다. 배움은 오롯함을 귀하게 여깁니다!"라고
하였다. 양명자가 말하기를 "배움은 정통함을 귀하게 여깁니다(學貴精)." 하
였다. 선생이 말하기를 "그렇습니다. 나는 자라서 문사文詞를 좋아하여 글
자마다 추구하였습니다. 여러 역사서를 연구하고, 여러 학문(百氏)을 탐구
하였습니다. 대체로 처음에는 송과 당의 자취를 따랐으며 종국에는 한漢
과 위魏(의 문장)에 젖어들었습니다. 학문은 정통함을 귀하게 여깁니다!"라
고 하였다. 양명자가 말하였다. "학문은 바름을 귀하게 여깁니다(學貴正)."
선생이 말하기를 "그렇습니다. 나는 중년에 성현의 도를 좋아하여 바둑 두
던 것을 뉘우치고 문사를 부끄럽게 여겼기에 마음 쏟을 곳이 없었습니다.
그대는 어떻게 생각하십니까?"라고 하였다. 양명자가 말하기를 "옳습니다!
바둑을 배우는 것도 배움이며 문사를 배우는 것도 배움이며 도를 배우는
것도 배움입니다. 그러나 귀결은 멉니다. 도는 큰길(大路)입니다. 이것에서
벗어나면 가시밭길이며 목표에 도달할 수 있는 자가 드뭅니다. 이런 까닭
에 도를 오로지해야 이에 오롯하다 하며, 도에 정통해야 이에 정통하다고

할 수 있습니다. 바둑에 오로지하되 도에 오로지하지 않으면 오로지함이 빠져버립니다(溺). 문사에 정통하고 도에 정통하지 않으면 정통이 치우칩니다(僻). 도는 넓고 큰 것이니 문사의 기능은 여기에서 나옵니다. 그러나 문사를 기능으로 삼는 자는 도에서 거리가 멉니다. 이런 까닭으로 오롯함이 아니면 정통할 수 없고, 정통하지 않으면 밝아질 수 없으며, 밝지 않으면 성실할 수 없습니다. 그러므로 이르기를 '정밀하고 한결같아야(惟精惟一)' (한다고) 하였습니다. 정통함은 정밀하게 하는 것입니다. 오로지함은 한결같이 하는 것입니다. 정통하면 밝아지고 밝아지면 성실해집니다. 이런 까닭으로 밝음은 정통하게 하는 것이며, 성실함은 한결같이 하는 기초입니다. 하나는 천하의 큰 근본이고, 정밀함은 천하의 큰 쓰임입니다(一, 天下之大本也, 精, 天下之大用也). 천지의 화육化育을 알아야 할 텐데 하물며 말단인 문사의 기능을 추구한다는 말입니까?" 하였다. 선생이 말하기를 "그렇습니다! 내가 장차 죽을 때까지 이를 한다면 후회해도 늦을 것입니다."라고 하였다.[28]

두 사람은 본래 '기예로 도에 나아가는(技進於道)' 문제를 토론하였는데 중간에 각자 거의 같은 사상 발전의 변전 역정을 전개하였다. 양명은 특별히 '배움은 바름을 귀하게 여기고' '도를 배움'을 강조하여서 '도에 오로지하고' '도에 정통하기'를 요구하였는데, 이는 바로 도를 배우고, 도를 오로지하고, 도에 정통하는 대본의 문제를 마음의 '정밀하고 한결같이 하는'(＊默坐澄心) 공부론과 연계시켜서 마음의 정밀하고 성실하며 오로지하고 한결같음을 강조하여 "하나는 천하의 큰 근본이고, 정밀함은 천하의 큰 쓰임"이라고 인식하였다. 이는 심학 본체공부론의 근본 명제이다. 교우는 비록 정주학을 존숭하였지만

---

28 『국조헌징록』 권7.

마음으로 기뻐하고 성실하게 복종하듯이 양명 심학의 관점을 인정하였다.

교우는 아주 빨리 남경 예부상서로 전임하여서 서울을 떠났기 때문에 양명은 그와 함께 더 이상 토론을 진행할 수 없었다. 그러나 석담石潭 왕준汪俊(1493, 회시 장원)과 함께 강학론도를 행하는 가운데 더욱 깊이 토론을 전개할 수 있었다. 한림편수 왕준도 주학을 존숭하는 서울의 중견 인물 가운데 한 사람이었다. 그는 주도적으로 문에 올라 양명과 함께 학문을 논하였으며 주학의 시비 득실을 토론하였다. 두 사람은 중용학中庸學에서부터 갈고닦아 깊이 들어갔는데 토론이 『중용』의 '이발미발已發未發'설, 이정二程의 '체용일원體用一源'설, 주희의 '심통성정心統性情'설 등에 이르렀을 때 왕준은 풀리지 않은 의문이 더욱 증폭되었다.

그는 돌아간 뒤 양명에게 편지를 보냈는데 "어제 토론한 문제는 일대의 의문(疑難)입니다."라고 하였다. 이는 마음의 미발이발설을 가리키는데 왕준은 줄곧 마음이 '미발'의, '적연부동寂然不動'의 본체 상태로는 존재하지 않는다고 인식하여서 "아침부터 저녁까지 일찍이 적연부동한 때는 있지 않다."[29] 하였는데, 이는 사실 양명의 '묵좌징심'(*主靜)설을 겨냥하여서 한 말이다.

양명은 곧 긴 편지로 답을 하면서 한 걸음 더 나아가 다음과 같이 분석하여서 말한다.

 …… 저 희로애락은 정情이니 이미 미발未發이라고 말할 수 없습니다. 희로애락의 미발은 그 본체를 가리켜 말한 것이니 성性입니다. 이 말은 자사子思에게서 나온 말이며 정자程子가 처음 한 말은 아닙니다. 집사께서는 이미 옳지 않다고 생각하신다면 마땅히 자사의 『중용』에서부터 시작하십

---

29 『왕양명전집』 권4 「답왕석담내한答汪石潭內翰」.

시오. 희로애락이 생각 또는 지각과 관련된 것은 모두 마음(心)이 발한 것입니다. 마음이 성과 정을 통솔하는데(心統性情), 성은 마음의 본체(心體)이며 정은 마음의 작용(心用)입니다. 정자가 말하기를 "마음은 하나인데 본체를 가리켜 말한 것이 있으니 적연부동이 이것이다. 작용을 가리켜 말한 것이 있으니 감이수통이 이것이다(心, 一也. 有指體而言者, 寂然不動是也. 有指用而言者, 感而遂通是也)."라고 하였습니다. 이 말에는 이미 덧붙일 것이 없으니 집사께서는 애오라지 체용體用의 설을 궁구하십시오. 본체와 작용은 근원이 하나입니다. 본체가 작용이 되는 까닭을 알면 작용이 본체가 되는 까닭을 알 것입니다. 비록 그러하나 본체는 은미하여서 알기 어렵고 작용은 뚜렷하여서 보기 쉽습니다. 집사의 말씀 또한 마땅하지 않습니까? "아침부터 저녁까지 일찍이 적연부동한 때는 있지 않다."고 하셨는데, 이는 작용은 보고서 그 본체는 알지 못한 것입니다. 군자는 학문을 함에 작용을 근거로 해서 그 본체를 탐구합니다. 정자가 "이미 생각했다면(旣思)"이라고 한 말은 곧 이발已發이며, 이미 지각이 있다면 곧 움직인 것입니다. 이는 모두 희로애락이 미발한 때에 중中을 구하는 것을 말함이지 미발이 없음을 말하는 것이 아닙니다. 주자는 미발의 설에 대해 처음에는 역시 의심을 하였는데 지금 그 집주 중에서 남헌南軒(장식張栻)과 논란하고 변석한 것은 대체로 수십 차례 논쟁을 한 뒤 확정한 것으로서 그 설이 바로 지금의 『중용주소中庸注疏』입니다. 이 문제에 대해서는 역시 구차하지 않습니다. 그가 "계구로부터 요약하여서 지극히 고요한 가운데에 이르고, 근독으로부터 정밀하게 하여서 사물에 대응하는 상황에 이른다(自戒懼而約之, 以至於靜謹獨精之中, 自謹獨而精之, 以至於應物之處)."라고 한 것만은 역시 조금 지나치게 분석한 것입니다. 그러나 훗날 독자들이 마침내 나누어서 두 가지(兩節)로 만들어서 적연부동하고 고요하여서 존양存養하는 때가 별도로 있는 것으로 의

심하고 계신공구戒愼恐懼하는 마음이 늘 있음을 알지 못하였는데, 공부란 애초에 조금도 쉬는 때가 없으며 반드시 보이지 않고 들리지 않는 곳에서부터 존양하는 것은 아닙니다. 또한 우리 형께서는 동動하는 곳에서 공부를 하여서 사이에 끊어짐이 없게 하십시오. 동함에 화和하지 않음이 없으면 정靜은 중中하지 않음이 없으니 이른바 적연부동의 본체는 당연히 저절로 알게 됩니다. …… 그러나 주자는 다만 지각한 것은 있으나 지각의 설이 없으니 역시 밝지 못한 것입니다. 우리 형께서 의심하는 것은 대체로 역시 견해가 있습니다. 다만 그것을 의심하는 까닭은 목이 메었다고 해서 먹지 않는 과오가 있는 것이니 살피지 않으면 안 됩니다. ……[30]

양명은 심체가 곧 일종의 '적연부동'한 '미발'의 존재 상태라는 인식을 견지하였다. 그가 보기에 희로애락의 미발은 마음의 본체를 가리키며, 희로애락의 이발은 감정(情)을 가리킨다. 마음은 감정과 본성을 통솔하는데 본성은 마음의 본체이며 감정은 마음의 작용이다. 따라서 체용일원體用一源이라는 철학의 시각에서 볼 때 미발은 본체이고 이발은 작용이며, 미발과 이발은 체용일원이며 현미무간顯微無間이다. 만약 마음의 적연부동한 '미발'의 본체가 존재한다는 사실을 부정한다면 이는 곧 '심체'를 부정하는 것과 다름없어서 작용은 있으나 본체가 없는(有用無體) 것이니, "이는 작용은 보고서 그 본체는 알지 못한 것"이다.

여기서 양명은 사실 자기 '묵좌징심'의 심학을 변호하고 있다. 왜냐하면 '묵좌징심' 공부의 전제가 바로 심체의 적연부동한 본체의 존재를 승인해야만 비로소 고요한 가운데 대본大本과 달도達道(*理)를 체인하고 마음의 본체를 징

---

30 『왕양명전집』 권4 「답왕석담내한」.

관징觀할 수 있기 때문이다. 만약 심체의 적연부동한 '미발'의 존재를 부정하면 '묵좌징심', '정중체인'도 귀결할 곳이 없어서 공중누각으로 변하고 만다. 그러므로 양명은 "동함에 화하지 않음이 없으면 정은 중하지 않음이 없으니 이른바 적연부동의 본체는 당연히 저절로 알게 된다." 하고 강조하였다.

그는 이로 말미암아 특별히 주희의 "계구로부터 요약하여서 지극히 고요한 가운데에 이르고 근독으로부터 정밀하게 하여서 사물에 대응하는 상황에 이른다."라고 한 논법을 '나누어서 두 가지로 만들었다'고 비판하였다. 주희의 이 논법은 사실 그의 경지쌍수敬知雙修 공부론의 정확하고 철저한 개괄이었다. 앞 구절의 "지극히 고요한 가운데에 이른다"는 말은 '경을 주로 한 체인(主敬體認)'을 가리키며, 뒤 구절의 "사물에 대응하는 상황에 이른다"고 한 말은 '치지격물致知格物', '분수체인分殊體認'을 가리킨다. 양명은 주희의 향내적 '주경체인'(*묵묵히 앉아서 마음을 맑게 함)은 긍정하고 향외적 '치지격물'(*처한 상황에서 천리를 체인함)은 부정하였다.

여기서 한 걸음 더 나아가 양명은 심학사상의 발생에 중요한 변화의 새로운 동향을 드러냈다. 용장역에 폄적되기 전에는 진백사의 '묵좌징심, 체인천리'를 자기 심학의 종지로 삼았다고 한다면, 용장역에서 나온 뒤에는 '묵좌징심, 지행합일'을 자기 심학의 종지로 삼고 향외적 '수처체인천리隨處體認天理'를 떨쳐버렸다. 이는 자기 심학에 대한 새로운 상승과 자아의 승화로서 양명이 담약수와 서울에서 다시 성학의 모순을 함께 토론한 논쟁의 초점이 되었다. 양명과 왕준의 강학론도는 바로 이 지점에서 그와 담약수가 성학을 함께 강론하는 논변에 호응을 이루었다.

왕준도 이 점에서 여전히 양명의 관점을 인정하지 않았다. 그는 회신에서 이정二程의 '정성定性'설을 이용하여서 자기의 관점을 변호하였다. 이에 양명은 다음과 같은 편지로 다시 회답하였다.

…… 오직 미발의 설은 종내 감히 옳다고 여기지 않습니다. 대체로 희로애락은 저절로 이발, 미발이 있으므로 미발일 때 희로애락이 없다고 하는 것은 옳지만 희로애락에 미발이 없다고 하는 것은 옳지 않습니다. 지금 희로애락에 미발이 없다고 한다면 이발은 본래 이발이며 미발도 이발입니다. 그런데 반드시 정자의 움직임도 안정이고 고요함도 안정(動亦定, 靜亦定)이라는 설에 억지로 합치하려고 한다면 움직임도 움직임이고 고요함도 움직임이니 자사의 취지를 터득하지 못한 것일 뿐만 아니라 정자의 뜻에도 역시 합치하지 않는 것이 아니겠습니까? 집사께서는 총명함이 남다르니 옛사람의 말씀에서 다 궁구할 수 있을 터인데 오직 이것은 마치 다 합치하지는 않은 듯합니다.[31]

이 회답에서는 문제의 관건을 더욱 간단명료하게 말하였다. 그러나 왕준은 여전히 자기 관점을 견지하였고 다시 변론을 이어갈 생각이 없어서 "헤아리건대 곧바로 합치할 수는 없으니 원컨대 우선 그대로 두고 아마도 앞으로 더 많은 의론을 해야 할 것입니다."라고 회신하였다. 양명은 마지막으로 회답하기를 "처음 가르침을 얻었는데 마침내 내버려두고 다시 의론하지 않으려 한다면 제가 노형께 이렇게 해서는 안 됩니다.", "이는 제가 우리 형께 크게 바라는 바가 아닙니다."[32]라고 하였다. 그와 왕준의 강학론도는 끝내 '유산'되고 말았다.

양명이 서울에서 만난 많은 사람은 바로 왕준과 같은 완고한 보수적인 존주 학자들이었다. 양명은 그들과 강학론도를 개진하는 가운데 대부분은 합치

---

31 『신간양명선생문록속편新刊陽明先生文錄續編』 권2 「답왕억지答汪抑之」 서1.

32 『신간양명선생문록속편』 권2 「답왕억지」 서2.

하지 못하였다. 사실 이때 서울에는 왕준보다 더욱 유명한 존주 학자들이 매우 많았고 그들이 양명에 대항해 논전을 전개하였다.

함곡산인函谷山人 상보尙寶의 사승司丞 허호許浩(1499, 진사)는 본래 양명과 동년인데 두 사람의 교제가 가장 두터웠다. 그러나 허호는 주희의 이학을 창도하여 밝혀서 이미 대강大江(장강) 남북에 이름을 떨쳤다. 그는 북쪽에서 주학을 강하고 양명은 남쪽에서 심학을 강하여서 나란히 이름을 날렸다.

근재近齋 주득지朱得之(1485~?)가 다음과 같이 말한다.

> 내가 옛날 국학에 벼슬하고 있을 때이다. 동향의 허괵전許虢田이라는 자는 함곡 선생(*허호)의 총사冢嗣(적장자)였는데, 하루는 나에게 말하기를 "듣기에 그대는 양명의 학문을 강한다고 한다."고 하여서 나는 응대하지 않았다. 괵전이 말하기를 "양명과 선인은 동년 가운데 가장 우의가 두터웠고 또 뜻을 같이하였다. 나중에 서로 이별하였다가 몇 년 뒤 다시 만났을 때 옛날 선인이 배운 것을 가지고 입증하려고 하였다. 양명이 한동안 미소를 지으며 말하지 않고 있다가 이르기를, 우리는 다만 자기 이야기만 할 뿐 옛날 것을 뒤집어서 무엇을 하겠는가 하였다. 선인의 학문은 대체로 육경에 근본을 두었는데 양명은 그렇지 않았다."라고 하였다.[33]

"서로 이별하였다가 몇 년 뒤 다시 만났을 때"라고 한 말은 바로 정덕 6년(1511) 정월에 허호가 기용되어서 상보의 사승이 되고, 서울에서 양명과 함께 강학론도를 개진한 사실을 가리킨다. 나중에 왕정상王廷相(1474~1544)이 말하기를 "이때 이학을 강하는 자로는 북쪽에서는 공(*허호)을 일컫고 남쪽에

---

33 『우서천선생의학소기尤西川先生擬學小記』 권6 「기문紀聞」.

서는 왕양명을 일컬었다. …… 저서로는 『통감전편通鑑前編』, 『도서관견圖書管見』, 『도통원류道統源流』, 『시고詩考』, 『역참易參』, 『춘추이견春秋易見』, 『중용본의中庸本義』, 『성학편性學編』 등이 있다."[34]라고 하였는데, 그의 학문은 완전히 정주 이학에 근본을 두어서 양명의 강학과는 남쪽으로 간다면서 북쪽으로 길을 잡는(南轅北轍) 것과 같았음을 알 수 있다.

주학을 존숭한 또 한 사람의 대가는 경야涇野 여남呂柟(1479~1542)이다. 그는 정덕 3년(1508) 과거에서 장원하여 이름이 사림에 널리 알려졌는데, 이때 그도 다시 기용되어서 한림수찬翰林修撰이 되었고 양명과 늘 강학을 하였다. 그 스스로 말하기를 "옛날 내가 사관史官으로 있을 때 양명자가 전부銓部에 있었는데 여러 차례 교류할 수 있었다. 『논어』를 풀이하는 것이 매우 마음에 흡족하였다."[35]라고 하였다.

그는 비교적 두루뭉술하게 말했지만 나중에 등구鄧球(1559, 진사)는 『황명영화류편皇明泳化類編』에서 이 일의 실상을 다음과 같이 밝히 드러냈다.

이때 육백재陸伯載 홍재弘齋(육징陸澄)와 추겸지鄒謙之 동곽東廓(추수익)이 모두 일찍부터 양명을 종유하였는데 두 사람은 자주 양명의 학문으로 선생(여남)에게 따졌다(難). 선생이 말하기를 "내가 감히 양명의 학문을 옳다고 하겠는가? 내가 감히 양명의 학문을 옳지 않다고 하겠는가?" 하였다. 두 사람이 말하기를 "그대의 말과 같으면 양 극단을 잡는 것에 가깝지 않은가?" 하였다. 선생이 말하였다. "그렇지 않다. 옛날에 선정先正은 한 마디, 한 글자로 사람을 계발했는데, 하물며 양명의 학문은 세속의 문장을 외우는 번

---

34 『내대집內臺集』 권5 「허호묘지명許浩墓志銘」.

35 『경야선생문집涇野先生文集』 권6 「증옥계석씨서贈玉溪石氏序」.

거로움을 문제 삼고, 세상의 추세(世途)가 세력과 이익을 다투는 것을 병으로 여겼다. 이에 근본을 궁구하고 근원을 탐구하여 가까운 곳에서 먼 곳으로 미쳤다. 그러고 말하기를 행함이 곧 앎이라 하였으니 앎은 본래 배우지 않고서도 아는 것(良)이라 또한 어찌 일찍이 옳지 않겠는가? 다만 사람의 품성(人品)은 같지 않아서 병폐를 가진 것이 또한 다르다. ······ 만약 보는 것과 지키는 것을 나란히 거론하고, 앎과 행함이 나란히 진보하는 것은 오직 성인이라야 할 수 있다고 말한다면 양명의 학문은 중인中人 이상이 비록 혹 미칠 수 있으나 중인 이하는 아득히 귀결할 곳이 없다. 그러므로 『논어』에서 말하지 않은 것인데 또한 어찌 일찍이 다 옳겠는가? 그러하나 속유俗儒로 말하자면, 그들은 양지를 잊어버리고 또 행함이 급하다는 점을 알지 못한다. 그 폐단은 백성을 해치고 나라를 병들게 하는 데 이르니 양명의 학문을 어찌 대수롭지 않게 여길 수 있겠는가?"[36]

여남이 언급한 '『논어』를 풀이한' 것이라 한 말은 실제로는 양명이 『논어』를 해설하면서 '지행합일'을 논한 사실을 가리키는데, 여남은 비록 어정쩡한 (模稜兩可) 태도를 취하고는 있으나 양명의 '지행합일'을 반대하는 점은 매우 분명하다. 명대 사람이 말하기를 "이때 천하에서 배움을 논하는 자는 왕수인에게 귀의하지 않으면 담약수에게 귀의하였는데, 홀로 정주程朱를 지켜서 변하지 않은 자는 오직 여남과 나흠순뿐이었다."[37]라고 하였다. 나흠순은 이때 멀리 남도에 있었고, 그와 이름을 나란히 하는 존주 학자 왕정상은 이때 경도에서 감찰어사를 맡고 있었다. 그는 아예 양명을 찾지 않았고 함께 강학론도

---

36 『황명영화류편皇明泳化類編』 권44 「여경야선생呂涇野先生」.

37 『명사明史』 권282 「여남전呂枏傳」.

를 하지도 않았다.

양명은 주자학을 존숭하는 명사와 강학론도를 전개하면서 좌절을 겪었지만 이는 천하의 기롱을 무릅쓴 채 육학을 변무하고 심학을 크게 넓히려는 그의 결심을 결코 흔들지는 못하였다. 그는 새로운 사조의 영향을 받은 후진 선비들과 함께 강학론도를 전개하는 데 더욱 집중하였으며, 많은 사람을 '왕문王門'으로 끌어들였다.

용천甬川 장방기張邦奇는 정덕 5년에 기복起復되어서 서울로 들어와 한림 검토를 맡았다. 그는 비록 남들로부터 정주 이학을 존신하는 사명四明의 명사로 지목되었지만 역시 담약수와 왕양명의 새로운 학설에 마음을 기울였다. 그리하여 양명이 경사에 도착하자마자 곧 감천과 양명에게 와서 배움을 물었고 학문을 강론하면서 서로 많이 부합하였다. 정덕 6년 9월에 이르러 장방기는 귀성하게 되어서 사명으로 돌아가는데 양명이 기발한 생각을 하여(別出心裁) 그와 '마음(心)'을 논하는 강학을 전개하고 그 답한 내용을 이별에 임하여서 증여하는 말로 삼았다.

장방기가 먼저 물었다. "떠날 때가 되었는데 제게 무엇을 주시렵니까?"

양명이 대답하였다. "아홉 달이나 함께 지냈는데 아무런 말을 한 적이 없었습니다. 이별할 때가 되어 말을 많이 하겠습니까?"

장방기가 말하였다. "이는 저(邦奇)의 잘못입니다. 비록 그러하나 반드시 제게 해주실 말씀이 있을 터입니다."

양명이 곧 물었다. "문사文詞에 솜씨를 부리고 많은 논설을 하고 널리 탐구하고 끝까지 살핌을(廣採極覽) 넓은 것(博)으로 삼는데, 이를 배움으로(學) 삼을 수 있겠습니까?"

장방기가 대답하였다. "(무슨 말씀인지) 알겠습니다."

양명이 또 물었다. "명물名物을 변별하고 도수度數를 고찰하고 경전을 해석하고 역사를 정확하게 아는 것을 치밀한 것으로 삼는데, 이를 배움으로 삼을 수 있겠습니까?"

장방기가 대답하였다. "알겠습니다."

양명이 또 물었다. "얼굴빛(容色)을 정돈하고 말씨(詞氣)를 닦으며 말은 반드시 믿음직하고 행동은 반드시 과단성 있고 인의를 담론하는 것을 행함으로 삼는데(言必信, 行必果, 談說仁義, 以爲行也), 이를 배움으로 삼을 수 있겠습니까?"

장방기가 대답하였다. "알겠습니다."

양명이 다시 물었다. "이 세 가지를 제거하고 그 마음을 염담하게 하며 그 기운을 전일하게 하고 탁 트이게 넓혀서 비우고 담연하여 안정된 것을 고요함으로 삼는데(恬淡其心, 專一基氣, 廓然而虛, 湛然而定, 以爲靜也), 이를 배움으로 삼을 수 있겠습니까?"

장방기가 한참 침묵하다가 대답하였다. "역시 알겠습니다."

양명이 곧 말하였다. "그렇습니다. 잘 알고 계십니다. 옛날 군자는 오직 알지 못하는 바가 있은 뒤에 알 수 있었습니다. 후세의 군자는 오직 알지 못하는 바가 없었으니 이 때문에 혹 알지 못함이 있는 것입니다. 도에는 근본이 있고 배움에는 요령이 있으니 옳고 그름의 변별은 정확하고 의와 이익의 사이는 은미한데, 이는 내가 (능력을) 믿을 수 없는 것입니다. 어찌 역시 잠시 알지 못한다고 여겨서 잠시 의심하고 잠시 생각하지 않습니까?"

장방기가 급히 말하였다. "좋습니다! 알지 못함이 없다 하는 것은 바로 아는 바가 없는 까닭입니다. 청컨대 나를 위해 양명 선생께서 끝까지 말씀 해주십시오. 앎의 도는 지금의 의혹을 제거하는 것인데 비록 그러나 내가 어찌 감히 앎을 말하겠습니까? 지극히 신령한 것은 하늘이고, 지극히 밝은 것은 사람이고, 지극히 은미한 것은 마음입니다. 내가 모두 알지 못하는 것이니 내가 어찌 감히 안다고 말하겠습니까?"

양명이 곧 물었다. "어째서 지극히 신령한 것을 하늘이라 합니까?"

장방기가 답하였다. "하늘의 도는 천하를 분명하게 잘 보되 시각이 없고, 천하를 똑똑하게 잘 듣되 청각이 없습니다. 이런 까닭으로 하늘의 도는 은미하고도 뚜렷하며(微顯) 분명하고도 그윽하되(闡幽), 은미하고도 뚜렷하고 분명하고도 그윽한 것도 아닙니다. 천하에서 도는 뚜렷하지도 않고 그윽하지도 않습니다. 소리가 있으면 하늘이 듣고 소리가 없어도 하늘이 듣습니다. 형체가 있으면 하늘이 그것을 보고 형체가 없어도 하늘이 그것을 봅니다. 어찌 뚜렷하고 은미한 사이가 있겠습니까? 눈과 귀에 국한한 사람은 보고 듣지 못하는 것에서부터 말하여서 그윽하다고 하는데 하늘이 이와 같은 것을 미워하여 좇아서 그윽하게 하고 은미하게 하는 것입니다. 이것이 손익損益, 영허盈虛의 이치입니다."

양명이 곧 한 걸음 더 나아가 물었다. "그렇다면 왜 지극히 밝은 것을 사람이라고 합니까?"

장방기가 대답하였다. "눈과 귀로 보고 듣는 자는 어리석은 사람입니다. 통달한 자의 견문은 하늘과 같습니다. 이런 까닭으로 어리석은 사람은 옳고 그름, 선과 악을 의심하나 달관한 자는 이를 깨닫습니다. 깨달은 자는 변별하고 의심하는 자는 풀이합니다. 그러면 천하가 모두 깨닫게 됩니다. 이런 까닭으로 천하의 일은 오래되면 안정되지 않음이 없습니다."

양명이 다시 한 걸음 더 나아가 물었다. "어째서 지극히 은미한 것을 마음이라고 합니까?"

장방기가 대답하였다. "의념과 사려(念慮)가 가운데(中, 마음)에서 싹트는데 지극히 정밀한 자가 아니면 살피지 못합니다. 살피지 않으면 내 마음을 알 수 없습니다. 내 마음을 알지 못하면 사람을 알 수 없습니다. 사람을 알지 못하면 하늘을 알 수 없습니다. 하늘을 알지 못하면 하늘을 두려워하는(畏天) 까닭을 알지 못하며, 사람을 알지 못하면 사람을 두려워하는(畏人) 까닭을 알지 못하며, 마음을 알지 못하면 마음을 두려워하는(畏心) 까닭을 알지 못합니다. 마음은 내 마음입니다. 또한 두려워하는 것도 오히려 다하지 못하는데 하물며 두려워하는 까닭을 알지 못한다면 내가 어찌 감히 안다고 말하겠습니까? 안씨의 아들(안연顏淵)이 선하지 않음이 있으면 그것을 알지 못한 적이 없었는데 그것은 스스로 앎이 이와 같이 밝은 것입니다. 오직 공자가 그것을 알고서 말하기를 그 마음이 '석 달을 인에서 어기지 않는다(三月不違仁).' 하였으니, 사람을 알아봄이 이와 같이 은미한 것입니다. 옛날 군자는 어찌 이와 같이 알지 못함이 없었던 것입니까? 먼 것이 가까이서 시작함을 알고(知遠之近), 바람이 불어오는 곳을 알고(知風之自), 은미한 것이 뚜렷함을 아는 것이(知微之顯) 앎의 시작입니다. 앎에 미치면 귀신에게 질정하여도 의문이 없고, 백세에 성인을 기다려도 의혹이 없습니다(質諸鬼神而無疑, 百世以俟聖人而不惑)."

양명이 급히 일어나 서서 말하였다. "좋습니다! 지극히 성스러운 것은 하늘이니 재앙과 복이 결부되어 있습니다. 지극히 밝은 것은 사람이니 주고 빼앗는 것이 결부되어 있습니다. 지극히 은미한 것은 마음이니 참과 거짓이 결부되어 있습니다. 우리 선생께서는 장차 앎으로 나아갈 것입니다. 나에게 앎을 가르치셨습니다!"[38]

---

38 『왕양명전집』 권7 「별장상보서別張常甫書」; 『장문정공우옥루집張文定公紆玉樓集』 권4 「별양명자서別陽明子序」.

이는 양명이 경사에서 '상국유'를 하는 가운데 월중越中의 선비, 학자들과 함께 벌인 강학론도의 겨우 한 차례 전체 과정의 기록이다. 그중에서 우리는 양명이 순순히 잘 이끄는(循循善誘) 심학의 대사로서 잘 타일러(從容) 계발하는 대화 가운데 알게 모르게 심학의 '사거리(敎中)' 안으로 학문을 논하는 선비들을 끌어들였음을 알 수 있다. 그의 "그 마음을 염담하게 하며 그 기운을 전일하게 하고 탁 트이게 넓혀서 비우고 담연하여 안정된 것을 고요함으로 삼는" 것과 "말은 반드시 믿음직하고 행동은 반드시 과단성 있고 인의를 담론하는 것을 행함으로 삼는" 것을 질문으로 삼은 것은 사실 이미 그의 '묵좌징심, 지행합일'의 심학 본체공부론을 철저하게 표현하여서 장방기가 그의 심학 본체공부론을 따라 사고를 하도록 이끌었던 것이다.

양명과 장방기가 이별에 앞서 강학한 한 막을 목도한 황관은 「근친을 하러 가는 태사 장상보께 드리다(贈張太史常甫省覲)」 한 수를 지어서 그들을 대신하여 두 사람이 함께 강학하고 구도를 하는 지언知言의 마음속 소리를 표현하였다.[39]

장 태사를 만나 마음을 터놓고	傾蓋張太史
도를 논하여 마침내 서로 친해졌네	論道遂相親
도가 어찌 말에 있겠는가만	道亦何有言
말은 도가 아니면 사라지네	言微道將湮
옛날 배움을 좋아한 맹자와 안자는	孟顏古好學
말을 알았고 인을 어기지 않았네	知言不違仁
주렴계와 정자는 요체를 잡아매어서	周程系機要

---

39 『황관집』 권2 「증장태사상보성근贈張太史常甫省覲」.

천년 뒤 다시 한번 새롭게 했네	千載重一新
오늘은 또 황폐하고 거칠어져서	荒蕪又今日
말씀을 구해도 끝내 진리에 어둡네	求言總迷眞
삶과 죽음은 취한 듯 꿈꾸는 듯	醉夢錯生死
어지럽고 잡스러운 소리 으르렁대네	亂雜聲狺狺
귀를 막고 어찌 차마 듣겠는가?	掩耳豈忍聽
들으려 해도 찌푸리지 않을 수 없네	聽之不堪顰
내 마땅히 관을 벗어 걸어놓고 떠나	予當掛冠去
구름 속 바닷가에 초가집 지으리라	結茅雲海濱
손으로는 푸른 해를 붙잡고	手握靑桑日
앉아서는 너른 바다의 먼지를 엿보리라	坐伺滄溟塵
태사는 평소 지역의 인망이 있고	太史雅地望
하물며 다시 왕성한 청춘인데	況復富靑春
잠시 고향 집에 다니러 간다니	暫指親庭去
끝내는 돌아와 궁궐에서 일을 하리	終還陪紫宸
나와 견줄 수 없음을 이미 알고 있으나	已識非予比
그를 얻어 친하고 믿을 수 있으리	得此可親信
알선하고 실어주고 덮어주는 가운데	斡旋覆載中
풍속을 순박하게 하리	以使風俗淳

　더욱 주목을 끄는 일은 양명이 서울에서 월중의 선비, 오중吳中의 선비, 강우江右의 선비와 함께 강학론도를 하는 동시에, 특별히 양전楊珽·방헌부方獻夫(1485~1544)·조선명趙善鳴(1501, 거인)·진광陳洸(1478~1534)·정일초鄭一初(1476~1513) 등과 같은 영남嶺南의 선비와 교유하며 강학하였다는 사실이다.

영남은 백사 심학의 발원지이다. 그리하여 영남의 선비들은 대다수 백사 심학의 훈도와 영향을 받아 사상적 활약을 하였다. 정덕 연간(1506~1521) 이래 백사 심학의 기풍이 크게 열려서 영남의 선비들도 동남쪽의 벽지에서 벗어나 멀리 경도로 나아가 '상국유'를 하였는데, 그들 중 어떤 이는 백사의 제자였고(*예를 들어 장후張詡·양전·담약수·조선명·오정거吳廷擧), 어떤 사람들은 백사의 심학을 존신하였고(*예를 들어 방헌부·종방鍾芳), 어떤 이들은 감천을 따라 배움을 물었고, 어떤 이들은 양명의 왕학에 마음을 기울였다(*예를 들어 진광·정일초).

서초西樵 방헌부는 이때 이부에서 낭중을 맡았는데 직위가 양명보다 높았으나 도리어 불치하문不恥下問으로 '하료下僚'인 양명에게 배움을 묻고 공손하게 제자의 예를 갖추었으며, 양명이 서울에서 강학할 때 도를 묻고 배움을 받은 가장 주요한 '동지'가 되었다. 방헌부 스스로 말하기를 "20년 전 나(某)는 다행히 같은 관료로서 선생에게 계발받은 것이 많았는데 지금 오히려 뚜렷하게 눈으로 보는 듯하다. …… 나는 일찍이 누차 변론을 하였는데 선생도 틀렸다고 여기지 않았으니, 그 뜻은 오늘날 학자들의 병을 치료하는 데 급히 약을 처방하려는 것이었다."[40]라고 하였다. 양명이 말하기를, 방헌부의 학문은 한 해에 세 차례 변화하였는데 바로 양명의 강학론도로 격발을 받고서 돌연 비약하여 맹렬하게 진보하였던 것이다.

이해 가을과 겨울에 이르러서 방헌부는 병을 핑계로 서초로 돌아갔는데 양명은 「별방숙현서別方叔賢序」 한 편을 지어서 그들 두 사람이 강론한 '성인의 도'를 다음과 같이 담론하였다.

---

40 『서초유고西樵遺稿』 권7 「제왕양명문祭王陽明文」.

나는 숙현과 두 해를 함께 보냈는데 숙현의 학문을 보니 모두 세 차례 변하였다. 처음에는 사장辭章을 숭상하다가 변하여 강설講說을 하였고 또다시 변하여 개연히 성인의 도에 뜻을 두었다. 바야흐로 사장을 숭상할 때 나와는 얼음과 숯의 관계 같았다. 강설을 하면서는 나에게 부합하는 것과 위배된 것이 반반이었다. 성인의 도에 뜻을 둠에 이르러서는 패연히 나와 취향이 같았다. 드디어 장차 서초 산중으로 떠나게 되었는데 그 뜻을 성취하였으니 숙현은 또한 잘 변하였다고 할 수 있다. 성인의 학문은 무아無我를 근본으로 삼고 용감하게 성취하는 것이다. 내가 처음 숙현과 동료同僚가 되었을 때 그는 낭중이었기 때문에 일과 직위가 나보다 높았다. 학문이 매번 변함에 이르러서는 날마다 나에게 공손하게 예를 갖추었으며, 마침내 스스로 문생門生이라 일컫고 나를 선각先覺으로 대하였다. 이는 세속에서 벗어난 견해를 갖고 무아에 초연한 자가 아니고서는 할 수 없다. …… 저 숙현이 잘 변하고 무아의 용기로 진보하면 성인의 도에 이름에 무슨 어려움이 있겠는가! 이 도는 세상에 울림이 끊어진 지 300년인데(絶響於世餘三百年) 숙현의 아름다움이 이와 같다. 이로써 즐거이 우리 무리(吾黨)를 위해 말한다.[41]

"세상에 울림이 끊어진 지 300년"으로 볼 때 양명과 방헌부가 강론한 '성인의 도'는 바로 육씨 심학이며, 방헌부의 학술이 세 차례 변하고 세 차례 새로워져서 양명 심학으로 전향하였음을 알 수 있다.

이 밖에 영남의 선비 조양潮陽의 진광(*세걸世傑)도 정덕 6년(1511) 초에 경사에 와서 양명에게 배움을 물었는데, 그는 양명의 첫 번째 영남 제자라 할

---

41 『왕양명전집』 권7 「별방숙현서別方叔賢序」.

수 있다. 이해 12월에 게양揭陽의 정일초가 입조하러 경사에 와서 감찰어사가 되었다. 진광은 곧 그에게 양명을 소개하고 찾아가서 배움을 묻게 하였다. 양명은 늘 정일초와 함께 낮부터 밤까지 강학론도를 하였고 마침내 그로 하여금 '미혹에서 깨달음으로', '구학舊學'에서 '성학'으로 전향하게 하였다.

나중에 양명은 「제정조삭문祭鄭朝朔文」에서 정일초와 서울에서 학문을 강론한 일을 다음과 같이 추억하였다.

> 신미년(1511) 겨울, 경사에서 입조하였다. 군(정일초)은 어사가 되었고, 나는 전사銓司(이부)에 머물렀다. 군은 진세걸(진광)의 소개를 받고서 내가 자질이 있다고 잘못 판단하였다. 나는 이 평가를 사양하였으나 받아들이지 않았기에 시체처럼 굳은 표정을 하였다. 군은 일찍이 나에게 "성인은 배움으로써 이를 수 있습니까?"라고 물었다. 나는 "그렇습니다. 사념을 극복하면(克念) 가능합니다."라고 답하였다. 은미한 내용과 심오한 뜻을 함께 분석하였다. 밤이 새도록 근본을 탐색하고 원천을 궁구하였다. 군은 기뻐하며 나에게 말하기를 "이전에는 길을 몰랐으나 지금은 깨달았으며, 이전에는 여러 갈래의 길에 빠졌으나 지금은 큰길을 걸어갑니다. 아! 학문이 끊어진 지 이에 몇 해입니까!" 하였다.[42]

담약수도 말하기를, 자파자紫坡子 정일초는 "어사가 되었는데 사람들이 모두 드높였으나 홀로 제일 먼저 양명 선생을 섬기며 스스로 스승을 얻었다 하고, 옛 학문을 버리고 그에게 배웠으니 참으로 스스로 많은 복을 구한 사람

---

42 『왕양명전집』 권25 「제정조삭문祭鄭朝朔文」.

인가!"[43] 하였다.

설간薛侃(1486~1546)도 말하기를, 정일초는 "경사에서 양명 선생을 스승으로 삼아 날마다 횡산橫山(＊서애)・약계葯溪(＊고응상) 등 여러 현자들과 질문하고 궁극을 탐구하여서 비로소 성인의 학문을 들었다."[44]라고 하였다. 서애는 『전습록』에서 양명과 정일초가 서울에서 강학론도하는 비범한 한 막을 다음과 같이 기록하였다.

정조삭鄭朝朔(정일초)이 물었다. "지극한 선은 역시 모름지기 사물에서 추구해야만 하는 것입니까(至善亦順有從事物上求者)?" 선생이 답하였다. "지극한 선이란 다만 이 마음이 바로 궁극의 천리에 순수한 것(此心純乎天理之極)입니다. 다시 사물에서 어떻게 구하겠습니까(更於事物上怎生求)? 또한 몇 건을 시험 삼아 말해보십시오." 조삭이 말하였다. "또한 예를 들어, 부모를 섬김에 어떻게 따뜻하고 서늘함을 절도에 맞게 하며, 어떻게 봉양을 마땅하게 할지 모름지기 합당함을 구해야 비로소 지극한 선입니다. 그리하여 배우고 묻고 생각하고 변별하는 공부가 있는 것입니다." 선생이 말하였다. "만약 다만 따뜻하고 서늘함을 절도에 맞게 하고 봉양을 마땅하게 하는(溫淸之節, 奉養之宜) 것은 하루 이틀 강구하면 그만인데 배우고 묻고 생각하고 변별함을 어디에 쓰겠습니까? 오직 따뜻하고 서늘한 때에는 역시 다만 마음을 궁극의 천리에 순수하게 하며, 봉양할 때에는 역시 다만 이 마음을 궁극의 천리에 순수하게 할 뿐입니다. 곧 묻고 배우고 생각하고 변별하는 공부가 아니면 장차 털끝만 한 차이가 천 리나 벌어지는 잘못을 면하지 못합니다.

---

43 『천옹대전집』 권56 「자파자전紫坡子傳」.

44 『설간집薛侃集』 권7 「정자파전鄭紫坡傳」.

그리하여 비록 성인이라도 오히려 '정일精一'의 가르침을 더한 것입니다. 만약 다만 그러한 의절儀節을 합당하게 하는 것만 지극한 선이라고 한다면 이는 곧 지금 분회자扮戲子(연극배우)가 하는 것과 같으니, 허다한 따뜻하고 서늘하게 해드리고 봉양하는 의절을 합당하게 분장하기만 하면 또한 지극한 선이라고 할 수 있을 것입니다."[45]

여기서 두 사람은 숨기고 드러내지 않은 주륙 학문의 논변을 진행하고 있는데, 논변의 초점은 '성즉리性卽理'와 향외의 '격물구리格物求理'이냐 아니면 '심즉리心卽理'와 향내의 '구리어심求理於心'이냐이다.

정일초의 원래의 '구학'은 바로 주학을 가리키며, 그가 배운 '성인의 학문'은 바로 육학을 가리킨다. 정일초는 이치(理)가 사사물물에 있으며 이로 인해 지극히 선한 이치는 "역시 모름지기 사물에서 추구해야만 하는 것"이라고 인식하였다. 양명은 단도직입적으로(一針見血) 그의 '구학'의 병폐를 지적하여서 이치(理)는 내 마음에 있으며 지극한 선이 마음의 지극한 이치임을 인정하여서 "이 마음은 궁극의 천리에 순수하니" 어떻게 "다시 사물에서 무엇을 추구하겠는가?"라고 하였다. 따라서 사람들의 "따뜻하고 서늘함을 절도에 맞게 하고, 봉양을 마땅하게 하는" 어버이 섬김은 내재하는 마음의 지극한 이치를 준행하려는 것이니 이에 비로소 '지극한 선'이라고 할 수 있다. 만약 다만 따뜻하고 서늘하게 하며 봉양하는 어버이 섬김의 외재적 예절을 표면적으로만 강구한다면 바로 연기자가 분장을 하고 가짜 연기를 하는 것과 같으니 '지극한 선'이라 일컬을 수 없다. 이는 바로 양명이 영남의 선비 학자들과(*담약수를 포괄하여) 주륙 학문의 동이를 연구하고 토론하는 논변의 초점이다.

---

45 『왕양명전집』 권1 「전습록」 상.

양명이 경사에서 선비 학자들과 벌인 모든 강학론도는 모두 이 근본적인 문제와 논점을 둘러싸고 전개되었다. 또한 바로 이 근본적인 문제의 논변에서 양명과 담약수가 서울에서 새로이 성학을 함께 토론하면서 갈라진 근본적인 분기와 그들의 심학사상이 다르게 발전하는 방향이 확실히 드러났다고 할 수 있다.

심학 변론:
왕·담·황 세 학자(三家), '이 도를 함께 맹서하다(共盟斯道)'

　사실 경사에서 양명이 여러 학자(各家), 여러 학파(各派)의 선비 학자들과 전개한 강학론도 모두 그와 담약수, 그리고 황관 세 학자 공동의 성학 토론을 축심으로 진행되었다. 이들 세 사람은 평생 성학을 함께 토론하기로 맹세하고 서울에서 심학을 강론하는 핵심 단체를 결성하였다. 황관이 말하듯이 "우리 세 사람은 자신의 직무 외에 조금이라도 틈이 나면 반드시 모여서 강론을 하며 음식을 먹고 기거를 하면서 날마다 함께하고 저마다 서로 격려하며 갈고닦았다."[46] 하고, "이에 두 선생의 뜰에서 날마다 반드시 내 자취를 남겼다."[47]라고 한 것과 같다. 담약수도 말하기를 "세 사람은 서로 기쁘게 대화하였으며 뜻이 합하였다."[48] 하고, "나와 양명자는 함께 이 도를 맹세하고서 마치 형제와 같았다."[49] "나는 오랫동안 그 손자 후군도사後軍都事 황관과 종

---

46 『왕양명전집』 권38 「양명선생행장」.

47 『황관집』 권11 「별감천자서別甘泉子序」.

48 『왕양명전집』 권38 「양명선생묘지명」.

49 『천옹대전집』 권52 「기제해일루시寄題海日樓詩」.

유하였는데 그 문장과 행실과 학술이 참으로 연유가 있었다. 그러나 곧바로 염락濂洛으로 나아가서 게으르지 않았고 매우 빨리 옛 성현의 영역으로 달려갔다."[50]라고 하였다. 이는 바로 이일한李一瀚(1505~1567)이 말한 "(*황관은) 왕수인 공, 담약수 공과 함께 종신의 맹세를 하였는데 끊어진 학문을 강론하여서 밝히고 함께 세상의 교육(世教)을 부지하기로 하였다."[51]라고 한 것이다.

다만 홍치 18년(1505)의 양명과 담약수의 공동 성학 제창은 백사의 '묵좌징심, 체인천리'를 세워서 두 사람이 함께 존중하고 지키며 창도한 심학의 종지를 삼은 것으로서 각자 천석闡釋한 내용을 서로 인정하고 사상에서 많은 부분이 합치하였다고 할 수 있다. 그렇다면 정덕 6년(1511)에 이루어진 양명과 담약수의 공동 성학 토론은 도리어 두 사람이 심학사상에서 잠재적 분기를 폭로하였다. 두 사람이 원래 함께 준수한 '묵좌징심, 체인천리'의 심학 종지는 타파되었고, '공창共倡'은 '공변共辨'으로 변하였으며, 논변을 하는 쌍방의 심학사상에 대한 인식의 시비득실, 의문의 분석은 두 사람 사이에 미봉하기 어려운 사상의 골을 만들어냈다. 그들은 2월 1일에 만나서 성학을 강론하였는데, 두 사람의 사상의 분기는 곧 드러나기 시작하였다.

8월에 이르러 양명은 담약수를 위해 지어준 「증한림원편수담공묘표贈翰林院編修湛公墓表」에서 두 사람에게 은연중 존재하는 강론의 분기점을 드러냈다.

아! 성학이 어두워져서 중도를 행하는 선비가 드물어졌다. 세상은 바야흐로 맹목적으로 아부하는 것을 재주로 삼고, 바야흐로 특이한 일에 힘을 쏟아 어지러이 본말을 뒤섞고 있으니 누가 옳고 그름의 귀결을 정하겠는가!

---

50 담약수, 「독정헌선생존고발讀定軒先生存稿跋」; 『동산황씨종보洞山黃氏宗譜』 「시문詩文」 권1.

51 이일한, 「황공관행장黃公綰行狀」 『국조헌징록』 권34.

대체로 공야장公冶長(B.C.519~B.C.470)은 감옥에 갇혀 있었으나 중니仲尼는 그의 죄가 아님을 분명히 알았으며, 광장匡章은 온 나라가 불효자라 하였지만 맹자는 그를 변론하였으니 그런 뒤에야 예모를 차릴 바가 있게 되었다. 강직하고 굽히지 않으며 떨쳐 일어나고 힘쓰는(剛狷振礪) 선비가 독자의 행위를 하였다가 세속에 위배되어서 세상이 그를 미워하고 싫어하여 끝내 기울고 버려지고 넘어지고 떨어진다. 또 자기 죄가 아닌데 더럽혀지는 것을 이루 다 말하랴! …… 공의 아들 담약수는 염락濂洛의 학문을 추구하여서 당대의 명유가 되었으며, 진사가 되고 국사 편수의 관직을 지냈다. (그의 학문과 성취의) 근원을 헤아리고 실마리를 찾아보니 공의 덕이 더욱 드러난 것이다.[52]

양명과 담약수 두 사람이 함께 성학을 논하며 논쟁을 한 분기와 논점은 담약수가 나중에 「전왕양명선생문奠王陽明先生文」에서 다음과 같이 함축적으로 총결하였다.[53]

장안에 모였으니	聚首長安
신미년 봄이라	辛未之春
형은 이조에 복귀하여	兄復吏曹
내 이웃에 살았네	於我卜鄰

---

52 『왕양명전집』 권25 「증한림원편수담공묘표贈翰林院編修湛公墓表」. 『왕양명전집』에는 이 묘표 아래 '임신壬申'이라고 주를 달았는데, 이는 오류이다. 지금 남아 있는 '왕수인이 짓고 글씨를 쓴(王守仁撰竝書)' 묘표의 잔비殘碑를 보면 "정덕 신미 8월에 세우다(正德辛未八月立)."라고 되어 있다. 리예밍黎業明의 「담약수연보湛若水年譜」를 참조하라.

53 『천옹대전집』 권57 「전왕양명선생문奠王陽明先生文」.

공무를 본 뒤 휴식을 하며	自公退食
앉아서 음식을 서로 나누었네	坐膳相以
마음과 정신을 보존하고 기르며	存養心神
의문을 분석했네	剖析疑義
내 말하기를 성인의 학문은	我云聖學
천리를 체인하는 것	體認天理
천리는 어디에 있는가?	天理何有
탁 트여 드넓은 것일 뿐이라 하니	曰廓然爾
형은 마음으로 깨달아	兄時心領
옳다 그르다 말하지 않았네	不曰非是
성인의 지엽을 말하자면	言聖枝葉
노담과 석씨가 있지	老聃釋氏
내 말하기를 가지가 같으면	余曰同枝
반드시 뿌리가 하나이니	必一根柢
한 뿌리에 난 가지는	同根得枝
이윤과 백이와 유하혜라네	伊尹夷惠
부처가 우리 공자에게는	佛於我孔
뿌리와 줄기가 아예 둘이라 하였네	根株咸二

담약수는 여기에서 그와 양명이 함께 성학을 논하면서 두 가지 분기가 있었음을 말하였다. 하나는 '처한 상황에 따라 천리를 체인하는(隨處體認天理)' 것에 대한 인식이고, 또 다른 하나는 '세 가르침의 동근同根, 동원同源'에 대한 인식이다. 이는 두 사람이 과거에 함께 인가하고 창도한 백사의 '묵좌징심, 체인천리'의 심학 종지의 인식에 미묘한 변화가 일어나고 있음을 밝히 드러

낸다. 그들은 '묵좌징심'의 인식에서는 그대로 일치하고 변함이 없었으나 다만 '체인천리'의 인식에서 뜻밖의 분기와 쟁의爭議를 낳았다.

본래 이통李侗이 주장한 '묵좌징심, 체인천리'의 '묵좌징심'은 고요한 가운데의 체인을 가리킨다. 마음은 모든 이치를 포함하므로(*心卽理) 모름지기 고요한 가운데 심리心理를 체인해야 한다고 인식한다. '체인천리'는 분수의 체인(*理一分殊)을 가리킨다. 이치가 사사물물에 있으므로 모름지기 분수에 나아가 물리物理를 체인하고 격물구리格物求理를 해야 한다고 인식한다. 고요할 때에는 징관澄觀하여서 심리를 체인하고, 움직일 때에는 분수에서 물리를 체인하여서 움직임과 고요함이 관통하고 간격이 없으며 안과 밖이 합일하는 데 도달하는 것이다. 백사와 감천은 이통의 '묵좌징심, 체인천리'를 모두 이와 같이 이해하였고 아울러 이로 인해 이통의 '이일분수'와 '분수체인'을 받아들였는데, 이러한 이해는 결코 잘못이 없다.

'체인천리'의 인식에서 백사와 담약수는 더욱 천리가 '확연대공廓然大公'하며 우주를 가득 채우고서 한 이치(一理)가 흩어져서 만 가지로 달라짐을 강조하였다. 그리하여 한 이치가 분수에 있고 이치는 사사물물에 있으니 반드시 처한 때에 따라, 처한 상황에 따라 천리를 체인하고 사물의 이치를 격구格求하여야 한다고 하였다. 이를 위해 그들은 이통이 주장하는 '체인천리'를 눈에 띄게 보완하고 수정하여서 '일상생활에서 처한 상황에 따라 천리를 체인하는(隨處於日用中體認天理)' 것이라고 하였는데, 그 뜻은 분수에서 체인하며 일에 나아가거나 사물에 나아가 체인하여서 그 이치를 격구하는 것이다(*이 또한 이통의 본래 뜻과 부합한다).

나중에 담약수는 「묵지당기默識堂記」에서 다음과 같이 말한다. "양명 왕공이 나에게 탐문하여 말하기를 '천리는 어떠합니까?' 하였다. 응답하기를 '천리는 무엇에 응합니까? 확연대공합니다.' 하였다. 양명이 말하기를 '예. 그렇습니다.' 하였다. 애초에 같지 않음이 없었는데 나중에 문인이 서로 그 전승을 잃어버렸다."[54] 이것이 가리키는 바는 양명과 담약수가 장안에서 폭넓게 강학론도를 전개하면서 '체인천리'를 토론할 때 분명히 그들이 '처한 상황에 따라 천리를 체인하는' 것에 대한 인식에 이미 분기가 일어났음을 암시한다는 것이다. 그러므로 담약수는 나중에 말하기를 "형은 이때 분명히 깨닫고서 옳지 않다고는 하지 않았다."라고 하였는데 의심할 바 없이 일종의 꾸며서 가린 말이다. 왜냐하면 담약수가 말하는 '천리의 확연대공'에서 '확연'은 이치의 광대함을, '대공'은 이치의 보편성을 가리키는데, 이는 바로 이통과 주회가 말하는 '이일분수'이기 때문이다. 그러나 양명이 말하는 '확연대공'은 마음의 확연대공으로서 마음이 만 가지 이치를 포함하고 있으며 마음의 이치가 우주를 가득 채우고 있는 것이다.

'묵좌징심'이 '심즉리'의 본체론과 긴밀하게 연계되어 있다고 한다면 '수처체인'은 바로 '분수체인'의 공부론과 긴밀하게 연계되어 있다. 백사와 감천은 이통의 '묵좌징심, 체인천리'를 받아들일 때 동시에 이통(*및 주회)의 '이일분수'와 '분수체인'도 받아들였다. 그러나 양명은 이통의 '묵좌징심, 체인천리'를 받아들일 때 도리어 이통(*및 주회)의 '이일분수'와 '분수체인'을 인정하지 않았다.

두 사람의 사상에 대한 모순과 분기는 자연 '분수체인', '수처체인천리'에서부터 생겨났는데 그들은 '수처체인천리'를 저마다 다르게 독해하였다. 담약수는 이통의 '분수체인'으로 '체인천리'를 해석하고 한 걸음 더 나아가 일상생활에서 처한 상황에 따라 천리를 체인할(*격물구리) 것을 강조하였다. 양명은 이통의 '고요한 가운데 체인'함으로써 '체인천리'를 해석하였는데, 여기

---

54 『천옹대전집』「부록」「묵지당기默識堂記」.

서 말하는 '체인천리'는 결코 처한 상황에 따라 격물구리하는 향외적 '체인'을 가리키는 것이 아니라 이통이 말하는 정관 가운데에서 대본과 달도를 체인하는 '체인'으로 인식하는 것이다. 그는 '체인천리'를 '묵좌징심' 가운데에 거둬들여서 집어넣었는데 '체인천리'는 바로 묵좌징관의 체인천리를 가리키며, '체인천리'가 곧 '묵좌징심'이니 이것들을 나누어서 두 갈래(兩節)로 할 수는 없다. 양명의 천석은 진백사의 '묵좌징심, 체인천리'의 심학 종지에 내재한 모순을 소멸하고 그것을 진정하고 완전한 심학 본체공부론의 명제로 승화시켰다.

이러한 양명과 담약수의 '묵좌징심, 수처체인천리'의 논변은 두 사람 모두가 사상의 분기와 모순을 공개하여 폭로할 생각이 없었기 때문에 토론과 관련한 서신과 자료가 보존되어 있지 않다. 다만 두 사람의 강론에 황관이 함께함으로써 세 사람이 성학을 공동으로 논하였고 또 양명과 그 밖의 선비, 학자들의 강학론도와 연계되었기 때문에 사람들은 여전히 양명과 황관 및 그 밖의 선비 학자들의 강학에서 양명과 담약수의 '수처체인천리'를 논변한 대체적인 정황을 알 수 있었다. 두 사람의 논변은 이통·주희·백사의 '이일분수', '분수체인'의 인식에서부터 시작되었다. 담약수는 이통의 '이일분수'와 '분수체인'은 확고부동한 것이며, 백사가 말하는 '체인천리'는 바로 이통이 말하는 '분수체인'이라는 인식을 견지하고 있었다.

여러 해 뒤 담감천은 「여양사덕與楊仕德」 편지에서 분명하게 자신의 이러한 인식을 말하고 있다.

> 편지에서 물으신 바 입지立志에 관한 양명의 가르침은 저의 견해(鄙見)인
> 이일분수의 설과 본래 병행하며 서로 어긋나지 않습니다. 입지는 그 뿌리
> 이며 이일분수는 바로 착수하여서 공부를 하는 곳입니다. 대체로 세우려

는 바의 뜻은 이것을 뜻하는 것일 뿐입니다. 만약 이 이치를 보지 못한다면 뜻하는 바가 어떤 일인지 알지 못합니다. 예컨대 사람이 경사로 가려고 한다면 이것이 입지입니다. 경사에는 허다한 문물이 있으며 선왕의 예악이 끼친 교화는 하나하나 모두 지극한 이치를 갖고 있으니 이것이 이일분수의 설입니다. 오직 이것이 사모할 만하고 즐길 만함을 알기에 이로 인해 뜻이 더욱 독실해지며 반드시 이르기를 추구하여서 저절로 그만둘 수 없는 것입니다.[55]

나중에 그는 「천관정사어록天關精舍語錄」에서 다시 다음과 같이 말한다.

> 백사 선생이 임집희林緝熙(임광林光, 1439~1519)에게 말하기를 "이 이치는 한 곳이라도 이르지 않는 곳이 없고, 한순간이라도 움직이지 않는 것이 없다(此理無一處不到, 無一息不運). 이 요체를 손에 넣을 수 있다면 다시 무슨 일이 있겠는가?" 하였다. 다만 이 몇 구는 이일분수가 모두 그 가운데에 있다. 다만 이일분수는 한 이치이며, 다시 두 이치가 없다. 부자夫子(공자)가 냇가에서 탄식한 것은 곧 한 구절로 다 말하였으니 어찌 일찍이 이와 같이 힘을 낭비하지 않았지 않은가? "이로부터 나아가 더욱 분수처에서 이해해야 한다." 이는 곧 임집희가 공부한 배움의 힘을 말한 것인데, 개괄하여 말하자면 체용일원體用一源, 현미무간顯微無間이다.[56]

이른바 "이 이치는 한 곳이라도 이르지 않는 곳이 없고, 한순간이라도 움

---

55 『천옹대전집』 권8 「여양사덕與楊仕德」.
56 『천옹대전집』 권13 「천관정사어록天關精舍語錄」.

직이지 않는 것이 없다." 하고 '체용일원, 현미무간'이라고 한 것은 바로 '이 일분수'를 가리키는 것으로서, 이치는 분수에 있으며 사물 가운데 있으니 모름지기 분수에 나아가 이일(理一)을 체인하면 곧 사사물물에 나아가 그 이치를 격물구리하는 것임을 인정한 것이다. 이는 바로 백사와 감천의 '수처체인천리' 사상의 철학 본체론의 근거이다. 사실 담약수의 이 두 가지 자료는 정덕 6년(1511)에 서울에서 양명과 심학을 논변할 때 자기 사상을 완전히 반영하여서 기록한 것이다. 양명은 바로 이 근본적인 문제를 둘러싸고 담약수·황관과 함께 변론을 전개하였다.

이에 관한 가장 좋은 증거는 정덕 7년 2월 담약수가 서울을 떠나 안남安南에 사신으로 가는 길에 지은 「배를 양가장에 정박하고서 은괄하여 응원충에게 주는 말(舟泊梁家莊檃括與應原忠語)」이라는 시이다.[57]

만물은 우주 간에서	萬物宇宙間
혼륜한 한 기운	混淪同一氣
가득 채우고 흘러 운행하니	充塞與流行
그 본체는 실로 둘이 없네	其體實無二
가운데에 찬연한 것이 있어	就中有粲然
하나에서 만 가지 이치가 되네	卽一爲萬理
이를 벗어나 만 가지 이치를 찾음은	外此以索萬
몸을 버려두고 따로 팔을 구함이네	舍身別求臂
흐르는 물과 솔개와 물고기가	逝川及鳶魚
밝고 밝은 이치를 또렷이 보여주네	昭昭已明示

---

57 『천옹대전집』 권40 「주박양가장은괄여응원충어舟泊梁家莊檃括與應原忠語」.

내 마음 진실로 가려지지 않는다면	我心苟不蔽
어쩌면 이에서 나올 수 있으리!	安能出於是
그침을 알면 이에 정함이 있으니	知止乃有定
움직임과 고요함이 원래 다르지 않네	動靜原非異
보면 곧 혼륜하게 화하니	見之卽渾化
이를 이름하여 크게 지혜롭다 하네	是名爲大智
그다음은 고요히 기름에 있고	其次在靜養
경건함에는 마음의 얽매임이 있네	敬有爲心累
잊지 말고 조장하지 말지니	勿忘以勿助
그 기를 지극히 간단하고 쉽네	其機極簡易
아! 저 세간의 선비는	嗟彼世間儒
허둥지둥 사사로운 뜻을 일으킨다네	憧憧起私意
저절로 무위에 근본을 두면	自然本無爲
확연히 하늘땅과 짝하네	廓之配天地

"만물은 우주 간에서 혼륜한 한 기운, 가득 채우고 흘러 운행하니 그 본체는 실로 둘이 없네."라고 한 구절은 바로 '이일분수'를 가리키며, "가운데에 찬연한 것이 있어, 하나에서 만 가지 이치가 되네."라고 한 구절은 바로 분수체인, 즉물구리, 수처체인천리를 가리킨다. 또한 "그침을 알면 이에 정함이 있으니, 움직임과 고요함이 원래 다르지 않네.", "그다음은 고요히 기름에 있고, 경건함에는 마음의 얽매임이 있네. 잊지 말고 조장하지 말지니"라고 한 구절은 바로 묵좌징심을 가리킨다. 이 성리性理의 시는 담약수의 전체 심학사상 체계를 정교하게(精辟) 요약 정리하였는데(睪括), 사실 이는 그가 양명, 황관과 함께 세 사람이 한 해 동안 심학을 논변한 총결의 회답이다.

시에서 교정한 담약수와 응량應良(1480~1549)의 말이란 그가 이때 응량에게 써준 「증별응원충길사서贈別應原忠吉士敍」를 가리킨다. 그 서敍에서 다음과 같이 말한다.

> 응자應子(응량)라는 이는 참(實)으로써 스스로를 신뢰하고 빔(虛)으로써 받아들였다. 나는 그 사이에 그와 가득 채우고 흘러 운행하는(充塞流行) 이치와 느껴서 통하고 오가는(感通往來) 기틀을 논하여서 대략 지엽으로 흐름(支離)을 제거하고 하나로 통틀어서 귀결하였다(統會). …… 세상에는 본래 홀로 세속의 바깥(物表)에 우뚝 서서 천지를 두루 통하여서 무리(徒)로 삼으며 창해를 포괄하여서 도량(量)으로 삼아 무궁에 노니는 것은 또한 무엇 때문인가? 『역』에서 이르기를 "인한 사람은 이를 보고 인이라 하고, 아는 사람은 이를 보고 앎이라 한다(仁者見之謂之仁, 知者見之謂之知)."고 하였으니 도에 밝은 자가 아니면 어느 누가 알 수 있겠는가? 『중용』에서 이르기를 "지혜로운 자와 현명한 자는 지나치고, 어리석은 자와 모자라는 자는 미치지 못한다(知者, 賢者過之, 愚者, 不肖者不及也)." 하였으니 현명하고 지혜로운 자는 그 마음 씀이 지나친 자이며, 어리석고 모자라는 자는 그 마음 씀이 적은 자이다. 그 마음을 지나치게 쓰고 적게 쓰는 자는 도에 참여하기에 부족하다. 그러므로 쓰되 쓰지 않는 기틀이 있으니 천지자연의 본체를 보고 잊지도 말고 조장하지도 말아야 이 도의 큰 전체를 얻을 수 있다.[58]

비교하자면 함축적으로 쓴 서敍와 간명하게 표현한 시는 모두 양명이 보라고 쓴 내용으로서, 양명이 한 해 동안 담약수의 '수처체인천리'를 비평하자

---

58 『천옹대전집』 권15 「증별응원충길사서贈別應原忠吉士敍」.

이에 응답하려 한 것이다. 왜냐하면 근본적으로 '수처체인천리'의 문제는 실질적으로 역시 '격물치지'의 문제이기 때문이다. 곧 마음은 온갖 이치를 포함하고 있으며 내 본성은 자족하고 마음에서 이치를 구하는 것인가, 아니면 이치는 사물 가운데 있으며 격물궁리하고 처한 상황에 따라 체인하는 것인가 하는 문제이다. 이는 한 해 동안 양명이 선비 학자들과 함께 행한 전체 강학의 기조이며 양명과 담약수, 황관 세 사람이 함께한 심학 논쟁의 초점이다.

양명은 정일초와 강학하면서 정일초의 "지극한 선은 역시 모름지기 사물에서 추구해야만 한다(至善亦須有從事物上求者)."라고 한 설법을 비평하여서 지극한 선은 마음의 지극한 이치이니 응당 내 마음(吾心)에서 구해야 하며 사물에서 구할 수 없다고 인식하였다. 이는 분명히 담약수의 '수처체인천리'를 비판하고 부정하는 것이다.

양명은 왕준과 강학하면서 심체는 적연부동한 '미발'의 본체 존재이며 고요한 가운데 심리를 체인하고 심체를 징관하는 것을 긍정하였다. 그는 주희의 "계구戒懼로부터 요약하여서 지극히 고요한 가운데에 이르고, 근독謹獨으로부터 정밀하게 하여서 사물에 대응하는 상황에 이른다."라고 한 설법이 체인 공부를 '두 가지로 나누는' 것이라고 비평하였다. 이는 분명히 담약수의 '묵좌징심, 수처체인천리' 역시 체인 공부를 '두 가지로 나누는' 것이라고 비평한 것이다.

양명은 황관, 응량과 함께 강학을 하면서 마음은 밝은 거울과 같으니 모름지기 '닦아내는(刮磨)' '이면을 향한(向裏面)' 공부를 통렬하게 하여서 그 마음을 바로잡아야 한다고 인식하였다. 황관 역시 사람의 마음은 거울과 같아서 '티끌(垢)을 모두 제거하는' 내면을 향한 공부를 반드시 더해야 한다고 인정하였다. 표면적으로 그는 양명의 심학을 완전히 인정하고 담약수의 '처한 상황에 따라 천리를 체인하는' 사상을 부정하였다.

그리하여 황관이 편지를 써서 근사近思, 절문切問에 대한 강론의 공부를 알려줄 때 양명은 즉시 다음과 같이 회신하였다.

알려주신 바 근사, 절문의 말씀으로 공부가 치밀함을 충분히 알게 되어서 매우 위안이 됩니다! 나에게 더해지는 일이 내가 원하는 바가 아니라면 남에게도 더하지 않습니다. 내가 원하는 것이 마음이 원하는 바에서 나온 것으로서 모두 저절로 그러한 것이라도 억지로 하지 않으며 남에게 베풀지 않습니다. 이런 것은 힘쓴 뒤에야 가능한데 이것이 인仁과 서恕가 변별되는 것입니다. 그러나 서는 인을 구하는 방법으로서 바로 우리들이 일삼아야 합니다. 자로子路의 용기를 부자夫子가 인이라고 인정하지 않은 까닭은 용기를 좋아했으나 사리를 헤아리는 바가 없었기 때문이니, 용감한 것이 반드시 모두 천리의 공변됨에서 나오는 것은 아닙니다. 군주를 섬기되 어려움을 피하지 않는데, 인한 사람은 이와 같이 하는데 지나지 않습니다. 그러나 이 뜻밖의 녹(食輒之祿)이 의가 아님을 알지 못하면 용기는 미망한 바가 아니며, 용기는 인이 될 수 없습니다. 그러나 용기는 인의 바탕이 되니 바로 우리가 오히려 결여한 바입니다. 저의 견해가 이와 같으니 밝으신 분은 어떻게 생각하십니까?[59]

양명은 여기서 인과 충서의 도를 논하고 있는데, 다만 스스로 그 마음을 추구하여서 이면을 향해 심체心體(*仁體)에서부터 착수하여 공부를 해야 '천리의 공변됨에서 나올' 수 있다고 강조하였다. 이 편지에서 말하는 내용은 비교적 함축적이다. 4년 뒤 정덕 10년(1515)에 양명은 황관에게 보낸 편지에서

---

59 『왕양명전집』 권4 「여황종현與黃宗賢」 서1.

다음과 같이 진실한 말을 하고 있다.

사람을 죽일 때에는 목구멍(咽喉)을 칼로 찌르듯이 우리(吾人)가 학문을 함
은 마땅히 심장과 골수(心髓)에서부터 은미한 곳으로 들어가 힘을 써야 저
절로 독실하고 빛이 납니다. 비록 사사로운 욕망이 싹트더라도 벌겋게 달
아오른 화로에 떨어진 눈 한 점(紅爐點雪)과 같아서 (욕망은 녹아버리고) 천하
의 큰 근본이 서게 될 것입니다. 만약 자질구레한 끄트머리에 장식(標末粧
綴)하는 것에 비긴다면 무릇 평소 배우고 묻고 생각하고 변별하는 것(學問
思辨)은 오만함을 기르고 잘못을 굳게 지키고 꾸미는(長傲遂非) 바탕이 되기
에 충분하여서 스스로 고명하고 광대한 경지로 나아간다고 여기지만 낭패
를 당하고 험악하고 질시함(狼戾險嫉)에 빠짐을 모르는 것이니 또한 참으로
애석해할 만합니다! 비근한 일로 보자면 더욱 우리(吾儕)가 지난번 논한 바
가 저절로 이면을 향한 것(向裏)임을 알 수 있습니다. 이는 대체로 성학의
전승인데 애석하게도 누락되고 떨어져서 묻힌 지 오래되었으나 지난번 본
것이 오히려 저절로 황홀하였습니다. ……[60]

여기서 말하는 "우리가 지난번 논한 바", "지난번 본 것"이란 정덕 6년에
양명과 담약수, 황관 세 사람이 함께 논한 심학을 가리킨다. 양명은 이면을
향해 심체에서부터 은미한 곳으로 들어가는 공부를 하여서 천하의 큰 근본과
통달한 도가 확립되면 마음의 자아(心我)가 독실하고 빛난다고 강조하였다.
이른바 '자질구레한 끄트머리에 장식하는 것에 견준다'고 한 말은 바로 담약
수의 '수처체인천리'가 자질구레한 끄트머리만 다스리고 근본은 다스리지 않

---

60 『왕양명전집』 권4 「여황종현」 서5.

음을 비판한 것이다.

　정덕 6년(1511)에 양명과 담약수, 황관 세 사람이 전개한 심학 논변은 주로 담약수의 '수처체인천리'에 대한 것이다. 담약수는 '수처체인천리'의 공부를 견지하여서 이통과 백사의 '이일분수', '분수체인'으로 '수처체인천리'의 합리성을 해설하였다. 양명은 담약수의 '수처체인천리'를 부정하고 심체에서부터 공부하여서 마음에서 이치를 구하고 묵좌징관하여서 천리를 체인해야 한다고 강조하였다. 황관은 양명의 심학으로 완전히 전향하여서 역시 담약수의 '수처체인천리'를 인정하지 않았다. 그러나 세 사람의 강학과 토론이 완전히 일치한 공통 인식을 아직 얻지 못한 상태에서 담약수는 9월에 안남의 사신으로 서울을 떠나게 되어서 세 사람의 심학 논변은 잠시 중단되었다.

　양명은 담약수와 이별하기 전에 「별담감천서別湛甘泉序」 한 편을 지어서 한 해 동안 그와 진행한 심학 논변에 대하여 다음과 같이 의미심장한 총결을 하였다.

> …… 오늘날 세상의 학자들은 모두 공자와 맹자를 마루로 삼고 양주와 묵적을 적으로 여기며 석가와 노자를 물리쳤으니 성인의 도가 세상에 크게 밝아질 듯하였다. 그러나 내가 좇아 구하여도 성인을 볼 수가 없었다. 능히 묵씨墨氏(묵적)처럼 겸애兼愛를 할 수 있는 자가 있는가? 양씨楊氏(양주)처럼 위아爲我를 할 수 있는 자가 있는가? 노씨老氏(노자)처럼 청정자수淸淨自守, 석씨釋氏처럼 구심성명究心性命을 할 수 있는 자가 있는가? 나는 왜 양주·묵적·노자·석가를 생각하는가? 저들은 성인의 도와 다르나 오히려 자득함이 있다(彼於聖人之道異, 然猶有自得也). 그러나 세상의 학자들은(世之學者) 문장과 구절을 꾸미고 다듬어서(章繪句琢) 세상에 뽐내고 마음을 속이고 겉만 취하여서 서로 거짓으로 꾸미고 말하기를, 성인의 도는 수고롭

게 힘을 써도 공이 없으니 다시 사람이 할 수 있는 바가 아니라고 하며, 한 갓 언사言詞의 사이에서 변별하면서 옛사람은 죽을 때까지 다 구명하지 못한 것이 있으나 지금 우리는 모두 대략을 말할 수 있다고 한다. 스스로 이와 같이 하면 충분하다고 여겼기에 성인의 학문이 마침내 폐기되었다(聖人之學遂廢). 그런즉 지금 크게 근심하는 것은 어찌 기송사장記誦詞章의 습속이 아니겠는가? 그러나 폐단이 유래하는 바는 역시 말이 지나치게 상세하고 분석이 지나치게 정교한 과오 때문이 아니겠는가? 저 양주·묵적·노자·석가는 인의仁義를 배우고 성명性命을 구했으나 도를 얻지는 못하고 치우쳤으니 본래 오늘날의 학자들이 인의를 배울 수 없고 성명은 무익한 것이라 하는 것과는 같지 않다. 지금의 시대에 살면서 인의를 배우고 성명을 구하며 기송사장을 외면하고 일삼지 않는 자가 비록 양주·묵적·노자·석가의 치우침에 빠진다고 하더라도 나는 오히려 현명하다고 여기며, 저들은 그 마음을 구하여서 자득할 수 있다고 하겠다. 구하여서 자득한 뒤에야 더불어 성인의 도를 배운다고 말할 수 있다(居今之時, 而有學仁義, 求性命, 外記誦辭章而不爲者, 雖其陷於楊墨老釋之偏, 吾猶且以爲賢, 彼其心猶求以自得也. 夫求以自得, 而後可與之言學聖人之道). 나(某)는 어려서 배움을 묻지 않았고 거짓되고 치우친 것에 20년간 빠졌다가 비로소 노자·석가에게서 마음을 구하였다. 하늘의 신령이 도와서 깨달은 바가 있어 비로소 주렴계·정자의 설을 따라 구하여서 터득함이 있었던 듯하였다. 돌아보건대, 나에게 도움이 되는 사람은 한두 동지 외에 아무도 없어서 급급하게 쓰러진 뒤에야 일어났다. 늘그막에 감천 담 선생(湛子)을 벗으로 얻었는데 그 뒤에 내 의지가 더욱 견고해지고 의연하여서 막을 수 없을 것 같았으니 내가 감천에게 힘입은 것이 많다. 감천의 학문은 자득을 구하는 데 힘쓴다(甘泉之學, 務求自得者也). 세상에서는 (이를) 아는 사람이 없고, 아는 자는 또한 선禪인가 의심하였다.

참으로 선을 하는 사람도 나는 아직 보지 못하였는데 하물며 뜻하는 바가 이와 같이 우뚝한 사람이랴! 그런즉 감천과 같은 사람은 성인의 무리가 아닌가? 말을 많이 하는 것(多言)이 또한 어찌 문제가 되겠는가! 말을 많이 하는 것이 감천에게 문제를 일으키지 않았으며 감천에게는 많은 말이 문제가 되지 않았음을(與甘泉之不爲多言病也) 나는 믿는다. 나는 감천과 벗하면서 뜻을 둔 곳은 말을 하지 않아도 이해하였으며 토론이 언급하는 바는 약속하지 않아도 같아져서 이 도를 죽은 뒤에야 그만두기로 기약하였다. 오늘의 이별을 내 어찌 말하지 않겠는가? 저 성인의 학문은 밝히기는 어렵고 미혹하기는 쉬우며, 습속이 타락하여서 낮아질수록 더욱 만회할 수 없으니 짐은 무겁고 길은 멀다(任重道遠). 비록 이미 다른 말을 기다리지 않으나 돌아보건대 다시 내 마음에 마치 그만둘 수 없는 (말이) 있는 듯하니 감천이 또한 어찌 내 말을 받아들이지 않겠는가(顧復於吾心若有不容已也, 則甘泉亦豈以予言爲綴乎)?

정덕 신미년(1511) 9월 그믐날, 절하고 쓰다.[61]

양명은 서문에서 자신과 담약수, 황관 세 사람의 심학 강론에 대해 전면적인 총결을 하였는데, 한편으로는 세 사람이 논한 심학의 기본 문제(*心卽理, 心具萬理, 默坐澄心, 求理於心)에서 인식이 일치함을 긍정하고, 또 한편으로는 세 사람의 심학 논변에 존재하는 모순과 분기(*隨處體認天理, 理一分殊, 分殊體認, 三敎同根同源)를 인정하였다.

주의할 만한 점은 양명이 서문에서 자기의 관점을 극력 변호하고 흔적을 알 수 없을 정도로 담약수의 관점을 비평했다는 사실이다. 양명은 석가와 노

---

61 『왕양명전집』 권7 「별담감천서別湛甘泉序」.

자의 학문에 대해 여전히 "저들은 성인의 도는 다르나 오히려 자득함이 있다."고 인정하였다. 석가와 노자의 학문이 자득한 것은 하나인 도의 한 측면에 치우쳤을 뿐 유가 성인의 도와는 나란히 하되 어긋나지는 않는다. 다만 세상의 유학자들(*'세상의 학자')이 장구章句와 사송辭誦의 학문으로 유가 성인의 도를 산산이 부서뜨리고 파괴하여서 '성인의 학문이 마침내 폐기되었고' 그제야 세상 사람들이 어지러이 불교와 도교를 숭배하고 빠져들게 이끌었다. 이는 불교와 도교의 과오가 아니다.

그리하여 양명은 공공연히 솔직하게 말하기를 "지금의 시대에 살면서 인의를 배우고 성명을 구하며 기송사장을 외면하고 일삼지 않는 자는 비록 양주·묵적·노자·석가의 치우침에 빠진다고 하더라도 나는 오히려 현명하다고 여기며, 저들은 그 마음을 구하여서 자득할 수 있다고 하겠다. 구하여서 자득한 뒤에야 더불어 성인의 도를 배운다고 말할 수 있다."라고 하였다. 양명은 결코 불교와 노자를 물리치지 않았으며 여전히 담약수가 비평했던 노담과 석씨는 성인의 도의 '지엽枝葉'이며 세 가르침은 뿌리가 같고 근원이 같다는 사상을 견지하고 있었음을 알 수 있다. 이 서문은 그가 나중에 쓴 「간영불소諫迎佛疏」와 비교해보면 서로 놀랍도록 일치한다. 불교와 도교의 학문에 대한 양명의 이러한 관점이 끝내 변하지 않았음을 알 수 있다.

담약수의 학문에 대해 양명도 그가 '자득의 학문(自得之學)', '성인의 무리(聖人之徒)', '감천의 학문은 자득을 구하는 데 힘쓴다'고 인정하였다. 양명이 담약수와 함께한 논변(*말을 많이 하는 것)은 결코 그의 자득의 학문을 훼손하지 않았으며, 담약수를 칭찬하여서 역시 이와 같이 많은 말을 병으로 여기지 않을 수 있었으니 "감천에게는 많은 말이 문제가 되지 않았다."고 하였다. 논변에서 말을 많이 하면 서로 도움이 된다. 그리하여 양명은 마지막으로 말하기를 "돌아보건대 다시 내 마음에 마치 그만둘 수 없는 (말이) 있는 듯하니 감천이 어찌 내 말을 받아들이지 않겠는가?"라고 하여 두 사람의 강학과 토론이 계속 진행되기를 바라는 희망을 나타냈다.

확실히 세 사람은 함께 심학을 토론하는 가운데 이미 모순과 분기를 서로 해소하기 어려워서 강학과 토론을 오랫동안 깊이 해나가야 할 필요성을 느꼈다. 심지어 그들은 보수의 혼탁한 관료세계에서 벗어나 세 사람이 임하에 은거하며 잠심하여서 심학을 함께 논할 생각까지 하였다. 담약수는 소산蕭山의 상호湘湖에 엎드려 살면서 양명이 양명동으로 돌아가 은거하기를 기다려 두 사람이 늘 만나서 성학을 함께 토론할 준비를 하였다.

양명은 왕도王道에게 쓴 편지에서 이 사건을 다음과 같이 언급하였다.

> 감천이 근래 편지를 보냈는데 이미 소산 상호에 엎드려서 거한다고 하니 양명동에서는 겨우 수십 리일 뿐입니다. 서옥書屋이 장차 낙성된다는 소식을 들으니 매우 기쁩니다. 진실로 좋은 벗을 얻어 서로 모이고 함께 이 도로 나아간다면 인간세상에 다시 무슨 즐거움이 있겠습니까? 구구한 바깥의 영욕榮辱과 득상得喪은 또한 족히 입에 담을 나위가 있겠습니까?[62]

양명은 세 사람이 서호西湖에 은거하면서 학문을 논하자고 제안하였고, 황관은 심지어 안탕산에 암자를 짓고 세상에서 벗어나 학문을 강하고 도를 논하자고 제안하였다.

황관은 「별감천자서別甘泉子序」에서 세 사람이 함께 임하에서 학문을 강론하기로 맹서한 일을 다음과 같이 언급하였다.

---

62 『왕양명전집』 권4 「여왕순보與王純甫」 서1.

양명자가 말하기를 "내 장차 여러분과 함께 설두雪竇를 열고 서호를 쓸고 그곳에 거하려 하오." 하였다. 감천자가 말하기를 "나는 형악衡嶽을 털어내고 서쪽 구름을 흩어서 우리 세 사람이 가서 노닐고자 하오." 하였다. 또 서로 나에게 말하기를 "그대는 천태天台를 들어올리고 안탕을 치켜들고서 우리 두 사람을 기다리시게." 하였다. 내가 말하기를 "나는 평생 두 선생을 따라 노닐 줄만 알았으니 두 분이 그럴 생각을 가지고 있다면 내가 어찌 힘쓰지 않겠소? 또한 나는 초정草亭 둘을 세워서 이름을 붙여 내걸어 두 분의 소유로 하고 싶은데 어떠오?" 하였다. 얼마 뒤 감천자가 황제의 명을 받아 안남으로 가게 되었다. 내가 근심을 하면서 말하기를 "모이고 흩어짐이 이로부터인가? 그대는 나를 버리려는가!" 하였다. 어떤 사람이 묻기를 "무엇을 근심하는가? 그대가 지나치다. 천지의 도는 이치에 따라 함께 모이고 사물에 따라 서로 흩어지는 것이다. 지금 그대 세 사람은 이치로는 같으며 사물로는 종류가 있으니 세상에 떠도는 사이에 어디를 간들 다시 모이지 않으랴만 그대는 오히려 흩어짐을 의심하는가?" 하였다. 말하기를 "내 욕심이 심하여서 의혹으로 바뀌었다. 세상이 도를 잃은 뒤로 세상의 군자는 겉은 백옥인데 속은 옥돌(瑉)이니 도를 함께할 수 없게 된 지 오래이다. 그런데 내 홀연 두 선생을 얻었으니 경성景星이 상쾌하게 보이고 봉황이 즐거이 보이는 것일 뿐만이 아니다. 지금 이곳을 쓸쓸히 떠나니 내가 이 때문에 근심하는 것이다. 이 어찌 지나친 것인가?" 하였다.[63]

---

[63] 『황관집』 권11. 양명이 『왕양명전집보편王陽明全集補篇』 「여담감천」 서1에서 말하기를 "서호에서 10년 거하려는(十居) 감흥은 비록 아직 결단하지 못했으나 조각배로 오가자는 약속은 끝내 잊을 수 없습니다(西湖十居之與, 雖末能決然扁舟往還之約 却亦終 不可忘也)."라고 하였는데, 이는 곧 전당 서호에 은거하면서 도를 논하는 일을 가리킨다.

황관은 양명과 감천의 속마음(心聲)을 말하였다. 다만 담약수는 너무 빨리 안남에 사신으로 나가서 두 해 뒤에야 조정으로 돌아왔으며, 양명도 남도南都 (남경) 태복시소경太僕寺少卿의 직책을 맡아서 서울을 떠났으니 세 사람이 함께 맹서하고 임하에서 도를 논하려는 꿈은 끝내 물거품이 되고 말았다. 그러나 결코 세 사람이 성학과 성도聖道를 함께 논하는 일은 끝나지 않았다. 정덕 7년(1512) 이후 그들은 계속 서로 편지를 주고받으면서 한층 더 강학과 토론을 전개하였다.

담약수는 정덕 7년 2월에야 서울을 떠나 길을 나섰다. 양명은 시 두 편을 지어서 그를 전송하였는데, 임하에서 도를 논하자는 은근하고 간절한 기대를 털어놓았다.[64]

감천을 이별하다, 두 수	別湛甘泉二首
아침에 그대 떠나려 하는데	行子朝欲發
달리는 수레를 붙들 수 없네	驅車不得留
수레를 몰아 긴 언덕을 내려가며	驅車下長阪
성 동쪽 누대를 돌아보네	顧見城東樓
멀리 떠나는 정 이미 아픈데	遠別情已慘
하물며 이 어려운 시절이랴!	況此艱難秋
강의 다리에서 이별을 하자니	分手訣河梁
흐르는 눈물 거둘 수 없네	涕下不可收

---

64 『왕양명전집』 권20 「별담감천이수別湛甘泉二首」. "호수 북쪽에 초막집을 엮어(結茆湖水陰)" 라고 한 구절은 담약수가 소산 상호에 암자를 엮은 사실을 가리킨다.

떠나는 수레를 바라보니 점점 아득해지고	車行望漸杳
나는 먼지 뭉게뭉게 언덕을 넘어오네	飛埃越層丘
갈림길 가에서 머뭇거리는데	遲回歧路側
뉘라서 이 근심을 알랴?	孰知我心憂

내 마음 근심으로 아픈데	我心憂以傷
그대는 험하고 먼 길을 떠나가네	君去阻且長
이별은 어쩔 수 없으나	一別豈得已
늙으신 어머니 생각뿐	母老思所將
위태로운 즈음에 명을 받드니	奉命危難際
유속은 도리어 도량을 시기하네	流俗反猜量
고니가 만 리를 날아감은	黃鵠萬里逝
설마 벼나 수수를 위함일까?	豈伊爲稻粱
용마루에 난 불이 털에 옮겨붙고	棟火及羽毛
제비와 참새가 오히려 집에 깃드네	燕雀猶棲堂
이리저리 날뛰면 헤아리기 어려운 일 많이 일어나니	跳梁多不測
그대는 앞길을 조심하시라	君行戒前途
명을 안다면 진실로 무엇을 지체하랴!	達命諒何滯
어머니 근심일랑 잊을 수 있다네	將母能忘虞
편안한 생활에는 함정이 가깝고	安居尤窘攫
관문 나서는 길은 험난하지 않다네	關路非歧嶇
아름다운 덕은 쉽고 간단함을 높이니	令德崇易簡
험하고 막힘을 알 수 있네	可以知險阻
호수 북쪽에 초막집을 엮어	結茆湖水陰

은거하자던 기약 끝내 잊지 않았네	幽期終不忘
이렇게 서로 나아가는데	伊爾得相就
내 마음 또 무엇을 아파하랴?	我心亦何傷
세상의 어려움은 순식간에 변하고	世艱變倏忽
사람의 팔자는 한결같지 않다네	人命非可常
하늘이 이 문화를 아직 실추하지 않았으니	斯文天未墜
이별은 짧고 만남은 길리라	別短會日長
남쪽 절의 달 밝은 봄밤	南寺春月夜
바람과 샘물소리 대나무집에 한가하네	風泉閒竹房
스님을 만나거든 노를 멈추고	逢僧或停檝
우선 흰 구름 덮인 침상을 훔치네	先掃白雲床

양명은 이 도가 아직 실추되지 않았으며 사람이 크고 빛나게 떨치는(弘揚光大) 데 달려 있으므로 도를 논함에 변별할수록 더욱 밝아진다고 굳게 믿었다. 그리하여 그는 담약수가 서울을 떠나자마자 곧 기다릴 수 없다는 듯 편지 한 통을 써서 담약수에게 보내고 스스로 '묵좌징심', '체인천리'를 실천하여서 깨달은 내용을 다음과 같이 언급하였다.

이별한 뒤 서로 만날 수 없어서 온갖 일이 모두 느슨해졌으며, 비록 부중部中이라도 많이 가지 못하고 오직 날마다 문을 닫고 정좌靜坐를 하며, 때로 순보純甫(왕도)·종현宗賢(황관)과 한가하게 대화하고, 흥이 일면 절에 한번 갈 뿐입니다. 이로 인해 생각하기를, 우리 두 사람이 평소 강학한 것은 역시 크게 문제가 있었다(拘隘), 보통사람은 자품資稟이 순수하고 잡박함이 있기에 힘을 씀에도 당연히 어려움과 쉬움이 있으니 힘쓰기 어려운 사람에게 반드시 쉽게 하라고 할 수 없으며 마찬가지로 힘쓰기 쉬운 사람에게 반드시 어렵게 하라고 할 수는 없다고 말입니다. 공문孔門의 여러 선생(諸子)이 인을 물었는데 부자께서 알려주시기를, 사람마다 말을 달리하였으니 어찌 일정한 설을 세워서 반드시 천하가 똑같아지게 할 수 있겠습니까? 혹 스스로 공력을 들이는 데는 느긋하면서 남에게 구하는 것은 너무 급박하고 여유가 없기도 하니 이 또한 작은 문제(細故)가 아닙니다. 또 생각건대, 평소 스스로 이르기를 힘을 얻은 곳이 있다 하나 역시 대부분 기氣에 뒤섞였기에 이 때문에 남들의 헐뜯고 비방하는 말을 들으면 곧 감정이 격동하지만 다행히 그 사이에 양심의 뿌리와 싹(根芽)이 있어서 매번 징계를 받으면 또한 한 차례 놀라 힘쓰고 분발하여서 나아가니 무익하지 않다고 말입니다. 그러나 끝내 천리를 체인함에 정확하고 밝음이 결여되었고, 함양涵養하는 공부가 끊어졌다 이어졌다 할 뿐입니다. 원충元忠(응량)은 언어에 있어서 오히려 의심하지 않을 수 없으나 이미 잘 생각하고 있습니다. 자신子莘(마명형)은 자질이 매우 아름다우나 우리 두 사람을 깊이 믿지 않습니다. 배를 타고 가는 도중에 강학을 하였는데 절실하고 가까운(切近) 일을 싫증내지 않았고 사실에 근거하여서 말하였습니다. 공자가 이르기를 "말이 충실하고 신실하며 행실이 도탑고 경건하면 비록 오랑캐 나라에서도 행할 수 있다(言忠信, 行篤敬, 雖蠻貊之邦, 行矣)." 하였습니다. 요컨대 지극한 이치(至理)는 이것에서 벗어날 수 없으며, 묻는 사람도 저절로 유익할 것입니다. 대체로 우뚝한 경지는 반드시 내 재주(稟才)를 다해야(竭) 깊이 기른 사람이 자득하는 것을 볼 수 있을 뿐입니다. 양심良心은 잃어버리기 쉽고 습기習氣는 제거하기 어려우니 (양심의 싹을 뜯어먹는) 소와 양, (양심의 가지와 줄기를 잘라내는) 도끼와 자귀가 날로 이어지는데, 지기知己는 또 더욱 멀리 떠나가는지라 말을 하자니 마음이 놀라고 기가 막힙니다. 다만 인편을 얻는다면

즉시 자주 가르침의 말씀을 전해주십시오. 거의 경책하고 분발하는 바가 있을 것입니다.[65]

편지에서 양명은 서울에서 선비 학자들과 더불어 강학론도한 내용을 총결한 뒤 자기가 강학을 할 때 너무 급박하게 추구하고 남들이 모두 자기의 설에 동의하기를 강요한 병폐가 있었다고 인정하였으며, 더욱이 실천(踐履)과 실행상에서는 천리를 체인하는 공부를 함에 정확하고 밝음에 힘을 쓰지 않았고, 정좌하여서 함양하는 공부에서는 쉬지 않고 정진하지 않았음을 인정하였다. 또한 앞으로 담약수와 계속해서 토론해나가기를 희망하였다. 담약수는 양명의 편지를 받은 뒤에 여러 차례 회신을 하였으나 나중에 모두 사라졌다.[66] 사실 담약수가 동시에 지은 「배를 양가장에 정박하고서 은괄하여 응원충에게 주는 말(舟泊梁家莊檃括與應原忠語)」이라는 시에서 이미 가장 훌륭한 회답을 하였는데, 그가 여전히 원래의 자기 관점을 견지하고 있음을 밝히 나타내고 있다.

담약수는 4월에 전당강을 지나갈 때 소흥으로 길을 돌려서 왕화王華와 양명동을 예방하고 특별히 신경을 써서 그들을 추억하는 시 두 수를 지었는데, 이는 양명이 보낸 편지에 정면으로 응답한 것이라 할 수 있다.[67]

---

65 왕수인, 「여담감천」 서1, 『가정증성현지嘉靖增城縣志』 권17 「외편잡문류外編雜文類」.

66 양명의 「여담감천」 서2에 "이별한 뒤 여러 차례 도중에 보낸 편지를 받고 모두 족히 위안이 되었습니다."라고 하였다. 담약수가 양명에게 많은 편지를 보냈는데 틀림없이 연도沿途에서 지은 시 한 편을 동봉하여 양명에게 보냈음을 알 수 있다.

67 『천옹대전집』 권40 「과전당강장방대총재왕선생유회양명過錢塘江將訪大冢宰王先生有懷陽明」, 「방양명동천訪陽明洞天」.

전당강을 지나가며 대총재 왕 선생을 찾아뵙고 양명을 생각하다

過錢塘江將訪大冢宰王先生有懷陽明

멀리 강을 건너니	迢迢涉江去
강기슭에 써늘한 바람이 이네	江介生凄風
무엇하러 강을 건너나?	涉之將奚爲
남호에서 부용을 따지	南湖采芙蓉
미인은 멀리 있고	美人在遠道
내 마음은 근심으로 들끓네	我心憂忡忡
산을 오르자니 도깨비가 많고	登山足夔魅
바다를 건너자니 고기와 용이 많다네	蹈海多魚龍
쳐다보고 굽어보니 천지 사이에	俯仰天地內
그대 떠난 뒤 내 누구를 따를까?	去子誰予從

양명동천을 방문하고 　　　　　　　　　　訪陽明洞天

봉래관을 지나가는 길에	道經蓬萊館
시내를 다 지나 양명동에 이르네	溪窮到陽明
아래로 동남쪽 봉우리를 보니	下看東南峰
푸르고 푸른 하늘에 솟았네	蒼蒼入青冥
이 진경에 들어오지 않고서는	不詣此眞境
어찌 명성이 헛되지 않음을 알랴?	焉知非虛名
조심조심 바위를 밟으며	跙踏步嚴石
산이 높으니 어찌 신령이 없으랴?	山高豈無靈

왕자교는 볼 수 없고	子喬不可見
우두커니 서 있자니 얼이 빠졌네	佇立魂屏營
풀과 나무도 의식이 있는 듯	草木若有識
기쁘게 나를 향해 피어 있네	欣欣向予榮
꺾어서 누구에게 보내줄까?	采之欲寄誰
한 해는 저물고 마음은 가늘 길 없네	歲晏難爲情

담약수는 양명을 왕자교王子喬(B.C.567/5~B.C.549)에 견주었고, 도가의 선경인 양명동을 방문하여서 노닐었다. 그는 양명이 노담과 석가가 성도聖道의 '지엽'이며 세 가르침이 같은 뿌리, 같은 원천임을 견실하게 믿게 된 원인을 더욱 분명히 알게 되었다. 그리하여 시에서 "이 진경에 들어오지 않고서는 어찌 명성이 헛되지 않음을 알랴?" 하였던 것이다. 이 시는 당연히 담약수가 편지와 함께 양명에게 보냈을 것이고, 역시 자기 관점을 분명히 표명하였다.

5월에 양명은 곧 다시 다음과 같은 답서 한 통을 써서 담약수에게 보냈다.

이별한 뒤 여러 차례 도중에 보낸 편지를 받고서 모두 족히 위안이 되었습니다. 지금 헤아리기로는(時計) 증성增城에 이미 오래 머물렀을 텐데 험하고 막히는 일에 맞닥뜨린 나머지 시대를 번민하고 세태를 우려함을 어찌 잊어버릴 수 있으시겠습니까! 그러나 비루한 저(鄙人)로 말하자면 이미 세간에서 벗어났습니다. 또한 순보(왕도)가 응천應天 교수가 되어서 이별한 지 석 달이 되었고 같이 있는 사람은 종현(황관) 한 사람뿐인데 뜻밖에 종현의 공부가 빨리 진보하고 논의에 발명한 바가 많아서(宗賢工夫驟進, 論議多所發明) 기쁘니 역시 그다지 쓸쓸하고 허전하지는 않습니다. 지난번 아침저녁으로 오래 함께 지내면서 보고 감동하는 유익이 참으로 많았으나 역시 그럭저럭 날을 보냄(悠悠度日)을 면하지 못하였습니다. 나의 글 역시 살뜰히 살핌(體貼)이 결여되었는데 근래 비로소 친절함이 부족했음을 깨달았습니다. 뒷날에 오늘을 돌아볼 때 다시 어떠할지 모르겠습니다. 습기習氣가 아직 제거되지 않았는데 이는 작은 문제(細故)가 아닙니다. 갖가지 병의 근원이 모두 이로부터 나옵니다. 결국에는 습기가 아직 제거되지 않은 근원은 다만 책망하는 뜻이 소멸된 것에 있습니다. 근래 종현과 이 문제를 논하면서 매우 통절하게 여겼는데 형은 어떻게 생각하십니까? 태부인 기거에 만복하시니 대단한 경사입니다! 듣건대 조주潮州, 광동廣東도 자못 도적이 일어나서 놀라게 한다고 합니다. 서호西湖에서 10년 거하려는(十居) 감흥은 비록 결단하지 못했으나 조각배로 오가자는 약속은 오히려 끝내 잊을 수 없습니다. 병을 요양하는 일은 결국 양楊(양일청) 공의 억제로 (뜻을 얻지 못한 지) 이미 석 달이 지났습니다. 남도의 설은 차마 같이 계획을 하지 못하겠으나 반드시 결실을 얻을 것입니다. 그러나 차꼬를 찬 듯 (직무에) 속박되어서 당장에는 어쩌할 수 없습니다. 어떻게 해야 하겠습니까! 깊은 고질병이 도지는 때 등불 아래에서 서둘러 씁니다. 말을 끝낼 수 없으나 마침 인편을 만났으니(遇風) 애석할 것이 없습니다.[68]

양명은 편지에서 담약수와 함께 직접적으로 학문을 담론하지 않고 오로지 황관과 전개한 강학론도에 대해 말하면서 "종현의 공부가 빨리 진보하고 논의에 발명한 바가 많다"고 칭찬하였는데, 이는 사실 간접적으로 자기의 심학사상을 긍정한 것이다. 그는 다만 자기 병의 근원은 '습기가 아직 제거되지 않은' 것으로서 병의 근원을 뿌리 뽑아 다스리려면 역시 마음에 의지를 세우

---

68 왕수인, 「여담감천」 서2, 『가정증성현지』 권17 「외편잡문류」.

고 한 걸음 더 나아가 심학(*성학)에 신념을 견고히 정하는 것이라고 인식하였다. 그러나 그는 끝내 감천이 멀리 떠나가고 같은 도를 따르는 무리가 외로워지고 사우士友들이 점점 흩어짐을 깊이 애석하게 여겼던지라 서울에 머물면서 쓸쓸하고 허전함을 느꼈다. 담약수가 떠나간 뒤 황관은 양명과 함께 강학론도를 하는 가장 주요한 도우道友가 되었으며, 멀리 남쪽에 있는 담약수와 함께 서로 호응하였다.

정덕 7년(1512) 정월에 기주祁州 수령의 직임을 맡은 서애가 서울에 와서 양명을 만났는데, 이 만남이 양명에게는 경도에서 벌이는 강학론도에 새로 밝은 색채를 띠게 하였다. 강학을 하는 여가에 양명은 황관·서애·고응상 및 선비 학자들과 함께 봄을 찾아 깊은 골짜기로 들어가거나 향산香山을 방문하고, 옥암玉巖에 오르기도 하였다. 오가는 내내 시를 주고받았는데, 산수에 정감을 부치고 시를 읊으면서 도를 담론하고 산사山寺에서 고요함을 익혔다.

양명은 잇달아 시 세 수를 지었다.[69]

향산에 차운하다	香山次韻

산을 찾아 산사에 이르니	尋山到山寺
뜻을 얻었으나 산은 잊었네	得意却忘山
바위 옆 나무 밑에 고요히 앉으니	巖樹坐來靜
댕댕이덩굴에 봄은 저절로 한가롭네	壁蘿春自閑
누대에 북두성 위로 솟고	樓臺星斗上

---

69 『왕양명전집』 권20 「향산차운香山次韻」, 「야숙향산임종사방차운이수夜宿香山林宗師房次韻二首」.

종소리 경쇠 소리는 푸른 산속에서 들리네　　　　鐘磬翠微間

속세의 상념을 잠시 끊고　　　　頓息塵寰念

맑은 시내 따라 달을 받으며 돌아오네　　　　清溪踏月還

밤에 향산 임 종사 방에서 자다, 두 수　　　　夜宿香山林宗師房次韻二首

속세를 벗어나 깊은 골짜기 찾아오니　　　　幽壑來尋物外情

돌문 멀리 흰 구름 피어오르네　　　　石門遙指白雲生

숲에선 이따금 벌목 소리 들리고　　　　林間伐木時聞響

골짜기 어귀에서 만난 중은 이름도 모르겠네　　　　谷口逢僧不記名

절벽 그림자 비친 호수에 달 밝은 새벽　　　　天壁倒涵湖月曉

안개 피는 층계를 높이 오르니 섭돌은 평평하네　　　　煙梯高接緯堦平

솔바람 부는 방에 고요한 밤 아무도 잠 못 들고　　　　松堂靜夜渾無寐

베개 베고 누우니 샘물소리 여기저기 들려오네　　　　到枕風泉處處聲

속세의 정 때문에 오래 진흙탕 길 떠돌면서도　　　　久落泥途惹世情

평소 검붉은 벼랑 붉은 골짜기를 바랐네　　　　紫崖丹壑是平生

참된 본성 기르기에 무력하나 늘 고요함을 그리워하고　　　　養眞無力常懷靜

녹을 훔치다 돌아가지 못했는데 이름을 물어와 부끄럽네　　　　竊祿未歸羞問名

나무들 속 동구 샘은 돌을 뚫고 솟아나와 졸졸 흐르고　　　　樹隱洞泉穿石細

구름은 시냇가 길을 돌아 활짝 핀 꽃 사이로 들어오네　　　　雲回溪路入花平

도인은 층층한 덩굴 위에 살고　　　　道人只住層蘿上

밝은 달 뜬 봉우리에 경쇠 소리 들리네　　　　明月峰頭有磬聲

황관이 화답시 두 수를 지었다.[70]

향산에 노닐며 양명의 운을 따다   遊香山次陽明韻

임금의 서울 어느 곳에 그윽한 정 흩어져 있나?   帝畿何處散幽情
숲속 골짜기 깊은 곳에 한가한 흥이 이네   林谷高深逸興生
궁궐을 묻지 않으나 도리어 적을 두고   不問金閨還有籍
어찌 공의 세계를 도모하면서 이름 날리기를 바라나?   豈圖空界尙論名
누대 앞 봄빛 무르익고 멀리 호수에 하늘이 비치니   臺前春色湖天遠
누각에 아지랑이 일고 사방은 평온하네   閣上煙華象緯平
벽을 마주함에 또한 어디서나 고요하여   面壁亦能隨處靜
송홧가루 날리는 오솔길에 소리 들리지 않네   花飛松徑不聞聲

밤에 향산에 앉아   香山夜坐

고향 땅 같은 풍물에 고향 생각나고   故山風物舊關情
색다른 경계에 오르니 감개가 깊네   異境登臨感慨生
우거진 대나무에 자욱한 연기는 꿈속 같고   萬竹暝煙如夢裏
달빛 비친 바위에 솔바람 어울리네   千巖月色共松聲

---

70 『황관집』 권5 「유향산차양명운遊香山次陽明韻」; 『황관집』 권7 「향산야좌香山夜坐」.

서애도 화답시 두 수를 지었다.[71]

초봄 고유현과 함께 양명 선생을 모시고 '향산에 노닐며 밤에 임 종사 방에서 자다' 시에 차운하다

孟春與顧惟賢奉陪陽明先生遊香山夜宿林宗師房次韻

봄에 성을 나와 그윽한 분위기 찾아가니	春間出廓探幽情
버들가지 바람을 맞아 푸른 기운 이네	楊柳迎風綠意生
사랑스런 승당엔 속된 기운 없고	最愛僧堂無俗氣
절의 주지는 오히려 시의 명성 아낀다네	猶憐寺主有詩名
빈산 고요한데 종소리 아득하고	山空籟寂鯨音遙
달은 밝고 희미한 연기에 들 빛이 평온하네	月白煙微野色平
구름 속 학이 날아와 한순간 쉬다	雲鶴來依聊一息
나래 치며 날아올라 울음소리 멀어지네	翛然飛去不聞聲

옥암에 올라 유현의 운을 따서 짓다   登玉嚴次惟賢韻

스승과 벗들 진정한 즐거움 같이 누리니	師友同眞樂
그윽한 정감 찾기는 어찌 산에만 있으랴!	幽探豈在山
몸은 진토를 벗어나고	身隨塵土脫
마음은 구름 따라 한가롭네	心與野雲閑

---

71 『횡산집橫山集』 권상 「맹춘여고유현봉배양명선생유향산야숙임종사방차운孟春與顧惟賢奉陪陽明先生遊香山夜宿林宗師房次韻」, 「등옥암차유현운登玉嚴次惟賢韻」.

해는 높은 산 너머로 지고	日落荒山外
연기는 푸른 나무를 휘감네	煙橫碧樹間
거닐며 멀리 바라보노라니	徘徊凝望處
날던 새 지쳐서 돌아오기 시작하네	飛鳥倦初還

양명이 제자들을 이끌고 봄나들이를 나가 승경을 찾은 뜻은 그들을 데리고 대자연으로 나가서 사물을 관조하고 도를 체득하게 함에 있었다. 그리하여 그들로 하여금 학문을 강론하는 서재에서 벗어나 산과 물을 두루 찾아 마음을 맑게 하고 도를 관조하며 묵묵히 앉아서 체인하게 하였다. 그러므로 양명은 시에서 "바위 옆 나무 밑에 고요히 앉으니", "참된 본성 기르기에 무력하나 늘 고요함을 그리워하고"라고 하였고, 황관의 시에서도 "벽을 마주함에 또한 어디서나 고요하여"라고 하였으며, 서애의 시에서도 "몸은 진토를 벗어나고, 마음은 구름 따라 한가롭네"라고 하였던 것이다.

이는 양명이 서울에서 행한 강학론도가 이미 손을 맞잡고 공허하게 심성을 담론하는 상아탑의 천지에서 벗어나, 앉아서 도를 논하던 데로부터 실행하고 실천하는 데로 달려가며, '지언知言'에서 '천행踐行'으로 나아가서 제자들과 함께 지행합일의 자아 수양 공부를 하고 있었음을 밝히 드러낸다. 이때의 황관은 이미 완전히 양명의 심학을 받아들였다. 그는 다만 양명과 함께 심학을 논하기 위해 맹세한 '맹우盟友'일 뿐만 아니라 양명이 선비와 학자들에게 심학을 선양하고 전수하는 일에 협조한 '사우師友'가 되었던 것이다.

5월, 서울에서 석 달 동안 양명에게 배움을 물었던 왕연汪淵이 대명大名의 현령으로 부임하게 되어서 떠나기 전에 양명에게 한 말씀 해달라고 청하였다. 양명은 그에게 '기질을 변화시키라(變化氣質)' 하고 알려주었다.

평상시에는 보이는 바가 없으나 오직 이익과 손해에 맞닥뜨리고 변고를 겪고 굴욕을 만났을 때 평소 분노하는 자는 (이에 기질을 변화함에) 이르러서 분노하지 않을 수 있으며, 근심하고 당황하여 조처를 잃어버리는 자는 이에 이르러서 근심하고 당황하여 조처를 잃지 않을 수 있어서 비로소 힘을 쏟을 곳을 얻습니다. 역시 이것이 곧 힘을 쓸 곳입니다. 천하의 일은 비록 오만 가지로 변하는데 내가 반응하는 바는 희로애락 네 가지에서 벗어나지 않습니다. 이는 학문을 하는 요체이며, 정치를 하는 것 역시 그 가운데 있습니다.[72]

이는 바로 일종의 고요한 가운데 희로애락 미발 때의 기상을 체인하는 정신의 경계이다.

황관은 특별히 「증왕경안贈汪景顔」 한 편을 써서 양명을 대신하여 마음속의 말을 하였다.

경안(왕연)은 양명 선생에게 배웠는데 석 달 뒤 떠나가 대명의 현령이 되었다. 함께 노닐던 선비 몇 사람이 술을 마련하여 이별을 고하면서 말하기를 "아랫사람을 기르고 윗사람을 섬기는 일은 마땅히 이와 같이 하여야 한다! 사람들에게 법도를 따르게 하고 분쟁을 해결하는 일(軌物析爭)은 마땅히 이와 같이 하여야 한다! 재난에 대비하고 근심을 막는 일은 마땅히 이와 같이 해야 한다!"라고 하면서 말이 끝나지 않았다. 석룡자石龍子(황관)가 일어나서 말하기를 "그대가 선생에게 배운 것이 무엇인가? 선생이 그대에게 가르친 것이 무엇인가? 옛날 군자가 도를 배움에 마음에 나아가 통하지 않

---

72 『왕양명전집』 권4 「여왕순보與王純甫」 서1.

음이 없었다. 또한 뱁새나 굴뚝새(鷦鷯)는 둥지를 잘 짓고 고동과 나나니벌 (蜾蠃)은 방을 잘 꾸미는데 사람이 시킨 것인가? 아니면 나면서부터 저절로 그런 것인가? 그대는 스스로 두 벌레와 견주어 누가 더 낫다고 여기는가? 그대가 다만 그대의 마음을 다하고 의지를 세운다면 선생의 도가 그대에게 있다. 내가 무슨 말을 하겠는가, 내가 무슨 말을 하겠는가!" 하였다.[73]

서애는 다시 송별시 한 수를 지어서 황관과 마찬가지로 스승 양명의 훈계를 드러내 보였다.[74]

대명의 수령으로 가는 왕경안을 보내다　　　　　　　　送汪景顔尹大名

다투어 벼슬하려는 때	時平衆競仕
의기는 고요와 기를 가벼이 여기네	意氣輕皐夔
험한 일을 겪거니	一或遭險巇
당황하고 흘려서 지조를 잃어버리니	惶惑失所持
애석하다, 중심에 주관이 없어	哀哉中無主
이 마음 사물 따라 옮겨가네	此心任物移
그대 홀로 성현에 뜻을 두고	君獨志賢聖
같은 스승에게서 힘써 배웠네	力學同余師
천자가 수령으로 나가라 명하니	天子命出宰
남들은 근심하나 그대는 기뻐하네	人悒君自怡

---

73 『황관집』 권8 「증왕경안贈汪景顔」.

74 『횡산유집』 권상 「송왕경안윤대명送汪景顔尹大名」.

시무는 참으로 어렵고 힘든데	時務良艱難
한마음 움직임에 여유가 있네	一心運有餘
정사와 학문을 나누지 말고	莫析政與學
마땅히 지리함을 없애야 하네	皆當去支離
제비와 참새는 멀리 생각을 하지 않고	燕雀無遠懷
자잘하게 집의 층계에 연연하는데	卑卑戀堂階
기러기는 진애를 벗어나	鴻鵠出塵埃
은하수 멀리 훨훨 날아가네	矯矯凌漢遠
서리와 눈을 견디는 나무는 드물지만	霜雪鮮存木
소나무 측백나무를 보게나	請看松柏來

황관과 서애 모두 양명을 대신하여 말을 하였다. 그들이 말한 '군자의 도', '성현의 학'은 바로 그들 스스로 경모하는 양명의 심학을 가리킨다.

대체로 황관이 왕연에게 '선생의 도'를 배우고 실천하기를 권함과 동시에 태주台州의 학자인 시존의施存宜가 황관을 따라 배우기를 원하였는데, 황관은 도리어 그에게 양명의 '성학'을 배우라고 권유하였다.

> 나는 일찍이 학문에 뜻을 두고 여러 해 추구하였는데 끝내 터득하지 못하였다. 근래 도하都下에서 벼슬하면서 비로소 양명과 감천 두 선생을 만나 이야기를 한번 나눈 뒤 곧 부합하여서 드디어 깊은 교제(深契)를 맺고 날마다 직접 가르침을 받아서 거의 터득하였다. …… 시존의 생은 뜻하지 않게 나의 말을 들은 뒤 바로 익힌 것을 버리고 나를 따라 노닐고자 하였는데 부끄러워서 그렇게 할 수 없다고 사양하였다. …… 내가 들은 바에 의하면 성인의 학문은 경건(敬)을 요체로 한다. 경건이란 천명이 유행하는 것으로

서 한순간이라도 경건하지 않으면 천명에 사이가 벌어진다. 사이가 벌어지면 오래가지 못하고, 오래가지 못하면 익숙하지 않고, 익숙하지 않으면 성현이 될 수 없다. 그러므로 성현이 되기를 배우려고 하는 자는 반드시 경건에 거하여(居敬) 그 마음을 함양하고 마음에 나아가 그 이치를 추구하며 이치에 따라 본성을 다하여야 한다. 쉬지 않고 힘써서 죽은 뒤에야 그만둔다면 아마도 기필코 터득함이 있으리라![75]

확실히 정덕 7년에 황관과 양명은 심학을 함께 토론하여서 날마다 서로 직접 가르침을 받고 마음을 기울여 깊은 관계를 맺는 경지에까지 이르렀다. 양명은 말하기를 "종현은 마치 목이 말라서 물을 마시듯이 내 말을 받아들이지 않음이 없었다."라고 하였으며, 황관 스스로 "다른 일이 끼어들면 한 번 나가고 한 번 들어올 때마다 더욱 깊이 마음을 쏟고 정일精一한 공부를 다할 수가 없었다. 그러므로 반드시 산과 못(山澤)으로 가서 이 삶을 마칠 수 있기를 바랐다."[76]라고 하여 양명과 함께 임하에 엎드려 살면서 다시 잠심潛心하여 심학을 논하고자 하였다. 마침 9월에 황관이 3년의 임기가 만료되어서 곧 소장을 세 차례 올리고 병을 핑계로 천태로 돌아가 "안개 속에 숨어서 표변하기를 기약하였는데(霧隱期豹變)" 실은 역시 양명과 감천의 명을 받들어 안탕산에 돌아가 암자를 짓고 양명·감천과 함께 산간에서 엎드려 살면서 대도를 토론하기를 기다린 것이다. 양명도 곧 병을 구실로 돌아가 정양하기를 원하는 소를 올리기로 약속하였다. 천태에서 함께 성학을 토론하고자 한 세 사람은 깊고 깊은 기대를 품었다.

---

75 『황관집』 권11 「송시생존의서送施生存宜序」.

76 『황관집』 권11 「송시생존의서」.

양명은 이별하기에 앞서 「별황종현귀천태서別黃宗賢歸天台序」 한 편을 지어서 두 해 동안 황관과 심학을 강론한 일을 다음과 같이 총결하였다.

군자의 학문은 그 마음을 밝히려는 것이다. 그 마음은 본래 어둠이 없는 것이나 욕심이 가리고 습성이 해를 입한다. 그러므로 가리움과 해를 제거하면 밝음이 회복되는데 이는 바깥으로부터 얻는 것이 아니다. 마음은 물과 같아서 더러운 물이 들어가면 흐름이 탁해지며, 거울과 같아서 때가 쌓이면 빛이 어두워진다. 공자가 안연에게 알려주기를 "자기를 극복하고 예를 회복하는 것이 인이다(克己復禮爲仁)."라고 하였고, 맹가씨孟軻氏는 "만물이 모두 나에게 갖춰져 있다(萬物皆備於我).", "몸으로 돌이켜서 성실하다(反身而誠)."고 하였다. 자기를 극복하면 본래 바깥에서 기다리지 않아도 성실하다. 세속의 학자(世儒)는 이미 공자와 맹자의 설을 배반하고 『대학』에 나오는 '격치'의 가르침에 어둡고 한갓 바깥에서 널리 배우기를 힘쓰며, 이로써 안에서 유익하기를 추구한다(昧於大學格致之訓, 而徒務博乎其外, 以求益乎其內). 이는 모두 더러운 곳에 들어가서 맑기를 구하고, 때(垢)를 쌓아서 (거울이) 밝기를 구하는 것이니 가능할 리 없다. 나(守仁)는 어렸을 때 배움을 알지 못하여서 거짓되고 치우친 것(邪僻)에 20년 동안이나 빠졌었다. 오랫동안 병폐에 빠져 있던 나머지 공자·자사·맹가의 말씀을 구하여 황홀하게 본 것이 있는 듯하였다. 이는 나의 능력이 아니다. 종현은 나에게 스스로 동자童子라고 자처하고 곧 과업科業을 포기할 줄 알았고 성현의 학문에 굳게 뜻을 세웠다. 세속 학자의 설을 따라 부지런히 궁구하였는데 할수록 더욱 어려웠다. 이는 종현의 죄가 아니다. 배움의 난이難易와 득실에는 원인이 있다. 내가 일찍이 종현을 위해 이것을 말해주었다. 종현은 목마른 사람이 물을 마시듯 내 말을 받아들이지 않은 것이 없었는데 매번 얼굴에 넘처나 보였다. 지금 우리 무리의 뛰어난 사람 가운데 활연하게(豁然) 그의 경지에 이른 사람은 없다(吾黨之良, 莫有及者). 병으로 사직하고 가면서 차마 나와 이별하지 못하여서 나의 말을 청하였다. 말을 해도 나의 말을 들어줄 사람이 아무도 없고 이끌어도 나에게 화답할 사람이 아무도 없으니 앞으로 내가 도움을 잃어버릴 터인데 내가 종현과 이별하면서 말을 하지 않겠는가? 종현이 돌아가니 나를 위해 천태와 안탕 사이에 초가집을 짓는다면 내가 장차 그곳에서 늙을 터이니 끝내 종현이 혼자 가게 하지 않는 것이다.[77]

양명과 담약수, 황관 세 학자가 함께 심학을 논한 문제에서 볼 때 이 「별황종현귀천태서」는 양명이 「별담감천서」에서 학문을 논한 기조와 확실히 다르다. 「별담감천서」에서는 양명이 담약수와 심학을 강론하면서 분기하여 합치하지 않았음을 얼마간 폭로했다고 한다면, 「별황종현귀천태서」에서는 황관과 심학을 강론하면서 기본적으로 서로 일치하였음을 충분히 표명하고 있다. 양명은 이미 황관을 '활연하게' 깨달은 왕문의 제자로 보고 "우리 무리의 뛰어난 사람 가운데 활연하게 그의 경지에 이른 사람은 없다."라고 칭찬하였는데, 여기에 감추어진 뜻은 황관을 담약수 위에 올려놓은 것이다. 그는 학자들이 "『대학』에 나오는 '격치'의 가르침에 어둡고, 한갓 바깥에서 널리 배우기를 힘쓰며 이로써 안에서 유익하기를 추구한다."고 비평하였는데, 이 비평에는 담약수도 포함되어 있다.

서애도 마음속 깊이 깨달았다는(心領神會) 식으로 「송황종현사병귀천태시서送黃宗賢謝病歸天台詩敍」에서 황관이 용감하게 양명 심학에 귀의한 사실을 칭송하였다.

---

77 『왕양명전집』 권7 「별황종현귀천태서別黃宗賢歸天台序」.

…… 이윽고 관직이 후군後軍의 도사都事에 이르렀다. 성의誠意와 재덕才德으로 국사國師에게 알려져서 말을 하면 듣고 계책을 내면 따랐으니, 족히 뜻을 얻어서 도를 행할 만하였으나 뜻밖에 결연히 이를 버리고 홀로 산으로 돌아갈 뜻을 따랐다. 이는 지식과 도량(識量)이 크고 굳세며(弘毅) 나가고 물러나는(出處) 정대함이 내가 아득하게 미칠 바가 아니나, 종현은 일찍이 스스로 이를 지니고 있다고 여기지 않았다. 대체로 내가 양명 선생 문하에 있을 때 종현도 이따금 가르침과 강론을 들었는데 이에 뜻을 둘 곳과 배움이 근거할 곳을 알게 되어서 약속을 하지 않고서도 같아졌다. 이에 서로 흔쾌히 계합契合하여서 거의 석 달이었는데 드디어 부자를 고별하게 되었다. 종현과 더불어 마치 할 말이 없을 듯하였는데 오히려 말을 하게 되는가? 「계사전」에 이르기를 "글은 말을 다 나타내지 못하고, 말은 뜻을 다 나타내지 못한다(書不盡言, 言不盡意)." 하였다. 종현은 내 말의 바깥에서 뜻을 얻었으니 말이 없는 것이라 할 만하다.[78]

황관도 「유별삼우留別三友」 한 편을 지어서 양명 제자의 면모를 띠고서 심학대사 양명에 대한 숭앙 및 두 해 동안 강학하고 가르침을 받은 감격의 정을 다음과 같이 토로하였다.

석룡자가 천태로 돌아가게 되었는데 순경舜卿(*왕원정王元正, 1511, 진사)·중용仲用(*양곡梁穀, 1480~?)·유현惟賢(*고응현顧應賢) 등이 손을 잡고 말하였다. "그대가 떠난 뒤 우리는 어떻게 해야 할까?" 석룡자가 답하기를 "양명 선생이 계시니 그대가 날마다 직접 대한다면 끝내 감화할 것이다!" 하였다.

---

78 『횡산유집』 권상 「송황종현사병귀천태시서送黃宗賢謝病歸天台詩敍」.

다시 묻기를 "선생도 가실 뜻이 있으니 또한 장차 어찌할까?" 하였다. 이에 답하기를 "헤어지고 만나는 것은 자취이다. 헤어지고 만남에 헤어지고 만남으로 여기지 않는 것은 정신(神)이다. 여러분은 자취를 위하는가, 아니면 정신을 위하는가? 자취를 위한다면 사랑하여 언더라도 팔을 한번 흔들면 잃어버리니 차마 슬픔을 이길 수 있겠는가? 정신을 위한다면 육합六合의 안에서 육합의 밖까지, 천고千古의 위에서 천고의 아래까지 어디를 가더라도 정신이 아니겠는가! 저 정신이란 마음이 보존된 바이고 이치가 발하는 것이다. 마음이 있으면 정신이 있고 정신이 있으므로 움직여서 하늘이 되니 하늘을 따르면 하나로서 같지 않음이 없고, 같지 않음이 없는 까닭에 서로가 가지런하여서 헤어지고 합함이 없게 된다. 같지 않은 것은 문장을 아로새기고 독특하게 꾸며내서(雕劇卓鷙) 사람이 저마다 사사로움을 좇되 만일 겉모습이 일치하지 않으면 혹은 세력에 따라, 혹은 이익에 따라, 혹은 명예에 따라, 혹은 기교에 따라 얽매여서 좇는 것이다. 서로 좇을 때에는 자리를 나란히 하여 같이 자고 바가지를 돌려가며 (술을) 마시고 얼굴을 마주하고서 맞장구를 치고(口面與與) 죽이 잘 맞으나(腹臟腓腓), 서로 등을 지면 진秦나라와 월越나라만큼 갈라지니, 하물며 만 리를 떨어져 있는데 오히려 같기를 바라겠는가? 지금 여러분이 오직 마음에서 간절히 구하고 게으르지 않으며 하늘처럼 성실하고 사람의 욕망에 따라 함부로 행동하지 않는다면 여러분과 나와 선생은 모두 장차 정신으로 만날(神契) 것이다. 정신이 만나면 한결같아서 변하지 않으니 여러분은 어디에서나 선생을 스승으로 삼고 나를 벗으로 여기지 않겠는가! 하물며 선생이 아직 몇 달 머무시니 여러분은 힘쓰고 가까이하여서 한갓되이 근심하지 말라!" 하였다.[79]

---

79 『황관집』 권8 「유별삼우留別三友」.

황관은 양명과 함께 심학을 논하는 것을 '정신의 만남(神契)'으로서 육합의 안팎, 천고千古의 상하에 두 사람의 마음과 마음이 서로 통하는 것에 비유하였다. 양명도 앞으로 이 '정신적 만남'의 도우와 계속하여 하늘 끝 양쪽에서 강학론도를 할 수 있기를 열렬하고 절실하게 바랐다. 그리하여 또 특별히 의미심장한 시 한 수를 읊어서 그를 전송하였다.[80]

황종현을 송별하며 드리다	贈別黃宗賢
옛사람은 악을 좇음을 경계하였고	古人戒從惡
지금의 사람은 선을 좇음을 경계하네	今人戒從善
악을 좇으면 이에 더러워지고	從惡乃同汚
선을 좇으면 도리어 원망이 불어나네	從善翻滋怨
어지러이 질투가 일어나고	紛紛嫉媚興
손가락질하고 꾸짖으며 서로 비방하고 헐뜯네	指謫相非訕
스스로 돈독하고 신실한 선비가 아니라서	自非篤信士
많은 사람 머뭇거리고 등을 지네	依違多背面
어찌 다투어 정처 없이 흘러가서	寧知竟漂流
서로 더럽고 천함에 빠져드나	淪胥亦汚賤
우뚝하다, 저 왕피자!	卓哉汪陂子
떨쳐 일어나 용감하게 실천했네	奮身勇厥踐
옷깃을 떨치고 옛 산중으로 돌아가	拂衣還舊山
안개 속에 숨어서 표변하기를 기약하네	霧隱期豹變

---

80 『왕양명전집』 권20 「증별황종현贈別黃宗賢」.

아! 나의 무리는 현명하니　　　　　　　　　　　　嗟嗟吾黨賢

흑백을 분별하기 어렵지 않네　　　　　　　　　　白黑匪難辯

　양명은 황관이 심학을 높이 숭앙하는 '독실하고 신실한 선비'로서 주희와 육구연 사이에서 머뭇거리고 등을 지는 저 세속의 유학자들과 판연히 구별된다고 인정하였다. '왕피자'는 후한의 황헌黃憲(숙도叔度, 109~156)을 가리킨다. 그는 후한 사람들로부터 '당대의 안회顔回'로 존경을 받았다. 열네 살 때 순숙荀淑(83~149)이 그를 만난 뒤 경탄하고서 말하기를 "그대는 나의 사표師表이다."라고 하였으며, 같은 군의 대량戴良은 재주가 뛰어나고 거만하였는데 역시 스스로 그에게 미치지 못함을 부끄러워하며 말하기를 "내(良)가 숙도를 보지 못했다면 스스로 그에 미치지 못한다고 여기지 않았을 것이다. 이미 그 사람을 보니 우러러봄에 앞에 있더니 홀연 뒤에 있는 격이다. 그러므로 헤아리기 어렵다." 하였다. 같은 군의 진번陳蕃(?~168)은 당시 삼공이었는데 역시 스스로 그만 못함을 탄식하여 "만약 숙도가 있다면 내가 감히 먼저 인수印綬를 차지 못했을 텐데."라고 하였다. 명사의 영수領袖인 곽림종郭林宗(128~169)은 여남汝南에 와서 먼저 원랑袁閬을 만난 뒤에 황헌을 만났는데 마음으로 기뻐하며 지성으로 복종하면서 품평하기를 "봉고奉高(원랑)의 그릇은 비유하자면 작은 샘(氿濫)과 같아서 비록 맑기는 하나 쉽게 퍼낼 수 있다. 숙도는 넘실 넘실한 것이 마치 천 이랑의 못과 같아서 맑게 해도 맑아지지 않고 휘저어도 흐려지지 않으며 헤아릴 수 없다."[81]라고 하였다. 양명은 황관을 황헌에 비겨서 '왕피자'로 칭찬하였는데 이는 은연중에 스스로를 심학의 '공부자'로, 황관을 '나의 무리'의 대현인 '안회'로 여겼던 것이다.

---

81 『후한서後漢書』 권83 「황헌전黃憲傳」.

서애가 넘실넘실 흘러넘치는 시 다섯 수를 잇달아 지어서 천태로 돌아가는 황관을 전송한 것도 이상할 것이 없다.[82]

병으로 사직하고 천태로 돌아가는 황종현을 송별하다 送黃宗賢謝病歸天台

천태로 돌아가는 그대를 보내나니	送子歸天台
천태는 겹겹이 쌓인 깊은 곳	天台深九重
주인이 한번 나온 뒤	一從主人出
적성은 보랏빛 노을에 잠겼네	赤城紫霞封
복사꽃은 골짜기 동구에 피었고	桃花笑溪洞
원숭이와 학은 소나무에서 구슬피 우네	猿鶴哀長松
오늘 느른하게 노닐다	今日倦遊詣
머리 들어 돌아오는 기러기를 바라보네	仰首望歸鴻
새벽빛은 이미 희미해졌으나	晨光雖已微
가을 풍경은 한창 짙어지네	秋色還正濃
멀리 간 자취는 쓸쓸하지 않고	遠迹匪沈寂
뜻에 맞아 참으로 스스로 충족하네	適意良自充
산바람은 깊은 골짜기에서 불어오고	山風出幽谷
바다에 뜬 달은 맑은 하늘을 흘러가네	海月流澄空
미인은 옥퉁소를 부네	美人吹玉笛
아득히 푸른 하늘에서	渺渺碧霄中
그대 이미 신선이 되었음을 아나니	知君已仙舉

---

82 『횡산유집』 권상 「송황종현사병귀천태送黃宗賢謝病歸天台」.

날개 또한 돋았다네 羽翼亦有同

기양으로 가는 나를 전송하여 送我到祁陽

저 기수는 길게 흐르네 伊祁流正長

순박한 만남은 이미 흩어지고 淳樸會已散

오히려 절제하고 검소함으로 스스로 몸가짐을 삼네 儉嗇猶自將

백성이 변화하던 때를 떠올려보니 憶當於變日

그들은 몰랐다네 요임금이 不識是陶唐

이 우뚝하게 드높은 산보다 높음을 勝此巍巍岁

뜬구름은 푸른 허공에 떠 있네 浮雲度空蒼

나 또한 어떤 사람인가? 我亦何人斯

이 한 모퉁이를 나누어 다스리는데 分治此一方

마음의 역량을 닫을 수 없으니 未能扉心量

어찌 소강이나마 바랄 수 있으랴! 焉足希小康

평소의 뜻을 저버려서 猶將負平生

이를 생각하니 참으로 가슴이 아프네 感此良堪傷

아득하다! 영수 물가 늙은이 悠哉潁濱叟

멀고도 멀다! 기산의 사내 邈矣箕山郎

우뚝한 양명산 巍巍陽明山

천고의 신비한 우혈 千古秘禹穴

신령하게 간직되어 귀신이 보호하니 靈藏自鬼護

까마득히 오랫동안 아무도 제사하지 않았네 杳杳無敢祭

누가 이 산속 늙은이를 알까? 孰知此山翁

정성으로 은밀하게 구하고 찾았네	精誠密求覓
하느님이 참으로 감동하셔서	皇天眞有感
신의 계시로 힘들이지 않고 끄집어냈네	神啓不勞掘
구름 끼고 우레가 사흘 진동하고	雲雷震三日
용과 범이 서로 으르렁대고 이를 갈았네	龍虎互吼嚙
순식간에 옛 상자를 여니	須臾古函開
혼륜한 물건 하나	迺一渾淪物
글은 읽을 수 없고	書文不可讀
글자 획은 모두 뭉개졌네	字畫俱滅沒
산속 늙은이 길게 휘파람 불고	山翁一長嘯
뭇 산은 눈 속에 맑고 깨끗했네	群山灑晴雪
그대 보고자 한다면	君如欲見之
야계에 가을 달을 찾아보게나	耶溪訪秋月

무회씨 생각을 하니	緬念無懷時
담담하여 같고 다름이 없었네	澹然靡同異
옛길은 이미 멀어졌고	古道嗟旣遠
물은 날로 맛이 없어지네	玄酒日無味
어지러이 농염한 꽃을 좋아하고	紛紛嗜穠華
고매한 사람은 명예를 좇네	高者逐名譽
마음 본래 다름이 없는데	如心本無非
도리어 옳음을 다투네	却逆競其是
뉘라서 천지의 조화를 알랴!	孰知天地化
근원의 한 기운으로 뭉쳤네	渾渾原一氣

내가 있다 한들 열리지 않으며	有我未爲開
내가 없다 한들 닫히지 않네	無我未爲閉
하물며 길고 짧음이야	而況長短間
자질구레한 것 모두 얽혔네	卑卑亦可繫
쑥은 뿌리를 뽑을 수 있고	艾草能除根
가을 오이는 꼭지가 떨어졌네	秋瓜看落蒂

내 마음은 자연의 조화를 품고	吾心含萬化
잠기지도 않고 드러나지도 않네	不潛亦不形
세상 사람 그 틈을 엿보나	世人窺其隙
곳곳에 이름 세우기 좋아하네	往往好立名
명성 또한 사람을 어둡고 어리석게 하니	名亦眩癡人
이름으로 인해 다시 실정을 구하네	因名復求情
쉽고 간단한 이치에 어두우니	易簡理旣昧
지리함이 이로부터 생겨나네	支離從此生
누가 참된 학문을 두드릴 줄 아는가?	誰知扣眞學
그러나 소리는 보이지 않네	而不觀音聲

서애의 이 시 다섯 수는 일반 친우끼리 송별하는 시의 의의를 완전히 초월했는데, 실은 양명이 2년 동안 '상국유'의 강학론도를 하고 상산·백사의 심학체계를 초월한 것을 위해 다듬어서 세운 하나의 시비詩碑였다.

시는 표면상으로는 황관이 천태의 적성에서 나와 벼슬을 하러 서울에 왔다가 이제는 참된 도와 참된 학문을 수양하기 위해 돌아가 은거하는 것이 참으로 우화등선羽化登仙하는 것과 같다고 칭찬하면서 그를 영수潁水 물가, 기산 아래 돌아가 은거한 고사高士 허유許由에 비유하였다. 그러나 서애의 참된 의도는 양명이 홀로 심학 천고의 비밀을 터득했음을 노래로 칭송하는 것이었다. 이 양명산옹의 강학론도는 심학의 끊어진 전승을 드러내 밝혔고 인류의 심지心知를 열었으니 바로 회계산會稽山에 신비하게 감춰진 우혈禹穴(*경서經書를 감춰둔)을 찾아서 단숨에 천고의 신비하고 오묘한 자연의 신비로 만들어진 석궤石匱를 열어젖힌 것과 같아서 비록 "글은 읽을 수 없고, 글자 획은 모두 뭉개졌지만" 양명은 도리어 옛 함에 들어 있는 금간옥책金簡玉冊, 곧 '글자가 없는 하늘이 내린 책(無字天書)'의 심학을 정신으로 깨닫고 이해하며 지혜로운 눈으로 독파하고 전했음을 찬미한 것이다.

"쉽고 간단한 이치에 어두우니"라고 한 구절은 육학陸學이 사라져서 전승되지 않음을 가리키며, "지리함이 이로부터 생겨나네"라고 한 구절은 주학朱學이 범람하여 퍼져 나감을 가리킨다. 또한 "누가 참된 학문을 두드릴 줄 아는가? 그러나 소리는 보이지 않네"라고 한 구절은 바로 양명이 마음으로 깨달아 홀로 터득한 심학이 시대에 부응하여서 일어난 사실을 가리킨다. 서애는 양명을 일대 '천계天啓'의 심학대사로 받들고 자기 스스로 양명의 가장 경건하고 성실한 '전습傳習'의 수업을 받는 제자로 여겼다. 마음의 곡조이며 도를 읊은 이 시 다섯 수는 제자가 스승을 위해 세상을 깨우치고 인민을 깨우친 「전습록」을 편집하는 '선언서'가 되었다.

황관이 천태로 돌아가 은거한 일은 양명·담약수·황관 세 사람이 경도에서 함께 심학을 논하는 일이 매듭지어졌음을 선언한 것이다. 비록 세 사람이 강학론도에서 끝내 완전히 서로 일치하지는 못하여서 잠재한 모순과 분기가 두 해 뒤 또다시 양명과 감천 사이의 새로운 논변을 이끌어냈으나, 이 '상국유'의 세 사람이 함께 성학을 논한 일은 양명 심학체계에 중요한 작용과 영향을 미쳤다. 그의 심학체계는 세 사람 공동의 성학 논변이 추동하는 가운데 초보적인 완성을 이루었던 것이다. 서애가 편집한 「전습록」은 이때 세 사람이 경도에서 성학을 함께 토론하여 나온 직접적인 산물이 되었고, 양명 심학 체계의 탄생을 선포하였다.

「전습록」: '심일분수心—分殊'의 심학체계 탄생

정덕 7년(*1512) 양명은 이미 강학론도를 하는 심학의 종사宗師로서 경화京華에 명성을 떨쳐서 사방에서 찾아와 배움을 묻고 수업을 하는 선비들이 날로 증가하였다. 서애는 훗날 『동지고同志考』를 지었는데 서문敍文에서 정덕 7년에 와서 배운 제자들을 다음과 같이 언급하였다.

존사尊師 양명 선생이 …… 부름을 받아 경사京師에 들어왔다. 거처한 지 한 해 남짓 되었는데 중간에 종유한 사람이 매우 많았다. 나는 한두 명 오랜 인연이 있는 사람들(宿契)과 해후한 것 외에는 아무도 알지 못하였다. 계유년(1513) 봄에 선생을 모시고 북에서 남으로 왔다. 간독簡牘을 검열하는 가운데 비로소 (종유한 사람의 이름을) 보았더니 대부분 모르는 사람들이었다. …… 나(某)는 외람되이 선생의 문하에 들었으니 책임을 어찌 사양하겠는가! 이에 의리로써 이 두루마리를 써서 선생 좌우에 간직해두고 장차 올 사람들로 하여금 모두 끝에 계속 이름을 쓰게 하고자 한다. (이름) 다음에 자字를 기입함은 바로 일컬어서 부르려는 것이다. 다음으로 출신지를 기입함은 어디에서 온 사람인지 나타내기 위함이다. 다음으로 출생연도(年歲)

를 기입함은 나이에 따라 배열하기 위함이다. 다음으로 문에 들어온(及門) 때를 기입함은 (배움을) 시작한 바를 기록하는 것이다. 내가 전에 몇 사람을 순서도 없이 기입했었는데 이는 추후 기억하여서 기록했던 것이다. 이후로 글 읽기를 청하는 사람은 반드시 차례대로 (기입하여서) 비워두지 않게 한다. 그 사이에 아는 사람이 있어서 이름을 대신 기입하기를 원하면 들어주고 빠뜨림이 없게 한다. 회수(番)를 기록하기를 바라면 들어주어서 사사롭게 하지 않음을 보인다. …… 이에 그 끝에 제호를 달아서 '동지고 同志考'라 하고 그 유래를 서술하여 알린다.[83]

전덕홍은 『동지고』에 근거하여 이해에 수업한 동지로 목공휘·고응상·정일초·방헌과方獻科(1485~1544)·왕도·양곡梁穀·만조萬潮·진정陳鼎·당붕唐鵬·노영路迎(1483~1562)·손호孫瑚·위정림魏廷霖·소명봉蕭鳴鳳·임달林達(1514, 진사)·진광陳洸 및 황관·주절朱節·채종연·서애 등을 언급하였다. 아울러 확신하지는 않지만 많은 사람들이 누락되어 있는 듯하다. 방헌부는 정덕 6년(1511) 9월에 이미 서초西樵로 돌아갔고, 진정은 정덕 6년 6월 이후 역시 적관謫官이 되어서 서울을 떠났다. 또한 적지 않은 사람이 찾아와서 수학하였다. 예컨대 부봉傅鳳·왕연·하춘何春·정증程曾(?~1483)·필산畢珊·왕사王思(1481~1524)·장오산張鰲山·왕원정王元正(1511, 진사)·왕원개王元凱(1511, 진사) 등이다. 서애조차도 『동지고』에 기록되어 있지 않다.

양명은 3월에 이부고공청리사낭중吏部考功淸吏司郎中으로 승진하였으며, 서울에 있던 제자들 및 배움을 물은 선비들과 관계가 더욱 친밀해졌다. 그는 「여러 문인과 밤에 이야기를 나누다(與諸門人夜話)」 한 수를 지어서 자기의 문

---

83 『횡산유집』 권상 「동지고서同志考敍」.

인을 다음과 같이 칭찬하였다.[84]

한림원에서는 관원으로 재능을 다투어 뽐내고	翰苑爭誇仙吏班
나이도 젊은데 속세를 벗어났네	更兼年少出塵寰
착한 도와 아름다운 문장은 임금이 의지하고	敷珍撝藻依天仗
붓을 잡고 글을 씀은 공자 안자에 가깝네	載筆抽毫近聖顔
대자연의 물상은 철인을 높이고	大塊文章宗哲匠
중원의 인물은 높은 산으로 우러르네	中原人物仰高山
일 없을 때는 관아를 얼른 마치고 경전을 말하며	譚經無事收衙蚤
구절을 얻으면 술잔을 마주하고 읊조리네	得句嘗吟對酒間
눈처럼 흰 날개를 치는 쌍학을 맞이하고	羽飛皦雪迎雙鶴
벼루를 씻어서 먹물을 쏟아붓네	硯洗玄雲注一灣
제생은 북쪽을 향해 수업을 전하고	諸生北面能傳業
내 도는 동쪽으로 가니 완고한 사람을 교화하겠네	吾道東來可化頑
오래 알던 강토는 이름을 간직하고	久識金甌藏姓字
잠시 옥당을 벗어나 벼슬 문에 의탁하네	暫違玉署寄賢關
가문의 인연은 문거(공융孔融)가 아니라 부끄럽고	通家自愧非文擧
아무렇게나 벼슬길에 들어서 오고감을 맡기네	浪許登龍任往還

여러 문인과 밤에 이야기를 나누다. 양명산인 왕수인.

與諸門人夜話, 陽明山人 王守仁

---

84 「여제문인야화與諸門人夜話」, 『석거보급삼편石渠寶笈三編』 제1078책 「연춘각장延春閣藏」 40 「원명서한元明書翰」.

양명이 시에서 말한 문인과 사정은 모두 실제 가리키는 바가 있다. 예컨대 목공휘는 한림검토에 제수되었고, 추수익은 한림편수에 제수되었으며, 응량·왕도·왕원정·장오산·왕사는 모두 서길사에 선발되었는데 바로 시에서 "한림원에서는 관원으로 재능을 뽐냈고, 나이도 젊은데 속세를 벗어났네"라고 한 말과 같다. 왕원개·왕원정 형제는 나란히 함께 진사가 되었는데 시에서 이른 바 "눈처럼 흰 날개를 치는 쌍학을 맞이하고"라는 말이다. 왕도는 서길사에서 응천의 부학 교수가 되었는데 시에서는 "오래 알던 강토는 이름을 간직하고, 잠시 옥당을 벗어나 벼슬 문에 의탁하네"라고 하였다. 양명은 회시의 동고시관同考試官을 맡아서 친히 녹명하여 많은 거자를 뽑았는데 시에서는 "가문의 인연은 문거가 아니라 부끄럽고, 아무렇게나 벼슬길에 들어서 오고감을 맡기네"라고 한 말이다. 고응상은 부름을 받아 경사에 이르러 금의위경력錦衣衛經歷에 보임되었고, 양곡은 이부고공주사吏部考工主事로 승진하였으며, 서애는 기주祁州 지주의 직임을 맡았는데 이런 일들은 바로 시에서 "제생은 북쪽을 향해 수업을 전하고, 내 도는 동쪽으로 가니 완고한 사람을 교화하겠네"라고 한 말이다. 문인과 즐겁게 모여서 밤에 이야기를 나누고 도를 논하였는데, 문인은 이미 양명을 '내 도가 동쪽으로 가는' 심학의 '노자老子'로 받들었다. 양명은 이들 '동지', '문인'을 심학의 학파로 조직하여서 남북 양경兩京의 보수적인 정주학파에 대항하였다.

그러나 사방에서 찾아와 배움을 묻는 선비 학자들이 날마다 늘어나면서 이들 양명의 문인 제자와 도를 묻고 배우는 학자들 사이에서도 점차 분화가 일어났다. 그들 중 대다수가 양명 심학의 견고한 신봉자가 되었지만 남이 하는 대로 따라 하듯이 양명의 뒤를 따랐다. 어떤 사람은 오히려 양명 심학에 반신반의하였으며 주륙朱陸의 사이를 배회하였고, 심지어 주학의 옛길로 회귀하고 전향하여서 양명의 심학을 공격하기도 하였다. 바로 이해 3월 왕도가 응천부應天府 교수로 전임되어서 서울을 떠나 남도로 부임하였다. 줄곧 존주 학자였던 왕도가 남도로 전임한 것은 표면적으로는 '부모 봉양을 편하게 하려고(便養)' 청한 것이지만 실제로는 양명과 강학하면서 균열이 일어난 것과 관련 있다.

양명은 완곡하게 지은 「별왕순보서別王純甫序」에서 다음과 같이 말하였다.

> 왕순보(왕도)가 응천의 교육을 관장하게 되어서 양명자는 맹씨(맹자)의 말씀으로 권면하였다. 순보가 "부족하다(未盡)."며 더 말해주기를 청하여서 "도를 아직 배우지 않았는데 가르치는 직책을 맡으니 직분을 더럽히는(鰥官) 죄를 짓게 되었습니다. 감히 묻건대, 무엇을 가르쳐야 하겠습니까?" 하였다. 양명자가 답하기를 "배움입니다! 내가 배움으로 삼는 것을 다하면 가르침이 거기에서 행하게 될 뿐입니다."라고 하였다. 묻기를 "배움은 무엇으로 합니까?" 하였다. 답하기를 "가르침입니다! 내가 가르침으로 삼는 것을 다하면 배움이 거기에서 이루어질 뿐입니다. 옛날 군자는 (선이) 자기에게 있은 뒤에 남에게서 (선을) 구하였습니다."라고 하였다. 묻기를 "굳세고 부드럽고 순박하고 엷은(剛柔淳漓) 자질이 모두 다른데 내가 가르침을 다한다면 하나같이 만들 수 있겠습니까?" 하였다. 답하기를 "하나같지 않으나 하나같이 만드는 것입니다. …… 사람에 따라서 베푸는 것이 가르침입니다. 저마다 재질을 성취하게 하고서 함께 선에 귀결합니다. ……"라고 하였다. 묻기를 "그렇다면 가르침에는 정해진 법도가 없습니까? 옛날 변론한 사람은 왜 그렇게 엄격하였습니까?" 하였다. 답하기를 "정해진 것은 없습니다. 그러나 천하에 (아무런 법도 필요 없다고 한다면) 궁시 제작은 하나 야금(冶)은 폐기되고, 장인(匠)의 기술은 발휘하나 도공과 맥질쟁이(陶坊)는 버려질 것입니다. 성인은 사람마다 성인으로 만들려고 하지 않겠습니까? 그

러나 자질은 사람마다 다릅니다. 그러므로 엄격하게 변론하는 것은 부분에 끝까지 미루어 간 것입니다. 이런 까닭에 혹 편협한 문제가 있고 혹 지리해지는 문제가 있고 혹 흘러넘치는 문제가 있습니다(故辯之嚴者, 曲之致也. 是故或失則隘, 或失則支, 或失則流矣). 이런 까닭에 사람에 따라 베푸는 것이 정해진 법입니다. 같이 선으로 귀결하는 것이 정해진 법입니다. 사람에 따라 베푸는 것은 자질이 다르기 때문이며, 함께 선에 귀결하는 것은 본성이 같기 때문입니다. 가르침이란 본성을 회복하는 것일 뿐입니다. 요순 이래 바뀐 것이 없으니 정해진 법이 없다 하겠습니까?" 하였다.[85]

양명은 송별의 서문에서 의도적으로 '도道'를 논하는 것을 회피하고 '가르침(敎)'을 논하는 데 치중하였다. 왕도는 '가르침'에 정해진 법이 없는지를 물었는데 "옛날 변론한 사람은 왜 그렇게 엄격하였습니까?"라고 한 말은 은연중에 주희를 가리킨다. 양명은 '가르침'이란 정해진 법이 있기도 하고 없기도 하므로 정해진 법에 집착하거나 정해진 법이 없는 것에 집착하는 것은 모두 한쪽으로 치우친 실수를 범하는 것이라고 인식하였다. 그는 "엄격하게 변론하는 것은 부분에 끝까지 미루어 간 것입니다. 이런 까닭에 혹 편협한 문제가 있고 혹 지리해지는 문제가 있고 혹 흘러넘치는 문제가 있습니다."라고 비평하였는데, 이는 바로 은연중에 주학을 비판한 것이다. 왕도와 양명의 사상적 모순과 분기는 이로써 이미 단서(端倪)가 폭로되었다.

동시에 황관이 「송왕순보서送王純甫序」를 지었는데 그들 두 사람의 사상적 분기를 다음과 같이 더욱 분명하게 말하였다.

---

85 『왕양명전집』 권7 「별왕순보서別王純甫序」.

왕순보가 응천에 가서 교육을 하게 되어서 석룡자(황관)에게 들러 말하였다. "지난번 내가 그대와 벗하고 아침저녁으로 서로 마음으로 보면서 비록 말을 하지 않아도 좋았습니다. 지금 내가 장차 떠나가려 하고 그대도 역시 시기를 기다려서 숨을 터이니 마땅히 나에게 해줄 말이 있을 것입니다!" 석룡자가 응낙하고 묻기를 "지금 어떤 사람이 겉으로 행실을 새기고 말을 다듬으며 널리 기억하고 뜻을 오롯하게 지니고서 성인이 되려고 하여 미리 아는 데 힘쓰고 옛말을 외며 그윽하게 기틈(幽頤)을 탐구하되 다만 글자를 벗어나지 않으면서 스스로 이르기를 이미 사리事理의 지극한 곳에 나아갔으며 성명性命의 진리에 족하다고 여깁니다. 평소의 생활을 살펴보면 간직해두기만 하고 변화하지 않아서 그 폐단은 지리하게 되고 몸으로 함께 하지 않는 사람이 많은데 이를 잘 배웠다고 할 수 있겠습니까?" 하였다. 답하기를 "그럴 수 없습니다." 하였다. 묻기를 "어찌해야 합니까?" 하였다. 답하기를 "경건하면 이에 할 수 있습니다." 하였다. 묻기를 "지금 여기에 어떤 사람이 있는데(今有人) 경건이 요체임을 알지만 오직 현묘하고 영험한 마음(玄靈之府)을 지키고서, 지니되 사납게 하지 않고 뉘우치되 남김이 없으며 간직하여서 근본으로 돌이킬 수 있습니다. 지극함을 추구하면 냉담하게 무리에 휩쓸리지 않으나 그 폐단은 선禪이며 안과 밖이 서로 분리됩니다. 이를 잘 배웠다고 할 수 있겠습니까?" 하였다. 답하기를 "그럴 수 없습니다." 하였다. (그리하고) 묻기를 "또 어찌해야 합니까?" 하였다. 순보가 말하기를 "그대는 어찌해야 한다고 생각합니까?" 하였다. "관찰하면 이에 할 수 있습니다." 순보가 말하기를 "그렇습니다. 내가 일찍이 양명 선생께 들은 적이 있었습니다." 하였다. 석룡자가 말하기를 "비록 그러하나 그대는 또한 안팎의 변별을 들었습니까? 내기를 할 때 기왓장을 걸고 하면 묘하게 잘 맞고 갈고리(띠쇠)를 걸고 하면 주저하여서 잘 맞지 않고 황금을 걸고 하면 마음이 혼란해져서 전혀 맞지 않습니다. 안을 중시하고 바깥을 가벼이 여기면 그곳에 교묘함이 생겨납니다. 바깥을 중시하고 안을 가벼이 여기면 그곳에 주저함과 혼란함이 생겨납니다. 기술은 하나인데 내가 크게 두려워하는 바이니, 원컨대 그대와 더불어 관찰하고자 합니다. 관찰하되 게을리하지 않으면 거의 (도에) 가까울 것입니다! ……" 하였다.[86]

양명과 달리 황관은 이별의 서문에서 왕도를 직접 대하고 '도'에 대해 논하였다. 점층적으로 문제를 제시하면서 번갈아 진행하였는데 모두 주학을 비평하여서 깨뜨리고 왕도를 양명 심학으로 귀의하도록 권면하였다. 그가 비평한 '지금 여기에 있는 어떤 사람'이란 바로 주학을 존중하는 세상의 유학자들을 가리킨다.

황관이 던진 첫 번째 질문은 실제로는 주학의 널리 기억하고 뜻을 오롯하게 하며, 미리 아는 데 힘쓰고 옛 말씀을 외며, 그윽함을 추구하고 기르기를 탐색하며(求幽探賾), 다만 글자에서 벗어나지 않고, 간직하기만 하고 변화하지 않으며, 지리하고 번쇄함을 비평하였는데, 왕도는 이를 부정하였다(*그는 결코 주학이 '간직하고 변화하지 않으며 지리하고 번쇄하다'는 점을 인정하지 않았다).

황관이 던진 두 번째 질문에 왕도는 '경건'으로 응답하였다. '경건'은 바로 주희의 근본적인 공부론(*敬知雙修)이었는데, 황관은 도리어 '경건'을 선학禪學이라고 하면서 안팎이 서로 분리되며 바깥을 중시하고 안을 가벼이 여기는 것이라고 배척하였다. 왕도는 역시 부정하였다(*그는 결코 주희의 '경건'이 바깥을 중시하고 안을 가벼이 여기며 안팎이 서로 분리된 것으로 인정하지 않았고, 선에 견줄 수 없다고 하였다).

---

86 『황관집』 권4 「송왕순보서送王純甫序」.

황관은 마지막으로 '관찰'로 '경건'을 대체할 것을 제시하였다. '관찰'은 바로 마음을 관찰하고(心察), 맑게 관찰하고(澄察), 관찰하여서 인식하는(察識) 것이니, 바로 양명이 말하는 묵좌징심, 체인천리이다. 왕도는 '관찰'로 '경건'을 대체하는 황관의 논법에 대해 가부를 말하지 않고 침묵하며 답하지 않았는데, 분명히 그가 마음을 맑게 하고 관찰하며 인식하여서 체인하는 양명의 설을 인정하지 않았음을 드러낸 것이다.

나중에 양명이 남도에서 왕도 등의 사람들과 전개한 주륙동이 논전은 그 기조와 분기의 초점이 이미 이 이별의 서문에서 황관이 예언한 방식에 따라 이루어졌으며, 나중에 황관도 이러한 관점을 품고서 주륙동이 논전에 뛰어들었다고 할 수 있다. 왕도는 양명과 황관이 이별에 즈음하여 권유한 말을 받아들이지 않은 채 경사의 속박에서 벗어난 뒤 도리어 더욱 견고하게 자기가 믿는 주학의 길을 걸어갔다. 남도에 도착하자마자 그는 곧 인간사 모순의 소용돌이에 휘말려서 위아래 동료들과 거의 화합하지 못하였다.

양명은 즉시 그에게 알뜰하고 정성껏(諄諄) 권면하는 편지 한 통을 썼다.

이별한 뒤 무성武城으로부터 어떤 사람이 와서 말하기를, 순보(왕도)가 비로소 집에 이르렀다고 하는데 존옹尊翁께서 자못 기뻐하지 않으셨다니 돌아가는 계책이 오히려 많이 어긋난 듯합니다. 처음 듣고서 한스러워했으나 이윽고 다시 크게 기뻐하였습니다. 한참 뒤 또 어떤 사람이 남도南都에서 와서 말하기를, 순보가 직임에 나아갔는데 위아래가 대부분 서로 화합하지 못했다고 합니다. 처음 듣고서 한스러워했으나 이윽고 다시 크게 기뻐하였습니다. 내가 한스러워한 까닭은 세속의 사사로운 감정 때문입니다. 크게 기뻐한 까닭은 순보가 마땅히 스스로 알았기 때문입니다. 내가 어찌 순보의 안타까운 사정을 조금 참지 못하고서 본성을 움직여 크게 성취하게 하지 않을 수 있겠습니까? 비유하자면 대장장이가 쇠를 불꽃 속에 집어넣었다가 집게와 몽치로 두드리는 것과 같습니다. 이때 쇠를 다루는 자는 매우 괴로우나 타인의 관점에서 보면 쇠가 더욱 정련精煉됨을 기뻐할 것이니 오직 화력이 쇠를 불려서 두드리는 것이 미치지 못할까 두려울 뿐입니다. 이미 야금을 거쳤다면 쇠는 또한 저절로 꺾이고 불리고 두드려서 성취됨을 기뻐할 것입니다. …… 일찍이 생각건대 "군자는 자기가 처한 지위에서 행동을 하고 그 밖의 것은 원하지 않는다. 부귀에 처해서는 부귀에 따라 행동하고 빈천에 처해서는 빈천에 따라 행동하며, 환란에 처해서는 환란에 따라 행동한다. 그러므로 어디를 가도 스스로 터득하지 못함이 없다(君子素其位而行, 不願乎其外. 素富貴, 行乎富貴, 素貧賤, 行乎貧賤, 素患難, 行乎患難, 故無入而不自得)."라고 하였습니다. 후세의 군자 역시 마땅히 자기가 처한 상황에 따라 배우고 그 밖의 것을 원하지 않아야 합니다. 부귀에 처해서는 부귀에 따라 처하기를 배우고, 빈천과 환란에 처해서는 빈천과 환란에 따라 처하기를 배운다면 또한 어디를 가도 스스로 터득하지 못함이 없을 것입니다. …… 근래 서로 더불어 강학한 자로 종현(황관) 외에 또 몇 사람이 있는데, 매번 서로 모이면 번번이 순보의 고명함을 찬탄하였습니다. 지금 다시 이와 같이 연마하는 때를 만나 그 진보함이 더욱 헤아릴 수 없으니 순보는 힘쓰십시오! 또한 왕경안(왕연)이 근래 대명大名의 수령(宰)으로 나갔는데 떠나기에 앞서 가르침을 더 청하였습니다. 나(某)는 기질의 변화를 알려주면서 "평상시에는 보이는 바가 없으나 오직 이익과 손해에 맞닥뜨리고 변고를 겪고 굴욕을 만났을 때 평소 분노하는 자는 이에 이르러 분노하지 않을 수 있으며, 근심하고 당황하여서 조처를 잃어버리는 자는 이에 이르러서 근심하고 당황하여 조처를 잃지 않을 수 있어서 비로소 힘을 쏟을 곳을 얻습니다. 역시 이것이 곧 힘을 쓸 곳입니다. 천하의 일은 비록 오만 가

지로 변하는데 내가 반응하는 바는 희로애락 네 가지에서 벗어나지 않습

니다. 이는 학문을 하는 요체인데(爲學之要) 정치를 하는 것 역시 그 가운데

있습니다."라고 하였습니다. 경안이 듣고서 뛸 듯이 기뻐하며 마치 터득함

이 있었던 듯합니다. ······[87]

양명은 왕경안을 격려했던 '학문을 하는 요체'로써 왕도를 권면하였는데,
바로 왕도로 하여금 고요한 가운데 희로애락 미발未發 때의 대본大本의 기상
을 체인하는 심학 공부를 하게 한 것이다. 왕도는 여전히 고집스럽게 침묵하
고 대답하지 않고 있었다. 그와 양명의 사상적 거리는 점차 멀어지다가 결국
침묵하는 가운데 매우 빨리 폭발하였다. 그는 양명과 반목하고 절교를 하였
으며, 역으로 양명을 비평하고 공격하였다. 양명의 이 편지에는 이미 두 사람
이 나중에 주륙동이의 논전을 전개하는 사상적 위기가 잠복해 있었다.

왕도가 서울을 떠나 남도 교수로 부임함과 동시에 휘주徽州의 지부 웅계
熊桂(*세방世芳)가 저명한 자양서원紫陽書院을 수리하고 다시 세웠다. 그는 읍
상邑庠의 제자인 정증程曾과 필산 두 사람을 멀리 경사로 보내서 양명에게 서
문을 지어달라고 청하였다. 웅계와 양명은 동년으로서 주학을 존숭하였다.
자양서원은 "주자의 도를 도로 삼고, 주자의 마음을 마음으로 삼는다(道朱子
之道, 心朱子之心)."라는 말을 종지宗旨로 삼아 주학을 힘껏 널리 드날렸다. 육
학을 존중하는 양명에게 서문을 지어달라고 한 부탁은 양명에게는 어려운 문
제 하나를 제출한 셈이었다. 왜냐하면 웅계는 양명에게 자양서원의 서문을
지어달라고 청한 뒤 또 양렴楊廉(1452~1525)에게도 「자양서원제명기紫陽書院
題名記」 한 편을 지어달라고 청하였기 때문이다.

---

87 『왕양명전집』 권4 「여왕순보」 서1.

양렴도 주학을 존중하는 학자로서 기문에서 주학을 다음과 같이 크게 드러냈다.

> 자양은 휘주의 명산名山이다. 세상에서는 자양으로 주자를 일컫는데 염계濂溪로 주자周子(주돈이)를, 이천伊川으로 정자程子(정이)를, 횡거橫渠로 장자張子(장재)를 일컫는 것과 같다. …… 위재韋齋(주송)가 민閩(복건)에 우거하면서부터 '자양서당紫陽書堂'으로 인장印章을 새겼는데 주자가 다시 거처에 그 이름을 사용하였으니 휘주에 마음을 깊이 두고 있음이 이와 같다. 주자의 도를 도로 삼고, 주자의 마음을 마음으로 삼는 것은 무엇이든 자양의 것이 아니겠는가! 휘주에는 자양서원이 있다. 송 때의 수령 한보韓補(1223, 진사)가 처음 지었고 그 이후로 옮겨 지은 것이 한두 번이 아니었다. 이에 정덕 경오년(1510)에 수령(侯) 웅세방이 다시 건립하고 주자를 제사하였는데 한결같이 옛 법대로 하였다. 그러고 또 상서庠序에서 선발하여 몇 사람을 얻어서 ㄱ 가운데에서 강하하였다. 이윽고 향괴鄕魁(향시 장원)가 ㅏ오고 정끠廷魁(정시 장원)가 나왔으니 (강학을 하기에) 적합한 사람을 뽑았던 것이다. 수령은 돌에 성명을 새기지 않을 수 없다고 하여 이에 생원 정정찬程廷贊(정중)과 필산을 파견하여서 나에게 기문을 부탁하였다. 두 사람(二生)은 아마도 그들 중에서 강학을 한 자이리라. …… 서원을 건립하고 다시 당 두 채를 만들어서 각각 '존덕성尊德性', '도문학道問學'이라 하였으니, 이 둘을 겸한 것은 그것으로써 주자의 학문을 하려는 것이 아니겠는가? 논하는 사람이 말하기를, 상산 육씨는 존덕성을 주로 하고 주자는 도문학에 공이 많았다고 하는데 이는 주자를 모르고 하는 말이다. 주자의 학문은 경건을 주로 하여서 근본을 세우고(主靜以立其本), 이치를 궁구하여서 앎을 지극히 하는(窮理以致其知) 것이며, 재장정일齋莊精一 가운데에서 마음을 보존하고 학문사변學問思辨의

즈음에서 이치를 궁구하는 것이니 이른바 존덕성과 도문학은 무엇을 여기에 더할 것이 있겠는가? 수령은 대체로 이를 인식하였던 것이다. 수령은 또 주자의 「백록동교조白鹿洞教條」에서 취하여 두 당 사이에 새겨두었으니 학자들이 주자의 학문을 배우기를 바라는 것이 어떠한가! ……[88]

양렴은 주희와 주학에 대한 당시 존주파의 전형적인 인식을 대표한다. 그는 "경건을 주로 하여서 근본을 세우고, 이치를 궁구하여서 앎을 지극히 하는" 것으로써 주학을 투철하게 개괄하였다. 그리고 이와 같이 존덕성과 도문학으로써 주륙 학문의 동이를 구획한 사람에게 어려운 문제 하나를 제출하였던 것이다. 양명은 확실히 양렴과는 달리 육학(*심학)의 입장에 교묘하게 서서 주학을 해설하였다. 「자양서원집서紫陽書院集序」 한 편을 지어서 응계와 양렴이 제출한 주륙의 어려운 문제를 풀어냈다.

서문에서 다음과 같이 말하였다.

예장豫章 웅세방 군이 휘주 수령이 되어서 그 경내에 정치를 펼쳤는데, 이에 자양서원을 크게 일신하여서 주자의 학문을 밝혔으며 빼어난 선비를 모아서 몸소 그들을 가르쳤다. 이에 일곱 학교(七校)의 선비가 정치가 이어지지 않고 교육이 혹 사라질까 두려워하여 정증 생이 서원의 연고를 모으고 다시 백록동규白鹿洞規를 덧붙여서(弁) 나중에 올 사람들에게 남겨서 교육할 바를 알게 하였다. 판각이 완성되자 필산 생이 와서 교육의 도리에 부합하는 말(合語) 한마디를 더 청하였다. 나는 오직 학문을 하는 방법으로는 백록동의 규약이 완전하다고 여긴다. 경책하고 권유하는 도리는 웅 군

88 『양문각공문집楊恪公文集』 권32 「자양서원제명기紫陽書院題名記」.

의 뜻이 근실하며, 홍폐의 상세함은 정 생이 모은 것에 갖춰져 있으니 또 내가 말을 하여 무엇하겠는가? 그러나 내 듣건대, 덕에는 근본이 있고 학문에는 요체가 있으니 근본을 일삼지 않고 범범하게 여겨서 종사하면 높이려고 하여도 텅 비고 적적해지며(虛寂), 낮추면 지리해지고 마구 흘러서 마루를 잃어버리며 수고하되 얻는 바가 없다. 이런 까닭에 군자의 학문은 오직 그 마음을 얻기를 구하니 비록 천지를 자리 잡게(位天地) 하고 만물을 기름(育萬物)에 이르러도 이 마음의 바깥을 벗어나지 않는다. 맹씨가 "학문의 길은 다른 것이 없으니 놓친 마음을 찾는 것일 뿐이다(學問之道無他, 求其放心而已)."라고 한 한마디 말로 모두 대신하였다. 그러므로 널리 배우는 것은 이것을 배우는 것이고, 자세히 묻는 것은 이것을 묻는 것이며, 신중하게 생각하는 것은 이것을 생각하는 것이고, 밝히 변별하는 것은 이것을 변별하는 것이며, 독실하게 행하는 것은 이것을 행하는 것이다. 마음의 바깥에 일이 없고 마음의 바깥에 이치가 없으니, 그러므로 마음의 바깥에 배움이 없다. 이런 까닭에 부자에게서는 내 마음의 인을 다하고, 군신에게서는 내 마음의 의를 다하며, 내 마음의 충신忠信을 말하고 내 마음의 독경篤敬을 행한다. 마음의 분함을 징계하고 마음의 욕심을 막으며 마음의 착함으로 옮기고 마음의 허물을 고친다. 세상에 대처하고 사물을 접함에 어디를 가더라도 내 마음을 다하여서 스스로 흡족하기를 구하지 않음이 없다(無所往而非求盡吾心以自慊). 나무를 심는 것에 비유하자면 마음은 그 뿌리이고 배움은 북을 돋우고 물을 주는 것이며 돌보아 지키고 김을 매고 잡초를 베는 것인데, 이런 일은 모두 뿌리를 돌보는 일일 뿐이다. 주자의 백록동 규약은 첫머리에 다섯 가르침(五敎)의 항목을 두고 다음으로 학문을 하는(爲學) 순서, 또 다음은 몸을 닦는(修身) 요령, 또 다음은 일에 대처하는(處事) 요령, 사물을 접하는(接物) 요령을 두었다. 만약 각각 한 가지 일을 하고 서로 섞이지 않게 한다면 이는 대부분 주자의 평소 뜻으로서 때에 따라 정밀하게 살펴 힘써 행하는 것이니 하루아침에 관통하는 오묘함인가? 그러나 세상의 학자는 왕왕 마침내 지리하고 자잘한(瑣屑) 것에 빠져서 바깥으로 엄격하게 꾸며 치달리며 입과 귀, 명성과 이익을 추구하는 습성에 빠진다. 그러므로 나는 여러 선비의 청에 따라 특별히 근본을 탐구하여서 서로 힘쓰게 하니 거의 강습의 요체를 담고 있고, 또한 이로써 주자가 다하지 못한 뜻을 밝혀낸다.[89]

양명은 완전히 자기 심학의 관점에서 주자의 학문을 독해하여 '군자의 학(*주자의 학문)'은 그 마음을 구하는 데 있다고 하였는데, 왜냐하면 마음의 바깥에 일이 없고, 마음의 바깥에 이치가 없고, 마음의 바깥에 학문이 없기 때문이라고 인식하였다. 그러므로 내 마음은 곧 우주이며, 천지가 제자리를 잡고 만물을 조화 생육하는(化育) 것이 모두 내 마음의 밖을 벗어나지 않는다. 마음은 뿌리(*본체)이고 배움은 공부(*작용)이며 다만 그 마음을 다하고 정밀하게 살피고 힘써 행해야 비로소 마음이 온갖 이치를 갖추고, 한마음이 만 가지의 도를 관통하는 오묘함이 뚜렷해지니, "어디를 가더라도 내 마음을 다하여 스스로 흡족하기를 구하지 않음이 없는" 것이다. 이는 명명백백한 육학(*심학) 사상이지만 다만 양명은 이것을 주자의 사상으로 말하였다. 그는 이에 대해 '주자의 평소 뜻'으로서 '주자가 다하지 못한 뜻을 밝혀낸' 것에 지나지 않는다고 하였다.

여기에서 양명은 의도적으로 주학을 육학화陸學化하였다. 혹자는 육학을

---

89 『주자실기朱子實紀』 권11 「자양서원집서紫陽書院集序」. 『왕양명전집』 권7에 「자양서원집서」가 있는데 누락된 구절이 있다.

이용하여서 주학을 독해하였다고 말한다. 곧, 여기에는 이미 그의 '주자만년 정론朱子晩年定論' 사상이 숨겨져 있으며, 주자와 육상산의 설이 처음에는 달랐으나 끝에서는 같아졌고, 말은 다르나 뜻은 같다고 여겼다는 것이다. 나중에 양명은 처음에는 달랐으나 끝에서는 같아진 이러한 '주자만년정론'의 설로 위교魏校·왕도 등 존주파와 주륙이동의 대논전을 전개하였으며, 아울러 『주자만년정론』을 써서 (논전을) 총결하였다. 이와 같이 처음에는 달랐으나 끝에는 같아진 그의 '주자만년정론' 사상은 곧 이 「자양서원집서」에서 '뚜렷한 면모(亮相)'를 처음으로 드러내고 공개되었다. 사실 양명이 쓴 서문의 이러한 논조는 육학을 긍정하고 주학을 비판하는(是陸非朱) 자기의 관점을 가리고 꾸미는 것이 아님이 없으며, 역시 배후에서 주학을 비판하고 부정하는 진면목이 매우 뚜렷하였다. 웅계가 정중과 필산을 보내서 서문을 청한 데에는 본래 그들로 하여금 양명에게 가서 배움을 묻게 하려는 의도가 있었다.

양명은 시 한 수를 지어서 휘주로 돌아가는 그들을 전송하였는데, 주륙의 학문에 대한 그의 진실한 관점을 직설적으로 말하였다.[90]

휘주의 정, 필 두 선생께	與徽州程畢二子
구절은 모두 찌꺼기요, 글자는 진부한데	句句糠秕字字陳
도리어 어디에서 새것을 앎을 찾으려나?	却於何處覓知新
자양산 아래에도 뛰어난 인재 많을 테니	紫陽山下多豪俊
응당 음풍농월하는 사람도 있으리	應有吟風弄月人

---

90 『왕양명전집』 권20 「여휘주정필이자與徽州程畢二子」. 『왕양명전집』은 이 시를 정덕 9년 4월 남경 홍려시경鴻臚寺卿으로 승진했을 때 지은 것이라고 비정하였는데, 이는 오류이다.

"구절은 모두 찌꺼기요, 글자는 진부한데"라고 함은 바로 주학의 지리하고 번쇄한 장구의 훈고를 비평한 말이다. "자양산 아래에도 뛰어난 인재 많을 테니, 응당 음풍농월하는 사람도 있으리"라고 한 구절은 바로 광풍제월光風霽月의 주돈이와 같은 심학대사를 불러낸 것이다. 이로써 주학의 전통이 깊고 두터우며 무겁게 쌓여서 돌이키기 어려운 휘주 지역에도 학술의 기풍이 새롭게 변하여서 '음풍농월'하는 식의 심학의 전도인傳道人이 샘솟듯이 나와서 휘주의 선비들이 다시는 '구절은 모두 찌꺼기이고 글자는 진부한' 주학에 빠져서 스스로 빠져나오지 못하는 일이 없기를 희망하였다.

정중과 필산이 가르침을 받고 휘주로 돌아간 뒤 그야말로 사상 상에서 분화가 일어났다. 정중은 변함없이 주학을 굳게 지켰으나, 필산은 주학에서 양명의 심학으로 전향하였고 2년 뒤 다시 남도로 와서 정식으로 양명에게 수학하고 휘주 지역에서 '음풍농월'하는 양명 심학의 첫째가는 제자가 되었다.[91]

양명의 문인과 제자 가운데 일어난 이러한 사상적 분화는 심지어 '회계의 세 선생(會稽三子)'인 서애·주절·채종연蔡宗兗(1517, 진사)에게서도 똑같이 일어났다. 서애·주절·채종연 세 사람은 모두 일찍이 배움을 물은 양명의 3대 제자인데 양명은 한결같이 서애는 온공溫恭하다, 주절은 명민明敏하다, 채종연은 심잠深潛하다고 칭찬하며 스스로는 이런 점에서 그들에 미치지 못한다고 여겼다. 그런데 정덕 7년(1512) 이후에 채종연은 사상적으로 양명과 점점

---

91 필산은 자가 우매友梅이며 흡현歙縣 사람이다. 『왕기집王畿集』 권14 「우매필군팔질서友梅畢君八耋序」에 이르기를 "흡현의 북성北城에 우매 군이라는 이가 있는데 …… 정덕 연간에 남도에서 양명 선생이 남도에서 강학을 한다는 말을 듣고 도보로 가서 수업을 하였으며, 옛사람이 학문을 한 요지를 들었다. 오랜 뒤 터득한 바가 있어서 장차 돌아가 학업을 마쳤다. 선생이 그 뜻을 가상하게 여겨 풍월風月 장을 읊어서 기약하였다. 이른바 "자양산 아래에도 뛰어난 인재 많을 테니, 응당 음풍농월하는 사람도 있으리"라는 구절이 이것이다."라고 하였다.

거리가 생겼다.

계본季本(1485~1563)은 나중에 채종연의 이러한 사상의 변화를 다음과 같이 언급하였다.

…… 저술에 마음을 쏟았다. 저서에 『대학사초大學私抄』, 『사서시경절약四書詩經節約』, 『도서천견圖書淺見』, 『율동律同』 등이 있다. 또 『주례周禮』를 주석하려다 성취하지 못했지만 이 또한 부지런히 하였다. 그러나 선사께서 처음 양지의 학문을 강론하였을 때 나는 바야흐로 회옹晦翁(주희)의 낡은 견해를 고집하고 있었으므로 (양지의 학문을) 믿지 못하였다. 그러나 이때 이미 마음에 거스름이 없었다. 내가 고심하여 궁구하고서 비로소 깨닫고 믿어서 따를 줄 알게 되었으나 공은 도리어 스승의 학설을 의심하였다. 그러므로 그 저서가 대부분 낡은 (학설과) 균형을 이루었고 (옛 학설을) 조절하고 지켜서(持衡調護) 스스로 일가를 이루었다. 그 까닭은 무엇인가? 어쩌면 새로운 견해가 옛 견문을 초월하였으나 믿는 마음이 성대하지 않기 때문인가? 대체로 공은 본래 '만물이 모두 나에게 갖춰져 있다(萬物皆備於我)'는 사상을 주로 삼았기에 스스로 호를 '아재我齋'라고 하였다. 무릇 자기가 홀로 터득한 바로써 경솔하게 남에게 드러내지 않았고, 온 세상이 비난해도 스스로 아랑곳하지 않았다. 그러므로 선사께서 일찍이 말씀하시기를 "희연希淵(채종연)은 참으로 나를 위할 수 있다(爲我)!"라고 하였다. 매양 서로 만나면 또한 홀로 군자의 도를 함을 부끄러워하여서 반복하여 열어서 밝혔는데, 오직 공이 아집(有我)을 둠을 두려워하였다.[92]

---

92 『계팽산선생문집季彭山先生文集』 권3 「봉의대부사천안찰사제학첨사채공묘지명奉議大夫四川按察使提學僉事蔡公墓志銘」.

사실 채종연은 종래 경건하고 성실하게 심학을 숭앙하는 학자가 아니었으며, 평생 오로지 주학으로 가는 치학治學의 길을 걸었다. 이와 같이 문인 제자와 선비 학인들 가운데에서는 사상의 분화가 일어나고 사대부들은 보편적으로 냉담해져서 주류의 학문이 밝아지지 않고, 심학이 배척을 당하여 전해지지 않고, 대도大道가 잠복하여서 쇠락해졌다. 양명은 그 원인을 사우師友의 도가 무너져서 도통이 중간에 단절되어 이어지지 않고, 선비와 학자들이 정주이학의 금망禁網 아래 사상이 위축된 탓에 조급한 사람들은 어지러이 과거와 명성과 이익의 마당으로 다투어 달려나가는 반면, 맑고 고결한 사람은 산림에 숨어서 도를 껴안고 시들어버린 산사람(山人)과 은사가 되어버린 데로 돌렸다.

　　정덕 7년 10월, 양명은 남경 호부시랑 저권儲懽과 함께 전문적으로 이 '사도가 서지 않는(師道不立)' 문제를 토론하였다. 양명은 저권에게 보낸 첫 번째 편지에서 명대 이래 사우의 도가 쇠퇴해진 현상을 다음과 같이 비평하였다.

> 사우師友의 도가 무너진 지 오래되어서, 후진後進 가운데 총명하고 특별히 통달한 자가 있어서 자못 도를 구할 줄 알지만 왕왕 또한 선배들은 그를 성심으로 대하지 않고 그 마음을 속속들이 알아주지 않으며 가식으로 허례에 힘쓰고 후진이 기뻐하는 것으로써 선비를 잘 대한다는 명예를 구합니다. 이는 바로 여름날 밭두렁에서 일하는 것보다 힘들다(病于夏畦)고 하는 것입니다. 이로써 사우의 도가 날마다 더욱 몰락하여서 다시 밝아질 수 없습니다. 저(僕)는 늘 세간에 주자周子・정자程子와 같은 여러 군자가 있어서 애초에 제가 제자의 역할을 할 수 있다면 크게 다행이라고 여겼습니다. 그다음으로 주자・정자의 고제高弟가 있다면 제가 오히려 사숙할 수 있을 것입니다. 그러나 불행하게도 세상에는 또 이런 사람이 없으니 뜻을 지닌

선비가 갈팡질팡하지만 장차 어디에서 구하겠습니까? …… 무릇 저는 지금 이후로 나아감에 감히 사도로 자처하지 않으며, 장차 총명하고 특별히 통달한 자를 구하여서 그와 더불어 강론하여 밝히고, 이로써 스스로를 도우려고 합니다. 저들이 스스로 후진으로 자처하고 나에게서 자기를 바로잡기를 구한다면 비록 나를 스승으로 섬기지 않는다 하더라도 그 사이에는 본래 선후배의 도가 있는 것입니다. 이천伊川이 눈을 감고 앉아 있으니 유작游酢(1053~1123)과 양시楊時(1053~1135)가 모시고 서서 감히 떠나가지 않았는데 이는 도를 존중한 것입니다. 지금 세상은 함부로 행동하는 데 익숙하고 검칙檢飭하는 것을 꺼리며 이런 일이 있음을 다시 알지 못합니다. 다행히 한두 사람 후진이 대략 도를 추구함을 일삼을 줄 알고 있으니 이는 다시 (도가) 밝아질 기회입니다만, 또한 성실한 마음과 곧은 도를 서로 드러내어서 밝히지 않고 한갓 뜻을 굽혀서 세상에 잘 보이고 구차하게 세속에 아부하니 저는 참으로 애통하고 애석합니다. ……[93]

양명이 지적한 것은 모두 현실에서 받은 느낌을 털어놓은 말이다. 당시 양명은 경사에서 무리를 모아 학문을 강론하고 도를 논하며 심학을 크게 펼쳐서 이미 조정 사대부들의 주의를 끌었으며, 특히 보수적인 정주파들로부터 견제를 당하였다. 그들은 양명이 망령되이 사도를 세운다고 질책하면서 '사도로 자처하고(以師道自居)' '별도로 한 도를 세워서(別立一道)' 육씨의 선학禪學을 사사로이 주고받는다고 하였다.

그리하여 양명은 저권에게 보낸 두 번째 편지에서 한 걸음 더 나아가 다음과 같이 통렬하게 지적하였다.

---

93 『왕양명전집』 권21 「답저시허答儲柴墟」 서1.

저 사법師法이란 자처하여서 얻을 수 있는 것이 아닙니다. 다른 사람이 나에게 배움을 추구하면 나는 내가 알고 있는 것으로써 대응할 뿐입니다. 아! 지금 시대에 누가 스승이라 할 수 있겠습니까! 지금 기예를 익히는 자는 스승이 있으며, 과거 공부를 하여서 명성과 이익을 추구하는 자 또한 스승이 있습니다. 저들은 참으로 기예로써 의식衣食을 얻을 수 있다는 사실을 알고, 과거 공부로써 명성과 이익을 얻을 수 있음을 알아서 좋은 관작官爵을 바랍니다. 자기의 성분性分을 참으로 알지 못한다면 의식과 관작에 급급한 사람이 그 누가 기꺼이 좇아서 스승을 구하겠습니까! 저 기예를 익히지 않으면 의식이 결핍할 뿐이며, 과거 공부를 익히지 않으면 관작이 없을 뿐입니다. 그러나 자기의 성분이 가려지고 망가지면 사람이 될 수 없을 것입니다. …… 증자曾子는 병이 위독하자(病革) 자리를 바꾸었고(易簀), 자로子路는 절명에 임하여(臨絶) 갓끈을 다시 묶었으며(結纓), 횡거橫渠(장재)는 호피 깔개를 거두고 제자로서 이정二程에게 강의를 들었으니 오직 천하의 큰 용기로써 자아를 버린 자만이 이렇게 할 수 있습니다. 지금 천하는 물결이 덮치고 바람에 쓰러지듯(波頹風靡) 한 상태가 오래되었으니 병이 위독하여서 절명에 임한 때와 무엇이 다르겠습니까? 그러나 또한 자기를 옳게 여기고 아무도 기꺼이 서로 남에게서 올바름을 추구하려고 하지 않습니다. 그러므로 오늘날의 세상에서 호걸독립의 선비로서 (자기) 성분의 그만둘 수 없음을 분명히 알고서 의연히 성현의 도로써 자임한 자가 아니라면 좇아서 스승을 구할 만한 사람이 아무도 없을 것입니다. ……[94]

양명은 자기가 열렬히 선비 학자들과 함께 강학론도하고 심학을 창도하

---

[94] 『왕양명전집』 권21 「답저시허」 서2.

여 밝히는 까닭은 현재 천하가 물결이 덮치고 바람에 쓰러지듯 인심이 소외되고 성분이 가려지고 망가져서 사람이 사람답지 않으며, 명조는 이미 산이 막히고 물이 다하여서 '병이 위독하고 절명에 임한(病革臨絶)' 위험스러운 지경에 이르렀기에 반드시 천하의 큰 용기를 지니고 자아를 버린 자가 나와서 힘써 덮치는 물결과 쓰러뜨리는 바람에 맞서서 사람의 마음과 세상의 도를 건져서 구해내야 하기 때문이라고 인식하였다. 그는 스스로 천하의 큰 용기를 지니고 자아를 버린 자이며, 인심의 성분을 건져서 구해낼 호걸답고 독립한 선비로서 성현의 도를 자임하고 천하 사람의 비방과 수군거림을 돌아보지 않은 채 심학으로써 세상을 구하고 사람을 구하고 도를 구하고 마음을 구하는 외침을 발한다고 인식하였다.

그는 두 해 동안 강학론도를 하는 가운데 세상 사람은 심학을 창도하는 자기의 고심을 전혀 이해하지 못하였고, '이상한 설을 세우고 기이한 것을 좋아한다(立異好奇)'면서 자기의 심학사상을 대부분 오해하며 편견을 가지고 심지어 '선설禪說'로 여겨서 배척한다는 사실을 깊이 감지하였다. 멀리 사방의 대다수 선비 학자들은 양명의 심학을 안개 속에서 꽃을 보듯 흐릿하게 느낄 뿐이었다. 그들은 그의 심학의 이론적 가르침(言敎)과 실천적 가르침(身敎)을 보고 듣기를 갈망하였으나 거리가 너무 멀어서 어찌할 수가 없었다(鞭長莫及).

마침 양명이 저권과 함께 사우의 도를 토론할 때 멀리 하늘가 귀양貴陽의 제생이 편지를 보내 배움을 묻고 도를 물었는데 양명은 다음과 같이 회신하였다.

> 제우諸友가 편지를 보냈는데 내가 오랫동안 한 글자도 보내지 않아서 의혹을 가졌을 것입니다. 내가 어찌 제우를 잊어버렸겠습니까? 돌아보건대 내 마음이 떠날까 말까 근심하고 있는 중에 또 부중部中에 역시 일이 많았는

데 이는 어려운 일에 견준다면 편한 일을 만난 셈입니다. 편한 일을 만나도 다시 겨를이 없고 일에 본래 서로 어긋남이 있어서 이 때문에 오랫동안 시간을 내기가 어려웠습니다. 또한 내 동년 진秦(*진문秦文) 공을 종주로 삼았으니 제우는 이미 의귀할 바를 얻었습니다. 무릇 내가 바라는 바 제우를 위해 권면하고 격려하는 것이 어찌 진 공의 가르침에서 벗어날 수 있겠습니까? 나는 이 때문에 제우를 근심하지 않으니 제군은 힘쓰십시오! 내가 제우를 염두에 둔 것은 편지를 하고 안 하고의 여부에 달려 있지 않습니다. 제우가 진실로 서로 선을 권면한다면 글을 외는 것과 밤에 생각하는 것이 어느 것인들 나의 서찰이나 마찬가지가 아니겠습니까? …… 인을 함은 나로 말미암는 것이니 (어찌) 남을 말미암겠습니까? 제우는 힘쓰십시오![95]

심지어 황관은 천태로 돌아가는 도중에 역시 편지를 써서 이로부터 다시 직접 가르침을 듣고 깨우침을 받으며(親聆馨欬) 도를 묻고 가르침을 받지 못하게 됨을 개탄하며 다음과 같이 말하였다.

배를 타고 떠난 지(登舟) 달포 동안 이 마음을 묵묵히 징험해보니 뿌리가 깊어서 제거하기 어려우며, 일이 혹 답답하여서 즐겁지 않으니 도무지 무슨 일인지 모르겠습니다. 이 도는 사람이 참으로 쉽게 얻을 수 없습니다. 진실로 곧바로 앞으로 나아가 맡아서 행하기 어려운 일을 행하고 참을 수 없는 것을 참지 않는다면 어찌 얻을 수 있겠습니까! 서로 거리가 날마다 멀어지니 의심스러운 것을 누구에게 질정하겠습니까? 장차 누구에게 행동

---

95 『신간양명선생문록속편』 권1 「기귀양제생寄貴陽諸生」.

을 상고하겠습니까? 말을 하자니 저도 모르게 눈물이 흐릅니다. 세상사가 이와 같으니 선생께서는 마땅히 돌아가는 계책을 역시 빨리 결정해야만 합니다. 일찍이 보건대, 세상의 부형父兄은 자제子弟를 영화와 권세로써 책하되 죽음에 이르러도 오히려 이 마음이 없어지지 않습니다. 당당한 천지에 이와 같이 (도를 자임하는) 사람의 품격은 고금에 얼마나 되겠습니까? 스스로 성취를 구하지 않으니 참으로 애석합니다.[96]

이로 인해 양명으로서는 성현의 도를 자임하고서 광범위하게 선비 학자들을 끌어들여서 그들이 더욱더 양명의 심학사상을 받아들이고 배워 익혀서 양명 심학에 대한 세상 사람들의 갖가지 오해, 책난과 비방을 타파하는 일을 더욱 잘 해내기 위해서는 반드시 두 해 동안의 강학론도를 총결해야 하였다. 특히 두 해 동안 강학론도를 실천하는 가운데 자기 심학체계를 총결하고 정주학파의 『근사록』과 같은 성리의 '교과서'와 유사한 책을 편집하여서 자기 심학 학파의 대표적인 저작으로 삼아 더욱 효과적으로 양명의 심학을 확산하고 전파하고자 하였다. 양명의 제자들은 모두 이 필요성을 매우 급박하게 느꼈다. 문인 서애는 훌륭하게 학파의 이 중임을 담당하여서 『전습록傳習錄』 한 권을 편집하였다.[97]

서애는 줄곧 기주祁州에서 지주를 역임하였다. 그러나 그는 양명이 경사에 들어가 임직에 나아간 뒤 해마다 기주에서 경사로 와서 양명을 만나 가르침을 받았다.[98] 정덕 7년 6월에 서애의 3년 임기가 만료되어서 서울에 왔는

---

96 『황관집』 권18 「기양명선생寄陽明先生」 서1.

97 서애가 편집한 『전습록』은 지금의 『전습록』 상권의 전반부이다.

98 담약수의 「제서왈인문祭徐曰仁文」에 "군은 외직에 보임되었고 양명은 부部(이부)에 들어갔

데 즉시 양명이 선비 학자들과 강학론도하는 가운데에 뛰어들어 아침저녁으로 수업하고, 황관·목공휘·고응상 등의 일반 제자들과 함께 침상을 같이 쓰고 함께 거처하면서 도를 담론하고 학문을 논하며 교육을 받는 일에 최선을 다하였다.

황관은 나중에 말하기를 "그대는 기주에서 여러 차례 편지로 위로하였는데 정애情愛가 끈끈하게 얽혀 있었습니다(綢繆). 해를 넘겨서는 담자湛子(담약수)가 남쪽에 사신으로 갔고 그대는 와서 (관직의) 실적을 평가받았습니다. 이에 서로 그윽하고 아름다운 곳을 택하여서 침상을 깔고 낮에는 서로 이야기를 나누고 밤이면 쉬면서 두 선생이 터득한 오의奧義를 끝까지 탐구하였습니다. 이렇게 여러 달 지내고 돌아갔는데, 나도 마침내 동쪽으로 돌아갔습니다."[99]라고 하였다. 주여등周汝登(1547~1629)도 다음과 같이 말하였다. "임신년(1512)에 서애가 지주의 임기를 마치고 경사로 와서 곧바로 목공휘 등과 함께 아침저녁으로 수업을 하였다. 겨울에 남경 공부원외랑으로 승진하였다."[100]

서애는 6월에 수도에 들어왔다가 12월에 양명을 따라 월越로 돌아가기까지 도하에서 아침저녁으로 반년 동안 수업을 하였다. 이는 서애 평생 양명에게 배움을 묻고 가르침을 받은 시간으로는 가장 긴 기간이었고, 이때 그는 배움을 묻고 가르침을 받은 대량의 어록을 기록하였다. 따라서 그가 편집한 『전습록』은 바로 정덕 6년(1511)에서 7년까지 양명이 서울에서 강학한 어록

습니다. 장안에서 이웃하여 살았는데 군이 때로 역시 나아갔습니다."라고 하였다(*『횡산유집』「부록」에 보인다). 이는 곧 서애가 정덕 6년(1511)에 여러 차례 서울로 와서 양명과 감천을 만난 사실을 가리킨다.

99 황관, 「제서왈인문祭徐曰仁文」, 『횡산유집』「부록」에 보인다. 『황관집』 권28에 「제서왈인문」이 있는데 내용이 많이 다르다.

100 『성학종전聖學宗傳』 권13 「서애전徐愛傳」.

을 모아서 만든 책이라고 할 수 있다. 그중에서도 주로 서애 스스로가 정덕 7년 6월에서 11월까지 양명에게서 아침저녁으로 도를 묻고 배움을 받은 어록을 모아서 선별하고 편집한 것이다. 그리하여 서애의 『전습록』은 실제로 양명이 서울에서 두 해 동안 행한 강학론도의 사상적 총결로서 정덕의 '상국유' 시기 양명의 심학사상 체계를 포함하고 개괄한 것이다. 그러나 나중에 전덕홍은 뜻밖에도 서애가 편집한 『전습록』을 서애와 양명이 12월에 함께 배를 타고 월로 돌아갈 때 배 안에서 『대학』을 종지로 삼아 강론한 어록을 수집한 것이며 아울러 서애가 월로 돌아간 뒤에 편성한 것이라고 간주하였다.

전덕홍은 다음과 같이 말한다.

> (*서애가) 선생과 함께 배를 타고 월越로 돌아가면서 『대학』의 종지를 토론하였다. 듣고서 뛸 듯이 통쾌하게 여겨 미친 듯하고 각성한 듯하기를 여러 날 하였으며 가슴속 혼돈이 다시 뚫렸다. 우러러 생각하니, 요·순·삼왕三王·공자·맹자와 같은 수많은 성인이 세운 말씀이 사람마다 다르지만 그 취지는 (선생의 가르침과) 하나였다. 지금 『전습록』의 첫째 권이 이것이다.[101]

이 논조는 착오이다. 서애가 「전습록발傳習錄跋」에서 말한 논조를 완전히 오해하였다. 서애는 「전습록발」에서 다음과 같이 말하였다.

> 내(愛)가 옛 설에 골몰하고 있을 때 처음 선생의 가르침을 듣고서 실로 깜짝 놀라 어쩔 줄 몰랐으나 들어갈 곳(入頭處)이 없었다. 그 뒤 오래 듣고 난 뒤 점차 몸에 돌이켜서 실천할 줄 알았다. 그런 뒤에야 비로소 선생의 학

---

101 『왕양명전집』 권33 「연보」 1.

문이 공문孔門의 적전嫡傳이며 이것을 버리고 모든 곁의 좁은 지름길로 가면 결코 도달할 방법이 없다고(斷港絶河) 믿었다. 예컨대 격물格物을 말한 것은 성의誠意의 공부이며, 명선明善은 성신誠身의 공부이며, 궁리는 진성盡性의 공부이며, 도문학道問學은 존덕성尊德性의 공부이며, 박문博文은 약례約禮의 공부이며, 유정惟精은 유일惟一의 공부이다. 모든 이와 같은 부류가 처음에는 모두 뿔뿔이 흩어져 있어서(落落) 합치하지 못하였다. 그 이후로 오래 생각한 뒤 나도 모르게 깨달음을 얻고 (기뻐서) 손을 젓고 발을 굴렀다.[102]

서애는 자기가 평소 양명의 가르침을 듣고서 처음에는 두서가 없었으나 나중에 오래 사고한 뒤 활연히 크게 깨닫고서 자기도 모르게 손을 젓고 발을 구르며 뛸 듯이 통쾌했다고 말하였다. 그가 근본적으로 월로 돌아가는 배 안에서 양명이 논하는 『대학』의 종지를 듣고서 미친 듯하고 각성한 듯하여 뛸 듯이 통쾌하게 여겼다고 말한 것이 아님을 알 수 있다.

서애는 「전습록제사傳習錄題辭」에서 더욱 분명하게 다음과 같이 말하였다.

세상의 군자가 혹 선생과 겨우 한 번만 만나거나 혹 오히려 직접 가르침을 듣지 못했거나 혹 처음에는 대수롭지 않게 여기고 격분한 마음을 갖다가 갑자기 담론하는 사이에서 전해 들은 설로 억측하여서 판단하고 근거 없이 헤아리니 어떻게 (선생의 학문을) 터득할 수 있겠는가? 종유하는 선비가 선생의 가르침을 듣고서 왕왕 하나를 얻고 둘을 놓치는데 이는 (말이) 암컷인지 수컷인지, 검은색인지 누런색인지만 보고 이른바 천 리를 달리는 말

---

102 『왕양명전집』 권1 「전습록」 상.

의 능력은 버리는 격이다. 그러므로 나(愛)는 평소 들은 말씀을 갖추어 기록하여서(備錄平日之所聞) 사사로이 동지에게 보이고 서로 상고하고 바로잡아서 선생의 가르침을 거의 저버림이 없게 하고자 한다.[103]

이로써 서애가 '평소 들은 것을 갖추어 기록하여서' 『전습록』을 완성하였음을 알 수 있다. 이 '평소 들은 것'이란 바로 그가 정덕 6년에서 7년까지 서울에서 배움을 묻고 가르침을 받으면서 들은 어록을 가리킨다. 사실상 그는 정덕 7년 12월에 양명과 함께 배를 타고 월로 돌아가기 전에 이미 『전습록』을 편집하여서 완성하였고 아울러 판각하여서 인편에 보냈다.

양명은 11월 28일 왕화에게 쓴 편지에서 다음과 같이 말하였다.

저(男)는 매서妹壻(서애)와 함께 임기 만료를 기다려서 즉시 배를 타고 동쪽으로 돌아가겠습니다. …… 작은 기록(小錄) 한 책을 보내드리니 보시기 바랍니다. 많이 보내드리지는 못합니다. 양梁(양교粱喬) 태수에게 한 책을 보내고, 이어서 산음 임任(임이任頤) 주부에게도 보내주었습니다.

28일, 아들 수인이 백번 절합니다.[104]

여기서 말하는 '작은 기록'이란 『전습록』을 가리킨다. 『전습록』은 이미 11월에 편집 완성되어서 판각하여 널리 전해졌다. 양명은 『전습록』을 왕화·양교梁喬(*소흥 태수)·임이任頤(*산음 주부)·저권(*남경 호부좌시랑) 등에게 보내주었고, 이어서 이 기록을 가지고 월로 돌아가서 소흥의 문인 학자들과 함께 강

---

103 『왕양명전집』 권1 「전습록」 상.

104 왕수인, 「우상해일옹대인찰又上海日翁大人札」, 『식고당회고式古堂滙考』 「서고書考」 권25.

학론도에 사용하였음을 충분히 알 수 있다.

분명히 서애가 편집한 『전습록』은 양명이 거듭 '상국유'로 돌아와 서울에서 강학론도를 한 사상의 산물이다. 이를 '전수한 것을 익히는(傳習)' 어록으로 만든 일은 용장의 깨달음 이래 정덕 7년까지의 시기 동안 양명의 심학적 사고의 역정을 반영한다. 양명은 '전습어록傳習語錄'을 편집하여서 정하는 방식으로 자기의 쉽고 간단한 심학체계를 구성하고 심학 학파를 위해 '심일분수'의 사상 기치를 굳게 세웠던 것이다.

서애는 「전습록서」에서 『전습록』 편집의 종지를 다음과 같이 언급하였다.

문인 가운데 사사로이 양명 선생의 말씀을 기록한 이가 있었다. 선생이 들으시고 말씀하시기를 "성현이 사람을 가르침은 마치 의사가 약을 쓰는 것과 같아서 모두 병에 따라 처방을 내리고, 허실虛實·온량溫涼·음양陰陽·내외內外를 참작하여서 때때로 약을 가감하는데, 요지는 병을 제거하는 데 있으며 애초에 정해진 설이 없다. 만약 한 가지 처방에만 집착하면 사람을 죽이지 않기가 어려울 터이다. 지금 나(某)는 제군諸君에게 저마다 한쪽에 가려진 폐단에 나아가 경계하고 꾸짖어서 갈고닦게 하는 데 지나지 않는다. 그러나 고쳐서 변하면 곧 내 말은 이미 쓸모없는 군더더기(贅疣)일 뿐이다. 만약 끝까지 지켜서 성훈成訓으로 삼는다면 뒷날 나를 망치고 남을 망칠 것이니 내 죄과를 다시 속죄할 수 있겠는가?'라고 하셨다. 내(愛)가 이미 선생의 가르침을 갖추어서 기록하였는데 동문의 벗이 이로써 서로 규제하는 자가 있었다. 이로 인해 내가 말하기를 "그대의 말과 같으면 곧 또 다시 한 가지 처방에 집착하는 것이어서 다시 선생의 뜻을 잃어버린다. 공자가 자공에게 이르기를 '내가 말하지 않고자 한다(吾欲無言).'라고 하셨고, 다른 날 말하기를 '내가 회와 더불어 하루 종일 말을 하니(吾與回言終日)' 하였으니 또한 어찌 말이 한결같지 않은가? 대체로 자공은 오로지 언어 사이에서 성인을 구하였기 때문에 공자가 말이 없음으로써 깨우쳤으니 그로 하여금 마음에서 실로 체득하여 스스로 터득하기를 구하게 하였다. 안자는 공자의 말씀에서 묵묵히 기억하고 마음으로 통달함(默識心通)이 거기에 있지 않음이 없었다. 그러므로 그와 더불어 종일 말씀하시되 마치 장강과 황하를 터서 바다로 흘러가게 하는 것과 같았다. 그러므로 공자께서 자공에게는 말씀을 하지 않으셨지만 (말이) 적지 않았고, 안자에게는 종일 말씀하셨으나 (말이) 많지 않았으니 저마다 적당하게 하였을 뿐이다. 지금 선생의 말씀을 갖추어 기록한 것은 애초에 선생이 바란 바가 아니나, 가령 우리 무리(吾儕)가 늘 사문師門에 있다면 또한 무엇하러 기록을 일삼겠는가? 오직 때로 곁을 떠나고 동문의 벗이 또한 모두 무리를 떠나 홀로 흩어져서 거처하게 되면 이럴 때를 당하여 본보기(儀刑)는 멀고 경계하여 바로잡음(規切)은 들을 수 없게 된다. 나와 같이 노둔하고 졸렬한 사람은 선생의 말씀을 얻어서 때때로 드날리고 깨우쳐 계발(警發)하지 못한다면 꺾이고 타락하고 시들어 폐기되지 않음이 거의 드물다. 우리 무리가 선생의 말씀을 한갓 귀로 듣고 입으로 말하기만 하며 몸에서 체득하지 못한다면(苟徒入耳出口, 不體諸身) 내가 이를 기록하는 것은 실로 선생에게 죄를 짓는 격이다. 만약 말뜻의 바깥에서 터득하여(得之言意之表) 성실하게 실천할(誠諸踐履之實) 수 있다면 이 기록은 본래 선생이 종일 말씀하신 핵심이니, 적다고 하겠는가!"라고 하였다. 기록을 완성하고 다시 편의 머리에 이 내용을 기재하여서 동지들에게 알린다.[105]

---

105 『왕양명전집』 권41 「전습록서傳習錄序」.

서애가 지적하기를, 양명의 전습어록의 '말(言)'은 양명 심학사상의 '뜻(意)'을 함축하고 있으며, 다만 그것들을 "묵묵히 기억하고 마음으로 통달하여서" 마음으로 도를 체득하고 말 바깥의 뜻을 깨달아 "말뜻의 바깥에서 터득하여"야 하며, 만약 그것들을 교조로 삼아 언어의 사이에서 자질구레하게 얽매인다면(規規) 그것은 바로 한 가지 처방에 집착하고 언어에 속박되어서 도리어 양명 심학의 '뜻'을 잃어버리는 것이라 하였다. 이로 인해 『전습록』을 읽는 것은 양명의 전습의 가르침을 받는 것인데, 그 관건은 역시 실천하고 실행하는 데 달려 있으니 "한갓 귀로 듣고 입으로 말하기만 하며 몸에서 체득하지 못한다면" 가르침을 얻을 수 없다. 이는 지행합일의 수준에서 양명 심학을 인식한 것으로서, 이미 '앎'에서는 "말뜻의 바깥에서 터득하여야" 하며 또한 '행함'에서는 "성실하게 실천해야" 함을 강조하여서 『전습록』의 근본적인 심학의 실천 정신을 충분히 체현하였다.

서애가 편집한 어록체 『전습록』은 양명이 자기 일생에서 홍치 18년(1505) 백사의 학문에 귀의한(*을축년의 깨달음) 이래 형성한 심학사상을 제1차 총결한 것이라 할 수 있다. 서애는 「전습록제사」에서 양명의 심학체계를 형성하고 발전시킨 깨달음의 진로를 다음과 같이 정확하게 지적하여서 밝혔다.

선생은 『대학』의 '격물'에 관한 여러 학설 중에서 구본舊本이 모두 옳다고 여겼는데 대체로 선유先儒(주희)가 이른바 오본誤本이라고 한 것이다. 나(愛)는 처음 듣고는 놀라서 잠시 의문을 가졌다. 이윽고 정신을 집중하여 골똘히 생각하며 이리저리 참작하여서 선생께 질정하였다. 그런 뒤에야 선생의 설이 마치 물이 차고 불이 뜨거운 것처럼 결단코(斷斷乎) 백세百世에 성인을 기다려도 의혹하지 않을 것임을 알게 되었다. 선생은 하늘이 내려준 명철한 지혜를 가지고 있으나 화락和樂하고 탁 트인 마음(坦易)을 지녔고 겉

모습 꾸미기(邊幅)를 일삼지 않았다. 사람들은 그가 어렸을 때 호방하고 얽매이지 않았으며 또 일찍이 사장詞章에 휩쓸리고 두 학문(二氏, 석가와 노자)에 출입한 것을 알고 있었기에 갑자기 이런 학설을 듣게 되자 모두 기이한 학설을 세우기 좋아하고 함부로 하여서 성찰하고 탐구하지 않는다고 지적하였다. 선생이 오랑캐 땅에서 3년 동안 거처하시면서 곤경에 처하여 고요함을 길렀고 정밀하고 한결같은(精一) 공부가 이미 성인의 경지를 초월하여서 순수하게(粹然) 대중지정大中至正에 귀착했음을 알지 못하였던 것이다.[106]

양명은 '격물'의 사색 노선에서 깨닫기 시작하여 자기의 '심일분수' 심학 체계를 세웠다. 여기서 말하는 '선유先儒'는 바로 주희를 가리킨다. 주희가 자기의 정본定本 『대학』에 근거하여 '격물'을 바깥 사물의 이치를 끝까지 탐구하는(*格物窮理) 것으로 해설하여서 '성학性學' 사상체계를 세운 것과 달리, 양명은 반대로 고본 『대학』에 근거하여 '격물'을 마음속의 이치를 끝까지 탐구하는(*正心正念頭) 것으로 해설하여서 자기의 '심학' 사상체계를 세웠다. 마음을 본체로, 격물을 공부론으로 삼는 이 심학 본체공부론 체계는 바로 서애가 「전습록발」에서 말한, "격물은 성의의 공부, 명선明善은 성신誠身의 공부, 궁리는 진성盡性의 공부, 도문학은 존덕성의 공부, 박문博文은 약례約禮의 공부, 유정惟精은 유일惟一의 공부"라고 한 심학체계이다.

성의誠意는 본체론, 격물格物은 공부론
성신誠身은 본체론, 명선明善은 공부론
진성盡性은 본체론, 궁리窮理는 공부론

---

106 『왕양명전집』 권1 「전습록」 상.

존덕성尊德性은 본체론, 도문학道問學은 공부론

약례約禮는 본체론, 박문博文은 공부론

유일惟一은 본체론, 유정惟精은 공부론

『전습록』에서 양명은 이 여섯 가지 각도의 본체공부론 관계를 모두 명석하게 규정하였다. 그리하여 철학적으로 심외무리心外無理 – 격물정심格物正心 – 지행합일知行合一의 심학 본체공부론 체계를 세웠는데, 이는 바로 '심일분수心一分殊'의 심학체계이다.『전습록』한 권은 양명의 이 '심일분수' 심학 본체공부론 체계의 3대 논리적 연결고리를 뚜렷하게 드러냈다.

(1) 심즉리心卽理, **심외무리**心外無理, **심외무물**心外無物

이는 양명 심학의 본체론 사상으로서『전습록』에서 중점적으로 천석闡釋하였다. 서애가 "지극한 선은 다만 마음에서 구한다면 아마도 천하에서 다 구하지 못할 것"이라고 질문하였을 때 양명은 단연코 말하기를 "마음이 곧 이치이다. 천하에 또 마음 바깥의 사물이 있고 마음 바깥의 이치가 있는가?" 하였다. 이치는 내 마음에 있으므로 마땅히 마음에서 이치를 구해야 하며 사사물물에서 구할 수 없다. 그는 구체적으로 분석하여서 말하기를 "또한 예컨대 부모를 섬김에 성공하지 못했다면 부모에게 나아가서 효도의 이치를 구하며, 군주를 섬김에 성공하지 못했다면 군주에게 나아가서 충의 이치를 구하며, 교유하고 백성을 다스림에 성공하지 못했다면 벗들과 백성에게 나아가서 믿음과 인의 이치를 구한다. 모두 이 마음에 있는 것이니 마음이 곧 이치이다."[107]라고 하였다. 마음은 본체이니 이로 인해 이치를 구하려면 반드시 마

---

107 『왕양명전집』권1「전습록」상.

음에 나아가서 강구해야 하는데 '다만 이 마음에 나아가 인욕을 제거하고 천리를 보존하는 데서 강구하며', '털끝만 한 인욕이 사이에 섞이면 다만 이 마음을 강구해야 한다'고 하였다. 양명은 바로 이러한 심즉리의 본체론을 이용하여서 심학체계의 본체공부론을 다층적 구조로 전개하였다.

예컨대 양명은 '성의'와 '격물'의 본체공부론 관계를 다음과 같이 논술하였다.

> 몸(身)의 주재가 바로 마음(心)이며, 마음이 발한 것이 바로 뜻(意)이며, 뜻의 본체가 바로 앎(知)이며, 뜻이 있는 곳이 바로 사물(物)이다. 만일 뜻이 부모 섬김(事親)에 있으면 곧 부모 섬김이 바로 한 사물이다. 뜻이 임금 섬김(事君)에 있으면 곧 임금 섬김이 바로 한 사물이다. 뜻이 백성을 사랑하고(仁民) 만물을 아낌(愛物)에 있으면 곧 백성을 사랑하고 만물을 아낌이 바로 한 사물이다. 뜻이 보고 듣고 말하고 움직임(視聽言動)에 있으면 곧 보고 듣고 말하고 행동하는 것이 바로 한 사물이다. 그러므로 나(某)는 말하기를, 마음 바깥의 이치가 없고 마음 바깥의 사물이 없다고 한다. 『중용』은 "성실하지 않으면 사물이 없다(不誠無物)."라고 하였고, 『대학』의 '밝은 덕을 밝히는(明明德)' 공부는 다만 뜻을 성실하게 하는(誠意) 것이다. 뜻을 성실하게 하는 공부는 다만 사물에 (대한 내 마음을) 바로잡는(格物) 것이다.[108]

그는 또 '약례'와 '박문', '유일'과 '유정'의 본체공부론 관계를 다음과 같이 논술하였다.

---

[108] 『왕양명전집』 권1 「전습록」 상.

예禮라는 글자는 곧 이理(이치)라는 글자이다. 이치가 드러나되 볼 수 있는 것을 일러 문文이라 하고, 문이 은미하여 볼 수 없는 것을 일러 이치라고 하니 다만 한 사물이다. 약례는 다만 이 마음이 순수하게 한 천리天理가 되게 하려는 것이다. 이 마음이 순수하게 천리가 되게 하려면 모름지기 이치가 드러난 곳에서 공부를 해야用功) 한다. 부모 섬김에서 드러날 때에는 바로 부모 섬김에서 이 천리를 보존함을 배우며, 군주 섬김에서 드러날 때에는 바로 군주 섬김에서 이 천리를 보존함을 배우며, 부귀와 빈천에 처함에 드러날 때에는 바로 부귀와 빈천에 처하여서 이 천리를 보존함을 배우며, 환난과 이적에 처함에 드러날 때에는 바로 환난과 이적에 처하여서 이 천리를 보존함을 배운다. 일을 하고 그치고, 말을 하고 침묵함(作止語默)에 이르러서 그러하지 않은 곳이 없으며 그것이 드러나는 곳에 따라 곧 그곳에 나아가서 이 천리를 보존함을 배운다. 이것이 바로 문文에서 널리 배우는 것이며 바로 약례의 공부이다. '박문'이 곧 '유정'이며, '약례'가 곧 '유일'이다.[109]

이는 바로 양명의 '심일분수'의 심학으로서 주희의 '성일분수性一分殊'의 성학과는 같지 않다. 여기에서 '심일'은 곧 마음의 본체(*體)를 가리키며, '분수'는 바로 공부(*用)를 가리킨다.

(2) 격물정심格物正心, 지선구리至善求理

이는 양명 심학의 공부론 사상이다. 양명은 이치가 내 마음에 있다고 인식했으므로 외부를 향하여 사사물물에 나아가서 이치를 구하는 것에 반대하

---

109 『왕양명전집』 권1 「전습록」 상.

였다. 서애가 "주자는 '사사물물이 모두 정해진 이치가 있다.'고 하였는데 마치 선생의 설과 상반되는 것 같습니다."라고 의문을 제기하였을 때 양명은 단연코 말하기를 "사사물물에서 지극한 선을 구한다는 것은 도리어 의가 외재하는 것으로 여기는(義外) 것이다. 지극한 선은 이 마음의 본체이니 다만 '명덕을 밝혀서' '지극히 정밀하고 지극히 한결같은' 데 이르면 곧 이것(지극한 선)이다."라고 하였다.

정조삭鄭朝朔(정일초)이 "지극한 선은 역시 모름지기 사물에서 추구해야만 하는 것입니까?"라고 물었을 때 양명은 역시 단연코 말하기를 "지극한 선이란 다만 이 마음이 바로 궁극의 천리(天理之極)에 순수한 것입니다. 다시 사물에서 어떻게 구하겠습니까?" 하였다. 이렇듯 주희가 『대학』의 '격물'을 '궁리', 바깥 사물의 이치를 끝까지 추구하는 것으로 해설한 것과 달리, 양명은 『대학』의 '격물'을 '정심', '정념두正念頭'로 해설하고, 격물은 바로 마음속의 이치를 바로잡는(格正) 것이라면서 다음과 같이 말한다.

> 격물은 마치 『맹자』에서 "대인은 임금의 마음을 바로잡는다(大人格君心)."라고 한 말의 '바로잡다(格)'로서 마음의 바르지 않음(不正)을 제거하고 본체의 바름을 온전하게 하는 것이다. 다만 의념意念이 있는 곳에서 곧 바르지 못함을 제거하고 바름을 온전하게 하면 곧 천리를 보존하지 않은 때와 장소가 없으니 이것이 곧 이치를 궁구하는(窮理) 것이다. 천리는 곧 '밝은 덕(明德)'이며, 이치를 궁구함은 곧 '밝은 덕을 밝힘(明明德)'이다.[110]

양명은, 지극한 선은 마음의 본체이며 지극한 선은 곧 이치이니 이로 인

110 『왕양명전집』 권1 「전습록」 상.

해 '격물'은 바로 마음속의 '지극한 선'을 끝까지 추구하는 것이라고 인식하였다. 지극한 선은 본체이며 격물은 공부이다. 양명은 '지극한 선'과 '격물'의 이러한 본체공부론의 관계를 다음과 같이 논하였다.

> 서애가 물었다. "어제 선생님으로부터 '지극한 선에 머묾(止至善)'의 가르침을 듣고서 이미 공부에 힘쓸 곳이 있음을 알았습니다. 그런데 주자가 말한 '격물'의 가르침과는 끝내 합치하지 않는다고 생각합니다." 선생께서 말씀하셨다. "격물은 지극한 선에 머무는 공부이니 이미 지극한 선을 알았다면 곧 격물을 안 것이다." 서애가 말하였다. "어제 선생님의 가르침으로 '격물'의 설을 추론해본 뒤 역시 대략을 터득한 듯합니다. 다만 주자의 가르침은 『서』의 '정밀하고 한결같음(精一)', 『논어』의 '넓히고 요약함(博約)', 『맹자』의 '마음을 다하고 본성을 앎(盡心知性)'에서 모두 증거로 삼은 바가 있습니다. 이 때문에 석연치 않습니다." 선생께서 말씀하셨다. "자하子夏는 성인을 독실하게 믿었고(篤信), 증자曾子는 돌이켜 자기에게서 구하였다(反求諸己). 독실하게 믿는 것은 본래 옳은 것이지만 돌이켜 구하는 절실함만 못하다. …… '정밀하고 한결같음', '넓히고 요약함', '마음을 다함'은 본디 나의 설과 딱 들어맞지만 생각하지 못하였을 뿐이다. 주자의 '격물' 가르침은 견강부회함을 면하지 못하니 (성인의) 학문 본래의 취지가 아니다. 정밀함은 한결같이 하는 공부이며 넓히는 것은 요약하는 공부이다."[111]

양명은 '격물'의 공부론으로 길을 삼아 깨달아 들어가서 '내 본성이 자족함(吾性自足)', '마음의 바깥에 이치가 없음'을 깨달아 지극한 선(*心體)과 격물

---

111 『왕양명전집』 권1 「전습록」 상.

(*工夫)의 본체공부론의 관계를 확립하고, '심일분수' 심학체계의 논리구조를
세웠다.

(3) 지행합일知行合一, **양지 양능**良知良能, **격물**格物·**진심**盡心·**지성**知性·**지천**知天

이는 '격물' 공부론을 한층 더 진전시킨 것이다. 양명의 '지행합일' 사상
은 '용장의 깨달음'에서 발단하여 "앎은 행함의 주의主意이며 행함은 앎의 공
부이다. 앎은 행함의 시작이며 행함은 앎의 완성이다."라고 한 심학 공부론의
원칙을 확립하였다. 정덕 5년(1510)에 이르러 양명은 또 주충周衝과 한 걸음
더 나아가 탐구하고 토론하였는데, 철학적 수준에서 "행함을 명료하게 깨닫
고 정밀하게 살피는(明覺精察) 곳이 곧 앎이며, 앎의 진실하고 절실하며 독실
한(眞切篤實) 곳이 곧 행함"이라는 심학의 실천 원칙을 확립하였다. 『전습록』
에서 양명은 지행합일을 심도 있게 전석詮釋하여 '참된 앎과 행함(眞知行)'을
제시하였는데, 지행합일은 심의 본체로부터 공부하는 것이며 앎은 행함과 함
께해야 비로소 사욕私欲과 사의私意에 의해 단절되지 않는다고 인식하였다.
그는 다음과 같이 분석하였다.

> (*앎과 행함이 두 가지 일이라고 알고 있는데) 이는 이미 사욕에 의해 단절된
> 것으로서 앎과 행함의 본체가 아니다. …… 성현이 사람들에게 앎과 행함
> 을 가르친 것은 바로 그 본체(*심)를 회복하기를 바란 것이지 네가 다만 그
> 렇게 (알기만) 하면 된다는 것이 아니다. 그러므로 『대학』에서는 참된 앎과
> 행함을 사람들에게 가리켜 보여서 말하기를 '미인을 좋아하듯이 좋아하고
> 악취를 싫어하듯이 싫어하라(如好好色, 如惡惡臭).' 하였다. 미인을 보는 것은
> 앎에 속하고 미인을 좋아하는 것은 행함에 속한다. 다만 그 미인을 보는
> 순간 이미 저절로 좋아하는 것이지 본 뒤에 또 마음을 세워서 좋아하는 것

이 아니다. …… 이는 곧 앎과 행함의 본체로서 일찍이 사사로운 뜻에 의해 단절된 것이 아니다. 성인이 사람을 가르친 것이 반드시 이와 같이 하여야 비로소 앎이라고 할 수 있다. 그렇지 않으면 결코 앎이 아니다. 이는 도리어 얼마나 긴요하고 절실하며 착실한(緊切着實) 공부인가![112]

이는 바로 앎과 행함이 모두 마음의 본체를 회복하는 '격물'(*정심구리正心求理)의 동일한 공부이며 두 가지 일로 단절할 수 없는 것임을 말한다. 앎과 행함은 모두 격물의 공부이며 격물의 실천 과정의 전개인데, '격물'의 공부는 구체적인 도덕 수양과 인식 과정 중에서 '지행합일'로 표현된다. 양명은 이로 인해 '격물'을 '진심', '지성', '지천'과 연계시켜서 '지행합일'을 격물·진심·지성·지천의 끊어지지 않고 죽 이어지는 도덕 수양의 동일한 과정으로 간주한다. 그는 다음과 같이 말한다.

"왈인曰仁(서애)은 이미 지행합일설을 알고 있는데 이는 한마디로 깨우칠 수 있다. 진심·지성·지천은 태어나면서부터 알고 편안히 행하는(生知安行) 일이다. 존심存心·양성養性·사천事天은 배워서 알고 이롭기 때문에 행하는(學知利行) 일이다. 일찍 죽거나 오래 살거나 다른 마음을 먹지 않고(夭壽不貳), 몸을 닦아서 기다리는(修身以俟) 것은 애를 써서 알고 힘을 써서 행하는(困知勉行) 일이다. 주자는 '격물'을 잘못 가르쳐서 다만 이 뜻을 역으로 보고서 '진심지성'을 '격물지지格物知至'로 삼아 처음 배우는 사람으로 하여금 태어나면서부터 알고 편안히 행하는 것이라 하였으니 이를 어떻게 할 수 있겠는가?" 서애가 물었다. "'진심지성'은 어째서 '태어나면서부터 알고

---

112 『왕양명전집』 권1 「전습록」 상.

편안히 행하는' 것입니까?' 선생께서 말씀하셨다. "본성은 마음의 본체이며 하늘은 본성의 근원이며, 마음을 다함은 곧 본성을 다하는 것이다. '천하의 지극히 성실한 이라야 그 본성을 다할 수 있으며 천지의 화육化育을 알 수 있다.' 마음을 보존하는 것은 마음에 다하지 못함이 있는 것이다. 지천知天 은 지주知州·지현知縣의 지知와 같으니 이는 자기 분수상의 일이며 이미 하늘과 하나가 된 것이다. ……"[113]

양명의 마지막 결론은 '몸의 주재는 바로 마음이며, 마음의 발현은 바로 뜻이며, 뜻의 본체는 바로 앎이며, 뜻의 소재는 바로 사물이다', '성의의 공부 는 바로 격물이다'라고 한 것이다. 여기에는 이미 나중에 그가 제시한 '왕문 사구교王門四句敎'의 모형을 포함하고 있다.

바로 이러한 지행합일의 '진지진행眞知眞行'에서 출발하여 양명은 '양지양 행良知良行'을 다음과 같이 제출하였다.

앎은 마음의 본체이다. 마음은 저절로 알 수 있으니 아버지를 보면 저절로 효도할 줄 알고 형을 보면 저절로 공경할 줄 알며, 어린아이가 우물에 빠지 려는 것을 보면 저절로 측은히 여길 줄 안다. 이것이 바로 양지이니 바깥 에서 구할 필요가 없다. 만약 양지가 발현하고 다시 사사로운 뜻이 가로막 아 방해하지 않는다면 곧 이른바 "측은히 여기는 마음을 채워서 인을 이루 다 쓸 수 없다(充其惻隱之心, 而仁不可勝用矣)." 한 것이다. 그러나 보통사람은 사사로운 뜻이 가로막아서 방해하지 않을 수 없다. 그러므로 모름지기 치 지격물의 공부로 사사로움을 이기고 이치를 회복해야 한다. 마음의 양지에

---

113 『왕양명전집』 권1 「전습록」 상.

나아가 다시 가로막아 방해하지 않아 채우고 가득차서 흘러갈 수 있으면 바로 앎을 지극히 하는 것이다. 앎을 지극히 하면 뜻이 성실해진다.[114]

양명의 '양지'설은 정덕 5년에 주충과 강학론도를 한 것이 그 남상濫觴이다. 서애가 편집한 『전습록』에서 양명은 한 걸음 더 나아가 '양지양행'을 '지행합일'과 연계시켜서 '참된 앎과 행함'이 곧 '양지양행'이며, '지행합일'이라야 비로소 '양지양행'이니 마음의 양지가 가득 차서 흘러가는 것이 바로 '앎을 그대로 이룸'(*치량지)이라고 인식하였다. 그러나 당시 양명의 심학체계는 '성의'를 주로 하였다. 그리하여 그는 '치지'(*치량지)를 다만 '성의'의 공부로 간주하였다. 이는 '용장의 깨달음' 이래 형성된 심학체계 중에서, 또한 정덕 14년(1519) '양지의 깨달음' 전의 심학체계 중에서는 '양지'와 '치량지'가 결코 양명 심학체계의 핵심적인 주체 관념이 아니었음을 밝히 드러낸다.

분명히 서애가 편집한 『전습록』에서 양명의 심학체계는 '성의'를 주로 하였으며 '치지'(*치량지)를 주로 하지는 않았다. 양명은 이때 '격물'의 사색(致思) 진로를 따라 심학체계를 깨달은 것이지, '치지'의 사색 진로를 따라 심학체계를 깨달아 들어가서 결정적인 깨달음에 이른 것은 아니었다. 『대학』의 팔조목 순서는 격물－치지－성의－정심－수신－제가－치국－평천하이다. 주희는 '격물'을 주로 하여서 '성일분수性一分殊'의 성학체계를 세우고 경지쌍수敬知雙修를 주장하였다. 양명은 그 길과 반대로 나아가 '성의'를 주로 하여서 '심일분수'의 심학체계를 세우고 지행합일을 주장하였다.

나중에 정덕 13년 '양지의 깨달음' 전날, 양명은 그의 '성의'를 주로 하는 심학체계의 비밀을 다음과 같이 털어놓았다.

---

114 『왕양명전집』 권1 「전습록」 상.

채희연이 물었다. "문공(주희)의 『대학』 신본新本에서는 격치格致가 먼저이고 성의誠意 공부를 나중에 하는데 마치 첫 장과 함께 차례로 들어맞는 듯합니다. 만약 선생의 구본舊本 설을 따른다면 성의는 도리어 격치에 앞서니 이 부분이 아직 석연하지 않습니다" 선생께서 말씀하셨다. "『대학』의 공부는 곧 밝은 덕을 밝히는 것이다. 밝은 덕을 밝히는 것은 다만 뜻을 성실하게 하는 것이다. 뜻을 성실하게 하는 공부는 다만 격물치지이다. 만약 성의를 주로 하여서 격물치지의 공부를 해나간다면 공부는 비로소 착수할(下落) 곳이 있으니 곧 선을 행하고 악을 제거하는 것이 성의의 일 아님이 없다. 만약 신본처럼 사물의 이치를 먼저 궁격窮格한다면 너무나 아득하고 드넓어서(茫茫蕩蕩) 도무지 낙착할 곳이 없다. 모름지기 '경敬' 자를 덧붙여야 비로소 몸과 마음을 향해 연계될 수 있다. 그러나 끝내 근원이 없다. 바로 성의를 주로 한다면 모름지기 '경' 자를 더할 필요가 없다고 하는 것이다. 그러므로 성의를 제시하여서 말하였으니 이것이 바로 학문의 대두뇌처大頭腦處이다. 여기에서 살피지 않으면 다만 이른바 털끝만 한 차이가 천 리나 어긋난다고 하는 격이다. 대체로 『중용』 공부는 다만 몸을 성실하게 하는(誠身) 것인데, 몸을 성실하게 하는 것의 궁극은 바로 지극한 성실함(至誠)이다. 『대학』 공부는 다만 뜻을 성실하게 하는(誠意) 것이니 뜻을 성실하게 하는 것의 궁극이 곧 지극한 선(至善)이다. (『중용』의 몸을 성실하게 하는 공부와 『대학』의 뜻을 성실하게 하는) 공부는 결국 한 가지이다. 지금 말하기를 여기에는 '경' 자를 보충하고 저기에는 '성誠' 자를 보충한다면, 뱀을 그리다가 발을 보태 그리는 것을(畵蛇添足) 면하지 못한다."[115]

---

115 『전습록』 권상 후반부, 육징陸澄(1517, 진사), 설간薛侃(1486~1546)에 의해 편입되었다.

'격물-치지-성의-정심'의 연결고리에서 주희는 『대학』에 근거하여서 '격치'를 '핵심(大頭腦)'으로 하는 '성일분수'의 성학체계를 세웠고, 양명은 『대학』과 『중용』에 근거하여서 먼저 '격물'의 사색 노선에 따라 '심외무리心外無理'와 '지행합일'을 깨달아 들어가서 '성의'를 '핵심'으로 하는 '심일분수'의 심학체계를 세웠다. 6년 뒤 양명은 비로소 '치지'의 사색 진로에 따라 '양지'와 '치량지'를 깨달아 '치지'를 '핵심'으로 하는 '치량지'의 심학체계를 세웠다. 전자는 '용장의 깨달음'이고, 후자는 '양지의 깨달음'이다.

존재론의 철학적 관점에서 볼 때 양명의 '심일분수'의 심학은 '사람의 존재'(*人心)에 대한 문제를 따져 묻는 존재론의 체계라고 일컬을 수 있다. 중국의 전통문화 사상 중에서 '도'는 형이상학적 본체 존재本體存在이며, '사람'은 현존재現存在의 존재자存在者이다. 존재론 철학의 인문적 관심은 '존재'의 의의를 따져 묻는 것이다. 그러나 '존재'에 대한 문제를 따져 물음은 반드시 '현존재'(*사람)의 분석에 토대를 두어야 한다. 현존재는 존재로 통하는 관문이다.[116] 현존재는 곧 사람이며, 현존재는 곧 사람의 마음이다. 그러므로 현존재(*사람)를 따져 물음은 방향을 바꾸어서 마음(*정신적 자아, 의식 주체)을 따져 물음이 되고, '사람의 마음'(*현존재)은 양명의 심학에서 중심적인 위치를 차지하는데 이는 '존재'로 향한 관문이다.

왜냐하면 현존재는 모두 일종의 세계-내-존재(in-der-welf-sein)이며, 현존재가 세계 내에 나타나는 것은 현존재 스스로를 막아버리고 현존재의 퇴락과 소외로 향하게 된다. 마음의 세계-내-존재는 물욕에 의해 가려져서 마음의 소외, 퇴락과 타락으로 향하게 된다. 이로 인해 반드시 도덕적 수양 공부(*정심, 치량지)를 통해 '덮어 가린 것을 제거하고(去蔽)', 마음으로 하여금

---

116 마르틴 하이데거 지음, 이기상 옮김, 『존재와 시간』, 까치, 2015, 15~32쪽 참조.

'가려짐(遮蔽)'으로부터 '깨끗하게 밝음(澄明)'으로 돌아가고, 비본래적 상태에서 본래적 상태로 회귀하게 하여서 소외의 복귀, 곧 마음 회복(復心, *사람 마음의 밝음을 회복)을 실현하게 한다.

따라서 양명의 심학은 실제로 '마음 회복'의 인심人心을 구속救贖하는 체계로서 주희의 '본성 회복(復性)'의 인성人性을 구속하는 체계와 상대가 된다. 주희는 현존재의 '본성 회복'인 인성 구속의 길로 나아갔고, 양명은 현존재의 '마음 회복'인 인심 구속의 길로 나아갔던 것이다.

서애가 편집한 『전습록』은 양명의 굉대한 『전습록』이라는 완정한 '심학 교향악'의 제1악장이었다. 그것은 주학에 대한 비판 정신으로 충만하였고, '사람 마음의 복귀(人心復歸)'를 부르짖어서 나중에 양명이 남도에서 존주 학자들과 주륙동이 논쟁을 전개할 때에 '성경'이 되었다. 『전습록』 편정編定은 양명의 암담하고 짧았던 제2차 '상국유'의 결말을 선포하였다. 그는 바로 이 『전습록』을 가슴에 품고서 경사를 떠나 남도로 향하였다.

'남도의 도모(南都之圖)': '상국유上國遊'에서 쫓겨나다

양명의 제2차 '상국유'는 사실 때를 잘못 만난 것이었다. 그는 경사로 들어와 '상국유'를 하자마자 곤경에 빠졌으며, 정치적으로 어떤 일을 하기가 어려웠고 벼슬길에서 발을 헛디뎌서 비틀거리게 되었다. 유근劉瑾이 복주된 뒤에도 무종武宗은 이전과 다름없이 아집을 부렸다(故我). 전횡과 음란을 일삼았고, 엄수閹豎와 영신佞臣을 총애하며 믿는 정도가 훨씬 더 심해졌으며, 조정의 흉험한 혼란상은 끝없이 가중되었다. 정국이 들끓어서 편안하지 않은 상황은 유근이 권력을 농단하던 시기와 비교할 때 지나치면 지나쳤지 못하지 않았다. 그리하여 양명의 머릿속에는 갑자기 우려와 두려움으로 경사를 떠나 남쪽으로 도피하려는 마음이 일어났다. 무종이 '근당瑾黨' 숙청에 힘을 쏟지 않았고 혁혁한 장영張永(1465~1529)이 유근의 지위를 대체함으로써 장영 천권擅權의 시대가 시작되었다.

서울에서 직접 이 광경을 목격한 양명은 분개하여서 다음과 같이 말하였다. "영재永齋(장영)가 일을 좌우하여서 형세가 점차 헤아리기 어려워져갑니다. (그가 소유한) 한 가문에 백작이 둘(一門二伯), 도독都督이 둘, 도지휘와 지휘가 십수 인, 천호千戶와 백호百戶가 수십에 갑제甲第·분원墳園·점사店舍가 경성 밖 수 리에 걸쳐 있으며, 성 안의 30여 곳에 곳곳의 거리로 면한 가게(門面)가 백을 헤아립니다."[117] 곡대용谷大用·구취丘聚가 여전히 더욱 총애를 받았고, 새로이 총애를 받은 '외4가外四家' 전녕錢寧(?~1521)·강빈江彬(?~1521)·허태許泰(1504, 무장원武狀元)·유휘劉暉의 세력이 기염을 토하여 대체로 당년의 '팔호'를 넘어섰다. 무종은 아첨하는 데 뛰어난 태감과 노졸奴卒, 시정의 교활하고 간사한 무뢰배들을 모두 거둬들여서 '의자義子'로 삼았는데, 정덕 9년 7월에만 놀랍게도 한꺼번에 '의자' 127인에게 '국성國姓'을 하사하였고, 영수백永壽伯 주덕朱德, 도독 주녕朱寧과 주안朱安을 필두로 주국朱國·주복朱福·주강朱剛이 모두 도독으로 승진하였다.

강빈은 날래고 용맹하며 교활하고 음험하여서 황상에게 아첨을 더욱 잘하였다. 그는 전녕에게 뇌물을 주고 표방豹房에 들어가서 무종을 가까이 모시고 복종하면서 좌도독으로 승진하였고, 주씨 성을 받아 '의아義兒'가 되어서 무종과 함께 친밀하게 같이 눕고 기거하여 총애가 전녕을 능가하였다. 그는 망령되이 무종에게 청하여서 요동遼東·선부宣府·대동大同·연수延綏 네 진의 변병邊兵을 모두 징발하여 서울로 불러들여서 조련을 시키고 경사를 방위하게 하였다. 서울에 불러들인 변방의 병졸과 장수들은 교만하고 횡포를 일삼으며 길들이기 어려웠는데 무종은 표방의 음탕한 놀음에 이들을 배치하였다. 강빈에게 명하여 서원西苑에서 병사를 조련하고 영진營陣을 익히며 기사騎射를 겨루고 각저角觝와 온갖 놀이를 하며 남녀 배우와 광대, 악공이 요염하고 난잡한 음악을 연주하고 노래하게 하였다. 양명은 장안의 회광에 거주하였으므로 밤낮 서원과 궁중에서 들려오는 조련의 함성, 화포와 북소리가 관현악과 타악에 곁들인 노래와 춤의 느끼하고 음란한 곡조와 뒤섞여서 경사

---

117 『식고당서화휘고式古堂書畫彙考』「왕양명상부친이찰王陽明上父親二札」.

를 놀라게 하고 인심을 뒤흔들어서 이미 이부낭중의 쓸쓸한 자리와 강학론도의 싸늘한 강석講席에 편안히 앉아 있을 수가 없었다.

양명이 가장 놀라고 두려워한 것은 무종이 표방에서 음탕한 환락에 빠져서 조정을 다스리지 않고 경연에 나가지 않으며, 매달 어쩌다 한두 차례 조회를 연다는 사실이었다. 조정의 신하들은 눈만 멀뚱멀뚱 뜨고 지켜보면서 비밀스러운 음란에 빠진 무종에게 후사(子嗣)가 없어 동궁의 자리가 비었다는 사실에 속이 탔다. 그러나 무종은 '표변豹變'의 구름과 안개 속에 숨어서 머리도 꼬리도 보이지 않는 신령한 용과 같아 대신들조차 '표방'이 어떤 곳인지, 무종이 표방에서 도대체 무엇을 하는지 알 수 없었다. 무종이 황제로 등극했을 당시 아직 15세였는데 이미 비술祕術과 음락淫樂을 즐겼다.

정덕 2년(1507)에 무종은 유근을 파견하여서 황성 서원西苑 태액지太液池 서남 기슭에 비밀스런 표방을 짓기 시작하였다. 표방은 은 24만여 냥을 들여서 정덕 7년에 완공되었다. 수많은 정자와 대臺, 누각을 세웠으며, 밖에는 연무장(校場)을 설치하고 내부에는 불사佛寺를 꾸몄다. 더욱이 두 행랑에는 대규모의 밀실을 조성하였다. 건물이 잇달아 즐비하여서 마치 미궁迷宮과 같았다.

기괴한 것은 그 안에서 허황하기 이를 데 없이 문표文豹 한 마리를 길렀다는 사실이다. 『용당소품湧幢小品』에서 다음과 같이 말한다. "서원 표방에서 문표 한 마리를 길렀는데 돌보는(役) 용사勇士가 240명이었으며, 해마다 급여(歲廩) 2800여 석을 지급하였고, 또 땅 10경頃을 차지하여서 해마다 받는 도지 수입(歲租)이 700금이었다. 이는 모두 내신內臣의 침탈을 가리는 수단이었다."[118] 표범을 기르는 용사는 표자豹字 동패銅牌를 찼는데, 앞면에는 표범의 모양을 그리고 가로로 '표자××××호號'를 새겼으며, 뒷면에는 글씨 여

---

118 주국정朱國禎(1558~1632), 『용당소품湧幢小品』.

섯 줄이 다음과 같이 새겨져 있었다. "수가양표관군용사隨駕養豹官軍勇士(황제의 수레를 따르며 표범을 기르는 관군 용사)는 이 패를 차야 하며, 패가 없는 자는 법률에 따라 논죄하되 빌리는 자나 빌려주는 자 모두 같은 죄로 처벌한다."

문표 한 마리를 기르는 데 설마 용사 240명이 필요하겠는가? 분명히 문표를 기르고 연무장을 설치하는 따위는 모두 표면적으로 남의 이목을 가리는 구실이었다. 남에게 알리지 못하는 무종의 진정한 '제심帝心'은 문표의 '표변豹變'과 '표음豹淫'을 배우고 표방에서 '여자를 다루는(御女)' 방중房中 비술을 닦으려는 것이었다. 표방에서 기르는 진정한 '문표'는 무종 자신이었고, 나란히 늘어선 '밀실' 안에는 무종이 향락을 일삼는 데 바친 아리따운 미소녀들이 숨겨져 있었다. 표범을 기르는 용사들은 무종이 '여자를 다루어' 표음을 일삼을 때 호위하는 신변 무사들이었으며, 불사佛寺는 무종에게 여자를 다루는 방중 비술과 밀법을 가르쳐줄 신승神僧과 이인異人을 기르는 곳이었다. 후세에는 뜻밖에도 표방을 호랑이와 표범을 사육하던 원대(元朝)의 동물방動物房을 본떠서 표범을 기르기 위해 지은 방으로서 무종이 조정의 정사를 부지런히 처리하던 곳이라며 무종을 '민간을 순행하여 여염 여자와 순정을 꽃피운(遊龍戱鳳)' 풍류 황제로 미화하였다. 이는 무종 황제의 '문표'와 같은 광기의 '음심淫心'을 지나치게 낮게 평가한 것이다.

무종은 본래 불교와 도교에 빠져서 장생 비술을 수련하는 음곤淫棍(*金剛杵)이었다. 정덕 2년에 어떤 사람이 금의위의 지휘동지指揮同知 우영于永을 '음도비술陰道祕術'에 매우 뛰어나다며 천거하자 무종은 즉시 우영을 표방으로 불러들였다. 우영은 색목인色目人이었는데 곧 말하기를, 회족回族 여자들은 기질이 온윤하며 교태가 있고 흰 피부에 요염하여서 눈길을 사로잡으며 중원 지역의 여자들보다 훨씬 뛰어나다 하였다. 그는 도독 여좌呂佐도 색목인임을 알아채고 성지聖旨를 날조하여서 여좌 가문에서 서역西域의 선무旋舞

에 뛰어난 회족 여자 12명을 뽑아서 무종에게 헌상하였다. 이 밖에 또 색목인 관원 가문에서 노래를 잘하고 춤을 잘 추는 여자를 모두 선발하여 표방에 들여보냈다. 어떤 경우에는 무종 스스로 조령을 내려서 회적回籍의 달관達官과 귀인 가문에서 미모의 젊은 여자를 차례로 표방으로 불러들여 '승응承應'을 하게 하였다. 심지어 우영에게 명령하여 그의 아내를 '어녀御女'로 표방에 보내라고 하였는데, 이에 깜짝 놀란 우영이 이웃집의 회회回回 여자를 가짜로 꾸며서 대신 표방에 보내고 자기는 서둘러 치사하고 도망갔다. 여기서 '승응'이란 실상 '여자를 다루는' 것이었다. 이러한 사실만으로도 '표방'이 무종의 '황가 매음굴(皇家淫窟)'에 지나지 않았음을 충분히 알 수 있다.

'대경법왕大慶法王' 무종은 서화문西華門 표방의 음란으로 사람들로 하여금 그의 '동시대인', 곧 『금병매金瓶梅』의 '서문경西門慶'(기이하게도 무종의 황궁에는 정말로 역시 정금련鄭金蓮[*연화蓮花]이라는 궁녀가 있었다)을 떠올리게 하였다. 나중에 대신들은 무종에게 후사가 없는 이유를 우영과 작길아사아繹吉我些兒의 '음도비술'로 돌렸는데, 이 또한 무종이라는 황음한 '서문경법왕西門慶法王'이 스스로 불러들였다는 사실을 몰랐던 것이다.[119]

표방 안의 불사는 바로 '도술에 뛰어난' 이인을 공양하는 곳으로서 특히 비술과 밀법에 정통한 서역 번승番僧을 공양하였다. 무종이 표방의 밀실에서 희롱한 '표음'의 비술은 일종의 남녀쌍수男女雙修의 음욕 밀법이었다. 무종은 특히 서역 번교番教의 비술을 좋아하였는데 이를 위해 스스로 호어胡語를 배

---

119 『명무종실록明武宗實錄』 '정덕 2년 12월 신묘' 조를 참조하라. 『국각』 권46에 "(*정덕 2년 12월 신묘) 금의위 도지휘동지都指揮同知 우영이 치사하였다. 상이 우영의 여인을 불렀는데, 이웃 여자를 들여보냈다. 누설될까 두려워서 스스로 면직을 청한 것이다. 아들이 지휘동지를 승습承襲하였다. 우영은 오로지 음행을 유도하였는데 상이 비록 그 기술을 익혔으나 항상 여자를 다룰 수는 없어서 종조宗祧의 한에 이르렀다."라고 하였다.

우고 자기의 이름을 '홀필렬忽必烈(*Qubilai, 英武之王)'이라 하였으며, 회회 음식에 익숙해진 뒤에는 다시 이름을 '사길오란沙吉敖爛(*Sahigrlan, 少年王)'이라 하였고, 장교藏敎의 밀법을 익힌 뒤에는 스스로 이름을 '영점반단領占班丹'이라 하였다.

정덕 원년(1506)에 그는 등극하여서 황제가 되자마자 영점죽領占竹을 서울로 불러들여 관정대국사灌頂大國師에 봉하고 또 복견참卜堅參·찰파장복札巴藏卜을 법왕法王에 봉하였으며, 나복령점那卜領占·작즉라죽綽卽羅竹을 서천불자西天佛子에 봉하였다. 정덕 2년에 표방을 짓고 불사를 꾸민 뒤 즉시 비술과 밀법에 통달한 오사장烏思藏(西藏)의 대법왕 작길아사아를 청하여 표방의 불사에 들이고 환희밀법歡喜密法과 방중 어녀의 비술을 전수하게 하였다. 정덕 5년에 무종은 스스로 대경법왕이라 칭하고 '대경법왕서천각도원명자재대정혜불大慶法王西天覺道圓明自在大定慧佛'이라는 금인金印 한 과顆를 주조하고, '천자제1호天字第一號'로 정하였다.

정덕 6년에 양명이 서울에 왔을 때 작길아사아는 이미 밀법 비술에 정통하여 표방에 드나들던 대법왕으로서 그의 이름이 경사에 떠들썩하였다. 이에 대신들이 상소를 올려서 항론抗論을 일으켰다. 2월 18일 대학사 이동양 등이 소를 올려서 표방에 불사를 조성하는 일을 멈추고 번승 작길아사아 등이 표방에 드나들면서 비술을 전수하지 못하도록 금하라고 청하였지만, 무종은 아랑곳하지 않았다.[120] 이들 번승은 급기야 상주하여서 전지 100경을 희사해달라고 청하여 '서문경' 무종을 위해 대경왕하원大慶王下院을 세웠다. 이부시랑

---

120 『국각』 권48에 "(*정덕 6년 2월 기해) 대학사 이동양 등이 경성 안팎의 공역工役과 표방에 절을 조성하는 일을 멈추고 번승의 출입을 금하라고 청하였다. 답을 얻지 못하였다. 이때 번승 작길아사아가 비술로 총애를 얻었기에 이런 언급을 하였다."라고 하였다.

부규傅珪는 글을 올려서 번승을 주핵奏劾하며 다음과 같이 말하였다. "법왕이 어떤 자이기에 존호尊號와 나란히 서기까지 합니까? 도리에 크게 맞지 않으니 마땅히 베소서!" 무종은 도리어 조서를 내려서 "망령됨을 묻지 않는다 (不問其妄)!"라고 하였다.[121] 이때 양명은 막 경사에 도착하여 이부에서 직책을 맡았다. 사정의 내막을 익히 알고 있던 그로서는 천지를 진동하는 일이었다. 이는 그가 정덕 7년에 「위급대본이도치안이진수성사爲急大本以圖治安以盡修省事」와 「자핵부직이명성치사소自劾不職以明聖治事疏」를 올리고, 정덕 10년에 오사장 작길아사아를 논하는 소와 「간영불소諫迎佛疏」를 올리는 최초의 동인이 되었다.

양명은 경사에서 '표방' 속의 음란한 무종의 진면목을 빠르게 꿰뚫어보았다. 일찍이 정덕 6년(1511) 4월 양명이 경사에 온 지 아직 두 달이 되지 않았을 때 서판관書辦官 유회劉淮(1487, 진사)가 유근당의 사람이라고 고발되어서 금의옥에 갇혔는데, 일이 왕화에게까지 연루되었다. 유회는 왕화와 원임 호부상서 고좌顧佐(1376~1446), 형부상서 도훈屠勛(1446~1516), 형부상서 한방문韓邦問(1442~1530), 형부우시랑 심예沈銳(1448~?), 포정사 육형陸珩(1439~?)이 모두 자기에게 부탁하여 유근에게 뇌물을 바쳤다고 지목하였다. 무종은 각 순안어사에게 그들을 체포하여서 법으로 다스리라고 하였지만 마지막에는 "모두 풀어주라(俱贖杖釋遣)."는 명령을 내렸다.[122] 벼슬에서 물러난 왕화는 결백함에도 무고하게 속장이라는 대단히 부끄러운 모욕을 당하였는데, 이는 이제 막 경사에 도착한 적극적이고 진취적인 양명에게는 머리를 내려치는 작지 않은 몽둥이였다. 그는 주장을 올려서 변론을 하려다가 그만두었다.

---

121 『국조헌징록』 권33 「예부상서부규전禮部尚書傅珪傳」에 보인다.

122 『명무종실록』 권74; 『국각』 권48.

사실 유근에게 뇌물을 준 사람은 결코 왕화가 아니라 황순黃珣(1447~1514)이었다. 육심陸深은 「해일선생행장海日先生行狀」에서 이 사건을 다음과 같이 언급하였다.

> 이윽고 동년의 벗(同年友)으로서 조정에서 선생을 무함하고 헐뜯기를 일삼는 자가 있었다. 사람들이 모두 선생께 변론을 한번 하라고 권하였다. 선생이 말하기를 "아무개는 내 동년의 벗인데 만약 변론을 한다면 이는 내가 벗을 속이는 짓이다. 이 일이 어찌 나를 더럽히겠는가?" 하였다. 끝내 변론하지 않았다. 나중에 신건新建(왕수인)이 경사에서 복관된 뒤 사대부의 여론에 힘입어 상주문을 갖추어서 변론하려고 하였다. 선생이 이 소식을 듣고서 즉시 편지를 보내 제지하고 말하기를 "이는 내 평생 큰 부끄러움이 되게 하는 것이 아니냐? 내 본래 부끄러워할 만한 일이 없는데 이제 까닭 없이 벗의 은밀하고 사사로움을 들추어서 공격하는 것은 도리어 내가 큰 부끄러움을 사는 짓이다. 사람들은 네가 나보다 지혜롭다고 하는데 나는 믿지 않는다."라고 하였다. 이에 다시 변론하지 않았다.[123]

여기서 말하는 '동년의 벗'은 바로 황순을 가리킨다. 일련의 시비가 뒤섞인(陰差陽錯) 무종의 안건 판결은 유근이 복주된 뒤 조정 국면의 혼란과 위기를 충분히 드러내어서 양명으로 하여금 저절로 두렵고 놀라 떨게 하였다. 무종의 내심(骨子)에는 엄수閹豎 유근의 잔당을 샅샅이 징치하여서 제거할 생각도 없었고, 폄적되어 쫓겨난 바른 신하(正臣)를 기용할 생각도 없었다.

왕화가 자기를 무함하는 상주문 때문에 곤욕을 당하고 있을 때 숙진宿進

---

123 양일청, 「해일선생묘지명海日先生墓志銘」을 참조하라. 『왕양명전집』 권38 「세덕기世德紀」.

(1474~1515)이 상주하여서 유근의 잔당을 논박하다가 장척杖脊과 삭적削籍을 당하였고, 왕숭경王崇慶(1484~1565)이 숙진을 구원하려다가 금의옥에 갇혔으며, 양명의 제자 왕원개王元凱(1511, 진사)가 상주하여서 왕숭경을 구원하려다가 치사하고 파직되어서 귀향하는 큰 사건이 잇달아 일어났다. 이런 일들로 양명은 다시 침묵하고 있을 수 없었다.

이에 앞서 형부원외랑 숙진(*정덕 3년 회시장원[會元])은 4월에 상주하여서 청하기를, 반역자 유근을 거슬렀다는 이유로 죽은 내신 왕악王岳·범형范亨 및 언관 허천석許天錫(1461~1508)·주약周鑰(?~1508)을 불쌍히 여기고 위로하며(撫恤) 유근에게 붙었던 대신 병부상서 왕창王敞(1481, 진사) 및 내시 잔당들을 파직하여서 물리치라고 하였다. 무종은 크게 노하여서 숙진을 체포하여 오문午門 밖에서 장척 50 및 삭직하여 백성으로 강등시켰는데 조정의 신하들은 입을 다물고 감히 말을 하지 못하였다.

6월에야 호부주사 왕숭경이 나서서 상소하여 숙진을 위해 신원하고 구제하였다. 소에서 다음과 같이 말하였다.

> 형부주사 숙진이 뜻밖에 상께 소를 올렸는데, 생각해보면 기휘忌諱를 모르고 신총宸聰을 잘못 이해하였으니(誤讀) 참으로 죄가 있습니다. 그가 맡은 직분으로 보면 비록 지위에서 벗어남을 면하지 못했으나 본래 마음을 헤아려보면 실로 군주를 사랑함에 지나지 않습니다. 그 마음에 군주를 사랑하면 그 감정이 가긍可矜하고, 그 감정이 가긍하면 과잉된 감정(狂)이 용서받을 수 있습니다. 가령 숙진의 말이 천하가 반드시 바라는 것이라면 폐하께서 채택하시어 성치聖治의 도움으로 삼으시고, 가령 숙진의 말이 천하가 절대로 바라는 것이 아니라면 폐하께서 너그럽게 용서하시어 감히 말하는 풍조를 격려해야 합니다. 엎드려 바라건대 폐하께서는 해와 달 같은 밝음

을 밝게 열어서 막히고 가리는 근원을 길이 비추시고, 건원乾元을 널리 펼쳐서 생성의 조화를 간곡히 보여주소서. 신의 어쩌다 얻은(一得) 어리석은 견해를 굽어살피시어 오래 이반되어 있는 천하의 마음을 편안하게 해주시고, 이어서 숙진의 관직을 복직시키고 신田을 전리田里로 돌려보내 숙진의 죄를 대속하게 해주소서. 천하가 듣고 사관이 기록하면 모두 폐하의 성덕과 아량을 우러러 찬양하여서 영광이 충분히 요순과 짝할 터이니 어찌 위대하지 않겠습니까![124]

왕승경의 상서는 더욱 무종의 분노를 일으켰다. 6월 17일에 무종은 조령을 내려서 왕승경을 금의옥에 가두었다. 9월이 되어서야 왕승경은 출옥하고 폄적되어서 광동 조경부肇慶府 덕경주德慶州 수강역壽康驛의 역승이 되었다. 언관의 용서를 청한 왕승경의 상소는 당년에 양명이 상소했다가 폄적되어서 용장역의 역승이 된 운명과 놀랄 만큼 똑같이 되풀이되었다. 양명은 오히려 꺼리고 조심하여서 감히 말을 하지 못하였지만 이제 막 부임한 그의 제자 병과급사중 왕원개는 참지 못하고 분개하여 탁자를 치고 일어나서 상소하여 왕승경을 구원하였다. 무종은 더욱 진노하여서 왕원개도 체포하여 하옥시켰다. 10월에 이르러서 왕원개는 비로소 출옥하여 전리로 쫓겨났다.[125]

---

124 왕승경은 자가 덕휘德徽, 호가 단계선생端溪先生이다. 정사에는 그의 행적에 관해 실려 있지 않다. 지금 허난성河南省 푸양현濮陽縣 당안관檔案館(기록보관소, archives)에 소장된 명 판본 「단계선생연보도端溪先生年譜圖」에서 상세한 내용을 볼 수 있다.

125 『민국주질현지民國盩厔縣志』 권6에 "왕원개는 자가 요경堯卿, 호가 종남終南이다. 홍치 신유년(1501) 향시에 합격하였고, 아우와 함께 정덕 신미년(1511)에 진사에 합격하고 병과급사중에 제수되었다. 주사 왕승경이 간을 했다가 무종을 거슬러서 옥에 갇혔는데 왕원개가 변론하여서 구원하였다. 무종이 노하여 조칙을 내리고 그를 체포하여서 대장對狀하였다. 왕원개가 말하기를 '주사부主事部에서 말 때문에 감옥에 갇혔고 나는 간관으로서

양명은 이때 말을 하지 않을 수 없었다. 왕원개와 고별할 때 그는 「증왕요경서贈王堯卿序」 한 편을 지어서 다음과 같이 분개하며 말하였다.

> 종남終南 왕요경(왕원개)이 간관이 된 지 석 달 만에 병으로 그 일을 그만두고 떠난다(以病致其事而去). 교유하면서 증정한 말이 십수 편인데 굳이 나에게 말을 청하였다. 심하다, 우리 무리가 말이 많음이! 말은 날마다 많아지는데 행실은 더욱 거칠어지니(言日茂而行益荒) 내 말을 하지 않고자 함이 오래되었다. 학술이 밝아지지 않고서부터 세상의 군자는 이름을 실상으로 여긴다. 지금 이른바 실상에 힘쓴다는 것은 모두 그 명분에 힘쓰는 것이니(凡今之所謂務乎其實, 皆其務乎其名者也) 살피지 않을 수 있겠는가? 요경의 행실을 사람들이 모두 고상하다고 하며, 재질은 사람들이 모두 아름답다고 하며, 학문은 사람들이 모두 넓다고 하는데, 이를 살피지 않을 수 있겠는가? 한 가지 절조에 기뻐하는 자는 더불어 전체 덕의 경지에 나아가기에 충분하지 않으며, 시골뜨기 수준을 면하는 것만 추구한다면 그와 더불어서 성현의 길을 말할 수 없다. 기운이 들뜬 자는 의지가 확고하지 않다. 마음이 거친 자는 조예가 깊지 않다. 겉으로 과시하는 자는 중심이 날로 누추해진다(氣浮者, 其志不確. 心粗者, 其造不深. 外夸者, 其中日陋). 그만두자, 내 어찌 말을 많이 하랴! 호곡虎谷에 군자가 있으니 말 없는 사람과 비슷하다. 요경이 그곳을 지나가면 내 말을 질정하라.[126]

죄를 얻었으니 이는 (나의) 분수이다.'라고 하였다. 그는 조사를 받고 풀려났으나 치사하고 돌아갔다. 조정에 선 기간은 겨우 40일이었다."라고 하였다.

126 『왕양명전집』 권7 「증왕요경서贈王堯卿序」.

위 서문(序)에서 왕원개가 "병으로 그 일을 그만두고 떠난다."라고 하였는데, 이는 격분한 나머지 어쩔 줄 몰라서 하는 말이다. "말은 날마다 많아지는데 행실은 더욱 거칠어지니", "요경의 행실을 사람들이 모두 고상하다고 하며"라고 한 말이 사정의 진상을 나타내고 있다. 양명은 조정의 명실名實이 뒤바뀌고 언행이 일치하지 않은 상황을 비판하며 무종과 조신들의 모습이 '지금 이른바 실상에 힘쓰는 사람'으로 보이지만 실은 '모두 이름에 힘쓰는 자'에 지나지 않음을 지적하였다. "기운이 들뜬 자는 의지가 확고하지 않다. 마음이 거친 자는 조예가 깊지 않다. 겉으로 과시하는 자는 중심이 날로 누추해진다."라는 말은 조정이 위아래로 인심이 부패하고 정사가 문란한 가운데 구차하게 안주하는 분위기로 가득 차 있음을 드러낸다.

양명의 말은 결코 과격한 어투로 사람들을 일부러 놀라게 하려고 한 말이 아니다. 유근이 법적 처벌을 받은 뒤 무종은 더욱 아무런 거리낌 없이 바른 신하를 폄적하여서 쫓아냈다. 그해 6월 무종이 조령을 내려서 왕승경을 금의옥에 투옥함과 동시에 양명의 제자이며 예과급사중인 진정陳鼎을 금의옥에 가두었다. 원래 하남河南의 진수태감鎭守太監 요당廖堂은 복건 사람인데 그의 아우 요붕廖鵬의 아들 요개廖鎧가 하남으로 호적을 조작하여서(冒籍) 향시에 합격하도록 암암리에 도왔다가 선비들의 여론이 비등하였지만, 모두 요당과 요붕의 흉흉한 기세가 두려워서 감히 말을 하지 못하였다. 급사중 진정이 끝까지 따지고(發難) 글을 올려서 그 일을 폭로하자 이에 요개가 제명되었다. 요당과 요붕은 마음속에 원한을 품고 있었다. 요당은 진정이 글을 올려서 도적을 막는(弭盜) 시대의 급무(機宜)를 진술할 때를 틈타 아무개 권행權幸(＊전녕錢寧)을 사주하여서 진정이 올린 글에서 말을 모아 엮어서 무종에게 고발하기를, 진정이 일찍이 평강백平江伯(진예陳銳)의 자산을 적몰하고 유근에게 빌붙어서 물가를 높게 책정하여 중간에서 침탈했다고 무함하였다.

무종은 크게 노하여 진정을 금의옥에 가두고 고문을 하며 취조하라는 다음과 같은 전지를 친히 내렸다. "진정 이놈(這厮)은 유근에게 아부하고 권력을 인연으로 삼아 진웅陳熊(1508, 조운총독)에게 돈을 구해서 전장田莊과 점방店房을 사들였으며, 물건의 판매가를 (멋대로) 정하여 은량을 다수 늑탈하고 가로채서 자기가 챙겼으며, 법도를 두려워하지 않았다. 금의위가 붙잡아 진무사鎭撫司로 보내서 되우 쳐라!"[127]

이부상서 양일청이 전면에 나서서 그를 구원하였는데 무종은 여전히 이치에 닿지 않은 억지 말을 내세워서 다음과 같이 전지를 내렸다. "진정은 뜻을 굽혀서 갖은 방법으로 유근에게 아부하고 물건의 판매가를 (멋대로) 정하여서 은량을 다수 늑탈하였으며, 맡은 직책을 심히 처리하지 못하였으니 마땅히 죄로 다스려야 한다. 너는 매양 이런 말을 하는데, 우선 조사 추궁(査究)을 면하고 원적原籍으로 돌려보내 백성으로 삼는다." 진정은 출옥하였으나 삭직되어서 백성이 되었다.[128] 이 또한 양명이 말한 '말은 날마다 많아지는데 행실은 더욱 거칠어지는' 황당한 사건이었다.

양명은 이부의 직책에 있었으니 양일청이 진정을 구원한 일은 아마도 양명의 요청에서 이루어졌을 터이다. 양일청이 진정을 구원하기 위해 올린 「위걸은유과이전국체사爲乞恩囿過以全國體事」에서 일컬은 '신들(臣等)'에는 바로 이부주사 양명을 포함한다. 제자의 억울한 안건은 스승인 양명에게는 또한 타격일 뿐만이 아니었다.

무종이 조작한 이런 원안冤案, 무안誣案, 착안錯案, 혈안血案 등은 이루 헤

---

127 『양일청집楊一淸集』 「이부헌납고吏部獻納稿·위걸은유과이전국체사爲乞恩囿過以全國體事」.

128 『양일청집』 「이부헌납고·위걸은유과이전국체사」; 『명사』 권188 「진정전陳鼎傳」; 『국각』 권48에 보인다.

아릴 수 없어서 나중에 감찰어사 시유施儒(1478~1539)가 정덕 9년(1514)에 '여덟 가지 일(八事)'을 건의하기까지에 이르렀다. 그 가운데 하나가 바로 '언관을 용서하라(宥言官)!'는 내용으로서, 다음과 같이 말하였다. "근년에 급사중 진정·왕앙王昂(1505, 진사), 어사 하태賀泰(1499, 진사)·주광周廣(1474~1531)·맹양孟洋(1483~1534), 주사 숙진·왕숭경·조호曹琥(1478~1517) 등이 저마다 언론 때문에 죄를 얻었는데 모두 원래의 직책에 복귀시켜서 뉘우치고 깨달은 실상을 보여주소서."[129]

무종은 이와 같이 조정 신하들을 노예 부리듯이 하거나 내쫓고 전단專斷과 독재를 일삼고 멋대로 죄와 모욕과 살육을 자행하여서 조정은 이미 흉험한 곳이 되었고, 정직한 관료는 더 이상 조정에 발붙일 방법이 없었다. 양명도 물러날 뜻을 싹틔워서 경사를 벗어나 떠날 결심을 하였다.

일찍이 정덕 6년(1511) 5월 양명은 왕화에게 보낸 집안 편지에서 돌아가 병을 요양하며 거처할 생각을 드러냈다. 편지 속에서 자기 처지를 다음과 같이 언급하였다.

도하에 우거하는 아들 왕수인이 백번 절하고 부친 대인 슬하에 글을 올립니다. 지난달 왕수王壽와 내륭來隆이 떠났는데 기주祁州에서 배를 타고 돌아갔습니다. 이때로 계산을 하면 아마도 집에 도착했을 것입니다. 근래 조모 노대인과 모 대인께서 기거 만복하시니 위안이 됩니다. 자식들(男輩)도 평안하겠지요. 며느리들(媳婦輩)도 종내 오지 않는다면 아주 좋습니다만 혹시 기어이 막을 수 없다면 다만 가인家人, 며느리 1인, 옷상자 한두 짝만 가지고 가벼운 차림으로 떠나게 하십시오. 이곳에서는 결코 오래 거주할

---

129 『명무종의황제실록明武宗毅皇帝實錄』 권108.

수 없습니다. 다만 작년에 강서江西에서처럼 헛되이 먼 길을 오갈 뿐입니다. 내룡이 떠난 뒤 이곳에는 사람이 없으니 만일 며느리들이 오려고 하지 않는다면 반드시 한 사람을 보내서 겨울과 여름 의복을 가지고 급히 형편에 따라 배로 오게 해주십시오. 저(男)는 근래 정신과 기혈이 매우 소모되고 약해져서 등과 척추와 뼈에 통증이 생긴 지 이미 4, 5년이 되었는데 요즘 더욱 심해졌습니다. 돌아가려는 계획은 다만 시사가 족히 염려스럽기 때문만이 아니라(非獨時事足慮) 겸하여서 몸 또한 우려할 만하기 때문입니다. 듣건대 집 뒤에 누각(後樓)을 지으려고 하신다는 말을 들었습니다만 심력心力을 너무 수고롭게 함을 면하지 못합니다. 만일 나무기둥을 세우는 것이 편하지 않다면 단층집(平屋)이라도 괜찮습니다. 여요 고향 집의 분가하는 일은 어떻게 되었는지요? 분가하는 것도 필경은 보전을 위한 계책이겠지요. 서 매부徐妹夫(서애)는 매우 평안합니다. 회계會稽의 이李 대윤大尹(부·현의 행정장관)이 가는 길에 평안한 소식을 받들어 올립니다. 살피고 모실 기회가 멀지 않았습니다. 글을 마치자니 우러러 그리워하는 마음을 금할 수 없습니다.

5월 3일, 아들 왕수인 백번 절합니다.[130]

양명이 "다만 시사가 족히 염려스럽기 때문만이 아니라"고 한 말은 명조 전체의 위태하기 짝이 없는 국가 시국을 가리킨 말이다. 정덕 6년, 무종의 온갖 도리에 맞지 않는 시행으로 인해 불안정하게 들끓는 명조의 내우외환은 최고조에 이르렀다. 밖으로는 타타르(韃靼) 소왕자小王子가 빈번하게 침입하

---

130 왕수인, 「우도하상대인서寓都下上大人書」. 손수 쓴 이 편지의 진적은 중국 역사박물관에 소장되어 있다.

고 안으로는 유민流民과 농민의 봉기가 전국에서 일어나 봉화가 사방에서 올라가고 천하가 소란하여서 양명이 "13성省 중에서 오직 우리 절浙과 남직례南直隸만 도적이 없습니다(無盜)." 하고 놀라서 소리치기까지 하였다. 사실 그는 이 말을 한 뒤 곧바로 유륙劉六(?~1512)·유칠劉七(?~1512)이 봉기(起義)의 불길을 거세게 일으켜서 남직례까지 쳐들어올 줄은 전혀 예상하지 못하였다. 그리하여 양명이 밤낮으로 큰 관심을 기울이며 초조해했던 '시사'는 무종의 전단과 음란, 엄당閹黨의 천권과 농정弄政이 아니라 전국 13성에 퍼진 유민과 농민의 봉기가 되었다. 특히 하북에서 대단한 성세로 폭발한 유륙·유칠의 봉기는 결과적으로 양명이 경사를 떠나 남쪽으로 달려가 '도적이 없는' 남직례에서 관직을 맡게 된 직접적인 원인이 되었다.

유륙·유칠의 봉기는 정덕 5년(1510) 패주覇州에서 폭발하여 경기京畿를 진동하였다. 정덕 6년 정월에 양명은 서울로 가면서 하북을 지나갈 때 마침 유륙·유칠이 군사를 이끌고 안숙현安肅縣을 점령한 뒤 옥중에서 같은 무리의 두령 제언명齊彦名(?~1512)을 구출하는 사건과 맞닥뜨렸다. 문안文安을 공략하고 하간河間에서 조수趙鐩(?~1512)와 합류하였다. 봉기군은 경기로부터 산동山東으로 진입하여 종횡무진 내달려서 너른 들판(燎原)의 불길처럼 기세가 타올랐다. 3월에 봉기군은 잇달아 박야博野·요양饒陽·남궁南宮·무극無極·동명東明 등의 현을 공격하여서 점령하고 파죽지세로 빈주濱州·임구臨朐·임치臨淄·창락昌樂·일조日照·포대蒲臺·무성武城·양신陽信·곡부曲阜·태안泰安 등의 주를 함락하여서 명의 관군(明軍)은 소문만 듣고도 무너져 달아났고 백성은 문을 열고 그들을 영접하였다. 이부상서 양일청은 대장과 문신 가운데 용병의 재능이 있는 자를 제독군무提督軍務로 선발하라고 청하는 상주를 올렸다. 양명은 양일청이 재직하는 이부의 임직에 있었으므로 직접 눈으로 지켜보면서 마음속에 우려가 깊었다.

5월에 조정에서는 제독군무 마중석馬中錫(1446~1512)을 좌도어사로 삼아 그로 하여금 경영병京營兵을 거느리고 진압하게 하는 한편, 하감何鑑(1442~1521)을 병부상서로 승진시키고 병사를 나누어서 포위하여 토벌하는 계책을 세웠다. 그러나 여전히 봉기군의 예봉을 감당하지 못하여서 산이 무너지듯 병사들이 패배하였다. 6월에 조수·유삼劉三·형로호邢老虎·양호楊虎(?~1511)가 갈라져 나아가 하남을 나누어서 약탈하였고, 유륙·유칠·제언명은 산동을 나누어서 약탈하였다. 조수·유삼의 부대는 하남·산서에서부터 문안·하간으로 깊이 쳐들어갔고, 다시 산동의 양신陽信·해풍海豊에서부터 서남쪽을 향해 상강上江을 공격하였으며, 유륙·유칠 부대는 산동·하남에서부터 호광湖廣·강서로 나와서 장청長淸·제하齊河 등의 현을 공격하여 승리하고 곧바로 패주로 갔다가 다시 산동으로 돌아가서 동남쪽을 향해 장강 하류(下江)를 공략하였다. 봉기군은 종횡무진으로 치달려서 마치 무인지경으로 들어가는 듯하였다. 온 조정은 깜짝 놀랐다.

양명이 집안 편지에서 '시사가 족히 염려스럽다'고 한 말은 우선 유륙·유칠의 봉기군이 황하의 남북과 대강大江(장강)의 상하를 횡행하고 있고, 부패한 조정은 평정할 힘이 없었던 사실을 가리킨다. 양명은 심지어 열세 성에 널리 퍼진 농민과 유민의 봉기로 인해 명 왕조가 흔들려서 붕괴할 것이라 예감하며, '시사가 이에 이르니 역시 운수(氣數)'이고 '30~40년 사이에 천하의 일이 또 어떻게 될지 모르겠고', 명 왕조는 이미 '병이 위독하고 절명에 임한 때'에 도달했다며 개탄하고서 멀리 소흥에 있는 집안사람들에게 편지를 써서 천하대란의 세상을 피할 준비를 잘 해야 한다고 하였다.

그의 벗 담약수·방헌부·황관과 그는 똑같이 비관적인 관점을 가지고서 당금의 어리석은 군주 무종의 통치 시대는 '우리들(我輩)'이 나아가서 일을 할 시기가 아니라고 인식하였다. 그리하여 네 사람은 공히 '병을 핑계로(告病)' 돌아가 산림에서 강학론도를 하고 물러남을 나아감으로 삼아(以退爲進), 도를 지닌 새로운 군주가 출현하기를 바라고 때를 기다린 뒤 나오기로 약속하였다.

정덕 6년 8월에 이르자 조정 안팎의 형세는 더욱 엄중해졌다. 네 사람은 병을 구실로 물러나 돌아가 은거할 방법을 상의하여서 정하였다. 방헌부가 가장 먼저 9월에 병을 구실로 서초西樵로 돌아갔다. 담약수는 홀연 9월 30일에 명을 받들고 안남에 봉국封國의 사신으로 나가게 되어서 병을 구실로 돌아가 은거할 시간이 늦추어졌다. 황관은 정덕 7년 9월에 역시 병으로 사직하고 천태로 돌아갔다. 그는 천태로 돌아가는 길에 양명을 재촉하는 편지를 쓰면서 다음과 같이 말하였다. "세상사가 이와 같으니 선생의 돌아갈 계책도 빨리 결정하셔야 합니다."[131]

양명은 정덕 7년 2월에 병을 구실로 돌아가겠다고 주장을 올렸는데,[132] 뜻밖에도 이부상서 양일청 때문에 저지되었다. 양일청은 3월에 도리어 양명을 이부고공청리사낭중吏部考功淸吏司郞中으로 승진시키고 극력 만류하였다. 이는 양명을 '진퇴양난의 처지'에 놓이게 하였다. 그러나 양명은 떠날 결심을 굳혔기에 어쩔 수 없이 계획을 바꾸었다. 즉, 남도의 직책을 얻어 경사의 시비 분쟁의 소용돌이에서 빠져나와 남직례의 임직에 나아가기로 계획하였던 것이다. 5월 양명은 남도의 임직을 청하는 주장을 올렸다.[133]

---

131 『황관집黃綰集』 권18 「기양명선생寄陽明先生」 서1.

132 양명의 「여담감천與湛甘泉」 서2에서 이르기를 "병을 요양하는 일은 뜻밖에도 양 공 때문에 저지되어서 알리는 일이 이미 석 달을 넘겼습니다."(『가정증성현지』 권17 「외편잡문류外編雜文類」)라고 하였는데, 양명의 이 편지는 5월에 쓴 것으로서 병을 요양하려고 주장을 올린 일은 2월에 있었다.

133 양명의 「여담감천」 서2에서 이르기를 "남도의 설은 차마 계획대로 되지 못하였으나 끝내 반드시 얻어낼 것입니다."라고 하였는데, 양명의 이 편지는 5월에 쓴 것이니 남도의 임직을 청한 주장을 5월에 썼음을 알 수 있다.

양명이 남도의 임직을 청하는 주장을 올리기 바로 전날 그는 특별히 긴 집안 편지 한 통을 부친 왕화에게 보냈는데, 문란하고 불안하며 커다란 재앙이 장차 일어날 조정의 정국 및 자기가 경사에서 벗어나 '다만 강을 건너 남쪽으로 가려는' 진정한 이유를 상세히 서술하고, 흔들흔들 곧 쓰러질 명 왕조에 대해 다음과 같이 흉험하고 극단적인 예언을 하였다.

부친 대인 슬하에 올립니다. 모毛 추관推官(모백온毛伯溫, 1482~1545)이 왔는데, ○대인의 아침저녁 기거와 출입을 잘 알게 되어서 기쁘고 위로됨(欣○)을 금할 수 없습니다. 아우의 병은 아직 평복되지 않았고 조모님은 연세(桑楡)가 깊어(暮○) ○하실 수 없습니다. 양(양일청) 공이 만류하여 병을 요양하고 치사하는 일은 모두 뜻을 이루지 못하였으니 역시 팔자(命) 탓인가 합니다. 남의 신하로서 몸을 나라에 허락했으면 어려움을 보고서 물러나는 것은 결코 할 수 없는 일입니다만, 시기와 지위(時位), 나아감과 머묾(出處)에서 경중을 헤아린다면 역시 오히려 물러날 만한 의리가 있습니다. 이 때문에 감정을 어찌할 수 없습니다. 그렇지 않다면 역시 충성을 다하고 도를 다하며 내 심력心力으로 할 수 있는 일을 끝까지 하다가 죽을 뿐 또 어찌 이러지도 저러지도 못하고(依違) 여기서 관망하며 반드시 떠나갈 길을 구하겠습니까! 어제 평소에 알지 못하던 유생 한 사람이 저에게 편지를 보내 꾸짖기를 "이미 곧은 말로써 절실하게 간할 수 없고 또 떠나가지도 못하면서 혼란스럽고 망해가는 것을 좌시한다면, 모르겠습니다만 집사께서 오늘날 벼슬하는 것은 가난 때문입니까, 도를 위해서입니까(旣不能直言切諫, 而又不能去, 坐視亂亡, 不知執事今日之仕爲貧乎, 爲道乎)? 일찌감치 스스로 결단하지 않고 평생의 지조를 들어서 다 버린다면 뒷날 후회하더라도 어찌 미칠 수 있겠습니까?"라는 등의 말을 하였는데 읽어본 뒤 참으로 스스로 부끄러워서 탄식하였습니다. 교유하는 친구들 사이에서도 왕왕 이런 뜻으로 풍자하는 사람이 있는데 모두 제가 평소 덕을 쌓는 데 힘쓰지 않고 한갓 헛된 이름만 훔치다가 마침내 오늘날 이런 처지에 이른 것입니다. 사대부가 실상을 고찰하지 않고 잘못 지목하여서 마침내 또 이런 진퇴양난의 처지에 놓이게 되었으니 끝내 장차 어떻게 대응할(答) 수 있겠습니까? 몸을 돌이켜 스스로 헤아려보니 이는 거의 세상을 속이고 이름을 훔친 자의 보응이며, 『역』에서 이른바 "짐을 등에 지고서 수레를 타니 도적을 불러들인다(䷖解. 六三, 負且乘, 致寇至)."라고 한 것입니다. 근래 근전近甸(도성 부근) 및 산동에 도적이 종횡무진 설치고 다니며(*유륙·유칠의 봉기를 가리킨다) 오가는 일이 예사롭지 않습니다. 하남에서는 새로 대장(풍정馮禎, ?~1512)을 잃어서 도적의 기세가 점점 커지고 있습니다. 변방의 군사는 내지에 오래 주둔하여 피로하고 나태해져서 모두 투지가 없으며 또한 원망하는 말이 있는 탓에 변방의 장수도 어찌할 수 없습니다. 아울러 전염병이 돌고 군량(糧餉)이 결핍하여 안팎의 부고府庫가 텅 비었는데 주정의 지출은 날로 새로이 생기고 달로 성해집니다. 서울에 거주하는 양자養子·번승·영인伶人·우부優婦 등이 수천 명을 헤아리는데 이들은 모두 비단옷을 입고 산해진미(玉食)를 먹습니다. 양자에게는 왕부王府를 조성해주고 번승에게는 탑사塔寺를 높이 축성해주었는데, 자비資費가 모자라면(不給) 척리戚里의 집안에서 토색하고 중귀中貴의 집안에서 토색합니다. 또 양자의 권속을 거느리고 각 감監의 내신內臣이 축적한 것을 두루 뒤지고 황태후에게도 토색합니다. 또 사람을 시켜서 태후에게 밖에 나가 잔치하기(出飲)를 청하는데 여러 배우와 잡극을 공연한 뒤 상을 요구하기도 하며, 혹 사람을 시켜서 태후가 밖에서 유람하게 한 뒤 은밀하게 태후궁에 다른 사람을 파견하여 소유물을 찾아내서 모두 가져가버리기도 합니다. 태후가 환궁하려고 하면 궁문에 명하여서 들이지 못하게 하고 약간의 돈을 토색한 뒤 들여보내줍니다. 태후께서는 비참한 울음을 억누르지 못하지만 통곡을 할 수도 없습니다. 또 자주 사람을 파견하여서 태후에게 오라고 청하는데 측근(左右)에게 장악된 탓에 감히 가지 않을 수 없고, 가면 두터운 상을 요구하기에 이릅니다. 혹 때로 측근에게 뇌물을 주고 간간이 오라는 청을 면하면 다행으로 삼습니다. 궁원宮苑 안팎에서는 북을 울리고 떠들썩하게 화포 소리를 터뜨리는 것이 밤낮 끊이지 않는데 오직 큰 비바람이 불거나 질병이 돌 때라야 하루 이틀 잠시 멈춥니다. 신민臣民은 보고 듣는 데 익숙해졌지만 지금도 해괴하게 여기지 않을 수 없습니다. 영재永齋(*장영을 가리킨다)가 일을 좌우하여(用事) 형세가 점차 헤아리기 어려워져갑니다. (그가 소유한) 한 가문에 백작이 둘(一門二伯), 도독都督이 둘, 도지휘와 지휘가 십수 인, 천호千戶와 백호百戶가 수십에 갑제甲第·분원墳園·점사店舍가 경성 밖 수 리에 걸쳐 있으며, 성 안의 30여 곳에는 곳곳의 거리로 면한 가게(門面)가 백을 헤아립니다. 곡마谷馬(*어마태감御馬太監 곡대용을 가리킨다)의 집안도 이와 비슷한데 서까래(椽角)가 서로 이어져 있어서 궁실 토목의 성대함이 예전에 없는 것들입니다. 대신들(*이동양·비굉費宏·양정화楊廷和 무리를 가리킨다)은 앞다투어 아부하느라 분주하여서 점차 다시 유근의 시사時事와 같아지고 있습니다. 매우 간사하고 노련하며 교활하기가 적근賊瑾(유근)보다 심하여 백성의 원망은 위로 돌리고 사사로운 은혜는 아래에 팔고 있으나 아직 그 뜻을 알 수 없으니 끝내 장차 어떻게 되는지요? 봄 사이에 황하가 홀연 사흘이나 맑았고 패주霸州 여러 곳에서는 하루에 땅이 열두 차례나 흔들렸으며, 각 성에서 산이 무너지고 땅이 흔들리고(山崩地動), 별이 떨어지고 재변이 일어났다는 보고가 날마다 올라옵니다. 열세 성省 중에서 오직 우리 절浙과 남직례南直隸만 도적이 없습니다. 요즈음 소문에 ○에서 여러 ○ 자못 교활하고 흉험한 무리(黠傑, *군중의 여러 엄수閹竪를 가리킨다)가 병사를 억눌러 움직이지 못하고 있으니 마치 폐단을 틈타 도모하려는 듯이 하며, 각 변방의 모장謀將이 모두 내지에 머물고 있어 강장疆場(전장)으로 돌아가 지키지 못하니 이는 모두 사람의 꾀로 해결할 수 있는 바가 아닙니다. 칠매七妹가 이곳에 왔는데 만나자마자 오래도록 슬피 울었습니다. 여러 날이 지난 뒤 매우 기뻐서 병도 문득 가벼워졌고 안색도 마침내 평복되었습니다. 대저 모두 고향 땅(鄕土)을 생각하고 부모 형제를 만나 보고자 하나 그럴 수 없어서 마침내 이와 같이 되었으며, 몸에는 다른 병이 없습니다. 아울러 제가 남으로 가려는 계획을 하고 있다는 말을 듣고서 머지않아 함께 돌아갈 수 있게 되어 또한 매우 기뻐하니 그 병은 약을 쓰지 않아도 나으리라 생각합니다. 또 기쁜 소식은, 근래 다시 회임懷妊하였는데 8월 사이에 해산을 할 것입니다. 왈인(서애)이 6월에 (기주祁州의) 임기가 만료(考滿)됩니다. 왈인은 도적 때문에 일을 하기 어려우니(*유류·유칠의 봉기를 가리킨다) 주州의 사무에서 벗어날 생각을 깊이 하는 것입니다. 경직京職으로 비기고 싶지만 애석히게도 3년의 역봉歷俸을 날리게 됩니다. 또한 승진을 하고자 하나 근속 연수(年資)가 오히려 얕아짐을 각오해야 합니다. 그의 임기가 만료되기를 기다려서 천천히 도모하겠습니다. 왈인이 남쪽으로 갈 결의를 하였는데 이 생각 역시 진실합니다. 만약 저도 남도로 바꿀 수 있다면 마땅히 그와 더불어 동행할 수 있을 것입니다. 수암邃庵(*양일청을 가리킨다) 역시 근래 퇴직을 하려고 하는데 형세상 그렇게 하지 않을 수 없습니다. 대체로 장張(*장영을 가리킨다)은 이미 왕성함이 극에 달해서 결코 무너지지 않을 리가 없으나 수암이 처음 각료에 나간 것은 실로 장이 이끌어줌으로 말미암은 것이니 엎어진 앞의 수레(유근의 패망)를 거울로 삼을 수 있는데(覆轍可鑑) (그렇게 하지 않으니) 한심하지 않겠습니까? 중간에 낀 저로서는 말하기 어려움이 있어서 벙어리가 귀신을 본 듯 옆 사람에게 말을 할 수도 없고 다만 스스로 의혹하고 공포를 느낄 뿐입니다. 서애西涯(이동양)와 여러 원로는 지난번 근적瑾賊을 위해 세운 비석을 아직 갈아 없애지도 못했는데 지금은 뒤질세라(望塵莫及) 장의 덕과 공적을 칭송하면서 전혀 부끄러움을 모르고 있습니다. 이는 비록 수로遂老(양일청)라도 면하지 못합니다. 금중禁中의 양자 및 하위 근습近習들이 고위 근습과 결탁하여 이미 재앙과 변괴가 일어나도록 꾸며서 아침저녁 어느 때 일어날지 헤아릴 수 없게 되었으나 다만 강을 건너 남으로 간다면(但得渡江而南) 비로소 다시 스스로 목숨(首領)을 부지할 수 있을 뿐입니다. 시사가 이에 이르니 역시 운수(氣數)입니다. 집안의 온갖 일은 모두 마땅히 미리 물러나 자취를 감출 계책(退藏之計)으로 삼아야 하겠습니다. 가령 아우들은 글을 읽고 도를 배우며 농포農圃의 소박하고 실제의 일과 친하게 하며, 일체 시정의 들레고 공허하고 거짓된 무리와 사귀지 말게 하며, 충신忠信을 지닌 염담恬淡한 현자를 친근히 하여서 기습氣習을 변화시키고 오로지 선을 쌓아 복을 기르는 일에 힘쓰고 물러나 남에게 양보하는 것을 마음으로 삼게 해야 할 것입니다. 30~40년 사이에 천하의 일이 또 어떻게 될지 모르겠습니다. 제가 말씀드린 모든 일은 확실하게 이와 같이 목격한 것이니 뒷날 털끝만큼이라도 바뀌지 않을 것입니다(皆是實落見得如此, 異時分毫走作不得). 서생이 종이 위에 쓰인 진부한 흔적에 근거하여 입에서 나오는 대로 함부로 지껄이는 헛소리와는 견줄 수 없습니다(書生據紙上陳迹, 騰口漫說). 오늘날의 사람들도 보기는 하지만 믿지는 못할 뿐입니다. 여요의 일은 역시 빨리 구획하여 대인께서 결코 모름지기 피혐避嫌하지 마시고, 다만 스스로 측달惻怛한 마음, 평직平直한 마음, 물러나는(退步) 마음을 믿고 때에 맞게 물리치는 것이 가장 쇄탈하며, 끌려다니고 뒤얽혀서 과단성 있게 하지 못하면 중간에 병통이 생길 것입니다. 돌아가 모실 일은 비록 점차 기약할 수는 있지만 돌아가는 길이 지금으로서는 아직 기필하기 어렵습니다. 머리를 높이 들어서 하늘 남쪽을 보며 우러러 그리워하는 마음을 가눌 수 없습니다.

아들 수인이 절하고 씁니다.

그리고 산건山巾 및 포두包頭 두 봉封을 보내드립니다.[134]

다행히 보존되어 있는 양명의 이 긴 편지는 무종조 통치의 너무나 많은 난맥상과 실패한 자신의 제2차 '상국유'의 내막에 관한 정보를 제공하며, 당당한 관찬사서官撰史書인 정사(*이른바 『실록』도 포함)가 감추고 꾸며서 감히 싣지 못한 명 왕조 통치의 추악한 역사의 한 모서리를 들추어냈다. 이 긴 편지는 단명한 무종 조정의 부패한 독재 통치의 흉험한 총결산이라고 할 수 있으며, 역시 실패한 제2차 '상국유'의 자기비판적인 반성이었다.

무종 통치하의 풀리지 않은 허다한 수수께끼, 곧 표방 어녀와의 음란, 장영외 권력 전횡과 용사用事, 소년 천자의 태후 늑색勒索과 학대, 서에(이동양)와 여러 각신閣臣의 노련하고 간교하고 교활하며 파렴치함, 군중의 진수태감이 병사를 억누르고 출동하지 않으면서 폐단을 틈타 반란을 꾸미고, 양자와 양자, 높고 낮은 근습近習들, 구행舊幸 태감과 신총新寵 태감이 서로 온갖 꾀를 발휘하여서 암투를 벌이고(勾心鬪角) 재앙의 뿌리를 양성하는 따위의 진상이 모두 이 집안 편지에서 폭로되었다. 양명은 견실하게 일컫기를, 이러한 것들이 "모든 일은 확실하게 이와 같이 목격한 것이니 뒷날 털끝만큼이라도 바뀌지 않는 것"으로서 "서생이 종이 위에 쓰인 진부한 흔적에 근거하여 입에서 나오는 대로 함부로 지껄이는 헛소리"가 아니라고 하였다.

---

134 왕수인, 「상해일옹대인찰」, 『식고당회고·서고』 권25.

명대에는 음란하고 더러운 궁정의 미혹스러운 안건이 매우 많았다. 예를 들어 무종이 누구의 소생인가 하는 문제도 줄곧 수수께끼로서 천하를 들썩이게 하였으나, 조정의 신하는 모두 가을 매미(寒蟬)처럼 입을 다물고 있었다. 양명은 편지에서 태후가 갖가지 늑색과 모욕을 당하는 상황을 파천황破天荒의 발설로 크게 드러내어서 무종의 출신에 대한 수수께끼를 폭로하였다. 편지에서 말한 '태후'는 바로 효종孝宗 주우탱朱佑樘(1487~1505)의 황후 장씨張氏, 무종武宗 주후조朱厚照(1505~1521)의 생모를 가리킨다. 그러나 장 황후는 생산 능력이 없었기 때문에 당시 사람들은 모두 무종을 장 황후의 소생이 아니라고 의심하였다.

정왕鄭旺이라고 하는 군여軍餘 한 사람이 경사로 뛰어들어와 자기의 딸 정금련鄭金蓮이 궁에 들어가서 궁녀가 되었는데 그녀가 바로 무종의 생모라고 주장하였다. 효종은 그를 붙잡아서 요사한 말을 퍼뜨려서 군중을 현혹시켰다며 사형에 처하라고 판결하였다. 그러나 무종이 등극하여 천하에 대사령大赦令을 내렸는데 뜻밖에도 정왕을 사면하고 출옥시켜서 집으로 돌려보냈다. 나중에 정왕은 여전히 도처에서 자기가 무종의 친외조부(外公)라고 떠들고 다녔다. 한번은 황궁에 난입하여 동안문東安門 밖에서 고함을 지르며 '국모' 정금련이 유폐되어 갇힌(幽禁) 일을 황상에게 알렸다. 조정에서는 결국 정왕을 체포하여서 감옥에 가두고 요언의 죄를 물어 참형에 처하였다. 이 미혹스러운 안건은 완료되지 않았다.

양명은 편지에서 무종이 장 황후를 학대하고 있다고 확실히 밝혔다. 이는 근본적으로 무종이 그녀를 자기 생모로 인정하지 않는 짓이었다. 궁중에서 무종과 장 황후 사이의 진실한 관계가 천하에 널리 밝혀졌으니, 무종은 장 황후의 소생이 아니며 무종도 분명히 장 황후가 자기 생모가 아님을 알고 있었다고 인정할 수 있다.

정덕 14년(1519)에 신호宸濠(영왕寧王 주신호朱宸濠, 1476~1521)가 군사를 동원하여서 반란을 일으키고(1519) 노대露臺에 올라가 여러 관료에게 다음과 같이 선포하였다. "효종은 이광李廣이 그르쳤다. 민가의 아이(民家子)를 안고 들어와서 (후사로 삼아) 우리 조종祖宗이 제사(血食)를 받지 못한 지 14년이 되었다."[135] 무종은 효종이 이광의 말만 믿고 받아들인, 이광이 안고 들어온 '민가의 아이'라는 말이다. 이광은 효종이 가장 총애하던 태감인데 『명사』에서는 두루뭉술하게 말하기를, 그는 "부록符籙과 도사禱祀로 황제(*효종)에게 독을 끼치기를"[136] 잘했다고 하였는데, 응당 그가 효종을 고혹蠱惑시켜서 민가의 아이를 안고 들어와 태자로 만든 이 사건을 포괄하고 있다. 남들에게 알릴 수 없는 무종 출생의 수수께끼가 이로써 세상에 폭로되었던 것이다.

양명의 이 집안 편지로 볼 때 양명은 일찍부터 이 온갖 악행을 일삼는 무뢰한 황제 무종의 진면목을 간파하고 있었다. 또한 글을 올려서 남도의 직임으로 나가려고 청한 비밀을 털어놓았을 뿐만 아니라 무종에게 상주하여서 직언으로 절실하게 간하려고 결심한 비밀을 드러내었다. 왜냐하면 어떤 사람이 그에게 2년 동안 조정에 있으면서 신자臣子의 직분을 다하지 못했다고 하면서 비평하기를 "이미 곧은 말로써 절실하게 간할 수 없고 또 떠나가지도 못하면서 혼란스럽고 망해가는 것을 좌시한다면, 모르겠습니다만 집사께서 오늘날 벼슬하는 것은 가난 때문입니까, 도를 위해서입니까?"라고 하였기 때문에 양명은 남들로부터 경사를 빠져나와 남도로 가서 구차하게 안전을 도모하려 한다는 불명예스러운 낙인이 찍히는 것을 원치 않아 신자의 충성을 다하

---

135 『명사』, 권289 「손수전孫燧傳」; 모기령毛奇齡(1623~1716), 『후감록後鑑錄』 권중中 「영부초유寧府招由」.

136 『명사』, 권304 「이광전李廣傳」.

려는 결심을 하고, 서울을 떠나 남도로 가기 전에 조정을 뒤흔드는 한 가지 쾌거로서 글을 올려 어리석은 군주 무종에게 절실히 간하였던 것이다.

양명이 이 집안 편지를 쓰고 있을 때 무종은 조정의 일이 날로 그릇되고 나랏일이 날로 무너지는 상황에서 문무백관에게 '수성修省'의 일을 아뢰라고 명하였는데, 이는 이부의 양일청과 양명이 글을 올려서 무종에게 절실히 간할 수 있는 절호의 기회를 제공하였다. 양명은 양일청을 대신하여 심혈을 기울여서 「위급대본이도치안이진수성사爲急大本以圖治安以盡修省事」라는 주장을 기초하였고, 이부상서 양일청의 이름으로 상주하였다. 주장은 다음과 같이 근심스러운 마음으로 절실하게 간하였다.

소보少保 겸 태자태보太子太保 이부상서 양楊 등은 삼가 대본을 급히 세워서 치안을 도모하여 수양과 성찰을 다하시도록 하는 일을 위해 글을 지어서 올립니다.

신들(臣等)이 듣건대 군주가 성스러우면 신하는 곧다고 합니다. 지금 성주께서 위에 계시는데 은택이 막혀 펼쳐지지 않고, 은정은 다하지만 통하지 못하여서 천하의 일이 날로 무너지고 있습니다. 신들이 묵묵히 한마디 하지 않으면 이는 끝내 뜻을 굽혀 영합하여서 윗사람으로부터 기쁨을 취하는(容悅) 일로서 위로는 군주의 성스러움을 펼치지 못하고 아래로는 백성의 의혹을 풀지 못하는 것이니 죄를 어찌 면할 수 있겠습니까! 우러러 생각건대 폐하께서는 하늘이 용기와 지혜를 내리고, 신神이 영명함을 부여하였습니다. 춘궁春宮에 거하실 때부터 만백성이 덕을 우러렀으며, 대보大寶에 오르시고서는 사방 오랑캐(四夷)가 감화를 받았습니다. 불행하게도 적신賊臣 유근이 권력(威柄)을 훔쳐서 휘둘러 생령生靈에게 독을 끼치고 은밀하게 참람한 반역을 도모하여서 교사郊社가 위태하였습니다. 조종祖宗과 높은 하늘(上天)의 영령에 힘입고 근신近臣의 손을 빌려서 죄상을 밝혀냈습니다. 폐하께서 벽력같은 판단을 분발하시어 당여黨與를 베어 죽이고 멸함으로써 흉악하고 더러운 것(凶穢)을 깎아내고 씻어버렸습니다. 여러 조정의 옛 법도(舊章)를 회복하여서 뭇 백성(群黎)의 질고를 위문하였습니다. 번잡하고 가혹한 착취를 종식시키고 막아서 백성이 다시 시작하게(更始) 하였으며, 현명한 사람을 들어서 쓰고 유능한 사람에게 책임을 맡겨서(擧賢任能) 서정庶政이 일신하였습니다. 천하에 환호하고 기뻐서 북을 울리고 춤을 추지 않는 사람이 없으며, 이르기를, 폐하께서는 본래 백성을 사랑하는 군주이며 이전의 일은 모두 도적 유근의 해독이라 하며, 폐하께서는 본래 훌륭한 일을 하시는 군주이며 이전의 일은 모두 도적 유근이 덮어 가린 것임을 알고 있습니다. 그리하여 밤낮 발돋움을 하고 목을 늘여서 태평을 바라고 있습니다. 그런데 쌓인 폭력이 가중하고 백성의 상처는 아직 회복하지 않았으며 남은 불씨를 부채질하여서 요얼妖孽이 점차 홍하니 어찌해야 합니까! 도적이 봉기한 지 2년이 되어가는데 병사의 주둔은 풀리지 않고 백성의 곤궁은 더욱 심해집니다. 폐하께서는 또 일찍이 조정의 논의를 받아들여서 장수를 명하고 군사를 출병시켰습니다. 항복하는 사람을 불러들이고 귀순하는 사람을 어루만져서 핍박을 받아 붙좇았던 사람을 안돈시키며 부세를 견감하고 조세를 너그럽게 하여서 피로하고 쇠약해진 백성을 소생하게 하였습니다. 서로 감찰하고 책임지우는 명령이 잇따르고 진대賑貸의 사신이 번갈아 나갔습니다. 묘당廟堂에서는 빈틈없이 계책을 세웠습니다. 그러나 의론은 많아도 성공은 적었습니다. 오늘날 군사는 늙고 재정은 소모되어 공과 사로 모두 고갈되었습니다. 중원 수천 리 땅에 송장이 피로 젖고 주검이 삼대처럼 빽빽하며 드넓고 커다란 촌락을 깨끗이 쓸어버려서 재로 변하였습니다. 우리 군관(將吏)을 살육하고 우리 성읍城邑을 공격하여서 함락한 것이 그 얼마인지 알 수 없습니다. 일의 형세가 이와 같으니 역시 극도에 이르렀다고 하겠습니다. 하물며 해마다 하늘의 운행(乾運)이 상도를 잃어버리고 땅의 실음(坤輿)이 안정되지 못하여서 높은 하늘(上天)이 견책을 보임이 하나가 아니며, 사방에서 변괴를 알림이 시도 때도 없습니다. 신들의 눈에 닿는 것마다 탄식을 하며 마음을 졸이고 아파하는 것이 하루아침에 시작된 일이 아닙니다. 근래 해당 예부에서 뜻을 받들어 글을 짓고 문무백관이 함께 수성修省을 더하였습니다. 엎드려 상고한 나머지 감격과 두려움이 교차하여 이리저리 생각함에 계책을 삼을 것이 없었습니다. 가만히 생각건대, 조정은 사방의 표준(極)이며, 군주의 몸은 천하의 근본입니다. 생각하면 오늘날 아뢰는 바는 작은 것을 들고 큰 것을 남겨둔 것이니 한갓 그 말단만 일삼고 그 근본을 강구하지 않은 것인데, 하늘이 재앙을 내린 것을 뉘우치지 않고 사람이 어지러움을 싫어하지 않는 까닭은 바로 이 때문입니다. 폐하께서는 요순의 자질을 지니고 계신데 신들은 폐하를 삼대로 이끌지 못하였고, 천하 사람들로 하여금 머리를 앓고 이마를 찌푸리며 원망을 품고 분노를 쌓게 하여서 마치 한·당 말기와 같아지게 하였으니 죽더라도 죄가 남을 것입니다. 삼가 오늘날 정치에 관계되는 가장 절실하고 중요한 큰 근본 문제를 모아서 폐하께 아뢰겠습니다.

조정에서 정사를 펼치고 정사로써 일을 이루니 매일 아침 조회를 보는 것은 제왕이 정치를 듣는 항구한 규례입니다. 폐하께서는 매달 초하루와 보름 외에 조회를 보는 것이 한두 번에 지나지 않으나, 어찌 임무를 맡기고 성취하게 하는(委任責成) 도를 크게 펼쳐서 단정히 팔짱을 끼고 앉아 무위로써(端拱無爲) 교화함을 이루기를 원하지 않겠습니까? 그러나 신하가 군주를 섬기는 일은 자식이 부모를 대하는 일과 같습니다. 자식이 부모를 하루라도 보지 못하면 생각하고, 여러 날 보지 못하면 근심을 합니다. 뭇 신하와 많은 관리(百司)는 때로 한 번이라도 임금의 얼굴(聖顔)을 뵙고, 한 번이라도 임금의 말씀(天語)을 듣고자 하나 오래도록 그렇게 하지 못하였으니 나아가나 물러나나 당혹스럽고 어찌할 수 없이 의지할 곳이 없어서 근심스러운 생각이 답답하게 뭉쳐서 점차 해이해집니다. 또한 멀고 가까운 백성이 마침내 폐하께서 다시 그들의 곤궁과 고통을 생각하지 않으신다고 의심하여 날마다 원망을 하며, 사방의 도적 역시 폐하께서 진압할 생각을 하지 않는다고 여겨서 더욱 멋대로 창궐猖獗합니다. 외방 오랑캐에게 들리게 해서도 안 되고 후세에 교훈으로 남겨서도 안 됩니다. 엎드려 바라건대, 지금부터 매상昧爽(여명)에 조회를 보시고 제사諸司에 명하여서 이전대로 주사를 올리게 하되 날마다 상례로 하게 하소서. 보좌黼座에 겨우 몇 각刻만 앉아 있으면 되고 윤음綸音은 몇 마디를 넘지 않으니 수고로울 것도 없습니다. 조정의 권력(權綱)을 회수하고, 막히고 가린 것을 터뜨려서 백관에게 법도(承式)를 보일 수 있고, 만방이 돌이켜서 보고 들은 것입니다. 그런데 역시 꺼려서 하시지 않는 것입니까?

옛날에는 천자가 퇴조退朝하면 깊은 궁중에서 편안히 쉬며 천화天和를 수양하여서 나갈 때는 경계하고 들어올 때는 길을 정리하며(出警入蹕) 경비를 지극히 하였습니다. 가만히 듣건대, 용여龍輿가 늘 표방에 행차하시어 여러 날 머물러 묵으신다고 합니다. 저 표방은 어떤 장소인지 모르겠습니다만 천자가 거처할 곳은 아닌 듯합니다. 또 듣건대, 날마다 후원後苑에서 군사(兵戎)를 훈련시키느라 북소리 대포 소리가 성역城域을 진동하여 놀라게 한다고 하니 (군사훈련이) 어찌 편안할 때 위태로움을 잊지 않는(安不忘危) 경계와 근심을 생각하여 예방하는(思患豫防) 술책이 아니겠습니까? 돌아보건대, 이는 장수의 일이지 궁금宮禁에서 마땅히 할 일이 아니니 (궁궐에서) 아주 가까운 묘사廟社에서 신령을 편안하게 할 수 없을까 두렵습니다.

하물며 지금 전성前星(태자)이 빛나지 않고 진위震位(태자)가 아직 비어 있는데, 이는 바로 활쏘기에 힘을 다 쏟고 말을 달리느라 정신을 소모하기 때문입니다. 또한 부유한 사람(千金之子)은 처마 밑에 앉지 않는다(坐不垂堂)고 하는데 장년의 나이에 후사가 없으니 마음으로 근심하게 됩니다. 폐하께서는 어찌하여 종묘사직을 보존해야 하는 몸으로써 이와 같이 스스로를 가벼이 여기시는지, 이는 뭇 신하가 밤낮으로 편안하지 못한 까닭입니다. 엎드려 바라건대, 지금부터는 높은 자리에 편안히 앉아서 엄숙하고 맑게 금밀禁密에 깊이 거처하소서. 도에 넘는 오락과 놀이를 하느라 수고로움을 경계하시어 마음과 몸의 조화를 보존하시며, 혼탁하고 잡되며 법도가 아닌 장소는 멀리하시어 뜻밖의 우려를 제거하소서. 그리하면 저절로 혈기가 순조롭게 돌고 정신이 안으로 견고해질 것입니다. 상제上帝는 성인을 여는 상서로움을 내리고 후궁은 사내를 많이 낳는 경사가 넘쳐흐를 것입니다. 나라의 근본은 의탁함이 있어야 사람의 마음이 이로써 편안해지니 종조의 지극한 계책으로 이보다 급한 일이 없습니다(國本有託, 人心以安, 宗祧至計, 莫急於此).

경연에서 날마다 강론함에 이르러서는 폐하께서 제위를 이은 처음부터 때마다 늘 거행하셨습니다. 근래에는 강의 시기가 가까이 다가오면 문득 강의를 파한다는 소식이 들리니 강의를 권하는 관직이 결국 헛되이 설치한 자리가 되었습니다. 『서』에 이르기를 "옛 가르침을 배우면 이에 얻음이 있다(學於古訓, 乃有獲)." 하였습니다. 또한 은미한 한마음을 공격하는 것이 많은데 (마음은) 여기에 있지 않으면 저기에 있으니, 마음이 『시』·『서』의 이치와 의리에 놀지 않으면 잔치와 향락을 편안히 즐기면서 감정이 흐트러짐은 본래 그러한 것입니다. 엎드려 바라건대, 지금부터는 옛 법전을 공경히 따르고 때마다 경연에 납시되 무더위나 혹독한 추위가 아니라면 갑자기 파해서는 안 됩니다. 날마다 강연을 거행하는 고사에 따라 유신儒臣이 강론하는 경전과 역사에 가까이 나아가서 의리를 깊이 파고들어 본원本原을 배양해야 합니다. 그렇게 하면 총명이 계발되는 바가 있어 다스림의 도가 날마다 더욱 밝게 드러나고 천하의 지극한 즐거움이 이보다 더할 수 없으며, 온갖 기호와 숭상하는 것들이 모두 이 기쁨을 빼앗을 수 없습니다.

앞의 세 가지는 천하의 큰 근본이 있는 곳입니다. 『역』에서 이르기를 "근본을 바르게 하면 만사가 다스려진다(正其本, 萬事理)."라고 하였으며, 『대학』에서 이르기를 "그 근본이 어지러운데 말단이 다스려지지는 않는다(其本亂而末治者否矣)."라고 하였습니다. 폐하께서는 고개를 숙여서 듣고 받아들여서 시행함을 보이시며, 이로 말미암아 성인의 정사를 닦아서 천하의 막힌 것(屯)을 형통하게 하고, 성인의 후사를 넓혀서 천하의 뜻을 안정시키고, 성인의 학문을 크게 하여서 천하의 임무를 성취하소서. 큰 근본이 서면 모든 정사(庶政)의 말단 절목은 저마다 유사가 있으니 저절로 일에 따라 충성을 바쳐서 보답을 도모한다면, 하늘의 뜻은 만회할 수 있고 민생은 완수할 수 있으며, 도적은 소멸할 수 있고 경토境土는 편안할 수 있습니다. 위로는 조종의 크나큰 덕(鴻休)을 이어받고 아래로는 자손의 대통大統을 드리우며, 가까이로는 신하와 백성(臣庶)의 우려와 의혹을 위로하고 멀리로는 중화와 오랑캐가 보고 향하는 데 보답하여서 실로 종사 억만년 인류의 복이 될 것입니다.

신들은 시대를 훔쳐서 높은 자리에 올라 위세가 (나라의) 안위와 함께하고 나라의 두터운 은혜를 입어서 의리가 (나라의) 이로움과 해로움에 관련이 있으나, 사방에 수많은 일이 일어나는 시기를 당하여서 산가지를 벌려서도 근심과 피해를 풀지 못합니다. 이에 밝은 전지를 받들어서 수성修省하되 만약 또 근본을 탐색하는 의론을 끝까지 진술하여서 유신維新의 교화를 돕지는 못하고, 더러운 권력에 아부하고 구차하게 세월만 보낸다면, 가령 한때 심기를 거스르는 죄는 면할 수 있다 하더라도 어찌 뒷날 나라를 그르친 죄에서 벗어날 수 있겠습니까? 신들의 충분忠憤이 가슴을 채우고 있으나 마름질하는 방법을 알 수 없어서 하늘의 위엄을 범하였으니 죄가 만 번 죽어 마땅합니다. 그러나 급히 큰 근본을 세워서 치안을 도모함으로써 수성을 하는 사리事理에 관계되기에 삼가 글을 지어서 전지를 청합니다.[137]

---

137 『양일청집』 「이부헌납고」에 보인다. 『국각』 권48에 "(*정덕 7년 5월 신유) 이부상서 양일청 등이 수성을 말하기를 '폐하께서는 매달 조회를 보는 것이 한두 차례에 불과하니 외방 오랑캐에게 들리게 하거나 후세에 교훈이 되게 해서는 안 되는 것입니다. 또 늘 표방에 묵으며 여러 날 머물러 묵으십니다. 후원에서 병사를 조련하느라 북과 대포 소리가 성시를 진동하여 놀라게 합니다. 종묘사직의 몸으로써 스스로 신중하고 아끼지 않으십니다. 이는 뭇 신하가 밤낮으로 편안하지 못한 까닭입니다.'라고 하였다." 지금 생각건대, 양일청 문집 가운데 이 「위급대본이도치안이진수성사爲急大本以圖治安以盡修省事」는 양명의 「자핵부직이명성치사소自劾不職以明聖治事疏」와 비교하면 주장 두 편의 어구가 서로 동일하며, 간하는 뜻도 서로 동일하고, 일을 서술하는 내용도 서로 동일하며, 진행 방식(層次)이 서로 동일하고 구조가 서로 동일하니 이 「위급대본이도치안이진수성사」는 양명이 지은 문장이며 양일청을 대신하여 기초한 '수성'의 장소章疏임을 입증할 수 있다. 그때 양일청은 이부상서의 직임에 있었고 양명은 이부낭중의 직임에 있었으므로 이부에서 발표하고 올린 공문의 장소는 대부분 양명이 썼다. 이 소와 같이 반복하여 '신들(臣等)'이라고 일컬은 말은 곧 이부의 관원을 가리키는데 여기에는 이부낭중 양명도 포함되었으니, 이는 대체로 양일청 한 사람이 올린 장소가 아니다. 이 소는 맨 첫머리 구절에서 이미 분명하게 말하였으므로 무종의 답지쑝늘에서도 말하기를 '경들(卿等)은 안심하고 일을 돌보라.'고 하였다. '경들'도 역시 이부의 관원을 가리킨다. 양일청의 「해일선생묘지명」을 보면 "백안(양명)이 또 내가 전조銓曹를 관장할 때 처음 조속曹屬으로 이끌었는데 지기知己라고 불렀습니다."라고 하였고, 또 양명의 「상해일옹대인찰」에서 "교유하는 가운데 왕왕 이로써 서로 비평하는 사람이 있었습니다."라고 하였는데 이는 곧 양일청이 양명에게 곧은 말로 절실하게 간하라고 넌지시 이르고 양명에게 청하여 「위급대본이도치안이진수성사」를 기초하게 한 일을 가리킨다.

이 중요한 장소章疏는 양일청의 문집에 수록되어 있기 때문에 종래 모두 양일청이 지은 것으로 여겼다. 그러나 실제 이 장소는 양명이 양일청을 대신하여 기초한 문장으로서 양일청이 이부의 관원(*양명을 포함하여)을 거느리고 상주한 것이다. 따라서 소에서 반복하여 '신들'이라고 일컬었는데 결코 양일청 한 사람이 상주한 것이 아니다. 이 「위급대본이도치안이진수성사」는 양명의 「자핵부직이명성치사소自劾不職以明聖治事疏」와 비교해볼 때 양명의 손에서 나왔음을 한눈에도 또렷이 알 수 있다.

이 장소는 분명히 이부 관원들이 '수성修省'을 위해 진상한 글이다. 장소는 무종의 부패한 통치와 제왕의 음탕하고 추악한 생활의 '금지 구역(禁區)'을 건드려서 비판의 칼끝을 곧바로 군주의 과실을 향해 겨누었는데, 무종의 조정에서 제일가는 주소奏疏의 글이라 일컬을 수 있으며 또한 양명이라야 감히 이처럼 '대본'에 관계된 사안을 간언하는 소를 쓸 수 있었다. 주장이 절실하게 간하는 대지는 무종의 3대 군주의 과실로서, 요컨대 무종이 급히 힘써야 할 3대 근본이며 유신하고 개혁(更化)해야 할 일이었다.

하나는, 성정聖政을 닦는 문제로서 무종이 정사에 부지런히 힘쓰고 조회를 보며 정사를 처리하는 일이다. 둘은, 성사聖嗣를 넓히는 문제로서 무종이 표방의 음술淫術을 버리고 마음과 신체를 기르고 보호하며 정신을 안으로 굳게 하여서 아들을 낳아 후사로 기르고 동궁을 태자로 세워서 종조宗祧를 계승하고 나라의 근본이 의탁할 수 있게 하는 일이다. 셋은, 성학聖學을 넓히는 일로서 무종이 날마다 경연에 나와 경서를 읽고 도를 밝혀서 편안하게 즐기는 방탕한 마음을 거둬들이고 의리에 깊이 잠겨 깨닫는 것이다.

실제로 근본적인 3대 급선무 가운데 성사를 넓히고 국본을 세우는 일은 급무 중에서도 가장 급선무이며, 근본 중에서도 가장 근본이었다. 그리하여 장소에서 "나라의 근본은 의탁함이 있어야 사람의 마음이 이로써 편안해지니

종조의 지극한 계책으로서 이보다 급한 것이 없습니다."라고 강조했던 것이다. 이것이 바로 양명이 간하는 장소에서 시급히 말하려고 한 제1등의 금옥 같은 양언良言이었다. 가련하게도 무종은 권유와 간언을 듣지 않았고 양명의 예언은 빠르게 현실로 드러났다. 무종은 끝내 후사를 보지 못하였고 그에 따라 저군儲君(태자)은 빈자리가 되었으며, 훗날 가정嘉靖 조정의 '대례의大禮議'라는 화근을 묻어놓았던 것이다.

양일청과 양명이 장소를 올린 뒤에도 무종은 충심衷心에 아무런 감동이 없었다. 그는 5월 12일에 전지를 내려서 자기와 아무런 이해관계도 없다는 듯이 "짐이 이미 다 알았으니 경들은 안심하고 일을 처리하라. 이를 준행하라(欽此)!" 하였다. 실제적인 문제는 아랑곳하지 않아서 마치 문제가 무종의 신상에서 나온 것이 아니라 오히려 이부 관원의 신상에서 나온 것처럼 되었다. 무종은 여전히 조정에서 정치를 다스리지 않았고 경연에 나오지 않았으며 표방에서 멋대로 음락淫樂을 즐겼다. 양명은 더욱 우려로 속이 타고 불안하였다.

윤5월에 양명은 아버지 왕화에게 보낸 긴 편지에서 자기가 주장을 올린 뒤의 조정 국면과 정치 국면을 다음과 같이 언급하였다.

> 도하에 머무는 아들 왕수인이 부친 대인 슬하에 백번 절하고 올립니다. 항주에서 온 차인差人으로부터 대인의 기거와 유람遊覽의 즐거움을 자세히 들을 수 있어서 매우 큰 기쁨과 위안이 되었습니다. 받은 편지를 보니 바로 스물네째 숙부(叔)○○○○○○ 본래 저절로 운수가 있고 어찌 이에 ○○ 갔을 때 참으로 즐거운 일은 무상하고 인생은 마치 더부살이 같았습니다. 옛날 달관한 사람(達人)이 성정에 맡겨서 사물의 바깥(物表)에서 느긋하게 노닐고 몸과 집안의 얽매임을 벗어버리고, 참을 기르고(養眞), 담박하

고 광달함(恬曠)을 향한 데에는 진실로 까닭이 있었습니다. 생각건대, 대인께서는 연세가 고희古稀에 가까운데 기공期功(상복)의 제도에 예를 다 차리지 않으셔도 되니 마땅히 편안하고 한가롭게, 기쁘고 즐겁게 마음껏 임천林泉에서 노닐고 목재木齋(사천謝遷, 1449~1531)·설호雪湖(풍란馮蘭, ?~1520)와 같은 제로諸老를 때때로 방문하시거나 계산稽山·감호鑑湖와 같은 여러 곳에 나들이하셔야 합니다. 속세의 더러운 때를 깨끗이 씻어버리고 천화天和를 잘 길러서 위로는 조모의 수를 늘리고 아래로는 자손의 복을 드리운다면 경행慶幸하고 경행하겠습니다.

저희들은 평소처럼 편안히 지내며 일곱째 누이(七妹)가 (해산을 할) 8월이 되었는데 몸이 평상시와 달리 아주 좋습니다. 올케와 시누이(婦姑) 사이도 근래 자못 화목합니다. 왈인(서애)은 임기가 만료되어 이달 초순에 나가게 되었으니 출처의 거취는 왈인이 오기를 기다려서 의논하고 계획하여서 정한 뒤 알려드리겠습니다.

하남의 도적은 조금 평정되었으나 엎드려 숨어 있는 놈들은 아직 헤아리기 어렵습니다. 산동의 형세도 조금 누그러졌으나 유칠이 아직 잡히지 않고 있습니다. 비록 사천과 강서(江) 여러 지역에서 첩보가 간혹 올라오지만 다시 일어나는 놈들이 역시 적지 않습니다. 심지어 양향糧餉을 이어서 조달하지 못하고 마필馬匹이 부족하여 공급이 끊어지고 변방의 군사가 날로 피로하고 더욱이 떠도는 백성의 곤고함은 이루 말할 수 없습니다. 그런데 묘당에서는 여전히 그대로 느긋하게 앉아서 태평의 즐거움을 누리고 있으니 앞으로 재앙과 근심을 더욱 가벼이 여기고 더욱 멋대로 질펀하게 노닐어서(盤遊) 요얼妖孽이 함께 일어나고 아첨이 날로 심해질 터인데 식견이 있는 자들은 다시 무엇을 바라겠습니까?

수성守誠의 처는 몸을 맡길 곳이 없고 장씨 매부妹夫는 홀로 돌려보냈습니다. 대낭자大娘子께서는 곧 사람이 없을 터이니 제(男)가 있는 곳으로 옮겨오서서 함께 거주하는 것이 좋겠습니다. 여섯째 아우(王守溫)는 이미 길을 떠났다고 들었는데 아직 도착하지 않았습니다. 듣기에 여요의 거주지는 여러 사람에게 분할하여 각각 관리하게 하셨다고 하는데 황폐해지지 않을 터이니 이 또한 타당한 일입니다. 올해 (나라에서) 등기장부를 만드는데(造冊) 전업田業의 토질이 나쁘고 묵은 것이나 친척이 기탁한 것은 관례에 따라 깎아내고 덜어내어서 물리치는 것이 좋겠습니다. 시사가 이와 같은데 자손을 위한 계책으로는 다만 편안함을 물려주고 전업은 조금 적어야 (토지로 인한) 부담(累)이 끝내 적어질 뿐입니다. 조팔趙八(조팔구趙八舅, 계모 조씨 측 여덟째 외삼촌)의 전지는 근래 농민이 전례대로 개간하여서 반드시 상납하기를 원하니 막을 수는 없습니다. 어제 이미 통장通狀을 보내 알렸는데, 생각건대 역시 창장倉場(곡식을 수납하는 곳)에 배치되어서 머지않아 남쪽으로 돌아갈 것입니다. 아홉째 아우의 근심은 요즘 어떠한지요? 만약 신체가 장건壯健하지 않다면 글을 외고 읽는 것은 마땅히 늦추고 모름지기 그로 하여금 황사여黄司輿(왕사여王司輿, 왕문원王文轅의 잘못)를 따라 노닐며 마음을 맑고 욕심을 적게 하도록 해야 합니다. 장차 순수하고 선량한 선비가 될 사람을 잃어서는 안 되니 관작의 영예를 추구하는 데 힘쓰게 하겠습니까! 수문守文과 수장守章도 마땅히 도덕의 스승을 택해야 하며, 문자는 반드시 지을 것은 아니니, 다만 의리에 깊이 잠기고 푹 젖어 들어서 강하고 밝히는 것이 중요합니다. 제가 보건대, 근세 인가人家의 자제들이 크게 성취하지 못하는 까닭은 모두 부형이 가르침으로 삼는 것이 비루하고 바람이 천박하기 때문입니다. 사람이 와서 말하기를, 수문은 자질과 성품이 매우 특이하니 작은 성취를 기대해서는 안 된다고 하였습니다.

인편에 안부를 올리며, 살피고 모시기를 기약하지 못합니다. 글을 마치려니 우러러 그리운 마음 이길 수 없습니다.

윤5월 11일, 수인이 백번 절하고 씁니다.[138]

양명이 말하는 '하남의 도적이 조금 평정되고', '산동의 형세도 조금 누그러지고', '사천에서 일어난 놈들도 적지 않다'고 한 일은 모두 5월과 윤5월 사이에 발생하였다. 하남의 조경륭趙景隆(1511, 봉기)은 백련교白蓮敎의 봉기를 이끌었다가 5월에 진압되었다. 윤5월 조수趙鐩(?~1512)·가면아賈勉兒의 봉기군이 명군과 숙주宿州 응산應山에서 대규모 전투를 벌였는데 조수와 가면아가 모두 패하고 사로잡혔다. 산동의 양 과부楊寡婦(*양호楊虎의 처)가 유현濰縣과 고원高苑을 공격하였고, 전란錢鸞이 덕평德平을 공격하였는데 모두 명군에 의해 섬멸되었다. 사천 방사方四(?~1512)의 봉기군은 진강津江과 찬강篡江을 공격하여서 격파하였으나 개현開縣에서 수세에 몰려 포로가 되었다. 요혜廖惠(?~1510)의 봉기군은 낭중閬中을 공격하였으나 역시 동쪽으로 패주하였다.

이는 명군이 거둔 자잘한 승리에 지나지 않았으나 조정은 도리어 이익에는 영리하고 지혜에는 어두워서(利令智昏) 안락에 젖은 태평한 꿈을 꾸기 시작하였다. 무종도 결국 "재앙과 근심을 더욱 가벼이 여기고 더욱 멋대로 질펀하게 노닐었다(益輕禍患, 愈肆盤遊)." 무종의 음란한 마음과 미치광이 성품이 크게 발작하여서 뜻밖의 명을 내렸는데, 조수를 책살磔殺한 뒤 인피人皮를 벗겨서 안등鞍鐙 한 벌을 만들어 날마다 자기 무위武威를 빛내고 드날리며 높직이 말을 타고 꺼떡거리는 데 쓰게 하기까지 하였다.

---

138 왕수인, 「상대인서上大人書」. 이 편지는 양명의 필적을 석각石刻한 탁본으로, 지금 구이저우성貴州省 박물관에 소장되어 있으며, 다른 탁본은 일본 규슈대학九州大學 도서관에 소장되어 있다.

5월에 무종은 칙명으로 어마태감御馬太監 장예張銳에게 동창東廠을 제독하게 하였다. 8월에는 감찰어사 주광周廣(1474~1531)이 탄핵하기를, 금의 지휘 주녕朱寧은 본래 태감 전능錢能의 노복이었는데 당치않게도 국성을 침해하여서 의자義子로 거둬들여졌다고 하였다. 무종은 크게 진노하여서 주광을 폄적하고 광동 회원懷遠의 역승으로 삼았다. 호부주사 조호曹琥(1478~1517)가 소를 올려서 주광을 구원하려다 도리어 폄적되어서 심전潯甸 군민부軍民府의 통판이 되었다. 무종은 의자 127명에게 국성을 흠사欽賜하는 것으로 감히 그에게 상주하여서 간하는 이들 조신에게 회답하였다. 10월에 이르러 무종은 더욱 공공연히 칙지를 내려서 표방을 확장하고 주녕 등 의자들을 아울러 승진시켜서 후부後府 도독첨사都督僉事로 삼았다.[139]

양명은 간하는 글(諫章)을 올린 뒤 마치 흐리멍덩하게 기괴하기 짝이 없는 악몽을 꾸는 듯한 생활을 하였고, 무종은 전혀 변함없이 자기가 하고 싶은 대로(我行我素) 하였다. 남도의 임직을 청한 주청도 아무런 회답이 없어서 더 이상 침묵하고 기다릴 수 없는 심정이었다. 무종이 칙지를 내려서 표방을 확장한 뒤 양명은 북받쳐서 「자핵부직이명성치사소自劾不職以明聖治事疏」 한 편을 올렸다. 그는 묵은 이야기를 다시 새롭게 꺼내듯 다음과 같이 통렬하게 간하였다.

신이 듣건대 군주가 성스러우면 신하가 곧아서 윗사람은 (실정을) 쉽게 알고 아랫사람은 쉽게 다스려진다고 하였습니다. 지금 성스러운 군주가 위에

---

139 『국각』 권48에 보인다. "(*정덕 7년 10월) 갑자, 표방을 확장하였다. …… 을축, 주녕朱寧·주안朱安·주국朱國을 모두 후부 도독첨사로 승진시켰다. 주녕과 주안은 여전히 금의위인 錦衣衛印을 맡았으며 주겸朱謙은 금의 도지휘사, 주강朱剛은 도지휘첨사가 되었다."

계신데 은택은 막혀서 펼쳐지지 않고, 원한은 쌓이는데 들리지 않고 있습니다. 신하들은 모두 한마디 말이 없고 뜻을 굽혀서 윗사람을 기쁘게 하는 것만 즐겁게 여기며, 위로는 군주의 성스러움을 베풀지 못하고 아래로는 백성들의 의혹을 풀지 못하고 있습니다. 엎드려 생각건대 폐하께서는 신령하고 명민하며 영민하고 용맹하시어(神明英武) 춘궁에 계실 때부터 만백성이 덕을 우러렀습니다. 대보에 오르시자 사방의 오랑캐가 풍화를 향하였습니다. 불행하게도 적신 유근이 권력(威柄)을 훔쳐서 휘둘러 생령에게 독을 끼쳤으며, 몰래 참람한 반역을 도모하여 교사郊社가 거의 위태로워졌습니다. 조종과 상천 영령의 도움으로 장영 등으로 하여금 간사함을 빨리 드러내게 하시고 폐하께서 뇌정雷霆의 결단에 힘써 당여黨與를 주멸하고 흉악함과 더러움을 잘라내고 씻어내서 조종의 옛 법을 회복하고 백성(黎元)의 질고를 위로하며 현자를 임명하여서 정사를 닦고 백성과 더불어 다시 새롭게 시작하였습니다(更始). 천하가 모두 기뻐서 날뛰며 북을 울리고 춤을 추면서 이르기를, 폐하께서는 원래 백성을 사랑하는 군주이며 이 앞의 일은 모두 도적 유근(賊瑾)이 끼친 독이라 하고, 폐하께서는 원래 훌륭한 일을 하는 군주이며, 이 앞의 일은 모두 유근이 가리고 덮은 것임을 알고 있습니다. 하루라도 빨리 발돋움하고 목을 늘여서 태평을 바라고 있습니다. 그런데 어찌해서인지 쌓인 폭력이 가중되고 백성의 고통은 회복되지 않았으며, 남은 매서움이 부채질당하고 요얼이 잇달아 일어나서 거의 2년 사이에 더욱 멋대로 자라고 더욱 뜻하지 않게 일어났습니다. 둔병屯兵은 풀리지 않고 백성의 곤궁은 날로 심해집니다. 적의 형세는 서로 잇따라 두루 퍼졌고 재화는 다하고 양식은 떨어져서 아침저녁으로 흉흉합니다. 신들은 대신의 자리를 차지하고 있으나 주책籌策을 펼쳐서 근심과 피해를 늦추지 못하며, 묶인 것을 느슨하게 하여 거꾸로 매달려 있는 듯한 고통(倒懸)에서 소생시키지 못하고 있습니다. 마음을 거둬들여 자기에게 돌이켜서 반성을 함에 스스로 죄가 있음을 알지만 너무나 많아 다 말씀드릴 수 없습니다. 천하에 드러내어 폭로하고 길에서 꾸짖고 헐뜯더라도 더욱 덮어서 꾸미기 어려운 큰 죄가 세 가지 있으니, 청컨대 그 대략을 스스로 진술하여서 그 허물을 아뢰겠습니다.

저 조정은 정사를 정하는 곳이고 정사는 일을 완성하는 수단입니다. 폐하께서 매달 조회를 보시되 초하루와 보름 외에 한두 차례에 지나지 않습니다. 신들이 어찌 아래에서 직책을 나누어 맡아보지 않겠습니까마는 일이 만약 폐기되지 않는다면 조회를 보시지 않더라도 무슨 손해가 되겠습니까? 뭇 신하(群臣)와 온갖 관리(百司)가 때때로 한 번이라도 성안聖顔을 뵙기를 원하나, 그러지 못하면 근심스러운 생각으로 방황하다가 점차 해이해집니다. 멀고 가까운 백성이 마침내 폐하께서는 다시 곤궁과 고통을 헤아려주지 않는다고 의심하여서 날마다 원망을 합니다. 사방에서 도적이 일어나도 폐하께서는 진압할 생각을 하지 않아서 더욱 창궐한다고 합니다. 아침 일찍(昧爽) 조정에 임하시더라도 (조회를 하는 시간이) 경각에 지나지 않는데 폐하께서는 무엇을 꺼리기에 하지 않으십니까? 이와 같은 일은 실로 신들이 천하의 흉흉한 실정을 폐하께 갖추어 말씀드리지 못하여서 끝내 깨닫게 하지 못한 탓이니 이것이 큰 죄의 하나입니다.

폐하께서 날마다 후원에서 병사를 조련하고 군사훈련을 하느라 북소리와 함성이 성역城域을 떠들썩하고 놀라게 합니다. 어찌 도적이 평정되지 못하여 위엄을 떨치고 무예를 강하려는 생각이 아니겠습니까? 그러나 이는 본래 장수와 병졸의 일이며, 아울러 궁금宮禁에서 마땅히 할 일은 아닙니다. 하물며 지금 전성前星이 빛나지 않고 진위震位가 비어 있으나 (폐하께서는) 이런 일에 얽매어서 힘을 수고로이 하고 말을 달리느라 기운을 소모하니 뭇 신하는 당황하고 미혹하며 양궁兩宮은 위태로움을 우려하는데, 종사의 큰 근본이 이보다 급함이 없습니다. 그런데 신들은 폐하께서 정기를 쌓고 신명을 길러서 황저皇儲의 경사를 넘치게 하며, 근심을 생각하고 미리 방비하여서 연익燕翼의 도모로 삼으시도록 힘써 권하지 못하고 있으니 이는 큰 죄의 둘입니다.

날마다 유신儒臣을 가까이하고 도덕을 강론하며 의리에 푹 젖어 들어서 본원을 북돋아 기르고 의지를 개발하면 보고 들음이 날마다 총명해지고 혈기가 날마다 화창해지므로 천지의 조화를 끝까지 탐구하고 만물의 실정을 다 통달하여서 이로써 넉넉하고 느긋하게 펴져서(泮渙) 옛날 신령한 성인들과 (자리를) 나란히 할 테니 이 또한 천하의 지극한 즐거움(至樂)입니다. 폐하께서는 진실로 이를 알고 있으니 장차 종신토록 이를 즐기고 조금이라도 놓아버려서는 안 되는데 어느 겨를에 유희의 오락을 하시는 것입니까? 지금 폐하께서는 즉위하신 이래 경연에 납시는 경우가 네다섯 차례도 되지 않고, 말을 타고 활을 쏘는 피로한 일에 마음을 즐기시는데, 이는 모두 신들이 (경연의) 지극한 즐거움을 갖추어 진술하지 못한 탓에 폐하께서 좋아하는 바로 삼게 하지 못함으로 말미암은 것입니다. 이는 큰 죄의 셋입니다.

폐하께서는 요순의 자질을 지니고 계신데 신들은 폐하를 삼대三代로 이끌지 못하였고, 천하 백성으로 하여금 머리를 앓고 이마를 찌푸리며 서로 알려서 (임금에게) 허물을 돌리고 한을 품기를 마치 한·당 말기와 같이 되도록 하였으니 신들의 죄는 죽어도 남음이 있습니다. 엎드려 바라건대 폐하께서는 앞으로는 아침 일찍 조회를 보시고 정력을 다하여 정치를 도모하소서. 팔짱을 끼고 단정하게 앉아(端拱) 조용히 침묵하여서(玄默) 하늘의 조화를 기르시고 '관저關雎'의 기풍을 바로잡고 '인지麟趾'의 상서로움을 기르소서. 날마다 경연에 납시어 정치의 도를 강구하시고 이치와 의리가 마음을 기쁘게 하도록 힘쓰며, 즐기고 잔치하는 실패의 방도를 제거하소서. 바로 신들이 직분을 다하지 못한(不職) 죄를 물어 파직하여서 전리로 돌려보내고(罷歸田里), 기덕耆德과 숙망宿望의 현자를 들어서 하늘의 직분을 함께하게 하소서. 가령 천하는 분명히(曉然) 모두 폐하께서 원원元(인민)을 우려하는 본심을 알고 있으나 신들이 극언으로 절실하게 간하지 못하여서 이런 지경에 이르렀습니다. 앞으로는 휴양休養과 생식生息에 힘써서 다시는 소요騷擾하는 일이 없게 하고, 몸소 성정聖政을 닦아 천하의 어려움과 막힘(艱屯)을 소멸하고, 성사聖嗣를 넓혀서 천하의 위의危疑를 안정시키며, 성학을 권하여서 천하의 큰 근본을 세우소서. 나머지 익숙하게 물든 나쁜 버릇은 차례로 씻어서 제거하면 민생은 저절로 수행되어서 마치 양기가 이르면 만물이 봄을 맞이하는 것과 같이 될 것입니다. 도적은 저절로 소멸되어서 마치 밝은 해가 뜨면 도깨비(魍魎)가 소멸하는 것과 같이 될 것입니다. 위로 조종의 대통大統을 받들고 아래로는 자손의 통서統緖를 드리우소서. 가까이로는 신서臣庶의 근심과 두려움을 위로하시고, 멀리로는 사방이 보고 향하는 데에 보답하소서. (이렇게만 된다면) 신들은 비록 죽는 날이라 하더라도 오히려 사는 때가 될 것입니다. 절실하고 격하게 죽음으로써 죄를 기다림을 견딜 수 없습니다. 소를 갖추어 올려서 들려드립니다.[140]

위 「자핵부직이명성치사소」를 앞서 올린 「위급대본이도치안이진수성사」와 비교해보면 「자핵부직이명성치사소」가 전체적으로 「위급대본이도치안이진수성사」를 고쳐서 수정한 뒤 완성한 것임을 분명히 알 수 있다. 다른 점은

---

140 『왕양명전집』 권28 「자핵부직이명성치사소自劾不職以明聖治事疏」.

「위급대본이도치안이진수성사」는 직간을 한 것으로서 무종의 3대 군주의 과실을 직접 지적하였으며, 「자핵부직이명성치사소」는 자핵한 것으로서 자신의 3대 죄상을 진술하였다. 하나는 숨기고 하나는 드러냈으며, 하나는 에둘러 말하고 하나는 곧바로 말한 것인데, 다만 무종에게 직접 간하고 비평하려는 의도는 완전히 똑같았다.

양명이 서로 같은 내용의 주소奏疏를 다시 올리려고 한 까닭은 무종이 그들의 제1차 상주 간언(奏諫)을 전혀 받아들이지 않고 본래보다 더욱 심하게 제 마음대로 하였기 때문이다. 그러나 동시에 양명이 병을 요양하기 위해 돌아가 거처하겠다는 주청奏請과 남도의 임직을 맡게 해달라는 상주문에 조정에서 모두 답변을 해주지 않아 그로 하여금 나아가기도 물러나기도 어렵게 하였기 때문이기도 하다. 양명의 임직은 12월에 만기였는데,[141] 12월 이전에 남도의 임직을 윤허하는 답을 재촉하는 주청을 올리려고 하였다. 그리하여 양명은 '파부침주破斧沉舟'의 각오를 하고 '바로 신들이 직분을 다하지 못한 죄'의 위험을 무릅쓰고 「자핵부직이명성치사소」를 올린 것인데, 여기에는 역시 남도 임직의 주청을 조정에서 인준해줄 것을 정중히 독촉하는 뜻이 담겨 있었다.

주소에서 양명은 고의로 반어법을 썼는데, 표면상으로는 신하로서 직분을 다하지 못한 3대 죄를 자핵하고 '파직되어 전리로 돌아가도록' 청하는 것이었지만 실제로는 어리석은 군주 무종의 3대 죄상을 통렬하게 비판하고 폭로한 것이었다. 이는 조정의 언관과 간신諫臣이 모두 두려워하고 감히 말하지

---

141 양명이 서울에 들어가 부임한 때는 정덕 5년 11월이었기 때문에 임직의 만기는 정덕 7년 12월이었다. 양명은 이해 11월 28일에 쓴 「우상해일옹대인찰又上海日翁大人札」에서 다음과 같이 말하였다. "저와 매서(서애)는 만기를 기다렸다가 즉시 배를 띄워 동쪽으로 가겠습니다." 양명과 서애의 만기는 모두 12월이었다.

못하는 군주의 '죄'를 폭로하는, 위를 범하는(犯上) 주장이었다. 이를 본 무종은 자연 더욱 진노하여서 자기가 스스로 경사에 들어오라고 청했던, 함부로 큰소리치는(狂妄) 이 '언사'가 즉시 경사에서 나가기를 속으로 간절히 바랐다. 과연 양명이 이 「자핵부직이명성치사소」를 올린 뒤 얼마 되지 않은 12월 8일 조정에서는 양명을 남경 태복시소경에 제수하여서 즉시 서울을 떠나 남직례의 임직에 나아가라고 명하였는데, 이는 다른 형태의 '바로 신들이 직분을 다하지 못한 죄'였고 양명도 원하던 바를 얻은 셈이었다.

사실 양명은 일찌감치 이미 자기를 남도의 임직으로 추방할 것이라는 조정의 명을 알고 있었기에 서울을 떠나 남하할 준비를 마쳤다. 그는 11월 28일 부친 왕화에게 보낸 집안 편지에서 다음과 같이 말한다.

아들(男) 수인은 부친 대인 슬하에 백번 절합니다. 회계의 역易 주부主簿(易 裶)가 와서 편지를 전해 주었는데 기거 만복하심을 자세히 알게 되어서 위로가 되었습니다. 저(男)와 매서妹婿(서애) 등은 모두 평안합니다. 다만 북에서 오는 변방 소식이 매우 급합니다. 어제는 병부에서 보낸 이문移文을 받았는데 봉양鳳陽 여러 곳의 인마를 조발調發하여서 들여보내 원조하라고 하였습니다. 멀고 가까운 사람들의 마음이 창황함을 면하지 못하고 있습니다. 저는 매서와 함께 임기 만료를 기다려서 즉시 배를 타고 동쪽으로 돌아가겠습니다. 행장은 사람에게 관리를 맡기려고 합니다. 정아禎兒(왕정王禎)네들은 오랫동안 보지 못하였습니다. 그에게 그림을 그릴 수 있는 비단(畵絹)을 구입하게 하였는데 보내오지 않았습니다. 장손(서애의 아들, 외손자)의 요절은 골육으로서 지극한 아픔이지만 노년의 회포는 모름지기 너그러이 펴셔야 합니다. 다행히 조모께서 강녕하고 강건하시며 아우들은 나이가 젊으니 장래 복이 아직 쌓일 만합니다. 요즘 도제道弟(王守道)는 또 어떠한지요? 모름지기 조섭을 잘 하여서 부모 형제에게 안타까운 염려를 끼치지 말아야 합니다. 전청錢淸과 진륜陳倫이 돌아가니 간단하게 안부를 전합니다. 작은 기록 한 책을 보내드리니 보시기 바랍니다. 많이 보내드리지는 못합니다. 양(양교梁喬) 태수에게 한 책을 보내고, 이어서 산음 임(임이任頤) 주부에게도 보내주었습니다.

28일, 아들 수인이 백번 절합니다.[142]

여기서 "저는 매서와 함께 임기 만료를 기다려서 즉시 배를 타고 동쪽으로 돌아가겠습니다."라고 말한 내용은 양명이 배를 타고 남하하여 남도에 부임하는 일을 가리키는데, 마침 이때 매서 서애도 남경 병부원외랑에 제수되어서 두 사람이 같은 배를 타고 함께 가게 되었다. 12월 중순에 양명과 서애 두 사람은 식구를 데리고 배편으로 남하하면서 가는 길에 우선 소흥으로 귀성하였다. 그들은 혼탁하고 더러운 경사와 영원히 고별하게 되었다. 서울을 떠나 남도로 부임하는 길에 그들을 전송한 것은 북방 타타르 철기鐵騎가 소요를 일으켜서 남침하는 함성뿐이었다.

양명의 제2차 '상국유'는 또 지나치게 일찍 끝나버렸다. 그가 이때 조정을 나와서 외방 남기南畿의 한가한 지역으로 나간 것은 양명 스스로 남도의 직임을 청하는 주청에서 이루어진 것이라기보다 어리석은 군주 무종이 그를 '추방한(放逐)' 것이며, 이는 그가 두 차례 간하는 소를 올려서 무종에게 죄를 얻은 필연적인 비극의 결말이었다. 양명은 두 차례 '상국유'의 실패를 겪었다. 홍치 연간(1488~1505)의 '상국유'와 정덕 연간(1506~1521)의 '상국유'이다. 그렇게 거대한 조정은 이 직언을 하여서 감히 간하는 '언사言士'를 용납

---

142 왕수인, 「우상해일옹대인찰」, 『식고당서화회고式古堂書畫滙考』 「서고書考」 권25에 보인다.

하지 못하였다. 그의 홍치 '상국유'가 간하는 소로 인하여 무종에게 죄를 얻고서 용장역으로 폄적당해 간 것이라고 한다면, 그의 정덕 '상국유'는 두 차례의 간하는 소를 올렸다가 무종에게 죄를 얻고서 바깥으로 쫓겨나 남직례로 간 것이다.

이 '추방'은 양명을 흉험하고 돌아오지 못할 고난의 인생 길로 몰아넣었다. 양명이 애초에 생각지도 못했던 것은 그가 이때 무종에게 죄를 얻어서 조정에서 나와 서울을 떠난 뒤 경사의 삼엄한 대문은 이로부터 그에게 영원히 닫혔고 죽을 때까지 결코 다시 경사의 대문을 두드려 열어서 조정으로 들어오지 못하게 되었다는 사실이다. 그는 남국으로 추방된 굴원屈原과 같이 '동남에 창도하는(倡道東南)' 후반생의 역정을 시작하였다.

10장

남기에서 노닐다(南畿遊) : 동남에 창도한 '양시楊時'

귀성하여 월越로 돌아온 심학대유心學大儒

　　조정에 들어간 제2차 '상국유上國遊'가 '언사言士'로서 양명의 심리 상태에 남긴 가장 심각한 창상을 통해 그는 나랏일이 썩어문드러지고 사람의 마음이 험악하여서 진정 성현의 도에 통달한 호걸독립豪傑獨立의 선비가 반드시 나타나서 사람의 마음을 바로잡고 세상의 기풍을 정돈하고 '병이 위급하여 죽음에 임한(病革臨絶)' 이 명 왕조를 구원해야 한다는 사실을 더욱 뱃속깊이 마음에 새겼다. '상국유'가 끝나고 경사의 닫힌 대문은 도리어 그에게는 '남기유南畿遊'의 광활한 천지를 열어놓았다. 그는 "나의 도가 동쪽으로 가는구나 (吾道東矣)"라고 한 정현鄭玄(127~200)과 "나의 도가 남쪽으로 가는구나(吾道南矣)"라고 한 양시楊時(1053~1135)를 따라 남기로 가서 동쪽과 남쪽에 창도함으로써 '남기유'라는 자기 심로心路의 역정을 달려갔다.

　　그는 서울을 떠나기 전에 저권儲巏에게 편지를 써서 "지금 천하는 물결이 덮치고 바람에 쓰러지듯 한 상태가 오래되었으니 병이 위독하여서 절명에 임한 때와 무엇이 다르겠습니까? …… 그러므로 오늘날의 세상에서 호걸독립의 선비로서 (자기) 성분의 그만둘 수 없음을 분명히 알고서 의연히 성현의 도로써 자임한 자가 아니라면 좇아서 스승을 구할 만한 사람이 아무도 없을 것입니다."[1]라고 마음속의 말 못할 고통을 말하였다. 이는 또한 그가 이때 '상국 유'의 자아반성을 총결하여서 경사를 떠나 남기로 가서 계속하여 성현의 도를 자임하고 성학聖學(*心學)을 크게 떨치고 창도하여서 밝힐 결심을 밝히 드러낸 것이다.

서애가 서울을 떠나기 전에 편집하여서 판각한 『전습록傳習錄』은 양명 성학을 창도하여 밝히고 인심과 세도를 구원하려는 '남기유'의 '심경心經'이 되었다. 양명과 서애는 바로 이 『전습록』을 가슴에 품고 남기로 부임하여서 성학을 크게 떨치고 창도하여서 밝히는 새로운 길을 밟아나갔다. 구차하게 안주하고 혼탁한 경사의 관료세계라는 테두리에서 빠져나온 것은 그의 시야를 활연 크게 열어주었다. 그는 가는 길 내내 각 지역의 선비 학자들과 함께 열렬하게 충심으로 강학론도를 하면서 『전습록』의 새로 깨달은 심학사상의 '씨앗(種子)'을 뿌렸다.

그는 서울을 나오자마자 먼저 남경의 호부시랑 저권에게 편지를 써서 자기가 남경으로 가서 학문을 강론하고 정사를 논하고자 하는 의지와 바람을 피력하였고, 저권은 매우 빠르게 다음과 같은 회신을 하였다.

심부름꾼을 통해 손수 쓰신 편지를 받았습니다. 여러 차례 아름다운 은혜를 내려주시니 감사하고 감사합니다(感感)! 따뜻한 솜을 넣은 무릎덮개를 보내주시니 멀리서 더욱 염려해주심을 입습니다. 엄동에 뼈가 상하였는데 무릎 꿇고 절을 하면서 벗이(故人) 보내주심에 당연히 더욱 감격합니다. 하릴없이 앉아서 필연筆硯을 다루지 못하고 있어 두루마리(卷子, *『전습록』을 가리킨다)가 오랫동안 서재에 남아 있으니 부끄럽고 부끄럽습니다(愧愧)! 근

---

1 『왕양명전집』 권21 「답저시허答儲柴墟」 서2.

래 불행히도 한 달도 안 된 갓난아이를 잃은 뒤 지금은 감정과 생각이 멍하고 흐릿하여서 심부름꾼이 또 헛되이 돌아갔습니다. 생각건대 공께서 들으셨을 테니 제가 한탄하고 슬픈 까닭으로 답이 늦은 것을 잠시 그냥 묻지 마시기 바랍니다. 듣건대 사신의 깃발(使旆)이 이미 제로齊魯의 경내를 빠져나갔고, 여러 시료寺僚가 먼저 달려나갔다고 합니다. 시사時事에 관한 매일 새로운 소식은 번갈아 저보邸報를 많이 받으셨을 테니 다 말씀드리지 않습니다(不具). 뵈올 날이 멀지 않았습니다. 날씨가 차니 보중하시기 바랍니다. 다 아뢰지 않습니다(不宣).[2]

남도는 정주 보수파의 천하였다. 양명은 서둘러 저권과 함께 『전습록』의 심학사상을 토론하려고 하였다. 그는 이미 남도 정주파와 함께 주류 학문의 동이에 관한 논변을 진행할 사상적 준비를 모두 갖추었던 것으로 보인다. 정덕 8년(1513) 정월에 그는 서주徐州를 지나면서 호백충胡伯忠과 만났다. 호백충은 유구이 복주된 뒤 기용되어서 서울에 갔는데,[3] 늘 양명과 더불어 학문을 강론하고 정사를 논하였으며 정도와 곧은 행동으로 인해 경사에서 '소인'들의 중상을 받았다. 정덕 6년에 외부로 추방되어서 서주의 임직으로 나아갔다. 일찍이 양명에게 도움을 구하였으나 양명은 당시 돕고 싶어도 도울 수 없었다.

두 사람은 서주에서 만나 학문을 강론하고 정치를 논하며, 사람됨과 일의 대처 방법을 집중 토론하였다. 양명은 나중에 호백충에게 보낸 편지에서 다

---

2 『저시허집儲柴墟集』 권14 「복왕백안復王伯安」 서2.

3 호백충에 관해서는 상고할 근거가 없는데 아마도 호단胡端인 듯하다. 정덕 원년(1506)에 양명과 동시에 폄적되었고, 정덕 5년에 기용되어서 서울로 들어갔다.

음과 같이 말하였다.

제(某)가 서울에 갔을 때 대단히 흠모하였음에도 피차 일 때문에 한번 조용히 만나 뵙지 못하여서 이별한 뒤 한이 되었습니다. 다른 때 서로 만나 반드시 마음을 모두 터놓고 극담劇談을 한번 하기로 기약하였습니다. 지난날(昨) 아직 경사를 떠나지 않았을 때 이미 팽성彭城에서 만나기로 미리 기약하였으나 마음의 결정을 미처 하지 못하고 떠나갔습니다. 보자마자 또다시 총총히 이별하였는데 이별한 뒤 또다시 한이 되었습니다. 모르겠습니다만 집사의 마음은 어떠하신지요? 군자가 소인과 함께 지내면 결단코 구차스레 같아질 리가 없으며 불행히 형세가 궁하고 이치가 다하여서 저들의 중상을 받는다면 편안히 받아들일 뿐입니다. 대처함에 도를 다하지 못하고 혹 지나치게 미워하거나 혹 격분하여서 상한다면 일에 도움이 되지 않고 저들의 원한과 원수의 독을 이르게 하니 모두 군자의 허물입니다. 옛사람이 말하기를 "일이 의에 해롭지 않으면 시속을 따라도 된다." 하였습니다. 군자가 어찌 가벼이 시속을 따르겠습니까? 오직 시속과 달리하려는 마음을 갖지 않을 뿐입니다. "악한 사람과 함께 지내면 마치 조정의 의복과 조정의 관을 쓰고 진흙이나 숯불에 앉은 것같이 한다(與惡人居, 如以朝衣朝冠坐於塗炭者)."라고 한 것은 백이伯夷의 깨끗함(淸)입니다. "비록 내 곁에서 웃통을 벗어 어깨를 드러내고 몸을 드러내더라도 네가 어찌 나를 더럽힐 수 있겠는가(雖袒裼裸裎於我側, 彼焉能浼我哉)!"라고 한 것은 유하혜柳下惠의 온화함(和)입니다. 군자는 기질 변화를 배움으로 삼으니 유하혜의 온화함은 마치 집사가 마땅히 좋아야 할 것인 듯합니다. 삼공三公의 지위로도 절개를 바꾸지 않는다면 그것은 본래 백이의 깨끗함이 없었던 적이 없는 것입니다. "덕은 털처럼 가벼운데 들어올릴 수 있는 사람이 드물다. 내 헤아리고 꾀하여 보니 오직 중산보만이 들 수 있으나 마음은 있어도 도울 수 없네 (德輶如毛, 民鮮克擧之. 我儀圖之, 惟仲山甫擧之. 愛莫助之)."[4]라고 하였으니 제(僕)가 집사께 드리는 말씀입니다. 바른 사람은 얻기 어렵고 바른 학문은 밝히기 어려우며, 유속은 변하기 어렵고 곧은 도는 받아들이기 어렵습니다(正人難得, 正學難明, 流俗難變, 直道難容). 글을 쓰자니 멍하여서 마치 무엇을 잃어버린 것 같고 말은 뜻을 다하지 못합니다(言不盡意). 오직 마음으로 헤아려 주십시오.[5]

"바른 사람은 얻기 어렵고 바른 학문은 밝히기 어려우며, 유속은 변하기 어렵고 곧은 도는 받아들이기 어렵다."라고 한 말은 바로 양명이 두 차례 '상국유'의 좌절을 겪은 뒤 얻은 결론이며 교훈이었다. 폄적과 추방의 타격은 곧은길로 매섭게 나아가고 악을 원수처럼 미워하는 그의 날카로운 칼끝을 다소 꺾고 무디게 만들었다. 그리하여 그는 곧은 도는 행하기 어려우며 일촉즉발의 '언사'로서는 일에 무익함을 느끼고서 군자의 중용의 도를 행하고 유하혜의 '온화함(和)'을 배워서 시속을 따르되 시속과 다르지 않기를 주장하였다. 그는 더욱 자기 마음을 믿고 사람의 마음을 건지고 세도를 구제하는 역량을 지닌 성현의 학문을 믿어서 '군자는 기질 변화를 배움으로 삼으며(君子以變化氣質爲學)', 앎은 행함에 있고 배움은 사람 마음의 기질을 변화함에 있다고 인식하였다. 양명은 여기서 은연중에 자기의 인생길에서 중요한 사상의 전환을 토로하였다. 그의 '남기유'의 학문 강론과 정치 평론은 바로 이러한 새로운 인생의 신조에 따른 실천이었다. 그는 남도에서 이러한 '동남에 도를 창도하

---

4 『시경』「대아大雅·증민烝民」.

5 『왕양명전집』권4 「여호백충與胡伯忠」.

는' 신생의 길에서 첫걸음을 내딛었다.

정월 중순, 양명은 남도에 도착하여 태복시 동료를 만난 뒤 저권을 만나서 함께 학문을 토론하였다. 그런데 이때 운곡雲谷 탕례경湯禮敬(1496, 동진사)의 70세 생일을 맞이하였고, 이에 양명은 단양丹陽으로 가서 운곡을 방문하여 탕례경의 수를 축하하였다. 탕례경도 감히 직간하고 윗사람을 범하는 조사朝士였는데 정덕 원년(1506)에 양명과 함께 폄적되어서 계주薊州 판관이 되었고, 양명과는 이미 10년 동안 만나지 못하였다. 정덕 5년(1510) 조정에서는 적신謫臣을 기용하였는데 그는 고향으로 돌아간 뒤 여러 차례의 부름에도 응하지 않았다. 그도 선도仙道 수련을 좋아하는 명사였다. 홍치 15년(1502)에 귀거하여서 도를 닦고 인간세상을 벗어나려는(脫屣) 타산을 양명에게 털어놓았는데 양명은 그의 미우眉宇 사이를 주시하면서 말하기를 "그대의 미간은 슬픈 빛(慘然)을 띠고 있으니 세상을 근심하는(恒世) 기색이 있습니다. 이 도는 10년 늦추면 거의 얻을 것입니다."[6]라고 하였다. 당시 탕례경은 이 말을 믿지 않았다. 10년 뒤 양명의 예언은 적중하였으니 탕례경은 폄적의 고난을 겪은 뒤 도를 안고(抱道) 산림에 은거한 '도를 지닌 선비(有道之士)'가 되었던 것이다.

양명은 나중에 「수탕운곡서壽湯雲谷序」를 지어서 이때 두 사람이 만나 펼친 기이하고 특별한 논도論道를 다음과 같이 언급하였다.

…… 이에 이르러 정덕 계유년(1513) 아무 달에 나는 이부에서 남도의 태복시로 관직을 옮기게 되어서 다시 단양을 지나가게 되었다. 운곡은 고향 집에 거처한 지 이미 3년이 되었다. 찾아갔더니 나를 맞이하며 말하기를 "아직 '미간眉間'의 설을 기억하고 있습니까? 나는 내 마음을 믿지만 그대

---

6 『왕양명전집』 권22 「수탕운곡서壽湯雲谷序」.

가 내 모습을 보는 것만 못함은 무엇 때문입니까? 지금 과연 10년이 지났는데 비로소 진흙탕에서 빠져나왔으니 이는 믿을 만합니다. 그러나 옛날 거의 (도를) 얻을 것이라고 하셨으나 몸은 더욱 쇠약해졌고 나이는 더 들었으며 도와 거리가 더욱 멀어졌으니 오히려 (그대의 말대로) 모두 그러한 것은 아닌 듯합니다."라고 하였다. 내가 말하기를 "지금은 거의 도를 얻었습니다. 지금 제가 또 그대의 말을 듣고 그대의 모습을 보고 그대의 집을 보고 그대의 고을 사람을 봅니다."라고 하였다. 운곡이 묻기를 "이상하다! 말과 모습은 이미 많이 달라졌는데 집과 고을 사람에게서 나의 변화를 볼 수 있는가?" 하였다. 답하기를 "옛날 도를 지닌 선비는 외양은 말라도 내면은 윤택하며, 사는 곳은 좁으나 마음은 넓으며, 얽매임에서 풀려나 정신을 혼드는 바가 없으며, 세상(機)을 잊어버려서 세속에 거슬리는 바가 없습니다. 이런 까닭에 그 안색은 온화하고(愉愉) 거처는 자득하며(于于) 만나는 바가 맑은 바람이 사물을 풀어헤치나 오는 곳도 가는 곳도 알 수 없는 것과 같습니다. 지금 그대의 걸음은 느려지고 머리카락은 바뀌었으며 모습은 더욱 고달픈 듯하나 그럼에도 정신은 간직되어 있습니다. 말은 나직하고 뜻은 간절하며 기운은 더욱 쇠한 듯하나 그럼에도 정신은 지키고 있습니다. 방과 집은 이전보다 더 늘어난 것이 없으나 의지는 탁 트였고 속박에서 벗어났습니다. 고을 사람들에 대해서 현명하고 어리석고 귀하고 천함을 잊고 또 자애로운 어머니로 여기고 갓난아기로 여기며 세상을 잊어버렸습니다. 저 정신이 간직되면 태화太和가 흐르며, 정신을 지키면 하늘의 빛(天光)이 발하며, 속박에서 벗어나면 기쁘고 온화하여서 고요하며, 세상을 잊으면 마음이 순수하고 한결같아집니다. 이 네 가지는 도의 증거입니다. 저 도는 장소(左)가 없고 신은 방소(方)가 없습니다. 일상을 편안히 여기고 순순한 것에 처하니 지극한 것입니다. 또 어찌 인간세상을 벗어나겠습니까?" 하였다. 운곡이 이르기를 "이럴 수 있습니까! 나는 내 마음을 믿으나 그대가 우리 집과 우리 고을 사람에게서 보는 것만 못합니다."라고 하였다. 이때 운곡의 나이 일흔이었다. 이달에 마침 그의 생신(懸弧)을 맞아 고을 사람들이 축수할 방법을 상의하였다. 내가 왔다는 말을 듣고 모두 찾아와서 말을 청하였다. 내가 말하기를 "아! 그대들의 고을 선생(鄉先生)은 이미 거의 도를 얻었는데 오히려 장수를 축하하겠습니까? 저 장수로는 그대들의 고을 선생을 축하하기에 족하지 않습니다. 그대들의 고을에 고을 선생과 같이 도를 지닌 선비가 계시니 고을의 자제들이 모두 모범으로 삼고(科式) 본받도록 하여, (고을의 자제가) 나아가서 군주를 섬긴다면 그 도를 스승으로 삼아 세상에 쓰이게 하고, 들어가서 집 안에 거하면 그 도를 스승으로 삼아 몸을 착하게 살아야 합니다. 활을 쏜다면 과녁에 저마다 적중시키는 것이 바로 향하는 바일 것입니다. 곧 이것이 선생의 장수이니 바로 그럴 때 고을 사람들이 다시 축하할 만한 것이 되겠습니다."라고 하였다.[7]

양명은 거의 당대에 도를 터득한 지인至人 '장자莊子'의 입을 빌려서 탕례경과 씩씩하게 '도'를 논하였던 것이다. 그가 볼 때 도는 형체가 없고 신은 방소가 없으며, 도는 없는 곳이 없고 없는 때가 없으며, 성현의 도를 터득한 '도를 지닌 선비'는 나아가고 물러나며 굽히고 펴며 쓰이고 숨김을 자유로이 하며, 때가 이르면 나아가서 군주를 섬기고 도를 행하여서 세상에 쓰이며, 때가 좋지 않으면 물러나 집에 거처하면서 도를 길러 몸을 착하게 한다. 그리하여 탕례경은 과거 조정에 있을 때에는 어리석은 군주에게 간하고 권간權奸을 배척하여서 악을 원수같이 미워하였으니, 이는 떠르르한 도를 지닌 선비

7 『왕양명전집』 권22 「수탕운곡서壽湯雲谷序」.

였다. 지금은 물러나 고향에 거처하면서 정기를 간직하고 정신을 지키며, 얽매임에서 벗어나 세상을 잊고, 몸과 마음을 채우고 길렀으니 더욱 남에게 모범이 되는 도를 지닌 선비였다. 사실 이 역시 양명이 자기 스스로를 말한 것(夫子自道)으로서 그가 남기에 와서 동남쪽에 도를 전하는 '도를 지닌 선비'로서 신념을 표명한 것이다.

정월 하순에 양명은 비릉毗陵·무석無錫·소주蘇州에 도착하였는데, 호부주사 정선부鄭善夫, 가정嘉定 현령 왕응붕王應鵬(1508, 진사), 소보邵寶(1460~1527)의 문인 화운華雲(1541, 진사)이 찾아와서 이 '도를 지닌 선비'에게 배움을 묻고 도를 물었다. 소곡少谷 정선부는 이때 마침 호부주사를 맡아 남직례에서 호서관滸墅關의 세금을 감독했는데 양명을 찾아가 뵙고 절한 뒤 스승으로 삼으려고 하였다.

나중에 정선부는 「상양명신생서上陽明先生書」에서 다음과 같이 말하였다.

> 저(善夫)는 하늘의 버림을 받지 않아서 계유년(1513)에 휴가를 얻어 비릉에서 뵙고 지극한 가르침(至敎)을 받았습니다. 어찌하여 천부의 자질이 평범하고 처지가 없이 그럭저럭 세월을 보내고 있었는데 다행히 다시 사람에게서 스스로를 착하게 하여(私淑諸人) 도에 조금 향할 줄 알게 되었습니다. 이는 비록 선생의 문하에 든 것이나 가만히 선생의 은혜를 생각건대 참으로 나를 낳은 자와 같아서 죽어도 잊지 못할 것입니다.[8]

'선생의 문하에 들었다'고 함은 바로 정덕 8년(1513) 정월에 양명을 찾아가 뵙고 절한 뒤 스승으로 삼고 도를 물은 사실을 가리킨다. 정선부는 그림

---

8 『소곡집少谷集』 권20 「상양명선생서上陽明先生書」.

에 뛰어나고 글도 잘하였는데 시는 두소룽杜少陵(두보杜甫)을 배웠으며 이미 명성(名氣)이 있는 시인이었다.

양명이 그의 학문적 폐단에 직면하여서 따끔하게 질책한(針砭) '지극한 가르침'은 서애가 정선부에게 쓴 편지에서 토로한 바 있다.

> 옛날에 듣건대 하늘이 내려준 비룡의 회합에서 경개傾蓋의 우의를 지나치게 입었으며 또한 이별한 뒤 이택麗澤의 약속을 맺었으니 기쁘고 위안이 되나 늘 저버릴까 부끄럽고 마음이 편치 않으니 비록 때로 사대부를 따라 묻고 통달하더라도 무엇이 유익하겠습니까? 이 시대의 사대부는 모두 집사를 높일 줄 알고 있으나 가만히 생각건대 저(愚)는 높이는 것을 천박하다고 여깁니다. 저 사람들이 이른바 높다고 하는 것은 집사의 학문이 참으로 순수하고 행적이 탁월한 것입니다. 그러나 집사께서 어찌 이로써 스스로를 높이겠습니까? 노魯나라 사람이 동산東山에 올라간 사람을 보고 높다고 하지만 동산 꼭대기에 오른 사람이 스스로 높다고 여기지 않는 것은 앞에 있는 태산泰山을 보기 때문입니다. 집사께서는 본래 태산을 바라는 분입니다. 지엽을 버리고 본원에 힘쓰며, 화려하고 넓은 것을 억누르고, 심원하고 성실한 것으로 돌아가며, 몸과 마음의 사이를 넘지 않으나 글과 행실의 바깥을 넘어서는 것이(舍枝葉而務本根, 抑華博而歸淵塞, 不越身心之間, 而有超乎文行之外者) 본래 집사의 지금 의지입니다. 그런즉 지금 집사를 높이는 자는 천박하지 않겠습니까?[9]

정선부가 양명을 만났을 때 서애도 그 자리에 있었기에 양명이 정선부에

---

9 『횡산유집橫山遺集』 권상 「여정계지서與鄭繼之書」.

게 일깨운 '지극한 가르침'을 직접 들었다. 이로 말미암아 참으로 양명은 정선부가 사장詞章과 시부詩賦에 푹 빠진 것을 겨냥하여 '성현의 학문'의 가르침을 펴서, 정선부가 '글'로 스스로 높이 여기지 말고 응당 '도'로써 자임하며, 사장詞章의 학의 '동산'으로부터 성현의 학문의 '태산'을 향해 매진하기를 바랐음을 알 수 있다. "지엽을 버리고 본원에 힘쓰며, 화려하고 넓은 것을 억누르고, 심원하고 성실한 것으로 돌아가며, 몸과 마음의 사이를 넘지 않으나 글과 행실의 바깥을 넘어서는 것"은 바로 양명의 '지극한 가르침'의 근본 취지이다.

양명 스스로는 '상국유'를 하는 가운데 바로 이러한 사장의 학문에서 성현의 학문으로 달려갔는데 현재 '남기유'를 하는 가운데 남국의 선비들도 사장의 학문에서 성현의 학문으로 달려가기를 바랐다. 이같이 동남에 창도하는 기조는 역시 마찬가지로 그가 왕응붕과 함께 강학론도를 한 것에 반영되어 있다. 왕응붕과 서애는 동년으로서 관계가 더욱 긴밀하였다. 왕응붕은 특별히 가정嘉定에서 양명과 서애를 찾아와 경건하고 성실하게 도를 묻고서 밤을 새워 강론하였다.

양명은 그를 위해 특별히 「서왕천우권書王天宇卷」 한 편을 지어서 다음과 같이 말하였다.

> 서왈인(서애)이 자주 나에게 천우(왕응붕)의 사람됨을 말하였는데 나도 이미
> 그를 알고 있었다. 금년 봄에 비로소 고소姑蘇에서 만나 더불어 밤을 새워
> 이야기를 나눈 뒤 왈인의 말을 더욱 믿게 되었다. 천우는 참으로 충직하고
> 신실한(忠信) 사람이며, 재주가 민첩하고 신중하며 깊은(沈潛) 자이다. 개연
> 히 성현의 학문에 뜻을 두었으니 호걸의 선비가 아니면 그렇게 할 수 있겠
> 는가! 이 두루마리를 내어서 나에게 말을 청하였다. 나는 감히 헛되이 할

수 없어서 옛사람의 말을 외워 말하기를 "성스러움은 성실한 것일 뿐이다(聖, 誠而已矣)."라고 하였다. 군자의 학문은 몸을 성실하게 하는(誠身) 것이다. 격물치지格物致知는 성실함을 세우는 공부이다. 나무에 비유하자면 성실함은 뿌리이고, 격치格致는 북돋우고 물을 대주는 것이다. 나중 사람이 격치를 말하는 것은 아마도 이것과 다를 것이다. 뿌리를 심지 않고 헛되이 북돋우고 물을 대주는 것은 정기를 빠지게 하고 힘을 수고롭게 하되 끝내 무엇을 성취할지 알 수 없다. 이런 까닭에 들음은 날로 넓어지되 마음은 날로 벗어나며 지식은 더욱 넓어지나 거짓은 날로 증가하여서 섭렵하고 탐구함이 더욱 상세할수록 그 간사함을 꾸미는 것이 더욱 깊어지고 심해진다(是故聞日博而心日外, 識益廣而偽益增, 涉獵考究之愈詳而所以緣飾其奸者愈深以甚). 이는 또한 그 폐단을 이미 볼 수 있는 것이다. 돌아보건대 오히려 그 설을 더럽히고 있으나 살필 수 없는 것은 유독 무엇 때문인가? 지금 군자는 혹은 내 말이 선이라고 하거나 혹은 내 말이 이단을 추구한다고 의심하는데(今之君子或疑予言之爲禪矣, 或疑予言之求異矣), 그러나 나는 감히 구차하게 그런 말을 피하여서 안으로는 나를 무함하고 밖으로는 남을 무함하지는 않는다. 우리 천우의 고명함이 아니면 누가 더불어 이를 믿을 수 있겠는가![10]

왕응붕이 개연히 성현의 학문에 뜻을 둔 것을 양명이 칭찬한 것은 바로 정선부에게 말한 '지극한 가르침'과 같다. 그는 더욱 명확하게 말하기를, 이 '성현의 학문'은 성실함을 본체론으로 삼고 격물치지를 공부론으로 삼은 것으로서 실제로는 양명이 성의를 주로 삼는 자기 심학을 가리킨 것임을 알 수

---

10 『왕양명전집』 권8 「서왕천우권書王天宇卷」.

있다. 그가 비평한 "지금 군자는 혹은 내 말이 선이라고 하거나 혹은 내 말이 이단을 추구한다고 의심한다"라는 말은 바로 보수적인 정주파를 가리키며, 또한 "들음은 날로 넓어지되 마음은 날로 벗어나며 지식은 더욱 넓어지나 거짓은 더욱 증가하여서 섭렵하고 탐구함이 더욱 상세할수록 그 간사함을 꾸미는 것이 더욱 깊어지고 심해진다."라고 한 말은 정주의 학문을 가리킨다. 남의 시선을 끌지도 않는 이 작은 글에서 양명은 이미 훗날 남도에서 정주파와 함께 주류 학문의 동이 논전에 도전하는 음성을 진동시켰다.

2월에 양명은 소흥에 도착하였다. 그는 이미 두 해 동안 소흥 고향에 가지 않았기 때문에 월의 선비들은 일찍부터 학수고대하며 이 심학의 종사가 경사에서 개선하여 돌아오기를 기다리고 있었다. 그리하여 양명이 이때 소흥으로 돌아간 일은 명목상으로는 귀성하여 부모를 찾아뵙는 것이었으나 실제로는 월의 선비와 한 차례 강학론도의 성대한 모임을 하려는 것으로서, 이는 그가 남기에서 동남에 창도의 장을 여는 서막이 되었다. 그는 소흥에 도착하자마자 바로 적막한 양명동에 올라서 진공련형법 수련을 회복하고 묵묵히 앉아서 마음을 맑게 하고(默坐澄心) 천리를 체인하였다. 동중에서 도를 논하자 월의 선비들이 어지러이 양명동으로 찾아와 배알하고 배움을 물었다. 먼저 감찰어사 정일초가 경사에서 남쪽으로 달려서 계양揭陽에 돌아왔는데 진광陳洸과 함께 길을 돌려 소흥으로 와서 도를 묻고 수업하였으며, 성학을 갈고닦아 양명 심학의 지극한 요령을 깨달았다.

그들이 양명과 고별하고 소흥을 떠날 때 서애는 이별의 시 다섯 수를 잇달아 지어서 정일초와 진광이 양명동에서 도를 묻고 가르침을 받은 사실을 다음과 같이 묘사하였다.[11]

---

11 『횡산유집』 권상 「별정조삭제우別鄭朝朔諸友」, 「증진세걸贈陳世傑」.

정조삭과 여러 벗을 이별하다　　　　　　　　別鄭朝朔諸友

끊어진 학문 세상에서 강하지 않은지　　　　絶學世不講

지금 무릇 몇 해이던가?　　　　　　　　　　于今凡幾年

뜻있는 사람 자못 더듬어 찾으나　　　　　　有志頗尋繹

시류는 좋고 나쁨을 변별하네　　　　　　　時流辨蚩妍

스스로 호걸의 선비 아니고서　　　　　　　自非豪傑士

발을 헛딛고 넘어지지 않을 자 드무네　　　鮮不遭踏顚

제군은 모두 영특하니　　　　　　　　　　諸君總英特

삼군 앞에 기치를 세웠네　　　　　　　　　立幟三軍前

이름을 이루어도 배움엔 겸손하고　　　　　成名還遜學

스승을 얻어서 마음을 열었네　　　　　　　得師開心天

난새 봉새 하늘에 나타나　　　　　　　　　鸞鳳出霄漢

높이 가볍게 날아다니네　　　　　　　　　飄飇自高寒

어찌 참새를 돌아보랴!　　　　　　　　　安能顧鳥雀

입을 모아 서로 지저귀나니　　　　　　　　聚口相咄喧

나는 본래 졸렬한 모습으로　　　　　　　　我本朽劣姿

뭇 현자를 뒤따르네　　　　　　　　　　　追培後群賢

빛을 겨우 가까이했는데　　　　　　　　　輝光才接膝

어느새 이별의 자리에 이르렀네　　　　　　離別俄當筵

아녀자들처럼 하지 말지니　　　　　　　　非爲兒女輩

궁색하다 하여 족히 한탄할까!　　　　　　窮索良足歎

남산에 샘 하나　　　　　　　　　　　　　南山有一泉

수많은 시냇물 여기서 나오네	千溪從此出
줄기가 분명하여	脈絡總分明
밤낮 그치지 않고 흐르네	晝夜流不息
위에 올라 사방을 보니	我於上四望
뭇 갈래가 또렷이 갈라지네	群派了然晰
배를 시험 삼아 저어가면	攬艇試一弄
오고 감에 순조롭고 거스름이 없네	去來無順逆
근원을 알지 못하는 사람은	有人不知源
도리어 하류를 따라 찾네	却從下流覓
흐름이 급하나 멈추지 못하고	流急不可止
물러나기는 쉬워도 나아갈 힘이 없네	退易進無力
천 갈래 길 앞두고 눈물 흘리며	涕泣向千歧
눈앞이 어지러운데 어디로 가야 하나?	眩亂終何適

진세걸에게 증정하다   贈陳世傑

복사꽃 오얏꽃 새벽에 아름다움을 다투다가	桃李競芳晨
동풍을 따라 떨어지네	零落隨東風
지란은 빈 골짜기에 아름답고	芝蘭媚空谷
향기는 저절로 퍼지네	馨香惟自榮
어찌 명성과 사업의 뜻이 없으랴만	豈無名業志
돌아보니 기초가 튼튼하지 않네	顧未根基崇
승냥이는 길을 막고 있고	豺狼梗當道
풍파는 장강을 막고 있네	風波阻長江

돌아갈 생각 절실하지 않음은 아니나 念歸匪不切

도를 구함에 의리만 낮아지네 求道義獨降

꾀꼬리 꾀꼴꾀꼴 울고 黃鳥鳴嚶嚶

그윽이 미미한 충심을 느끼네 悠然感微衷

와룡산 올라 보니 登覽臥龍山

사방으로 기이한 봉우리 빽빽하네 奇峰四森列

강과 바다 뒤얽히고 江海溶回互

우러러 양명동 굴을 바라보네 仰見陽明穴

동굴 속에 신선이 있어 穴中有仙子

말씀이 구름과 달을 뚫고 나오네 揚言出雲月

스스로 일컫기를 하느님 명으로 自稱將帝命

신선의 서적을 마음껏 펼쳐본다 하네 仙籍恣披閱

성명은 하나하나 남아 있고 姓名一一存

천기는 감히 누설하지 않았네 天機未敢泄

만날 약속 멀지 않은데 佳期不遠時

뭇 신선 여기서 모임을 하네 群仙會屬玆

하늘의 마음 참으로 알 수 없어 天心諒無爽

마땅히 정을 스스로 기약하네 有情當自期

스승의 말씀에 지극한 요체를 깨닫고 師言領至要

돌아가 은거하려는 마음을 지녔네 歸求秉遯心

마음은 본래 마땅히 얻어야 하니 心屬固宜得

공부의 진보는 바로 지금부터라네 功進當自今

기다리면 곧 틈이 생기나니	有待卽爲間
하느님은 거듭 임하지 않는다네	上帝不二臨
자르고 갈고 또 쪼고 갈아	切磋復琢磨
깊이 수고함을 꺼리네	可憚勤勞深
드리워진 현을 죄지 않는다면	垂弦苟不更
어찌 태고의 음을 바라랴!	焉希太古音

서애의 이 시 다섯 수는 이미 일반적인 이별시의 의미를 초월하였으니 남국으로 돌아가 동남에 도를 전하는 심학대사 양명을 위해 그려준 역사적인 초상화 한 폭이었다. 서애는 양명을 옥황상제의 명을 이어받은 '신선(仙子)'에 비유하여서 그가 양명동에서 비적秘籍을 열람하고 심학을 선포하여 퍼뜨렸으며 선비 학자가 그에게 어지러이 몰려와 도를 묻고 가르침을 받으면서 절차탁마하여서 심학의 지극한 요체를 깨달았다고 하였다. 그는 양명의 심학을 남산南山익 영천靈泉에 비유하여서 수천 갈래외 내와 수만 갈래의 개울이 이로부터 발원하듯이 공자 유학의 학맥과 유파가 또렷하게 분명해졌으니, 그 근원을 탐색하는 자(*심학파)는 도를 얻지만 말단을 좇는 자(*주학파)는 그 길을 잃어버릴 것이라 하였다. 동남에 도를 창도한 심학대유의 형상이 남국 선비들의 마음속에 각인되었던 것이다.

양명에게 찾아와 경건하고 성실하게 도를 물은 월의 선비들 가운데에서는 여요의 혜고蕙皐 서천택徐天澤(1482~1527)이 대표적이라 할 수 있다. 홍치 15년(1502)에 진사였던 서천택은 본래 존주尊朱 학자였다. 유근이 정치를 좌우할 때 그는 이부험봉사낭중吏部驗封司郎中에서 광서 태평부太平府 지부로 좌천되었고 정덕 7년(1512)에 탄핵을 받아 여요의 집으로 돌아가서 거처하였다. 그는 양명이 귀성하여 소흥에 돌아왔다는 사실을 듣게 되었다. 이에 앞서 그의 종제從弟가 소흥에 가서 배움을 물었고, 이어서 서천택도 소흥으로 서둘러 가서 양명을 배알하고 가르침을 받았으며, 아주 빠르게 양명 심학의 지극한 요체를 깨닫고서 주학에서 왕학으로 전향하였다. 그는 감탄하여 다음과 같이 말하였다. "내 평생 정력을 기울이고 사려를 다하여 널리 바깥에서 추구하였는데 이제 내 마음으로 돌이켜서 탁 트이고 여유가 있게 되었다."[12] 서천택은 나중에 병을 얻어서 여요로 돌아갔는데 양명은 편지를 써서 다시 그를 사명四明·천태天台의 유람에 불렀다.

서천택이 양명에게 편지를 보내 여요의 현령 초서楚書(1523, 진사)와 현승縣丞 위산魏珊이 정사에서 서로 대립하고 있다고 알렸을 때 양명은 곧바로 다음과 같은 편지를 서천택에게 써서 보내어 그가 중간에서 중재해주기를 희망하였다.

> 사명의 흥이 매우 커서 혜고(서천택)와 반드시 여러 날 회포를 풀려고 하였으나 뜻밖에도 병으로 그렇게 하지 못하였습니다. 세모歲暮의 국수(湯餠)를 먹는 시기를 맞이하여 과연 이와 같이 할 수 있을지요? 참으로 매우 지극히 원하고 있는데 오히려 하늘의 뜻은 어떠한지 모를 뿐입니다. 초서(楚)가 위산(魏)을 기만하였다고 깨우쳐주셨는데 근래에 자못 그 일에 관해 들었습니다. 그러나 위산의 소박하고 진실함은 사람이 쉽게 볼 수 있는 것이니 상사上司에 마땅히 살필 수 있는 자가 있을 것입니다. 하물며 초서가 쓴 편지는 따져볼 수 있으니 참과 거짓은 끝내 반드시 변별될 것입니다. 위산이 조금 의혹을 받고 있는데 이와 같이 관심을 기울여주셨습니다. 피차 모두 똑같이 지극한 정을 느낄 수 있을 것입니다. 초서 또한 평소 서로 아끼

---

12 『광서여요현지光緒餘姚縣志』 권23 「서천택전徐天澤傳」.

고 있었는데 뜻밖에도 심사가 이에 이르니 더욱 차마 말을 하지 못하겠습니다. 한탄하고 한탄합니다(可恨)! 심부름꾼이 돌아가니 급히 써서 감사의 말씀을 드립니다. 다 쓰지 못합니다.

9일, 수인이 혜고薫皐 군백 도계 형 문시郡伯道契兄文侍께 머리를 조아립니다. 여섯째 아우도 함께 인사 올립니다.[13]

서천택은 양명이 가장 소중하게 여기는(器重) 여요의 제자가 되었다. 그가 주학에서 왕학으로 전향한 것은 양명이 월중의 선비와 강학론도를 함에 가장 커다란 난제가 바로 주류 학문의 동이에 관한 논변에 연계되어 있다는 사실을 드러낼 뿐만 아니라, 그들 정주학자와 주, 류 사이를 배회하는 학자들을 이끌어서 우선 주류 학문 동이 논변의 문턱을 넘어가게 해야 비로소 주학에서 왕학으로 나아갈 수 있다는 사실을 밝히 드러낸다.

양명은 무석無錫을 지나갈 때 일찍이 귀향하여서 정양하고 있던 호부좌시랑 소보邵寶(1460~1527)를 만나 뵈었다. 마침 소보는 그의 제자 화운에게 동림서원東林書院을 수복修復하라 하였고, 양명에게는 기문을 지어달라고 청하였다. 소보는 정통 정주학자이며 이동양의 대제자로서 매일 경서를 읽고 이정二程의 "오늘 한 사물의 이치를 다 탐구하고 내일 한 사물의 이치를 다 탐구한다(今日格一物, 明日格一物)."라는 『대학』의 신조를 봉독하였으며, 매일 격물하여 터득한 내용을 서간書簡에 기록하여서 스스로 '일격자日格子'라고 이름을 붙였다. 그가 수복한 동림서원의 종지는 주학을 크게 떨친다(弘揚朱學)는 것이었다. 웅계熊桂가 양명에게 자양서원의 기문을 지어달라고 청한 것과 마찬가지로 소보는 양명에게 동림서원의 기문을 지어달라고 청하였는데, 이는

---

13 『천향루장첩天香樓藏帖』 「기혜고서찰寄薫皐書札」.

역시 양명에게 주어진 하나의 어려운 문제였다. 그러나 양명은 자기 방식으로 이 어려운 문제를 해결하였다.

무석 현령 고문치高文豸(1511, 진사)가 다시 사람을 양명동에 보내서 양명에게 기문을 지어달라고 청했을 때 양명은 흔연히 다음과 같이 언외言外의 뜻을 담은 「동림서원기」를 지었다.

동림서원은 송의 구산龜山 양 선생(양시)이 강학하던 곳이다. 구산이 돌아가시고 그 지역은 승려의 구역이 되었으며, 또한 그 학문도 마침내 불교·도교(佛老)와 훈고사장訓詁詞章으로 전락한 지 400년이다. 성화 연간 (1465~1487)에 지금 소사도少司徒 천재泉齋 소 선생(소보)이 처음 거자로서 다시 생도를 모아 그 사이에서 학문을 강하고 글을 외웠다. 선생이 벼슬을 한 뒤로 그 터는 다시 황폐해져서 고을의 화씨華氏 소유가 되었다. 화씨는 선생의 문인인데 선생의 연고로 인해 그 땅을 서원으로 양보하였고, 소 선생의 자취를 따라 구산의 옛 자취를 복구하였다. 선생이 그 흥폐를 기록한 뒤 나에게 기문을 부탁하였다. 이때 요양遼陽의 고문치 군이 바야흐로 이 고을의 수령으로 부임해왔는데 그 일을 듣고서 말하기를, '현인과 군자의 자취를 밝히 드러내어 선비의 익힘을 고무하고 격려하는 일은 우리 유사의 책임이다, 돌아봄에 제생을 부지런하게 하려면 어찌해야 하는가?' 하고, 이에 미비한 점을 모두 마무리하고 또 사람을 보내서 청하기를 …… 구산이 돌아가신 뒤 가령 선생과 같은 사람이 서로 이어서 그 사이에서 강하여 밝혔더라면 구산의 학문은 고을 사람들에게 장차 반드시 전승하게 되었을 터인데 어찌 노불老佛과 사장에 빠져서 아무도 알지 못하게 되었는가? 당시를 생각해보면 구산을 따라 배운 사람이 없지 않았을 터이다. 만약 화씨 같은 사람들이 서로 이어서 수리하고 지붕을 이었더라면 가령 그 학문

이 밝아지지는 않더라도 그 사이에 반드시 자취로 인해 도를 구하는 자가
있었을 터인데 어찌 400년 동안 오래도록 빠지고 없어짐에 이르렀겠는가!
…… 구산의 학문이라면 정씨程氏(정호)에게서 얻어 위로는 공자와 맹자에
접하고 아래로는 나예장羅豫章(나종언)·이연평(이통)·회암(주회)에게 열어주
어서 그 통서統緒가 서로 이어졌음은 결코 의심할 수 없다. 그런데 세상에
서는 오히려 그가 만년에 불교에 심취하였다고 비평한다. 이는 그 나아가
는 방향에 털끝만큼의 변별을 하지 않을 수 없다. 선생(*소보)은 일찍이 반
드시 강론을 정밀하게 하였을 것이다. …… 그러나 세상에서 선생을 종주
로 삼는 자는 혹은 그의 문한文翰의 솜씨 때문에, 혹은 학술의 깊음 때문
에, 혹은 정사의 뛰어남 때문인데 선생의 마음은 대부분 이를 충분한 것으
로 여기지 않았다. 선생을 따라 배우는 자는 내 말에서 선생의 마음을 깊
이 추구하고 선생의 마음으로써 위로 구산의 학문을 추구한다면 서원의
복구가 헛된 일이 되지 않으리라.[14]

이는 교묘하게 구산 양시의 학문을 논변하는 문장이다. 동림서원은 본래
양시가 건축한 것으로서 그의 동남 창도의 역사적 상징이었다. 지금 동림서
원은 승사僧寺로 전락하였고, 양시의 학문도 '불로佛老, 훈고사장(*생각건대 주
학을 가리킨다)'의 학문으로 전락하여서 400년 동안 세상 사람들의 오해와 비
판을 받았다. 양명은 동남에 도를 전한 구산 양시를 본받아 남기로 왔다. 그
리하여 그는 기문에서 400년 동안 몰락한 양시의 학문을 거듭 새롭게 심학
으로 전석詮釋하고 천양闡揚하였다. 또한 그는 독특하게 공자 – 맹자 – 정호
– 양시 – 나종언 – 이통 – 백사(진헌장)로 이어지는 심학의 도통을 제시하였고,

---

14 『왕양명전집』 권23 「동림서원기東林書院記」.

양시를 심학의 도통 성인에 편입하였다. 이로부터 양명은 양시의 동남 전도 및 자기의 동남 전도와 정통 유학의 도통·학맥 사이에서 소통과 관련을 찾아 냈다.

양명이 확립한 심학 도통의 전승과 양시의 학문에 대한 심학의 새로운 천석의 계통에는 충분한 근거가 있다. 사서 중에서 『중용』을 사맹파思孟派가 서로 전승한 도통의 성경이라고 한다면 양시가 전한 하락河洛의 학문도 홀로 정호 중용학中庸學의 진전眞傳을 얻은 것이다. 그리하여 양시의 도남道南 학맥은 모두 『중용』을 종주로 삼지 않음이 없었다.

호안국胡安國(1074~1138)은 자기와 양시 학문의 전수 사이에서 다른 점을 다음과 같이 언급하였다.

> 나는 사량좌·유작·양시 세 선생께 의리로는 사우師友를 겸하여서 실로 존신尊信하였다. 만약 그 전수를 논하자면 도리어 그 자체 내력이 있다. 구산이 들은 것이 『중용』에 있음을 근거로 하면 명도 선생이 전수한 것이다. 내가 들은 것은 『춘추』에 있는데 이천 선생으로부터 나온 것이다.[15]

그러므로 양시는 『중용의中庸義』에서 "『중용』이라는 책은 대체로 성학의 연원이며, 덕으로 들어가는 큰 방법이다(中庸之書, 蓋聖學之淵源, 入德之大方也)." 라고 인정하였는데, 구산을 '옷자락을 걷고 자리에서 20여 년을 모신(摳衣侍席 二十餘載)' 나종언도 『중용설中庸說』을 지어서 "『중용』이라는 책은 세상의 학자들이 마음을 다하여서 본성을 알며, 몸소 실천하여서 본성을 다하는 것이다(中庸之書, 世之學者盡心以知性, 躬行以盡性者也)."라고 인정하였다. 구산과 망년

---

15 『송원학안宋元學案』 권25 「구산학안龜山學案」.

의 교제를 맺은 유복游復(＊유정부游定夫의 족부族父) 역시 "그 학문은 『중용』을 마루로 삼고 성의를 주로 삼으며 한사과욕閑邪寡欲을 덕으로 들어가는 길로 삼았다."[16]라고 하여서 양시 중용학의 심학적 특징을 분명하게 말하였다.

양시 중용학의 계통은 '성의誠意'를 주로 한다. 그는 『중용』의 '심성心誠'을 『대학』의 '성의'와 소통 및 통섭하여서 "수신에서부터 미루어 평천하에 이르기까지 도가 있지 않은 곳이 없으나 모두 성의를 주로 한다. 만약 성의가 없으면 비록 도가 있어도 행해지지 못한다. 『중용』은 천하국가에 구경九經이 있음을 논한 뒤 마지막에 이르기를 '그것을 시행하는 것은 하나이다.' 하였다. 하나란 무엇인가? 성誠일 뿐이다."[17]라고 인식하였다. 이는 양명의 성의를 주로 하는 심학과 완전히 서로 부합한다.

양시가 제출한 '성'의 공부론 역시 나중에 이통이 총결한 '정중체인靜中體認(＊묵좌징심)'과 '분수체인分殊體認(＊이일분수)'이다. 양시는 『중용』의 이발미발已發未發설에 근거하여 성의誠意와 주정主靜의 공부론을 제출하여서 "『중용』에 이르기를 '희로애락이 발하지 않은 것은 중中이라 하고, 발하여서 모두 절도에 맞는 것은 화和라고 한다.'고 하였는데, 학자는 마땅히 희로애락이 아직 발하지 않았을 때 마음으로써 체득하면(以心體之) 중의 뜻이 저절로 드러난다."[18]라고 인식하였다. "마음으로써 체득한다"는 말은 나중에 이통이 말한 바로 '정중체인', '묵좌징심, 체인천리'이다.

묵좌징심은 명도(정호)·구산(양시)·예장(나종언)·연평(이통)의 학맥이 서로 전수한 '지결指訣'이며, 황종희黃宗羲(1610~1695)가 말한 "명도로부터 아래로

---

16 『송원학안』 권25 「구산학안」.

17 『송원학안』 권25 「구산학안」.

18 『송원학안』 권25 「구산학안」.

연평에게 이르기까지 한 가닥 핏줄(血路)이 흐른다."라고 한 것이다. 이 '핏줄'은 자연히 성의를 주로 하는 양명의 묵좌징심, 체인천리의 심학으로 이어진다. 이는 바로 양명이 기문에서 거듭 새롭게 천석한 양시 학문의 비밀이 있는 곳이다. 이 기문은 '심학의 대유' 양시의 형상을 빚어냈고, 또한 그 스스로 남도에서 당대의 '양시'인 심학의 대유로서 동남에 도를 전하는 '선언서'가 되었다.

그러나 이러한 주류의 학문과 양시의 학문에 대한 논변은 필연적으로 불로佛老의 학문에 대한 인식과 연계된다. 양시의 학문은 나중에 '불학으로 흘렀다(流於佛學)'고 인정되었으며, 육학은 정주학파의 시각에서 '선학禪學'으로 보였고, 백사와 양명의 심학도 '선禪'으로 지목되었다. 양명도 정면으로 대응해야 하였다. '상국유'의 곡절을 겪은 뒤 양명은 불로의 학문에도 비록 사벽邪辟한 설(*예컨대 작길아사아繳吉我些兒의 '음도비술陰道祕術' 같은 종류)이 있지만 불로의 학문과 유학이 부합함을 믿어서 불로를 배척하지도 않고 불로에 의지하지도 않지만 유가는 자기 성학의 공부를 빛나고 크게 드날려야 한다고 주장하였다.

5월에 일본의 정사正使 요암화상了庵和尙 퇴운 계오堆雲桂悟(1425~1514)가 영파寧波 아육왕사阿育王寺에 거처하다가 귀국하는 일을 처리하기 위해 소흥에 왔는데, 양명은 즉시 그를 찾아가 예방하였다. 퇴운 계오는 일본의 저명한 고승으로서 불법에 정통하였고 시문을 잘 지었으며, 일본 시승詩僧의 으뜸(冠)이었다. 정덕 연간(1506-1521)에 두 차례 명에 와서 조공하였다. 1차로 정덕 6년(1511) 10월에 서울로 와서 방물을 조공한 뒤 고소姑蘇에 머물다가(館) 정덕 7년 4월에 귀국하였다. 양명도 이때 서울에 있었는데 그와 만나 서로 알게 되었다. 2차로 정덕 8년 초에 다시 서울로 와서 방물을 조공하고 뒤에 전직轉職하고서 남하하여 영파 아육왕사에 거처하였는데, 배를 타고 소흥을 지나가게 되어서 양명도 그를 찾아가 예방하였다. 5월에 이르러 퇴운 계오는 또 소흥으로 와서 양명에게 경사의 양일청 등 조정의 선비가 지어준 송별 시권詩卷을 보여준 뒤 고별하였다.

양명은 그를 위해 다음과 같이 「송일본정사요암화상귀국서送日本正使了庵和尚歸國序」 한 편을 지었다.

세상의 분경奔競을 미워하고 어지럽게 얽매임(煩拏)을 싫어하는 자는 대부분 숨어서 불교(釋)에 귀의한다. 불교를 믿는 데에 도가 있다(爲釋有道). 맑음(清)이 아닌가? 휘저어도 흐리지 않음은! 깨끗함(潔)이 아닌가? 부닐어도 물들지 않음은! 그러므로 반드시 사려를 그쳐서 먼지를 씻어내고 홀로 행하여 무리에서 벗어나니 이는 도에 위배되지 않는 것이다(斯爲不詭於其道也). 진실로 이와 같지 않다면 비록 머리를 깨끗이 밀고 옷을 검게 입고 글을 범어로 읽어도 조세와 부역에서 벗어나는 것일 뿐이고, 멋대로 방탄을 즐기는 것일 뿐이니(雖皓其髮, 緇其衣, 梵其書, 亦逃租縣而已耳, 樂縱誕而已耳) 두와 어떠한 관련이 있겠는가? 지금 자字가 요암인 일본 정사 퇴운 계오는 나이가 상수上壽를 넘겼는데 배움에 게으르지 않고 일본 국왕의 명을 받고 대명大明에 보배를 조공하러 왔다. 배가 은강鄞江의 물가(滸)에서 막혀 역참(馹)에 관사를 정하였다. 나는 그곳을 지나갔는데 진리를 깨달은 얼굴(法容)과 깨끗한 수행, 계율에 따른 행동이 굳건하였으며, 한 방에 앉아서 경서를 좌우에 두었고 문장을 빚어서 꾸며 스스로 도취하였는데 모두 빼어나서 볼 만하였으니, 맑지 아니한가! 더불어 공空을 변론함은 이른바 여러 전원殿院의 글을 미리 닦은 데서 나왔는데 가르침의 동이를 논하여서 우리 성인을 아울렀으며(論教異同, 以竝吾聖人) 마침내 성품은 여유롭고 감정은 안정되고 떠들면서 멋대로 하지 않으니 깨끗하지(淨) 아니한가! 또한 (중국에) 와서 유명한 산수에서 노닐고 어진 사대부와 종유하며 화려한 색을 눈에 담지 않고 음란한 소리를 귀에 담지 않고 기이하고 거짓된 행동을 몸에 일으키지 않으니 그 마음이 날마다 더욱 맑아지고 의지가 날마다 더욱 깨끗해졌다. 무리는 떠나기를 기약하지 않아도 저절로 벗어났고 먼지는 씻으려고 하지 않아도 이미 끊어졌다. 이로써 돌아갈 생각을 하였는데 우리나라에서 그와 문자로 교류한 사람은 태재공太宰公 및 여러 신사들(諸紳輩)로서 모두 학문이 뛰어난 유학자들이었다. 모두 그가 떠남을 애석하게 여기고 저마다 시와 문장으로 탁월한 행적을 아름답게 꾸몄는데 본래 빌려와서 넘치는 것이 아니니 내가 어찌 서문을 쓰지 않겠는가!

황명 정덕 8년 계유년 5월 기망旣望(열엿새), 여요 왕수인이 서문을 쓰다.[19]

이 문장은 분명히 양명이 경사에서 사대부와 진신縉紳들이 퇴운 계오를 송별하면서 지은 시권을 위해 쓴 서문이다. 그는 명확하게 불학에 도가 있음을 말하여서 "불교를 믿는 데에 도가 있다(爲釋有道)."고 하였으며, 고승에게 도가 있다고 하여서 "도에 위배되지 않으며", 유, 불이 도가 같고 성인이 같다고 하여서 "가르침의 동이를 논하여서 우리 성인을 아울렀다"고 하였다. 그는 여기서 은연중에 퇴운 계오와 작길아사이와 같은 부류의 번승을 비교하여서 같은 '번승'이지만 퇴운 계오는 맑고 탁하지 않으며 깨끗하고 물들지 않은 고승으로서 불도를 속이지 않았다고 하였다.

그는 비평하기를, 이러한 거짓 승려는 "비록 머리를 깨끗이 밀고 옷을 검게 입고 글을 범어로 읽어도 조세와 부역에서 벗어나는 것일 뿐이고, 멋대로

---

19 이토 마쓰伊藤松 『인교징서鄰交徵書』 초편初篇 권1.

방탄을 즐기는 것일 뿐"이라 하였는데, 실제로 작길아사아와 무종과 같은 부류를 가리킨다. 이 서문은 양명이 월중 및 남도의 선비와 함께 유불도 세 학문의 동이를 논변하면서 기조를 정한 것인데 나중에 그가 작길아사아를 탄핵하여 올린 소와 「간영불소諫迎佛疏」를 위한 씨앗을 묻어둔 셈이었다.

더욱 광범위하게 절중浙中의 선비들과 함께 모여서 강학론도를 전개하기 위해 양명은 천태의 유람을 발의하고 월중 문인과 선비를 이끌고 남하하여서 사명·천태로 유람할 준비를 하였다. 이는 한편으로는 제자와 학자들을 데리고 서재에서 벗어나 산과 산, 물과 물로 가서 학문을 강론하고 맑게 관조하며 도를 체득하는 일이었다. 그러나 또 한편으로는 역시 황관이 제안한, 천태에 모여서 도를 논하자는 이전의 약속을 지키는 일이었다.

천태의 유람을 준비하기 얼마 전 자소산紫霄山에 돌아가 거처하던 황관이 산중 수도修道의 시를 보내왔는데, 실상은 역시 천태에 모여서 도를 논하자고 양명을 초청하는 것이었다.[20]

병중에 벽곡을 익히면서 양명과 감천에게 주다, 두 수

病中習辟穀寄陽明甘泉二首

오래도록 병이 낫지 않아	伏病久未愈
벽곡방을 시험해보네	乃試辟穀方
산이 깊어 솔과 측백을 구하기 쉬워	山深易松柏
날마다 채집하나 바쁘지 않네	日採頗不忙
아침 내내 쌀 한 톨 먹지 않았지만	終朝未一粒

---

20 『황관집』 권2 「병중습벽곡기양명감천이수病中習辟穀寄陽明甘泉二首」.

세 번 삼키고서 굶주림을 채우네　　　　　三嚥充我飢

정신은 상쾌하여 초월한 느낌에　　　　　神爽覺超越

간과 폐는 홀연 향기롭네　　　　　　　　肝肺忽已香

이로써 냄새나고 더러운 음식 버리고　　從玆謝葷穢

아울러 사람들에게 양식을 보내주네　　幷遣人間粮

아름다운 약과 술로　　　　　　　　　　瓊英與玉液

신을 벗고 모두 맛을 보네　　　　　　　脫屣皆堪嘗

우리 약야자를 부르고　　　　　　　　　邀我若耶子

서운 랑에게 손짓하네　　　　　　　　　招手西雲郎

호미로 세 갈래 오솔길 풀을 매고　　　與鋤三徑草

밝은 해는 하늘과 땅 사이에서 노니네　白日遊玄荒

세상을 숨으면 또 무엇이 있나?　　　　遯世亦何有

벽곡은 참으로 늘 할 수 있는 일　　　　辟穀諒可常

담박하게 평소 뜻을 따르니　　　　　　澹泊本素志

본성의 바탕이 상당하네　　　　　　　　質性有相當

당년의 적송자는　　　　　　　　　　　當年赤松子

내게 출세방을 주었네　　　　　　　　　遺我出世方

수인씨 이전을 생각하면　　　　　　　　緬懷燧人上

연기와 불은 미치지 못하네　　　　　　煙火多未遑

지금은 어찌하여 쌀이 있고　　　　　　今胡有玉食

초목도 오히려 충분하네　　　　　　　草木猶足將

가도 가도 돌길에 구름은 깊고　　　　去去雲磴深

이 봄날은 길기도 하네　　　　　　　　及此春日長

황관은 자소산에서 벽곡 선방仙方을 수련하며 양명동에서 진공련형법을 수련하는 양명과 정신적으로 감응하였다. "우리 약야자를 부르고, 서운 랑에게 손짓하네. 호미로 세 갈래 오솔길 풀을 매고, 밝은 해는 하늘과 땅 사이에서 노니네"라고 한 구절은 양명과 감천을 천태산 산중으로 청하여 도를 논하자는 말이다.

6월 중순에 양명은 서애와 함께 여요 용천산龍泉山 청풍정淸風亭으로 가서 산중에서 도를 품은 선비 왕세서王世瑞(왕호王琥)·허장許璋과 문인 채종연·주절 등과 모임을 가졌는데, 성촉계星燭溪와 영락사永樂寺를 따라 출발하여 사명·천태·안탕의 유람을 시작하였다. 그들은 상우上虞로부터 사명산으로 들어가 백수포白水瀑를 구경하고 용계龍溪를 찾고 장석산杖錫山을 등반하고 설두사雪竇寺를 탐방하였으며, 천장암千丈巖에 오른 뒤 옥천암玉泉庵에서 노닐고 묘고봉妙高峰·천모산天姥山·화정봉華頂峰의 여러 승경을 멀리서 조망하였다. 오가는 내내 시를 읊어 주고받으며 곳곳에서 강학론도를 하였다. 도중에 끊임없이 왕숙헌汪叔憲(왕연汪淵)·정만鄭滿(1465~1515) 등 제자와 선비들이 와서 그들을 모시고 유람하였으며, 달계妲溪 왕씨 종인宗人도 앞다투어 모여들었다.

영락사에서 출발하였을 때 양명은 즉흥적으로 시를 지어서 이 유산완수遊山玩水, 방선문도訪禪問道의 '흥회興會'의 의미를 풀어놓았는데, 서애는 화답시 한 수를 지어서 그 속에 담겨 있는 스승의 뜻을 다음과 같이 밝혔다.[21]

영락에서 노닐며 양명 선생 운을 따다　　　　　遊永樂次陽明先生韻

배를 띄워 비로소 절을 찾으니　　　　　　　　　放舟始尋寺

---

21 『횡산유집』 권상 「유영락차양명선생운遊永樂次陽明先生韻」.

스승과 벗들 흥이 얼마나 긴지!	師友興何長
고목에 등나무 넝쿨 휘감아 축축하고	古樹雲蘿濕
한가한 마음에 여름날은 서늘하네	閑心夏日涼
강물은 지형을 따라 모이고	江流隨地合
바다는 하늘과 닿아 푸르네	海色接天蒼
잔치 자리 맑은 차를 다 마시고 나니	宴坐清茶罷
느긋한 달빛이 회랑에 가득하네	悠然月滿廊

스승과 제자 일행이 산길을 밟아가며 설두사에 이르러 산을 유람하고 물을 즐기는 흥겨운 모임은 유쾌하기 그지없었다. 양명은 산의 바위에 앉아서 문인들에게 산을 유람하고 도를 방문한 일을 다음과 같이 총결하였다.

오늘에야 끝나니 소회가 흡족하다. 지나오는 내내 아름다운 경치가 하나하나 더 뛰어났는데 옛날에만 훌륭했을 뿐이 아닌 것은 지금 여러분과 관람할 수 있었기 때문이다. 영락의 여러 산은 유람하며 감상하는 자를 위해 갖춰진 곳이며, 사명은 거처할 만한 곳이다. 용계는 속세를 피할 수 있는 곳이나 험애險隘에 가깝다. 장석杖錫은 덕이 있는 사람이 숨어 살 만하나 거의 단절되어 있다. 이에 숨고 드러남이 한결같지 않고 우러러보고 굽어봄에 얽매이지 않고 가까이해도 더럽지 않고 멀리 해도 어그러지지 않으며, 멀리까지 이를 수 있고 기이함을 드러내는 곳은 오직 설두雪竇인가! 제군이 귀와 눈으로 접한 것과 마음과 지각으로 즐기는 것은 산수에만 있는 것인가(諸郡耳目之所接, 心知所樂, 其於山水已乎)?[22]

---

22 『횡산유집』 권하 「유설두인득룡계제산기遊雪竇因得龍溪諸山記」.

"귀와 눈으로 접한 것과 마음과 지각으로 즐기는 것은 산수에만 있는 것인가?"라고 한 구절은 바로 인자요산仁者樂山 지자요수知者樂水의 뜻이며, 이때 산을 유람하고 물을 즐기면서 산수의 승경에 이르러 마음을 맑게 하고 도를 체득한 효과를 거둔 것을 암시한다.

본래 양명은 설두에 도착한 뒤 봉화奉化에서 길을 잡아 천태로 갈 준비를 하였는데, 공교롭게도 봉화에서 큰 가뭄을 만나 산과 들이 갈라 터지고 농가에서는 비가 내리기를 하늘에 빌었으나 내리지 않아 촌장村莊이 온통 처참한 광경이었다. 게다가 왕숙헌과 왕세서는 석당石撞(두꺼비)을 잘못 먹고 뼈에 병이 생겼으며 주절은 다리에 부상을 입었고 채종연도 병으로 돌아갔으며, 천태·안탕의 길은 멀고 가기 어려워서 양명은 길을 돌려 돌아가기로 결정하고 산을 내려와 대부大埠에 이르렀다.

고송古松에 가려서 드러날 듯 말 듯한 설두사를 돌아보며 양명은 고별시 세 수를 읊었다.[23]

설두에 노닐다　　　　　　　　　　　　　　　　遊雪竇

평소 초야를 좋아하여 세속과 많이 버성겼는데	平生性野多違俗
구름 덮인 산을 바라보며 쇠약해짐을 탄식하네	長望雲山歎式微
잠시 시내로 가 먼지 덮인 면관을 씻으니	暫向溪流濯塵冕
은자의 옷이 관복보다 낫네	益憐蘿薛勝朝衣
숲속 연기 이는 곳에 스님이 있음을 알고	林間煙起知僧往

---

23 『가정영파부지嘉靖寧波府志』 권6 「유설두遊雪竇」. 서화 경매에 출품된 양명의 이 첫째 수 진적은 제목이 「설두사보방간운雪竇寺步方干韻」이다.

바위 아래 구름 걷히니 나는 새가 보이네　　　　　巖下雲開見鳥飛

절경에서 사슴을 벗 삼으니 저절로 여유로운데　　絶境自餘麋鹿伴

하물며 멀리서 선의 기봉을 깨달았다는 소식 들리니!　況聞休遠悟禪機

산은 험하고 길은 끊어져 홀로 오기 어려운데　　窮山路斷獨來難

수많은 시내를 다 건너니 석단이 보이네　　　　過盡千溪見石壇

높은 누각 종소리에 스님은 일어나고　　　　　高閣鳴鐘僧睡起

깊은 숲은 덥지 않아 갈옷이 서늘하네　　　　　深林無暑葛衣寒

바위에 떨어지는 폭포소리 골짜기에 진동하고　蟄雷隱隱連巖瀑

비는 억수같이 내려 대나무 줄기에 어리네　　　山雨森森映竹竿

여러 봉우리 한눈에 다 보지 못함을 놀라지 말라　莫訝諸峰俱眼熟

당년에 그림 속에서 보았으니　　　　　　　　當年曾向畫圖看

스님 거처에서 산들을 굽어보니　　　　　　　僧居俯瞰萬山尖

유월에 세찬 바람 더위를 일찌감치 몰아내네　六月凉飆早送炎

잠자리에 누우니 바람 부는 시내에 빗소리 급하고　夜枕風溪鳴急雨

새벽 창의 짙은 안개 푸른 발에 감기네　　　　曉窗宿霧卷靑簾

연못을 만들어 연을 심고 봉우리 꼭대기를 향하니　開池種藕當峰頂

대나무 걸쳐서 샘물을 끌어 처마를 지나가네　架竹分泉過屋檐

깊은 골짜기에는 늘 표범이 숨었겠지　　　　　幽谷時常思豹隱

깊은 밤 스스로 잠긴 교룡에 부끄럽네　　　　深更猶自愧蛟潛

양명이 지은 위 시의 첫째 수는 당대唐代 시인 방간方干(809~888)의 「설두의 절집에 오르다(登雪竇僧家)」의 운을 밟은 작품이다.[24]

구불구불 길을 더듬어 절에 오르노라니	登寺尋盤道
인가 연기는 멀리서 가물거리네	人煙遠更微
돌집 창으로 가을 바다가 보이고	石窓秋見海
산안개는 저녁에 옷을 적시네	山靄暮侵衣
나무들 스님 따라 늙어가는데	衆木隨僧老
높은 곳 샘물은 하루 종일 떨어지네	高泉盡日飛
뉘라서 출세를 싫어하랴만	誰能厭軒冕
이곳에 오면 속세를 잊는다네	來此便忘機

셋째 수는 서애의 「설두에 제하다(題雪竇)」를 차운한 것이다.[25]

견여 타고 날카로운 사명을 내려오니	肩輿飛下四明尖
옷깃은 나무 끝에 나부끼고 날씨는 뜨겁네	衣拂林梢暑却炎
산이 다한 남쪽에 설두가 열리니	山盡南天開雪竇
수종산 서쪽 절벽 얼음 발이 맺혔네	水鍾西嶂結冰簾
만 리 긴 바람 강남으로 불어오니	長風萬里來江南
축축한 안개 새벽 처마에 짙게 끼었네	濕霧千重出曉簷
산사람 어인 일로 궁벽함을 좋아하나?	耽僻山人亦何意

---

24 『전당시全唐詩』 「등설두승가登雪竇僧家」.

25 『횡산유집』 권상 「제설두題雪竇」.

은담에는 원래 교룡이 있네 　　　　　　　　　隱潭元自有蛟潛

　양명의 시 세 수는 당시 사명 유람에 마지막 전아한 악장을 이루었다. 그는 문인들과 함께 대부大埠에서 영파에 이른 뒤 배를 빌려 강에 띄우고 여요로 돌아와 영락사에 거처하였는데 월중의 선비들이 모두 와서 영접하였다. 이는 또한 한 차례 강학론도의 모임이었다. 서애는 「유설두인득룡계제제산기遊雪竇因得龍溪諸山記」를 지었는데 당시의 심상하지 않은 사명의 유람을 기술하였다.

　양명의 동년 정만은 시를 지어서 화운하여 반달 남짓한 사명의 유람을 총결하였다.[26]

영락사에서 왕백안 허반규와 함께 밤에 이야기하다, 두 수

　　　　　　　　　　　永樂寺同王伯安許半珪夜話二首

구불구불 강물은 산 사이를 돌아 흐르고	曲曲江流小小山
선방은 숲속에 보일 듯 말 듯	禪房掩映茂林間
아침저녁 미세기에 배는 오락가락	早潮晚汐舟來去
맑은 마음으로 앉았으니 돌아올 줄 모르네	坐得清時不省還
가을비 내려 온 산은 누런 잎	黃葉滿山秋後雨
푸른 등 밝힌 밤 나뭇잎 소리	青燈一夜樹中聲

---

26 『면재선생유고勉齋先生遺稿』 권3 「영락사동왕백안허반규야화이수永樂寺同王伯安許半珪夜話二首」, 「조추즉사이수차왕백안년형운早秋卽事二首次王伯安年兄韻」.

침상을 나란히 하고 이야기 나누다 말을 잊었는데　　　連牀話到忘言處

아득히 넓은 하늘에는 바람이 부네　　　寥廓長天陣陣風

이른 가을 눈앞의 일, 두 수, 왕백안 연형의 운을 따다

　　　　　　　　　　　早秋卽事二首次王伯安年兄韻

향은 꺼지고 낮은 긴데 남은 경전을 뒤적이니　　　香銷晝永閱遺經

눈앞의 솔 그림자 뜰을 반쯤 가리네　　　目轉松陰影半庭

비 갠 푸른 하늘은 씻은 듯하고　　　雨後碧天渾似洗

남쪽 창 멀리 푸른 봉우리 보이네　　　南窗遙見數峰靑

고요한 낮에 한가로이 산수를 보니　　　晝靜閒觀山水經

흰 구름 맑은 해 빈 뜰을 비추네　　　白雲晴日照空庭

적막한 반생 누구와 이야기할까?　　　半生寂寞憑誰語

오직 푸른빛을 띤 산이 좋아서 온다네　　　惟有好山來送靑

　양명의 천태 유람에서는 결국 단지 사명을 유람하였을 뿐 황관과 천태의 선비들을 만나려는 바람은 이루지 못하였다. 돌아온 뒤 그는 황관에게 보낸 편지에서 다음과 같이 해명하였다.

　…… 저(僕)는 집에 돌아온 뒤 즉시 왈인(서애)과 함께 안탕雁蕩의 약속을 이루려고 하였으나 종족, 친우와 서로 얽혀서 시간을 마음대로 하지 못하였습니다. 마침내 5월에 가려고 결의하였으나 혹서를 만나서 길을 막는 것들이 너무 많고 견고하여 다시 뜻을 이루지 못하였습니다. 때를 틈타 왈

인과 가끔 근처 작은 산들을 찾았는데 동남의 숲과 골짜기가 가장 경치가 뛰어나서 몇몇 벗들과 서로 유람하기로 기약하였는데 종현宗賢(황관)이 오기를 기다렸다가 도착하면 즉시 가려고 하였습니다. 달포가 지나자 왈인은 기한이 너무 지난 데다 어른이 독촉하여서 형편상 더 기다리지 못하였습니다. 이에 상우上虞로부터 사명으로 들어가서 백수白水를 구경하고 용계의 근원을 찾아가 장석을 오르고 설두에 이르렀습니다. 천장암千丈巖 위에서 천모天姥, 화정華頂을 바라보니 볼 만하였습니다. 마침내 봉화에서 길을 잡아 적성赤城에 이르렀는데 공교롭게도 이때 그곳은 매우 가물어서 산과 내가 모두 갈라 터지고 길가의 인가에서는 허둥거리며 비가 내리기를 바라고 있어 가슴이 참담하고 즐겁지 않았습니다. 결국 영파에서 배를 빌려 여요로 돌아왔습니다. 왕복 반달 남짓 걸렸습니다. 여러 벗들과 종유한 것도 조금 소득이 있었으나 크게 발명한 것은 없습니다. 가장 서운한 일은 종현이 이 행사에 함께하지 못했다는 점입니다. 돌아와서 보름 뒤 왈인이 떠나갔고, 심부름꾼이 온 지 이미 10여 일이 지났습니다. 지난 시절 서울에 있을 때는 매양 고향으로 돌아가지 못함을 한으로 여겼기에 돌아오는 것이 마땅히 더욱 쉬워야 하는데 이제는 더욱 어렵게 되었습니다. 정신과 의기가 날로 이전보다 못하니 앞으로 오늘을 돌아본다면 어떨지 모르겠습니다. …… 친우들은 왈인이 이미 돌아갔고 시일이 촉박하니 저양滁陽으로 가는 걸음을 더욱 늦추기 어려워서 이달을 넘기지 못한다고 합니다. 듣건대 그곳은 산수가 자못 아름답고 일도 한가하다고 합니다. ……[27]

---

27 『왕양명전집』권4 「여황종현與黃宗賢」 서2. 이 편지의 주에 '임신년(1512)'에 썼다고 하였는데, 오류이다.

사명의 유람이 끝난 뒤 양명이 남경 태복시소경의 직임으로 부임할 시기가 이미 코앞으로 다가왔는데 오히려 더욱 많은 선비가 끊임없이 찾아와서 배움을 물었다. 양명은 월중 선비와 마지막 강학론도에 매진하였다. 늦가을(深秋) 이후 월중의 선비도 행낭을 준비하여서 이듬해 봄 과거시험에 임하기 위해 서두르기 시작하였다. 은현鄞縣의 선비 치재致齋 황종명黃宗明(?~1536)은 이듬해 춘관시春官試(예부시禮部試)에 참가하기 위해 서울로 향하다가 소흥을 경유할 때 찾아와서 배움을 물었다. 양명은 그와 함께 덕을 높이고(尊德) 도에 뜻을 두는 것(志道)과 과거를 보아 공명을 얻는 것의 관계를 토론하여서 그가 뜻을 세우고 덕을 밝히고 도를 행하기를 바랐다.

황종명이 소흥을 떠나 북상하여서 경사로 나아갈 때 양명은 특별히 그를 위해 이별의 글을 지어서 증정하였다.

입지立志의 설은 이미 근래에 번거롭게 말씀드렸으나 지기知己를 위한 말이니 끝내 또한 이를 버릴 수 없습니다. 두덕에 뜻을 두는 자는 공명이 그 마음을 얽어맬 수 없습니다. 공명에 뜻을 두는 자는 부귀가 그 마음을 얽어맬 수 없습니다. 다만 근래에는 도덕은 공명일 뿐이며, 공명은 부귀일 뿐입니다. '어진 사람은 그 옳음을 바로잡고 그 이익을 도모하지 않으며, 도를 밝히고 공을 헤아리지 않으나(仁人者, 正其誼不謀其利, 明其道不計其功)' 한 번이라도 도모하고 헤아리는 마음을 갖는다면 비록 옳음을 바로잡고 도를 밝히더라도 역시 공리功利일 뿐입니다. 여러 벗이 이미 흩어져서 거하며 왈인 또한 장차 멀리 이별하게 되었는데 강학회 중에서 모름지기 때때로 경책하여 계발하면 거의 느슨하고 미약하지 않을 것입니다. 성보誠甫(황종명)의 발걸음은 스스로 하루에 천 리를 갈 것이며, 임무는 무겁고 길은 먼데(任重道遠) 성보가 아니면 누구에게 이를 바라겠습니까? 이별에 앞서

나눈 몇 마디(臨別數語)를 어렴풋하게 끝내 잊을 수 없으니 이에 깊이 아낍니다.[28]

산음의 주절·소명봉·계본 등의 제자들도 모두 남궁南宮의 춘시春試에 참가할 뜻을 품고 양명에게 찾아와서 배움을 물었다. 양명은 채종연이 부모상을 당하여 집에서 수효守孝를 하며 나갈 뜻이 없음을 알게 되었을 때 즉시 주절에게 부탁하여서 다음과 같은 의미심장한 편지 한 통을 보내서 권유하였다.

…… 수충守忠(*주절)이 와서 출처에 대해 말씀하신 편지를 받았는데 희안希顔(채종연)이 얼마나 나를 깊이 사랑하는지를 알게 되었습니다. 다른 사람은 이러하지 않았습니다. …… 환난과 근심과 고통은 실학實學이 아님이 없습니다. 지금 비록 의려倚廬에 있으나 생각은 모름지기 진보해야 합니다. 전에 계명덕季明德(*계본)의 글을 보았는데, 그 뜻이 매우 바른 것을 알았으나 다만 그와 더불어 상세히 강하지는 못하였습니다. "학문의 도는 다름이 아니라 놓친 마음을 구하는 것일 뿐이다(學問之道無他, 求其放心而已)."라고 한 이 한마디면 족합니다. 공부의 절목에 이르러서는 강을 할수록 더욱 끝이 없습니다. 공자가 오히려 말씀하시기를 "배운 것을 강하지 않음이 나의 근심이다(學之不講, 是吾憂也)."라고 하였는데, 지금 세상에서 배움에 뜻을 두지 않은 자는 족히 말할 것이 없으나 다행히 뜻이 독실한 선비가 한둘 있어도 또한 더불어서 강하여 밝힐 사우師友가 없으니 기운을 이치

---

28 『왕양명전집』 권4 「여황종현與黃宗賢」 서1. 이 글에서 "이별에 앞서 나눈 몇 마디(臨別數語)"라고 하였는데, 이를 통해 양명이 이별을 앞두고 황종명에게 증정한 글임을 알 수 있으니 문집에서 서신이라고 규정한 것은 타당하지 않다.

로 잘못 인식하고(認氣作理) 성급하게 맹목으로 자신하여(冥悍自信) 죽을 때까지 고생만 하고 끝내 소득이 없으니 이는 참으로 애석한 일입니다. 『예』를 읽은 뒤 명덕과 서로 토론하였습니까? 나아간 바를 알려주신다면 다행이겠습니다. 저(某)는 커다란 지식이 없고 또한 남들과 말하는 것을 좋아하지 않습니다. 지금 시대를 돌아보면 인심人心이 몰락한 지 오래되어서 착한 사람을 하나라도 얻으면 오직 (그가) 성취하지 못할까 두렵습니다. 제군諸君과 함께 이 학문을 밝히기를 기약하였으나 애초에 자임한다는 의심을 받지 않으려고 이를 피하였습니다. …… 향리의 후진들 가운데 말할 만한 사람이 있으면 곧 접하여서 이끌어주는 것은 본분 안의 일이니 겨를이 없다고 해서는 안 됩니다. 누거樓居는 이미 완비되었는지요? 호구지책은 부득이한 것이나 그 사이에 또한 할 말이 있습니다. 듣건대 벗들 사이에 희안이 고상하여서 나오지 않는다고 하는데 그 사이에서 모름지기 경중을 헤아려야 할 것입니다. 가령 늙으신 어버이를 위해 죽을 끓여서 수명을 조금 이어갈 수 있게 한다면 고상함을 말할 필요가 없으며, 스스로 나아감을 마땅하게 여기지 않는 것일 뿐입니다. 그렇지 않으면 도리어 사심私心이니 살피지 않으면 안 됩니다.[29]

양명은 강학과 출사를 통일하였다. 그의 진정한 의도는 채종연이 사상적으로 그와 거리를 두고 있다는 것을 느꼈기 때문에 채종연이 독실하게 학문에 뜻을 가지고 함께 힘을 모아 심학을 제창하여서 '여러분과 함께 이 학문을 밝히기를 기대하는' 데 있었다. 같은 상황이 응량應良(1480~1549)의 신변에도 일어났다. 응량도 이때 부모의 상을 당하여 선거仙居에 돌아가 있었는

---

29 『왕양명전집』 권4 「기희연寄希淵」 서3.

데 김극후金克厚(1523, 진사)를 보내 양명에게 묘지명을 청하였다.

양명은 즉시 김극후에게 부탁하여서 응량에게 『전습록』 두 부(二本)를 보내고 아울러 편지를 써서 다음과 같이 말하였다.

> 연말에 여막(廬下)을 방문하여서 문상과 위로를 조금이라도 하기 위해 마침내 천태·안탕의 여행을 하려고 하였습니다. 그런데 쓸데없이 병에 걸려서 끝내 가지 못하였습니다. 지금 백재伯載(*김극후)가 가는데 또 함께하지 못하여서 안타깝고 한스러워할 뿐이니 어찌해야 하겠습니까! 어찌합니까! 근래 상복을 입고 계시면서(孝履) 하늘을 살피시며(天相) 예를 읽은 나머지 어느 것인들 덕으로 나아가는 바탕이 아니겠습니까? 이번 겨울은 큰일을 거행할 수 있겠습니까? 장사 지내는(執紼) 일은 혼자 해결할 수 없으니 서로 만나는 기약 역시 미리 정할 수 없습니다. 이별의 정회가 뭉클한데 병든 사람의 붓이 다 갖출 수 없습니다. 백재는 당연히 대략 다 아실 것입니다.
>
> 9월 3일, 원충原忠(응량) 태사太史 도계道契 님께 수인이 손 모아 절합니다.
>
> 형의 큰 효도는 비할 데 없어(莫次) 돌아가신 어르신의 묘지문은 감히 약속을 어기지 못하나 병환 중에 조금 늦어질 듯합니다. 그러나 늦추는 죄는 이미 피할 수 없음을 알고 있습니다. 별도로 두 책(二冊)을 기록하여서 보내니 보시기 바랍니다.[30]

여기서 말하는 '두 책'은 『전습록』 두 부를 가리키는데, 이는 양명이 소흥으로 돌아간 것이 원래 『전습록』을 월중의 선비들과 강학하고 도를 전하는 데 이용하여서 그들을 '왕문'으로 이끌려는 것임을 충분히 밝히고 있다. 그는

---

30 추현길鄒顯吉(1636~?),『호북초당장첩湖北草堂藏帖』제1책「왕양명선생수인간王陽明先生守仁柬」.

『전습록』을 성현의 학문을 전수하는 '교과서'로 삼아 월중의 선비들에게 널리 증여하였는데, 그가 전수한 '성학'과 '절학絶學'은 실제로는 『전습록』에 실려 있었다.

운양鄖陽 죽계竹溪의 선비 웅창熊彰은 정덕 5년(1510)에 호광湖廣의 거인이 되었으며, 정덕 6년(1511) 서울로 가서 과거를 보았으나 실패하였는데 대략 이 시기에 양명과 알게 되었다. 그도 멀리 소흥까지 찾아와서 양명에게 배움을 물었다. 양명은 특별히 그를 위해 「돌아가는 웅창에게 드리다(贈熊彰歸)」한 수를 지었다.[31]

문 앞 오솔길 묵어서 풀은 우북하게 자라고	門徑荒凉蔓草生
멀리서 찾아온 정에 매우 부끄럽네	相求深怪遠來情
천년 동안 끊어진 학문은 먼지를 뒤집어썼으나	千年絶學蒙塵土
어느 곳인들 맑은 강에 밝은 달 없으랴!	何處澄江無月明
앉아서 먼 산을 바라보니 저녁 기운 어렸고	坐看遠山凝暮色
홀연 낙엽 지는 소리에 가을을 일깨우네	忽驚廢葉起秋聲
돌아가는 길 산을 바라보며 그윽한 흥이 일어	歸途望嶽多幽興
짝지어 산밭을 갈 일을 물어보네	爲問山田待耦耕

"천년 동안 끊어진 학문"이란 『전습록』에 실려 있는 심학을 가리키며, "먼지를 뒤집어썼으나"라고 한 구절은 주학에 대한 비평이다. 이는 바로 양명이 월중의 선비들과 강학론도를 한 기조이며, 양명은 『전습록』을 분명히 웅창에

---

31 『왕양명전집』, 권24 「증웅창귀贈熊彰歸」. 『왕양명전집』은 이 시를 '저주시滁州詩'에 편입하고 "정덕 계유년(1513) 태복시에 와서 지었다." 하였는데, 오류이다.

게 주었던 것이다.

양명의 생일과 남도 태복시소경으로 부임하는 날이 가까이 다가옴에 따라 월중의 선비는 양명과 함께하는 강학론도에 더욱 매진하였다. 9월에 산음의 선비와 소산蕭山의 선비들이 부봉시사浮峰詩社를 발기하고 양명에게 시맹詩盟의 주관을 청하였다.

양명은 「부봉시사에 부치다(寄浮峰詩社)」를 지었다.[32]

초가을 저녁 황량한 정원에 앉으니	晚涼庭院坐新秋
초승달 은은하게 누각을 비추네	微月初生亦滿樓
천 리 밖 옛 벗을 누가 오라고 하는가!	千里故人誰命駕
늘그막에 병든 몸 외로운 배에 싣네	百年多病有孤舟
때에 따라 풍광과 초목 변화상에 놀라고	風光草木驚時態
다듬이질 절구질 소리 들리는 산과 내에 근심은 머네	砧杵關河動遠愁
물 마시고 팔 베고 누워도 스스로 즐거워	飮水曲肱吾自樂
지금 월계 어귀 초가집에 있네	茆堂今在越溪頭

사실 월중의 선비가 부봉시사를 결성한 까닭은 양명의 생일을 축하하고 양명을 남도의 임직으로 보내기 위함이었다. 9월 30일은 양명의 42세 생일이었는데 월중의 선비들이 어지러이 모여들어 축수를 하고 양명을 심학의 태산 북두로 받들었다.

서애는 축하하는 시 두 수를 지어서 월중 선비의 공통된 마음의 소리를

---

32 『왕양명전집』 권20 「기부봉시사寄浮峰詩社」. 『왕양명전집』은 이 시를 '저주시'에 편입하였는데, 잘못이다.

전하였다.[33]

구월 그믐에 배 안에서 양명의 생신을 맞아 부를 지어서 술을 권하다

九月晦舟中值陽明壽日賦以佑觴

강과 호수에 물이 흘러들어 가을 기운 맑은데	水落江湖秋氣淸
배에는 홀연 생황 소리 들리네	仙舟忽動紫鸞笙
본래 세속을 벗어난 손님이니	本來超出風塵客
갑자가 돌아와 새로 시작함을 무람없이 말하네	漫道循環甲子更
끊어진 학문 새로워져 북두처럼 우러러보니	絶學爭新瞻北斗
먼 하늘에 남두성이 빛남을 더욱 기뻐하네	遙天更喜煥南星
하늘이 장차 도를 일으키려는 마음 깊으니	天將興道多情在
바다와 산악이 봉을 울게 하네	海嶽還敎起鳳鳴

여러 벗이 배 안에서 감회를 읊은 운에 화답하다   和諸友舟中寫懷用韻

봄바람 온 누리를 따뜻하게 하고	春風浩蕩釀和平
절경에 때때로 피리 생황 소리 들리네	絶勝時時聽管笙
기슭의 국화는 구월 서리에 몇 그루 남았고	岸菊行殘霜九月
강가 단풍 밑에 앉으니 삼경 이슬이 내리네	江楓坐落露三更
고요히 오묘한 도를 궁구하느라 말을 잊었고	靜窮妙道忘辭說

---

33 『횡산유집』 권상 「구월회주중치양명수일부이우상九月晦舟中值陽明壽日賦以佑觴」, 「화제우주중사회용운和諸友舟中寫懷用韻」.

묵묵히 참된 글 기억하니 해와 별이 보이네　　　　　默識眞文見日星

배꾼은 이미 키를 다루는 법을 터득했으니　　　　　已得舟師操舵法

바다 굴을 찾아 우는 용을 보려 하네　　　　　　　欲尋海窟看龍鳴

　서애의 시 두 수는 양명이 남도로 부임하기 전날 지은 것으로서, 양명과 월중의 선비들이 월에서 1년 동안 벌인 강학론도에 대한 가장 훌륭한 총결이었다. "끊어진 학문 새로워져 북두처럼 우러러보니"라는 구절은 양명을 '백성을 위해 표준을 세우고 천지를 위해 중심을 세우고 과거 성인을 위해 끊어진 학문을 잇고 만세를 위해 태평을 여는(爲生民立極, 爲天地立心, 爲往聖繼絶學, 爲萬世開太平)' 태산북두로 우러른 것이다. "먼 하늘에 남두성이 빛남을 더욱 기뻐하네"라는 구절은 남쪽으로 온 양명을 동남에 창도하고 남쪽을 비추는 심학의 대유 '양시'로 받든 것이다. "하늘이 장차 도를 일으키려는 마음 깊으니, 바다와 산악이 봉을 울게 하네"라는 구절은 천도가 장차 일어나려 하고 끊어진 학문이 장차 전해지려 하고 새로운 성인이 장차 나오려고 하는 것을 뜻하며, 양명은 바로 바다와 산악 위에서 울음을 우는 열반으로부터 부활한 봉황이었다. "고요히 오묘한 도를 궁구하느라 말을 잊었고"라는 구절은 양명이 남쪽에서 마음을 맑게 하고 묵묵히 관조하여서 천도를 체인하고 스스로 마음을 구하고 있음을 뜻한다. "묵묵히 참된 글 기억하니 해와 별이 보이네"라는 구절은 남쪽 선비들이 『전습록』을 읽고서 심학을 돈오하는 나날이 새로워지는 세계를 말한다. 절중의 선비들은 『전습록』을 통해 '이미 키를 다루는 법을 터득한 배꾼'으로서 절중 왕문의 역사가 떨쳐 일어나는 징조를 보여주고 있었다.

　10월 상순에 양명은 남도로 부임하기 위해 길을 떠났다. 22일, 그는 저주滁州에 도착하여서 임무를 맡았고, "먼 하늘에 남두성이 빛남을 더욱 기뻐하는" '남기유'의 심로 역정을 시작하였다.

저주滁州에서:
먼 하늘에 남두성이 빛남을 더욱 기뻐하다(遙天更喜煥南星)

저주에 설치된 남경의 태복시는 마정馬政을 관리하는 전문 기구로서 병부兵部에 귀속되어 있었다. 태복시 아래에는 소경少卿 2명이 소속되어서 직책을 나누어 맡았다. 양명이 맡은 남경 태복시소경은 주로 마정을 감독하며, 저주 마정의 적폐를 혁파하고 정리하는 일을 하였다.

명대 초 금릉金陵(남경)에 도읍을 세웠을 때 조정은 강북江北 각 군현郡縣이 장강長江으로 막혀 있어서 마운馬運이 남경에 이르는 데 곤란을 겪었는데, 다만 저주가 땅이 넓고 풀이 무성하며 수량이 풍부하고 강가에 방목하기도 유리함을 고려하여서 편의상 태복시를 저주에 설치하고 마장馬場을 세워서 저양滁陽 등 팔감八監의 숙상驌驦(良馬) 열여덟 무리(群)를 영솔하였다. 그리고 서울 가까운 군민軍民들에게 모두 어미 말 한 필씩 기르도록 명령하고 해마다 과세(科賦)를 견감해주었다. 그러나 나중에 마정의 폐단이 많이 생기면서 백성은 과구科駒·매구賣駒·징은徵銀 및 추배도실追陪倒失 등의 폐해로 고통을 겪었다. 게다가 북방 변경의 일이 급박하고 유민流民의 봉기가 전국으로 확산되어서 전투와 군용 마필의 부족을 심각하게 느꼈다. 이로 인해 마정의 폐단을 혁파하여서 정리하라는 원성이 자자하였다.

정덕 7년(1511) 남경 태복시소경 문삼文森(1462~1525)은 고금의 구목廐牧 법과 마정의 이익과 손해, 부흥과 개혁의 마땅함을 조목별로 진술하였는데 대략 다음과 같다.

오늘날 마정은 종마種馬를 보충하는 일 외에 상부에서 필요한 것을 용도에 맞게 비축하는 하나의 일일 뿐인데 어찌 인민을 소요하게 하는 과매科賣와 징해徵解를 명령하는 일이 있단 말입니까? 어찌하여 유사가 옛 관습을 따르고 개혁을 꺼리며 일의 기미를 놓쳐서 관례에 따라 변매變賣한다는 글이 길에 나뒹굴고, 인민의 편리를 듣는다는 조항은 각閣에 묶여 있기만 하고 함부로 점고하여 살펴서 기한에 모으기를 겨를 없이 하며, 전부 거둬들인다는(拘刷) 헛된 명목으로써 과육科鬻의 이름만 있음을 보이고 있습니다. 이로써 암컷 한 마리에 늘 망아지 2~3필이 따라다니고, 망아지 한 마리를 혹 3년이나 4년 동안이나 기르게 합니다. 뭇 의원과 아판牙販은 관에 망아지 팔기(賣駒)를 청하여서 법을 흩트리려고 도모합니다. 이서吏書와 고역庫役은 관에 은자 거두기를 청하여서 자기의 사욕을 채웁니다. 관매官賣가 있음을 알지 못하고 있을 때 많은 값을 받으면 사는 자의 부담이 증가하고(陪販) 구목廐牧은 더욱 그 재앙을 받습니다. 낮은 값을 받으면 파는 자가 손해를 보고 시정市井은 함께 그 이익을 탐합니다. 포흠을 지거나(負欠) 혹 세력 있는 호족의 손에 걸려서 징구徵求를 당하면 회초리 형(捶楚)을 면하기 어려우며 심한 경우에는 관리가 사사로이 무역을 하여서 말이 모두 없어집니다. 이것이 관에 망아지를 파는 폐단입니다. 관에서 거둘 경우 법이 중복되어서 칭두稱頭가 적출積出하고, 비교, 검열하여서(較閱) 화모火耗의 선여羨餘가 생기고, 권표券票에는 종이와 붓의 수요가 있어서 기회를 엿보아 앞다투어 뇌물을 바치고 심지어 위아래가 서로 교대하니 이익이 모두 없어집니다. 이는 관에서 은을 거두는 폐단입니다. 하물며 명목은 비록 보주補輳의 비용이라고 하지만 전체 과목을 아울러 징수하는(全科倂派) 수는 실로 제거하지 못합니다. 양으로는 비록 변매를 감당하지 못하여서 휴흠虧欠의 체납을 감쇄한다(倒失)고 하지만 음으로는 아울러 거둬들입니다.[34]

양명은 문삼이 마정에 관해 조목조목 진술한 뒤 조정으로부터 남경 태복시소경으로 임명되었다. 남경 태복시에 부임한 양명의 가장 중요한 직무는 문삼을 도와서 저주의 마정을 함께 정돈하고 이익을 내며 폐단을 혁파하는 일이었다. 양명은 경사에 있을 때 함께 감찰어사를 지냈던 문삼과 긴밀한 사이였다. 문삼은 백하만白河灣의 산수가 에워싼 곳에 거처하였으며 호를 '백포선생白浦先生'이라 하였고, 양명도 그가 깃들어 쉬는 물굽이 거처에 큰 글자로 '백만白灣'이라는 편액을 쓰고 「백만육장白灣六章」을 지어서 문삼의 고매한 풍격과 밝은 절조를 다음과 같이 칭송하였다.[35]

종암 문 선생은 백포의 물굽이에 거주하는데 사방 학자들이 '백포선생'이라 일컫고 감히 성을 부르지 않았다. 나(某)는 평소 선생을 높이 여기고 또 동료로 있었다. 이로 인해 '백만白灣'이라는 두 글자를 쓰고 아울러 시로 읊는다.
宗嚴文先生居白浦之灣, 四方學者稱曰, '白浦先生', 而不敢以姓字. 某素高先生, 又辱爲之僚, 因爲書 '白灣' 二字, 幷詩以詠之.

---

34 문징명文徵明, 「문공삼행장文公森行狀」『국조헌징록』 권56.

35 『왕양명전집』 권20 「백만육장白灣六章」.

갯가의 물굽이   浦之灣

하얀 물결 넘실넘실   其白漫漫

저 아름다운 군자는   彼美君子

물굽이에 있네   在水之盤

물굽이 갯가   灣之浦

하얀 물결 출렁출렁   其白漲漲

저 아름다운 군자는   彼美君子

물가에 있네   在水之涘

구름이 둥실둥실   雲之溶溶

물굽이 가에 흐르네   於灣之湄

군자가 처함은   君子於處

백성을 위함이네   民以爲期

구름이 뭉게뭉게   雲之油油

물굽이 도는 가에   於灣之委

군자가 일어남에   君子於興

혜택을 사해에 미치네   施及四海

흰 물굽이 가에   白灣之渚

노닐고 거처하네   於遊以處

저 아름다운 군자여!   彼美君子兮

함께할 만하네   可以容與

흰 물굽이 넘실대니	白灣之洋
상수로 씻은 듯	於濯以湘
저 아름다운 군자여!	彼美君子兮
한가히 자득하네	可以徜徉

문삼은 앞서 정덕 7년에 남경 태복시소경으로 부임하여서 이미 저주 마정의 개혁을 착수하였기 때문에 양명이 이어서 남경 태복시소경에 제수된 것은 문삼의 천거로 이루어졌을 가능성이 매우 크다. 두 사람은 먼저 문삼이 조항별로 진술한 사상의 노선에 따라 저주 마정의 이익을 일으키고 폐단을 제거하는 일을 전개하였다. 그러나 양명은 마정 정비에 관한 자기 나름의 중점적인 건설 계획을 가지고 있었다.

뇌례雷禮(1505~1581)의 『남경태복시지南京太僕寺志』에는 양명이 저주에서 마정을 독려하고 정돈하여서 신칙한 사적을 다음과 같이 기재하였다.

계유년(정덕 8, 1513)에 남경 태복시소경으로 승진하였다. 먼 땅에 머무르면서 여유가 생겨 오로지 양지良知의 취지로 후학을 가르쳤고 상황(方)에 따라 답을 하였는데 반드시 본원本原을 펼쳤다. 늘 제생에게 이르기를 "외부에서 말로 유혹하는 것은 근심하지 않으나 오직 제생이 몸으로 비방하는 것을 근심한다. 효제례양孝悌禮讓을 귀하게 여겨서 마음 깊이 간직하면 여염의 어린아이도 모두 기뻐하고 사모하며, 생각에 표현하는 바가 있으면 세속과 달라지기를 바랄 것이니 저수 물가가 드넓고 드넓은 것 같다(滁水之上洋洋如也)."라고 하였다. 또 태복시가 저성滁城에서 2리 떨어져 있어 갈대가 우거지고 들이 황폐하였는데 군민軍民으로 하여금 마장의 빈 땅에 스스로 집을 지어서 거주하게 하였다. 총갑總甲을 설치하여서 연계하고 장정

(丁)으로 번갈아 순시하고 경계하게 하였다. 유적流賊이 떼를 지어 일어나자 다시 저성의 절(尼寺)을 고쳐서 시창寺倉을 만들었다. 관청의 건물을 건축하고 배치하여서 남긴 바는 원대하게 고려하지 않은 것이 없었다.(권15)

관창官倉은 저성 남문 안 좌소左所 오른쪽에 있다. 처음에는 송의 건명니사乾明尼寺였다. 정덕 9년에 유적流賊의 변고로 본시의 소경 왕수인이 사찰을 폐쇄하고 태복시창으로 만들었다. 관청 1개소를 세우고 저성에 들어왔을 때 휴식하는 곳으로 대비하였다.(권9)

신가新街 …… 거리에는 목감牧監이 말을 점검하던 옛터가 갖추어져 있다. 정덕 7년(*9년?) 유적이 떼를 지어 일어나자 본시의 소경 왕수인은 절이 저성 밖 2리 떨어진 외딴 곳에 고립되어 있었기에 군민 200여 가를 소집하여서 자체로 집을 지어 거주하게 하고, 총소갑總小甲을 두어서 조호照戶에 소속시키고 날짜를 정해서 순찰 및 경계하며 방호하게 하였다. 본시는 지조地租를 면제하였다.(권9)

내원정來遠亭은 백자담柏子潭 가에 있다. 정덕 7년(*8년?) 가을에 본시의 소경 왕수인이 세웠다.(권9)[36]

  태복시가 저주성 밖 2리 떨어진 먼 곳에 설치되어 있어서 고립되고 위태하여 안전하지 않았기에 양명은 군민軍民 200여 가를 소집하여서 마장의 빈 땅에 집을 건조하여 거주하게 하고 총소갑을 세워서 서로 연계하게 하였으며

---

36 『남경태복시지南京太僕寺志』 권9 「규제規制」 권15 「열전·왕수인」.

그들의 지조地租를 면제해주었다. 또 성안에 있는 절(尼寺) 한 좌를 고쳐서 태복시창으로 만들고 관청 1개소를 세웠다. 나중에 이곳은 아주 빨리 떠들썩한 마정가馬政街로 변하였다.[37]

양명은 저주에 있었던 짧은 반년 동안 태복시와 마장의 면모를 일신했고, 여릉에서 반년 동안 펼쳤던 선치善治와 곡조는 달라도 솜씨는 같은(異曲同工) 오묘함을 발휘하였다. 문징명文徵明(1470~1559)은 문삼이 "태복시에 3년 동안 재직하면서 일처리의 방도를 낱낱이 살피고 일에 따라 재정財政을 바르게 집행하여서 아랫사람이 그 혜택을 누리게 하였고, 윗사람이 그 성취를 입게 하였다."[38]라고 하였는데, 사실 여기에는 양명의 공로가 반은 포함되어 있다.

그러나 바로 뇌례가 말한 바와 같이 양명이 저주에서 마정을 독려한 일은 강학론도를 한 것과 함께 긴밀하게 하나로 결합하여서 정치와 교육이 정연히 이루어졌기에 비로소 "저수 물가가 드넓고 드넓은 것 같이" 될 수 있었다. 저주에는 주학州學이 있었는데 주학의 수많은(莘莘) 학자와 제생이 날마다 강학론도를 한 것은 역시 태복시소경이었던 양명이 저주에서 추진한 정치와 교화의 한 부분이었다.

전덕홍은 다음과 같이 말하였다.

저주의 산수는 뛰어나게 아름다웠는데 선생이 마정을 감독하였다. 땅은 궁

---

37 호걸胡傑(1520~1571) 「창건마정가풍락사창학기創建馬政街豊樂社倉學記」에 "정덕 초 …… 양명 선생이 처음 백성을 모아 사업을 일으키고 유사에게 맡기지 않았다. 이에 이르러 생치生齒(인민)가 빽빽해졌으니 모두 300호이다." 『남저회경편南滁會景編』 권12에 소숭업蕭崇業(1571, 진사)이 지은 「마정가요馬政街謠」가 들어 있다.

38 문징명文徵明, 『보전집甫田集』 권26 「본관소주부장주현인문삼년육십사장本貫蘇州府長洲縣人文森年六十四狀」.

벽하고 관직은 한가하니 날마다 문인과 함께 낭야琅琊와 양천瀼泉 사이에서 마음껏 노닐었다. 밤낮으로 용담龍潭을 둘러싸고 앉은 사람이 수백 명인데 노랫소리가 산과 골짜기를 뒤흔들었다. 제생이 저마다 자리를 깨끗하고 바르게 하며, 뛰면서 노래하고 춤을 추었다. 옛 학문을 하던 선비도 모두 날마다 모여들었다. 이에 (양명을) 종유하는 사람들이 저주로부터 시작하였다.[39]

여기서 말하는 '제생'은 바로 저주 주학의 상생庠生이었으며, '수백 명'은 주로 주학의 제생을 가리킨다.

이 장강 가 '저주를 둘러싼 여러 산(環滁皆山)'의 빈곤하고 척박하며 거친 들판의 땅은 오히려 양명이 동남에 도를 전하고 상황에 따라 강학을 한 낙토가 되었다. 스승과 제자 사이에 강학론도를 하면서 고를 타고 노래하며 읊조리고 강하느라 산과 골짜기를 진동하는 소리가 학풍이 가라앉았던 남도의 상공에 울려 퍼졌다. 어지러이 와서 이 남쪽 하늘에 새로 뜬 별을 우러러 바라보며 도를 물은 사람들은 주로 네 부류이다. 하나는 양명의 문인제자이며, 둘은 저주 상생의 학자들이며, 셋은 이전에 도를 묻고 수업을 했던 옛 학문의 선비들이며, 넷은 각지에서 찾아와서 경배하는 새 학문의 선비들이었다.

양명은 저주에 도착하자마자 바로 남도 주학의 영수인 경야涇野 여남呂柟 (1479~1542)의 주목을 끌었다. 그는 가장 먼저 저주에 와서 양명을 알현하고 즉시 남경 국자사업 목공휘穆孔暉와 응천부 승丞 구천서寇天敍에게 편지를 보내 다음과 같이 말하였다. "양명자가 학문을 강하여서 이정二程의 뜻을 발휘하니 자주 만나볼 만합니다."[40] 여기에는 이미 남도 정주파 학자들이 양명과

---

39 『왕양명전집』 권33 「연보」 1.

40 『경야선생문집徑野先生文集』 권6 「증옥계석씨서贈玉溪石氏書」.

함께 주류 논변을 전개하고자 하는 의향이 은근히 드러나 있는데, 양명은 이를 마음속으로 매우 분명하게 알아차리고서 멀리 천태에 있는 황관에게 편지를 보내 응량과 함께 저주로 와서 도를 논하고 학문을 변론하기를 바랐다.

편지에서 다음과 같이 깊은 뜻을 지적하여서 밝혔다.

저양滁陽의 여행은 따르는 자가 역시 두세 사람이며, 아울러 산수가 맑고 심원하며 이 아름다운 일(勝事)을 즐기기에 한가하고 막힘이 없어 참으로 족히 즐길 만합니다. 벗은 옛 약속을 잊지 않고서 과연 가마를 타고 한번 오실 수 있겠는지요? 응원충應原忠(응량)의 편지를 받았는데 참으로 그 말과 같다면 역시 크게 기뻐할 만합니다. 글의 뜻에 견제를 받음은 송유에서 부터 이미 그러했으니(牽制文義, 自宋儒已然) 유독 지금의 때만 그런 것이 아닙니다. 배우는 사람이 마침내 탈연히 씻어 없애기는(脫然洗滌) 아마도 매우 어려울 것입니다. 다만 점차 의문을 가지고 변론한다면 마땅히 끝내 깨달음이 있을 것입니다(但得漸能疑辯, 當亦終有覺悟矣). 월로 돌아온 뒤로 때때로 올해 교유한 사람들을 묵묵히 생각하니 인재를 얻기가 더욱 어렵다는 것을 느끼는데, 원충과 같은 사람을 어찌 쉽게 얻을 수 있겠습니까? 경사의 여러 벗은 근래 소식이 거의 없습니다. 매번 내 사사로운 감정(己私)을 이기기 어려워 번번이 여러 벗을 돌아가며 한 번씩 우려합니다. 참으로 한 집에 모여서 조만간 마땅히 갈고닦는(砥礪切磋) 유익이 어느 정도는 있어야 하겠습니다. 그러나 이는 각자에게 달려 있으니 바란다고 하여 얻을 수 있는 것이 아닙니다.[41]

---

41 『왕양명전집』, 권4 「여황종현與黃宗賢」 서3.

"글의 뜻에 견제를 받음은 송유에서부터 이미 그러했으니"라고 한 말은 바로 주학을 비평한 말이다. '탈연히 씻어 없앤다', "다만 점차 의문을 가지고 변론한다면 마땅히 끝내 깨달음이 있을 것입니다."라고 한 말은 양명이 남도의 선비들과 함께 주류 학문을 논변하기를 바라는 표현으로서 학문 논변을 통해 선비들의 심성을 씻고 그들이 심학의 깨달음을 얻을 수 있도록 열어서 이끌고자 한 것이다. 양명은 이와 같이 저주의 선비들과 함께 마음을 씻고 밝혀서 깨우치며, 의혹을 풀고 차이를 변별하는 강학론도를 시작하였는데, 한 무리의 신구 선비들인 왕옥汪玉(1508, 진사)·양곡梁穀(1480~?)·왕원정王元正(1511, 진사)·소민蕭民(1505, 진사)·진우경陳佑卿·고응상顧應祥(1483~1565)·진일홍陳一鴻·유관시劉觀時·손존孫存(1491~1547)·도기屠岐·유소劉詔·주훈朱勛·소혜蕭惠·왕성보王性甫·요영姚瑛·맹원孟源·맹진孟津·최백란崔伯欒·요유근姚惟芹·채종연·주절朱節·정걸鄭傑 등이 모두 저산滁山이 에워싼 태복시 관사로 달려와서 양명에게 도를 묻고 의혹을 변론하였다.

양명은 11월에 대덕유戴德孺(?~1523)에게 보낸 편지에서 저주의 선비들과 강학한 정황을 다음과 같이 언급하였다.

> 저주에서 여성汝成(왕옥)을 만났는데 …… 배움을 밝히지 못한 것이 하루
> 이틀이 아니었으니 모두 뜻을 지닌 이가 적기 때문입니다. 덕을 좋아함은
> 백성이 타고난 천성(秉彝)인데 그런 사람이 전혀 없다고 할 수 있겠습니까?
> 그러나 사욕을 이길 수 없어 결국 습속에 빠지고 마니 역시 뜻을 두지 않
> 았기 때문일 뿐입니다. …… 종현(황관)은 이미 남쪽으로 돌아왔으니 만남
> 또한 며칠 남지 않았습니다. 경사의 벗인 그대의 동년 진우경·고유현(고응
> 상)과 그 밖에 왕여성(왕옥)·양중용梁仲用(양곡)·왕순경王舜卿(왕원정)·소천수
> 蕭天秀(소민) 등과 일찍이 만났었는데 모두 이 학문에 종사하는 자들입니다.

그 나머지 서너 사람은 우리 형과 여러 벗이 당연히 서로 알 것입니다. 예로부터 뜻을 둔 선비는 사우에게 도움을 구하지 않음이 없었습니다. 총총히 이별한 뒤 우리 형과 나누고 싶은 말이 백에 하나도 미치지 못합니다.[42]

찾아와서 배운 수많은 선비들 가운데 가장 뜻을 세우고 배움을 좋아하였으며 탈연히 깨달음을 얻은 자는 왕옥이었다. 그는 은현 사람으로서 호가 뇌봉雷峰이며, 호광 안찰사첨사의 직임을 맡아 귀성하여서 은현으로 돌아가던 중 저주를 지날 때 특별히 양명을 알현하고 배움을 물었다. 양명은 그와 함께 수십 차례 학문을 토론하였는데 마지막 한 차례 옥천玉泉에서 낮부터 시작하여 밤새도록 진행한 논변에서 왕옥은 마침내 격물정심格物正心의 가르침을 활연히 깨달았다.

양명은 왕옥이 지은 격물설格物說 두루마리 위에 그가 성취한 심학의 깨달음을 다음과 같이 기록하였다.

나는 여성(왕옥)에게 '격물치지格物致知'의 설, '박문약례博文約禮'의 설, '박학독행博學篤行'의 설, '일관충서一貫忠恕'의 설을 말하였는데, 대체로 한두 번만이 아니라 대여섯 번 논하고 수십 번을 논하여서 그치지 않았다. 여성은 내 말을 처음에는 놀라서 물리쳤으나 이윽고 의심을 하더니 또 이윽고 크게 의심을 하였으며, 또 이윽고 조금 석연해지고 조금 기뻐하더니 또 의심을 하였다. 마지막으로 나와 함께 옥천에서 유람하면서 대체로 낮부터 밤까지 이어서 논하였는데 비로소 쾌연히 풀리고 유연油然히 기뻐하고 명연冥然히 합치하였다. 내 말이 여성의 말이 아님을 어찌 알겠는가? 여성의 말

42 『왕양명전집』 권4 「여대자량與戴子良」.

이 내 말이 아님을 어찌 알겠는가? 아아! 여성과 같으면 구차히 나와 같아

지려 하지 않고 또한 구차히 나와 다르려고 하지도 않는 사람이라고 할 수

있다. 여성이 두루마리의 머리에 글을 청하였는데 그 당시에는 아직 나를

의혹하였으나 지금은 이미 석연히 깨달았으니 말을 하지 않아도 그만이겠

으나 그가 깨달은 내력을 서술하여서 귀결한다.[43]

양명과 왕옥의 강학 토론은 '격물치지', '박문약례', '박학독행', '일관충서'
를 둘러싸고 전개되었는데, 양명의 심외무리, 격물정심, 묵좌징심과 체인천
리, 지행합일 등 심학 본체공부론의 근본 문제를 섭렵하였으니 왕옥이 강론
하는 가운데 처음에는 놀라고, 중간에는 의심하고, 마지막에는 깨달은 것이
이상하지 않다. 이는 바로 양명이 저주의 선비들과 함께 강학론도를 하는 심
학의 주된 선율이었다. 저주 상생의 한 사람인 진일홍陳一鴻이 배움을 물었는
데, 양명도 그에게 이러한 '남들이 듣기에 깜짝 놀랄(駭人聽聞)' 심학의 본체공
부론 사상을 전수하였다.

나중에 동암東巖 하상박夏尙樸(1466~1538)은 진일홍에게 준 시 한 수에서
다음과 같이 털어놓았다.[44]

저주 학교의 진일홍이 나에게 시를 선물해주어서 차운하여 회답하였다. 양

명이 태복시 관직에 있을 때 일홍 무리가 따르며 관사에서 강학하였다.

滁學陳一鴻以詩見餉, 次韻復之. 陽明官太僕時, 一鴻輩從之講學官舍.

---

43 『왕양명전집』 권8 「서왕여성격물권書汪成格物卷」.

44 『동암선생시집東巖先生詩集』 권6 「저학진일홍이시견향차운복지양명관태복시일홍배종지
강학관사滁學陳一鴻以詩見餉次韻復之陽明官太僕時一鴻輩從之講學官舍」.

행단의 맹세는 멀고 아직 추워지지 않았으니	杏壇盟遠未應寒
종래 벗을 만나는 단서를 여전히 믿는다네	也信從來取友端
도는 내 마음에 있으니 저절로 족하고	道在吾心元自足
일은 처한 곳에서 해야 하니 감히 사양하기 어렵네	事當爲處敢辭難
양치 뒤 남은 향내에 바야흐로 공자임을 알겠고	漱殘芳潤方知孔
말은 정세하지 못하여 혹 한유에게 병이 되네	語欠精詳或病韓
벗 두세 사람에게 말을 보내니	寄語同袍二三子
앎과 행함 함께 진보해야 비로소 편안하다네	知行竝進始能安

"도는 내 마음에 있으니 저절로 족하고"라고 한 구절은 마음 바깥에 이치가 없고 내 마음이 저절로 족하니(吾心自足) 모름지기 안으로 향하여서 마음을 바로잡아(格) 이치를 구하는 것임을 인정한 것이다. "앎과 행함 함께 진보해야 비로소 편안하다네"라고 한 구절은 지행합일을 하여서 서로 순환하고 함께 진보하며 인지認知는 실천(踐行) 위에 낙착해야 함을 인정한 것이다.

또 다른 신주辰州의 선비 유관시劉觀時가 와서 배움을 물었는데 양명은 이와 마찬가지로 그를 향해 반복하여서 심학사상을 논변하고 그들이 실천할 수 있도록 하였다.

나중에 그는 유관시를 송별하는 시 한 수에서 다음과 같이 말하였다.[45]

역중을 송별하다   別易仲

신주의 유역중이 저양에서 나를 종유하였는데, 하루는 묻기를 "도는 말로

---

45 『왕양명전집』 권20 「별역중別易仲」.

할 수 있습니까?" 하였다. 내가 말하기를 "벙어리가 여주를 먹으면 그대에게 맛을 말할 수 없다. 내가 느끼는 쓴맛을 알려면 그대가 모름지기 먹어 보아야 한다."라고 하였다. 역중이 환하게 깨달았다. 얼마 뒤 돌아가게 되어서 시로 송별한다.

辰州劉易仲從予滁陽, 一日問, 道可言乎? 予曰, 啞子喫苦瓜, 與你說不得. 你要知我苦, 還須你自喫. 易仲省然有悟. 久之, 辭歸, 別以詩.

멀리 저 산에 봄이 들어	迢遞滁山春
그대 가는 길은 또 어찌 그리 먼지?	子行亦何遠
괴로운 마음만 가득하고	累然良苦心
실의에 빠져 밥 먹을 겨를도 없네	惝恍不遑飯
지극한 도는 바깥에서 얻을 수 없고	至道不外得
한번 깨달으면 뭇 어둠이 사라지네	一悟失群闇
가을바람이 동정호 물결을 일으켜서	秋風洞庭波
나그네는 돌아오기 늦네	遊子歸已晚
우정을 맺은 뜻은 바야흐로 은근하고	結蘭意方勤
부모 생각하는 마음은 속이 먼저 끊어지네	寸草心先斷
말단의 학문은 벗어난 지 오래고	末學久仳離
빠져가는 물결에서 누가 건질까?	頹波竟誰挽
돌아가자꾸나, 흘러간 세월을 생각하니	歸哉念流光
한번 가고 나면 다시 돌아오지 않네	一逝不復返

"벙어리가 여주를 먹으면 그대에게 맛을 말할 수 없다."라고 한 말은 도가 내 마음에 있는데 말로써는 전할 수 없으니 자기 몸에서 직접 고요한 가

운데 체인하여서 '역시 모름지기 너 스스로 먹어보아야 한다'는 뜻이다. "지극한 도는 바깥에서 얻을 수 없고, 한번 깨달으면 뭇 어둠이 사라지네"라고 한 구절은 마음 바깥에 도가 없으며 모름지기 몸으로 돌이켜서 구하며 곧바로 본래 마음을 지적하여 마음의 근원에서 크게 깨달아야 비로소 하나를 깨달아서 백 가지를 깨닫고(一悟百悟), 하나를 이해하여서 백 가지를 이해할 수 있음(一了百了)을 말한 것이다.

양명은 특히 학생이 스스로 실천하는 속에서 마음으로 고요한 가운데 체인하는 공부를 할 것을 강조하였다. 왜냐하면 심학은 일종의 '앎'일 뿐만 아니라 '행함'이므로 그가 선비들과 강학한 것은 글에서 현묘한 도리를 담론한(紙上談玄) 것이 아니며, 또한 앉아서 도를 논하는(坐而論道) 것이 아니라 그 앎을 실제로 행하고 그 도를 실천하여서 '행함'으로부터 그 '앎'을 체증體證해나가기를 요구하는 것이기 때문이다.

양명의 심학은 본질상 일종의 실천 유학이며 철학적 실천 공부론이지 현묘하게 이해하고 오묘하게 깨닫는 형이상학적 현학玄學이 아니다. 그러므로 실천하는 가운데 심학의 공부를 해나가야지 서재에서 청담현론淸談玄論으로 할 수 있는 것이 아니다. 양명이 '양지'와 '치량지'의 심학체계를 제출하기 전에(*정덕 14년, 1519) 양명의 심학 공부론은 바로 묵좌징심, 체인천리의 실천(踐行) 공부(*靜坐)로서 제시되었는데, 이는 일종의 지행합일의 실천 공부로서 '도'에 대해 마음을 쓰는 체인공부를 하여서 고요한 가운데 대본과 달도를 체인하며 마음의 미발의 중을 체인하여서 '앎'으로부터 '행함'을 펼치며 '행함'으로 말미암아 '앎'을 입증하기를 요구한다. 격물치지 상에서 만약에 그가 '격물'로부터 마음이 온갖 이치를 구비하고(心具萬理) 내 마음이 자족한 형이상학적 본체론을 제시했다고 한다면, '치지' 상에서는 묵좌징심, 체인천리의 실천 공부론(*아직 치량지의 공부론은 제출하지 않았다)을 제시하였다. 그리하여 양명은 저주에서 강학론도를 하면서 특별히 묵좌징심, 체인천리의 실천(踐行) 공부를 중시하였다. 이것이 바로 양명이 말하는 정좌 공부이다.

그는 나중에 이 사상의 변화 발전을 다음과 같이 언급하였다.

한 벗이 정좌하다가 깨달은 바가 있어서 선생께 달려가서 물었다. 답하셨다. "내가 옛날 저주에 있을 때 제생이 많이 지식으로 이해하려고(知解) 힘써서 (대상사물의) 같고 다름을 입과 귀로 변론하였는데(口耳異同) 터득함에 무익한 것을 보고서 먼저 정좌를 하도록 가르쳤다. (제생이) 한때 (도의) 대략(光景)을 엿보고서 자못 근접한 효험을 얻은 듯하였다. 얼마 뒤 점점 고요함을 기뻐하고 움직임을 싫어하며 고고枯槁한 병폐에 흘러들었다. 혹은 현묘한 이해와 오묘한 깨달음에 전력하여서 남들에게 알려지는 데 힘썼다. 그러므로 근래에는 다만 치량지를 말한다. 양지가 명백해지면 네가 고요한 곳에서 체득하여 깨달아도(靜處體悟) 좋고, 네가 일에 나아가 갈고닦아도(事上磨煉) 좋다. 양지의 본체는 원래 움직임도 없고 고요함도 없는 것이다. 이것이 학문의 두뇌이다. 나는 이 화두를 저주에서부터 지금까지 여러 차례 헤아려보았는데 다만 '치량지' 세 글자는 병통이 없었다."[46]

양명이 여기서 말하는 내용은 매우 명백하다. 그의 심학은 일종의 실천 공부의 유학인데 다만 제생은 대부분 어떻게 '지성으로 이해하는가(知解)?' 하는 데서 공부를 하고 힘을 쓸(*知) 뿐 어떻게 실천(踐行)하는가 하는 점은 체인과 천리踐履(*行)를 실행하지 않았다. 그들은 모두 입과 귀로 전승한 설이 같고 다른지를 어떻게 인식하는가 하는 문제를 낱낱이 쪼개고 논쟁하고 있으

---

46 『왕양명전집』 권3 「전습록」 하.

며 실제 궁행천리躬行踐履는 잊고 있었다. 그리하여 양명은 정좌를 제시하여
서 제생이 천행의 공부를 하도록 하였던 것이다. 그 결과 그들은 양명의 정
좌의 요지를 깨달아 이해하지 못하고서 동적인 한쪽으로 치우쳤던 데서 정적
인 한쪽으로 치우치는 데로 나아가, 다만 고요한 곳에 나아가 체득하여서 깨
닫는 것만 알고 일에 나아가 갈고닦음을 잊어버렸다. 애석한 것은 뒷사람들
이 또 양명의 이런 말을 대부분 오해한 것이다.

전덕홍은 다음과 같이 풀이하였다.

> 선생의 학문은 모두 세 차례 변하였고 그 가르침도 세 차례 변하였다. ……
> 저양에서부터 배우는 사람에게 정좌를 많이 가르쳤다. …… 선생이 말하기
> 를 "나는 옛날에 저양에 있을 때 배우는 사람이 한갓 같고 다름을 입과 귀
> 로 변론하는 것을 일삼고 터득함에 유익이 없는 것을 보고 또 그들에게 정
> 좌를 가르쳤다. 한때 배우는 사람이 역시 깨달음이 있는 듯하였는데, 다만
> 얼마 뒤 점점 고요함을 기뻐하고 움직임을 싫어하여서 고고한 병폐에 흘러
> 들었다. ……"라고 하였다.[47]

> 저양은 스승이 강학을 맨 처음 한 지역(首地)이다. …… 당시 스승은 말속
> 末俗의 비루하고 더러움을 징계하고 배우는 사람을 끌어들여서 대부분 고
> 명의 한 길로 나아가게 하여 시대의 폐단을 구제하였다(引接學者多就高明一
> 路, 以救時弊). 얼마 뒤 점점 공허한 데로 흘러들어서 탈락脫落하고 신기한
> 이론을 일삼았다.[48]

---

47 『왕양명전집』 권41 「각문록서설刻文錄敍說」.

48 『왕양명전집』 권26 「여저양제생서병문답어발與滁陽諸生書竝問答語跋」.

황종희도 전덕홍의 학술삼변설學術三變說을 따라 다음과 같이 인정하였다.

그 학문은 모두 세 차례 변하여서 비로소 그 문호를 얻었다. 그 뒤로부터

지엽을 모두 버리고 한 가지로 본원에 뜻을 두고 묵좌징심을 배움의 목표

로 삼았다(*정좌를 가리킨다). 아직 발하지 않은 중中이 있어야 비로소 발한

뒤 중절中節의 조화가 있다.[49]

전덕홍의 설에는 오류가 있다. 먼저, 정좌설을 양명 평생 학술 사상의 세 차례 변화 중 두 번째 변화의 지표로 삼은 것이 오류이다. 양명은 일찍이 홍치 9년(1496) 윤 진인에게서 진공련형법의 정좌 수련을 배우고 이로부터 양명동에서 정좌 도인의 수련에 침잠하였다. 홍치 18년(1505)에는 백사의 '묵좌징심, 체인천리'를 심학의 좌우명으로 삼았으며, 그의 '정좌'는 심학 공부론의 명확한 규정을 획득하였다. 그는 저주에서 바로 이러한 심학 공부론의 정좌(*묵좌징심, 체인천리)를 이용하여서 학자와 제생을 가르쳤다. 나중에 그는 '양지'와 '치량지'를 제출한 뒤 '묵좌징심, 체인천리'를 '치량지'의 공부론 가운데 통섭하였는데 역시 정좌를 부정하지 않았고 죽을 때까지 여전히 '정좌', '정관靜觀'(*그는 자기 서재 이름을 '정관재靜觀齋'라고 불렀다), '묵좌징심, 체인천리'를 강조하였다. 양명은 결코 저주에서 처음으로 정좌를 제출한 것이 아니다. 다만 학자와 제생의 학문의 병폐를 겨냥하여서 '먼저 정좌를 가르쳤는데' 여기에는 근본적으로 양명 평생 학술 사상의 '두 번째 변화'라는 사건이 존재하지 않았음을 알 수 있다.

다음으로 양명이 저주의 학자와 제생에게 정좌를 강조한 까닭은 그들이

---

49 『명유학안明儒學案』 권10 「요강학안姚江學案·문성왕양명선생수인文成王陽明先生守仁」.

다만 '앎'에서 공부를 하고(*知解) '행함'에서 실천(踐履)을 체인하지 않았기 때문이다. 전덕홍은 말하기를, 양명이 제생에게 정좌를 가르친 것은 "배우는 사람을 끌어들여서 대부분 고명의 한 길로 나아가게 하여 시대의 폐단을 구제한" 것이라고 하였다. 사실 양명은 정좌체인 그 자체는 옳은 것으로 여겼지만 '고명의 한 길'은 제생의 고고枯槁한 정좌가 낳은 유폐流弊로 보았다. 전덕홍은 정좌체인을 '고명의 한 길' 등과 같은 것으로 여겼는데, 이는 양명의 심학을 실천 공부가 결여된 '고명의 한 길'의 현학으로 간주하였고 양명 심학의 지행합일, 지행호증知行互證의 실천 품격을 완전히 인식하지 못하였으니 양명의 심학에 대해 남원북철南轅北轍의 상반된 해설을 한 것이나 다름없다.

저주에서 양명은 바로 이러한 정좌의 실천(踐履)을 이용하여서 학자와 제생을 '앎'에서 '행함'으로, 지해知解에서 천행踐行으로 전향시키고 그들이 정처체오靜處體悟와 사상마련事上磨煉을 결합하여서 '고명의 한 길'을 걷는 유폐를 씻어서 제거하기를 희망하였다. 그는 강학론도를 하는 가운데 정좌의 체인 공부를 중시하였고, 늘 학자 및 제생과 함께 산수가 빼어난 곳에서 공동으로 정좌체인을 진행하였다.

정덕 9년 중춘仲春에 그는 제생 수백 명을 이끌고 용담에서 정처체오靜處體悟를 하였는데 「밤에 용담에 앉아서(龍潭夜坐)」한 수를 지어서 읊었다.[50]

어디선가 꽃향기 스며드는 맑은 밤	何處花香入夜淸
바위 숲속 초가집 건너 시내 물소리 들리네	石林茅屋隔溪聲
달 뜨면 은사는 늘 혼자 오가고	幽人月出每孤往
빈산 깃든 새는 때로 홀로 우네	棲鳥山空時一鳴

---

50 『왕양명전집』권20 「용담야좌龍潭夜坐」.

풀숲 이슬에 짚신 젖어도 아랑곳하지 않고	草露不辭芒履濕
솔바람에 갈옷 자락 가볍게 나부끼네	松風偏與葛衣輕
물가에서 의란 곡의 뜻을 풀어내니	臨流欲寫猗蘭意
강북으로 강남으로 정이 한없네	江北江南無限情

이는 바로 전덕홍이 '달 뜨는 저녁이면 용담에 둘러앉은 사람이 수백'이었다고 말한, 정좌하여서 도를 체득한 일이다.

양명은 또 제생을 이끌고 오동강梧桐岡에 정좌하여 체인하면서 「오동강용운梧桐岡用韻」 한 수를 지어서 읊었다.[51]

봉새는 오랫동안 날아오지 않고	鳳鳥久不至
오동은 높은 언덕에 자라네	梧桐生高岡
내 와서 하루 종일 앉았으니	我來竟日坐
청량한 그늘에서 옷을 씻네	清陰灑衣裳
고를 안고 흐르는 물을 굽어보니	援琴俯流水
곡조는 짧아도 괴로운 뜻은 길다	調短意苦長
남은 음향 빈 골짜기에 가득하고	遺音滿空谷
바람 따라 이리저리 가벼이 나부끼네	隨風遞悠揚
인생엔 자득이 귀하니	人生貴自得
바깥을 사모함은 좋은 일 아니라네	外慕非所臧
안자가 어찌 세상을 잊었겠나?	顏子豈忘世

---

51 『왕양명전집』 권20 「오동강용운梧桐岡用韻」. 이 시의 제목은 원래 '오동강용운梧桐江用韻'으로 되어 있는데, 이는 잘못이다.

중니는 본래 바삐 돌아다녔지	仲尼固遑遑
그만두자, 다시 무엇을 일삼으랴?	已矣復何事
내 도는 창랑의 물결에 돌리네	吾道歸滄浪

그러나 학자와 제생 대부분은 양명의 묵좌징심, 체인천리의 정좌 요법을 사실대로 실천에 옮길 수 없었으며, 그들의 정좌는 공적하고 고고한 병폐로 흘러서 도리어 점차 고요함을 기뻐하고 움직임을 싫어하는 마음이 생겨났다.

저주의 제생 맹원孟源, 맹진孟津 형제가 찾아와서 배움을 물었는데 양명은 그들에게 정좌를 가르쳤다. 나중에 맹원이 묻기를 "정좌하는 가운데 사려가 어지러이 잡다하게 일어나서 억지로 금하고 끊을 수 없습니다."라고 하였다. 양명이 회답하여 말하기를 "어지러이 잡다하게 일어나는 사려는 억지로 금하여 끊을 수 없고, 다만 사려가 막 싹이 트는 곳에서 성찰하고 다스려서 천리가 정밀하게 밝아진 뒤 각 사물이 저마다 사물에 부여된 의미를 지니고 있어서 저절로 정밀하고 오롯하여 어지럽고 잡다한 마음이 없어지면 『대학』에서 '앎이 그칠 곳을 안 뒤에 정해짐이 있다(知止而后有定).'고 한 것이다."[52]라고 하였다. '각 사물이 저마다 사물에 부여된 의미'란 고요한 가운데의 격물정심 格物正心을 가리킨다.

양명은 정좌란 생각도 사려도 없고 마음이 적연하고 공허하여서 고인 물과 같이 멈춘 것이 아니라 고요한 가운데 체인하여서 만일 사려가 어지러이 잡다하게 생겨나면 모름지기 사려가 막 싹이 트는 곳에서 성찰하고 다스려서 천리를 명징하게 체인하고 격물정심해야 비로소 그칠 곳을 안 뒤 정해짐이 있는 경계에 도달할 수 있다고 인식하였다.

---

52 『왕양명전집』 권33 「연보」 1.

나중에 양명은 「서맹원권書孟源卷」에서 저주에 있을 때 학자가 정좌하는 병폐를 다음과 같이 언급하였다.

접때 저양에서 배움을 논할 때 역시 말속이 비루하고 더러움을 징계하느라 오로지 고명한 한 길로 길을 열고 이끌어감을 면하지 못하였다. 대체로 굽은 것을 바로잡고 편향을 바로잡아 시대의 폐단을 구제하지 않을 수 없던 것이다. 만약 끝내 누추한 습성에 미혹된 자는 이미 책할 바가 없으나 그 사이에 역시 떨쳐 일어나서 감동하여 반응하는 선비가 많이 있어 한때 (고명한 길로) 향하였으니 모두 기뻐할 만하였다. 근래에는 또다시 점차 공허함으로 흘러 탈락脫落하고 신기한 이론을 말하여서 사람들에게 소문이 나게 하니 매우 우려할 만하다.[53]

양명의 묵좌징심, 체인천리의 정좌는 바로 그가 나중에 죽을 때까지 강조한 '마음에서 체인함(心上體認)'으로서, 추구하는 바는 "모두 속을 향해 찾고 구하여서 자기의 심체를 보게 되면 어느 때 어느 곳이나 이 도가 아님이 없으니 …… 바깥에서 구해 비로소 얻기를 기다리지는 않는다."[54]라고 한 것이다. 본래 이는 고요한 가운데 천리를 체인하고, 고요한 가운데 희로애락 미발 때의 기상을 체인하고, 미발의 중을 체인하고, 마음에서 이치를 구하기를 추구한 것이다.

학자와 제생은 도리어 체인천리의 정좌를 공적한 마음으로 뻣뻣하게 앉아서(寂心枯坐) 공허함으로 흘러드는 것으로 바꾸었다. 양명의 묵좌징심, 체인천

---

53 『왕양명전집』 권8 「서맹원권書孟源卷」.

54 『왕양명전집』 권1 「전습록」 상.

리의 정좌는 본래 고요한 곳에서 체인하며, 마음을 맑게 하고 도를 깨달아서 아직 발하기 전의 중과 발하여서 모두 중절한 것을 결합하고, 미발과 이발을 결합하고, 고요한 곳에서 마음을 맑게 하여서 도를 깨닫는 것과 움직이는 곳에서 사상마련을 결합하여서 동정무간動靜無間, 지행합일에 이르기를 희망한다. 학자와 제생은 도리어 고요한 곳에서 체득하여 깨달음을 받들어서 '고명의 한 길'로 삼아 움직임의 한쪽에 치우침에서 고요함의 한쪽에 치우침으로 향하여 고요함을 기뻐하고 움직임을 싫어하며 다만 한결같이 고요한 곳에서 체득하여서 깨달으려 하였다. 움직이는 곳에서 사상마련을 알지 못하고서 다만 '미발의 중'만 체인할 줄 알고 도리어 '발하여서 모두 중절함'을 망각하였다. 고요함만 있고 움직임은 없으며, 움직임과 고요함에 서로 간격이 생겼다.

대략 정덕 9년(1514) 봄에 양명은 왕응붕에게 보낸 편지에서 학자들의 이러한 병폐를 다음과 같이 언급하였다.

> 보내온 편지를 읽고 평소 학문을 하며 공부를 하시는 개략을 알게 되었습니다. …… 천우天宇(왕응붕)가 스스로 말하기를 "뜻은 있으나 독실하게 할 수 없다."고 하였는데, 모르겠습니다만 이른바 뜻이란 과연 어떤 것입니까? 독실하게 할 수 없는 자는 또한 누구입니까? "성현의 학문은 고요히 할 수 있기에 움직임을 제어할 수 있다."고 하였는데, 모르겠습니다만 어떻게 하는 것이 고요히 할 수 있는 것입니까? 고요함과 움직임은 두 마음이 있는 것입니까? "정치에 임하고 일을 행할 때 더듬어 헤아리고 추측으로 둘러대어서 억지로 도에 귀결하게 하면 본래 역시 끝내 능하지 못한 바가 있으나, 황급하고 위태로운 상황(造次顚沛)에서도 도에 의거하는 것은 할 수 없다."고 하였는데, 모르겠습니다만 어떻게 해야 그런 공부를 할 수 있습니까? "책을 펼치면 터득함이 있고 현인과 군자를 접하면 저절로 촉발

된다."고 하였는데, 모르겠습니다만 촉발된 것이 과연 무엇입니까? 또 "두 가지 일에 힘입은 뒤 촉발된다."고 하였는데, 두 가지 일 외에 할 것이 어떤 일입니까? 이런 때를 당하여서 이른바 의지란 과연 어디에 있는 것입니까? 이 몇 마디 말씀은 천우가 실제로 그 힘을 쓰지 않으면 있을 수 없습니다.[55]

한 사람의 일생 대부분의 시간은 일상의 행동 가운데(*動處) 처해 있으며 종일 정좌하고(*靜處) 있을 수는 없다. 이는 바로 고요한 곳의 체인과 행동하는 곳의 치지致知가 평형을 이루어서 관통하고 통합하는 공부이니 동정이 일관하고 간격이 없어서 움직임을 버리고 고요함으로 나아갈 수도 없고, 고요함을 버리고 움직임으로 나아갈 수도 없다. 응당 한마음으로 동정을 관통하는 데 도달하기를 요구하는 것이다.

"고요함과 움직임은 두 마음이 있는 것입니까?"라고 한 양명의 말은 실제로 저주 학교의 선비가 한결같이 고요한 곳에서 체득하여 깨달을 뿐 움직이는 곳의 사상마련을 알지 못함에 대한 비판을 포함하고 있다. 양명은 나중에 '양지'의 가르침을 세우고 '치량지'의 공부론을 제출하였는데, 고요한 곳에서 마음을 맑게 하고 체득하여서 깨닫는 것과 움직이는 곳에서 사상마련함을 완전히 통일하였다. 이는 바로 그가 "양지가 명백해지면 네가 고요한 곳에서 체득하여 깨달아도 좋고, 네가 일에 나아가서 갈고닦아도 좋다. 양지의 본체는 원래 움직임도 없고 고요함도 없는 것이다."[56]라고 한 것이다. 이는 그의 심학사상의 커다란 비약이다. 저주에서 양명의 고요한 곳의 징심체오澄心體悟

---

55 『왕양명전집』 권4 「답왕천우答王天宇」 서1.

56 『왕양명전집』 권3 「전습록」 하.

와 움직이는 곳의 사상마련에 대한 사고는 그가 '치량지'의 심학 본체공부론 사상을 향한 비약의 역정에서 내딛은 제일 첫걸음이 되었다.

그러나 정좌하여서 마음을 맑게 하고 체득하여서 깨닫는 것은 종래 육학의 본체공부론으로 인식되었으며, 역시 육학과 백사학 또는 양명의 왕학이 정주파로부터 '선禪'으로 지목되는 주요한 '증거'였다. 그리하여 양명이 저주에서 학자와 제생에게 묵좌징심, 체인천리의 정좌 공부를 행하도록 제창한 것은 남도 정주파들의 엄중한 관심을 불러일으켰고, 그들이 양명과 함께한 주륙학의 논변은 이로 말미암아 어쩔 수 없이 시작되었다.

논변을 일으킨 사람은 뜻밖에도 원래 그의 제자였던 응천 부학 교수 왕도 王道였다. 그는 남도에 온 뒤로 정주파의 중견 위교魏校(1483~1543)와 함께 주학을 강론하였고, 사상적으로 이미 양명과 점차 멀어졌다. 정덕 8년(1513) 12월에 왕도는 남도에서 편지 한 통을 보내서 양명의 심외무리心外無理, 묵좌징심과 체인천리, 격물정심 등의 심학사상을 전면 부정하였다. 이는 왕도가 스승의 하설을 배반하고 벗어나기 시작한 일이었으며 양경兩京 정주파가 양명과 함께 주륙 학문의 동이 논전을 전개하게 된 '신호'라고까지 말할 수 있다.

양명은 즉시 날카로운 칼끝을 들이대듯이 상세하게 변론한 긴 편지 한통을 써서 보냈다.

순보純甫(왕도)의 물음이 말은 겸손하게 낮추었으나 말의 뜻 사이에는 실로 스스로 옳다고 여김이 있었습니다. 이미 스스로 옳다고 여긴다면 유익을 구하는 마음이 아닐 것입니다. …… 순보는 스스로 옳다고 하지만 대체로 그 마음이 오히려 미혹된 바가 있어서 그런 것입니다. 또한 스스로 그름을 알고서도 또 고의로 자기가 옳다고 여겨서 나에게 강요하는 것은 아니므로 내가 어찌 (논쟁을) 그만둘 수 있겠습니까? 그러므로 답장에서 그 설을 다 들어서 순보에게 알리는 것입니다. 보내온 편지에 이르기를 "배움으로써 선을 밝히고 몸을 성실하게 하는 것은 본래 그러합니다. 다만 모르겠습니다만 무엇을 선이라 합니까? 원래 어디에서 얻는 것입니까? 지금은 어디에 있는 것입니까? 그것을 밝히는 공부는 마땅히 어떠해야 합니까? 처음 들어가려면(入頭) 입구는 마땅히 어디로 해야 합니까? 몸을 성실하게 하는 것과 앞뒤의 차례가 있습니까, 없습니까? 성실하게 함은 무엇을 성실하게 하는 것입니까? 이러한 곳은 세미하고 곡절이 있어서 모두 두드려서 구하고 열어서 펼쳐 이로써 의심스러운 바를 질의하여 스스로가 나에게 도움이 될 사람에게 붙기를 구하는 것입니다."라고 하였습니다. 이 말씀을 반복해 읽어보니 순보가 근래 힘을 얻은 곳이 여기에 있고 병을 얻은 곳 또한 여기에 있습니다. 순보는 평소 한갓 마음을 보존하는(存心) 설만 알고 실제로 극치克治하는 공부를 하지 않았기에 동정이 합일하지 못하고 일을 만나면 번번이 어지럽고 흔들리는 근심이 있습니다. 이에 지금 능히 이와 같이 추구할 수 있다면 반드시 지난날 공허에 떨어졌던 것을 점차 깨닫게 될 것입니다. 그러므로 말하기를 순보가 근래 공부를 하고 힘을 얻은 곳이 여기에 있으나 이미 지리함과 바깥으로 치달리는 실수를 하면서도 깨닫지 못하고 있다 하는 것입니다. 저 마음은 몸에 주인이 되며 본성은 마음에 갖추어져 있고 선은 본성에서 근원을 하니 맹자가 성이 선하다고 한 것이 이것입니다. 선은 곧 나의 본성이며 지적할 만한 형체가 없으며 정해진 방소方所가 없으니 어찌 스스로 한 물건이 되며 어느 곳에서 온 것이겠습니까? 그러므로 병폐가 일어나는 곳도 여기에 있습니다. 순보의 뜻은 대체로 성문聖門의 실학實學을 살피지 못하고서 오히려 후세의 훈고에 친압하여 사사물물은 저마다 지극한 선이 있으니 반드시 사사물물에서 지극한 선을 구해야 하며 그 뒤에 선을 밝힌다고 한다는 것입니다. 그러므로 '원래 어느 곳에서부터 온 것이며 지금 어디에 있는가?' 하는 말이 있는 것입니다. 순보의 생각에는 내가 혹 공허함에 떨어졌는가 의심하여서 이 설을 빌려 내가 가려진 것을 밝혀낸 것입니다. 나 역시 순보의 뜻을 모르는 바는 아니지만 사실은 그렇지 않습니다. 사물에 있어서는 이치가 되고 사물에 처해서는 의리가 되며 본성에서는 선이 되는데, 이는 가리키는 바로 인해 이름이 달라지는 것이지 사실은 모두 내 마음입니다. 마음 바깥에 사물이 없고 마음 바깥에 일이 없고 마음 바깥에 이치가 없으며, 마음 바깥에 의리가 없고 마음 바깥에 선이 없습니다. 내 마음이 사물에 대처할 때 이치에 순수하고 인위人僞의 잡박함이 없는 것을 선이라 하니 사물에서 구할 수 있는 정해진 장소가 있는 것은 아닙니다. 사물에 대처함이 의가 됨은 내 마음이 그 마땅함(宜)을 얻은 것이지 의가 바깥에서 습격하여 취하는 것이 아닙니다. 격格이란 이것(마음의 이치)을 바로잡는(格) 것이며, 치致란 이것(마음의 이치)을 이루는(致) 것입니다. 반드시 말하기를 사사물물에서 지극한 선을 구한다는 것은 분리하여 둘로 하는 것입니다. 이천이 이른 바 "다만 저것을 쓰면 곧 이것을 깨닫는다(才用彼卽曉此)."라고 한 것은 둘이라 하는 것과 같습니다. 성은 피차가 없고 이치는 피차가 없고 선은 피차가 없습니다. 순보가 이른 바 "그것을 밝히는 공부는 마땅히 어떠해야 합니까? 처음 들어가려면 입구는 마땅히 어디로 해야 합니까? 몸을 성실하게 하는 것과 앞뒤의 차례가 있습니까, 없습니까? 성실하게 함은 무엇을 성실하게 하는 것입니까?"라고 한 것입니다. 또 순보의 뜻은 반드시 선을 밝힘은 저절로 선을 밝히는 공효가 있고, 몸을 성실하게 함은 또 몸을 성실하게 하는 공효가 있다는 것입니다. 제(區區) 생각과 같으면 선을 밝힘을 몸을 성실하게 함의 공효로 여깁니다. 저 성실함이란 거짓이 없음(无妄)을 말합니다. 몸을 성실하게 함의 성실은 거짓이 없게 하려 함을 말합니다. 성실하게 하는 공효는 선을 밝히는 것입니다. 그러므로 널리 배움은 이것을 배우는 것이며, 자세하게 물음은 이것을 묻는 것이며, 신중하게 생각함은 이것을 생각하는 것이며, 밝히 변별함은 이것을 변별하는 것이며, 독실하게 행함은 이것을 행하는 것입니다. 모두 선을 밝혀서 그것을 성실하게 해나가는 공부입니다. 그러므로 몸을 성실하게 함에 길이 있으니 선을 밝히는 것이 몸을 성실하게 하는 길입니다. 선에 밝지 못하면 몸에 성실하게 하지 못합니다. 선을 밝히는 것 외에 별도로 몸을 성실하게 하는 공부가 있는 것은 아닙니다. 몸을 성실하게 하는 시초는 몸이 아직 성실하지 못한 것이니, 그러므로 선을 밝힌다고 합니다. 선을 밝힘의 극치는 몸이 성실해지는 것입니다. 만약 저절로 선을 밝히는 공부가 있고 또 몸을 성실하게 하는 공부가 있다면 이는 분리하여서 둘로 하는 것이니 털끝만 한 차이가 천 리나 어긋나는 것을 면하기 어려울 것입니다.[57]

양명의 이 편지는 성의誠意를 주로 하는 자기의 심학 본체공부론 체계에 대해 간략한 해설을 한 것으로서 실제로도 주류 학문의 동이에 대한 명석한 논변인데 서애가 편집한 『전습록』과 대조해서 읽을 수 있다. 양명이 편지에서 주로 비판한 내용은 왕도가 표현한 정주 이학의 관점이다.

첫째, 왕도는 이치가 사물 가운데 있으며 사사물물이 저마다 그 이치가 있으니(*至善) 모름지기 사사물물에서 이치를 구해야 한다고 인식한 것이다. 양명은 마음 바깥에 사물이 없고 마음 바깥에 일이 없고 마음 바깥에 이치가 없으며, 마음 바깥에 의리가 없고 마음 바깥에 선이 없으니 한마디로 말해서 마음이 곧 이치이며, 마음이 온갖 이치를 갖추고 있다고 인식하였다. 그러므

57 『왕양명전집』 권4 「여왕순보與王純甫」 서2.

로 격물치지는 마음에서 이치를 구하며 바깥 사물에서 구하는 것이 아니므로 '격格'이란 바로 이 마음의 이치를 바로잡는 것이며, '치致'란 바로 이 마음의 이치를 이루는 것이다.

둘째, (양명으로서는) 왕도가 몸을 성실하게 함과 선을 밝힘을 나누어서 두 가지로 한 것은 지극한 선(*理)이 사사물물 가운데 있으니 이로 인해 몸을 성실하게 함은 내면을 향해 마음에서 구하는 것이며, 선을 밝히는 것은 밖을 향해 사사물물에서 구하는 것으로서 몸을 성실하게 하는 공부와 선을 밝히는 공부를 분리하여 둘로 한 것이라고 인식한 것이다. 양명은 몸을 성실하게 하는 것과 선을 밝히는 것은 동일한 것으로서 몸을 성실하게 함을 주로 삼으며, 선을 밝히는 것이란 몸을 성실하게 하는 것의 공부이며, 몸을 성실하게 하고 거짓이 없는 것이란 선을 밝히는 것이니 선을 밝힘의 극치에 이르면 몸이 성실하게 되므로 선을 밝힘과 몸을 성실하게 함은 내면의 마음을 향해 이치를 구하고 이치를 밝히는 동일한 과정이라고 인식하였다. 양명과 왕도의 사상적 대립의 실질은 육학과 주학의 대립이며, 두 사람의 주류 학문의 동이 논전의 기본 관점은 이미 여기에서 뚜렷해졌음을 알 수 있다.

기세 좋게 몰아붙이는 양명의 비판을 접하고서 왕도는 한때 회피하고 답을 하지 않았다. 그러나 그는 위교와 함께 강론하는 가운데 여전히 자기 관점을 견지하였다. 이때 서애도 남도에서 병부거가청리사원외랑兵部車駕清吏司員外郎의 직임에 있었는데 왕도의 사상 동태를 잘 알고 있던 그는 편지를 써서 양명에게 알렸다.

양명은 곧 정덕 9년 봄에 다시 왕도에게 편지 한 통을 써서 전에 받은 편지의 논제를 다음과 같이 물었다.

왈인(서애)의 편지를 받고 순보가 근래 공부에 매우 힘쓴다는 것을 알게 되어서 기쁘고도 기쁩니다! 배움으로써 선을 밝히고 몸을 성실하게 하되 다만 오도카니 이 혼매하고 잡다하게 흔들리는 마음을 지키고서 도리어 좌선하여 선정에 드는 것은 이른바 "반드시 일삼음이 있다(必有事焉)."라고 한 것이 아닙니다. 성문聖門에 어찌 이런 것이 있습니까? 다만 털끝만 한 차이가 천 리나 어긋나니 실지에서 공부를 하지 않으면 쉽게 변별하지 못합니다. 후세의 학문은 자질구레하고 지리하여서(後世之學, 瑣屑支離) 이른바 골라서 따오고(採摘) 길어서 이끌어오는(汲引) 것이니 그 사이에 어찌 조금 보탬이 없겠습니까? 그러나 결국 근본을 쌓고 근원을 추구하는 학문은 아닙니다. 구절구절이 옳고 글자와 글자가 부합하지만 종내 요순의 도에 들어갈 수는 없습니다(句句是, 字字合, 然而終不可入堯舜之道也).[58]

양명이 비평하는 "후세의 학문은 자질구레하고 지리하여서", "구절구절이 옳고 글자와 글자가 부합하지만 종내 요순의 도에 들어갈 수는 없다"라고 한 말은 왕도가 존신한 주학을 가리킨다. 왕도는 여전히 정면으로 회답하지 않고 침묵을 굳게 지켰다.

곧 4월에 이르러서 양명은 남경 홍려시경鴻臚寺卿으로 승진하여 저주에서 남도로 돌아와 마침 왕도와 이웃하여서 거주하게 되었다. 그는 그제야 왕도와 함께 대면하여 토론하고 문변問辨을 전개하였다. 그러나 양명이 저주에서 학자와 제생에게 정좌와 체오體悟를 가르친 것과 왕도와 주륙 학문의 동이를 논변한 것이 이미 널리 알려져서 양경 정주파 선비들의 관심을 끌었다.

양명의 저양 제자 손존孫存이 정덕 8년 겨울 경사에 들어와서 남궁 춘시에 나아갔는데 양명은 그에게 부탁하여서 순천順天 부윤 양렴楊廉에게 편지

---

58 『왕양명전집』 권4 「여왕순보」 서3.

한 통을 전하였다. 양렴은 손존으로부터 양명이 저주에 있을 때 강학한 정황을 알게 되었다. 그는 즉시 다음과 같은 회신을 보냈다.

> 배움을 논하는 것은 어려우며 정사를 논하는 것도 어렵습니다. 대저 정사가 비루해지는 것은 모두 학술이 천박해진 때문이니 세도를 위한 헤아림에 우려하지 않을 수 없습니다. 문하에서는 근래 이야기를 나눌 만한 사람이 어떤 사람입니까? 뜻을 두어서 거둬들이되 이 도가 과연 아래에서 밝아지게 한다면 훗날 반드시 위에서 행해짐이 있을 것입니다. 거대한 하늘땅(乾坤)에서 어찌 끝내 절망하겠습니까? 우리가 이다음에 서로 만날지는 모두 감히 기필할 수는 없습니다. 풍편風便에 귀한 말씀을 아끼지 마시기를 빕니다.[59]

양렴도 존주 학자였는데 그의 편지는 비교적 함축적으로 쓰였으며 양명이 저주에서 정좌, 체오에 열중하는 강학론도에 우려를 표하였다. 양렴의 이 편지는 양경 정주파의 사상 동향을 반영하며, 양명이 양경 정주파와 벌이는 주류 학문의 동이 논전이 불가피하게 도래했음을 예고하고 있었다.

---

59 『양문각공문집楊文恪公文集』 권46 「여왕백안與王伯安」 서1.

저양의 회합과 「유해시遊海詩」의 수수께끼

정덕 9년(1514)에 이르러서 곽경郭慶(1507, 향시 거인)·오량길吳良吉·기원형冀元亨·덕관德觀·상우商佑·손윤휘孫允輝·손새孫璽·왕가수王嘉秀·소기蕭琦 등 각지의 많은 선비들이 저주로 와서 배움을 물었다. 양명은 저주에서 이미 학자들에게 정좌, 체오를 중점적으로 가르치는 것으로써 주륙 학문의 동이 논변 및 그와 관련한 유불도 세 학문의 동이 논변으로 강학론도의 방향을 전환하였다. 그에게는 저주에서 남도로 와서 더욱 대규모로 주륙 학문의 동이 논전을 전개하는 데 미리 토대를 마련하는 일이었다.

저주에는 정덕 8년 겨울에 심각한 가뭄이 들었는데 정덕 9년 봄 정월이 되어서야 큰 눈이 내려서 가뭄이 겨우 해소되었다. 양명은 봄빛이 좋을 때 문삼과 함께 동료를 이끌고 낭야·용담·풍산豐山을 찾아서 망제望祭를 진행하여 산천의 신령에게 제사를 드렸다. 양명의 문인 제생도 다 같이 항아리와 술통을 끼고 산으로 올라가서 사제 간에 한차례 봄나들이 강학의 산중 봄맞이 집회를 열었다.

양명은 낭야산 벽의 각석刻石에 다음과 같이 기록하였다.

정덕 계유년(1513) 겨울에 가뭄이 들어서 저주 사람들이 황황하였다. 정월 을축乙丑에야 눈이 내리고 정묘丁卯에는 큰 눈이 내렸다. 태복시소경, 백만白灣 문삼文森 종엄宗嚴과 양명자 왕수인이 함께 용담의 봉우리에 올라가 망제를 지냈다. 다다음 날 개어서 또 낭야의 봉우리에 올라 바라보고, 또 풍산의 봉우리에 올라가서 망제를 지냈다. 금릉과 봉양鳳陽의 여러 산을 보니 모두 하얬는데 눈이 넓게 덮여서 기뻤다. 돌아올 때 일관日觀에 임하고 월동月洞을 더듬고 요료당了了堂에서 쉬었다. 바람과 햇빛이 곱게 어울렸고 샘물이 솟고 새가 지저귀어서 흥거운 뜻에 딱 들어맞았다. 문인 채종연, 주절의 무리 28인이 술항아리와 술통을 끼고 와서 마침내 내려가 서자천庶子泉 가에서 술을 마시다가 저녁이 되자 모두 취해서 느긋하게 기분이 좋아 서로 세수하고 씻고 노래를 부르며 돌아왔는데 거의 욕기浴沂의 기풍이었다. 그 뒤 3월 정해丁亥에 어사 장구張俅(1475~?), 행인行人 이교李校(1511, 진사), 원외 서애, 시승寺丞 선린單麟과 다시 함께 유람을 하고 비로소 돌에 새겨서 기념하였다.

여요 왕수인 백안이 제제한다.[60]

양명은 이 산천의 망제를 문인 학자들을 이끌고 산천의 승경에서 강학론도, 정좌체오하는 강회講會로 바꾸었으니 그 스스로 말한 바와 같이 '다만 산의 유람을 과정課程으로 삼았던'[61] 것이다.

그와 문인 및 학자들은 낭야산을 두루 걸어 다니는 내내 강학을 하고 시

---

60 『남저회경편南滁會景編』 권8 「낭야제명琅琊題名」. '일관日觀'은 일관정日觀亭을, '월동月洞'은 언월동偃月洞을 가리킨다. 제각題刻은 백룡지白龍池 위쪽 낭야석벽琅琊石壁 위에 있다.

61 『왕양명전집』 권20 「용반산중용운龍蟠山中用韻」.

를 지어서 읊었다.[62]

낭야산중, 세 수   琅邪山中三首

낭야 산간에 초당을 지어두고   草堂寄放琅邪間

골짜기의 사슴 들의 스님 함께 한가롭네   溪鹿野僧且共閒

얼음과 눈에 풀과 나무 시들고   冰雪能回草木死

봄바람은 단단한 산의 돌을 녹이지 못하네   春風不化山石頑

육경은 흩어져 아무도 수습하지 않고   六經散地莫收拾

가시덩굴은 길을 덮었는데 누가 잘라낼까?   叢棘被道誰刊刪

그만두려네! 부지런히 공부하는 그대들   已矣驅馳二三子

봉도 그림도 나오지 않으니 내 장차 돌아가리   鳳圖不出吾將還

목 놓아 노래 부르고 술잔 들이켜도 웃지 말게   狂歌莫笑酒杯增

기이한 절경 인간세상에서 만난 적이 없으니   異境人間得未曾

절벽엔 은빛 바다 물결 뒤치고   絶壁倒翻銀海浪

먼 산엔 참으로 옥룡이 승천하네   遠山眞作玉龍騰

뜬구름 흘러가니 야망은 봄에 앞서 일고   浮雲野思春前動

빈방엔 맑은 향기 고요히 엉기네   虛室清香靜後凝

게으른 나머지 산에 숨을 계획을 하니   懶拙惟餘林壑計

벌단 시에 무능함을 길이 부끄러워하네   伐檀長自愧無能

---

62 『왕양명전집』 권20 「낭야산중삼수琅邪山中三首」.

산에 눈이 오니 풍경이 더 좋고	風景山中雪後增
눈 온 뒤 산을 또 누가 본 적 있나?	看山雪後亦誰曾
골짜기 건너 바위 속 개는 사람에게 짖고	隔溪巖犬迎人吠
골짜기 물 마시는 원숭이 나무를 펄쩍 뛰어오르네	飲澗飛猱踔樹騰
숲속에 말 타고 돌아가니 등불이 일렁이고	歸騎林間燈火動
골짜기 입구 종소리는 저녁 빛에 엉기네	鳴鐘谷口暮光凝
속세의 일 조롱 속에 들어 있는 듯	塵踪正自韜籠在
절 방에서 아직 잠들지 못하네	一宿雲房尚未能

"육경은 흩어져 아무도 수습하지 않고, 가시덩굴은 길을 덮었는데 누가 잘라낼까?"라고 한 구절은 양명과 문인 학자들이 가는 길 내내 강학론도를 한 일을 가리킨다(*'가시덩굴이 길을 덮은 것'은 주학의 훈고의 설을 은유한다). "뜬 구름 흘러가니 야망은 봄에 앞서 일고, 빈방엔 맑은 향기 고요히 엉기네"라고 한 구절은 그와 문인 학자가 산중에서 정좌하여 도를 깨달은 사실을 가리킨다. '부지런히 공부하는 그대들'이란 바로 스물여덟 사람을 가리킨다.

시를 주고받으며 화답하는 가운데 주훈朱勳이 차운시 한 수를 지었다.[63]

양명 선생의 '눈 속에 낭야산을 올라 노닐다' 시의 운을 따다

陽明先生雪中登琅琊山從遊次韻

| 눈이 내려 산을 사랑하는 호방한 흥을 더하고 | 愛山豪興雪中增 |
| 눈 속에 풍월 읊은 이 이전에 누가 있었던가? | 立雪吟風舊有曾 |

---

63 「남저회경편」, 권8 「양명선생설중등낭야산종유차운陽明先生雪中登琅琊山從遊次韻」.

땅에 온통 지는 꽃잎 찬란하고	落地瓊花渾燦爛
하늘 가득 버들 솜털 어지러이 나부끼는 듯	漫天柳絮亂飛騰
숲에 든 새 어두운 구름에 길을 잃고	鳥投林樹迷雲暗
말은 얼어붙은 시냇가 다리 건너며 겁을 내네	馬度溪橋怯凍凝
추위 무릅쓰고 가파른 땅 오르는 것 꺼리지 말라	莫厭冲寒登絶地
맑은 날 교외에서 느긋하게 노닒은 누구나 할 수 있네	晴郊遊衍是人能

양명은 또 문인 학자들을 이끌고 용담 서운루棲雲樓에 올라서 정좌체인을 하고 스스로 '늙고 게으른 복희씨(老懶義皇)'에 비유하여 시를 읊었다.[64]

눈 내리는 날 서운루에 앉다, 두 수   棲雲樓坐雪二首

뜨락 나무에 흰 눈이 펑펑 내리는 것을 보았는데	纔看庭樹鬱森森
홀연 섬돌을 가득 덮었네	忽漫階除已許深
다만 제생이 밤새 담론하느라	但得諸生通夕坐
늙은이 반쯤 취해 읊조림 방해하지 않았으면	不妨老子半酣吟
눈꽃은 자리에 떨어져 술이 깨게 하고	瓊花入座能欺酒
눈 녹은 물 처마에 점점이 떨어지네	冰溜垂簷欲墮針
남쪽 정벌하는 장사들	却憶征南諸將士
추운 밤 철갑옷 벗지 못하네	未禁寒夜鐵衣沈

| 이날 서운루에 눈이 내리니 | 此日棲雲樓上雪 |

---

64 『왕양명전집』권20 「서운루좌설이수棲雲樓坐雪二首」.

하늘의 뜻 누굴 위해 저리 깊은가?	不知天意爲誰深
홀연 한밤중에 한마디로 깨우치고	忽然夜半一言覺
인간 만고의 읊조림을 일깨우네	又動人間萬古吟
나무에 하얀 꽃이 피어도 열매 맺기 어렵고	玉樹有花難結果
자연의 기틀은 실로 꿰맬 수 없네	天機無綫可通針
성루의 북소리에 새벽 온 줄도 모르고	曉來不覺城頭鼓
늙고 게으른 복희씨 한창 잠들었네	老懶羲皇睡正沈

"홀연 한밤중에 한마디로 깨우치고, 인간 만고의 읊조림을 일깨우네"라고 한 구절은 하룻밤 사이에 활연히 깨달은 '희황상인羲皇上人'이 서운루에서 정좌하고 체인하여서 깨달은 진리를 제자들을 향해 만고 성현의 심학의 '읊조림(吟唱)'으로 펼친 것을 가리킨다.

사실 양명이 저주에서 널리 펼친 도를 전하는 '인간 만고의 읊조림'은 두 가지이다. 하나는 주륙 학문의 동이를 논변하는 것이고, 또 다른 하나는 유불도 세 학문의 동이를 논변하는 것인데, 모두 그의 묵좌징심, 체인천리의 정좌와 관련이 있다.

3월에 태복시소경 문삼이 홀연 깊은 뜻을 품고 문천상文天祥(1236~1283)의 『문산별집文山別集』을 판각하였다. 문천상은 길안吉安 여릉廬陵 사람이었고, 마침 양명이 여릉에 갓 부임하여서 임직을 맡았기 때문에 문삼이 양명에게 서문을 지어달라고 청하였던 것이다. 그러나 문삼은 정주학파에 속했고 문천상은 정주 이학을 존신하였으니, 이는 분명 양명에게 주어진 또 하나의 어려운 문제였다. 양명은 이전에 「자양서원집서紫陽書院集序」, 「동림서원기東林書院記」를 지은 것과 마찬가지로 서문을 빌려서 교묘하게 문천상의 충군忠君 사상을 심학적으로 전석하였으며, 주륙 학문의 난제를 중재하고 자기 심학의 본체공부론에 대한 인식을 심화하였다.

그는 서문에서 다음과 같이 말하였다.

옛날 군자가 군주에게 충성하는 것은 내 마음을 거기에 다하되 스스로 만족하는 것일 뿐이며 어찌 자질구레하게 말하여서 세상에 알려짐을 바랐겠는가? 그러나 인仁한 사람의 마음은 군주에게 충성하면서 역시 다른 사람들도 군주에게 충성하기를 바란다. 그 군주에게 충성하면 마음을 거기에 다할 뿐이다. 사람들이 군주에게 충성하기를 바라되 내가 군주에게 충성함으로써 그 양심을 일깨우기를 생각하지만(欲夫人忠於其君, 而思以吾之忠於其君者啓其良心) 본래 남들이 미처 알지 못하는 점이 있다. 스스로 말하지 않으면 무엇으로 남들이 알 수 있겠는가? 이 때문에 선생이 스스로를 서술하여서 이로써 세상에 충성을 가르쳤다. 그때를 당하여 사신(仗節)으로 나아가 죽음으로써 의리를 지킨(死義) 선비가 기재되지 않음이 없었으니 역시이로 인해 전기가 있게 되었으며, 이는 또한 남들과 더불어 선을 행하는 방법이다. 이 문집으로 선생이 스스로 자기의 마음을 다한 것이 세상에 알려지기를 바란다는 의심을 받을 수 있으나 나는 오직 선생이 남을 가르친 것이 다 알려지지 못할까 두렵다. 선생이 스스로 자기의 마음을 다한 일에 대해서는 전기가 없을 수 있지만 선생이 남과 더불어 선을 행한 것은 내가 오직 멀리 전해지지 않을까 두려워한다. …… 아! 마음이 위급하고 위태한 때를 당하여서 남과 더불어 선을 행하는 것을 잊지 않음은 절개가 넉넉한 것이다. 자기를 다하는 마음을 끝까지 이루어서 남들과 함께 선에 귀결하려고 함은 충성을 미루는 것이다. 알려지기를 바란다는 평판을 꺼리지 않고 남을 가르치는 성실함을 행함은 인이 독실한 것이다(當顚沛之心而不忘乎與人爲善者, 節之裕也. 致自盡之心而欲人同歸於善者, 忠之推也. 不以蘄知爲嫌而行其

教人之誠者, 仁之篤也). 현자를 본받고 덕을 숭상하여서 앞 세대(先世)의 아름

다움을 빛내는 것을 효孝라 하며, 가르침을 밝히고 일을 계승하여서 남에

게 착함을 미치는 가르침을 넓혀가는 것을 의義라고 한다. 나는 이 문집의

서문을 쓰면서 (충심을 말하였기에) 부끄러운 말이 없을 뿐이다![65]

양명은 '마음을 다함(盡心)'으로써 문천상의 충군忠君 사상을 전석하였다.
충군은 바로 내 마음을 다하기를 바라는 것이며, 내 마음을 다함은 군주에게
충성하는 것이니 따라서 마음을 다함은 곧 충군이고, 충군은 곧 마음을 다함
이라고 인식하였다. 이러한 '마음을 다함'은 일종의 양심을 다하는 심학 본
체 공부로서 "사람들이 군주에게 충성하기를 바라되 내가 군주에게 충성함
으로써 그 양심을 일깨우기를 생각하는" 것이다. 여기서 말하는 '양심'은 이
미 '양지' 본체론의 의의를 갖추고 있다. 따라서 "마음이 위급하고 위태한 때
를 당하여서 남과 더불어 선을 행하는 것을 잊지 않음은 절개가 넉넉한 것이
다. 자기를 다하는 마음을 끝까지 이루어서 남들과 함께 선에 귀결하려고 함
은 충성을 미루는 것이다. 알려지기를 바란다는 평판을 꺼리지 않고 남을 가
르치는 성실함을 행함은 인이 독실한 것이다."라고 한 말은 역시 '치량지' 공
부론의 의의를 갖추고 있다.

「문산별집서文山別集序」는 양명이 저주에서 강학할 때 도달한 심학사상의
새로운 수준을 밝히 드러낸다. 그는 이미 고요함 한쪽으로 치우친 묵좌징심,
체인천리의 정좌 공부론의 범위(框架)를 뛰어넘어서 이미 '양지'와 '치량지'
사상의 문턱 앞에 도달하였다. 이러한 인식은 그로 하여금 반드시 고요한 곳
의 징심체오澄心體悟를 움직이는 곳의 사상마련과 관통하여서 결합해야 한다

---

[65] 『왕양명전집』 권22 「문산별집서文山別集序」.

는 점을 더욱 의식하게 하였다.

　호북湖北 황강黃岡의 곽경郭慶(1507, 향시 거인)과 오량길吳良吉 사제 두 사람이 저주로 와서 배움을 물었는데, 양명은 그들에게 '정좌'와 '독서'의 결합을 가르쳤다. 설간薛侃(1486~1546)은 「유석변儒釋辯」에서 이 일을 다음과 같이 언급하였다.

> 선생이 어찌 글을 폐기하였겠는가? 옛날 곽선보郭善甫(곽경)가 남대南臺(남경)에서 선생을 뵈었는데, 선보는 글을 기호嗜好하는 자였다. 선생이 경계하여 말하였다. "그대는 먼저 정좌를 하라." 선보가 달포 정좌했는데 일삼는 바가 없었다. 다시 그에게 이르기를 "그대는 우선 글을 읽으라." 하였다. 선보가 원망하고 지나가면서 나에게 말하기를 "나는 의혹이 점점 커집니다. 처음 나(慶)에게 가르치기를 글을 폐하고 정좌하라고 하더니 나중에는 정좌를 폐하고 글을 읽으라고 하니 장차 내가 어떻게 해야 좋겠소?" 하였다. 내(侃)가 그에게 알리기를 "이는 생각해보면 알(入) 수 있습니다. 글은 과연 배우는 것입니까? 공자가 자공에게 이르기를 '너는 내가 많이 배워서 아는 사람이라고 생각하느냐? 그렇지 않다. 나는 하나로 꿰뚫었을 뿐이다(汝以予爲多學而識之者歟? 非也. 予一以貫之).'라고 하였습니다. 배움은 과연 글을 폐기하는 것입니까? 공자가 『역』을 찬양하여 이르기를 '군자는 이전의 말과 지난 행적을 많이 알아서 그것으로 덕을 축적한다(君子多識前言往行, 以畜其德).' 하였습니다. 이는 생각해보면 알 수 있습니다. 그러므로 말은 한결같지 않으니 재질에 따라 가르쳐서 독실하게 하는 것입니다. 선생이 어찌 글을 폐기했겠습니까?"라고 하였다.[66]

---

66 『설간집薛侃集』 권6 「유석변儒釋辯」.

심학은 실학이며 독서를 폐기하지 않는다. 정좌는 앎이며 독서는 배움이니(*'독서'로써 배우고 묻고 생각하고 변별하고 독실하게 행동함을 지칭한다) 모름지기 앎과 배움을 결합하여서 동정動靜을 '하나로 꿰뚫는 데' 도달해야 한다. '글을 읽지 않음(不讀書)'은 종래 육학의 '선적인 폐단(禪病)'으로 간주되었다. 그리하여 그들의 정좌와 마음의 깨달음(心悟)은 '공허한 깨달음(空悟)'이었다. 양명이 정좌와 독서를 결합한 것은 실제로는 고요한 곳의 징심체오와 움직이는 곳의 사상마련의 일이관지를 강조한 것이다. 이는 그가 육학에 대해서는 폐단을 해결하고 치우친 것을 구제한 것이며 또한 백사 심학의 본체공부론에 대해서는 초월과 승화를 이룬 것이다.

나중에 그는 곽경이 황강으로 돌아갈 때 전송하면서 특별히 「증곽선보귀성서贈郭善甫歸省序」 한 편을 지어서 이 사상을 다음과 같이 더욱 분명하게 해석하였다.

> 군자에게서 배움은 농부에게는 토지와 같다. 좋은 씨앗을 잘 뿌리고 또 깊이 밭을 갈고 김을 제때 매고 가뢰(蟊)와 가라지(莠)를 제거하고 때맞춰 물을 주고 아침에는 일을 하고 저녁에는 생각하되 황황히 오직 좋은 종자를 생각한 뒤에야 가을에 수확을 바랄 수 있다. 뜻(志)은 씨앗이며, 배우고 묻고 생각하고 변별하며 독실하게 행하는 것은 갈고 김을 매고 물을 주어서 추수를 기대하는 일이다. 뜻이 발단하지 않은 것은 띠나 피(荑稗)와 같다. 뜻이 발단하였으나 공력을 계속해나가지 않는 것은 오곡이 익지 않으면(功之弗繼, 是五穀之弗熟) 띠나 피만 못함과 같다. 내가 일찍이 그대가 좋은 씨앗을 구하는 것을 보았으나 오히려 띠나 피의 씨앗을 구했을까 두려워하였고, 그대가 부지런히 갈고 김매는 것을 보았으나 오히려 띠나 피만큼 (곡식이 자라지) 못할까 두려워하였다. 농사를 지어서 봄에 씨를 뿌리고 가을

에 성숙하는 것은 시간의 일이다. (열다섯 나이에) 배움에 뜻을 둠(志學)으로써 (서른에) 섬(立)에 이르는 것은 (농사가) 봄에 시작하여서 여름으로 가는 것이다. 섬으로 말미암아 (마흔에) 미혹하지 않음(不惑)에 이르는 것은 여름이 가고 가을이 되는 것이다. 이미 그때가 지났는데 (도리어) 씨앗이 정해지지 않으면 또한 크게 두려워할 만한 일이 아닌가? 때가 지난 뒤에 배움은 남이 한 번에 능히 할 때 나는 백 번이라도(人一己百) 하지 않고서는 감히 (성취하기를) 바랄 수 없는 것인데 오히려 배움을 하다 말다 하는 것은 또한 크게 슬퍼할 만한 일이 아닌가? 나를 따라 노닌 자가 많았는데 비록 강설한 것이 많았으나 아직 입지를 넘어선 자가 없다. 그러므로 나는 그대가 길을 떠남에 끝내 이 말을 하지 않을 수 없어서 별도로 말한다. 그대도 힘을 쓰는 방법에 의심을 하지 않을 수 있을 것이다.[67]

양명은 배우고 묻고 생각하고 변별하며 독실하게 행하는 것을 심학의 실천 공부, 곧 일종의 사상마련 공부로 간주하여서 마치 밭에 씨를 뿌리려면 밭을 갈고 김을 매고 물을 주는 노작의 공력을 기울이는 것과 마찬가지로 "공력을 계속해나가지 않는 것은 오곡이 익지 않은 것"으로 보았다. 고요한 곳에서 '묵좌징심, 체인천리'의 본체 증오證悟는 필수적으로 움직이는 곳에서 배우고 묻고 생각하고 변별하고 독실하게 행하는 천행踐行 공부를 결합해야 비로소 일종의 진정한 지행합일의 본체공부론이 된다. 여기서 그가 말하는 "배우고 묻고 생각하고 변별하며 독실하게 행하는" 공부는 이미 나중에 그가 말한 '치량지' 공부의 의의를 갖추고 있었다. 양명의 이러한 심학의 본체공부론은 육씨 심학의 정좌공오靜坐空悟라는 선의 폐단을 극복하였으며 역시 불

---

67 『왕양명전집』 권7 「증곽선보귀성서贈郭善甫歸省序」.

로佛老 학문의 선정禪定, 정관靜觀에 대해 분명히 한계를 그었다.

사실상 양명의 주류 학문 동이 논변은 유불도 삼교의 동이 논변과 함께 하나로 결합되었다. 그는 여전히 유불로는 뿌리가 같고 근원이 같다(同根同源), 유학이 불로의 학보다 고상하다는 관점을 견지하였다.

『전습록』은 그와 소혜蕭惠 사이의 한 차례 유불로 세 학문의 동이 논변을 기록하였다.

> 소혜가 선과 불교를 좋아하였는데 선생이 경계하며 말하였다. "나도 어려서 두 학문(二氏)에 독실하게 뜻을 두어서 이미 터득한 바가 있었고, 유학은 배우기에 충분하지 않다고 스스로 말하였다. 그 뒤 오랑캐 땅에 3년 동안 거하면서 성인의 학문이 이와 같이 간단하고 쉽고 넓고 크다는(簡易廣大) 사실을 알고서 비로소 30년 동안 기력을 잘못 썼다고 스스로 탄식하고 뉘우쳤다(始自嘆悔錯用了三十年氣力). 대체로 두 학문은 그 오묘함이 성인과 다만 털끝만 한 간격이 있다. 네가 지금 배우는 것은 바로 찌꺼기(土苴)이니 대뜸 스스로 믿고 좋아하기를 이와 같이 한다면 참으로 올빼미(鴟鴞)가 썩은 쥐(腐鼠)를 훔치는 것일 뿐이다!" 소혜가 두 학문의 오묘함에 대해 묻자 선생이 답하기를 "조금 전에 너에게 성인의 학문이 간단하고 쉽고 넓고 크다고 하였는데, 너는 도리어 내가 깨달은 것을 묻지 않고 다만 내가 뉘우치는 것을 묻는구나!" 하였다. 이에 뉘우치고 사과하였다. 성인의 학문에 대해 물었다. 선생이 이르기를 "이미 너와 한마디로 말을 다하였는데 너는 오히려 스스로 이해하지 못한다."라고 하였다.
>
> 소혜가 삶과 죽음의 도에 대해 물었다. 선생이 답하기를 "낮과 밤을 알면 곧 삶과 죽음을 안다."라고 하였다. 낮과 밤의 도에 대해 물었다. 답하기

를 "낮을 알면 밤을 안다."라고 하였다. 묻기를 "낮도 알지 못하는 바(지각이 작용하지 않는)가 있습니까?" 하였다. 선생이 답하기를 "너는 낮을 아느냐? 몽롱하게 일어나고 꿈지럭거리며 밥을 먹되 행실을 드러나게 하지 않고 습성을 살피지 않으며 하루 종일 흐리멍덩하면 다만 대낮에 꿈을 꾸고(夢晝) 있는 격이다. 오직 '숨을 쉬는 사이에도 기름이 있고, 눈을 깜박이는 사이에도 깨달음이 있다(息有養, 瞬有存).'고 하였으니 이 마음이 말똥말똥하고 밝고 밝으면 천리가 한순간이라도 끊어짐이 없으니 그제야 비로소 낮을 알 수 있다. 이는 곧 하늘의 덕이며 바로 밤낮으로 통하는 도이니 다시 무슨 삶과 죽음을 알겠는가?" 하였다.[68]

양명이 스스로 "30년 동안 기력을 잘못 쓴 것"을 후회한다는 말은 결코 불교와 노자의 학문 자체가 그릇되다고 말하는 것이 아니라 유학의 '간단하고 쉽고 넓고 큰' 것이 불교와 노자의 학문보다 원대함을 간파하지 못하였고, 자기 성현의 학문에서 도를 구하지 못하고 길을 잘못 들었음을 말하는 것이다.

불교와 노자의 학문도 고상하고 오묘한 학설이 있어서(*양명은 이에 대해 말하려고 하지 않았다) 유학과 서로 부합한다. 역시 그릇된 설(誤說), 거짓 설(邪說), 이단의 설(異說)이 있는데(*예컨대 작길아시아의 '음도비술', 도가의 외단과 소련燒煉, 장생불사의 설) 그것은 다만 불교와 노자 학문의 '찌꺼기'와 '썩은 쥐'일 뿐이다. 근본적으로 유불로 세 가르침은 뿌리가 같고 근원이 같은데 다만 유학의 학설이 불교와 노자에 견주어서 더욱 간단하고 쉽고 넓고 크며, 고명高明하고 정미精微하니 이로 인하여 선비가 도를 배움은 모름지기 유가 성현의 학에서 구해야지 불로의 학문에서 물을 필요가 없으며, 더욱이 불로의 학문을

---

68 『왕양명전집』 권1 「전습록」 상.

배척하지는 말라는 것이다. 양명은 바로 이러한 삼교의 동근, 동원 사상을 이용하여서 학자, 선비와 삼교 동이의 논변을 전개하였다.

　신양辰陽의 두 선비 왕가수王嘉秀와 소기蕭琦가 찾아와 배움을 물었다. 왕가수는 신선을 좋아하였고, 소기는 선禪을 좋아하였다. 양명은 그들에게 유가의 간단하고 쉽고 넓고 큰 성학에 나아가 도를 구하라고 가르쳤다. 왕가수와 소기가 배움을 이루고 신양으로 돌아갈 때 양명은 이별시 한 수를 짓고 또 간곡하게 그 의미를 반복하여서 말해주었다.[69]

문인 왕가수 실부와 소기 자옥이 돌아간다고 하여 이 글을 써서 이별하는 뜻을 보이고 아울러 신양 제현에게 한 마디 부치다

門人王嘉秀實夫蕭琦子玉告歸書此見別意竝寄聲辰陽諸賢

왕 생은 양생을 겸하였고	王生兼養生
소 생은 자못 선을 사모했네	蕭生頗慕禪
멀리 수천 리를 와서	迢迢數千里
저산에서 나에게 절을 하였네	拜我滁山前
내 도는 불교가 아니고	吾道既非佛
내 학문 역시 선이 아니네	吾學亦非仙
평탄함은 간단하고 쉬움으로 말미암고	坦然由簡易
일상생활은 심오하고 현묘함이 아니라네	日用匪深玄
처음 듣고 반신반의하였으나	始聞半疑信

---

69 『왕양명전집』, 권20 「문인왕가수실부소기자옥고귀서차현별의병기성진양제현門人王嘉秀實夫蕭琦子玉告歸書此見別意竝寄聲辰陽諸賢」.

이윽고 마음이 활연해졌네	旣乃心豁然
비유하자면 저 흙 속의 거울처럼	譬彼土中鏡
어둠 속에도 빛이 안에서 온전하며	闇闇光內全
밖에서 어두운 그늘을 제거하기만 하면	外但去昏翳
정결하고 밝은 촛불 곱게 빛나네	精明燭嫮妍
세상 학문 아로새긴 장식 같아	世學如剪彩
단장하고 꿰어서 줄줄이 늘어졌네	妝綴事蔓延
완연히 가지와 잎사귀를 가졌으나	宛然具枝葉
삶의 이치 끝내 연고가 없네	生理終無緣
군자가 학문을 하는 방법은	所以君子學
씨를 뿌리고 뿌리를 북돋워	布種培根原
싹이 점점 돋아나와	萌芽漸舒發
무성하게 우거짐 모두 하늘로부터 오듯이	暢茂皆由天
가을바람 불자 돌아갈 생각에	秋風動歸思
상강 배에 북소리 울리네	共鼓湘江船
상중의 수많은 뛰어난 선비들	湘中富英彦
곳곳에서 문으로 많이 들어왔네	往往多及門
갈림길에서 이 말을 하니	臨歧綴斯語
가슴속 깊이 간직하게	因之寄拳拳

"평탄함은 간단하고 쉬움으로 말미암고, 일상생활은 심오하고 현묘함이 아니라네"라는 구절은 바로 유가의 간단하고 쉽고 넓고 큰 성학을 가리킨다. 또한 "세상 학문 아로새긴 장식 같아, 단장하고 꿰어서 줄줄이 늘어졌네. 완연히 가지와 잎사귀를 가졌으나, 삶의 이치 끝내 연고가 없네"라는 구절은 번

쇄한 주학을 가리킨다. "군자가 학문을 하는 방법은 씨를 뿌리고 뿌리를 북돋
워 싹이 점점 돋아나와 무성하게 우거짐 모두 하늘로부터 오듯이"라는 구절
은 왕학을 가리키니, 그가 「증곽선보귀성서」에서 말한 것과 완전히 일치한다.

양양襄陽에서 찾아와 배운 선비 정걸鄭傑이 병을 얻어 녹문鹿門으로 돌아
갈 때 양명은 그에게 준 송별시에서 같은 생각을 말하였다.[70]

정백흥이 병으로 하직하고 녹문으로 돌아감에 눈 내리는 밤에 지나가게 되어서 글을 지어 증정하다, 세 수   鄭伯興謝病還鹿門雪夜過別賦贈三首

이 사람 먼 길 떠남에	之子將去遠
눈 내리는 밤 찾아왔네	雪夜來相尋
촛불 밝히고 말똥말똥 잠을 못 이루며	秉燭耿無寐
세한의 마음 아까워하네	憐此歲寒心
세한을 어찌 헛되이 보내고	歲寒豈徒爾
무엇으로 먼 길에 증별하랴!	何以贈遠行
성인의 길 이미 막혔고	聖路塞已久
천년 동안 다시 찾지 않았네	千載無復尋
어찌 뭇 선비 자취가 없으랴만	豈無群儒迹
오솔길에 잡목과 풀 우거졌네	蹊徑榛茆深
물길을 치려면 근원을 찾아야 하고	濬流須尋源
흙을 쌓아서 높은 봉우리를 만드네	積土成高岑
옷을 걷고 멀리 길을 찾아	攬衣望遠道

---

70 『왕양명전집』 권20 「정백흥사병환녹문설야과별부증삼수鄭伯興謝病還鹿門雪夜過別賦贈三首」.

그대 이 길 따라 가시게	請君從此征
물길을 치려면 원천이 있어야 하며	濬流須有源
나무를 심음에는 뿌리가 있어야 하네	植木須有根
뿌리를 심고 원천을 치지 않으면	根源未濬植
가지와 물줄기 먼저 거칠어지네	枝派寧先蕃
밤을 새워 이야기하였지	謂勝通夕話
의와 이익 사이 털끝만 한 사이임을	義利分毫間
지극한 이치는 밖에서 얻는 것 아니니	至理非外得
비유하자면 거울이 본래 밝음 같다네	譬猶鏡本明
바깥 먼지 때가 끼어도	外塵蕩瑕垢
거울 몸체는 저절로 적연하다네	鏡體自寂然
공자의 가르침 나를 이기라 하였고	孔訓示克己
맹자는 몸에 돌이킴을 가르쳤네	孟子垂反身
밝고 밝은 성현의 가르침	明明賢聖訓
그대는 잊어버리지 말게	請君勿與諼
녹문은 어디메냐?	鹿門在何許
그대 지금 녹문으로 간다네	君今鹿門去
천년의 방덕공	千載龐德公
은둔하던 곳 아직 남아 있네	猶存棲隱處
몸을 깨끗이 하여 인륜을 어지럽히지 않고	潔身非亂倫
그다음은 땅을 피하는 것	其次乃避地
세상 사람 그 마음을 잃어버리고	世人失其心

바깥을 돌아보며 사모하네	顧瞻多外慕
편안한 집(仁)을 버려두고 거하지 않고	安宅舍弗居
함부로 치달리며 놀라서 날뛰네	狂馳驚奔騖
고상한 말에는 홀로 선하다고 헐뜯고	高言詆獨善
글은 교묘한 지혜를 이루지 못하네	文非遂巧智
자잘하게 공리를 따지는 선비	瑣瑣功利儒
차라리 다시 이 뜻을 알지니	寧復知此意

양명은 유가 성현의 학문은 도가 내 마음에 있고 내 마음이 온갖 이치를 갖추고 있으며, 응당 내면을 향해 마음을 격格하여서 이치를 추구하고 외부를 향해 격물구리해서는 안 되며, '지극한 이치는 밖에서 얻는 것이 아니라'는 것을 깨달았다. 그는 마음을 밝은 거울에 비유했는데 거울의 몸체는 본래 밝으며 바깥의 먼지에 오염되는 탓에 때가 쌓여서 밝지 않으니 "비유하자면 거울이 본래 밝음 같다네. 바깥 먼지 때가 끼어도, 거울 몸체는 저절로 저연하다네"라고 하였다. 이렇듯 마음 바깥에 이치가 없다고 한 것과 밝은 거울에 낀 먼지의 비유는 온전히 불교의 설을 들어 설명한 것이다.

방덕공龐德公은 도가류로서 녹문에 은거하였는데, 나중에 처자를 거느리고 산에 들어가 약을 캐고 (세상으로) 돌아오지 않았다. 양명은 그가 몸을 깨끗이 하고(潔身) 세상을 피해(避世) 홀로 선하게 함(獨善)을 칭찬하였으며, 세상 유학자들의 자잘한 공리를 통렬히 배척하여서 "함부로 치달리며 놀라서 날뛰네" 하였다. 양명은 불교·노자의 학설과 '나를 이기라 하고, 몸에 돌이킴을 가르친' 공맹유학의 학설이 서로 합치함을 인정하였다는 사실을 알 수 있는데, 그 관건은 역시 유생과 선비가 유학의 '원천(源)'과 '뿌리(根)'에서 원천을 찾고 흐름을 준설하며 성인의 길을 거칠게 가로막은 오솔길의 우거진 풀(*주학을 암시한다)을 제거하는 데 있었다.

그러나 양명이 저주에서 이러한 유불로 삼교의 동근·동원 사상을 선양한 일은 오히려 정주파에게 양명의 왕학이 '선'이라고 공격하는 구실을 제공하였고, 또한 그들에게 양명을 상대로 주류 학문의 동이에 관한 논전의 빌미를 제공하였다. 더욱이 그와 함께 성학을 창도하기로 맹세한 동도同道 담약수의 주의를 끌었다. 바로 2월에 감천 담약수는 안남에 사신으로 갔다가 돌아왔는데 도중에 남도를 지나게 되어서 저양으로 찾아와서 양명과 만나 학문을 논하였다. 두 사람은 2년 뒤 다시 만났는데 서로의 관점은 여전히 조금도 변하지 않았으며 이들이 토론한 문제는 역시 유석儒釋의 변별이었다.

이때의 저양 회합에서 논쟁의 초점에 대해 양명은 종래 말한 적이 없었으나 담약수는 여러 차례 다음과 같이 분명히 제기하였다.

> 양명 공이 이남貳南(남경)의 태복太僕으로 옮긴 뒤 무리를 모아서 강학을 하였는데, 명성이 있었다. 감천자(담약수)가 돌아오자 저양에서 모이기로 기약하였다. 밤에 유교와 불교의 도를 논하였다.[71]

> 안남에 사신으로 나갔는데 나는 떠나고 형은 머물렀소. 형이 태복으로 옮겨서 나는 남쪽에, 형은 북쪽에 있었소. 저양에서 한번 만나 이 이치를 끝까지 탐구하였소. 형은 석가와 노담老聃을 두고 도덕이 높고 넓으니 어찌 성인과 다르랴 하였소. 그대의 말은 틀림이 없었소. 내가 말하기를, 높고 넓은 것은 성인의 범주에 있으니 불교는 무요, 우리는 유(佛無我有)이며, 『중용』은 정미하여서 (불교와) 몸통은 같아도 뿌리는 다르며, (유교와 불교는)

---

71 『왕양명전집』 권38 「양명선생묘지명」.

크고 작음, 공변됨과 사사로움이 있으며, 이륜彝倫을 폐기하고 행하니 하나는 문화(夏)요, 하나는 야만(夷)이라 하였소. 한밤중이 지나 잠자리에 들었다가 새벽에 일어났는데 형은 기분이 좋았소. 밤에 그대와 말할 때 나는 역시 의심을 품었소. 남북으로 나뉘었다가 나는 경기京圻로 돌아왔소.[72]

사람이 혹 말하기를 "양명 공이 절浙에 오셔서 강에 빠졌다가 복건福建에 이르러 비로소 밖으로 나왔다(起). 고산鼓山에 올라 시를 지어서 이르기를 '해상으로 창수에 사신으로 나아갔고, 산중에서 또 무이군을 배알하네(海上曾爲滄水使, 山中又拜武夷君).' 하였으니 증거가 있다."라고 하였다. 감천자(담약수)가 듣고 웃으며 말하기를 "이는 거짓으로 미친 체하면서 세상을 피하는 것이다."라고 하였다. 그리하여 이를 위해 시를 지어서 이르기를 "미친 체하여 바다에 떠가고자 어리석은 사람에게 꿈 이야기를 했네(佯狂欲浮海, 說夢癡人前)"라고 하였다. 몇 년 뒤 저주에서 만나 사실을 털어놓았다. 저 헛된 것을 뽐내고, 가진 것에 집착하여서 신기한 것으로 삼는 자들이 어찌 족히 공을 알 수 있겠는가![73]

나중에 담약수는 재차 저양으로 와서 「저양을 지나며 옛 생각이 나서 짓다(過滁感舊作)」라는 시를 지어서 다음과 같이 추억하였다.[74]

길을 따라 저양으로 나와 　　　　　　　　　　　　　　　遵途出滁陽

---

72 『왕양명전집』 권40 「전왕양명선생문裏王陽明先生文」.

73 『왕양명전집』 권38 「양명선생묘지명」.

74 『남저회경편』 권8 「과저감구작過滁感舊作」.

낭야산을 멀리 바라보네	望望琅琊山
옛날 양명자와	昔日陽明子
함께 오르자고 기약했었지	相期共躋攀
적막한 산방에 누워서	寂寞臥山房
함께 유교 불교를 이야기하기로	共話儒釋言

저양의 회합에서 중점적으로 논변한 내용은 역시 유불로 삼교의 동이라는 익숙한 화제였음을 알 수 있다.

양명은 여전히 당년에 경사 장안 회창灰廠에서 지녔던 관점을 견지하여서 석가와 노담은 도덕이 높고 넓으니 유가의 성인 공자와 같으며, 유불로 세 가르침은 뿌리가 같고 원천이 같으나 저마다 지엽과 유파가 나뉜다고 인식하였다. 담약수는 유학과 불학이 하나는 문화, 하나는 야만이며, 뿌리가 다르고 원천이 다르며, 크고 작으며 공변되고 사사로운 차별이 있으며, 이륜을 폐기하고 행하는 차이가 있다고 인식하였다. 유가 『중용』의 중도는 광대하고 정미하고 고명하며, 불교는 '공空'을 말하고 유가는 '유有'를 말하며, '불교는 무, 우리는 유'로서 같은 길에서 말할 수 없었다.

주목할 만한 점은 저양의 모임에서 두 사람의 유석儒釋 논변과 관련하여 담약수가 정덕 2년(1507)에 양명이 바다에서 노닐며 신선을 만난(遊海遇仙) 신기한 이야기를 물었는데, 양명이 스스로 허구를 인정하였다는 사실이다. 정덕 2년에 양명이 폄적되어서 용장역으로 가다가 전당錢塘에 이르렀을 때 홀연 신비하게 사라져서 멀리 무이산에 흔적도 없이 숨은 적이 있었다. 양명은 유근이 파견한 특무特務 두 사람에게 쫓기다가 죽임을 당하게 되었는데, 강에 투신하여서 바다를 떠돌다 신선을 만나서 죽지 않고 무이산에 올라 호랑이를 만났으나 잡아먹히지 않았다는 신기한 이야기가 세상에 광범위하게 전해졌다. 다만 진상은 줄곧 조정과 양명 본인의 실증을 얻지 못하여서 실마리를 찾을 수 없는 수수께끼 사건으로 남아 있었다. 당시 담약수는 서울에서 이 전설을 듣고 곧 이는 양명이 거짓으로 미친 체하고 재앙을 피한 일이며, 어리석은 사람이 꿈속의 허구를 이야기한 것이라고 여겼다. 그러나 양명은 세상 사람의 질의에 대해 줄곧 침묵을 지켜서 문인 제자가 널리 전파하고 선양하는 대로 맡겨두었기에 말을 할수록 터무니없는 이야기가 되어버렸다.

바다에 떠돌다가 신선을 만난 전설은 신비한 선불仙佛의 기운이 충만하여서 두 사람이 저양에서 회합을 하고 대면하여 유석儒釋의 논변을 할 때에는 이미 더 이상 속일 수가 없었다. 담약수는 바다를 떠돌다 신선을 만난 이야기의 진실 여부에 관해 질의하였고, 양명은 거짓으로 미친 체하고 허구로 날조한 사실을 인정하였다. 이는 모두 저마다 유석로儒釋老에 대한 인식의 차이에 기반을 두었기 때문에 이로 인해 바다를 떠돌다 신선을 만난 일의 유무에 관한 담론은 바로 저양의 회합에서 두 사람의 유불로儒佛老 논변의 주요 내용이 되었다. 실마리를 찾을 수 없었던 이 수수께끼 사건은 이에 이르러서 진상이 명백히 드러났던 것이다.

그러나 뜻밖에도 이 '바다에 떠돌다 신선을 만난(遊海遇仙)', 실마리를 찾을 수 없었던 수수께끼 사건은 또 양명이 「유해시遊海詩」를 지었다는 더욱 커다란 천고의 수수께끼로 이어졌다. 이 저양의 회합 뒤 양명은 아마도 담약수로부터 바다를 떠돌다 신선을 만난 이야기에 관한 질문에 자극을 받아 당년에 멀리 무이산에 숨었던 자료를 정리하고 대량의 '유해遊海' 시를 보충하여서 유근이 특무 두 명을 파견하여 자기를 살해하려 하였고, 그 때문에 강에 투신하여서 바다를 떠돌다 신선을 만났으며, 태풍을 타고 민閩으로 들어가 무이산에 올라서 무이군武夷君을 만나고 호랑이 굴에 들어갔다가 죽지 않았다는 완정한 신화를 꾸며 만들어내고, 「유해시遊海詩」 한 부를 편집하여서 문인 제자에게 전수하였을 것이다.

이 「유해시」를 얻은 양명의 문인 계본季本은 「발양명선생유해시후跋陽明先生遊海詩後」에서 양명이 이 「유해시」를 지은 깜짝 놀랄 비밀을 털어놓았다.

이는 양명 선생이 바다에 떠돌 때 지은 글을 기록한 것이다. 정덕 정묘년(1507)에 선생은 언론에 관한 일로 용장의 관리로 폄적되었는데 항주 승과사에서 병을 얻었다. 내용은 다음과 같다. 푸른 옷을 입은 두 사람이 나타나서 붙잡으려고 하여 강에 뛰어들었다가 바다를 떠돌았는데 해신海神이 이르기를 "오고吳高 군이 구해주어서 살아날 것이다." 하였다. 이에 건양으로 들어가 무이에 노닐고 광신廣信을 거쳐서 항주로 되돌아왔다. 수천 리를 왕래하였는데 처음 길을 나선 때로부터 겨우 이레 만이었다. 이르는 곳마다 반드시 제영題詠이 있었으며, 만나는 사람마다 반드시 시를 주고받아서 편장篇章이 쌓였는데 이루 다 기록할 수 없었다. 일을 마무리하고 틈이 날 때 손으로 한 권을 써서 문도 손윤휘孫允輝 군에게 주었다. 그리고 윤휘가 나에게 주었다. 이해에 내가 이를 끼고 남옹南雍에서 노닐었다. 이때 동사同舍 손조신孫朝信(손새) 군은 평호平湖 사람이었는데, 이를 기이하게 여겨서 아꼈다. 중간에 나누어 각각 반을 가졌으니 이것이 보존된 까닭이다. 아! 바다에 떠도는 일은 망망하고 어둑어둑하고 그윽하고 아득하여서 세상에 드문 일인데 어쩌면 선생의 충의忠義의 기운에 감동을 받은 바가 있음인가? 그렇지 않다면 혹 어떤 일을 벌이고 스스로 기탁한 것인지를 알지 못하겠다. 그러나 시문(詞翰)이 맑고 깨끗하여서 표연히 진세를 초월하였으니 본래 쉽게 얻을 수 있는 것이 아니다.[75]

---

75 『계팽산선생문집季彭山先生文集』 권4 「발양명선생유해시후跋陽明先生遊海詩後」.

계본은 정덕 9년(1514) 5월 남궁 시험에서 낙방하고 남옹에서 노닐었다. 그는 「제동년설상겸문祭同年薛尙謙文」에서 다음과 같이 말한다. "공이 그때 영남으로 가게 되었는데 …… 남옹에 노닐며 견문이 더욱 넓어졌소. 이때 선사께서 바야흐로 가르침의 목탁을 울렸는데 앎과 행함이 나뉘고 합함을 마치 손바닥 가리키듯 하셨소. …… 나는 공과 함께 홍려鴻臚의 관사에서 함께 배웠으며, 함께 정축년(1517) 과거방에 올랐소."[76] '홍려의 관사에서 함께 배웠다'는 말은 바로 계본이 정덕 9년 5월 남궁 시험에서 낙방한 설간과 함께 남옹으로 들어간 사실을 가리킨다. 이때 양명도 남경에 와서 홍려시경으로 근무하고 있었다. 그리하여 계본과 설간이 함께 홍려시 관사에 거하면서 가르침을 받았던 것이다.

손윤휘는 산음山陰 사람으로서 왕문원王文轅(*황련자黃蓳子)·허장許璋(*반규半珪)·왕호王琥(*세서世瑞)와 같은 산중의 고사高士와 도를 논하고 교유한, 도를 품은 선비였다. 양명은 「여서왈인서與徐曰仁書」에서 그에 관해 다음과 같이 언급하였다. "황여黃轝 이 사람은 근래 어떠한가? …… 세서·윤휘·상좌商佐·면지勉之(황성증黃省曾)·반규 등 월중의 제우諸友에게는 모두 일일이 편지를 쓰지 않네."[77] 손윤휘는 도를 좋아하는 양명의 제자였기 때문에 양명이 특별히 직접 「유해시」 한 부를 써서 그에게 주었다. 이는 필시 손윤휘가 정덕 9년 봄 일찍이 저주로 와서 양명을 만났고, 마침 양명이 「유해시」를 완성했기에 곧 양명이 손수 쓴 「유해시」 한 부를 얻어 돌아갔던 것이다. 마침 계본은 남궁 시험에서 실패하고 먼저 산음으로 돌아갔는데 손윤휘가 가져온 이 「유해시」를 보고 그 역시 청하여서 받아 가지고 남옹으로 갔던 것이다.

---

76 『계팽산선생문집』 권3 「제동년설상겸문祭同年薛尙謙文」.

77 『왕양명전집보편王陽明全集補編』 「여서왈인서與徐曰仁書」.

손조신孫朝信은 본명이 손새孫璽(1474~1544)이고 호가 봉계도인峰溪道人이다. 평호 사람이고 역시 도를 좋아하는 선비로서 양명의 제자이다.[78] 그는 서애와 동년이며 정덕 9년에 남경 종인부경력宗人府經歷의 직임을 맡고 있었다. 서애도 이때 남경에서 임직에 있었다. 종인부와 홍려시는 밀접한 관계가 있었으므로 그도 홍려시로 와서 계본·설간과 함께 같은 관사에서 가르침을 받았고, 계본은 「유해시」의 반을 그에게 증여하였던 것이다.

그러나 양명은 손수 쓴 「유해시」를 결코 손윤희에게만 주지는 않았다. 대략 정덕 9년 하반기에 육상陸相(1493, 진사) 또한 남경으로 와서 양명을 만났고, 양명은 그에게도 「유해시」 한 부를 써서 주었다. 육상은 이 「유해시」에 근거하여 『양명산인부해전陽明山人浮海傳』을 썼는데, 이것이 세상에 널리 전해지기 시작하였다. 황종희는 육상의 『양명산인부해전』은 양명이 육상에게 입으로 전해주어 쓴 것이라고 하는데 당연히 틀린 말은 아니라고 하였다. 그러나 100편이 넘는 '유해遊海' 시 및 곡절이 기이한 바다를 떠돈 경험을 단순히 한때 입으로 전한 것에 의지하여 기록할 수는 없으며, 또한 양명이 입으로 전한 것도 명료하지 않으니 아마도 양명이 입으로 전한 것 외에 또 직접 「유해시」 한 부를 써서 육상에게 주었고, 육상이 그제야 이 책에 근거하여 『양명산인부해전』이라는 기이한 책을 쓸 수 있었을 것이라고 하였다.

책을 '유해遊海'가 아닌 '부해浮海'라 일컬은 까닭은 바로 담약수의 시 "미친 체하여 바다에 떠가고자(浮海) 어리석은 사람에게 꿈 이야기를 했네"라고 한 구절에 근거한다. 양명의 「유해시」와 육상의 『양명산인부해전』의 전파로 인해 상황은 오히려 더욱 흐리멍덩해지고 분명하지 않게 변하였다. 육상의

---

78 『양절명현록兩浙名賢錄』 권37에 「산서안찰첨사손조신새山西按察僉事孫朝信璽」가 들어 있는데, 손새의 평생 사적이 매우 상세히 서술되어 있다.

『양명산인부해전』은 청대 중기에 소실되었고,[79] 양명의 「유해시」도 천고의 수수께끼가 되고 말았다. 다행히 『양명산인부해전』은 소실되기 전에 '묵감재주인墨憨齋主人'이라는 어떤 사람이 새로 『황명대유왕양명선생출신정란록皇明大儒王陽明先生出身靖亂錄』 한 편을 편집하고[80] 그 속에 양명이 정덕 2년 바다에서 떠돈 이야기를 써넣었다. 육상의 『양명산인부해전』을 완전히 따다 사용하여서 후세 사람으로 하여금 오히려 양명이 「유해시」에서 꾸며낸 바다에 떠돈 이야기의 대략적인 정황을 알 수 있게 하였으며, 양명의 「유해시」라는 천고의 수수께끼를 드러냈다.

『황명대유왕양명선생출신정란록』은 양명이 바다를 떠돌다가 신선을 만난 이야기를 다음과 같이 묘사한다.

두 달가량을 지낸 뒤 하루는 오후에 홀연 낭하廊下에서 더위를 피하고 있었다. 창두蒼頭는 모두 외출하였는데, 건장한 두 사람이 작은 모자를 쓰고 좁은 적삼을 입고서 마치 관교官校와 같은 차림으로 허리에는 칼을 차고 입으로는 북방 방언을 사용하면서 밖에서 들이닥쳤다. 선생에게 묻기를 "관인官人께서는 왕 주사主事입니까?" 하였다. 선생이 "그렇소."라고 답

---

79 『사고전서』에 육상의 『양명산인부해전』이 저록되어 있는데 「제요提要」에 이르기를 "『양명산인부해전』 1권. 이 책은 왕수인이 정덕 초에 용장역 승으로 폄적되어서 항주를 지나가다가 간사한 사람의 모함을 받고서 물에 투신하여 표류하다가 용궁에 이른 뒤 생환하게 된 일을 기록한 전기傳紀이다. 이야기가 자못 궤탄하여서 조리가 없다. 논자는 말하기를, 왕수인은 지략이 많으니 유근의 박해를 염려하여 고의로 의관을 버리고서 강에 투신했다고 거짓으로 꾸며낸 것이라 하였다."라고 하였다.

80 『황명대유왕양명선생출신정란록』은 제명이 '묵감재주인신편墨憨齋主人新編'으로 되어 있다. 후세 사람은 모두 이 묵감재주인을 풍몽룡馮夢龍(1574~1645)이라고 하는데 옳지 않다. 현재 어떤 사람이 고증하여서 '묵감재주인'을 풍몽룡의 손자로 규정하였다.

하였다. 두 장교가 "드릴 말씀이 있습니다."라고 하며 즉시 문밖으로 끌고 나갔는데 팔짱을 끼고 동행하였다. 선생이 어디로 가느냐고 물었더니 두 장교가 "가보시면 압니다."라고 답하였다. 선생은 한창 병중에 있어서 걸음을 뗄 수 없다고 버텼다. 두 장교가 말하기를 "갈 곳이 그리 멀지 않고 저희가 좌우에서 부축하면 됩니다."라고 하였다. 선생이 부득이 가는 대로 맡겼다. 약 3리쯤 갔을 때 등 뒤에서 다시 두 사람이 뒤를 쫓아와서 이르렀다. 선생이 그들의 면모를 돌아보니 자못 익숙한 듯하였다. 두 사람이 말하기를 "관인께서는 저희를 아십니까? 저희는 바로 승과사 이웃 사람으로서 심옥沈玉과 은계殷計라고 합니다. 평소 관인께서 당세의 현자라는 말을 듣고 평상시 감히 뵙기를 청하지 못하다가 마침 관교가 끌고 갔다는 말을 듣고 관인께 좋지 않은 일인가 싶어서 특별히 여기까지 따라와 관인께 어떤 일이 일어나는지(下落) 보려고 합니다."라고 하였다. 두 장교는 안색이 변하여 심옥과 은계에게 말하기를 "이 사람은 조정의 죄인이다. 너희들이 어찌 가까이할 수 있느냐!" 하였다. 심옥과 은계 두 사람이 말하기를 "조정에서 이미 그 관직을 폄적하였는데 또 무슨 죄를 더하는가?"라고 하였다. 두 장교는 선생을 부축하여서 갔고, 심옥과 은계 두 사람도 따라갔다.

하늘이 점점 어두워졌을 때 강어귀 빈집에 이르렀다. 두 관교가 심옥과 은계에게 은밀히 말하기를 "사실 우리는 주인 유 공의 명을 받들어 왕 공을 죽이러 왔다. 너희들은 상관없으니 속히 돌아가라. 따라올 것 없다."라고 하였다. 심옥이 말하기를 "왕 공은 오늘날의 대현인인데 칼날 아래 돌아가시게 한다는 것은 참담하지 않소? 또 시체를 강어귀에 버려두면 반드시 이 지방에 곤란한 일이 됩니다. 이 일은 결코 할 수 없습니다."라고 하였다. 두 장교가 "네 말도 옳다."라고 말한 뒤 허리에서 길이가 한 길(丈) 정도 되는 푸른 새끼줄을 한 가닥 풀어서 선생께 주면서 말하기를 "스스로 목을 매는 것이 어떻겠소?" 하였다. 심옥이 "새끼줄에 죽거나 칼날 아래 죽거나 비참하기는 마찬가집니다."라고 하였다. 두 장교가 크게 노하여서 각자 손에 칼을 뽑아 들고 사나운 소리로 말하였다. "이 일을 완수하지 못하면 내가 복명할 수 없고 반드시 주인의 손에 죽을 것이다."라고 하였다. 이에 은계가 말하기를 "족하足下께서는 노할 필요가 없습니다. 왕 공으로 하여금 한밤중에 강에 투신하여서 돌아가시게 한다면 시신도 온전하게 할 수 있고 이 지방에 곤란한 일도 없으며 족하께서도 일을 마치고 돌아가 보고할 수 있습니다. 어찌 절묘하지 않겠습니까!" 하였다. 두 사람이 서로 낮은 소리로 이야기를 나누더니 잠시 뒤 칼을 거두어서 칼집에 넣고 말하기를 "그렇게 하는 것도 그럴 듯하다."라고 하였다. 심옥이 "왕 공의 목숨이 이 밤이면 다하는데 우리가 술을 사서 함께 마시고 취해서 잊게 하고 싶습니다."라고 하자 두 장교가 허락을 하고 선생을 방에 가두었다. 선생이 심옥과 은계 두 사람을 불러서 이르기를 "내가 오늘 밤 반드시 죽을 터이니 번거롭지만 집에 알려서 내 시체를 수습하게 해주시오." 하였다. 두 사람이 말하기를 "존부尊府에 알리고자 하신다면 반드시 관인의 필적(手筆)이 있어야 비로소 확실하게 믿을 수 있을 것입니다."라고 하였다. 선생이 말하기를 "내 소매에 마침 빈 종이가 있으나 붓이 없으니 어이하랴!" 하였다. 두 사람이 "우리가 술집에서 빌리겠습니다."라고 하였다. 심옥과 한 장교가 함께 시내로 가서 술을 사고, 은계와 다른 한 장교는 문밖에서 선생을 지켰다. 잠시 후 술을 사러 간 사람들이 돌아와서 장교가 문을 열었더니 몸에 저마다 야표椰瓢(야자껍데기 표주박)를 지니고 있었다. 심옥이 술을 가득 따라 선생을 송별하며 저도 모르게 눈물을 흘렸다. 선생이 이르기를 "내가 조정에 죄를 얻어서 죽는 것은 내 분수이니 내가 슬퍼할 것은 아니지만 그대는 하필 나를 위해 슬퍼하는가?" 하였다. 표주박을 당겨서 단숨

에 다 마셨다. 은계도 한 잔을 올리자 선생이 다시 마셨다. 선생은 주량이
그리 세지 않아서 사양하며 말하기를 "나는 더 이상 마시지 못하겠습니다.
이미 두터운 정을 입었고 다행히 먼 길 가는 나그네에게 발길을 돌리게 하
였는데, 여전히 나는 집에 소식을 전하고 싶습니다."라고 하였다. 심옥이
선생에게 붓을 건네자 선생이 소매에서 종이를 꺼내고 붓을 당겨서 시 한
수를 썼다. 시는 다음과 같다.

도를 배워서 이루지 못한 채 세월만 허송하니	學道無成歲月虛
하늘이여! 이제 나는 어찌하려나?	天乎至此欲何如
살아서는 나랏일 하였으나 보람이 없어 부끄럽고	生曾許國慙無補
죽어도 부모를 잊지 못하니 한이 남네	死不忘親恨有餘
스스로 고독한 충성이 해와 달에 걸렸음을 믿지만	自信孤忠懸日月
유골을 강 물고기에게 장사지냄을 어찌 논하랴!	豈論遺骨葬江魚
백년 신하된 몸 슬픔은 끝이 없고	百年臣子悲何極
밤낮 미세기 소리는 오자서를 위해 우네	日夜潮聲泣子胥

선생은 시흥이 다하지 않아 다시 한 수를 지었다.

감히 세도를 한 몸에 짊어지려다	敢將世道一身擔
살아서 형벌을 받으니 만 번 죽음을 달게 받네	顯被生刑萬死甘
뱃속 가득 찬 문장 쓸모가 없고	滿腹文章寧有用
백년 신하된 몸 홀로 부끄럼 없네	百年臣子獨無慙
흐르는 물도 바다에 보탬이 됨을 이제야 참으로 알고	涓流裨海今眞見
눈송이 도랑을 채움은 옛날 하던 이야기	片雪塡沟舊齒談

옛날 관료는 누가 으뜸일까?　　　　　　　昔代衣冠誰上品

장원의 저택에 기이한 남자라네　　　　　　狀元門第好奇男

두 시 뒤에 또 「절명사絶命辭」가 있는데 너무 길어서 기록하지 않는다. 종
이 뒤에 전서篆書 10자를 썼다. "陽明已入水沈玉殷計報(양명은 이미 물에
빠져 죽었으며 심옥과 은계가 알린다)." 두 관교는 본래 문리에 능통하지 못하
였는데 선생의 손이 쉬지 않고 일필휘지로 쓰는 것을 보고서 서로 돌아보
며 놀라 감탄하고 천재라고 하였다. 선생은 쓰면서 읊고 네 사람은 서로
술을 주고받으며 모두 얼큰하게 취하였다.

　한밤중이 되어서 구름과 달이 흐릿한데 두 관교는 주흥에 취해 선생에
게 물에 뛰어들라고 몰아세웠다. 선생은 두 장교에게 시체를 온전히 해준
덕을 사례한 뒤 스스로 강기슭으로 나아가 심옥과 은계 두 사람을 돌아보
며 당부의 말을 하였다. "우리 집에 꼭 알려주시오. 우리 집에 꼭 알려주시
오!" 말을 마친 뒤 모래밭을 걸어가 강으로 들어갔다. 두 장교는 얼마간 술
을 더 마셨고, 강여울이 축축하여서 따라가기 불편해 강기슭 위에 서서 멀
리 바라보다가 물건이 물에 떨어지는 소리를 들은 듯하자 선생이 이미 강
에 뛰어들었다고 생각하였다. 한바탕 소리가 난 뒤 잠잠해지더니 아무 소
리도 들리지 않았다. 한참 서 있다가 마음이 놓이지 않아 마침내 강여울
아래로 내려가 보니 여울에는 벗어놓은 운리雲履 한 쌍과 사건紗巾이 수면
에 떠 있었다. 이에 "왕 주사가 과연 죽었다."라고 하였다. 두 물건을 가지
고 가려 하자 심옥이 말하기를 "물건 하나를 남겨두어서 아침 일찍 지나
가는 사람들이 보게 하여 왕 공이 물에 투신한 것을 알게 합시다. 말이 전
해져서 경도에 이르면 역시 당신들의 말에 증거가 될 것입니다."라고 하였
다. 두 장교가 "말이 일리가 있소."라며 마침내 신발을 버리고 사건만 건져

서 가져가고 각자 헤어졌다.

이날 밤 창두가 승과사에 돌아와보니 선생이 보이지 않아 주승에게 물었는데 역시 모른다고 하였다. 이에 밤새도록 등불을 들고 곳곳을 한 차례 찾아다녔는데 그림자도 보이지 않았다. 그해 정묘년(1507)은 향시가 있는 해였고, 선생의 아우 수문守文이 성省에서 응시하였다. 노복이 달려가 수문에게 알렸고 수문이 관청에 보고하여서 (관청에서) 공차公差에게 명하여서 본 절의 승려를 독려하여 사방으로 찾아보게 하였다. 마침 심옥과 은계 두 사람도 수문을 찾아서 소식을 알리려고 하였는데 수문이 「절명사」와 시 두 수를 받아 보니 과연 그 형의 친필임을 알고 한바탕 통곡을 하였다. 이윽고 또 어떤 사람이 강변에서 신발 한 켤레를 주워서 관청에 보고하였고, 관청에서는 신발을 수문에게 보냈다. 뭇사람이 떠들썩하게 전하여서 선생이 정말로 익사했다고 여겼다. 수문이 집안에 편지를 보내서 온 가족이 놀라 참담함에 빠진 것은 두말할 필요도 없었다. 용산 공은 신발을 남겨놓은 강변에 사람을 보내 어부의 배로 시체를 건져달라고 하였는데 여러 날이 지나도록 소득이 없었다. 소식을 들은 문인들은 애도하고 애석해하지 않는 이가 없었으며, 오직 서애만은 "선생은 필시 죽지 않았다."라며 "하늘이 양명을 낳아 천고의 끊어진 학문을 창도하게 하였는데 어찌 이렇게 하고서 그치겠는가?" 하였다.

한편 선생은 결코 물에 투신한 적이 없었다. 그는 강여울은 궁벽한 곳이고 달아나 빠져나갈 곳이 없으니 두 장교도 필시 마음을 놓을 것이라고 생각하였다. 그는 술을 마신 사람이니 어찌 이 연약한 여울에서 달아날 수 있겠는가! 이에 혼자 걸어서 아래로 내려가 신발 한 켤레를 벗어서 증거물로 남겨두고 또 사건을 벗어서 수면으로 던진 뒤 돌덩이를 가져다가 강 한복판으로 던져 넣었다. 황혼이 진 뒤라 멀리서 보면 분명하지 않고 다만 풍덩 하는 소리만 들렸으므로 진실 여부를 알 수 없어서 곧 일이 끝난 것으로 판단하였다. 두 장교뿐만 아니라 심옥과 은계조차 그가 아직 죽지 않은 사실을 알지 못하였다. 선생은 강여울을 따라가다가 이미 멀어졌다고 판단되자 기슭 구덩이 아래에 몸을 숨겼다. 다음 날 작은 배를 붙잡았는데 뱃사공이 신발을 신지 않은 것을 가련하게 여기고서 짚신을 내어주었다. 이레 뒤 강서江西 광신부廣信府에 이르러 연산현鉛山縣에 도착했는데 그 밤에 다시 배 한 척을 타고 하루 밤낮을 이동하여 한 곳에 닿아 기슭으로 올라가서 물었더니 바로 복건 북쪽 경계였다. 배의 속도로 보아 아마도 인력으로 이루어진 일이 아닌 듯하였다. 해양을 순시하던 병선兵船이 선생의 모습을 보니 장사꾼(商賈) 같지 않아서 의심이 들어 붙잡았다. 선생이 말하기를 "나는 병부주사 왕수인입니다. 조정에 죄를 얻어서 정장廷杖을 당하고 용장역 역승으로 폄적되었습니다. 스스로 죄가 중하다고 생각하여 자결하려고 전당강에 투신하였다가 우연히 기이한 사물을 만났는데, 물고기 머리에 사람 몸을 하고 스스로 순강사자巡江使者라 하며 용왕의 명을 받들고 와서 맞이한다고 하였습니다. 내가 용궁으로 따라갔더니 용왕이 계단을 내려와 나를 영접하며, 전정前程이 아직 멀고 죽을 목숨이 아니라면서 술과 음식을 대접하였습니다. 이내 앞의 사자를 파견하여서 나를 강 밖으로 나오게 했는데 창졸간에 배 한 척에 태워서 이곳에 이르게 하였습니다. 나를 기슭으로 올려 보냈는데 배가 보이지 않았습니다. 이곳이 전당에서 얼마나 멀리 떨어져 있는지 모르겠습니다. 내가 강에 투신하여서 이곳까지 이르게 된 지는 겨우 하루 밤낮일 뿐입니다."라고 하였다. 병사는 그의 말을 이상하게 여기고 역시 술과 음식을 대접한 뒤 즉시 유사에게 사람을 보내 보고하였다.

선생은 일이 관부와 연계되면 벗어날 수 없을까 두려워 틈을 타 몰래 숨어서 사람이 없는 산길로 미친 듯이 30여 리를 달려서 어느 낡은 절에 이르렀다. 하늘은 이미 캄캄하였다. 이에 절의 문을 두드려서 투숙하려고 하였다. 절의 승려는 단속 조항을 두어서 밤손님을 머물러 쉬게 하지 않았다. 절 옆에 민간 사당(野廟)이 있었는데 버려진 지 오래되어서 호랑이 소굴이 되었다. 행객이 이 사실을 모른 채 이 사당에 묵었다가는 호랑이 밥이 되기 십상이었다. 다음 날 아침 절의 중이 행객의 행낭을 가져가 자기 이익으로 삼는 일이 다반사였다. 선생은 그날 밤 절에 들어갈 수 없게 되자 민간 사당 안에서 묵었다. 굶주림과 피로가 심하여서 신안神案 아래에서 푹 잠들었다. 한밤중에 호랑이 무리가 사당을 에워싸고 크게 으르렁대며 돌았는데 감히 안으로 들어오는 놈은 없었다. 날이 밝자 잠잠해졌다. 절의 승려들이 밤중에 호랑이 소리를 듣고 사당에 묵었던 손님이 이미 호랑이 배 속에 들어갔을 것이라 여기고 서로 사당에 들어가서 행낭을 뒤지려고 하였다. 선생이 꿈에서 아직 깨어나지 못하고 있었는데, 이를 본 중이 죽은 사람이라 의심하고서 지팡이로 발을 살짝 건드려보았더니 선생이 움찔하며 일어났다. 중이 크게 놀라서 말하기를 "공은 보통사람이 아닙니다. 그렇지 않고서야 어찌 호랑이 굴에 들어가서 아무렇지도 않겠습니까?" 하였다. 선생은 영문을 몰라 멍하니 쳐다보며 물었다. "호랑이 굴이 어디 있단 말이오?" 중이 대답하기를 "바로 이 신좌神座 밑이랍니다."라고 하였다. 중은 마음속으로 경이롭게 여기고서 선생을 절로 초대하여 아침을 대접하였다.

식사를 마치고 선생은 우연히 전각 뒤로 갔다. 앞서 늙은 도사 한 사람이 타좌打坐하고 있었는데 선생이 오는 것을 보고 즉시 일어나 맞이하며 말하기를 "귀인은 아직도 무위도자無爲道者를 알고 계십니까?" 하였다. 선생이 그를 보니 바로 철주궁鐵柱宮에서 보았던 도사였는데, 용모가 분명 어제 본 듯하였고 머리털과 수염도 변함이 없었다. 도사가 말하기를 "전에 기약하기를 20년 뒤에 해상에서 만나자고 하였는데 공을 속이지 않았지요?' 하였다. 선생이 매우 기뻐하며 타향에서 고향 친구를 만난 듯하였다. 이에 마주 앉아서 물었다. "내가 지금 역근逆瑾(역적 유근)에게 어려움을 당하였는데 다행히 남은 목숨을 부지하여서 성을 숨기고 이름을 숨겨 세상을 피할 계책으로 삼았습니다. 어디를 가야 받아들여질지 모르겠으니 가르침을 주시기 바랍니다." 도사가 말하기를 "그대에게는 부모가 계시지 않습니까? 만일 어떤 사람이 그대가 죽지 않았다고 한다면 역근의 분노가 그대 부친에게로 옮겨가서 북쪽 오랑캐 땅이나 남쪽 월로 달아났다고 무함할 텐데 어떻게 해명하겠습니까? 그대는 진퇴에 모두 근거가 없을 것입니다."라고 하였다. 이어서 책자 하나를 꺼내서 선생에게 보여주었는데 미리 써 두었던 것이었다. 시는 다음과 같다.

스무 해 전 이미 그대를 알았고	二十年前已識君
오늘 올 소식을 내가 먼저 들었네	今來消息我先聞
그대는 목숨을 털끝만큼 가벼이 여기는데	君將性命輕毫髮
누가 강상을 한 푼이라도 중히 여기나?	誰把綱常重一分
세상은 이미 아름다운 덕을 드러낼 줄 알았으니	寰海已知夸令德
하늘은 끝내 이 문화를 버리지 않으리라	皇天終不喪斯文
영웅은 예로부터 고난을 많이 겪었나니	英雄自古多磨折
푸른 부평초 헤치고 큰 공훈 세우리	好拂青萍建大勛

선생이 그 말을 되새기고 또한 그 뜻에 감동하여서 적지謫地로 나아가기로 생각을 정하였다. 붓을 찾아 전각의 벽에 절구 하나를 제하였는데, 다음과 같다.

험하고 평탄함은 원래 흉중을 틀어막지 않았으니	險夷原不滯胸中
뜬구름 허공을 떠가는 것을 어찌 의심하랴!	何疑浮雲過太空
고요한 밤바다 파도는 삼만 리	野靜海濤三萬里
밝은 달 석장을 타고 바람에 날아왔네	月明飛錫下天風

선생이 도사에게 사례하고 떠나려 하는데 도사가 말하기를 "내 그대 가는 길에 노자에 곤란을 겪고 있음을 압니다."라며 행낭에서 은 한 덩이를 닦아서 건네주었다. 선생이 이 반전盤纏을 얻어 샛길로 무이산으로 가서 노닐고 연산鉛山을 거쳐서 상요上饒를 지나 다시 누일재婁一齋(누량)를 만났다. 누일재가 크게 놀라서 말하기를 "처음에는 그대가 강에 빠져 죽었다고 들었으나 나중에 또 전해지기를 신인神人이 구해주었다고 하여서 바로 허실을 알 수 없었는데 오늘 서로 만나게 되었습니다. 사문斯文에 참으로 다행입니다."라고 하였다. 선생이 말하기를 "제(某)가 다행히 죽지 않아서 적소謫所로 가려고 합니다. 다만 늙으신 부모님 얼굴을 뵙지 못하는 것이 한입니다. 그분은 우려한 나머지 병이 되었을 텐데 이것이 마음에 못내 남습니다."라고 하였다. 누 공이 말하기를 "역근이 존대인께 분노를 터뜨려서 이미 남경 종백宗伯으로 옮기셨습니다. 여기서 가는 길에 있으니 길을 따라 한번 뵐 수 있을 것입니다."라고 하였다. 선생이 크게 기뻐하였다. 누 공이 선생을 하룻밤 묵게 하고 노자로 몇 금을 주어서 도와주었다. 선생이 지름길로 남경에 가서 용산 공을 만나 뵈었다.[81]

이는 명대의 보기 드문 황탄한 연의演義의 기이한 글이라 할 수 있다. 육

---

81 『황명대유왕양명선생출신정란록皇明大儒王陽明先生出身靖亂錄』.

상이 양명의 「유해시」에 근거하여서 『양명산인부해전』을 지었을 때 이미 바다를 떠돌다가 신선을 만난 이야기는 과장과 꾸밈을 거쳤고, 묵감재주인이 『양명산인부해전』에 근거하여 새로 『황명대유왕양명선생출신정란록』을 편집했을 때 또 바다를 떠돌다가 신선을 만난 이야기를 황탄하고 기이하게 연역하였다. 이것이 변하여서 명대에 흔히 볼 수 있는 신괴神怪 연의소설로 되었음을 수긍할 수 있다.[82] 그러나 어떻든 간에 양명이 「유해시」에서 허구로 꾸며낸 바다를 떠돌다가 신선을 만난 이야기의 대략적인 윤곽은 여전히 보존되어 전해지고 있다.

이와 같이 바다를 떠돌다 신선을 만난 기이한 이야기는 담약수도 이미 분명 거짓으로 꾸며낸 것임을 지적하였고, 양명 또한 있지도 않은 이야기라고 인정하였다. 그러나 문인 제자들이 오히려 확고하게 믿음으로써 의심하지 않고 드러내어 널리 퍼뜨렸다. 전덕홍은 「양명선생연보」에 수록하였고, 추수익은 「왕양명선생도보」에 수록하였다. 이로부터 의심할 수 없는 권위와 진실성을 갖게 되어서 500년 동안의 양명학 연구를 질못 이끌었으며, 지금은 사람들이 양명을 신격화하는 가장 주요한 '신적神迹'의 근거가 되었다. 이는 양명이 애초 예상하지 못한 일이었다.

사실 저양의 모임에서 진상에 대해 설명한 뒤 양명은 「유해시」 한 권을 정리해서 편집하였는데, 그 까닭은 첫째, 옛 안건을 해결하기 위해 스스로 당

---

82 양명의 「유해시」는 스스로 '바다를 떠돈(遊海)' 일을 말한다. 계본도 「유해시」 중에는 양명이 "강에 빠져 바다를 표류하였는데 해신海神이 이르기를 '오고吳高 군이 구해주어서 살아날 것이다.' 하였다."라고 쓰여 있다고 하였다. 그러나 『황명대유양명선생출신정란록』에서는 오히려 양명이 강에 투신하지 않아 바다를 떠돌지 않았다고 하였으니 분명 양명이 바다를 떠돌다 신선을 만난 일은 황탄하여서 믿을 수 없으며, 함부로 스스로 고쳐 쓴 것이라는 느낌이 든다. 그러나 뒷부분에서 양명의 입을 빌려 바다를 떠돌다 신선을 만난 이야기를 크게 떠들었으니 앞뒤가 모순된다.

년에 거짓으로 미친 체하여 재앙을 피하고 가짜로 미친 사람처럼 꿈 이야기를 하여서 구차하게 자기를 지키고 목숨을 보존하기 위해 어쩔 수 없이 '허구를 과장하여 사실로 만들어서(夸虚執有) 신기한 이야기로 꾸민' 아픔을 밝히 드러내려고 한 것이다. 둘째, 갖가지 감정을 늘어놓는 소설가의 필치로 여전히 뉘우치지 않는 어리석은 군주 무종과 권엄을 풍자하고 조롱함으로써 어리석은 군주에 의해 자기가 또 저주 황야의 땅에 '추방'당한 분노와 근심을 발설하기 위한 것이었다. 그는 어리석은 군주와 권엄을 위해 빠져나가기 어려운 천견天譴의 '고발장(罪惡狀)'을 남겨놓았고, 또 스스로를 위해 청렴결백한 '변론서(辨白書)'를 남겨놓으려고 하였던 것이다. 그리하여 이 「유해시」는 스스로를 조롱하고 세상을 조롱하는 유희의 문자에 지나지 않는다. 그러나 양명이 전혀 예상하지 못했던 사실은 이 괴탄한 선불仙佛의 기운이 충만한 「유해시」가 도리어 남도 정주파들이 그의 심학을 '선'이라고 공격하는 빌미가 되었다는 점이다.

정덕 9년(1514) 정월 이래 지진이 일어나고 유성이 떨어지는 흉험한 재이가 끊이지 않고 잇달아 발생하였다. 건청궁乾淸宮에는 큰 화재가 일어나서 불꽃이 하늘을 뒤덮었다. 무종은 도리어 표방으로 달려가 음락을 즐길 생각을 하면서 큰 불길에 휩싸여 무너지는 건청궁을 바라보며 목청껏 웃어젖혔다. 이때는 양명이 용장역에 폄적된 지 7년째 되는 해였다. 어쩌면 무종은 이 표방의 음락이 조성한 건청궁을 넘실넘실 집어삼키는 큰불이 일깨우기라도 했는지 당년에 자기에게 간하고 권했던 양명을 떠올리고는 여전히 '추방'의 곤경 속에 처해 있는 '언사' 양명에게 일말의 측은지심을 갖게 되었다. 3월 6일 조정에서는 홀연 양명을 남경 홍려시경으로 고쳐서 제수하였다. 양명은 또다시 흡사 '추방' 상태에서 기용된 듯한 느낌을 갖고서 마침내 양시楊時와 마찬가지로 남도에 들어가서 동남에 도를 전할 수 있었다.

그는 가장 중한 그릇으로 여기던 상중湘中의 선비 기원형冀元亨을 먼저 보내면서 시를 지어서 스스로 1년 동안 저양에서 강학한 생활을 읊었다.[83]

유건을 보내다, 두 수	送惟乾二首
홀로 오랜 시간 도피할 곳 생각하다	獨見長年思避地
천 리에 집을 옮기려 했네	相從千里欲移家
나는 부끄럽게도 어디 한 칸 몸 들 곳 있으랴만	慙予豈有萬間庇
그대에게 이제 막 모래땅을 빌려주네	借爾剛餘一席沙
옛 동구에 은거할 기약을 했던 계수나무 어루만지고	古洞幽期攀桂樹
봄 시내로 돌아오는 길을 복사꽃에게 묻네	春溪歸路問桃花
옛사람 생각에 아직 위로가 되고	故人勞念還相慰
돌아올 기러기를 초가을 저녁놀에 보내네	回雁新秋寄彩霞
부끄럽게도 해마다 멀리 삿갓과 책 상자를 지고 오니	簦笈連年愧遠求
본래 보답할 것이 아무것도 없네	本來無物若爲酬
봄이 오는 성 역로에서 애오라지 보내려니	春城驛路聊相送
밤 눈 내려 빈산에서 다시 머무네	夜雪空山且復留
강가 포구에는 구름 걷히고 여악에 새벽빛 비치니	江浦雲開廬嶽曙
너른 동정호에 구의산이 떠 있네	洞庭湖闊九疑浮
소상강 배가 키를 다시 두드리는 소리 들리니	懸知再鼓瀟湘柂
응당 상강에는 부용이 뜬 가을일 테지	應是芙蓉湘水秋

---

83 『왕양명전집』 권20 「송유건이수送惟乾二首」.

서애도 남경에서 달려와 기원형을 상湘으로 돌려보내며 화답시 두 수를 읊었다.[84]

기유건을 보내다, 두 수　　　　　　　　　　　　　　送冀惟乾二首

마음은 함께하나 떨어져 지내면서 그리움에 늘 망연하였는데 홍이 일어 은거할 기약을 하니 이미 기쁨이 넘친다. 사람은 마음으로 맹세를 하여도 하늘은 잘 굽어보지 않나니 군자가 귀히 여기는 바는 원대한 근심이라, 어찌 가까운 일을 근심하랴? 참으로 도가 있으니 이 감정을 엮을 수 있다. 그러므로 두 수를 차운하니 길을 떠나는 사람에게 증여해도 무방하리라.

同心離居, 羈懷若惘, 興言幽期, 已動歡襟. 人有心盟, 天靡爽鑒, 君子所貴遠慮, 寧以近憂? 諒在有道, 能槪斯情. 故次韻二首, 不妨贈行云.

나는 정해진 곳 없이 세상을 떠도는데	飄泊乾坤吾未定
그대는 비바람에 홀로 집으로 돌아가니 안타깝네	憐君風雨獨還家
쌍기러기 추운 날 짝을 잃고 근심스레 우는 소리 들리고	愁聽雙雁遺寒侶
외로운 갈매기 먼 모래밭에 서 있는 것을 보네	更看孤鷗度遠沙
도를 찾아 진리를 탐색하지 못하여 흘러가는 물을 보고	道未探眞觀逝水
떠도는 인생에 떨어지는 꽃잎을 탄식하네	身猶浮世歎飛花
금화도 신선이 사는 땅이니	金華亦是仙人地
지는 노을에 막힌 도원을 묻지 말게	莫問桃源沮落霞

---

84 『횡산유집』 권상 「송기유건이수送冀惟乾二首」.

짹짹 우는 산새는 무엇을 구하기에	嚶嚶山鳥亦何求
깊은 골짜기에서 높은 데로 날아가 소원을 이루나!	幽谷喬遷願已酬
강 위 조각배는 내가 떠나온 곳을 알고	江上扁舟知我始
저양 삼월에 그대 머물을 부러워하네	滁陽三月羨君留
진량은 먼저 북방에서 배운 이요	陳良先得北方學
이수(공자)는 동해에 떠갈 생각을 했었네	尼叟曾想東海浮
동정에 뜬 밝은 달은 약속이나 한 듯	明月洞庭如有約
그대를 보내는 초나라 땅에 가을이 내리네	送君飛下楚天秋

진량(전국시대)은 남방 초나라 사람으로서 유가와 도가를 두루 배웠다. 그는 일찍이 멀리 북방으로 가서 공자에게 배움을 물었는데, 공학孔學을 익힘에 북방의 학자들보다 더 뛰어났다. 서애는 기원형을 초나라 상강에서 경건하고 성실한 마음으로 왕학을 배운 진량에 비겼고, 양명을 "도가 행해지지 않으니 뗏목을 타고 바다를 떠서 가겠다(道不行, 乘桴浮于海)."라고 한 공자에 비겼다. 양명은 저양에서 강학의 세월을 보내면서 이미 남국 '이수尼叟(공자)'의 형상을 남국 선비의 마음속에 우뚝 세웠던 것이다. 그는 '뗏목을 타고 바다를 떠서 가려는' 의기소침한 마음을 버리고 남도로 가서 동남에 도를 전하는 '이수'가 되기로 결심하였다.

4월, 양명은 길을 떠나 남도로 부임하였는데 저양의 학자들은 오의烏衣 나루터까지 와서 장강을 건너는 그를 전송하였다. 양명은 고별시 한 수를 지어서 저양의 학자 및 선비들과 '함께 이 학문에 나아가는(共進此學)' 심정을 완곡히 남김없이 쏟아내었다.[85]

---

85 『왕양명전집』 권20 「저주별제우滁州別諸友」.

저주에서 여러 벗과 이별하다　　　　　　　　　　滁州別諸友

저양의 제우가 종유하였는데 나를 전송하기 위해 오의에까지 이르러서도 차마 헤어지지 못하였다. 저녁에 왕성보 여덕과 여러 벗이 강가 나루터까지 전송하여 기필코 머물면서 내가 강을 건너기를 기다렸다. 이에 이 글을 써서 돌아가도록 재촉하고 아울러 제현에게 보내니 함께 이 학문에 나아가기를 바라며 이로써 헤어지는 쓸쓸함을 위로할 뿐이다.

滁陽諸友從遊, 送與至烏衣, 不能別. 及暮, 王性甫汝德諸友送至江浦, 必留居, 俟予渡江. 因書此促之歸, 并寄諸賢, 庶幾共進此學, 以慰離索耳.

저수의 물	滁之水
장강으로 흘러드네	入江流
강의 조수는 날마다 저주로 몰려오니	江潮日復來滁州
서로 생각함에 조수와 같네	相思若潮水
오고 감을 어느 때나 쉬려나?	來往何時休?
생각만 하면	空相思
무슨 유익이 있으랴!	亦何益
서로 생각하는 정을 위로하려는 것은	欲慰相思情
아름다운 덕을 높임만 못하네	不如崇令德
땅을 파면 샘물을 볼 수 있으니	掘地見泉水
어디라도 얻지 못할 곳이 없네	隨處無弗得
하필 말을 달리랴!	何必驅馳爲
천 리가 멀어도 가까우니	千里遠相卽
그대는 보지 못하는가?	君不見

요임금의 국과 순임금의 담장을!	堯羹與舜墻
또한 보지 못하는가?	又不見?
공자와 도척이	孔與跖
얼굴을 마주하고도 서로 알아보지 못한 것을!	對面不相識
여관의 주인은 은근히 마음을 쓰는데	逆旅主人多慇懃
문을 나서서 눈길을 돌리니 길 가는 사람이 되네	出門轉眄成路人

양명은 『전습록』과 「유해시」를 품속에 품고 남도로 달려가서 진정한 '남기유南畿遊'를 시작하였다.

11장

남도南都에서: 강학론도하여 새 하늘을 열다〈講學論道開新天〉

'함께 이 학문에 나아가다(共進此學)': '주일主一'의 심학 기치를 내걸다

남경 홍려시경鴻臚寺卿은 깨끗하고 느긋한 한직이었는데 이는 도리어 양명에게는 더욱 광활한 강학론도의 새로운 세계를 펼쳐주었다. 남옹南雍의 수많은(莘莘) 학생은 일찌감치 이 심학대유 양명이 도래하기를 기다리고 있었다. 남도의 정주파들도 일찍이 양명과 함께 주륙朱陸 학문의 동이 논변을 전개할 준비를 하였다. 양명이 남도에 도착했을 때는 마침 남궁南宮 춘시가 끝날 때와 맞물려서 낙방한 거자擧子들이 어지러이 남하하여 남옹을 유람하였으며, 양명의 가장 경건하고 성실한 새로운 제자가 되었다. 새로 진사에 합격하여 남도에서 임직에 나아간 학자들조차도 모두 찾아와서 양명에게 배움을 물었다.

양명은 고응상顧應祥에게 보낸 편지에서 앞다투어 찾아와 배움을 물은 이 선비들을 다음과 같이 언급하였다.

육(＊육징陸澄)과 조주潮州 사람 설간薛侃이 모두 남도로 와서 따라 배웠는데 두 사람은 모두 뛰어난 선비(佳士)로서 …… 이전에 남도에서 함께한 자로 왈인(서애) 외에 또 태상박사太常博士 마명형馬明衡(1491~1557), 병부주사

황종명黃宗明, 견소見素(임준)의 아들 임달林達(1514, 진사)과 어사 정걸, 거인 채종연, 요문벽饒文璧 등이 있습니다. 채종연은 지금 역시 진사에 합격하였습니다. 그때 모두 23인이었는데 날마다 가르침과 배움이 함께 성장하는 (相長) 유익함을 느꼈습니다.[1]

그러므로 전덕홍은 「양명선생연보」에서 다음과 같이 말한다. "서애가 남도로 온 뒤 동문들이 날로 친밀해졌다. 황종명·설간·마명형·육징·계본·허상경許相卿(1479~1557)·왕격王激(1479~1537)·제칭諸偁·임달林達·장환張寰(1486~1581)·당유현唐愈賢·요문벽·유관시·정류鄭騮(1521, 진사)·주적周積·곽경郭慶(1507, 향시 거인)·난혜欒惠·유효劉曉·하오何鰲(1497~1559)·진걸陳傑·양표楊杓(*양약楊礿이라 해야 한다)·백열白說·팽일지彭一之·주호朱箎(1493~1546) 등이 사문에 함께 모여서 밤낮으로 게을리하지 않고 서로 영향을 미치며 갈고닦았다."[2]

전덕홍은 양명에게 와서 배운 아주 많은 제자를 빠뜨렸다. 정덕 9년(1514)에만 해도 각지의 수많은 선비, 예컨대 영가永嘉의 왕철王澈(1513, 거인), 임해臨海의 김비형金賁亨(1483~1564), 선거仙居의 응대유應大猷(1487~1581), 영강永康의 응전應典(1514, 거인), 여요의 제승諸陞, 산음의 손윤휘, 평호의 손새, 무진武進의 백의白誼, 소주의 고률顧瑮(1514, 진사), 율양溧陽의 마일룡馬一龍(1499~1571), 전초全椒의 척현戚賢(1492~1553), 흡현歙縣의 필산畢珊·홍정洪侹, 휴녕休寧의 왕상화汪尙和, 저양의 유소劉韶, 만안萬安의 곽지평郭持平(1517, 진사), 신주辰州의 왕가수王嘉秀, 문상汶上의 노영路迎(1483~1562), 몽화蒙化의 주

---

1 『왕양명전집』 권27 「여고유현與顧惟賢」.

2 『왕양명전집』 권33 「연보」 1.

극명朱克明 등이 있었다. 남경에 와서 도를 묻고 가르침을 받은 사람들은 절강·강서·안휘·강소·호북·호남·산동·복건·광동·운남 등 광범위한 지역을 포괄한다.

양명이 남경에서 펼친 강학론도는 매우 빨리 양경 사대부들의 관심을 끌었다. 5월에 경중京中의 한림편수 중봉中峯 동기董玘(1487~1546)가 양명에게 다음과 같은 편지 한 통을 썼다.

> 지난해 다행히 군자의 거처에 가까이 있어서 가르침을 받았습니다. 돌아보건대, 졸렬한 사람이 더 가르쳐주기를 청할 수 없어서 지금에 이르도록 서운함이 있습니다. 근래 원명元明이 받은 편지를 보여주었는데 거기에 두 차례나 제 이름을 언급하시어 더욱 정성스레 돌봄을 입었습니다. 가르쳐주신 바 자기를 책망하고(責己) 남을 책망한다(責人)는 설은 매우 공변되고 평이하여서 묵묵히 지키려고 하나 마치 의론이 많은 것을 경계하시는 듯하니 근래 더욱 기르신 바가 크게 다름을 알겠습니다. 남두에서 저주를 보니 비록 조금 번거로운 듯하나 홍려시는 여가가 많으니 실로 덕을 기르는 곳입니다. 돌아갈 계책은 마땅히 잠시 멈추는 것이 좋겠습니다. 원명이 이곳에 왔는데 저는 동쪽에서 월말까지 있게 되어 다시 만날 수 없습니다. 지난번처럼 오고 가기를 생각하나 도무지 그렇게 할 수 없습니다. 들은 것을 존중하고 아는 것을 지키되 반드시 같이할 필요는 없으며 서로 본 것을 귀하게 여겨야 하니, 가만히 생각건대 유감스러운 바가 없을 수 없습니다. 짬을 내어 간단히 씁니다.[3]

---

3 『동중봉선생문선董中峯先生文選』 권6 「여왕백안與王伯安」.

동기는 정주程朱를 높이는 학자로서 서울에서 양명, 감천과 함께 학문을 논변한 적이 있다. 그는 이미 양경兩京의 정주학자들이 양명과 함께 주류 학문의 동이 논변을 전개하려 한다는 것을 예감하였다. 그리하여 그는 "들은 것을 존중하고 아는 것을 지키되 반드시 같이할 필요는 없으며 서로 본 것을 귀하게 여겨야 한다."라고 주장하였다. 양명 스스로도 학문을 강론하는 비범하고 대단한 기백과 힘을 지니고 있었기에 관방 정주 이학의 어두운 그림자가 뒤덮은 남도에서 한편으로는 학자, 선비들과 함께 정면으로 심학의 강학과 토론을 전개하였으며, 다른 한편으로는 정주파와 함께 주류 논변을 전개하여 동남에 도를 전하는 대유로서 성문聖門의 사업을 시작하였다.

학생, 선비와 함께 강학론도를 하는 가운데 가장 주목을 끈 이는 육징과 설간 두 제자였다. 육징은 자가 원정原靜(또 다른 자는 청백淸伯)이며 귀안歸安(절강) 사람이다. 설간은 자가 상겸尙謙이며 게양揭陽(광동) 사람이다. 이 두 사람은 모두 회시에서 낙방하고 남쪽으로 내려가다가 남웅에서 노닐며 양명에게 절한 뒤 스승으로 섬겼으며, 홍려시 창鴻臚寺倉에서 2년 남짓 가르침을 받고 양명이 강학한 중요한 어록을 대량 기록하여서 『전습록』에 편입하였는데,[4] 양명의 '남기유' 시절 사상의 원래 모습을 진실하게 기록하고 보존하였다.

육징은 가장 부지런히 분발하여서 배움을 묻고 가르침을 받았다. 양명은 「증육청백귀성서贈陸淸伯歸省序」에서 다음과 같이 말하였다.

(어떤 사람이 말하기를) 청백(육징)이 처음 부자夫子(왕양명)를 뵙고 한 달에 한 번 오더니, 이윽고 열흘에 한 번 왔다. 또 이윽고 대엿새, 사나흘에 한 번 씩 왔다. 마침내 부자의 곁으로 옮겨와서 거처하였다. 나중에 부자께 청하

---

4 육징과 설간이 기록한 어록은 지금 『전습록』 권상 후반부에 보존되어 있다.

여 곳집(庚) 아랫방(*홍려시 창사僧舍를 가리킨다)을 청소하고 아침저녁으로 모셨다. …… (하였다).[5]

양명은 과거의 학문에 푹 빠진 그를 인도하여 성현의 학문으로 향하는 길로 돌아오게 하였다. 이에 서애는 「송육자청백행서送陸子淸伯行序」에서 자기가 직접 목격한 바, 육징이 부지런히 분발하여서 배움을 좋아한 한 장면을 다음과 같이 언급하였다.

처음 객이 말하기를 "청백이 과거의 학문에 전념하여서 아침 일찍 일어나고 저녁 내내 생각하면서 먹어도 맛을 잊고 잠자리에 누워도 자는 것을 잊어버리고 나가도 얼굴 단장을 잊고 손님을 대하여서도 말을 잊어버렸다. 널리 고찰하고 정밀하게 이해하였으며 근래의 뜻을 섭렵하려고 하였을 뿐만 아니라 당시의 글을 꾸며냈으니 그 오로지함(專)이 이와 같았다. 육경의 깊은 뜻(義奧)을 전문專門이 아니면 탐구하지 않았으며, 이에 스스로를 굽혀서 동배同輩를 스승으로 섬기는 것을 부끄러워하지 않았으니 겸허함(謙)이 이와 같았다."라고 하였다. 내가 말하기를 "아깝다! 어찌 이것으로 도를 구하는 데 힘쓰지 않는가?" 하였다. 객이 말하기를 "또한 저 사람은 이익으로 삼는 바가 있다. 지금 도를 말함은 양명 부자 같은 사람이 없으나 세상은 바야흐로 잘못된 여론이 시끄럽게 회자되고 있는데 저 사람이 만약 그를 사모한다면 사람들이 장차 두려워하고 어길 것이니 무엇이 유익하겠는가?" 하였다. 내가 말하기를 "그렇지 않다. 청백이 또한 올지는 알 수 없다. 오롯하다 하지 않았는가? 오롯함은 뜻이 모인 것인데 오롯하되 통달하지

---

5 『왕양명전집』 권7 「증육청백귀성서贈陸淸伯歸省序」.

않으면 변하지 않는다. 겸허하다 하지 않았는가? 겸허함은 기가 빈 것인데 겸허하되 응하지 않으면 반드시 돌이킨다(反). 저 도라 하는 것은 그 본체를 비운 것이며 그 작용을 하나로 한 것이다. 오직 자기를 극복해야 빔에 이를(致虛) 수 있다. 그러므로 겸허함은 극복의 싹이다. 오직 정신을 응결해야 하나에 이를 수(致一) 있다. 그러므로 오롯함은 응결이 점점 이루어지는 것이다. 그 기틀이 그러하므로 청백이 또한 올 것이다."라고 하였다. 며칠 뒤 과연 청백이 재계하여 깨끗이 한 뒤 제자의 예를 갖추고 양명 부자의 문을 두드렸는데 부자께서 그를 받아들였다. 먼저 뜻을 세워서 정하고 (先定之以立志) 다음으로 ○을 씻어서 배양하고 존양성찰의 공부로써 정밀하게(密之以存養省察之功) 함을 보였다. 천지의 변화로부터 뭇 언론의 동이를 비록 변별하지 않는 바가 없었으나(自天地之變化, 群言之同異, 雖靡所不辯) 항상 말 없는 가르침(不言之敎)으로써 ○화하였다. 오랜 뒤 청백이 놀라서 말하기를 "부자가 아니었다면 내 인생을 대부분 잃어버렸으리라!" 하였다.[6]

양명이 육징에게 학업을 전수하고(授業) 도를 전수한(傳道) 것은 '먼저 뜻을 세워서 정하는' 것으로부터 '존양성찰의 공부로써 정밀하게 함'에 이르기까지 '천지의 변화로부터 뭇 언론의 동이'에 이르기까지 모두 '변별하지 않는 바가 없었으며' 최종적으로는 '말 없는 가르침'에 귀결하였는데 모두 『전습록』에 실려 있다. 정덕 11년(1516) 5월, 육징이 양명과 고별하고 귀안으로 돌아갈 때 그는 이미 확고부동한 존륙비주尊陸非朱의 왕문 제자였다.

양명은 「증육청백귀성서贈陸淸伯歸省序」에서 그가 남도에서 2년 동안 심학을 돈오한 학업의 진보를 다음과 같이 총결하였다.

---

6 『횡산유집』 권하 「육자청백행서陸子淸伯行序」.

육징 청백이 귀안으로 돌아가면서 두세 벗과 함께 배운 바를 토론하고 연역하며 서로 권면(贈勉)하였다. 그 가운데 한 사람이 말하기를 "청백의 학문이 날로 진보하였다. 내가 처음 청백을 보았을 때에는 그 기운이 양양하여서 마치 뜬구름 같았고, 그 말이 도도하여서 마치 흐르는 물결 같았다. 지금에야 날마다 묵묵하고 날마다 흡족해하고(慊慊) 날마다 화락하고(雍雍) 날마다 느긋하여서(休休) 이전과 크게 달라졌다. 이로써 진보함을 알겠다." 라고 하였다. …… 청백이 말하기를 "그런 일이 있었는가? 나(澄)는 날로 퇴보한다고 생각한다. 내가 부자의 가르침을 듣고서 멍하였다가(茫然) 얼마 뒤 감흥이 있었고(歆然) 홀연 반짝하고(耿然) 의심이 생겼으며 이윽고 크게 의심이 들었는데 또 번쩍하고(閃然) 크게 놀랐다가 이에 홀연 살짝(闖然) 마치 본 것이 있는 듯하였다. 이때를 당하여서 역시 유익한 바가 있었다. 이로부터 또 몇 달 뒤 느긋하고(悠焉) 한가해서(逸焉) 학업을 더 이상 익히지 않고 돌이켜서 추구하였는데 어찌할 바를 모르고(倀倀然) 무기력해졌다(頹頹然). 어둡고 가려짐을 걷어냈으나(攈) 더욱 많아졌으며(進), 사사로이 얽매임을 수그러지게(息) 하였으나 더욱 일어났으며(興), 갖가지 망령됨을 공격하였으나 더욱 견고해져서(固) 마치 여울을 거슬러 배를 젓되 실수를 할수록 더욱 아래로 내려가서 힘써 끌어당겨도 나아가지 않음과 같았으니 날마다 퇴보하는 것으로 생각하였다."라고 하였다. 이튿날 양명자에게 하직하였는데 두세 사람이 함께하면서 저마다 자기 생각(所以)을 이야기하였다. 양명자가 말하기를 "그러한가, 그러한가! 스스로 날마다 퇴보한다고 하는 사람은 나아가 닦는 데 힘을 써서 선이 날마다 진보하고, 남들이 날마다 진보한다고 말하는 사람은 남과 더불어 선을 행하지만 그 선이 또한 날마다 진보하는 것이다. 비록 그러하나 자기가 날마다 퇴보한다고 말하는 사람은 뜻이 멀어져서 날마다 퇴보하지 않을 수 있겠는가? 남들이 날마다 진보한다고 말하는 사람은 기분이 찐덥지 않으니(氣歉) 역시 날로 퇴보하지 않을 수 있겠는가? 이 또한 진보와 퇴보의 징조이며 길흉이 나뉘는 바이니 신중하지 않겠는가?" 하였다.[7]

서애는 「송육자청백행서」에서 육징이 왕문 심학의 요체를 홀로 얻은 비상한 진보를 다음과 같이 더욱 분명하게 말하였다.

…… 아! 도는 과연 나에게 있거늘 무엇 때문에 바깥에서 구하는가? 배움은 과연 홀로 함에 있거늘 무엇 때문에 널리 구하는가? 그러므로 삼재합일三才合一의 도를 알지 못하는 사람은 이치를 말할 수 없고, 이치를 모르는 사람은 본성을 말할 수 없고, 본성을 모르는 사람은 마음을 말할 수 없고, 마음을 모르는 사람은 앎을 말할 수 없고, 앎을 모르는 사람은 행함을 말할 수 없고, 행함을 모르는 사람은 배움을 말할 수 없다. 그러므로 배움을 알면 이치를 궁구할 수 있고, 이치를 궁구하면 본성을 다할 수 있고, 자기 본성을 다할 수 있으면 남의 본성을 다할 수 있고 사물의 본성을 다할 수 있어서 둘(兩, 천지) 사이에 참여할 수 있고 조화造化를 도울 수 있으며 …… 나는 지금 이후 비로소 부자의 학문이 한결같이 성정性情의 진실함에서 나오고 공용功用이 저절로 이와 같이 크지 않음이 없음을 알게 되었다. …… 이에 나는 말한다. "그대가 도에 대하여 이미 큰 것을 알고 근본을 갖추었으며, 학문에 대해 이미 그 넓음을 알고 요체를 갖추었다. 그러나 채움에 마땅히 점점 해나감이 있어야 하며 거함에 마땅히 한결같음이 있어야 한다. …… 청백은 나와 같이 나약한 병폐는 없으나 혹 역시 쓸

---

7 『왕양명전집』 권7 「증육청백귀성서」.

쓸한(離索) 탄식이 있는가? 그런즉 청컨대 크고 굳셈(弘毅)을 같이 일삼아서 그대의 아는 바를 행하라."[8]

양명과 서애 모두 육징이 아는 바를 알고 행할 바를 행하며 날마다 진보하고 날마다 새로워지기를 희망하였다. 훗날 육징은 과연 스승의 바람을 저버리지 않고 왕문王門에서 가장 용감하게 스승의 도를 지키고(勇捍師道) 스승의 설을 크고 굳세게 한(弘毅師說) 문인이 되었다.

설간과 육징은 동시에 남도로 와서 배움을 물었고, 2년 뒤 동시에 서로 헤어져서 돌아갔다. 양명은 영남에서 온 선비들을 특별히 마음에 들어했는데 그중 설간을 더욱 인정하였다. 설간도 부지런히 학습을 하였다. 계본은 그에 대해 다음과 같이 말한다.

> 공은 그때 영남에서 일어났는데 비범하게 뛰어나고 소탈하여(昂藏倜儻) …… 남옹에 노닐며 견문이 더욱 넓어졌습니다. 이때 선사께서는 가르침의 목탁을 한창 울리셨습니다. 앎과 행함을 나누고 합함에 손바닥을 가리켜 보이듯 하셨습니다. 공은 사문에 들어와서(門牆) 아침저녁으로 묻고 방문하였습니다. 한낱 빈 소리를 늘어놓지 않고 끝없이 힘써 행하였습니다. 가지와 줄기를 베어내고 잔꾀와 잔재주(伎倆)를 퇴치하였습니다. 영대靈臺에 오르자마자 깨달아 밝힘(八窓)을 더욱 넓히셨습니다.[9]

양명은 학문을 강론하면서 심혈을 기울여 자기가 지닌 거의 모든 것을 그

---

8 『횡산유집』 권하 「송육자청백행서」.
9 『계팽산선생문집季彭山先生文集』 권3 「제동년설상겸문祭同年薛尙謙文」.

에게 전수하였다.

『전습록』에 편입된 설간이 기록한 어록은 양명의 '남기유' 시기의 '성의誠意'를 주로 하는 심학사상 체계를 완정하게 전개하였다. 양명의 이러한 '성의'를 주로 하는 심학의 본체공부론은 바로 설간, 육징과 같은 문인 제자와 함께 주륙 학문을 논변하는 가운데 승화하였던 것이다.

설간은 어록 한 조에서 다음과 같이 서술하였다.

채희연이 물었다. "문공文公(주희)의 『대학』 신본新本에서는 격치格致를 먼저 하고 성의誠意 공부를 나중에 하는데, 마치 첫 장과 함께 차례로 들어맞는 듯합니다. 만약 선생의 구본舊本 설을 따른다면 성의는 도리어 격치에 앞서니 이 부분이 아직 석연하지 않습니다." 선생께서 말씀하셨다. "『대학』의 공부는 곧 밝은 덕을 밝히는 것이다. 밝은 덕을 밝히는 것은 다만 뜻을 성실하게 하는 것이다. 뜻을 성실하게 하는 공부는 다만 격물치지이다. 만약 성의를 주로 하여서 격물치지의 공부를 해나간다면 공부는 비로소 착수(下落)할 곳이 있으니 곧 선을 행하고 악을 제거하는 것이 성의의 일 아님이 없다. 만약 신본처럼 사물의 이치를 먼저 궁격窮格한다면 너무나 아득하고 드넓어서(茫茫蕩蕩) 도무지 낙착할 곳이 없다. 모름지기 '경敬' 자를 덧붙여야 비로소 몸과 마음을 향해 연계될 수 있다. 그러나 끝내 근원이 없다. 만약 모름지기 '경' 자를 첨가해야 한다면 무엇 때문에 공문孔門에서는 가장 긴요한 한 글자를 빠뜨렸다가 천여 년 뒤 사람이 나타나 보충하기까지 기다려야 했겠는가? 바로 성의를 주로 하면 곧 모름지기 '경' 자를 덧붙일 필요가 없다고 하는 것이다. 그러므로 성의를 제시하여 말하였으니 이것이 바로 학문의 대두뇌처大頭腦處이다. 여기에서 살피지 않으면 다만 이른바 털끝만 한 차이가 천 리나 어긋난다고 하는 격이다. 대체로 『중용」 공부는 다만 몸을 성실하게 하는(誠身) 것인데, 몸을 성실하게 하는 것의 궁극은 바로 지극한 성실함(至誠)이다. 『대학』 공부는 다만 뜻을 성실하게 하는(誠意) 것이니 뜻을 성실하게 하는 것의 궁극이 곧 지극한 선(至善)이다. (『중용』의 몸을 성실하게 하는 공부와 『대학』의 뜻을 성실하게 하는) 공부는 결국 한 가지이다."[10]

양명의 심학은 이때 '성의'를 대두뇌로 삼았으며 '양지'를 대두뇌로 삼지는 않았다. 그는 자기의 신본과 주희의 신본 및 고본 『대학』의 다름을 다음과 같이 비교하여서 지적하였다. 격물치지는 다만 성의의 공부이다. 이 때문에 주희의 바깥을 향해 사물의 이치를 궁격하는 것은 격치를 주로 하는 것으로서 잘못하여 격치를 성의의 앞에 두었기에 그 설을 원만하게 만들지 못하였으며, 이로써 또 '경(*持敬)' 하나를 덧붙여서 경지쌍수敬知雙修라 하였는데 이는 잘못에 잘못을 더한 것이다. 여기에서 이미 분명하게 육학과 왕학, 그리고 주학의 근본적인 차이를 말하였는데 채종연은 이해하지 못하여서 끝내 왕문의 성역으로 들어가지 못하였다.

설간은 강론하는 중에 깨우쳐서 양명이 영남에서 얻은 대제자가 되었다. 정덕 11년(1516) 그가 양명과 고별하고 영남으로 돌아갈 때 서애도 「증설자상겸서贈薛子尙謙序」를 지어서 자기가 양명에게서 수학하고 크게 깨우쳐서 터득한 사실을 다음과 같이 의미심장하게 말하였다.

상겸(설간)은 자질이 소박하고 아름다움이 온전하며 또 양명 선생을 좇아 배워서 믿고 터득함이 있었다. 그러므로 더욱 혼연히(混然) 의론할 만한 언

---

10 『왕양명전집』 권1 「전습록」 상.

행을 볼 수 없었다. …… 나는 처음 선생에게 배운 뒤 몇 년 동안 오직 자취를 따라 행하였다. 얼마 뒤 크게 의심을 하고 놀랐다. 그러나 감히 대뜸 그르다고 할 수 없어서 필연코 돌이켜서 생각하였다. 생각하여 조금 통하자 다시 몸과 마음에 징험해본 뒤 이윽고 어슴푸레하게(恍若) 본 것이 있는 듯하였다. 이미 크게 깨닫고 저도 모르게 손이 춤을 추고 발을 구르면서 말하기를 "이는 도의 본체이며, 마음이며, 배움이다."라고 하였다. 인간의 본성은 본래 선하며, 그 사악한 것은 객감客感이다. 느끼는 것도 한 생각에 있으며 제거함도 한 생각에 있으니 어려운 일도 없고 많은 기술(術)도 필요 없다. 또한 스스로 품성이 부드러움(柔)을 믿고 커다란 악을 행하지 않는다면 이와 같이 죽을 때까지 하더라도 괜찮을 것이라고 여겨서 탄탄하고(坦坦然) 탕탕하게(蕩蕩然) 즐기되 오래되면 사사로움과 우려가 다시 일어날 줄을 누가 알겠는가! 이를 소홀히 하면 진보하는 바가 없다. 이에 지금 크게 성찰하여서 온 세상의 고질로 존재하는 것이 둘 있는데 깨닫지 못하는 것이 해가 됨을 알았다. ……[11]

표면적으로 서애는 자기가 심학을 크게 깨달은 사실을 말하였는데 실제로는 설간이 심학을 크게 깨달은 사실을 말한 것이다. 사방에서 와서 배움을 물은 이들 학자와 선비들은 대부분 이와 같이 서로 같은 마음으로 깨닫고 몸으로 입증하며 사상이 전변하는 과정을 거쳤다.

강우江右 임천臨川의 선비인 행재行齋 요문벽饒文璧은 원래 주학을 높이고 주희의 향외 격물궁리설을 믿었다. 정덕 9년(1514)에 회시에서 낙방한 뒤 남옹으로 와서 양명에게 배움을 묻고 묵좌징심, 체인천리로부터 착수하여서 매우

11 『횡산유집』 권하 「증설자상겸서贈薛子尙謙序」.

빨리 실천하여 깨달음을 얻고 육학으로 전향하였다가 양명의 제자가 되었다.

진구천陳九川(1494~1562)은 「조사행재요선생묘지명造士行齋饒先生墓志銘」에서 요문벽이 심학을 계오契悟한 일을 다음과 같이 기술하였다.

선생은 휘諱가 선璿이며 자가 문벽文璧이다. 대대로 임천 사람이다. 나중에 자로 이름을 바꾸고 다시 자를 덕온德溫, 호를 행재行齋라 짓고서 뜻을 독려하였다. …… 정덕 계유년(1513) 빈흥賓興이 되었는데, 나(川)도 그 뒤를 좇아 모시고 북으로 갔다. 선생이 낙방하고 남옹으로 들어갔다. 나는 비로소 사문師門에서 벗어나 거칠게나마 깨달음을 얻었는데 실로 모두 선생이 계발해준 것이다. 처음 선생이 고정考亭(주희)의 격물의 가르침을 마루로 삼고 천문지리天文地理, 율력산수律曆算數, 병법단경兵法丹經, 음양의복陰陽醫卜의 여러 책을 널리 구하여서 정밀하게 연구하지 않음이 없었다. 이윽고 넓기는 하나 요점이 적음을 깨닫고서 홀로 『예경禮經』을 체득하고 복종하며, 횡거橫渠(장재)의 가르침을 좋게 여겨서 말하기를 "만약 나를 쓰는 자가 있다면 이것을 가지고 나아가겠다."라고 하였다. 다시 그 그릇이 통달하지 못함을 깨닫고서 소자邵子(소옹)의 정좌백원靜坐百源을 사모하여 글을 버리고 정좌를 익히며 마음을 맑게 하고 근본을 세워서 변화에 응하여 터득함이 있는 듯하였다. 그러나 오히려 너무 판연하여서 하나로 귀결되지 못함을 느꼈다. 남옹에 있을 때 양명 선생이 홍려에서 성학을 강론하자 제자의 예를 갖추고 용맹하게 나아가 그것으로 바로잡았다. 곧 환연히 계오하여 합일하였으며 온갖 조화(萬化)가 마음에서 생겨남을 알고서 비로소 정견定見을 갖게 되었다. 이로부터 산으로 돌아가서 벼슬길에 나아갈 생각을 버리고 다시는 회시를 보지 않았다. 날마다 상산象山(육구연)의 학문을 존숭하였는데 믿고 따르는 무리가 더욱 많아져서 다투어 선생을 초청하였다.

선생은 도처에서 가르침을 베풀었는데 대부분 먼저 정좌로써 하였으며 사방에서 문하에 노니는 자가 재질에 따라 성취하였다.[12]

요문벽의 심학의 깨달음은 바로 서애·설간과 마찬가지로 주학에서 육학, 왕학으로 전향한 것으로서 이는 강우 선비에게 표준과 규율을 제시하였다. 이와 동시에 강서 만안萬安의 선비 곽지평郭持平(*수형守衡, ?~1556)도 회시에서 낙방한 뒤 남옹으로 와서 노닐며 양명에게 배움을 물었다. 양명은 그에게 '성의'를 주로 하는 심학을 밝혔다.

설간은 양명과 곽지평이 학문을 강론한 중요한 어록 한 부분을 다음과 같이 기록하였다.

> 수형(곽지평)이 물었다. "『대학』의 공부는 다만 성의이며, 성의의 공부는 다만 격물입니다. 수제치평修齊治平은 다만 성의를 다하는 것입니다. 또 '마음을 바르게 하는(正心) 공부에 원망하고 성내고 좋아하고 즐거워하는(忿懥好樂) 바가 있으면 바름을 얻을 수 없다.'고 한 것은 무엇 때문입니까?" 선생께서 말씀하셨다. "이는 스스로 생각하여서 터득하는 것이니 이것을 알면 미발未發의 중中을 알 것이다." 수형이 재삼 청하였다. 말씀하시기를 "학문을 하는 공부에는 깊고 얕음이 있다. 만약 처음에 착실하게 마음을 써서 선을 좋아하고 악을 미워하지 않는다면 어떻게 선을 하고 악을 제거할 수 있겠는가? 이렇게 착실하게 마음을 쓰는 것이 바로 성의이다. 그러나 마음의 본체가 원래 한 물건도 없음(原無一物)을 알지 못하고서 한결같이 마음을 써서 선을 좋아하고 악을 미워하면 곧 또한 이런 의사가 많은

---

12 『명수진선생문집明水陳先生文集』 권4 「조사행재요선생묘지명造士行齋饒先生墓志銘」.

것이니 곧 확연대공廓然大公이 아니다. 『서』에서 이른바 사사로이 좋아하는 생각도 갖지 말고 사사로이 미워하는 생각도 갖지 말라(無有作好作惡) 한 것이 바로 본체이다. 이 때문에 '성내고 원망하고 좋아하고 즐거워하는 바가 있으면 바름을 얻을 수 없다.'고 한 것이다. 마음을 바르게 함은 다만 성의의 공부의 이면에서 마땅히 자기 심체心體를 체득하여서 늘 빈 거울처럼 평형을 유지해야 바로 미발의 중이다."라고 하셨다.[13]

마음을 선도 없고 악도 없으며 '원래 한 물건도 없는' 본체로 삼고, 마음을 바르게 함을 자기 심체를 체인하는 공부로 삼고, 격물을 성의의 공부로 삼고, 착실하게 마음을 써서 선을 좋아하고 악을 미워하며, 선을 행하고 악을 제거하는 이러한 관점은 나중에 이미 '왕문사구교王門四句敎'의 초기 형식(雛形)을 포함하고 있어서 강서에서는 육학은 물론 주학의 선비들에게도 모두 정신한 사상의 양약 한 첩이 되었다. 요문벽과 곽지평 이후에 강우 왕학의 문호가 열리고 강서의 육학을 존중하는 선비들이 점점 양명의 왕학과 정신적 소통을 이루어서 어지러이 찾아와 양명에게 배움을 물었다고 하겠다. 훗날 진구천도 감주贛州로 와서 양명에게 배움을 물었는데 분명히 요문벽의 영향을 받았다. 이러한 강서 선비의 왕학으로 전향은 강우 왕문의 굴기를 예고하였다.

사실 사방에서 찾아와 배움을 물은 이들 선비의 사상은 들쭉날쭉하고 잡다하였다. 그들 중 어떤 이는 주학을 높이 받들었고 또 어떤 이는 육학을 신봉하였으며, 어떤 이는 심지어 영가永嘉의 사공학事功學을 추숭하였고 더욱

---

13 『왕양명전집』 권1 「전습록」 상. 『전습록』에서 언급한 '수형守衡'은 종래 어떤 사람인지 알지 못하였다. 최근에 고증하여서 곽지평으로 단정하였는데, 그는 자가 수형, 호가 천재淺齋이며 만안萬安 사람이다. 『추수익집鄒守益集』 권22 「명고남경형부우시랑천재곽공묘지명明故南京刑部右侍郞淺齋郭公墓志銘」에 보인다.

많은 사람들은 사상이 아직 형성되지 않아서 혹은 주륙朱陸의 길에서 방황하고 혹은 불로佛老의 경내에 출입하였으며, 혹은 과거 공부에 빠지고 심지어 백사학白沙學과 왕학이 어떤 학문인지도 몰랐다. 이러한 선비들에 대해 양명은 모두 대중 처방을 내려서 사람에 따라 가르침을 세웠다(因人立敎).

운남의 선비 주광제朱光霽(*극명克明)도 이때 남궁 시험에서 낙방한 뒤 태학에서 노닐다가 양명에게 배움을 묻고 가르침을 받았다. 주광제는 형 주광필朱光弼과 함께 양명이 용장역에서 받아들인 제자였는데, 양명은 이미 5년 동안 그를 만나지 못했었다. 양명은 과거의 학과 사장詞章의 학에 편중된 주광제에게 '변화 기질'의 '군자의 학문(君子之學)'을 가르쳤고, 귀성하는 그에게 「증주극명남귀언贈朱克明南歸言」을 지어 주어서 감화시켰다.

주광제는 자가 극명이며, 염헌廉憲 주 공(*주기朱璣, 1487 진사)의 아들이다. 일찍이 형 광필과 더불어 나를 좇아 배웠고 향리에서 천거를 받고 태학에 와서 유학하였으며 이윽고 귀성하면서 배움의 요체를 청하였다. 내가 말하였다. "군자의 학문은 그것으로써 기질을 변화하는 것이다. 아직 배우지 않았을 때에는 거칠고 사나운 자, 탐욕스럽고 다라운 자, 텅 비고 허황한 자, 뽐내고 자랑하는 자, 경박하고 성급한 자라도 배우게 되면 거칠고 사나운 자는 변하여서 온순하고 착해지며(溫良), 탐욕스럽고 다라운 자는 변하여서 청렴하고 당당해지며(廉介), 텅 비고 허황한 자는 변하여서 충직하고 믿음직스러워지며(忠信), 뽐내고 자랑하는 자는 변하여서 겸손하고 묵묵해지며(謙默), 경박하고 조급한 자는 변하여서 중후하게(重厚) 된다. 그런 뒤에야 배움이라고 할 수 있다. 배우지 못했을 때도 그런 사람이며 이미 배우고 나서도 그런 사람이라면 또한 배움이 어찌 귀한 것이겠는가? 이(배움)에 힘쓸지어다!" 광제가 말하였다. "감히 묻겠습니다. 어떻게 기질의 치우침을 알고 제거할 수 있겠습니까?" 내가 답하였다. "손과 발의 아픔, 눈멀고 귀먹은 것, 그리고 어두움은 스스로 알지 못함이 없다. 기질의 치우침은 오히려 사람이 생각하지 못하는 데서 나올 뿐이다. 그러므로 장부臟腑에 깊이 빠져 있고 고황膏肓에 잠겨 있어도 스스로 알지 못하는 사람이 있다. 명의가 맥을 짚고 기색을 관찰하고 참작하여서 좋은 처방(良劑)을 내리지 않으면 구제할 길이 없다." 이에 말하였다. "스스로 알지 못함이 있는 것입니까?" "생각하지 못할 뿐이다. 내 말은 그대를 위한 처방이다. 온순하고 착함은 거칠고 사나움의 처방이니 온순하고 착하면 거칠고 사나움을 변하게 할 수 있다. 청렴하고 당당함은 탐욕스럽고 다라움의 처방이니 청렴하고 당당할 수 있으면 탐욕스럽고 다라움을 변하게 할 수 있다. 충직하고 믿음직함은 텅 비고 허황함의 처방이니 충직하고 믿음직스러울 수 있으면 텅 비고 허황함을 변하게 할 수 있다. 겸손하고 묵묵함은 자랑하고 뽐냄의 처방이니 겸손하고 묵묵할 수 있으면 자랑하고 뽐내는 것을 변하게 할 수 있다. 중후함은 경박하고 조급함의 처방이니 중후할 수 있으면 경박하고 조급함을 변하게 할 수 있다. 의가醫家의 말에 '급하면 겉(標)을 치료하고 느슨하면 뿌리(本)를 치료한다.' 하였다. 나의 말은 겉과 뿌리를 치료하는 것과 같다. 과제科第의 능력(擧), 문예文藝의 아름다움이라면 그대 형제는 재능이 넘치니 내가 본래 두 사람을 위해 말하기에 달갑지 않다. 내 말한 바이 다섯 가지 병폐는 비록 한때 두루뭉술하게 열거한 것이지만 지금 배우는 사람으로서 능히 이것을 면할 수 있는 자는 역시 드물 것이다." 가는 길이 호남과 귀주를 경유하는데 나를 따라 노니는 사람이 많다. 혹 서로 만난다면 이 말을 하여서 면려하는 뜻을 다하라.[14]

---

14 『몽화지고蒙化志稿』 권8 「증주극명남귀언贈朱克明南歸言」.

양명이 이야기한 변화 기질의 '군자의 학문'은 바로 그 스스로 말하는 '수심극기守心克己'의 학문이므로 그가 제시한 병 치료의 '좋은 처방'은 실제로는 심학이다. 주광제 형제는 그의 심학을 운남과 귀주에 널리 퍼뜨렸다.

영가의 선비 장총張璁(1475~1539)도 5월에 남궁의 시험에서 낙방하고 남쪽으로 돌아가며 남도를 경유할 때 양명을 찾아와서 알현하였다. 두 사람은 학문을 강하고 시를 주고받았는데 양명은 「영일시詠一詩」 한 수를 지었고, 장총은 다음과 같은 「영만시詠萬詩」 한 수로 화답하였다.[15]

사물은 저마다 모양이 다르고	品物形容別
임금의 문은 만 리에 뻗어 있네	君門萬里多
삼생을 간직함이 그 얼마이며	藏三生幾許
하나를 들고 (만을) 버림은 어떠한가!	掛一漏如何
대책은 다 말하기 어렵고	對策言難盡
제후를 봉함은 어찌 지나치랴!	封侯戶豈過
홀로 기뻐하며 임금의 장수를 노래하니	獨欣歌聖壽
여러 나라가 별처럼 벌여 있네	列國似星羅

양명의 「영일시」는 소실되었기 때문에 두 사람이 하나(一)와 만萬을 읊은 내용은 아직까지 풀리지 않는 수수께끼이다. 이 수수께끼를 풀기 위해서는 장총의 「영만시」부터 파고들어가야 한다. 원래 「영만시」가 '만'을 읊은 시로 일컬어지는 까닭은 시의 매 구절마다 모두 '만'을 읊었기 때문이다. "사물

---

15 당장유唐長孺(1911~1994)의 「발명장총서선跋明張璁書扇」에 보인다. 『학림만록學林漫錄』 11집에 실려 있다. 또 『장총집張璁集』 「시문집일詩文輯佚」.

(品物)은 저마다 모양이 다르지만"에서 사물은 만물을 가리킨다. "임금의 문은 만 리에 뻗어 있네"는 강토가 만 리(*넓은 하늘 아래 왕의 땅 아님이 없고 땅 끝까지 왕의 신하 아님이 없다[溥天之下, 莫非王土, 率土之濱, 莫非王臣])임을 가리킨다. "삼생을 간직함이 그 얼마이며"는 삼생의 만세萬歲를 가리킨다. "하나를 들고 (만을) 버림은 어떠한가!"는 하나를 들고 나머지 많은 것을 내버리는(掛一漏萬) 것을 가리킨다. "대책은 다 말하기 어렵고"는 만언萬言의 대책을 가리킨다. "제후를 봉함은 어찌 지나치랴!"는 만호후萬戶侯를 가리킨다. "홀로 기뻐하며 임금의 장수를 노래하니"는 만수무강을 가리킨다. "여러 나라가 별처럼 벌여 있네"는 만국이 와서 조회함을 가리킨다. 전체 시는 '만萬' 자를 읊음으로써 만국의 조회를 받는 무종의 성스러운 왕조의 기상을 칭송하고, 동시에 자기가 정덕 9년에 서울로 와서 남궁 시험에 응한 견문의 감수感受와 포부를 영탄하였다.

『국각』에는 이해 정월에 만국의 사신이 와서 축하하고 무종이 뭇 신하와 외국 사신(夷使)들에게 큰 잔치를 베푼 사실이 기록되어 있다.

> 정덕 9년(1514) 정월 무인. 상이 봉천전奉天殿에 임어하시고 뭇 신하와 외국 사신들에게 큰 잔치를 베풀었다. 저녁에 비로소 대가大駕가 임어하였으며 자리마다 촛불을 밝혔다.[16]

장총은 서울에 들어와서 당연히 이 조정의 큰 전례를 목도하였을 터인데 「조봉천전朝奉天殿」 한 수를 지어서 다음과 같이 읊었다.[17]

---

16 『국각』.

17 『장총집·시고詩稿』 권1 「조봉천전朝奉天殿」.

정월 초하룻날은 따뜻하고 궁전이 열려　　　　　　三朝日暖開宮殿

오색구름 짙고 봉황이 춤을 추네　　　　　　　　五色雲深舞鳳凰

답할 말씀 없어 촌사람은 부끄럽고　　　　　　　答謝無言慙草莽

조회의 범례에 따라 의관과 의상이 잡다하네　　隨朝有例雜冠裳

주렴 높직이 비치는 임금 얼굴 가깝고　　　　　珠簾高映天顏近

물시계는 기쁜 소식으로 낮 시간이 느리네　　　玉漏喜聞晝刻長

밝게 살펴보고 접대하느라 잔치를 파함을 잊었으니　明試從容忘宴罷

밝으신 임금은 원래 충량한 사람을 아낀다네　　聖明原只愛忠良

장총은 장옥場屋에 들어가서 회시를 보기 전 봉천전에 조알朝謁을 하였던 것으로 보인다. 이 시는 그가 성스러운 조정에 보답하고 공을 세우고 사업을 일으킬 웅대한 마음과 장대한 의지를 토로하였는데 「영만시」와 곡조는 달라도 솜씨는 같은(異曲同工) 오묘함이 있다. 그의 격앙하고 흥분한 머릿속에는 강렬한 영가 사공학의 낙인이 찍혔으니, 나중에 그가 가정嘉靖 조정에서 대례의大禮議의 공리功利를 주장한 웅대한 마음은 이미 이 낙방한 거자의 심령 깊숙한 곳에 잠복해 있었던 것이다.

이 「영만시」로 양명의 「영일시」를 돌이켜보면 곧 양명의 「영일시」는 매 구절마다 모두 '하나(一)'를 읊었으며, 또한 시의 언어를 사용하여서 심학의 근본 사상을 영탄하였음을 추측할 수 있다. 도는 곧 하나(*太極)이다, 마음은 곧 하나(*本體)이다, 천하는 한 도(一道)이다, 우주는 한마음(一心)이다, 만물은 한 몸(一體)이다, 체용體用은 한 원천(一源)이다, 고요하게 관조함(靜觀)은 하나를 지킴(守一)(*默坐澄心, 體認一理)이다, 정밀하고 한결같다(惟精惟一), 앎과 행함은 합일한다(知行合一) 하는 것이다. 이러한 것은 바로 양명의 '하나(一)'의 철학이다.

이학가들이 제출한 '이일만수理—萬殊'에서 '이일'과 '만수'의 관계는 체와 용의 관계이다. 이는 말하자면 '이일만수'라는 유가 내성외왕內聖外王의 사유 모델 측면에서 양명의 심학이 '이일'의 내성의 학(*도덕의 학)을 현창하고 크게 드날리며 영탄하는 데 중점이 있다고 한다면, 장총의 이학은 '만수'의 외왕의 학(*사공의 학)을 현창하고 크게 드날리며 영탄하는 데 중점이 있다고 할 수 있다. 양명의 심학은 '하나'를 읊은 의리義理의 철학이고 장총의 이학은 '만'을 읊은 공리의 철학이다.

　두 달 뒤 저양의 유소劉詔가 7월에 남도로 찾아와서 배움을 물었는데 양명은 특별히 그를 위해 「약재설約齋說」 한 편을 지어서 이러한 '하나'의 철학을 다음과 같이 전문적으로 논술하였다.

> 나는 말한다. 그대가 요약하고자 하는 것은 바로 번잡하기 때문인데 오직 이치를 따를진저! 이치는 하나일 뿐이나 사람의 욕망(人欲)은 만 가지로 다르다. 이런 까닭에 하나이면 요약되고 만이면 번잡하다. 비록 그러하나 이치 또한 만 가지로 다르니 어떻게 하나를 구하겠는가? 이치는 비록 만 가지로 다르나 모두 내 마음에 갖추어져 있다. 마음은 본래 하나이니 나는 오직 내 마음에서 구할 뿐이다. 마음에서 구하되 모두 천리의 공변됨에서 나온다. 이것이 그 행함이 간단하고 쉬워서 요약이 되는 까닭이다. ……[18]

　이치가 하나임은 곧 마음이 하나이며, 하나를 주로 함은 곧 마음을 주로 함이다. 이 「약재설」은 양명의 「영일시」와 장총의 「영만시」의 비밀을 드러낸다. 이것은 분명히 양명의 「영일시」에 들어 있는 '하나'라는 사상의 실질을

---

[18] 『왕양명전집』 권7 「약재설約齋說」.

말하였으며, 또한 분명히 장총의 '영만詠萬'을 겨냥한 비평의 글이다. 나중에 가정대례의嘉靖大禮議에서 두 사람이 보인 모순과 분기는 「영일시」와 「영만시」의 대립 가운데 이미 폭로되었던 것이다.

양명은 남도에서 학자 선비와 '함께 이 학문으로 나아가면서' 실은 이 '하나'의 철학을 밝히고 드러내는 데로 나아갔다. 그와 장총의 평생 처음, 그리고 유일하게 한 차례 상면한 학문 토론은 바로 이러한 희극적인 '하나'와 '만'을 영탄하는 가운데에서 토론의 장을 거둬들였다. 그러나 양명은 계속 학자와 선비를 향해 '하나'의 철학을 크게 천명하였다.

장총과 학문을 논하고 있을 때 마침 왕가수王嘉秀가 다시 남도에 찾아와서 배움을 물었다. 양명은 그에게 '만물일체'의 철학을 강술하였는데, 「서왕가수청익권書王嘉秀請益卷」에서 다음과 같이 상세하고 치밀하게 분석하여 논하였다.

> 인仁한 사람은 천지만물을 한 몸으로 삼으니 (모든 것이) 나(己) 아님이 없다. 그러므로 말하기를 "내가 서고자 하면 남을 세우고, 내가 이르고자 하면 남을 이르게 한다(己欲立而立人, 己欲達而達人)."라고 하였다. 옛사람이 남의 선을 보고서 마치 자기가 가진 것처럼 하며, 남의 착하지 않음을 보고서 측은히 여겨 마치 내가 밀어서 도랑에 빠지게 한 것과 같이 여겼던 까닭은 역시 인했기 때문일 뿐이다. 지금 (남의) 선을 보고서 나보다 낫다고 질투하고, 착하지 않음을 보고서 질시하고 경멸하여 다시 서로 나란히 서지(比數) 않는 것은 스스로 불인不仁에 빠짐이 심하되 깨닫지 못함이 아니겠는가? …… 군자의 배움은 나를 위한(爲己) 배움이다. 나를 위하기 때문에 반드시 나를 극복하니(克己) 나를 극복하면 내가 없다(無己). 내가 없으면 자아가 없다(無我). 세상의 배우는 사람은 자기의 사사로움과 자기의 이

익을 추구하는(自私自利) 마음에 집착하여서 자기 마음대로 함(自任)을 나를 위한 것으로 여기고(爲己), 아득히 타락하고 끊어져서 소멸되는 속으로 들어가 자기 마음대로 함을 자아가 없는 것으로 여기는데 나는 역시 이런 사람들을 많이 보았다. 아! 스스로 성인의 학문에 뜻을 두었다고 하면서 말세 불로佛老의 사벽한 견해에 빠져서 깨닫지 못하니 역시 애석한 일이다! "한마디 말로 죽을 때까지 실행할 수 있는 것이 있으니 그것은 서이다(有一言而可以終身行之者, 其恕乎)." "서를 힘써 실행하면 인을 구함이 이보다 가까운 것이 없다(强恕而行, 求仁莫近焉)."라고 하였는데, 여기에서 '서恕'라는 한 글자는 학자가 가장 긴요하게 여기는 바이다. 그것은 우리 선생(吾子) 께는 오히려 대증 처방의 양약과 같으니 마땅히 때때로 근실하게 복용해야 할 것이다. "어진 이를 보면 같아지려 생각하고, 어질지 못한 이를 보면 안으로 스스로 살핀다(見賢思齊焉, 見不賢而內自省)." 어질지 못한 이를 보고서 안으로 스스로 살필 줄 알면 자기에게는 책임을 무겁게 따지고 남을 책망할 때는 엷게 하는(躬自厚而薄責於人) 것이니, 이는 원망을 멀리하는 길이다.[19]

양명은 마음 바깥에 이치가 없고, 마음 바깥에 사물이 없고, 마음과 사물은 한 몸(心物一體)이라고 여겼다. 이로 인해 이른바 '만물일체'는 바로 인한 마음으로 사물을 대하여서 천지만물은 모두 '나'와 같은 것이며(*백성은 나의 동포이며 만물은 나의 동무[民吾同胞物吾與]), '나'와 한 몸으로 보는 것이니 만물이 곧 나이다. 이는 나를 미루어서 남에게 미치고 만물에 미치며(推己及人, 及物), 사람과 사물(人物), 상대와 내(彼我)가 혼연히 한 몸이 되는 인한 마음(*仁愛之

---

19 『왕양명전집』 권8 「서왕가수청익권書王嘉秀請益卷」.

心)이다. 이로 인해 "내가 서고자 하면 남을 세우고, 내가 이르고자 하면 남을 이르게 한다" 하고 "내가 원하지 않는 바를 남에게 베풀지 말라"고 한 충서忠恕의 도는 바로 '만물일체' 철학의 인륜의 궁극적인 준칙(極則)이다. 양명은 이와 동시에 설간과 강학하는 가운데 이러한 만물일체관을 다음과 같이 명석하게 천명하여서 풀이하였다.

> 물었다. "정자程子가 말하기를 '인한 사람은 천지만물을 한 몸으로 여긴다(仁者以天地萬物爲一體).'고 하였는데 어째서 묵씨墨氏(묵자)의 '겸애兼愛'는 도리어 인이라 할 수 없습니까?" 선생께서 답하셨다. "이는 역시 말하기 매우 어려우니 모름지기 제군이 스스로 체인하여야 비로소 터득할 수 있다. 인은 조화를 낳고 낳아서 쉼이 없는(生生不息) 이치이니 비록 가득차고 두루 퍼져서 그렇지 않은 곳이 없더라도 유행하여 발생하는 것은 역시 다만 점차 이루어진다. 그리하여 낳고 낳아 쉼이 없는 것이다. …… 부모와 자식, 형과 아우의 사랑은 바로 사람 마음의 생명의지(生意)가 발단한 곳이니 마치 나무의 싹이 나는 것과 같다. 이로부터 인민을 사랑하고(仁民), 사물을 아끼는(愛物) 것은 바로 뿌리가 뻗고 가지가 나고 잎이 돋는 것이다. 묵씨의 겸애는 차등이 없으니 자기 부모와 자식, 형과 아우를 길 가는 사람과 동일하게 보는 것이니 곧 스스로 발단하는 곳을 없애는 것이다. 싹이 나지 않으면 곧 그것에 뿌리가 없음을 알 수 있으니 낳고 낳아 쉬지 않는 것이 아닌데 어찌 인이라 할 수 있겠는가? 효제孝悌는 인을 하는 근본(爲仁之本)이나 도리어 인의 이치가 속에서 생겨 나오는 것이다."[20]

---

20 『왕양명전집』 권1 「전습록」 상.

양명은 '만물일체'를 일관충서-貫忠恕의 도와 연계시켜서 홍치 18년 (1505) 담약수와 함께 '인한 사람은 혼연히 천지만물과 한 몸이 된다'는 사상을 토론한 이래 '만물일체' 사상에 대해 더 한층 진보한 인식을 하여서 '만물일체'란 자기 마음(*仁心)에서부터 일으켜서 마음에 돌이켜 구하고 충서의 도를 행하는 것임을 깨달았음을 밝히 드러냈다.

곤산崑山의 선비 석천石川 장환張襄은 왕가수와 거의 같은 시기에 배움을 물었는데, 양명은 곧 그와 함께 마음에 돌이켜서 구하는 충서의 도를 논하는 데 집중하였다. 「서석천권書石川卷」에서 다음과 같이 말한다.

> 배우는 사람은 마땅히 마음에 돌이켜야 하며 구차하게 같음을 구할 필요가 없고 또한 일부러 다름을 구할 필요도 없다. 요체는 여기에 있을 뿐이다. …… 정程 선생이 이르기를 "현명하여도 다른 사람의 옳은 것을 배워야지 다른 사람의 옳지 않은 것을 논해서는 안 된다(賢且學他是處, 未須論他不是處)."라고 하였다. 이 말은 가장 스스로 경계를 삼을 만하다. 현명한 이를 보고서 그와 가지런해지려고 생각하고, 현명하지 않은 이를 보고서 안으로 스스로 살피면 심하게 남을 책망하는 데 이르지 않고 스스로 다스림에 엄격할 것이다. …… 지금 배우는 사람은 도에 대해 마치 대롱으로 하늘을 보는 듯하여서(管中窺天) 조금 본 바가 있으면 곧 스스로 만족하고 옳게 여겨 오연하게 자처하고 의심하지 않는다. …… 나(某)는 도에 대하여 비록 약간 본 바가 있다고 하여도 감히 다 옳다고 여기지는 못하며, 후세 유학자의 설에 대해 비록 때로 같고 다름이 있지만 감히 모두 그르다고 여기지는 못한다. 벗들이 와서 문답을 하는데 모두 서로 아낀다면 어찌 감히 내가 본 바를 다하지 않겠는가? 마음에 체득하기를 올바르게 기약하며 본 바가 참으로 누가 옳고 누가 그른지를 알아서 몸으로 밝혀내기를 힘써 기

약하면 거의 이 도에 보탬이 있으리라.[21]

　양명의 이 같은 '마음에 돌이킴', '마음에 체득함'의 인한 마음과 서恕의 도는 그가 「서왕가수청익권」에서 말한 '인한 사람은 천지만물을 한 몸으로 삼는다.' 한 충서의 도와 일치한다.

　이해 7월 왕수문王守文이 찾아와서 배움을 물었는데, 양명은 그를 위해 「시제입지설示弟立志說」을 짓고 한 발 더 나아가 도일심일道一心一, 천하일도天下一道, 우주일심宇宙一心, 유정유일惟精惟一, 지행합일의 철학을 발휘하여서 다음과 같이 말하였다.

　　예로부터 성현이 시대에 따라 가르침을 세우는데(因時立教) 비록 다른 것
　　같지만 그 용공用功의 대지大指는 거의 조금도 차이가 없다. 『서』에서 '정
　　밀하고 한결같음(惟精惟一)'을 말하고, 『역』에서 "경으로써 안을 곧게 하고,
　　의로써 바깥을 반듯하게 한다(敬以直內, 義以方外)."고 하였다. 또 공자는 '격
　　치성정格致誠正과 박문약례博文約禮'를 말하였고, 증자는 '충서'를 말하였으
　　며, 자사는 "덕성을 높이고 묻고 배움의 길을 따른다(尊德性而道問學)."고 하
　　였고, 맹자는 "의를 모아서 기운을 기르고 놓친 마음을 구한다(集義養氣, 求
　　其放心)."고 하였으니 비록 사람마다 자기 설을 말하였는데 억지로 같게 할
　　수는 없지만 요령이 귀결하는 곳을 추구하면 부절을 맞춘 듯이 합치한다
　　(符契). 무엇 때문인가? 도는 하나일 뿐이다. 도가 같으면 마음이 같고, 마
　　음이 같으면 학문이 같다. 끝내 같지 않은 것은 모두 사설邪說이다. ……
　　만약 이 설을 가지고서 정밀하고 한결같음에 들어맞추면 글자와 구절마다

---

21 『왕양명전집』 권8 「서석천권書石川卷」.

모두 정밀하고 한결같은 공부가 된다. 이 설을 가지고서 경건과 의에 들어 맞추면 글자와 구절마다 모두 경과 의의 공부가 된다. '격치', '박약', '충서' 등의 설에서도 딱 들어맞지 않음이 없다.[22]

여기서 양명은 수많은 성인이 전승한 '주일主一' 철학의 '학통學統'을 제시하였다. 이러한 '주일'의 철학은 바로 '한마음이 온갖 이치를 갖추는(一心具衆理)' 것을 본체론으로 삼고, '정밀하고 한결같음'을 공부론으로 삼는 심학으로서 마음을 주로 함과 도를 주로 함의 합일, 앎과 행함의 합일, 거경과 궁리의 합일, 궁리와 진성盡性의 합일이다.

설간은 양명과 양일부梁日孚(양작梁焯)의 정교하고 다채로운 '주일' 철학을 토론한 한 장면을 다음과 같이 기록하였다.

> 일부(양작)가 청하여서 물었다. (양명이) 말씀하셨다. "하나는 천리이며, 하나를 주로 함은 한마음이 천리에 있는 것이다. 만약 하나를 주로 함만 알고 하나가 곧 이치임을 모른다면 일이 있을 때에는 곧 사물을 뒤쫓고 일이 없을 때에는 곧 허공에 집착한다. 오직 일이 있고 없고 간에 한마음은 모두 천리에서 용공을 한다. 그러므로 거경 역시 곧 궁리이다. 궁리가 오로지 한결같은 곳에 나아가서 말하면 바로 거경이라 한다. 거경이 정밀한 곳에 나아가서 말하면 바로 궁리라 한다. 도리어 거경한 뒤에 따로 마음이 있어서 궁리하고, 궁리할 때 따로 마음이 있어서 거경하는 것이 아니다. 이름은 비록 다르지만 공부는 다만 한 가지 일이다. 예를 들어 『역』에서 말한 '경으로써 안을 곧게 하고, 의로써 바깥을 반듯하게 한다.'고 한 것은

---

22 『왕양명전집』 7 「시제입지설示弟立志說」.

경은 곧 일이 없을 때의 의이고, 의는 곧 일이 있을 때의 경이므로 두 구절을 합하여서 한 가지로 말하는 것이다. ……" 물었다. "이치를 궁구하는 것(窮理)이 어떻게 본성을 다하는 것입니까?" 말씀하셨다. "마음의 본체는 성이며 성은 곧 이치이다. 인의 이치를 궁구하는 것은 참으로 인을 바라면 인에 지극해진다. 의의 이치를 궁구하는 것은 참으로 의를 하려고 하면 의에 지극해진다. 인과 의는 다만 나의 본성이니, 그러므로 이치를 궁구하는 것이 곧 본성을 다하는 것이다. 예컨대 맹자가 측은한 마음을 채우면 지극한 인을 이루 다 쓸 수 없다고 하였으니 이것이 바로 궁리의 공부이다." 일부가 물었다. "선유가 말하기를 풀 한 포기 나무 한 그루 모두 이치를 가지고 있으니 살피지 않으면 안 된다고 하는데 어떠합니까(先儒謂一草一木亦皆有理, 不可不察, 如何)?" 선생께서 말씀하셨다. "나라면 그럴 겨를이 없다. 그대는 먼저 자기 성정性情을 이해하여서 모름지기 사람의 본성을 다하고 그런 뒤에야 사물의 본성을 다할 수 있다(夫我則不暇公且先去理會自己性情, 須能盡人之性, 然後能盡物之性)." 일부가 송연히 깨달음을 얻었다.[23]

양명은 '하나를 주로 함'은 바로 '한마음이 천리에 있는' 것이며, '한마음은 모두 천리에서 용공을 하려는' 것으로 인식하였다. 이로 인해 하나를 주로 함은 곧 마음을 주로 함이며, '하나를 주로 하는' 철학은 바로 '마음을 주로 하는(主心)' 심학이다. '하나를 주로 하는' 공부론에서 양명은 한 이치로써 만 가지 욕망을 극복하고, 한 마음으로써 만 가지 악을 극복할 것을 주장하였고, '바로잡음(矯)'을 반대하고 '극복함(克)'을 주장하였다.

남경 형부주사 방붕方鵬(1470~?)은 호가 교정矯亭이며, 사람이 일에 대처

---

23 『왕양명전집』 권1 「전습록」 상.

하여 '바로잡음(矯)'을 행하는 중도를 주장하였다. 그는 「교정잠矯亭箴」 한 수를 지어서 다음과 같이 말하였다.

나는 여섯 가지 병이 있어서 목숨을 해치고 본성을 잘라버렸네. 뛰어난 의사가 있어서 이 본성을 바로잡으라(矯) 하네. 사나우면(暴) 온화함으로써 바로잡고, 날뛰면(狂) 경건함으로써 바로잡고, 좁으면(褊) 관용으로써 바로잡고, 조급하면(躁) 고요함으로써 바로잡고, 드러내면(露) 묵묵함으로써 바로잡고, 나약하면(懦) 굳셈으로써(勁) 바로잡는다. 다만 마땅히 바로잡되 중도를 추구하고, 바로잡되 바름을 지나쳐서는 안 된다. 한 글자의 비방祕方을 지키면 백 가지 복이 종류에 따라 응한다.[24]

그는 양명에게 교정설矯亭說을 지어서 '바로잡음'의 뜻을 밝혀달라고 청하였다. 양명은 '사욕私欲'의 종류인 '악'은 바로잡을 수 없으며 다만 극복할 수 있다고 인식하였다. 이에 양명은 방붕의 뜻에 반한 「교정설」을 지어서 다음과 같이 말하였다.

군자의 행동은 이치에 따를 뿐이니 치우침을 일삼을 바가 없다. 유약함에 치우친 자는 굳셈(剛)으로써 바로잡지만 혹 실수하면 오만해진다. 자애로움에 치우친 자는 의연함(毅)으로써 바로잡지만 혹 실수하면 각박해진다(刻). 사치함에 치우친 자는 검소함으로써 바로잡지만 혹 실수하면 누추해진다. 바로잡되 절도가 없으면 지나치게 된다. 지나치면 다시 치우치게 된다. 그러므로 군자가 배움을 논함에 바로잡음을 말하지 않고 극복을 말하니, 극

---

24 『교정존고矯亭存稿』 권3 「교정잠矯亭箴」.

복하여서 사사로움을 이기면 과불급이 없을 것이다. 바로잡음은 오히려 의도(意)와 기필함(必)을 면하지 (*못하니) 의도와 기필함도 사사로움이다. 그러므로 바로잡음을 말하는 자는 반드시 극기를 다하지는 못한다. 바로잡아서 그 이치를 회복하는 것은 역시 극기의 도일 뿐이다. 극기의 실질을 행하고 바로잡음이라 명명하면 어찌 문제가 되겠는가? 옛날의 군자는 이름을 취함에 청렴하였지만 뒷날의 군자는 실상은 이르지 않았는데 이름이 앞선다. 그러므로 극복을 말하지 않고 바로잡음을 말하니 역시 세상을 바로잡는다는 뜻이다. 추경秋卿(형부) 방 군이 이때 '바로잡음(矯)'을 (*들어서) 정자의 이름으로 삼고 일찍이 가군家君(왕화)에게 설을 청한 적이 있었는데 문득 그를 위해 쓴다.[25]

이는 바로 양명이 「서왕가수청익권」에서 말한 '극기'의 학문이다. 방붕은 비록 정주학자이지만 양명의 심리心理로써 사욕을 극복하는 관점을 받아들여서 다음과 같이 회신하면서 칭찬하였다.

어제 웅대한 글로 가르침을 주셨는데 이치에 나아감이 정밀하고 공부가 순수하게 익지 않고서는 반드시 말을 토하고 글을 씀에 근엄하고 정대하기가 이와 같이 지극할 수 없을 것입니다! 저(某)는 모든 인민의 삶에는 다행과 불행이 존재하다고 생각하는데, 가령 황숙도黃叔度(황헌黃憲, 109~156)가 다행히 성인의 세상에 살았다면 어찌 그가 안자顏子·자유子游·자하子夏

25 왕양명의 「교정설」 진적은 현재 상하이박물관에 소장되어 있다. 『왕양명전집』 권7에 「교정설」이 수록되어 있는데, 제목 아래 '을해'라는 주가 붙어 있는 것으로 보아 나중에 개정한 원고이다.

의 무리가 되지 않을지 알겠습니까? 불행히 성인의 문에서 놀지는 못하였지만 어찌 후세에 문인이 되지 않을지를 알겠습니까? 서 군(*서애)은 기민한 자질을 갖추어 본래 어려서부터 성숙하였으며, 또 집사를 사우로 삼아 밤낮 더불어 종유하고 잠잠하게 길러서 묵묵하게 성취하니 남들에게 소문이 나지 않고자 하여도 그럴 수 없습니다. 저는 어린 시절부터 쓸모없는 과거의 학문에 몰두하였고 자라서는 혼미하고 게을렀으며 쇠약하여서 병이 들고 장차 늙게 되었는데 비록 용렬한 사람이 되지 않으려고 하여도 그럴 수 없었습니다. 그러나 집사께서 실마리를 풀어 논해주시니 비록 대부분 홀연히 이해하지는 못했으나 몸소 나아가 대면하여서 질정하지 않으면 아마도 기록과 전해 들음에 잘못이 있을까 합니다. 삼가 알려주심을 기다립니다. 돌아가 계시면(家居) 언젠가 달려가 모실 수 있을 날이 있겠지요. 다 말씀드리지 못합니다.[26]

한마음이 천리에서 용공을 하고, 한 이치가 만 가지 욕망을 극복히고, 한 마음이 만 가지 악을 극복한다. 하나를 주로 함은 마음을 주로 함이며, 이치를 인식하고 도를 밝힘은 모름지기 자기 마음에서 체인하며 바깥에서 구하기를 기다리지 않는다. 이것이 바로 양명의 '주일' 철학이 갖춘 '심학'의 본질적인 특징이다. 양명은 이미 자기의 왕학이 '심학'임을 더 이상 감추지 않았다.

바로 이때 백사의 대제자 동소東所 장후張詡가 남경 통정사좌참의通政司左參議에 제수되고 5월에 남경으로 와서 양명을 만났다. 백사 심학은 양명 심학의 역사적 기점이었다. 장후는 이미 10년 동안 그와 만나지 못했고 다만 '심학' 상에서 줄곧 마음과 마음으로 통하였는데, 장후가 10년 동안 희망을

---

26 『교정존고』 권4 「여왕양명與王陽明」.

걸고 나타나기를 바란 일대 심학의 대유는 응당 양명이었으므로 저절로 감개 무량하였다. 그리하여 이때 두 사람이 남도에서 만난 일은 백사 '심학'으로서는 한 차례 새로운 상호 인증이며 교류의 만남이었다.

양명은 감탄하여 「장동소에게 앞의 운을 따서 지어 부치다(寄張東所次前韻)」 한 수를 읊었다.[27]

멀리 군주의 명을 받들고 가다 홀연 중도에서 어기니	遠趨君命忽中違
근래 이 뜻을 아는 자 드무네	此意年來識者稀
하황공과 기리계는 한을 위해 나왔는데	黃綺曾爲炎祚出
자릉(엄광)은 끝내 부춘으로 돌아갔네	子陵終向富春歸
강배에서 만나 이야기 나누고 천 년(십 년)이 지났는데	江船一話千年闊
풍진 세상 사십 년의 잘못을 이제야 깨닫네	塵夢今驚四十非
어느 날이나 외로운 배로 천목을 지나갈까?	何日孤帆過天目
바다 어귀 봄 물결이 낚시터를 씻어내네	海門春浪掃漁磯

10년 전 두 사람이 '강배에서 만나 나눈 이야기(江船一話)'는 자연 '심학'을 담론한 것이다. 10년 뒤 "풍진 세상 사십 년의 잘못을 이제야 깨닫네"라는 구절 역시 '심학'에 대해 새로운 깨우침을 얻고서 지난날 40년 동안의 자기 잘못을 깨닫고 놀란 것이다. 이것은 양명이 남도에서 '심학'의 큰 깃발을 내건 신호였다.

장후와 만난 직후에 응천 부윤 백기白圻(1466~1517)가 응천부 유학儒學을

---

27 『왕양명전집』 권20. "천년이나 지났으니(千年闊)"는 아마도 "십 년이나 지났으니(十年闊)"의 오류일 것이다.

중수하고 백열白說과 백의白誼 두 아들을 보내 스승으로 삼고 절하여 배우게 하였는데, 양명은 특별히 백기를 위해 「응천부중수유학기應天府重修儒學記」한 편을 지어서 공개적으로 '심학'의 기치를 내걸고 자기가 창도한 주일의 심학을 힘껏 미루어서 넓힐 것을 다음과 같이 주장하였다.

…… 선비의 학문은 배워서 성현이 되려는 것이다. 성현의 학문은 심학이다. 도덕은 그것을 땅(地)으로 삼고, 충신忠信은 그것을 터(基)로 삼고, 인은 그것을 집으로 삼고, 의는 그것을 길(路)로 삼고, 예는 그것을 대문(門)으로 삼고, 염치는 그것을 담장(垣牆)으로 삼고, 육경은 그것을 지게문(門戶)과 창문(戶牖)으로 삼고, 사자四子(사서)는 그것으로 계단(階梯)을 삼는다. 마음에서 추구하되 꾸미고 새길 필요가 없으니 그 공부가 또한 간단하지 않은가? 행동에 적용하되 포괄하지 않음이 없으니 그 쓰임이 또한 크지 않은가? 삼대三代의 학문은 모두 이것이다. 우리 나라가 비록 과목科目(과거)으로 선비를 취하지만 학문을 세운 뜻이 어찌 삼대와 다르겠는가! 학문이 서지 않는 것은 나라를 소유한 자의 결함이다. 닦이지 않는 것은 유사有司의 책임이다. 나라에서 세우고 유사가 닦았으되 그 지역에 거하면서 학문을 세우지 않고 닦지 않는 것은 스승의 허물이며 선비의 수치이다. 두 분(二公)이 학문을 닦음은 …… 역시 그 땅을 넓히고 그 터를 두텁게 하고 집을 안전하게 하고 대문과 지게문을 열고 담장을 견고하게 한 것이 아니겠는가! 배움을 성취하여 적용하되 크게는 그것으로써 천하를 보호하고 그다음은 한 성省, 한 군郡을 비호하고 작게는 고을과 마을(鄉閭)과 집안과 겨레(家族)를 비호한다면 나라에서 학교를 세운 뜻과 유사가 학교를 정비하는 마음을 저버리지 않을 것이다![28]

28 『왕양명전집』 권23 「응천부중수유학기應天府重修儒學記」.

이는 양명이 남도의 보수적이고 완고한 정주파를 대면하여 맨 처음 단도직입적으로 대담하게 자기의 왕학이 '심학'임을 선포한 것이며, 또한 그가 남도에서 곧은 이치와 씩씩한 기상으로 정주파를 향해 맨 처음 터뜨린 '심학'의 함성이다.

수선首善(수도) 지역의 응천 부학은 정주 이학의 보루였다. 과거시험은 정주程朱의 성리설을 표준 답안으로 삼았으며, 부학의 제생은 모두 정주의 글을 읽고 정주의 학문을 존중하였다. 이에 양명은 '심학'을 현학, 군학, 부학으로 확산하여서 '성현의 학문으로 들어가기' 위해 유사는 '심학'을 닦을 책임이 있으며, 학생(學子)들도 '흔연히 유신惟新의 의지를 지니고서' 옛것을 버리고 새것을 도모하여서 '심학'의 새로운 학문을 널리 익히고, 그리하여 '심학'을 '고을과 마을과 집안과 겨레를 비호하도록' 확대하여서 '성과 군을 비호하고', 곧바로 '천하를 비호하는' 데까지 이르게 해야 한다고 주장하였다. 이는 참으로 천하의 군현과 부의 학교를 휘감고 있는 관방의 정주 이학에 대한 '도전'이라고 할 수 있다. 양명은 공공연히 육씨 심학의 한쪽에 서서 남도 정주파의 '포위 공격'뿐 아니라 '공격하는 자들이 겹겹이 에워싸는(環堵)' 상황을 불러들였던 것이다. 이 「응천부중수유학기」에는 이미 은연중에 양명과 정주파가 전개하는 주류 학문에 관한 동이 논전의 소리가 진동하고 있다고 말할 수 있다. 이로부터 '성현의 학문은 심학'이라고 한 것은 거의 양명의 구두선口頭禪이 되었다.

양명은 자기의 '심학'을 선양하기 위해 학생, 선비들과 강학론도를 하는 가운데 특별히 육학(*심학)과 주학(*성학性學)의 다름을 획연히 나누는 것을 중시하였다. 송대 이래 학자들은 모두 육학은 '심즉리'를 주로 하고 주학은 '성즉리'를 주로 하며, 육학은 단숨에 초월하여서 곧바로 들어가는(一超直入) 돈오를 주로 하고 주학은 차례에 따라 차츰 나아가는(循序漸進) 격물을 주로 한다고 하여서 주륙 학문을 획연히 나누었는데, 이는 실제로 온당하지 않다. 이러한 기준으로 주학과 왕학의 다름을 획연히 나누는 것은 착오이다. 사실 주희의 성학은 주로 성즉리를 일컫는 동시에 명확하게 심즉리(*心外無理, 心具萬理)를 인정한다. 양명의 심학은 주로 심즉리를 일컫는 동시에 명확하게 성즉리를 인정한다.

주학과 왕학이 모순되고 다른 점은 결코 성즉리를 주로 하느냐, 심즉리를 주로 하느냐에 있지 않고 하나는 사물 속에 이치가 있다는 것을 주로 하여서 바깥을 향한 격물궁리格物窮理를 주장하고, 하나는 내 마음에 이치가 있다는 것을 주로 하여서 안을 향한 정심구리正心求理를 주장한다는 데 있다. 양명도 명확하게 '성즉리'가 '심즉리'와 함께 병행하며 서로 해치지 않는다고 인식하였다.

양일부가 "이치를 궁구하는 것이 어떻게 바로 본성을 다하는 것입니까?" 하고 물었을 때 양명은 "마음의 본체는 성이며 성은 곧 이치이다."라고 확정적으로 답하였다. 수혜가 '극기'를 물었을 때 양명은 "이른바 네 마음은 도리어 보고 듣고 말하고 행동할 수 있는 것이다. 이것이 곧 성이고 천리이다."라고 확정적으로 답하였다. 설간이 맹자의 '부동심不動心'을 물었을 때 양명은 "마음의 본체는 곧 성이며 성은 곧 이치이다."라고 확정적으로 답하였다.[29]

마명형馬明衡(1491~1557)이 '성'과 '도(*理)'를 물었을 때 양명은 더욱 상세히 성즉리(*道) 사상을 다음과 같이 논술하였다.

마자신馬子莘(마명형)이 물었다. "도를 닦는 것이 가르침(教)이라고 한 구절을 옛 설에서는 '성인이 내 본성의 고유한 것을 품절하여서 천하에 법으로

---

29 『왕양명전집』 권1 「전습록」 상.

삼으니 예악형정과 같은 것들이다(聖人品節, 吾性之固有, 以爲法於天下, 若禮樂刑政之屬).'라고 하였는데 이 뜻은 무엇입니까?" 선생께서 말씀하셨다. "도는 곧 성性이며 곧 명命이다. 본래 매우 완전하고 완전하여서(完完全全) 늘 이거나 줄일 수 없으며 수식할 수도 없다. 모름지기 성인이 품절해야만 한다면 도리어 불완전한 물건이 아니겠는가? ……" 자신이 청하여 물었다. 선생께서 말씀하셨다. "자사子思의 성性·도道·교敎는 모두 본원상에서 천명을 말한다. 사람에게서 명은 곧 성이며, 성을 따라 행하면 성은 곧 도라 한다. 도를 닦아 배우면 도는 곧 가르침이라 한다. 성을 따름은 성실한 것(誠者)의 일이니 이른바 성실함으로부터 밝히는(自誠明) 것을 성性이라 한다고 한 것이다. 도를 닦음은 성실하게 하는 것(誠之者)의 일이니 이른바 밝힘으로부터 성실해지는(自明誠) 것을 가르침(敎)이라 한다고 한 것이다. 성인이 성을 따라 행함은 곧 도道이다. 성인 이하는 성을 따라 도에 나아갈 수 없으므로 과불급이 있음을 면할 수 없다. 그러므로 모름지기 도를 닦아야 한다. …… '수도修道'라는 말(字)은 '도를 닦되 인으로써 한다(修道以仁).'고 한 것과 같다. 사람이 도를 닦은 뒤에라야 도에 어긋나지 않을 수 있으니 그것으로써 성의 본체를 회복하면 성인이 본성을 따르는 도인 것이다. 다음의 '계신공구戒愼恐懼'는 바로 도를 닦는 공부이며, '중화中和'는 바로 성의 본체를 회복하는 것이다. ……"[30]

성을 따름은 곧 도인데, 이는 양명의 '성즉리'에 대한 또 다른 하나의 표현이다. 이로 말미암아 주학과 왕학의 모순되고 다른 점은 주로 본체론 상에 있는 것이 아니라 공부론상에 있음을 알 수 있다. 격물치지에서 주희는 이치

---

30 『왕양명전집』 권1 「전습록」 상.

가 사물 가운데 있으며 이치는 하나이되 나뉜다고 함으로써 향외의 격물궁리格物窮理, 분수체인分殊體認을 주장하였다. 양명은 이치가 내 마음에 있으며 마음 바깥에 사물이 없다고 함으로써 향내의 정심구리正心究理, 심체체인心體體認을 주장하였다.

양명은 백사의 '묵좌징심, 체인천리'를 수정하여서 '묵좌징심, 체인심체'라 하고 담약수의 '묵좌징심, 체인분수'와 대립시켰는데, 이는 양명이 남도에서 주류 학문의 동이를 논변한 기조이다. 그는 육징陸澄에게 다음과 같이 분명히 말하였다.

> 도는 방소와 몸이 없으니(道無方體) 붙잡을 수 없다. …… 사람은 다만 저마다 한 모퉁이를 보고 인정하여서 도가 이와 같다고 한다. 그리하여 다르게 된다. 만약 모두 안에서 찾고 구한다면 자기 심체를 볼 수 있으니 곧 어느 시간(時)과 어느 공간(處)인들 이 도가 아님이 없다. …… 제군이 이 도를 실제로 보려면 모름지기 자기 마음에서 체인하고 바깥에서 구하기를 빌리지 않아야 비로소 얻을 수 있다.[31]

양명은 특히 '심상체인心上體認'을 강조하고 '분수체인'을 반대하였다. 양일부가 "선유가 말하기를 풀 한 포기 나무 한 그루 모두 이치를 가지고 있으니 살피지 않으면 안 된다고 하는데 어떠합니까?" 하고 물었을 때 양명은 단연코 부정하여서 "나라면 그럴 겨를이 없다. 그대는 먼저 자기 성정性情을 이해하여서 모름지기 사람의 본성을 다하고 그런 뒤에야 사물의 본성을 다할

---

31 『왕양명전집』 권1 「전습록」 상.

수 있다."[32]라고 하였다. 여기서 '선유'는 바로 주희를 가리키는데, 이른바 풀한 포기 나무 한 그루에 모두 탐구할(格) 만한 이치가 있다고 한 말은 주희의 지극한 이치(至理)로서 유명한 말이다. 양명이 자기 심학과 주희 성학의 조화를 이룰 수 없는 모순과 대립을 분명하게 인식하고 있었음을 알 수 있다. 이는 그가 동시에 지은 『주자만년정론朱子晚年定論』에서 말한 조화의 논조와 결코 같지 않다.

양명은 하나를 주로 하는 심학체계의 구조를 세움에 바로 정주파와 벌인 주류 학문의 동이 논전과 궤를 같이하여서 진행하였다. 정덕 10년(1515) 7월 그와 정주파 사이에서 주류 학문의 동이 논전이 가장 격렬하게 전개되었을 때 그는 특별히 백사의 제자이자 감찰어사 양전楊珽(*경서景瑞, 1464~1516)을 위해 「근재설謹齋說」 한 편을 써주면서 하나를 주로 하는 심학체계의 탄생을 다음과 같이 선포하였다.

군자의 학문은 심학이다. 마음(心)은 성性이다. 성은 하늘(天)이다. 성인의 마음은 천리에 순수하므로 배움을 일삼지 않는다. 그 아래는 마음을 보존하지 않음이 있어서 성을 빠뜨리며 하늘을 상실하니, 그러므로 반드시 배움으로써 그 마음을 보존한다. 배움으로써 그 마음을 보존하는 자는 어떻게 구하는가? 그 마음에서 구하는 것일 뿐이다. 그 마음에서 구하는 것은 무엇을 하는 것인가? 그 마음을 삼가 지키는(謹守) 것일 뿐이다. 널리 배우고, 자세히 묻고, 신중하게 생각하고, 명확하게 변별하고, 독실하게 행하는 것은 모두 그 마음을 삼가 지키는 공부이다. 그 마음을 삼가 지키는 자는 소리 없는 가운데에서 늘 듣는 것 같고 형체가 없는 가운데에서 늘 보는

---

32 『왕양명전집』 권1 「전습록」 상.

것 같다. …… 삼가면 보존되고 보존되면 밝아지니 밝아지면 살피는 것이 정밀하고(精) 보존하는 것이 한결같다(一). 어두우면서도 알지 못하고 지나치면서도 깨닫지 못함은 삼가는 것이 아니다. …… 옛날 군자가 지극한 도를 응축하고 성대한 덕을 완성함에 있어서 이로 말미암지 않은 자가 없었다. 비록 요·순·문왕과 같은 성인이라도 또한 삼가고 조심하고 부지런히 (兢兢業業) 하였는데 하물며 배우는 사람이랴! 뒷날 배움을 말하는 자는 마음을 버리고 바깥에서 구하니 이로써 지리하고 찢어지며 더욱 어렵고 더욱 멀어지니 내가 이것을 매우 슬퍼한다! …… 경서(양전)는 일찍이 백사 선생의 문에서 노닐었으며 돌아가 추구하여서 스스로 견해가 있었다. 또 20년 뒤 홀연 터득함이 있었다. 그런 뒤에야 전에 본 것이 제대로 본 것이 아님을 알 수 있었다. ……[33]

양전은 인문이 무성하게 모인(薈萃) 남도에서 유일하게 심학을 존숭하는 백사의 제자로서 서애와 동년이며, 그의 아들 양사원楊思元(양응본楊應本, ?~1522)도 양명의 제자이다. 양명은 백사의 제자에게 의미심장하게 써준 문장에서 왕문 심학의 탄생을 선포하였는데, 동시에 쓴 『주자만년정론』과 강렬한 차이를 보였다. 응당 『주자만년정론』이 아니라 「응천부중수유학기」와 「근재기謹齋記」가 바로 양명 '남기유' 시기의 심학사상을 진실하게 반영하고 있다고 해야 할 것이다. 그는 '성현의 학문은 심학'이라고 한 함성을 이용하여서 주자를 반대하고 육상산을 존중하는 자기 심학의 관점을 표명함으로써 정식으로 '심학'의 큰 기치를 내걸었고, 이로써 진정으로 동남에 도를 전하는 심학대유가 출현하였던 것이다.

---

33 『왕양명전집』 권7 「근재설謹齋說」.

율양의 제자 마일룡馬一龍(*맹하孟河, 1499~1571)은 양명을 '당세 도학의 마루(宗)'로 존중하고 나중에 시 한 수를 지어서 동남에 도를 전한 심학의 부자夫子를 다음과 같이 찬송하였다.[34]

옛날에 거위를 기른 손님이 있었는데	昔有籠鵝客
지금은 가르침을 묻는 사람을 마주하네	今當問字人
말을 하면 천지와 합하고	出詞天地合
법을 설하면 귀신이 놀라네	說法鬼神驚
예악은 삼대를 마루로 삼았고	禮樂宗三代
관직은 만 균처럼 무겁네	簪纓重萬鈞
우리 유학이 모두 촉망하니	吾儒全屬望
이 가르침을 무리가 매진하네	斯教邁群倫

왕 부자의 두루마리 뒤에 제하다, 역사가 마맹하

題王夫子卷後, 史氏馬孟河

이는 심학의 부자로서 양명이 남도에서 동남에 도를 전한 것을 가장 잘 묘사한 글이다. 양명이 공개적으로 '심학'의 기치를 내건 것은 그와 남도 정주파의 모순을 격화시켰고 그의 「응천부중수유학기」와 「근재기」는 『전습록』, 「유해시」와 함께 주류 학문 동이 논전에서 뭇 화살의 표적이 되었다.

---

34 『석거보급삼편石渠寶笈三編』 제1048책, 『연춘각장延春閣藏』 40 『원명서한元明書翰』.

주류 학문의 논전:
『주자만년정론』 탄생

양명이 남도로 가기 전에 왕도王道에게 쓴 편지는 실제로는 남도 정주파를 향해 터뜨린 주류 학문 동이 논전의 신호탄이었다. 그는 편지에서 주학을 '번쇄하고 지리하며', '끝내 근본을 쌓고 근원을 추구하는 학문이 아니라'고 날카롭게 비평하고, 왕도를 "구절구절이 옳고 글자와 글자가 부합하지만 종내 요순의 도에 들어갈 수는 없다" 하고 비평하였다. 왕도에게 보낸 이 편지는 양명이 남도 정주파와 전개한 주류 학문 동이 논전의 시작을 나타내는 지표라고 할 수 있다.

그는 남도에 도착하자마자 왕도와 매우 가까이 거주하게 되었다. 두 사람은 즉시 마주하고 주류 학문의 동이 논전을 시작하였다. 그는 나중에 황관에게 보낸 편지에서 다음과 같이 말하였다.

내(僕)가 남도에 머물 때 순보純甫(왕도)와 매우 가까이 거주하면서 혹 한 달에 한 번 만나거나 또는 한 달 걸러 한 번 만나지 못하기도 하였지만 번번이 따져서 바로잡는 바가 있었으니 모두 진실한 애정과 몹시 측은하게 여기는(誠愛懇惻) 마음에서 나온 것이라 마음속으로 털끝만큼도 이리저리

재고 따지는 것이 없었습니다.[35]

명이 유도留都로 삼은 남경은 정주파 사인士人들이 모여드는 대본영이 되었는데 왕도는 응천 부학에서 교수를 맡아보았으며, 주자를 주로 하고 육상산을 비난하는(主朱非陸) 그의 입장은 남도 정주파 동도의 중견 위교魏校·여우余祐·하상박夏尙樸 등의 지지를 받았다. 이는 최초로 양명과 왕도 사이에 전개된 주류 학문의 논변이 확대되어서 양경兩京 정주파의 '공격하는 자들이 사방에서 에워싼' 주류 학문의 동이 논전을 이루었다.

이러한 양경 사인들의 이목을 집중시킨 주류 학문의 동이 논전이 일어난 원인에 대하여 양명은 다음과 같이 해석한다. "유도에 있을 때 우연히 요설로 인해(偶因饒舌) 마침내 여러 사람의 입에 오르내리게 되어서 공격하는 자들이 사방에서 에워쌌습니다. 주자가 만년에 뉘우치고 깨달은 설을 가져다가 편집하여서 『정론』을 만든 까닭은 애오라지 이를 빌려서 어지러움을 해소하려는 것일 뿐입니다."[36] '우연히 요설로 인해'라는 말은 바로 양명이 주학을 비평하는 일련의 말을 많이 한 사실을 가리키는데 이러한 말은 일찍이 『전습록』에 실려 있었다. 그는 『전습록』과 『유해시』를 가지고 남도로 갔는데, 주학을 비평하는 말로 가득 찬 이 『전습록』은 즉시 남도 정주파의 공격 목표가 되었다. 『전습록』에서 사람들의 주목을 끄는 주회를 비평한 양명의 주요한 사상은 다음과 같은 몇 가지이다.

주회의 신본 『대학』이 '친민親民'을 '신민新民'으로 개정한 것을 비평하여서 다음과 같이 인식하였다.

---

35 『왕양명전집』 권4 「여황종현」 서5.

36 『왕양명전집』 권4 「여안지與安之」.

'친민'은 맹자가 "친족을 친하게 대하고 백성을 인하게 대한다(親親仁民)."
라고 말한 것을 이르니 친하게 대한다는 것은 인하게 대한다는 것이다.
…… 또 예컨대 공자가 "자기를 닦아서 백성을 편안하게 한다(修己以安百
姓)."라고 하였는데 '자기를 닦음'이 곧 '밝은 덕을 밝힘'이며, '백성을 편안
하게 함'이 곧 '백성을 친하게 대함'이다. '백성을 친하게 대함'이라고 말하
면 곧 가르치고 기르는(敎養) 뜻이 겸하여 있으며, '백성을 새롭게 함'이라
고 말하면 치우친 느낌이다.[37]

이는 고본 『대학』의 '친민'의 설을 회복해야 한다고 주장한 말이다.

주희의 "사사물물이 모두 정해진 이치가 있다(事事物物皆有定理)."는 논조
를 비평하여서 "사사물물에서 지극한 선을 구하면 도리어 의를 바깥에 있는
것으로 여기는 것이다(於事事物物上求至善, 却是義外也)."라고 인식하였다. 마음
바깥에 이치가 없고 마음 바깥에 사물이 없다는 사상은 주희의 향외의 사사
물물에 나아가 이치를 추구하는 논조를 부정하고 이치를 구하는 것에 대해
'다만 이 마음에 있으며', "지극한 선은 다만 이 마음이 천리의 지극함에 순수
한 것, 바로 그것이다. 다시 사물에 나아가 무엇을 구하겠는가(至善只是此心純
乎天理之極便是, 更於事物上怎生求)?"라고 인식하였다.

주희의 '선지후행先知後行'의 논법을 비평하고 지행합일知行合一을 주장하
였다.

지금의 사람은 앎과 행함을 나누어서 두 가지 일로 삼아 반드시 먼저 앎이
분명해진 뒤 행할 수 있다고 한다. 내가 만일 지금 강습하고 토론하는 일

---

37 『왕양명전집』 권1 「전습록」 상.

을 앎의 공부로 삼고 앎이 참으로 명료해진 뒤 바야흐로 행함의 공부를 한다면 마침내 죽을 때까지 행하지 못하고 또한 죽을 때까지 알지 못한다.[38]

주희의 향외적 격물의 논법을 비평하여서 격물이 곧 정심正心이라고 인식하였다.

격물은 …… 마음의 바르지 못함을 제거하여 본체의 바름을 온전하게 하는 것이다.

격물은 지극한 선에 그치는 공부이다.

주자 격물의 가르침은 견강부회(牽合附會)를 면하지 못하니 본래의 취지가 아니다.

주자는 '격물'을 잘못 새겨서(訓) 다만 이 뜻을 거꾸로 보아 '진심지성盡心知性'을 '격물지지格物知至'로 삼았다. 초학자로 하여금 생지안행生知安行의 일을 하게 한 것인데 (초학자가) 어찌할 수 있겠는가?[39]

주희의 번쇄한 장구훈고의 학을 비평하여서 다음과 같이 인식하였다.

천하가 다스려지지 않는 까닭은 다만 꾸밈(文)이 성하고 실질(實)이 쇠하기 때문이다. 남이 내보이고 내가 드러내어서 신기한 것을 서로 높이며 세속의 눈을 어지럽게 하여서 명예를 취한다. 한갓 천하의 총명을 어지럽히고 천하의 이목을 틀어막아서 천하로 하여금 쏠려서 문사文詞를 수식하는 일

---

38 『왕양명전집』 권1 「전습록」 상.

39 『왕양명전집』 권1 「전습록」 상.

을 다투어 힘써서 세상에 알려지기를 바라게 하고, 다시 근본을 돈독하게 하고 실질을 숭상하며 순박함을 돌이키고 순수함으로 돌아가는 행위를 알지 못하게 하니, 이는 모두 저술하는 자가 열어 보인 것이다.[40]

이로 인해 "도를 천하에 밝게 한다면 육경을 서술할 필요가 없다(使道明於天下, 則六經不必述)."라고 하였다..

주희의 경학설을 비평하여서 육경은 모두 경전이며 또한 역사서라고 인식하였다. 주희는 춘추학春秋學에서 『춘추』를 역사서이지 경전이 아니라고 하였다. 그리하여 그는 세상을 떠날 때까지 『춘추』를 주석하지 않았다. 양명은 "『춘추』도 경전이며 오경도 역사서이다.", "사건(事)으로써 말하면 역사서이고, 도道로써 말하면 경전이다. 사건이 곧 도이고, 도가 곧 사건이다."라고 인식하였다. 또한 주희는 시경학詩經學에서 『시경』 중에 「정풍鄭風」, 「위풍衛風」은 정나라와 위나라의 음란한 노래이지만 공자가 『시경』에 남겨두고 깎아내지 않은 까닭은 '사람의 안일한 뜻(逸志)을 징계(懲創)하려는' 것이라고 간주하였다. 양명은 지금 전해지는 『시경』은 처음 공자가 편찬한 원본이 아니라고 인식하였다. 공자는 "정나라의 음악을 추방해야 한다. 정나라의 음악은 음란하다(放鄭聲, 鄭聲淫).", "정나라, 위나라 음악은 망국의 음악이다(鄭衛之音, 亡國之音也)."라고 분명히 말하며 일찍부터 『시경』에서 깎아냈다. 지금 『시경』에 여전히 남아 있는 『정풍』과 『위풍』을 양명은 "이는 반드시 진의 분서(秦火) 이후 세상의 유학자들이 갖다 붙여서 300편의 수를 맞춘 것이다."[41]라고 인식하였다.

---

40 『왕양명전집』 권1 「전습록」 상.

41 『왕양명전집』 권1 「전습록」 상.

『전습록』 가운데 이러한 주회에 대한 양명의 비평은 실제로는 이미 주륙 학문의 동이를 대체적으로 획연히 판가름한 것이다. 당시 육징과 설간이 기록한 어록으로 볼 때 양명은 남도에서 확실히 이 같은 방면에서 학생, 선비와 함께 주륙 학문의 논변을 진행하였다. 그가 말한 '요설饒舌'의 논변은 모두 육징과 설간이 기록하여 남긴 것이다. 양명도 이러한 방면으로 파고들어서 남도의 정주파와 함께 주륙 학문의 동이 논전을 전개하였고, 『전습록』은 양명이 남도에서 정주파와 진행한 주륙 학문 동이 논전의 '성경'이 되었다.

양명은 남도에서 그의 문인 제자 및 찾아와서 배우는 선비들 외에는 거의 '홀로 선 외로운 사람(孤家寡人)'으로서 남도의 수많은 뛰어난(芸芸) 정주파의 변박과 논란에 직면하였다. 이때 남도에는 유명한 정주파의 중견 인물이 적지 않게 모여 있었는데, 주로 나흠순(*남경 태상소경)·여남呂柟(*남경 이부고공사낭중)·위교(*남경 형부광동사낭중)·여우余祐·하상박(*남경 예부주사)·왕도(*응천 부학 교수)·양렴楊廉(*남경 이부우시랑, 1452~1525)·구천서寇天敍(*남경 대리시부大理寺副)·소예邵銳(*남경 예부원외랑, 1480~1534) 등이었다. 그 밖에 남경 예부상서 교우喬宇, 남경 이부좌시랑 석보石珤(1464~1528), 남경 국자좨주 오일붕吳一鵬(1460~1542), 남경 국자사업 왕위汪偉, 노탁魯鐸(1461~1527) 등이 모두 정주학을 존신하는 명사들이었다. 또 정주파의 저명한 인물로서 허호許浩·호세녕胡世寧·이승훈李承勛(1473~1531)·고린顧璘·호탁胡鐸(1469~1536)·왕순汪循(1496, 진사)·정동程曈·진금秦金 등은 비록 남경에 있지는 않았지만 남도에서 일어난 주륙 학문의 논전을 예의 주시하였고, 게다가 강우江右의 수많은 육학의 선비, 안휘安徽의 수많은 주학의 선비, 절중浙中의 수많은 왕학의 선비들이 있어서 '공격하는 자들이 사방을 에워싼' 외부의 포위 인물을 구성하였다.

주륙 학문의 동이 논전은 두 단계로 나뉘어서 전개되었다. 정덕 9년(1514) 5월부터 정덕 10년 2월까지 양명이 주로 남도의 정주파와 논전을 진행한 것과 정덕 10년 3월부터 11월까지 주로 북도의 정주파와 논전한 것인데, 양명이 지은 『주자만년정론』으로 마지막 매듭을 지었다. 논전은 양명이 왕도·위교·여우·하상박과 함께 주류 학문의 논변을 함으로써 시작되었다.

「태상시경위공교전太常寺卿魏公校傳」에서 다음과 같이 말하였다. "정덕 원년 병인(1506)에 남경 형부운남사 주사刑部雲南司主事에 제수되었고, 섬서사원외랑陝西司員外郞, 광동사낭중廣東司郞中으로 옮겼다. …… 시간이 나면 여자적余子積(여우) 공, 하돈부夏敦夫(하상박) 공, 왕순보(왕도) 공과 함께 성현의 학문을 강론하여서 밝혔다. 정덕 9년에 부름을 받아 병부직방사낭중兵部職方司郞中이 되었다."[42]

정주학을 존중하는 이 세 선비 가운데 여우는 양명과 동년으로서 경재敬齋 호거인胡居仁(1434~1484)의 제자이며, 하상박은 일재 누량의 제자이다. 위교는 홍치 18년(1505)에 진사가 되었고, 관정무선觀政武選으로서 양명과 이미 서로 잘 알고 있었다. 위교는 그들 가운데 영수였다. 그러나 그는 정덕 9년 하반기에 서울로 가서 직임을 맡았기 때문에 양명은 남도에서 주로 왕도·하상박·여우 등과 논변을 전개하였다.

엄숭嚴嵩(1480~1567)은 「이부우시랑왕공도묘비吏部右侍郞王公道墓碑」에서 다음과 같이 말한다.

> (*왕도는) 응천 부학에서 2년 있었는데 남경 의부주사儀部主事로 승진하였고 부름을 받아 이부험봉吏部驗封으로 고쳐 제수되었다. …… 처음에는 사장학에 매달렸으나 얼마 뒤 탄식하면서 말하기를 "이는 무익하다!" 하며 마침내 의리의 학문을 연구하고 정진하여서 송유 정주(의 글을) 취하여 읽

---

42 『국조헌징록』, 권70 「태상시경위공교전太常寺卿魏公校傳」.

었다. 이윽고 또 『논어』 한 부를 취해서 반복하여 깊이 음미하여 마음에 기쁨을 얻고서 말하기를 "성문聖門의 평범하고 진실하고 간단하고 쉬운(平實簡易) 학문은 본래 이와 같다."라고 하였다. 공은 비록 이학에 마음을 깊이 쏟았으며 세상의 문호를 세우고 표방을 내세우는 자(世之立門戶相標榜者)를 보면 깊이 부끄러운 일로 여겼다. 일찍이 말하기를 "한 이전에는 도학자라는 명목이 없었다. 그 사람의 품격이 장문성張文成(장량, ?~B.C.186)·조상국曹相國(조참曹參, ?~B.C.189)·황숙도黃叔度(황헌, 109~156)·관유안管幼安(관녕管寧, 158~241)과 같은 사람은 모두 참된 도학의 무리이다. 노자와 석가 두 사람도 저마다 견해가 있었으니 심하게 나무라서는 안 된다." 하였다.[43]

여기서 말하는 "세상의 문호를 세우고 표방을 내세우는 자"란 바로 양명을 가리킨다. 왕도는 한번 남도에 들어가서 응천부 교수를 맡은 뒤 곧 위교·여우·하상박과 함께 한편을 이루었으며, 주륙학에 대한 인식에서 공개적으로 양명과 대립하였다. 논변은 주로 직접 만나서 토론하고 교류하는 방식으로 진행되었기 때문에 논변과 관련한 자료는 대부분 전해 내려오지는 않지만 각자의 문집과 어록 중에 뚜렷한 흔적을 남겼다.

특별히 『하동암선생문집夏東巖先生文集』 중의 「어록」은 주륙 학문 동이 논전의 귀중한 자료를 비교적 많이 보존하고 있는데 관건이 되는 몇 가지 조항을 선별하면 다음과 같다.

백사(진헌장)가 말하기를 "이 이치는 송유의 말에 잘 갖춰져 있으나 내가 일찍이 너무 엄격함을 싫어하였다."라고 하였다. 이는 동파東坡(소식)가 이천

---

43 『국조헌징록』 권26 「이부우시랑왕공도묘비吏部右侍郎王公道墓碑」.

伊川(정이)의 '경敬' 자를 타파하려는 뜻과 같다. 요컨대 동파는 불교를 배웠고 백사의 학문은 선에 가까웠으므로 이같이 말하였다. 그러나 정자의 글에서 이르기를 "이해를 한 것은 팔팔하고 이해하지 못한 것은 다만 정신을 이리저리 흔든다(會得底, 活潑潑地, 不會得底, 只是弄精神)."라고 하였다. 또 말하기를 "안을 옳게 여기고 바깥을 그르게 여기는 것은 차라리 안팎을 모두 잊어버림만 못하다. 모두 잊어버림은 말갛게 아무 일이 없는 것이다(與其是內而非外, 不若內外之兩忘. 兩忘, 則澄然無事矣)."라고 하였다. 또 말하기를 "반드시 일삼는 바가 있으나 미리 기대하지 말고 마음에 잊지 말라고 하는 것은 일찍이 털끝만 한 힘도 들이지 않았다(必有事焉, 而勿正, 心勿忘, 未嘗致纖毫之力)."라고 하였다. 이것이 보존하는 길이다. 주자가 이르기를 "사이에 끊어짐을 느끼면 바로 접속한다(纔覺得間斷, 便已接續了)."라고 하였으니 어찌 엄격함에 지나친 적이 있는가?

『주자어류』에서 "돈독하고 도탑게 하여 예를 높인다(敦厚以崇禮)."라고 한 구절을 풀이하기를 "사람 중에는 돈독하고 도탑되 예를 높이지 않는 자도 있고, 또 예문은 두루 치밀하되 돈독하고 도탑지 않은 사람도 있다. 그러므로 돈독하고 도탑되 또한 예를 높여야 한다(人有敦厚而不崇禮者, 亦有禮文周密而不敦厚者. 故敦厚又要崇禮)."라고 하였는데, 이 해석이 뛰어나다. 『중용집주』는 이것을 미루어간 것이다. …… 요컨대 덕성을 높이면서도(尊德性) 묻고 배움을 따르지 않는 자가 있으며 또한 묻고 배움을 따르되 덕성을 높이지 않는 자가 있다. 그러므로 덕성을 높이고서 또 묻고 배움을 따라야(道問學) 한다. 예컨대 유하혜柳下惠는 광대함을 다하였으나(致廣大) 정미함이 혹 미진하다고 할 수 있다. 그러므로 광대함을 다하고 또 정미함을 다해야(盡精微) 한다. 또한 백이伯夷는 고명을 끝까지 하였으나(極高明) 중용中庸에 상고하면 혹 합치하지 못하는 점이 있다. 그러므로 고명을 끝까지 하되 또 중용의 길을 따라야(道中庸) 한다. 또 『집주』는 덕성을 높이는 것을 마음 보존함(存心)으로 삼아 도체의 큼을 극진히 하였으며, 묻고 배움을 따르는 것을 앎에 끝까지 이름으로(致知) 삼아 도체의 세밀함을 극진히 하였다. 그러나 역시 옳지 못하다. 가만히 말하건대 두 가지는 모두 크고 작음이 있으니 본원을 함양함은 큰 것이고 말 한마디 행실 하나를 신중히 하는 곳은 작은 것이다. 도리의 대원大原, 대본大本을 궁구하는 것은 큰 것이고, 풀 한 포기와 나무 한 그루도 반드시 궁구하는 것은 작은 것이다. 일찍이 이로써 위자재魏子才(위교)에게 질정하였더니 자재가 옳다고 여겼다.

장자張子(장재)가 이르기를 "마음이 성과 정을 통솔한다(心統性情)."고 하였고, 정자가 이르기를 "성이 곧 이치이다(性卽理也)."라고 하였다. 또한 "마음은 곡식의 씨앗과 같고 인은 생명의 본성이다. 양기가 발하는 곳이 정이다(心如穀種, 仁則其生之性也. 陽氣發處是情)."라고 하였다. 주자가 이르기를 "신령한 것이 마음이고 실한 것이 성이다. 성은 이치이며 마음은 (이치를) 가득 담아 남김없이 싣고서 널리 베풀고 펼쳐서 작용하는 것이다(靈的是心, 實的是性. 性是理, 心盛儲該載, 敷施發用的)."라고 하였다. 또한 "마음은 기의 정상이다(心者, 氣之精爽)."라고 하였다. 내(愚)가 생각건대 마음은 형체가 없으며 사람 몸의 한 점 신령한 곳(一點靈處)이니 그 가운데 갖춘 이치가 성이다. 불교(佛氏)의 무리는 다만 한갓 그 영묘한 곳을 가리켜서 성이라고 여기며 이치를 장애로 삼는다. 그러므로 이단이 된 것이다. 후세의 유학자는 본래 성현을 배우지만 다만 원두源頭에서는 참되게 인식하지 못한다. 그러므로 이단의 학문(異學)으로 흘러들어가면서도 스스로 알지 못한다. 예컨대 고자告子는 지각知覺을 성으로 여기며 상산象山(육구연)의 학문은 정신을 수습하는 것을 주로 삼는다. 문인인 양자호楊慈湖(양간楊簡, 1141~1226)가 배움을 논하면서 매양 이르기를 "마음의 정밀하고 신령함을 성이라 한다(心之精神謂之性)." 하였다. 그러므로 주자가 그를 물리쳐서 선禪으로 여겼다. 근래 제공諸公이 양지良知를 화두로 삼아서 후학을 이끌어 들이니 아마도 이런 폐단을 면하기 어려울 것이다.

『이정유서二程遺書』에 이르기를 "인한 사람은 혼연히 만물과 한 몸이 된다. 의·예·지·신이 모두 인이니 이 이치를 인식하여서 성실함과 경건함으로써 그것을 보존할 뿐이다(仁者渾然與物同體, 義禮智信, 皆仁也. 識得此理, 以誠敬存之而已)."라고 하였다. 또한 "배우는 사람은 인의 본체를 인식하여서 실제로 자기 몸에 두되 다만 의리로써 북돋아 길러야 한다(學者識得仁體, 實有諸己, 只要義理栽培)."라고 하였다. 경의 뜻(經義)을 탐구하는 것과 같은 것은 모두 심고 북돋는다는 뜻이다. 성실함과 경건함으로써 보존하고 다시 경의 뜻에 푹 젖어서 잠기며 심어서 북돋고 물을 대서 적셔주면 생명의지(生意)가 거의 가지에까지 이르러서 저절로 그만두지 못함이 있을 터이다. 그러나 반드시 이 이치를 인식해야 하는데, 비유하자면 오곡을 알지 못하고 심는다면 피나 가라지(稊稗)를 오곡으로 오인하지 않겠는가? 비록 극력 북돋고 길러도 다만 피나 가라지가 될 뿐이다. 근세의 유학자들은 평생의 힘을 다 쓰지만 끝내 이단의 학문으로 흘러들어가되 스스로 알지 못하는데 이는 바로 그 이치를 인식하지 못하는 것에서 비롯될 뿐이다.

상산의 학문은 정신 수렴을 주로 삼는다. 이르기를 "정신은 잠깐 사이에 곧 흩어진다(精神一霍便散了)."라고 하였다. 양자호가 배움을 논하면서 다만 "마음의 정밀함과 신령함을 성이라 한다(心之精神謂之性)."는 구절만 말하고 달리 다른 말은 하지 않았으니 이것이 선에 가까운 까닭이다. 주자가 이르기를 "수렴하여서 정신이 여기에 있으면 바야흐로 도리를 끝까지 다 볼 수 있다. 도리를 끝까지 다 보지 않으면 다만 전일하지 않다(收斂得精神在此, 方看得道理盡. 看得道理不盡, 只是不專一)."라고 하였으니 이와 같이 말하면 바야흐로 병이 없다.

요임금의 학문은 '공경함(欽)'을 주로 삼고 '집중執中'을 용으로 삼았다. 이는 만고 심학의 원천이다. …… 공경함, 중中, 경건함(敬)이라 한 것은 모두 요에 뿌리를 두고 펼쳐졌다. 또한 정일집중精一執中 외에 옛것을 고찰하고 무리에서 상고하여서(考古稽衆) 요임금을 보기를 더욱 상세히 하였다. 대체로 반드시 이와 같이 한 뒤에야 도리가 푹 젖어들어서 거의 중을 잡을 수 있을 것이다. 근세에 배움을 논하되 곧바로 내 마음의 양지를 충족시키려고 하며, 외우고 익히고 강하고 말하는 것을 지리하다고 여겨서 경솔하게 지름길로 가며, 거친 마음과 들뜬 기운에서(粗心浮氣) 나온 것을 두루 가리켜서 모두 양지의 본연이라고 한다. 그 설이 만연하여서 이미 천하의 해가 되었으니 그 유래한 바를 헤아리면 대체로 백사의 설에서 제창한 것일 뿐이다.

상산의 학문은 비록 덕성의 높임을 주로 하나 역시 묻고 배우는 길을 따르지 않음이 없지만 덕성을 높이고 묻고 배우는 길을 따르는 그 방법이 성현과는 같지 않다. …… 상산의 학문은 정신을 수렴하여 여기에 있다고 하여서 측은한 상황에 처하면 저절로 측은히 여기고, 부끄럽고 미운(羞惡) 상황에 처하면 저절로 부끄러워하거나 미워하니 다시 넓혀서 채우기를 기다릴 것이 없다고 한다. 이는 고자告子가 성이 이치임을 알지 못하고 이른바

기에 해당시켜서 비록 견고하게 지니고 힘써 제어할 수 있어서 매우 빨리 부동심不動心에 이르기는 하였으나 꼭 마음을 해치기에 족했던 것과 같다. 주자가 말하기를 "천하의 이치로써 천하의 일을 대처하며 성현의 마음으로써 성현의 글을 본다(以天下之理處天下之事, 以聖賢之心觀聖賢之書)."라고 하였다. 상산이 인용한 여러 글은 대부분 성현의 말씀을 경솔하게 끌어다 자기 뜻을 갖다 붙인 것이니 대부분 성현이 입언立言한 뜻이 아니다.[44]

하상박의 이러한 어록은 비록 후세에 모은 것이지만 그가 남도에서 진행한 주류 학문의 논변 때 지녔던 주요한 사상을 포함하고 있다. 대체로 그들이 심, 성의 중요한 문제를 둘러싸고 전개한 논변은 먼저 여우가 정덕 8년(1513)에 전문적으로 '성'을 논하는 문장인 「성서性書」를 쓰고, 정덕 9년 초 하상박이 남도에서 임직한 뒤 여우가 곧 이 「성서」를 제시하여 위교·하상박과 함께 양명과 토론을 하면서 주류 학문 동이 논변의 쟁론이 이루어졌다.

하상박은 나중에 여우에게 보낸 편지에서 그들이 '성'에서 갈라져 쟁론한 내용을 다음과 같이 상세히 언급하였다.

성대한 명성은 들었습니다만 절하고 뵈올 길이 없었습니다. 지난해(*정덕 8년을 가리킨다) 배로 용강龍江(*남경을 가리킨다)을 건너면서 자재子才(위교), 순보純甫(왕도)와 함께 나아가 절을 하고서 고매한 이론을 들으려고 약속을 하였는데 우연히 제가 앓게 되어서(賤疾) 중단하였습니다. 이어서 선대부께서 갑자기 영양榮養을 버리셨다는 소식을 듣고 글을 닦아 조문하고 위로하지도 못하였습니다. 지금까지 오히려 죄송할 뿐입니다. 해가 바뀌고(*정덕

---

44 『하동암선생문집夏東巖先生文集』 권1 「어록」.

9년 초를 가리킨다) 이에 이르러서 가르침을 받았는데 자재, 순보와 더불어 성을 논하신 여러 편지를 보니 충분히 이학에 마음을 두고 있고, 또한 소루하다 하여서 도외시하지 않으시니 지극히 감격하고 위안이 됩니다. 경재敬齋(호거인)의 학문은 정주를 독실하게 믿고 이단의 가르침을 물리쳐서 우리의 가르침에 공이 심히 크지만 집사께서 남은 글을 모아 편집하고 드러내어 밝히지 않는다면 장차 마침내 사라져서 알려지지 않을 것입니다. 이는 집사께서 경재에게 공을 세움이 얕지 않은 것입니다. 그러나 「성서性書」의 이와 기를 겸하여서 성을 논하고 성즉리性卽理를 깊이 물리친 말은 무겁게 정주에게 죄를 얻고, 경재에게 죄를 얻은 것이라는 말은 감히 반복하지 않을 수 없습니다. 사람이 천지의 기운을 얻어서 형태를 이루고 기의 정상精爽으로 마음을 삼습니다. 마음이라는 물건은 비어 있고 영활하고 밝게 통하여서(虛靈洞徹) 이치가 그곳에 존재하니 이것이 성이 됩니다. '성性' 자는 '심心' 자를 따르고 '생生' 자를 따르니 바로 마음의 생리生理입니다. 그러므로 주자가 말하기를 "신령한 것이 마음이고 실한 것이 성이다. 성은 이치이며 마음은 (이치를) 가득 담아 남김없이 싣고서 널리 베풀고 펼쳐서 작용하는 것이다(靈的是心, 實的是性. 性是理, 心盛儲該載, 敷施發用的),"라고 하였습니다. 혼연히 가운데 있는 것은 비록 한 이理이지만 각각 경계와 분수(界分)가 있어서 두루뭉술한(儱侗) 물건이 아닙니다. 그러므로 감촉하는 것에 따라 반응하되 저마다 조리가 있는 것입니다. 정자가 말하기를 "아득하게 아무런 조짐이 없으나 만상이 빽빽하게 이미 갖추어져 있다. 감응하지 않았을 때라고 하여서 먼저가 아니며 이미 감응했다고 하여서 나중이 아닌 것이 이것이다(沖漠無朕, 萬象森然已具. 未應不是先, 已應不是後者, 此也),"라고 하였습니다. 맹자가 인성은 본래 선한데 선하지 않은 까닭은 사람의 마음이 물욕에 빠져서 그런 것이라고 한 말은 도리어 기질 한쪽에 치우쳐 있기 때문에 순자荀子·양웅揚雄·한유韓愈의 어지러운 이론을 열었던 것입니다. 정자·장자張子·주자에 이르러 바야흐로 기질을 발명해냄으로써 이 이理가 남은 온축이 없게 된 것입니다. 대체로 말하자면 사람의 성은 이치이며 본래 선하지 않음이 없으나 선이 있고 불선이 있는 까닭은 기질의 치우침일 뿐이니 오로지 물욕에 빠져서 그런 것만은 아닙니다. (주자가) 이르기를 "천지의 성은 바로 기품으로 나아가 본연의 이치를 가리켜 말한 것이니 맹자의 말이 이것이다. 기품의 성은 바로 이와 기를 합하여 말한 것으로서 순자·양웅·한유의 말이 이것이다(天地之性者, 直就氣裏中指出本然之理而言, 孟子之言是也. 氣裏之性, 乃是合理與氣而言, 荀·揚·韓子之言是也)."라고 하였습니다. 정주의 말은 이미 명백하고 통달洞達한데 집사의 마음을 감복시키기에 부족하다면 자재와 순보의 말이 마땅히 집사께 취함을 보지 못할 터인데 또한 하물며 저(區區)의 말이겠습니까! 일찍이 생각건대 천하에 성 바깥의 사물이 없으며 성은 일상생활(日用)에 없는 곳이 없으니 각 종류에 모두 펼쳐서 드러나는 것은 이 성의 작용이 아닌 것이 없습니다. 또한 지금 성이 이냐 기냐, 이와 기가 겸한 것이냐를 아무도 묻지 않으며 다만 발현된 곳이 이치에 맞으면 곧 행하고 이치가 아니면 그치며, 기질의 치우침과 물욕의 폐단을 극복하여서 제거하기를 구하는 데 힘씁니다. 뒷날 공부가 깊어지고 힘이 미치기를 기다려서 활연豁然히 본 곳이 있은 뒤에야 이냐 기냐, 이와 기가 겸한 것이냐 하는 것은 변별을 기다리지 않아도 저절로 밝아질 것입니다.[45]

---

45 『하동암선생문집』 권4 「답여자적서答余子積書」. '북신北新(*북신관北新關)'은 남경에 있다. 위교는 정덕 9년 하반기에 부름을 받고 병부낭중이 되어서 남도를 떠나 경사로 부임하였다. 그러므로 하상박의 이 편지는 정덕 9년 5~6월에 쓰였음을 알 수 있다. 편지에 언급한 여우의 「성서」는 정덕 8년에 지은 것이다. 나중에 여우는 정덕 11년에 체포되어서

하상박은 이러한 정주파들 중에서 주희의 성론 사상을 가장 명료하고 정확하게 변석한 사람이다. 주희는 성이 곧 이치(性卽理)이며 인성은 곧 천리라고 인식하였다. 이로 인하여 인성에서 주희는 사람에게 천명의 성이 있고 기질의 성이 있다고 인식하였다. '이理'로부터 얻은 성은 천명의 성을 구성하므로 천명의 성은 선하지 않음이 없다. '기氣'로부터 얻은 성은 기질의 성을 구성하므로 기질의 성은 선이 있고 악이 있다. 이로 인하여 주희가 이와 기를 겸하여 성을 말하였다고 하는 것도 옳지 않음이 없지만 이것은 그가 말하는 성즉리와 모순되지 않을 뿐만 아니라 서로 보완하여서 완성하는 것이다. 주희가 인성에서 이와 기를 겸하여서 성을 말하려고 한 까닭은 바로 육학이 인성에서 이를 말하고 기를 말하지 않는 병폐를 겨냥한 것이다. 그러나 여우는 도리어 성즉리 및 이와 기를 겸하여 성을 말하는 두 명제를 대립시켜서 주희의 이와 기를 겸하여 성을 말한 것을 긍정하고 성즉리설을 크게 물리쳤으니 본말이 전도되었다고 할 수 있다. 여우의 논법을 하상박과 왕도는 반대하고 위교는 긍정하였으나, 그런 위교 또한 매우 빠르게 부정하게 되었다.

위교는 나중에 「복여자적론성서復余子積論性書」를 지어서 이러한 사상의 변전을 다음과 같이 언급하였다.

> 가만히 살펴보건대 존형께서 앞뒤로 성을 논한(尊兄前後論性) 것이 수십만 글자일 뿐만이 아니나 그 대의는 성이란 이와 기가 합하여 이루어진 것으로서 본래 기를 가리켜서 성이라 할 수 없으며 또한 오로지 이만 가리켜서 성이라 할 수도 없음을 말하는 데 지나지 않습니다. 기가 비록 분산되어서

금의옥에 갇혀 『성론性論』 세 권(*10만여 글자)을 지었는데, 여전히 옛 설을 견지하였으며 그 가운데 정덕 8년에 지은 「성서」 한 편이 수록되어 있었을 것이다.

만 가지(萬殊)가 되어도 이는 항상 혼연한 전체(渾全)입니다. 똑같이 하나이
지만 사람과 사물의 성이 같지 않은 까닭은 바로 이, 기가 합하여 조화를
이루어서 하나가 되는데 다양한 여러 모습으로 이루어지기 때문입니다. 사
람과 사물에 본래 치우침과 온전함이 있으나 사람의 본성은 역시 저절로
선이 있고 악이 있어서 …… 지난번 함부로 말하기를(裏嘗妄謂), 존형이 성
을 논한 것은 비록 그르나 이기를 논한 것은 옳다고 하였습니다. 근래 비
로소 깨달았는데, 존형이 성을 논한 것이 그른 까닭은 바로 이기를 논한
곳에서 견해가 오히려 참되지 않았기 때문일(正坐理氣處見猶未眞) 뿐입니다.
…… 일찍이 기억하기로 지난번 남도에서(裏在南都) 교유하는 가운데 두세
동지가 모두 즐거이 존형의 풍모를 듣고는 그리로 갔습니다. 그런데 「성
서」를 내어 본 뒤 곧 책을 덮고서 탄식하기를, 존형의 주장이 너무 지나치
며 반드시 기꺼이 돌이키지 않으리라 짐작하였습니다. 순보가 존형을 만나
뵙고 정이 그칠 수 없었기에 편지로 답을 하여 논변을 ……[46]

위교의 이 편지는 정덕 11년(1516) 여우가 지은 『성론』(*세 권)을 겨냥하
여서 한 말이다.[47] "존형께서 앞뒤로 성을 논한"이란 여우가 정덕 8년에서 11
년까지 성을 논한 글을 가리킨다. 또한 "지난번 함부로 말하기를", "지난번

---

46 『명유학안明儒學案』 권3 「공간위장거선생교恭簡魏莊渠先生校」.

47 여우의 『성론性論』 세 권은 정덕 11년에 지은 것이다. 『명사明史』 권282 「여우·전余祐傳」.
"여우의 학문은 스승의 학설을 묵수하였으며, 옥중에서 『성서性書』 세 권을 지었다. 그가
말하기를, 정주程朱가 사람을 가르친 것은 오로지 성실함과 경건으로 들어가게 하였으
니 배우는 사람이 참으로 성실하지 못하고 경건하지 못한 것을 제거할 수만 있다면 옛사
람의 경지에 이르지 못함을 근심하지 않는다고 하였다." 위교가 말한 '성을 논한 글(論性
書)'이란 바로 이 『성론』 세 권을 가리킨다.

남도에서"란 위교가 정덕 9년에 남도에서 여우와 성설 논변을 한 일을 가리킨다. 그가 최초에 여우의 이, 기를 겸하여서 성을 논한 것을 긍정했다가 나중에 여우의 성설을 부정하여서 "바로 이기를 논한 곳에서 견해가 오히려 참되지 않았기 때문"이라고 인식하였음을 알 수 있다.

여우는 여전히 자기 관점을 견지하였다. 그는 정덕 9년 4월에 다시 『문공선생경세대훈文公先生經世大訓』이라는 대단한 책을 써서 전면적으로 주회의 성학 사상체계를 논술하였다. 이 책은 정주파가 선양하는 주학의 한 폭 성리의 기치가 되어서 남도에 막 들어온 양명의 주의를 불러일으켰다. 양명은 여우의 『성론』에 비판을 하기 시작하면서 매우 명확한 태도를 취하였다. 그가 볼 때 심즉리心卽理, 이즉성理卽性, 심즉성心卽性, 오성자족吾性自足 등의 성론은 간단하고 쉬우며 정교하고 미묘하여서(簡易精微) 후세 사람이 지리하고 지나치게 세밀하며 번쇄한 논설 한 구절을 덧붙일 필요가 없었다. 그러므로 그는 주회가 성을 논함에 지리하고 번쇄한 점을 반대하였고 또 여우의 지리하고 번쇄한 성설을 부정하였다.

양명이 남도에서 이러한 성설을 논변한 입장은 정덕 12년(1517)에 여우에게 쓴 편지에 다음과 같이 반영되어 있다.

> ……『성론』 한 편은 더욱 잠심潛心의 학문을 볼 수 있으니 근래 학자가 말하지 못했던 바입니다. 말의 뜻을 상세히 맛보면 대략 이와 기 사이를 치밀하게 논하였으니 부자夫子의 '상근相近'의 설과 합치하기를 구하는 성대한 마음입니다. 그 사이에는 제(敝)가 생각하기에 믿을 수 없는(未能信) 바가 있으나 할 말이 많아서 모두 담지 못하겠기에 문득 별도의 종이에(別幅) 적어 올리되 대략 주석(注脚)을 하여서 바로잡기를 구하니 왕복을 아끼지 않으시어 마침내 졸렬하다고 버림을 받지 않는다면 다행이겠습니다. 대체

로 이치는 더욱 정교하게 분석할수록 더욱 말하기 어려우며, 입론은 더욱 많아질수록 오류도 더욱 심해집니다. 성은 선하며, 서로 가깝다고 한 공자의 설은 저절로 서로 밝혀지는 것인데 정주의 이론이 상세합니다. 배우는 사람의 요령은 스스로 터득하여서(要在自得) 저절로 이치를 따라 마음을 다하되 그만두지 못함이 있습니다. 털끝을 나누고 실오라기를 쪼개는(毫分縷析) 것은 가장 (주학의) 이치를 궁구하는(窮理) 일입니다. 말이 또렷하지 못하면 지리함을 면하지 못하며(未免支離), 지리함은 도에서 벗어납니다(判). 이 때문에 마음을 괴롭히고 힘을 끝까지 다하는(苦心極力) 상황은 있으나 너그럽고 여유롭고 따뜻하고 두터운 기운은 없으며(無寬裕溫厚之氣), 뜻은 자주 치우치고 말은 막히니(意屢偏而言之窒) 비록 횡거橫渠(장재)라 하더라도 면하지 못할 것입니다. 그러므로 저(僕)는 원컨대 우리 형께서 사려를 완전하게 하고 길러서 이치를 배양하는 데 푹 잠겨서 오래되면 저절로 조리가 탁 트이게 될 것입니다. …… 학술이 밝아지지 않고 사람의 마음이 빠져버린 나머지 착한 무리는 날로 적어지는데 제군이 힘써 스스로 아끼어 도모하고 성취한다면 다행이겠습니다. 일찍이 성을 논한 글 하나(嘗有論性一書)가 있으니 한 대목을 기록합니다. ……[48]

양명의 이 편지는 여우가 정덕 11년에 지은 『성론』(*세 권)을 겨냥한 것으로서, '『성론』 한 편'이란 여우가 양명을 직접 만나서 바친 『성론』 중 한 편을 가리킨다. 양명은 그의 성론에 대해 명확하게 '믿을 수 없다'는 의견을 밝힌 뒤 '별도의 종이에' 주석을 쓰고 평설을 하였다(*문장은 소실되었다). "일찍이 성을 논한 글 하나"란 양명이 남도에 있을 때 성설을 논변하며 지은 문장 한

---

48 『신간양명선생문록속편新刊陽明先生文錄續編』 권2 「답여자적答余子積」.

편을 가리킨다. 이 성을 논한 문장은 비록 소실되었지만 그의 관점은 뜻밖에
이 「답여자적」에 반영되어 있다.

그는 주희의 성론이 "털끝을 나누고 실오라기를 쪼개는" 것으로서 "지리
함을 면하지 못하며", 여우가 그 설을 따르는 것은 "마음을 괴롭히고 힘을 끝
까지 다하며" "너그럽고 여유롭고 따뜻하고 두터운 기운이 없으며" "뜻은 자
주 치우치고 말은 막히는" 것을 면하지 못한다고 인식하였다. 그는 여우에게
성을 논하는 것은 "요령은 스스로 터득함"에 있으니 글자마다 구절마다 억지
로 옛사람과 합하기를 구할 필요가 없다고 권고하였다. 분명히 양명은 성론
에서 성을 논하고 기를 논하지 않는 육학의 간단하고 쉽고 정미한 설을 인정
하고, 이와 기를 겸하여서 성을 논하는 주학의 지리번쇄한 설을 부정하였다.

양명이 여우·위교·하상박·왕도와 함께 성을 논한 논변은 끝끝내 조화를
이루지 못하였고, 도리어 한 걸음 더 주류 학문 동이의 인식상에서 그들의 모
순과 분기를 폭로하였다. 잇달아 일어난 그들의 논변은 '성'을 논하는 데서
나아가 '심'을 논하는 데로 이르고 주희의 '주경主敬', '격물'과 주희의 『대학』
신본에 대한 논변으로까지 전개되어서 분기가 한층 더 확대되었으며, 결국에
는 양명으로 하여금 『주자만년정론』을 지어서 주류 학문의 동이를 조화시키
게 하는 곤경에까지 밀어 넣었다.

장악張岳은 「이부우시랑인재여공우신도비吏部右侍郞訒齋余公祐神道碑」에서
이 배경의 진상을 다음과 같이 폭로하였다.

> 공의 학문은 유용함(有用)에 힘쓰고 공허한 말을 일삼지 않았는데, 경재敬齋
> (호거인)에게서 발단했으나 그 본원을 추구하면 정주程朱에게서 나온 것으
> 로 볼 수 있다. 그러므로 정주의 글에서 더욱 핵심을 탐구하였으며, 은미
> 한 말(微言)과 정확한 의리(精義)에서 자득한 바가 많았다. 그가 말하기를

"정주가 사람을 가르칠 때 한결같은 마음으로(拳拳) 성실함과 경건함을 들어가는 문으로 삼았으니 배우는 사람이 어찌 말을 많이 하기를 기필하겠는가? 의념과 사려(念慮)가 성실하지 않고 경건하지 않은 것을 제거하여서 마음의 바탕이 빛나고 밝고 돈독하고 충실하게 하여 간사하고 편벽되고 속임과 거짓된 의식이 그 사이에 머물지 않게 한다면 옛사람에 이르지 못함을 근심하지 않는다."라고 하였다. 그때 공경公卿 사이에 주경과 존양存養을 주자의 만년정론으로 지목하는 자가 있었는데, 공이 주자 초년의 설을 모아서 이를 꺾어버리고서 말하기를 "그것은 입문 공부이지 만년에서야 정해진 것이 아니다."라고 하였다. 또 주자의 글에서 도를 닦는(治道) 데 절실한 글을 모아 『경세대훈經世大訓』이라 하였고, 문장과 글(辭翰)을 논한 것을 『유예록遊藝錄』이라 하였으니 학문이 체용을 갖추고, 대소를 겸하였음을 볼 수 있다. 근세 이른바 묘결妙訣을 오로지 전하는 자는 비길 만하지 않다. …… 교유한 사람들은 모두 어진 사대부였으며, 장거莊渠의 위자재(위괴) 공이 더욱 뛰어났다. 사람이 허물을 지으면 참지 못하고 당면하여서 지적했으나 물러나서는 뒷말이 없었다. 허물을 지적받은 사람이 혼연欣然히 즐겨 받아들였다. ……[49]

주희는 '주경'과 '격물' 공부가 서로 작용한다고 주장하였다. 이는 바로 주희가 제출한 경지쌍수敬知雙修이며, 이정二程이 말한 바 "함양은 모름지기 경건으로써 하며 학문의 진보는 앎을 끝까지 이룸에 있다(涵養須用敬, 進學則在致知)."라고 한 말에 의거하여서 건도 5년(1169) '기축년의 깨달음' 중에 건립한 평생 학문의 대지이지 결코 주희가 만년에 제출한 '정론'이 아니다.

---

49 『국조헌징록』 권26 「이부우시랑인재여공우신도비吏部右侍郎訒齋余公祐神道碑」.

여우·왕도·하상박은 양명과 함께 주경존양, 격물치지의 이러한 문제를 토론할 때 주희의 경지쌍수와 그의 신본 『대학』을 완전히 인정하였으나, 양명은 주희의 경지쌍수 및 그 신본 『대학』을 견결히 부정하였다. 그는 채희연에게 다음과 같이 주희를 비평하였다.

> 예컨대 신본(＊『대학』)은 먼저 사물의 이치를 궁리격물하는데 밑도 끝도 없이 아득하여서(茫茫蕩蕩) 도무지 귀결할 곳이 없습니다. 모름지기 '경' 자를 첨가해야 비로소 몸과 마음에 연관이 되지만 그러나 끝내 근원이 없습니다. 만약 모름지기 '경' 자를 첨가한다면 무엇 때문에 공문孔門에서는 가장 긴요한 글자를 빠뜨려놓았다가 천여 년이나 지난 뒤에야 어떤 사람(＊주희를 가리킨다)이 나타나 보완하기를 기다렸겠습니까? 바로 성의誠意를 주로 하면 곧 '경' 자를 첨가할 필요가 없다고 하겠으니 성의를 제출하여서 말하면 바로 학문의 대두뇌처大頭腦處인 것입니다.[50]

이러한 말은 분명히 여우·왕도·하상박 등의 정주파에게 들려준 내용이었다. 양명은 주희 이학의 대지(＊경지쌍수)를 그의 텍스트 근거인 신본 『대학』과 함께 모두 부정하였고, '성의'를 주로 한 자기 심학을 제출하여서 서로 대항하였다. 그는 정덕 9년(1514) 5월에 지은 「응천부중수유학기」에서 '성현의 학문은 심학'이라고 외쳤으며, 정덕 10년 7월에 지은 「근재기謹齋記」에서 '군자의 학문은 심학'이라고 외쳤는데, 이는 바로 여우·왕도·하상박과 같은 정주파를 향해 성의를 주로 한 심학의 탄생을 선포한 것이다. 여우·왕도·하상박 등은 그와 함께 주류 학문의 동이 논전을 이미 더 진행하기 어렵게 되었다.

---

50 『왕양명전집』 권1 「전습록」 권상.

논전의 초점은 주희의 '격물'설 및 그 텍스트 근거인 신본 『대학』에 집중되었는데 양자를 조화시킬 방법은 없었다.

정덕 10년 2월 양명은 정식으로 자기가 정한 고본 『대학』과 「격물설」을 공개하였다. 이는 표면적으로는 담약수에게 보인 것인데[51] 실제로는 여우·왕도·하상박이 볼 수 있도록 제시한 것으로서 주희의 신본 『대학』 및 그 격물설을 존신하는 이들 정주파에 대한 가장 좋은 회답이었다. 양명이 정식으로 정한 고본 『대학』이 용장역에서 주희의 신본 『대학』의 오류를 깨달은 대학 사상에 대한 총결이라고 한다면, 정식으로 저술한 「격물설」은 바로 용장역에서 깨달은 오성자족吾性自足, 격물즉정심格物卽正心의 격물치지 사상에 대한 총결이다. 양자는 서로를 더욱 드러내어서 400년 뒤 주희의 '격물' 보전補傳 대학 사상의 체계를 파괴하였다. 『대학』 고본은 주희의 『대학』 신본을 대체하였고 「격물설」은 주희의 「격물장」을 대체하였던 것이다.

주의할 만한 점은 양명이 새로 정한 고본 『대학』과 '격물'설을 이용하여서 남도의 정주파들과 전개한 주류 학문 동이 논전의 결말을 선포하였고, 동시에 북도北都의 정주파들과 함께 주류 학문의 동이 논전을 개시하기로 선포하였다는 사실이다. 양명이 정식으로 고본 『대학』과 「격물설」을 공개할 때 왕도가 이부험봉에 고쳐 임용되어서 경사로 나아갔다. 위교는 그보다 앞서 이미 도성으로 들어갔고, 하상박은 그보다 얼마 뒤 곧 도성으로 들어갔다. 이들 세 사람은 서울에서 새로운 정주 이학을 강론하는 집단을 형성하였고, 서울의 정주파 인물인 여남呂枏·양렴楊廉·소예邵銳·동기董玘 등은 그들과 죽이 잘 맞았다. 서울에 부재하는 정주파 명사, 예컨대 이승훈李承勛(＊위교의 스승)·허호·호세녕·호탁·정동·왕준·왕순·장문연張文淵 등도 모두 양명과 함께 주

---

51 『왕양명전집』 권4 「답감천答甘泉」에 보인다.

류 학문의 동이 논전에 참여하여서 '공격하는 자들이 사방을 에워싼' 국면을 형성하였다. 양명은 남도에서 다시 고립되었다.

정덕 10년 3월 양명은 황관에게 보낸 편지에서 남도에서 처한 자기의 곤경을 다음과 같이 언급하였다.

> 봄 초에 천태에서 온 강姜 옹으로부터 편지를 전해 받았는데 산간의 상황을 듣고 생각이 간절하였습니다. …… 감천(담약수)이 모친상을 당하였는데, 근래 편지가 와서 명문銘文을 구하였습니다. 머지않아 증성增城으로 돌려보낼 것입니다. 길은 아득히 멀고 초정草亭은 자리가 비었으나 서로 모일 날은 아직 기약할 수 없습니다. 저(僕)는 비록 거리가 가깝지만 얽매인 집안의 일이 질질 끌며 해결되지 않고 있으니 거조가 마침내 북산北山의 이문移文이 되고 말았습니다. 응원충應原忠(응량)의 소식을 오래 듣지 못했지만 생각건대 여러 번 모였을 것입니다. 북상하였다고 들었는데 과연 그러합니까? 이 사이에 왕래가 극히 많았으나 벗의 도리는 실로 쇄락하였습니다. 돈부敦夫(*하상박)가 비록 근처에 거주하지만 그다지 강학을 하지 않았습니다. 순부純夫(왕도)는 근래 북도의 험봉으로 전임되어서 또한 떠났습니다. 왈인(서애)은 또 공차公差로 나가서 아직 돌아오지 않았습니다. 종현(황관)의 생각은 절실하지 않은 날이 없습니다! …… 원충이 예방해주신다면 이는 참으로 천리에 수레를 명하는 격(千里命駕)이니 기쁨과 위로가 지극합니다! 날마다 간절히 바라지만 또 스스로 비루하고 졸렬함을 헤아림에 이를 받들기에 부족합니다. 왈인은 여름이 되면 길을 떠나 월중으로 가면서 이곳으로 오는데 그때 함께 올 수 있다면 그 즐거움이 어떻겠습니까![52]

---

52 『왕양명전집』 권4 「여황종현與黃宗賢」 서4.

이 편지는 황관·응량·서왈인(서애)이 남도로 와서 주류 학문의 논전을 도와주기를 바라는 양명의 급박한 심정이 나타나 있다. 왕도는 북도로 나아가자마자 시주비륭是朱非陸의 곡조를 공개적으로 제창하면서 태도가 급변하였는데 심지어 양명과 논변하기를 거절하기까지 하였다. 7월에 양명은 황관에게 보낸 편지에서 왕도 등의 태도 변화를 다음과 같이 언급하였다.

> 편지가 왔는데 순보純甫(왕도)의 일을 언급하였으며 간절하고 간절하기가 이루 말할 수 없어서(不一而足) 벗들의 충직하고 애정이 지극함을 충분히 알겠습니다. 세도가 쇠퇴하고 풍속이 타락하였기에 벗들 가운데 평소 가장 사랑하고 공경하는 자도 역시 대부분 태도를 바꾸고 표정을 고쳐서(改頭換面) 양 끝단의 설을 잡고 세상에서 받아들여지기를 바랍니다. …… 저(僕)는 유도留都(남경)에서 순보와 아주 가까이 거주하였는데도 한 달에 한 번 보거나 혹 달을 건너 한 번 보지 못하기도 하면서 번번이 권고하여 바로잡았으니(規切) 모두 정성과 애정, 간절하고 측은함(懇惻)에서 나온 것으로서 마음속에서 털끝만큼이라도 헤아리고 따진 적이 없습니다. 혹 순보에게 소홀한 바가 있었을 터이나 저의 이 마음은 다만 귀신에게 질정할 수 있습니다. 그 뒤 순보가 관직이 바뀌어서 북상함에(*이부험봉으로 전임되어서 북상한 일을 가리킨다) 비로소 마음에 차지 않음(恝然)이 있었음을 깨달았습니다. 얼마 뒤 통렬하게 스스로 뉘우치고 꾸짖기를, 우리가 서로 함께하는 것으로 여겼는데 어찌 이와 같이 응어리가 생겼으며(芥蒂) 도리어 세간의 따지고 헤아리는 수렁에 빠져버렸으니 또한 심정(胸次)이 어떠하겠는가 하였습니다. (그러자) 당장 얼음이 녹고 안개가 걷히는 듯하였습니다. 그 뒤 사람들이 계속 찾아왔는데 나를 위해 분한 말을 하고 사나운 안색을 하는 자까지 있었습니다. 저는 모두 이전의 생각으로 대응하였는데 하루도 순보를 잊은 적이

없습니다. 대체로 평소 서로 아낌이 지극하였고 정을 쏟는 바가 저절로 이와 같았습니다. 열흘 사이에 다시 북경에서 오신 것을 알았으니 순보가 논한 바를 갖추어서 전합니다. 저는 가만히 의심하건대 부박한 무리가 우리 무리의 틈을 엿보아 우롱하고 뒤얽혀서 그 사이를 수식한 것이며 결코 모두 순보의 입에서 나온 것은 아닙니다. …… 제가 평소 순보를 두텁게 대하였다면 본래 사사로이 두텁게 대한 것이 아니며, 가령 순보가 오늘 나를 박대한다고 하더라도 당연히 사사로이 박대하는 것이 아닙니다. 그런즉 저는 순보를 후하게 대한 적이 없으며 순보도 저를 박대한 적이 없으니 역시 그 사이에 어찌 마음을 쓰겠습니까! …… 저는 근래 벗들과 학문을 논함에 오직 '입성立誠' 두 글자만 말하였습니다. 사람을 죽일 때에는 목구멍(咽喉)을 칼로 찌르듯이 우리(吾人)가 학문을 함은 마땅히 심장과 골수(心髓)에서부터 은미한 곳으로 들어가 힘을 써야 저절로 독실하고 빛이 납니다. 비록 사사로운 욕망이 싹트더라도 벌겋게 달아오른 화로에 떨어진 눈 한 점(紅爐點雪)과 같아서 (욕망은 녹아버리고) 천하의 큰 근본이 서게 될 것입니다. 만약 사소하고 자질구레하게 끄트머리에 장식(標末粧綴)하는 것에 비유한다면 무릇 평소 배우고 묻고 생각하고 변별하는 것(學問思辨)은 오만함을 기르고 잘못을 굳게 지키고 꾸미는(長傲遂非) 바탕이 되기에 충분하니, 스스로 고명하고 광대한 경지로 나아간다고 여기지만 낭패를 당하고 험악하고 질시함(狼戾險嫉)에 빠짐을 모르는 것입니다. 또한 참으로 애석해할 만합니다! ……[53]

이 편지는 양명 스스로가 '성의' 위주의 심학으로써 양경의 정주파와 주

---

53 『왕양명전집』, 권4 「여황종현與黄宗賢」 서5. 『왕양명전집』에는 이 편지의 제목 아래 '계유 癸酉'라는 주석을 달았는데, 이는 잘못이다.

류 학문의 동이 논전을 전개한 사실을 밝히 보여주고 있으며, 또한 왕도가 최종적으로 그와 사상적으로 결렬한 근본 원인을 드러내고 있다. 왕도는 양명과 정면 논변을 회피하였으나 다만 서애에게 보낸 편지에서 양명을 극력 폄훼하였으니 '자리를 잘라내어 교제를 끊어버린(割席斷交)' 결절의 태도를 표현하였던 것이다.

양명은 즉시 다음과 같은 회신 한 통을 썼다.

> 여러 차례 왕숙헌汪叔憲(왕극장汪克章)의 편지를 받았고 또 순보의 편지 두 통을 받았는데 깊이 생각을 다해주시니 부끄럽기 그지없습니다! 근래 또 왈인(서애)에게 보낸 편지를 보니 더욱 심하게 폄훼(貶損)하였는데 세 차례 읽고서 얼굴을 붉혔습니다(赧然)! 크게 지향하는 바는 같으나 학문을 논함이 혹 다르면 같음을 해치지는 않습니다. 학문을 논함이 같으나 지향하는 바가 혹 다르면 다름을 해치지는 않습니다. 성실함을 쌓아서 몸에 돌이키지 못하고 한갓 입으로만 떠벌리는 것은 저(僕)의 지난날 죄이니 순보를 어찌 허물하겠습니까? 인하여 이런 구구한 말씀을 드리려니 편지지(楮)를 대하고서 마음을 다 쏟을 뿐입니다.[54]

이는 양명이 왕도에게 보낸 마지막 편지이다. 이로부터 두 사람은 다시는 왕래하지 않았다. 이때 양경의 정주파 위교·이승훈·소예 등도 모두 왕도와 같은 태도를 취하여서 '저마다 들은 바를 존중하고, 저마다 아는 바를 행하기(各尊所聞, 各行所知)'를 주장하였다. 주류 학문의 동이 논전은 이미 더 이상 진

---

54 『왕양명전집』 권4 「여왕순보與王純甫」 서4. 『왕양명전집』에는 이 편지의 제목 아래 '갑술甲戌'이라는 주석을 달았는데, 역시 잘못이다.

행하기 어려워졌다. 양명은 왕도 등과 관계를 만회할 생각을 하였는데 이를 위해 황관에게 왕도·위교·이승훈·소예 등과 중재해주기를 청하였고, 또한 황관을 주륙 학문의 동이 논전으로 끌어들여서 '스승'을 대신해 참전하게 하였다.

황관은 왕도에게 잇달아 편지 두 통을 보냈다. 첫 번째 편지에서는 주륙 학문을 다음과 같이 논변하였다.

> 저(僕)는 산중에서 와병하며 세상과 동떨어져 지내고 있는데 형이 손수 쓰신 편지를 홀연 소사일邵思逸(소예)이 보내왔습니다. '저마다 들은 바를 존중하고, 저마다 아는 바를 행하자!'는 말씀이 있었는데 무슨 뜻으로 이런 말씀을 하셨습니까? 즉시 글을 닦아 물음을 청하려다가 혹시 무익할까 하여 잠시 멈추고 결행하지 못하였습니다. 어제 다시 편지를 받고 끝내 버리지 않았음을 알게 되었는데 기쁘고 위로됨이 어떠한지요! 또한 저로 하여금 동이 문제를 모두 말하게 하였으니 착하게 대하는 성대한 마음을 더욱 알겠습니다. 저 성인의 사업은 넓기가 하늘과 땅 끝까지 이르고, 그 도는 비록 크지만 그 근본은 다만 한마음에 있습니다. 대체로 한마음은 매우 작지만(眇) 온몸(百骸)에 군림하며 도덕과 인의가 이로 말미암아 갖추어지며 예악禮樂과 형정刑政이 이로 말미암아 나오니 육경과 사자四子(사서)가 이로 말미암아 만들어졌습니다. 사사로움에 얽매이면 가려져서 어두워지고 근본을 돌이키면 밝아서 통합니다. 가려져서 어두우면 해롭지 않은 바가 없고 밝아서 통하면 쓰지 못할 것이 없습니다. (한마음을) 쓰면 삼극三極의 도가 서고 이를 해치면 삼극의 도가 폐기됩니다. 지금 성인을 배우고자 하면 오직 내 마음에서 구할 뿐입니다. 마음에 돌이켜서 얽매고 해치는 것을 제거하기를 구할 줄 모르고, 한낱 온갖 사물을 두루 듣는 것을 일삼으며, 멀

리 찾아다니고 두루 찾는 것을 회통으로 삼으니 이는 바로 대상을 좇아가고 가림을 자라나게 하는 것입니다. 그러므로 옛 성인이 전수한 것은 모두 자기를 극복하고 사사로움의 제거를 지극한 요체로 삼았습니다. 사사로움이 제거되면 마음이 가려지는 바가 없으며 그 본체가 맑고 밝아서 천하의 근본이 서게 됩니다. 그러므로 '임금이 그 표준을 세움(皇建其有極)'이라고 하는 것은 석가와 노자가 오직 생사를 일삼고 다른 문제는 살피지 않는 것과는 다릅니다. 옛날에 주자와 육상산 두 선생이 모두 이것을 밝히려고 하였습니다. 다만 나아간 바가 저마다 깊고 얕으며, 치우치고 순수한 차이가 있어서 모두 이르지는 못하였습니다. 그 폐단을 보완하고 구제하여서 스스로 성취하고 스스로 터득하는 오묘함을 추구할 생각을 하지 않고(朱陸二先生皆欲明此言者也, 但所造各有深淺, 偏純之異, 不可皆爲已知, 不思救補其弊, 以求自成自得之妙) 종이와 먹에 종사하여 실마리를 더듬어서 본질을 찾으려 하는(按圖索驥) 오류를 범하면 끝내 속학에 귀착되어서 윤편輪扁의 웃음거리가 되고 맙니다. 어제 형의 편지에서 "자재(위교)에게 강론함에 『논어집주』를 참작하였는데 합치하지 않음이 없었습니다."라고 하였는데, 저는 감히 바꾸지 않겠습니다만 형은 더욱 자아(我)로써 글을 판단하여 지극히 합당한 것을 깊이 추구하여서 선현의 충신이 되려 하시니 어찌 더욱 오묘하지 않겠습니까! 저는 일찍이 말하기를 "진실로 추구함에 능히 내 기질을 변화하여서 터득함에 유익하면 비록 백가의 수많은 설이라도 모두 취할 수 있다. 진실로 추구함에 내 기질을 변화하지 못하여서 터득함에 유익함이 없다면 비록 성인의 말씀이라도 가벼이 믿을 수 없다. 만약 여기에 주자가 유익하면 주자에게서 구하고, 육상산이 유익하면 육상산에게서 구한다면 어찌 피아 사이에서 주자와 육상산에 친소를 두겠는가(若朱有益於此, 則求之於朱, 陸有益於此, 則求之於陸, 何彼我之間朱陸之得親疏哉)?"라고 하였습니다. 지금 만약 지극함과 옳음을 구하지 않고 망령되이 문호를 세워서 특이하게 되려 하며 스스로 공능을 과시하여서 자랑거리로 여기며 저마다 서로 흩어지고 합하여서 당黨을 삼는다면 성인의 학문은 결코 이와 같지 않으니 또한 우리가 이것을 배움이라 할 수 있겠습니까?[55]

황관의 논변은 어투가 뜻밖에도 양명에 비해 더욱 격렬하다. 표면적으로 그는 주륙 학문을 초월한 입장에 서 있는데, 화려한 수식어를 사용하여서 전반적으로 양명의 왕학을 긍정하고 주륙의 학문이 각각 치우친 바가 있다고 인식하여서 '주자와 육상산 두 선생이 모두 이것을 밝히려고 하였으나, 다만 나아간 바가 저마다 깊고 얕으며, 치우치고 순수한 차이가 있어서' 주, 륙에 대해 '모두 이르지는 못하였으며, 그 폐단을 보완하고 구제하여서 스스로 성취하고 스스로 터득하는 오묘함을 추구할 생각을 하지 않았다' 하였다. 그러나 실제로 그는 육학에 편향되어서 주학을 부정하였으나 다만 관방 통치의 학으로 규정된 주학을 두려워하여서 감히 공연히 전반적으로 뒤집지는 못하였다. 그리하여 그는 표면상으로는 주학과 육학의 논조를 조화시키려고 하면서도 주학과 육학이 나아간 바가 저마다 깊고 얕음이 있다고 인정하여서 "만약 여기에 주자가 유익하면 주자에게서 구하고, 육상산이 유익하면 육상산에게서 구한다면 어찌 피아 사이에서 주자와 육상산에 친소를 두겠는가?"라고 하였다. 황관의 이러한 주륙조화설은 양명의 '주자만년정론'의 조화설과 표현은 달라도 내용은 같은 오묘함이 있으니 황관의 주륙조화설이 양명의 '주자만년정론'의 출현을 위한 복선(鋪墊)과 암시를 깔아놓았던 것이다.

왕도는 황관의 독존왕학獨尊王學은 물론 주륙조화설도 받아들이지 못하여

---

55 『황관집』, 권18 「복왕순보復王純甫」 서1.

서 회답을 거절하였다. 황관은 곧 그에게 다음과 같은 두 번째 편지를 보냈다.

지난날 보낸 편지의 회답을 아직 받지 못하여서 깊이 우러러 바랍니다. 우리 형께서 일찍이 위자재(위교)를 말씀하셨는데, 비록 그 사람은 알지 못하지만 이전에 이미 대강은 들었습니다. 자재가 『역전易傳』을 애호한다는 것을 알게 되었고 저(僕) 또한 『역』에 마음을 쓴 적이 있었습니다. 다만 실제 착수할 곳을 찾아야 하니 진실로 마음의 터가 정밀하고 한결같지 않으면 천하의 대본을 세울 수 없으며 근본이 서지 않으면 장차 어찌 변역變易하겠으며, 때에 따라(隨時) 도를 좇을(從道) 수 있겠습니까? 또한 『역』은 결정정미潔淨精微한 가르침인데 이를 버리고서 구하지 않는다면 이른바 결정潔淨한 것은 무엇이 있겠습니까? 하물며 체용일원體用一源, 현미무간顯微無間이니 체(본체)가 서지 않았는데 용(작용)이 홀로 행하거나 현(현상)과 미(본질)가 두 갈래인 적이 없으니 말입니다. 양명이 전에 우리들과 강론한 바는 먼저 이에 힘을 쓰는 것일 뿐이니 저절로 원래 같지 않음이 없다 하겠습니다. 자재는 같지 않다고 여겼는데 진실로 자기 설이 있었으니 우리 형께서 반드시 깊이 터득하였을 것입니다. 곧 그 사이에 상세한 가르침을 아끼지 않고 저로 하여금 같고 다른 실상의 까닭을 궁구하게 하여서 '들에서 사람과 함께 하기를(同人于野)' 기다린다면 피차 유익함이 어떠하겠습니까?[56]

황관은 곁에서 치고 측면에서 습격을 하듯이 정이程頤의 『역전』을 애호하는 위교를 비평하였다. 곧, 우주 변역의 도를 인식하려면 반드시 심체로부터 착수하여서 마음바탕을 정밀하고 한결같이 하여야 비로소 때와 상황에 따라

---

56 『황관집』 권18 「복왕순보」 서2.

(隨時隨處) 순리를 따르고 변역하는(隨順變易) 도를 묵묵히 알고 체인할(默識體認) 수 있다고 보았다. 위교는 심체에서 착수해 들어가지 않고 다만 『역전』에 잠심하여서 역의 학설을 즐겼으니, 이는 심체를 밝히지 못하고 대본이 아직 서지 않았으며 용은 있으나 체는 없고 현과 미가 두 갈래인 것이다. 이는 황관이 역학에서 주륙 학문의 동이를 논변한 것으로서 왕도와 위교에 대해 한층 더 나아간 비평이다.

왕도와 위교가 여전히 회답을 거부했기 때문에 황관은 비평을 위교의 스승인 이승훈李承勛에게로 돌려서 중간에서 조정을 해달라는 부탁을 하려고 하였다. 손암遜庵 이승훈도 정주파의 중견 인물로서 정주파인 호세녕·위교·여우와 함께 '남도의 네 군자(南都四君子)'로 일컬어졌다. 이때 이승훈은 절강 안찰사로 재직하였는데 실제로 배후에서 위교와 왕도를 지지하였다.

황관은 그에게 길고 상세한 편지를 한 통 썼으나 뜻밖에도 돌이켜서 주륙의 학문을 변별하지 않는다는 자세를 내세웠다.

> 근자에 경사에서 벗들이 편지를 보내와 자못 학술의 동이를 논하였는데 왕백안(왕수인)과 위자재(위교)를 두고 시비를 하였습니다. 백안이 옳다고 하는 사람은 자재가 틀렸다 하고, 자재가 옳다고 하는 사람은 백안이 그르다고 합니다. 이와 같이 다른 물건이라면 같게 할 수 없습니다. 자재는 옛날에 공에게서 몇몇 글을 읽었으니 그 사람됨을 아실 터입니다. 백안은 제(緖)가 감히 좋은 점을 아부하지 않겠습니다만 그 학문이 고명하다고 하나 실은 독실한 학문입니다. 매양 마음의 꺼림칙함(心疚)을 제거하고 기질의 변화를 근본으로 삼으며, 정밀하여 잡스럽지 않으니 세속에서 비방하고 쑥덕이는 말과는 아주 다릅니다. 다만 아직 시험해본 바가 없어서 사람들이 혹 믿지 못하는 것입니다. 지난번 공이 저에게 말씀하시기를 "무릇 일

을 만나면 모름지기 자기 몸을 한쪽에 놓아둔다면 마땅히 쇄연灑然하게 그 이치를 스스로 터득할 수 있다."라고 하셨습니다. 저는 매양 몇 글자를 부적(數字符)처럼 외웠습니다. 그러다가 『주역』「간艮」 괘의 "등에서 멈추니 그 몸을 얻지 못한다. 뜰에서 행하니 그 사람을 보지 못한다(艮其背, 不獲其身. 行其庭, 不見其人)."라는 글을 읽은 뒤 공의 말씀이 유래가 있으며 실로 백안의 취지와 둘이 아님(無二)을 알게 되었습니다. 자재는 평소 공과 강론을 하였으니 학문의 근본이 의당 같지 않음이 없습니다. 대체로 모든 벗들이 공부에 힘을 쏟지 않고 다툼의 발단을 일으키기를 좋아하여서 선생님(添駕)께 의문을 제기하도록 함으로써 이런 결과에 이르게 하였으니 참으로 개탄스럽습니다. 옛날 이정二程의 학문은 염계濂溪(주돈이)와 같지 않은 듯하였고 이천(정이)의 말씀은 명도(정호)와 다름이 있는 듯하였으며, 소강절(소옹)과 장횡거(장재)의 발단은 이정과 같지 않은 듯하였으나 큰 근본은 같아서 서로 관찰하고 서로 성장하게 하여 끝내 같이 귀결하였으니 모두 좋은 학문을 잃어버리지 않았습니다. 그 밖에 사마온공司馬溫公(사마광, 1019~1086)·여동래呂東萊(여조겸, 1137~1181)·문언박文彦博(1006~1097)·한기韓琦(1008~1075)·부필富弼(1004~1083) 등 여러 공이 비록 공명과 도덕에 저마다 뜻이 있었지만 모두 깊이 교제하고 독실하게 마음이 맞아서 국가를 함께 구제하였으니 어찌 오늘날 걸핏하면 분리하는 것과 같겠습니까! 회옹(주희)과 상산(육구연)에 이르러서 비로소 다른 변론이 있었으나 역시 일찍이 서로 존중하지 않음이 없었습니다. 회옹의 문인에 이르러서는 오로지 간책簡冊을 일삼고, 자기를 버리고 남을 좇으며 문호를 다투어서 지금까지 전해졌으며, 모든 경전을 모아 편집하여서 거업擧業의 바탕으로 삼는 것이 마침내 천하에 가득차서 삼척동자도 모두 외우고 익히며 입에 올려서 읊조립니다. 혹 덕성에 미치면 곧 선禪이라고 지목하여서 덕성을 외물外物로 여기고 성인의 학문을 거친 자취로 삼아 도가 어두워지고 갉아 먹혀서 하나같이 이 같은 지경에 이르렀습니다! 옛사람의 이른바 묻고 배우는 것이 이런 것을 배우는 것일 뿐임을 도무지 알지 못하는데 배우되 덕성을 말미암지 않으니 무엇을 배우는 것입니까? 자재와 같이 현명한 사람이 어찌 의당 이러하겠습니까? 저는 반드시 그러하지 않음을 알고 있습니다. 하물며 배움을 할 때 이른 새벽 별빛이 희미할 때부터 함께 힘을 쏟고 함께 도모할 뿐만 아니라 오히려 쓸쓸히 떨어지고 닳아 없어지며 퇴락하여서 떨치지 못함을 근심하며, 하물며 의지가 독실하지 못하고 공부에 힘을 쏟지 못하면서 저마다 서로 배척하고 파괴하여서 상실하게 하여 실로 스스로 허물어버리는 것이겠습니까! 이 일은 관계된 것이 작지 않으니 구구한 주륙의 변별은 잠시 그만두는 것이 좋겠습니다. 주학이 과연 여기에 유익하다면 주자에게서 구하고, 육학이 과연 여기에 유익하다면 육상산에게서 구하면 되니 요컨대 모두 스스로 자기 몸에서 성취할 뿐입니다. 저는 깊이 아낌을 받아서 감히 이것을 아울러 언급합니다. 만약 자재에게 한 말씀 하시어 다만 천지를 도수로 삼아 저마다 그 뜻을 통하고 저마다 그 힘을 다한다면 이 도에 다행함이 어떠하겠습니까![57]

황관의 태도와 관점은 이미 암암리에 변화를 겪었다. 하나는, 주희와 육구연의 학문이 대본 상에서는 서로 같으며 비록 다른 점을 변론하더라도 서로 존중하였으니 모두 좋은 학문이 됨을 잃지 않았으며, 다만 나중에 회옹의 일반 문인과 후학이 자기를 버리고 대상을 좇으며 다투어 문호를 세워서 마침내 대도가 어둡고 좀먹혔으며 육학을 선학으로 지목하였다고 인식하였다.

---

57 『황관집』 권18 「복이손암서復李巽庵書」.

둘은, 주륙 학문의 조화에서 한 걸음 더 나아가 주륙 학문을 변별하지 않을 것을 제출하여서 기왕 주륙 학문이 대본에서 서로 같으니 이로 인해 주륙 학문의 동이를 쟁변하지 말고 '구구한 주륙의 변별은 잠시 그만두는 것이 좋겠다'고 하였다.

'변별이 없음(無辨)'은 양명의 일관된 주장이다. 그가 제출한 '주자만년정론'은 주륙 학문이 대본에서 서로 같다고 인식하고 구구한 주륙 학문의 변별은 논하지 않았다. 황관의 이 편지는 양명의 속마음을 이야기한 것이며, 양명이 『주자만년정론』을 쓰려고 한 까닭의 비밀을 말한 것임을 알 수 있다. 이 편지는 양명의 '주자만년정론'이 뒤를 이어서 등장할 것이라는 신호이며, 또한 범상치 않은 주륙 학문의 동이 논전이 뜻밖에 반대로 주륙 학문의 동이를 변별하지 않는 것으로 결말이 지어짐을 예시하고 있다.

황관의 이러한 논전의 태도와 관점의 변화는 그가 동시에 소예에게 보낸 편지에서 더 분명하게 표현되었다. 그는 소예에게 다음과 같은 편지를 보냈다.

…… 우리(吾人)의 학문은 오직 자득하여서 자기 몸에 성취하기를 추구합니다. 그러므로 "성실함은 스스로 성취하는 것이며 도는 스스로 길을 가는 것이다(誠者自成, 而道自道也)."라고 하였습니다. 사실은 세울 문호가 없고 드러낼 명성이 없으며 자랑할 공능이 없습니다. 주륙의 동이에 관여하는 것은 속학俗學과 같은 것이 있습니다. 진실로 추구하여서 내 몸을 성취할 수 있고 터득함에 유익하다면 비록 백가百家의 온갖 설이라 하더라도 모두 취할 수 있는데 하물며 주륙이겠습니까! …… 만약 여기에 주자가 유익하면 주자에게서 구하고, 육상산이 유익하면 육상산에게서 구한다면 어찌 피아 사이에서 주자와 육상산에 친소를 두겠습니까? 또한 저(僕)는 일찍이 주자의 글을 약 10년 동안 극력 탐구하여서 비록 낱글자의 은미함이라

도 반드시 서너 차례 곱씹어보았으니 지금 주석하고 교정을 본 원고본(本)과 편찬한 책 모두 증험할 수 있습니다. 청컨대 형은 우선 육상산의 글을 잠시 읽어보십시오. 오래 보아서 터득한다면 주자와 견주어 어떠하겠습니까? 또 염계·명도와 견준다면 어떠하겠습니까? 이는 알 수 있을 것입니다. 세상은 모두 육학이 덕성을 오로지하고 묻고 배움을 따르는 것을 언급하지 않았다고 하므로 선이라고 의심합니다. 무릇 그런 말이 있기는 하나 대체로 고찰하지 않고, 그 말을 외우는 자는 곧바로 선이라고 명명하여서 다시는 그와 더불어 논하지 않습니다. 이 때문에 덕성을 외물로 삼고 성학에 두 길이 있게 된 것입니다! 상산이 매양 선에 밝지 못하고 앎이 지극하지 못한 것을 마음의 근심으로 삼고 있었으니, 어찌 묻고 배움의 길을 따름이 없었겠습니까? 또 그의 말에 "글을 묶어두고 보지 않으면 담론을 하되 근거가 없다(束書不觀, 遊談無根)."라고 하였으니 어찌 사람들에게 글을 읽는 것을 가르치지 않았겠습니까? 다만 밝힌 바와 아는 바와 읽은 바가 남들과 다름이 있는데 배우는 사람이 대체로 생각하지 않을 뿐입니다. …… 또 듣건대 위자재 군은 학문과 행실이 특출하여서 제가 극히 우러렀으나 다만 때로 양명과 문호가 치달렸는데 저(淺陋)는 이런 점을 생각하면 근심과 슬픔을 견디지 못하며 오직 그 연고를 물어볼 길이 없음을 한탄할 뿐입니다. 그러나 이런 때 우리의 도를 추구함에 참으로 이른바 실처럼 끊어지지 않는다 하겠습니다. 해내海內에서 우리 무리와 같은 뜻을 지닌 자가 몇 명이나 되겠습니까? 다만 이 몇 사람은 또 이와 같이 분열한 뒤 기꺼이 한데 모여서 함께 갈고닦아 지극히 합당한 도리를 깊이 탐구하려 하지 않고 왕왕 스스로 높이고 스스로 멈추어서 돌이켜 서로 세속과 같이 기롱하고 풍자합니다. 어찌 우리 무리가 스스로 사도斯道의 한 맥을 파괴하는 것이 아니겠습니까? 양명은 평소 그 마음이 밝은 해와 같음을 알고 있으니 절대로 이런 일이 없습니다. 위 군은 비록 접하지 못하였으나 이손암李遜庵(이승훈)에게서 그 몇 편의 글을 얻어서 읽어보니 자기를 비우고 공평하고 관대하니 (平恕) 필시 이런 일이 없었음을 알겠습니다. 가만히 생각건대, 그 무리가 저마다 이기려는 마음을 지니고 혹 사사로이 품은 바가 있어서 (두 사람의 학설을 저마다) 교묘하게 덧붙이고 치밀하게 약탈하여서 유추하고 결부시키고 나누고 결합하여 (문호의 대립을 만들어내니) 마치 옛날 주륙의 문인들이 한때 저들끼리 유쾌하게 여긴 것과 같습니다. 이는 도리어 이 도가 천지를 채우고 옛날과 오늘날에도 존재하며 포괄하지 않는 사물이 없으며, 같지 않은 사람이 없음을 알지 못하는 것이니, (이 도를) 홀로 양명과 자재가 사사로이 부리고 상산과 고정이 (사사로이) 가질 수 있겠습니까? 우리 형은 기미幾微를 분명히 알고 있으며 몸이 그 사이에 거하니 어쩌면 이치에 맞는 한 마디를 하여서 함께 배우는 사람으로 하여금 우리 형처럼 현명하게 깨우치게 하는 것이 어떻겠습니까?[58]

「복이손암서復李遜庵書」와 「답소사억서答邵思抑書」는 황관이 양명을 대신하여 양경의 정주파들을 향해 터뜨린, 주륙 학문의 동이 논전을 멈추라고 하는 '휴전 선언(免戰牌)'이라고 할 수 있다.

이 논전에서 양명은 시작부터 기치도 분명하게 주륙 학문의 동이를 명료하게 변별할 것을 주장하였고, 마지막으로는 주륙 학문의 조화를 이루고 주륙 학문의 동이를 변별하지 않는 데에 이르렀다. 여기에는 말하지 않아도 분명한 원인이 있었다. 한편으로, 그의 심학사상은 양경의 보수적 정주파들의 견결한 견제와 반대에 맞닥뜨렸고 '공격하는 자들이 사방을 에워싸서' 그로

---

58 『황관집』 권18 「답소사억서答邵思抑書」.

하여금 정상적인 주류 학문의 논변을 전개할 수 없게 하였다. 또 한편으로, 그의 심학사상은 논전 중에 뭇사람의 표적이 되었는데 그를 향한 헐뜯고 비방하고 폄훼하는 말들이 흉흉하게 몰려 들어와 그의 심학을 선이라고 공격하였으며, 그가 유가의 성인 주희를 무함하고 훼손하며 육씨의 선학을 정통으로 받든다고 지적하였다. 다른 한편으로, 그가 유일하게 높여야 할 것으로 정해진 관방 정주 이학을 공공연히 비판한 일이 관방의 반감과 불만을 불러일으켜서 그의 심학은 '흠정'의 정주 이학과 서로 대항하는 '이학異學'으로 간주되었는데, 이는 양명에게 상당한 심리적 압박을 느끼게 하였다.

논전 중에 두 가지 상서롭지 않은 작은 일이 생겨서 양명은 진퇴양난의 곤경에 처하였다. 첫 번째, 정덕 10년 4월 조정에서 양경 관원의 고과를 매겼는데 감찰어사 방봉方鳳(1508, 진사)이 양명·여남·위교를 동시에 관각館閣(한림원)의 신하로 천거하였다.[59] 조정에서는 여남과 위교는 관각의 신하로 기

---

59 방봉, 『개정주초改亭奏草』 「위숭고학용정인이비성치사사爲崇古學用正人以裨聖治事」. "신이 남경 홍려시경 왕수인을 보니 성품과 자질은 침착하고 굳세며 학식의 연원은 매우 깊고, 충절은 험하거나 평탄하거나(險夷) 변하지 않으며, 재능과 꾀(才猷)는 분란을 구제할 만합니다. 한림원수찬으로 요양하고 있는 여남은 학행이 순수하고 밝으며 출처가 고결하고 수양이 깊어서 도량을 헤아릴 수 없으며 지조가 견고하여서 바꿀 수 없습니다. 병부직방청리사낭중兵部職方淸吏司郎中으로 요양하고 있는 위교는 품부받은 성품이 이미 꽉 찬 데다 학식이 더욱 깊으며 자기 수양에 실천의 공부가 있고 사물을 대응함에 헛되고 군더더기(虛餘)의 행실이 없습니다. 이 세 신하는 옛사람을 마음으로 사모하고 명망이 높으며 참으로 성대聖代의 어른(人瑞)으로서 사림의 스승(師式)입니다. 융숭하게 관각館閣의 임무를 맡긴다면 반드시 경건하게 교화를 펼쳐서 지치至治의 혜택을 널리 펼치고 경도經道를 지키는 인仁과 권도權道를 행하는 지혜가 반드시 심상한 자들과 아주 다를 것입니다. 신이 근래 왕수인을 보니 의론이 영발英發하고 정력이 강하며, 여남과 위교에 관해 들으니 전에 앓던 병이 더욱 나아졌으나 좋은 곳에 머물기 위해 병을 핑계로 고향에 기거하고 있다 하니, 일의 체모를 살피건대 마땅한 바가 아닌 듯합니다. 엎드려 바라건대 황상께서는 특별히 이부에 조칙을 내려서 세 신하를 차례를 뛰어넘어 기용하셔서……"

용하였으나 양명은 탈락시켰다. 이는 분명히 여남과 위교는 관방 정주 이학
의 '고학古學'을 존신한 반면 양명은 육씨 심학의 '이학異學'을 추숭하여서 조
정에서 깊이 꺼렸기 때문이다. 두 번째, 정덕 10년 4월에 어사 양전楊瑒(*백사
의 제자)이 양명을 남경 국자좨주로 천거하였다. 그러나 남옹南雍은 국가에서
정주 이학만 전수하고 교습하는 대본영이어서 교수로부터 제생에 이르기까
지 모두 일찍이 양명의 주류 학문 논전을 성난 눈으로 지켜보고 있었기에 육
학을 존숭하는 양명이 국자좨주로 부임하는 것을 거부하고 배척하였다. 조정
에서는 정주 이학을 존신하는 노탁魯鐸(1461~1527)을 최종적으로 국자좨주에
임명하여서 양명은 또 한 번 선발에서 탈락하였다.

이 두 사건은 양명이 남도에서 진행한 주류 학문의 동이 논전이 이미 조
정의 엄중한 관심의 대상이 되었으며 관방 정주 이학의 금망禁網을 저촉했음
을 분명히 나타내고 있다. 이는 바로 양명이 마지막으로 주류 학문의 동이를
명료하게 변별하는 데서 조화하는 데로 나아가고, '주자만년정론'을 제출하여
서 주류 학문의 동이를 소멸하려고 한 진정한 원인이었다. 그는 이러한 왜곡
과 흉험한 주류 학문 동이 논전의 곤경에서 급히 빠져나오려고 하였다. 공교
롭게도 이때 '공격하는 자들이 사방을 에워싼' 논전에 개입한 정주파의 중견
인물인 정동程瞳이 『한벽록閑辟錄』을 써서 양명에게 보내주었는데, 이는 반대
로 양명에게 『주자만년정론』을 지어서 주류 학문의 동이를 조화하고 소멸시
키도록 '영감'을 촉발하였다.

『한벽록』은 정동이 정덕 10년 4월에 쓴 책이다.[60] 그는 『한벽록』을 통해

---

60 정동의 『한벽록』은 정덕 10년 4월에 쓴 책으로서 『한벽록』 앞에는 정동의 「한벽록서閑辟
錄序」가 있는데 "정덕 을해(1515) 4월 기망旣望(16일)에 신안新安 정동이 서문을 쓰다."라
고 서명되어 있다. 양명의 「주자만년정론서朱子晚年定論序」에서 이르기를 "또한 개탄스럽
게도 세상의 학자들은 한갓 주자 중년의 미확정 설을 지키고서 다시 만년에 깨달은 이론

정민정程敏政의 『도일편道—編』 중 '주자만년정론'설을 힘써 배척하려고 하였다. 양명은 정민정의 『도일편』으로부터 깊이 영향을 받았으며 용장역에 폄적된 이래 '주자만년정론' 사상을 형성하였다. 주륙 학문의 동이 논전 가운데에서 그는 틀림없이 문인 제자와 회동하여서 자기 '주자만년정론' 사상을 정주파와 담론하였을 터인데 그 설은 이미 전파되었으므로 정동은 스스로 정민정의 '주자만년정론'설을 전문적으로 다룬(專攻) 『한벽록』을 양명에게 보내주었다. 이는 분명히 양명의 '주자만년정론'설을 우회적으로 다루는(旁攻) 깊은 뜻이 있었다. 양명은 당연히 정동이 『한벽록』에서 펼친 비판과 질책을 받아들이지 않았다. 공교롭게도 이 책은 반대로 때맞춰 정민정의 수법을 모방하여 『주자만년정론』을 지어서 이 주륙 학문 동이 논전의 분쟁을 종식시키도록 양명을 '일깨웠다(提醒).' 정덕 10년 11월 1일에 양명은 『주자만년정론』을 완성하여서 한편으로는 정동의 『한벽록』을 반격하였고, 다른 한편으로는 곧바로 주륙 학문 동이 논전의 결말을 스스로 선고하였다.

양명은 자기가 『주자만년정론』을 지은 까닭은 주륙 학문 동이 논전의 분쟁을 종식시켜서 '주자가 만년에 뉘우치고 깨달은 설을 취하여 『정론』을 편집하고 이로써 애오라지 분쟁을 풀고자 하였던' 것이라고 명확하게 말하였다. 그러나 그는 도리어 의도적으로 자기가 '주자만년정론'설이 정민정의 『도

을 추구할 줄 모르며 다투어 서로 와자지껄 떠들면서(競相吷吷) 정학正學을 어지럽힌다." 라고 하였다. 여기서 말하는 '서로 와자지껄 떠든' 사람으로는 먼저 정동을 가리키는데, 양명이 『주자만년정론』을 짓기 전에 이미 정동의 『한벽록』을 보았음을 알 수 있다. 또한 양명은 「여안지與安之」에서 말하기를 "근년에 황돈篁墩의 제공에게는 일찍이 『도일道—』 등의 서적(編)이 있었는데, 본 사람(見者)이 먼저 생각이 같은 사람을 편들고 다른 사람을 치려는(黨同伐異) 생각을 품었기에 끝내 받아들이지 못하고 도리어 격분하여서 성을(反激而怒) 냈습니다."라고 하였다. 여기서 말하는 '본 사람', '생각이 같은 사람을 편들고 다른 사람을 치려는 생각', '도리어 격분하여서 성을 낸' 이도 정동을 가리킨다.

일편」을 따다 쓴(襲用) 것이라는 사실을 숨겼고, 『주자만년정론』을 이용하여
서 주류 학문 동이에 대한 자신의 진실한 관점을 감추었다.

그는 「주자만년정론서朱子晚年定論序」에서 겉과 속이 다른 한 단락을 다음
과 같이 말하였다.

> …… 성인의 도는 큰길처럼 평탄하다. …… 유독 주자의 설에는 서로 버
> 성기고 거슬리는(牴牾) 것이 있었기에 항상 마음이 꺼림칙하여 현명한 주
> 자가 어찌 여기에서 오히려 살피지 못함이 있었는가 하고 깊이 의심하였
> 다. 유도(남경)에서 관직에 있으면서 다시 주자의 글을 취하여서 검토하고
> 연구한 뒤 만년에 본래 이미 옛 설의 잘못을 크게 깨닫고서 통렬히 뉘우치
> 고 극력 징치하여서 결국 스스로를 속이고 남을 속인(自誑誑人) 죄가 이루
> 다 속죄할 수 없다고 인정하기에 이르렀음을 알게 되었다. 세상에 전하는
> 바 『집주』,『혹문或問』 등의 부류는 바로 중년의 미확정 설인데, 스스로 허
> 물히여 구본舊本을 오류리고 여겨서 개정히러고 하였으나 미쳐 하지 못하였다.
> 그리고 여러 『어류語類』 등속은 또 문인이 승심勝心을 품고서 자기 견해를
> 덧붙였기에 본래 평소 주자의 설과 오히려 크게 어긋나고 틀린 것이다. 세
> 상의 학자들은 견문에 국한하여 이런 설을 곧이곧대로 따르고(持循) 강습을
> 하는 데 지나지 않는다. 깨달은 뒤의 이론은 대체로 아직 듣지 못하였으니
> 또한 내 말을 믿지 못하고 주자의 마음이 후세에 저절로 드러날 방법이 없
> 는 것도 이상할 것이 없지 않은가! 나는 이미 그 설이 주자에게서 어긋나
> 지 않았음을 스스로 다행히 여기며 또 주자가 먼저 나와 같은 생각(同然)을
> 했음을 기뻐한다. 또한 세상의 학자들이 한갓 주자 중년의 미확정 설을 견
> 지하고 다시 만년에 깨달은 이론을 추구할 줄 모른 채 서로 다투어 와자지
> 껄 떠들면서 정학正學을 어지럽히며 스스로 이미 이단에 들어갔음을 알지

못하는 사실을 개탄한다. 이에 바로 채록하고 끌어모아서 사사로이 이것을 동지에게 보인다. 거의 나의 설을 의심하지 않고 성학이 밝아지기를 또 바랄 수 있을 것이다.[61]

다만 양명이 「주자만년정론서」에서 말한 이 같은 내용은 육징과 설간이 그와 동시에 기록한 '전습어록傳習語錄'(*『傳習錄』 卷上)과 비교해보면 곧 「주자만년정론서」의 논조가 완전히 진실하지 않다는 것을 분명하게 간파할 수 있다. 육징과 설간이 기록한 전습어록에는 주학을 비판하는 격렬한 대화로 가득 차 있으며 아울러 자기 심학이 주학과 조화를 이룰 수 없는 한계를 명확하게 보여주었다. 양명의 반주학 입장은 털끝만큼도 흔들리지 않았으며, 생을 마칠 때까지 시륙반주是陸反朱의 비판적 태도를 견지하며 변하지 않았다. 이것이 바로 주학에 대한 양명의 진실한 관점과 태도이다.

양명은 『주자만년정론』을 쓰는 것과 동시에 스스로 고본 『대학』을 정하였고 「격물설」을 지었으며, 이것들을 담약수에게 헌정하였다. 이 『대학』과 「격물설」은 모두 주류 학문을 엄격하게 변별하고 주학을 비판하였는데 이것이 바로 양명의 진실한 관점이다. '주자만년정론'의 조화의 설은 그의 일관된 시륙반주의 심학 입장에 대한 일종의 가려서 꾸미고 핑계 대는 말에 지나지 않으며, 당시 정주파의 공격과 비난(攻訐), 그리고 자기가 관방 정주 이학의 금망을 범한 사실을 겨냥한 교묘한 자기 보호와 반어적 풍자였다.

양명이 '주자만년정론'을 제출한 진짜 목적은 주학을 육학화하여서 풀어 헤쳐버리고 육학을 존숭하려는 것에 지나지 않는다. 그는 서문에서 말하기를 주희가 "만년에 본래 이미 옛 설의 잘못을 크게 깨닫고서 통렬히 뉘우치

---

61 『왕양명전집』 권7 「주자만년정론서朱子晚年定論序」.

고 극력 징치하여서 결국 스스로를 속이고 남을 속인 죄가 이루 다 속죄할 수 없음을 인정하는 데 이르렀다."라고 하였다. 이는 분명히 양명의 '육학화한 주학'이라는 있지도 않은 허구(子虛烏有)로서, 바로 그가 「유해시」에서 허구로 '바다를 떠돌다 신선을 만난' 황당한 이야기를 꾸며낸 것과 같다. 이로 인해 그의 『주자만년정론』 역시 「유해시」와 마찬가지로 그의 논전에서 자기 보호와 정주파 '세유世儒'의 궤변을 반어적으로 풍자하는 말장난의 문자에 지나지 않는다. 양명이 스스로 자기 이야기를 이용한 것은 바로 '애오라지 이를 바탕으로 삼아 분란을 풀려는' 것에 지나지 않으니 본래 엄숙한 학술 저작으로 볼 수는 없다.

정민정은 '주자만년정론'설을 처음 꾸며낸 장본인(始作俑者, *이 설은 원말 조방趙滂의 주류이 '만년[暮歲]에 합병하였다'는 설로 거슬러 올라간다)이며, 양명의 『주자만년정론』은 정민정의 『도일편』을 그대로 이어받아서(承襲) 극단적으로 발전시킨 것이다. 정민정은 일찍이 홍치 2년(1489)에 쓴 『도일편』에서 주자만년정론의 설을 주장하여서 주류 두 하자익 사상이 '처음에는 달랐으나 끝에 가서는 같아졌다(始異而終同)'고 인정하였다. 『도일편』은 근거도 없이 주류 사상의 동이를 세 단계로 나누었다. 처음에는 숯과 얼음처럼 상반되었고(氷炭相反), 중간에는 의심과 믿음이 서로 반반(疑信參半)이었으며, 끝에 가서는 비녀장과 수레가 서로 의지하듯(輔車相依) 하여서 만년의 정론이 끝내 같아졌다고 한다. 이에 그는 주희의 문집에서 바람을 붙잡고 그림자를 붙잡듯이(捕風捉影) 편지 15편을 취하여서 이른바 주자만년정론의 설이 성립한 근거로 삼았다. 그러나 그는 이 편지 15편의 집필 연대를 고증하지 않아서 끝내 각 편지가 어느 때 쓰여졌고 주희가 만년에 무엇을 '깨달았으며(悟)', 어디에서 '같은지(同)'를 그 스스로 명확하게 설명할 방법이 없었다. 그러므로 주자와 육상산의 사상이 처음에는 달랐으나 끝에 가서는 같아졌다고 한 그의 설은 그럴듯하게 성립할 수 없는 황탄한 허구임을 한눈에 알 수 있다.

정동은 『한벽록』에서 주희의 이 편지 15편이 쓰여진 연대를 고증하여서 정민정이 고의로 서신의 집필 시기를 바꿨거나 아니면 초년의 편지를 만년에 배치하거나 만년의 언론을 초년의 언론으로 배치하였다고 지적하여서 그의 허구와 위조를 폭로하였는데, 실제로 이미 정민정의 주자만년정론의 위설僞 說을 뒤집어버렸으니 그의 잘못된 판정은 이미 판가름 난 것이다. 비록 이와 같다 하더라도 양명은 도리어 정민정의 주자만년정론설의 특별한 가치를 발견하였다. 그로서는 당장 정주파를 반격하고 주륙 학문의 동이 논전을 매듭 짓는 데 이용하기에는 좋은 점과 쓸모가 있었다. 그리하여 그는 여전히 정동의 비판을 회피하고 전반적으로 정민정의 주자만년정론설을 따와서 『주자만년정론』을 썼다.

양명의 '만년정론' 논조는 정민정에 견주어 더욱 멀리 나아갔다. 그는 주희의 문집에서 서신 34편을 취하고 이로써 한 걸음 더 나아가 자신의 설을 입증하고자 하였던 것이다. 이 34편 편지 가운데 8편은 정민정의 『도일편』과 같으며, 양명이 『도일편』을 그대로 따라 쓴 자취가 명료하다. 정민정의 주자만년정론설은 본래 허점투성이어서 공격하지 않아도 저절로 무너질 것이었기 때문에 양명의 『주자만년정론』은 정민정의 『도일편』을 따다 씀과 동시에 정민정 설의 두 가지 치명적인 오류를 그대로 답습하였다.

첫째, 정민정과 마찬가지로 양명은 34편의 서신이 쓰여진 연대를 고증하지 않았다. 생각건대 당연히 일괄적으로 주희 만년의 서신으로 단정하였으나 실제로 그 가운데 적지 않은 것이 주희 초년의 서신이며, 여기에 반영되어 있는 것은 초년의 사상이지 만년의 사상이 아니다. 초년의 서신을 이용하여 만년의 '정론'을 논증하는 것은 논리적으로 오류이며 통하지 않는다. 더욱이 주희의 문집에는 주희 만년에 쓰인 수백 수천의 서신 문장(*그리고 저작)이 많이 있으므로 주희 만년의 진실한 사상을 뚜렷이 간파할 수 있고, 근본적으로 주희의 만년 사상이 이미 육학으로 전향했다는 것은 존재하지 않는다. 양명은 주희의 이러한 많은 만년의 서신 문장에 반영된 진실한 사상을 돌아보지 않고 서신 몇 편을 취해서 사이비와 같은 '글자'를 지적하여 주희의 만년 사상이 이미 육학으로 전향했다고 간주하였다. 한 가지만 들어 말하고 나머지는 논하지 않으며, 사실을 돌아보지 않고 자기 억단으로 하는 이러한 수법은 논리적으로 역시 오류이며 통하지 않는다.

둘째, 정민정과 마찬가지로 양명은 다만 서신 34편을 나열하였을 뿐 분석하여서 논술하지 않았고, 각각의 서신이 결국 주희의 어떤 '정론'을 반영하고 있는지를 밝혀서 궁극적으로 주희가 육학의 어떤 사상으로 전향했는지를 지적하지 않았다. 실제로 주희 만년의 '정론'이 결국 어떠한 것이며, 주희가 만년에 결국 무엇을 '크게 깨달았는지(大悟)'에 대해서 양명은 종래 명확하게 말하지 않고 두루뭉술하게 이야기하여서 사람들로 하여금 확실히 알 수 없게 하였다.

본래 주륙 사상이 초년에는 다르고 만년에는 같다는 설은 자연 주희의 만년 사상이 이미 육학으로 전향하여서 육학과 서로 같다는 것을 가리킨다. 그리하여 양명이 말하는 주희의 '만년정론'은 응당 주희가 만년에 자기 주학을 포기하고 돌이켜서 육학을 정론으로 삼았다고 지적하는 것이다. 그러나 양명이 이를 위해 증거로 삼은 서신 34편에는 주희가 만년에 이미 육학으로 전향했다고 증명할 만한 것이나 주희가 만년에 육학을 크게 깨달았음을 증명할 만한 것이 한 편도 없다. 왜냐하면 주희의 서신에서 말한 '그 잘못을 자각했다(自覺其誤)', '스스로 뉘우쳤다(自悔)', '스스로 깨달았다(自悟)'라는 표현은 그가 어떤 한 가지 사물이나 어떤 문제에 대한 인식에서 변화의 수준을 말하는 데 지나지 않는다. 예를 들어 사서四書의 주석에 대해서도 주희의 인식은 끊임없이 변화하여서 이전 설의 잘못을 자각하고 꾸준히 옛 설을 수정하였는데, 그는 죽을 때까지 『사서집주』를 수정하였다. 어디에서 그가 육학을 크게 깨달았고 육학으로 전향했다고 할 수 있겠는가? 따라서 양명이 증거로 삼은 서신 34편은 기껏해야 어떤 한 가지 사물에 대한 주희의 전후 인식 변화의 수준을 증명할 수 있으며, 주희가 만년에 육학을 크게 깨닫고 육학으로 전향하고 육학과 같아졌다는 것은 전혀 증명할 수 없다.

결과적으로 이 서신 34편은 바라는 바와는 반대로 양명의 '주자만년정론'의 오류를 확실하게 증명하였다. 예컨대 양명은 주희의 「답하숙경서答何叔京書」 한 편을 다음과 같이 인용한다. "지난번 함부로 '지경持敬'의 설을 논하였는데 …… 흠부欽夫(장식)의 학문은 초탈하고 자재하여서 본 것이 분명하며 글귀에 얽매이지 않기 때문에 다만 당장에 착수할 곳이 확실합니다."[62] 주희의 이 서신은 건도 연간(1165~1173)에 쓰였으니 분명히 그의 초년 '주경主敬'의 깨달음을 말한 것이다. 그는 장식張栻(*장식의 '지경')의 영향 아래에서 이정二程의 "함양은 모름지기 경건으로써 하며 학문의 진보는 앎을 끝까지 이룸에 있다."라고 한 설을 크게 깨달아 자기 주학의 학문 대지(*敬知雙修)를 확립하였는데, 이때 육구연의 육학은 아직 형성되지 않았으니 어디에서 어떤 육학을 크게 깨달았으며 육학과 '같은(同)' 점이 어디에 있는가?

사실상 정반대로 주희의 '주경'은 공교롭게도 육구연의 '주오主悟'와 대립하며, 양명도 가장 격렬하게 주희의 '주경' 사상을 반대하고 비판했는데(*육징과 설간이 기록한 어록에 보인다), 양명이 『주자만년정론』에서 주희의 이 서신을 증거로 삼아 도리어 '주경'의 깨달음을 긍정하였으니 이는 자기가 자기 설을 공격하고 반대로 자기 설에 반역한 것이 아닌가? 그가 증거로 삼은 주희

---

62 『주문공문집朱文公文集』 권40 「답하숙경答何叔京」.

의 34편 서신에는 이런 종류가 많다.

『주자만년정론』이 정민정의 『도일편』에서 범한 두 가지 치명적인 오류를 그대로 답습하였기 때문에, 그가 공개적으로 『주자만년정론』을 간각한 일은 주류 학문의 동이 논전을 멈추게 할 수 없었을 뿐만 아니라 더욱 정주파의 맹렬한 공격을 불러일으켰다. 전덕홍은 「주자만년정론서」에서 최소한의 사실 마저도 살펴보지 않고 다음과 같이 말한다.

> 주자는 병든 눈으로 오랫동안 조용히 응시하다가 홀연 성학의 연수淵藪
> 를 깨닫고서 이에 중년의 저술이 자기를 그르치고 남을 그르쳤음(誤己誤人)
> 을 크게 깨달은 뒤 널리 동지들에게 알렸다. 스승(왕양명)이 열람하고서 자
> 기 학문이 회옹(주희)과 같음을 기뻐하여서 손수 한 권을 기록하였고 문인
> 이 이를 판각하여서 간행하였다. 이로부터 주자를 위해 동이를 논하는 자
> 가 적어졌다. 스승이 말씀하시기를 "뜻밖에도 이 도움 하나를 얻었다!"라
> 고 하였다.[63]

이렇게 스승을 위해 높이고 스승에게 부정적인 것을 꺼리는 과장된 꾸밈 과 헛소리는 사정의 진상을 덮어버렸다. 실제로 양명의 『주자만년정론』이 공 개적으로 간행된 뒤 믿는 자가 매우 적어졌고(寥寥無幾), 공격하는 자는 흉흉 하게 몰려들었다(洶洶而至). 정동이 잇달아 「주자만년정론고朱子晚年定論考」, 「주자조년정론朱子早年定論」, 「양명전습록고陽明傳習錄考」 등을 쓴 것과 마찬 가지로 공격의 창끝은 정민정의 『도일편』에서 양명의 『주자만년정론』과 『전 습록』을 향하였다.

---

63 『왕양명전집』 권3 「부록주자만년정론附錄朱子晚年定論」.

여우는 『성론』세 권을 써서 양명과 한 걸음 더 나아가 논변을 전개하였다. 『명사明史』「여우전余祐傳」은 다음과 같이 말한다.

> 여우의 학문은 스승의 학설을 묵수하였으며 …… 이때 왕수인이 『주자만년정론』을 지어서 그 학문이 끝내 존양存養으로 귀결된다고 하였다. 여우가 이르기를 "주자가 심학을 논함은 세 차례 변하였는데, 「존재기存齋記」에서 말한 내용은 바로 젊었을 때의 견해이며 연평延平(이통)을 만난 뒤 잘못을 깨달았고, 이후 남헌南軒(장식)에게서 오봉五峰(호굉)의 학문을 듣고서 그 언론이 또 한 차례 변하였다. 마지막으로 이발미발己發未發의 이론을 개정한 뒤 체용體用이 (한쪽으로) 치우치지 않고 동정動靜이 서로 그 공력을 다하였으니 이는 죽을 때까지의 정견定見이었다. 어찌 소년 시절의 확립되지 않은 견해에 집착하여서 만년의 설이라고 하는가?" 하였다. 변론이 나오자 왕수인의 무리가 논란을 할 수 없었다.[64]

왕순汪循은 「한벽변閑辟辨」을 써서 정동의 『한벽록』을 위해 성세를 키우고 곁에서 도와 세력을 크게(推波助瀾) 하였다. '요강삼렴姚江三廉'의 한 사람인 호탁胡鐸은 「이학변異學辨」을 써서 육학을 이학異學이라고 하며 전적으로 양명의 『주자만년정론』의 설을 공격하였다. 장문연張文淵(1499, 진사)은 『위도衛道』한 권을 써서 주학이 '육학화' 하지 못하도록 막았으며 양명의 '주자만년정론'의 설을 완전히 부정하였다.

하상박도 양명의 '주자만년정론'설의 오류를 통렬하게 지적하였는데 「저주성건록滁州省愆錄」에서 다음과 같이 말하였다.

---

64 『명사明史』권282 「유림儒林」.

주륙동이 논변은 전배에게 이미 정론이 있는데 그 글을 자세히 보면 마땅히 저절로 알 터이다. 지금 그 가운데 한두 군데 조금이나마 같은 점을 따서 보고는 마침내 회통시켜서 하나로 하려고 하였으니 이른바 그 뿌리를 재지 않고 끝을 가지런하게 하며 한 치(方寸)의 나무를 높은 다락만큼 크게 하려는 것이 아닌가? 근래 제공諸公이 힘써 상산의 학문을 부지하고 주자의 학문을 지리하다고 극력 헐뜯는데, 대체로 역시 평온한 마음과 평이한 기운으로 그 글을 세밀하게 보지 못했기 때문에 그렇게 하는 것일 뿐이다. 왕흠패王欽佩(왕위王韋, 1505, 진사)가 일찍이 나에게 말하기를 "주자가 저술한 여러 책은 혹 초기의 확립되지 않은 이론을 말한 것이 있고, 문인이 기록한 것으로서 그 뜻을 모두 터득하지 못한 것을 겸한 것도 역시 더러 있다. 우리 무리가 그것을 보고서 다만 좋은 것을 택하였다. 지금 왕양명은 오로지 좋지 않은 것을 택하여서 말을 하였으니 어찌 치우친 것이 아닌가?" 하였다.[65]

양명의 『주자만년정론』에 대해 가장 강력하게 비판한 사람은 나흠순이다. 그는 본래 남도에서 주륙 학문의 동이 논전에 뛰어들었는데 양명의 육학을 긍정하고 주학을 반대하는 그의 진실한 입장은 매우 분명하였다. 양명이 『주자만년정론』을 스스로 정한 고본 『대학』과 함께(*이 두 책은 모순, 대립한다) 나흠순에게 보냈을 때, 나흠순은 긴 편지 한 통을 써서 다음과 같이 날카롭게 비판하였다.

…… 또 『주자정론』의 편編을 상세히 살펴보니 대체로 중년(中歲) 이전의

---

65 『하동암선생문집』 권1 「저주성건록滁州省愆錄」.

견해는 참되지 않으며 만년에 이르러 비로소 깨달음이 있다 하여서 이에 그 학문을 논한 편지글(書尺) 서른 십수 권 가운데 이 30여 편을 따왔습니다. 그 의도가 모두 주로 내면을 향한 것은 이미 깨달은 나머지 터득한 것으로 여기어서 정론으로 단정하였습니다. 이는 그 택한 바가 마땅히 또한 정밀하겠으나, 모르겠습니다만 이른바 만년이란 것은 어느 해를 기준으로 단정한 것입니까? 파리한 몸이 더위를 이기지 못해 상세히 고찰할 겨를이 없었는데 우연히 하숙경何叔敬(하호何鎬, 1128~1175) 씨가 순희 을미년(1175)에 졸한 것으로 고찰하니 그때 주자 나이가 겨우 46세였고, 2년 뒤 정유년에 논맹論孟의 『집주』와 『혹문』이 비로소 성립되었습니다. 지금 하숙경에게 답한 편지에서 취한 것이 네 통인데 이것을 만년정론으로 여겼습니다. 『집주』와 『혹문』에 이르러서는 곧 중년 미정의 설로 여겼습니다. 아마도 상세한 고찰이 부족하고 입론이 지나치게 과감한 것이 아닐는지요! 또 취한 바 「답황직경答黃直卿」 편지 한 통은 감본監本에서 다만 '이는 종래 착오(此是向來差誤)'라 하였고, 별도로 '정본定本'이라는 두 글자가 없습니다. 지금 편집하여 간행한 것에는 이 두 글자를 더했으니 마땅히 별도로 근거가 있어야 합니다. 그런데 서문에서는 또 '정定' 자를 '구舊' 자로 바꾸었으나 본래 본本이라는 글자가 가리키는 바가 (정본이든 구본이든) 같은 것인지 자세히 알지 못하겠습니다. 주자에게 「답여동래答呂東萊」 편지 한 통이 있는데 일찍이 정본이라는 설을 언급하였으나 『집주』와 『혹문』을 가리키는 것은 아닙니다. 무릇 이는 제(愚)가 의심하지 않을 수 없으나, 돌아보건대 오히려 깊이 논하기에 족하지 않습니다.

가만히 생각건대 집사께서는 천부의 자질이 뛰어나며 날마다 새로워져서 그치지 않습니다. 지난번 황홀하게 깨달음이 있은 뒤 스스로 오경, 사자(사서)에서 입증을 하되 패연히 마치 장강과 황하를 터서 바다로 흘러들어가게 함과 같았다 하고 또 자세하고 분명하고 적확하여서 통연히 다시 의심할 수 없을 만하다고 하셨는데, 저(某)는 본래 허황한 말이 아님을 믿었습니다. 그러나 또 홀로 주자의 설과 서로 버성기다고 여기시니 이치로 헤아려보자면 혹시 이런 일이 있습니까? 다른 설은 잠시 감히 청하지 못하겠으나 일찍이 『주자문집』을 읽었는데 제32권이 모두 장남헌(장식)과 문답한 편지였습니다. 그 가운데 제4서는 역시 스스로 인정하기를 "그 실체에 있어서 마치 더욱 자세하고 밝은 것 같았으며 인하여 다시 여러 성현의 글과 근세 여러 노성한 선생들이 남긴 말씀을 취하여서 읽고 징험하니 또한 합치하지 않음이 하나도 없었습니다. 대체로 평소 의심한 바로서 다 아뢰지 못한 말씀은 지금 모두 안배하기를 기다리지 않아도 왕왕 저절로 쇄락함을 보이는 곳입니다."[66]라고 하였습니다. 집사께서 스스로 서문을 쓴 것과 한 마디도 서로 같지 않음이 없었습니다. 편지 가운데 본 바를 밝힌 것은 분명하지 않음이 아니나 권의 마지막 편지 하나는 강령을 펼치고 발휘함에 떨친(提綱振領)이 더욱 상세함을 다하였습니다. 가만히 생각건대 수천 성인이 서로 전승한 심학은 여기서 거의 나오지 않음이 없는데, 모르겠습니다만 무슨 까닭으로 유독 집사께서 취하지 않으셨는지, 역시 우연이 아니겠습니까? 만약 이 두 편지가 옳다고 한다면 『논어집주』, 『대학장구』와 『중용장구』, 『혹문』이 별도로 일반의 도리를 용납하지 않을 터이니 비록 혹 그 사이에 조금 출입이 있더라도 저절로 곳에 따라 분명히 변별함을 방해하지 않을 것입니다. 만약 합당하지 않다고 여긴다면 이는 집사의 자세하고 명확한 견해가 결코 주자와 다른 것입니다. 무릇 이 30여 편은 잠시 이것을 취하여서 선생님의 이론을 증명하는 것에 지나지 않으니, 이른

---

66 『주문공문집』 권32 「답장경부答張敬夫」.

바 '먼저 내 마음의 같은 바를 터득한 것(先得我心之所同然者)'입니다만 털끝 만큼이라도 같지 않은 것이 그 사이에서 빌미가 되어서 서로 버성겨서 큰 틈을 만드는 것이 있지나 않을지 어찌 알겠습니까! 그러한 까닭을 상세히 유추하지 않으면 안 될 것입니다.

또한 집사께서 주자 이후로는 다만 초려草廬 오씨(오징吳澄, 1249~1333)를 지지하여서 그 견해가 더욱 진실하다 여기고 그 한 가지의 설을 취하여 30 여 편의 뒤에 붙이셨습니다. 가만히 생각건대 초려의 만년 견해가 단적으 로 옳은지의 여부는 참으로 쉽게 알 수 없습니다. 대체로 우리 유학이 밝 고 밝게 말하는 바는 석씨釋氏 역시 매양 말하였으나 털끝만 한 차이가 바 로 여기에 있습니다. 곧 초려의 견해가 과연 우리의 이른바 밝고 밝은 것 과 부합한다면 40년간 문장의 의리를 깊이 연구한 효과가 거의 '진실하게 오래 힘을 쌓아서 활연관통한(眞積力久而豁然貫通)'것이 아님을 어찌 알겠 습니까? 대체로 명도(정호) 선생은 비록 고명하고 순수하였으나 또한 일찍 이 염계(주돈이)에게서 직접 가르침을 받고서도(親炙) 음풍농월의 취향을 드 러냈으며 역시 반드시 돌이켜서 육경에서 구한 뒤에야 터득하였습니다. 다 만 품수한 바가 태어나면서 알고(生知), 하나를 들으면 열을 아는(聞一以知 十) 것과 가까웠기에 다른 사람이 온 힘을 다하여서 연구하는 것과 같지 않았을 뿐이니, 또한 어찌 지난날 문장의 뜻을 연구하는 것을 그르게 여겨 서 이 굴레(科臼)에 떨어진 것을 뉘우쳤겠습니까? 물고기를 잡고 나면 통발 을 잊고(得魚忘筌), 토끼를 잡고 나면 올무를 잊어버려야지(得兎忘蹄) 물고기 와 토끼를 잡은 것을 자랑스럽게 여겨서 도리어 통발이나 올무를 뒤쫓아 따지는 것을 많이 일삼는다면 옳겠습니까? 그러나 세상의 한갓 연구를 일 삼으나 돌이켜서 그 설을 요약할 줄 모르는 사람은 이 말씀을 깊이 경계하 지 않으면 안 됩니다. 아니면 초려가 이미 밝고 밝은 것을 본 바가 있고 또

'잠깐 사이라도 끊어지지 않게 하는(不使有須臾之間斷)' 것을 거의 높이는 도리로 삼았다면 그 또한 옳습니다. 그러나 아래 글에서 이르기를 "내가 여기에 능하지 못함이 있으니 남에게 묻고 나에게 배워서 반드시 이르고자 한다."라고 하였는데, 잠깐이라도 사이가 끊어짐의 여부는 어찌 다른 사람이 더불어 할 수 있는 것이겠습니까? 또한 이미 높이는 도리가 여기에 있음을 알고 한 번이라도 사이에 끊어짐이 있다면 계속할 뿐, 또한 어찌 '능하지 못하다(未能)' 여겨서 별도로 배움을 두겠습니까? 이는 곧 도리를 봄이 본래 어려우며 도를 체득함이 더욱 어려운 것입니다.……[67]

나흠순은 양명의 『주자만년정론』에 대하여 정곡을 찌르는(中肯) 평설을 하였다. 양명은 답서에서 다만 두루뭉술하고 무력하게 변론하여서 해석하였는데, "그 『주자만년정론』은 대체로 역시 부득이해서 그러한 것입니다. 중간에 연령의 이르고 늦음은 참으로 고찰하지 못하였으니 비록 반드시 모두 만년에 나온 것이 아니라고 하더라도 대부분 본래 만년에 나온 것입니다."[68]라고 하였다.

가정嘉靖 연간(1522~1566) 중에 '학금學禁'이 일어남에 따라 다시 진건陳建(1497~1567)이 『학부통변學蔀通辨』을 지어서 정민정의 『도일편』과 양명의 『주자만년정론』에 대해 전면적으로 비판과 고증을 하여서 주륙 학문 동이 논쟁 중의 '기이한 안건(奇案)'을 매듭지었다. 이로 인하여 양명이 양경의 정주파와 벌인 주륙 학문 동이 논전은 논쟁이 된 그의 책 『주자만년정론』 때문에 최종적으로 실패하였으며, 역시 나중에 가정 '학금'의 흥기에 재앙의 씨앗을 묻어

---

67 『곤지기困知記』 부록 「여왕양명서與王陽明書」 1.

68 『왕양명전집』 권2 「전습록」 중 「답나정암소재서答羅整庵少宰書」.

둔 것이라 할 수 있다. 그러나 양명은 도리어 더욱 견고하고 흔들리지 않게 자기 심학의 길로 나아갔으며, 이러한 논전의 좌절을 겪은 뒤 자기반성을 진행하였다. 주학을 비판하는 자기 심학사상을 승화하여서 '양지'설을 깨닫는 새로운 길을 걸어가면서 '주자만년정론'의 구설을 버렸다. 만년에 이르러서 그는 『유해시』를 부정하여서 버린 것과 마찬가지로 『주자만년정론』을 부정하여서 버렸던 것이다.

불가사의하게도 나중에 전덕홍이 융경隆慶 6년(1572)에 양명의 전서全書를 편정할 때 뜻밖에 무어라 말할 수 없이 기묘하게 또 이 『주자만년정론』을 꼴사납게 『전습록』에 편입함으로써(*맨 마지막에 붙였다) 도리어 『전습록』에서 양명이 분명하게 주학을 비판한 심학의 칼끝을 폄훼하고 진상에 밝지 못한 후세 사람들로 하여금 양명의 '주자만년정론' 구설에 대한 인식을 오도하도록 하였다. 500년 동안 사람들은 결국 양명의 '주자만년정론'이라는 이미 해결된 과거의 공안을 두고서 분쟁과 논변을 전개하였는데, 이는 곧 희극적인 역사적 오해라고 말하지 않을 수 없다.[69]

자연히 경직된 보수적 관방 정주 이학에 대한 비판이라는 적극적 의의에서 볼 때 양명이 양경 정주파와 함께 주류 학문 동이 논전을 한 일은 도리어 거대한 영향과 효과를 불러일으켰다. 이는 정덕 연간(1506~1521) 이래 새롭게

---

69 지금 또 양명의 '주자만년정론'설을 일종의 '회통주륙會通朱陸', '화회주륙和會朱陸'의 사상으로 간주하는 사람이 있어서 그것을 원·명 이래 흥기하고 유행한 '회통주륙'의 사조에 귀결시키는데, 역시 착오이다. 양명의 '주자만년정론'설은 실질적으로는 일종의 시륙반주是陸反朱의 사상으로서 허구적으로 이른바 주자 만년 '정론'의 덮개 아래 육학으로써 주학을 반대하고, '주자로써 주자를 공격하며(以朱子攻朱子)', '양으로는 주자를 취하나 실제로는 주자를 억누르는(陽若取朱子而實抑朱子)'(*진건陳建의 말) 것이다. 양명의 심학은 바로 일종의 반주자학의 사상체계이며, 그는 일생 동안 주학을 비판하고 부정하는 관점을 견지했고 종래 '화회주륙', '회통주륙'을 하려고 하지 않았다.

일어난 심학파가 선비들의 두뇌를 금고禁錮한 관방 정주 이학의 통치 사상에 대해 제기한 제1차 공개적인 도전이라고 할 수 있다. 『주자만년정론』은 양명이 주류 학문의 동이에서 제기한 엄숙한 아카데미(經院) 식의 학술 토론이라기보다 차라리 그가 언어적 유희(調侃嘻嘲)의 필치로 보수적인 가소로운 정주파 '세유世儒'를 풍자하고 관방에 의해 신성하고 독존적인 우상이 되어버린 정주 이학의 금망禁網에 충격을 가한 것이라고 할 수 있다.

그가 '주자만년정론'설이라는 반어적 무기로 관방의 정주 이학에 제기한 도전은 비록 실패하였지만 이는 나중에 '양지'설이라는 비판적 무기로 관방 정주 이학에 도전을 하기 위한 발판이 되었다. 이러한 의미에서 양명이 '주자만년정론'설을 이용하여서 양경 정주파와 함께 진행한 주류 학문의 논전은 그 스스로 '주자만년정론'설을 초월하고 '양지' 심학이 탄생하도록 추동하였다고 할 수 있다.

용강龍江의 회합 :
심학적 『대학』 체계의 탄생

　실제로 남도에서 지녔던 양명의 주류 학문 동이에 관한 진실한 관점은 『주자만년정론』이 아니라 그와 담약수의 강학론도 중에 반영되어 있으며, 더욱이 그가 동시에 서문을 확정한 고본 『대학』과 그가 지은 「격물설」 가운데에 반영되어 있다. 정덕 9년(1514) 2월 저양의 회합 이후부터 양명은 담약수와 함께 중단했던 강학론도를 다시 시작하였다.

　동기董玘가 양명에게 쓴 편지에 따르면, 담약수가 경도에 돌아오자마자 양명은 곧 그와 서신을 왕래하며 토론을 전개하였다. 동기와 담약수는 동년이다. 그리하여 동기가 양명에게 쓴 편지에서 말한 바 "가르쳐주신 바, 자기를 책망하고 남을 책망한다는 설은 매우 공변되고 평이하여서 또한 묵묵히 지키려고 하나 마치 의론이 많은 것을 경계하시는 듯하니(所論責己責人之說, 甚公平, 且欲守黙, 若有戒於議論之多者)", "들은 것을 존중하고 아는 것을 지키되 반드시 같이할 필요는 없으며 서로 본 것을 귀하게 여겨야(尊聞守知, 要有不必同者, 善貴相觀)" 한다고 한 내용은 실제로 양명과 담약수 사이에 전개된 강학 논변에는 상호 간에 여전히 분기가 많았음을 은연중에 나타낸다. 두 사람의 성학 논변은 의구히 '처한 상황에 따라 천리를 체인함(隨處體認天理)'(*격물구리)

과 세 가르침(三敎)의 동근동원同根同源이라는 양대 문제를 둘러싸고 전개되었다.

담약수는 정월에 난계蘭溪를 지날 때 서안西安의 학생 난혜欒惠에게 성학 공부의 대요를 전수하였고, 아울러 그에게 남도에 가서 양명에게 배움을 묻도록 소개하였다. 담약수는 이 일을 다음과 같이 언급하였다.

> 감천자(담약수)가 교남交南에서 돌아오는 중에 난계를 지나가게 되었는데 서안의 난혜 자인子仁 생이 찾아와서 배움을 청하고 절浙의 물가(滸)로 가서 종유하려고 하였다. 감천자가 묻기를 "그대의 학문은 장차 고을의 착한 사람(鄕善人)이 되기 위함인가, 성인이 되기 위함인가?" 하였다. 난생이 한참 묵묵히 있다가 답하기를 "본래 장차 성인이 되기 위함입니다." 하였다. 감천자가 말하기를 "장차 성인이 되고자 한다면 반드시 기질의 변화를 추구해야 한다."라고 하였다. 난생이 말하기를 "요령이 있습니까?" 하고 물었다. 답하기를 "있다. 그대가 배움을 묻고자 하면 모름지기 나무 심기를 배우듯이 하여야 한다. 먼저 뿌리를 세운(立根) 다음 북돋고 물을 주어야(培灌) 한다. 뿌리가 자리를 잡지 못하면 물을 주어도 죽는다. 뿌리가 비록 자리를 잡았더라도 물을 주지 않으면 죽는다. 이런 까닭에 군자는 경건으로써 뿌리를 세우고, 묻고 배움으로써 생명을 번성하게 하며(敬以立其本, 問學以滋其生), (나무가) 생장하여 쉬지 않고, 쉬지 않으면 제어할 수 없으며, 제어할 수 없으면 변하고, 변하면 화한다. 군자는 이로써 덕을 성스럽게 하고 큰 사업을 낳는다. 공자가 이르기를 '서 있으면 그것(충신忠信, 독경篤敬)이 앞에 참여하여 있는 것을 보고, 수레에 있으면 그것이 멍에에 기대어 있음을 본다(立則見其參於前也, 在輿則見其倚於衡也).' 하였으니 이것은 기초를 세우는 방법(類)인가? 『역』에서 말하기를 '군자는 앞선 말과 지나간 행실을 많

이 알아서 덕을 쌓는다(君子多識前言往行, 以畜其德).' 하였으니 이것은 물을

주는 방법인가? 안과 밖을 함께 지탱하며 위로 하늘의 덕에 도달하고 그런

뒤에야 넉넉히 성인의 영역으로 들어간다(內外夾持, 上達天德, 夫然後優入聖

域).",라고 하였다.[70]

담약수가 말하는 기질 변화의 성학 공부는 큰 요점이 "경건으로써 뿌리를

세우고, 묻고 배움으로써 생명을 번성하게 하는" 것인데, 이는 역시 주희가

말하는 경지쌍수, 곧 함양은 모름지기 경건으로써 하며 학문의 진보는 앎을

끝까지 이룸에 있다는 것이며, 백사(진헌장)가 말하는 '묵좌징심, 체인천리'이

다. 주경징심主敬澄心과 격물치지의 관계는 '뿌리를 세움'과 '북돋고 물을 주

는 것'과 같은 안팎의 관계이다. 공자가 말한 "앞에 참여하고 뒤에 기대는(前

參後倚)" 것은 향내의 주경징심이다. 『주역』에서 말한 "앞선 말과 지나간 행실

을 많이 아는 것"은 향외의 격물치지이다. 향내의 묵좌징심과 향외의 수처체

인천리의 통일은 바로 안과 밖을 함께 지탱하고 성실함과 밝음(誠明)이 함께

진보하는 것이다. 그리하여 담약수가 말하듯이 "안과 밖을 함께 지탱하며 위

로 하늘의 덕에 도달하고 그런 뒤에야 넉넉히 성인의 영역으로 들어가는" 것

이다.

분명히 성학 공부의 대요에 대한 담약수의 이러한 전석詮釋은 여전히 백

사 심학에 대한 전석의 울타리를 벗어나지 못하였으며 일상생활에서(日用處)

처한 상황에 따라(隨事) 천리를 체인함을 해석하여서 향외의 격물구리格物求理

로 삼는 것을 견지하였다. 이는 바로 이치가 사물 가운데 있으며 상황에 나

아가 이치를 탐구하는 그의 격물설로서 양명의 정심구리正心求理의 격물설과

---

70 『천옹대전집泉翁大全集』 권31 「답문答問」.

서로 대립한다. 이러한 말은 담약수가 실제로 양명에게 들려주고자 한 내용이다. 난혜가 5월에 담약수의 이 가르침을 받들고 남도에 와서 양명에게 배움을 물었는데, 양명은 그와 함께 이 문제를 중점적으로 담론하였고 역시 담약수에게 (토론한 내용을) 들려주려고 하였다.

『전습록』은 양명과 난혜의 토론을 다음과 같이 기록하였다.

자인子仁(난혜)이 물었다. "'배우고 때로 익히면 또한 기쁘지 아니한가(學而時習之, 不亦說乎)?'라는 구절을 선유先儒(주희)는 배움이란 선각先覺의 행위를 본받는(效) 것이라고 하였는데 어떠합니까?" 선생이 답하였다. "배움이란 인욕人欲을 제거하고 천리天理를 보존함을 배우는 것이다. 인욕을 제거하고 천리를 보존함에 힘쓰면 저절로 바르게 된다. 여러 선각이 옛 풀이(古訓)를 고찰하여서 스스로 수없이 묻고 변별함(問辨), 사색, 존성存省, 극치克治의 공부를 하는 것이라 하였으나, 이 마음의 인욕을 제거하려 하고 내 마음의 천리를 보존하려고 하는 데 지나지 않는다. 만약 선각의 행위(所爲)를 본받는다고 한다면 다만 배움 가운데 한 가지 일을 말하는 것이니 또한 오로지 바깥에서 구하는 것과 같아진다. '때로 익힘(時習)'이란 앉았을 때 시동처럼 하는(坐如尸) 것은 오로지 앉음을 익히는 것이 아니라 앉았을 때의 이 마음을 익히는 것이다. 서 있을 때 재계하듯이 하는(立如齋) 것은 오로지 서 있는 것을 익히는 것이 아니라 서 있을 때의 이 마음을 익히는 것이다. '기쁘다(說)' 한 것은 '이치와 의리가 내 마음을 기쁘게 한다(理義之說我心)'고 할 때의 '기쁜' 것이다. 사람의 마음은 본래 저절로 이치와 의리를 기뻐하는데 마치 눈이 본래의 색을 기뻐하고 귀가 본래의 소리를 기뻐하는 것과 같다. 오직 인욕에 가려지고 얽매여서 비로소 기쁘지 않게 된다. 지금 인욕이 날마다 제거되면 이치와 의리가 날마다 푹 젖어들(洽浹) 터이니 어

찌 기쁘지 않겠는가?" 하였다.[71]

양명은 매우 분명하게 말하고 있다. 이른바 묻고 변별하며, 사색하고, 존
성하며, 극치하고, 익히고 배우는(習學) 등의 공부는 결코 바깥을 향하여 사물
의 이치를 격구格求함을 체인해나가는 것이 아니라 마땅히 안을 향하여 내
마음의 고유한 이치를 격구함, '내 마음의 천리를 보존함(存吾心之天理)'을 체
인하는 것이다. 이 때문에 '때로 익히는 것'도 향외의 격물구리가 아니라 때
로 마음속의 이치를 체인함을 익히는 것이며, 또한 '앉았을' 때에는 마음속의
이치를 익히고, '서 있을' 때에도 마음속의 이치를 익히며, '기뻐함'도 마음속
의 이치를 기뻐하는 것이다. 양명의 이와 같은 관점은 의심할 바 없이 담약
수의 '일상생활에서 처한 상황에 따라 천리를 체인하는' 격물설을 겨냥한 비
평이다.

나중에 난혜가 배움을 얻고 서안으로 돌아갈 때 양명은 이별시 네 수를
지어서 여전히 자신의 이러한 정심구리의 심학사상으로 난혜의 학문적 병폐
를 따끔하게 지적하였다.[72]

난자인의 운을 따서 송별하다, 네 수　　　　　次欒子仁韻送別四首

자인이 돌아가면서 자기 운을 써서 시 네 편을 지어서 화답해주기를 청하
였는데, 역시 말에 지나친 점이 있다. 대체로 자인의 병폐에 근거하여 약
을 쓴 것이니 병이 나으면 그 약을 버리라.

---

71 『왕양명전집』권1「전습록」상.

72 『왕양명전집』권20「차난자인운송별사수次欒子仁韻送別四首」.

子仁歸, 以四詩請用其韻答之, 亦言有過者, 蓋因子仁之病而藥之, 病已
則去其藥.

예로부터 공자는 말을 하지 않으려 했고   從來尼父欲無言

모름지기 믿으면 말을 하지 않아도 뛸 듯이 기쁘다네   須信無言已躍然

솔개가 날고 물고기가 뛰는 곳을 깨닫는다면   悟到鳶魚飛躍處

공부는 원래 묵은 책에 있지 않다네   工夫原不在陳編

마음을 지니고 보존하여 기름은 본래 선이 아니니   操持存養本非禪

굽은 것 바로잡으려다 지나치게 치우침 어찌 알겠는가!   矯枉寧知已過偏

이 일은 뿌리에서 시작해야 하니   此去好從根脚起

백척간두에서 앞으로 나아가려 해서는 안 되네   竿頭百尺未須前

촌사람 본래 시 읊기를 좋아하지 않음은 아니나   野夫非不愛吟詩

시를 읊으려 하면 생각이 어지러워지네   才欲吟詩卽亂思

성정이 푹 젖어 잠긴 곳을 알지 못하면   未會性情涵泳地

「주남」「소남」도 도리어 음란한 말이 되네   二南還合是淫辭

길에서 듣고 길에서 전함이 그림자와 메아리보다 앞서고   道聽塗傳影響前

가련하게도 학문이 끊어져 마침내 여러 해 되었네   可憐絶學遂多年

모름지기 입을 닫고 숲속에 앉았으니   正須閉口林間坐

청산이 말을 알아듣지 못한다 말하지 말라   莫道靑山不解言

"길에서 듣고 길에서 전함이 그림자와 메아리보다 앞서고"라는 구절은 마치 난혜가 이에 앞서 난계에서 오는 도중에 들었던 담약수의 가르침을 은연중 가리키는 듯하다. 양명은 여전히 연비어약鳶飛魚躍의 마음의 깨달음(心悟)을 강조하고 '묵은 책' 속의 격물구리를 반대하였으며, 묵좌징심과 체인천리의 조지존양操持存養은 결코 '선禪'이 아니며, "성정이 푹 젖어 잠긴 곳을 알지 못하는"바 상황에 처함에 따라 천리를 체인함은 바로 '음란한 말, 어지러운 생각'임을 강조하였다. 양명과 담약수 두 사람은 서로 남북으로 멀리 떨어져 있었기 때문에 그들은 이때 대부분 이러한 교류와 논변으로 양측 사상의 동이를 평설하였다.

바로 난혜가 찾아와서 양명에게 배움을 물음과 동시에 백사의 제자 장후張詡도 남도에 와서 양명을 만나 보았다. 양명은 장후의 심학을 인정한 뒤 "강배에서 만나 이야기 나누고 십 년이 지났는데 풍진 세상 사십 년의 잘못을 이제야 깨닫네(江船一話十年闊, 塵夢今驚四十非)"라고 탄식하였다. 이는 장후도 삼교동원합일설三教同源合一說을 주로 함으로써 양명과 사상이 서로 합치했기 때문이다.

담약수는 6월에 예기치 않게 장후가 졸하였을 때 「해가사薤歌辭」 한 편을 써서 장후의 삼교동원합일설을 다음과 같이 비평하였다. "해가薤歌는 감천자가 지은 장 선생에 관한 사詞이다. 동소東所(장후)는 나이 60에 지혜와 성품이 고명하였다. 백사의 문을 드나든 지 2, 30년 동안 배움을 묻지 않았던 적이 없었다. 성품과 지혜가 뛰어났으며, 스스로 이르기를 홀로 합하여서 같게 하였다고 하며 삼교동일의 도를 언급하기까지 하였다. 한 시대의 사우가 그대의 견해를 바꿀 수 없었다."[73] 담약수가 장후의 '삼교동일의 도'를 비평한 것

73 『천옹대전집』 권55 「해가사薤歌辭」.

은 의심의 여지 없이 양명의 삼교동근동원설을 부정한 것이다.

7월에 이르러 정일초鄭一初(1476~1513)가 항주에서 졸하였을 때 양명은 「제정조삭문祭鄭朝朔文」을 지어서 정일초의 사상이 이미 양명의 심학으로 전향했으며 '옛날에는 헤매었지만 지금은 깨달은(昔迷今悟)' 제자가 되었음을 인정하였다.

> 그대는 일찍이 나에게 묻기를 성학聖學은 이를 수 있는가 하였소. 나는 말하기를 그러하니 생각을 이기면 바로 그것이라 하였소. 밤낮으로 숨겨진 말과 깊은 뜻을 쪼개어서 근본을 탐구하고 근원을 궁구하였소. 그대는 기뻐서 나에게 말하기를 옛날에는 헤매었지만 지금은 깨달았고 옛날에는 수많은 갈림길에 빠졌지만 지금은 큰길로 간다 하였소. 아! 끊어진 학문이 이제 몇 년이런가![74]

담약수도 「자파자전紫坡子傳」 한 편을 지어서 정일초가 옛 학문을 버리고 양명을 따라 배웠음을 인정하였다. "어사御史가 되자 사람들은 모두 의기양양하였는데 홀로 먼저 양명 선생을 섬기며 스스로 스승을 얻었다고 여겨서 옛 학문을 버리고 그에게서 배웠다." 이는 양명의 심학에 대한 긍정이다. 그러나 그는 자기의 사상이 잘못되지 않았다고 여겼으므로 정일초의 맏아들 정대륜鄭大崙을 콕 집어서 자기를 따라 배우게 하였다. "대륜은 감천자를 따라 놀았는데 역시 배움에 뜻을 두었다."[75] 이는 그의 사상과 양명의 사상이 일치함을 표명하려는 데 뜻이 있었다.

---

74 『왕양명전집』 권25 「제정조삭문祭鄭朝朔文」.

75 『천옹대전집』 권56 「자파자전紫坡子傳」.

그러나 심학에 대한 '성학聖學'의 인식상에서 볼 때 담약수가 두 사람이 견지한 심학사상의 '같은 점'을 논변하는 데 착안하였다면, 양명은 두 사람이 견지한 심학사상의 '다른 점'을 논변하는 데 착안하였다. 그리하여 담약수는 논변하는 중에 양명의 삼교동근동원 사상을 포착하여서 비평을 전개하였고, 양명은 담약수의 처한 상황에 따라 천리를 체인하는 사상에 착안하여서 비평을 전개하였는데, 서로 맞서며 물러서지 않았다.

9월에 이르러 남경 병부주사 노영路迎이 업무로 북상하여 서울에 들어와서 담약수를 예방하려고 하였다. 노영은 양명이 홍치 17년(1504)에 산동의 시험을 주관하였을 때 녹취한 거자인데, 양명은 서울로 가는 그에게 이 기회를 이용하여 송별의 글을 한 편 지어서 다음과 같이 말하였다.

> 빈양賓陽(노영)은 자질이 아름답고 도를 가까이함이 본래 내가 소망하던 바입니다. 어제 길을 떠나게 되어서 반드시 한마디 말을 듣고자 하였으니, 이로써 빈양이 독실하게 배움을 좋아함을 알 수 있습니다. 얕고 비루한 나의 견해는 빈양을 위해 이미 다 말하였습니다. 군자의 학문은 비유하자면 나무를 심는 것과 같아서 처음에는 좋은 씨앗을 구해서 뿌리고 넉넉히 물을 주고 김을 매고 수확의 감소(淺收)를 방지하며, 해충과 짐승(蝥蠚)을 물리쳐서 무성하게 우거지고 가지가 뻗으면 더 이상 힘을 쓰는 바가 없게 됩니다. 지금 좋은 씨앗을 뿌리지 않은 채 절절하게 날마다 싹이 트고 이삭이 패어서 꽃이 피고 열매를 맺어 수확하는 일만 강구하고 추수를 바라는 것은 밥을 얻기 위한 도리에서 멉니다(今佳種之未播, 而切切然日講求於苗秀實獲之事, 以望有秋, 其於謀食之道遠矣). 빈양은 어떻게 생각하십니까? 북으로 가면 감천을 만나서 마침내 이런 뜻을 질정할 수 있을 것입니다. 따로 쓴 글(外書) 석 장(三紙)은 종자를 시켜서 검사하여 넣게 하십시오.

수인이 빈양 사마司馬 도계道契 문시文侍께 머리를 조아립니다.

9월 8일.[76]

양명이 노영에게 주는 이 말은 분명히 담약수더러 보라고 쓴 글이다. "따로 쓴 글 석 장"이란 아마도 담약수에게 따로 써준 편지 한 통일 것이다. 양명이 글 가운데에서 말한 "좋은 씨앗을 구해서 뿌리고 넉넉히 물을 주고 김을 매고"의 비유는 바로 처한 상황에 따라 천리를 체인하는 담약수의 사상에 대하여 비평한 말인데, 담약수는 이치가 내 마음에 있음을 알지 못하고서 사물 가운데 있다고 여겨 일상생활에서 처한 상황에 따라, 때에 따라, 사태에 따라 천리를 체인하기 위해 급급하였으니, 이는 바로 "좋은 씨앗을 뿌리지 않은 채 절절하게 날마다 싹이 트고 이삭이 패어서 꽃이 피고 열매를 맺어 수확하는 일만 강구하고 추수를 바라는 것으로서 밥을 얻기 위한 도리에서 먼" 것과 같다고 여겼다.

양명의 비평은 담약수의 심학사상의 고질병을 곧바로 공격하여서 담약수에게 매우 큰 충격을 안겨주었다. 그리하여 담약수는 노영이 서울을 떠나 남도로 돌아갈 때 신경을 써서 다음과 같이 「증병조노군빈양환남도서贈兵曹路君賓陽還南都序」 한 편을 지어 주었는데, 실제로는 양명의 질의에 대한 회답이었다.

옛날에 도를 행하는 일은 드넓고 순수(渾渾)하였는데 지금 도를 행하는 것

---

76 『옥홍감진속첩玉虹鑒眞續帖』 권8 「왕수인여빈양사마서사통王守仁與賓陽司馬書四通」 1. 살피건대 이 글의 원래 제호는 '여노빈양서일與路賓陽書一'인데, 옳지 않다. 글에서 서술한 내용을 살펴보면 이는 북상하여 경사로 가는 노영을 위해 양명이 이별에 임하여 지어서 증정한 글이다.

은 말다툼(斷斷)만 일삼는다. 도란 천하의 공변된 것이며 사방으로 이르는 큰길이다. 지금 길을 가면서 동쪽으로부터 온 사람은 서쪽에서 온 사람을 비난하고 서쪽으로부터 온 사람 역시 동쪽에서 온 사람을 비난하고 있는 줄을 모르니 옳은 일인가? 대도를 달관한 사람은 이르는 곳이 하나이니 말은 비록 다르게 세워도 이치는 다름이 없으며 실행에는 달리 들어가도 이르는 것은 다름이 없다. 옛날의 학자는 전수하되 의론하지 않았고 행하여서 같음에 이르렀다. 색은 서로 받아들이고 뜻은 서로 전하고 좋은 일은 서로 보고 화목은 서로 함께 먹고 마시고(飮) 덕은 서로 감화하여서 길은 달라도 귀결은 같았으며 온갖 사려가 하나로 일치하였으니, 그러므로 드넓고 순수하다고 하는 것이다. 도는 하나일 뿐이다. 보고 듣고 말하고 행동하는 것이 모두 마음이다. 감정과 본성의 은미하고 드러남은 같은 근원이다. 안팎의 움직임과 고요함은 한 이치이다(夫道, 一而已矣. 視聽言動, 皆心也. 性情微顯, 同原也. 內外動靜, 一理也). 이런 까닭에 앎이 이름은 지혜에 보존되고, 묵묵히 성취함은 덕에 보존되고, 감화하여서 마름질함은 의리에 보존되고, 체득하여서 다함은 마음에 보존되고, 넓게 통함은 공변됨에 보존되고, 숨되 번민하지 않음은 온축됨에 보존되고, 이끌어서 서로 따르고 바로 잡아서 갈래지지 않는 것은 사우師友에 보존된다. 그러므로 말다툼을 하는 자는 저마다 한 방향으로 나아가되 스스로 사사로운 견해에서 말을 하며 대도를 보지 못하는 자이다. 나의 벗 노빈양 군이 남도에서 벼슬을 하고 공부를 하였는데 뜻이 독실하고 행실이 확고하며, 감천자와 금대金臺(북경)에서 서로 만난 뒤 지금 남쪽으로 돌아간다. 남쪽에는 많은 학자들이 있는데 나는 그들이 말다툼할 것을 두려워하여서 빈양에게 말을 증정하니 대부분 내 말을 듣는 자는 말다툼하는 말이 혹시라도 멈추기를 바란다(南中多學者, 然吾懼其斷斷, 故有以贈賓陽, 庶聞吾言者, 斷斷之說或息). 말다툼하는 말이

멈추지 않으면 드넓고 순수한 도가 드러나지 않는다.[77]

담약수의 이 서문은 의도적으로 양명이 보게끔 쓴 글이다. 그가 말하는 "남쪽에는 많은 학자들이 있는데 나는 그들이 말다툼할 것을 두려워하여 빈양에게 말을 증정하니 대부분 내 말을 듣는 자는 말다툼하는 말이 혹시라도 멈추기를 바란다"라고 한 구절은 말다툼과 논전을 좋아하는 남도의 일반 정주파 선비들을 가리켜서 한 말인데, 다만 은연중에 양명도 그 안에 포함시켰던 것이다.

양명이 그에 대해 "좋은 씨앗을 뿌리지 않은 채 절절하게 날마다 싹이 트고 이삭이 패어서 꽃이 피고 열매를 맺어 수확하는 일만 강구"한다고 비평한 말을 겨냥하여서 담약수는 회답하기를 "도는 하나일 뿐이다. 보고 듣고 말하고 행동하는 것이 모두 마음이다. 감정과 본성의 은미하고 드러남은 같은 근원이다. 안팎의 움직임과 고요함은 한 이치이다."라고 하였다. 이는 천하의 이치는 한 도이며 마음은 한 이치를 갖추고 있으며, 보고 듣고 말하고 움직이는 것과 성정의 은미하고 드러남과 안팎의 움직임과 고요함이 모두 마음속의 이치를 체인하고 격구格求하는 데 있음을 인식하는 것이다. '안의 고요함(內靜)'은 바로 묵좌징심이며, '밖의 움직임(外動)'은 바로 수처체인천리이다. 그러나 마음 바깥에 이치가 없고 마음 바깥에 사물이 없으며 안팎이 한 이치이기 때문에 처한 상황에 따라 천리를 체인함은 실제로는 마음속에서 진행하는 것이며 역시 마음속의 이치를 체인하는 것이지 결코 향외의 격물구리가 아니다. 그리하여 "안팎의 움직임과 고요함은 한 이치"라고 말한 것이다.

분명히 담약수는 '수처체인천리'에 대해 백사와 다른 새로운 해설을 하였

---

77 『천옹대전집』 권15 「증병조노군빈양환남도서贈兵曹路君賓陽還南都序」.

으니, 마음속의 이치를 체인하는 것으로 해석하여서 자신의 '수처체인천리'를 변호하였으며 양명의 정심구리 사상과 일치를 얻었다. 담약수의 이 변설은 비교적 완곡하고 두루뭉술하지만 양명은 그의 고심을 읽고 파악하여서 담약수의 '격물' 사상이 이미 자신을 향해 매우 가까워졌음을 간파하였다.

그리하여 양명은 담약수의 이 서문을 읽은 뒤 오히려 이 서문을 위해 발문을 써서 다음과 같이 담약수를 칭찬하였다.

> 빈양(노영)이 이 두루마리를 나에게 보여준 뒤 한마디 덧붙이기를 청하였다. 담자湛子(담약수)의 설은 상세하여서 내가 말하고자 한 내용을 이미 다 말하였으니 무엇을 덧붙이겠는가? 비록 그러하나 나는 일찍이 입지立志의 설을 말한 적이 있으니 과연 내 말을 좇아서 지키고 따른다면 담자의 설도 그 가운데 있을 터이다. 말이 사람에게 선을 열어 보임은 마치 길 잃은 사람에게 길을 가리키는 것과 같아서 이르는 것은 그 사람에게 달려 있지 길 잃은 사람에게 길을 가리켜준 사람이 간여할 수 있는 바가 아니다(夫言之啓人於善也, 若指迷途, 其至之則存乎其人, 非指迷途者之所能與矣). 공자가 이르기를 "인을 함은 나로 말미암는 것이니 남을 말미암겠는가(爲仁由己, 而由人乎哉)!" 하였다. 빈양이 거기에 힘쓴다면 내 말은 일삼을 바가 없다.[78]

양명은 노영과 담약수 모두 길을 잃고 돌아올 줄 모르는 사람으로 간주하였다. "말이 사람에게 선을 열어 보임은 마치 길 잃은 사람에게 길을 가리키

---

78 『옥홍감진속첩』 권8 「왕수인여빈양사마서사통」 3. 이 글은 서신으로 비정하고 있는데 잘못이다. 나머지 세 글에 근거하면 이 글은 담약수의 「증병조노군빈양환남도서」를 위해 지은 발문이며, 응당 제호를 「발감천증병조노군빈양환남도서후跋甘泉贈兵曹路君賓陽還南都序後」로 하여야 한다.

는 것과 같아서 이르는 것은 그 사람에게 달려 있지 길 잃은 사람에게 길을
가리켜준 사람이 간여할 수 있는 바가 아니다"라고 한 말은 겉으로는 노영을
가리키고 속으로는 담약수를 가리킨다.

양명은 담약수의 서문을 보고서 그의 사상이 이미 느슨해졌음을 간파하
였다. 그리하여 양명은 그를 향해 계속 사상의 진공進攻을 전개하였다. 정덕
10년(1515) 2월에 담약수는 모친상을 당하여 서울에서 영구를 모시고 남쪽으
로 돌아가다가 남경에 도착하였다. 양명이 용강관龍江關에서 맞이하여 조문
을 하였는데, 두 사람은 1년 뒤 다시 재회하게 되었던 것이다. 그러나 이때
용강에서의 만남은 이미 저양의 회합과 견주기에는 그 의의가 훨씬 컸다. 양
명은 이 용강의 회합을 위해 공을 들여서 준비하였다. 그는 전면적으로 『대
학』 사상을 총결하였는데, 먼저 새롭게 고본 『대학』의 서문을 확정하였으며
그런 다음 또 「격물설」을 지어서 상견할 때 꺼내 보이고 토론할 생각이었다.
고본 『대학』과 「격물설」은 서로를 보완하고 서로를 성취하게 하며 서로를 더
욱 빛나게 하고 주련벽합珠聯璧合하여서 양명 스스로의 독특한 신하저 『대
학』 사상체계를 구성한다. 그는 고본 『대학』을 텍스트(文本) 전석의 근거로 삼
았으며, '격물'설로부터 들어가서 향내적 정심구리의 『대학』 체계를 구성하였
다. 이로써 담약수의 향외적 '수처체인천리'의 격물설과 함께 논변을 전개하
였다.

용강의 회합은 『대학』 '격물'설의 한차례 논변 모임이었는데, 양명은 명확
하게 다음과 같이 말하였다.

> 지난번 용강의 배에서 논변을 함에 역시 『대학구본大學舊本』 및 「격물」의
> 여러 설로 나아간 적이 있었습니다. 형이 그때는 아직 옳다고 인정하지 않
> 았고 저(僕)도 결국 다시 떠들지 않은 까닭은 형이 오래지 않아 스스로 당

연히 이에 대해 석연하게 되리라 알고 있었기 때문입니다.[79]

양명이 정한 고본 『대학』은 주희가 정한 신본 『대학』을 뒤집은 것이었고, 양명이 쓴 「격물설」은 주희가 보충해 넣은 「격물장格物章」을 뒤집은 것이었다. 이는 전혀 새로운 심학의 『대학』 사상체계로서 양명은 분명히 이를 이용하여서 300년 동안 관방이 흠정하고 높이 받든 주희의 경전인 『대학』의 사상체계를 대체하려는 깊은 뜻을 가지고 있었다.

주의할 만한 점은 다음과 같다. 양명은 용장역에 있을 때 이미 스스로 『대학고본』을 정하였으며, 이때(정덕 10년) 실제로는 새로 『대학고본』을 다시 정하였고 『대학고본』을 위해 서문을 지었다. 이 서문은 당연히 『대학고본방석大學古本傍釋』에 들어 있는 서문이며 원래의 이름은 '대학고본서大學古本序'이다.[80] 용강의 회합에서 양명이 담약수에게 증정하여 보여준 『대학고본』에

---

79 『왕양명전집』 권4 「담감천答甘泉」.

80 『대학고본방석大學古本傍釋』의 서문은 원래 모두 '대학고본서大學古本序'라 하였고, 종래 '대학고본방석서大學古本傍釋序'라고 하지는 않았다. 예를 들어 『왕양명전집』 권7에 이 서문을 저록하였는데 제목이 '대학고본서'이다. 양명 본인도 이 서문을 언급하였는데 똑같이 '대학고본서'라 하였다(*『왕양명전집』 권2 「기설상겸寄薛尙謙」, 권27 「여육청백서與陸淸伯書」 등에 보인다). 현재 여산廬山 백록동서원白鹿洞書院에 보존되어 있는 양명 필적의 『대학고본』 석각은 양명이 정덕 10년(1515)에 서문을 정한 『대학고본』이다. 이 서문은 양명이 직접 쓴 '대학고본서'로서 따로 '대학고본방석서'를 쓰지는 않았다(*손가화孫家驊의 『백록동서원비각마애선집白鹿洞書院碑刻摩崖選集』에 보인다). 나흠순 역시 최초로 이 서문을 본 뒤 '대학고본서'라고 일컬었다(*「곤지기」 3속續 제20장 및 부록 「여왕양명서與王陽明書」에 보인다). 『왕양명전집』 권32 「보록補錄」에 이 서문이 저록되어 있는데, 제목이 '대학고본원서大學古本原序'로 되어 있다. 이것으로도 이 서문은 양명이 바로 정덕 10년에 서문을 정한 『대학고본』에 지은 서문이므로 '대학고본서'라고 일컬었음을 충분히 증명할 수 있다. 정덕 13년에 양명은 이 서문을 정한 고본을 보완하여서 '방석傍釋'을 지었으나 다만 전면에 여전히 '대학고본서'라는 원래의 이름을 그대로 두었으며, 아울러 결코 '대학고본방석

는 바로 이 서문이 실려 있었으며 양명의 『대학』 사상체계를 정확하고 요령 있게 개괄하였다.[81] 양명의 이 「대학고본서」는 그의 심학 『대학』 사상체계의 탄생을 선포한 글이며, 또한 300년 동안 주희 이학의 『대학』 사상체계가 종결되었음을 선포하는 글이라고 할 수 있다.

서문의 창끝(矛頭)은 바로 주희의 『대학』 사상체계를 직접 겨냥하였다. 이른바 '사람들이 바깥에서 구하는(人之求之於外)' 것이란 바로 주희의 향외 격물구리를 가리킨다. 이른바 '구본의 쪼갠 것(舊本析)'이란 바로 주희의 『대학신본』이 억지로 경經과 전傳을 나눈 사실을 가리킨다. 이른바 "성의에 근본을 두지 않고 한갓 격물을 하는 것은 지리함(支)이라 하고, 격물을 일삼지 않고 한갓 성의만 하는 것은 공허함(虛)이라 한다(不本於誠意, 而徒以格物者, 謂之支. 不事於格物, 而徒以誠意者, 謂之虛)."라고 표현한 내용은 바로 주희가 '성의'의 근본을 떠나서 향외 '격물'의 지리하고 들뜨고 공허하며, 근본을 버리고 말단을 좇는 데에 종사함을 가리킨다. 이른바 "경건으로써 합치고 더욱 주워 모았다(合之而敬而益綴)."는 말은 바로 주희의 경·지쌍수(*主敬)의 번쇄한 췌설贅說을 가리킨다. 이른바 "전으로써 보충하였으나 더욱 벗어났다(補之以傳而益離)."

서'라고 이름을 수정하지는 않았다. 양명이 정덕 10년에 서문을 정한 『대학고본』에서부터 정덕 13년에 지은 『대학고본방석』에 이르기까지 저작의 역정은 이로 인해 분명하게 알 수 있다. 전덕홍이 『양명선생연보』에서 이에 대해 서술한 것은 모두 오류이다.

81 나흠순의 『곤지기』 3속續 제20장에 인용된 것에 보이며, 또 여산 백록동서원에 현재 보존되어 있는 양명 필적의 『대학고본』 석각에 보인다. 생각건대 『왕양명전집』 권7에 수록된 「대학고본서」는 정덕 16년 이후의 개정본으로서 자구의 차이가 매우 크며, 근거로 삼기에 충분하지 않다. 백록동서원에 현존하는 양명 필적의 『대학고본』 석각은 분명히 양명이 정덕 10년에 서문을 정한 『대학고본』에 근거하여 쓴 것으로서 그중 「대학고본서」는 나흠순이 기록한 「대학고본서」의 자구와 완전히 동일하며, 양명 필적의 『대학고본』 중에는 결코 '방위지십傍爲之什'의 글이 없다. 서문 가운데 "곁에 글을 덧붙여서 그 뜻을 이끌었다(傍爲之什以引其義)." 한 말은 당연히 양명의 또 다른 작품인 「격물설」을 가리킨다.

는 말은 주희가 「격물장」을 보완하여 지음으로써 경전을 벗어나 도를 배반한 (離經叛道) 사실을 가리킨다.

양명은 주희의 『대학』의 도와는 완전히 반대 방향으로 나아가 심학으로 전석한 『대학고본』의 텍스트를 중건하고 이를 이용하여서 자기 심학의 『대학』 사상체계를 구축하였다. 더욱 주목을 끄는 점은 양명이 주희의 『대학』 사상체계를 비판하는 칼끝이 주희의 향외적 격물구리의 격물설을 향하였으며, 또한 "사람들이 바깥에서 구하는 것을 두려워한다(懼人之求之於外)."고 한 말은 은연중에 담약수도 그 안에 포함한 것으로서 담약수의 향외적 '수처체인천리'의 격물설을 부정하는 것과 다름없는 사실이다. 그리하여 '격물설'은 용강의 회합에서 두 사람이 전개한 논변의 초점이 되었다.

양명의 「격물설」은 그 대지가 심학으로써 『대학고본』의 격물 사상을 새로이 천석하고 이것으로 주희의 「격물장」(*「격물전」)을 대체하는 데 있었다. 이 「격물설」은 비록 망실되었지만 그 가운데의 격물 사상은 그가 윤4월에 왕응붕에게 보낸 편지에 명료하게 반영되어 있다. 이 편지는 『대학』의 격물설을 상세히 논한 것으로서 격물설을 논한 전문적인 글로 간주할 수 있다.

편지에서 다음과 같이 말한다.

> 보내오신 편지에 이르기를 "몸을 성실하게 함에 격물로써 한다고 한 내용을 설핏 읽고서 의심을 갖지 않을 수 없었는데(誠身以格物, 乍讀不能無疑) 이윽고 희안希顔(채종연)에게 상세히 물어본 뒤 비로소 그 설에 대해 모두 알게 되었습니다."라고 하였습니다. 저(區區)는 '성신격물誠信格物'을 말한 적이 없는데 어찌 희안에게서 나왔겠습니까? 제 생각(鄙意)에 군자의 학문은 성의誠意를 주로 합니다. 격물치지는 성의의 공부(功)입니다. 마치 굶주린 자가 배부르기를 구하는 일과 같으니 먹고 마시는 것은 배부르기를 구하

는 일입니다. ……

또 이르기를 "『대학』 한 책은 옛사람의 학문하는 차례입니다. 주 선생이 이르기를 '궁리의 극도에 이른 뒤 뜻이 성실해진다(窮理之極而後意誠).'고 하였으니 이것은 이른바 '거경궁리', '마음을 보존하지 않으면 앎에 이를 수 없다(非存心無以致知).'고 한 것과 본래 서로 모순이 됩니다. 대체로 거경존심居敬存心의 설을 전문傳文에 보충하였으나 성경聖經이 가리키는 바는 다만 궁리 이후에 마음이 바르게 된다고 하는 것입니다. 처음 배우는 선비는 경經을 잡고서 전傳은 상고하지 않는데 그 흐름의 폐단이 어찌 지리함에 이르지 않겠습니까?" 하였습니다. 『대학』의 차례는 다만 사물의 이치에 끝까지 이른(物格) 이후에 앎이 이르고(知至) 앎이 이른 뒤에 뜻이 성실해진다고 하였습니다. '궁리의 극도에 이른 뒤 뜻이 성실해진다.'고 한 말은 주 선생의 설과 같은데 그 사이에 역시 저절로 서로 커다란 모순이 없습니다. 다만 『대학』의 본지에서는 오히려 모두 합치하지 못할 뿐입니다. '마음을 보존하지 않고서는 앎에 이를 수 없다(非存心無以致知).'고 한 말은 『대학』에 미진할 뿐만 아니라 『중용』의 '덕성을 높이고 묻고 배움을 따르는(尊德性而道問學)' 취지에도 역시 미진함이 있습니다. 그러나 이러한 곳은 말을 하자면 매우 길어지니 대면하지 않고서는 다 말하지 못합니다. 훗날의 학자는 「보전」에 갖다 붙여서 경의 취지를 깊이 고찰하지 않은 채 글의 뜻에 억지로 이끌어 붙이고 몸과 마음에서 체인하지 않으니 이로써 왕왕 지리함으로 떨어지고 끝내 얻은 바가 없는데 아마도 경을 잡고서 전을 고찰하지 않은 잘못은 아닐 것입니다.

또 이르기를 "궁리로 말미암지 않고 대뜸 몸을 성실히 하는 공부를 하면 아마도 성실함이 성실한 바가 아니며 다만 거짓이 되기에 족할 뿐입니다."라고 하였는데 이 말은 매우 좋습니다. 그러나 몸을 성실히 하는 공부가 또 어떻게 작용하는지 모를 뿐이니 체인하신다면 다행이겠습니다!

또 말씀하시기를 "길을 가는 사람에게 비유하자면, 예컨대 대도大都가 돌아가 묵을 곳이라 한다면 이는 이른바 지극한 선과 같습니다. 길을 가는 사람은 험한 장애를 회피하지 않고 앞을 향해 나아가기로 결의하되 오히려 마음을 보존해야 합니다. 예컨대 이 사람이 대도가 어디에 있는지 모른 채 무턱대고 나아가려고만 한다면 남쪽의 월越로 가거나 북쪽의 호胡로 가지 않는 사람이 거의 드물 것입니다."라고 하였습니다. 이 비유는 대략은 옳습니다만 험한 장애와 간난을 회피하지 않고 앞으로 나아가기로 결의하고서 별도로 마음을 보존한다면 억지로 끼워 맞추는 고생을 면하기 어려우며 요령을 얻지 못할 뿐입니다. ……

또 이르기를 "격물의 설은 옛사람이 바깥 사물을 막아서 제거하는(扦去外物) 것으로써 설명하였습니다. 바깥 사물을 막아서 제거하면 이 마음이 보존될 것입니다. 마음이 보존되면 앎에 이르는 것이니 이것은 모두 나를 위함(爲己)입니다."라고 하였습니다. 예컨대 이 말대로라면 도리어 '바깥 사물을 막아서 제거하는 것'이 한 가지 일이고, '앎의 절정에 이르는 것'이 한 가지 일입니다. '바깥 사물을 막아서 제거한다'는 설은 역시 큰 문제는 없습니다만 바깥에서 막아 다스리는 것에 그친다면 역시 병의 뿌리를 뽑아 제거하는 뜻이 없으니 이른바 '자기를 이기고 인을 구하는(克己求仁)' 공부는 아닙니다. 저의 격물의 설은 역시 이와 같지 않습니다(區區格物之說亦不如此). 『대학』의 이른바 '뜻을 성실하게 함(誠意)'은 곧 『중용』의 이른바 '몸을 성실하게 함(誠身)'입니다. 『대학』의 이른바 '격물치지'는 곧 『중용』의 이른바 '선을 밝힘(明善)'입니다. 널리 배우고, 자세히 묻고, 신중하게 생각하고, 밝히 변별하고, 독실하게 행함은 모두 이른바 선을 밝혀서 몸을 성실하게 하는 공부입니다. 선을 밝히는 것 외에 별도로 이른바 몸을 성실하게 하는 공부는 없습니다. 격물치지 외에 또 어찌 별도로 뜻을 성실하게 하는 공부가 있겠습니까? 『서경』의 이른바 '정밀하고 한결같음(精一)', 『논어』의 이른바 '글로써 넓히고 예로써 요약함(博文約禮)', 『중용』의 이른바 '덕성을 높이고 묻고 배움을 따름(尊德性而道問學)'이 모두 이와 같을 뿐입니다. 이는 바로 학문을 하고 공부를 하는(用功) 요령이며, 이른바 털끝만 한 차이가 천 리나 어긋나는 것입니다.[82]

왕응붕의 편지에서 "몸을 성실하게 함에 격물로써 한다고 한 내용을 설핏 읽고서 의심을 갖지 않을 수 없었다."라고 한 말은 양명이 서문을 정한 『대학고본』을 읽은 것을 가리키는 듯하며, 양명의 편지에서 "저의 격물의 설은 역시 이와 같지 않습니다."라고 한 말은 양명이 쓴 「격물설」을 가리키는 듯하다. 왕응붕도 담약수에게 배움을 물었고 또 감찰어사로 발탁되어서 북상하여 서울에 들어가서 담약수를 만나러 갈 것이므로 양명도 『대학고본』과 「격물설」을 왕응붕에게 보냈고, 왕응붕에게 보낸 편지에서 격물설을 크게 담론하였으니 역시 담약수에게 보여주기 위해 썼다고 생각할 수 있다. 왕응붕에게 보낸 양명의 편지는 실제로는 완전히 「격물설」의 번역판으로서 두 사람이 용강의 회합에서 논변한 격물설의 진상을 드러내 보이는 데 도움이 된다고 할 수 있다.

양명과 담약수 두 사람은 용강의 회합에서 양명이 제출한 『대학고본』과 「격물설」을 놓고 '격물' 사상에서 논변을 전개하였다. 논변은 두 방면으로 진행되었다. 하나는, '격물'은 내부를 향하여서(向內) 마음속의 이치를 격구格求하는 것(*正心誠意)을 가리키는가, 아니면 바깥을 향하여서(向外) 사물의 이치

---

82 『왕양명전집』 권4 「답왕천우答王天宇」 서2. 『왕양명전집』에는 이 편지의 제목 아래 '갑술(1514)'이라는 주가 달려 있는데, 이는 잘못이다.

를 격구하는 것(*처한 상황에 따라 천리를 체인함)을 가리키는가 하는 문제이다. 또 다른 하나는, '물物'은 뜻이 있는 사물(*意物, 의식 속에 존재하는 사물)을 가리키는가, 아니면 외재적인 객관 존재의 사물(*外物)을 가리키는가 하는 문제이다. 실제로 이 두 문제는 결국 하나는 '격'에 대해 어떻게 인식하는가, 또 하나는 '물'에 대해 어떻게 인식하는가 하는 것을 말한다.

담약수는 나중에 양명에게 보낸 편지에서 이 두 가지 문제를 논변하는 서로 간 관점의 분기를 다음과 같이 언급하였다.

> 어제 대면하고서 『대학』의 격물에 관한 뜻에 대해 가르침을 받았는데, 사물이 마음의 의식에 드러나는 것이라고 한 말씀에서 많은 가르침을 받았습니다. 다만 불초가 평소 형에게 유익함을 많이 얻었던 것은 오히려 대부분 이 문제에 있지 않았습니다. 형의 뜻은 다만 사람이 마음을 버리고 바깥에서 구할까 두려워하는 것이기에 이런 말씀을 하셨습니다. 불초는 사람의 마음이 천지만물과 더불어 한 몸이며, 마음은 사물을 몸으로 삼되 빠뜨리지 않는 것이라고 여기며 심체가 넓고 커서 사물을 바깥으로 할 수 없다고 인식하고 있습니다. 그러므로 격물은 외부에 있지 않으며 격格하고 치致하는 마음 또한 외부에 있지 않으니 사물에 대해 만약 마음의 뜻이 드러난 것으로 여긴다면 아마도 사물을 바깥으로 하는 병폐를 면하지 못할 것입니다. 다시 생각해보신다면 다행이겠습니다.[83]

당시 명수明水 진구천陳九川은 마침 남경의 용강관에서 양명을 만났는데, 그는 양명과 담약수가 격물설을 논변하는 한 막을 자기 눈으로 목격하였다.

---

[83] 『천옹대전집』 권8 「선차여양명홍려先次與陽明鴻臚」.

정덕 을해년(1515) 진구천이 선생을 용강에서 처음 뵈었다. 선생께서 감천

선생과 함께 격물의 설을 논하였는데 감천이 옛 설을 견지하였다. 선생께

서 말씀하시기를 "이는 바깥에서 구하는 것이다."라고 하셨다. 감천이 말

하기를 "만약 물리에 끝까지 이르는 것을 외부로 삼는다면 이는 스스로 그

마음을 축소하는 것이다."라고 하였다. 진구천은 옛 설의 옳음을 매우 기

뻐하였다. 선생께서 또 「진심盡心」 한 장을 논하셨는데 진구천은 한 번 듣

고서 마침내 의심이 없어졌다. 나중에 집에 거하면서 다시 격물로 선생께

질문을 드렸다. 답하시기를 "다만 실지에 공부를 할 수 있어서 오래되면

마땅히 저절로 풀릴 것이다."라고 하셨다. 이에 산속에서 스스로 『대학구

본』을 베껴서(*곧 양명이 서문을 정한 『대학고본』이다) 읽은 뒤 주자의 격물의

설이 옳지 않음을 깨달았다. 그러나 역시 선생의 뜻이 있는 곳이(意之所在)

사물이라는 것에도 의혹을 하였기에 '물' 자에 밝지 못하였다.[84]

양명은 '격물'에서 담약수의 '수처체인천리'의 격물설을 겨냥하여서 심즉

리와 사물이 마음에 있으며 마음 바깥에 이치도 사물도 없다는 인식을 견지

하였다. 격물은 바로 정심이며 마음속의 이치를 격구格求하는 것이고, 격물은

'외부의 사물을 막아서 물리치는' 것이 아니며, 마음을 버리고 바깥에서 구할

수 있는 것이 아니라 향내의 마음에서 스스로 구하는 것이므로 격물은 성의

의 공부이다. 사물은 마음의 사물을 가리키며, 마음의 이치를 가리키는 것이

지 외부의 사물, 외부의 이치를 가리키는 것이 아니다. 따라서 격물은 마음의

사물, 마음의 이치를 바르게 하는 것(格正)이며, 체인도 이 마음의 사물, 마음

의 이치를 체인하는 것이다.

---

84 『왕양명전집』 권1 「전습록」 상.

담약수가 양명을 대면하고 기세등등하게(咄咄逼人) 변론의 칼끝을 돌린 것은 역시 자기의 '수처체인천리'를 거듭 새롭게 사고한 것인데, 이 공부론의 명제에 대해 심학적 의의를 지닌 전석을 하였던 것이다. 그는 인한 사람은 천지만물과 혼연일체가 된다는 사상에서 출발하여 사람의 마음과 천지만물은 일체이며, 심체는 무량광대無量光大하여서 우주의 온갖 이치(萬理)와 만물을 포괄하며, 마음 바깥에 이치가 없고 마음 바깥에 사물이 없으며, 사물은 마음에 있고 바깥에 있지 않다고 인식하였다. 이로 인해 격물은 마음속에서 격물하여 마음속의 이치를 체인하는 것이며, '격물은 바깥에 있지 않다'고 하였다. 이는 역시 곧 그의 '수처체인천리'는 마음속에서 격물하는 것이지 외부에서 격물하는 것이 아님을 말한다. 이는 바로 그의 '수처체인천리'에 대한 양명의 비평과 책난을 부정한 것으로서, 아울러 이 '마음속의 격물'을 인정하는 의의에서 양명의 『대학고본』을 받아들였던 것이다.

담약수는 자신의 '수처체인천리'에 대한 심학의 천석에서 이통과 백사를 초월하였고, 그것을 향내 격물구리의 공부론 명제로 삼아서 '묵좌징심'과 함께 진정으로 주련벽합하게 하여서 담약수 스스로의 독특한 심학 본체공부론 체계를 구성하였다. 이는 담약수의 심학사상 발전에서 중요한 전환점이며, 양명도 이 심학 천석의 의의에서 담약수의 '수처체인천리'를 긍정하였다.

그러나 '사물(物)'에서 두 사람의 인식은 뜻밖에도 일치하지 못하였다. 양명은 '사물'에 대해 세상을 깜짝 놀라게 하는 독특한 관점을 가졌는데, 곧 '뜻(意, 의념)'이 있는 곳이 바로 '사물'이며, '사물'은 '뜻'의 '드러남(著現 *顯現, 外化)'이며, '뜻'이 곧 '사물'이며, 뜻이 움직이면 사물이 생겨나고 뜻이 움직이지 않으면 사물이 소멸한다고 인식하였다. 이 사상은 용강의 회합에서는 결코 명확하게 말하지 않았지만 실제로 양명은 일찍이 이 사상을 형성하였다.

서애가 기록한 『전습록』 가운데 바로 '뜻'이 있는 곳이 바로 '사물'임을 상세히 논하는 다음과 같은 어록 한 조항이 있다.

"저(愛)는 어제 격물의 '물'이라는 글자가 곧 '일(事)'이라는 글자임을 깨달

았는데 모두 마음에서 말한 것입니다." 선생께서 말씀하셨다. "그렇다. 몸

(身)의 주재가 바로 마음(心)이며, 마음이 발한 것이 바로 뜻(意)이며, 뜻의

본체가 바로 앎(知)이며, 뜻이 있는 곳이 바로 사물(物)이다. 만일 뜻이 부

모 섬김(事親)에 있으면 곧 부모 섬김이 바로 한 사물이다. 뜻이 임금 섬김

(事君)에 있으면 곧 임금 섬김이 바로 한 사물이다. 뜻이 인민을 사랑하고

(人民) 만물을 아낌에(愛物) 있으면, 곧 인민을 사랑하고 만물을 아낌이 바로

한 사물이다. 뜻이 보고 듣고 말하고 움직임(視聽言動)에 있으면 곧 보고 듣

고 말하고 행동하는 것이 바로 한 사물이다. 그러므로 나(某)는 말하기를,

마음 바깥에 이치가 없고 마음 바깥에 사물이 없다고 한다."[85]

육징과 설간이 기록한 『전습록』에도 '뜻'이 있는 곳이 곧 '사물'임을 논하
는 많은 어록이 있다. 예를 들면 다음과 같다.

몸의 주체는 마음이며, 마음의 영명함은 앎이며, 앎이 발동한 것은 뜻이며,

뜻이 붙은 곳은 사물이다.

마음 바깥에 사물이 없다. 예를 들어 내 마음이 한 번 효친孝親을 생각하면

곧 효친이 바로 사물이다.[86]

---

85 『왕양명전집』 권1 「전습록」 상.

86 『왕양명전집』 권1 「전습록」 상.

진구천은 용강의 회합에서 양명이 말하는 '뜻'이 있는 곳이 '사물'이라는 사상을 제대로 알아듣지 못하여서 나중에 다시 양명을 만나러 왔고, 양명은 이 사상을 더욱 상세하게 드러내어서 다음과 같이 말하였다.

선생께서 말씀하셨다. "안타깝다! 이는 한 마디 말로 깨우칠 수 있다. 유준惟濬(진구천)이 거론한 바 안자의 일이 바로 그것이다. 다만 몸(身)과 마음(心)과 뜻(意)과 앎(知)과 사물(物)이 하나(一件)라는 것을 알아야 한다." 구천이 의문이 들어서 물었다. "사물은 바깥에 있는데, 어떻게 몸과 마음과 뜻과 앎과 하나가 됩니까?" 선생께서 말씀하셨다. "귀와 눈과 입과 코와 사지四肢는 몸이지만 마음이 아니면 어떻게 보고 듣고 말하고 움직일 수 있겠는가? 마음이 보고 듣고 말하고 움직이고자 하더라도 귀와 눈과 입과 코와 사지가 없으면 역시 불가능하다. 그러므로 마음이 없으면 몸이 없고, 몸이 없으면 마음이 없다. 다만 그 가득 채운 곳(充實)을 가리켜서 말하면 몸이라 하고, 주재하는 곳을 가리켜서 말하면 마음이라 하고, 마음이 발하여서 움직인 곳을 가리켜서 말하면 뜻이라 하고, 뜻이 영명한 곳을 가리켜서 말하면 앎이라 하고, 뜻이 가서 들러붙은(涉着) 곳을 가리켜서 말하면 사물이라 하니, 다만 하나일 뿐이다. 뜻은 허공에 매달려 있었던 적이 없으며 반드시 사물에 붙어 있다."[87]

여기서 말하는 '뜻이 들러붙은' 것은 바로 그가 줄곧 말한 '뜻이 붙어 있는 곳(意之所着)', '뜻이 있는 곳(意之所在)', '뜻이 드러난 곳(意之所著)', '뜻이 드러나 나타난 것(意之著現)'이다.

---

[87] 『왕양명전집』 권3 「전습록」 하.

분명히 양명은 '마음 바깥에 사물이 없다'는 것과 '모두 마음에서 말한(皆從心上說)' 것이라는 절대 원칙 아래에서 '사물'을 말하였다. 그는 몸과 마음과 뜻과 앎과 사물이 모두 동일한 '한 가지(一件)' 사물을 가리키는 것으로 인식하였다. 마음이 곧 뜻이며, 뜻이 곧 사물이라는 관점에서 볼 때 그가 말한 '사물'은 마음의 사물(心物), 뜻의 사물(意物)을 가리키며, 마음의 상(心象), 뜻의 상(意象)을 가리키지 객관적으로 존재하는 외부의 사물을 가리키는 것이 아니다. '사물'은 '뜻'이 붙어 있는 것(*存在), 드러나 나타난 것(*著現)에 지나지 않으며 미발未發한 것은 뜻(*幽·隱·虛·空)이며, 이발已發한 것은 사물(*顯·著·實·在)이다. 사물은 뜻이 외화外化하고 현현한 것으로서 일종의 뜻의 사물(*意象)이다. 마음의 의념(心念, *意)이 발동하면 사물이 생겨나고 마음의 의념이 발동하지 않으면 사물이 소멸한다. 그러므로 "예를 들어 내 마음이 한 번 효친을 생각하면 곧 효친이 바로 사물"이다. 사물은 뜻에 의해 발동하여 생기하는데 이는 데카르트(R. Descartes, 1596~1650)가 말한 "나는 생각한다. 그러므로 나는 있다."라는 명제 및 불교에서 '마음의 의념이 천지를 일으키고 소멸한다(起滅)'는 사상과 유사하다. 내가 생각하면 나는 있고, 내가 생각하지 않으면 나는 있지 않다. 의념意念이 생기生起하면 사물이 현현(*在)하고, 의념이 생기하지 않으면 사물이 소멸(*不在)한다.[88]

---

88 양명은 만년에 '산속의 꽃(山中之花)'을 비유로 들어서 이 사상을 논술하였다. 오늘날의 사람은 현상학의 '의식意識의 지향성'으로 양명의 의식의 소재가 곧 사물이라는 사상을 해석하는데 그의 본래 의도와 부합하지 않는다. 양명은 마음 바깥에 사물이 없으며, 사물은 마음속에 존재하지 바깥에 존재하지 않고, 격물치지는 모두 다만 마음속에서 진행한다고 인식하였다. 마음은 곧 사물이며 뜻은 곧 사물이니 사물은 곧 마음의 사물, 뜻의 사물이지 외부의 사물이 아니다. 의념이 움직이면 사물이 생겨나며, 의념이 움직이지 않으면 사물이 소멸한다. 사물은 다만 뜻의 현현(*意象)이며 '도저시공到底是空(의식이 지향하는 밑바닥까지 모두 공함)'으로서 주관적 의식이 객관적 외물을 지향하는 일은 존재하지 않는다.

양명의 이러한 '뜻이 곧 사물(意卽物)'이라는 관점은 담약수의 비난을 받았다. 담약수가 보기에 비록 마음 바깥에 사물이 없고 사물은 마음속에 있다고 하여도 다만 마음은 역시 마음이며 사물은 역시 사물이니, '한 가지 일'이 아니다. 그리하여 마음으로써 격물을 하려면 여전히 마음속에서 격물해야 한다. 그러나 양명은 사물을 마음과 뜻이 함께 합일하는 '한 가지 일'이며, 또한 마음과 사물이 합일하고 뜻과 사물이 합일하는 것으로 간주하였으니 어떻게 마음으로써 격물하겠는가? 만약 사물이 뜻으로 말미암아 발동하여 생기하는 것이며 사물을 뜻이 외화하고 현현(*著現)한 것이라고 한다면 이는 바로 사물을 마음의 바깥, 뜻의 바깥에 있는 '외부 사물(外物)'로 간주하는 것을 면하지 못하며 '아마도 외물의 병폐를 면하지 못할' 것이었다.

담약수가 뜻이 있는 곳이 곧 사물이며 사물은 뜻의 외화, 현현이라는 양명의 사상에 대해 질의한 것은 분명히 이미 양명의 삼교동근동원 사상과 '도저시공到底是空'이라는 사상에 대한 비평에 미쳤다. 왜냐하면 사물이 뜻이 발동하여서 생기한 외재의 의상意象이라면 실제로는 '공허한(空)' 물상物象이며 또한 의념이 움직이면 사물이 나타나고 의념이 움직이지 않으면 사물이 소멸한다는 관념 역시 마음의 의념이 천지를 일으키고 소멸하며, 무명無明의 망념과 집착이 만물의 '공'을 생기한다는 불교의 사상과 상통하기 때문이다. 이는 바로 양명이 말하는 '도저시공'이라는 사상의 내재적인 진짜 비밀이다. 그리하여 용강의 회합에서 담약수는 이미 양명의 삼교동원동근설과 '도저시공'이라는 설에 대해 비판과 논변을 하였다고 긍정할 수 있다. 다만 이 문제는 주로 두 사람이 서로 헤어진 뒤에 전개된 것이다.

담약수가 남도를 떠나자마자 양명은 곧 상주하여 오사장烏思藏의 작길아사아縛吉我些兒를 논박하는 소장疏章을 올렸는데, 여전히 그의 삼교동근동원과 유교가 불로佛老보다 고매하다는 사상을 이용하여서 무종에게 간하였다.

이는 그의 '불로를 의심하지 않는(不疑佛老)' 삼교동근동원설을 공개한 것이나 다름없다. 담약수는 증성增城으로 가는 길에 양명에게 편지 세 통을 잇달아 썼는데 모두 은연중에 그의 삼교동근동원 사상을 따끔하게 지적하였으며, 나중에 방헌부와 서애에게 보낸 편지에서 이를 날카롭게 제시하였다.

방헌부에게 보낸 편지에서는 다음과 같이 말한다.

어제 가르침을 받았는데 애통한 가운데 역시 잠깐 근심이 풀렸습니다. 다만 그 가운데 오히려 깊이 깨닫지 못한 점이 있으니 글을 받들어 가르침을 청하고자 하여 장차 글을 쓰려다가 다시 그만두었습니다만 끝내 그만둘 수 없었습니다. …… 대체로 독서에는 푹 빠져들고 지니고 기르는(涵泳持養) 공부가 있으며, 궁리격물하여서 밝히는(窮格發明) 유익함이 있으니 여기에서 얻음이 있으면 반드시 저도 모르게 손을 휘젓고 발을 구르는 즐거움과 마음이 넓어지고 몸이 펴지는(心廣體胖) 징험이 있습니다. 우리 아우님(吾弟)이 마음이 병으로 삼는 것은 어떤 것입니까? …… 마음을 보존한다(存心)는 설은 들었으나 마음을 명료하게 한다(了心)는 설은 불초가 들은 바 없습니다. 우리 무리(吾契)가 서로 양명을 좇아서 강구하면 반드시 실제로 힘을 쏟는 곳이 있을 터이니 밝히 보여줌을 아끼지 말아서(*은연중에 양명의 '불의불로不疑佛老'설과 '도저시공到底是空'이라는 설을 가리킨다) 아직 죽지 않은 사람을 위로해주면 다행이겠습니다.[89]

서애에게 보낸 편지에서는 다음과 같이 말한다.

---

89 『천옹대전집』 권8 「복방서초復方西樵」.

서왈인(서애) 도계道契 집사께 두 번 절합니다. 멀리서 성대한 예를 보내주시고 거듭 전문奠文을 보내주시니 사문斯文의 골육의 정을 깊이 느낍니다. 묘 앞에서 전奠을 아뢰니 애통하여 곡함을 이길 수 없습니다. 사신의 깃발(旌旆)이 이미 환도하였으니 사승師承의 유익함이 있음을 알겠습니다. 듣건대 이 도가 고립되고 위태롭다 하는데 피차 마찬가지입니다. 7월 초에 숙현叔賢(방헌부)이 이곳에 와서 묘 아래에서 스무 날(二旬)을 묵었습니다. 처음에는 자못 날카로운 뜻으로 강론을 관철하고 여러 날 극론하여서 서로 유익하였는데 정밀함이 많이 진보하였고 논리의 맥락 역시 올곧았습니다. …… 다만 우리(吾人)에게 절실하고 중요한 것은 집사께서 경건하게 공부하여 홀로 처함으로부터 독서하고 응수함에 이르기까지 이 뜻이 아님이 없습니다. 하나로 꿰고(一以貫之), 안팎과 위아래가 이 이치 아님이 없으니 다시 무엇을 일삼겠습니까? 우리 유학의 개물성무의 학문은 불로와 다른 점이 이것이니(吾儒開物成務之學異於佛老者此也) 어떻게 생각하십니까? 다행히 양명 선생께 질정하여서 알려주신다면……[90]

방헌부가 7월에 증성에 도착하여 산으로 찾아가서 담약수를 만나 양명의 '불의불로', '도저시공'이라는 사상을 알렸기 때문에 담약수는 그제야 서애에게 보낸 편지에서 "우리 유학의 개물성무의 학문은 불로와 다른 점이 이것"이라 하고 아울러 그에게 "양명 선생께 질정하여"달라고 하였던 것이다. 그러나 양명은 회답을 하지 않았다. 이에 담약수는 곧바로 양명에게 편지 한 통을 써서 엄정하게 양명의 '불로를 의심하지 않고', '(의식이 지향하는) 밑바닥까지 모두 공하다'는 설을 다음과 같이 비평하였다.

---

90 『천옹대전집』 권8 「답서왈인공조答徐曰仁工曹」.

어제 숙현이 산간에 이르러서 노형을 언급하였는데, 불로를 의심하지 않고 (유학과) 일치한다고 여기신다니 자못 의아합니다. 또 이르기를 '도저시공'을 극치의 이론이라고 여기셨다고 합니다. 만약 그러하다면 불초의 의혹은 자심滋甚합니다. 이는 필시 한때의 견해입니까? 그렇지 않다면 불초의 평소 밝게 변별한 공부가 다 이르지 못한 것입니다. 상하사방은 우宇요, 고왕금래古往今來는 주宙이니, 우주 사이에 다만 한 기가 가득차고 흘러 운행하면서 도와 몸이 되는데 무엇인들 존재하지 않겠습니까? 어떤 공空을 말할 수 있습니까? 비록 천지가 갈라지고 무너지며 사람과 사물이 소멸하여서 없어지더라도 이 기운, 이 도는 없어진 적이 없기에 공허한 적이 없습니다. 도란 것은 천지에 앞서나 시작이 없고 천지의 뒤에 있어도 마침이 없습니다. 부자(공자)께서 냇가에서 탄식한 것이나 자사子思가 솔개와 물고기(鳶魚)를 말한 것이나 안자顔子가 우뚝하게(卓爾) 본 것은 바로 이를 뜻합니다. 이는 노형이 평소 잠심한 바입니다. 숙현이 들은 것은 반드시 목적이 있어서 말씀하신 것입니까? 이는 바로 배움에 가장 관건이 되는 것이니 가르침을 보여서 의혹을 풀어주신다면 다행이겠습니다.[91]

양명은 회답을 보냈는데(*편지는 지금 망실됨) 여전히 '불로를 의심하지 않고', '밑바닥까지 모두 공하다'는 사상을 견지하였다. 왜냐하면 뜻이 있는 곳이 곧 사물이며 사물은 뜻의 외화, 현현(*空)이라는 설은 바로 그의 '불로를 의심하지 않고', '밑바닥까지 모두 공하다'는 사상 위에서 건립되었기 때문이다. 양명은 11월에 「간영불소諫迎佛疏」를 올리는 기회를 이용하여 담약수가 '불로를 의심하지 않고', '밑바닥까지 모두 공하다'는 사상을 책난한 것에 대

---

91 『천옹대전집』 권8 「기양명寄陽明」.

해 회답을 하였다.

나중에 담약수는 「전왕양명선생문奠王陽明先生文」에서 '도저시공'에 관한 두 사람의 논변이 끝끝내 합치하지 못했음을 다음과 같이 언급하였다.

> 모친상을 당하여 영구를 모시고 남쪽으로 돌아갔습니다. 금릉金陵에서 맞이하여 조문을 함에 나는 슬프고 형은 비통하였습니다. 영남嶺南을 넘은 뒤에 형은 감贛(강서)의 군사를 지휘하였습니다. 내가 무덤의 여막에서 병으로 누웠는데 바야흐로 자식처럼 찾아왔습니다. 형이 말하기를, 배움은 결국 공空이니 같음을 추구하고 다름을 강론함에 책임이 지금 공에게 있다고 하였습니다. 내 말하기를, 어찌 감히 맡겠는가만 어리석은 충심을 다하지 않겠는가, 공허함만큼 실한 것이 없음은 천리가 유행하는 것이라 하였습니다. 형은 그렇게 여기지 않고 신선과 부처로써 교감校勘하였습니다. 천리 두 글자가 어찌 여기서 나오겠습니까? 내가 말하기를, 배움이란 기술을 택함보다 앞서는 것이 없으니 무엇을 먹으면 살고 무엇을 먹으면 죽는지 모름지기 먹을거리를 변별해야 한다고 하였습니다. 나는 서초西樵에 거처하면서 격치格致하고 변석辨析하였습니다. 형은 답하지 않고 마침내 침묵을 지켰습니다.[92]

이로 말미암아 용강의 회합에서 두 사람이 주장한 사상의 날카로운 논변은 합치한 것도 있고 서로 다른 길로 간 것도 있으며, 격물설(*수처체인천리)

---

92 『왕양명전집』 권40 「전왕양명선생문奠王陽明先生文」. 遭母大故, 扶柩南歸. 迎弔金陵, 我戚兄悲. 及逾嶺南, 兄撫贛師. 我病墓廬, 方子來同. 謂兄有言, 學竟是空, 求同講異, 責在今公. 予曰豈敢, 不盡愚衷? 莫空匪實, 天理流行. 兄不謂然, 校勘仙佛, 天理二字, 豈由此出? 予謂學者, 莫先擇術, 孰生孰殺, 須辨食物. 我居西樵, 格致辨析. 兄不我答, 遂爾成默.

의 논변에서 두 사람의 인식은 대체로 일치하였으나 삼교동근동원설(*도저시공)의 논변에서 두 사람의 관점은 처음부터 끝까지 합치하지 않았음을 알 수 있다. 그러나 어쨌든 간에 용강의 회합에서 벌인 토론은 매우 큰 성과를 거두었는데, 이는 담약수와 양명 각자 심학사상의 발전에서 중요한 전환점과 신기원이 되었던 것이다. 담약수의 경우에 대해 말하자면 용강의 회합이 '수처체인천리'의 심학사상의 체계를 세운 표지가 되었다면, 양명의 경우에 대해 말하자면 용강의 회합은 심학적 『대학』의 사상체계를 세운 표지가 되었다고 한다. 담약수는 '수처체인천리'에 대한 심학의 전석을 새롭게 하여서 자기 심학체계를 완성하였다.

양명은 나중에 진구천에게 담약수가 용강의 회합에서 이 사상의 변전을 이룬 사실을 다음과 같이 언급하였다.

> (*구천이) 또 물었다. "감천甘泉(담약수)이 근래에 역시 『대학』 고본을 신뢰하여서 이르기를 '격물格物은 도에 나아간다는(造道) 말과 같다.'고 하였습니다. 또 이르기를 '궁리窮理는 새의 둥지나 짐승의 소굴(巢穴)을 샅샅이 뒤진다(窮) 하는 궁窮과 같이 몸소 거기에 이르는 것이다. 그러므로 격물도 다만 처한 상황에 따라(隨處) 천리를 체인하는 것일 뿐이라.' 하였습니다. 선생의 학설과 점점 같아지는 듯합니다." 선생께서 말씀하셨다. "감천은 공부를 했기 때문에 바뀔 수 있었다. 당시 그에게 '친민親民'이라는 글자는 고칠 필요가 없다고 하였는데 그는 역시 믿지 않았다. 지금 '격물'을 논한 것이 역시 (나의 설과) 가깝기는 하지만 물物 자를 이理 자로 바꿀 필요는 없고 다만 그대로 그 물物 한 글자이면 옳다." 나중에 어떤 사람이 나(九川)에게 물었다. "지금 어찌하여 '물物' 자를 의심하지 않는가?" 답하였다. "『중용』에서는 '성실하지 않으면 사물이 없다(不誠無物).'고 하였고, 정자는 '사

물이 다가오면 순순히 응한다(物來順應).'고 하였으며, 또 '사물을 저마다 그 사물에 맡긴다(物各付物).', '가슴속에 사물이 없다(胸中無物).'고 하였는데 이 것들은 모두 옛사람이 항상 사용하던 글자이다." 다른 날 선생께서도 그렇다고 말씀하셨다.[93]

나중에 홍원洪垣(1505~1594)은 「담감천선생묘지명湛甘泉先生墓志銘」에서 담약수의 사상적인 진보(演進)와 변화를 다음과 같이 상세히 논술하였다.

처음에 '체인천리體認天理'에 대해 말하고 나중에 미진함을 깨달아 다시 '수처隨處'라는 두 글자를 더하니 동정動靜, 물아物我, 내외內外, 시종始終 이 일어나는 곳이 없고 그치는 때가 없었다. 양명 선생의 '치량지致良知'설 과 서로 천하에 입증하였다. 선생이 일찍이 말하기를 "내가 이른바 '처한 상황에 따라 천리를 체인함'이라고 한 것은 사물에 이르는(格物) 것이니 곧 공자가 '인을 추구하여서 아무리 황급하고 위태로운 순간에도 반드시 인 하려 한다(求仁造次顚沛必於是).', 증자가 이른바 '인으로 내 임무를 삼고, 죽 은 뒤에야 끝난다(仁以爲己任, 死而後已).'라고 한 것이다. …… 모두 심성心 性에서 공부를 하는 것이니 옛사람이 이른바 배우면 알 수 있다고 한 것이 다." 하였다. 또 말하기를 "황급하고 위태로운 순간에도 어기지 않음은 사 람이 근본에서 공부를 하여 한 이치를 관통하게 하고자 하는 것이다. 만약 이 근본이 없이 다만 행동을 제재하면 그만이라고 한다면 행함을 기필하 고 결과를 기필하는 것이다. 부자夫子께서 어찌 이를 소인이라 하였는가? 맹자는 어찌 인의를 말미암아 행하지 인의를 행하는 것이 아니라는 변론

---

93 『왕양명전집』 권3 「전습록」 하.

을 하였는가?" 또 말하기를 "사람의 마음은 만물과 일체이며 마음은 사물을 몸으로 삼아서 남기지 않는다. 심체의 광대함을 인식하면 사물은 외화할 수 없다. 격물은 바깥에 있는 것이 아니며 격格하고 치致하는 마음은 바깥에 있지 않다(認得心體廣大, 則物不能外矣. 格物非在外也, 格之致之之心不在外也)."라고 하였다. 그러므로 양명 선생에게 답한 편지에서 이르기를 "사물이란 천리이니 곧 '말에 사물이 있다(言有物)', '순은 모든 사물에 밝았다(舜明于庶物)'라고 한 '사물'로서 곧 도입니다. 격格이란 나아간다(造詣)는 뜻이니 격물은 곧 도에 나아가는 것(造道)입니다. 앎과 행함이 함께 나아감이니 널리 배움, 자세히 물음, 신중하게 생각함, 분명하게 변별함, 독실하게 행함이 모두 도에 나아가는 방법입니다. 뜻(意), 몸, 마음이 일제히 함께 이르며, 성실하고 바르고 닦는 공부가 모두 격물에서 하는 것입니다."라고 하였다. 대체로 마음은 지각만을 하는 것이 아니라 지각한 뒤 천리를 관찰하여서 아는 것이니 (이것이) 바로 마음의 전체이다. …… 이는 선생이 격물과 천리를 제인하는 설에서 스스로 터득한 내용이다.[94]

만약 '수처체인천리'가 이통과 백사에게서는 아직 향외의 격물구리, 분수체인의 명제였다고 한다면, 담약수에게는 전화하여서 향심向心의 격물구리, 심중체인心中體認의 명제가 되었다. 담약수의 이러한 "심체의 광대함을 인식하면 사물은 외화할 수 없다. 격물은 바깥에 있는 것이 아니며 격하고 치하는 마음은 바깥에 있지 않다."라고 인식한, 중요한 격물 사상의 전변은 그가 스스로 터득한 '수처체인천리'의 심학체계가 이통과 백사를 초월하게끔 하였다. 이 전변은 바로 용강의 회합에서 시작되었던 것이다.

---

94 『증성사제담씨족보增城沙堤湛氏族譜』. 여업명黎業明의 『담약수연보』 부록에 보인다.

양명의 측면에서 말하자면, 용강의 회합에서 자기가 서문을 정한 『대학고본』과 「격물설」을 제기한 것은 자기 심학의 『대학』 사상체계가 탄생했음을 선포한 것이며, 또한 그로 하여금 계속 '격물치지'의 사상 노선을 따라 나아가도록 추동하여서 '치량지'의 심학체계를 건립하기 위한 견실한 한 걸음을 내딛게 하였다.

'활불活佛'의 영접을 간하다 :
남기南畿 '언사言士'의 운명적 부침浮沈

정덕 10년(1515)에 이르러서 무종이 음란과 전횡을 일삼고 조정 국면의 안팎이 부패하자 양명도 강학에서 정치 평론으로 관심을 돌리고 직간하는 '언사'로서 그의 본래 면목을 되찾았다.

조정의 기강이 무너진 근본 원인은 역시 독부獨夫 황제 무종에게 있었다. 조신들은 모두 간언과 비평을 하는 공격의 창끝을 무종의 표방 음란과 번승의 흉악한 짓, 그리고 빈 동궁의 자리를 겨누었다. 앞서 정덕 10년 정월 17일에 대학사 양정화楊廷和 등이 상주하여서 무종의 표방 음락淫樂과 조정 정사를 다스리지 않음을 다음과 같이 비평하였다. "조훈祖訓에 이르기를 '짐이 건청궁乾淸宮을 정침正寢으로 삼아 저녁에 조정의 일을 마치면 들어오고 이른 새벽 별이 떠 있을 때 나갔다. 질환이 있을 때를 제외하고 평소에는 감히 게으르지 않았다.'라고 하였습니다. 대체로 조회를 볼 때 마땅히 부지런해야 함을 말한 것입니다." 그리고 질책하기를 "황상이 근년 이래 욕망을 함부로 드러내었는데 습속이 이미 오랫동안 쌓여서 조종祖宗의 법전을 폐기하였으며, 변경의 병사는 숙위宿衛의 사람들이 아닌데 (이들을 변경에 보내고) 금어禁御는 조련의 장소가 아닌데 (조련의 장소로 이용하니) 긴가민가하여서 놀라움을 금하지 못합니다."[95]라고 하였다. 그러나 무종은 아랑곳하지 않았다.

이어서 22일에 이부상서 양일청楊一淸 등이 다시 다음과 같은 「위준성헌조시조이단치본사爲遵成憲早視朝以端治本事」라는 주장奏章 한 통을 올렸다.

> 신 등이 엎드려 보건대 폐하께서는 해마다 조회를 보심이 매우 드물며 또한 매우 늦어져서 혹은 해가 서쪽으로 질 때나 혹은 어스름 저녁에 하며, 봄이 된 뒤로는 점점 어두운 밤에 이르기도 하여서 뭇 신하와 백관은 근심하고 두려워하며 중외가 의심하고 놀라워합니다. …… 신 등이 날마다 조회에 들어가면 번번이 조회를 면한다는 소식을 들으며 눈으로 천안天顔을 뵙지 못하고 귀로 천어天語를 듣지 못하니 마치 갓난아이가 부모와 멀리 떨어져서 의지할 곳이 없어 어쩔 줄 몰라 하는 것과 같습니다. 크고 작은 제사諸司에서 저마다 정무를 보기 위해 진시辰時(오전 7~9시)에 들어갔다가 유시酉時(오후 5~7시)에 일을 마치는데 직책과 업무가 방해를 받고 폐기됨을 면하지 못합니다. 그런데 하물며 시위侍衛들은 갑옷을 걸치고 병장기를 잡고서 아침부터 저녁까지 굶주리고 피곤하니 어찌 견딜 수 있겠습니까? 마침내 궐문 밖, 어가御街 곁에 무리들이 모여서 떠들썩하게 들레며, 시정市井도 거의 마찬가지입니다. 사방 이민족(四夷)의 조공 사절들이 줄지어 이르는데 이를 보면 놀라지 않을 수 있겠습니까? ……
>
> 또 가만히 듣건대 폐하께서 날마다 내원內苑에서 영진營陣을 연습하고 사졸들을 교련시키고 사열하신다고 하는데 이는 본래 편안할 때 위태함을 잊지 않고 근심을 생각하여 미리 방비하려는 뜻입니다. 다만 숙위宿衛와 호종扈從에는 당연히 금병禁兵이 담당하며 간열簡閱과 훈련의 책임은 장

령將領에게 있습니다. 변방을 따라 병영을 설치한 것은 본래 오랑캐와 왜구(虜寇)를 방어하기 위함입니다. 지난번에 변병邊兵을 징집하여서 윤번으로 경사에서 조련하였는데 이미 본말과 경중의 윤리를 상실하였으며 폐하께서 또 친히 교련하고 사열하였는데 이는 존귀한 천자께서 장수의 일을 행한 것이며, 금밀禁密의 공간을 공격 전투의 마당으로 삼은 것입니다. 땅을 진동하는 고함소리가 밤낮으로 이어지니 이미 경필警蹕의 법규가 없는 데다 다시 당폐堂陛의 분수가 어그러졌습니다. 저 변방(邊鄙)의 장사將士가 대체大體를 막지 못하고, 총애를 믿고서 교만하며 함부로 날뛰고 패악하고 오만한 일이 어쩌면 있을 수 있습니다. 하물며 은밀한 궁호宮壺(궁궐)에 뜻밖의 우려가 있으면 막지 않을 수 없으니 관계된 바가 매우 작지 않습니다. 또한 폐하께서 춘추가 왕성하나(鼎盛) 저위儲位(동궁의 자리)가 아직 비어 있으니 바로 마땅히 정신을 집중하고 고요히 비워서(凝神沖黙) 성령性靈을 배양하며 깊이 거처하고 단정하게 앉아서 복조福祚(후사)를 늘여야 합니다. 돌아봄에 병혁兵革 사이에서 정신을 소모하고 힘을 피로하게 함으로써 위로는 위중威重을 훼손하고 아래로는 인심을 놀라게 하니 이는 신 등이 밥을 먹어도 목구멍으로 넘기지 못하고 누워도 편히 잠들지 못하는 까닭입니다. 근래 선부宣府와 대동大同 지방을 돌아보니 오랑캐와 왜구가 창궐하여서 여론이 다만 병사가 적은 것을 근심하는데 유용한 병사를 거둬서 쓸데없는 노역에 동원하니 더욱 일의 체모에 마땅한 바가 아닙니다.[96]

양일청은 약으로는 구제할 수 없는 썩어문드러진 무종 조정의 급급한 위

---

96 『양일청집楊一淸集』 「이부헌납고吏部獻納稿·위준성헌조시조이단치본사爲遵成憲早視朝以端治本事」.

기상을 묘사했으나 어리석고 우둔한 무종은 더욱 캄캄하고 완고하며 교만한 전횡을 일삼았다.

2월 6일 번승 완복진남견完卜鎭南堅과 삼파이장복參巴爾藏卜이 조공을 하였는데 무종은 뜻밖에 그들을 대경법왕大慶法王에 봉하였다. 9일, 비술로 총행을 얻은 오사장의 사자 작길아사아가 승려 무리 영점작절아領占緯節兒와 작공차실緯供箇失을 오사장으로 돌아가게 해달라고 청하여서 그들을 대승법왕大乘法王에 봉하여 입공入貢하게 하였고, 아울러 그 두 사람을 '국사國師'에 봉해달라고 청하여서 조정에 큰 파문을 불러일으켰다.

『무종실록』에서는 이 사건을 다음과 같이 서술하였다.

정덕 10년 2월 무술戊戌(*『국각』에는 '정유丁酉'로 되어 있다), 보안사保安寺 대덕법왕大德法王 작길아사아는 본래 오사장의 사자인데 상이 붙들어서 총행을 받았다. 이에 이르러 영점작절아와 작공차실을 파견하여서 정사와 부사로 삼고 오사장으로 돌아가 거주하게 하며 대승법왕의 예에 견주어서 입공하게 하려고 하였다. 또한 두 사람을 청하여 국사로 명하고 번에 들어가 (入番, 『예부지고禮部志稿』 권91에는 '번오番驁'로 되어 있다) 광다廣茶를 설치하게 하라고 청하였다. 예부상서 유춘劉春(1459~1521)에게 의논을 하게 하였더니 불가하다 하였고, 또 ○○ 다법茶法 때문에 거리에서 소요가 일어났다. 다시 의론하라는 전지가 내려와서 유춘이 글을 닦아서 다음과 같이 상주하였다. "오사장은 멀리 서쪽에 있는데 성정이 극히 완악하고 사나워서 비록 네 왕(四王)을 두어서 어루만지고 교화하여도 조공을 하지 않았으니 반드시 그를 경계해야 하며 그들로 하여금 저마다 자기 처지를 편안히 여기게 하여서 변병의 근심을 만들지 않도록 힘써야 합니다. 만약 승려를 파견하고 차를 주어서 보내며 고칙誥勅을 내린다면 만일 상의 전지를 이용하여 강호羌胡를 유인하여서 망령되이 청구하는 바가 있게 되고 이로 인해 자기 이익을 도모하려고 할 텐데 좇지 않으면 곧 이역 백성의 뜻을 잃어버리고(失異俗意), 이를 좇으면 무익한 일이 되어서 그 해가 이루 말할 수 없습니다. 조칙이 고명誥命과 함께 잇따라서 설다設茶의 조칙을 파기하였습니다. 이때 위로는 번경番經을 외우고 익히며 그 가르침을 숭상하여서 항상 번승과 같이 복장을 하며 내창內廠에서 설법을 강연하였습니다. 작길아사아 무리가 표방을 드나들며 여러 권귀와 잡다하게 어울립니다. 두 사람이 승전乘傳으로 돌아감에 치중輜重이 길에 잇따랐으며, 지나가는 곳마다 경비가 번다하였고 가는 길에 귀천이 없이 모두 피하였으며, 모두 두 사람을 일컬어서 '국사'라고 합니다."[97]

조정 대신들은 어지러이 일어나서 직언으로 간하고 반대하였으며, (이 일은) 심지어 유도(남경)의 일반 언신言臣과 예관禮官들을 깜짝 놀라게 하였다. 양명 또한 앞장서서 부격하여 주장을 올렸다. 본래 그는 경사에서 임직에 있을 때 주장을 올려서 무종이 표방을 설치하여 음란을 자행하고 작길아사아가 비술로 총행을 얻은 일을 논박하였는데, 이로 인해 남도로 '방축放逐'을 당하였었다. 현재 무종은 작길아사아 무리의 번승을 더욱 총애하고 신뢰하였으며, 10년간 저군儲君의 자리가 비어 있어서 번승의 정치 간여와 황제에 대한 위협이 더욱 창궐하였기에 양명은 다시 침묵을 지키고 있을 수 없었다.

홍려시경은 본래 예관이며 홍려시가 관장하는 직분은 다음과 같았다.

조회·빈객·길흉 의례의 일을 관장한다. 모든 국가의 대전례大典禮·교묘郊

---

97 『명무종실록明武宗實錄』 권121. 『국각』 권49를 참조.

廟·제사·조회·연향宴饗·경연·책봉·진력進曆·진춘進春·전제傳制·주첩奏捷
에 저마다 그 일에 이바지한다. 외부의 관리(外吏)가 조근朝覲하거나 제번
諸番에서 공물을 들일 때와 백관과 사신의 복명復命, 사은謝恩에 뵙고 말씀
을 올리려는 자는 아울러 홍려시에서 이끌어 아뢰게 하며 …… 외국 사신
이 조회하면 반드시 먼저 홍려시에서 연례演禮를 한다. 사빈司賓은 외국에
서 조공을 바치러 온 사신을 접대할 때 등급을 변별하고 배궤拜跪의 의식
절차를 가르치는 일을 맡아본다.[98]

남경 홍려시경이었던 양명이 이때 작길아사아가 정사와 부사를 파견하여
서 오사장으로 돌아가는 일행을 맞이하여 접대한 뒤 보냈으며, 대승법왕의
입공과 국사를 청하고 광다廣茶를 설치하는 큰일에 직접 관계했음을 알 수
있다. 이 두 사람 정사와 부사인 '국사'가 오사장으로 돌아가는 노선은 다음
과 같다. 경사에서 배를 타고 남하하여서 남경에 이르면 홍려시에서 홍려시
경 양명이 나와 맞이하여서 접대하고 오사장으로 돌아가는 일체 의식 절차의
수속과 가는 길 내내 수요품을 마련하고 처리하였으며, 그런 뒤 장강을 따라
서행을 하여서 사천四川으로 나아가 오사장으로 들어갔는데 이는 『무종실록』
에서 다음과 같이 말한 바이다. "두 사람이 승전乘傳으로 돌아감에 치중輜重
이 길에 잇따랐으며, 지나가는 곳마다 경비가 번다하였고 가는 길에 귀천이
없이 모두 피하였으며, 모두 두 사람을 일컬어서 '국사'라고 하였다."[99]

양명이 번승의 행적에 통한을 품고 주장을 올린 것은 필연적인 일이었다.
감찰어사 방봉方鳳이 4월에 올린 천장薦章 「위숭고학용정인이비성치사爲崇古

98 『명사』 권74 「직관지職官志」.

99 『명무종실록明武宗實錄』 권121.

學用正人以裨聖治事」에 의하면 "신이 근래 왕수인을 보니 의론이 영발英發하고 정력이 한창 강합니다."라고 하였는데 그가 '의론이 영발하다'고 한 말은 양명이 2월에 상주하여서 작길아사아 무리의 번승을 논박한 주장을 가리키는 것임이 분명하다. 양명의 이 주장은 비록 망실되었지만 나중에 올린 「간영불소諫迎佛疏」에서 어렴풋이 이 주장의 흔적을 그대로 엿볼 수 있다.

양명의 주장은 또 한 차례 무종의 분노를 불러일으켜서 양명에게 헤아릴 수 없는 재앙을 안겨주었다. 나중에 남경 이과급사중 반당潘棠(1505, 진사)이 글을 올려 겨우 구원하여서 양명은 요행히 화를 면하였다. 담약수는 증성으로 돌아오는 도중에 양명이 주장을 올렸다가 화를 초래한 일을 전해 듣고서 잇달아 편지 세 통을 양명에게 보내며 입을 열어 말을 하지 말고 빛을 숨겨서(韜光) 재앙을 피하라고 권하였다.

첫 번째 편지는 다음과 같다.

> 남을 세우고(立人) 남을 통달하게 하려는(達人) 인한 사람으로서 노형의 마음이 매우 간절하였기에 급박하여서 의심스러운 논의를 초래함을 면하지 못하였습니다. 『역』의 「함咸」은 무심히 사물을 감동시키되 사물의 감응이 깊습니다. "9·4, 곧으면 길하여 뉘우침이 없다. 서로 왔다갔다하되 벗이 너를 생각한다(九四, 貞吉悔亡, 憧憧往來, 朋從爾思)."라고 하였으며, 그 상·6에 "광대뼈·뺨·혀에 감응하며 구설에 오른다(咸其輔頰舌, 騰口說也)."라고 하였으니 마음으로 남을 감동시키는 것도 할 수 없는데 하물며 뺨과 혀는 어떠하겠습니까? 이는 불초가 노형과 마땅히 함께 경계해야 할 일입니다.[100]

---

100 『천옹대전집』 권8 「선차여양명홍려先次與陽明鴻臚」.

두 번째 편지는 다음과 같다.

서로 거리가 점점 멀어집니다. …… 길거리의 인심이 흉흉하여서 노형에게는 매우 위험합니다. 홀로 이를 생각할 뿐입니다. 세상에 숨어서도 번민하지 않고(遯世無悶), 옳다고 인정을 받지 못해도 번민하지 않으며(不見是而無悶), 드넓고 드넓은 연못 같아서 때때로 흘러나오게(溥博淵泉而時出之) 하되 옛사람은 오히려 빛을 숨김을 다하지 못했다고 여겼으니 대체로 본원을 함양함이 깊고 두텁게 함을 저절로 그만둘 수 없을 뿐입니다. 이 뜻을 생각하신다면 다행이겠습니다.[101]

세 번째 편지는 다음과 같다.

황문黃門 반희소潘希召(반당)가 기꺼이 직언을 하니 자연 유익한 벗입니다. 노형에게는 그가 바로 급장유汲長孺(급암汲黯)이니 또한 친하게 지내시기 바랍니다.[102]

첫 번째 편지에서 말한 "급박하여서 의심스러운 논의를 초래함을 면하지 못하였습니다."라는 말은 양명이 올린 글이 논의를 초래하여서 비방을 얻은 사실을 가리킨다. 담약수는 『주역』의 「함」 괘를 인용하여 양명에게 함구하고 명철보신하라고 권하였다. 두 번째 편지에서 "길거리의 인심이 흉흉하여서 노형에게는 매우 위험합니다."라고 한 것은 양명이 올린 글이 초래한 재앙

---

101 『천옹대전집』 권9 「여왕양명선생홍려與王陽明先生鴻臚」.

102 『천옹대전집』 권9 「기양명왕선생寄陽明王先生」.

을 가리키며, 양명에게 세상에 숨어서 재앙을 피하고 빛을 감추어 어둠 속에서 함양하라고(韜光養晦) 권하였다. 세 번째 편지에서 "황문 반희소가 기꺼이 직언을 하니"라고 한 말은 반당이 글을 올려서 직간하여 양명을 구원한 일을 가리킨다.

서한西漢의 급암汲黯은 황로黃老의 이론을 배워서 청정淸靜을 좋아하였고 기절氣節을 따르며 수결修潔을 행하였다. 감히 군주의 얼굴을 범하여서 간하였다. 한번은 무제武帝(B.C.141~B.C.87)가 문학을 하는 선비를 불러서 쓰려고 하였는데 급암이 이를 두고 직언으로 풍자하여 말하기를 "폐하께서는 속으로는 욕심이 많으면서 겉으로는 인의를 베푸시는데 어찌 당우唐虞(요순)의 다스림을 본받으려고 하십니까!"[103] 하였다. 무종이 속으로는 욕심이 많으면서 겉으로는 인의를 베푸는 것이 한 무제와 어찌 그리도 비슷한가! 또한 반당이 글을 올려서 직간으로 양명을 구원한 일은 급암과 어찌 그리도 비슷한가! 그리하여 담약수는 반당을 양명의 '급장유'라고 한 것이다.

양명은 반당이 글을 올려서 구원해준 덕분에 다행히 화를 면했지만, 반당은 도리어 축출당하고 파직되어서 돌아가야 하는 운명을 맞이하였다. 5월에 반당이 남도를 떠나 신주辰州로 돌아갈 때 양명은 다음과 같은 이별시 한 수를 지어서 고통스럽게 읊었다.[104]

반 급사에게 증정하다   贈潘給事

오월 창랑에 탁족하러 돌아가니   五月滄浪濯足歸

---

103 『사기』 권120 「급암열전汲黯列傳」.
104 『왕양명전집』 권20 「증반급사贈潘給事」.

마침 연잎으로 새 옷을 만드네　　　　　　　　　正堪荷葉製初衣

누가 옳고 누가 그른지 그대는 묻지 마오　　　　甲非乙是君休問

유수와 신산으로 가려는 뜻 어기지 못하네　　　酉水辰山志未違

모래톱 새는 놀잇배를 의심하지 않고　　　　　　沙鳥不須疑雀舫

강가 구름이 먼저 낚시터를 씻어내네　　　　　　江雲先爲掃魚磯

무릉의 계곡과 골짜기는 깊고 험하거늘　　　　　武陵溪壑猶深僻

다시 집을 옮겨 푸른 산속으로 들어가지 말지라!　莫更移家入翠微

　　"누가 옳고 누가 그른지 그대는 묻지 마오"라고 한 구절은 어리석고 어둡고 흐리멍덩한 무종이 번승을 총애하고 신임한 반면 충간하는 신하를 파직하여서 축출한 일에 대해 분개하고 통렬하게 지적한 말이다. 양명은 이 사건으로 인해 일시에 안팎으로 곤경에 처하였다. 부패하여서 손을 쓸 수 없는 조정의 상황을 깨닫고서 문득 돌아가려는 생각이 들었다.

　　4월, 조정에서는 양경의 관원을 심사하였는데 양명은 북받쳐서 다음과 같이 「자핵걸휴소自劾乞休疏」 한 통을 올렸다.

　　근래 조정에서는 실적을 평가하는 전례를 거행하여 여러 관료를 도태시켰습니다. 신은 돌이켜서 안으로 살펴서 평소의 일을 점검하니 축출하고 파직하는 사례에 정확히 부합합니다. 신은 비록 계급과 자급(階資)이 조금 높으나 우연찮게 요행히 그물에서 빠져나갔지만 직책을 지키지 못한 죄를 스스로 알기에 감히 거듭 폐하를 속일 수는 없습니다. …… 다행히 남들이 알지 못한다고 해서 숨고 구차히 면함은 신이 매우 부끄러워하는 바입니다. 선악(淑慝)이 뒤섞여 있어서 권하고 징계하는 법전이 밝지 못하게 됨은 신이 매우 두려워하는 바입니다. 엎드려 생각건대 폐하께서는 그 죄를 밝히 보시어 벌을 확실히 내리시고 천하로 하여금 불초한 사람이 요행히 면함을 얻지 못한다는 것을 밝히 알게 하신다면 신의 소원은 죽어도 썩지 않을 것입니다. ……[105]

보통의 휴직을 청하는 이 상소에서 이와 같이 북받치는 기세(劍拔弩張)로 봇물 터지듯 격렬한 말로써 양명은 마음속 최대의 분노와 불평을 모두 토로하였다. 휴직을 청하는 상소에서 '자핵自劾'의 형식을 채택한 것은 겉과 속을 정반대로 하여서 역시 충성과 간사를 구분하지 못하고 시비를 뒤바꾸는 무종을 최대한 풍자한 것이다.

사실 이때 조정에서 경관京官을 심사한 결과 양명은 실적(考核)이 가장 좋았다. 감찰어사 방봉은 양명을 관각館閣의 신하에 천거하였고, 어사 양전楊琠은 양명을 남경 국자좨주에 천거하였으나 무종은 모두 받아들이지 않았으니, 바로 양명이 올린 글이 무종의 '역린(龍怒)'를 저촉한 것 때문이 아닐 수 없었다. 양명은 휴직을 청하는 상소를 올린 뒤 큰 병에 걸렸다가 5월이 되어서야 겨우 조금 나아졌다. 교우·오일붕吳一鵬·등상鄧庠·왕위汪偉 등이 모두 시를 보내어서 위문하였다.

남경 부도어사副都御史 등상은 감개하여 다음과 같이 시 세 수를 지어서 읊었다.[106]

---

105 『왕양명전집』 권9 「자핵걸휴소自劾乞休疏」.

106 『동계별고東溪別稿』 「교사마희대오태상남부왕사업기지연구회왕홍려려백안인화기운喬司馬希大吳太常南夫汪司業器之聯句懷王鴻臚伯安因和其韻」.

사마 교희대, 태상 오남부, 사업 왕기지가 연구를 지어서 홍려 왕백안을 그
리워하였다. 인하여 그의 운에 화답하다

喬司馬希大吳太常南夫汪司業器之聯句懷王鴻臚伯安因和其韻

시급한 주장을 올리기도 전에 봄을 맞이함에	飛章未下又逢春
고와 학이 쓸쓸히 내 몸과 같이하네	琴鶴蕭然共一身
이밀은 유씨에게 보답할 생각 절실했고	李密報劉歸思切
가생은 한을 걱정하여 머리가 새었네	賈生憂漢二毛新
붓끝에서 글은 비단처럼 흘러나오고	文詞筆落渾如錦
옷깃은 얼음처럼 맑아서 먼지를 타지 않네	襟度冰淸不受塵
성주는 현자를 구하여 꿈풀이를 하니	聖主求賢勞夢卜
요강에 낚싯줄 드리울 생각 마시게	姚江且莫憶垂綸

충간의 초고는 고사의 풍모를 사모했고	曾從諫草慕高風
곧은 기운 늠름하니 동쪽의 규벽일세	直氣稜稜奎壁東
귀죽의 세월은 물을 따라 흐르고	貴竹年光隨逝水
구화산 빛깔은 음통에 부치네	九華山色付吟筒
조롱 속 거위로 황정경을 바꾸니 쇄락하고	籠鵝漫灑黃庭卷
딱딱한 베개 베고 때로 백호통을 읽네	警枕時看白虎通
벼슬길에 공이 남으면 배움에 힘쓰고	仕途餘功猶務學
푸른 옷깃으로 밤 붉은 등불 대하고 있네	靑衿相對夜燈紅

장부와 서적 사이에 붉은 먼지 떠돌고	紅塵擾擾簿書間
문원(사마상여)을 보지 못해 안색은 초췌하네	未睹文園憔悴顏

그대의 좋은 풍채 옛날과 같고	豊采喜君今復舊
좋은 술에 취해 나는 돌아가려 하네	醇醪醉我欲望還
해가 옮겨 가 대 그림자 창에 반쯤 비치고	日移竹影半窗翠
바람은 솔 소리를 침상에 한가하게 보내네	風送松聲一榻閑
이 가운데 시의 정경 풍부하다고 하는데	聞說此中詩景富
발을 걷고 시험 삼아 종산을 보네	掀簾試與看鍾山

"가생은 한을 걱정하여 머리가 새었네"는 바로 이때 양명이 무종에게 글을 올려서 간한 사실을 가리킨다. "이밀은 유씨에게 보답할 생각 절실했고"라는 구절은 양명이 휴직을 청하여서 상소한 사실을 가리킨다. 당년에 이밀이 「진정표陳情表」를 올린 때가 마흔네 살이었고, 조모는 아흔여섯 살이었다. 양명이 휴직을 청하는 글을 올린 것도 마흔네 살이었는데, 조모 잠 태부인은 아흔여섯 살이었다. 등상은 양명에게 "벼슬길에 공이 남으면 배움에 힘쓰고"라며 칭친히고 또 권히어서 "요강姚江에 낚싯줄 드리울 생가 마시게"라고 하였다.

양명은 이에 차운하여 시를 지어서 회답하였다.[107]

병중에 대사마 교 공이 시로 회포를 보여서 차운하여 답 두 수를 올리다

病中大司馬喬公有詩見懷次韻奉答二首

절하고 이별한 뒤 열흘 동안 소식이 없어	十日無緣拜後塵
병든 이 심정에 덤불이 우거지려 하네	病夫心地欲生榛

---

107 『왕양명전집』 권20 「병중대사마교공유시견회차운봉답이수病中大司馬喬公有詩見懷次韻奉答二首」.

시편에 가련한 재기가 극도로 보이니	詩篇極見憐才意
쓸모없는 재주로 남을 속여 부끄럽네	伎倆慚非可用人
황각에서는 공이 길이 집정하기를 바라고	黃閣望公長秉軸
창강은 내가 늘그막에 낚싯대 드리움을 용납하리	滄江容我老垂綸
관리 노릇 다하고 진중히 세상에서 돌아서니	保釐珍重回天手
봄바람에 온갖 나무 싹트는 것을 보리	會看春風萬木新

수많은 갈림길에 먼지 일고	一自多岐分路塵
당당한 바른길에 마침내 덤불이 우거지네	堂堂正道遂生榛
애오라지 얕은 견해로 이전의 성인을 엿보고	聊將膚淺窺前聖
감히 마음의 전승을 뒷사람에게 열어준다 하네	敢謂心傳啓後人
회양과 해주의 지역을 절제해야 하고	淮海地圖須節制
천하를 다스림에 경륜을 보네	雲雷大造看經綸
시구에 공을 들이고 풍아(시경)를 연구하며	枉勞詩句裁風雅
반명(서경)을 빌려서 날마다 새롭게 하네	欲借盤銘獻日新

양명은 돌아가 쉬려고 이미 결심하였다. 다만 '황각에서는 공이 길이 집
정하기를 바라더라도' 스스로는 다만 '창강은 내가 늘그막에 낚싯대 드리움
을 용납하기를' 구하였다. 그러나 그는 의구히 성현의 학을 창도할 생각을 잊
을 수 없었으며, 300년간 "당당한 바른길에 마침내 덤불이 우거져서" 마음이
아팠다. 그리하여 돌아가 쉬려는 그의 생각은 결코 은퇴하여 세상으로부터
도망치려는 것이 아니라 동남에서 창도하려는 의미에서 일종의 또 다른 일신
日新과 진취였다. 계속해서 '남국의 부자(南國夫子)'로서 "애오라지 얕은 견해
로 이전의 성인을 엿보고, 감히 마음의 전승을 뒷사람에게 열어주려"고 하였

던 것이다.

사실 그가 주장을 올린 뒤 무종은 자신의 골치를 썩이는 이 '언사'를 한쪽에 내버려두고서 아예 기용하지도 않고 면직하지도 않았다. 양명은 이에 단념하지 않고 곧 글을 올려서 휴직을 청하였고, 8월과 9월에 잇달아 상소하여서 병을 치료하기 위해 돌아가기를 청하였다. 돌아가 쉬려는 자기 결심을 표명하기 위해 그는 9월 29일 왕화의 칠순 생신 때 왕수신王守信의 다섯째 아들 왕정헌王正憲을 후계자(嗣子)로 삼았다. 이때 왕화의 칠순을 축하하는 자리는 매우 성대하였다. 왕화의 장수를 축하하고 양명의 장수를 빌고, 양명이 아들을, 왕화가 손자를 얻은 것을 하나로 엮어서 축하하는 경축慶祝이었다.

응량應良은 「수대총재왕공서壽大冢宰王公序」에서 다음과 같이 특별히 지적하여 말하였다.

> 나(良)는 예전에 공의 아들 양명 선생을 따라 놀았는데, 양명은 나에게 실로 앞길을 열어주고 이끌어준(開先啓迪) 공이 있어서 스승(師資)의 정의가 …… 대대로 녹을 먹는(世祿) 집안의 자식으로서 공훈과 재능이 있는 사람이 역시 있겠지만 우리 양명 선생은 스스로 몸에 돌이키고 힘써 배워서 위대한 일대 유종儒宗이 되었으며, 황폐한 덤불을 베어내고 막힌 길을 열어젖히며 공맹의 도를 밝혀서 그 몸을 착하게 하고 해내海內의 뜻있는 사람과 함께하였으니 이는 공의 영향이 미친 바이며 은택을 쉽게 헤아릴 수 없는 것이다. …… 양명은 조정에서 높은 관직(大卿)을 지냈으며, 천하를 위안으로 삼았지 영예로 삼지는 않았다. 그런즉 공의 부자는 천하에 명망을 떨쳤으니 천하가 공에게 바라는 바가 어떠한가![108]

---

108 『광서선거후지光緒仙居後志』 권9 「수대총재왕공서壽大冢宰王公序」.

황관은 「실옹선생수서實翁先生壽序」에서 다음과 같이 말하였다.

공은 행년行年이 고희였다. 위로 태모太母가 계시는데 연세가 아흔여섯이
지만 귀가 또렷하고 눈이 밝으며 근력은 젊은이처럼 튼튼하고, 자애로우
며 우아하고 바르며 반듯하신데(慈閑正則) 공이 효양孝養의 마음을 다했기
때문이다. 또한 아래로 아드님은 성인의 학문에서 전승을 얻었고 바야흐
로 은거하여 천지의 조화와 귀신의 오묘함을 추구하여서 도로 삼고 백세
에 징험이 있기를 기다리니 …… 나(縉)는 앞서 선부選部(이부)에서 공과 함
께 근무를 하였다. 공의 아들 수인은 내가 그를 따라 성취함에 힘입었으니
이른바 성인의 학문을 얻은 자이다. 이에 공을 위해 장수를 기원한다.[109]

목옹木翁 사천謝遷(1449~1531)은 왕화의 장수를 빌고 손자를 얻은 일을 축
하하는 시 두 수를 지어서 다음과 같이 읊었다.[110]

용산 태재가 손자 및 종증손자를 얻어서 기뻐하는 뜻을 축하하다, 각각 한 수
賀龍山太宰得孫及得從曾孫志喜各一首

재상의 집안 세보는 그 얼마나 뻗었나?	槐分世譜幾千葉
난초 자라는 뜨락 계단에 첫째 손자일세	蘭茁庭階第一孫
아름다운 기운 골목에 가득하여 고향에까지 이어지고	佳氣充閭連故里

---

109 『황관집』 권11 「실옹선생수서實翁先生壽序」.

110 『귀전고歸田稿』 권7 「하용산태재득손급득종증손지희각일수賀龍山太宰得孫及得從曾孫志喜各
一首」.

덕성이 초저녁부터 밤중까지 비치네	德星照夜自初昏
두 조정의 원로에게 임금의 빛이 멀고	兩朝舊笏龍光遠
남겨놓은 만 권에 손때가 남았네	萬卷遺書手澤存
후손을 위해 집 꾸미기를 허락하지 않았지만	燕翼不許廑作室
우공에게는 다만 다시 높은 문이 어울리네	于公只合再高門

손자가 많은데 또 증손을 보니	群衆孫多又見曾
한 가문에 복을 뉘라서 이에 더하랴!	一門福履更誰勝
대대로 쌓은 덕이 빛나고 홰나무 그늘이 짙어	光昭世德槐陰密
부모 얼굴에 기쁨이 있고 장수를 더하네	歡動慈顔鶴算增
깊은 바다 신선의 근원에서 경사가 흐르고	瀛海仙源流慶澤
단산의 새끼 봉이 길조를 더하네	丹山雛鳳協休徵
홍려는 다시 인재의 꿈을 꾸고	鴻臚復有熊羆夢
그대 집안 기쁨의 소리 들려오기 기다리네	佇聽君家燕喜聲

"부모 얼굴에 기쁨이 있고 장수를 더하네"는 왕화의 70세 생신을 가리키며, "홍려는 다시 인재의 꿈을 꾸고"라는 구절은 양명이 왕정헌을 후사로 세운 일을 가리킨다. 마흔네 살의 왕양명이 왕정헌을 아들로 삼은 까닭은, 무엇보다 먼저 늙은 아비 왕화와 잠 태부인이 오래도록 후사를 바라는 마음을 위로하기 위함이며, 다음으로는 돌아가서 늙은 부모를 모시고 어린아이를 양육하려는 자기 결심을 밝히기 위함이었다. 이직易直 왕연王兗에게는 왕수례王守禮·왕수신 두 아들이 있었는데, 왕정헌은 왕수신의 다섯째 아들이며 이때 이미 여덟 살이었다. 왕수신의 자는 백부伯孚, 호는 서림西林이다.

예소야倪小野(예종정倪宗正, 1505 진사)의 「송왕백부서送王伯孚序」에 의하면 다음과 같이 말한다.

지금 우리 고을의 총재冢宰 왕 공은 장원을 하고 한림에 들어갔을 때 선제
先帝께서 동궁에 계셨다. 등극하신 뒤 경유經帷(경연)에서 10여 년간 모시
면서 생각을 논하고(論思) 선을 진술하여서 임금을 이끈(啓沃) 공이 컸으니
천하는 그가 재상이 되기를 바랐으나 아직 늙지 않아 세상을 사양하였는
데, 덕과 지위로 헤아려보면 역시 만족스럽지 못하였다. 그러므로 그 아들
양명이 문학과 행의行誼로 당시 유명하였는데 바야흐로 신임을 받아 등용
되었다. 종자從子(조카) 백부伯阜(왕수신)의 무리가 총명한 자질(穎秀)이 특히
빼어나고 여기에 서로 이어서 분발하여 공을 세웠으며, 또 하늘의 도를 보
았으니 자첨子瞻(소식)의 말이 더욱 믿을 만하다. …… 백부는 총재 공이 끼
친 바를 이어받았고 기운이 뛰어나며 성대한 자이다. …… 총재 공 및 양
명이 당면하여 가르침을 전수하였으니 당연히 반드시 자기 몸에 절실하고,
관직에 펼치고, 따라감에 쉽게 가고, 지킴에 효과가 있는 설이 있을 터이니
백부는 마음을 쓰라![111]

또 「증왕서림수서贈王西林壽序」에서 다음과 같이 말한다.

서림(왕수신)은 해일공 및 양명의 비호를 받으며 문벌門閥을 열었고 대대로
문장이 뛰어났는데 낮은 관직으로 영예를 얻어서 …… 서림은 유연히 그
사이에 처하며 애오라지 덕에 부끄러움(愧德)이 없어서 어그러지고 사나운
일이 그 몸에 나타난 바 없었으며, 혐오하고 틈을 벌리는 소리가 그 문호

---

[111] 『예소야선생전집倪小野先生全集』 권1 「송왕백부서送王伯阜序」.

에서 나오지 않았으니 ······[112]

왕수신도 양명에게서 수학하였으니 양명의 제자임을 알 수 있다. 사천은 시에서 왕화가 또 '종증손을 얻었다'고 하였는데 응당 왕수신의 맏아들 소생의 아들을 가리키니, 이는 분명히 바로 이 한 해에 왕수신의 맏아들이 아들을 낳아서 후사를 이었기 때문에 왕수신이 그제야 즐거이 다섯째 아들 왕정헌을 양명에게 양자로 주어서 후사를 이어가게 하였던 것이다. 양명 스스로는 전원으로 돌아가 거처할 준비를 마쳤다.

양명이 잇달아 글을 올려서 요양차 돌아가 쉬기를 청할 때 무종은 번승을 더욱 총애하고 서역의 호승胡僧인 '활불活佛'을 떠받들면서 표방의 음란한 유희(淫嬉)에 깊이 빠져들었다. 2월에 무종은 영점작절아와 작공차실을 '국사'에 봉하고 오사장으로 돌려보낸 뒤 태감을 만 리 먼 곳까지 파견하여서 호승 '활불'을 영접하여 경사에 불러들이려는 달콤한 꿈을 꾸었다. 7월, 그는 조칙을 내려서 태소전太素殿을 중수하고 장정 3천 명을 징발하여서 요역을 시키고 내탕금 20여만 금을 사용하였다. 또 어마감御馬監과 종고사鐘鼓司를 조성하는 등 공사를 일으키고, 표방에 신방新房과 화약고火藥庫를 확장하였는데 심지어 권엄權閹의 장원, 사묘祠廟 및 향화를 올리는 사관寺觀을 대대적으로 조성하였다. 조신은 두려워서 감히 말을 하지 못하였다.

10월에 이르러 남경 감찰어사 범로范輅(1474~1536)가 분개하고 주소를 올려서 말하기를 "오늘날 큰 계획(大計)은 아직 정해지지 않았고 크게 의심스러운 일이 아직 해결되지 않았습니다. 폐하께서 홀로 위에 임어하셨으나 황저皇儲는 미리 세워두지 않았습니다. 종실의 현명한 사람이 이성異姓의 의자義子만 못

---

112 『예소야선생전집』 권2 「증왕서림수서贈王西林壽序」.

합니까? 폐하께서 날마다 기사騎射와 융진戎陣에 몰두하며 일찍이 이곳에 신경을 쓴 적이 없었으니 종묘와 사직이 어떻겠습니까?"[113] 하였다. 무종은 못들은 체하였다.

11월 26일에 이르러 무종은 뜻밖에도 당 헌종唐憲宗(805~820)을 본받아 불골佛骨(사리)을 장안의 고기故伎로 맞아들이기 위해 태감 유윤劉允에게 조칙을 내려서 오사장에 재물을 보내 '활불'을 서울로 받들어 모시게 하였는데, 이는 조정과 재야 안팎을 깜짝 놀라게 하였다. 멀리 남기에서 한마음으로 휴양하고 있던 양명마저도 너무나 황당무계하고 괴이한 일을 듣고서 도저히 참을 수 없어 책상을 치고 벌떡 일어나게끔 하였다.

『무종실록』에 무종이 서역의 '활불'을 모셔오려는 이 황당하고 극적인 내막을 다음과 같이 털어놓았다.

> 정덕 10년 11월 기유, 사설감태감司設監太監 유윤에게 명하여 오사장으로
> 가서 향과 공물 등을 바치게 하였다. 이때 좌우의 근행近幸이 말하기를 서
> 역의 호승에는 삼생三生을 알 수 있는 자가 있는데 원주민(土人)이 '활불'
> 이라 한다고 하였다. 마침내 전지를 내려서 영락永樂(1402~1424)·선덕宣德
> (1425~1435) 사이에 등성후鄧成侯 후현侯顯(1365~1438)이 봉사奉使로 나갔
> 던 예를 조사한 뒤 유윤을 승전乘傳으로 보내서 맞이하게 하였다. 주배珠琲
> 로 번당幡幢을 삼고 황금을 칠공七供으로 삼아 법왕의 금인金印과 가사袈裟
> 를 하사하였다. 그 무리에게 하사한 것이 거만鉅萬을 헤아렸는데 내고內庫
> 의 자금資金으로 한 궤匱나 되었다. 조칙을 내려서 맞이하되 10년 기한으
> 로 행사에 편의를 제공하도록 윤허하였으며, 또 지나는 경로의 (경비를 위

---

113 『국각』 권49.

한) 대염다帶鹽茶의 이익 역시 수십만을 헤아렸다. 아직 윤허를 받지 않았는데도 ○ 행위가 서로 이어졌으며, 임청臨淸에는 이미 조운선을 막아버려서 협강峽江으로 들어가니 배가 나아가기가 매우 어려워서 구록舸艫으로 바꾸었는데 서로 잇닿은 것이 200여 리였다. 성도成都에 이르러서 유사가 기한에 앞서 신관新館의 조성을 독촉하여 열흘 만에 낙성하였다. 하루 지출이 창름倉廩 100석石이었고 채소菜蔬의 은銀 역시 100량이었는데 금관역錦官驛에서 부족하여 근처 성의 수십 역에서 취하여 제공하였다. 또 번番에 들여가는 물건으로 배우○은拜佑○銀 20만을 책정하였는데 진진이 돌아가면서 다투어 13만으로 줄였다. 백공百工의 ○을(를) 취함에 공서公署에 치우치게 하여서 밤낮 쉬지도 못하였다. 한 해 남짓 머물다가 비로소 발행하여 사천의 지휘천호指揮千戶 10인, 갑사甲社 1000인을 거느리고 함께 서쪽으로 갔는데 두 달이 넘어서 기약한 장소에 이르렀다. 번승에 '불자佛子'라는 자가 있었는데 중국이 유인하여 해칠까 두려워서 나오려 하지 않았다. 유윤의 부하들이 모두 노하여서 위협하려고 하였다. 번 사람들이 밤에 습격하여 보화와 기계를 빼앗아 갔고 군사 중에 굶어죽은 자가 2인, 사졸 수백 인 가운데 부상당한 자가 반이었다. 유윤은 양마를 타고 재빠르게 달아나서 겨우 면하였다. 뒤에 성도에 이르러서 여전히 부하를 경계하여 (물건을) 잃어버리고 패한 일을 말하지 못하게 하고 공함空函을 급히 보내서 돌아가기를 청하여 상주하였는데 이때 상이 이미 등하登遐하셨다.[114]

이는 황당하기 짝이 없는 저속한 익살극이며 속임수의 장난이었다. 무종은 10년의 기한을 아까워하지 않고 내고의 자금을 하나도 남김없이 비워서

114 『명무종실록』 권131. 『국각』 권49를 참조.

서역으로 '활불'을 맞이하러 보냈는데 '활불'은 오랜 시일을 질질 끌며 끝내 초빙에 응하지 않았으며, 정덕 16년(1521) 무종이 먼저 표방에서 갑자기 죽었다. 사실 이 황당하고 어이없는 '활불' 영접의 저속한 희극은 2월에 대승법왕을 봉하여서 입공入貢하게 한 익살극의 악성적 연속극에 지나지 않았다. 태감 유윤이 취한 행동 역시 낡은 수법이었다. 그는 태감 유종劉宗 등 8인, 금의위 지휘동지 위록韋祿 등 113인의 대대적인 인마人馬를 거느리고 경사에서부터 남하하였는데 가는 길 내내 소동을 일으켰으며 지방에서는 그들에게 거마車馬와 선름船廩을 제공하였다. 남도에 도착하자 남도 홍려시에서 접대하여 안배하였으며 세심하게 보살폈다. 그런 뒤 장강을 따라 서쪽으로 이동하여 촉을 거쳐서 서역으로 나아갔다.

그리하여 양명은 맨 앞에서 이런 일들을 겪어야 하였다. 목에 걸린 가시같아서 뱉을 수도 삼킬 수도 없는 이 '언사'는 참으려야 참을 수 없어서 마침내 당대唐代 한유韓愈(768~824)가 사리를 봉영하려는 일에 대해 간했던 대담한 용기를 내어서 또 「간영불소」라는 봉사를 올렸다.[115]

---

115 「간영불소」는 『왕양명전집』 권9의 제호 아래 "원고를 모두 올리지 못하였다."라는 주석이 달려 있다. 전덕홍의 『양명선생연보』에 이르기를 "8월, 「간영불소」를 기초하였다. 이때 태감 유윤과 오사장에게 명하여 번에 재물을 가지고 가서 제불諸佛에게 바치게 하였다. 유윤이 소금 7만을 노자로 쓰게 해달라고 주청하여서 이를 허락하였다. 보신輔臣 양정화 등이 호부 및 언관과 함께 저마다 소를 올려서 상주하였으나, 듣지 않았다. 선생이 이 일로 인해 충성을 바치려고 소를 기초하여서 올리려다가 나중에 중지하였다."라고 하였는데, 이 설은 모두 틀렸다. 예를 들어, 가서 '활불'을 맞이한 일은 11월이었는데 전덕홍은 '8월'에 있었다고 잘못 말하였다. 오사장은 지명(*中藏)인데, 전덕홍은 사람으로 잘못 알아서 무종이 오사장에게 명하여 장藏(西藏)에 들어가게 하였다고 하였다. 무종이 유윤에게 명하여 "번에 가지고 가서 여러 물건을 제공하라(齎番供諸物)"고 하여 장으로 간 것을 전덕홍은 "번에 (재물을) 가지고 가서 제불에게 바치게 하였다(齎番供諸佛)."라고 하였으니 매우 큰 오류이며 통하지 않는다. 『명무종실록』에서 밝히 이르기를 "그 무리에게 하사한 것이 거만을 헤아렸는데 내고의 자금으로 한 궤匱나 되었다. …… 지나는 경로의 (경비를

그러나 사람들이 생각지도 못한 점은, 주소 가운데 양명의 사상 노선인 삼교동근동원, '불로를 의심하지 않으며(不疑佛老)', '불로를 물리치지 않는(不辟佛老)' 설이 별도로 펼쳐졌고, 양명은 이 사상을 이용하여서 무종이 재물을

위한) 대염다帶鹽茶의 이익 역시 수십만을 헤아렸다."라고 하였고, 『국각』에서도 이르기를 "그 무리에게 하사한 것이 거만을 헤아렸는데 내고의 황금 한 궤가 되었다. 오고 가는데 10년을 기약하였는데 또 길에서 대염다의 이익이 역시 수십만을 헤아렸다."라고 하였다. 그러나 전덕홍은 다만 "유윤이 주청을 하여서 소금 7만을 끌어다 노자로 쓰게 하였다."라고 하였다. "소를 기초하여서 올리려다가 나중에 중지하였다."는 말은 더욱 오류이다. 「간영불소」에서 밝히 이르기를 "사인舍人 아무개를 전차專差하여 소를 갖추어 상주하여서 듣게 하였다."라고 하였으니, 이 소는 봉사封事를 올린 것으로서 주소를 밀봉하여 사인을 전차하여 경사의 조정에 보내게 하였는데 어찌 '원고를 모두 올리지 못했으며(稿具未上)', '소를 기초하여서 올리려다가 나중에 중지한' 일이 있었겠는가? 양명은 봉사를 올린 뒤 얼마 지나지 않아서 좌첨도어사左僉都御史로 승진하고 남南(남경)·감贛(강서)·정汀(복건)·장漳(복건) 등지를 순무하였다. 등상鄧庠이 강서로 가는 양명을 전송하는 「송왕도헌백안순무남감침계등처送王都憲伯安巡撫南贛郴桂等處」 시에서 이르기를 "봉사에는 백성의 많은 고통을 알았고 조양에 봉황이 우니 치세의 음이라네(應知封事多民隱, 鳴鳳朝陽治世音)."(*「동계별고東溪別稿」) 하고 읊은 것에 의하면 여기서 말하는 '봉사'는 바로 양명의 「간영불소」를 가리킨다. 이른바 '백성의 많은 고달픔'은 「간영불소」에서 반복적으로 말한 '천하 백성의 고통과 곤경이 이미 극에 달하였다."라는 백성의 고달픔을 몸으로 불쌍히 여기는(體恤民隱) 감정을 가리키니, 양명이 「간영불소」 봉사를 올렸음은 의심할 바 없이 확실한 사실임을 알 수 있다. 이른바 '봉사'는 기밀機密의 주소를 엄밀하게 봉한 것으로서 전문적인 사람을 서울로 파견해서 투궤投匭하여 들여보내는 것이니 외부 사람은 전혀 알 수 없다. 그러므로 사서史書에서는 양명이 올린 「간영불소」 봉사에 대해 모두 기재하지 않았다. 전덕홍이 가정 연간에 양명의 전서와 양명의 연보를 편찬할 때 유윤이 정덕 10년에 활불을 맞이한 일과 양명이 봉사를 올린 일에 대해서는 전혀 아는 바가 없었으며 기술한 것도 모두 오류이다. 상소를 올린 전후 사정의 진상을 알지 못하고서 마침내 억단을 하여서 양명의 이 소와 관련하여 "원고를 모두 올리지 못하였다."라고 하였다. 혹은 양명이 이 소에서 삼교동도동원 및 '불로를 의심하지 않고', '불로를 물리치지 않은' 설을 논하였는데, 가정의 '학금' 때 양명학이 선학이라고 정면으로 공격당하였으므로 전덕홍이 스승을 위해 꺼려서 거짓으로 양명의 이 소에 대해 "원고를 모두 올리지 못하였다."고 하지 않았을까?

흩어버리고 시간을 낭비하며 외이外夷로 가서 활불을 영접하지 말도록 규간하였고, 더불어 자기 유교의 성인을 '불佛'로 삼되 외이의 활불을 '성聖'으로 삼지 말도록 하였다는 사실이다. 그는 세 가르침이 도는 같으나 유교가 불로보다 고상하다는 사상을 이용하여서 무종의 '부처를 좋아하는 마음(好佛之心)'이 '착한 마음의 싹(善心之萌)'이라고 긍정하면서 유불로 세 가르침이 저마다 그 도를 행하고 저마다 그 쓰임을 다하고 저마다 그 이익을 베풀지만 단지 유교가 불로에 비해 더욱 정미하고 광대하다고 여겨서 무종이 마땅히 유가의 성인의 도를 이용하여 '화육을 참찬하고(參贊化育)', 불로의 이단의 도에서 추구할 필요가 없다고 하였다. 이렇듯 양명은 유불로 세 가르침의 동도이추同道異趣 사상을 통해 무종이 활불을 영접하는 일을 그만두도록 간하였는데, 이는 당시 뭇 신하들이 불교를 물리치라고 외치며 앞다투어 간언하는 가운데 참으로 깃발 하나를 세운, 세상을 놀라게 하고 세속을 놀라게 하는(驚世駭俗) 논설이라고 할 수 있다.

양명은 주소의 첫머리에서 그의 주간奏諫은 다른 사람들의 것과는 다르다고 선포하고, 스스로 비분강개하여서 불교를 배척하라는 뭇 신하들의 주간과 명료하게 선을 긋고서 다음과 같이 말하였다.

> …… 폐하께서 외이外夷에 사신을 파견하여서 멀리 불교를 영접하심에 뭇 신하가 어지러이 나아와 간언을 하였는데 모두 배척하고 받아들이지 않으셨습니다. 신은 처음 듣고서 믿지 않았으나 사실임을 안 뒤에는 홀로 가만히 기뻐하며 다행으로 여겼으니 이는 바로 폐하의 성지聖智가 밝게 열리고 선의 단초가 싹트는 것이라고 여긴 것입니다. 뭇 신하의 간쟁은 비록 역시 충성과 사랑의 지극한 마음에서 나온 것입니다. 그러나 폐하의 이러한 생각이 일어난 근원이 바로 선을 행하는 단초이며 성인이 되는 근본이

니(是乃爲善之端, 作聖之本) 마땅히 따르고 확충하여서 흐름을 거슬러 근원을 추구해야 함을 미루어 탐색하지 못하고서 바로 세상의 유학자들이 높이고 바르게 여기는 설(世儒崇正之說)에 친압하여서 한갓 분쟁하고 힘써 저지한 것입니다. 폐하께서 떨쳐버리고 받아들이지 않으시며 홀연 살피지 않으심이 마땅합니다. 어리석은 신의 견해는 홀로 이와 다르니 오직 폐하께서 부처를 좋아하는 마음이 지극하지 못할까 두려울 뿐입니다.[116]

"세상의 유학자들이 높이고 바르게 여기는 설"이란 바로 뭇 신하와 세상의 유학자들이 불교를 물리치고 배척하는 이론을 가리킨다. 부처를 영접함을 간하는 양명의 상소는 결코 불교를 물리치거나 배척하는 것이 아니었다. 그는 무종의 '부처를 좋아하는 마음'은 '선을 행하는 단초이며 성인이 되는 근본'이라고 칭찬하였으나 다만 부처를 좋아함에 아직 한갓 그 이름만 좋아하고 그 실상을 얻는 데 힘쓰지 않으며 한갓 그 말단만 좋아하고 그 근본을 추구하는 데 힘쓰지 않았다고 하였다. 그리하여 양명은 "부처를 좋아하는 폐하의 마음이 참으로 지극하면, 청컨대 그 이름을 좋아하지 말고 그 실상을 얻는 데 힘쓰며 그 말단을 좋아하지 말고 그 근본을 추구하십시오. 폐하께서 참으로 그 실상을 얻고 그 근본을 추구하고자 하신다면, 청컨대 부처에게 구하지 말고 성인에게서 구하시며 외이에서 구하지 말고 중국에서 구하십시오."[117]라고 하였다.

양명은 불교의 '부처'와 유교의 '성인', 불교의 도와 유교의 도에 대해 그 높낮이를 비교하여서 다음과 같이 말한다.

---

116 『왕양명전집』 권9 「간영불소」.
117 『왕양명전집』 권9 「간영불소」.

저 부처란 이적夷狄의 성인이며, 성인은 중국의 부처입니다. 저 이적에서는 부처의 가르침으로 어리석고 완고한 사람을 교화하고 이끌 수 있습니다. 우리 중국에서는 당연히 성인의 도를 이용하여서 화육化育을 참찬参賛할 수 있습니다. 마치 땅을 가는 자는 반드시 수레와 말을 이용하고, 바다를 건너는 자는 반드시 배를 사용하는 것과 같습니다. 지금 중국에 거하면서 불교를 스승으로 삼는 것은 마치 수레와 말로 바다를 건너는 것과 같으니 비록 조보造父에게 끌게 하고 왕량王良에게 보조하게 하더라도 쉽게 건널 수 없을 뿐만 아니라 또한 반드시 깊이 빠지는 근심이 있습니다. 저 수레와 말은 본래 멀리 가는 기구이니 어찌 이기利器가 아니겠습니까? 그러나 제자리에 쓰지 않으면 기능을 발휘할 곳이 없습니다. 폐하께서는 만약 부처의 도가 비록 천하를 평화롭게 다스릴 수는 없다고 하더라도 혹 역시 한 몸의 생사를 벗어나게 할 수는 있다 하고, 비록 화육을 참찬할 수는 없다고 하더라도 때로 군품群品(중생)의 들레고 완고함(囂頑)을 인도할 수 있다고 하십니다. 이 두 가지 설은 역시 우리 성인의 남은 실마리를 다시 얻은 데 지나지 않습니다. …… 저 서방의 부처는 석가가 최고이며, 중국의 성인은 요순이 최고입니다. 신은 청컨대 석가를 요순과 비교하여서 논하겠습니다. 저 세상의 석가를 가장 숭모하는 자는 생사를 초탈하여 초연히 세상에 독존함을 사모하고 숭상합니다. 지금 불교의 서적은 시말을 낱낱이 기재하였는데 석가가 세상에 머물면서 40여 년 설법을 하였고, 82세에 죽었으니 그 수명도 참으로 길었다고 할 수 있습니다. 그러나 순의 나이는 110세였고, 요는 120세였으니 그 수명을 석가와 비교하면 더욱 깁니다. 부처는 자비를 베풀어서 머리와 눈, 뇌, 골수를 아끼지 않고 사람의 위급함을 구하였으니 인애仁愛가 사물에 미치는 것이 참으로 지극하다고 할 수 있습니다. 그러나 반드시 설산雪山에서 고행하고 거리에서 분주한 뒤에 능히 구할 수 있었습니다. 요순 같으면 단정히 팔짱을 끼고 아무것도 하지 않았으나(端拱無爲) 천하가 저마다 자기 자리를 얻었습니다. …… 인애가 사물에 미치는 것이 석가에 비교하면 더욱 지극합니다. 부처는 능히 방편으로 설법을 하여서 군중의 미혹함을 깨우치고, 사람에게 술을 경계하고, 살생을 그치게 하고, 가난을 물리치고, 성냄을 멈추게 하였으니 신통한 묘용妙用이 참으로 대단하다고 할 수 있습니다. 그러나 반드시 귀를 당기고 얼굴을 마주하고 가르친 뒤에야 가능하였습니다. 요순에게서라면 빛이 사방에 퍼지고(光被四表) 위와 아래에 이르니(格于上下) 그 지극한 성실함이 운행하는 바가 저절로 말을 하지 않아도 믿고 움직이지 않아도 변하고 하지 않아도 이루어집니다. …… 그 신령함은 방소가 없고 묘용은 실체가 없으니 석가와 비교하자면 더욱 대단합니다. 저 저주와 변환술(變幻) 같은 것은 눈을 어지럽히는 괴이하고 요사한 짓거리(眩怪捏妖)로서 어리석고 어두운 중생을 속이고 미혹하니, 이런 까닭에 부처가 깊이 배척하고 극히 꾸짖어서 외도사마外道邪魔라 하는 것이며 바로 불도와 상반된 것입니다. 부처를 좋아함과 동시에 그와 상반된 것을 좋아하며, 부처를 구하면서 그 배척하고 꾸짖는 것을 추구하는 일은 응당 해서는 안 되는 것입니다.[118]

이는 유불로 세 가르침은 도가 같으나 유교가 불로보다 높다는 양명의 독특한 사상이다. 이 주소奏疏는 무종에게 활불을 영접하는 짓은 그만두라고 정중히 권하는 간장諫章이라기보다 유불로 삼교이동三敎異同을 논하는 절묘한 논문이라 할 수 있으며, 더 나아가 그의 '불로를 의심하지 않고', '밑바닥까지 모두 공하다'는 사상에 대한 담약수의 비판을 인증印證한다. 양명이 미

---

118 『왕양명전집』 권9 「간영불소」.

미하게 폭로한 유불로 삼교에 대한 진실한 관점의 정격定格이 여기에 있다.

더욱 주의할 만한 사실은 이전에 올린 직언의 간장과 달리 양명은 이번에는 완곡하게 간하고 권함으로써 한편으로는 무종의 '부처를 좋아하는 마음'을 칭송하여서 '잘못된 구습을 한번 씻어서 번연히 고명하고 광대한 사업을' 할 수 있다고 하였으며, 또 한편으로는 유가의 정미하고 광대한 성학聖學을 천양하여서 무종이 외이外夷의 활불을 미신하지 않도록 정중하게 권하였다는 점이다. 이와 같은 온정적이고 체모를 갖춘 주간奏諫은 성급한 기운으로 남을 누르는, 뭇 신하가 군주를 책망하고 불교를 배척하려고 쓴 간장에 비해 더욱 무종의 교만한 '황제의 마음(帝心)'을 설득할 수 있었다.

특히 양명이 간장에서 말한 "오늘날 재해가 날로 일어나고 도적이 날로 치성하며 재력이 날로 고갈되어서 천하 백성의 고통과 곤경이 이미 극에 달하였다."는 내용은 무종의 마음속 해결하기 어려운 '황제의 병(帝病)'을 저촉하여서 건드렸으며 종국에는 그로 하여금 양명의 규간을 눈을 비비고 보게(刮目相看) 하였다. 무종은 다른 뭇 신하의 간장은 일괄적으로 배척하고 받아들이지 않았으나 뜻밖에 양명의 주간은 묵인하였으며, 줄곧 축출하기만 하고 등용하지 않던 이 '언사'를 발탁하였다. 양명은 또 깊이 가라앉던 벼슬의 바다에서 눈부시게 솟아올랐으니 이는 양명 스스로도 애초에 생각지도 못한 일이었다.

원래 무종은 이즈음 강서江西 지방에 '날로 치성하는 도적'을 근심하고 있었고, 따라서 급히 병법에 정통한 유능한 대관원을 선발하여서 강서로 보내 사방에서 일어나는 '도적'의 반란을 진압하고 평정해야만 하였다. 빈곤한 강서는 근 5년 동안 유민流民의 봉기가 끊이지 않고 폭발하였으며 '도적'이 횡행하였는데, 특히 강서 남부(贛南)의 유민 봉기는 복건 서부(閩西), 호남 동부(郴東), 광동 북부(粤北) 유민의 봉기와 연계되어서 한 덩어리를 이루고 성세가 불같이 뻗어나갔다. 조정에서는 끊임없이 파병을 하여 진압하고 소탕과 초무招撫를 겸하여 시행하였으나 모두 실패하였다. 게다가 영왕寧王 주신호朱宸濠 (1476~1521)가 남창南昌에서 전횡을 휘두르고 착취를 하여서 강서 백성의 곤고困苦는 이미 극에 달하였고, 봉화가 사방에서 일어나 불안정하게 들끓었기 때문에 조정의 큰 근심덩어리가 되었다.

앞서 조정에서는 정덕 9년 정월에 장승蔣昇(1450~1526)을 우부도어사로 임명하여서 남안(南)·감주(贛)·정주(汀)·장주(漳)를 순무하게 하였으나 곧바로 실패하고 말았다. 3월, 강서 병비부사兵備副使 호세녕이 장계를 올려서 이르기를 "강서의 도적에 대해 초무와 소탕 두 가지의 주장이 서로 맞서고 있어 정해지지 않고 있습니다. 신은 생각하기를, 이전에 초무한 자들은 토벌하지 않고 다시 반란을 일으킨 자들은 초무하지 않으며, 새로 봉기한 자들은 반드시 미약할 때 쳐야 합니다. …… 또 강서의 재앙은 도적에 그치지 않습니다. 영부寧府에서는 수년 동안 위세가 날로 성해져서 법을 어기는(不逞) 무리가 불법을 저지르고 상히 관시에서 받들어 모심(承奉)이 너무 지나쳐서 지주 회제火災를 구실 삼아 백성의 집터와 땅(廛地)을 약탈하니 매판買辦이 점차 바깥 군에서 행해지고 소요가 궁벽한 고을에까지 두루 미칩니다. 신은 양민이 불안한 나머지 모두 일어나서 도적이 될까 두렵습니다."[119] 하였다. 그는 도어사 임한任漢 (1462~1521)을 제독순무의 직책을 겸하게 한 뒤 병사를 통솔하여서 정벌하게 하라고 건의하였다. 그러나 겨우 열사흘 뒤 강서 순무 임한은 곧 탄핵을 받아 파직되어서 축출되었으며, 강서의 반란을 평정하는 일을 묻는 사람은 아무도 없었다. 강서 병비부사 호세녕마저도 강서에서 전임하여 벗어났다가 나중에 다시 주신호에게 죄를 얻고 체포되어서 진무사의 감옥에 갇혔다.

---

119 『국각』 권49.

정덕 10년(1515) 8월에 이르러서 조정은 그제야 서둘러 진각陳恪을 우부도어사로 임명하여서 남경·강서·정주·장주를 순무하게 하였다. 그러나 진각은 평범하고 무능하였으며 반란 평정에 힘을 쓰지 않았으므로 조정에서는 할 수 없이 12월에 그를 강서에서 전임시키고 다시 공면인公勉仁(1462~1516)을 우부도어사로 삼아 남안·강서·정주·장주를 순무하게 하였다. 그러나 공면인도 무능했던지라 한 달 뒤인 정덕 11년 정월에 조정에서는 남경 태복시소경 문삼文森을 우첨도어사로 고쳐 명하여서 남안·강서·정주·장주를 순무하게 하였다. 그러나 담이 약한 문삼은 머뭇거리며 기꺼이 부임하려고 하지 않았다.

양명이 이 간장을 올렸을 때는 마침 조정에서 진각의 직임을 회수하고 문삼도 머뭇거리며 기꺼이 부임하지 않으려고 하던 때로서 강서의 반란 평정은 발등에 떨어진 불이었고, 순무는 빈번하게 철수하여서 적당한 사람을 얻지 못하고 있었다. 양명이 간장에서 '도적이 날로 치성한다'고 한 말은 자연스럽게 무종의 주목을 끌었다. 아마도 그의 뇌리에서는 곧바로 양명이 당년에 아가·아찰의 반란 평정에 참여하여 의견을 건의하여서 공을 세웠던 지난 일을 떠올렸을 것이다. 본래 그가 불러서 보려(詔見) 하다가 아직 등용하지 못했던 병법에 정통한 '언사'로서 이미 마음속에는 양명을 남안·강서·정주·장주를 순무하고 강서의 반란을 평정할 최적의 인물로 인정하고 있었다.

양명은 병을 요양하기 위해 돌아가 쉴 것을 청하였기 때문에 줄곧 하문下文을 보지 못하였는데, 그 원인은 바로 여기에 있었다. 나중에 사람들은 모두 양명이 좌첨도어사에 제수되어서 남안·강서·정주·장주를 순무한 일이 병부상서 왕경王瓊(1459~1532)의 천거에 의한 것으로 인정하는데 사실 그 속의 숨은 비밀을 알지 못한 것이다. 남경 호부상서 등상鄧庠(1447~1524)이 강서에 부임하는 양명을 전송하면서 지은 「남·감·침·계 등지를 순무하는 가는 도헌 왕백안을 전송하다(送王都憲伯安巡撫南贛郴桂等處)」에서 읊은 내용에 의하면

"절조는 포증包拯(999~1062)의 벼루를 말하지 말고, 시대를 구제함은 오직 부암의 비에 힘입네. 봉사에는 백성의 많은 고통을 알았고, 조양에 봉황이 우니 치세의 음이라네(節操莫云包拯硯, 濟時端賴傳嚴霖. 應知封事多民隱, 鳴鳳朝陽治世音)."[120] 하였는데, 여기서 '봉사'란 바로 양명이 올린 「간영불소」의 봉사를 가리킨다. 이른바 "백성의 많은 고통"이란 「간영불소」에서 제기한 "도적이 날로 치성하고", " 고통과 곤경이 이미 극에 달한" 천하 백성의 고통을 몸으로 불쌍히 여기는 감정을 가리킨다. 이른바 "조양에 봉황이 우니 치세의 음"이라는 구절은 양명이 올린 「간영불소」를 잘 다스려지는 세상의 음, 곧 조양에 우는 봉의 울음에 비유한다. 또한 "시대를 구제함은 오직 부암의 비에 힘입네"라는 구절은 곧 황상 무종이 현자를 구하는 중에 양명이라는 이 당대의 '부열傳說'을 발견하고 그로 하여금 강서의 남안·감주·정주·장주를 순무하게 한 일을 암시한다.

등상은 양명을 기용하여서 남안·감주·정주·장주를 순무하게 한 사실을 양명이 올린 「간영불소」의 봉사와 연계하여, 그기 죄첨도어서 순무남감정장巡撫南贛汀漳으로 승진한 것은 현자를 찾는 '상의 뜻(上意)'에서 나왔음을 분명하게 밝혔다. 왕경은 어쩌면 무종의 뜻을 간파했거나 순종하여서 비로소 글을 올려 양명을 천거한 것에 지나지 않는다. 나중에 남경 예부상서 부규傳珪(1459~1515)가 강서에 부임하는 양명을 보내며 쓴 시에서 "문교를 널리 펴고 무공을 떨치니 임금 말씀하시기를 너는 와서 내 몸을 바로잡으라 하네(大敷文敎暢武功, 帝曰汝來匡朕躬)"라고 읊은 구절은 역시 이 사실을 분명하게 말한다.

사실 왕경이 양명을 천거하기 전에 이미 주신호와 육완陸完(1458~1526)이 양명을 천거하였다. 손계방孫繼芳(1483~1541)의 『기원패사磯園稗史』에서 이 일

---

120 『동계별고東溪別稿』 「송왕도헌백안순무남감침계등처送王都憲伯安巡撫南贛郴桂等處」.

을 다음과 같이 기록하였다.

태재太宰 육완은 고소姑蘇 사람이다. 육기陸機(261~303)·육운陸雲(262~303)의 후예로서 부유하기로는 소주의 으뜸이었다. 일찍이 강서의 안찰부사가 되어서 영번寧藩(주신호)과 오랫동안 교제가 있었다. 나중에 병부상서(兵書)에 임명되었는데 신호가 상주하여서 호위護衛를 복구해달라고 하자 육완이 소를 올려서 참핵參劾하지 않고 다만 호위를 세우고 폐기한 내력을 조사한 다음 소 뒤에 이르기를 "지금 영왕이 또 임시로 태조의 전장典章을 가지고 말하였는데 신 등이 함부로 의정(定擬)하였으니 관료를 모아서 상세히 논의하소서." 하였다. 내비內批로 마침내 복구하였다. 육완이 이부상서(吏書)로 전임하였는데 이때 손수孫燧(1460~1519)가 도어사로서 강서를 순무하였다. 신호는 육완에게 글을 보내 손수를 제거하게 하고 포정사 양신梁辰(1493, 진사)을 순무로 삼으려 하고 혹 왕수인도 가능하다 하였는데 오직 오정거吳廷擧(1459~1526)는 기용하지 않겠다고 하였다. 구강九江에서 글을 도난당하였다. 도적이 사로잡혀서 글에 관련한 일이 조정에 들려오자 육완이 자기 죄를 청하였다. 신호가 반란을 일으켰다가 태감 장영이 마침내 강서를 정벌하자 기세를 잃어버리고 육완을 청하였으나, 육완은 가지 않았다. 인하여 육완이 태조의 전장을 빌려서 함부로 호위를 복구하였기에 마침내 반란이 일어나게 되었다며 탄핵당하였다. 육완은 이에 연좌되어 금의옥에 갇히고 원적에 오른 사람이 아울러 체포되고 그 어미와 처, 그리고 딸까지 연루되어서 완의국浣衣局에 편입되었다.[121]

---

121 『기원패사磯園稗史』 권1. 『명사기사본말明史紀事本末』 권47 「신호지반宸濠之反」에도 이 일이 기재되어 있다. 다만 정덕 14년(1519) 4월에 실려 있는데, 이는 잘못이다.

육완이 이부상서로 고쳐 임명된 때는 정덕 10년 윤4월이고, 손수가 우부도어사에 제수되어서 강서를 순무한 때는 정덕 10년 10월이며, 신호가 육완에게 글을 보내서 양명을 천거하여 강서 순무로 삼게끔 한 시기는 이 이후로 오래지 않은 일이었다. 마침 양명이 「간영불소」를 올린 것과 거의 같은 때이다.

무종이 신호와 육완의 죄를 가중처벌하지 않은 까닭은 그들이 천거한 양명이 마침 무종의 절실한 심정에 들어맞았기 때문이었다. 조정에서는 정덕 11년 정월에 문삼을 우첨도어사 순무남감정장巡撫南贛汀漳으로 삼았지만 그는 두려워하며 감히 부임하지 않고 7개월 동안이나 조정의 명령을 어기고 버티다가 결국 마지막에는 7월에 글을 올려서 병을 요양하기 위해 돌아가 쉬겠다고 청함으로써 무종에게 한 방 먹였다. 정월부터 8월까지 남감정장(남안·강서·정주·장주)의 순무는 실제로 공석이었고, 왕경은 문삼이 달아나고 '순무가 시급한(急缺巡撫)' 어쩔 수 없는 정황 아래 8월이 되어서야 글을 올려서 양명을 천거하였다. 그러므로 무종도 득달같이 8월 25일에 사명死命을 내려서 이르기를 "이미 지방에 일이 생겼으니 왕수인을 긴급히 파견하라. 사직하고 피하여서 늦추는 과오를 범하지 말라."[122]라고 하였다.

그리하여 사실 양명은 위급한 때 무종이 강압적으로 차출함으로써 강서로 가서 반란을 평정하게 된 것이며, 이른바 왕경의 천거에 의한 것이라고는 할 수 없다. 위기에 처하여 명을 내리는 것은 실은 이 독재 제왕이 호걸스럽고 오연하여서 길들이기 어려운(桀驁難馴) 쟁신諍臣을 부리는 관용적인 기술에 지나지 않는다. '중용重用'이라는 명분은 그들을 바깥의 험한 지역, 위급한 상황에 처하게 하여 죽을힘을 다하게 함으로써 칼날 앞에서 군왕에 대한 그

---

122 『진계본병부주晋溪本兵敷奏』 권10 「남감류南贛類·위지방유사급결순무관원사爲地方有事急缺巡撫官員事」.

들의 충심을 시험하며 또한 수시로 생사존망을 좌우하는 수법이었다.

양명은 이 모든 일에 대해 당연히 심중에 속셈이 있었다. 강서의 반란을 평정하기 위해 나아가면 성패와 안위를 가늠하기 어려웠기에 그는 돌아가 쉬려는 결심을 굳히고 9월 14일에 좌첨도어사로 승진시킨 이부의 자문咨文이 남경에 내려왔을 때 즉시 「사신임걸이구직치사소辭新任乞以舊職致仕疏」를 올려서 새 직임을 사면하고 옛 직책으로 치사致仕하게 해달라고 청하였다. 그러나 이때 황제 무종의 준엄한 명령은 살기殺機를 내뿜고 있어서 사면과 지체를 용납하지 않았고, 몸이 망가지고 명예를 잃은 문삼의 전철이 밝은 경계가 되어서 양명 스스로도 어찌할 수 없었기에 명을 받아 부임할 수밖에 없었다. 그러나 양명은 순진하게도 우선 귀성하여 월로 돌아갈 생각을 품고서 다시 방법을 찾아서 사직하고 돌아가 쉴 계획을 세웠다.

그는 나중에 「제서왈인문祭徐曰仁文」에서 다음과 같이 말하였다.

> 남안(南)과 강서(贛)에서 관직을 전전함에 곧 왈인과 더불어 고향으로 돌아가 누워서 굳이 나가지 않으려 하였네. 왈인이 말하기를 "안 됩니다. 어지러운 여론이 한창 치달리니 선생께서는 한번 가셔야 합니다. 저(愛)와 두세 사람은 우선 먹고살 계책을 세울 터이니 선생님께서는 일을 마치고 돌아오십시오."라고 하였네.[123]

양명은 부임으로 어수선하고 급박한 즈음에 잇달아 집안 편지 두 통을 써서 소흥에 있는 아우 왕수문에게 보냈는데, 돌아가 거처하며 강학론도를 할 그의 계획을 언급하였다. 첫 번째 편지에서 다음과 같이 말하였다.

---

123 『횡산유집』 부록 「제서왈인문祭徐曰仁文」.

근래 듣기에 우리 아우(吾弟)의 신체가 매우 파리하고 쇠약하다니 우려하는 마음을 이길 수 없네. 이는 대인께서 밤낮 방황하는 것일 뿐만 아니라 친척과 벗들 역시 이를 근심하지 않는 이가 없네. 아우는 이미 성현의 학문에 뜻을 두어서 분을 징계하고 욕심을 막으니(懲忿窒欲) 이는 공부의 가장 긴요한 곳이네. 만약 세속의 어떤 욕망을 좇고 삶을 잊는(縱欲忘生) 일은 아우로서는 결코 하지 않는 일일 텐데 어찌 이런 일에 이르겠는가? 그대가 아직 혼인하기 전에 많은 병이 있었는데 지금 병든 것은 대부분 시속에서 의심하는 바와 같이 하였기 때문이 아닐 터이네. 질병이 오는 것은 비록 성현이라도 피하지 못하는 바이니 어찌 이로써 오로지 우리 아우를 허물하겠는가? 그러나 오늘에 있어 모름지기 정양에 배나 힘을 써서 날로 채우고 날로 무성하게 하면 대개 학문의 힘이 과연 심상한 것과 다름을 알 수 있을 것이네. 나는 본래 우리 아우의 마음을 알고 있으며, 아우도 내 뜻을 마땅히 체득하여서 세속의 무리에 의해 지적을 받고 비평을 받지 않는다면 우리 도가 빛날 것이네. 또한 오래지 않아 나도 양명으로 돌아가 마땅히 아우들과 함께 산으로 들어가 글을 읽고 한 열흘 배움을 강하려 하네. 마침내 귀성을 하여서 이로써 정신을 말끔하게 기르고 덕성을 훈도하면 오랜 고질병이라도 약을 쓰지 않아도 저절로 나을 것일세. 돌아보건대 지금 하루도 그렇게 하지 못한 채 말을 하려니 한갓 망연하며 우리 형제가 끝내 이러한 복의 분깃을 가질 수 있을지 알 수 없네. 내성來成이 가려고 하니 서둘러 쓰네. 꼭 염두에 두기 바라네(念之)!

　　장형 양명거사가 쓰니 백현伯顯 현제賢弟는 거두어 보시게.[124]

---

124 『식고당서화회고式古堂書畫滙考·서고書考』 권25 「여제백현찰與弟伯賢札」.

양명은 산에 들어가 독서하기를 갈망하였다. 그는 아직 무종의 횡포하고 음험한 흉계를 얕잡아보고 있었다. 그러나 그는 위기에 임하여서 목숨을 바쳐야 하였다. 남기의 백성과 만민이 주시하고 우러러 바라는 바가 되었으니 '왕의 사명을 띤 길은 화급하고 창생은 애타게 우러러 바랐다(王程風霆速, 蒼生瞻望劇).' 조정은 엄격하게 남경 홍려시소경 문삼을 처벌하였다. 남도 육부六部의 요원要員은 모두 그러한 와중에 자신의 절실한 이해관계를 깊이 깨닫게 되었으므로 앞다투어 양명의 가는 길을 전송하였다.

청량산淸凉山, 차산정借山亭, 교우댁喬宇宅에서부터 줄곧 전송하여 용강관龍江關에까지 이르렀다. 가장 큰 전송의 모임은 청량산에서 있었다. 남경 병부상서 교우, 태상시경 오일붕, 남태학좨주南太學祭酒 노탁, 사업司業 왕위가 연구聯句로 시를 읊었으며, 호부상서 등상이 석상에서 가장 길고 가장 많은 송별시를 지어서 서사시와 같은 음창으로 남도 관원과 선비들의 공동 심사를 모두 토해냈다.[125]

청량산에 유람하며 도헌 왕백안을 송별하다
— 사마 교희대, 태상 오남부, 좨주 노진지, 사업 왕기지의 연구운에 화답하다

遊淸凉山送王都憲伯安

— 和喬司馬希大吳太常南夫魯祭酒振之汪司業器之聯句韻

금릉의 청량산엔　　　　　　　　　　　　　　金陵淸凉山

---

125 『동계별고』, 「유청량산송왕도헌백안화교사마희대오태상남부노좨주진지왕사업기지련구운遊淸凉山送王都憲伯安和喬司馬希大吳太常南夫魯祭酒振之汪司業器之聯句韻」, 「송왕도헌백안순무남감계등처화교사마희대오태상남부노좨주진지왕사업기지련구운送王都憲伯安巡撫南贛郴桂等處和喬司馬希大吳太常南夫魯祭酒振之汪司業器之聯句韻」.

마니의 집이 있네	中有摩尼宅
푸른 구름 끝에 우뚝하게 솟았고	峨峨青雲端
붉은 티끌 너머로 아득하네	窅窅紅塵隔
장송에 맑은 해가 걸리고	長松掛晴旭
빽빽한 숲에 새 자취 가뭇없네	叢篠迷鳥迹
밭둑의 난초는 늦은 향기 머금고	畹蘭含晚香
바위 밑 국화는 가을빛이 가득하네	巖菊飽秋色
좋은 시절 어찌 비녀를 꽂지 않고	良辰盍華簪
이별 잔치에 나그네를 전송하나?	離筵餞行客
드리운 넝쿨 깊은 골짜기를 가리고	垂蘿翳深谷
구부려서 경지를 따네	瓊芝俯可摘
멀리 강물은 비단 띠처럼 굽이 흐르고	遠水羅帶縈
먼 멧부리는 산호처럼 뾰죽하네	遙岑珊瑚格
굽은 난간은 열두 굽이	曲闌繞十二
비스듬한 비탈길은 천백 계단	斜磴躡千百
높이 옥녀분을 오르고	高攀玉女盆
아래로 팽려택을 굽어보네	下視彭蠡澤
서늘한 바람은 답답한 가슴을 씻어내고	涼飆滌煩襟
틈새 새벽빛은 준마처럼 지나가네	晨光轉駒隙
덩굴은 용으로 뱀으로 얽혔고	纏蔓引龍蛇
깎아지른 낭떠러지는 규벽을 쌓은 듯	懸崖峙圭璧
크고 작은 섬은 부용처럼 푸르고	島嶼芙蓉青
누대는 노을이 붉네	樓臺蜃霞赤
숲속 둥지에서 선학을 불들고	林巢逋仙鶴

이끼는 우뚝 솟은 바위를 덮었네 　　苔護媧皇石

장보관은 산 빛깔에 축축하고 　　章甫濕山翠

깃발은 서릿발처럼 희게 나부끼네 　　旌旗拂霜白

길을 나섬에 맑은 흥이 일고 　　宣行發淸興

기약한 바는 단액을 얻는 것 　　所期就丹液

스스로 사슴과 노니는 정에 부끄럽고 　　自慙麋鹿情

평소 산림의 성벽이 있었네 　　素有山林癖

뭉게뭉게 구름은 날로 온화하고 　　緣雲日熙熙

가슴 가득 봄은 살랑대네 　　滿懷春拍拍

뛰어난 경개에 좋은 때를 만나 　　勝槪玆逢辰

산야의 정취는 옛정을 불러일으키네 　　野趣動疇昔

기이한 취령을 오르고 　　欲躋鷲嶺奇

봉단을 돌아서 찾아가네 　　旋叩鳳團嵼

단풍 든 나무에 이내가 끼었고 　　紅樹紛煙嵐

늙은 측백나무는 삐쭉한 가지 헝클었네 　　鐵枝參古柏

늘 자장(사마천)의 유람을 누추하게 여기고 　　每陋子長遊

오직 자하의 유익함을 구하네 　　惟求卜商益

빈번히 백성의 고통을 진술하고 　　頻采民隱陳

모름지기 하늘 궁궐의 문을 두드리네 　　須叩天閽闥

웃고 읊으며 느긋하게 거닐고 　　笑吟恣遊衍

마음이 꼭 맞아서 지팡이와 채찍을 잊어버리네 　　意適忘杖策

봉우리 꼭대기에서 옷깃을 떨치고 　　危峯一振衣

빈 정자에서 때로 두건을 벗네 　　虛亭時岸幘

누런 벼이삭 처음 패고 　　穗繁稻初黃

비옥한 땅은 척박하지 않네	壤沃土非瘠
깊은 대숲 길은 이리저리 굽이지고	深竹路轉細
여린 풀밭에 자리를 까네	柔草地堪席
처음 발을 떼어 높고 험한 산을 올라	始登足嶇嶽
끝에서 내려다보니 가슴이 두근거리네	稍瞰心辟易
매미는 한낮에 산길 섶에서 울고	蟬鳴樵逕午
원숭이는 다투어 숲에서 열매를 따네	猿競林果獲
아름다운 경개는 사탕수수 먹듯 점점 좋아지고	佳境猶啖蔗
그윽한 골짜기는 황벽나무 씹는 것관 다르지	幽尋異飡蘗
이번 유람에 좋은 벗을 얻었으니	玆遊得良朋
문장은 저절로 유자가 되리로다	文藻自逢掖
끌채에 기대어 머뭇거리고	挂軫同盤桓
수레를 멈추고 깊은 곳을 찾네	停車探隱僻
남도에는 뛰어난 인물이 많고	南都富靈秀
영주는 지척에 있네	瀛洲臨咫尺
엊그제 사신이 성화같이 와서	昨聞使星飛
멀리 남쪽 푸른 하늘을 가리켰네	遙指楚天碧
석성 문에서 송별을 하고	送別石城門
멀리 광려역까지 따라갔네	迢遞匡廬驛
뒷날 어느 때나 만나려는지	後會知幾時
여러 잔 술에 취하니 무엇이 아까우랴!	深杯醉何惜
소슬한 강 위에 배를 띄우고	蕭蕭江上帆
홀가분하게 구름 속에 길을 나서네	飄飄雲中舄
대장부 사방에 뜻을 세우니	丈夫志四方

쓸쓸하고 고달픔을 어찌 한탄하랴!　　　　胡爲歎離索

웅대한 지략은 임금의 위세를 의지하고　　　雄略仗皇威

포로를 잡고 겸하여 전사자를 보고하네　　　執俘兼折馘

왕의 사명을 띤 길은 화급하고　　　　　　王程風霆速

창생은 애타게 우러러 바라네　　　　　　蒼生瞻望劇

그대 생각하니 아득히 어디에 있나　　　　思君渺何許

밝은 달이 가을 저녁에 빛나네　　　　　　明月照秋夕

남·감·침·계 등지를 순무하는 가는 도헌 왕백안을 전송하다
— 사마 교희대, 태상 오남부, 좨주 노진지, 사업 왕기지의 연구운에 화답하다

送王都憲伯安巡撫南贛郴桂等處

— 和喬司馬希大吳太常南夫魯祭酒振之汪司業器之聯句韻

중승에서 선발하여 새로 조칙을 내리니　　　中丞妙選詔新裁

고사의 집 송별하고 봉대를 나왔네　　　　送別高軒出鳳臺

바람은 멀리 황야에 불고 위엄 있는 명령은 엄숙하니　風動遐荒威令肅

서리 내린 맑은 골짜기 동굴에 장기가 걷히네　　霜清嶀峒瘴氛開

깃발은 멀리 따듯한 기운을 띠고 가며　　　旌幢遠帶陽和去

매화 소식은 역을 따라 전해오네　　　　　梅信還從驛使來

어느 때나 좋은 날 만나 다시 술을 준비할까!　良會幾時重載酒

강어귀 풍악소리 자주 재촉할 이 없네　　　江頭笳鼓莫頻催

도량은 호수와 바다처럼 드넓고 트여서　　　湖海汪洋宇量寬

멀리서 남쪽을 돌아보는 임금 생각하며 탄식을 하네　遠紆南顧聖情歎

붉은 비단옷과 메추라기 관에 황금 띠를 두르고 　　緋衣舊鶉黃金帶

흰 붓을 들고 새 비녀를 꽂고 해치관을 썼네 　　白筆新簪獬豸冠

세밀한 지략으로 변경을 안정시켜 백성은 즐거움 다하고 　　細略靖邊民盡樂

승냥이는 길에서 추위를 먼저 걱정하네 　　豺狼當道膽先寒

풀잎 아침 이슬은 빛에 쉬 사라지고 　　草頭朝露流光易

한간에 남아 있는 공훈의 이름을 보네 　　留取勳名汗簡看

아득한 하늘 남쪽으로 기러기 한 마리 날아가니 　　渺渺天南一雁飛

종산에 구름 걷히고 새벽바람 살랑대네 　　鍾山雲斂曉風微

배 공(배도裵度)의 녹야엔 신령한 대춘나무 늙어가고 　　裵公綠野靈椿老

노래자는 정자에 색동옷 입고 돌아오네 　　萊子趨亭綵服歸

잠시 대궐문에서 봄에 장수의 축하주를 받들고 　　暫奉重闈春酒壽

멀리 남쪽 나라에 빛나는 법의 별을 바라보네 　　遙瞻南國法星輝

변경에 딱따기 소리 조용하여 백성은 즐겁고 　　邊疆柝靜吾民樂

중산보가 돌아와 곤의를 깁네 　　山甫言還補袞衣

정직하고 믿음직하며 견문이 많은 벗 내 마음 사로잡아 　　直諒多聞獲我心

상을 대하고 토론을 함에 깊이 알려주네 　　對床淸論辱知深

매양 하늘에 낀 구름처럼 높은 우의를 품고 　　每懷高誼雲天薄

홀연 돛배를 안개 낀 물에 떠나보내네 　　忽送征帆煙水潯

절조는 포증의 벼루를 말하지 말고 　　節操莫云包拯硯

시대를 구제함은 오직 부암의 비에 힘입네 　　濟時端賴傅巖霖

봉사에는 백성의 많은 고통을 알았고 　　應知封事多民隱

조양에 봉황이 우니 치세의 음이라네 　　鳴鳳朝陽治世音

집안 대대로 오나라 절수 동쪽에 살았는데   家世吳山浙水東

한림의 가학과 같은 사람 얼마인가?   翰林家學幾人同

춘방에 이름을 날려서 선조의 유택을 전하고   螢英春榜傳先澤

추조에서 높직이 지극한 공정함을 드러냈네   巘愈秋曹顯至公

마음속 경륜은 성인의 정치를 돕고   心上經綸裨聖治

단정한 필치와 아름다운 문장은 하늘의 솜씨를 빼앗았네   筆端文錦奪天工

안팎에서 관직을 역임한 세월 오래되니   歷官中外年華遠

충직한 왕의 신하 제 몸을 생각 않네   蹇蹇王臣念匪躬

시구는 청신하고 생각은 두드러져   詩句淸新思不群

고운 붓으로 글을 쓰니 봄 구름이 이는 듯   綵毫落紙見春雲

함께 초가 정자에 노닐며 산빛을 보니   同遊草閣看山色

공이 아끼는 바위샘은 미끄럽고 대나무 자라네   公愛巖泉溜竹分

문원(사마상여)이 소갈증으로 사직함을 허락하지 않으니   未許文園辭病渴

요충지를 지켜서 수훈을 세우네   且勞鎖鑰建殊勳

안개 질펀하고 비 음산한 정주 조주의 길에   漫煙瘴雨汀潮路

한 끼 밥을 먹어도 성군에게 보답함을 잊지 않네   一飯無忘答聖君

삐죽삐죽 높은 산길은 온통 구름을 의지하고   崎嶇鳥道倚雲長

소굴은 깊고 깊은데 풀과 나무 우거졌네   巢穴深深草樹荒

호환을 입은 어린아이 소식 자주 들리고   赤子頻聞經虎害

붉은활은 지금 맑은 빛을 떨치네   彤弓今喜拂秋光

태산 같은 힘으로 혼탁한 세상을 맑게 하니   泰山壓卵風塵淨

누런 송아지 봄 들판의 물가에서 밭을 가네   黃犢耕春野水傍

네 성은 맑고 평화로우니 다시 무슨 일이 있으랴!	四省淸平更何事
행대에서 웃으며 간장의 검을 보네	行臺含笑看干將

어지럽고 혼란한 네 해 남짓	擾擾欃槍四載餘
궁궐의 근심을 어찌 안정시킬까!	九重宵旰定何如
갑옷 입고 창을 들고 여우와 쥐새끼 같은 적을 베고	累提戈甲誅狐鼠
변방의 격문이 그쳤다는 말 듣지 못했네	未聽邊庭息羽書
장수의 장막에 저녁 바람 불어 새벽까지 이어지고	玉帳晩風吹昧爽
화선에 가을 달은 빈 창을 비추네	畵船秋月照窗虛
서로 기약하네, 황량한 남쪽을 정돈한 뒤	相期整頓炎荒後
돌아가 서울 거리에서 편안히 기거하자고	歸步天街敍起居

나천의 팔배나무를 떠난 뒤 생각하니	棠樹螺川去後思
빛나는 재능의 이름 사람이 아네	才名燁燁士林知
일은 번잡하여 어지러이 가닥을 잡을 수 없고	事煩棼縷無盤結
마음은 고요하여 빈 배가 가는 대로 맡겨두네	心靜虛舟任所之
벗을 취해 가르침을 듣고 폐부를 여니	取友每聆開肺腑
백성 걱정에 어찌 찌푸린 눈썹을 펼까!	憂民那得展愁眉
잠시 승진하여 대헌에 오르고	暫敎進秩登臺憲
다시 나라를 경륜하고 시대의 도를 논하게 하네	還代經邦論道時

하늘과 땅 기운이 양명에 모여서	乾坤間氣萃陽明
산은 높고 찬데 구름과 물은 맑네	山聳高寒雲水淸
총재는 일찍이 천하 선비의 으뜸이 되었고	冢宰早魁天下士

도대(상서성)에서 지금 절중의 영웅을 선발하였네 　　都臺今選浙中英

충직한 말은 일찍이 임금의 분노를 건드렸고 　　忠言曾犯雷霆怒

정직한 도는 차라리 총애와 욕됨을 경계하네 　　直道寧爲寵辱警

멀리 수레 타고 행부에 이르니 　　遙相軺車行部處

남쪽 황야의 초목도 위엄 있는 명성을 아네 　　南荒草木識威名

(양명은 산 이름이면서 백안의 별호이다. 부친은 장원하여 관직을 역임하고 총재가

되었다. 　　　　　　　　陽明, 山名, 伯安別號. 其乃尊以狀元歷官冢宰)

새벽에 진수 회수의 노 젓는 노래 들으니 　　曉聽秦淮發棹歌

헤어지는 근심을 어찌하려나! 　　若爲分手奈愁何

강가 다리의 햇빛은 멀리 떠나는 깃발에 곱게 빛나고 　　河橋日麗銀旌遠

고향의 아름다운 가을은 깊어가네 　　鄕國秋深畵錦過

잠깐 부모님 앞에서 소맷자락 떨치며 춤을 추었는데 　　暫向庭闈舒舞袖

일찌감치 변방에 전쟁 끝났다는 소식 듣네 　　早聞邊徼罷干戈

호남의 침현과 계양은 더욱 황량한 곳인데 　　湖南郴桂尤荒落

은택을 많이 끼쳤다고 전하는 말 귀를 씻고 듣네 　　洗耳人傳霈澤多

술이 다해 자리를 떠나니 취기는 더욱 오르고 　　酒盡離筵醉更豪

미친 듯이 읊으니 토끼 털처럼 시가 흘러나오네 　　狂吟應禿兎千毫

위 공(배적裴寂)은 저절로 강족을 평정할 계책이 있었고 　　魏公自有平羌策

소하는 어찌 땀 흘리는 말처럼 수고를 했나 　　蕭相何須汗馬勞

소굴을 짓이겨 힘써 포학한 짐승을 제거하니 　　搗穴力除虎狼虐

우뚝한 공적이 태산북두처럼 높네 　　磨崖功幷斗山高

승첩을 알려 상주하니 임금의 얼굴은 기뻐하고 　　捷書入奏天顏喜

성대한 상과 은혜가 금자 도포에 뻗치네 　　　　　　懋賞恩覃金字袍

떠도는 삶이 견디기 어려워 　　　　　　　　　　漂漂萍梗倍堪嗟

대유령과 장강에 꿈이 아득하네 　　　　　　　　庾嶺章江入夢賒

서울 저택에서 자주 맑은 달을 ○ 　　　　　　　京邸屢曾○霽月

읊은 시편은 아직 귀한 보답을 받지 못했네 　　吟篇猶未報瓊花

개가 소리는 천 리에 들리고 　　　　　　　　　凱箇仁聽聞千里

고를 타고 읊는 노래에 수많은 집이 감동하네 　絃誦應知動萬家

황각에선 그대를 기다려 크게 다스리려 　　　　黃閣待君弘治化

고개 들어 은하를 바라보며 돌아오기를 바라네 　銀河魁首望歸槎

양명도 시흥이 크게 일어서 화답시 열세 수를 읊었다.[126]

대사마 백암 교 공과 여러분의 송별에 화답하다

　　　　　　　　　　　　　　和大司馬白巖喬公諸人送別

정덕 병자년(1516) 9월에 수인은 남·감의 명을 받았는데, 대사마 백암 교
공, 태상 백루 오 공, 대사성 연북 노 공, 소사성 쌍계 왕 공이 함께 청량산
에서 전별하고 또 차산정에서 전별하였으며, 또다시 대사마 저택에서 전별
하고 또 용강에 나와서 전별하였다. 제공이 모두 연구를 지어서 증정하기

---

126 『삼희당법첩三希堂法帖』「화대사마백암교공공제인송별和大司馬白巖喬公諸人送別」; 『임인소하
록壬寅消夏錄』「왕양명시진적권王陽明詩眞迹卷」. 이 시의 발문에 "나머지 몇 편의 시 원고
는 잃어버려서"라고 하였으니, 양명도 화답시 13수를 지었는데 나중에 대부분 망실되었
으며 겨우 다섯 수만 남았음을 알 수 있다.

에 즉석에서 차운하여 받들어 수작하며 애오라지 이별하는 뜻을 보인다.

正德丙子九月, 守仁領南贛之命, 大司馬白巖喬公, 太常白樓吳公, 大司成蓮北魯公, 少司成雙溪汪公, 相與集錢於清涼山, 又錢於借山亭, 又再錢於大司馬第, 又出錢於龍江, 諸公皆聯句爲贈, 卽席次韻奉酬, 聊見留別之意.

떠나지도 않아서 이별 후 생각으로 먼저 수심에 젖고	未去先愁別後思
어느 곳엔들 오랜 세월 더욱 깊이 알리라	百年何地更深知
이 밤 세 사람 등불 밝힘을	今宵燈火三人爾
다른 날 편지로 한번 물어보리라	他日織書一問之
연기와 노을 질펀하여 폐부를 적시고	漫有煙霞刊肺腑
서리와 눈처럼 수염과 눈썹 허옇게 세네	不堪霜雪妬鬚眉
헤어짐을 쉽게 여기지 말지니	莫將分手看容易
다시 만날 시기를 정함을 알리라	知是重逢定幾時

폄적된 곳에서 돌아올 날 아직 많이 남았고	謫鄕還日是多餘
길게 구름 낀 산에 가는 대로 맡기네	長擬雲山信所如
어찌 창수에 패를 걸어놓으랴!	豈謂尙懸蒼水佩
또 봉한 편지를 받을 나위가 없네	無端又領紫泥書
이리와 승냥이는 먼 길 가로막기를 그치고	豺狼遠道休爲梗
갈매기와 해오라기 벗하자던 처음 맹세 점차 공허해지네	鷗鷺初盟已漸虛
다른 날 고소에 돌아가 은거하여	他日姑蘇歸舊隱
서적을 집어 들고 옮겨가 살리라	總拈書籍便移居

추위가 갑자기 놀라게 하니 귀뚜라미 먼저 나오고　寒事俄警蟋蟀先

함께 노닒에 곧 이른 봄이 되네　同遊剛是早春天

벗은 더욱 샛별이 적음을 느끼고　故人愈覺晨星少

이별의 말은 애오라지 술잔에 의지하여 늘어지네　別話聊憑杯酒延

융마가 치달림은 옛날이 아니요　戎馬驅馳非舊日

책상에 붓을 잡고 마주하기 또 몇 해인가!　筆床相對又何年

먼 곳이라 하여 종적 소원하지 않게　不因遠地疏踪迹

나에게 때로 금옥 같은 글을 보내주오　惠我時裁金玉篇

성조에 조금도 도움이 되지 못해 부끄럽고　無補涓埃媿聖朝

아무렇게 붓을 던짐은 반초에 견주네　漫將投筆擬班超

글을 논한 의리가 중한데 서로 등지겠는가?　論文義重能相負

석별함에 정이 많아 자주 불러보네　惜別情多屢見招

땅에 풍진이 일어 무기와 갑옷이 가득하고　地入風塵兵甲滿

호수와 바다에 구름 깊어 꿈길은 머네　雲深湖海夢魂遙

묘당에 좋은 계책은 제공에게 있고　廟堂長策諸公在

구리 기둥 어느 해에 옛 표식이 꺾였나!　銅柱何年折舊標

외로운 배 아득히 종산을 떠나　孤航眇眇去鍾山

쌍궐을 노을 사이로 아득히 돌아보네　雙闕回看杳靄間

오나라 동산에서 석양 물가에 이별하고　吳苑夕陽臨水別

강에 비바람 불 때 가을과 함께 돌아오네　江天風雨共秋還

멀리 떠남 한탄하여 자주 편지를 보내고　離恨遠地書頻寄

살쩍은 점차 희어지는데 뒷날 어느 때 다시 만날까?　後會何時鬢漸斑

오늘 밤 자고 나면 물가로 나뉠텐데   今夜夢魂汀渚隔

오직 나루터 남은 달이 얼굴을 비추네   惟餘梁月照容顏

양명산인 왕수인이 용강의 배 안에서 절하고 편지를 씁니다. 나머지 몇 편
의 시 원고는 잃어버려서 기록하지 못하는데 혹 나중에 찾으면 보충하여
드리겠습니다. 수인이 머리를 조아립니다. 백루 선생 집사께.

陽明山人王守仁拜手書於龍江舟中. 餘數詩稿亡, 不及錄, 容後便覓得補
呈也. 守仁頓首, 白樓先生執事.

청량산에서부터 용강관에 이르기까지 계속 모여 전별하면서 수창한 일은
실제로는 강서로 가서 난을 평정하는 장도에 오른 양명을 위한 남도 선비의
굉대한 시회였다. 전칠자前七子의 영수 이몽양도 장도에 오르는(壯行) 시를 보
내왔다.[127]

가을에 왕 선생이 강서로 갈 때 여러 마을에서 송별하여 증정한 시집을 읽
고 느낌이 있어서   秋日讀王子赴江西時諸曹贈行篇什有感

강서로 가는 말고삐를 당겨 잡고   接攬江西轡

함께 방울을 흔들던 때를 그리워하네   同懷振鐸年

광려산은 함께 우뚝하고   匡廬幷突兀

파수는 날로 유연하네   鄱水日悠然

---

127 『공동집空同集』 권26 「추일독왕자부강서시제조증행편십유감秋日讀王子赴江西時諸曹贈行篇
什有感」.

그대는 미화성(도찰원)으로 나아가고	子進薇花省
나는 연잎 배로 돌아가네	余歸蓮葉船
양원은 해후하는 곳이니	梁園邂逅地
술잔 들고 가을 하늘을 대하네	把酒對秋天

변공邊貢(1476~1532)도 시 두 수를 보내왔다.[128]

군사상의 대비로 강서로 가는 왕 선생을 보내다, 두 수

送王子兵備江西二首

전에 숨었던 함곡에서 벗어나	舊隱辭函谷
새로 휘장을 들고 한의 궁궐을 나왔네	新章出漢闡
푸른 산에 어찌 머무르랴!	碧山留豈得
파릇한 물은 서로 멀어짐을 원망하네	芳草然相違
선발되어 뽑혔으니 임금의 마음이 기울어졌고	簡拔皇心注
가라앉았다 자리에 오르니 선비 여론이 귀착하네	升沈士論歸
듣기에 벼슬을 받은 날	傳聞拜恩日
오히려 공적에 상을 입었다 하네	猶着賞功衣

집을 나와 광려를 지나갈 때	蓋拂匡廬過
돛배는 깊은 여택을 날아가네	帆飛蠡澤深
가을에 가마솥을 가지고	三秋持釜日

---

128 『변화천집邊華泉集』 권4 「송왕자병비강서이수送王子兵備江西二首」.

만 리 강을 건너던 마음	萬里渡江心
범도 표범도 몰래 소굴을 옮기고	虎豹潛移窟
소와 양은 너른 숲에서 나오네	牛羊廣出林
다만 누대의 측백나무 아래	只應臺柏下
단정히 앉아 새 울음 듣네	端坐聽鳴禽

서촌西村 주박朱朴은 자리에서 화답시 한 수를 읊었다.[129]

양명 공이 초로 들어가며 읊은 운에 화답하다	和陽明公入楚韻
악의 물가 안개와 물결이 접한 가을	鄂渚煙波接素秋
선인은 황학을 타고 높은 누각에 오르네	仙人黃鶴有高樓
어지러운 산에 달은 밝은데 출정하는 기사 머물고	亂山明月停征騎
나뭇잎 지는 추운 강에 객은 배를 의지하네	落木寒江倚客舟
붉은 소매 사마천의 눈물로 적시지 않고	紅袖不沾司馬淚
모든 글은 오직 두릉(두보)의 근심을 띠었네	諸篇唯帶杜陵愁
더운 남쪽엔 예로부터 눈과 서리 없으니	炎方自古無霜雪
듬성한 관을 검은 머리에서 벗지 마시라	莫遣閑絲上黑頭

남경 예부상서 부규도 용강관에 이르러서 시를 지어 장도에 이별하였다.[130]

---

129 『서촌시집西村詩集』 권하 「화양명공입초운和陽明公入楚韻」.

130 조학전曹學佺, 『석창역대시선石倉歷代詩選』 권435 「송중승왕양명부진강우送中丞王陽明赴鎭江右」.

강우를 진압하러 가는 중승 왕양명을 보내다　送中丞王陽明赴鎭江右

용강에 바람은 고요하고 조수는 처음 물러가니	龍江風靜潮初落
나뭇잎은 단풍 들고 갈대는 꽃이 피어 가을이 막막하네	楓葉蘆花秋漠漠
뱃머리에 북을 울려 배 떠나감을 재촉하니	船頭擊鼓催發船
그대 위해 춤을 추고 그대에게 술 한 잔 권하네	爲君起舞勸君酌
그대 홀로 여덟 가지 재주를 휘두르고	憐君獨擅八頭才
일찍 가학을 이어서 수석을 차지했네	夙承家學繼掄魁
충성을 바친 상소는 해와 달처럼 밝고	納忠一疏昭日月
삼 년 폄적되어 먼지 속에 머물렀네	謫官三載留塵埃
맑은 조정에 선발되어 정론이 채택되었고	清朝選拔采廷論
푸른 바다 신령한 용은 어찌 끝내 곤할쏘냐!	碧海神虯豈終困
안팎 벼슬 떠돌기 거의 십 년	省寺迴翔幾十年
산서성에 올라 인금의 법을 붙잡았네	超陟內臺持帝憲
부끄럽게도 나는 덕을 태산북두처럼 우러르고	愧余仰德如斗山
감히 아름다운 우정을 맺었다고 하네	敢云契誼同金蘭
두 아들 그대를 따라 도야하니	二子從君辱陶冶
귀를 잡고 면전에서 가르쳐 몽매하고 완고함을 열어주었네	耳提面命開蒙頑
사신의 깃발 서강의 길에 나부끼니	使旌搖曳西江路
천자의 은혜와 위엄 두 차례 선포하네	天子恩威兩宣布
세 해 동안 예악을 붓으로 휘둘렀고	禮樂三年筆底翻
수많은 병사를 지휘하는 가슴속은 넉넉하네	叩兵數萬胸中富
문교를 널리 펴고 무공을 떨치니	大敷文教暢武功
임금 말씀하시기를 너는 와서 내 몸을 바로잡으라 하네	帝曰汝來匡朕躬

요순 임금 다스림의 도는 옛 학문에 있고 唐虞治道在古學

아침저녁 조정에서 임금의 충심을 열어주었네 朝夕嚴廊沃聖衷

이 호기浩氣 가득한 장도의 이별 시회는 양명이 근 10년 동안 여러 관직 (省寺)에서 빛을 보지 못했던 처지에서 우뚝 일어났음을 선포하였다. 그리하여 부규는 양명을 대신하여 "안팎 벼슬 떠돌기 거의 십 년"에 "푸른 바다 신령한 용은 어찌 끝내 곤할쏘냐!"라고 심중의 소리를 내질렀던 것이다. 등상도 그가 앞으로 '강학론도'에서 '경방론도經邦論道'로 전향하여 굉대하게 도모할 수 있을 것이라고 하였다.

사실 양명은 그의 후반 인생길의 매우 어그러진 '융마戎馬'의 생애를 시작할 즈음 동남쪽에 도를 더욱 전하려는 성현의 사업을 벌여서 "요순 임금 다스림의 도는 옛 학문에 있으니" 게을리하지 않고 부지런히 그들 남도의 선비들에게 잃어버린 나루터(迷津)를 가르쳐주려는 생각을 결코 잊지 않았다. 그가 9월 25일 용강에서 배를 타고 대대적인 출발을 하였을 때 그의 제자들도 의구히 배를 타고 이 '남국의 부자'를 향해 도를 묻고 조배朝拜하였다.

배 안에서 양명은 천태의 제자 임전경林典卿(임원서林元敍, 1477~1525)에게 어떻게 모여서 강학하고 도를 논할 것인지 다음과 같이 편지를 써주었다.

성실함을 세우는 설은 예전에 이미 반복해서 말하였으니 이제 다시 덧붙이지 않겠습니다. 이별한 뒤 제군諸君이 닷새에 한 번 모여서 이택麗澤의 유익함을 찾겠다고 하니 이 뜻은 매우 좋습니다. 이는 곧 비루한 사람을 잊지 않는(不忘鄙人) 성대한 마음입니다. 다만 모일 때 마땅히 규정規程을 대략 정해야 하니 논변의난論辨疑難 하는 일 외에 번번이 쓸데없는 잡담을 하거나 다른 사람의 장단점과 득실을 이러쿵저러쿵 평하거나 겸하여 여러 무익한 일은 하지 말아야 합니다. 다만 마음을 거둬들여서 정좌하여 사특함을 막고 성실함을 보존해야(閑邪存誠) 하니 이는 근본을 반듯하게 하고 근원을 맑게 하는(端本澄源) 것으로서 배움의 제일의第一義입니다. 만약 법도를 지키고 함양하여서(持循涵養) 익숙해지고 저마다 분수를 따른다면 저절로 마땅히 진보할 것입니다. 모임에서는 다만 거친 밥과 나물국으로 족해야지 좋은 그릇과 갖가지 음식을 갖추어서 먹고 마시는 데 낭비해서는 안 됩니다. 이 또한 마음을 얽매이고 뜻을 손상하는 한 가지 빌미이니 자질구레하게 여겨 소홀히 해서는 안 됩니다. 배가 떠나려고 하여 급하게 쓰다보니 다 쓰지 못합니다(不進).

정덕 병자 9월 29일, 양명산인 수인이 용강의 배 안에서(舟次) 씁니다.[131]

양명은 "근본을 반듯하게 하고 근원을 맑게" 할 것을 강조하여서 '배움의 제일의'라 하였다. 그리하여 그는 같은 때 천태의 황관에게 학문을 논하는 다음과 같은 편지를 쓰면서 근원의 터득을 귀하게 여기라고 하였다.

영형令兄으로부터 또 편지를 받았는데 예의는 공손하고 뜻은 돈독하였습니다. 생각건대 가정에서 아침저녁 논한 것이 필시 여기에서 배움에 서로 밝힘이 있었던 것입니다. 이로써 저(僕)에게까지 파급되었습니다. 기쁘고 다행한 나머지 부끄러움을 어떻게 견딜는지요! 이별 후 공부에 깨우쳐주는 이가 없었는데 편지에서 말씀하신 바를 대략 알겠습니다. "힘씀이 익숙해진 뒤에 산에 거한다(用力習熟, 然後居山)."라고 하신 말씀은 옛사람이 이렇게 한 적이 있습니다. 그러나 역시 모름지기 그 근원을 얻은 것입니다. 우

---

131 『호해각장첩湖海閣藏帖』「용강주차여모인서龍江舟次與某人書」.

리의 공통된 근심은 연못 위의 개구리밥처럼 수시로 걷혔다 덮였다 합니다. 강과 바다는 논하지 않더라도 다만 흐르는 물(活水)이라면 개구리밥이 덮을 수 없습니다. 왜 그렇습니까? 흐르는 물은 근원이 있고 연못의 물은 근원이 없으니, 근원이 있는 것은 나로 말미암고 근원이 없는 것은 사물을 따르는 것입니다. 그러므로 무릇 쉬지 않음은 근원이 있고, 했다가 그만두었다가 하는 것은 모두 근원이 없기 때문입니다.[132]

백열白說·백의白誼 형제가 용강관으로 와서 배에 올라 전송했을 때 양명은 다음과 같은 「사잠四箴」을 베껴서 그들에게 주며 좌우명으로 삼게 하였다.

백열 정부貞夫 생은 일찍이 나를 따라 배웠다. 내가 명을 받들고 남쪽으로 갈 때 생과 그의 아우가 쫓아와 강호江滸에서 전송하였는데, 이틀 밤을 묵으며(信宿) 차마 헤어지지 못하여서 가르치고 격려하는 말씀을 구하였다. 나는 일찍이 「사잠」을 지어서 스스로 경계하였는데 이로 인해 생에게 써서 준다.

白生說貞夫, 嘗從予學. 予將奉命將南, 生與其弟追送於江滸, 留信宿不能別, 求所以誨勵之說. 予嘗作「四箴」以自警, 因爲生書之.

아! 소자는	嗚呼小子
일찍이 경계를 몰랐다	曾不知警
요임금은 어찌 성인이 아닌가만	堯詎未聖
오히려 날마다 조심조심하였다	猶日兢兢

132 『왕양명전집』 권4 「여황종현與黃宗賢」 서6.

못에 떨어지고도	旣墜於淵
오히려 살얼음을 밟고서 편안히 여기며	猶恬履薄
넓적다리가 부러져도	旣折而股
오히려 치달려서 앞으로 나아가네	猶邁奔蹶
사람의 어둡고 완고한 성품이	人之冥頑
옛날에 너와 함께하였다	則疇與汝
종기를 보지 못하는데	不見腫癰
침을 놓는다고 고쳐질까?	砭乃斯愈
위비를 보지 못하는데	不見痿痺
약을 쓴다고 일어날까?	劑乃斯起
사람이 헐뜯고 꾸짖는 것은	人之毀詬
모두 너의 침이고 약이다	皆汝砭劑
너는 알지 못하고서	汝曾不知
도리어 노하였다	反以爲怒
노하지 않더라도 얼굴을 붉힘은	匪怒伊色
또한 그 말을 반대하는 것이다	亦反其語
너의 어리석고 완고함은	汝之冥頑
옛날에 너와 함께했다	則疇之比
아! 소자야	嗚呼小子
너에게 말할 것이 한둘이 아닌데	告爾不一
이미 나이 마흔다섯에	旣四十有五
기억나지 않는다	而曾是不憶
완고한 ……	頑 ……

(이하 결함)

아! 소자야	嗚呼小子
삼가서 말을 하라	愼而出話
근심스러운 말은 많고	懆言維多
좋은 말은 적다	吉言維寡
말이 많으면 무엇이 유익한가!	多言何益
한갓 재앙을 취할 뿐	徒以取禍
덕은 묵묵하게 성취되며	德黙而成
인한 말은 적다	仁言者訒
누가 묵묵한데 원망을 할 것이며	孰黙而譏
누가 말이 적은데 병으로 여기겠느냐?	孰訒而病
남의 착함을 기리되	譽人之善
실정에 지나침을 부끄러워하라	過情猶恥
남의 죄를 말함은	言人之罪
죄가 어찌 자신에게 있는 것이 아닌가!	罪盍有已
아! 말이 많은 것은	嗚呼多言
역시 오직 네 마음이며	亦惟汝心
네 마음에 있으니	汝心而存
날마다 공경하고 공경하라!	將日欽欽
어찌 다급하게 말을 많이 하랴?	豈遑多言
상제가 너에게 임하느니라!	上帝臨汝

| 아! 소자야 | 嗚呼小子 |

사장을 익히는데	辭章之習
네가 공을 들여 무엇을 하랴?	爾工何爲
명예를 낚지 말고	不以釣譽
어리석음에 피해를 입지 말라	不以蠱愚
경박한 저 광대를	佻彼憂伶
너는 매우 추하게 여긴다	爾視孔醜
네 학술을 짓밟고 뒤엎으니	蹈覆其術
네 얼굴이 두텁지 않으냐?	爾顏不厚
해와 달이 마구 지나가니	日月逾邁
너는 어찌 안타깝지 않으냐?	爾胡不恤
너는 천명을 버리고	弃爾天命
네 원수와 도적과 친하니	昵爾讎賊
옛날 훌륭한 많은 선비가	昔皇多士
역시 서로 이에 빠져들었디	亦胥玆溺
네가 홀로 거울삼지 않으면	爾獨不鑒
스스로 빨리 맞닥뜨린다!	自抵伊巫

정덕 병자년 9월 26일, 양명산인 왕수인이 용강의 배 안에서 쓰다.
正德丙子九月, 廿六日, 陽明山人王守仁書於龍江舟中.

생이 또 물었다. "성현의 학문은 몸을 성취하는 수단입니다. 과거 공부는
부모를 기쁘게 하려는 것입니다. 두 가지가 함께 진보하지 못한다면 어떻
게 해야 할까요?" 내가 말했다. "몸을 성취하는 것과 부모를 기쁘게 하는
도는 하나일 뿐이다. 몸을 성취하지 못하면 부모를 기쁘게 할 수 없고, 부

모를 기쁘게 하지 못하면 몸을 성취할 수 없다. 그대는 다만 성현의 학문에 독실하게 뜻을 두면 그 나머지(緖餘)가 과거로부터 나오더라도 여유가 있을 것이다." 말하였다. "공부는 어떻게 해야 합니까?" 답하였다. "먼저 지향을 정하고 공정工程의 차례를 세우고 굳게 지켜서 잃지 않는다. 순서를 따라 점차 나아가되 스스로 마땅히 이르러야 한다. 만약 뜻을 바꾸고 사업을 고치면 아침에는 동쪽으로 가다가 저녁에는 서쪽으로 가듯이 비록 죽을 때까지 부지런히 힘쓰나 장차 역시 성취함이 없을 것이다. 생은 힘쓸지어다!"

양명산인이 쓴다.[133]

이는 바로 양명이 남도의 선비들에게 남긴 가장 좋은 인생의 잠언과 처세의 철학이었다. 10월 1일 양명은 배를 출발하여서 남쪽으로 갔는데 금릉의 왕기王氣가 일찌감치 암연히 수렴된 '석두성石頭城'과 고별하였다. 이미 부침을 겪은 양명의 '남기유'가 또 끝났다. 당연히 그도 결코 예상하지 못했던 일이지만 그가 왕명에 내몰려서 바쁘고 고달픈 융마의 흉험한 정벌 장정에 올랐을 때 남도의 문은 오히려 그의 뒤에서 영원히 닫혀버렸고, 그는 죽을 때까지 다시는 남도로 들어오는 길을 한 걸음도 밟지 못하였던 것이다.

---

133 이 글의 진적은 현재 상하이박물관에 소장되어 있다.

12장

문무文武의 길: 강서의 문치文治와 무공武功

정汀·장漳 정벌, 좌계左溪 공격, 통강桶岡 평정

양명은 10월 중순경에 귀성하여 소흥 고향으로 돌아왔다. 본래 다시 글을 올려, 쉬면서 병을 정양하게 해달라고 청하려는 생각을 하고 있었는데 조정에서는 잇달아 명을 내려 강서로 부임하라고 재촉하였다. 결국 10월 24일 조정에서는 무종의 유시(聖諭)를 양명에게 전달하며 밑도 끝도 없이(漫無邊際) 명을 내렸다. "너는 강서의 남안南安·감주贛州, 복건의 정주汀州·장주漳州, 광동의 남웅南雄·소주韶州·혜주惠州·조주潮州 각 부府 및 호광湖廣의 침주郴州 지방을 순무하러 가라. 군민軍民을 편안하게 위무하고 성지城池를 수리하고 간사한 폐단을 금하고 혁신하라. 지방의 모든 적정賊情·군마·전량錢糧의 사의事宜를 작은 일은 스스로 구획하여서 처리하고, 큰일은 주청하여서 정탈定奪하라."[1] 하였다. 11월 14일 병부에서 다시 자문咨文을 보내 "지방에 일이 있으니 왕수인을 뽑아서 빨리 보내고 사피辭避와 지체를 허락하지 않는다."는 무종의 준엄한 명령을 거듭 내렸다. 양명은 할 수 없이 길을 떠나 임지로 나아갔다.

---

1 『왕양명전집』 권9 「사은소謝恩疏」.

이튿날 양명은 서애·종세부鍾世符·왕세서王世瑞(왕호) 및 제자들과 함께 영강루映江樓에서 전별하였다. 서애·종세부·육징陸澄 등의 제자들은 먼저 호주湖州 삽상霅上으로 가서 밭을 산 뒤 양명이 장차 공을 세우고 돌아오기를 기다려서 함께 살기로 결정하였다. 양명은 소흥에서 길을 떠나 항성杭城에 도착하여 잠시 주둔하면서 관망하며 계속 명을 기다렸다. 12월 2일 이부에서 재차 자문을 내려서 무종의 새 명령을 전달하였다. "왕수인에게는 휴직과 치사를 승인하지 않는다. 남·감 지방은 현재 일이 많으니 바로 길을 떠나 하루라도 빨리 도착하여 세심히 살펴서 순무하라."[2] 양명은 마지막으로 병을 요양하기 위해 휴직과 치사를 청한 것이 가망 없어지자 다시 배회하고 관망하며 명을 기다리지 않고 3일에 항성에서 길을 떠나 남하하였다.

점차 감주(강서)로 들어가는 길을 밟아 남행하는 동안 연도沿途의 형세는 갈수록 긴장되었다. 그러나 양명은 길에서 여전히 선비들과 함께 부지런히 배움을 강론하고 도를 논하기를 잊지 않았다. 배가 옥산玉山을 지나갈 때 정헌靖軒 설준薛俊(*설간의 형), 월천月川 하준夏浚(*옥산 현학의 제생)이 와서 배움을 묻고 제자의 예를 갖추었다. 설준은 행기行己의 요체를 물었다. "저(俊)는 배움을 알지 못합니다만 모든 일을 이치에 따라 행하고 감히 범위에서 벗어나지 않을 뿐입니다." 양명이 대답하기를 "이치에 따라 행하는 것은 오히려 이치와 행위가 둘이다. 마땅히 사사로움이 없음을 추구하여서 행하면 (둘은) 하나이다."[3]라고 하였다. 설준은 지행합일의 가르침을 얻은 뒤 나중에 여러 아우와 조카들을 데리고 와서 수학하였다. 배가 요주饒州를 지나갈 때 여우余祐는 새로 지은 『성론性論』을 가지고 와서 양명을 만났는데, 두 사람은 '성性'의

2 『왕양명전집』 권9 「사은소」.

3 『국조헌징록國朝獻徵錄』 권73 「설조교준묘지명薛助教俊墓誌銘」.

설을 두고 토론을 전개하였다. 이는 실제로 그들이 양경에서 진행했던 주륙 동이 논전의 연장이며, 또한 양명이 강서에 도착한 뒤 강우江右의 선비들과 진행할 주륙 학문 동이 논변의 선창(先聲)이었다.

정덕 12년(1517) 정월 초, 양명은 남창南昌에 도착하여 영왕 주신호와 상견하였다. 도찰원都察院이 남창에 설치되어 있었기 때문에 양명은 반드시 먼저 남창 성회省會에 한번 가야만 하였다. 한편 주신호는 강서의 번왕이며 번왕부도 남창에 설치되어 있었다. 또한 그는 양명을 천거할 생각을 가지고 있었다. 그러므로 양명이 이때 남창을 지나면서 주신호를 만난 일은 관료세계의 신임 관료가 부임하면서 관례로 행하던 예의의 성격을 띤 예방에 지나지 않았다. 이때 양명은 주신호가 일찌감치 암암리에 병사를 모으고 말을 사들이며 인재를 망라하여서 반란을 일으킬 준비를 하고 있었음을 결코 알지 못하였다. 병법에 정통한 양명이야말로 바로 그가 가장 먼저 포섭하여 결탁하려는 군사적 인재였다.

주신호 수하의 '국사國師' 이사실李上實(? 1519)과 '군사軍師' 유양정劉養正은 모두 양명이 오래 사귄 친한 벗이었다. 양명이 홍치 12년(1499) 공부工部의 관정觀政과 홍치 13년 형부주사 직임을 맡고 있을 때 이사실은 형부시랑이었으므로 두 사람의 관계는 매우 좋았다. 유양정은 안복安福의 거인이었는데 사람됨이 광오狂傲하고 자부심이 강하였다. 정덕 5년(1510)에 양명이 여릉廬陵에 부임하여서 안복을 지나갈 때 유양정은 일찍이 양명을 찾아와 배움을 물었다. 이후 양명은 여릉의 직임과 남도의 직임에 있었고 유양정도 늘 양명을 찾아와서 만났다. 정덕 11년 5월 유양정은 조정의 천거와 소환에 응하여 서울로 떠나면서 남도를 지나가다가 필시 양명을 만났을 터이다. 그리하여 나홍선羅洪先(1504~1564)은 유양정이 "양명 선생과 평소 정의가 깊었다."라고 하였으며, 양명 스스로도 유양정과 '벗의 정리(朋友之情)'가 있다고 하였다. 유양정도 자기가 양명의 제자라고 스스로 인정하였다. 나중에 유양정은 특별히 양명에게 자기 어머니를 위해 묘지명을 지어달라고 청하였고 양명도 그를 위해 제모문祭母文을 지어주었다. 양명은 이때 남창에 이르러 자연스럽게 이사실과 유양정을 만났는데 그들로서는 직접 마주하여서 양명 사상의 동태를 탐지할 매우 좋은 기회였다.

잔치 자리에서 세 사람은 다음과 같은 미묘한 대화를 나누었다.

> 잔치 때 이사실이 자리에 앉았는데 신호가 조정을 지적하면서 짐짓 근심스러운 탄식을 하였다.
>
> 이사실이 말하였다. "세상에 어찌 탕湯, 무武가 없겠습니까?"
>
> 양명이 말하였다. "탕과 무도 이윤伊尹과 여상呂尙이 필요하였습니다."
>
> 신호가 말하였다. "탕과 무가 있고서 곧 이윤과 여상이 있었습니다."
>
> 양명이 말하였다. "만약 이윤과 여상이 있다면 어찌 백이伯夷와 숙제叔齊가 없음을 근심합니까?"[4]

이 간단한 대화는 본래 무슨 오묘한 내용이 있는 것이 아닌데 오히려 후세 사람들이 맥락에서 벗어난 독해를 하여 양명이 이때 남창에 온 것은 신호가 반역을 일으키려는 조짐을 탐색하기 위한 것으로서 '짐짓 말을 꾸며 뜻을 떠보아서 역모를 탐색한(佯言售意, 以窺逆謀)' 것이라고 하였다. 양명은 신호와 이사실의 말을 들은 뒤 신호에게 모역의 야심이 있음을 간파하고서 '양명이

---

4 정효鄭曉(1499~1566), 『금언류편今言類編』 권1. 이 일은 역사에 많이 기재되어 있다. 예를 들어 장이張怡(1608~1695) 『옥광검기집玉光劍氣集』 권2 「신모信謨」, 장한張瀚(1510~1593) 『송창몽어松窗夢語』 권4 등이다. 그러나 모두 그 연월年月을 알지 못하여서 해설이 잘못 되었다.

비로소 신호가 모역을 결의한 것을 알고' 이에 곧 돌아가서 글을 올려 군무軍務의 제독提督을 청하였다는 것이다.

사실 이때 신호가 반역을 일으키려는 징후는 아직 표면적으로 드러나지는 않았다. 무종뿐 아니라 조정 안팎의 상하에 이르기까지 모두 신호의 통치가 다만 흉포하고 잔학하다고 여겼지, 결코 그가 난을 일으켜서 윗사람을 범하리라고는 믿지 않았다. 양명은 처음 강서에 들어왔을 때 신호에 대해 결코 이해하지 못하였으므로 자리에서 대답한 것이 그다지 '요령要領을 얻지 못했던' 것이다.

이사실이 "세상에 어찌 탕과 무가 없겠습니까?"라고 물은 의도는 무종의 어지러운 정치를 가리키면서 당세에 탕·무와 같은 현군이 있는지 탐문한 것인데, 양명은 오히려 탕·무 같은 현군도 모름지기 이윤이나 여상과 같은 유능한 보상輔相이 있어야 한다고 답하였다. 신호는 탕·무 같은 현군이 있으면 바로 이윤과 여상 같은 유능한 재상도 있다고 하였고, 양명은 만약 이윤이나 여상 같은 유능한 보상이 있다면 어찌 백이·숙제와 같은 정결貞潔한 선비가 없음을 걱정하느냐고 되물었다. 양명의 대답은 '동문서답(答非所問)'한 모양새가 있어서 신호가 시험 삼아 탐색한 것도 어쩔 수 없이 이렇게 끝이 났다.

신호는 감히 양명에게 자기가 품은 반역의 야심을 털어놓을 수 없었고 양명도 신호의 역모가 이미 결정된 것임을 간파하지 못하였다. 양명과 신호의 처음 상견은 양쪽 모두 심기心機를 노출하지 않았다. 이 담화는 양명이 나중에 군무 제독을 청한 것과 아무런 관계가 없으며, 오히려 나중에 신호의 반란을 평정하는 과정에서 조정의 권신이 그가 신호와 결탁하여서 왕래하였다고 무함하는 재앙을 초래하였다.

양명은 매우 서둘러 3일에 남창을 떠나 13일에 만안萬安에 도착하여서 대규모 유민流民의 소동과 맞닥뜨렸다. 이들이 강을 가로막고 불태우고 약탈하여서 상선이 앞으로 나아가지 못하였다. 유민들은 양명의 큰 배가 다가오는 것을 보고 앞다투어 기슭에서 엎드려 절을 하며 크게 호소하였다. "굶주린 유민을 구휼해주소서(饑荒流民, 乞求賑濟)!" 양명은 기슭에 배를 대고 사람을 보내서 위무하고 타일렀다. "감赣(강서)에 이른 뒤 즉시 관리를 보내 위무하겠다. 저마다 살길을 편안히 누리고 잘못을 저질러서 스스로 죽임을 당하는 일이 없도록 하라."[5]

나중에 양명은 서애에게 보낸 편지에 자기가 만안에서 겪은 일을 다음과 같이 언급하였다.

정월 3일 홍도洪都에서 배를 떠났네. 초열흘에 여릉에 닿았는데 부로父老를 위해 머물러서 이틀을 묵었네. 열사흘에 만안 40리 못 미친 곳에 이르러서 떼도둑 1천여 명을 맞닥뜨렸는데 강을 가로막고 불을 지르고 약탈을 하여서 연기와 불꽃이 하늘을 덮었네. 처첩(妻奴)이 모두 두려워하였네. 처음에는 온 것을 후회하는 생각도 들었네. 지방의 아전과 백성 및 배 안의 사람들도 모두 힘써 막으면서 앞으로 나아갈 수 없다고 하였네. 내 생각(鄙意)에 우리 배가 홀로 급히 지나가면 적들이 마땅히 허실을 알지 못하지만 만약 오래 머물고 나아가지 않으면 반드시 적들에게 들킬 것이라고 여겼네. 이에 병사가 많은 것처럼 꾸미고 배를 잇달아 빠르게 나아가서 여유가 있는 듯하게 보였네. 적들은 우리가 어찌 하려는지 헤아리지 못하여서 뜻밖에도 감히 달려들지 못하였으니 참으로 이른바 천행이라 하겠네.[6]

---

5 『왕양명전집』 권33 「연보」 1.

6 왕수인, 「여서왈인서與徐日仁書」 『중국서법대성中國書法大成』(5); 『지나묵적대성支那墨迹大成』 제10권 「보유補遺」.

양명은 이 사건으로 강서 유민의 문제가 얼마나 엄중한지 간파하였고, 또 한편으로 임기응변의 용병술을 보여주었다. 그가 5년 동안 강서에서 반란을 평정하며 보낸 생애는 만안에서 흩어진 유민들로 이루어진 소소한 '도적을 맞닥뜨린' 일에서부터 시작되었다.

정월 16일, 양명은 감주에 도착하여 즉시 부府를 개설하고 순무와 진압의 일을 조치하였다. 남南·감贛·정汀·장漳·침郴·계桂의 민란은 그가 상상한 것 이상으로 상황이 더욱 심각하고 엄중하였다. 명 왕조 관부의 잔혹한 압박과 착취로 말미암아 강서·복건·광동·호광 등 네 개 성의 경계가 교차하는 광대한 지역에는 정덕(1506~1521) 이래 유민이 사방에서 서로 호응하고 뭉쳐서 일어났다. 사지산謝志刪은 횡수橫水에, 남천봉藍天鳳은 좌계에, 종경鍾景은 통강桶岡에, 지중용池仲容은 이두浰頭에 웅거하였고, 또 진왈능陳曰能은 대유大庾에서, 고쾌마高快馬는 낙창樂昌에서, 공복전龔福全은 유주柳州에서, 첨사부詹師富는 대모산大帽山에서 봉기하여 네 곳의 성에서 일어난 민란은 종횡으로 얽혀서 천리千里가 소동을 일으켰다.

이러한 '도적'은 주로 관부의 핍박 때문에 빈곤으로 살 곳을 잃고 떠돌며 농사지을 땅이 없는 양민이 유민으로 전락하여 떼를 지어서 조직을 이룬 무리였다(*주로 요민傜民들). 그들 대부분은 단지 지방 토추土酋와 악패惡覇의 협박, 위협, 포로, 유혹 등에 의해 산으로 들어가서 도적이 되었다. 이들 토추의 거괴巨魁가 산을 점거하고 스스로 왕이라 일컬으며 각지에서 출몰하여 소요를 일으키고 성을 공격하거나 땅을 침략하며 백성의 전지를 탈취하고 백성을 겁탈하고 살육하며 한 지역에 홀로 패자(獨覇)가 되어서 지방의 할거 세력이 되었으니 이미 무슨 '유민의 봉기(起義)'나 '농민의 봉기'라고 할 수 없었다.

백성은 조세 납부에 어려움을 겪었고 또 도적의 피해를 입었다. 이들 도처에서 일어난 산채의 대왕이 백성을 죽이고 토지를 탈취하며 불을 질러 태우고 약탈하는 행위는 더 많은 농민을 유민으로 전락시켰고, 농민은 전지와 집과 재산을 잃어버리고 붙잡혀가서 '산적'이 되었다. 토추와 악호惡豪들은 이렇듯 갈아먹을 밭이 없고 돌아갈 집이 없는 유민들을 제압하여서 분열된 국가에서 독립 왕조 정권 수립을 목표로 삼았으며, 산두山頭를 나누어 자립하여서 왕 또는 패자라고 일컬었다. 예컨대 사지산은 '남정왕南征王', 지대빈池大鬂은 '금룡패왕金龍霸王', 공복전龔福全은 '연계왕延溪王'이라 칭하였다.

양명은 말하기를, 그들이 "거주민의 전토 수천만 경頃을 점거하고 인민을 죽이거나 사로잡아갔는데 수를 더욱 헤아릴 수 없습니다. 성지城池를 포위하여서 공격하고 관병官兵을 대적하여서 죽이고 집을 불태우고 처녀를 겁간하여서 끼친 독이 차마 말을 할 수 없습니다."라고 하였다. "양민의 자녀는 노예가 되거나 죽임을 당하고, 집과 창고는 불에 타고, 도로와 전토는 황폐해지고, 점유와 침탈을 당한 것이 천만 경이었으며, 부세와 둔량屯糧은 군민軍民이 제때 내지 못하여서 납부의 양이 늘어난 것이 천만 석이 되었습니다."[7]

양명은 감주에 도착하자마자 곧 유적流賊 1천 여 명이 쳐들어와서 감주성이 공격당하는 모습을 목도하였다. 이는 그로 하여금 남·감·정·장 지역에 도적의 난리가 창궐하고 소탕과 위무가 끊임없이 실패한 원인을 깨닫게 하였다. 첫째, 관부의 초무招撫가 지나치게 엉성하여서 남·감의 병사는 평소 훈련이 되어 있지 않았고, 교만하고 게을러서 쓸모가 없었다. 둘째, 관원이 진압에 힘을 쓰지 않아서 살기를 탐하고 죽기를 두려워하며 서로 책임을 미루고 감히 결전을 벌이려고 하지 않았다. 셋째, 병력이 부족하였기에 외성外省으로부터 군대를 조발하여 낭병狼兵의 위세에 의지하였기에(依仗) 오래 주둔하면서 진압할 수가 없었다. 넷째, 용병에 능하지 못하고 산악전에 익숙하지 못하

---

7 『왕양명전집』 권10 「횡수통강첩음소橫水桶岡捷音疏」.

며, 병법에 밝지 못하고 주책을 운용하여 계략과 모의를 하지 못하였다.

이에 양명은 지방 각 성의 병비兵備를 손에 넣어서 정돈하고 신칙하며, 민병을 정련하고, 선발한 감(강서)·민閩(복건)·상湘(호남)·월粵(광동) 등 네 성의 정병과 모집한 향병鄕兵을 결합하고 장수를 선발하여서 훈련을 감독하게 하고 군법을 엄격하게 밝히고 군기軍紀를 엄숙하게 정돈하였다. 먼저 조련한 병사를 감주 예하 각 고을에 진주시켜서 주변의 민심을 다독였다. 그런 뒤 네 곳의 성에 도적의 난을 평정할 대규모의 군사행동을 전개하였다.

양명이 남·감·정·장의 전체 도적의 난을 평정할 작전의 방략은 3대 전역戰役으로 조직되었다. 동쪽으로는 정·장(*대모산大帽山)을 정벌하고, 서쪽으로는 남안南安(*통강다료桶岡茶寮)을 평정하고, 남쪽으로는 월북粵北(*삼리三浰)을 안정시키며 네 성이 연합하여서 반란을 평정하기 위한 군사 정벌과 소탕을 전개하여서 기세를 하나로 모으는 것이다. 양명은 복건에 도적의 반란이 더욱 창궐한 것을 거울삼아 가장 먼저 동쪽으로 정·장을 정벌하여 깊이 진격하기로 결정하였다. 그가 직접 지휘하고 작전 방략을 세워서 정월 18일에 행동을 개시하여 병사를 나누어서 협공하는 전략을 채택하였는데, 다음과 같이 네 갈래로 나누어서 진격하기로 하였다.

1로는 호련胡璉과 애홍艾洪 등이 지휘하며, 장부촌長富村으로 진입하여서 상호산象湖山을 직격한다.

1로는 왕개王鎧와 이성李誠 등이 지휘하며, 다섯 갈래로 나누어서 가당동可塘洞 산채를 공격한다.

1로는 서린徐麟과 장월張鉞 등이 지휘하며, 광동 관병과 한데 모여서 황랍계黃蠟溪로 진격하여 적석암赤石巖을 탈환한다.

1로는 고응상과 양앙楊昂 등이 지휘하며, 복건 관병과 한데 모여서 우피석

牛皮石·영각애嶺脚隘에서 돌입하여 대수산大水山·자림柘林의 여러 산채를
공격하여서 탈환한다.

장부촌으로 진격하는 한 갈래는 처음부터 파죽지세로 나아가서 먼저 장
부촌을 공격하고 잇달아 활죽양闊竹洋·신양新洋·대풍大豐·오뢰五雷·대소봉大
小峰 등의 산채를 탈환하였다. 그러나 적의 잔당은 무리를 지어서 상호산으
로 달아나 험지에 의지하여 완강하게 항거하고 명의 관리 담환覃桓·기용紀鏞
(1487, 진사)을 죽였다. 명의 군사는 패하여 물러났다.

양명은 진격에 좌절을 겪었다는 말을 듣고 신속하게 2월 19일 병사를 거
느리고 감주에서 진군하여서 장정長汀·상항上杭에 주둔한 뒤 직접 찰원察院
에 좌진坐鎭하고 전투를 독려하였다. 그는 명군에 '완병緩兵'의 계책을 정하
였다. 겉으로는 군중을 호궤하고 병사를 퇴각시켜서 가을을 기다렸다가 다시
용병한다고 헛소문을 퍼뜨리고, 암암리에 정예병과 강병을 선발하여 세 갈래
로 나누어서 함께 진격하였다. 심야에 하무를 물고 곧바로 상호산으로 쳐들
어가서 일거에 험애를 공격하여서 함락하였다.

이와 동시에 다른 세 갈래도 승리를 거두었다. 왕개와 이성은 가당동 산
채를 공격하여서 무너뜨리고 대수령 첨사부를 생포하였다. 서린과 장월은 광
동 관병과 연합하여서 3월 21일에 진격하였는데 황랍계를 공격하여서 무너
뜨리고 승세를 타고 적석암까지 추격한 끝에 진려촌陳呂村을 공격하여 함락
하였다. 고응상과 양앙은 복건 관병과 연합하여 3월 20일에 수죽水竹·대중갱
大重坑·백라白羅·남산 등의 산채를 공격하여서 무너뜨리고 곧바로 양죽동洋
竹洞·삼각호三角湖를 직격하여서 대수령 온화소溫火燒를 생포하였다. 동쪽 정
·장의 정벌은 실제로 3월 하순에 이미 전역이 끝났다.

양명은 3월 13일 밤 정주 행대行臺에 묵으면서 시 한 수를 지어서 벽에

제하였는데, 전역의 진전을 다음과 같이 서술하였다.[8]

장정 도중 ○○시   長汀道中○○詩

밤에 행대에서 묵으면서 운을 사용하여 벽에 쓰다. 때는 정덕 정축년 3월
13일 양명 ○○○○○.
野宿行臺, 用韻於壁. 時正德丁丑三月十三日. 陽明○○○○○.

장수의 지략은 본래 장기가 아닌데도   將略平生非所長
융마를 당겨서 정장에 들어가네   也提戎馬入汀漳
여러 봉우리 해는 비끼고 깃발 멀리 이어졌는데   數峰斜陽旌旗遠
길엔 봄바람 불고 군악 소리 드날리네   一道春風鼓角揚
저녁에 이사 장군을 의지하여 요새를 나서는 건   暮倚貳師能出塞
조충국이 강족을 잘 평정했기 때문이네   由來充國善平羌
온 땅 백성 고통이 가득하나 도움이 되지 못해   瘡痍滿地曾無補
호숫가 낡은 초당에서 깊이 부끄러워하네   深愧湖邊舊草堂

동쪽 정·장의 정벌은 병법에 정통한 이 문무겸전한 양명의 재능이 평생
맨 처음으로 용병과 전쟁에서 '소 잡는 칼을 처음 시험한(初試牛刀)' 일이라 할
수 있다. 그는 스스로를 강족 평정에 능하였던 조충국趙充國(B.C.137~B.C.52)

---

8 『가정정주부지嘉靖汀州府志』 권17 「장정도중○○시長汀道中○○詩」. 『왕양명전집』 권20에
  도 이 시가 실려 있다. 거기에는 제호가 「정축2월정장구진병장정도중유감丁丑二月征漳寇
  進兵長汀道中有感」으로 되어 있는데, '정축2월'이라고 한 것은 잘못이다.

에 견주었다. 그러나 그는 결코 군사상의 소탕과 살육만을 능사로 삼지는 않았다. 그는 백성의 궁핍과 난리, 폐막弊瘼, 그리고 온 나라의 백성이 고통을 겪는 근원이 명 왕조의 잔혹한 착취와 압박에 있고 '백성을 편안하게 하는 것(安民)'이 '도적을 그치게 하는(弭盜)' 근본임을 깊이 알고 있었기에, 더욱 관심을 기울인 것은 정벌 이후 궁핍한 인민과 백성을 편안하게 위무하는 후속(善後) 조치를 취하여서 그들이 조속히 생계와 생산을 회복하게 하는 데 있었다.

이때 마침 가뭄이 들어서 봄 석 달 동안 비가 내리지 않았다. 양명은 재빨리 회군을 하기로 결정하였는데, 그에 앞서 4월 초에 상항上杭에 도착한 뒤 백성을 위해 직접 기우제를 지내고 「기우사祈雨辭」 한 수를 지었다.[9]

아!	嗚呼
열흘 비가 내리지 않으니	十日不雨兮
밭에 벼가 없어지고	田且無禾
한 달 비가 내리지 않으니	一月不雨兮
내에 물이 흐르지 않네	川且無波
한 달 비가 내리지 않으니	一月不雨兮
백성은 이미 고통을 겪고	民已爲病
두 달 비가 내리지 않으니	再月不雨兮
백성은 장차 어이할꼬?	民將奈何
약한 백성은 죄가 없으니	小民無罪兮
하늘은 백성을 허물하지 말라	天無咎民
순무가 직분을 다하지 못하니	巡撫失職兮

---

9 『왕양명전집』 권19 「기우사祈雨辭」.

죄는 나 신하에게 있다	罪在予臣
아!	嗚呼
도적은	盜賊兮
백성이 크게 모인 것	爲民大屯
하늘이 혹 이들을 죄주어	天或罪此兮
무서운 위엄으로 분노를 내리나	赫威降嗔
백성이 어찌 죄가 있기에	民則何罪兮
옥과 돌을 함께 태우듯이 할까?	玉石俱焚
아!	嗚呼
백성이 무슨 죄가 있어	民則何罪兮
하늘이 대뜸 분노하는가?	天何遽怒
뭉게뭉게 구름이 일어	油然興雲兮
이 땅에 비를 내리라!	雨茲下土
저 죄에서 어찌 달아나겠는가?	彼罪何逋兮
이 곤궁한 고통을 슬퍼하네	哀此窮苦

그는 또 비가 내리기를 기원하는 시 두 수를 지어서 읊었다.[10]

비를 빌다, 두 수	祈雨二首
초순에 한차례 비가 정주와 장주에 두루 내리니	旬初一雨遍汀漳
장수는 정주와 건주가 접경이라 하네	將謂汀虔是接疆

---

10 『왕양명전집』 권20 「기우이수祈雨二首」.

하늘의 뜻이 어찌 알아 피차를 나누랴?	天意豈知分彼此
인정에 응당 변덕이 있는 게지	人情端合有炎涼
달은 지금 이미 비어서 돌기를 마쳤는데	月行今已虛纏畢
북두성 자루로 어찌 국을 뜰 수 있겠는가!	斗柄何曾解把漿
밤에 일어나 뜰에 오래 서 있자니	夜起中庭成久立
백성의 폐막 생각에 눈물로 옷깃을 적시네	正思民瘼欲沾裳

건주 남쪽은 비가 내리지 않아 괴로워한다는데	見說虔南惟苦雨
깊은 산은 독기로 온통 음산하네	深山毒霧長陰陰
내 마침 봄 가뭄 때 왔는데	我來偏遇一春旱
누가 사흘 비를 내려 해갈하게 할 수 있나!	誰解挽回三日霖
도적이 침양에 바야흐로 나타나고	寇盜郴陽方出略
변방 북쪽에 전쟁이 잇따라 일어나네	干戈塞北還相尋
백성 걱정에 계책이 없어 공연히 눈물 흘리니	憂民無計淚空墮
병을 구실로 어느 때나 바닷가로 돌아갈까?	謝病幾時歸海潯

4월 5일에 이르자 과연 큰비가 내려서 양명은 마침내 서둘러 회군할 날짜를 정하게 되었다. 농민들이 때맞춰 내리는 큰 단비를 목도하고 기뻐하며 어지러이 나와서 농사일을 하는 것을 본 양명은 흥분하여 시 한 수를 지어서 남천암南泉庵 벽에 제하였다.[11]

---

11 「남천암만서南泉庵漫書」. 이 시의 친필 진적은 2007년 가을 경매(*베이징 폴리 인터내셔널 옥션 유한공사北京 保利國際拍賣有限公司)에 출현하였는데, 아울러 '서법가 왕수인에 관한 개인 웹사이트(書法家王守仁個人網站)'에 공포되었다.

남천암에서 마음 내키는 대로 쓰다   南泉庵漫書

산성에 달을 넘기며 군사를 주둔하고   山城經月駐旌戈
또다시 그윽이 은자의 처소를 찾네   亦復幽尋到薜蘿
남쪽 지방에서 이미 군마를 돌이킴을 보니   南國已看回甲馬
동쪽 전토에 처음 기뻐하는 농부들 밖으로 나오네   東田初喜出農蓑
시냇가 구름은 새벽에 수많은 봉우리에 비를 내리고   溪雲曉度千峯雨
강물은 불어나고 봄이 깊어 양쪽 기슭에 물결이 이네   江漲春深兩岸波
저녁에 북두칠성을 더듬어 북극성을 올려보고   暮倚七星瞻北極
산의 푸른빛이 짙어옴을 아끼네   絶憐蒼翠晚來多

빗속에 남천암을 지나다가 벽에 쓴다. 이날 군의 양 수령이 술을 가지고
찾아왔기에 인하여 써서 드렸다. 때는 정덕 정축년(1517) 4월 5일, 양명산
인 수인 머리를 조아리다.

雨中過南泉庵, 書壁. 是日, 梁郡伯携酒來問, 因幷呈. 時正德丁丑四月
五日, 陽明山人守仁頓首.

"남쪽 지방에서 이미 군마를 돌이킴을 보니"라고 한 구절은 바로 회군의
날짜를 정한 사실을 가리킨다. 4월 13일, 양명은 동쪽 정·장으로 정벌에 나
섰던 군사를 거느리고 회군하다가 개선하는 시 한 수를 지어서 나중에 정주
찰원 벽에 제하였다.[12]

---

12 『가정정주부지嘉靖汀州府志』 권17 「제찰원벽題察院壁」.

찰원 벽에 제하다　　　　　　　　　　　　　　題察院壁

4월 무오에 회군하면서 상항 길에서 도어사 왕수인이 쓰다.

四月戊午班師, 上杭道中, 都御史王守仁書.

봉우리 꼭대기 새벽 나팔소리로 군사를 흩으니　　　吹角峯頭曉散軍

돌아오는 하늘에 만 마리 말 기운이 퍼지네　　　　回空萬馬下氤氳

앞선 깃발에는 병기를 씻는 비가 내리고　　　　　前旌已帶洗兵雨

나는 새는 뭉게구름에 놀라네　　　　　　　　　飛鳥猶警卷陣雲

남쪽 이랑엔 농사일로 기쁘고　　　　　　　　　南畝獨忻農事動

동쪽 산에선 개가 소리 그치네　　　　　　　　東山休作凱歌聞

병장기를 생각하며 눈물을 뿌리고　　　　　　　正思鋒鏑堪揮淚

전공을 세움은 말하기 족하지 않네　　　　　　一戰功成未足云

　양명은 회군하여 돌아오는 길 내내 비가 내리기를 기원하였고, 여러 날 내리는 단비는 그가 감주로 돌아올 때까지 줄곧 동반하였다. 4월 17일 정주에 도착했을 때 그는 회옹사晦翁祠에 배알하고 찰원의 시우당時雨堂을 위해 기문을 지었으며, 시우당 벽에 시 한 수를 제하였다.[13]

찰원 시우당에 제하다　　　　　　　　　題察院時雨堂

삼대 왕의 시절은 과거사일 뿐 아니니　　　　三代王世不啻過

---

13 『가정정주부지』 권17 「제찰원시우당題察院時雨堂」.

와서 소생시켜 참으로 어린이와 노인을 위로하네	來蘇良足慰童皤
어득한 바위 골짜기에 우레가 빠르게 지나가고	陰霾巖谷雷霆迅
메마른 교외 들판을 비가 흠뻑 적시네	枯槁郊原雨澤多
계책을 맺어서 동쪽 지역을 금세 맑게 하니	紆策頓能清海岱
은하수 물을 끌어 병기를 씻네	洗兵直見挽天河
시절은 평화로우니 풍년의 경사가 다시 있고	時平復有豊年慶
개가에 화답하는 농요가 가득차네	滿聽農歌答凱歌

4월 29일, 양명은 서금瑞金에 도착하여서 동산사東山寺를 찾아 정광불定光佛을 향해 비가 내리기를 기원하였다. 5월 2일, 양명은 회창會昌에 도착하여 또 뇌공사賴公祠에 가서 뇌신賴神에게 비를 기원하였다. 또 특별히 나전암羅田巖 염계각濂溪閣을 찾아 배알하고 주돈이가 남긴 시를 회상하는 회고시 한 수를 지었다.[14]

나전암에 노닐며 염계 선생이 남긴 시를 회상하다

遊羅田巖懷濂溪先生遺詠詩

길이 나전으로 살짝 굽어서	路轉羅田一徑微
읊조리며 말에 채찍질하여 흰 구름 이는 사립문 두드리네	吟鞭敲到白雲扉
산꽃 핀 오후 머문 사람은 취하고	山花笑午留人醉
들새는 봄을 울어 저마다 날아가네	野鳥啼春傍各飛
혼돈 속에 속세의 겁은 빽빽하고	混沌叢來塵劫老

---

14 『광서강서통지光緒江西通志』 권56 「유라전암회렴계선생유영시遊羅田巖懷濂溪先生遺詠詩」.

성명은 옛날 놀던 곳에 공허하게 남아 있네 　　　姓名空在舊遊非

동구 앞엔 원공(주돈이)의 풀이 있어서 　　　洞前爲有元公草

내게 밴 향 소매 가득 담아 돌아오네 　　　襲我餘香滿袖歸

　5월 8일, 양명은 감주에 이르러서 즉시 또 서쪽으로 남안南安의 반란을 평정할 준비 작업을 시작하였다.

　양명은 가장 먼저 동쪽의 정·장을 전면적으로 정벌하고 후속 대책을 처리하였다. 일단 감주로 돌아간 그는 곧 「민광첩음소閩廣捷音疏」, 「신명상벌이려인심소申明賞罰以勵人心疏」를 올리고, 아울러 병부상서 왕경에게 글을 보내 장주의 난을 평정한 정황을 보고하고 권상勸賞을 더해주기를 청하였다. 5월 28일에 다시 「공치도적이책소攻治盜賊二策疏」, 「유주금참공차소類奏擒斬功次疏」를 올렸다. 그뿐 아니라 「첨설청평현치소添設淸平縣治疏」를 올려서 평화현平和縣을 설치하고 하두河頭에 현치縣治를 증설하고 방두枋頭에 순검사巡檢司를 옮겨서 설치한 뒤 지방의 안전 관리를 더욱 강화할 것을 주청하였다. 6월 15일에는 「소통염법소疏通鹽法疏」를 올리고 아울러 왕경에게 차자를 보내 다시 간청하였다. (그 내용은 염법이) 당초에 도어사 진금陳金(1446~1529)이 반란 평정을 위해 필요한 군향軍餉의 긴급 수요에서 나온 것이었는데, 일찍이 감주에 관청(廠)을 세워서 광염廣鹽을 거두었으며 원주(袁, 宜春)·임천臨川(撫州)·길안(吉) 세 부에 발매를 윤허하였다가 정덕 9년에 이르러서 중지한 사실을 지적하였다. 현재 반란 평정에 필요한 군향을 확보하기 위해 이 항목의 염세를 잠시 회복시키고 반란이 평정된 뒤에는 즉시 중지해줄 것을 희망하였다.

　9월 25일, 양명은 「의남감상세소議南贛商稅疏」를 올려서 남감의 상업세를 조정하는 일은 군향과 관련되어 있으니 절매정折梅亭의 추세抽稅를 혁파하고 구각미龜角尾에 세금을 합산하여서 간사한 폐단을 방지하라고 청하였다. 양명이 주청한 이러한 조치는 사실 모두 그가 이후 서쪽으로 남안을 평정하고 남쪽으로 월북粵北을 평정하기 위한 다방면의 준비 작업이었다.

양명은 남안의 도적을 정벌하고 소탕하기 위해서 주로 3대 방면의 준비를 하였다. 가장 먼저 그는 대대적으로 병제兵制를 개혁하는 데 힘써서 군오軍伍를 정비하여 편제하고 병부절제兵符節制를 실행하여서 군대의 전투력을 강화하였다. 5월에 「병부절제兵符節制」를 반포하여서 지방의 군오를 거듭 조직하였는데, 25인을 1오伍로 하고 오에 소갑小甲을 두며, 50인을 1대隊로 하고 대에 총갑總甲을 두며, 200인을 1초哨로 하여 초에 초장哨長을 두고 협초協哨 2인을 두어서 보좌하게 하며, 400인을 1영營으로 하여 영에 영관營官을 두고 참모 2인을 두어서 보좌하게 하며, 1200인을 1진陣으로 하고 진에 편장偏將을 두며, 2400인을 1군軍으로 하고 군에 부장副將을 두었다.

다음으로 각 병급에서는 '처벌과 다스림을 번갈아 하고(遞相罰治)', '상하가 서로 연계하고 크고 작은 단위가 서로 이어받아서 마치 몸이 팔을 사용하고 팔이 손가락을 사용하듯이 하게 함으로써 군사행동이 저절로 정연해져서 무리를 다스리되 적은 사람을 다스리듯이 하여서 거의 통제를 갖춘 병력이 될 수 있도록'[15] 하였다. 오에는 오부伍符를, 대에는 대부隊符를, 초에는 초부哨符를, 영에는 영부營符를 설치하여서 모든 작전의 징집과 조용(徵調)에 부를 발급하고 호號와 대조하여서 실행하게 하였다. 각 부部는 조련을 강화하고 전투의 훈련 방식을 항오行伍에 실행하게 하며, 모아서 양성하고 훈련하는 방법과 깃발을 흔들고 북을 울리며 나아가고 물러나는 절도를 하나하나 강구하여서 실전과 실용을 거두는 데 힘쓰게 하였다.

마지막으로, 순무의 권한에 제한이 있음에 비추어 양명 스스로 군무를 총

---

15 『왕양명전집』 권16 「병부절제兵符節制」.

제하고, 남감의 순무를 철거하고 사권事權을 통일하라고 청하였다. 그는 정·장의 반란을 평정하는 가운데 사권을 전담하지 않음으로 인한 폐해를 실감하고서 앞서 5월 8일에 올린 「신명상벌이려인심소」에서 신하에게 편의대로 일을 처리하고(便宜行事) 군권을 총제할 수 있도록 해달라는 청을 다음과 같이 제출하였다.

> 엎드려 바라건대, 황상께서는 도적을 염려하심이 날로 치열하고 민생을 슬퍼하심에 날로 찌푸리시며 지방의 해독을 걱정하심이 더욱 심하고 백성의 억울한 분노를 펴지 못함을 아파하시고, 특별히 조칙을 병부에 내리시어 아랫사람의 의론을 채집하라 하시고, 특별히 신 등에게 영기令旗와 영패令牌를 빌려주시어 편의에 따라 일을 처리하게 하셨습니다. (황상은) 이와 같이 처리하셨으나 병사는 정예하지 않고 도적은 소멸되지 않으니 신 등은 (처벌의) 죽임으로부터 달아날 길이 없습니다. 임무는 전담하지 못하고 권력은 무겁지 않으며 상벌은 시행되지 않습니다. 군사는 무너지고 일은 실패하게 된 뒤에 중신을 선택하여서 총제의 권한을 주고 그로 하여금 가서 건지게 하니, 가령 뒷마무리를 잘하더라도 이미 잃은 바를 구제할 수 없습니다.[16]

이어서 그는 5월 28일 예부상서 모기毛紀(1463~1545)와 병부상서 왕경에게 차자를 보내서 순무를 철수시키고 총제를 설치할 것을 명확하게 주장하였다. 그는 왕경에게 보낸 글에서 다음과 같이 상세히 분석하여 말하였다.

지금 민閩의 도적은 비록 평정되었지만, 남감의 도적은 민의 수배에 이르

---

16 『왕양명전집』 권9 「신명상벌이려인심소申明賞罰以勵人心疏」.

며 또한 네 성에 지역이 이어져 있는데 사권事權이 하나로 귀속되지 않았고, 겸하여 칙지敕旨에 따르면 민사民事에 관여하지 못하게 하고 있으므로 비록 순무의 이름을 헛되이 가지고는 있지만 실로 호령이 미치는 곳은 감주 한 성에 그칠 뿐이고 또한 (순무의 권한과 실제 상황이) 많이 어긋납니다. 이는 역시 모두 유사인 자가 감히 위배하고 항거하는 죄가 아니라 일의 형세가 그러한 것입니다. …… 저(守仁)는 가만히 생각건대, 남南·감贛의 순무를 특별히 설치하지 않고 병비만 보존하고서 양광兩廣의 총제에게 통할하게 한다면 일의 체모가 대부분 하나로 귀결될 수 있을 것입니다. 그렇지 않다면 강서의 순무가 비록 세 개 성의 업무에는 아직 장애가 있더라도 남·감의 일은 오히려 스스로 전제할 수 있습니다. (그러므로) 모든 거마와 전량을 모두 통틀어서 재결하고 예비한다면, 오히려 지금처럼 순무가 일이 없을 때에는 두 눈을 뜨고 멀거니 앉아서 보고 일이 생기면 두 손을 비워 두고 남이 오기를 기다리고 있는 것보다는 낫습니다. 저 도적을 그치게 함(弭盜)은 백성을 편안히 하는 수단이며, 백성을 편안히 하는 것은 도적을 그치게 하는 근본입니다. 지금 도적을 그치게 할 책임을 지우되 백성에게 간여하게 하지 않는 것은 홀로 약과 침으로만 병을 치료하며 마땅히 신경을 써야 할 음식과 조섭은 다시 묻지 않아서 병이 날마다 심해지는 것과 같을 뿐입니다. 지금 순무의 개혁은 일의 체모와 관계가 혹 한 사람의 사사로운 의견으로 곧 경정更定하여서 오직 상벌을 신명할 수 있는 것이 아니라면 오히려 조금 중대한 임사任使의 권한을 주어서 그로 인해 대강이라도 직책을 수행할 수 있게 해야 합니다. 그러므로 지금 문득 이렇게 상주하니 엎드려 생각건대 특별히 채택하여서 시행하시기 바랍니다.[17]

---

17 『왕양명전집』, 권27 「여왕진계사마與王晉溪司馬」 서5.

양명의 주청은 왕경의 동의를 얻었다. 왕경은 마침내 「위신명상벌이려인 심소爲申明賞罰以勵人心疏」를 올려서 건의하기를 "청하여 조칙을 받지 않고도 남·감 등의 지역 도어사에게 임시로 군무를 제독하도록 하되 명목은 군무를 제독하는 문신文臣의 사례에 비추어서 기패旗牌를 발급, 응용하여 군대의 위엄을 떨치게 하소서."[18]라고 하였다. 7월 16일, 조정은 양명을 제독남감정장 등처군무提督南贛汀漳等處軍務로 고쳐서 제수하고 기패 8면面을 발급하여서 편의에 따라 행사하게 하였다. 양명은 순무에서 제독으로 옮겨 군무를 총제하였는데, 이는 그가 나중에 남안과 월북을 평정하고 곧바로 신호의 반란을 평정할 때 중대한 작용을 하였다.

양명은 재차 남안 민란의 복잡한 국면과 형세를 감찰巡察하고 분석하여서 횡수·좌계를 먼저 공격하고, 나중에 통강·다료를 취하는 반란 평정의 방략을 내놓았다. 남안 각지에서 일어난 도적의 반란도 이리저리 엇갈리고 얽혀서 기염이 떠들썩하게 들레었다. 그리하여 7, 8월에 다시 대규모로 대유大庾와 상유上猶의 유민이 쳐들어와서 남강南康과 남안을 공격하였다. 대수령 사지산이 대두령 종명귀鍾明貴와 함께 광동의 대수령 고쾌마高快馬 등과 약속하여서 전투 무기를 대대적으로 수선하여 남강을 공격하여 무너뜨리고 광동으로 진입하여 노략질을 하려고 하였다. 사지산은 7월 25일과 8월 25일 두 차례 무리를 거느리고 남안의 부성府城을 공격하였다.

남안 도적의 반란은 주로 횡수·좌계·통강·다료 일대에 분포하였다. 지방관원은 모두 마땅히 통강을 먼저 공격해야 한다고 주장하였다. 양명은 도리어 횡수·좌계·통강 세 지역의 군사 형세가 각기 다른데 호광湖廣 방면에서 볼 때 통강은 인후咽喉이고, 횡수와 좌계는 복심腹心이 되며, 강서 방면에

---

18 『진계본병부주晋溪本兵敷奏』 권10 「위신명상벌이려인심소申明賞罰以勵人心疏」.

서 볼 때 횡수와 좌계가 복심이 되고 통강이 우익羽翼이 된다고 인식하였다. 현재 만약 횡수·좌계의 복심의 환란을 먼저 제거하지 않고 호광의 병사가 통강을 협공하여서 양자 사이에 병사를 진격시켰다가 배와 등으로 적을 만나게 되면 형세가 반드시 곤경에 처하여 실패하고 말 것이다. 오직 횡수·좌계 두 지역을 먼저 공격하여서 취하고 다시 통강으로 병사를 이동해야만 바야흐로 파죽의 기세를 이룰 수 있었다. 그리하여 양명은 먼저 횡수와 좌계를 공격하고 뒤에 통강과 다료를 취하는 작전 방략을 확정하였다.

이러한 총괄적인 반란 평정의 방략에 근거하여서 양명은 강서·호광·광동 세 성이 연합하여서 협공하는 전략을 세웠다. 세 성의 협공은 세 단계(步)로 나뉘었다. 첫 단계(第一步)는 먼저 호광·강서의 병사가 연합하여서 힘을 합해 상유의 여러 도적을 공격하여 패퇴시킨다. 둘째 단계는 호광·광동의 병사가 연합하여서 힘을 합해 낙창樂昌의 여러 도적을 공격하여 패퇴시킨다. 셋째 단계는 광동·강서의 병사가 연합하여서 힘을 합해 용천龍川을 공격한다. 10월 7일 양명은 군사를 출동시켜서 횡수·좌계를 공격하였는데, 병사를 일곱 갈래(路)로 나누어서 분산하여 협공하였다.

도지휘첨사 허청許淸은 병사를 거느리고 남강현 소계所溪에서 진입하고, 지부 형순邢珣(1462~1532)은 병사를 거느리고 상유현 석인갱石人坑에서 진입하고, 지현 왕천여王天與(1475~1519)는 병사를 거느리고 상유현 백면白面에서 진입한다. 세 갈래(三路)는 모두 횡수에서 집결한다.

수비 지휘 겹문郟文은 병사를 거느리고 대유현大庚縣 의안義安에서 진입하고, 지부 당순唐淳은 병사를 거느리고 대유현 섭도聶都에서 진입하고, 지부 계효季斅는 병사를 거느리고 대유현 온하穩下에서 진입하고, 현승 서부舒富는 병사를 거느리고 상유현 금갱金坑에서 진입한다. 네 갈래는 모두 좌계에서 집결한다.

지부 오문정伍文定(1470~1530), 지현 장전후張戰候의 각 갈래는 함께 모여서 병사를 거느리고 상유·남강으로 나누어서 진입하여 도적들이 달아나는 것을 저지한다.

양명은 직접 병사를 거느리고 남강으로 진격하여서 지평至坪에 주둔한 뒤 기회를 엿보아 횡수를 직격하여서 여러 군사와 회합한다.

양명의 세 개 성 협공과 분산 진격하여 협격하는 전략은 매우 빠르게 실효를 거두었다. 양명은 최전선에 직접 나아가 작전을 지휘하였다. 앞서 10월 9일 병사를 영솔하고 남강에 이르러서 10일에 진격하여 지평에 주둔하고, 12일에 병사를 진군하여 십팔면애十八面隘에 이르렀다. 양명은 용사 수십 명을 파견하여서 절벽을 기어올라 험지를 탈환하게 하고 뭇 군사를 함께 진군시켜서 십팔면애를 공격하여 무너뜨리고 곧바로 횡수의 대채大寨로 돌진하였다. 횡수는 겹겹이 쌓인 험지에 자리하고 있었는데 대수령 사지산과 소귀모蕭貴模가 험하고 견고함에 의지하여 완강하게 항거하였다. 이때 각 갈래의 관군도 유리한 형세를 타고서 관문을 격파하고 산채를 탈환하였다. 형순·왕천여·허청 세 갈래는 횡수를 함께 공격하였고, 당순·겹문·서부·계효 네 갈래는 좌계를 함께 공격하였다. 일곱 갈래의 군사가 횡수·좌계를 연합하여서 공격하였는데, 다만 주변의 산채는 여전히 대부분 적들이 무리를 이루어서 험한 지세에 의거하여 완강하게 항거하였다.

뭇 관리가 승세를 타고 군사를 이동시켜서 통강을 공격하라고 제안하였다. 양명은 이곳에서 통강까지는 거리가 100여 리이고 산길이 험준하여서 사흘이 되어야 겨우 도달할 수 있으며, 호광을 협공하는 병사도 11월 1일이 되어야 도착할 수 있다고 인식하였다. 만약 지금 횡수·좌계 주변 산채에 있는 적의 무리를 말끔히 소탕하지 않고 곧바로 무모하게(貿然) 군사를 통강으로 이동시키면 형세가 필시 후환을 남길 것이어서 진퇴의 거점을 잃게 될 터였다. 이에 양명은 명령을 내려서 각 갈래가 다시 횡수·좌계 주변 지역에 있는 적의 산채를 말끔히 소탕하고 10월 27일 겹문이 장하長河 동채洞寨를 공격하여서 무너뜨리는 것을 목표로 삼아 소탕을 마무리하도록 하였다. 명군明軍은 횡수·좌계 지역을 완전히 진압하였고 통강으로 진공하는 통로를 확보하였다.

10월 28일, 양명은 명령을 내려서 군사를 출동시켜 통강으로 나아가 공격하였다. 그는 계책을 꾸며서 먼저 이정암李正嚴·유복태劉福泰와 통강의 대두령 종경鍾景을 불러서 항복하게(招降) 한 뒤 석방하고, 그들로 하여금 밤중에 벽에 밧줄을 걸어서 타고 통강으로 들어가게 하여서 대수령 남천봉藍天鳳을 설득하여 투항하게 하였다. 뭇 두령들이 모여서 항복을 받아들일지 상의하였는데 횡수·좌계에서 도주해와 의지하고 있는 두령들의 반대에 부딪혀서 잠시 의심을 하며 결단하지 못하여 방비할 겨를이 없었다. 양명은 전기戰機를 놓치지 않고 한편으로는 서부를 파견하여서 병사를 거느리고 진격하여 쇄시룡鎖匙龍에 주둔하게 한 뒤 남천봉을 재촉하여서 투항하게 하고, 또 한편으로는 형순·오문정·당순·장전에게 명하여서 병사를 네 갈래로 나누어 30일 야간에 각각 공격하여 다갱·서산계西山界·십팔뢰十八磊·호로동葫蘆洞에 이르게 하였다.

11월 1일, 남천봉은 마침 쇄시룡에서 항복하는 일에 관해 의견을 모으고 있다가 각 갈래 관병이 이미 관채關寨를 공격하여서 무너뜨리고 있다는 소식을 듣고 즉시 무리를 모아서 험한 곳에 의거하여 장해물을 설치한 뒤 강을 사이에 두고 진을 쳐서 용기를 떨쳐 저항하였다. 하루 동안 격전을 벌인 뒤 명군은 쇄시룡으로 공격하여서 들어갔고, 이에 적의 무리는 달아나 십팔뢰에 모여서 계속 험한 곳에 의지하며 서로 부지하였다.

11월 2일, 명군은 각 갈래로 나누어서 진격 및 협공을 하여 대승을 거두었는데, 형순은 통강채를, 장전은 서산계채西山界寨를, 당순은 십팔뢰채를, 오

문정은 호로동채葫蘆洞寨를, 왕천여는 배수갱채背水坑寨를, 서부는 대왕령채
大王嶺寨를 각각 공격하여서 무너뜨려 통강 지역을 완전히 진압하였다. 다료
는 통강의 중봉에 있었는데 양명은 병사를 직접 거느리고 진격하여서 다료에
주둔하였다. 각 갈래 군은 진영을 나누어서 횡수·좌계·통강에 주둔한 뒤 호
광의 병사와 상장上章에서 집결하여서 통강의 적병 잔당이 점령하고 있는 각
채를 협공하여서 소탕하는 작전을 전개하였다. 11월 13일, 통강 지역의 적병
잔당은 모두 섬멸되었고 통강 전투는 승리를 거두었다.

11월 14일, 양명은 승리자의 자격으로 통강에 입성하여서 관원들과 함께
형세를 관찰한 뒤 서로 호응하면서 남안 반란을 평정한 대첩의 승리를 경축
하였다. 양명은 다음과 같이 시를 지어서 읊었다.[19]

통강에서 형 태수에게 화답하다, 두 수　　　　　桶岡和邢太守韻二首

곳곳 산전은 모두 개간을 하였는데	處處山田盡入畬
가련한 서민은 반이나 집이 없네	可憐黎庶半無家
군사 일으킴은 바로 백성의 고통이 심한 때문이나	興師正爲民痍甚
험한 길을 피하니 좁은 길이 빗겨 있네	陟險寧辭鳥道斜
번성한 세상은 마치 물병을 거꾸로 세운 듯하니	勝世眞如瓴水建
위세를 울리는 소리는 고개의 구름이 막지 못하네	先聲不礙嶺雲遮
궁한 소굴에는 위협에 내몰린 백성이 있으리니	窮巢容有遭驅脅
오히려 날카로운 무기가 함부로 가해질까 두렵네	尙恐兵鋒或濫加

---

19 『왕양명전집』 권20 「통강화형태수운이수桶岡和邢太守韻二首」.

군사를 일으켜 난을 그치게 하니 이미 이름났고	戢亂興師旣有名
창을 휘두름에 참으로 바람 같네	揮戈眞已見風行
어찌 졸렬한 능력으로 계책을 이룰까!	豈云薄劣能驅策
실로 임금의 위엄이 저절로 진동한 것이네	實仗皇威自震驚
이마를 데인 사람 오히려 상객이 됨을 부끄러워하고	爛額尙慚爲上客
섶을 옮겨 (화재를) 대비해야 함을 더욱 느끼네	徙薪尤覺費經營
몸에 병이 많아 군주의 은혜를 갚지 못했으니	主恩未報身多病
개선하여 모름지기 고향으로 돌아가 밭을 갈리라	旋凱須還隴上耕

신성新城의 지현 황문악黃文鶯이 읊은 차운시 한 수는 문무의 재능을 완벽히 갖추고 남안의 반란을 평정한 양명에 대한 가장 탁월한 평가이다.[20]

도헌 왕양명의 운을 밟다   步王陽明都憲韻

일대 호걸로 일찍부터 이름났고	一代人豪夙有名
군사에 밝아 조서를 내려 소중히 여겼네	璽書珍重董戎行
온갖 도략은 하늘이 준 것이요	三稻七略天人授
팔진과 오행은 귀신도 놀라네	八陣五行鬼魅驚
비 그친 모산은 푸르러 새가 날아가고	雨歇茅山靑送鳥
저녁 맑은 이내에 그림자는 영채를 검게 물들이네	晚晴嵐影黛籠營
경륜에는 더욱 백성 편안하게 하는 술책 있어	經綸更有安民術
고을을 세우고 백성을 거주하게 하며 밭갈이를 돕네	立縣居民在左耕

---

20 『정덕신성현지正德新城縣志』 권10 「보왕양명도헌운步王陽明都憲韻」.

양명은 문무의 도에 매우 밝아서 도적을 쥐락펴락하였다. 그는 통강의 반란을 평정한 뒤 즉시 후속 대책의 사의事宜를 처리하가 시작하였다. 그는 '유망하는 사람들을 돌려보내고 생업에 복귀하게 하는(歸流亡, 使復業)' 작업을 전개하고 협박에 의해 도적이 된 유민 1천 여 명을 석방하여서 그들로 하여금 좋은 땅을 찾아 전업田業에 복귀하여 거주하게 하고 산을 뚫고 길을 닦아 산길의 험한 곳을 평탄하게 만들었다. 그는 관원을 파견하여서 횡수를 시찰하고 그곳에 토성을 신축하고 요새(險隘)를 설치하여서 위험한 곳을 공제하였다. 또 관원을 인솔하여서 다료 각처의 험하고 요충의 지역을 시찰한 뒤 벌목을 하여서 목책과 다료애茶寮隘를 세우고 병사를 배치하여서 보초를 서게 하였다.

남안을 당당하게 평정한 뒤 다료에 「평다료비平茶寮碑」를 세워서 후세 사람들에게 경계를 보이게 하였다.

> 정덕 정축년(1517)에 요족의 도적(猺寇)이 크게 일어나서 강江·광廣·호湖·침郴 사이에 소요를 일으켰는데 3~4년간 없었던 일이다. 이에 상이 세 곳의 성에 명하여서 연합하여 정벌하게 하였다. 이에 10월 정해에 나는 강서의 병사를 도독하여 남강에서 진입하였다. 갑인에 횡수·좌계의 여러 소굴을 격파하니 적이 패주하여서 달아났다. 경신에 다시 잇달아 전투를 벌였는데 적은 통강으로 달아났다. 11월 계유에 통강을 공격하고 서산계西山界에서 큰 전투를 벌였다. 갑술에 또 전투를 벌여서 적이 크게 붕궤하였다. 정해에 호湖의 군병과 상장上崞에서 연합하여서 모두 무찔렀다. 크고 작은 소굴을 격파한 것이 여든넷이었고 붙잡아서 참한 적이 2000여 명, 포로가 3600명 남짓이었다. 유망하다가 협박에 의해 따르게 된 1000여 명을 석방하여서 돌려보내고 생업에 복귀시켰다. 땅을 찾아 백성을 거주하게 하고 산을

뚫고 길을 닦았으며 험한 곳을 평탄하게 만들었다. 신축에 군사를 돌렸다.

아! 병기는 흉기이니 어쩔 수 없을 때 사용해야 한다. 다료의 바위에 새

김은 성공을 찬미하기 위함이 아니라 거사를 중시하기 위함이다.

제독군무, 도어사 왕수인이 쓴다.

기공어사紀功御史 도교屠僑(1480~1555), 감군監軍 부사 양장楊璋, 참의 황굉黃宏, 영병도지휘領兵都指揮 허청, 수비 겹문, 지부 형순·오문정·계효·당순, 지현 왕천여·장전, 수정隨征지휘 명덕明德·풍익馮翊·풍정서馮廷瑞·사창謝昶·여은余恩·요새姚璽, 동지同知 주헌朱憲, 추관推官 서문영徐文英·위수危壽, 지현 황문악, 현승 서부, 천백호千百戶 고준高濬·진위陳偉·곽린郭璘·임절林節·맹준孟俊·사태斯泰·윤린尹麟 등 및 조마照磨 왕덕진汪德進, 경력 심정沈理, 전사典史 양의梁儀·장순張淳, 아울러 청선聽選 등의 관원 뇌제雷濟·소유蕭庾·곽후郭詡(1456~1532)·요보饒寶 등 모두 100여 명.[21]

양명은 생각지도 못했지만 「평다료비」에 진수태감鎭守大監 허만許滿의 이름을 써넣지 않은 일이 은밀한 후환을 남겼다. 12월 9일 양명은 정식으로 회군하여서 감으로 돌아왔다. 대군은 흥령관興靈觀에서 출발하여 동쪽으로 돌아오는데 황문악이 뜻밖에도 행군을 보내는 비애하고 처량한 시를 지었다.[22]

흥령관에서 회군하며 짓다　　　　　　　　　　　班師興靈觀有作

연말에 회군하여 푸른 풀을 밟으며 돌아옴에　　　班師歲盡踏靑還

---

21 소계현邵啓賢, 『감석록贛石錄』 권2 「평다료비平茶寮碑」.

22 『정덕신성현지』 권10 「반사흥령관유작班師興靈觀有作」.

었다. 그들은 수시로 조정에 각 지역의 정치 상황과 군사정보를 알리고 소재 지역의 문무 관원을 감독하거나 탄핵할 수 있는 권한을 가지고 있었으며, 또한 천거하거나 유임을 청하고 심지어 상주하여서 지방장관을 파면할 수 있는 권력을 가지고 있었기에 실제로 은밀하게 '특무特務'의 역할을 하였다.

정덕 이래 진수태감의 권력은 급격히 확대되어서 지방 사무 시행에 전면적으로 간여를 하고, 병력 통솔과 순력巡歷 등의 특권을 취득하였으며, 백성의 재물을 마구 착취하고 심지어 지방의 반란에 직접 참여하기도 하였다. 필진과 허만의 눈에 양명은 순무로 있다가 제독에 고쳐 제수되어서 군무를 총제하고 편의대로 일을 시행할 수 있었으므로 그들이 지닌 진수태감의 권력을 훼손하는 셈이었다. 그들은 여전히 옛날 순무의 낡은 규례를 들어서 양명이 제독으로서 제멋대로 군마를 조발하여 동원한다고 지적하였다. 그런데 무종은 어이없게도 필진의 주론奏論을 인가하였으니 이는 분명히 필진이 제왕의 마음의 병을 건드렸던 것이다.

공을 내세우고 허풍 떨기를 좋아하던 무종은 양명이 매우 빨리 반란을 평정하고 공을 세워서 으뜸가는 칭송을 독점할 뿐만 아니라 강서의 사방에서 어지러이 생사당을 세우고 앞다투어 양명을 찬송한다는 정황을 알아채고서 이미 '공이 높아 군주를 위협하는(功高震主)' 혐의를 두어 속으로 기뻐하지 않았다. 그런데 그가 친히 파견하여서 끼워 넣은 진수태감이 황상을 '대표하여' 공을 세우는 데 일조하지 못한 것은 황상에게 매우 불경스러운 일이었고 이 '무공 황제'의 체면을 깎는 일이었다. 그리하여 그는 결국 군무를 총제하고 편의대로 일을 시행하도록 허락한 윤허를 돌아보지 않고 진수태감으로 하여금 양명의 팔을 잡아당기고 견제하게 하였던 것이다.

양명은 한때 무종의 의도를 간파하지 못하고 있었다. 윤12월 2일 그는 「횡수통강첩음소橫水桶岡捷音疏」를 올려서 공에 따른 상을 주청하였는데, 공로를 세운 이들에 필진과 허만을 언급하지 않았다. 이는 무종을 더욱 불쾌하게 만들었다. 마침내 무종은 조명詔命을 내려서 필진과 허만에게 가장 먼저 억지로 상을 내려서 장려할 공을 세운 인원의 반열에 올렸다.

> 각 관료가 적을 소탕하여 공을 세움에 지방에서 힘입은 바가 있다. 왕수인은 우부도어사로 승진시키고 아울러 허만과 함께 각기 자질子姪 1인에게 음직을 주고 금의위세습백호錦衣衛世襲百戶로 삼는다. 필진과 손수孫燧 (1460~1519)에게는 각각 상으로 은銀 30량을 내리며, 저사紵絲 2표리表裏를 지급한다. 양장 등은 공적의 차례를 기록한 책이 도착하기를 기다려서 아뢰어 승진의 상을 내린다. 먼저 죄가 있었으나 이번에 공을 세운 자는 분별하여서 명백하게 말하라. 너희 병부는 누차 주장奏章을 기초하고 방략을 지도한 것이 마땅함을 얻었으니 공이 가상하다. 왕경은 전에 칙령을 써서 장려하였는데 이와 함께 진옥陳玉·왕헌王憲(1464~1537)과 아울러 각각 상으로 은 30량, 저사 2표리를 지급한다. 해당 관사의 낭중은 은 8량, 원외랑과 주사는 5량을 준다.[24]

양명은 그 속에 들어 있는 흉험함을 아직 간파하지 못하고 있었는데, 오히려 멀리 영남에 있는 담약수가 양명이 위험한 곤경에 처한 상황을 간파하고서 그에게 충고하는 편지 한 통을 써서 보냈다. 공을 이루었으면 몸은 물러나서(功成身退) 명철보신明哲保身하라며 다음과 같이 권유하였다.

> 듣건대 노형께서는 바야흐로 협공을 하는 병사를 일으킨다고 하니 응당

---

24 『진계본병부주』 권10 「위첩음사爲捷音事」.

노고가 매우 심할 터입니다. 만약 이 일이 끝나면 바로 공적의 유무를 논할 것 없이 다시 부府로 돌아가지 말고 다른 곳에서 와병하며 여러 차례 소를 올려서 극단으로 자핵自劾을 말하여 반드시 인퇴引退를 결단해야 합니다. 이는 한 번뿐인 기회이니 이 기회를 지나친다면 또 잇달아 다른 일에 관여해야 해서 형께서 빠져나올 수 있을지 저는 모르겠습니다. 형의 숨은 재앙(隱禍)은 대체로 앞으로는 재상宰相이 틈을 엿보는 데 있고 뒤로는 강우의 아직 싹트지 않은 근심(江右未萌之憂)에 있는데, 예전에 일찍이 형을 위해 양쪽 모두 고려했었습니다. 만약 이 일을 결단하지 않는다면 끝내 초나라 사람에게 억울하게 죽음을(楚人所鉗) 면하지 못할 것입니다. 형은 사도斯道의 바람을 짊어지고 있으니 명철보신의 바탕이 있을 터입니다. (형을 위한 어떤) 이 일과 관련한 염려 외에는 무엇이든 나는 형을 위해 취하지 않을 것입니다. 속담에 이르기를 '결단해야 할 때 결단하지 않으면 도리어 어지러움을 겪는다(當斷不斷, 反受其亂).'라고 하였습니다. 형은 빨리 도모하십시오. 만약 재앙을 당할 염려가 있다면 차라리 이로써 재앙을 당하는 것이 다른 재앙에 빠지는 것보다 낫지 않겠습니까? 그러니 형은 빨리 도모하십시오! 도모하되 빨리 하지 않고 힘쓰지 않으면 뒤를 잘 마무리하기 어렵습니다.[25]

담약수가 여기서 말한 '숨은 재앙', '재상', '초나라 사람'은 양정화楊廷和를 가리킨다(*그는 호북 마성麻城 사람이다). 양명과는 일찍부터 혐극이 있었다. 마침 정덕 12년 11월에 복을 벗은 뒤 다시 입각하였다. 그는 조정의 권엄과 밀접한 관계가 있었으며 조정에서 양명에 대한 위협을 조성하였다. '강우

---

25 『천옹대전집』 권9 「기왕양명도헌寄王陽明都憲」.

의 아직 싹트지 않은 근심'이란 신호가 강서에서 전횡하고 발호하여서 반란의 조짐을 드러낸 사실을 가리킨다. 그에 더해 신호와 결탁한 진수태감의 무리도 포함된다. 다만 양명은 이때 이미 호랑이 등에 올라탄 형국이어서 몸을 마음대로 움직일 수 없었다. 그는 또 급히 삼리三浰의 반란을 평정하기 위한 정벌에 뛰어들었던 것이다.

남쪽으로 삼리를 정벌하고(南征三浰),
월북을 평정하다(平定粵北)

양명은 감주에 돌아오자마자 곧 남쪽으로 삼리를 정벌하기 위한 선행적인 군사행동을 전개하였다. 월북粵北(광동성 북부) 삼리수三浰水 일대의 민란은 감남의 민란과 연결되어서 한 기세를 이루어 용남龍南과 용천龍川의 도적무리와 오가며 호응하고 종횡으로 치달렸다. 이두浰頭 도적은 지중용池仲容(?~1518 *대빈大鬢)이 우두머리가 되어서 영웅으로서 독존하였다. 숭산崇山의 깎아지른 골짜기 가운데 자리를 잡은 뒤 왕을 참칭하고 가짜로 관직을 설치하여서 가장 강하고 사납게 창궐하는 지방 할거 세력이 되었다. 세 성의 백성은 모두 그 피해를 입었기에 양명은 지중용을 일컬어 "도적 무리의 간웅 가운데 으뜸이며, 세 성 도적 떼의 근원(衆賊奸雄之巨擘, 三省群盜之根源)"이라 하였다.

이전 정덕 12년 2월에 용남龍南의 대수령 황수괴黃秀魁가 삼리의 대수령 지중용을 규합하여서 용남을 공격하고 불을 지르고 약탈을 하였다. 지중용이 할거한 삼리는 이미 감(강서)·민(복건)·월(광동) 세 성에서 일어난 도적 반란의 선봉(首)에 섰으나 관부에서는 정벌과 소탕을 할 능력이 없었다. 그리하여 양명은 동쪽으로 정주·장주를 정벌하고 돌아온 뒤 '먼저 횡수를 공격한 다음

통강을 공격하고 마지막으로 광동에서 병사를 결집하여 서서히 이두를 도모하는' 방략을 세웠다. 남쪽으로 삼리 정벌은 이미 암암리에 미리 포석(布置)을 두었다. 그는 먼저 위무하고 나중에 소탕하는(先撫後剿) 계책을 채택하여서 정덕 12년 9월에 출병하였다.

횡수와 좌계를 정벌하기 전날 먼저 「고유이두소적告諭浰頭巢賊」 한 편을 다음과 같이 반포하였다.

> …… 너희들이 만약 내 말을 듣고 행실을 고쳐서 선을 따른다면 내 곧 너
> 희를 양민으로 보아 이전의 잘못을 다시 따지지 않겠다. 만약 습성이 이미
> 굳어져서 행동을 고치고 바꾸기 어렵다면 역시 너희들이 멋대로 하는 것
> 이다. 내가 남쪽에서 낭병(狼達)들을 조발하고 서쪽에서 호상湖湘의 사병士
> 兵을 조발하여서 대군을 직접 거느리고 너희들 소굴을 포위하되 한 해에
> 다 끝내지 못하면 두 해에 이를 것이고, 두 해에 끝내지 못하면 세 해에 이
> 를 것이다. 너희의 재력은 한계가 있고 나의 병량兵糧은 다함이 없으니, 가
> 령 너희들이 모두 날개 달린 호랑이라 하더라도 참으로 천지 밖으로 달아
> 날 수 없을 터이다. 아! 백성은 나의 동포이며(民吾同胞) 너희들도 모두 나
> 의 핏덩이 아기(赤子)인데 내 끝내 너희들을 위무하고 불쌍히 여기지 않고
> 너희를 죽이게 되었으니 아프고, 아프다(痛哉)![26]

양명이 이 「고유이두소적」을 반포한 목적은, 첫째 삼리의 민심을 안정시키는 데 있고, 둘째 삼리의 도적 무리를 뒤흔들어서 위협하는 데 있었다. 그는 나라에 보답하려는 생원 황표黃表와 의로운 백성 주상周祥을 파견하여서 이

---

26 『왕양명전집』 권16 「고유이두소적告諭浰頭巢賊」.

고유告諭를 지니고 삼리를 두루 다니며 각 산채에 전하고 또한 그들에게 은포銀布를 하사하여서 적의 군중을 감화시켰다. 각 산채의 두령 황금소黃金巢·유손劉遜·유조미劉粗眉·온중수溫仲秀 등이 모두 기꺼이 황표를 따라 나와서 항복할 의사를 밝혔다. 그러나 대수령 지중용이 완강히 거절하고 병력을 늦추는 계책을 채택하여서 다음과 같이 말하였다. "우리가 도적이 된 지 한 해가 아니고 관부에서 초무한 일도 한 차례가 아니니, 이 또한 어찌 의지할 만한 것인가! 황금소 등이 관으로 간 뒤 과연 다른 말이 없으면 우리가 사람을 보내 나가서 투항해도 늦지 않다."[27] 이같이 붙들어 매어두고(羈縻) 불러서 위무하는(招撫) 양명의 방법은 효과를 거두어서 황금소 등의 두령은 과연 와서 성의를 보이며 기꺼이 적을 죽여서 공을 세우겠다고 표명하였다. 양명은 곧 그들이 데리고 온 500여 명을 군중軍中에 편입시켜서 횡수를 정벌하고 토벌하는 전투에 참가시켰다.

10월 12일, 양명이 횡수와 좌계를 공격하여서 무너뜨리자 지중용은 두려움을 느꼈다. 이에 두령 지중녕池仲寧·고비갑高飛甲 등을 소집하여서 상의한 뒤 자기 아우 지중안池仲安으로 하여금 늙고 약한 잔병 200여 명을 데리고 투항하게 하고 토벌군을 따라 출정하여 나라에 보답하기를 원한다고 하였다. 실상 이는 허실을 탐색하여 기세를 타고 안에서 호응하게 하려는 것이었다. 양명은 거짓으로 허락하는 체하고 통강으로 진격할 때 지중안에게 무리를 거느리고 신지新地를 습격(截擊)하게 명함으로써 그들이 삼리로 돌아가는 길에서 멀찍이 벗어나게 하였고, 또한 그들을 엄격하게 감시하여서 내부의 변란을 방지하였다.

11월에 이르러서 통강을 공격하여 무너뜨렸다. 지중용은 더욱 두려워하

---

27 『왕양명전집』 권11 「이두첩음소浰頭捷音疏」.

고 당황하여서 한층 더 전투 준비를 강화하고 완강한 저항을 꾀하였다. 양명은 의구히 삼리의 각 산채에 사람을 보내서 산채의 두령에게 소와 술을 하사하고 그 변화를 조용히 관찰하였다. 지중용은 자기 실체가 드러날까 봐 두려워서 거짓으로 용천의 신민新民 노가盧珂와 정지고鄭志高가 습격하려 하기 때문에 전투 준비를 더욱 철저히 하고 방비를 해야 한다고 속였다. 원래 노가·정지고·진영陳英 등은 모두 이전에 용천에서 초무하여 투항한 신민으로서 무리 3000여 명을 데리고 있었는데 홀로 지중용과 대항하였다. 그리하여 지중용은 그들을 원수로 여겨 몹시 미워하고 있었다. 양명은 그의 말을 듣고 믿는 체하면서 거짓으로 노가와 정지고가 병사를 거느리고 반항하여서 원수를 갚아 죽이려고 하는 것에 대해 분노를 표하면서 용천 지방에 격문을 보내 진상을 조사하여 처리하고 각 산채에 명하여서 나무를 자르고 길을 내게 하고, 그가 승리를 거둔 뒤 대군을 거느리고 회군할 때 이두의 길을 취하여서 노가를 토벌하겠다고 하였다.

지중용은 이를 진짜로 믿었으나 다만 또 길을 빌려서 자기를 공격할까 봐 두려워한 나머지 곧 사람을 보내 사양하여 말하기를 스스로 노가와 정지고를 방어할 수 있으니 관군이 수고롭게 토벌하러 올 것 없다고 하였다. 양명은 이두로 가는 길을 취하지 않았다. 12월 15일 양명은 회군하여서 남강에 도착하였다. 노가와 정지고가 급히 고변하기를, 지중용이 이미 병사와 군마를 모으고 각 산채의 두령들에게 거사를 강행하자고 호소하면서 노가, 정지고 등에게 '총병總兵', '도독' 등의 관직을 수여하고 세 성이 연합하여서 협공하는 관병이 도착하면 곧 함께 군병을 일으켜서 반항하게 하였다고 하였다.

양명은 유인하여 체포하는 방법을 채택하였다. 먼저 반간계反間計를 써서 거짓으로 지중용이 이미 진심으로 귀화하였으며 아우 지중안을 파견하여서 병사를 거느리고 보답하려 한다고 하였다. 그리고 노가 등이 유언비어를 날조하여 지중용을 무함하고 멸시하기에 노하여서 꾸짖은 뒤 거짓으로 노가를 체포하여 감옥에 가두고 참수하려 한다고 널리 퍼뜨렸다. 이렇게 지중안의 마음을 안심시킨 뒤 노가에게 몰래 사람을 보내서 거짓으로 그를 체포하여 감옥에 가둘 것이며 이로써 지중용을 유인하여 체포할 계책을 준비하고 있다고 알렸다. 또한 그로 하여금 수하의 병사들을 삼리로 먼저 돌려보냈다가 노가가 돌아오기를 기다려서 바로 거사하게 하였다. 동시에 양명은 또 생원 황표, 청선관聽選官 뇌제雷濟를 이두에 보내서 지중용을 회유하여 의심하지 않게 하고, 지중용의 신임을 얻은 뒤 또다시 설득하여서 그가 직접 감으로 와서 투항하도록 하였다. 양명은 적을 사로잡으려면 먼저 왕을 사로잡는 계책을 꾸며서 감주로 지중용을 유인하여 체포할 자루를 벌려놓았다.

12월 20일, 양명은 감주로 돌아온 뒤 병사를 해산하여 적을 의심하게 하는 계책을 썼다. 일부러 속임수(迷陣)를 펼쳐서 전투를 중지하고 병사를 해산하는 그럴듯한 거짓 상황을 만들었다. 그는 음악을 연주하고 연회를 베풀어 장병들을 위로하고 적을 평정한 대첩을 축하하여서 지중용을 혼란스럽게 만들었다. 성城 전체에 포고하기를, 남안의 적 소굴은 모두 이미 평정되었으며 이두의 신민도 모두 성심으로 귀화하여서 지방은 이미 보호를 받아 근심이 없으니 이로써 병사들을 쉬게 하고 정벌을 멈추며, 병사를 해산하여서 농사일로 돌아가게 하고, 다시는 정벌 전쟁을 하지 않는다고 하였다.

그는 특별히 다음과 같은 「시유성중문示論城中文」을 반포하여 이두의 도적들을 헷갈리게 하였다.

독무督撫(총독, 순무)는 군문에 알린다. 지난번 도적이 분란을 일으켜 때때로 약탈을 하니 관부에서 병사를 일으키고 군량을 운반하느라 지방을 소요하게 만들어서 백성은 삶을 유지할 수 없었다. 지금 남안의 적 소굴을

모두 깨끗이 소탕하였고 이두의 신민은 모두 성심으로 귀화하였으며 이로

써 지방은 근심이 없게 되었다. 백성이 오랫동안 노고를 겪었으니 또한 마

땅히 잠시 휴식하며 즐기고, 때마침 풍년이 되니 민간에서는 불을 밝히고

북을 울리며 노래하는 소리가 들려서 한때 태평성대를 뚜렷이 드러낸다.

악호樂戶가 대부분 구각미龜角尾에 거주하는데 도적이 그곳에 몸을 숨기고

은닉할까 염려된다. 바라건대 모두 성안으로 옮겨와서 간악한 일의 빌미를

말끔히 없애라.[28]

이와 동시에 양명은 거짓으로 지중안으로 하여금 무리를 이끌고 이두로

돌아가서 지중용의 삼리 방어를 돕도록 재촉하고, 또 노가가 비록 감옥에 갇

혔지만 그의 당우黨羽 무리가 모두 원한을 품고 불평하니 그들이 뜻하지 않

은 변란을 일으키지 않도록 막으라고 알렸다. 지중안은 이두로 돌아가서 지

중용에게 정황을 보고하였다. 지중용은 경계를 누그러뜨렸다. 이어서 양명은

지휘 여은余恩을 이두로 파견하여서 새 달력을 반포하게 하고 지중용에게 그

것을 하사하였다. 황표와 뇌제가 한 걸음 더 나아가 지중용에게 다음과 같이

말하였다. "지금 관부에서는 너희들을 편안히 모아들여서 아주 두텁게 위로

하려는데 어찌 직접 가서 한번 사례하지 않는가! 하물며 노가 등이 밤낮으로

반역을 일으킨 정황(反狀)을 애절하게 호소하면서 관부에서 너희들을 시험 삼

아 구류해보라고 하니 말이다. 만약 구류하려 하는데 가지 않는다면 곧 이로

써 반역을 일으킨 정황이 사실로 입증된다. 지금 만약 관부의 구류를 기다리

지 않고 바로 찾아가 노가 등의 죄악을 고소하면 관부에서는 필시 너희들이

---

28 『황명대유왕양명선생출신정란록』. 이 「시유성중문示諭城中文」은 당연히 왕천여王天與
(1475~1519)의 『평구록平寇錄』에서 나온 것이다.

다른 뜻이 없음을 더욱 믿고 노가 등이 사술을 부렸다고 여기고 반드시 죽일 것이다." 지중용은 진짜로 믿고서 부하 무리에게 말하기를 "만약 펴려면 먼저 굽혀야 한다. 감주는 유인하는 속임수이니 역시 모름지기 직접 가서 간파해야 하겠다."[29]라고 하였다. 이에 휘하 40여 인을 이끌고 직접 감주로 가서 만났다.

양명은 지중용이 길을 나서서 출발하였음을 알아차리고 즉시 비밀히 사람을 각 현에 파견하여서 알리기를 좋은 병마를 모아서 기회를 틈타 행동을 일으키라고 하였다. 또 천호 여준余俊을 먼저 용천으로 파견하여서 노가·정지고·진영의 인마를 집합시키라고 재촉하였다. 병마가 이두를 지나가게 되면 적들이 놀라 움직일 것을 고려하여서 양명은 특별히 여준에게 군패軍牌 하나를 주어서 가짜로 노가의 당우를 구류하여 체포한다는 거짓 명목으로 엄폐하였다. 적의 무리는 여준의 군패를 보고 모두 땅에 엎드려서 절을 하고 앞다투어 여준을 경계에서 빠져나가게 하였다. 여준은 순조롭게 용천에 도착하여서 매우 빨리 노가와 정지고의 인마를 조발 및 동원하여서 조직하였다. 지중용의 부하 무리는 아무것도 모르고 있었기에(蒙在鼓裏) 노가의 부하 무리를 구류하여서 체포하려는 것으로 여기고 전혀 의심하지 않았다.

윤12월 23일, 지중용은 감주에 도착하여서 감주성 안에 있는 각 영의 관병들이 이미 모두 해산하고 거리 도처에 모두 등불을 내걸고 연희演戲를 베풀어 즐기며 떠들썩하고 시끌벅적한 모습을 보고서 양명이 참으로 병사를 물리고 전투를 중지한 것이라고 믿었다. 그는 다시 옥졸을 매수하여 옥에 들어가 노가와 정지고가 정말로 옥에 갇혀 있는 것을 보고서 즉시 사람을 이두에 보내 속하 무리에게 보고하였다. "이제 내 일이 비로소 만전을 얻었다!" 그러

---

29 『왕양명전집』 권11 「이두첩음소」.

나 양명은 그날 밤 노가와 정지고를 석방하고 그들에게 빨리 이두로 달려가서 병사를 일으키라고 하였다. 관원에게 명하여 양¥과 술을 크게 내려서 지중용에게 음식과 상을 주고 관등놀이를 즐기며 새해를 맞이하라면서 그의 마음을 안정시켰다.

정덕 13년(1518) 정월 3일, 양명은 노가와 정지고가 이미 집에 도착하고 각 현의 병마도 이미 대대적으로 집결했을 것이라 판단하고서 곧 대정大庭에 갑사를 매복시킨 뒤 잔치를 베풀었다. 지중용과 그의 부하 무리가 이 연회에 참석하자 곧바로 갑사들이 일제히 뛰쳐나와 그 무리를 사로잡아 모두 큰 감옥에 처넣었다. 양명은 그날 밤 각 현에 사람을 보내서 병사를 일으키라고 통고하였는데, 각 갈래의 병력은 반드시 정월 7일을 기해 진격하여서 적을 소탕하고 삼리에서 회합하라고 명령하였다.

적을 사로잡으려면 먼저 왕을 사로잡는, 병사를 파하여 유인, 체포하는 양명의 계획은 그가 일생 용병하여 전투를 함에 기이한 계략을 써서 적을 무찌르고 승리를 거두는 고전적인 작전이었다. 삼리 평정 전투는 그의 독특한 용병술, 작전 이념과 군사 사상을 선명하게 체현하였다. '병은 속임수의 방법(兵者, 詭道也)'이다. 양명은 이러한 병가의 속임수를 최고조로 발휘하였던 것이다. 그는 군사상의 전체 국면에서 뛰어난 역량을 바탕으로 방략을 세우고 묘한 계책을 갖추어서 기습적으로 병사를 출동시키고, 임기응변하면서 지속적으로 서로 연관되게(連環) 계략과 모책을 내어서 진퇴에 의거한 바가 있고, 공격과 방어가 서로 성취하여서 책략은 영활하고 기동성이 있었으며, 전략은 높은 안목과 원대한 계획이 있었다. 이는 그가 훗날 신호의 반란을 더욱 대단하고 뛰어나게 평정한 일과 방법은 달라도 효과는 같은(異曲同工) 신묘함을 발휘하였다.

지중용을 생포한 이 연환連環의 비책(祕計)은 양명 스스로는 전부 명료하게 밝히지 않았으나 나중에 이문봉李文鳳(1532, 진사)이 「월산총담月山叢談」에 서 다음과 같이 생동감 있게 서술하였다.

용남龍南과 용천龍川이 만나는 곳에 이수洌水라는 강이 있는데, 산이 높고 골짜기가 깊어서 사납고 흉포하며 반역을 일삼는(强粱不選) 자들이 그 사이 에서 서로 불러서 모여들었다. 두목(酋) 지중용은 속칭 '지대빈池大鬢'이라 하였다. 아우 중안과 중녕 모두 힘이 맹호를 때려잡을 만하고 날쌔기는 날 아다니는 원숭이(飛猱)와 겨룰 만하며, 험한 곳을 의지하고 난폭하고 흉악 하여서 각 소굴(峒)에서 영웅이라 일컬었다. 신풍信豊·용남·안원安遠·회창 會昌이 매우 가까워서 참혹한 침해를 받아 가장 처참하였다. 지중용은 환 술幻術을 부려서 급하면 모습을 물이나 풀 사이에 감추었는데 이를 '삽청 揷靑'이라 불렀다. 정덕(1506~1521) 이래 대체로 소탕을 하였으나 이기지 못하였고 위무하여도 좇지 않았으니 일을 담당한 자 또한 어찌할 수 없는 형편이었다. 정축년(1517)에 왕 공이 이르러서 두목이 숨기를 잘한다는 사 실을 간파하고 산 채로 이르게 할 계책을 세웠다. 10월, 횡수를 정벌하기 위해 먼저 삼리에 고유하여서 500인을 병사로 등록하였다. 재차 통강을 정벌하기 위해 지중안에게 명령하여서 부하를 거느리고 신지新地를 차단 하게 하였다. 두 소굴이 격파되자 지중용은 비로소 두려워하고 방비를 더 욱 삼엄하게 하였다. 공이 재관材官을 파견하여서 이두(洌)에 이르러 각 두 령들에게 소와 술을 하사하고 적의 동정을 살피게 하였다. 적은 숨길 수 없음을 헤아리고서 거짓으로 말하기를 "노가와 정지고 등은 내 원수입니 다. 혹여 엄습할 듯하여서 예방하는 것이지 관병을 우려하는 것이 아닙니 다."라고 하였다. 노가 등은 모두 귀순한 용천의 백성으로서 적의 협박에 도 아랑곳하지 않았기에 원수로 여긴 것이다. 재관이 돌아와 복명하자 공은 겉으로는 용천에 격문을 보내 노가 등이 함부로 병력을 일으켜서 원한을 품고 살인을 한 실상을 조사하게 하고 또 이두로 나아가 나무를 자르고 길을 낸 뒤 회군하기를 기다렸다가 죄를 성토하겠다고 떠보았다. 적이 듣고서 기뻐하면서도 두려워하여 다시 사자를 보내 사례하고 관병을 수고롭게 하지 말고 스스로 방비하겠다고 청하였다. 공이 이를 허락하였다. 11월(*12월)에 개선하여 남강에 이르렀는데 노가와 정지고 등이 찾아와서 고변하였다. 공이 다시 무함하여 죄를 엮었다면서 진노하고 이들을 차꼬를 채워 감주의 감옥에 가두게 하고는 사람을 보내 은밀하게 지중용을 유인할 뜻을 암시하였다. 먼저 그 아우를 놓아 보내서 돌아가게 한 뒤 병사를 모아 대비하였다. 참모 뇌제 등을 보내서 지중용을 회유하여 의심을 풀게 하고, 이어서 뒤로는 그들이 신임하는 사람을 매수하여 설득한 뒤 스스로 자수하게 하였다. 공은 진으로 돌아와서 장병들에게 잔치를 크게 베풀고 성 안에 명령하기를 "지금 큰 정벌이 이제 끝났으며 백성이 오랫동안 노고를 겪었으니 의당 잠시 휴식을 취하여서 즐기고 연등회를 크게 열어서 태평을 경축하라." 하였다. 또 말하기를 "악호는 대부분 구각미에 거주하는데 도적을 불러들일까 두렵다. 어찌 성안에 옮기고 병사를 해산하여서 저마다 농사일로 돌아가게 하지 않겠는가!"라며 다시 쓰지 않을 것을 밝혔다. 또 지중안에게 명하여서 무리를 거느리고 돌아가서 형을 도와 방어하고 수비하게 하였다. 이에 감주성의 거리에서는 모두 북을 울리고 젓대를 불며 관등놀이를 즐겼는데 연희가 열흘 남짓 이어졌다. 지중안이 돌아가서 그 사연을 낱낱이 말하였다. 적의 무리는 기뻐하면서 마침내 방비를 느슨하게 하였다. 이윽고 또 지휘 여은 및 뇌제 등을 파견하여서 삼리에 새 달력을 반포하고 경비를 철수하지 못하게 하여 노가를 방비하게 하니 도적의 군중이 더욱 크게 기뻐하였다. 이어서 뇌제 등이 지중용에게 말하기를 "관부에서는 너희들을 매우 후하게 대우하는데 어찌하여 직접 가서 한번 사례하지 않는가?" 하였다. 이전에 매수된 신임하는 자가 또 중간에서 힘써 거들었기에 지중용도 그럴듯하다고 여기고 마침내 호탕하고 건장한 사람 93인을 거느리고 와서 우선 교장敎場에 진영을 세우고 스스로 몇 사람과 함께 들어와서 뵈었다. 공이 짐짓 웃으며 말하기를 "그대 무리는 전부 나의 신민인데 모두 나오지 않고, 교장에 진영을 세우니 나를 의심하는가?" 하였다. 지중용이 황공하여 머리를 조아리고 이마를 숙이며 사죄하였다. 이에 앞서 공은 지중용이 온다는 말을 듣고 일부러 병사를 미리 숨겨두고서 상부궁祥符宮을 미리 단속하여 조용히 대기하게(居) 한 뒤 참수參隨 몇 사람에게 관반館伴을 하게 하였는데 (이들은) 모두 평소 적들과 서로 부니는 사람들이었다. 이윽고 궁으로 이끌어 들여서 (적들이) 숙소에 가서 보니 모두 깨끗하여서 바라던 이상으로 기뻐하였다. 윤12월 23일이었다. 적들은 사사로이 위옥衛獄에 들어가서 노가를 엿보았다. 참수가 미리 기일에 앞서 금졸禁卒에게 노가 등을 매우 고통스럽게 묶어두라고(梱束) 하였기에 적들이 들어가 보고서 여러 차례 침을 뱉고 욕을 하고 나와서 서로 이야기하면서 더욱 기뻐하였다. 이날 밤 곧 노가 등을 석방하고 빨리 말을 달려 돌아가서 병사를 일으키게 하였다. 다음 날 지중용이 돌아가겠다고 하였다. 공이 말하기를 "여기서부터 삼리까지는 8~9일이 걸리는데 세전歲前에는 반드시 닿지 못할 것이다. 도착하면 곧 설날을 맞을(謁正) 테니 길에서 헛수고만 할 뿐이다. 듣자 하니 감주성에서 올해에는 관등을 한다고 하니 정월에 돌아가는 것이 어떤가?" 하였다. 젊은 사람들은 본래 관등의 야유冶遊를 기뻐하였고 여러 참수가 다시 따라서 부화하였다. 이에 적의 무리는 혼연히 돌아감을 잊어버렸다. 공은 또 청장의靑長衣와 유화油靴를 만들어서 (입혀) 그들에게 예를 익히게 하였고, 소속 관료에게 명하여 차등에 따라 잔치를 베풀게 하고 관반인 사람은 또 사사로이 지중용을 창가倡家로 데려가 술을 먹였다. 이렇게 유흥이 밤낮으로 이어지자 은밀히 두세 역사力士에게 명령하여서 황혼을 틈타 술이 취한 체하고 뛰어들어서 지중용에게 시비를 걸어 싸우다 때려서 그의 눈에 상처를 내게 하였다. 관반이 화갑火甲에게 맡겨서 술에 취한 자들을 사로잡아 묶고 그날 밤에 지중용을 에워싼 뒤 원고院鼓를 울려서 급변을 알렸다. 공이 문을 열고 까닭을 물은 뒤 겉으로 크게 노한 체하며 모든 취객들을 묶어서 원문轅門으로 끌고 나가 각각 장杖 50을 치고 감옥에 가두었다. 지중용 및 여러 관반을 자주 꾸짖으며 별도로 다스리라고 하였다. 그러고 나서 다시 지중용에게 말하기를 "애초에 너희들을 머물게 하여 원소절元宵節을 지내게 하려고 하였는데 지금 이와 같으니 모름지기 너희들의 말을 받아들여서 빨리 돌아가게 하겠다."라고 하였다. 이튿날 참수에게 명하여 의사를 불러서 눈을 치료하게 하였는데 은밀히 약을 써서 눈동자를 멀게 하여 삼청으로 둔갑하지 못하게 하였다. 원단元旦 축하가 끝나고 지중용이 사례하자 공이 말하기를 "설날이 되었는데 아직 상을 내리지 않았으니 웬일이냐?"라고 하며 2일에 봉인을 열고(開印) 유사에게 명하여서 궁에서 많은 요리를 하여 다음 날 잔치를 크게 벌였다. 이날 저녁 갑사 600인을 잠입시켜서 사포射圃에서 6인당 한 사람씩을 제압하게 하고 나머지는 좌우에 매복시켜서 변고를 방비하도록 계략을 짠 뒤 참수 용광龍光에게 은밀히 말하기를 "매 10인을 처리하면 너는 울타리 아래 서서 나를 보호하고 그렇지 않으면 들어와서 알려라!"라고 하였다. 계획이 이미 정해지자 날이 밝은 뒤 지중용 등을 모아서 원에 들어가 북을 울리고 떠들썩하게 음악을 연주하여 안팎에서 사람의 소리가 들리지 않게 하고, 이어서 도살자를 불러서 소와 돼지를 잡으며 층계 위아래에서 은銀을 풀어서 모두에게 나누어주어 (은에 눈이 팔려) 앞뒤를 분간할 수 없게 하였다. 그리하여 몇 각이 지나고서 비로소 조금씩 나아갈(一發) 수 있었다. 적은 상을 받고 두 손으로 다 감당하지 못하여서 다시 화홍花紅으로 묶었다. 이윽고 술로 위로하였다. 세 차례 머리를 조아리고 나가자 그들을 보내주었다. 병사가 가는 길에 이미 갑사가 기다리고 있다가 모두 죽여버렸다. 문 밖에서 아직 상을 받지 못한 사람이 10여 인 있었는데 오래 기다리다가 낯빛이 조금 변하면서 귀에 대고 서로 소곤거렸다. 공이 자(尺)를 휘두르며 소리쳤다. "후생이 예를 지키지 않는구나!" 복병이 일어나서 모두 팔을 뒤로 묶어(反接) 끌고 나왔다. 일이 끝나고 물러나자 날은 이미 미시未時가 지났다. 공이 크게 어찔하여서 토하였다. 저녁 식사로 묽은 죽을 조금 먹고 나자 안정이 되었다. 대체로 마음과 정신이 과로했기 때문이다.[30]

양명이 상주한 「이두첩음소」에서는 계책을 세워서 지중용을 유인 생포한 곡절을 상세히 다 말하기 어려웠으나 여기에서는 모두 밝혀놓았다. 신기묘산神機妙算의 병가 겸 종횡가의 형상을 뚜렷하게 종이 위에 그려냈던 것이다. '간웅의 으뜸(奸雄巨擘)' 지중용을 사로잡는 관건이 되는 일전의 대국은 이미 정해졌다. 이어서 승세를 타고 삼리를 정벌하여 소탕할 여건이 이미 갖추어졌고 일은 저절로 성취하게 되어 있었다. 이에 양명은 정월 3일에 곧 병사를 조발하고 장수를 파견하여서 세 현 아홉 부대(路)의 관군에게 명령을 내려서 나누어 진격한 뒤 연합하여 곧바로 삼리를 치게 하였다.

---

30 『천계감주부지天啓贛州府志』 권18 재인용. 양명의 「이두첩음소剿斗捷音疏」, 전덕홍의 『양명선생연보』와 관련한 논술을 참조하라. 「월산총담月山叢談」의 서술은 양명의 「이두첩음소」와 전덕홍의 『양명선생연보』에서 서술한 내용을 합하여 더 상세하게 서술하였는데 아마도 본래 왕천여의 『평구록』에서 나온 것이리라.

지부 진상 부대(一路)는 용천현 화평도和平都에서 진격한다.

지휘 요새 부대는 용천현 오호진烏虎鎭에서 진격한다.

천호 맹준 부대는 용천현 평지수平地水에서 진격한다.

지휘 여은 부대는 용남현 고사보高沙堡에서 진격한다.

추관 위수 부대는 용남현 남평南平에서 진격한다.

지부 형순 부대는 용남현 태평보太平堡에서 진격한다.

수비 지휘 겹문 부대는 용남현 냉수경冷水徑에서 진격한다.

지부 계효 부대는 신풍현 황전강黃田岡에서 진격한다.

현승 서부 부대는 신풍현 오경烏徑에서 진격한다.

양명은 친히 장하帳下의 관병을 영솔하고 용남현 냉수경으로부터 하리下浰의 대소굴을 직격하고, 지휘의 각 초哨는 길을 나누어서 동시에 함께 나아가 삼리에서 회합한다.

양명은 정월 3일에 남하하여 곧바로 이두로 나아갔다. 그 스스로는 승리의 확신을 가졌다. 대군이 매령梅嶺을 지나갈 때 시 한 수를 읊었다.[31]

매령을 지나다   過梅嶺

곳곳에서 사람들 산을 따라 꼭대기에 이르니   處處人緣山上巓

밤은 깊고 비바람 불어서 앞으로 갈 수 없네   夜深風雨不能前

숲은 빽빽하여 해를 볼 수 없고   山林叢鬱休瞻日

구름이 나무를 휘감아 하늘이 보이지 않네   雲樹彌漫不見天

---

31 『동치감주부지同治贛州府志』 권5 「과매령過梅嶺」.

원숭이 울음에 귀를 쫑긋 듣고 　　　　　　　　猿叫一聲聳耳聽

석 자 용천검을 허리에 차고 있네 　　　　　　　龍泉三尺在腰懸

이 행군에 괴로움 많다고 말하지 말라 　　　　　此行漫說多辛苦

역시 때로 풀 위에서 쉴 수 있으니 　　　　　　也得隋時草上眠

용남에 도착한 뒤 그는 자신감이 충만하여 즉시 설간과 양기楊驥(1516, 거인)에게 다음과 같은 편지를 썼다.

> 이날 이미 용남에 도착하고 다음 날 소굴로 진입하여서 네 갈래(路) 병사가 모두 기약한 듯이 함께 진격하니 적을 반드시 무너뜨리려는 기세가 있었습니다. …… 제(區區)가 쥐새끼같이 훔치는 것들을 잘라낸 일은 무엇이 특이하겠습니까? 만약 제현諸賢이 심복의 도적을 소탕하여서 드넓게 맑히고 평정하는 공을 세운다면 이는 진실로 대장부의 위대한 불세출의 업적입니다. 며칠 내로 참으로 필승의 계책으로 첩보를 올릴 기회가 있을 터이니 기쁨이 어떠하겠습니까![32]

양명이 이 편지를 썼을 때 세 현 아홉 부대(路)의 관군은 이미 동시에 출병하여서 파죽지세로 진격하여 나아갔다. 지중용의 부하 무리는 정예병 1천여 명을 이끌고 험한 곳에 의지하여서 매복하였는데 관군과 용자령龍子嶺에서 전투를 크게 벌였다가 빠르게 무너져서 달아났다. 관병은 승기를 타고 추격하여 정월 7일에 상중하 삼리를 공격하여서 승리하였다. 이후 각 부대의 관병은 다시 연합하여서 각각의 소굴과 산채를 말끔히 소탕하여 정월 16일에 삼리를

---

32 『왕양명전집』 권4 「여양사덕설상겸與楊仕德薛尙謙」.

완전히 제압하였다. 다만 이두의 나머지 무리는 다시 구련산九連山으로 달아나 집결하여 험한 곳에 자리 잡고 항거하여서 한때 관군의 진공을 막았다.

수백여 리에 걸쳐 있는 구련산은 울퉁불퉁하고 아득히 높으며 사방이 깎아지른 낭떠러지라 기어오르기 어려웠다. 또한 동쪽으로는 용문산으로 이어지는데 뒷면에는 적의 소굴 100여 곳이 있었다. 양명은 그곳에는 중병重兵이 지키고 있지 않아 만약 관군이 이웃 현에서 잠입하여 적의 퇴로를 끊으면 적어도 보름쯤이면 도달할 수 있을 것이라고 생각하였다. 적의 무리가 주둔한 절벽 아래에는 단 한 갈래의 작은 길이 통하고 있었는데 역시 이미 적의 무리가 험한 곳에 의거하여서 통제하고 있었다. 산 위에서는 돌과 나무를 굴려서 관병이 도피할 곳이 없었다.

이에 양명은 어두운 밤중에 기습하는 계책을 택하였다. 700여 명의 용감하고 날랜 장사를 뽑아 도적의 의복을 입히고 삼리에서 도망쳐오는 무리처럼 가장한 뒤 어둠 속에 묻혀서 절벽 아래 샛길로 기습적으로 돌파하여 곧바로 쳐들어가서 험한 고지의 요충지를 점거하게 하였다. 역시 적의 무리는 삼리에서 패주해온 같은 무리로 여겼고 벼랑 아래로 그들을 향해 인사를 하였다. 그들이 관병임을 발견하였을 때 이들 날래고 용감한 병사는 이미 험애를 차지하고서 그들의 퇴로를 차단하였다. 이후 관군은 연일 병사를 일으켜서 진공하였고 구련산 각 산채에 있던 적의 무리는 안간힘을 다하여 막아내면서 한 걸음씩 패퇴하였다. 각 산채는 모두 공격을 당하여서 파괴되었다.

2월 26일, 수비 겹문이 수원水源·장길長吉·천당天堂의 산채를 공격하여 무너뜨려서 구련산에서 항거하던 적의 무리는 이미 전부 섬멸되었다. 다만 잔당 장중전張仲全의 속하에 200여 명의 늙고 약한 잔병이 남았는데 대부분 원근의 촌락 산채에서 토추土酋의 거괴巨魁에게 협박을 받고 산으로 들어간 궁민으로서 이들은 구련산 골짜기 입구에 모여서 서로 울부짖으며 통곡을 하고 투항할 뜻을 내비쳤다. 3월 3일 양명은 곧 황표를 구련산 골짜기 입구로 보내 허실을 정탐하게 한 뒤 장중전과 나머지 무리를 거느리고 양명이 있는 곳으로 와서 투항하게 하였다. 양명은 즉시 지부 형순을 보내서 남은 무리를 안무하고 받아들여서 안심시키고 그들을 호적에 편입하여 백사白沙로 들여보내 거주하게 하였다.

구련산 평정은 삼리三浰 남정南征 승리의 대첩을 상징하였다. 이때 농사일이 이미 시작되어서 점차 바빠지고 민심은 안정을 원하였으므로 양명은 회군하기로 결정하였다. 그는 요속僚屬을 거느리고 험한 요새(險隘)를 시찰한 뒤 동부사同副使 양장, 지부 진상 등의 관리를 독려하여서 새 현을 설립하고, 험한 요새를 설치하여서 장구한 치안의 계책을 세우도록 하였다.

그는 친히 「평리기平浰記」를 지어서 옥석암玉石巖 위에 다음과 같이 새겼다.

네 성의 도적 가운데 오직 이두의 도적이 더욱 교활(黠)하였는데 관직을 모방하고 호칭을 참칭하며 몰래 무리를 크게 모으려고(孔燕) 도모하였다. 정덕 정축년(1517) 겨울에 요峯·요儡는 이미 모두 물리쳤는데, 이들은 더욱 간사한 계책을 부리고 악독한 일을 퍼뜨려서(機險拼毒) 왕의 군대를 근심하게 하였다. 나는 이에 무사를 쉬게 하고 농토로 돌아가서 느긋하게 기다렸다. 무인년 정월 계묘에 계책을 써서 괴수를 잡고 드디어 군병을 진격시켜서 해이한 곳을 쳤다. 정미에 삼리를 무너뜨린 뒤 승세를 타고 북쪽으로 추격하였다. 30여 차례의 크고 작은 전투로 섬멸한 소굴이 38곳이고 사로잡아 참한 이들이 3000여 명이었다. 3월 정미에 회군하였다. (인민이) 항아리에 술과 마실 것을 담아 길에서 맞이하였고(壺漿迎道) 농부는 들로 흩어졌으며 부로父老는 함께 기뻐하였다. 농기계를 쓰지 못한 지 이제 5년이다. 내가 떳떳한 사업에 복귀하고 집안으로 돌아가게 된 것이 누구의 힘인가? 빛나고 빛나는 임금의 위엄이니(赫赫皇威), 위엄이 아니면 무엇을 의지하겠는가? 이에 산과 바위를 쪼아 새겨서 성취를 기록한다.

제독군무도어사 왕수인이 쓰다.

이때 (참여한 사람은) 기공어사 도교, 감군부사 양장, 영병수비 겹문, 지부 형순, 진상, 추관 위수 등 모두 22인인데, 뒤에 이름을 나열한다.[33]

「평리기」의 마애 각석은 삼리를 남정하고 거둔 큰 성공의 공적을 선포하였다.

3월 8일, 양명은 출정에서 승리하고 군사를 돌려서 북으로 돌아갔다. 용천에서 용남으로 회군하는 길에 오랫동안 억눌렸던 그의 시정詩情이 쏟아져 나오듯이 풀려나와 잇달아 시를 지어서 삼리 남정에서 개선하여 돌아오는 기쁨을 읊었다.[34]

회군하여 구련산을 지나는 길에 짤막하게 서술하다　回軍九連山道中短述

백 리의 요사한 기운을 한번 싸움으로 맑게 하고	百里妖氣一戰淸
수많은 봉우리 뇌우로 씻고서 회군하네	萬峰雷雨洗回兵
완악한 오랑캐를 방패와 깃으로 따르게 하지 못하니	未能干羽苗頑格
술과 미음으로 맞이하는 부로에게 깊이 부끄럽네	深愧壺漿父老迎

---

33 『감석록贛石錄』 권2 「평리기平浰記」.

34 『왕양명전집』 권20 「회군구련산도중단술回軍九連山道中短述」, 「회군용남소게옥석암쌍동절기배회불인거인우이양명별동지호겸류차작삼수回軍龍南小憩玉石巖雙洞絶奇徘徊不忍去因寓以陽明別洞之號兼留此作三首」, 「재지양명별동화형태수운이수再至陽明別洞和邢太守韻二首」.

모략과 공격에 의지하지 않음이 상책이고 莫倚謀攻爲上策

모름지기 안을 다스림은 먼저 해야 할 일이네 還須內治是先聲

공이 미미하니 제후에 봉하는 상 바라지 않고 功微不願封侯賞

다만 수송을 줄여서 함부로 세금 징수하는 일을 끊었으면 但乞蠲輸絶橫征

회군하며 용남에서 잠시 쉬었는데 육석암 쌍동이 아주 기묘하여서 차마 떠나기 어려워 서성거리다가 이어서 양명별동이라 이름을 붙이고 겸하여서 이 시를 남기다, 세 수

回軍龍南小憩玉石巖雙洞絶奇徘徊不忍去因寓以陽明別洞之號兼留此作三首

무장한 말이 새로 높은 길을 따라 돌아오는데 甲馬新從鳥道回

기이한 경관을 보며 더욱 높은 꼭대기를 오르네 覽奇還更陟崔嵬

도적을 평정하여 점차 기쁨이 흘러가고 寇平漸喜流移復

봄이 따뜻해져서 흔쾌히 농사일이 시작되네 春暖兼欣農務開

양두(천지)는 높고 밝아 해와 달이 지나가고 兩竇高明行日月

구관은 칠흑 같아 바람과 우레가 갇혔네 九關深黑閉風雷

벼슬 버리고 초가집 짓기 가장 좋은 곳이지만 投簪最好支茅地

고향 땅 옛 낚시터를 그리워하네 戀土猶懷舊釣臺

사람 세상에서 이 동부가 가장 아름다운데 洞府人寰此最佳

당년에 공연히 스스로 짚신을 허비했네 當年空自費靑鞋

깃발은 휘날려서 신선의 의장대처럼 걸렸고 麾幢旖旎懸仙仗

누대와 전각은 높고 낮아 위계에 접해 있네 臺殿高低接緯階

하늘의 솜씨라 도끼로 깎은 것이 아니며	天巧固應非斧鑿
조물주가 대단히 안배한 것 아닌가!	化工無乃太安排
장차 증점처럼 슬을 들고 어른과 아이들 데리고	欲將點瑟携童冠
봄 구름 따라가며 몸가짐을 가다듬으려네	就攬春雲結小齋

양명산인은 옛 거처를 갖고 있는데	陽明山人舊有居
이곳은 양명동의 경관과 같지 않네	此地陽明景不如
다만 세상에는 어디나 여관이 있어	但在乾坤俱逆旅
두 밤 묵으면 곧 내 집이네	曾留信宿卽吾廬
행와를 지어준 일 이미 미리 이름났으니	行窩已許人先號
별동이 어찌 내가 책을 빌려 읽음을 방해하랴!	別洞何妨我借書
뒷날 수레 타고 옛 은거로 돌아가면	他日巾車還舊隱
응당 이곳을 다시 고향처럼 그리워하리	應懷茲土復鄉閭

다시 양명별동에 이르러서 형 태수의 운에 화답하다, 두 수

再至陽明別洞和邢太守韻二首

봄 산 곳곳은 돌아오는 길을 붙잡고	春山隨處款歸程
옛 동구 그윽한 빈 곳에 길을 가는 뜻이 깊네	古洞幽虛道意深
골짜기 흐르는 물과 바람 소리 멀어졌다 가까워졌다 하고	澗壑風泉時遠近
바위문 덩굴 사이로 달이 절로 분명하네	石門蘿月自分明
숲속 스님은 오래 머물며 밥 짓는 불을 때고	林僧住久炊遺火
들의 노인은 기심을 잊고 다툼을 그만두네	野老忘機罷席爭
정좌를 익힘에 인연이 없어 오래 앉아 있으니	習靜未緣成久坐

도리어 속세에서 헛된 명성 좇음을 부끄러워하네	却慙塵土逐虛名

산수는 평생 나아갈 길인데	山水平生是課程
한번 속세에 머무니 마침내 마음이 생기네	一淹塵土遂心生
짝지어 밭 갈기는 장저와 걸닉을 따르고	耦耕亦欲隨沮溺
어떤 인연으로 공명을 얻어 도적을 일곱 차례 놓아줄까!	七縱何緣得孔明
내 길은 구불구불하여 모름지기 자벌레처럼 굽혀야 하고	吾道羊腸須蠖屈
헛된 명성 다툼은 용의 투쟁에 맡기네	浮名蝸角任龍爭
좋은 산을 대하면 말을 달려 지나가니	好山當面馳車過
함부로 산을 찾아다니며 이름 피한다고 하지 말라	莫漫尋山說避名

양명은 회군하는 중에 한편으로 전후의 "도적을 평정하여 점차 기쁨이 흘러가고, 봄이 따뜻해져서 흔쾌히 농사일이 시작되는" 기쁨에 젖었고, 또 한편으로는 "고향 땅 옛 낚시터를 그리워하고" '장저와 걸닉을 따라 짝지어 밭 갈기를 하는' 은거 생활을 생각하기 시작하였다. 그러나 그는 네 성에서 일어난 도적의 난 중에 더욱 '격파하기 어려운 마음속 도적(破心中賊難)'인 '사람의 마음(人心)'에서 선을 회복하는 문제를 사유하기 시작하여 그의 심학적 '성학'을 다시 떨쳐서 사람 마음의 함닉과 침륜을 구속救贖하려고 하였다.

용남에서 그는 사당에 개선을 아뢰고 포로를 바친 뒤 정중하게 용남 현관縣官들에게 묘학廟學을 중건하여서 성현의 학문을 진흥하고 전후 인심을 수습하는 문제를 제안하였다. 현학 교유教諭 목명繆銘에게 명하여서 묘학을 중건하는 일을 총괄하게 하였다.

나중에 목명은 「중건묘학기重建廟學記」를 지어서 묘학을 중건한 경과를 다음과 같이 언급하였다.

용남 묘학은 송 원우元祐 연간(1086~1094)에 건립되었는데 성 남쪽에서 가깝고 아주 좁았다. 성화成化 신묘년(1471)에 처음 현치縣治의 서쪽으로 옮겨서 좌묘우학左廟右學의 제도를 이루었다. 세월이 오래되어서 닳고 무너져 건물과 지붕(棟宇)이 지탱하지 못하였다. 정덕 병자년(1516)에 내(銘)가 의춘宜春의 교육을 관장하는 일을 잠시 맡아보게 되었는데, 성현을 편안히 하고 선비의 풍습을 일으킬 수 없어서 크게 두려워하였다. 속히 제생을 모아서 회의를 하여 집정執政에게 윤허하기를 청하였다. 2년 뒤 무인년(1518) 정월에 도헌 왕수인 공, 헌부憲副 양장 공, 군수 형순 공이 병력을 이끌고 이두를 정벌한 뒤 고을(邑)에 이르렀다. 3월에 사당에 개선을 아뢰고 포로를 바쳤다. 이윽고 도헌 왕 공이 우러러보며 탄식하기를 "묘사廟祀가 경건하지 못하며 교육의 기초가 타당하지 못하니 뭇 유사有司의 허물이며, 교육을 다스리는(典教) 자의 책임이다. 이에 너희 고을(邦)의 재용을 자본으로 하라." 하였다. 다음 날 과벌課罰로 기록된 자의 금 몇백 고리(緩)를 현치에 저치하고 말하기를 "목공과 석공의 수요에 밑천으로 삼아 공급하라." 하였다. 경비의 넉넉함과 부족함을 헤아려서 고을의 선비 이순李淳과 월화月華에게 명하기를 "너희는 밤낮으로 나랏일(王事)에 부지런히 하여서 식량 공급(廩餼)을 주관하고 공을 이루기에 힘써 혹시라도 법규를 어기지 말라(不經). 법규를 어기면 처벌이 있을 것이다." 하였다. 우리(銘)들은 명을 받아 근실할 것을 생각하였다. 사훈司訓 팽지彭智 군이 잇달아 와서 도와 부지런히 힘을 썼다. 이에 그 기초를 높이 쌓고 낡은 것을 없애고 새것으로 바꾸어서 법도에 맞게 표식을 세웠는데(相宜樹表) 다만 대성전·무廡·극문戟門을 세웠다. 그 뒤에는 명륜당과 재齋를 세웠다. 그 앞에는 영성문欞星門과 유학문儒學門을 세웠다. 또 장고藏庫, 찬당饌堂, 생도의 기숙사(舍宇)를 세웠다. 이어서 오른쪽에는 학직學職의 공관(廨) 삼구三衢, 왼쪽에는 관덕정觀德亭을

세우고, 또 담장을 세우고 빗장을 질렀는데 간혹 제도를 고찰하였다. 기묘
년(1519) 정월에 경영을 시작하여 여덟 달을 넘겨서 공사가 완성되었다.[35]

이는 바로 양명이 '문무를 번갈아 쓴(文武交用)' 용병의 방도이다. 정벌과
토벌 전쟁에서 그는 문과 무의 두 가지 수단을 번갈아 사용하는 데 뛰어났으
니, '산속의 도적을 무너뜨리고' '마음속의 도적을 무너뜨리는' 일을 병행하
였던 것이다. 그는 결코 오로지 '무의 방법(武道)'으로 정벌, 소탕, 살육하여서
승리를 얻은 것이 아니며, '문의 방법(文道)'을 더욱 중시하여서 '사람의 마음
(人心)'을 징계하고 '사람의 마음'을 구속하여서 저들 '난을 일으키며(作亂)' 길
을 잃고 헤매는 자들을 감화하여 선한 마음을 다시 싹트게 하는 올바른 길로
돌아오게 하였고, 그들로 하여금 '그 도를 오래 지속하게 할 수 있도록(能久於
其道)' 하였다.

양명의 이러한 문무의 길을 가장 정확하게 말한 이는 남해의 곽도霍韜
(1487~1540)이다. 양명이 3월 15일 감주로 돌아오자 곽도는 바로 도적을 평
정한 일을 칭송하는 시편 한 조를 보내와서 양명의 이러한 문무 용병 도리의
진정한 비밀을 밝혔다.[36]

---

35 『건륭용남현지乾隆龍南縣志』 권23 「중건묘학기重建廟學記」. 생각건대, 월화月華도 양명의
제자이다. 『건륭용남현지』 권17 「문유文儒」에 "월화는 방坊의 내보內堡 사람이다. 군의 늠
생廩生인데 성품이 지극히 효성스러웠다. 어려서 경학으로 이름이 났고 나중에 양명을
따라 배워서 양지의 학문을 하였다. 돌아가서 날마다 방에 앉아 초연히 묵묵하게 깨달았
다. 배우는 사람들이 그를 마루로 삼았다. 양명이 이두를 평정하고 회군하여서 읍에 주
둔할 때 윤당倫堂을 옮기는 일을 벌였는데 그에게 일을 부탁하였다. 월화는 즉시 100금
을 기부하여서 도왔다."라고 하였다.

36 『위애문집渭厓文集』 권7하 「왕양명중승평도시王陽明中丞平盜詩」.

중승 왕양명이 도적을 평정하다　　　　王陽明中丞平盜詩

12년 겨울, 흠명총제 왕 공이 강·광으로 가서 여러 도적을 모두 평정하였다. 13년 봄에 개선하였다. 이 전역에서 왕 공은 실로 군사들에게 임하여서 명을 따라 죽으려 하지 않는 사나운 장수를 참하였다. 이로 말미암아 군사들은 아무도 감히 죽음을 무릅쓰고 싸우려 하지 않는 자가 없었으며 이로써 업적을 이루었다고 한다. 우리 남조와 혜주는 서남쪽으로 호상에 이르고, 북쪽으로 남안·감주에 이르기까지 산골짜기가 빽빽이 에워싸고 있어서 도적의 소굴이 되었는데, 이는 예로부터 그러하였다. 악독한 유근이 권력을 훔친 이래로 유민이 도적을 따라서 마치 깎아지른 절벽에서 쏟아지는 물이 골짜기와 구렁을 만난 듯하였으니 적의 형세가 더욱 치성하였다. 공은 책임이 자기에게 있다 여기고, 이에 명을 얻기를 청하여서 세 성에 격문을 보내 병사가 서로 호응하며 협공하라고 하였다. 먼저 적의 수령 아무개를 붙잡아서 기시하고 남은 무리들로서 벨 놈은 베고 놓아줄 놈은 놓아주어서 모두 평정하고 섬멸하였다. 공의 용병은 헤아릴 수 없었으니, 뭇사람이 그가 성과를 내고 승산을 따지는 데 신과 같다고 하였다. 대체로 공은 도학과 경제로 천하가 중히 여겼는데, 무의 일은 다만 조금 시험해보았을 뿐이라고 한다. 우리는 직접 무성한 공렬을 보았으니 삼가 부를 지어서 길이 읊음은 거짓으로 아첨하는 것이 아니다. 남중과 소호가 천만대에 아름다운 이름을 오로지 차지하지 않게끔 한다.

十二年冬, 欽命摠制王公過江廣諸盜悉平. 十三年春, 班師. 是役也, 王公實莅師斬悍將之不用命者以殉, 由是軍士莫敢有不效死以戰者, 以有成績云. 我南詔, 惠州, 西南抵湖湘, 北抵南安, 贛州, 山谷叢圍, 萃爲盜區, 則古以爲然. 適自孽瑾竊柄以來, 流民從盜, 如懸崖注水之得坎壑也,

以故敵勢益熾. 公謂責是在予, 乃請得命, 檄三省兵掎角攻踏之. 先致賊
首某棄市, 餘黨以誅以宥, 尋悉平滅. 公用兵不可測, 於成效勝算, 衆謂
如神. 蓋公以道學經濟爲天下重, 武事特其小試者爾云. 韜等躬見茂烈,
謹賦之永言, 不謏以誣, 俾南仲召虎不尙專美於千萬代.

하늘이 황명을 도와서	天佑皇明
세상을 온전하게 하셨네	畀以全宇
중국에 크게 미치니	丕及中國
오랑캐도 순종하여 붙좇네	夷貊順附
다스림이 극에 이르니 좀이 생겨서	治極蠹生
완악한 놈들이 꿈틀거리네	有蠢厥頑
하늘의 기율을 범하는	干天之紀
그 흉악하고 간사함을 뱄네	妊厥凶奸
울퉁불퉁한 산을 등지고	負山之岨
골짜기 구덩이에 엎드렸네	伏谷之坑
우리 고을의 지역에 재앙을 끼치고	禍我邦域
우리 선비와 백성을 해쳤네	戕我士民
우리 선비와 우리 백성이	我士我民
감의 땅에 거주하네	居贛之壤
파양호와 상수에	薄湖洎湘
소주 연주 낙주 창주라	韶連洛昌
용천과 혜양이	龍川惠陽
위태하고 불안하여	皇皇

백성은 가시에 오게 찔리고	民是大棘
물에 빠졌네	而水斯溺
건져냄에 서두르지 않으랴!	拯用不亟
나무는 뿌리를 뽑아야 하네	木本斯拔
얽히고설킨 어려운 일을	蘖有大艱
어르신이 이로써 자기 책임으로 삼네	碩人斯責

어르신은 선비라	碩人維儒
선비로서 무략을 쓰네	儒以用武
염계와 정자를 법으로 삼고	憲章濂洛
이윤과 여상의 길을 걷네	步趨伊呂
나라의 팔다리요	爲國股肱
백성의 가슴과 등뼈로다	爲民心膂
백성의 큰 고통을 불쌍히 여겨	愍民大棘
편안히 있을 겨를이 없네	不遑寧處
어짊과 너그러움으로 우리를 빛나게 하고	赫我仁恕
의로운 군사로 우리에게 맹서하시며	誓我義旅
신묘한 계책으로 우리를 움직이셔서	運我神籌
우리 백성의 원수를 잡고자 기약하셨네	期取我民仇

어르신 무략을 쓰니	碩人用武
하늘로부터 번개와 우레가 우는 듯하네	雷霆自天
어르신 무략을 쓰니	碩人用武
산천이 놀라서 떠네	山川震驚

산천이 놀라서 떠니	山川震驚
영험한 효과가 나타나지 않음이 없네	以莫不效靈
어르신 무략을 쓰니	碩人用武
사방을 막고 적을 무쩌르네	四閑賊衝
어르신 무략을 씀에	碩人用武
큰 흉악한 놈들을 낚아버리네	則鈞渠凶
큰 흉악한 놈들 사로잡혀서	渠凶就擒
우리 수많은 백성 편안하네	寧我兆民

우리 수많은 백성 편안해지고	寧我兆民
저마다 마땅히 있어야 할 곳을 얻으니	各遂理所
선비로 농부로	以士以農
장인으로 장사치로	以工以賈
낮에는 나오고 밤에는 들어가니	晝出夕處
아무도 나를 업신여기지 않네	莫或予侮
우리 수많은 백성 편안해져서	寧我兆民
창고가 있어 밥을 먹고	食有廩庾
처자가 있어 즐거우며	樂有妻子
부모를 부양하네	養有父母
이는 오직 어르신이	寔維碩人
하늘을 대신하여 복을 내려줌이라네	代天作之祜

하늘이 실로 우리 백성을 사랑하여	天實惠民
어르신을 낳았네	碩人以生

하늘이 실로 나라를 위해	天實爲國
어르신이 덕을 끼쳤네	碩人生德
하늘이 실로 백성을 다스리려	天實兆治
어르신이 자리에 있네	碩人在位
어르신이 자리에 있어	碩人在位
몸소 부지런히 애를 쓰네	鞠躬勵勤
임금이 어르신에게 말씀하시기를	皇日碩人
너는 크게 부지런히 하라 하네	汝則大勤
나랏일에 어그러짐이 있어	袞職有虧
어르신이 선뜻 돌아가시네	碩人旋歸

하늘이 도우심 여섯 장, 한 장은 열두 구이다.

天祐六章, 章十二句

"어르신은 선비라, 선비로서 무략을 쓰네. 염계와 정자를 법으로 삼고, 이윤과 여상의 길을 걷네."라는 구절은 양명의 문무용병의 도를 정확하고 깊이 개괄하였다. 양명으로 말하자면 삼리 남정의 승리는 결코 강서의 반란을 평정하고 이로부터 편안하게 태평을 누리는 것을 의미하는 것이 아니었다. 그는 도적에 대한 근심은 이미 도무지 해결할 수 없었으며 강서에 민란이 끊임없이 잇달아 발생하는 근원은 '정치와 교화가 행해지지 않아서(政敎不行)' 인심이 옛날 같지 않고 풍속이 무너진 데 있으니, 문으로써 무를 구제하여 정치와 교화를 크게 일으켜서 난리의 근원을 소멸시키고 반란 평정의 승리를 공고히 하여서 전란이 다시 일어나지 않도록 방지해야 한다고 인식하였다.

그는 감주로 돌아오자마자 바로 고응상에게 보낸 편지에서 문교로 무치를 구제하는 사상을 다음과 같이 언급하였다.

깨우쳐주신 바 죄 있는 자를 토벌하여서 괴수를 잡고 협조하여 따르는 자를 흩어버림은 옛날의 정사라 하신 말씀은 또한 훌륭하지 않습니까! 돌아보건대, 삼리의 도적은 모두 오랫동안 악을 저지르고 위세를 믿고 끝내 회개하지 않았으며(長惡怙終), 그 사이에 협박을 받아 따르는 자는 얼마 되지 않습니다. 또한 아침에 병사를 흩으면 저녁에 무리를 짓는데 이와 같은 형세가 여러 차례인지라 베려고 해도 이루 다 벨 수 없으니 근심을 뒷사람들에게 남길까 두렵습니다. 유현(고응상)께서 이르기를 "정교가 행해지지 않고 풍속이 아름답지 않음이 여기에 이르렀다."라고 하였으니 어찌 참으로 그러하지 않겠습니까? 그러나 이 속속들이 곪은 병을 내가 열흘 사이에 어찌할 수 있겠습니까? 그러므로 지금 세 곳의 성에 연루된 적들을 죽이는 것이 어려운 일이 아니라 후속 조치하는 것이 어렵습니다. 조치하는 것이 어려운 일이 아니라 조치한 사람으로 하여금 그 도를 오래 지속하게 하기가(處之者能久於其道) 어려운 것입니다.[37]

감주로 돌아온 뒤 양명은 곧 '조치하여서 그 도를 오래 지속하려는' 신념을 갖고서 전후戰後의 정치 교화와 문치를 추진하여 어지러움을 다스려서 바른 것으로 돌이키는(撥亂反正) 일을 시작하였다.

4월에 그는 감주에 명하여 전후 이재민을 구제하는 데 전력을 다하게 하였다. 각 현의 관원에게 "모름지기 부호富豪가 이익을 추구하는 일을 엄금하고 간사한 아전의 연줄(夤緣)을 통렬히 혁파하고 여러 관부官府는 공허한 문

---

37 『왕양명전집』 권27 「여고유현與顧惟賢」 서3.

구로 대응하지 말고 빈민에게 과연 실제 혜택이 미치도록 하라."고 하였다. 아울러 다음과 같은 상세하고 명료한 진제賑濟 조치를 제시하였다.

> 지금 출적出糴의 수가 2000에까지 미치지만 구제를 받은 백성이 그 얼마인지 알지 못하며, 성곽에 가까이 있는 자는 미리 얻고자 도모하고 먼 고을에 있는 자는 결코 혜택을 얻지 못하고 있다. 근래 감현에서 창고를 개방하였는데 그 폐단을 알 수 있었다. 지현 임순林順에게 통지하되, 회동하여서 먼저 현승 뇌인선雷仁先에게 위임하여 해당 현의 넉넉하고 충실하며 신실하여서 의탁할 만한 자 10여 명을 선발한 뒤 생원이나 기로耆老, 의민義民에 얽매이지 말고 저마다 두곡斗斛을 나누어주며, 먼 고을의 백성이 이르기를 기다려서 즉시 조曹(마을 또는 부류)를 나누어서 공급하라. 그리고 공명정직하고 청렴한 사람 몇 명을 선발하여 곁에서 규찰하게 하되 만약 연줄을 가지고 사칭하면 즉시 붙잡아 의론을 밝혀서 벌을 주어 다스리라.[38]

재앙의 진휼은 매우 빠르게 성공을 거두었다.

양명은 유민을 불러들여 위무하여서 그들의 복적復籍, 주거 복구와 생업 복귀의 생계 문제를 해결하는 데 더욱 관심을 기울였다. 5월, 양명은 「첨설화평현치소添設和平縣治疏」를 올려서 화평현의 설치를 청하였다. 그가 화평현을 새로 설치할 것을 청한 주요 목적은 바로 정성을 보여서 귀순한 유민들을 안치하고, 밭을 가는 등 생업에 복귀하게 하여서 민심을 안정시키기 위함이었다. 그리하여 그는 상소에서 다음과 같이 말하였다. "가만히 보건대 용천의 화평 지방은 산과 물로 둘러싸여 있고 토지가 평탄하여서 인가(人煙)가 빽빽이

---

38 『왕양명전집』 권16 「비감주부진제석성현신批贛州府賑濟石城縣申」.

모여 있는데 1천여 가호가 됩니다. …… 이곳은 성을 쌓고 현을 설치하여서 투항한 사람들을 불러들여 생업에 복귀하고 거주하게 할 수 있습니다."[39] 동시에 화평의 새 현 설치도 지방의 치안 통제를 더욱 강화하고 백성의 변란을 신중하게 방지하는 데 의의가 있었다. 이는 바로 양명이 말한 '조치한 사람으로 하여금 그 도를 오래 지속하게 하는' 방편이었다. 나중에 그는 윤12월에 또 상소하여 숭의현崇義縣을 증설하고, 다료애茶寮隘의 상보上堡·연창鉛廠·장룡長龍 세 곳에 순검사巡檢司를 설치할 것을 청하였는데 그 목적은 역시 같았다.

전란으로 인해 부·현의 성곽(城垣)은 파괴되거나 무너졌으며, 또 여름으로 들어선 이래 오랫동안 내린 비로 수해를 입어서 물이 흘러넘쳐 성안으로 들어왔다. 5월에 양명은 명을 내려서 감주부 및 각 현에 성곽을 수리하여서 짓고 방비를 강화하게 하였는데, 성의 방비를 정돈하는 일에서부터 지방의 군정을 정돈하는 데까지 이르렀다. 양명 스스로도 감주성의 성곽 수리를 하는 기회에 군정의 제독을 정돈하는 일에 착수하였으며 제독도찰원을 확장하여서 일신하였다. 제독도찰원의 위치는 부 성의 동남쪽에 있었다.

『순치감주부지順治贛州府志』에서는 양명이 대대적으로 제독도찰원을 새로 확장한 일을 다음과 같이 기록하였다.

> 제독도찰원 …… 정덕 무인년(1518)에 도어사 왕수인이 확장하여 일신하였다. 중간의 당은 '숙청肅清'이라 하고, 앞은 노대露臺이며 동쪽과 서쪽은 낭방廊房, 가운데는 의문儀門, 바깥은 대문이다. 정당正堂의 뒤에는 헌軒이 있는데 '정대광명正大光明'이라 하고 또 후당後堂을 만들어서 '억억抑抑'이라 하였다. 후당의 왼쪽은 사귀헌思歸軒·의남루宜南樓·연거燕居·사학헌仕學軒

39 『왕양명전집』 권11 「첨설화평현치소添設和平縣治疏」.

이고, 왼쪽 곁(掖)은 사포射圃를 삼고 무일정無逸亭·군자정君子亭을 만들었
다. 후당의 오른쪽은 관덕정이다. 대문 바깥 왼쪽은 부의 다청茶廳, 오른쪽
은 삼사三司의 다청이며 양 날개에는 각각 다청을 부속하였다. 바깥 서쪽
가장자리 낭방廊房은 30칸이며 각 성省, 부府, 위衛의 서도胥徒가 부름에 응
하여서 사용하는 곳이다. 문 앞은 방坊인데 '제독군무'라 하고 좌우에 방을
만들어서 '숙청육도肅清六道', '절제사번節制四藩'이라 하였다. 원문轅門 밖
의 서쪽은 중군청中軍廳이며 남쪽에는 좌영서坐營署를 설치하였다.[40]

양명이 제독도찰원에 특별히 사포와 관덕정을 설치한 데는 깊은 뜻이 있
었다. 정사를 다스림에 가장 먼저 마음을 다스려야(治心) 하며, 정사를 담당한
자는 가장 먼저 '마음을 보존하여서(存心)' 스스로 그 마음을 다스려야 한다.
그는 「관덕정기觀德亭記」를 지어서 정치를 담당한 자의 '마음을 보존하여서',
'마음을 다스리는' 시정의 이념을 다음과 같이 밝히 서술하였다.

군자가 활쏘기를 함에는 안으로 뜻을 바르게 하고 밖으로 몸을 곧게 하
며 활과 화살을 잡고 세밀히 고정한 뒤에야 적중을 말할 수 있다. 그러므
로 옛사람은 활쏘기로써 덕을 관찰하였다. 덕이란 마음에서 터득한 것이
다. 군자의 배움은 그 마음에서 터득함을 구하는 것이므로 군자는 활쏘기
를 하여 그것으로써 마음을 보존한다. 이런 까닭에 그 마음을 조급하게 하
는 자는 함부로 행동하고, 그 마음을 들끓게 하는 자는 시각이 들뜨고, 그
마음이 쭈그러든 자는 그 기운이 굶주린 것이고, 그 마음을 소홀히 하는

---

40 『순치감주부지順治贛州府志』 권4. 부지에 들어 있는 이 설은 바로 하교何喬가 새로 지은
기문에 근거한다.

자는 그 몸가짐이 흐트러지고, 그 마음이 오만한 자는 안색이 (남에게) 뽐내는 모습을 보인다. 다섯 가지는 (원래) 마음에 있지 않은(不存) 것이다. 있지 않은 것은 배우지 않은 것이다. 군자가 활쏘기에서 배우는 것은 그 마음을 보존하는 것이다. 이런 까닭에 마음이 단정하면 몸이 바르고, 마음이 경건하면 용모가 정숙하고, 마음이 평정하면 기가 펴지고, 마음이 오롯하면 시각이 세심해지니 마음이 통하기 때문에 때에 따라 다스려지고, 마음이 순수하므로 양보하여서 삼가고, 마음이 굉대하므로 이겨도 우쭐거리지 않고 져도 해이해지지 않는다. 일곱 가지가 갖춰지면 군자의 덕이 완성된다. 군자는 그 배움을 활용하지 않는 바가 없으니 활쏘기에서 그것을 볼 수 있다. 그러므로 말하기를, 남의 임금 된 자는 군주의 표적(君鵠)이며 남의 신하 된 자는 신하의 표적이며, 남의 아비 된 자는 아비의 표적이며 남의 자식 된 자는 자식의 표적이다. 활쏘기는 자기의 표적을 쏘는 것이니 표적이란 마음이다. 저마다 자기 마음을 쏘는 것은 저마다 그 마음을 얻는 것일 뿐이다. 그러므로 말하기를, (활쏘기는) 덕을 볼 수 있다고 하는 것이다.[41]

양명이 제독도찰원에서 사포와 관덕정을 세운 까닭은, 옛사람은 활쏘기로써 덕을 관찰하였으며 활쏘기란 자기의 표적을 쏘는 것이고 표적이란 곧 마음이기 때문이다. 자기의 표적을 쏘는 것은 바로 저마다 자기 마음을 쏘아서 저마다 자기 마음을 얻는 것이기 때문에 활쏘기로써 덕을 관찰할 수 있다고 말하는 것이다. 이는 '활쏘기'로써 군자의 도덕 수양과 정치 담당자의 행정 시행을 비유한다. 군자가 활쏘기를 함에 가장 먼저 그 마음을 보존하여야만 마음이 바르고 단정해지며, 마음이 경건하고 평정해지며, 마음이 오롯해지고

---

41 『왕양명전집』 권7 「관덕정기觀德亭記」.

통하며, 마음이 순수하고 광대해져서 비로소 표적을 쏘아 적중할 수 있으며 도덕 수양을 완성할 수 있다. 행정 담당자의 행정 시행도 이와 같아서 마찬가지로 먼저 마음을 보존하여야만 마음이 바르고 단정해져서 비로소 마음을 다스리고 사람을 다스리며 정치가 닦이고 일이 성취된다.

양명의 이 「관덕정기」는 행정 담당자가 마음을 다스리고 사람을 다스리는 행정 시행의 강요綱要가 될 뿐만 아니라 군자가 마음을 닦고 자기를 닦는 도덕의 준승準繩이 되었다. 그리하여 제독도찰원을 확장하여서 일신한 뒤 사포와 관덕정은 마침내 각지의 학자들이 어지러이 찾아와서 거주하며 도를 묻는 '성지'가 되었다. 전덕홍은 『양명선생연보』에서 말하기를 "각지의 학자들이 폭주하여 사포에 머물렀는데 다 받아들일 수 없었다."라고 하였다. 그는 양명이 승첩을 보고한 뒤 제생과 사포에서 한 차례 강학론도를 한 일을 다음과 같이 언급하였다.

하루는 술과 음식을 베풀어서 제생을 위로하고 말씀하시기를 "이로써 보답한다."라고 하셨다. 제생이 깜짝 놀라서(瞿然) 까닭을 물었다. 선생이 말씀하시기를 "내가 처음 당에 올라서 매양 상벌을 내렸는데 감히 멋대로 하지 않았고 늘 제군에게 부끄러움이 있을까 두려워하였다. 제군과 더불어 오래 마주하면서 아직도 이전의 상벌이 오히려 미비하였다고 느꼈다. 이에 그 과오를 찾아서 고치려고 생각하였다. 곧 당에 오르는(登堂) 행사에 이르러서 제군과 마주할 때 조금의 증손增損이 없어서 비로소 마음이 편안해졌다. 이는 곧 제군의 도움이니, 일마다 번거롭게 입에 담을 필요는 없다."라고 하셨다. 제생이 이 말을 듣고 더욱 살펴서 저마다 두려워하였다.[42]

---

42 『왕양명전집』 권33 「연보」 1. 전덕홍은 이 일을 염계서원濂溪書院을 세운 일 아래에 연계

이는 바로 양명 자신이 사포와 관덕정에서 스스로 그 마음을 바로잡은 '군자의 활쏘기'인 것이다. 제독도찰원의 왼쪽 곁문은 바로 사포로 통하였다. 그리하여 양명은 늘 사포에 가서 학자 및 제생과 강학론도를 할 수 있었다.

　　위시량魏時亮(1529~1591)은 『대유학수大儒學粹』에서 잘 알려지지 않은 이 사건을 다음과 같이 언급하였다.

> 선생이 감원贛院에 있을 때 왼쪽 곁문이 사포로 통하였다. 여가에는 곧 그 곳으로 가서 제생과 배움을 논하였다. (강론은) 대부분 밤중까지 이어졌고 다음 날 아침에 제생이 들어와서 읍을 하는 일이 일상이었다. 하루는 밤에 앉아 있는데 제생이 휴식을 청하였다가 아침에 문을 두드렸다. 지키는 자 가 말하기를 "어젯밤 공이 돌아가고 얼마 후 곧바로 출병하였는데 어디로 가셨는지 모릅니다. 지금 아마 수십 리는 가셨을 것입니다."라고 하였다. 신기하고 신속한 임기응변이 이와 같았다.[43]

　　각지의 학자들이 어지러이 찾아와서 도를 물었는데 사포에서 모두 수용할 수 없었기 때문에 9월에 양명은 곧 또 염계서원濂溪書院을 중수하여 각지의 학자들을 받아들였다. 염계서원은 울고대鬱孤臺 위에 세워져 있었는데 부치府治의 선명루宣明樓와 서로 이어져 있으며, 양명이 강서에서 학자 및 제생과 강학론도를 하는 가장 주요한 장소가 되었다. 그의 문치 교화의 행정 시행은 군사(軍)·행정(政)·학문(學)을 관통하여서 건설되었다.

　　문치 교화를 추진하는 가운데 양명은 강서 군정의 갖가지 병폐를 깊이 깨

하였는데, 타당하지 않다.

43 위시량, 『대유학수大儒學粹』 권9 「양명왕선생陽明王先生」.

닫고 반드시 통렬한 개혁을 해야 함을 느꼈다. 강서 염법鹽法의 사안은 반란 평정의 군향軍餉과 관련이 있었는데 그가 줄곧 관심을 기울인 핵심 사안이었다. 이전 정덕 12년(1517) 6월에 군향이 군박해졌기 때문에 그는 곧 「소통염법소疏通鹽法疏」를 올리고 아울러 병부상서 왕경에게 다음과 같은 편지를 썼다.

> 생각건대, 감주는 비록 염세鹽稅 한 가지 일이 있었으나 근래 이미 호부의 명문明文을 받들어서 정지하였습니다. 다만 관부에서는 비록 금지하는 명분이 있었지만 간사한 호족이 실로 사사로이 통하여 이익을 절취하였습니다. 또 소금 판매의 이익은 아래로 삼부三府에 통하는데 모든 백성이 깊이 원하는 바이며 관부에서는 그 10분의 1을 조금 취하니 역시 상인이 기뻐서 따르는 바입니다. 이 시행을 적용함에 번번이 관료의 논의를 근거로 여전히 채택했다 포기했다 합니다. 대체로 일의 기틀이 군박하여서 형세가 어찌할 수 없습니다. 그러나 역시 부세를 더하지 않아도 재용이 족하며 백성을 들썩이지 않아도 일이 처리되니 다른 시도에 견주면 본래 더욱 소득이 있는 계책입니다.[44]

강서 염법의 병폐는 회염淮鹽을 사용하고 광염廣鹽을 파하는 것으로서 폐단이 더욱 컸지만 조정에서는 도리어 질질 끌기만 하고 해결해주지 않았다. 그리하여 정덕 13년 10월에 이르러 양명은 또 「재청소통염법소再請疏通鹽法疏」를 올려서 광염을 다시 복구할 것을 건의하였다.

그는 회염과 광염의 이해관계를 분석하여서 다음과 같이 말하였다.

---

44 『왕양명전집』 권27 「여왕진계사마與王晉溪司馬」.

지금 앞의 내용에 이어서 보고하는 바, 살펴건대 원주袁州와 길주吉州(吉安) 등의 지방은 계곡의 흐름이 급류로 사납고 여울과 바위가 높고 험한데 회염의 수송은 물을 거슬러 올라와야 하므로 걸핏하면 열흘에서 한 달씩 걸립니다. 광염의 수송은 흐름을 순조롭게 따라 내려와서 이틀 밤의 행정에 지나지 않습니다. 그러므로 백성은 회염의 어려움을 고통스럽게 여기고 오직 광염을 편하게 여깁니다. …… 그러므로 광염이 시행되면 상업세가 모이고 용도는 군향에 자원이 되며 부세는 평민에게 덜어질 것입니다. 광염이 그치면 사판私販이 일어나고 간사하게 이익을 추구하는 폐단이 불어나며 이익은 호우豪右에게 모일 것입니다. …… 신이 가만히 생각건대 마땅히 광염을 복구하여서 정례定例로 드러내야 합니다. 조세의 부과를 등록하여서 불시의 군향의 위급함에 대비해야 합니다. 선여羨餘를 쌓아서 관부의 결핍한 수요에 조금이라도 보탬이 되어야 합니다. (이렇게 하면) 실로 공과 사 양쪽 모두 편리하며 안팎으로 (재용의) 바탕이 됩니다.[45]

광염을 복구하는 것은 염상에게 편리하며 세금 부과에 유리하고 평민들의 부세가 경감되며 군향의 자본에 도움이 되니 이는 공과 사 모두 편리하며 군과 민 양쪽 모두에 이익이 되는 조치였고, 양명에게는 나중에 신호의 반란을 평정할 때 직접적으로 작용을 하였다. 이는 강서의 반란을 평정하는 정벌 전쟁을 거친 뒤에도 강서에 의구히 몰아내도 제거되지 않는 난맥상을 마주하고서 양명이 펼친 군정에서 무실務實 사상을 더욱 많이 활용하고 있었음을 밝히 드러낸다. 11월, 그는 병법에 통달한 군사적 인재를 방문하고 일정한 격식에 얽매이지 않고 인재에게 자기를 낮추어서 그들을 선발하여 원院에 들여

---

45 『왕양명전집』 권11 「재청소통염법소再請疏通鹽法疏」.

보내 군사상의 논의를 참찬參贊하게 하였다.

그는 폄적당한 소신小臣 삼하역三河驛의 역승 왕사王思, 통구마역通衢馬驛의 역승 이중李中 등을 선발하고 「우례적관패優禮謫官牌」를 발표하여서 다음과 같이 말하였다.

> 본원이 명을 받들어 군무를 제독하여 네 성의 도적을 정벌하였다. 재주는
> 미미하고 책임은 중한 것을 깊이 우려하여서 우러러 맡긴 임무의 사명에
> 걸맞지 않음을 두려워하면서 현명하고 유능한 사람을 구하여 모략에 바탕
> 으로 삼으려고 한다. 조주부潮州府 삼하역 역승 왕사를 방문하니, 그는 의
> 지와 행실이 높고 고아하며 학문에 연원이 깊고, 곧은 도는 시속을 따르지
> 않고 탁월한 재능은 제용濟用에 충분하였다. 혜주부惠州府 통구마역의 역
> 승 이중은 견고하고 흔들리지 않는 지조와 독실한 학문을 지녀서 몸은 곤
> 궁해도 도는 더욱 형통하며, 의지는 굽혀서 재주를 펼치지 못하였다. 함께
> 초빙하여 이끌어서 (내가) 미치지 못함을 바로잡는다. 이를 위해 이 패를
> 해당 부府에 올리니 패에 따라 일을 처리하며, 양羊과 술과 예의와 폐백을
> 갖추고 해당 현의 교관에게 위임하여서 본관이 있는 곳에 보내 본원이 예
> 를 우대하는 뜻을 보이라. 인하여 관례에 따라 관문關文을 내어서 응대하
> 라. 예를 갖추어 (도찰원의) 군문에 보내서 (내가) 방문하여 자문을 하는 데
> 근거가 되게 하라.[46]

이는 바로 양명의 "선비로서 무략을 쓰네. 염계와 정자를 법으로 삼고, 이윤과 여상의 길을 걷네"라고 하는 고명한 길이었다. 명조의 군정은 위로 권

---

46 『왕양명전집』 권30 「우례적관패優禮謫官牌」.

엄권閹權과 근시近侍가 장악하고 있었는데 태감이 군무를 감독했던 까닭에 장군과 총병의 무리는 대부분 용병의 도리를 이해하지 못하였으며, 게다가 병법과 모략과 전투를 알지 못하는 무사들이어서 군대는 부패하고 병사는 방종하고 나태하여 전투력을 상실하였다. 양명은 군정이 부패한 습성을 통렬하게 징계하여서 진수태감의 간섭과 간여를 저지하고, 유학자이면서 무략을 사용하여서 병법을 잘 알고 모략에 뛰어난 선비를 선발하여 군사 참모로 임용하였다. 심지어 그는 화가인 곽후郭詡, 호걸의 선비 용광龍光 등을 막사에 초청하여서 군사 업무를 논의하고 모략을 자문하였다. 양명의 장막 아래 모여든 병법에 뛰어나고 모략에 능한 유학의 선비와 신하는 가까이에서 그를 대신하여 모략을 내고 책략을 계획하며 계책을 건의하여서 병사를 운용하였다. 훗날 그들은 신호의 반란을 평정하는 가운데 중대한 군사 참모의 역량을 발휘하였다.

양명은 남쪽으로 삼리를 정벌하고 돌아온 뒤 문치 교화와 군사·행정·학문의 정돈을 추진하는 데 지대한 노력을 기울였다. 비록 갑자기 신호의 반란이 일어나는 바람에 중단되었지만 군사·행정·학문을 정돈하는 그의 다양한 노력은 결코 헛수고가 아니었다. 오히려 그가 민첩하게 신호의 반란을 성공적으로 평정하기 위한 조건을 때맞춰 준비하는 일이 되었다.

정벌 전쟁 중의 논도 :
강우江右 왕학의 흥기

융마가 헐떡이며 달리는 반란 평정의 정벌 전쟁 속에서도 양명은 자기 심학을 분명하게 변별하는 강학론도를 결코 중단하지 않았다. 그는 피비린내가 진동하는 잔혹한 '산속의 적을 무너뜨리는' 가운데 '마음속의 적을 무너뜨리는' 것이 매우 어렵고 중요한 일임을 이해하고 깨달았다. 정덕 12년(1517) 10월에 군사를 출병하여서 횡수를 공격하였을 때 그는 이미 '산속의 적을 무너뜨리는' 정벌 전쟁 중에 '마음속의 적을 무너뜨리는' 어려움을 인식하였다.

나중에 그는 양기와 설간에게 편지를 써서 다음과 같이 말하였다.

> 나(某)는 전에 횡수에서 일찍이 사덕仕德(양기)에게 편지를 보내 말하기를 "산속의 도적은 무너뜨리기 쉬우나 마음속의 도적은 무너뜨리기 어렵다(破山中賊易, 破心中賊難)."라고 하였습니다.[47]

양명이 "마음속의 도적은 무너뜨리기 어렵다."라고 한 말은 실제로는 '사

---

[47] 『왕양명전집』 권4 「여양사덕설상겸與楊仕德薛尙謙」.

람의 마음(人心)'을 구속하는 문제이다. 그가 보기에 착한 사람의 마음은 악한 사욕私欲에 가리고 해침을 받아서 사람의 마음이 타락하고 도덕이 몰락하며 자아가 소외되는 상황을 조성하니 사욕은 바로 착한 마음을 해치는 '마음속의 도적'이다. '산속의 도적'이란 사지산·남천봉·지중용 같은 무리이다. 이들은 바로 사욕이 가리고 좀을 먹고 해침을 당하여서 사람의 마음이 빠져버리고 잃어버려서 대의가 밝지 않고 선과 악을 알지 못하며 반란과 악행의 잘못된 길로 달려간 자들이다. 그리하여 '마음속의 도적을 무너뜨리는' 무기는 칼과 창으로 찔러 죽이는 것이 아니라 그 사람의 마음을 구속하는 심학(*성현의 학)이다. 대천세계大千世界의 수많은 중생은 각자 모름지기 자기 '마음속의 도적'을 무너뜨려야 한다. 강서의 반란을 평정하는 가운데 양명은 강학론도, 명변심학明辨心學을 사람마다 '마음속의 도적을 무너뜨리는' 수준으로 끌어올려서 선비, 학자들과 함께 새로운 강학과 논전을 전개하였다.

양명이 감주에 도착하자마자 담약수가 바로 그에게 편지를 보내 심학의 문제에서 진일보한 토론을 전개하기를 희망하였다. 2월에 이르러 양명은 서애에게 긴 편지 한 통을 보내서 강서의 반란을 분석하였는데, 월중 선비의 강학론도에 더욱 관심을 기울였으며 자기와 담약수 사이에 서로 오가며 토론하면서 학문을 논한 사실을 다음과 같이 언급하였다.

…… 근래 비록 계속 (도적을) 참하고 붙잡은 바가 있으나 대첩을 거두지는 못했으며, 속읍屬邑의 도적은 아직 서로 의지하고 있어서 이미 병사를 파견하여 네 갈래로 나누어서 다스리게 하였는데 며칠 뒤에나 혹 사로잡을 수 있을 것이다. …… 이로부터 다행히 아무 일도 없고 지방이 조금 안정된다면 반드시 결단코 급히 물러가기를 구할 것이다. 왈인(서애)은 내 운명과 인연(命緣)으로 서로 얽혀 있으니 이를 들으면 마땅히 아랑곳하지 않을

수 없을 터인데 어찌하면 좋겠는가, 어찌하면 좋겠는가! 떠날 때 세서世瑞 (왕호王琥)를 만났는데 말하기를, 가을과 겨울 사이에 왈인과 함께 감흥을 일으켜 와서 놀겠다고 하였다. 당시 들을 때는 전혀 생각하지 않았는데 오히려 지금 어떻게 해서든 과연 이와 같이 할 수 있다면 역시 족히 조금 쓸쓸하고 외로운 회포를 위로할 수 있겠다. 지금 쇠약하고 앓는 사람이 길가(道左)에 거꾸러져 있으면 비록 서로 알지는 못하더라도 손을 이끌어서 한번 부지해줄 수 있을 터인데 하물며 친히 사랑하는 사람이겠는가? 북해北海의 새로운 거처(절강성 호주湖州 삽辜에 토지를 구입한 일)는 노비들이 잘 경영할 수 있는가? 비록 어느 날에나 그물에서 벗어날지 알 수 없지만 옛 숲과 옛 연못을(舊林故淵) 그리워하는 생각은 절실하지 않은 날이 없으니 역시 모름지기 왈인이 때로 가서 지휘하고 독촉해야 거의 날마다 점차 실마리를 얻어갈 것이다. 산수 사이에서는 모름지기 나를 붙잡으나 풍진의 더미 속은 오히려 나(儂)를 저버리는데, 우리 두 사람은 몸을 천이나 백으로 변화시킬 수 없으니 어찌해야 좋은가, 어찌해야 좋은가(如何而可)! 황여黃輿(왕문원王文轅)는 근래에 보니 어떠하던가? 이런 세계에서 참으로 개안開眼을 할 수 없으니 이 노인은 성찰을 하면 도리어 한 푼 번뇌가 이네. 세서·윤휘允輝(손윤휘孫允輝)·상좌商佐·면지勉之(황성증)·반규半珪(허장)와 모든 월중의 제우諸友에게는 편지를 쓰지 않았네. 종현宗賢(황관)·원충原忠(응량)은 이미 만나 보았는가? 계보階甫(종세부鍾世符)는 농사일에 협력할 수 있는가? 담원명湛元明 (담약수)의 집안사람들이 처음 감에서 유도留都(남경)로 왔다가 유도에서 감으로 돌아가는데 아직 그들을 보낼 수 없었네. 이제 다시 와서 월로 들어왔으니 마땅히 빨리 보내야 거의 모든 교제가 좋을 것이다. 우 아우(우제雨弟, 서천택徐天澤 백우伯雨)의 수양은 지금 얼마나 진보하였는가? 지난겨울에 모여서 강론을 한 설은 매우 좋았다. 문인 아우(문인제聞人弟, 문인전聞人詮)는 이미 왔는가? 벗들이 모여서 함께 거처하니 오직 피차 겸허하게 서로를 낮추어야 이에 유익할 것이니, 『시』에서 이른바 "겸손하고 겸손하여 공손한 사람은 덕을 품는 바탕이네(謙謙恭人, 懷德之基)."라고 한 것이네. 마침 왈인이 집에 있을 때 두 아우(二弟)가 밤낮으로 유익함을 구하게 되었으니 두 아우는 힘쓰시게! 정헌正憲의 독서는 극히 졸렬하고 지금은 또한 희망할 수 없으니 그가 효도와 공경(孝弟)을 조금이나마 알고 이익에 급급하지 않고 다만 문호라도 지킨다면 옳겠네. 장세걸章世傑이 이곳에 있는데 역시 평안하네. 그는 날마다 방 한곳에서 거처하는데 다시 갈 곳이 없어 자못 크게 속박됨을 느끼는데 그의 성품이 본래 편안하고 고요하여서 도무지 이로써 번민하지 않으니 심히 사랑할 만하네. 극장克章 아저씨(叔公)가 수장守章으로 하여금 극히 체모를 얻게 하였는데, 생각해보니 이미 잘 익은 술을 마신 뒤 스스로 취함을 느끼지 못하는 것과 같네.[48]

담약수가 집안사람을 보내 감주, 남도와 소흥 사이에서 왔다갔다하며 번갈아 배움을 논하는 서신을 전달하였다. 양명이 말하는 '두 아우'는 왕수검王守儉과 왕수문王守文을 가리킨다.

4월에 이르러 양명은 서금瑞金에서 또 조카 항렬들인 왕정사王正思 등에게 편지를 보내면서 성현의 학문에 뜻을 세우는(立志) 동일한 문제를 거론하며 다음과 같이 말하였다.

지금 듣건대 너희들의 학업에 진보가 있어서 유사有司가 시험을 보고 평가

---

48 왕양명, 「여서왈인서與徐曰仁書」 『중국서법대성中國書法大成』(5); 『지나묵적대성支那墨迹大成』 제10권 「보유補遺」.

하여 앞줄을 차지할 수 있게 되었다고 하니 내 듣고 기뻐서 잠을 이루지 못하였다. …… 나는 너희들이 다만 청자靑紫(공경대부 공복의 띠)를 취하여 서 몸을 영화롭게 하고 집안을 부유하게 하되 마치 세속이 숭상하는 바와 같이 하여 한갓 시정의 시시한 사람들에게 뽐내는 것은 바라지 않는다. 너 희들은 모름지기 인과 예를 마음에 간직하고 효도와 공경을 근본으로 삼 아서 성현이 되기를 스스로 기약하고(仁禮存心, 以孝弟爲本, 以聖賢自期) 선조 를 빛내고 후세를 위해 덕을 쌓기를(光前裕後) 힘써야 옳을 것이다. …… 습 속은 사람을 바꾸니 마치 기름이 얼굴에 묻는 것과 같아서 비록 현자라도 면하지 못하는데 하물며 너희들 초학의 어린아이들(小子)이 빠지지 않을 수 있겠느냐? 그러나 오직 통렬하게 징계하고 깊이 경계하여야 좋게 변할 것 이다. 옛사람이 이르기를 "평범하고 용렬함에서 빠져나와 고명한 경지에서 노닌다(脫却凡近, 以遊高明)."라고 하였는데, 이 말은 참으로 족히 경계를 삼 을 만하니 어린아이들은 알아야 한다! 내 일찍이 너희 십숙(十叔)에게 「입 지설立志說」을 써준 적이 있었는데 너희들도 한 통을 베껴서 책상 사이에 두고 때로 한번 살펴보면 족히 계발을 할 수 있겠다. 처방이 비록 용렬한 의사에게서 받은 것이라 하더라도 약은 진짜 병을 치료할 수 있으니 …… 독서와 강학은 평소에 내가 가장 좋아하던 것이다. 비록 지금 전란으로 소 란한 가운데 있으나 사방에서 찾아와 배우는 사람이 있으면 내 일찍이 거 절한 적이 없다(今雖干戈擾攘中, 四方有來學者, 吾未嘗拒之).[49]

'십숙'은 바로 왕수문을 가리킨다. 양명은 일찍이 「입지설」 한 편을 써서 그에게 주었다. 이른바 입지란 성현이 되기로 뜻을 세우고 성현의 학문을 배

---

49 『왕양명전집』 권26 「감주서시사질정사등贛州書示四姪正思等」.

우기로 뜻을 세우고 성현의 도를 실천하여서 "인과 예를 마음에 간직하고 효도와 공경을 근본으로 삼아서 성현이 되기를 스스로 기약하는" 일이다. 양명은 바로 똑같이 이러한 '입지'설로 강서의 학자들을 개도하고 강학론도를 전개하였으며, 온 세상이 주목하는 문치무공의 유종으로서 사방의 학자를 끌어들였고, 감주는 각지의 학자들이 새로운 도를 묻는 '성지'가 되었다고 할 수 있다.

바로 이해(1517)는 대비大比의 해로서 양명의 제자 채종연·허상경·계본·설간·육징이 모두 춘위春闈에서 진사에 합격하였다. 이들 외에도 양명과 밀접한 관계에 있는 선비로서 과거에 합격한 사람으로는 진기陳沂(1469~1538)·진후陳逅(1493~1557)·왕응진汪應軫(1517, 진사)·오근吾謹(1485~1519)·가상柯相·석춘席春(1476~1535)·하언夏言(1482~1548)·왕면王冕·왕위王暐·윤이훈倫以訓 등과 나중에 양명의 제자가 된 섭표(1487~1563)·정락서鄭洛書(1498~1536)·서분舒芬(1484~1527) 등이 있다. 합격하거나 낙제한 이러한 거자擧子들 가운데 적잖은 사람들이 3월 이후 계속 감주로 찾아와서 양명에게 배움을 물었다. 이는 바로 양명이 4월에 말한 "비록 지금 전란으로 소란한 가운데 있으나 사방에서 찾아와 배우는 사람이 있으면 내 일찍이 거절한 적이 없다."라고 한 것이다.

당초 양명은 3월에 진사에 합격한 채종연·허상경·계본·설간·육징에게 감으로 와서 강학하기를 희망하며 다음과 같은 편지를 썼다.

제우諸友가 모두 등제登第하였다는 말을 듣고 기쁨을 이길 수 없었습니다. 제우의 오늘을 기뻐하는 것이 아니라 촌사람(野夫)이 뒷날 산중에서 함께할 좋은 동반자를 얻었기에 기쁜 것입니다. 벼슬길에 들어선 처음에는 의식과 정서(意況)가 동요함을 면하지 못합니다. 마치 버들개지가 바람에 흩날려서 진흙을 이겨서 그물에 붙여놓지 않는다면 아마도 (뿔뿔이 흩어져서) 제 몸을 가누지 못하는 것과 같을 것입니다. 모르겠습니다만 제우는 어떠한지요? 생각건대 평상시의 공부는 역시 모름지기 힘을 쏟을 곳을 얻는 데 있을 뿐입니다. 촌사람은 발 딛을 곳은 잃어버리고 배를 탈 나루는 찾지 못하였으니 어느 때나 건너편 기슭에 닿을지 모르겠습니다. 또한 남감의 일은 매우 성가시게 하는(掣肘) 일이 많은데 지역이 네 성으로 연결되어 있어서 저마다 진鎭을 안무하면서 지금도 전에 하던 대로 세월만 보내고 있는데 지나지 않습니다. 예로부터 일의 권한이 하나로 모이지 않고서 성취할 수 있는 경우는 없었습니다. 병을 구실로 삼을 생각이 들지만 공허한 글(虛文)이 될까 두려워 감히 경솔하게 행동하지 못하니 지방이 조금 편안해지기를 기다려야 하겠습니다. 지금 또 제우가 있으니 내 끝내 바람을 이루겠습니다.[50]

가장 먼저 간으로 온 이는 영남의 윤이훈과 낙제한 거자 양기였다. 양기는 먼저 경사에서 설간을 만났는데 설간의 소개로 곧 감주로 와서 배움을 묻고 몇 달 동안 수학하였다. 설간은 「양의재전楊毅齋傳」에서 양명과 양기가 배움을 논한 사실을 다음과 같이 언급하였다.

…… 회시가 있어서 경사에 들어갔다. 중리中離(설간)를 만나서 양명 선생의 가르침을 듣고 마침내 감주로 가서 몇 달 성찰하였는데, 얼른 편지를 지우들에게 보내 이르기를 "옛사람의 치지致知 공부는 저절로 직절이간直截易簡한 것이다. 후세의 지리한 것을 보면 망망하여서 큰 뜰에 들어갈 수 없

---

50 『왕양명전집』 권4 「여희안태중명덕상겸원정與希顔 台仲明德尙謙原靜」.

다(視後支離茫無可入大徑庭矣)."라고 하였다. 그때 조주潮州의 학문은 아직 밝아지지 않았는데 선생이 중리와 함께 감으로부터 돌아가서 합일合一의 취지를 밝히고 옛 습성을 깨끗이 씻어버리고 근본을 곧게 배양하였다. 성인은 반드시 스승으로 삼을 수 있으며 만물은 모두 나와 한 몸이라고(聖人必可師, 萬物皆吾一體) 하니, 한때 사우士友들이 한꺼번에(翕然) 흥기하였다.[51]

양명이 양기에게 주로 강론한 내용은 정심격물의 이간 공부, 지행합일의 취지, 만물은 나와 한 몸이라는 설이었음을 알 수 있다. 이른바 "후세의 지리한 것을 보면 망망하여서 들어갈 수 없다."라고 한 말은 바로 암암리에 번쇄하고 지리한 주자학을 가리키며, 은연중에 (이 문제를 해소하려고 한) 양명의 '주자만년정론' 사상을 포함하고 있다.

『전습록』에 기록한 한 항목(則)은 양명과 양기의 강학에 관해 한 가지 비밀을 드러내고 있다.

> 사덕士德(양기)이 물었다. "격물치지의 설은 선생의 가르침을 받으면 명백하고 간단하고 쉬워서(明白簡易) 사람마다 알 수 있습니다. 문공(주자)은 총명하기가 세상에 없는 분인데 이에 도리어 살피지 못함은 왜 그렇습니까?" 선생이 답하였다. "문공은 정신과 기백이 드높았는데 그가 초년에 곧바로 옛 성인을 계승하고 미래의 학문을 열려고 하였으므로 다만 한결같이 고찰하고 탐색하며(考索) 저술하는 데 힘을 쏟았다. 만약 먼저 절실하게 자기 수양을 하였다면 저절로 여기에 이를 겨를이 없었으리라. 덕을 성대하게 이룬 뒤에야 도가 밝아지지 않음을 근심하였다. 예컨대 공자는 (만년에

51 『설간집薛侃集』 권7 「양의재전楊毅齋傳」.

야) 물러나서 육적六籍(육경)을 닦아 번잡한 것을 깎아내고 간결하게 하여서 미래의 학자에게 열어서 보였을 뿐 역시 무슨 대단히 (새로운 학설을) 고찰하고 탐색하지는 않았다. 문공은 어린 나이에 곧 수많은 책을 저술하였는데 만년에야 바야흐로 이렇게 한 일을 뉘우쳤다." 사덕이 말하였다. "만년의 뉘우침이란 예를 들어 '종래 정본의 깨달음'이라 한 것과 '비록 글을 읽더라도 내 일에 무엇이 유익하랴!'고 한 것과 또 '이는 서적을 묵수하고 언어에 들러붙는 것과 전연 관계가 없다.'고 한 것으로서 이는 그가 여기에 이르러서 비로소 이전에 공부를 한 것이 잘못이었음을 뉘우치고 바야흐로 자기 수양에 절실한 것입니다." 말하였다. "그렇다. 이는 문공이 미칠 수 없었던 곳이다. 그는 역량이 커서 한번 뉘우침에 바로 전향하였으나 애석하게도 오래지 않아 세상을 떠났으니 평소 잘못된 많은 곳을 모두 바로잡아 고치지 못하였던 것이다."[52]

양명은 자신의 '주자만년정론' 사상을 이용하여서 왕학의 '직절이간直截易簡'과 주학의 '지리번쇄支離繁瑣'를 완벽히 해설하였다. 양명과 양기의 학문 강론은 양명이 감주에서 주로 정심격물의 이간易簡 공부, 지행합일, 만물과 나의 혼연일체 및 '주자만년정론' 사상을 이용하여 사방에서 찾아와 배우는 선비에게 강학하고 도를 논하는 방식으로 이루어졌으니, (양명이) 위로는 강서 육학陸學의 전통을 이어서 자기의 쉽고 간단하고 광대한 심학을 전파하였음을 충분히 표명하고 있다. 곧바로 양기의 뒤를 이어서 길수吉水의 용리상龍履祥(용석龍鳥)도 감주로 찾아와서 배움을 물었다. 양명은 그를 받아들여 제자로 삼았으며 또한 그의 아비 충허沖虛 용광龍光도 불러들여서 군문 참모로 삼았다.

---

52 『왕양명전집』 권1 「전습록」 상.

멀리 보전莆田의 집에 거처하는 견소見素 임준林俊도 아들 임적林適을 감으로 보내서 수학하게 하였다. 나중에 그는 양명에게 다음과 같은 편지를 보냈다.

정언廷言(복건 참정福建參政 진책陳策, 가언嘉言) 대참大參(참정)께서 돌아오셔서 보내주신 편지를 받았는데 겸하여 헌기憲紀가 상숙霜肅하고 도황道況이 윤택하심을 알게 되었습니다. 장주漳州의 도적을 물리친 공을 세우고 곧 돌이켜서 감의 새로운 관문을 설치하는 일을 하시니 유학자는 세상의 도가 의뢰하는 바임이 참으로 그러하며, 지금 한번 만남에 이르렀으니 탄식하고 남음이 있습니다. 집사께서는 중도에 서서 때에 맞게 행동하시며, 순수함을 운용하고 조급함을 눌러서 유학자의 효용을 크게 거두셨으나 세상에 조금 위배되는 바람에 서로 어긋나서 용납되지 않아(枘鑿) 장차 침을 뱉고 처참하게 버림을 받게(棄唾殘棄) 되었으니 (세상은) 참으로 대장부의 경중을 알지 못하는 것입니다. 도를 가장하여 뜻을 행하는 것은 오히려 억지로 한 자를 굽혀서 여덟 자(尋)를 곧게 하기를 바라는 것인데, 곧음은 나눌 수 없고 굽은 것은 돌이킬 수 없으니 누가 기꺼이 한번 노하여서 나의 흠(瑕)을 덮겠습니까! 복심腹心의 말은 같은 도의 사람이 참론僭論하여서 세상을 탄식하게 합니다. 자식 달達을 언급하셨는데, 그의 재주는 가르칠 만하나 저(區區)로서는 매우 어렵습니다. 그는 행동거지를 닦게 하기는 쉬운 듯하나 애석하게도 의지를 세움은 간고하지 않고 안일함을 추구하며 세월을 허송하니(玩日愒月) 끝내 근사한 바가 없습니다. 적適은 글이 정상의 국면(常局)과 다르며 배움은 비교적 넓으나 역시 각고의 노력이 결여되어 있으며 아름다운 재주를 저버렸습니다. 집사께서 엄격하게 독려하여 가르침을 내리셔서 거두어 제자의 끝에 두시고 도의 바람을 불어넣어 고무하시고 문과 담 사이에 있지 않게 하신다면 다행이겠습니다. 지극한 은혜를 바라고 바랍니다(至惠)! 끝으로 오직 우리 도에 많은 아낌이 있기를 바랍니다.[53]

4월경에 양명이 동쪽으로 정汀·장漳을 정벌하고 돌아온 뒤 태화泰和의 대화가인 청광淸狂 곽후도 조용히 감주로 와서 양명의 막하에 몸담았다. 그는 제시화題詩畵 한 폭을 그려서 양명에게 증정하고 자기의 포부와 지향을 털어놓았다. 곽후의 자는 인홍仁弘, 호는 청광이며 화풍이 광일狂逸하여 홍치(1488~1505) 이래 강하江夏의 오위吳偉(1459~1508), 북해의 두근杜菫(1465~1509), 고소姑蘇의 심주沈周(1427~1509)와 함께 명성을 날렸다.

진창적陳昌積(1538, 진사)의 「곽청광후전郭淸狂詡傳」에서는 곽후가 양명에게 몸을 맡겨서 의지한 일을 다음과 같이 묘사하였다.

신호가 왕위를 이은 뒤 공(곽후)을 공경하여 일찍이 불러서 그와 이야기를 나누었다. 공은 그가 사납고 날래며(鷙狠) 사려가 부족하고 쉽게 노하는 것을 알고서 떠나려고 하였다. 정덕 5년 경오(1510)에 신호가 상소하여 중화中和의 악곡을 청하자 공이 깜짝 놀라서 말하기를 "이는 장차 윗사람을 능멸하려고 도모하는 것이니 이로써 왕공의 씨족(貴種)이 없어질 것이다. 내 그와 더불어 물과 불에 뛰어들 수는 없다."라고 한 뒤 일부러 재주가 졸렬함(拙業)을 드러내어서 자잘한 죄를 구실로 떠나올 수 있었다. 떠난 뒤 신호는 더욱 창궐하여서 참으로 이루 헤아릴 수 없었다. 기묘년(1519)에 반란이 크게 일어났다. 곽후는 반란을 예측하고서 반드시 자기에게 화가 미칠까 염려하여 거처함에 일찍이 묵묵히 뜻을 이루지 않고 도움을 줄 만한

---

53 『견소집見素集』 권22 「복왕양명復王陽明」.

귀인(右貴)을 생각했는데 왕 도어사의 지혜와 권도가 족히 자신을 풀어줄 수 있을 것이라고 여겼다. 왕 도어사란 이름이 수인이며, 여요 사람이다. 학문으로 세상 유학자의 종장이며 그때 임시로 정·감의 군사를 절제節制하였다. 이에 공경히 가서 그를 의지하고 화제시畫題詩를 내세워서 뜻을 보이니 양명이 그 뜻을 깨달았다.[54]

진창적은 곽후가 '기묘년(1519)'에 양명을 만났다고 하였는데 이는 착오이다. 왜냐하면 양명은 정덕 12년(1517) 12월에 지은 「평다료비」에서 "아울러 청선聽選 등의 관원 뇌제·소유蕭庾·곽후·요보 등 도합 100여 명"이라고 곽후를 이미 언급하고 있기 때문이다. 이때 곽후는 이미 '청선'관에 임명되어서 횡수·통강의 정벌에서 함께 공을 세웠다. 곽후가 동쪽 정·장 정벌에 참가하지 못한 것으로 볼 때 그는 응당 4월에 양명이 동쪽 정·장을 정벌하고 감주로 귀환한 뒤에 양명을 만나러 왔고, 양명은 그를 선발하여서 군문 참모로 삼았으며 역시 그와 학문을 강론하여서 군중에서 사람들의 주목을 더욱 끌었고, 각지의 학자가 감으로 와서 도를 묻고 수학하도록 이끌었다. 이들 학자에 대하여서 양명 스스로도 순서에 따라 차근차근 잘 이끄는(循循善誘) 독특한 교도의 방법을 썼다. 바로 9월에 양명이 군사를 출병하여 횡수와 좌계를 공격하기 전날 우도雩都 낙촌洛村의 황홍강黃弘綱이 감주로 찾아와서 배움을 묻고 수업을 하였다.

나홍선羅洪先은 「명고운남청리사주사치사낙촌황공묘지명明故雲南清吏司主事致仕洛村黃公墓誌銘」에서 황홍강이 감으로 찾아와서 가르침을 받은 일을 다음과 같이 언급하였다.

정덕 정축년(1517) 양명 왕 선생은 중승中丞으로 건虔에서 군사를 제독하였는데 선비를 불러서 보고 번번이 성학을 말하였다. 이때 건중의 선비들이 젊은이나 어른이나 모두 그 문에 들어왔는데 우도 낙촌의 황(황홍강) 군과 하선산何善山(하정인) 두 사람이 가장 유명하였다. 이때 군은 『시경』으로 병자년(1516) 향시에 제7인으로 합격하였고, 모친상을 당하였다. 전에 형 홍이弘彛가 부친의 재물에 손실을 입히고 갚지 못하여서 부친이 노하여 매질을 하려고 하였는데, 군이 그를 가련히 여기고 스스로 300금을 대속하고 풀어주었다. 선생이 듣고서 기이하게 여겨 일찍이 선비들에게 말하기를 "황 군은 어찌 더디 오는가?" 하였다. 소상을 마치고 비로소 와서 뵈었다. 사흘 뒤 마음과 이치가 합일하는(心理合一) 취지를 깨달았고, 서술하여 풀이하는(誦說) 말이 곧 선생과 어긋나지 않았다. 선생이 선비를 가르침은 가까이 바탕을 삼을 사람을 택하여서 특별히 좌우에 두고 때로 곁을 부축하여서 이끌거나 누르고 주저앉히고(頓挫) 나아가게 하였는데, 힘씀을 알면 또 그 서술하여 풀이하는 말을 꼼꼼하고 정성껏 익히게 하여서 자기와 어긋남이 없게 하였다. 선비로서 처음 온 사람은 먼저 뜻으로 이끌고 또 성정과 행실이 어떤지를 살펴서 점차 깨닫기를 기다린 뒤 서서히 함께 대면하여 말을 하였으므로 자신은 수고하지 않아도 남들은 쉽게 알았다. 군은 가장 먼저 조예가 깊어진 사람으로서 날마다 벗을 이끌어서 유익함을 얻었다. 그러므로 선생을 좇아 건으로 갔다가 월로 돌아가기에 이르기까지 차마 떠나지 못한 지 4, 5년이었다.[55]

---

55 『나홍선집羅洪先集』 권20 「명고운남청리사주사치사낙촌황공묘지명明故雲南清吏司主事致仕洛村黃公墓誌銘」.

황홍강과 동시에 선산의 하정인何廷仁(1483~1551)도 감에 와서 배움을 물었다. 그가 양명이 이미 병사를 제독하여 횡수와 통강으로 정벌하러 떠난 사실을 알고서 매우 실의에 빠져서 말하기를 "내가 마음 편히 거하고서 천천히 기다릴 수는 없다(我不能于于而居, 徐徐而俟也)."라고 한 뒤 즉시 양식을 싸서 남강南康으로 좇아가 양명에게 절하고 스승으로 삼았다.

나홍선은 「남경공부둔전청리사주사선산하공묘지명南京工部屯田淸吏司主事善山何公墓誌銘」에서 하정인이 남강으로 와서 수학한 일을 다음과 같이 언급하였다.

> 군의 처음 이름은 진秦이고 자는 정인廷仁이며, 만년에 이름을 행行, 자를 성지性之, 호를 선산善山이라 하였다. 양명 선생이 제독의 부절符節을 잡고 감에 주둔하였을 때 언제나 각지의 군자를 모아서 배움을 논하였다. 군은 황 군(*홍강弘綱)이 선생으로부터 들은 바가 있다는 말을 듣고서 개연히 말하기를 "내 백사白沙(진헌장)의 문하에 들지 못한 것이 한이었는데 선생은 지금의 백사이시다. 시각을 정하여 가서 뵈어야지 또 실수할 수 있겠는가!" 하였다. 벗들이 과거 공부에 이롭지 않다면서 막았으나 듣지 않았다. 선생이 통강을 정벌할 때 식량을 싸들고 따라가 남강에서 만나 보았다. 이때 계모의 상을 당하여 돌아가서 의연하게(斬然) 예로써 스스로를 단속하며(自度) 세속의 유행을 따르지 않았다. 선생이 듣고서 말하기를 "이는 능히 몸으로써 배움을 삼는 자이다."라고 하였다. 이윽고 '만물일체萬物一體'의 이론과 '치량지致良知'의 설을 전수하였다. 밤늦도록 사색을 하여 새벽이 될 때까지 자지 않았고, 홀연 깨달음이 있어서 …… 군은 제생으로서 선생을 섬겼는데 감에 있으면 감으로 달려가고, 남포南浦(*南昌)에 있으면 남포로 달려가고, 월越에 있으면 월로 달려갔으며 과거 공부는 조금도 염두에

두지 않았다.[56]

사실 하정인은 결코 혼자 감에 온 것이 아니었다. 그는 형 하춘何春 및 우도의 선비 관등管登과 함께 감에 와서 배움을 물었다. 『강희우도현지康熙雩都縣志』에 「하정인전何廷仁傳」이 수록되어 있는데, 하춘이 감에 와서 양명에게 배움을 물은 일을 상세하게 언급하였다.

> 하춘은 자가 원지元之이며 정인의 형이다. …… 왕수인 공이 건남虔南에 관부를 열었다. 춘이 아우 정인에게 말하기를 "이는 공맹孔孟의 적파嫡派이니 우리는 마땅히 북면北面해야 한다."라고 하였다. 이에 아우와 함께 스승으로 섬겼다. 고심하고 연구하며 먹고 자는 것을 거의 잊어버렸다. 이윽고 환하게(煥然) 깨달음이 있어서 말하기를 "마음의 본체가 저절로 고요해지면 모름지기 그윽하고 묵묵하게 존양하며 고요하되 움직이지 않음이 없다. 바로 움직이는 곳에 따라 성찰하여서 거의 선하게 되면 곧 순순히 채우고 길러나가되 만약 지나치게 얽매이고 검속되면 도리어 기운을 움직이게 된다. 거의 악하게 되면 곧 분발하여서 다스리고 만약 인순하여서 지나가면 곧 뜻을 잃어버린다. 뜻을 잃어버림은 잊어버림(忘)이며, 기운을 움직임은 미리 기약하고(正) 조장하는(助) 일이다. 참으로 시시각각 생각마다 선을 행하고 악을 없애는 것은 곧 맹자의 일삼음이 있고(有事) 의를 모으며(集義), 미리 기약하지 말고 잊어버리지도 말고 조장하지도 말라 한 것이다. 다시 무슨 감정을 한가하게 하여서 외부의 일에 이끌리는 것이 있겠는가!"

---

56 『나흠선집』 권20 「남경공부둔전청리사주사선산하공묘지명南京工部屯田清吏司主事善山何公墓誌銘」.

하였다. 양명자가 문에 들어온 사람들에게 말하기를 "하원지의 공부는 참으로 이른바 깊이 파고들어가서 자기 몸에 붙이는(近裏着己) 것이다."라고 하였다. 하루는 양명자에게 물어서 말하기를 "마음에는 움직임과 고요함이 있으나 도에는 움직임과 고요함의 사이가 없습니다. 그러므로 주자周子가 말하기를 '움직이되 고요함이 없고 고요하되 움직임이 없는 것은 사물(動而無靜, 靜而無動, 爲物)'이라 하고 또 '움직이되 움직이지 않고 고요하되 고요하지 않은 것은 신(動而無動, 靜而無靜, 爲神)'이라고 하였습니다. 또한 보이지 않고 들리지 않는 곳은 고요함이지만, 의념을 일으켜서 경계하고 두려워함은 고요함이라 할 수 없습니다. 숨어 있고 드러나고 미미하고 뚜렷한 것은 움직임이지만, 지극히 깊이 은미한 이치를 연구하여(極深硏幾) 마음을 놓치지 않으면 움직임이라 할 수 없습니다. 그러므로 소자邵子(소옹)가 말하기를 '한번 움직이고 한번 고요한 사이는 하늘과 땅과 사람의 지극히 오묘하고 오묘한 것인가(一動一靜之間, 天地人之至妙至妙者與)?' 하였습니다. 이로써 보면 사람은 천지의 마음이며, 성정性情은 천지의 동정動靜입니다. 뒤섞여서 사이가 없으니 군자는 시간(時)과 공간(地)에 따라 그 공功을 나누어 쓰는 것입니다! 그 공을 나누어 쓰는 것은 그 마음을 나누어 쓰는 것입니다. 하늘의 이치(天理)는 사이가 끊어지고 사람의 욕망(人欲)은 뒤섞인다고 한다면 정밀하고 한결같은(精一) 배움은 아마도 이와 같지 않습니다." 하였다. 양명자가 즉시 수긍하며 말하였다. "터득하였구나, 터득하였어(得之矣)!"[57]

또 「관등전管登傳」에서는 관등이 감에 와서 양명에게 배움을 물은 일을 다음과 같이 상세히 언급하였다.

---

57 『강희우도현지康熙雩都縣志』 권9 「하정인전何廷仁傳」.

관등은 자가 홍승弘升이며, 의천義泉은 별호이다. …… 약관에 『중용』의 '존덕성尊德性' 장을 읽고 환해져서(懌然) 말하기를 "인성은 본래 고명하며 하나라도 물욕에 빠지면 비천하고 어두운 것(卑闇)이 쌓인다(疇委),"라고 하였다. 이에 치지致知를 학문의 관건으로 삼고 부지런히 힘쓰며(亹亹) 게으름을 잊었다. 양명 선생이 건중에서 학문을 논한다는 말을 듣고 관등이 하정인·황홍강에게 말하기를 "옛날 이락伊洛의 연원이 실로 이곳에서 다시 시작되었습니다. 오늘날 성인의 도가 끊어지고 이어지는 관건이 여기에 있는 것입니까?" 하였다. 이에 하·황 등 여러 선생들과 함께 그에게서 수업을 받았다. 양명자는 한번 보고서 곧 문하에 들게 하고 말하기를 "홍승은 덕이 성대한 군자이다."라고 하였다. 격치의 요체를 말하자 황홀하게(恍然) 깨달음이 있었으며 마치 오랫동안 길을 헤매다가 비로소 고향으로 돌아온 듯하였다. 이로부터 성찰하고 체험하여서 밥을 먹는 동안에도 어기지 않았다(終食不違). 일찍이 말하기를 "사람이 이 도에 대하여 바람을 붙잡고 그림자를 잡으려는(捕風捉影) 것 같아서 참으로 알고 실제로 탐구한 적 없이 왕왕 반쯤 하다가 그만두어버린다(半上落下). 만약 앎이 참되면 행함이 그 가운데에 있다."라고 하였다. 양명자가 말하기를 "홍승은 도를 믿음이 지극히 독실하고 도에 들어감이 지극히 용감한 자라 하겠다."라고 하였다.[58]

우도의 선비 황홍강·하정인·하춘·관등(*나중에 또 원경린袁慶麟, 1455~1520)이 감에 와서 도를 묻고 배움을 얻었으며, 왕학의 참된 전승(眞傳)을 깊이 터득하고서 우도로 돌아간 뒤 양명의 왕학을 전파하고 선양하는 집단을 결성하였다. 그들은 황홍강, 하정인을 우두머리로 하여 강서에서 한 무리 강우 왕학

---

58 『강희우도현지』 권9 「관등전管登傳」.

의 중견 역량을 형성하였다. 그리하여 나중에 사람들은 절중과 강우의 왕학을 거론할 때 모두 '강에는 하·황이 있고, 절에는 전(전덕홍)·왕(왕기)이 있다(江有何黃, 浙有錢王)'고 칭찬하였다.

황홍강과 하정인의 뒤로 사방의 학자들이 꼬리를 물고 찾아왔다. 특히 12월에 양명이 통강을 평정하고 개선하여 감주로 돌아온 뒤 그의 문치무공의 명성이 크게 떨쳐져서 사방의 학자들이 더욱 건중으로 쏟아져 들어왔다. 12월에 양명이 감주로 돌아오자마자 정헌靖軒 설준薛俊(1474~1524)과 중리中離 설간이 설교薛僑(1523, 진사)·설중개薛仲鎧(종개宗鎧, 1498~1535) 등 아우와 조카들한 무리를 이끌고 옥산玉山에서 감주로 찾아와 배움을 묻고 수업을 하였다.

설준은 설간의 형으로서 양명의 학문을 특히 더 사모하였다. 양명은 말하기를 "상겸尙謙(설간)의 말을 들으니 기지己之(설준)가 형인 줄 알지 못하겠고, 상겸이 아우인 줄 알지 못하겠소. 기지는 일찍이 상겸의 스승이었고, 상겸은 일찍이 나를 스승으로 섬겼는데 뭇 자제와 조카들로 하여금 나에게 배우게 하였으며, 군도 직접 몸을 굽혀 찾아왔소."[59] 하였다. 이러한 설씨의 뭇 자제와 조카로 이루어진 '도를 묻는 단체(問道團)'는 바로 설준이 이끌고 감으로 찾아왔다.

설간은 「설정헌전薛靖軒傳」에서 다음과 같이 말한다.

아우 간은 양명 선생님(夫子)을 남강에서 모셨다. 과거에 급제하고 돌아와 그 설을 듣고서 탄식하여 말하기를 "옛날에 곤재崑齋 선생의 이론을 듣고 역시 옳게 여겼었다. 여기서 바로 사람의 마음이 지극히 같음을 알 수 있다. 성학이 여기에 있다!'라고 하였다. 마침내 아우 설교, 아들 종개宗鎧를

---

59 『왕양명전집』 권25 「제국자조교설상철문祭國子助教薛尙哲文」.

데리고 가서 그를 스승으로 섬겼다.[60]

설교는 「중리공행장中離公行狀」에서 더욱 상세하게 그들이 이때 감으로 와서 도를 묻고 수학한 사실을 기술하였다.

정축년에 정헌 공(설준)이 모친의 명을 받들고 서둘러 북으로 가서 진사에 급제하였다. 이해 나이 32세였다. 선생이 스스로 생각하기를 "벼슬은 도를 실행하는 수단인데 나는 나를 (내가 도를 실행할 수 있다는 것을) 믿지 못한다."라고 하였다. 이에 돌아가기를 아뢰어서 부모를 가까이서 모시라는 명을 얻어 회옥懷玉으로 갔다. 이때 태의인太宜人이 정헌 공의 관저에서 정양하였다. 선생은 몇 달 기거하면서 안색을 받들고 뜻을 따르며 효도로 봉양함이 더욱 순수하였다. 하루는 태의인이 말하기를 "내가 듣기에 효도는 뜻을 봉양함이 지극한 것이라 한다. 아이가 능히 충성을 다하여서 임금에게 몸을 바치고 도를 행하여서 백성에게 혜택을 끼침이 내 뜻이다. 나는 네 형의 봉양으로 편안하니 얼른 건虔으로 가서 다시 양명을 모시고 네가 배운 바를 마치라." 하였다. 정헌이 말하기를 "이는 마땅히 명을 따라야 한다."라고 하면서 아우 교 및 여러 조카들을 데리고 건으로 가서 거처한 지 1년 남짓이었다. 양명 공이 군무를 제독하면서 즐거이 모여 탐구하며 번거로움을 잊었다. 선생은 벗인 기유건冀惟乾(기원형)·곽천재郭淺齋(*곽지평郭持平)·양상봉梁象峰(*양작梁焯)과 날마다 나아가서 더 가르쳐주기를 청하였고, 물러나서는 밝혀서 처음 배우는 사람을 이끌었다.[61]

---

60 『설간집薛侃集』 권7 「설정헌전薛靖軒傳」.

61 『설간집』 부록 3 「중리공행장中離公行狀」.

설간은 나중에 자기가 이때 감에 와서 도를 묻고 배움을 얻은 1년 동안 기록한 어록을 모두 편집하여 『전습록』(*세 권)에 수록하였다. 설씨 가족 양대 사람들이 도를 묻고 배움을 얻은 일은 왕학의 영남 전파를 추동하였다.

설준·설간과 동시에 남해의 선비인 양작梁焯(1482~1528)도 풍찬노숙을 무릅쓰고(風塵僕僕) 감주로 와서 배움을 물었다. 양작은 정덕 9년(1514)에 진사가 되었다. 정덕 12년 12월에야 알선謁選(이부의 선발)을 얻어서 경사로 나아갔는데 길이 감주를 지나게 되어서 와서 양명에게 배움을 물었고 결국 차마 떠나지 못하여 건대虔臺에서 9개월을 머물렀다.

양명은 나중에 「별양일부서別梁日孚序」를 지어서 양작이 감에서 부지런히 노력하며 배움을 묻고 수업을 한 일을 다음과 같이 상세하게 언급하였다.

> 진사 양일부梁日孚(양작)가 가족을 이끌고 서울에서 알선을 받으려고 감을 지나다가 배를 멈추고 나를 만났다. 처음 더불어 말을 나누고 얼마 뒤 헤어졌다. 다음 날 다시 와서 더불어 말을 하였는데 해가 기울어서야 헤어졌다. 다음 날 또 와서 해가 어두워졌는데 차마 떠나지 못하였다. 또 다음 날은 숙소를 빌려서 수업을 청하였다. 같은 배를 탄 사람들이 오만 가지 이유를 들어 북쪽으로 가기를 강권하였는데 일부는 웃으면서 모두 대응하지 않아 떠들썩한 소리로 이상하다고 여기지 않는 사람이 없었다. 가장 친하고 아끼는 자도 말하기를 "그대가 만 리를 여행하되 동복僮僕을 경계하고 노자를 모으고 배와 노를 갖추고 또 식구들을 이끌고 한 해 동안이나 준비하여서 막 길을 나섰는데 길을 수백 리도 못 가서 중지하다니 이는 큰 고통이 있는 것이 아니라면 반드시 큰 즐거움이 있는 것인가? 그대는 나에게 말할 수가 있는가?" 하였다. 일부가 웃으며 말하기를 "내가 지금은 큰 고통이 있지만 역시 참으로 큰 즐거움이 있네. 그러나 그대에게 쉽게 말하지

못하네. 그대는 광증을 앓고서 상심喪心한 자를 아는가? 바야흐로 어지러운 환락을 추구하고 어리석고 흐리멍덩하며(昏逸瞋亂) 끓는 물이나 불에 뛰어들고 가시를 밟고서도 아랑곳하지 않고(恬然) 스스로 믿어서 옳다고 여기네. 훌륭한 의사를 만나서 청량한 음료로 시원하게 해주고, 신명한 약제를 투약하여야 비로소 소생하여 깨어난다네. 그가 이전에 한 일을 알려주면 비로소 깜짝 놀라서 괴로워하고, 좇아서 돌아가야 할 길을 보여주면 비로소 흔쾌히 기뻐하니 이런 사람을 늦게 만났다고 한탄하네. 저 광증을 앓으면서 회복하지 못한 자는 도리어 좇아서 비웃고 큰소리를 치며(哂啥) 자기의 정상 상태를 뒤바꾸었다고 여기네. 지금 나와 그대의 일이 역시 이와 다르겠는가!" 하였다. 얼마 뒤 내가 군려軍旅의 사역으로 나와서 일부를 멀리 떠난 지 두 달이 되었는데 일부가 이미 떠났을 것이라 생각하였다. 개선하였더니 뜻밖에도 일부가 기다리고 있었다. 여관에 노자를 맡겨두고 집안 식구는 고향으로 돌려보내고서 담담하게 즐거워하며 이대로 죽을 때까지 이어갈 듯하였다. 그의 배움을 탐문해보니 날로 밝히는 바가 있고, 달로 달라지는 바가 있었다. 그런 뒤에야 성인의 학문은 더욱 자포자기하지만 않는다면 이로 인해 이르지 않을 수 없다고 감탄하였다. 그리고 일부는 유속에서 벗어났으니 맹자가 말한 거의 '호걸'의 선비일 것이다. 다시 나에게서 석 달을 머물렀는데, 그 모친이 사람을 보내와서 말하기를 "잠시 북으로 가서 내 소원을 이루어준 뒤 네가 좋아하는 바를 따르라." 하였다. 일부를 아는 사람들도 번갈아 권하였다. 일부가 청하여 말하기를 "제(煒)가 어찌 하루라도 선생님(夫子)을 떠나서 다시 끓는 물과 불로 들어가고 가시를 밟겠습니까!" 하였다. 내가 말하기를 "그러한가? 그대는 성인의 도를 방체方體가 있다고 여기는가? 시간(時)에 구애되고 공간(地)에 제한된다고 여기는가? 세상에는 깨어 있는 사람으로서 다시 끓는 물과 불에 뛰어들고 가

시를 밟는 자는 있지 않네. 그대가 그 마음이 깨어 있기를 힘쓴다면 한갓 끓는 물과 불, 가시를 두려워하지 말라!" 하였다. 일부가 한참 뒤 말하기를 "제가 (성인의 도에) 가까워졌습니다. 성인의 도는 마음에서 구하는 것이므로 일에 의해 응체되지 않습니다. 이치에서 나오므로 사물에 의해 더럽혀지지 않습니다. 본성에 뿌리를 두므로 시간(時)에 의해 얽매이지 않습니다. 정신(神)으로 움직이므로 공간(地)에 한정되지 않습니다. 진실로 이것을 안다면 어디를 가든 배움이 아니겠으며, 어찌 반드시 선생님의 문에 늘 있어야만 하겠습니까? 청컨대 잠시 하직하고 북으로 갔다가 의심이 나면 다시 올바름을 구하겠습니다."라고 하였다. 내가 빙그레 웃으며 말하기를 "가까워졌구나, 가까워졌어(近之矣)!" 하였다.[62]

양명의 이 서문은 곧바로 그가 강서에서 사방 학자들에게 지적하여 알려 준 성인의 도, 착한 마음으로 복귀하는 강학론도의 대강大綱이며, 정확하고 깊이 있게 인심 구속의 복귀 사상의 정수를 개괄한 것이라 할 수 있다. 그가 보기에 인심이 타락하고 잃어버린 것은 '큰 괴로움(大苦)'이며, 인성 구속은 '큰 즐거움(大樂)'을 다시 얻은 것이다. 인심을 잃어버린 사람은 '마음을 잃고 광증을 앓는 자'이니 '훌륭한 의사(良醫)'가 성인의 도로 그를 '일깨워서(醒)' 구제하고 '회복(復)'시켜서 구제해야 한다. 마찬가지로 성인의 도는 마음에서 구하므로 일에 응체되지 않으니 몸으로 돌이켜서 선을 회복해야 한다. 성인의 도는 이치에서 나오므로 사물에 얽매이지 않으니 마음을 바로잡아(格心) 이치를 추구해야 한다. 이는 바로 양명이 이와 같이 세상을 일깨우고 세상을 경책하는 인심을 구속하고 (인심에) 복귀하는 사상으로서 사방의 학자들을 매

---

62 『왕양명전집』 권7 「별양일부서別梁日孚序」.

우 크게 끌어들였다.

정덕 13년(1518)에 양명이 삼리를 정벌하고 돌아온 뒤 더욱 많은 사방의 학자들이 감주로 몰려와서 도를 묻고 수업하였다. 추수익은 「전하선산선생문祭何善山先生文」에서 다음과 같이 말하였다.

> 예전에 양명 선사께서 건대庚臺에서 성학을 창도하여 한때 호걸들이 사방에서 멀다 않고 모여들었는데 마치 대침大寢(正寢)에 종이 울리는 듯, 목마른 무리들이 강물을 마시듯 …… 하였습니다. 광동에서는 설상겸(설간, 설자薛子)·설자수薛子修(설종개) 선생, 양일부(양작) 선생, 양사덕楊仕德(양기)·양사명梁仕鳴(양란楊鸞) 선생, 남기에서는 주도통周道通(주형) 선생, 초에서는 계유건季惟乾(기원형) 선생, 강우에서는 하유중夏惟中 선생, 주남중周南仲(주중周仲) 선생, 곽창수郭昌修(곽치郭治) 선생, 왕의학王宜學 선생, 이자용李子庸 선생 …… 같은 사람이 있었습니다.[63]

전덕홍은 『양명선생연보』에서 다음과 같이 말한다.

> 선생은 도적의 보루(賊壘)를 드나들며 편안히 거처할 겨를이 없었다. 문인 설간·구양덕歐陽德·양작·하정인·황홍강·설준·양기·곽치郭治·주중周仲·주충周衝·주괴周魁(*유괴劉魁라 해야 한다, ?~1549)·곽지평·유도劉道·원몽린袁夢麟(*원경린袁慶麟이라 해야 한다)·왕순붕王舜鵬·왕학익王學益(?~1561)·여광余光·황괴밀黃槐密(*왕괴밀王槐密이라 해야 한다)·황형黃鏊(*황오黃鰲라 해야 한다)·오륜吳倫·진직류陳稷劉·노부불盧扶黻·오학吳鶴·설교·설종전薛宗銓·

---

63 『추수익집』 권20 「전하선산선생문祭何善山先生文」.

구양욱歐陽彧이 모두 모여서 강론을 하며 흩어지지 않았다. 회군하여서 군사를 쉬게 함에(回軍休士) 이르러서 비로소 벗들에게 오로지 마음을 쏟을 수 있게 되자 날마다 더불어서 『대학』의 본지를 밝히고 도에 들어가는 방도를 가리켜 보였다.[64]

이는 정덕 13년 3월에 양명이 삼리를 정벌하고 돌아온 뒤의 정황을 나타낸다. 그러나 전덕홍은 각지에서 찾아와 배운 선비들 대부분을 빠뜨렸는데, 특히 강서 본성本省에서 와서 배운 선비들을 많이 빠뜨렸다. 이렇게 수많은 강서의 선비가 물밀 듯이 감주로 와서 도를 묻고 수학한 일은 강우의 왕학이 굴기하는 징조를 보였다. 육학의 전통이 심후한 이 강서라는 광활한 지방에서 왕학은 더욱 용이하게 마치 목마른 듯이 도를 구하는 강서의 선비가 신앙하고 받아들이는 바가 되었다. 그리하여 강서의 각 부와 현에서 대부분의 학자가 감주로 달려와서 배움을 물었다. 정덕 13년 양명이 '회군하여 군사를 쉬게 한' 뒤 전덕홍이 언급한 구양덕·구양욱·하정인·황홍강·곽치·주중·곽지평·원경린·왕순봉·왕학익·여광·오륜 등 외에도 더욱 많은 강서의 학자들이 사면팔방에서 건중으로 들어왔다.

태화泰和: 구양덕·구양욱·구양유歐陽瑜·구양열歐陽閲·유괴·왕사·이반李鏊·이강李絳·이창李淐

구양덕은 태화 사람이다. 그는 정덕 13년 4월 친아우 구양욱 및 족제族弟 구양유, 족형 구양열을 데리고 감에 와서 함께 배움을 물었는데, 이는 태화의 선비가 왕학을 숭상하는 마음의 소리를 표현한 것이다. 양명은 구양유를 한

---

64 『왕양명전집』 권33 「연보」 1.

번 보자 곧 이끌어 열어주며 말하기를 "마땅히 찐덥지 않아(欨然) 스스로 옳게(自是) 여기지 않을 뿐이다."라고 하였다. 구양유가 작별하고 돌아갈 때 양명은 그에게 '여섯 자 부적(六字符)'을 전수하였다. "상견자기불시常見自己不是(늘 스스로의 옳지 않음을 본다), 이것이 나의 여섯 자 부적이다."라고 하였다.

구양열은 신호가 이상한 움직임을 보이는 것을 알아차리고 양명에게 물었다. "시대의 여론은 장차 칠국七國의 변(강남 지역의 반란)이 있을 것이라 하는데 장차 어떻게 계책을 세워야 하겠습니까?" 양명이 그에게만 조용히 말하기를 "서생이 어찌 천하의 일을 가벼이 말하겠는가?『역』을 읽어서 마음을 씻어야 하겠다."라고 하였다. 그들은 모두 양명의 왕학을 태화에서 전승한 사람이 되었다.

유괴는 자가 환오煥吾, 호가 청천晴川이다. 그도 구양덕과 같은 시기에 감으로 와서 배움을 물었다. 구양덕은 「송유청천북상서送劉晴川北上序」에서 다음과 같이 말하였다. "양명 선생이 건대에서 학문을 창도하던 해에 나(某)는 청천자를 따리 날미다 수업을 하였다. 이때 묵좌징신하고 성정에 맡겨서 느긋하게 노닐었다. 시·서·예·악이 모두 신묘한 지혜가 더하고 기운과 몸으로 옮겨져서 함께 갖추어졌는데 마치 봄바람이 만물에 불어서 삶을 세우되 스스로 알지 못하는 것과 같았다."[65]라고 하였다. 유괴는 나중에 제자들에게 자기가 감에서 양명으로부터 가르침을 받던 상황을 다음과 같이 언급하였다.

> 매양 양명의 일화(遺事)를 들어서 문인들을 착하게 하였다. 말하기를 "양명은 남들을 아주 쉽고 빠르게 전향시켰다. 한 벗이 남과 소송을 하게 되어서 찾아와 시비를 물었다. 그러자 양명이 말하기를 '며칠 뒤 네가 마음이

---

65 『구양덕집』 권7 「송유청천북상서送劉晴川北上序」.

평온하고 기운이 고르게 되면 마땅히 너에게 말하겠다.' 하였다. 며칠 뒤 그 사람이 말하기를 '제자는 오늘 마음이 평온하고 기운이 고릅니다. 원컨 대 가르침을 주십시오.' 하였다. 양명이 말하기를 '이미 마음이 평온하고 기운이 고른데 또 무엇을 가르치랴!' 하였다. 벗들이 서원에서 투호를 하였 는데 양명이 지나가다가 불러서 말하기를 '근본을 벗어남을 그만두라.' 하 였다."라고 하였다. 양명의 언동과 기상에 대해 물었더니 선생이 말하기를 "다만 보통사람이었다."라고 하였다.[66]

동시에 감주로 온 태화의 선비로는 이반·이강·이창 및 왕정선王貞善의 한 갈래가 있다. 이반은 호가 주천선생珠泉先生이다. 그는 자기 형 이강, 아들 이창을 데리고 감으로 와서 배움을 물었다. 양명은 나중에 그를 초빙하여 건 학虔學의 교육을 주관하게 하여서 한때 감주의 학자들이 그 문에서 많이 나 왔다.

대유大庾: 유로劉魯·유재劉宰

유로와 유재는 모두 대유 사람이다. 구양덕은 대유에서 감으로 온 한 갈 래 선비들 중에서 가장 똑똑한 사람이 유로·유재 두 사람이라고 하였다. 그 들은 양명 심학의 가르침을 깊이 받았다. 이로부터 사화詞華를 깎아내고 심 성의 학문을 마음으로 탐구하였다. 유로는 다음과 같이 말하였다.

본성이 신령한 인식을 포함하므로 그 덕을 정신으로 밝히는 것은 재계齋戒 함에 뿌리를 둔다. 감정이 공능을 드러내므로 높고 두터운 업적은 충서에

---

66 『명유학안』 권19 「원외유청천선생괴員外劉晴川先生魁」.

서 쌓는다. 본성을 빠뜨리면 정신이 어두워지며 비록 견문이 많아도 의리를 정밀하게 하기에(精義) 부족하다. 감정을 파헤치면 재질이 편벽되어서 비록 쓰기에 이로워도 덕을 높이기에는(崇德) 부족하다. 또한 허공을 뚫어서 밝게 하니 그러므로 때를 씻어서 밝고 빛나게 하며, 색깔을 칠해서 비추려고 하는 형체의 그림자를 만들어낸다는 말은 듣지 못하였다. 마음은 비어서 신령하니 그러므로 욕망이 다하면 정신이 반응하는데, 자취를 붙잡아서 헤아릴 수 없는 변화에 비긴다는 말은 듣지 못하였다.[67]

유로와 유재는 대유에서 양명 왕학의 중견 제자가 되었다.

영도寧都: 뇌원賴元·뇌정賴貞·이경륜李經綸

이들은 모두 영도의 명사이다. 뇌원은 자가 선장善長, 호가 몽암蒙巖이다. 뇌정은 그의 아우이다. 이경륜은 영도읍의 상생庠生이다. 뇌원은 양명 심학의 가르침을 받고 영도 양명 왕학의 영수가 되었다. 황홍강은 유룡산劉龍山에게 보낸 편지에서 다음과 같이 말한다. "근래 영도의 벗들이 차례로 일어나 힘을 매우 쏟은 것은 모두 선장 한 사람이 창도하여서 이끈 공입니다."[68] 영도의 현령 진대륜陳大綸은 강당을 설치하고 뇌원을 수장으로 추대하였으며 제생 학자는 그를 유종으로 높였다. 나중에 뇌원은 고을 사람 몽천蒙泉 이대집李大集과 함께 청원산靑原山에서 강학을 하였고, 길안 선비들로부터 '이몽二蒙'으로 높임을 받았다.

---

67 『추수익집』 권25 「유현주묘지명劉玄洲墓志銘」.

68 『도광영도직례주지道光寧都直隸州志』 권22.

길수吉水: 주중·주여원周汝員·주문거周文炬·주여방周汝方·나침羅琛

주중은 자가 남중南仲이다. 주여원·주문거의 아버지이다. 그는 주여원·주문거를 데리고 두 차례 감에 와서 배움을 물었고, 추수익과 밀접한 관계를 맺었다. 추수익은 다음과 같이 「화주남중和周南仲」을 지어서 읊었다.[69]

울고대 위 염계의 학당	鬱孤臺上濂溪學
봄바람에 두 차례 함께 앉았지	兩度春風共坐之
헐뜯고 기림을 모두 한 차례 웃어넘겼고	盡把毁譽共一笑
종래 굶주림과 배부름 다시 누가 알랴?	從來飢飽更誰知
앵무새처럼 말을 하더라도 새일 뿐이고	言如鸚鵡猶爲鳥
도가 그릇에 있으니 모두 다 스승이네	道在盤盂擧是師
머리 돌리니 문강에 하늘은 지척이고	回首文江天咫尺
어느 날 조각배에서 그윽한 생각 말할까!	片帆何日話幽思

"봄바람에 두 차례 함께 앉았지"라는 구절은 주중이 두 차례 감에 와서 배움을 물은 사실을 가리킨다. 또한 "울고대 위 염계의 학당"이라 한 것은 주중이 울고대 위의 염계서원에서 수학한 일을 가리킨다.

용강龍岡의 주여방은 나홍선의 자형(姐夫)이다. 그는 양명학을 배우고 길수로 돌아가서 나홍선에게 매우 큰 영향을 미쳤다.

나침의 자는 송평松坪이다. 12세 때 제자원弟子員이 되었고, 양명이 감에서 강학한다는 말을 듣고 즉시 감으로 가서 양명에게 절을 하고 스승으로 섬겼다. 그리하여 나홍선은 나침을 길수나씨 큰 겨레의 '안자顏子'로 여겼다.

---

69 『추수익집』 권26 「화주남중和周南仲」.

『광서길수현지光緖吉水縣志』에 그와 양명의 한 차례 강학을 다음과 같이 기록하였다.

> 하루는 수인을 절(招提)에서 모셨는데, 수인이 묻기를 "종소리는 어떻게 두드리면 바로 소리가 나는가?" 하였다. 답하기를 "종이 비었으면 울리고 마음은 비었으면 영활합니다. 한 사물이 그 가운데를 채우면 종소리는 반드시 반응하지 않고, 한 가지 욕심이 가운데 걸리면 마음은 반드시 밝아지지 않습니다."라고 하였다. 수인이 매우 옳게 여겼다. 나홍선이 일찍이 탄식하며 말하기를 "우리 집안의 안자이니 이윤이나 주공을 구할 바가 아니다."라고 하였다.[70]

신건新建: 곽승郭昇·정도程度·장원상張元相·왕신王臣

곽승은 효도로 이름난 신건의 선비로서 경전에 밝고 예에 통달하였다. 그는 감으로 와서 양명의 가르침을 직접 듣고 터득하여서 『대학중용문답大學中庸問答』을 지었다. 나중에 순안巡按이 잇달아 그를 청하여서 백록동서원의 산장山長으로 삼았다.

장원상과 형 장원춘張元春, 아우 장원룡張元龍 세 사람은 일찍이 시로 명성을 떨쳤다. 장원춘이 산음山陰 지현의 직임에 있을 때 장원상은 이미 양명을 찾아와서 배움을 물었다. 양명이 감의 반란을 평정하였을 때 장원상은 비밀히 남창에서 감주로 와서 양명에게 신호의 반란 상황을 고변하였다. 신호는 장원상·장원룡을 체포하여 감옥에 가두었고 혹독한 형벌로 고문을 하였다. 양명이 신호의 반란을 평정한 뒤에야 그들을 감옥에서 구출하였다.

---

70 『광서길수현지光緖吉水縣志』 권36.

왕신은 자가 공필公弼, 호가 요호瑤湖이다. 양명에게 배움을 물음에 더욱 부지런하였다. 추수익은 그에 대해 말하기를 "나란히 양명 공에게 절을 하고 정밀한 사색과 힘써 증명하여서 헐뜯고 비방하는 소리가 난무하였으나 걱정하지 않았다. 때로 네다섯 동지와 사직단에 함께 거처하며 날마다 백록동으로 달려가서 아직 이르지 못한 것을 탐구하였고 마침내 시험에 합격하였다(中式). 비로소 고을 사람들이 강학의 유익함을 믿었다."[71]라고 하였다. 이들 신건의 선비는 왕학이 남창 지역에서 흥기하고 전파되는 데 매우 큰 영향을 미쳤다.

만안萬安: 곽지평·유업劉業·유도劉道·왕순붕

곽지평은 자가 수형守衡, 호가 천재淺齋이다. 그는 정덕 9년(1514)에 남옹南雍에 들어가서 학업을 마쳤고 이미 양명과 서로 알고 지냈다. 이때 다시 감으로 와서 양명의 학문을 전수받았다. 『전습록』에 그와 양명의 한 차례 중요한 강학론도가 기록되어 있다.

단봉丹峰 유업은 시문에 매우 뛰어났으며(工於詩文) 배움을 쌓아서 깊고 굉대하였고, 양명이 강학을 할 때마다 언제나 높은 좌석에 자리하였다.

오산五山 유도는 양명의 가르침을 받았고 예악과 형정에 뛰어났다. 나중에 운남 안찰사첨사를 지냈는데 '하늘의 곡식이 전남(운남)에 있는데 오산으로 왔다(天穀滇南, 來有五山)'는 아름다운 영예를 남겼다.

왕순붕은 양명의 가르침을 받은 뒤 쓴 것을 달게 여기고 담담하게 먹었으며, 돈독하고 질박하며 올바름을 지켰다. 만안의 고을 사대부, 박사, 제자와 함께 양명의 심학을 강론하였는데 죽을 때까지 게을리하지 않았다. 그들은

---

71 『추수익집』 권21 「광서참의요호왕군묘지명廣西參議瑤湖王君墓志銘」.

모두 만안 왕학 흥기의 '주도적 인물(領軍人物)'이 되었다.

감현贛縣: 유잠劉潛·여광·동구董歐

유잠은 자가 공소孔昭이며, 경전과 역사서를 널리 읽었고 품성이 단정하고 반듯하였다. 그는 동릉銅陵 현령을 지낼 때 양명이 감에서 강학을 한다는 말을 듣고 즉시 사직한 뒤 감주로 와서 배움을 물었다. 나중에 양명이 말하기를 "유 군이 배운 바는 실로 행사行事에 조치하는 것이니 마치 정자(정호程顥)가 진성晉城의 수령을 한 일과 같다. 애석한 것은 여(여공저呂公著) 공을 만나지 못하여서 배운 바를 크게 펼치지 못했을 뿐이다."[72]라고 하였다.

여광은 자가 집지緝之이다. 어려서부터 시서를 전공하여 읽었으며 각고면려하였다. 근래 양명에게 배움을 물었고 홀로 얻은 바가 있었다. 나중에 광서 남녕부 동지南寧府同知를 지냈다. 안남의 반란을 평정하는 데 공을 세웠으며 남경 형부원외랑으로 승진하였다. 향리로 돌아가 20년 동안 거처하면서 강학론도를 하며 스스로 즐겼다.

동구는 자가 희영希永이며 호가 구빈주인九賓主人이다. 그는 양명의 가르침을 받고 만물일체의 취지를 깊이 터득하였다. 추수익은 「구빈주인변九賓主人辨」에서 만물일체의 가르침을 깊이 터득한 이 구빈주인을 다음과 같이 칭송하였다. "양명 선사가 건에서 창도하였는데 나는 희영과 함께 만물일체의 학문을 들었다. …… 좋다, 구빈자 희영이여! 이는 육일六一(구양수歐陽修)로부터 전해온 것이 아닌가? 내 장차 무엇으로 그대를 찬양할까? 만물일체의 가르침에서일 것이로다!"[73]

---

72 『동치감현지同治贛縣志』 권34.

73 『추수익집』 권17 「구빈주인변九賓主人辨」.

안복安福: 추수익·곽치·오륜吳倫·유빈조劉賓朝·장숭張崧·왕학익·유병감劉秉鑒·장오산張鰲山·왕조王釗·왕경王鏡·왕주王鑄·왕호王皞·왕휘王暉·유문민劉文敏(1490~1572)·유경부劉敬夫·유양劉陽·유조곤劉肇袞·유방채劉邦采(1490?~1578)·유독수劉獨秀·역관易寬

'성인에게 조회하고 도를 묻는(朝聖問道)' 감주로 가는 길에서 안복으로부터 온 선비들 집단은 가장 눈부시게 사람들의 주목을 끌었다. 강서의 각 부와 현에서 감으로 와서 배움을 물은 학자는 의외로 안복이 가장 많았다. 일개 작은 현의 학자들이 집단을 이루어 감으로 와서 (양명을) 스승으로 모시고 배움을 묻고 수업을 하였으니 안복에서 왕문 제자의 단체가 빠른 속도로 많이 출현한 일은 강우 왕학이 굴기하는 역사화 두루마리의 한 폭 기이하고 독특한 문화적 풍경의 선을 이루었다. 그리하여 추수익조차 말하기를 "예전에 양명 선생님이 건에서 창도하여 각지의 호걸이 모두 모였는데 …… 한때 의기투합하여서(聲應氣求) 사사로이 (스스로를) 착하게 하고(私淑) 함께 더불어서 참여하니 길군吉郡은 사방에서 가장 뛰어났고, 안복은 길군에서 가장 뛰어났다."[74]라고 하였다.

안복의 왕학 제자들은 추수익을 영수로 삼고 의기투합하였으며 활약이 뛰어나서 강우 왕학의 '남쪽 하늘의 한 기둥(南天一柱)'을 이루었다. 곽치는 호가 중주中洲이며 추수익과 동년이다. 그는 구양덕·유괴와 함께 감에 와서 배움을 물었고 또 추수익과 함께 돌아갔다. 추수익은 「건건소잠乾乾所箴」에서 다음과 같이 말하였다. "양명 선생님께서 건주에서 강학을 하셨는데 중주의 곽 선생 창수昌修(곽치)가 청천 유 선생 환오煥吾(유괴), 남야南野 구양 선생 숭일崇一(구양덕)과 함께 찾아가서 배웠다. 그 뒤 효풍孝豐의 현령이 되었다가

---

74 『추수익집』 권21 「팽자암묘명彭子闇墓銘」.

울림鬱林의 수령으로 옮겼으며 스승의 가르침을 널리 퍼뜨려서 그 선비와 백성을 매우 올바르게(宜) 하였다."[75]

구양덕과 함께 와서 배움을 물은 오륜은 도를 배움에 가장 성실하고 돈독하였다. 양명의 묵좌징심, 정전동직靜專動直 공부의 대지를 터득하였다. 구양덕은 「오백서권吳伯敍卷」에서 다음과 같이 말한다.

> 선사 양명 선생님(夫子)께서 건에서 강학하여 정전동직의 요지를 밝혔다. 그러나 그 가르침을 들은 자는 저마다 자기 생각으로 배움을 삼아 이른바 참된 고요함과 참된 움직임(眞靜眞動)을 탐구하여 알지 못하였다. …… 예전에 오 선생 백서(오륜)는 사문에서 뜻을 가장 독실하게 행한 사람으로 일컬어졌다. 때로 얼어붙은 듯이 단정히 앉아서 정신을 맑게 하고 마치 안을 돌아보는 것 같았다. 벗들이 고요함에 치우치는가 하고 의심하였다. 이듬해(比歲) 남웅에서 만났는데 오 선생은 이미 옛 전철을 바로잡아서 다시는 안을 옳게 여기고 밖을 그르게 여기며 고요함을 기뻐하고 움직임을 싫어하는 자가 되지 않았다.[76]

장숭은 호가 추거秋渠이다. 널리 배우고 문장이 풍부하였으며 양명에게 도를 물어서 충실하게 터득함이 있었다. 돌아가 『총록叢錄』, 『삼전三傳』, 『성리性理』, 『통감절요通鑑節要』 등을 저술하였다. 추수익은 「서안복총록敍安福叢錄」에서 다음과 같이 평론하였다.

---

75 『추수익집』 권17 「건건소잠乾乾所箴」.

76 『구양덕집歐陽德集』 권9 「오백서권吳伯敍卷」.

추거 장숭 선생은 옛날의 역사 기록을 상고하고 전기傳記를 수집하며 널리 산골짜기의 시골 노인들에게 물어서 모두 22권으로 만들었다. …… 전에 내가 동지 유조곤 선생, 왕주 생의 무리와 의논하기를, 저마다 보고 들은 것을 기록하고 크고 작은 것들을 모두 모아서 기록하여 …… 추거자秋渠子 는 홀로 서서 성취하였다.[77]

유병감은 호가 인산印山이다. 감에 와서 도를 묻고 평생 명예와 절조(名節) 를 갈고닦았으며 정기가 늠름하였다. 거당巨璫(권력을 장악한 환관)의 비위를 거슬러 조칙으로 감옥에 갇혔으나 굽히지 않았다. 소주韶州 통판으로 폄적되 었다. 겨레붙이 삼오三五 유양劉陽이 그를 평가하기를 "선배가 말하기를 명예 와 절조가 한번 변하면 도에 이른다고 하였다. 인산은 일찍이 명예와 절조를 갈고닦아서 꼿꼿하여 굽히지 않았으며, 생사에 임해서도 흔들리지 않았으니 마땅히 변하여서 도에 이르는 것이 어렵지 않다."[78] 하였다.

왕조·왕경·왕주 삼형제는 함께 감으로 와서 양명에게 수학하고 나중에 추수익에게서 학업을 마쳤다. 세 사람 모두 의지와 행실이 굳고 확실했으며, 평생 형악서원衡嶽書院, 석고서원石鼓書院, 백록동서원 등을 오가며 부지런히 강학을 하였다. 추수익은 '도모이륙道侔二陸(도가 두 육 선생과 나란하다)'이라는 편액을 증정하였다.

왕학익도 안복 석음회惜陰會의 왕문 중견 제자이다. 자는 우경虞卿이며 호 는 대확大廓이다. 몽강산蒙岡山에 집을 짓고 열심히 글을 읽으며 스스로 면려 하였다. 그는 감에 와서 배움을 묻고 양명으로부터 직접 교육을 받았으며, 안

---

77 『추수익집』 권4 「서안복총록敍安福叢錄」.

78 『명유학안』 권19 「어사류삼오선생양御史劉三五先生陽」.

복 몽강산으로 돌아가 학문을 강론하였다. 양명은 그를 위해 「몽강서옥명蒙岡書屋銘」 한 수를 지었다.[79]

이 사람 집을 지으니	之子結屋
산을 등지고 못에 임했네	背山臨潭
산 아래 샘이 솟으니	山下出泉
역의 몽괘가 점이라네	易蒙是占
행실을 과단성 있게 하여 덕을 기르며	果行育德
성인의 공부가 거기에 기초를 두네	聖功基焉
너는 삼태기 하나로 공을 허물지 말고	無虧爾簣
네 근원을 흐리게 하지 말라	毋淆爾源
전전긍긍하며	戰戰兢兢
이 격언을 지키라	守玆格言

안복으로부터 와서 배운 수많은(濟濟) 선비들 가운데 또 안복 유씨의 자제들이 무리를 이루어 감에 와서 배움을 물은 일은 사람들의 많은 이목을 끌었다. 그들은 안복 유씨의 '문도단問道團'을 조직하였는데 가장 큰 문도와 수학은 정덕 13년(1518) 겨울에 양봉兩峯 유문민, 반주半洲 유경부, 삼오 유양, 석봉石峯 유조곤, 사천獅泉 유방채, 호산湖山 유독수(*이 밖에 태산台山의 역관이 있다) 등의 명사가 동시에 감에 와서 1개월 남짓 배움을 물은 것이다.

왕기王畿는 「반주유공묘표半洲劉公墓表」에서 사람들이 잘 알지 못하는 이 사실을 다음과 같이 제기하였다.

---

79 『동치안복현지』 권18 「몽강서옥명蒙岡書屋銘」.

공의 휘는 경부敬夫이며 자는 경도敬道, 별호는 반주이다. 태어난 날 저녁
에 아버지 일주옹—洲翁은 장남헌張南軒(장식)이 집에 찾아온 꿈을 꾸고서
이로부터 이름을 지었다. …… 공은 성품과 자질이 고요하고 묵묵하였으
며 교유에 신중하여서 유양봉(유문민)·석봉(유조곤)·역태산(역관)·유사천(유
방채)·삼오(유양) 군 등 호산湖山의 여러 군자들 외에는 함께하는 바가 드물
었다. 이때 양명 선사께서 건대에서 학문을 창도하였는데 공이 여러 군자
와 함께 찾아가 좇으며 한 달 남짓 강의를 들었다. 처음에는 믿었고 중간
에는 의심하였으나 끝내 그곳에서 학업을 마쳤다. 동지에게 말하기를 "내
가 전에 믿었던 것은 남을 믿은 것이지 스스로를 믿은 것이 아니다. 중간
에 의심한 것은 남을 의심한 것이 아니라 스스로를 의심한 것이다. 끝내
믿은 것은 바로 스스로를 믿은 것일 뿐이다. 믿었으므로 의심하였고 의심
하였으므로 믿었던 것이다(信故疑, 疑故信)."라고 하였다.[80]

왕기가 유경부의 묘표를 지은 것은 유씨 집안사람이 제공한 행장에 근거
한 것이다. 따라서 그의 서술은 믿을 만하다. 전덕홍은 『양명선생연보』에서
안복 유씨가 감에 와서 배움을 물은 사실을 언급하지 않았는데, 이는 분명히
정덕 13년에 안복 유씨가 감에 와서 배움을 물은 일을 가정 3년(1524) 안복
유씨가 월에 와서 배움을 물은 일과 뒤섞어 하나로 파악한 것이다.

왕시괴王時槐(1522~1605)는 「어사유선생양전御史劉先生陽傳」에서 정덕 13
년에 안복 유씨가 감으로 와서 수학한 사실을 다음과 같이 분명히 말하였다.

삼오 유양 선생은 자가 일서—舒이며 …… 약관에 팽석옥彭石屋(*팽잠彭簪,

---

80 『왕기집王畿集』 권20 「반주유공묘표半洲劉公墓表」.

1507, 거인)과 유매원劉梅源(*유효劉曉) 두 선생에게서 수학하였는데 두 선생이 그릇으로 중히 여겼다. 양명 왕 공이 건虔을 안무할 때 선생이 자주 사모하여서 그 사람을 한번 보고 그에게 배우고자 하였다. 매원 선생은 본래 왕 공의 제자였기에 그 사이에 어록을 보여주어서 (유양은) 더욱 가보고자 하다가 마침내 건으로 찾아갔다. 섣달 그믐날 밤 야수野水에 배를 정박하였는데 바람과 눈이 푸슬푸슬 날리고 이가 딱딱 부딪히고 손가락이 마비되어서 굴신을 할 수 없었는데 선생이 돌아보고 정이 넘치게(津津) 기뻐하였다. 설날 아침에 왕 공을 뵙고 제자로 자처하였다. 왕 공은 그의 키가 훤칠하고 눈썹이 또렷하며(修幹疏眉) 표표히 세상을 초월한(世外) 자태를 보고서 돌아보며 제생에게 말하기를 "이 사람(子)은 마땅히 청복淸福을 누릴 것이다."라고 하였다. 이윽고 또 선생에게 말하기를 "지극히 가난하고 지극히 천한 것을 달갑게 여길 수 있는 자는 바로 성인이라 할 수 있다."라고 하였다. 선생이 무릎을 꿇고 가르침을 받았다. 이로부터 날마다 두 차례 찾아뵈었고 물러나서는 기원형과 서로 절실하게 탐구하였다. 달을 넘겨서 하직하고 돌아갔다. 이에 앞서 독학사자督學使者가 왕 공과 의견이 합치하지 않았는데 그를 비판하는 책문策問을 출제하였다. 선생은 정학을 밝힘을 논지로 삼았다. 뭇사람이 말하기를 선생이 마지막(殿)일 것이라고 하였는데 선생은 의외로 으뜸으로 선발되었다.[81]

유양은 석옥 팽잠, 매원 유효의 제자이다. 유효는 일찍이 정덕 9년(1514)

---

[81] 『국조헌징록』 권65. 석옥 팽잠, 매원 유효는 모두 양명의 제자이다. 전덕홍의 『양명선생연보』에 "길안에 이르러서 사우士友와 나천蝶川에서 크게 모였다. 제생 팽잠·유양·구양유歐陽瑜 등이 옛날에 종유했던 300여 명과 함께 나천의 역에서 맞이하였다. 선생이 서서 담론을 하였는데 피곤해하지 않았다."라고 하였다. 『왕양명전집』 권35 「연보」 3.

에 이미 남도에 와서 양명에게 배움을 물었다. 이때는 분명히 유효가 안복 유씨의 여러 자제를 감으로 데리고 와서 배움을 물은 시기이다. 유조곤은 자가 내중內重이며 호가 석봉이다. 왕시괴는 「이현사기二賢祠記」에서 그가 감으로 찾아와 배움을 물은 일을 다음과 같이 말하였다.

> 이윽고 오 군 강재康齋(오여필吳與弼, 1391~1469) 선생의 풍모를 사모하여 그의 책을 얻어서 기뻐하며 읽었다. 양명 왕 공이 건중에 부府를 열자 즉시 가서 수업을 하였다. …… 추 문장공文莊公(추수익)과 서로 사이가 좋았다. 그러나 공의 행위를 봄에 조금이라도 마음에 흡족하지 않으면 거리끼지 않고 반드시 직언을 하였으므로 이로써 공이 더욱 중히 여겼다.[82]

유독수는 자가 고송孤松이며 호가 호산이다. 『동치안복현지同治安福縣志』에 그가 감으로 와서 배움을 물은 일을 다음과 같이 기술하였다. "유독수는 자가 고송이다. 성품이 배움을 좋아하였고 뭇 서적을 깊이 통달하였으며 명성이 알려져서 등용되기를 구하지 않았다. 일찍이 왕수인에게서 수학하였다. 천리를 보존하고 인욕을 막는(存遏) 공부가 홀로 지극하였다고 일컬어졌다."[83]

역관은 자가 율부栗夫이며 호가 태산台山이다. 역시 『동치안복현지』에 그가 감으로 와서 수학한 일을 다음과 같이 언급하였다. "역관은 행실이 고아하고 독실했으며 자주 생필품이 부족했으나 태연하였다. 일찍이 왕수인과 추수익에게서 사사하였고 저서에 『석의釋義』 한 편이 있다."[84] 추수익은 「봉설

---

82 『동치안복현지同治安福縣志』 권17 「이현사기二賢祠記」.

83 『동치안복현지』 권11.

84 『동치안복현지』 권10.

증역자독학지촉鳳說贈易子督學之蜀」에서 그를 다음과 같이 칭찬하였다. "역률부 선생은 재능이 탁월하고 의지가 곧으며 현자를 섬기고 인한 사람을 벗하며, 개연히 봉황(九苞)이 천 길 높이 나는 홍취가 있었고 춘경春卿(禮部)의 위의가 있었다. 공경이 그의 행의行誼를 천거하여서 새서璽書를 받들고 촉蜀에 가르침을 펴고 교화를 베풀었는데 이는 설契과 주공, 소공의 중한 임무가 아니겠는가?"[85]

유방채는 자가 군량君亮이며 호가 사천師泉이다. 왕시괴는 「사천유선생방채師泉劉先生邦采」에서 다음과 같이 말하였다. "양명 공이 처음 남경 홍려가되었을 때 길군吉郡의 선비가 아직 문하에 들어오지 않았는데 오직 선생의조카 효가 가장 먼저 수학하였고, 돌아가서 선생께 말하기를 늙을 때까지 함께 배우고 쇠하지 않겠다 하니 선생이 늘 그를 일컬어서 '좋은 곡식의 종자(嘉穀之種)'라고 하였다."[86] 유효는 남도로 가서 양명에게 배움을 구하고 정덕9년(1514)에 돌아갔는데, 왕시괴는 여기서 유방채가 감에 가서 양명에게 배움을 구한 사실을 누락하였다.

유문민은 자가 의충宜充이며 호가 양봉이다. 그는 가정 2년(1523)에 안복유씨의 자제 유문쾌劉文快·유문개劉文愷·유문제劉文悌·유문협劉文協·유자화劉子和·유계권劉繼權·유호劉祜·유폭劉爆·유식劉熄(*구류九劉)과 함께 월로 가서 배움을 묻고 수업을 하였는데, 후세 사람들은 이때 배움을 묻고 수업한 일을 그가 정덕 13년(1518)에 감으로 와서 배움을 묻고 수업한 일과 혼동하였다. 그 결과 유문민이 정덕 13년에 감으로 와서 배움을 물은 일은 잊히고 알려지지 않게 되었다. 실제로 유문민은 정덕 13년에 감으로 찾아온 안복 유씨

---

85 『추수익집』 권8 「봉설증역자독학지촉鳳說贈易子督學之蜀」.

86 『국조헌징록』 권85 「사천유선생방채師泉劉先生邦采」.

의 '문도단' 중에서 영수의 인물이며, 배움을 묻고 돌아오자 매우 빨리 안복 왕학의 중견 제자가 되었다.

안복에서 양명 왕학의 문인 집단 형성은 강우 왕학이 굴기하는 가장 밝고 고운 서광曙光이었다. 안복 선비들의 영향을 받아 강서와 기타 부, 현에서 감으로 찾아와 배움을 묻는 선비도 날로 점점 많이 증가하였다. 임천臨川의 진구천陳九川(1494~1562), 신풍信豊의 여경餘慶, 홍국興國의 사괴謝魁, 영신永新의 유공우劉孔愚, 영풍永豊의 나문병羅文炳, 우도雩都의 원경린袁慶麟 등이 감에 와서 수학한 사실은 양명 왕학이 전체 강우에 널리 전파되고 깊이 파고들었음을 뚜렷이 보여준다. 더욱 주의할 점은 정덕 13년에 양명 사상이 '양지'의 학을 배양하였고 심학에서 중대한 새로운 전환점을 맞이하게 했다는 사실이다. 정덕 14년에 그는 곧 처음으로 '치량지'의 새로운 학설을 제출하였는데, 가장 먼저 강우에서 전파하여 강서로부터 찾아와 배운 선비가 받아들인 것이다.

양명의 이 중대한 사상의 비약은 또한 강우 왕학이 심화 발전하는 방향을 유력하게 규정하였다. 추수익이 4월에 감주로 와서 배움을 묻고, 진구천이 8월에 남창으로 와서 배움을 물었는데 이는 모두 이미 경건한 마음으로 '양지'설의 새로운 가르침을 받은 것이다. 육씨 심학의 유학 학맥 전통이 유구한 강우의 대지에서 다시 양명 '양지'학의 새로운 기풍을 먼저 얻었다. 그리하여 정덕 12년에 양명이 감주에서 시작한 강학론도가 강우 왕학의 생성 기점을 나타내는 지표라고 한다면, 정덕 14년에 추수익, 진구천이 감주와 남창으로 와서 '양지'의 새로운 가르침을 받은 일은 강우 왕학의 진정한 굴기를 나타내는 지표이다. 강우 왕학은 일시에 매우 빠르게 절중 왕학의 기세를 초월하였다. 양명은 가장 먼저 강우의 대지에 '양지'학의 씨를 흩뿌렸고, 아울러 이와 같은 강우 왕학의 굴기 가운데에서 자기 평생의 학문 사상에 제1차 총결을 내렸다.

심체心體를 체인하다 :
평생 학문 사상의 제1차 총결

　강서에서 긴장되고 번잡한 정벌과 반란 평정의 군려軍旅 생활 가운데에서 양명은 여전히 담약수와 함께 한 발 더 나아가 강학론도를 전개할 것을 잊지 않았다. 양명과 담약수, 그 두 사람의 강학 논전이 양병으로 하여금 전국 각지에서 감으로 온 학자들과 함께 강학론도를 하도록 견인하였고, 또한 양명이 직접 자기 평생 학문의 제1차 총결을 하도록 이끌었다고 말할 수 있다. 용강龍江의 회합에서 제출한 두 가지 토론 문제는 '부처와 노자를 의심하지 않는다(不疑佛老)', '밑바닥까지 모두 공하다(到底是空)'와 '처한 상황에 따라 천리를 체인함(隨處體認天理)'으로서 실제로는 결코 완전히 해결할 수 없는 문제였다. 그리하여 강서에서 양명과 담약수의 강학론도는 여전히 이 두 가지 문제를 바탕으로 전개되었다.

　'부처와 노자를 의심하지 않는다'와 '밑바닥까지 모두 공하다'의 문제에서 양명은 정덕 12년 정월 감주에 도착한 뒤 일찍이 직접 글을 써서 담약수를 일깨워주며 여전히 '불교를 배척하지 않는다(不辟佛老)', '밑바닥까지 모두 공하다(到底皆空)'라는 설을 견지하였는데, 이는 그의 「간영불소」의 논조와 일치한다. 담약수는 4월의 회신에서 다음과 같이 말하였다.

연초(前葉)에 손수 써서 가르침을 주신 글을 받으니 그 가운데 '불교를 배척하지 않는다' 및 '밑바닥까지 모두 공하다'라는 말씀을 하셨는데 아마도 별도로 목적이 있을(恐別有爲) 것입니다. 저(不肖)는 머리가 굳고 둔하여서 높고 원대한 가르침을 깨닫지 못합니다. 비록 작은 차이가 있는 듯하지만 우리 형께 얻은 것이 많습니다. 이 한 절은 마땅히 차분히 받아들이고 기다렸다가 다른 날 재회하여 서로 토론해야 할 것입니다.[87]

"별도로 목적이 있을 것입니다."라고 한 말은 암암리에 양명이 「간영불소 諫迎佛疏」를 올려서 제출한 삼교동원三教同源, 불벽불씨不辟佛氏 사상을 가리킨다.

담약수는 나중에 다음과 같이 말한다.

형은 감의 군사를 어루만지고 나는 병으로 초려에 누워 있었지요. 방 선생(方子)이 함께 와서 형에게 말하기를 "배움은 결국 공허해졌으니 같음을 추구하고 다름을 따지는 책임이 지금 공에게 있습니다." 하였소. 내가 말하기를 "어찌 감히 어리석은 충정을 다하지 않겠소만, 공한 것은 실하지 않음이 없으니 천리가 유행하는 것입니다." 하였소. 형은 '그렇지 않다' 하고 '신선과 부처를 따져봄에 천리 두 글자가 어찌 여기서 나오겠는가?' 하였소. 내가 말하기를 "배움이란 기술을 가리는 것(擇術)보다 먼저 할 것이 없으니 무엇을 먹으면 살고 무엇을 먹으면 죽는지 모름지기 먹을거리를 변별해야 합니다." 하였소.[88]

---

87 『천옹대전집』 권9 「답왕양명서答王陽明書」.

88 『천옹대전집』 권57 「전왕양명선생문奠王陽明先生文」. 兄撫贛師, 我病草廬. 方子來同, 謂兄

바로 이때 두 사람이 도교와 불교의 문제를 놓고 토론하였는데 학설이 합치하지 못했음을 가리킨다.

양명은 이 문제에 대해 정면으로 회답하기를 피하였다. 그리하여 그들 두 사람의 강학 토론은 나중에 주로 '처한 상황에 따라 천리를 체인하는(隨處體認天理)' 문제를 놓고 전개되었다. '수처체인천리' 문제는 역시 어떻게 '격물'할 것인가, 하는 문제로 귀결된다. 마음에서 천리를 체인할 것인가(*양명), 아니면 사물에서 천리를 체인할 것인가(*감천)? 심체心體를 체인할 것인가, 아니면 심물心物을 체인할 것인가?

전자는 '심일분수心一分殊'의 문제로서 격물을 정심으로 삼는 심체체인이니, 이를 위해 양명은 '입지立志(*立心)'설을 주장하였다. 후자는 '이일분수理一分殊'의 문제로서 격물을 궁리로 삼는 분수체인이니, 이를 위해 담약수는 '수처체인천리'설을 주장하였다. 이에 두 사람이 '처한 상황에 따라 천리를 체인하는' 인식에서 갈라지게 된 것이 바로 '입지'설과 '이일분수'설의 모순과 대립으로 바뀌었다.

5월에 양기가 감주로 와서 배움을 물었을 때 양명은 곧 그를 향해 그의 '입지'설과 담약수의 '이일분수'설의 대립을 말하였고, 양기는 양명의 이 설법을 담약수에게 알려주었다. 담약수는 즉시 양기에게 회신을 하여 자기 관점을 말하고 양명에게 전달해주기를 바랐다.

> 편지에서 물으신 바 입지立志에 관한 양명의 가르침은 저의 견해인 이일분수의 설과 본래 병행하며 서로 어긋나지 않습니다(本竝行而不悖者). 입지는

有言, 學竟是空, 求同講異, 責在今公. 予曰豈敢, 不盡愚衷? 莫空匪實, 天理流行. 兄不謂然, 校勘仙佛, 天理二字, 豈由此出? 予謂學者, 莫先擇術, 孰生孰殺, 須辯食物.

그 뿌리이며 이일분수는 바로 착수하여서 공부를 하는 곳입니다. 대체로 세우려는 바의 뜻은 이것을 뜻하는 것일 뿐입니다. 만약 이 이치를 보지 못한다면 뜻하는 바가 어떤 일인지 알지 못합니다. 예컨대 사람이 경사로 가려고 한다면 이것이 입지입니다. 경사에는 허다한 문물이 있으며 선왕의 예악이 끼친 교화(遺敎)는 하나하나 모두 지극한 이치를 갖고 있으니 이 것이 이일분수의 설입니다. 오직 이것이 사모할 만하고 즐길 만함을 알기에 이로 인해 뜻이 더욱 독실해지며 반드시 이르기를 추구하여서 저절로 그만둘 수 없는 것입니다. 중간에 마음을 배운다는(學心) 말은 아주 커다란 병폐가 있으니 성인의 취지가 아닙니다. 더욱 반복하여서 생각하고 양명에게 질정해보십시오. 말을 다하지 못합니다.[89]

양명의 입지설은 그의 '심일분수'에 입각하여 일체 마음에서 이치를 체인하고 심체를 체인할 것을 강조한다. 그리하여 그는 "이 도를 실제로 보려면 모름지기 자기 마음에서 체인해야지 바깥에서 구하고서 비로소 터득하기를 구하지 않는다(要實見此道, 須從自己心上體認, 不假外求始得)", "모름지기 심체에서 공부를 해야 한다(須於心體上用功)", "모름지기 돌이켜서 마음에서 체득하여 얻는다(須反在自己心上體當)", "자기 심체를 보아서 터득하면 어느 때 어느 곳이나 할 것 없이 이 도 아님이 없다(見得自己心體, 卽無時無處不是此道)", "천리를 체인함은 다만 자기 마음의 터전에 사사로운 뜻이 없게 하는 것이다(體認天理只是要自心地無私意)", "다만 자기 마음의 본 바를 체득할 뿐 마음 바깥에 별도로 볼 것이 있는 것이 아니다(只是體當自心所見, 不成去心外別有箇見)"라고 반복적으로 말한다.

---

89 『천옹대전집』 권8 「여양사덕與楊士德」.

담약수의 '처한 상황에 따라 천리를 체인한다'는 설은 그의 '이일분수'에 입각하여 일체 때에 따라 곳에 따라 사사물물에서(*분수) 이치를 체인할 것을 강조한다. 비록 그도 마음 바깥에 사물이 없으며 사물은 마음속의 사물을 가리키고 격물은 마음속의 사물을 격格하는 것을 강조하지만, 역시 천리를 체인함은 '마음'을 체인하는 것이 아니라 마음속의 '사물'을 체인하는 것이며, '분수체인'은 마음속의 사물을 체인하는 것이라고 인식하였다. 간단히 말해 양명의 '심일분수'는 심체를 체인하는, 곧 '마음을 체득하는(體心)' 철학이며, 담약수의 '이일분수'는 심물心物을 체인하는, 곧 '사물을 체득하는(體物)' 철학이다. 심체와 심물(*이일理一과 분수分殊)은 체와 용의 관계이며 본체와 공부의 관계로서, 심체체인은 본체로부터 착수하며 심물체인은 공부로부터 착수한다. '이일분수'에서 양명이 심체체인(*理一)을 더욱 중시하였다면 담약수는 심물체인(*分殊)을 더욱 중시하였다고 할 수 있다.

담약수의 '이일분수'의 '사물 체득(體物)'에 대한 특징을 가장 분명하게 언급한 것은 담약수가 7월에 육징陸澄(1517, 진사)을 위해 지은 「호제기浩齋記」이다. 그는 기문에서 다음과 같이 말한다.

> 감천자(담약수)가 말하였다. "선생은 이곳(斯)에 거하고 이것을 생각하고 이곳에서 기르니 넓고 큰(廣大) 것인가, 유행流行하는 것인가? 이 또한 맹자와 같을 뿐이다! 마음은 사물이 하나도 없으니 넓으며(浩), 하나의 사물이라도 몸으로 삼지 않음이 없으니 넓다. 이런 까닭에 사물의 없음과 사물을 몸으로 삼지 않음이 없음을 아는 자라야 더불어서 본성을 말할 수 있다. 더불어 본성을 말할 수 있으면 이에 더불어 배움을 알 수 있다. 배움을 알면 이에 더불어 넓고 크고 유행할 수 있다." 원정元靜(육징)이 말하기를 "설명을 듣기를 바랍니다."라고 하였다. 말하기를 "오직 사물이 없으니 이로써 큼

(大)이 거기에서 생긴다. 오직 몸으로 삼지 않는 물건이 없으니 이로써 넓음(廣)이 거기에서 생긴다. 오직 사물이 없되 몸으로 삼지 않는 사물이 없으니 이로써 유행이 거기에서 생긴다. 선생이 만일 스스로 부모를 사랑하고 효도하는 마음을 채우면 사랑을 하지 않음이 없으니 이 또한 몸으로 삼지 않는 물건이 없을 뿐이다. 이는 지극히 넓은 것인가? 스스로 자기를 이롭게 하지 않는 마음으로 채우면 자기가 있지 않으니 이 또한 사물이 없는 것일 뿐이다. 이는 지극히 큰 것인가? 이 마음을 채우면 (사물이) 존재하고 존재하여서 쉼이 없으니(存存不息) 이는 유행하는 것인가? 이런 까닭에 지극히 넓은 것은 땅과 짝하고, 지극히 큰 것은 하늘과 짝하며, 유행은 조화와 짝한다. 지극히 큰 것은 하늘과 짝하니 그 성대한 덕이여! 지극히 넓은 것은 땅과 짝하니 그 큰 사업이여! 유행은 조화와 짝하니 그 유구하여 쉬지 않음이여(悠久不息)! 성대한 덕을 낳는 자는 인을 보존하고 큰 사업을 이루는 자는 의를 보존하고 쉼 없이 움직이는 자는 성실함을 보존하며 이 세 가지를 합한 자는 신神을 보존한다. 군자는 천지에서 몸으로 삼으며 조화에서 짝하여 가없는 데서 덕업을 이루니 신을 보존함이 지극한 것이다![90]

　담약수의 이러한 말은 양명더러 들으라고 한 것인데 '체물體物(*분수체인)'에 있는 '이일분수' 사상을 표현한 것이 그 핵심이다. 그가 보기에 양명의 입지설은 심체체인(*理一)에 핵심이 있으며 자기의 이일분수설은 심물체인(*分殊)에 핵심이 있는데 이 둘은 병행하여 모순되지 않아서 '본래 병행하며 어긋나지 않는 것'이다. 그러나 실제로 양명의 심체체인은 위로는 육구연에게 뿌리를 두고 있으며, 담약수의 분수체인은 이통과 주희에게 뿌리를 두고 있다.

---

90 『천옹대전집』 권26 「호재기浩齋記」.

그리하여 양명은 이 두 설이 완전히 같지 않다는 인식을 견지하고서 여전히 심체체인의 입지설을 강조하였다.

5월에 고응상에게 보낸 편지에서 다음과 같이 말하였다.

> 근래 감천(담약수)의 편지를 받으니 이미 숙현叔賢(고응상)과 함께 서초西樵로 가서 사람으로 하여금 바람을 갖게 하는데 …… 지금 시대에 배우는 사람의 큰 근심은 간절한 뜻을 세우지 못하는 것입니다. 그러므로 제 생각(鄙意)에 오로지 뜻을 갖도록 책하고 성실함을 세우는 것이 중합니다. 뜻을 같이하는 사람(同志)도 역시 큰 뜻의 소재를 보아야만 합니다.[91]

두 사람이 갈라서게 된 논점은 곧 또 '격물'에 집중되었다. 8월경 양명은 육징을 위해 육거陸璩의 묘비지墓碑志를 짓고, 동시에 편지 한 통을 담약수에게 보내면서 '격물'에 대한 관점을 말하였다.[92]

담약수는 9월에 곤바로 양명에게 회신을 보내 '격물'(*실제로는 바로 '체물體物'이다)에 대한 인식을 상세히 담론하였다.

> 소동小僮이 돌아왔는데 손수 쓰신 편지를 전해주어서 매우 위로가 되었습니다. …… 격물格物의 설은 매우 초탈하니 형과 같이 고명한 사람이 아니면 어찌 여기에 이르겠습니까! 저(僕)의 비루한 견해(鄙見)와는 그리 멀지는 않으며, 크게는 같으나 작게 다를(大同小異) 뿐입니다. 제 견해로는 격格이

---

91 『왕양명전집』 권27 「여고유현與顧惟賢」 서1.

92 양명의 이 서신은 담약수의 「답양명答陽明」에서 말한 "소동이 돌아와 손수 쓰신 편지를 전해주었다."라고 한 편지이다(『천옹대전집』 권8). 이 편지는 유실되었다.

란 이르는 것(至)이니 '문조文祖에게 이른다(格于文祖)', '유묘가 이르렀다(有苗格)'고 한 격입니다. 물物이란 천리이니 곧 '말에 사물이 있다(言有物)', '순은 모든 사물에 밝았다(舜明于庶物)'라고 한 사물로서 곧 도입니다. 격格이란 나아간다(造詣)는 뜻이니 격물은 곧 도에 나아가는(造道) 것입니다. 앎과 행함이 함께 나아감이니 널리 배움(博學), 자세히 물음(審問), 신중하게 생각함(愼思), 분명하게 변별함(明辨), 독실하게 행함(篤行)이 모두 도에 나아가는 방법입니다. 글을 읽음, 사우師友와 친함, 수작하고 대응함(酬應)이 때에 따라 곳에 따라 모두 천리를 체인하여서 함양하기를 추구하는 것이니 도에 나아가는 공부가 아님이 없습니다. 뜻(意)과 몸(身)과 마음(心)이 일제히 함께 나아감은 모두 한 단락의 공부이며 다시 두 가지 일이 없습니다. 아래(격물치지 다음) 글의 뜻을 성실하게 하고 마음을 바르게 하고 몸을 닦는 공부는 모두 격물에서 하는 것이며 집안과 나라와 천하는 모두 여기에 나아가 확충하는 것이니 두 단락이 아닌지라 이는 곧 이른바 지극한 선에 그치는 것(止至善)입니다. 그러므로 제(愚)가 일찍이 이르기를, 지극한 선에 그치면 덕을 밝힘과 백성을 새롭게 함(親民)이 모두 완료된다고 한 것이 이것입니다. 이와 같아야 비로소 앎이 지극해진다(知至)고 할 수 있습니다. 만약 지금처럼 견문의 말단에서 추구한다면 앎이 지극해진다고 할 수 있겠습니까? 앎이 지극해지면 곧 공자가 말한 '도를 들음(聞道)'입니다. 그러므로 아래 글은 수신으로 격물을 해석하였으니 이는 앎이 지극해진다고 한 말임을 징험할 수 있습니다. 그러므로 우리는 죽을 때까지 하루 종일 다만 격물 한 가지 일만 할 뿐입니다(吾輩終身終日, 只是格物一事耳). 맹자가 "도에 깊이 나아간다(深造以道)."라고 한 말은 곧 격물을 말합니다. "스스로 터득한다(自得之)."라고 한 말은 곧 앎이 지극해짐을 말합니다. "편안함에 거하여서 깊음을 바탕 삼고 근원을 맞이한다(居安資深逢原)."라고 함은 곧 수제

치평修齊治平을 말합니다. 근래 여러 동지와 더불어서 강구함이 이와 같은 것에 지나지 않습니다. 고명께서는 어떻게 생각하십니까?[93]

담약수는 여기에서 전면적으로 '이일분수'와 '분수체인'(*처한 상황에 따라 체인함)을 논술하였는데 오히려 자기 사상과 양명의 '심일분수', '심체체인'의 사상적 차이를 드러낼 뿐이었다. 양명은 '격물格物'의 '격'을 '바로잡다(正)'로 해석하고 '물'을 '마음(心)'으로 해석하여서(*마음 바깥에 사물이 없다) 격물이 곧 정심이라 하였다. 그리하여 심체에서 체인함, 곧 정심正心을 주장하였다. 담약수는 도리어 '격'을 '이르다(至)', '나아가다(造)'로 해석하고 '물'을 '이치(理)'로 해석하여서(*이치가 사물 가운데 있다) 격물이 곧 궁리, 조도造道라 하였다. 그리하여 분수에서 체인함, 곧 격물을 주장하였다.

이러한 전석의 근본적인 차이에서 출발하여 양명은 다만 심체를 체인할 뿐 외부에서 이치를 탐구하려고 하지 말고 자기 심체를 체인하고 마음의 본체를 깨달으면(覺悟) 시간과 공간이 모두 이 이치, 이 도가 아님이 없음을 강조하였다. 그런데 담약수는 도리어 일일이 분수에서 체인할 것을 강조하여서 때에 따라 곳에 따라 천리를 체인하고 격물구리格物求理하려고 하였다. 그는 널리 배움, 자세히 물음, 신중하게 생각함, 분명하게 변별함, 독실하게 행함, 글을 읽음, 사우와 친함, 수작하고 대응함 등을 모두 분수체인, 격물조도의 공부 가운데 들여 넣었고, 심지어 "우리는 죽을 때까지 하루 종일 다만 격물 한 가지 일만 할 뿐"이라고 인식하였다. 이는 또 심물心物 체인의 공부를 이용하여서 심체체인이라는 이 하나의 '근본'을 해소한 것이나 다름없으니

---

93 『천옹대전집』 권8 「답양명」. 이 편지는 "그러나 안개와 노을이 이는 산에 거하려 한 생각이 끝나지 않았다(然以煙霞山居未完)."라고 한 말로 보아 정덕 12년 9월 사이에 쓴 것이다.

격물은 있으나 정심은 없고, 공부는 있으나 본체는 없는 것이다.

양명은 담약수의 이 사상에 대해 결코 직접적으로 회답하지 않고 다만 겨울에 서초에 있는 방헌부에게 편지 두 통을 잇달아 보냈는데 이는 담약수에 대한 간접적인 회답이라고 간주할 수 있다. 왜냐하면 양명과 담약수의 강학 토론은 종래 그들이 방헌부·황관과 함께 강학 토론한 것과 밀접한 불가분의 것이기 때문이다(*네 사람이 성학을 함께 토론하였다). 이때 방헌부도 바로 서초에서 담약수와 함께 강학 토론하였다. 그리하여 양명은 비로소 자기 관점을 방헌부에게 편지로 써서 보내주었다.

방헌부는 머지않아 곧 회신을 하여 '격물'에 대한 관점을 다음과 같이 상세하게 말하였다.

…… 저(生)는 근래 이 배움이 더욱 친밀하고 절실하여서 예전과 견주어 두루 넓어진(周遍) 듯하고 십분 합당한(妥帖) 듯합니다만, 사실은 선생이 당시 나의 근원을 준설해준 데서 나온 것이 아닙니다. 참으로 이른바 환연히 스스로 믿는 것이 있었는데 (여기에) 선생에 대한 믿음이 더해진 것입니다. 대체로 천하의 이치는 근본이 하나일 뿐입니다. 근본이 오직 하나이니 사해에 미루어도 모두 들어맞으며(準), 천고에 헤아려도 모두 같습니다(同). 이 이치는 보이지 않고 들리지 않으며, 소리도 없고 냄새도 없으나 실로 사물을 몸으로 삼되 빠뜨리지 않으며(體物而不可遺) 이름을 붙여서 말을 하려고 해도 또한 이름을 붙일 수 없는 것입니다. 옛사람은 부득이 하늘(天)이라, 신神이라, 중中이라, 극極이라, 역易이라, 인仁이라, 성실함(誠)이라, 본성(性)이라, 도道라, 덕德이라 하였으나 다만 한 가지 사물입니다. 하늘과 땅을 채우고 옛날과 오늘날을 관철하며 한순간이라도 있지 않음이 없고, 하나의 사려라도 도달하지 않음이 없고, 하나의 사물이라도 갖추지

않음이 없고, 하나의 일이라도 하지 않음이 없습니다. 예로부터 성현은 다만 이 한 가지 일을 하였으며 두 가지 일이 없었으니 참으로 정밀하고 한결같으며, 참으로 쉽고 간단하여서 만 가지 조화와 만 가지 변화, 천만 마디의 말이 모두 여기에서 나오는 것입니다. 이로부터 나오는 것은 실實하며, 이로부터 나오지 않는 것은 허虛한 것입니다. 이로부터 나오는 것은 똑같은(同) 것이며, 이로부터 나오지 않는 것은 다른(異) 것입니다. 배우는 사람은 모름지기 이로부터 배워야 비로소 연원(來頭)이 있으며 비로소 지식이 있는 것입니다. 옛날 성현이 학문을 논한 요체는 경敬이라, 충서忠恕라, 집의集義라 하였는데 본래 모두 옮길 수 없는 이론입니다. 그러나 이 연원이 없으며 이 지식이 없다면 어떻게 경을 알고, 충서를 알며, 집의를 알겠습니까? 만약 이 연원을 얻는다면 곧 저절로 어느 때 어느 곳에서나 이 이치의 발현 아님이 없어서 마치 물에 근원이 있어서 쉬지 않고 흘러가는 듯하며, 해와 달에 밝음이 있어서 사물을 끝없이 비추듯이 하니 이른바 경과 서, 집외는 다시 안팎이 없고 동정이 없으며 모두 하나로 관통합니다(一以貫之). …… 그리하여 『대학』의 격물치지는 많은 일이 근본을 앎에 있으며, 『중용』은 다만 처음부터 끝까지 천하의 근본을 세우는 것이니 …… 후세의 유학자는 정문程門을 제외하고 모두 공허한 설과 공허한 견해이니 …… 다만 명도明道(정호) 뒤에 상산象山(육구연)이 있습니다. 이것이 명도의 학문이며, 이것이 이 연원(來頭)입니다. 명도가 일컬은 바 '덕성의 앎(德性之知)', 상산이 일컬은 바 '참으로 봄(實見)'이 바로 이것입니다. 400~500년 동안 아는 사람이 없었으니 …… 예컨대 선생의 견해는 참으로 천하일인자인데(眞是天下一人者) 다만 근래 성명誠明에 나아가는 자와 도를 밝히는 데 급급한 자의 뜻이 어떠한지를 알지 못할 뿐입니다. …… 근일 감천과 주고받은 편지를 베껴서 보내니 중간에 역시 제(區區)가 터득한 바가 어떤지 보시고

절충해주시기 바랍니다.[94]

방헌부는 표면적으로는 천지, 고금의 이치를 한도 끝도 없이 줄줄 늘어놓았으며 양명을 칭송하면서 "참으로 천하일인자"라고 하였는데, 사실 천박하게 담약수의 '이일분수'와 '수처체인천리' 사상을 다시 한번 서술한 것에 지나지 않으며 양명의 심체체인 심학에 대해서는 남쪽으로 간다면서 북쪽으로 향하는 것(南轅北轍)과 같았으니 종래 결코 양명의 심학을 정확하게 이해하고 성실하게 믿은 적이 없었음을 폭로하였다.

방헌부는 이 편지에서 매우 함축적으로 표현하였는데 나중에 정덕 14년(1519) 8월 양명에게 보낸 편지에서 이 점을 충분히 드러냈다. 주의할 점은 양명이 방헌부에게 편지를 쓴 것과 거의 동시에 정덕 13년 초 황관에게도 편지를 써서 자기와 담약수 사상의 분기를 말하였고, 황관은 회신에서 뜻밖에도 방헌부와 마찬가지로 양명 심학에 질의하는 어조를 내보였다는 사실이다.

그는 다음과 같이 말하였다.

…… 그 이래 또 전에 이른바 정좌, 주경主敬, 고요한 가운데 희로애락이 아직 일어나지 않았을 때 어떤 기상인지를 본다(靜中看喜怒哀樂未發作何氣象)고 하는 것은 모두 옛사람의 극칙極則 공부가 아니라고 생각합니다. 이른바 극칙 공부는 다만 본심은 원래 지극한 선을 갖추고서 도와 딱 들어맞으며 바깥에서 탐구하려 하지 않으며 다만 도에 독실한 뜻을 두고 자기에게 돌이켜서 추구하는 것일 뿐임을 아는 것입니다. 도에 뜻을 독실하게 하

---

94 『서초유고西樵遺稿』 권8 「간왕양명東王陽明」 서1. 방헌부의 이 편지는 대략 정덕 12년 12월 중에 쓰였다.

12장. 문무의 길: 강서의 문치와 무공 645

는 것은 이른바 '윤집궐중允執厥中'이 이것입니다. 무릇 평소 습관으로 물이 든 속된 감정(塵情)을 통렬하게 도려내고 용감하게 제거하여서 털끝만큼이라도 가슴속(胸臆)을 어지럽게 하지 않아야 합니다. 날마다 가려내고 날마다 맑게 하여서(日擇日瑩) 사업事業이 다가옴에 따라 움직임과 고요함, 안과 밖, 크고 작음, 정밀하고 거칢, 맑고 탁함 없이 하나같이 모두 이 이치가 응용하는 것입니다. 그러므로 덕으로 들어가는 상황(地)이 아닌 때가 없고 도에 나아가는 공작(工)이 아닌 일이 없습니다. …… 만약 한갓 정좌와 주경만 알아서 광경을 익숙히 보기만(觀玩光景) 하고 입지를 먼저 하지 않으면 움직임과 고요함이 서로 어긋남을 면하지 못하고 한쪽을 없앰에 반대쪽에서 생겨납니다(滅東而生西). 고요함을 말하자마자 곧 고요하지 않음이 있으며, 경건을 말하자마자 곧 경건하지 않음이 있으며, 화락和樂함을 말하자마자 곧 화락하지 않음이 있는 것입니다. 이와 같이 공부를 하면(用工) 비록 죽을 때까지 하더라도 귀결될 곳(稅駕)이 없습니다. 뜻을 독실하게 한다는 한마디를 알면 참으로 만세에 학문을 하는 요결이 됩니다. 근세에 예를 들어 백사와 같은 제공諸公의 학문은 아마도 모두 성문聖門의 종지가 아닐 것입니다. 송의 유학자는 염계濂溪(주돈이)·명도(정호)로부터 그 외에 오직 상산(육구연)의 말씀이 명백하고 통쾌하며 근원을 직접 드러냈는데, 세상은 도리어 선禪으로 지목하고 믿지 않았으니 참으로 한탄합니다! 이천伊川(정이)이 말하기를 "나에게 죄를 주고 내 몸을 책망함이 없을 수는 없으며 또한 흉중에 머물러 두지 못함을 뉘우친다(罪己責躬不可無, 亦不可留胸中爲悔)."라고 하였는데, 상산이라면 그렇지 않아서 말하기를 "오래된 과오를 뒤쫓아 책하지 않아도 무방하니 뒤쫓아 책하면 할수록 더욱 좋지 않음을 본다(舊過不妨追責, 益追責, 益見不好)."라고 하였습니다. 또 말하기를 "천고의 성현이 어찌 일찍이 도를 더하거나 덜어냈겠는가? 다만 사람을 위해 병을 제거한 것이다(千古聖賢, 何嘗增損得道? 只爲人去得病)."라고 하였습니다. 지금 만약 참으로 좋지 않음을 보면 병으로 여겨서 반드시 제거하되 제거하면 천리가 저절로 있고(自在) 도가 저절로 유행하니, 이른바 하루아침에 극기복례克己復禮를 하면 천하가 그를 인하다고 인정한다 한 것입니다. 지난해 감천을 만났는데 자못 선생의 병의 뿌리를 뽑아낸다는 설을 의심하고서 무릇 벗들이 과오를 책망하거나 남의 비판을 들으면 번번이 뜻을 어지럽힐까 두려워하며 고요함과 침묵만을 일삼았습니다. 무욕이 진정한 고요함임을 전혀 알지 못한 것이니, 만약 무욕하려면 진실로 용맹하게 단련하여서 곧바로 앞으로 나아가 담당하지 않으면 어찌 바로 사사로운 욕망을 깨끗이 씻어 없애고 천리가 순전해질 수 있겠습니까? 이런 곳은 지극히 논하지 않으면 아마 끝내 병폐가 될 것입니다. 저(縮)는 근래 편지 한 통을 보내서 대략 정좌가 무익함을 논하였으나 역시 감히 이것을 끝까지 언급하지는 못하였습니다. 지난번 선생의 「송감천서送甘泉序」를 보니 그곳에서 이르기를 "공자는 안자에게 전하였으며 안자가 죽은 뒤 전승되지 않았다. 오직 증자의 일관一貫의 뜻이 오늘날 전해진다."라고 하였는데 역시 그렇지 않습니다. 저 일관의 요체는 다만 자기에게 돌이키고 뜻을 독실하게 하는 것일 뿐입니다. 안자와 증자의 바탕 품성은 비록 다를 수 있으나 일관의 전승은 결코 둘이 아닙니다.[95]

황관의 이 편지는 주지가 실제로 양명의 '정좌하고(*默坐澄心)', '고요한 가운데 희로애락이 아직 일어나지 않았을 때 어떤 기상인지를 본다'는 설을 부정한 것에 지나지 않으니, 비평의 창끝은 양명의 심체체인 사상을 직접 겨냥

---

95 『황관집』 권18 「기양명선생서寄陽明先生書」 3.

한 것이었다. 왜냐하면 양명의 심체체인은 바로 묵좌징심의 체인(*나중에 '치량지'를 주장), 마음이 고요한 가운데 희로애락이 발현되지 않았을 때의 기상(*大本, 達道)을 체인하는 것을 강조한 것이기 때문이다.

이 편지에는 이미 중대한 비밀 하나가 포함되어 있다. 황관은 양명의 '심체체인'과 담약수의 '수처체인隨處體認'에 대해 모두 드러내지 않고 함축적으로 부정을 하였고, 도에 뜻을 독실하게 하는 자기의 '윤집궐중'의 설을 제출하였다. 또한 이러한 '집중執中'설은 황관이 나중에 양명의 '치량지'설, 담약수의 '수처체인'설과 서로 맞설 때 사용한 사상인데, 자기 '황학黃學'의 성문요결聖門要訣로 내세워서 이를 빌려 양명·감천과 함께 동등한(平起平坐) 3대 '선생님(夫子)'의 지위를 확립하려고 하였다.

나중에 오국정吳國鼎(1606~?)은 「명도편발明道編跋」에서 이 커다란 비밀을 털어놓았다.

> 선생(*황관)은 이를 깊이 두려워하였다. 대체로 세상의 많은 언론이 도를 막은 것을 개탄하고, ○○○○○ 근본을 두고 이 도를 자인하였는데, 사방에서 찾아와 배우는 사람들에게 다음과 같이 말하였다. "내 일찍이 양명, 감천과 날마다 서로 갈고닦으며 함께 생활하고 중도를 행하였다(同生中行). 그러나 두 분의 학문은, 하나는 '치량지'를 주로 하고 하나는 '천리체인'을 주로 하니 내 마음에 더욱 명료하지 않았다. 이에 간지艮止, 집중執中의 취지를 내걸고 동지들에게 밝게 보여주어, 성문聖門에서 열어 보이는 절실하고 긴요한 비결로 삼았다. 배우는 사람이 적확하게 공부해야 할 것은 단연코 여기에 있으며, 이를 벗어나서는 다시 별도로 들어갈 만한 현관이 없다."[96]

---

96 『명도편明道編』 권말 및 『황관집』 권40 부록에 보인다.

황관의 『구암일록久庵日錄』 머리 편에서 큰 소리로 다음과 같이 선언한 것은 이상하지 않다. "복희·요·순은 '간지', '집중'의 학문을 서로 전수하였다. 복희의 학문은 『역』에 갖춰져 있고, 요순의 학문은 『서』에 갖춰져 있다. 『역』의 미묘한 말씀(微言)은 '간지'보다 중요한 것이 없고, 『서』의 요지는 '집중'보다 큰 것이 없다. 이로부터 성인과 성인이 서로 전승하였는데 모두 이 도를 말미암았다.", "요순의 '집중'의 학문은 곧 복희의 '간지'의 학문이다.", "'간지'의 취지가 밝아지지 않으면 마음을 보존하는 요체를 잃어버리며, '집중'의 취지가 밝아지지 않으면 도를 체득하는 요체를 잃어버린다."[97] 의심할 바 없이 황관이 독창적으로 내세운 '집중'설은 양명의 '심체체인'과 담약수의 '수처체인'에 대한 양면의 비판을 포함한다. 황관이 이 편지에서는 담약수의 '수처체인'에 대한 비평을 여전히 숨기고 드러내지 않았다고 한다면 『구암일록』에서는 담약수의 '수처체인'에 대한 비판을 다음과 같이 완전히 남김없이 폭로하였다.

> 지금의 군자(*담약수를 가리킨다)로서 하승下乘의 선학禪學을 하는 자가 있으니 사물의 법칙이 당연히 모두 나에게 있음을 알지 못하고서 천하의 이치가 모두 사물에 있는 것으로 여긴다. 그러므로 '처한 상황에 따라 천리를 체인한다.'고 한다. 따라서 공부는 완전히 격물에 있다고 한다. 그 격물을 "격格은 이르는 것이다. 물物은 사물의 이치(事理)이다. 이 마음이 천하사물의 이치에 감응하여서 통하는 것이다. 격한다는 것은 의지, 마음, 몸이 모두 이르는 것이며, 곧 처한 상황에 따라 천리를 체인하는 것이다."라고 하였다. 그 학문은 지리支離하여 그것으로 세상을 경영하기에는 부족하니 바

---

97 『구암일록久庵日錄』.

로 이천(정이)·회암(주희)의 폐단이다. 나는 일찍이 '수처체인'의 취지를 탐구하였다. 그는 말하기를 "처한 상황에 따라 천리를 체인함은 모두 바깥에 있는 것이며 안에 있지 않다."라고 하였다. 그러나 명도(정호)는 말하기를 "내 학문은 비록 전수받은 바가 있지만 '천리' 두 글자에 이르러서는 도리어 스스로 체득해낸 것이다(某學雖有所受, 至於天理二字, 却是自家體貼出來)."라고 하였다. 이 말은 매우 절실하니 모두 안에 있는 것이며 밖에 있지 않다. 이로 말미암아 보면 이른바 '체인'이라고 하는 것은 과연 어떤 것인가?[98]

황관이 나중에 가정嘉靖 '학금學禁' 때 반왕학反王學의 입장으로 나아갔으며, 왕학王學의 '양지'설과 담학湛學의 '수처체인'설을 모두 하승의 '선학'이라 비판하고 자기 '집중'설의 황학黃學을 왕학과 담학을 초월한 최고의 '성문의 학'으로 본 것으로[99] 보아 그의 이러한 반왕학·반담학의 관점과 입지는 일찍이 이 편지에서 이미 단예端倪를 드러내 보였던 것이다. 황관이 평생 군사와 정사에서 양명을 높이 숭앙한 것 외에 양명의 심학에 대해서는 종래 진실하고 성실하게 신앙한 적이 없었음을 밝히 드러낸다.

사실 황관의 이 편지는 논조 자체도 모순된다. 한편으로 그는 진백사(진헌장)의 '주정主靜'(*묵좌징심)을 비평하여서 백사의 학문을 '모두 성문의 종지가 아니라'고 하였으며, 또 한편으로 도리어 가장 정좌심오靜坐心悟를 잘한 육상산(육구연)을 대대적으로 칭송하여서 송유는 "오직 상산의 말씀이 명백하고 통쾌하며 근원을 직접 드러냈다."고 하였던 것이다. 이러한 오류와 어긋난 논조는 양명과 담약수 모두 받아들이기 어려운 것이었다. 이로 말미암아 세 사

---

98 『구암일록』.

99 『구암일록』 권1을 참조.

람의 토론은 또 진일보하여서 주정, 주경, '무내외無內外', '윤집궐중' 등의 문제로 발전하였다. 그리하여 정덕 13년 2월 이후 양명은 담약수, 황관과 함께 다시 이러한 논쟁적인 문제를 바탕으로 계속 토론하였다.

양명은 입지설을 더욱 강조하였다. 4월에 그는 여요의 문인암閒人闇·문인전閒人詮 형제에게 잇달아 편지를 보냈는데, 모두 입지의 중요함을 강조하였다. 세 번째 편지에서 더 명확히 말하기를 "(물이) 근원의 샘에서 끊임없이 졸졸 흘러 밤낮 그치지 않고 구덩이를 채운 뒤 나아가(盈科而後進) 사해까지 흘러가니, 근본이 있는 것이 이와 같습니다. 입지란 근본입니다. 뜻이 있되 성취하지 못하는 자는 있어도 뜻 없이 성취함이 있는 자는 없습니다."[100]라고 하였다.

5월, 양명은 여요의 여러 아우에게 보낸 편지에서 입지명심立志明心의 설을 정일집중精—執中의 설과 더욱 연계하여서 '윤집궐중'에 대한 관점을 다음과 같이 말하였다.

…… 본심의 밝음은 하얀 해와 같이 밝아서 허물이 있으면서 스스로 알지 못하는 자는 있지 않으나 다만 고치지 못함을 걱정할 뿐이다. 허물을 고칠 생각을 하기만 하면 당장 본심을 얻는다. …… 만약 요순의 마음을 갖고서 스스로 허물이 없다고 여긴다면 이는 곧 성인이 되는 이유가 아니다. 서로 주고받는 말에 이르기를 "사람의 마음은 위태하고 도의 마음은 은미하니 정밀하고 한결같이 하여 진실로 그 가운데를 잡으라(人心惟危, 道心惟微, 惟精惟一, 允執厥中)." 하였다. 저가 스스로 사람의 마음이 위태하다고 여겼으니 그 마음 역시 남들과 같을 뿐이다. 위태함은 곧 허물이니 오직 두려워하고 조심조심하여(兢兢業業) 일찍이 '정밀하고 한결같은' 공부를 더하니

---

100 『왕양명전집』 권4 「기문인방영방정寄閒人邦英邦正」 서3.

이로써 '진실로 가운데를 잡아서' 허물을 면한다. 옛 성현은 때때로 스스로 자기의 허물을 알면 고쳤으니 이로써 허물이 없을 수 있었으며, 그 마음이 과연 남들과 달랐던 것은 아니다. "보이지 않는 곳에서 경계하고 삼가며, 들리지 않는 곳에서 두려워하고 무서워한다."라고 한 말은 때때로 스스로 자기의 허물을 보는 공부이다. 나는 근래 실제로 이 학문의 힘쓸 곳이 있음을 보았으나 다만 평소 물든 것이 깊이 고질이 되어서 극복하여 다스림에 용기가 부족하다. ……[101]

이런 정일집중의 본심을 체인하는 공부는 바로 그가 『전습록』에서 말한 "학문을 함은 모름지기 본원이 있으니 모름지기 본원에서 힘을 써서 (물이) 점점 구덩이를 채우고 나아가(듯이 해)야 한다."[102]라고 한 것이다. 이는 도에 뜻을 독실하게 두는 황관의 '집중'설을 완곡하게 비평한 것이다.

양명의 이러한 정일집중의 심체체인에는 이미 '주정主靜'(*묵좌징심) 설에 대한 긍정과 '주경主敬'설에 대한 부정을 포함하고 있다. '주경'은 주희의 사상이다. 양명은 간이직절簡易直截의 심체체인을 주장하였으나 주경과 격물을 거듭 중첩한 번쇄한 공부를 반대하였다. 그리하여 그는 일찍이 채종연에게 주희의 경지쌍수를 다음과 같이 비평하였다.

예를 들어 신본(*주희의 『대학』 정본을 가리킨다)이 먼저 사물의 이치를 궁격窮格해나가는 것은 아득하고 끝없이 넓고 넓어서(茫茫蕩蕩) 도무지 낙착할 곳이 없으니 모름지기 '경' 자를 첨가해야 비로소 바야흐로 몸과 마음

---

101 『왕양명전집』 권4 「기제제寄諸弟」.
102 『왕양명전집』 권1 「전습록」 상.

을 향해 이끌어 들일 수 있다. ……『대학』 공부는 다만 성의誠意이니 성의가 극에 이르면 바로 지극한 선이며 공부는 결국 일반이다. 지금 여기에는 '경' 자를 더하고 저기에는 '성' 자를 보충해야 한다고 말하는 것은 뱀을 그리면서 발을 덧붙임을 면하지 못한다.[103]

양명의 이와 같은 경지쌍수를 비평하는 말은 실제로는 담약수의 '수처체인'(*분수체인)에 대한 비평을 포함하고 있다. 그리하여 담약수는 양명의 논조를 완전히 받아들일 수 없음을 표시하고 오히려 자기의 '이일분수'와 '수처체인' 사상에서 출발하여 정주程朱의 경지쌍수敬知雙修(*함양은 모름지기 경건으로써 하고 학문의 진보는 앎을 끝까지 이룸에 있다[涵養須用敬, 進學則在致知])를 극력 수호하였다.

그는 진구천에게 보낸 편지에서 이 한 가지 사상을 상세히 중점적으로 논하였는데 실제로는 양명에 대한 회답이었다.

…… 이로 말미암아 제대로 알아듣지(致音) 못하여 양명에게 물었더니 양명은 나에게 아무것도 답하지 않았습니다. …… 함양은 모름지기 경건으로써 하고 학문의 진보는 앎을 끝까지 이룸에 있다고 한 것은 수레의 두 바퀴와 같습니다. 수레의 두 바퀴는 동일한 수레의 바퀴이며 굴러가는 것은 함께 굴러가는 것이니 어찌 둘이 있을 수 있겠습니까? 또한 둘이 있다고 하는 자는 정학程學을 모르는 자입니다. 저의 견해(鄙見)로는 마치 사람이 길을 가는 것과 같아서 발과 눈이 동시에 함께 이르는 것이니 함양과 학문의 진보가 어찌 둘이 있을 수 있겠습니까? 미미한 한 생각으로부터 일을 하고 강

---

103 『왕양명전집』 권1 「전습록」 상.

습을 하는 즈음에 이르기까지 함양과 치지는 한 때 함께 존재해야 이에 잘 배우는 것이 됩니다. 그러므로 정자는 말하기를 "배움이란 가지고 있는 바를 알고, 가지고 있는 바를 기르는 데 있다(學在知所有, 養所有)." 하였습니다. …… 이 도는 본체와 작용이 하나의 근원인 것입니다. 그러므로 다만 한 단락의 공부이며 다시 두 가지 일이 없습니다. …… 양명의 격물론은 상세함을 얻지 못하였습니다. 대체로 마음과 천하는 안팎으로 나눌 수 없는데 도리어 말하기를 "본심에서 구한다(求之本心)." 하고 또 "안에서 말미암는다(由內)." 하였는데 곧 사물을 외화하는(外物) 폐단이 있습니다. 마음은 사물을 몸으로 삼되 빠뜨리지 않는 것인데 어디를 가든 마음이 아니겠습니까?

'천하는 몸의 바깥이 아니다.'라고 한 구절은 매우 좋으니 『서명』의 '이일理一' 및 정자의 "인한 사람은 혼연히 천지만물과 한 몸"이라는 뜻을 잘 터득한 것입니다. 다만 이일 가운데 저절로 분수가 있으니 변별하지 않을 수 없습니다. 이 인과 의는 병행하되 서로 어그러지지 않는(不悖) 것입니다. 옛날 주원회朱元晦(주희)가 연평延平(이통)을 처음 만나 정자의 혼연히 한 몸(渾然同體)이라는 설을 매우 아낀다고 하자, 연평이 이르기를 "이일에서 보고자 하는 것은 오히려 어렵지 않고 다만 분수에서 어렵다(要見理一處却不難, 只分殊處却難)."라고 한 것은 또한 한 차례 단련鍛煉하는 것입니다. 제(愚)가 생각건대 분수를 알지 못하면 이일을 알지 못하며, 이일을 알지 못하면 역시 반드시 분수를 알지 못합니다. 두 가지는 한 몸이기 때문입니다. 경건으로써 안을 곧게 하고 의로써 바깥을 반듯하게 하는 것은 이것을 몸으로 삼는 방법입니다. 경과 의는 안팎이 없으며 모두 마음이니 안과 밖을 합하는 도입니다.[104]

---

104 『천옹대전집』 권8 「답태상박사진유준륙조答太常博士陳惟濬六條」. 진구천은 정덕 12년에

담약수의 이 편지는 정덕 12년에서 13년 사이에 양명과 전개한 강학 토론에서 기본 사상의 인식이 여전히 대부분 서로 합치할 수 없었음을 밝히 나타낸다. 담약수의 이「답태상박사진유준륙조答太常博士陳惟浚六條」는 은연중 자기와 양명 두 사람이 강학론도를 한 사상의 같고 다른 생각을 총결하였다.

양명은 이 두 해 동안 강학 토론을 하는 가운데 자기와 가장 친한 도우道友 담약수·황관·방헌부 등의 사이에 존재하는 엄중한 사상의 분기를 분명하게 간파하였다. 또한 각지에서 찾아와 도를 묻는 선비와 학자들은 대부분 그의 심학사상의 진수를 정확하게 인식하고 깨닫기 어려워하였다. 그의 심학을 '선학'으로 지목하는 관방과 학계의 '비방의 논평(謗議)'도 더욱 떠들썩하게 널리 퍼졌다. 세상 사람들 대부분은 그가 창도한 성문의 심학을 이해하지 못하였다. 그리하여 자기 평생의 학문 사상에 대해 '이간광대易簡廣大'의 총결을 하고 자기 심학의 진리(眞諦)를 정확하고 요령 있게 서술하고 설명함으로써 각지의 광대한 선비와 학자들을 향해 '도로 들어가는 방법을 지시'하기 편하게 하여서 세상 사람들 및 관방과 학계에 모두 심학사상을 크게 떨치려는 스스로의 고심을 이해시킬 필요를 느꼈다.

4월에 황관에게 보낸 편지에서 그는 다음과 같이 감개하여 말하였다.

> 선비의 기풍이 날로 투박해지고 평소 선류善類로 지목되던 자들도 모두 부화뇌동(類同附和)하여서 배움을 꺼리고 있습니다. 우리가 오히려 허둥지둥 불안해하기만 하고(棲棲) 즉시 달아나 피하지 못하니 (참으로 큰 화가 장차 코

태상박사에 제수되었고, 담약수의 이 편지에서 "지난 가을에 주장을 올리고 마침내 서초산西樵山으로 들어가 집을 짓고 집식구를 이끌고 와서 거처하였다."라고 하였으니 이 편지는 정덕 13년에 쓴 것임을 알 수 있다.

앞으로 다가오는 것도 모르는) 처마 끝(堂前) 제비나 참새(燕雀)와 같을 뿐입니다! 듣건대 원충原忠(응량)이 또 북으로 올라간다고 하는데 아마도 그의 본심이 아닐 것입니다. 벼슬길은 푹푹 빠지는 진흙수렁과 같아서 그 속으로 들어가지 말아야 하는데 (들어가면) 선뜻 다시 쉽게 빠져나오는 사람이 드뭅니다. 우리는 곧 발을 헛디딘 사람의 모습이니 (우리를) 거울로 삼지 않으면 안 됩니다.[105]

여기에서 이미 그가 자기 평생의 학문 사상을 총결하려는 소식이 드러났다. 이 편지를 쓴 뒤 바로 그는 3부작 편집과 간행에 착수하여서 자기 평생의 학문 사상을 정확하고 명쾌하게 총결하기 시작하였다.

(1) 『주자만년정론』 편집 간행

양명의 『주자만년정론』이 처음 성립한 시기는 정덕 11년(1516)이었다. 그는 정덕 13년 6월 『주자만년정론』을 편집하여서 간행하였는데 이는 우봉雩峰 원경린袁慶麟의 직접적인 추동을 받은 일이었다. 원경린은 본래 주학을 존신하는 우도雩都의 선비였는데 4월에 『추요여론芻蕘餘論』을 가지고 감주로 와서 배움을 물었고, 『주자만년정론』을 읽고서 깨달음을 얻어 양명 심학에 마음으로 귀의하였다. 곧 우도에서 『주자만년정론』을 간행하자고 건의하였다. 그는 「주자만년정론발朱子晚年定論跋」에서 『주자만년정론』의 편집 및 간행에 대한 경과와 종지를 다음과 같이 언급하였다.

---

105 『왕양명전집』 권4 「여황종현與黃宗賢」 서7.

『주자만년정론』은 우리 양명 선생이 서울에 계실 때 따서 모은 것이다. 게양揭陽의 설상겸薛尙謙(설간) 군이 예전에 1부를 기록하였는데 동지가 그것을 보고 아직 베껴 쓰기도 전에 소매에 넣고 가져가버렸다. 뭇사람이 모두 복제하여 잘못 기록될(翻錄) 것을 염려하여서 목판에 새겨서 간행하고자 하였다. (나에게) 말하기를 "그대의 나이(齒)를 생각하면 마땅히 한 마디 말을 기록하여야 한다."라고 하였다. 오직 주자를 평생 부지런히 힘써서 혜래惠來(광동성 게양)에서 배웠는데 (만년정론의) 한 마디 한 글자가 모두 마땅히 지켜야 할 것이었다. 홀로 이것을 드러내어 밝히고 이것을 높이 숭상하는 것은 대체로 주자의 정견定見이기 때문이다. 지금 배우는 사람은 이것에서 구하지 않고 오히려 (만년에 와서) 뉘우친 (중년 이전의) 설을 좇으니 이는 어그러진 것을 밟은 것이며 어찌 주자를 잘 배운 것이겠는가? 나(麟)는 모자라는 사람(無似)으로서 주자의 가르침을 일삼은 지 30여 년 동안 오직 독실하게 하지 않은 적이 없었으나 끝내 거처함에 편안하고 자질이 깊은 (居安資深) 경지에 이르지 못한 것은 오히려 앎이 세밀하지 않고 본 것이 넓지 않았기 때문이다. 무인년(1518) 여름에 저술하고 논술한 몇 권을 가지고 와서 선생을 뵈었다. 그 말씀을 들으니 해가 하늘 한가운데 떠 있어서 보면 바로 보이는 것과 같고, 오곡을 잘 갈아놓은 땅에 뿌리면 곧바로 싹이 트는 것과 같았다. 바깥에서 (이치를) 구하려 하지 않아도 진실하고 절실하고 간단하고 쉬워서 황홀하게(恍然) 깨달음이 있었다. 물러나 그 까닭을 탐구하였는데 합치하지 않은 것은 또 그 사이에 관점을 정하지 못한 것(遲疑)이 있음을 면하지 못하였다. 이 편집을 읽으면서 비로소 수업하던 것을 모두 후련하게(釋然) 던져버리고 관사館舍를 빌려서 수학을 하였다. 대체로 석 달 만에 들음이 있는 것 같았다. 그런 뒤 전에 배웠던 것이 바로 주자 중년의 미확정 설이었음을 알게 되었다. 이런 까닭에 30년 동안 획득함이 없었던 것이다. 지금 하늘의 신령이 도우셔서 비로소 정견에 종사할 수 있게 되었다. 그러므로 석 달 만에 들음이 있는 것 같았다. 우리 선생이 아니었으면 거의 끝났을 것이다! …… 언어의 바깥에서 곧바로 본원을 추구하여서(直求本原於言語之外) 참으로 필연을 징험하여 의심이 없는 것이라면 사람의 자체 역량에 달려 있다. 이 편집은 다만 길을 잃어버린 사람에게 지시하려는 것(特爲之指迷)일 뿐이다.[106]

원경린은 매우 명료하게 말하였다. 『주자만년정론』의 편집 및 간행은 천하 선비를 위해 "다만 길을 잃어버린 사람에게 지시하려는" 것, 곧 '도로 들어가는 방법을 지시하는(指示入道之方)' 것으로서 도는 육학에 있으며 이로써 주학의 미신을 타파하려고 한 것이다. 양명이 『주자만년정론』을 지은 까닭은 결코 사람들로 하여금 주희가 만년에 이미 육학으로 전향한 것을 정말로 믿게 하려고 한 것이 아니라 사람들이 맹목적으로 주학을 존신하는 잘못된 길에서 진정한 성학–육학을 득도하는 데로 전향하게 하려는 것이었다.

이른바 '주자만년정론'의 설 그 자체의 참과 거짓은 결코 중요하지 않다. 그것은 양명이 부득하게 자신의 반주학反朱學과 존륙학尊陸學을 덮어씌우는 '덮개(幌子)'에 지나지 않았다. 양명은 나중에 나흠순에게 보낸 편지에서 다음과 같이 인정하였다. "그『주자만년정론』을 편찬한 것은 대체로 어쩔 수 없어서 그러한 것입니다. …… 대체로 주자와 차마 버성기지 못한 것은 그 본심입니다. 부득이하게 그와 버성기게 된 것은 도가 본래 이와 같기 때문입니다."[107]

---

106 『주자만년정론』 뒤의 부록에 보인다.

107 「답나정암소재서答羅整庵少宰書」, 『왕양명전집』 권2 「전습록」 중.

이로 인하여 원경린은 사람들이 근근이 '주자만년정론'의 표면적인 '말'을 따지거나 집착하려 하지 말고 응당 "언어의 바깥에서 곧바로 본원을 추구하는" '뜻'으로 나아가 '정론'이라는 언어의 속박을 초월하여 양명 심학의 본래 뜻을 직접 추구하기를 바랐다. 뜻을 얻었으면 말을 잊어야 하는(得意忘言) 것이다. 바로 이러한 의미에서 양명이 『주자만년정론』을 편집 및 간행한 데에는 자기 평생의 학문 사상을 총결하려는 의도가 담겨 있었다.

그는 「주자만년정론서」에서 분명하게 이 의도를 다음과 같이 끄집어냈다.

> 수사洙泗(공자)의 전승은 맹씨孟氏(맹자)에 이르러서 그쳤다. 1500여 년에 염계(주돈이)·명도(정호)가 비로소 그 단서를 다시 뒤좇아 찾았다. 그로부터 날마다 상세히 변별하고 분석하였으나 역시 날로 지리결렬支離決裂한 데로 나아가서 도리어 다시 잠기고 어둡게 가려졌다. 나는 일찍이 그 까닭을 깊이 추구하였더니 대체로 모든 세상 유학자의 많은 언론이 혼란을 일으켰다. 나(守仁)는 어린 나이에 과거 공부를 하여 사장詞章을 익히는 데 몰두하였다. 이윽고 바른 학문에 종사함을 조금 알았지만 뭇 설이 어지럽게 얽혀서 피곤하고 괴로우며 아득하여 들어갈 곳이 없었다. 이로 인해 노자와 석가에게 심취하였더니 혼연히 마음에 들어맞는 바가 있어서 성인의 학문이 여기에 있다고 여겼다. 그러나 공자의 가르침과 서로 드나듦이 있었으니 그것을 일상생활에 적용하면 곳곳에서 결루缺漏되어 귀결할 곳이 없으며 애매하고 왔다갔다하여서 반신반의하였다. 그 뒤 용장에 폄적되어 오랑캐 땅에 거주하면서 곤경에 처하여 마음을 격동시키고 성품을 단련한(動心忍性) 나머지 황홀하게(恍若) 깨달음이 있었다. 몸으로 징험하고 탐구하였으며 다시 추위와 더위를 보내고서 오경五經, 사자四子에서 증험하니 마치 장강과 황하가 터져서 패연히 바다로 흘러드는 듯하였다. 그런 뒤 성인의 도

가 큰길처럼 탄탄한 것에 감탄하였으나 세상의 유학자는 망령되이 구덩이와 지름길(竇徑)을 열어젖히고 가시밭길을 걸어서 구덩이로 떨어졌다. 그 설을 탐구하니 도리어 두 사상(二氏, 노자와 부처)에서 나온 것이었다. 마땅하지 않은가, 세상의 고명한 선비가 이를 싫증내고 저쪽으로 달려감이! 이 어찌 두 사상의 죄이겠는가! 그 사이에 일찍이 동지에게 이를 말하니 듣는 사람이 뜻밖에 서로 비평하고 이상한 설을 세우고 기이한 것을 좋아한다고 지적하여서 비록 매양 통렬히 반대하고 깊이 억누르며 저마다 흠을 잡고 깎아내리는 데 힘을 썼으나 더욱 정밀하고 밝으며 적확하였으니 통연하여 다시 의심할 만한 것이 없었다. 유독 주자의 설과 서로 버성김이 있어서 늘 마음이 꺼림칙하였으며 주자의 현명함을 의심하기도 하였다. 어쩌면 여기에 아직 살피지 못함이 있어서였던가? 유도(남경)의 관직에 있을 때 다시 주자의 글을 취하여 검토하고 연구한 뒤 그가 만년에 본래 이미 옛 설의 잘못을 크게 깨달았음을 알았다. …… 나는 이미 그 설이 주자와 어긋나지 않음을 스스로 다행으로 여기고 또 주자가 내 마음과 같은 점을 언었음에 기뻐하였고 또한 세상의 학자들이 한갓 주자 중년의 미확정 설을 견지하고서 만년의 이미 깨달은 이론을 다시 탐구하지 못했음을 개탄하였다. …… 채록하여 모아두고 사사로이 동지에게 보였더니 거의 내 설에 의심이 없었다. 성학이 밝아짐을 바랄 수 있을 것이다.[108]

양명은 여기에서 전반생 사상 발전의 역정과 학문 사상을 총결하였다. 그는 『주자만년정론』에서 자기가 미혹한 데서 나와 자각하기에 이르렀고 최종으로 귀심하여서 육학(*심학)을 지향한 곡절의 심로가 거쳐 온 길을 함축적으

---

108 「주자만년정론서」, 『왕양명전집』 권3 「전습록」 하.

로 드러내어서 지나온 길을 총결하고 올 사람들에게 길을 지시하였다. 그리하여 『주자만년정론』은 선비와 학자들에게 심학의 길을 제시하여 밝히는, '도로 들어가는 방향'의 저작으로서 '주자만년정론'은 가짜이고 육씨의 심학은 진짜라는 것이다. 그가 『주자만년정론』을 편집 및 간행한 진정한 목적은 바로 육씨의 심학이 옳고 주희의 이학이 그름을 밝혀서 왕학의 진실이 천하 선비로 하여금 '내 설에 의심이 없어서 성학이 밝아짐을 바랄 수 있도록' 하려는 것이었다. 양명의 문인과 제자는 확실하게 자기 학문 사상을 총결하는 그의 고심을 깨달았으며, 그가 지시한 '주자만년정론'의 길, 곧 육학(*심학)을 향해 나아갔다.

(2) 「대학고본大學古本」과 「중용고본中庸古本」의 서문을 확정하고, 「대학고본방석大學古本傍釋」을 편집, 간행하다

양명은 앞서 정덕 10년(1515)에 『대학고본』의 서문을 확정하고 아울러 「격물설格物說」을 지었으며, 정덕 13년에 이르러 서문을 확정한 『대학고본』과 「격물설」을 융합하고 '방석傍釋'을 보완하여서 『대학고본방석』 한 책을 완성한 뒤 7월에 감주에서 간행하였다. 이 『대학고본방석』은 양명이 자기 심학에 대한 『대학』의 사상체계를 총결한 것이며 300년 동안 관방에서 유일하게 존중해오던 주희의 『대학장구』와 대립되는 것으로서, 양명이 '양지'설을 주장하기 전(*전반생) 그의 심학사상 체계가 도달한 수준을 반영하였다.

그는 「대학고본방석원서大學古本傍釋原序」에서 자기 심학을 전석한 『대학』의 사상체계를 다음과 같이 천술하였다.

『대학』의 요체는 성의誠意일 뿐이다. 성의의 공부는 격물格物일 뿐이며 성의의 극치는 지선至善에 그치는 것일 뿐이다. 정심正心은 그 본체를 회복하는 것이며 수신修身은 그 작용을 드러내는 것이다. 나에게서 말하면 명덕明德이라 하고 남에게서 말하면 친민親民이라 하며 하늘과 땅 사이에서 말하면 갖추어졌다(備) 하는 것이다. 이런 까닭에 지선이라 하는 것은 마음의 본체이며, 행동을 한 뒤에 선하지 않음이 있다. 의념(意)이란 움직임이고, 사물(物)이란 일(事)이다. 성의로써 격물을 하여 그 선하지 않은 행동을 회복하게 하는 것일 뿐이다. 선하지 않음을 (선으로) 회복하여서 본체가 바르게 되고, 본체가 바르게 되어서 행동이 선하지 않음이 없는 것을 일러 지선에 그치는 것(止至善)이라 한다. 성인은 사람이 바깥에서 추구하는 것을 두려워하여서 그 말씀을 반복하였는데 구본舊本은 쪼개버려서 성인의 뜻이 없어졌다. 이런 까닭으로 성의에 근본을 두지 않고 한갓 격물만 하는 것을 일러서 지리함(支)이라 하고, 격물을 일삼지 않고 한갓 성의만 하는 것을 일러서 공허함(虛)이라고 한다. 지리함과 공허함은 지극한 선에서 멀다. '경敬'으로써 합하였으나 더욱 누더기가 되었고, 『전傳』으로써 보충하였으나 더욱 벗어났다. 내가 배움이 날로 지극한 선에서 멀어짐을 두려워하여 분장分章을 버리고 구본을 복구하고 곁에 편집하여서 그 뜻을 이끌어냈으니 거의 성인의 마음을 다시 볼 것이다. 그것을 추구하는 자는 요체를 얻을 것이다. 아! 나를 죄주는 자는 역시 이 때문이리라!

정덕 무인년(1518) 가을 7월 병오, 후학 여요의 왕수인이 쓰다.[109]

양명은 두 방면에서 자기 심학에 대한 『대학』 사상체계를 세우기 시작하였다. 첫째, 경전의 텍스트 전석에서 양명은 경經과 전傳을 나누지 않은 『대

---

109 나흠순, 『곤지기』 3속續 제20장에서 인용한 것에 의거한다.

학』 고본을 고증하여 확정하고 주희가 전과 장구를 나눈 것을 취소하였으며 '친민'의 본래 뜻을 회복하였고, 주희가 보충하여 써넣은 「격물전格物傳」과 '주경'의 설을 삭제하고 이에 따라 가장 좋은 심학 전석의 『대학』 고전 텍스트를 확립하여서 주희의 『대학』 신본을 대체하였다. 사실상 양명이 정한 '『대학』 고본'은 13경十三經 중에 『예기』 속의 『대학』 고본(*정현鄭玄 주注, 공영달孔穎達 정의正義의 판본)을 회복한 것에 지나지 않는데, 이는 『대학』의 원본이다. 주희의 『대학장구』는 실제로 결코 이 원본의 경문을 바꾼 것은 아니지만 장구 해설의 편의를 위해 그것을 경과 전으로 분장한(*경 1장 전 10장으로 나눔) 것이다. 양명의 '『대학』 고본'은 주희의 경과 전의 분장을 취소하고 다만 그에게 심학을 이용하여서 『대학』 사상을 해설하는 데 편리한 전석의 공간을 제공하였다. 이로 인해 엄격하게 말하자면, 양명의 『대학』 고본과 주희의 『대학』 신본은 근본적으로 결코 다르지 않으나 다만 두 사람의 『대학』 텍스트에 대한 전석에 차이가 있었다.

둘째, 심학사상의 전석상에서 양명은 '성의'를 본체로, '격물'을 공부로 하는 『대학』의 사상체계를 세웠다. 이는 실제로 심체체인과 분수체인(*心物)이 서로 통일된 심학사상의 체계이다. 주희가 '지선'을 '지리至理'(*'사리事理의 당연한 극치')로 해석한 것과 달리 양명은 '지선'을 '심체'로 해석하여서 '지선이란 마음의 본체'라고 인식하였다. 따라서 "지극한 선에 그친다"라고 한 말은 바로 성의에 근본을 두고 심체를 체인하는 심학 본체론이다. 그리하여 그는 반복하여 강조하기를 "성의에 근본을 두지 않고 한갓 격물을 하는 것을 일러서 지리함(支)이라 하고, 격물을 일삼지 않고 한갓 성의만 하는 것을 일러서 공허함(虛)이라 하니, 지리함과 공허함은 지극한 선에서 멀다."라고 강조하였다. 주희가 '격물'을 향외向外의 격물궁리格物窮理로 해석한 것과 달리 양명은 '격물'을 향내向內의 정심구리正心求理로 해석하여서 격물이 곧 정심이라고 하였다. 따라서 '정심'은 곧 선을 회복함(復善), 마음을 회복함(復心)의 심학 공부론이다. 그리하여 그는 반복하여서 강조하기를 "정심은 본체를 회복하는 것이며", "성의로써 격물을 하여 선하지 않은 움직임을 회복하는 것일 뿐이다", "선하지 않음을 회복하여서 본체가 바르게 되고, 본체가 바르게 되어서 움직임이 선하지 않음이 없는 것이다."라고 하였다.

분명히 주희의 『대학장구』가 '지선'을 본성으로 삼아서 복성復性의 '성학性學' 사상체계를 제시했다고 한다면, 양명의 『대학고본방석』은 바로 '지선'을 마음으로 삼아서 복심復心의 '심학' 사상체계를 제시했다고 할 수 있다. 양명의 관점에서 볼 때 성의는 본체론이며 격물은 공부론이니, 성의와 격물의 통일은 곧 그가 말하는 '심일분수'로서 주희의 '이일분수'와는 서로 대립된다.

그는 특히 신중하고 진지하게 「대학고본방석후발大學古本傍釋後跋」을 지어서 자신의 이 같은 근본적인 사상을 다음과 같이 천술하며 해석하였다.

> 만상이 삼연(萬象森然)한 때 역시 충막무짐沖莫無朕하다. 충막무짐하면 곧 만상이 삼연하다. 충막무짐한 것은 한결같음(一)의 아비이다. 만상이 삼연한 것은 정밀함(精)의 어미이다. 한결같음에 정밀함이 있고 정밀함에 한결같음이 있다.
>
> 　　　　정덕 무인년(1518) 가을 7월 병오, 후학 여요의 왕수인이 쓰다.[110]

양명은 여기에서 이정二程의 말을 인용하여 '심일분수'를 논술하였는데,

---

110 『양명선생문록陽明先生文錄』 권3 「대학고본방석후발大學古本傍釋後跋」. 설간이 당시 이 발문의 내용(語)을 『전습록』에 수록하였는데, 『전습록』 권상에 보인다. 양명이 이 말을 늘 강론하였음을 알 수 있다.

'충막무짐'은 심체를 가리키고 '만상삼연'은 분수를 가리킨다. 충막무짐과 만상삼연의 통일은 바로 심일분수이니, 그의 『대학』 사상체계는 바로 정밀하고 한결같이 심체를 체인하는 심학사상 체계이다. 또한 그는 "지선이라 하는 것은 마음의 본체"라고 하는 심학사상의 원칙 아래 『대학』의 도를 바꾸어서 '인심'의 문제를 해결하는 사상체계를 형성하였다. 그의 『대학』 사상체계는 승화하여서 심체를 체인하고, 정밀하고 한결같이 하여서 중도를 잡고(精一執中), 선을 회복하고(復善), 마음을 회복하는(復心) 심학사상 체계가 되었던 것이다. 그가 『대학』에 부여한 간단하고 쉬운 '방석'은 바로 이 심체체인, 정일집중의 복선, 복심의 심학체계를 단락으로 나누고 구절을 좇아서 하나하나 정밀하고 요령 있게 전석한 것으로서, 주회의 번쇄한 '장구章句'와 대립하였다. 양명은 간단하고 쉽고 직접적이고 명쾌하며(簡易直截) 한 기운으로 관통하는 '방석' 가운데에서 심학의 세 가지 기본 사상을 두드러지게 드러냈다.

첫째, 지선을 심체로 삼는 심체체인이다. 책의 첫머리에서 『대학』의 '삼강령(三綱)'을 풀이할 때 그는 곧바로 결론을 내보이듯이(開門見山) 다음과 같이 말하였다.

> 명덕과 친민은 바로 오직 지선에 머무는 데 있으니, 마음의 본체를 다하면 그것을 일러서 지선에 그친다고 한다. 지선이란 마음의 본체이니, 지선이 오직 내 마음에 있음을 알면 추구하는 것의 방향이 정해진다.

> 마음은 몸의 주인이며 뜻은 마음의 표현이며(發) 앎이란 뜻의 본체이며 사물이란 뜻의 작용이다.[111]

---

111 『대학고본방석』.

이는 양명이 심학을 이용하여서 『대학』의 사상을 전석한 대강인데 벼리를 던지면 그물눈이 펼쳐지듯 일목요연하게 조리가 분명하다. 이어서 "몸을 닦음은 마음을 바르게 하는 데 있다(修身在正其心)."라는 구절을 풀이할 때 이르기를 "성의에 나아가서 자기 심체를 몸으로 터득하여서(體當) 늘 확연대공하게 하면 마음을 바르게 하는 것이다."라고 하였다. "선하면 얻는다는 말이다(道善則得之)."라는 구절을 풀이할 때도 이르기를 "오직 이 마음이 착한지 아닌지에 있다. 착한 사람은 다만 그 마음의 본체를 완전하게 한 자이다."라고 하였다. 마지막으로 "오직 어진 사람이라야 추방하여 내쫓는다(唯仁人放流之)."라는 구절을 풀이하면서 역시 말하기를 "어짊은 그 마음의 본체를 완전하게 하는 것"이라 하였다. 심체를 체인하는 양명의 사상이 그의 전체 '방석'에 관통하고 있음을 알 수 있다.

둘째, 격물은 곧 정심이며, 안을 향해 마음을 바로잡고 이치를 추구하는 것이다. 그는 '격물'을 다음과 같이 풀이하였다.

격물은 예를 들어 임금의 마음(君心)을 바로잡는다는(格) 바로잡음이니 바르지 않은 것을 바르게 하여서(正) 바른 데로 귀결시키는 것이다.[112]

격물은 바로 마음의 바르지 못함을 바로잡아서 바른 데로 귀결하는 것이므로 착한 마음으로 회복하여 돌아가는 것이다. 이는 마음이 안을 향해 지극한 선을 추구하는 공부이다. 그리하여 그는 "그칠 곳을 안다(知其所止)."라고 한 구절을 풀이할 때 말하기를 "지극한 선에 그침이 어찌 바깥에서 구하는 것이겠는가? 오직 내 몸에서 그것을 구할 뿐이다."라고 하였다. "몸을 닦

---

112 『대학고본방석』.

음은 마음을 바르게 하는 데 있다(修身在正其心)."라고 한 구절을 풀이할 때 이르기를 "마음을 바르게 하는 공부는 이미 있음(有)에 막힐(滯) 수 없으며 또한 없음(無)에 떨어질(墮) 수도 없다."라고 하였다. 이러한 마음을 바르게 하고 선을 회복하는 본체공부론은 심체체인과 분수체인의 통일을 체현하는 것으로서 "있음에 막힐 수 없다."는 말은 마음이 외부를 향해 사물을 좇아서 이치를 추구하면서 외물에 의해 막히고 얽매일 수 없음을 가리킨다. "없음에 떨어질 수도 없다."는 말은 마음이 명징하게 안으로 추구하여서 공허하고 허무함에 떨어지고 공허하고 적막함에 빠질 수 없음을 가리킨다. 그러므로 여기서 말하는 '있음에 막힘(滯有)'과 '없음에 떨어짐(墮無)'은 다만 그가 서문에서 말한 '지리함(支)'과 '공허함(虛)'이다. "성의에 근본을 두지 않고 한갓 격물만 하는 것을 일러서 지리함이라 하고, 격물을 일삼지 않고 한갓 성의만 하는 것을 일러서 공허함이라 한다."고 한 것이다.

셋째, 성의를 근본으로 삼고 격물을 공부로 삼는다. 그는 "군자는 반드시 그 뜻을 성실하게 한다(君子必誠其意)."는 구절을 다음과 같이 풀이하였다.

> 성의 공부가 실제 착수하는 곳은 오직 격물이다.

> 오직 성의를 주로 삼고 격물의 공부를 한다. 그러므로 '경'이라는 한 글자를 덧붙일 필요가 없다.[113]

이는 성의를 근본으로 삼고 격물을 공부로 삼은 심학의 본체공부론 체계로서 분명히 주경을 근본으로 삼고 치지를 공부로 삼는(敬知雙修) 주희의 이

---

113 『대학고본방석』.

학의 본체공부론 체계를 부정한 것이다.

주의할 점은 양명이 「대학고본방석서」에서는 '치지'라는 이 연결고리를 제기하지 않았고 다만 『대학고본방석』의 '팔조목'에서 '치지'를 주목하고서 아울러 다음과 같이 새로운 해석을 하였다는 사실이다.

지극한 선을 앎은 오직 내 마음에 있다.

앎은 뜻의 본체이며 사물은 뜻의 작용이다. …… 앎이 이루어지면(知致) 뜻이 속이는 바가 없고 성실해질 수 있다. 뜻이 성실하면 마음이 놓쳐버림(放)이 없고 바르게 될 수 있다.

성의 공부가 실제 착수하는 곳은 오직 격물이다. …… 이하는 격치를 말한다.[114]

여기에서 양명은 '앎'을 '몸'(*心, 心體)으로 풀이하였는데, 그가 말한 '치지致知'는 바로 '치심致心', '치량지'를 의미한다. 또한 은연중에 그가 사상적으로 이룬 하나의 중대한 비약을 포함하고 있으니, 곧 『대학고본방석』은 '치량지'설에 대한 그의 새로운 생각을 드러낸 것이다.

『대학고본방석』은 의심할 바 없이 양명 스스로의 『대학』 사상에 대한 하나의 총결이다. 그러나 양명의 『대학』 사상에 대한 연구는 종래 그의 『중용』 사상에 대한 연구와 긴밀하게 연계되어 함께 이루어졌다. 지금까지 줄곧 사람들에게 소홀히 여겨져왔던 사실은 양명이 『대학고본』의 서문을 확정하여

---

114 『대학고본방석』.

서 대학학大學學의 사상을 총결함과 동시에 『중용고본』의 서문을 확정하여서 중용학中庸學의 사상을 총결한 일인데, 이 두 가지는 구슬이 꿰이듯 연결되어 합한다는(珠聯璧合) 점이다.

원래 양명은 매우 일찍이 『대학』과 『중용』에 주석을 달았다. 육징은 정덕 11년(1516)에 편지를 보내 그에게 『대학중용주大學中庸注』를 청하였고, 양명은 다음과 같이 회답하였다.

> 물으신 바 『대학중용주』는 전에 대략 초고를 갖추었으나 스스로 양성한 바가 순수하지 않아서 바깥으로 드러내기를 힘쓰고 빨리 도달하려는 병폐를 면하지 못했다고 여겼기에 이미 불태워 없앴습니다. 근래 비록 조금 진보함을 느꼈지만 생각하기에 역시 감히 바로 지극하다고 여길 수 없으니 우선 뒷날 산중에서 제현과 상의하고 함께 완성하기를 기다려야 합니다. 그러므로 모두 아직 책으로 만들지 않았습니다. 그 뜻과 취지는 대략을 갖추었는데, 본래 평소 이미 청백淸伯(육징)에게 말한 것들입니다.[115]

여기서 말하는 "근래 비록 조금 진보함을 느꼈지만"은 정덕 10년 이래 『대학』과 『중용』에 대한 진일보한 인식이 이미 초보적으로 새로운 『대학』과 『중용』 주해의 '뜻과 취지의 대략'을 형성하였음을 가리킨다. 그리하여 그는 정덕 10년에 『대학고본』의 서문을 확정하고 아울러 「격물설」을 지어서 그 뜻을 밝혔다. 또한 『중용고본』의 서문을 확정한 뒤 아울러 「수도설修道說」을 지어서 그 뜻을 밝혔다. 이는 정덕 13년(1518)의 일이었다.

현재 백록동서원白鹿洞書院 비랑碑廊에 남아 있는, 양명이 직접 잇달아 쓴

---

115 『왕양명전집』 권4 「여육원정與陸原靜」.

석각 『대학고본』, 「수도설」, 『중용』 등은 필적이 서로 같은 점으로 보아 동시(*정덕 13년)에 지어졌으며 같은 때(*정덕 16년)에 새긴 것임을 알 수 있다. 『대학고본방석』의 서문은 정덕 13년 7월에 확정하였고, 「수도설」은 정덕 13년에 지었으며(*제호 아래 주에 보인다), 『중용고본』은 석각의 후반 단락이 결락되어서 본문 끝에 서명된 연월을 알 수 없으나 다만 「수도설」과 『중용고본』이 이어서 동일한 돌에 새겨져 있고 필적이 똑같으며 기운이 일관된 것으로 보아 『중용고본』도 정덕 13년 7월에 (『중용고본』의) 서문이 확정되었음을 분명히 알 수 있다. 그러나 「수도설」은 실제로는 바로 서문을 확정한 『중용고본』의 서문으로 지은 글이다.

비굉費宏(1468~1535)은 「이치양명선생석각기移置陽明先生石刻記」에서 명확하게 다음과 같이 말한다.

> 예전에 양명 왕 선생이 감에서 병사를 제독하였는데 …… 이미 뜻을 책함(責志)을 가르침으로 삼아 제자(子弟)들을 익히게 하였다. 다시 『대학』, 『중용』의 고본을 취하여서 큰 단서를 밝히는 서문을 정하고(序其大端), 염계(주돈이)의 「태극도설」과 연계하여 울고산鬱孤山 위의 돌에 써서 산에 올라 유람하고 이곳에서 쉬는 자로 하여금 속세의 테두리(埃壒) 바깥을 벗어나 높고 밝고 광대하고 원대한 뜻을 격동하게 ……[116]

여기서 말하는 "큰 단서를 밝히는 서문을 정하고"란 하나는 『대학고본』을 위해 「대학고본서」를 짓고, 하나는 『중용』을 위해 「수도설」을 지은 사실을 가리킨다. 양명은 정덕 13년에 『중용고본』의 서문을 확정하였으니 「수도설」은

---

116 이 기문은 『왕양명전집』 권39 「세덕기世德記·부록」에 보인다.

바로 『중용고본』의 서문임을 이로써 확증할 수 있다.

나중에 양명은 황성증黃省曾(1490~1540)에게 보낸 편지에서 다음과 같이 더욱 분명히 말한다.

「격물설」, 「수도주修道注」를 보여주셨는데 진실로 다랍게 여기지 않는(不鄙) 성대한 뜻을 받잡고서 절실하고 깊이 부끄럽고 송구합니다. 그러나 천하고 졸렬한 사람이 감히 족하께 바랄 수 있는 바가 아닙니다. 또한 그 설은 역시 제 견해(鄙見)와는 조금 미진함이 있습니다. 어느 때 그 설을 아울러서 그 뜻을 다 파악하여야 할 터이니 원컨대 잠시 남들에게 보이지 말아야 합니다. …… 고본의 전석은 부득이한 것입니다. 그러나 감히 많은 사설辭說을 늘어놓지 않은 까닭은 바로 이리저리 얽히고설켜서 갈등에 휘말리면 가지와 줄기가 도리어 그늘에 가려질 것이 두렵기 때문입니다. 짧은 서문은 일찍이 세 차례 원고를 고친 것이고, 석각은 가장 마지막 원고를 근거로 한 것입니다. 지금 각각 한 본씩 보내는(各往一本) 까닭은 역시 초년의 견해는 충분히 근거로 삼아 확정할 수 없는 것임을 알기 때문입니다.[117]

이른바 「격물설」은 황성증이 양명의 「대학고본서」를 위해 지은 해설이며, 「수도주」는 양명의 「수도설」을 위해 지은 주해이다. "각각 한 본씩 보내는"이라고 한 말은 바로 석각 『대학고본』과 『중용고본』의 두 판본을 가리킨다.

양명은 실제로 9월에 염계서원을 중건할 때 그가 서문을 확정한 『대학고본』과 『중용고본』 및 주렴계의 「태극도설」, 『통서』의 '성인은 배울 수 있는가(聖可學乎)?'라는 한 장을 울고산에 새겼는데, 이는 바로 비굉이 말한 "다

---

117 『왕양명전집』 권5 「여황면지與黃勉之」 서1.

시 『대학』, 『중용』의 고본을 취하여 큰 단서를 밝히는 서문을 정하고, 염계의 「태극도설」과 연계하여 울고산 위의 돌에 써서"라고 한 사실이다. 전덕홍은 나중에 이 석각을 위해 발문을 지었는데 "오른쪽 「태극도설」과 「중용수도설」은 선사 양명 선생님께서 일찍이 건虔에서 돌에 새긴 글이다."[118]라고 하였다. 이는 바로 『대학고본』과 『중용고본』의 최초 석각이다.

주의할 점은 양명이 「태극도설」과 『통서』의 한 장을 울고산에 새겼을 때 다음과 같은 발문을 지었다는 사실이다.

> 염계 스스로 주를 단 '주정主靜'에서 이르기를 "욕망이 없으므로 고요하다 (無欲, 故靜)."라고 하였으며, 『통서』에서 이르기를 "욕망이 없으면 고요함에 텅 비고 움직임에 곧다(無欲, 則靜虛動直)."라고 하였으니 이는 주정의 설로 서 실은 움직임과 고요함이 없는 것이다. "중정과 인의로써 정한다(定之以中正仁義)."라고 한 말은 곧 '태극'이며, '고요함을 주로 함(主靜)'은 곧 '무극'이다. 다만 옛 주석은 혹 염계의 본래 뜻이 아닐 테니(舊注或非濂溪本意) 특별히 드러내어 보인다.
>
> 후학 여요의 왕수인이 쓰다.[119]

실제로 이 발문은 그의 대학학 사상과 중용학 사상의 관건적인 중요한 근거이다. "옛 주석은 혹 염계의 본래 뜻이 아닐 테니"라고 한 말은 주희의 「태극도설해太極圖說解」를 가리킨다. 주돈이는 '주정'설을 주장하여 '욕망이 없

---

118 전덕홍의 이 석각의 발문은 일본 『양명학보陽明学報』 제153호에 보인다.

119 왕수인, 「서주자태극설통서발書周子太極說通書跋」; 이후李詡(1506~1593) 『계암노인만필戒庵老人漫筆』 권10에 보인다.

으므로 고요하다'고 인식하였다. 그러나 주희는 '고요함'을 해석하여서 '경건(敬)'으로 삼았으며, '주경'설을 주장하여서 '경'이 움직임과 고요함을 통일하는 것으로 인식하였다. 양명은 여기에서 주희가 '주정'을 해석하여 '주경'으로 착각한 점을 지적하고, '심체'를 자기 심학으로 해설하였다. 심이란 고요한 가운데 희로애락 미발 때의 기상을 체인하는 방면으로(*主靜) 말하면 '무극'이며, 지극한 선에 머무는 '중정과 인의로써 정하는' 방면으로(*至善) 말하면 또한 '태극'이다. 심이 곧 태극이며, 심이 곧 무극이다. 이러한 '마음으로 극을 설명하는(以心說極)' 것은 바로 소옹邵雍 이래 심학가의 근본 사상이며, 주희의 '이치로 극을 설명하는(以理說極)'(*有理無形) 것과 서로 대립된다. 이 발문의 독특한 보충, 전석이 이루어진 뒤 양명은 그의 대학학과 중용학을 통일하였다.

양명이 서문을 확정한 『중용고본』은 사실 13경十三經 중 『예기』 속의 『중용』 고본을 회복한 것이었다. 주희의 『중용장구』본 역시 『예기』의 『중용』 원본을 이용한 것인데 다만 그것을 경經과 전傳으로 나누었고(*경 1장, 전 10장으로 나눔), 결코 경문을 고치지는 않았다. 양명의 『중용고본』은 경과 전의 분장을 취소하고 주를 결코 달지 않았다. 그의 『중용』 사상은 주로 「수도설」 중에서 다음과 같이 반영되어 있다.

> 본성을 따르는 것(率性)이 도道이니 성실한(誠) 것이며, 도를 닦는 것(修道)이 가르침(敎)이니 성실하게 하는(誠之) 것이다. 그러므로 말하기를 "성실함으로부터 밝혀나가는 것을 본성이라 하고, 밝혀서 성실해지는 것을 가르침이라고 한다(自誠明, 謂之性. 自明誠, 謂之敎)."라고 하였다. 『중용』은 성실하게 행하는 자를 위해 지은(爲誠之者而作) 것이니 도를 닦는 일이다(修道之事). 도라고 하는 것은 본성이므로 잠시도 떠날(離) 수 없는 것이다. 거기에서 지

나친 것이나 미치지 못하는 것은 떠난 것이다. 이런 까닭에 군자에게는 도를 닦는 공부가 있다. 보이지 않는 곳에서 경계하고 삼가며, 들리지 않는 곳에서 두려워하고 무서워하는 것은 은미함이 두드러진 것이니 성실함을 가릴 수 없는 것이다. 도를 닦는 공부를 이와 같이 사이가 없게 하는 것은 성실하게 하는 것이다. 대체로 그렇게 한 뒤에야 희로애락이 아직 드러나지 않은 것을 중中이라 하며, 드러나서 모두 절도에 들어맞는 것을 화和라고 하는 것이며, 도가 닦이고 본성이 회복되는 것이다. 중화中和를 이루면 대본大本이 서고 달도達道가 행해지며 천지의 화육化育을 알 수 있을 것이다. 지극히 성실하고 본성을 다하지 않으면 누가 여기에 참여할 수 있겠는가! 이는 도를 닦는 지극한 공부이다. 그리고 세상의 도를 닦음을 말하는 자는 (도에서) 떠난 것이다. 그러므로 특별히 그 설을 드러낸다.[120]

양명은 『중용』을 '성실함'의 본체론과 '중'의 공부론 사상체계를 논한 텍스트로 인식하였다. 그는 한편으로 『중용』은 "성신하게 행하는 자를 위해 지은" 것이며, "도를 닦는 일"이며, 마음을 성실하게 하고 도를 닦는 것은 '성실함으로부터 밝힘(自誠明)'과 '밝힘으로부터 성실함(自明誠)'의 통일이라고 인식하였다. 이는 그의 성의를 근본으로 삼고 격물을 공부로 삼는 심학 본체론의 체계와 일치한다. 또 한편으로 그는 『중용』은 '치중화致中和' 공부로써 대본을 세우고 심체를 회복하는 중용의 사상체계로서 고요한 가운데 희로애락이 미발한 때의 기상인 '중'을 체인하는 것과 움직임 가운데 발하여서 모두 절도에 적중하는 이발 기상인 '화'를 체인하는 것을 서로 통일해야 비로소 도를 닦아 마음을 회복함에 도달해서 대본이 서고 달도가 행해진다고 인식하였다.

---

120 『왕양명전집』 권7 「수도설修道說」.

바로 그가 평상시에 학자들에게 "성실함은 마음의 본체이며 본체를 회복함을 추구하는 것은 바로 성실함을 생각하는(思誠) 공부이다.", "'중화'는 바로 성의 본체를 회복하는 것이다."[121]라고 반복하여서 강조한 것과 같다. 이는 또한 그의 심체체인, 정일집중과 복선復善, 복심復心의 심학 본체론의 사상체계와 일치한다.

『대학』의 '성의'와 『중용』의 '자성명自誠明'을 소통시키고, 『대학』의 '치지'와 『중용』의 '치중화'를 소통시킨 것은 양명의 심학사상 체계가 대학학의 사상체계와 중용학의 사상체계를 통일한 것이다. 이는 그가 동시에 서문을 확정한 『대학고본』과 『중용고본』을 전면적으로 자기 심학체계로 통섭하는 진실한 의도(用心)이다. 담약수와 방헌부는 그의 뒤를 따라 역시 (각각) 『대학고본』과 『중용고본』의 서문을 확정하고, 『대학측大學測』과 『중용측中庸測』, 『대학원大學原』과 『중용원中庸原』을 지어서 양명의 대학학·중용학의 사상체계와 함께 서로 대립하였다.

(3) 『전습록』(*세 권) 편집 간행

한 권으로 이루어진 『전습록』은 서애가 맨 먼저 정덕 7년(1512)에 편집한 것이다. 이후 양명은 남도와 강서에서 선비 학자들과 광범위하게 강학론도를 전개하여 어록이 갈수록 많아졌는데, 대부분은 육징과 설간의 기록에서 나온 것으로서 선비 학자들 사이에서 전파되었다. 정덕 13년(1518) 8월 설간은 곧 서애·육징과 함께 기록한 전습 어록을 모아서 세 권으로 편집하여 감주에서 간행하였다.

---

121 『왕양명전집』 권1 「전습록」 상.

나중에 설간은 「양명선생칙언서陽明先生則言序」에서 다음과 같이 말한다. "선생의 말씀은 처음 감에서 판각을 하였는데 이름을 『전습록』이라 하고 물음에 답한 말씀을 기록하였다. 광덕廣德에서 판각한 것은 『문록文錄』이라 하고 문학작품(文辭)을 기록한 것이다. 고소姑蘇에서 판각한 것은 덧붙인 것이니 『별록別錄』이라 하고 정략政略을 기록한 것이다."[122] 양명이 편집, 간행한 『전습록』(*세 권, 정덕 13년, 1518)과 『문록』(*가정 6년, 1527)은 모두 자기 평생 사상 학문을 총결하는 깊은 뜻을 가지고 있다. 세 권본 『전습록』은 양명이 홍치 18년(1505)부터 정덕 13년까지 심학사상 발전의 한 걸음 한 걸음 궤적을 기록한 책이다. 이 책은 양명 스스로 전반생에 걸친 심학사상 체계에 대한 총결이라 할 수 있으며, 나중에 '치량지'를 주장한 그의 후반생에 걸친 심학사상 체계에 대한 총결과 함께 분명한 대조를 이룬다. 다만 주의할 점은 양명이 자신의 전반생에 걸친 심학체계를 총결하는 가운데 일련의 섬광이 비추는 독창적인 사상을 제출하였으며, 이미 후반생에 전개한 '치량지' 심학체계의 탄생을 은연중에 예시하였다는 사실이다.

① 심학사상 체계의 '마음(心)·뜻(意)·앎(知)·사물(物)'의 4중 논리구조를 제출하여서 나중의 '왕문사구교王門四句敎'에 대한 심학의 논리적 구조 체계의 형태를 포함하였다.

양명의 '왕문사구교'의 심학 논리구조 체계는 마음·뜻·앎·사물의 4중 논리적 연결고리에 의해 정립되었는데 양명은 남도에 있을 때 이미 날카롭게 이 심학의 4중 논리적 구조의 틀을 파악하였다. 육징이 기록한 어록에서는 다음과 같이 말한다.

---

122 『설간집薛侃集』 권5 「양명선생칙언서陽明先生則言序」.

물었다. "몸의 주체는 마음이며, 마음의 영명靈明함은 앎이며, 앎이 발동한 것은 뜻이며, 뜻이 붙은 곳은 사물입니다. 이와 같습니까?"

선생이 답하였다. "역시 그렇다."[123]

양명은 제1차로 명석하게 심학 논리구조 가운데 '앎'의 이 중요한 논리적 연결고리와 논리적 층면을 두드러지게 드러내어서 '마음'과 '사물'의 관계를 소통시켰으며, 마음·뜻·앎·사물이 한 길로 관통하고 본체와 작용이 하나가 되는(體用一如) 완정한 심학적 논리체계를 세웠다. 이는 또한 '치량지'를 향한 심학의 논리 사상체계로 나아가는 길을 열었다. 그는 '앎'을 명확하게 '심체'로 규정하고 '마음의 영명함'(*知善知惡)으로 규정하였는데 실제로 이미 '양지'의 의미를 갖추고 있었다.

이는 마음·뜻·앎·사물의 4중 논리 층차에 대한 통일의 관계이다. 양명도 상세하게 다음과 같이 논술하고 있다.

…… (*양명이) 말하였다. "이렇게 선과 악을 보는 것은 모두 몸 껍질(軀殼)로부터 의식을 일으키는 것이니 곧 잘못될 수 있다." 설간이 깨닫지 못하였다. 말하기를 "하늘과 땅에 생명의지(生意)가 있음은 꽃이나 풀이나 마찬가지인데 어찌 일찍이 선과 악의 나뉨이 있었겠는가? 그대가 꽃을 보려고 하면 꽃을 선으로 삼고 풀을 악으로 삼는다. 만약 풀을 대상으로 할 때는 다시 풀은 선이 된다. 이러한 선과 악은 모두 네 마음에서 좋아하고 싫어하는 것으로부터 생긴다. 그러므로 이것이 틀렸음을 안다." 말하였다. "그렇다면 선도 없고 악도 없는 것입니까?" 답하였다. "선도 없고 악도 없는

123 『왕양명전집』 권1 「전습록」 상.

것은 이치의 고요함이다. 선이 있고 악이 있는 것은 기의 움직임이다. 기에 (의해) 움직이지 않으면 곧 선도 없고 악도 없으니 이것을 지극한 선이라고 한다." 말하였다. "불씨佛氏 또한 선도 없고 악도 없다고 하는데 무엇이 다릅니까?" 답하였다. "불씨는 선도 없고 악도 없다는 견지에 집착해서 곧 일체 모두 관여하지 않으니 (그것으로서는) 천하를 다스릴 수 없다. 성인은 선도 없고 악도 없지만 다만 좋게 여기는 것도 없고 나쁘게 여기는 것도 없으니 기에 (의해) 움직이지 않는다." …… 말하였다. "좋아하거나 싫어하지 않는 것(不作好惡)은 전혀 좋아하는 것과 싫어하는 것이 없다는 말이 아니라 오히려 지각이 없는 사람이다. ~하지 않는다(不作)고 말하는 것은 다만 좋아하고 싫어하는 것을 한결같이 이치에 따르며 또한 한 푼이라도 (자기) 의사意思를 덧붙이지 않는 것이다. 이와 같은 것은 곧 일찍이 좋아하고 싫어하지 않은 것과 한 가지이다." …… 말하였다. "그렇다면 선과 악은 사물에 전혀 있지 않은 것입니까?" 답하였다. "다만 네 마음의 이치를 따르면 곧 선이고 기운을 움직이면 곧 악이다." 말하였다. "필경 사물에는 선악이 없는 것입니다." 말하였다. "마음에서 이와 같고 사물에서도 이와 같다. 세상의 유학자들은 오직 이것을 알지 못한 채 마음을 놓아버리고 사물을 좇으니(舍心逐物) 장차 격물의 학문을 잘못 보아서 종일 바깥에서 치달리며 추구하면서 다만 의가 엄습하여 취하는 것으로 간주하니 죽을 때까지 행하면서도 밝게 알지 못하고(行不著) 익숙해졌으면서도 살피지 못한다(習不察)." 말하였다. "미인을 좋아하듯이 좋아하고, 악취를 싫어하듯이 싫어한다면(如好好色, 如惡惡臭) 어떻습니까?" 답하였다. "이것이 바로 한결같이 이치에 따르는 것이니 이는 천리가 바로 이와 같은 것이며 본래 사사로운 뜻으로 좋아하고 싫어하는 것이 없다." 말하였다. "미인을 좋아하듯이 좋아하고 악취를 싫어하듯이 싫어한다면 어째서 의도하지 않은 것입니까?" 답하였다.

"오히려 이것은 성실한 뜻이지 사사로운 뜻이 아니다. 성실한 뜻은 다만 천리를 따르는 것이다. 비록 천리를 따르더라도 역시 한 푼의 뜻(意)도 덧붙이지 않는다. 그러므로 원망하고 성내고 좋아하고 즐기는(怨懟好樂) 바가 있으면 그 바름을 얻을 수 없다. 모름지기 확연대공廓然大公하면 바야흐로 이것이 마음의 본체이다. 이것을 알면 곧 미발의 중을 아는 것이다."[124]

마음은 이치가 고요한 것이다. 그러므로 선도 없고 악도 없으며(＊至善) 모름지기 고요한 가운데 심체를 체인하는 것이다. 뜻(意)은 기의 움직임이다. 그러므로 선도 있고 악도 있으며 모름지기 뜻을 성실하게 하여서 이치를 따라야 한다. 이 마음의 영명함을 안다. 그러므로 선을 알고 악을 아는 것이 모름지기 지행합일이다. 마음 바깥에 사물이 없다. 그러므로 사물에 선악이 없으며 모름지기 안을 향해 마음을 바르게 하고 이치를 구하여서 마음을 놓아버리고 사물을 좇아가지 않는다. 이러한 '마음-뜻-앎-사물'의 심학 본체공부론 논리체계에 대한 해설은 양명이 자기 심학사상에 대한 이전의 인식을 초월했음을 뚜렷이 보여주며, 이미 후세 사람을 위해 양명의 '왕문사구교' 나아가 '왕문팔구교'를 이해하기 위한 열쇠를 거의 설정하였음을 예시한다.

② '마음'을 '참몸(眞己)'으로 해석하여서 마음은 곧 자아自我(＊精神之我, 心我)라 한다.

중국의 고대 철학이 말하는 '마음(心)' 개념은 무엇을 가리키는지, 그리고 심학이 말하는 '마음'은 결국 무엇을 가리키는지 종래에는 모호하고 명료하지 않았다. 이학가와 심학가 모두 이해와 해설을 다르게 하여서 사람들이 '심

---

124 『왕양명전집』 권1 「전습록」 상.

학'을 정확하게 인식하는 데 어려움을 초래하였다. 양명은 '마음'에 대해 명확한 해설을 내렸다. 그가 볼 때 '마음'은 결코 인체 내의 '한 덩어리 살덩이(一團血肉)'의 심장(*肉體之我)을 가리키는 것이 아니라 사람의 '참몸'의 본체(*精神之我)를 가리킨다. 그는 다음과 같이 말한다.

일찍이 참몸이 어찌 몸 껍질(軀殼)을 벗어난 적이 있는가! …… 이 보고 듣고 말하고 행동하는 것이 모두 네 마음이다. 네 마음이 보는 것은 눈이라는 구멍(竅)에서 나온다. 네 마음이 듣는 것은 귀라는 구멍에서 나온다. 네 마음이 말하는 것은 입이라는 구멍에서 나온다. 네 마음의 행동은 사지라는 통로(竅)에서 나온다. 만약 네 마음이 없으면 곧 이목구비가 없다. 이른바 네 마음은 오로지 이 한 덩어리 살덩이(一團血肉)가 아니다. …… 이른바 네 마음은 도리어 보고 듣고 말하고 행동할 수 있는 것인데 이는 바로 성性이며 천리이다. 이 성이 있으면 비로소 살아갈(生) 수 있다. 이 성의 생리生理를 바로 인仁이라 한다. 이 성의 생리가 눈에서 발현되면 볼 수 있고, 귀에서 발현되면 들을 수 있고, 입에서 발현되면 말을 할 수 있고, 사지에서 발현되면 움직일 수 있다. 다만 이 천리가 모두 발현되어서 생겨나면 그것이 한 몸을 주재한다. 그러므로 일러서 마음이라 한다. 다만 이 마음의 본체는 원래 천리이며 예가 아님이 없다. 이것이 바로 너의 참몸이다. 이 참몸은 이미 몸 껍질의 주재이다. 만약 참몸이 없으면 몸 껍질이 없다. 참으로 있으면 곧 살고, 없으면 곧 죽는다. 네가 만약 참으로 이 껍질 몸(己)이라면 반드시 이 참몸을 사용해야 하니 곧 모름지기 늘 이 참몸의 본체를 지키고서 보이지 않는 곳에서 경계하고 삼가며 들리지 않는 곳에서 두려워하고 무서워하여서 오직 그러한 것을 헐어내고 손상할까 두려워한다. 털끝만큼이라도 예가 아닌 것이 싹 터서 곧 칼로 잘라내고 침으로 찌르는 것과 같아 참아낼 수 없다면 반드시 칼을 제거하고 침을 뽑아내야 비로소 위기爲己의 마음이 있어서 바야흐로 극기克己를 할 수 있다.[125]

양명의 이러한 말은 참으로 감성적 시인인 양명이 마음속에서 노래한 한 곡의 '심아心我' 찬가라고 할 수 있다. 그는 사람의 육체적 자아(*軀殼)와 정신적 자아(*眞己)를 서로 대립시키고 참몸의 자아를 '심체'로 보아 신체적 자아를 '몸 껍질'로 보았다. 참몸의 자아가 신체적 자아의 '주재'이다. 그리하여 '참몸'은 곧 '마음'이고, '마음'이 곧 '참몸'인 것이다. 또한 그는 '참몸'을 '참나(眞吾)'라고 하였는데 나중에 「종오도인기從吾道人記」에서 다음과 같이 말하였다. "내가 말하는 이른바 참나라는 것은 양지를 말한다. …… 양지가 좋아하는 것은 참나가 좋아하는 것이다. …… 참나가 좋아하는 것을 좇으면 천하 사람이 모두 그것을 좋아한다."[126]

주희의 '성학性學'은 인성人性을 해석하여서 사람의 본질本質이라 하고, 양명의 '심학心學'은 인심人心을 해석하여서 사람의 본아本我라고 하는데, '복성復性'과 '복심復心' 이 두 가지는 '사람'을 구속하는 서로 다른 길이다. 양명이 말하는 '참몸', '참나'를 만들어내는 '마음'은 진심眞心·자아·본아本我·심아心我·심령·영혼·정신 등의 함의를 갖는다. 그의 복심의 심학사상 체계는 참몸과 참나를 회복하고 참몸과 참나(*心我)를 구속하는 사상체계로서 성과 선을 회복하며 선한 본성(*人性)을 구속하는 주희의 사상체계와 대립하면서 서로 보완하는 관계를 형성하였다.

---

125 『왕양명전집』 권1 「전습록」 상.

126 『왕양명전집』 권7 「종오도인기從吾道人記」.

③ '치지致知'는 '덮어 가린 것을 제거함(去蔽)', '넓혀서 채움(擴充)'에 있다는 사상을 제출하였다.

『대학』의 삼강팔목에서 양명은 '치지'라는 연결고리를 두드러지게 드러내기 시작하였는데 아울러 주희의 해설과 확연히 달라졌다. 그는 '치지'를 해석하여서 '덮어 가린 것을 제거함', '넓혀서 채움'이라고 하였다. 그는 다음과 같이 말한다.

> 유건惟乾(기원형)이 물었다. "앎이 어떻게 마음의 본체가 됩니까?" 선생이 말하였다. "앎은 이치(理)의 영험한 곳이다. 주재하는 곳에 나아가서 말하면 바로 마음이 된다. 품부한 곳에 나아가서 말하면 바로 본성(性)이라고 한다. 어린아이(孩提)도 부모를 사랑함을 모르지 않고 형을 공경함을 모르지 않는다. 다만 이 영험한 능력은 사사로운 욕망에 가려서 막히지 않고 다 채우고 열어나가면 곧 완전해진다. 완전함은 그것의 본체이며 바로 천지와 덕을 합하는 것이다. 성인으로부터 그 이하는 덮어 가림이 없을 수 없으니, 그러므로 모름지기 격물을 하여서 그 앎을 다 해야 한다."[127]

마음을 이루는 본체, '앎'의 영명함은 바로 선을 알고 악을 아는 데에서 표현된다. 다만 사욕이 덮어 가리고 해쳐서 영명한 '앎'으로 하여금 선을 밝히고 악을 알지 못하게 하니 이로 인해 반드시 '앎을 이루어야(致知)' 한다. 치지의 '치致'는 두 가지의 의미가 있다. 하나는 끊임없이 앎을 덮어서 가리는 사사로운 욕망과 더러운 물들임을 씻어서 제거하여 앎의 심체로 하여금 밝음을 회복하게 함을 가리킨다. 이것을 '거폐去蔽', '복심체復心體'라 한다. 또 다

---

127 『왕양명전집』 권1 「전습록」 상.

른 하나는 끊임없이 앎의 심체를 넓혀서 채우는 것을 가리키는데, '밑바닥까지 넓혀 채워서' 앎으로 하여금 '충분히 갖추도록(具足)' 넓히고 채우면 이치를 사사물물에 미루어 갈 수 있는데 이것을 '확충擴充', '진심盡心'이라고 한다. 양명이 여기서 말하는 "성인으로부터 그 이하는 덮어 가림이 없을 수 없으니, 그러므로 모름지기 격물을 하여서 그 앎을 다해야 한다."라고 한 것은 바로 그의 '거폐'를 가리켜서 말한 것이며, 이른바 "다만 이 영험한 능력은 사사로운 욕망에 가려서 막히지 않고 다 채우고 열어나가면 곧 완전해진다."라고 한 것은 바로 그의 '밑바닥까지 넓혀서 채움(擴充到底)', '넓혀 채워서 모두 갖춤(擴充具足)'을 가리켜 말한 것이다. 여기서 양명의 '치지'에 대한 인식은 이미 그의 나중의 '거폐', '확충'의 '치량지' 사상의 싹을 포함하고 있음을 알 수 있다.

④ '양지 양능良知良能'설을 제출하였다.

양명은 비록 정덕 5년(1510)에 주충周衝과 '양지'를 담론하였으나 결코 그의 특별한 관심을 끌지는 못하였다. 정덕 13년(1518)에 이르러 양명은 '양지'에 대해 마침내 새로운 사고를 예민하게 견지하여서 '양지'를 '치지'의 '지知'와 연계시켰고, 지가 곧 양지이며 양지는 곧 심체라고 인식하였다. 이와 같이 그는 『대학』의 '치지'에 '치량지'라는 새로운 함의를 부여하였다.

그는 다음과 같이 말한다.

다만 이 마음이 천리가 순수한 곳과 같으면 바로 똑같이 성聖이라고 할 수 있다. 역량과 기백 같은 것이 어떻게 다 같아질 수 있겠는가! 후세의 유학자들은 다만 분량分兩에서 무게(量)를 헤아리므로 공리功利로 흘러든다. 만약 분량을 비교하려는 마음을 제거하고 각 사람이 다 자기의 역량과 정신을 다하되 다만 이 마음이 순수한 천리에서 공부를 한다면(用功) 곧 사람마다 저절로 지니고(人人自有) 저마다 원만하게 성취하여서(箇箇圓成) 큰 것은 크게 이루고 작은 것은 작게 이루며 바깥을 사모하기를 기다리지 않고 모두 갖추지 않음이 없다(無不具足). 이는 곧 확실하게(實實落落) 선을 밝히고 몸을 성실하게 하는 일이다. 후세의 유학자들은 성학에 밝지 못하여 자기 마음바탕(心地)의 양지, 양능에 나아가 체인하고 확충할 줄 모르고서 도리어 알지 못하는 것을 알기를 추구하고, 능하지 못한 것을 능하기를 추구하며 줄곧 다만 높은 것을 바라고 큰 것을 사모한다. 스스로 걸·주의 마음바탕을 가졌음을 알지 못하고서 행함에 대뜸 요·순의 사업을 하려고 하니 어떻게 할 수 있겠는가![128]

이른바 '양지'에서 체인한다는 것은 바로 그가 말하는 '심체' 체인이다. 이로 인해 여기서 말하는 "자기 마음바탕의 양지, 양능에 나아가 체인하고 확충"한다는 말은 이미 그가 나중에 주장한 '치량지'설의 '거폐', '확충' 사상에 접근해 있다. 이른바 "저마다 원만하게 성취함", "모두 갖추지 않음이 없음" 역시 훗날 그의 '치량지'설의 '넓혀 채워서 모두 갖춤(擴充具足)', '밑바닥까지 넓혀서 채움(擴充到底)'의 사상에 접근해 있다. 분명히 세 권으로 이루어진 『전습록』에서 이미 은연중에 '양지학良知學' 사상이 양명의 마음속에 싹터서 쑥쑥 자라나는 것을 드러내고 있다.

'마음-뜻-앎-사물'의 심학 논리체계의 구조를 제시하여 '마음'을 '참나'(＊自我)로 해석하는 데서부터 '치지'는 '거폐', '확충'에 있음을 제시하여 앎을 '양지'로 삼고 양지가 곧 심체라 한 데에 이르러서 양명은 이미 희미하

---

128 『왕양명전집』 권1 「전습록」 상.

게 미래 양지학 체계의 대체적인 윤곽을 그려내었으며 양명 심학사상에 대한 미래 발전의 전경과 방향을 펼쳐보였다. 이로 인하여 세 권으로 구성된 『전습록』은 양명의 전반생 심학사상 체계에 대한 총결인 동시에 미래 '치량지'의 심학사상 체계의 기점으로서 그의 사상에서 더욱 커다란 '양지의 깨달음(良知之悟)'의 도래를 어렴풋이 예시하고 있다고 할 수 있다.

정덕 13년에 군사를 이끌고 정벌 전쟁(戎馬征戰)을 하는 동안 휴식 기간에 양명은 『주자만년정론』, 『대학고본방석』, 『전습록』(*세 권) 3부작으로 평생의 학문 사상에 대한 제1차 '간단하고 쉽고 광대한(簡易廣大)' 총결을 실현하였으며, 전반생에 걸친 사상의 탐색이 전진하는 심로의 역정을 기록하였다. 관방 정주 이학의 금망은 심학사상을 탐색하는 그의 발걸음을 막을 수 없었으며, 벼슬길의 부침도 탐색하고 찾아가는 불굴의 영혼을 결코 꺾어서 무너뜨리지는 못하였다. 심학의 길에서 영원히 편력하는 탐색자로 말하자면 매 한 차례씩 실행한 사상 탐색의 자아 총결은 모두 그가 열어젖힌 새로운 사상 탐색의 기점을 이루었다. 그리하여 양명의 정덕 13년 평생 학문 사상의 총결은 과거를 결산하고 미래를 전망하는 이중의 의미를 가지고 있었고, 가없이 펼쳐지는 심학사상의 탐색은 종착지가 없었다. 그는 자기 평생 학문 사상에 대한 총결을 내린 뒤 또 분발하고 용감하게 심학사상을 탐색하는 새로운 발걸음을 앞으로 힘껏 내딛었으며, 흉흉하게 몰려오는 주신호朱宸濠의 반란과 '학금學禁' 및 '당금黨禁'의 광란을 마주해서는 한 걸음도 움츠러들어 물러나거나 멈추지 않았다.

13장

신호宸濠 반란 평정의 희비극

'가짜 황제(僞帝)'를 쫓아내다 : 신호 반란의 폭발

양명이 감주贛州에서 평생의 학문 사상을 총결하는 일에 몰두하고 있을 때 또다시 격변이 발생하여서 조정의 정국이 들끓었다. 남창南昌의 영왕寧王 주신호朱宸濠(1476~1521)가 등극하여 황제가 되려는 달콤한 꿈을 꾸고서 여러 해 계획하고 획책한 끝에 암암리에 반란을 일으킬 모든 준비를 마쳤던 것이다. 영왕 신호는 영헌왕寧獻王 주권朱權(1378~1448)의 세손世孫이며, 주권은 태조 주원장朱元璋(1328~1398, 재위 1368~1398)의 열여섯째 아들이다. 그러므로 주신호는 자기가 주가朱家 왕조의 핏줄을 이은 적전嫡傳의 혈통으로서 황제에 오를 수 있는 합법적인 명분이 있다고 여겼으니 영왕의 가계에 흐르는 천성으로 갖춘 반란과 하극상의 반역적 성격을 계승하였던 것이다.

주신호는 주근석朱覲錫의 서자이며 그의 어머니 풍침아馮釬兒는 창가娼家 출신이었다. 그는 홍치弘治 12년(1499) 영왕의 뒤를 계승한 뒤 곧 지체하지 않고 천하를 탈취할 황제의 꿈을 꾸기 시작하였다. 종일 군사적 역량(兵權)을 부리기를 좋아하고 암암리에 결사대(死士)를 양성하고 사당私黨을 결성하고 모신謀臣을 규합하고 강호의 대도大盜와 거괴巨魁를 두루 받아들였으며, 군읍郡邑의 부고府庫를 노략질하여서 거만巨萬의 공탕公帑을 약탈하고 병기와 전함을 건조하였다. 정덕(1506~1521) 이래 신호의 역모와 반란의 기도는 더욱 격화하였다.

그의 가장 큰 고민(心病)은 호위護衛를 조사하여서 혁신하는 일이었다. 영부寧府에는 본래 호위를 두었는데 경태景泰 7년(1456)에 영왕 주전배朱奠培(1418~1491)가 사건에 연루되는 바람에 호위를 혁파하고 남창 좌위南昌左衛로 고쳤다. 정덕 2년(1507)에 신호는 대엄大閹 유근劉瑾에게 뇌물을 주어서 호위를 복구하였으나 정덕 5년에 유근이 복주伏誅된 뒤 호위가 또다시 혁파되었다. 정덕 9년에 이르러 신호는 다시 병부상서 육완陸完(1458~1526)과 권엄權閹 전녕錢寧(?~1521)에게 막대한 뇌물을 바쳐서 마침내 호위를 복구하였고 호위와 둔전의 대권을 장악하였다. 이로부터 주신호는 스스로 '국주國主'라 일컫고 호위를 '시위侍衛'라고 칭하였다.

그는 술사術士 이자연李自然과 이일방李日芳을 초빙하여서 운명을 점치고 관상을 보았다. 그들은 모두 주신호를 '천자의 분수가 있다(有天子分)', '천자의 골상(天子骨相)'이라고 칭송하였다. 이일방은 그를 위해 용구龍口의 풍수를 살펴보았는데 남창 성성省城 동남쪽에 천자의 기운이 있다고 하였다. 이에 신호는 곧 그곳에 양춘서원陽春書院을 지어서 이궁離宮으로 삼았다. 또 서산西山의 한곳에 선조先朝에서 금지하고 혁파한 용구의 옛 혈자리를 청람青嵐이라 이름 붙이고 어머니를 장례 지내는 장소로 정하여서 동남쪽 천자의 기운과 응하게 하였다. 그는 동궁의 자리가 오래 비어 있고 태자가 서지 않았음을 간파하고서 곧 비밀리에 만예萬銳를 차출하여 서울로 보내서 전녕에게 거금의 뇌물을 주고 자기 맏아들인 대가大哥를 경사에 들이게 해달라고 청하였다. 또 비밀히 명하여 수하의 군사를 남북 직례와 산동 일대의 서울로 들어가는 연도의 진점鎭店에 매복시키고, 장사 하는 사람으로 위장시켜서 서울의 소식을 수집하고 탐지하여 보고하게 하였으며, 기회를 엿보아 거병하여 반란을 일으키게 하였다.

　역모와 반란의 성패는 인재를 모으는 데 있음을 간파하고서 신호는 특히 모략과 계책을 낼 수 있는 '국사國師'·'군사軍師'·모신謀臣, 그리고 병법에 정통하며 정벌과 전투에 유능한 장수가 필요함을 알아차렸다. 그리하여 거금을 아끼지 않고 이미 치사한 도어사 이사실李士實(?~1519)을 초빙하여 '국사'로 높여서 봉하였다. 과장에서 낙제한 안복현安福縣 거인擧人 유양정劉養正을 초빙하여 '군사'로 높여서 봉하였다. 그는 이사실과 유양정으로부터 양명이 학문에서는 성학을 제창하고 무예로는 병법에 정통한, 곧 문무를 통달한 인재임을 알게 되었다. 양명이 강서에서 반란을 잇달아 평정하는 전투에서 승리하여 신호를 놀라 떨게 하였기에 강서에 있던 양명을 자신의 역모와 반란에 걸림돌이 될 수 있는 큰 근심덩어리로 보았다. 역시 그가 맨 먼저 구슬리고 포섭해야 할 지방 군정의 거물(大員)이 되었던 것이다. 정덕 12년에 양명이 강서의 반란 평정에 들어가면서부터 신호는 곧 시나브로 양명을 향해 교묘하게 구슬리고 유인하여서 그와 결탁하고 농락하여 사정거리 안에 들여놓은 뒤 거병하여서 반란을 일으킬 때 뒤탈이 없게 하려고 하였다.

　신호가 남창에서 역모와 반란으로 미쳐 날뛰고 있었음에도 어리석고 사리에 어두운 무종은 이 사실을 꿈에도 알지 못했고, 조정에서도 전혀 눈치채지 못하고 있었다. 실정을 아는 대신이 상주하여 밀고했음에도 불구하고 무종은 일절 믿지 않았다. 일찍이 정덕 9년(1514)에 이미 신호의 모반 정황을 간파한 강서 병비부사兵備副使 호세녕이 상주하여서 다음과 같이 통절하게 말하였다.

　　강서의 재앙은 도적에 그치지 않습니다. 영부寧府에서는 여러 해 동안 위세가 날로 왕성해져서 불순한 무리(不遜之徒)를 불법으로 끌어들이고 상하

관사官司에서 지나치게 따르고 받들어서 …… 바깥 고을(外郡)에서는 매판買辦이 점차 성행하고 궁벽한 고을(窮鄕)에서는 소요가 두루 미치고 있습니다. 신은 양민이 안정하지 못하고 모두 일어나서 도적이 될까 두렵습니다. 신하는 재앙이 두려워 대부분 두 마음을 품었고, 예악과 행정명령(政命)이 점차 조정에서 내려오지 않고 있습니다.[1]

무종은 믿지 않았으며, 호세녕이 '친번을 이간질한다(離間親藩)'며 신호가 무함을 하자 제교緹校를 파견하여서 호세녕을 체포하였다. 호세녕은 2년 동안 옥에 갇혀 있다가 마지막으로 요동遼東의 수자리로 폄적되었다. 정덕 12년(1517)에 이르러 영부의 전보부典寶副 염순閻順, 전선정典膳正 진선陳宣, 내사內史 유량劉良이 경사로 몰래 숨어들어서 신호의 모반 정황을 고발하였다. 전보정典寶正 도흠涂欽과 치사한 좌도어사 이사실, 도지휘 갈강葛江 및 이인吏人 나황羅黃·노영盧榮·웅제熊濟 등이 못을 파고 전선을 대대적으로 건조한다고 하였다. 무종은 믿지 않고 도리어 염순 등을 금의옥에 가두고 장척杖脊 50대를 내리고 효릉위孝陵衛의 수자리로 보냈다. 신호가 막후에서 지시를 내려 주의周儀의 일가 60여 명을 모두 죽여버리자 대신들은 저마다 활에 놀란 새(驚弓之鳥) 꼴이 되었다.

사실 이때 큰 공을 세우기를 좋아하는 무종은 미복 차림으로 관문을 빠져나가 북방을 순행하고 세상에 무공을 널리 떨칠 꿈에 심취하여서 남방에서 한창 치열해진 민란의 봉기와 신호의 역모와 반란을 전혀 염두에 두지 않았다. 원래 그의 전횡과 독단을 일삼는 제왕의 심리 상태는 혁혁한 무공을 세워서 당대의 '한무제漢武帝'가 되려는 열망과 콤플렉스에 시달렸으므로 북쪽으

---

1 『호단민주의胡端敏奏議』 권2 「매사진언지방이해소昧死陳言地方利害疏」.

로 순행하여 친정親征하려는 망상증에 걸렸다. 근시近侍와 엄수閹豎가 부추기고 유인하자 관문을 나서서 친정하여 기이한 공을 세우려는 환상을 품었다.

정덕 12년 8월, 그는 스스로를 '총독군무위무대장군총병관總督軍務威武大將軍摠兵官'에 봉하고 강빈江彬의 꼬임에 넘어가 미복 차림으로 서울을 남몰래 빠져나와 거용관居庸關을 지나 곧바로 선부宣府로 달려갔다. 경도에 제군帝君이 사라지고 저군儲君 또한 빈자리여서 대신들은 놀라고 당황하여 어찌할 바를 몰랐고, 조정에서는 권력 공백의 위기가 발생하게 되어서 각신閣臣과 구경九卿들이 분주히 거용관으로 달려가 난가鑾駕를 돌려서 서울로 돌아오라고 청하였으나 무종은 움직이지 않았다. 그는 선부에 규모가 매우 큰 누각과 궁전을 세워서 '가리家里'라고 일컬었고, 오가면서 황당한 입춘절을 보냈다. 희극戲劇을 대대적으로 공연하는데 수십 량輛의 호화로운 수레에 승려와 부녀자 수백 명을 실어와서 온갖 잡희雜戲를 즐기게 하고 음악을 연주하며 부녀자들은 모두 손으로 원구圓毬를 들고 스님의 까까머리를 두드리며 놀았다. 무종은 그 모습을 보고 크게 웃었다.

정덕 13년 정월 6일에 이르러서야 무종은 간신히 선부에서 경사로 돌아왔다. 또 그는 21일에 아무도 모르게 돌연 미복 차림으로 홀로 말을 타고 선부로 달려갔으나 태황태후가 갑자기 졸하자 2월에서야 아무 일도 한 것 없이 돌아왔다. 7월에 이르러서 무종은 또 스스로를 '총독군무위무대장군총병관주수朱壽'로 봉한 뒤 병사를 거느리고 요동·선부·대동大同 등지로 순수巡狩를 떠나겠다고 했는데, 각신과 구경이 울면서 간하였으나 듣지 않았다. 이때 '친정'을 떠난 무종은 집을 아예 선부로 옮기고 표방豹房의 기이한 기물과 완구 및 미녀와 미소녀(嬌娃) 무리를 큰 수레에 싣고 선부의 '가리'로 옮겨서 그의 향락에 제공하게 하였다.

그는 또 대동·유림楡林·수덕綏德·석주石州 등지를 순유巡遊한다는 핑계를 대고 일을 꾸몄지만 실제로 순유는 도처에서 민가의 부녀자들을 약탈하여 유룡희봉遊龍戲鳳의 음탕한 향락을 벌이는 짓거리에 지나지 않았다. 순유를 하여 편두관偏頭關에 이르렀을 때 그는 더욱 발광해서 민간의 양녀를 대대적으로 약탈한 뒤 수십 대의 수레에 싣고 무종의 난가 뒤를 따르게 하였다. 약탈된 미녀들이 매일 길에서 죽어나가도 무종은 아랑곳하지 않았다. 그는 또 태원太原에서 여자 악사를 찾았다. 여자 악사 유량劉良은 진부晉府의 악공 양등楊騰의 처로서 노래를 잘하고 춤을 잘 추었는데, 무종이 강제로 불러들여서 가까이 두고 총애하였다. 식사와 생활하는 데 늘 동반하게 했으며 신변 가까이에서 시중을 들게 하여 떠나지 못하게 하였고 '유 낭낭劉娘娘'으로 높였다. 아래에 있는 강빈 등의 무리는 그를 '국모'라고 불렀다.

무종은 이 같은 순유와 음탕한 향락을 벌이다가 정덕 14년 2월에야 비로소 경사로 돌아왔다. 이때 신호의 역모와 반란은 이미 시위에 놓인 화살이었다. 무종은 또 홀연히 '남순南巡'을 하기 위해 스스로를 '총독군무위무대장군 총병관 태사진국공太師鎭國公 주수'에 봉한 뒤 물산이 풍부하고 인구가 많은 (富庶) 남쪽으로 가서 민간의 부녀자를 약탈하여 유룡희봉의 음탕한 향락을 벌일 기이한 생각을 드러냈다. 이는 조정의 문무 대신들을 깜짝 놀라게 하였다. 남쪽의 민간에서는 더욱 놀라고 당황하여서 허둥지둥 앞다투어 뒤처질세라 아내와 딸을 이끌고 달아나 숨었다.

3월에 양경兩京의 육과六科 급사중, 13도 어사가 어지러이 상주하여 남순을 (막아서) 권간勸諫하였고, 서울에 있는 과도관科道官은 일제히 대궐 앞에 엎드려 울면서 간하였다. 무종은 걷잡을 수 없는 분노를 터뜨리며 즉시 황공黃鞏(1505, 진사) 등 6인을 금의옥에 가두고, 서분舒芬(1484~1527) 등 107인을 닷새간 오문午門 밖에 꿇어앉게 하는 벌을 내렸다. 이어서 또 주서周敍 등 10인을 감옥에 잇달아 가두고 여정찬余廷瓚(?~1519) 등 23인도 옥에 가두었으며,

주서 등 6인을 차꼬에 채워서 궐 아래에 꿇어앉게 하였다. 장영張英을 포박하여 조옥詔獄에 보내 장척 80대를 내려서 죽게 하였다. 오문 밖에서 서분 등 107인에게 각각 장척 30대를 가하여서 피가 튀고 살이 찢겨서 울부짖는 소리가 궁액宮掖에까지 들렸다. 또한 수범 서분·육봉陸俸·장연張衍·강룡姜龍을 모두 외임으로 보낸 뒤 녹용하지 못하게 하였다. 과도관은 각각 벌봉罰俸 6개월에 처하였다. 4월에 이르러 무종은 여전히 분노가 사그라들지 않아서 또 황공 등 9인에게 각각 장척 50대를 내리고 그 나머지 30인에게는 각각 장척 40대에 처하였다. 황공·하량승·만조·진구천을 모두 서민으로 강등시키고 주서 등 3인은 3등급 강등하여 외직에 보임하였으며, 서오徐鰲를 풍토병이 들끓는(瘴癘) 곳에 폄적하여 수자리로 보내고 나머지는 모두 2등급 강등하였다.

남순을 권간하는 언관言官을 살육한, 칼이 번뜩이고 핏빛이 난무하는 이 진압은 정덕 원년(1506)에 유근을 탄핵한 언관을 진압하여서 살육한 것에 견주어도 결코 뒤지지 않았다. 조정의 상하와 황궁 안팎에서는 피비린내가 진동하였다. 언관의 주론奏論은 이미 강빈이 황권을 믿고 전횡(怙權)을 일삼는 것과 신호가 반란을 일으킨 간사한 정황을 노골적으로 지적했기 때문에 무종의 살육은 더욱 그 의도가 살벌하고 수단이 악랄했다. 공부주사 하준何遵(1486~1519)이 상주하여 직언하기를 "(*남순은) 음사淫祀로서 복이 되지 않으며 만일 종번宗藩(*신호를 가리킨다) 중에 맞이한다는 것을 구실로 남몰래 불궤不軌의 마음을 품으면 복은 내리지 않았는데 재앙이 이미 떨어지는 격입니다."[2]라고 하였으며, "강빈이 황권을 믿고 전횡을 일삼아 난을 일으킨다."라고 지적하였다. 무종은 분노가 솟구쳐서 하준을 체포하여 옥에 가두고 정장廷杖 40대를 쳐서 팔다리가 너덜너덜해지고 살이 갈가리 찢겨서 죽게 하였다. 임

---

2 『명사』 권189 「하준전何遵傳」.

공보林公輔(?~1519)·여정찬·이소현李紹賢·맹양孟陽·첨식詹軾·유개劉槩·이혜李惠·유교劉校·유각劉玨도 똑같이 장하에 죽어나갔다.

이 한바탕의 살육은 무종의 독재 및 폭군의 진면목을 여실히 폭로하고 있으며, 또한 신호에게는 폭군을 쫓아낸다는, 거병을 하여 반역을 일으키기 위한 가장 좋은 명분을 제공하였고 신호가 반란을 일으킨 직접적인 도화선이 되었다. 신호는 양명을 처음 보았을 때 무종의 조정을 비평하고 공격하면서 '세상에 탕왕·무왕이 없음'을 개탄하였다. 바로 무종을 당대의 폭군으로 지적한 것이다. 양명은 이를 모두 이미 훤히 간파하였으나 (그로서는) 필경 한마디도 할 수 없는 문제였다. 신호가 "세상에 탕왕·무왕이 없다"라고 공공연히 한 말은 은폐되어 있던 매우 커다란 비밀을 간직하고 있었다. 원래 그는 '탕왕·무왕'으로 자처하고 '가짜 황제(僞皇帝)', '진짜 폭군(眞暴君)'인 무종을 토벌한다는 기치와 구호를 내걸고 거병하여서 반역을 한 것이었다.

명대 번왕의 반란은 어느 경우 할 것 없이 모두 명분이 정당하고 이유도 타당한(名正言順) 기치와 구호를 내걸고서 권력을 찬탈하려는 것이었다. 연왕燕王 주체朱棣(성조成祖, 1402~1424)는 '군주의 측근을 숙청한다(淸君側)'는 기치와 구호를 내걸었고, 안화왕安化王 주치번朱寘鐇(1453~1510)은 권간 유근을 제거한다는 기치와 구호를 내걸었다. 신호는 주체와 주치번의 기량을 배워서 가짜 황제, 진짜 폭군인 무종을 대체하려는 데 지나지 않았다. 나중에 반란 도중 이사실과 유양정이 쓴 무종 토벌의 격문에서는 신호가 거병하여 하극상을 일으킨 광명정대한 이유를 다음과 같이 분명하게 말하였다.

상上이 거나라를 이용하여 증나라를 멸한(以莒滅鄫) 짓을 하였기에 고황제께서 제사(血食)를 받지 못하신다. 금내禁內에 사찰을 세우고 기녀와 호승胡僧을 잡다하게 거처하게 하였다. 변방의 병사를 함부로 농락하고 몸에는 이상한 의복을 걸쳤다. 시정市井의 푸주한이나 장사치와 저급하고 천박한 무리의 짓거리에 이르기까지 즐기지 않음이 없다. 종묘사직과 능침陵寢을 돌보지 않고 선부에 행궁을 조성하여서 가리라고 일컬었다. 재물을 탐하여 싫증을 내지 않고, 유흥에 빠져서 절제가 없다. 동쪽으로는 영평永平의 여러 지역에 이르고 서쪽으로는 섬서·산서·삼변三邊(연수延綏·감숙甘肅·영하寧夏)에 노닐면서 마주치는 민간의 부녀자를 약탈하며 속전贖錢을 토색질하였다. …… 늘 도태감都太監의 아패牙牌를 패용하고 위무대장군이라 일컬었다. …… 이미 마 지휘馬指揮의 처를 빼앗아 '마 황후馬皇后'라고 일컬었다. 다시 산서의 창부를 들여서 '유 낭낭'이라고 일컬었다. 그 마음 씀씀이를 살펴보면 여자를 다루지 못하고, 또 이 부인을 이용하여서 천하를 속이고 이성異姓의 자식을 안아 들여서 길렀으니 이전 (조정에서) 하던 짓과 같다.[3]

신호가 반란을 일으킬 때 역시 (무종이) 관원을 을러대고 감금한 사실에 대하여 다음과 같이 동일한 말을 한다.

신호는 병위兵衛를 성대하게 설치하고 노대露臺에 나와서 가슴을 펴고 발을 높이 굴리면서 말하기를 "고황제께서 제사(血食)를 받지 못하신 지 지금 14년이 되었다! 효종은 아들이 없어 민가의 아이를 아들로 바꿔치기했는데 거나라를 이용하여 증나라를 멸한 격이니 어찌 의로운 일인가! 황태후께서는 여인 가운데 탕왕·무왕이신데 밀지를 내려서 나에게 병사를 일으켜서 천하에 대의를 펼치라고 알리셨다. 너희들은 알겠는가?"[4]

---

3 『국조헌징록國朝獻徵錄』 권1 「영서인전寧庶人傳」.

4 『명산장名山藏』 권37. 사분謝賁(1487~?)의 『후감록後鑒錄』 권2 「영부초유寧府招由」 참조.

또한 『명사明史』의 「손수전孫燧傳」에서는 더욱 분명하게 다음과 같이 말한다.

신호는 좌우에 복병을 설치하고 큰 소리로 말하였다. "효종은 이광李廣이 오도하여 민가의 아이를 안고 들어와서 (후사로 삼아) 우리 조종祖宗이 제사 (血食)를 받지 못한 지 14년이 되었다. 지금 태후께서 조서를 내려서 나로 하여금 병사를 일으켜서 적을 토벌하라 하셨음을 역시 알겠는가?"[5]

신호가 지적한 폭군 무종의 갖가지 죄악은 세상 사람 모두가 다 알고 있지만 두려워서 감히 말하지 못하는 사실이라 하지 않을 수 없었다. 다만 조정에서는 궁정의 더러운 비밀을 극력 은폐하고 퍼져 나가지 못하도록 금하여 막았으나, 신호는 도리어 민가에서 들여와 기른 '이성異姓의 자식'인 '가짜 황제' 무종의 참모습을 드러내 폭로하였다. 원래 장張 태후는 생산 능력이 없었으며 무종은 당년에 효종이 태감 이광의 꼬임에 빠져서 남몰래 궁중에 들여와 기른 '민가의 자식'(*정금련의 자식?)이다. 그는 이성으로써 지위를 계승하였으니 틀림없는 '가짜 황제'이며, 주가 황통朱家皇統은 단절되었다. 그리하여 격문에서 "고황제께서 제사를 받지 못하신 지 지금 14년"이라고 한 것이다.

이는 전적으로 춘추시대의 '거나라를 이용하여 증나라를 멸한(以莒滅鄫)' 고사와 유사하였다. 주 간왕周簡王(B.C.585~B.C.572) 때 거莒나라 군주가 딸 셋을 낳았다. 장녀는 노나라 성공成公(?~B.C.573)에게 시집을 갔다. 증鄫나라 군주는 먼저 거나라 군주의 둘째 딸에게 장가들었다. 이 선부인先夫人은 아들 무巫를 낳았다. 선부인이 세상을 떠나자 증나라 군주는 또 거나라 군주의 막

5 『명사明史』 권289 「손수전孫燧傳」.

내딸에게 장가들었다. 이 후부인後夫人은 딸 하나를 낳았다. 이 후부인의 딸이 다시 거나라로 시집을 가서 아들 하나를 낳았다. 이 아들은 중가鄭家의 외손이었다. 흉악하고 사나운 후부인이 태자 무를 압박하니 무는 노나라로 달아나 양공襄公(B.C.572~B.C.542)에게 의지하였다. 거나라는 중가의 외손이 중나라 군주의 지위를 계승하게 하였으니, 중나라는 이름은 존속하나 실체는 없어졌다. 그리하여 역사서에서 말하기를 "이성으로 지위를 잇는 것은 멸망하는 길이다(以外姓嗣位滅亡之道也)."[6] 하였다.

무종도 외성外姓으로서 지위를 이었으니 주가 황조皇朝의 혈통은 소멸되었던 것이다. 지체가 낮고 천한, 안아 들여와서 기른 이성 '민가의 아이' 출신이라는 사실은 무종의 최대 콤플렉스(心病)가 되었다. 성불구의 무종은 심지어 '마 황후'와 '유 낭낭'을 납치하여서 '민가의 아이(民間子)'를 안아 들여 길러서 태자로 삼을 생각을 하였다. 그리하여 그를 비평하고 반대하는 정직한 신하와 그의 출생의 비밀을 알고 상처를 드러내는, 실정을 아는 사람에 대해서는 특별히 흉포한 잔인성을 보였는데, 어린애 장난하듯 대신들을 살육하였다. 장태후는 무종의 생모가 아니었으며 궁중에서도 무종에게 갖은 능욕을 당하였다.[7] 그리하여 그녀는 신호에게 거병을 호소하는 밀지를 내려서 포학무도한 '가짜 황제'를 끌어내리라고 하였던 것이다.

신호는 '가짜 황제'를 쫓아내고 주씨 명황족의 혈통을 회복하라는 태후의 밀조를 받은 뒤 기치와 구호를 내걸고 거병하여서 반란을 일으켰다. 그는 스스로 걸·주를 토벌하고 멸망시킨 '탕왕·무왕'으로 봉하고서 무종을 토벌하

---

6 『춘추곡량전주소春秋穀梁傳注疏』 권15 「양공소襄公疏」.

7 무종이 장태후를 능욕한 일은 왕양명의 「상해일옹대인찰上海日翁大人札」(『식고당서화회고式古堂書畵滙稿·서고書稿』 권25)에 보인다.

기 위해 일어났는데 지금 다만 그에게 부족한 것은 그를 보좌할 '이윤, 여상'
과 같은 존재였다. 양명은 그가 가장 적임자라고 생각한 '이윤, 여상'이었다.
그는 양명을 처음 보았을 때 이미 이러한 생각을 털어놓았다. 정덕 13년 6월
양명이 난리를 평정하고 공을 세워서 도찰원 우부도어사로 승진하였는데, 그
는 양명을 불러들여서 결탁하려고 올가미를 더욱 바싹 죄었다. 도찰원이 남
창에 설치되었기 때문에 양명은 난리를 평정하고 승리한 뒤 응당 남창 도찰
원으로 돌아올 것이었다. 11월경에 신호는 현자를 예우하고 학문을 추구한다
는 명목으로 감주에 초빙서를 보내 양명을 초청하여 남창에서 강학을 하게
하였다.

양명은 이 기회를 이용하여 문인 기원형을 남창에 파견하였다. 첫째는 강
학을 빌려 신호에게 군신의 대의를 개진하고 그로 하여금 뉘우치고 복종하도
록 권고(規勸)하려는 것이었다. 둘째는 남창 영부의 동정과 소식을 염탐하여
서 경계하고(防範) 방어를 편리하게 대비하려는 것이었다. 양명은 나중에 이
사건을 다음과 같이 말하였다.

> (*기원형이) 근래 남감南贛에 왔기에 그를 초빙하여 자식(왕정헌)을 가르치
> 게 하였습니다. 이때 영번寧藩 신호가 몰래 불궤를 도모하여 잔학한 불꽃
> (虐焰)이 날로 일었는데 …… 신호가 간사함을 꾸며서 명예를 구하여 현자
> 를 예우하고 학문을 구하는 일을 당하여 본직本職(양명)은 본생本生(기원형)
> 에게 기회를 틈타 신호를 만나 보게 하였습니다. 일로 인해 규간을 넣어
> 서 대의를 개진하여 간사한 도모를 그치게 하려는 것이었습니다. 만약 권
> 하여 깨우칠 수 없으면 역시 동정을 자세히 살펴서 반역의 지속遲速 기미
> 를 알고 거의 비밀리에 알려서 다스려 대비하게 하였습니다. 본생이 만나
> 보았더니 의론이 대부분 서로 모순되었습니다. 신호는 본직이 파견한 자를

한때는 비록 참고 받아들였으나 악독한 분노를 멈추지 않고 은밀히 악당을 시켜서 사방으로 그에 관한 정보를 탐문하고 수집하여서 그를 해치려고 하였습니다. 본생은 평소 성격이 성실하고 삼가며 애초에 그에 관해 알지 못하였습니다. 본직이 풍문으로 그 이야기를 듣고 그에게 밀사를 파견하여서 은밀하게 샛길을 따라 가만히 상덕常德으로 돌아오게 하여 그 재앙을 피하게 하였습니다.[8]

『명사』의 「기원형전冀元亨傳」에도 기원형이 남창에서 강학한 일을 다음과 같이 상세히 기술하였다.

기원형은 자가 유건惟乾이며 무릉 사람이다. 독실하게 왕수인의 학설을 믿었다. 정덕 11년(1516) 향시에 합격하였다. 감주에서 왕수인을 좇았는데 왕수인이 그에게 자식 교육을 맡겼다. 신호가 불궤의 뜻을 품고 겉으로는 명성을 높이는 데 힘썼는데 왕수인에게 글을 보내 배움을 물었다. 왕수인이 기원형을 파견하여 보냈다. 신호가 말로 도발을 하였으나, 알아차리지 못한 체하며 홀로 그와 더불어 배움을 논하였는데 신호는 그를 어리석다고 판단하였다. 다른 날 『서명』을 강하였는데 군신의 의리를 매우 자세히 반복하였다. 신호는 역시 복종하며 두터운 선물을 주어 보냈고 기원형은 돌아와서 관에 증정하였다. 그 뒤 신호가 패배하자 장충張忠·허태許泰가 왕수인이 그와 내통했다고 무함하였다.[9]

---

8 『왕양명전집』 권17 「자육부신리기원형홈六部伸理冀元亨」.

9 『명사』 권195 「기원형전冀元亨傳」. 생각건대, 사분의 『후감록』은 기원형이 남창으로 가서 강학한 일을 정덕 13년 2월 중에 서술하였는데 잘못인 듯하다.

기원형은 강학하는 가운데 군신의 대의를 이용하여 신호를 타일러서 권하였으나 도리어 신호에게 죄를 얻었으며, 그는 끝내 도당을 몰래 파견하여서 기원형을 살해하려고 하였다. 기원형은 감주로 돌아온 뒤 양명에게 말하기를 "신호가 반드시 반역을 할 것이니 선생께서는 마땅히 일찍 계책을 세우셔야 합니다."라고 하였다. 양명이 말하기를 "재앙이 여기에 있다!" 하고 즉시 은밀히 샛길로 기원형을 무릉으로 돌려보냈다.

양명은 이 사건으로 신호의 역모와 반란의 엄중함을 인식하고서 반란을 평정하기 위해 미리 군사상의 준비를 시작하였다. 바로 이때 복건 안찰첨사 주기옹周期翁(1479~1551)이 공무로 감주에 왔다. 양명은 주기옹이 멀리 복건에서 재직하고 있는 점을 고려하여 그에게 비밀리에 반란 평정을 위한 군사상의 준비를 하게 하였는데 신호는 이 사실을 알아차릴 수 없었다. 이에 곧 주기옹과 함께 암중모색하여 그로 하여금 돌아가서 용맹한 병사를 모으고 정병을 조직하여서 삼엄한 진을 치게 한 뒤 기다리라고 하였다.

양명은 나중에 이 사건을 다음과 같이 말하였다.

정덕 무인년(1518) 겨울에 복건 안찰첨사 주기옹이 공무로 감주에 이르렀다. 이때 역적 신호(逆濠)의 간사한 도모가 날로 진전되고 있어서 멀고 가까운 곳이 모두 흉흉하였다. 나는 미리 대비할 생각을 하였는데 간사한 무리들이 (나의) 좌우에서 엿보고 있어서 일거수일투족(擧手動足)이 아침에 생기면 저녁에 전달되었다. 주기옹이 다른 성에서 관직을 맡고 있었기 때문에 당연히 신호의 관심이 미치지 않았다. 인하여 좌우를 막고 (그에게) 까닭을 말하여서 마침내 의논이 정해졌다. 주기옹이 돌아가서 즉시 몰래 효용驍勇을 모집하고 기계機械를 갖추고 장비를 검속하고 약속하여서(部勒) 기다렸다. 내가 새벽에 격문을 보내면 주기옹이 저녁에 출병을 하기로 하였다. 그러므로 신호의 변란을 당하였을 때 외부의 원군이 아직 도착하기 전에 주기옹이 먼저 이르렀다. 마침 견소見素(임준) 공의 (불랑기포를 제작하여 보내고 아울러 시를 써서 송축하는) 글이 도착한 날이 신호가 거사를 감행한 날과 겨우 한 달 19일 떨어졌을 뿐이었다.[10]

주기옹은 양명에게 말하기를 "수전水戰의 정병은 오직 해상을 지키는데 그들을 효용으로 일컬으니 쓸 만하다." 하였다. 그는 돌아가자마자 연해를 순시하고, 정병 수천 명을 모집하여서 정돈하고, 신칙하여서 훈련을 시키고, 때에 따라 명을 받들어 강서로 나아갈 수 있도록 준비하였다.

신호는 기원형을 포섭하려다 실패한 뒤에도 단념하지 않았다. 정덕 14년 (1519) 2월에 그는 '군사' 유양정에게 명하여 남창에서 감주로 가서 양명을 직접 만나 모친의 묘지명을 지어달라고 청하게 했으며 이를 명분으로 다시 초빙하여서 결탁하려고 유인하였다. 이 사건은 나중에 양명에게 매우 큰 곤란한 일을 초래하였다. 일의 진상을 모르는 사람들과 다른 의도가 있는 사람들이 어지러이 모함하여서 그가 신호와 결탁한 죄의 증거가 되었던 것이다.

유양정은 과거시험에서 실패한 일로 인해 일찌감치 신호에게 투신하였다. 나홍선이 고증한 『양명선생연보』에서는 유양정의 중요한 자료 하나를 다음과 같이 기록하였다.

유양정은 자가 자길子吉이다. 일찍이 기동奇童(재능이 기이한 어린이)으로 천거되었다. 회시 때 잘못하여 유언비어(飛語)를 써넣었는데, 시에서 말하기를 "복사꽃은 붉고 오얏꽃은 희어서 해마다 그러하니, 누가 원림의 주인을

---

10 『왕양명전집』 권24 「서불랑기유사書佛朗機遺事」.

빌린 것이 그릇되었다고 놀리는가?(桃紅李白年年時, 誰識園林借主非)”하였다. 신미년(1511) 이후로는 다시 회시를 보지 않았다. 은사의 복식을 제정하여 입었다. 지방관(部使者)이 그의 형편을 살피고 그를 만나보면 다행한 일로 여겼다. 명사로 빈객이 되어서 신호의 공궤를 자주 받았다. 변란에 참여하였으며 여러 사람을 계속 속이고 지조를 지키지 못한 채 죽었다. 백사(진헌장)가 일찍이 시로 간략하게 말하였다. “풍광은 어디에나 아낄 만하나 함께 까닭 없는 근심에 술을 기울이네. 오늘 꽃동네는 이전 날 보던 곳이요, 소년도 노년에 이른다네. 진나라는 무목후 때문에 기울어져서 장후를 의지하였고, 촉은 유장을 취하여서 공명을 괴롭혔네. 천고의 이 원한을 누가 씻으랴? 늙은이는 동명을 끌어당길 계책이 없네.(風光何處可憐生, 共把閑愁向酒傾. 今日花巷前日看, 少年人到老年更. 秦傾武穆憑張后, 楚取劉璋病孔明. 千古此怨誰洗得, 老夫無計挽東溟)”[11]

나중에 백사의 영남 제자 장후張詡가 병서를 익히 읽은 유양정을 신호에게 천거했던 것이다. 유양정의 시에서 “복사꽃은 붉고 오얏꽃은 희어서 해마다 그러하니, 누가 원림의 주인을 빌린 것이 그릇되었다고 놀리는가?”라고 말한 것은 바로 ‘이대도강李代桃僵’의 전고를 이용하여서 넌지시 효종이 민가의 아이를 데려와 이성異姓으로 주성朱姓을 대신하여 기르고 황제가 되게 함으로써 주가의 강산을 차지하게 한 사실을 가리킨다.

고악부古樂府 「계명鷄鳴」에 이르기를 “복숭아나무 우물가에 자라는데, 오얏나무 그 옆에 있네. 벌레가 복숭아나무 뿌리를 갉아먹는데 오얏나무가 대신 말라죽었네. 나무도 서로 대신하거늘 형제가 서로 잊으랴?(桃在露井上, 李樹

---

11 전덕홍이 편차編次하고 나홍선이 고증한 『양명선생연보』에 보인다.

在桃旁. 蟲來嚙桃根, 李樹代桃僵. 樹木身相代, 兄弟還相忘)"하였다. 유양정은 '나무도 서로 대신한다'는 한 구절을 이용하여서 효종이 이성의 자식을 취하여 주성의 자식을 대체함으로써 주가 황통이 이미 '말라죽은(僵)' 사실을 암시하였다. 이는 그가 무종을 토벌하는 격문에서 말한 "거나라를 이용하여 증나라를 멸하고"(*증나라가 거나라 대신 말라죽음), "이성의 아이를 안아 들여와 길러서", "고황제께서 제사를 받지 못하셨다"라고 한 주장과 같은 생각이었다. 이른바 '유언비어'란 무종이 민가의 아이라는, 떠돌고 전해지는 말을 가리키는데, 경솔하고 오만한(狂傲) 유양정은 뜻밖에도 그것을 회시 답안에 써넣어서 끝내 과거에 낙제하였던 것이다.

정덕 6년(1511) 이후 그는 강서 안복安福으로 돌아가서 거주하며 양명과 왕래를 하였는데, 이것이 바로 나홍선이 말한 "유양정은 양명 선생을 평소 아주 잘 대하였다(素厚善)."라고 한 내용이다. 이때 유양정은 '평소 아주 잘 대한' 사우의 신분으로 남창에 와서 양명에게 그를 위해 모친의 묘지명을 지어 달라고 청했던 것이다. 실제로 유양정은 제자 왕저王儲를 데리고 함께 감주로 와서 이틀을 기다렸는데 주요 목적은 양명의 동정과 허실을 살피려는 것이었다. 유양정은 여러 차례 신호의 일로 양명을 도발하여 꾀었고 양명은 그저 알아듣지 못한 체하며 아랑곳하지 않았다. 유양정이 암시하여 말하기를 "영왕은 스승을 존경하고 도를 중시하며 탕왕·무왕의 자질이 있으니 공을 좇아 정학을 강명하고자 하십니다."라고 하였다. 양명이 크게 웃으며 말하기를 "전하께서는 왕의 작위를 버릴 수 있겠습니까?" 하였다.[12] 유양정은 아무

---

12 『왕양명전집』 권38 「양명선생행장」. 추수익의 「왕양명선생도보王陽明先生圖譜」에서도 "유양정이 신호를 위해 '이윤·여상의 활약'으로 설득하였는데, 선생이 정색하고 말하기를 '탕왕·무왕을 만나면 이윤·여상이 되고, 환공·문공을 만나면 관중管仲·호언狐偃이 되며, 걸·주를 만나면 비렴飛廉·악래惡來가 됩니다.'라고 하였다." 한 것을 참조해 볼 수 있다.

런 성과도 없이 돌아갔다. 연관된 모든 정황이 동시에 뜻하지 않게 감주로 온 용강龍岡 주여방周汝方에게도 전해져서 그가 나홍선에게 이를 알려주었다.(＊주여방은 나홍선의 자형[姐夫]이다)

나중에 나홍선은 특별히 「별주룡강어別周龍岡語」를 지어서 일의 진상을 다음과 같이 밝히 드러냈다.

옛일을 생각해본다. 용강(주여방)이 일찍이 병이 들어 감으로부터 돌아갔는데, 여릉廬陵의 유자길(유양정)의 배를 얻어 탔다. 유자길은 양명 선생을 평소 아주 잘 대하였다. 모친의 죽음을 당하여서 묘지墓志를 청하였는데, 실은 신호의 일로 암암리에 초빙하여 서로 결탁하려고 한 일이었으나 (양명과 뜻이) 합치하지 않아서 돌아갔다. 배에 이르러서 용강을 돌아보며 신음하고 어지러워하였는데 푹 자고 싶었던 것이다. 문인 왕저를 불러서 탄식하며 말하였다. "애초 생각은 오로지 양명을 의지하려는 것이었는데 이틀 동안 자주 말로 떠보았으나 마치 뜻을 알지 못하여 핵심(肯綮)을 전혀 얻지 못한 듯이 하니 이 배에 오르지 않을 것이 분명하다. 이 일이 장차 어떻게 끝이 나려는가? 또한 내 어찌 한 몸으로써 중요한 일을 담당할 수 있겠는가?" 왕저가 손을 맞잡고 말하였다. "선생께서는 나약하게 생각하십니다. 지금 천하의 대사가 선생께 속해 있는데 선생께서는 어찌 핑계를 대고 물러나십니까? 어찌 양명이 족히 있고 없음이 문제가 됩니까?" 유자길이 말하기를 "이(천하의 대사)는 본래 나에게 있으나 몇 사람을 더 얻으면 더욱 좋다. 양명은 일찍이 용병을 하였었다."라고 하였다. 왕저가 말하기를 "선생은 양명을 인재라고 여기십니까? 나는 그를 겁쟁이로 봅니다."라고 하였다. 유자길이 말하기를 "참으로 그러하다. 감주의 동적峒賊은 늙은이들(耄頭)뿐이었다. 하루 종일 병사 훈련을 했다고 해도 만약 대적을 만난다면 얼마나 놀라겠는가?" 하였다. 서로 크게 웃고서 헤어졌다. 용강이 집으로 돌아간 뒤 나에게 이렇게 말하였는데, 기묘년(1519) 2월이었다. 그해 6월에 신호가 반란을 일으켰다. 유자길과 왕저가 함께하였다. 7월, 양명 선생이 병사를 일으켜서 적을 토벌하였다. 8월, 신호를 사로잡았다. 이때 의론하는 자가 분연히 말하기를 "그는 신호에게 붙어서 이를 바탕으로 이익을 챙기려는 자이다."라고 하였다. 어떤 사람이 말하기를 "유자길과 기약을 했다가 중간에 변하여서 벗을 팔아넘겼다."라고 하였다. 또 어떤 사람이 말하기를 "신호를 사로잡은 자는 오길안伍吉安(길안 지부 오문정)인데 (그를) 물리치고 (자기) 공으로 삼았다."라고 하였다. 나는 용강과 함께 가만히 탄식하였으나 어떻게 변론할 수 없었다. 근래 선생을 헐뜯는 자가 나에게 묻기에 답하기를 "내가 말은 옳게 하며 행실은 그르게 함을 싫어하니 대체로 거짓이기 때문이다."라고 하였다. 용강은 아직 혀가 남아 있을 텐데 경사에 이르러서 각지의 인사를 보고 오히려 이전에 했던 말을 하지 않는가? 어찌 나에게 말한 내용을 말하여서 그 의혹을 풀지 않는가![13]

유양정은 양명이 "이 배에 오르지 않을 것이 분명"함을 알았으나 다만 "몇 사람을 더 얻으면 더욱 좋다"고 여기고서 양명을 반드시 포섭하여 굴레를 씌울 계획을 포기하지 않았다. 양명은 유양정의 모친을 위한 묘지명을 짓기로 허락했는데, 이것은 바로 유양정이 다시 초빙하여서 결탁을 하고 농락하기 위한 한 가닥 여지(後路)를 남겼다.

유양정이 남창으로 돌아간 뒤 신호는 더욱 역모와 반란에 박차를 가하였다. 신호는 '민가의 아이' 무종이 장태후에 대한 불효의 추악한 행위를 겨냥

---

13 『나홍선집羅洪先集』 권15 「별주룡강어別周龍岡語」.

하여서 자기가 주가 황족의 효자이며 현손賢孫이라는 이미지를 더욱 심어서 인심을 사려고 하였다. 곧 이사실·왕춘王春·필진畢眞과 함께 대대적으로 효행을 날조하고 정문旌文을 써서 남창 부·현의 학관과 생원을 핍박하여 삼사인 도어사·포정사·안찰사에 '민의'를 대표하여 보냈다. 강서 순무우부도어사 손수, 순안어사 임조林潮가 뜻밖에도 진수태감 필진과 회동하여서 정말로 조정에 신호의 효행을 진상하였고, 정려와 포상(旌襃)을 청하였다. 필진은 절강의 진수태감으로 전임하였다. 그는 절강에 도착하여서 곧 군관을 조련하고 훈련을 한다는 명목으로 투구와 갑옷(盔甲), 병기를 수천여 건 대대적으로 만들고 진감鎭監의 아문衙門에 쌓아놓은 뒤 때를 기다렸다가 병사를 일으켜서 신호의 반란을 돕기로 하였다. 신호의 심복(親信) 서기徐紀가 경사에서 영부로 돌아와 무종이 장차 산동의 태안주泰安州 등 지방으로 남순을 한다고 보고하였다. 신호는 즉시 진영秦榮 등을 파견하여서 영부의 대원大院 안에 난간(句欄)을 설치하고 잡극을 공연하였으며, 이사실 등을 통해 직접 짓고 쓴 소사疏詞를 절강과 직례의 각처에 붙이게 한 뒤 경사에 일부러 소식을 전하고, 무종의 난가鑾駕 행렬을 유인하여서 미리 배치해둔 복병을 통해 암살하려고 하였다. 5월에 이르러서 신호가 반란을 일으키려는 대체적인 준비가 착착 진행되었는데, 8월 15일 향시에 관리가 입시생을 감독할(官吏生校) 때를 틈타 병사를 일으켜서 난을 일으키기로 은밀히 결정하였다.

양명은 유양정이 떠난 뒤 신호가 반역을 일으키려는 자취가 이미 드러난 것을 또렷하게 간파하였다. 그는 폭군 무종뿐만 아니라 야심가 신호(의 됨됨이)에 대해서도 일찌감치 간파하였으나 주씨 명 황족 자체 내부의 흉악한 사람들 사이에서 벌어진 제위 쟁탈, 천하 쟁패의 피비린내 나는 살겁殺劫에 말려들어 스스로 재앙을 초래할 마음이 없었다. 그리하여 그는 한편으로 형적이 이미 드러난 곽후郭詡(1456~1532)에게 부첩符牒을 발부하여서 그로 하여금 재앙을 피해 다른 곳으로 떠나게 하였고, 또 한편으로 조정에 병의 정양을 위해 돌아가 쉬도록 허락해달라고 간청하여서 이 공포스러운 흉험한 지역에서 벗어나려고 하였다. 그는 정월에 곧 「걸방귀전리소乞放歸田里疏」를 올렸고, 이후 또 끊임없이 병부상서 왕경王瓊과 어사 주절朱節(1475~1523)에게 편지를 보내 하루빨리 전리로 돌아갈 수 있게 해달라고 재촉하였다.

심지어 그는 채종연에게 보낸 편지에서 왕명을 기다리지 않고 관직을 버리고 돌아가 거처하겠다는 견결한 태도를 다음과 같이 표현하기까지 하였다. "직책을 지키느라 얽매어서 돌아가 숨을 길이 없었습니다. 지금 다시 간절한 소를 올렸는데 만약 끝내 허락을 얻지 못한다면 장차 샛길로 돌아갈 도모를 이룰 것입니다."[14] 그러나 2월에 복주福州에서 군사 변란이 일어나 조정에서는 결코 양명이 전리로 돌아가 정양을 하도록 허락하지 않았으며, 그에게 속히 복건으로 가서 즉시 반군을 처리하라고 강제로 명하였다.

복건의 군사 변란은 정덕 13년(1518) 8월에 복주의 병사가 군향을 토색질한 소동으로 거슬러 올라간다. 당시 진수태감 나륜羅倫(1431~1478)은 성을 수축한다는 명목으로 향금餉金 3000을 징발하였는데 좌포정사 오부伍符(1487, 진사)가 6분의 1만을 발급하였다. 나륜은 곧 군사를 사주하여서 떠들썩하게 소동을 일으켰다. 오부는 체포되어 조옥에 갇혔다가 속장贖杖을 내고 작질을 돌려받았다. 그러나 14년 정월에 또 진귀進貴와 섭원보葉元保가 사졸의 반란을 선동하였다. 순안巡按 복건 어사 정창程昌(1475~1551)이 상주하여서 다음과 같이 말하였다. "근래 연평延平·건녕建寧·소무邵武·복주 등지에서 사졸이 강팍하고 사나워져서 잇달아 변란을 선동하고 있으니 대신 한 명을 뽑아 그

<hr />

14 『왕양명전집』 권4 「기희연斯希淵」 서4.

에게 그 지역을 순무하게 하소서."[15] 어사 주원周鶚(?~1522)도 상주하여서 다음과 같이 말하였다. "역적 진귀 등이 근래에 이미 사로잡혔는데 그 나머지 잔당은 위협에 몰려서 군사가 된 것이니 원래 부득이한 것입니다. 마땅히 그 지역을 안무하여서 인심을 안정시켜야 합니다."[16]

사안은 병부에 내려서 의논하게 하였다. 복건에는 종래 순무를 설치하지 않았으나 다만 남감 도어사 왕수인에게 명을 내려서 그곳에 가서 조사하여 처리하고 일이 끝나면 원래의 직책에 복귀하게 하는 것으로 결정하였다. 이는 돌아갈 마음이 절실하고 다급한 양명에게 난제 하나를 안겨주었다. 양명은 마지막으로 군사 변란을 조사하여 처리하고 그 길로 돌아가려는 계획도 세워서 두 가지를 동시에 말끔하게 처리하려고 도모하였다. 그는 가권家眷을 이끌고 복건으로 가서 군사 변란을 조사하여 처리하려고 했는데, 이를 위해 먼저 남창으로 북상하여 가권을 도찰원에 안돈시키고(*양명은 도찰원 우부도어사로서 오히려 손수의 위였다) 그런 다음 혼자 복주로 가서 복건의 군사 변란을 조사, 처리하는 일을 마친 뒤 감주로 돌아가지 않고 복주에서 직접 남창으로 가서 가권을 이끌고 바로 소흥으로 돌아가고자 하였다.

나중에 양명은 「비보영왕모반소飛報寧王謀反疏」에서 그가 복주와 남창에서 바로 소흥으로 돌아가려는 비밀스러운 계획을 다음과 같이 드러냈다. "지금 병을 안고 민閩으로 부임하는데 실로 의도는 그 길로 귀성하려는 것으로서 …… 민에 들어가 일을 마치면 즉시 그 지역에서 죄를 무릅쓰고 달아나 돌아가려고 하였습니다."[17] 또한 「걸편도성장소乞便道省葬疏」에서도 다음과

15 『명무종실록明武宗實錄』 권171.

16 『명무종실록』 권171.

17 『왕양명전집』 권12 「비보영왕모반소飛報寧王謀反疏」.

같이 말한다. "근래 명을 받아 질병을 안고 민으로 부임하였는데, 제 의도는 일을 마치는 대로 즉시 그 지역에서 죄를 무릅쓰고 달아나 돌아가려는 것이었습니다."[18] 이 계획이 양명으로 하여금 위험한 상황에 빠지게 하리라는 것은 조금도 헤아리지 못하였다.

양명이 복건으로 부임해서 군사 변란을 조사하여 처리할 준비를 하고 있을 때 5월의 조정 국면에 돌연한 변화가 일어나서 신호를 격발하여 반란을 앞당기게 하였다. 원래 남창 사람 사의謝儀는 동창의 태감 장예張銳와 사이가 좋았다. 그는 장예에게 신호가 비밀리에 반란을 모의하는 정황을 보고하였다. 전녕錢寧과 틈이 벌어져 있던 장예는 전녕과 신호가 결탁하여서 모반한 죄상을 폭로하기로 결정하였다.

어사 소회蕭淮가 바로 소를 올려서 신호가 불궤를 모의한다고 주론하여 말하기를 "신호가 망명한 사람들을 불러들이고 서산西山의 목마牧馬 약 1만 필, 남강南康의 사선私船 1천 척을 징발하였습니다. 강서江西를 두루 학대하여 해독이 다른 성에까지 미칩니다. 기교旗校와 내사內使가 경사에까지 꼬리를 물고 이어졌는데 그 까닭을 알 수 없습니다. 또한 당여의 무리로서, 예를 들어 치사 우도어사 이사실, 의빈儀賓 고관상顧官祥, 지휘 갈강葛江·왕신王信, 인례引禮 정괴丁瓌, 내사 진현陳賢·수산壽山·웅수熊壽·도흠·양위梁偉, 의관義官 예경倪慶·노공장盧孔章·서기徐紀·조칠趙七·사배謝培, 성찰관省察官 황해黃海·진량秦梁, 사인舍人 이현충李顯忠, 교위校尉 사오査五, 악공 진영秦彎 등이 모두 밤낮으로 비밀리에 모의하였습니다. 또 건창의 도적 능凌 아무개, 민閔 아무개 등을 끌어들여서 우익으로 삼았습니다. 일찍 제거하지 않으면 후환이 어

---

18 『왕양명전집』 권12 「걸편도성장소乞便道省葬疏」.

찌 끝이 있겠습니까?"[19] 하였다.

전녕은 뜻밖에도 소준의 주소를 가지고 집으로 돌아가 숨겨놓고 소준이 거짓 설을 함부로 날조하였다고 공격하며 헐뜯었다. 며칠 뒤 소준의 주소가 간신히 내각에 도달하였다. 이때 어둡고 어리석은 무종과 조정의 대신들은 여전히 신호가 반역하여 반란을 일으킬 수 있다는 사실을 믿지 않았으며, 다만 일반적인 번왕의 전횡과 독단의 행위로만 여기고서 반란의 대재앙이 임박했다는 사실은 털끝만큼도 깨닫지 못하였다. 더욱이 방법을 강구하여 어떻게 신호의 반역과 모반을 막고 대응할 것인지는 알지 못하였다. 수보首輔 양정화楊廷和는 황당하게도 대신을 남창에 파견하여서 신호에게 한차례 '훈계하고 타일러서(戒諭)' 그로 하여금 잘못을 뉘우치고 호위를 넘겨주게 하면 된다고 제안하였다. 정신들은 좌순문左順門에서 의견을 모았는데, 모두 양정화의 어리석은 제안에 찬동하였다. 이에 5월 24일 조정에서는 곧 태감 뇌문賴文, 부마도위 최원崔元, 좌부도어사 안이수顏頤壽 세 사람에게 무종의 '유서諭書'를 주어서 남창으로 보냈다.

유서는 다음과 같다.

숙조叔祖(주신호)는 종실에서 촉망이 높고 중하며 조정의 예우가 더하였다. 다만 길에서 전해오는 소문은 의심하지 않을 수 없다. 접때 전보부典寶副 염순閻順 등이 (숙조에 관한) 여러 불법을 아뢰었으나 짐은 바로 믿지는 않았다. 근래 언관이 상주한 내용도 같았다. 정신이 이르기를, 종사의 대계를 위해 마땅히 크게 염려를 해야 한다고 한다. 짐은 (숙조가) 지친임을 염두에 두고 또한 깊이 따지지 않았다. 그러나 참고 덮어두며 말하지 않고서

---

19 『국각國榷』 권51.

피차 의심을 품는 것 또한 둘 다 온전한 길이 아니다. 옛날 우리 선종宣宗(1425~1435, 선덕제宣德帝) 황제께서 조부趙府(주고수朱高燧, 1383~1431)의 번거로운 말로 인해 특별히 부마 원용袁容 등을 파견하여서 글로 효유하였더니 즉시 번연히 회개하고 호위를 돌려주어 지금 길이 부귀를 누리고 있다. 지금 글을 보내 알려드리니 이 뜻을 본받기 바라며, 호위를 혁파하고 아울러 둔전을 환원하며 빼앗은 관민의 전토를 모두 원래 주인에게 돌려주고 적당을 흩어서 보내면 짐도 굽혀서 관대한 은전을 내리고 아울러 깊이 따지지 않겠다. 이는 짐의 지극한 정이니 숙조는 도모할진저![20]

담이 약한 양정화는 이때 병부에 명하여서 병사를 동원하여 변화를 관찰할 생각을 하였는데 병부상서 왕경은 도리어 다음과 같이 말하였다. "이는 누설할 수 없습니다. 근래 급사중 손무孫懋(1469~1551), 역찬易讚이 건의하기를, 강서의 유적流賊을 대비하기 위해 선발된 병사를 강에서 조련하고(操江) 방비를 설치하자고 하였습니다. 상소를 올렸는데 여러 날 보류되고 있습니다. 그대로 시행하기를 청하였으나 병사의 대비 방법이 하달되지 않고 있습니다."[21]

뇌문 등은 계속 지체하다가 6월 초에 이르러서야 길에 올랐는데 이곳에서 전녕은 이미 은밀히 정탐꾼(偵卒) 임화林華를 밤낮으로 달리도록 시켜서 남창에 소식을 알렸다. 임화는 회동관會同館으로 가서 말을 타고 미친 듯이 달려 11일 밤에 남창에 도착하였다. 그러나 마음속에 귀태鬼胎를 품은 신호는 조정에서 남창으로 뇌문 등을 파견하여서 '선유宣諭'하려는 의도를 오해하

---

20 『국각國榷』 권51.

21 『왕양명전집』 권34 「연보」 2.

고 자기의 반란 음모가 이미 완전히 발각되었으며, 조정에서 사람을 파견하여 반란과 모반을 일으킨 사람들을 조사하고 밝혀서 징벌하고 처리할 것이라고 생각하여 마음이 급하고 초조해졌다. 그는 뇌문 등이 도착하기 전에 거병하여서 반란을 일으키기로 결정하였다.

신호는 즉시 이사실·유길·왕춘·누백婁伯·도흠·황서黃瑞·왕기王麒·왕신·이세영李世英·민념팔閩念八·능십일凌十一·민념사閩念四·오십삼吳十三 등 심복 50여 명을 영부로 불러들여서 상의를 하였다. 신호는 굳게 결심을 하고 말하기를 "지금 관리를 차견하여 내 부중의 사정을 조사하고 내 호위를 혁파하려고 한다. 만약 손을 쓰지 않으면 단연코 좋지 않다! 13일은 내 생일(壽日)이니 반드시 진순鎭巡의 삼사三司 등 관원들이 와서 축하할 것이다. 그 다음 날 이별을 고할(餞酒) 때 각 관원들을 을러서 기병하는 데 순종하게 할 것이다. 만약 저들이 따르지 않으면 즉시 참수하여서 무리에게 경고하겠다. 이에 큰일이 정해졌다."[22]라고 하였다. 신호는 당장 이사실을 '국사'로, 유길을 '태감'으로 봉하고 아울러 선포하기를 "일이 정해졌으니 이사실을 좌승상으로 삼고 국공國公을 덧붙여서 봉한다. 왕춘은 상서尙書로 삼고 나머지는 모두 품급을 올린다. 문직文職 왕신 등은 모두 극품極品을 주고, 무직武職 이세영 등은 모두 부마駙馬에 봉한다."[23]라고 하였다.

13일에 이르러서 진순의 삼사에 소속된 주요 관원 및 부·현의 관원들이 앞다투어 영부로 와서 신호의 생일을 축하하는 잔치를 크게 벌였는데 그들은 모두 신호가 이미 그들에게 파놓은 '함정(圈套)'에 빠졌다는 사실을 알지 못하였다. 14일 이른 새벽에 신호는 능십일·민념사·화신火信 등의 흉악한 무리에

---

22 『국각』 권51.

23 『국각』 권51.

게 비밀 지령을 내려서 흉기를 품고 곁에 서 있게 하였다. 진순의 삼사에 소속된 여러 관원들이 모두 일어서 이별을 고할 때 신호가 노대에 올라가 큰 소리로 외쳤다. "효종은 이광이 오도하여 민가의 아이를 안고 들어와서 (후사로 삼아) 우리 조종이 제사를 받지 못한 지 14년이 되었다. 지금 태후께서 조서를 내려서 나로 하여금 병사를 일으켜서 적을 토벌하라 하셨음을 역시 알겠는가?"[24]

도어사 손수가 "밀지가 있다면 보여주십시오. 하늘에는 두 해가 없고 백성에게는 두 임금이 없으니 이는 대의이며, 그 밖의 것은 모릅니다."라고 하였다. 신호는 손수를 향해 "너는 이미 내가 효행을 한다고 말하고서 어찌 또 사람을 시켜서 나를 주론하여 이와 같이 반복하니 어찌 대의를 알겠는가!" 하고, 또 안찰부사 허규許逵를 향해 묻자 허규가 대답하기를 "다만 한 점 붉은 마음이 있을 뿐이다. 조정에서 파견한 대신을 반적反賊이 감히 멋대로 죽인단 말인가!" 하였다.

신호는 즉시 능십일 등에게 명히여서 손수와 허규 두 사람을 포박하여 혜민문惠民門 안으로 압송하여 살해하고, 수급首級을 성 위에 내걸어서 군중에

---

24 전덕홍이 편차하고 나홍선이 고증한 『양명선생연보』에서도 다음과 같이 말한다. "신호가 나와 노대에 서서 군중에게 선언하여 말하기를 '효종은 이광이 그르쳤다. 민가의 아이를 안고 들어와 길러서 (후사를 삼아) 우리 조종이 제사를 받지 못한 것이 이에 14년이다. 태후께서 밀지를 내려서 병사를 일으켜 적을 토벌하고 함께 대의를 펼치라 하셨는데 너희들은 알겠는가? 하였다." 『황명대유왕양명선생출신정란록』에서도 다음과 같이 말한다. "군중에게 속여서 말하기를 '옛날 효종 황제께서 태감 이광이 오도하여 민가의 아이를 안고 들어와 길러서 (후사를 삼아) 우리 조종이 제사를 받지 못한 것이 지금 14년이다. 태후께서 밀지를 내려서 과인으로 하여금 발병하여 죄인을 토벌하고 함께 대의를 펼치게 하셨는데 너희들은 알겠는가? 하였다." 전덕홍은 "효종은 이광이 오도하여 민가의 아이를 안고 들어와 길러서 (후사를 삼아) 우리 조종이 제사를 받지 못한 것이 이에 14년"이라는 구절을 삭제해야 한다고 생각했는데, 그의 견해는 타당하지 않다.

게 보였다. 진순의 삼사에 소속된 관원들은 모두 포박되어서 의위사儀衛司 등에 감금되었다. 신호는 또 도흠을 파견하여서 각 아문의 인신印信을 거두고 고은庫銀을 옮겨오게 하였다. 모든 종실과 안팎의 관원을 영부에 소집하여 거사하겠다고 선포하자 아래에서는 일제히 '만세萬歲'를 산호山呼하였다. 신호는 즉시 명을 전하고 17일에 병사를 일으켜서 길을 떠나 남경을 공격한다고 하였다.

감주에 있는 양명은 조정과 남창의 번갯불과 같이 빠른 경천동지할 거대한 변란에 대해 털끝만큼도 알지 못하였다. 그는 비록 신호가 모반을 꾀하고 있는 정황을 이미 알고 있었지만 뜻밖에 또 신호가 이렇게 빨리 병사를 일으켜서 반란을 일으킬 줄은 생각지도 못하였다. 6월 5일 조정에서는 다시 감주에 차자를 내려보내 양명에게 "복주福州 삼위三衛의 군인 진귀 등이 무리를 나누어서 모반을 일으켰다. 너에게 특명을 내리니 잠시 그 지방으로 가서 회동하여 조사하고 의논한 뒤 처치할 일로 참주參奏하여서 정탈定奪하라."[25]고 재촉하였다. 그러나 남창의 형세가 긴장되고 조정에서 뇌의 등을 파견하여서 신호를 훈계하며 효유한 사실을 숨겼다. 양명은 앞날의 흉험함을 알지 못한 채 6월 9일 명을 그대로 받들어 가권을 이끌고 북상하여서 남창으로 부임하였다.

신호는 13일 축수(慶壽) 자리에 주로 진순鎭巡 및 도어사·포정사·안무사 삼사의 요원과 지방의 부·현 관원을 초대하였는데, 양명은 도찰원 우부도어사로 대병을 거느리고 외부에 있었기에 신호는 그에 대해 가장 마음을 놓지 못하였다. 그는 이치상 신호가 가장 먼저 결탁을 해야 할 삼사의 요원이었다. 그리하여 신호는 필시 사람을 보내 양명을 13일 축수 자리에 초빙했을 것으

---

25 『강서통지江西通志』 권116 「비보영왕모반소」.

로 생각된다.[26] 양명은 애초에는 별 생각이 없었으나 북으로 가는 길에 아마도 조정에서 뇌문 등을 파견하여 신호를 훈계하고 효유한 일을 전해 들었을 터인데, 이 일은 그로 하여금 고도의 경각심을 일깨웠다. 이에 그는 길에서 마음을 놓고 천천히 나아가며 배회하고 관망하면서 일부러 신호의 13일 축수를 지키지 않았다. 이는 그에게 한 가지 겁劫을 피하게 하였다.

6월 15일 그가 행진을 하여 풍성현豊城縣 황토뇌黃土腦 지역에 이르렀는데 이곳은 풍성과 5리 떨어진 곳으로, 풍성의 지현 고필顧佖(1514, 진사)이 달려와서 그에게 신호가 14일에 이미 거병하여서 반란을 일으킨 사실을 보고하였다. 손수와 허규 등의 관원이 피살되었고 순안 및 삼사, 부, 현의 대소 관원이 모두 구금되었으며, 현재 신호의 전선(戰艦)이 강을 덮고 내려오고 있으며 곧바로 남경을 취할 것이며, 한편으로 또한 병사를 나누어서 북상하고 있다고 큰소리로 말하였다. 양명으로서는 다시 남창으로 갈 필요가 없었다. 양명은 이때 비로소 꿈에서 막 깨어난 듯하였다. 실제로 신호는 축수의 잔치에서 강서 삼사의 지방 요원을 일망타진하였고 남은 사람은 외부에 있는 양명이었다. 그리하여 15일 신호는 병사를 출동시켜서 구강과 남강을 공격하고, 유재喩才를 파견하여 병사를 이끌고 생미관生米觀 지역에서 매복하고 있다가 양명을 붙잡게 하고, 아울러 병졸 1천여 명을 보내서 강을 끼고 함께 진격하여서 양명을 추적하여 잡으라고 하였다. 흉흉한 상황이 곧 닥쳐올 것이었다.

양명은 냉정하게 변화에 대응하여 위기에 임해서도 흔들리지 않고 즉시 고필에게 명하여 풍성을 굳건히 지키게 한 뒤 자기는 변복을 하고 배를 돌려

---

26 예를 들어 신호의 축수 자리에 온 사람들 가운데 '남감 수비 겹문鄒文'이 있는 것으로 보아 신호는 확실히 감에 사람을 보내서 남감 관원을 축수 잔치에 초빙했음을 알 수 있다. 아마도 유양정이 2월에 감에 왔을 때 양명을 신호의 6월 축수에 초빙했을 터이다.

서 남쪽으로 돌아가 근왕勤王의 의병을 모아서 반란을 평정할 계획을 결의하였다. 이때 남풍이 세차게 불어서 큰 배가 운행할 수 없었다. 양명은 하늘에 절을 하며 통곡하고 고하기를 "하늘이 만약 백만 백성의 목숨을 가엾고 불쌍히 여긴다면 나에게 돛을 움직일 바람을 빌려주소서!" 하였다. 얼마 뒤 정말 북풍이 강하게 불었다. 양명은 먼저 제 부인과 공자 정헌을 배에 오르게 하였는데, 제 부인이 손에 검을 들고 양명에게 말하기를 "공은 속히 가시고 모자를 위해 근심하지 마십시오. 만약 급한 일이 생기면 내 이것을 들고 스스로 지키겠습니다!"라고 하였다. 양명은 따로 작은 어선 한 척을 불러서 친히 칙령을 묶고 참모 뇌제와 소우에게 쌀 2말, 저민 고기(臠魚) 5촌寸을 가지고 작은 배에 함께 오르게 한 뒤 집안사람과 고별을 하였다. 떠나기에 앞서 양명은 또 뇌제와 소우蕭禹에게 말하기를 "아직 한 가지 물건이 남았다." 하고 뱃머리의 황라개黃羅蓋를 가리키며 "지방에 갔을 때 이것이 없으면 (사람들이) 무엇으로 믿겠는가?" 하였다. 이에 황라개를 취하였고 배는 그제야 급히 출항하였다.

어선에서 양명은 가장 먼저 신호의 반란 뒤에 찾아올 험악한 국면과 정세를 냉정하게 고려하였다. 신호의 반란이 신속한 반면 강서 지방의 여러 세력들 가운데에는 우두머리가 없으니(群龍無首), 만일 신호가 당장에 지름길로 출병하여서 남경을 습격하고 다시 북경을 침범한다면 양경은 모두 창졸간에 형세가 위급해질 것이었다. 반드시 방법을 생각하여 신호가 남경에서 전 병력을 출동시키는 것을 저지하고 무너뜨려야 한다고 생각하였다. 다만 보름 정도의 시간만이라도 지연시킨다면 양경은 저절로 대비하게 되므로 뒷근심이 없을 것이었다.

이에 양명은 의병疑兵의 계책을 구사하여 양광 도어사의 화패火牌 한 장을 가짜로 써서 다음과 같이 말하였다.

제독 양광 군무도어사 양楊의 기밀 군무의 일: 병부의 자문 및 도찰원 우부도어사 안顏(안이수)의 자문은 모두 앞의 일에 관한 것인데 이에 준하여 본원은 용맹하고 숙달된(狼達) 관병 48만을 데리고 일제히 강서로 가서 공무(公幹)를 처리할 것이다. 정확히 5월 초사흗날 광주부廣州府에서 말에 올라 전진하니 연로의 군위유사軍衛有司 등의 아문에 앙망하건대, 곧 숫자에 비추어 식량과 꼴을 예비하고 관병이 도착하는 날을 기다려서 대응하라(支應). 만약 기한에 임하여 결핍이 있고 일을 그르치면 응당 군법에 따라 참수한다. 조정에서는 먼저 안 등을 차견하여서 일을 처리하게 하였다. 이미 양광兩廣 각 처 제조병마提調兵馬에 잠입하여서 신호를 습격하여 취하라고 밀령을 내렸다.[27]

가짜 화패로 이르기를, 조정에서는 이미 먼저 안이수顏頤壽(1462~1538) 등으로 하여금 일을 처리하게 하였는데, 양광 각 처에 병마를 일으켜서 조련하여 몰래 남창을 습격하여 취하라고 밀령을 내렸다고 하였다. 양명은 웃으면서 뇌제에게 매우 자신 있게 말하기를 "그가 의심을 하기만 하면 저쪽의 큰 일은 끝난다. 신호는 평소 행위가 무도하여 백성을 잔학하게 해쳤는데, 지금 비록 한때 따라서 반역을 한 자들이 많지만 두려워서 겁을 내고 이익의 꼬임에 빠져서 구차히 영합했을 뿐 필시 본심은 아니다. 가령 분발한 병사를 앞에 가게 하고 나는 죄를 묻는 군사(問罪之師)를 이용하여서 그 뒤를 서서히 밟는다면 순역順逆의 형세가 이미 판가름 나고 승부를 미리 알 수 있다. 다만 적병이 일찌감치 한 지방을 넘어서 결국 한 지방 백성의 목숨을 빼앗고 해쳤다. 호랑이나 외뿔소가 우리에서 빠져나왔으니(虎兕出柙) 몰아들이기 어렵다.

---

27 『왕양명전집』 권38 「정신호반간유사征宸濠反間遺事」.

지금의 계책으로서는 신호를 다만 하루라도 지체시켜서 나오지 못하게 하면 천하가 실로 하루의 복을 받을 것이다."[28]라고 하였다. 이에 곧 뇌제 등에게 명하여 똑똑하고 재간 있는 여러 무리로 하여금 남창성으로 가서 사방에 화패를 흩어 뿌리게 하였다. 신호는 화패를 보고 과연 마음속에 의구심이 생겨서 감히 경솔히 나아가지 못하였다.

16일, 양명은 임강臨江의 사하蛇河에 도착하여 임강의 지부 대덕유戴德孺(?~1523)를 만났다. 대덕유는 양명에게 성에 들어와서 군마를 조련하고 안배하기를 청하였는데, 양명은 "임강은 대강大江(장강) 가에 자리하고 있어서 성성省城과 가까우며 또 도로가 교차하는 곳이니 길안吉安보다 마땅한 곳이 없다."[29]라고 인식하였다. 그러나 그는 이미 마음속에 계획한 바가 있어 대덕유에게 응변의 대책 세 가지를 제안하였다. "신호가 만약 상책을 내서 곧바로 경사로 나아가 뜻하지 않은 곳으로 나온다면 종사宗社가 위태로울 것입니다. 만약 중책을 내서 남도로 나아간다면 대강 남북쪽이 그 피해를 입을 것입니다. 만약 하책을 내서 다만 강서 성성에 웅거하고 있다면 근왕의 일은 오히려 쉽게 될 것입니다."[30] 이로 인해 당장 서둘러 해야 할 일은 바로 방법을 생각하고 실행하여서 신호를 남창에 붙잡아두고 감히 함부로 출병하여서 남도로 나아가지 못하게 하는 것이었다. 이렇게 된다면 강서 삼사의 고관高官들이 모두 사로잡혀서 구금되었고 오직 자기만 몸을 빠져나오게 된 상황에서 신속하게 근왕의 의병을 모아서 신호의 반란을 평정할 가능성이 있었다.

18일, 양명은 길안에 도착하였다. 뇌제와 소우는 길안성 어귀에서 황라개

---

28 『왕양명전집』 권38 「정신호반간유사」.

29 『왕양명전집』 권37 「양명선생행장陽明先生行狀」.

30 『왕양명전집』 권38 「양명선생행장」.

를 들어올렸고, 성안에서는 환호성이 터져 나왔다. "왕 나리(爺爺)가 돌아오셨다!"

양명은 길안에서 근왕의 의병을 불러모아 정식으로 반란 평정을 시작하였다.

길안吉安에서 병사를 모아 기의起義하고
파양호鄱陽湖에서 화공 대전을 하기까지

양명이 길안으로 돌아왔을 때 형세는 이미 매우 심각하였다. 신호의 18만 반란군은 이미 6월 17일에 출병하였다. 신호 스스로는 22일에 남창에서 말에 올라 대군을 통솔하여서 곧바로 남경을 무너뜨리고 능을 참배하고 즉위한 뒤 곧바로 북경을 침범하기로 결정하였다. 그리하여 그는 15일에 곧 민입사閔卄四 등에게 도흠 등과 함께 구강과 남강을 나누어서 공격하고 오성吳城을 공략하라고 명하였다. 교위 조지趙智를 파견하여 신속히 절강으로 가서 진수태감 필진에게 병사를 일으키라고 명하였다. 이번·왕춘·누백 등을 차임하여서 각 부·현으로 가서 군병을 불러모으게 하고, 또 왕륜王綸(1496, 진사)에게 명하여 격문을 띄워서 요원동姚源峒의 병졸을 부르게 하였다. 16일, 민입사는 남강을 공격하여서 함락하였다. 17일, 도흠은 구강을 공격하여서 함락하였다.

이때 길안에 있는 양명에게는 병졸 한 명도 없었다. 반군의 진공을 저지하여 신호의 출병을 지연시키기 위해서는 더욱 빨리 의병을 결집해야만 하였다. 양명은 먼저 공심전攻心戰을 전개하여서 공성계空城計, 의병계疑兵計, 반간계反間計를 구사하였다. 그는 여러 관원을 모아놓고 상의를 하였다. "적이 만약 장강으로 나와 강을 따라 내려간다면 남도는 지킬 수 없다. 나는 계책을 세워서 저지하려고 하는데 적어도 열흘만 지체시켜도 근심이 없을 것이다."[31]

이에 그는 우선 남웅南雄·남안·감주 등의 각 부, 현에 거짓으로 첩보를 써서 말하기를 "도독 허태와 각영卻永은 변병邊兵을 거느리고, 도독 유휘와 계용桂勇은 각 4만의 경병京兵을 거느리고 수륙水陸으로 병진하라. 남감의 왕수인, 호광의 진금秦金, 양광의 양단楊旦은 각각 부속部屬을 거느리고 총 16만으로 곧바로 남창을 습격한다. 이르는 곳마다 유사有司로서 (협력을) 제공하지 않는 자는 군법으로 논한다."[32]라고 하였다. 사람을 파견하여 남창 성성으로 들여보내서 출병하려는 신호의 마음을 두렵게 하여 꺾어놓았다.

그런 뒤 그는 또 거짓으로 「영접경군문서迎接京軍文書」 한 편을 썼다.

> **제독군무도어사 왕王의 기밀 군무의 일**: 병부에서 제하여 성지를 받들고 해당 본부에 보낸 자문에 준하면 "허태와 각영은 변군邊軍 4만을 나누어 영솔하여서 봉양鳳陽 등으로부터 육로의 지름길로 남창을 친다. 유휘와 계용은 경변京邊 관군 4만을 나누어 영솔하여서 서주와 회안 등에서 수륙으로 병진하여 남창을 각기 습격한다. 왕수인은 병사 2만을 영솔하고, 양단 등은 병사 8만을 영솔하고, 진금 등은 병사 6만을 영솔하고 각각 관할 지역(信地)에서 길을 나누어 병진하되 정한 날짜에 남창을 협공한다. 방략方略에 비추어 따르는 데 힘쓰되 전심으로 협동하고 모의하여서 날짜에 따라 속히 진격하되, 서로 경쟁하여서 시기를 그르치지 말라. 이대로 준행하라." 하였다.

이런 자문을 받고 본직은 이를 공경히 준행하는 것 외에 본직의 직무로 우선 칙령을 받들고 복건으로 가서 공무(公幹)를 처리하였는데, 행정이 풍

---

31 『명사』 권195 「왕수인전王守仁傳」.

32 『명사』 권195 「왕수인전」.

성豐城 지방에 이르렀을 때 갑자기 영왕의 변란을 만나 길안부로 물러나서 (토벌의) 병사를 일으켰다. 지금 이전의 일로 비준한 칙지를 받으니 양광兩廣의 병력이 정돈되기를 기다린 뒤 기한에 따라 전진하라고 하였다. 이 밖에 병부의 자문이 이른 연유를 살펴보고 조정의 기밀 칙지를 받들어 보니, 모두 대비하지 못한 곳을 엄습하며(掩其不備) 선수를 쳐서 남을 제압하는(先發制人) 모략이었다. 그때는 필시 영왕의 병사가 거동하지 않았으나 지금은 영왕의 병사가 대략 20만에서 30만으로 이미 출병하였는데, 만약 북에서 오는 관병이 적실한 소식을 알지 못하면 시기를 그르침을 면하지 못한다. 본직의 계책으로는 만약 영왕이 남창을 견고하게 지키고 병사를 끌어안고 나가지 않으면 경변 관군은 멀리서 오고 천시天時와 지리地利는 모두 변하지 않았으니 아마도 한때 도모하기 어려울 것이다. 모름지기 적병과 접촉하여 서서히 행동하거나 병사를 나누어서 먼저 남도를 지키고 영왕이 이미 강서를 출발하기를 기다린 뒤 전방을 차단하거나 후방을 공격하여서 머리와 꼬리가 구원하지 못하게 하면 무너뜨리는 것은 필연이다. 지금 영왕의 주모主謀 이사실과 유양정은 각자 본직에게 은밀히 글을 보내왔으며, 그 적 능십이와 민입사 역시 각각 은밀히 심복을 차임하여 이곳으로 보내서 본직에게 문서를 번갈아 보내왔는데, 모두 창을 거꾸로 들고 공을 세워서(反戈立功) 보답하려고 한다. 영왕은 이미 따르는 무리가 반역하고 친척도 이반한 사람임을 알 수 있으니 그가 기필코 패망할 것은 멀지 않았다. 지금 듣건대, 양광이 함께 일으킨 병사가 48만이며, 선봉은 6만이다. 이는 칙지에 따른 수효로서 이미 황주부黃州府 지방에 이르렀다고 한다. 본직은 병사 10만을 일으켰는데, 칙지에 따라 우선 병사 2만을 영솔하여 길안부 지방에 주둔하였다. 각 부의 지부 등 관병은 저마다 신속히 병사를 일으켰으며 약 1만의 수를 밑돌지 않아 공히 합계 역시 11만에서 12만 인마가 되니 모두 이미 충분히 운용할 수 있다. 다만 영왕이 일찌감치 강서를 떠났는데 그 가운데에는 반드시 내부의 변고가 있으니 이로 인해 기세를 타고 협공하면 힘쓰기가 매우 쉽다. 이를 위해 지금 수본手本에 연유를 갖추어서 보내니 번거롭더라도 조사하여 재결 및 처리하기를 청한다. 아울러 모두 상황에 따라 채택(進止)하고 합당하게 계획하고 의논하여서 기민하고 사리에 밝은 사람을 선발하여 차역差役과 함께 보내서 밤낮으로 회보하고 시행하되 모름지기 수본을 쓴 자에게 이르게 하라.[33]

양명은 이 가짜 문서에 수본을 첨부한 뒤 즉시 뇌제에게 걸음이 빠르고 일처리를 잘하는 집안사람 몇을 뽑아서 문서를 숨겨 지니고 밤낮으로 달려서 남경 및 회주, 양주 등에 몰래 들어가서 관병을 맞이하게 하였다. 또한 동시에 뇌제에게 평소 신호와 교류하며 오갔던 사람을 찾아가서 후한 뇌물을 주어서 결탁하고 그들로 하여금 이들 집안사람의 행적을 은밀히 보고하게 하였다. 신호는 즉시 군사를 선발하여 네 갈래로 조직한 뒤 이들 집안사람을 추적하게 하여서 수본을 수색하여 입수하고서는 과연 의구심을 품었다.

이 가짜 문서와 함께 양명은 또 용광龍光과 더불어 거짓으로 이사실과 유양정에게 보내는 글 두 통을 썼다. 이사실에게 보고하는 글에서 다음과 같이 말하였다.

비밀리에 보여준 수교手教를 받고서 노 선생의 정충보국精忠報國의 본심을 충분히 알 수 있었습니다. 비로소 근일의 일은 핍박을 받아 형세가 부득이 해서 그러한 것이며, 몸은 비록 그물에 갇혔으나 마음은 왕실에 있지 않음

---

33 『왕양명전집』 권38 「정신호반간유사」.

이 없음을 충분히 알게 되었습니다. 깨우쳐주신 비밀 모의는 노 선생이 아니면 결코 이렇게 할 수 없습니다. 지금 또 자길子吉(유양정)이 마음을 같이 하여 협력하고 있으니 결코 한 가지라도 실수가 있어서는 안 됩니다. 그러나 기밀의 일은 은밀하지 않으면 손해가 발생하니 시기를 적절히 이용하여 일을 해나가도록 힘써야 비로소 가능합니다. 그렇지 않으면 아마도 나라에 이익이 되지 않고 노 선생과 자길에게도 누가 될 것이며 또 제(區區) 마음도 참지 못할 것입니다. 하물며 지금 병력의 형세는 네 갈래가 이미 연합하였으니 다만 공이 한번 나오시기만 하면 곧 착수할 수 있습니다만 아마도 기꺼이 가벼이 나올 수 없을까 두려울 뿐입니다. 어제 능·민 등 여러 장수가 사람을 파견하여서 은밀히 소식을 전하였는데, 역시 모두 노 선생과 자길이 길을 이끌어주고 격려함으로써 그러한 것입니다. 다만 이 서너 명은 모두 거친 사람들이라 쉽게 누설될 수 있으니 모름지기 신중하고 치밀하게 경계하고 명령하며 또 곡진히 막아야 할 것입니다. 읽고 난(目畢) 즉시 병丙, 정丁에게 보내십시오. 이름은 알고 계시니 쓰지 않습니다.[34]

또 별도로 유양정에게 알리는 같은 내용의 글을 썼다. 양명은 뇌제로 하여금 사람을 뽑아서 이사실에게 전달하게 하고, 용광으로 하여금 사람을 뽑아서 유양정에게 전달하게 하였다. 전달하는 이 두 사람은 모두 신호의 반군에게 붙잡혀서 죽임을 당하였고, 신호는 이 두 보고서를 입수하고서 더욱 이사실과 유양정을 의심하였다. 이사실과 유양정도 더욱 의구심이 들어서 불안해하였다. 양명은 또 평소 유양정과 사이가 돈독했던 지휘 고예高睿를 파견하여서 유양정에게 글을 보내고, 뇌제와 소우蕭禹를 파견하여서 내관 만예

---

34 『왕양명전집』 권39 「정신호반간유사」.

를 유인하여 내관 진현陳賢·유길劉吉·유목喩木에게 사적으로 편지를 보내게 하였다. 또 1천을 헤아리는 고시告示와 투항을 유도하는 기호旗號와 목패木牌를 제작하여서 뇌제·소우·용광·왕좌王佐 등으로 하여금 역부役夫를 반군의 성채(賊壘)에 잠입시켜서 고시를 사방에 붙이고 기호와 목패를 사방의 거리에 표시하고 꽂게 하였다. 풍성 일대에 의병疑兵을 배치하여서 마치 공격할 듯한 태세를 갖추었다. 또 뇌제와 용광을 파견하여서 유양정의 가속을 길안으로 맞아들이고 후하게 돌보아주었으며, 비밀리에 가속의 집안사람을 차임, 파견하여서 유양정에게 소식을 전달하였다.

양명의 공성–의병–반간의 연환連環 심리전(攻心)의 계책은 신호의 반란을 평정하는 전투의 서막을 열었다. 군대가 아직 배치되지 못한 위급한 정세에서 그는 고의로 의병疑兵의 미진迷陣을 배치하여서 일시에 바람이 불고 학이 울어도 관군으로 의심하고(風聲鶴唳), 허와 실이 복잡하게 뒤섞여서(虛虛實實) 겉모습으로는 알 수 없게 하였다. 신호 측의 군주와 신하들을 이간질시켜서 서로 시기하고 반란군의 군심軍心을 뒤흔들고 투지를 약화시켜서 신호로 하여금 갑자기 의심과 두려움을 갖게 하여 감히 22일에 병사를 일으켜서 남경을 공격하지 못하도록 하였다. 이는 또한 양명에게 병사를 모아서 근왕의 창의를 할 귀중한 시간을 벌 수 있게 하였다.

양명이 처음 길안에 도착했을 때는 병사를 데리고 오지 않았고, 길안부 지방도 군대의 병력이 적은 수에 그나마도 대부분의 병사들이 노약자였다. 또한 남·감으로 가서 병사를 조발하려고 해도 길이 너무 멀었다. 또한 남·감은 이전에는 비록 둔병이 4천이었고, 본래 비상시에는 아침에 발령하면 저녁에 집결할 수 있는 곳이었으나 오히려 양향糧餉을 공급할 곳이 없어서 3개월 전에 (이들을) 모두 해산시켰다. 그는 오로지 가장 빠른 속도로 스스로 각 갈래의 인마를 조발하고 결집시켜야만 비로소 상황에 따라 대적할 수 있었기에 주동적으로 출격하고 허점을 틈타 남창을 공격하여서 반란을 평정하는 전략을 실시하였다. 그는 전혀 조정의 경변군京邊軍이 신속하게 남하하여서 정벌하기를 바라고 앉아서 기다릴 수는 없었기 때문에 두 가지를 동시에 진행하여(雙管齊下) 병사를 모으는 방법을 택하였다. 하나는 외성外省에 청하여서 병사를 조달하여 근왕을 하고, 둘은 강서 본성의 12부府에 청하여서 병사를 모아 근왕을 하는 것이었다.

외성에 병사를 청하여서 근왕하는 일과 관련하여 양명은 잇달아 행문行文을 복건 포정사에 보내 병사를 조달하여 근왕을 하게 하고, 남경 각 아문에 행문을 보내 근왕을 하게 하고, 양광 총제 도어사 양단에게 자문咨文을 보내 함께 국난을 극복할 것을 청하고, 복건 어사 주원周鵷·주진周震에게 글을 보내 복건에서 출병할 것을 재촉하고, 절浙에 있는 도어사 안이수에게 병사를 조발하여서 진격, 토벌할 것을 청하였다. 기이하게도 강서 신호의 반란이 이미 온 천지에 들끓고 있었는데(沸反盈天) 남경 및 주변의 호광·양광·복건·절강 등 각 성에서는 의외로 손끝 하나 까딱하지 않고 잠잠하였다. 그들은 모두 각자 병사를 끼고 성을 지키면서 자기 안위만 위하는 소극적인 태도를 취한 채 양명이 병사를 일으켜서 근왕을 하는 데 달려와 구원하려 하지 않았다. 단지 복건 포정사 석서席書(1461~1527)와 병비첨사兵備僉事 주기옹周期雍이 해창海滄의 숙달된 병사 1만 명을 통솔하고 달려와서 원조를 하였으나 그들이 길안에 도착했을 때 신호의 반란은 이미 평정된 이후였다.

신호의 반란을 평정하는 전쟁에서 양명만이 남달리 대담하고 용감하게 의기를 모아 병사를 일으키고 주도적으로 출격하는 전략(*진공전進攻戰)을 채택하여서 수비에서 공격으로 태세를 전환하여 신호를 견제하였고, 기타 각 성과 부에서는 모두 소극적으로 수성하고 지역을 지키면서 자기 안위만 생각하는 잘못된 전략(*보위전保衛戰)을 채택함으로써 끝내 피동적으로 두드려

맞음을 면하지 못하였다고 할 수 있다. 심지어 유도留都로 삼은 남경에는 병부가 설치되어 있어서 남직례의 군대를 통솔하고 있었으나 신호가 강을 따라 흉흉한 기세로 동쪽으로 쳐내려오는 공세에 직면하여서 뜻밖에도 성과 방어 시설을 개수하고 수성을 하면서 자기 안위만 위하는 전략만 취한 채 안경安慶을 방패막이로 삼아 반군이 동쪽으로 공격해오는 것을 막으려고 하였다. '무공 황제'를 자처하는 무종마저도 '어가친정御駕親征'을 소리 높여 외쳤지만 결국은 우습게도 각 성의 대원大員인 왕수인·진금·이충사李充嗣(1462~1528)·총란叢蘭(1456~1523) 등에게 명하여 강서·호광·진강鎭江·과주瓜洲·의진儀眞 등의 해당 지역(就地)에서 '방어하여(防遇)' 스스로 지키라고 하였다.[35] 그 결과 각 성의 대원은 병사를 끼고 스스로 지키고 보호하며 기꺼이 나가서 구원하려고 하지 않았으니 참으로 무종의 해당 지역 방어를 말하는 '어의御意'를 속속들이 알 수 있었다. 안경은 가장 먼저 남경과 각 성의 자기보신, 자기보호의 희생양이 되었다.

길안에서 양명은 본래 전적으로 다른 각 성과 마찬가지로 무종의 명을 받들어 군사를 데리고 스스로 보호하는 전략을 채택하여서 단지 한 지역만 스스로 지키고 막아서 아무런 문제없이 보호할 수도 있었다. 양명이 창의하여 주동적으로 출격하려고 하자 당시 사람들은 모두 그가 매우 어리석게 설친다고 비웃었다.[36] 양명이 만일 창의하여서 병사를 일으키지 않았다면 이는 곧

---

35 『국각』 권51. "정덕 14년 7월 갑진에 신호의 반란에 대한 보고를 듣고 친정을 논의하였다. 남화백南和伯 방수상方壽祥, 우부도어사 왕수인·진금·이충사, 우도어사 총란에게 각각 강서·호광·진강·과주·의진에 주둔하여서 방어하라고 칙령을 내렸다."

36 『왕기집』 권13 「독선사재보해일옹길안기병서서讀先師再報海日翁吉安起兵書序」에서 이르기를 "스승이 배를 돌려 길안에서 창의하여 병사를 일으켰다. 사람들은 모두 어리석다고 여겼고 혹 그가 속임수를 쓴다고 의심하기도 하였다. 이때 추겸지(추수익)가 군중에 있었

유일하게 신호의 반군에 대항하고 견제하여서 강서 성성省城에서 곤경에 빠뜨릴 힘을 잃어버리고 오히려 신호에게는 발목을 거의 잡히지 않고 멀리 말을 달려 곧바로 남경을 공격하고 직접 경사를 침범할 수 있는 전기戰機를 제공함으로써 양명이 말하듯 '종사가 위태로운' 패망의 국면을 조성하는 것과 같다는 사실을 조금도 알지 못하는 것이었다.

바로 그가 조정의 당권(當道) 대신에게 보낸 편지에서 다음과 같이 말한 바와 같다.

> 뜻밖에도 갑자기 이런 변란을 당하였는데 본래 저(生)의 책임이 아닙니다. 그러나 전체 성(闔省)에 지금 관리가 한 사람도 없고, 민심은 뿔뿔이 흩어져서 흉흉하고 뒤숭숭한데 가령 한 사람이라도 그 사이에서 견제하지 못하면 그가 편하게 자기 뜻대로 흐름을 따라 아래로 쳐내려올 터입니다. 만일 남도에 방비가 없다면 장차 반드시 수비가 무너질 것입니다. 그가 병사를 나누어서 사방에서 노략질하면 13개 군의 백성은 평소 쌓인 위세에 겁을 먹고 반드시 바람을 따라 쓰러지듯 할(向風而靡) 것입니다. 이와 같다면 호湖(호남, 호북)·상湘(호남)·민閩(복건)·절浙(절강)을 모두 보호할 수 없습니다. 사건이 조정에 보고되어 대군이 남하하면 그의 간사한 계략이 점차 이루어져서 무너뜨리기 어렵게 됩니다.[37]

는데 사람의 정서가 흉흉한 것을 보고서 들어가 스승에게 청하였다. 스승이 정색을 하고서 '이 의리는 천지 사이에서 도피할 곳이 없으니 가령 천하가 모두 영왕을 따르더라도 나 한 사람만은 결단코 이와 같이 하리라.'고 말하였다."라고 하였다.

37 『왕양명전집』 권27 「여당도서與當道書」.

이로 인하여 바로 양명이 의병을 일으켜서 주동적으로 출격함으로써(*두 차례) 각 성이 소극적으로 병사를 데리고 방어하며 스스로 지키고 보호하여 조성한 위기의 국면을 구제하였다고 할 수 있다. 그는 병사를 데리고 스스로 지키고 보호하는 저 외성들을 향해 병사를 조달하여서 근왕하기를 청하였지만 성공하지 못하였기에 다만 강서 본 성의 12개 부에서 병사를 모아 근왕을 하는 데 희망을 걸었다.

양명은 강서 12개 부를 향해 병사를 조달하여 근왕하는 일에 전력을 다하였다. 길안의 지부 오문정伍文定(1470~1530)은 양명과 똑같은 관점으로 다음과 같이 말하였다. "적은 오합지졸이라 형세가 반드시 패할 것이지만 일시에 졸연히 변란을 일으켰기에 대항하지 못하였던 것입니다. 공은 위망이 평소에 중하니 마땅히 길안에서 기의起義하여 여러 갈래의 병사들을 모아 소굴을 친다면 반드시 무너질 것입니다. 저(身)는 감히 휘하에서 역할을 맡겠습니다."[38] 이에 양명은 오문정과 함께 병사와 군량의 조달을 감독하고 의용을 호소하였다.

전 우부도어사 왕무중王懋中(1484, 진사), 병을 요양하던 평사評事 나교羅僑(1461~1534) 등과 획책을 모의하여서 정하기로 약속하였다. 옛 휘하(舊部)를 불러모아서 함께 전략을 논의하였는데, 부사副使 나순羅循(1499, 진사)·나흠덕羅欽德(1472~1550), 낭중 증직曾直(1502, 진사), 어사 장오산張鰲山·주로周魯(1493, 진사), 동지 곽상붕郭祥鵬(1481, 진사), 진사 곽지평郭持平(1517, 진사), 폄적 관원(謫官) 역승 왕사王思·이중李中, 편수 추수익 등이 앞다투어 길안으로 와서 모의와 획책을 도모하였다. 행문을 감주와 남안 등 12개 부 및 봉신奉新 등의 현에 널리 보내서 병사를 모집하여 군사를 거느리고 협동작전(策應)을 하게

38 『호광통지湖廣通志』 권99 「오문정공전伍文定公傳」.

하였다. 매화동梅花峒 등의 향鄕의 의용병과 의용 백성을 조발하고, 길수현 각 호의 의병을 모으게 하고, 용천龍泉 등 현의 군병을 조발하여서 풍성과 협동작전을 하게끔 하고, 복건의 군마를 조발하여서 수전水戰을 대비하게 하였다. 「유용관원소留用官員疏」를 올려서 양광의 청군어사淸軍御史 사원謝源(1511, 진사), 쇄권어사刷卷御史 오희유伍希儒(1511, 진사)를 유임하라고 주청하였다. 겨우 반달의 시간 동안 양명은 곧 신속하게 군마 8만을 조달하여서 모았다. 의병을 조발하는 이런 긴장된 과정에서 양명은 형세를 살피고 시기를 헤아리며, 높은 식견과 원대한 안목으로 주동적으로 출격하고 허점을 틈타 남창을 공격하는 진공 전략을 수립하였다.

이전에 6월 17일에 양명이 올린 「비보영왕모반소飛報寧王謀反疏」에서 그는 오문정·왕무중·나교 등과 비밀리에 모의하여 병사들을 모아서 기의하고 허점을 틈타서 남창을 공격할 모략을 정한 사실을 다음과 같이 진술하였다.

> 지부 등의 관원 오문정 등과 함께 병사와 군량 조달을 감독하고 의용을 호소하였습니다. 또 치사 향관鄕官 우부도어사 왕무중, 병을 요양하는 평사 나교 등과 약속을 하여서 그들과 모의하고 책략을 세우며, 뿔뿔이 흩어진 마음을 수습하고 충의의 기운을 일으켜서 기회를 보고 틈을 타 후속의 일을 도모하여 함께 의각犄角의 형세를 이루기로 힘썼습니다. 그들의 거동을 견제하여 진격을 해도 앞으로 나아가지 못하게 하고, 그들의 소굴을 쳐서 물러나도 근거지로 삼을 수 없게 하였습니다. …… 다시 영부寧府의 역모가 이미 드러남에 따라 그들은 만약 북쪽으로 나아가려다가 이루지 못하면 반드시 돌이켜서 양절兩浙을 취하고 남쪽으로 호·상을 어지럽히고, 유도를 엿보아 남북을 끊어버리고 민閩(복건)·광廣(광동, 광서)을 접수하여서 군자軍資를 보탤 것입니다. 만약 즉시 공제하지 못한다면 급히 대군을 파

견하더라도 반드시 후회막급일 것입니다.[39]

6월 21일 조정의 당권 각신 양정화 등에게 보낸 차자에서 그는 한 걸음 더 나아가 자기가 주동적으로 진공하고 허점을 틈타 남창을 공격하려는 모략을 다음과 같이 언급하였다.

지금 한편으로 충의를 호소하여서 각 현을 기민하고 빠르게 취조取調하며 또 먼저 피로하고 약한 병사를 파견하여서 풍성 여러 곳에서 허장성세를 하고 그 뒤를 잇따르게 하였습니다. 하늘이 그 기백을 꺾어서 그는 과연 의심을 하고 지체하며 진격하지 않았습니다. 만약 다시 반달을 머문다면 남도는 기필코 대비할 수 있을 것입니다. 그가 한번 소굴(巢穴)을 떠나면 저(生)는 장차 분발하여 그 허점을 쳐서 그로 하여금 진격을 해도 앞으로 나아갈 수 없고 물러나도 근거지로 삼을 수 없게 할 것입니다. 또한 근왕의 군사가 사면에서 점차 모이니 반드시 사로잡을 수 있을 것입니다. 이는 제가 이와 같이 예견하는 바입니다. 여러 노 선생께서 급히 조치할 방법을 논의하여(議處) 내려주고, 속히 유능한 장수를 파견하여서 대군으로 죄를 성토하고 남으로 내려와서 북을 엿보는 (신호의) 소망을 이루지 못하게 하기를 간절히 바랍니다. 각 성에 날듯이 초무(飛招)하여서 급히 근왕의 군사를 일으켜야 합니다.[40]

7월 초에 양명은 힘써 노력하여 병마 8만을 조발하였는데, 모두 강서 13

---

39 『왕양명전집』 권12 「비보영왕모반소飛報寧王謀反疏」.

40 『왕양명전집』 권27 「여당도서」.

부의 부병府兵과 민간 근왕의 의민義民들이었다. 이들 인마에 의지하여 그는 주동적으로 출격하고 남창을 공격해서 반란을 평정할 모략을 감행하려고 하였다. 그는 형세가 고립되고 세력이 약해서 고장난명孤掌難鳴의 형국이었기에 깊은 모략과 원대한 사려로 또 각 성과 연합 및 협격하여서 함께 토벌하는 방안을 제시하였다. 한편으로는 상소하여 조정에서 신속히 왕의 군사를 일으켜서 정벌하기를 청하고, 또 한편으로는 각 성에 행문을 하여서 그들에게 병사를 통합하고 연합하여서 협공하고 토벌할 것을 청하였다.

그는 급히 근처 절중의 도어사 안이수에게 행문을 보내 다음과 같이 말하였다.

> 살피건대, 남기南畿는 조정의 근본이 매여 있는 중요한 지역입니다. 지금 영왕이 역모를 꾸며 난리를 일으켜서 병사들을 이끌고 북으로 행군하고 있는데 남도를 근거지로 삼으려고 도모하니, 반드시 사방에서 협공을 하면 거의 해결될 수 있을 것입니다. 귀원貴院에서 명을 받들어 이러한 일을 조사한(行勘) 내용을 비추어 봄에 지금 역모의 징후가 이미 드러났으니 별도로 조사할 만한 일이 없습니다. 자문에 맞춰 번거로우나 곳에 따라 관할 지역(所屬)에 명령을 내려서 효용의 정병을 선발하고 민간의 충의忠義로운 사람들 약 2만~3만 명을 모아서 지모가 있고 용감한 관원을 선발하여 나누어 맡겨서 영솔하고, 인근의 성·군에 모이게 하여서 세력을 합하고 시기를 정해서 진격하여 토벌해야 합니다. 이어서 번거로우나 귀원에서 친히 독려하고 겸하여 앞으로 진격하여 함께 국난에 근실하게 하기를 바랍니다.[41]

---

41 『왕양명전집』 권17 「자도찰원도어사안권의진초咨都察院都御史顔權宜進剿」.

각 성이 연합하여 사방에서 협공하고 공동으로 토벌하는 전략은 남창을 공격하고 신호를 섬멸하기에는 상지상책(上上策)이었다. 그러나 각 성은 모두 병사를 데리고 스스로 지키고 보호하는 데만 관심이 있었으며, 무종의 어가 친정과 왕의 대군은 시간을 질질 끌면서 내려오지 않았다. 연합하여 협공하고 공동 토벌하려는 양명의 작전은 역시 무산되었다. 결국 신호로 하여금 기선을 제압하여 양명이 의군을 집결하기 전에 맹공격을 전개하게 하였다. 양명은 다만 고립된 군사로 앞장서서 반란에 대항하였다.

6월 27일, 의구심을 품은 가운데 정신을 퍼뜩 차린 신호는 망령되이 2만 ~3만의 대군을 보내 안경安慶을 공격함으로써 곧바로 남경을 습격하는 길을 열 생각을 도모하였다. 전선 200여 척이 강을 뒤덮고 동쪽으로 내려갔는데, 가는 길에 팽택·호구湖口·망강望江을 분탕질하고 바람이 몰아치듯이 장악하여 안경성 아래에 이르렀다. 수비 도지휘 양예楊銳(1471~1532), 지부 장문금張文錦(?~1524), 지휘 최문崔文, 통판 하경양何景暘이 분발하여 일어나서 죽음을 무릅쓰고 막아냈고, 군민軍民이 악전고투하여 부상을 당하거나 죽어나갔다. 참혹하기가 이를 데 없었다. 지척에 있는 남경은 뜻밖에도 담담하게 유도를 수성守城하고 스스로 보호하라는 '어지御旨'를 준봉하여서 병사 한 사람, 졸개 한 사람이라도 보내서 안경을 구원하고 반란군을 격멸시켜서 포위를 풀어주려고 하지 않았다. 이는 신호를 더욱 기세등등하게 하였다. 안경의 위급한 정황 아래 도리어 강서 아호鵝湖에 있던 비굉費宏(1468~1535)과 비채費寀(1483~1548)가 허점을 틈타 남창으로 공격해 들어갈 전기戰機를 간파하고 사람을 파견하여서 길안의 양명에게 투서하여 세 가지 계책을 올려서 권하였다. 기세를 타고 남창의 소굴을 공격하고, 상유上游를 억눌러 막고, 요해처를 굳게 지켜서 신호의 반군이 안경을 포위 공격한 뒤 곧바로 남경으로 내려가는 기세를 견제하게 하는 계책이었다.

비채는「상왕백안공의금녕서上王伯安公議擒寧書」에서 다음과 같이 계책을 말하였다.

하늘이 우리 공을 내려주심에 중흥의 기운을 도와서 이루게 하시니 천도를 밝히고 임금의 위엄(皇威)을 펴서 가없는 근심을 앉아서 사라지게 하였습니다. 공功은 바닷가에 이르기까지 덮고 있으니 어찌 한 지방만 비호를 입겠습니까? 만세의 큰 분수를 정하고 또 한 시대에 몰래 일으킨 반역을 막는 데 그치지 않을 뿐입니다. 지극한 정성은 하늘에 닿아서 밝은 신령이 곁에 두고 보호함에 괴이한 고래(怪鯨)가 입을 벌리고 달려들어도 침범하지 못하는 까닭은 하늘이 공을 머물러두어 고래를 젓 담그게 하기 때문입니다. 공은 실로 우리(吾人)를 살리셨으니 공이 아니면 나라가 지켜질 수 없습니다. 이로부터 자손이 한 세대의 제사를 이어가게 된다면 공이 한 세대의 인으로서 세상과 더불어 목숨을 바쳐 처음부터 끝까지 떠받친 일을 받드는 것일 뿐입니다. 처음 변고를 듣고 고을의 진신縉紳이 모두 형제를 위해 경사로 여긴 까닭은 이 도적의 거사가 반드시 패망함으로써 저의 집안(寒家) 불공대천의 원수를 설욕할 수 있고, 제 집안의 온 식구(百口)가 행복할 수 있기 때문이었습니다. 이치가 본래 그러하니 역시 삶은 아랑곳하지 않는 것입니다. 반드시 집을 연못으로 만들고 뼈를 태워 가루로 내어(潴宮灰骨) 조정에 사례하고, 손손(손수)·허허(허규)에게 사례하고, 천하에 사례해야 하니 제(區區) 한 집안의 원수를 갚는 일을 어찌 마음 쓰겠습니까(何恤)! 또한 이 도적이 뜻을 얻었다면 무수한 충신과 올바른 선비들이 참담한 재앙을 입었을 테니 어찌 다만 불초의 여러 식구(百口)의 이해利害뿐이었겠습니까! 지난해에 고요한 배움(靜學)의 가르침을 받고 받들어 주선하여서 실추시키지 않았습니다. 다시 편지에서 일찍이 호랑이 입에서 빠져나오기 어려운 근심을 말씀드렸는데 이에 우리 공의 힘을 입어서 벗어날 것입니다. 그렇지 않으면 악樂 내관 무리들이 현자들을 몰아서 우리 고을(敝郡)에 나아오게 한 것은 의도가 장차 무엇을 위한 것입니까? (역적에게) 영합하기를 바라는 자는 평소 마음이 찢어지더라도 후회막급일 것입니다. 끌려다니는(狹帶) 자는 원수 집안의 관직에 있는 죄수(在官之囚) 및 버림받은 죄수(蔽匿之囚) 그리고 또 남은 악당(餘孽)으로서 그에게 부응하는 자입니다. 한 고을의 재앙이 본디 느리게 닥친다 해도 제 집안이 먼저 살육을 당할 것이니 위태합니다! 그리고 다행입니다! 명공께서 누차 고유告諭를 내리심에 부로자제로서 듣는 자는 어루만져주심에 감격하여 눈물을 흘리지 않는 자가 없으며, 사람마다 순국의 마음을 견고하게 하니 이 도적은 이미 황천에서(泉下) 숨을 헐떡이는 사람인지라 다시 무엇을 근심하겠습니까? 만약 먼저 홍주洪州를 안정시켜서 그 소굴을 덮고 상유에 근거하여서 돌아갈 길을 막으며 요해처를 지켜서 궁하여 달아날 것을 고려하여 (대비하면) 이 도적은 비록 앞에서 피를 흘리거나 강에 빠져 죽더라도 결코 감히 달아나 돌아가서 헐떡이는 목숨을 이어가기를 바랄 수 없을 테니 더욱 빨리 성공할 것입니다. 도적의 형세가 비록 움츠러들었다 하더라도 방비와 경계는 마땅히 주도면밀해야 하니 「쾌夬」의 9·2효가 이것입니다.[42] 공의 지혜가 조화를 가지런하게 하니 어찌 이를 언급하지 않겠습니까? 졸졸 흐르는 물을 움켜서 넓은 바다를 보탬은 역시 저의 충성과 의분이 스스로 막을 수 없는 것일 뿐입니다. 스스로 헤아리지 못함을 용서하신다면 다행이겠습니다. 어려운 일을 평정하고 개선함에 마땅히 바닥에 엎드려서 군문에 머리를 조아리고 축하해야 할 것입니다. 어리석은 사람의 한 가지 계책이라도 혹 채택

---

42 『주역』 「쾌夬」 9·2. 惕號, 莫夜, 有戎, 勿恤.

할 만한 것이 있을 터이니, 바라건대 재결하시기 바랍니다.[43]

사실 양명은 이 '세 가지 계책'을 이미 마음속에서 구상하고 있었으나 다만 의병이 결집하여 일제히 준비가 되면 곧 병사를 일으켜서 허점을 틈타 남창을 공격할 계획이었다. 안경의 보위전保衛戰은 신호가 동쪽으로 내려와서 남경으로 들어오는 예봉을 막아냈고, 또한 양명에게는 의병을 결집할 시간을 벌 수 있어서 신호의 반란을 평정하는 대전 중에서 으뜸가는 공을 세운 전투였다.

분노한 신호는 이때 양명이 아직 의병을 다 모으지 못한 사실을 알고 출동하여 전력을 기울여서 안경을 직접 공격하는 모험을 감행하기로 결정하였다. 7월 1일, 신호는 직접 병사를 통솔하여 남창을 출발하였는데 의춘왕宜春王 주공조朱栱橾를 남겨두어 남창성을 지키게 하고, 구강왕九江王 주신호朱宸濠에게 명하여서 선봉으로 진격하게 하였다. 신호는 병력 8만~9만, 전선 1천여 척을 영솔하고 강을 따라 동쪽으로 진격하였다. 고물과 이물이 60여 리에 잇닿으며 하늘을 덮고 해를 가리는 기세로 안경성 아래에 이르러서 공격하였다. 안경의 형세는 위급하였고 남경에서는 여전히 병졸 한 명도 내어서 구원하려 하지 않았다. 신호는 누런 전함을 타고 황석기黃石磯에 정박한 뒤 직접 전투를 독려하였다. 반군은 운루雲樓 수십 채를 지어서 성안을 굽어보았다. 양예는 병사와 민간인을 거느리고 고전하였는데 역시 비루飛樓 수십 채를 공중에 높이 세워서 적중에 화살을 빗발같이 쏘아댔다. 야간에는 용사를 파견하여서 밧줄을 타고 성을 내려가 운루를 태워버렸다. 반군은 또 천제天梯를

---

43 『비종석선생문집費鐘石先生文集』 권20 「상왕백안공의금녕서上王伯安公議擒寧書」; 『연서鉛書』 권6.

지었는데 너비는 두 길(丈)이고 성루보다 높았다. 그 안에 복병을 숨기고 바퀴를 밀어서 성벽 가까이 접근하였다. 성 위의 병사들은 어지러이 기름을 먹여 불을 붙인 갈대 다발을 던져서 복병을 태워죽이고 운제를 태워 부수었다. 안경을 지키는 병졸은 100명이 되지 않았는데 양예가 또 장정(兵民)들을 성으로 올라가게 하고 노약자와 부녀자들은 모두 진에 편입시켜서 돌을 성루에 운반하여 산처럼 쌓았다. 적군이 공격해오면 돌멩이를 비처럼 던지고 또 펄펄 끓는 기름을 쏟아부어서 많은 적군을 죽였다. 밤중에는 결사대를 파견하여서 적의 진영을 습격하여 적군을 큰 혼란에 빠뜨렸다.

8일, 신호의 배는 남쪽 기슭에 정박한 뒤 직접 군사를 거느리고 다섯 성城을 나누어서 공략하였는데, 매 갈래의 병사는 나무로 은폐하고 공세를 퍼부었다. 양예는 네모난 베(方布)를 찢어서 종이로 여러 겹 덮어 화약을 싸서 '작탄炸彈' 1천여 개를 만들어서 적의 무리가 은폐한 나무에 던졌다. 큰불이 활활 타서 나무를 태우니 적의 무리는 어지러이 달아나 숨었다. 12일에 또 적군이 북호北濠의 나무를 잘라서 잔도棧道를 설치하여 성과 서로 이어지게 한 뒤 잔도로부터 맹렬한 공격을 퍼부었다. 양예는 성지城池가 위급함을 보고서 성루에 대장군화총大將軍火銃을 설치하고 금고金鼓를 성 위에 내걸었다. 적의 무리는 이를 보자마자 모두 담이 졸아들고 놀란 가슴에 무너져서 달아나 숨었다. 양예는 다시 병사를 파견하여서 샛길로 몰래 빠져나가 잔도를 불태워버렸다. 바로 안경의 병사와 민간인이 열이틀 동안 수성의 결사 항전을 하여서 신호가 동쪽의 남경으로 쳐들어가는 공세를 막아냈고, 양명에게 의병을 결집하여 남창으로 진격하기 위한 충분한 시간을 마련해주었다. 13일, 양명은 정식으로 길안에서 출병하였다.

양명은 이에 앞서 신호가 대군을 통솔하여 이미 안경으로 쳐들어가서 남창성이 비었다는 사실을 알고 곧 신속하게 7월 2일 처음으로 의병을 모아 병사를 거느리고 풍성에 이르러서 각 처에 나누어 배치한 뒤 허점을 틈타 남창을 공격할 작전 부서部署를 구성하였다.

그는 이날 부친 왕화에게 편지를 보내서 자기가 병사를 모으고 작전 부서를 구성한 사실을 다음과 같이 말하였다.

> 길안에 머무는 아들(男) 왕수인은 백번 절하고 부친 대인 슬하에 글을 올립니다. 강성江省의 변란은 어제 내륭來隆을 보내서 알려드렸으니 대략은 이미 아시리라 생각합니다. 지금 영왕이 아직 성성에 머물며 감히 멀리 나오지 않고 있는데 대체로 제가 허점을 치고 그 뒤를 밟을 것을 염려했기 때문입니다. 제가 있는 곳에서는 조달한 병사가 조금씩 모이고 있으니 충의의 기풍이 날로 떨치고 있으며, 천도와 인사를 살피니 이 도적은 머지않아 단연코 사로잡힐 것입니다. 어제 그가 사람을 보내 격문을 보내왔는데 그 사자를 바로 참하려고 하였으나 뜻밖에도 격문을 가져온 사람은 바로 참정 계효季斅였습니다. 이 사람은 평소 착한 선비로서 상황이 불가피하였던 것이라 죽이는 대신 우선 차꼬를 채워서 가두었습니다. 이미 병사를 거느리고 풍성의 여러 곳에 이르러 나눠서 배치하고 기회機會를 살펴서 움직일 것입니다. 염려하는 바는 경사가 아득히 멀어서 상주문을 써도 즉시 도달할 수 없다는 점입니다. 장차 출사出師를 명하여도 늦어서 일에 미치지 못할까 우려할 뿐입니다.[44]

8일에 이르러 출병하기 전날 양명은 후방의 수비를 위해 주도면밀하게 안배하였다. 각 부·현에 행문을 보내서 좌이佐貳에게 지방의 방어를 책임 지

---

44 『왕양명전집』 권26 「상해일옹서上海日翁書」.

게 하고, 또한 향사부鄕士夫들에게 협조하여서 함께 성지를 지키라고 간곡하게 청하였다. 양명 스스로는 이역吏役에게 명령하여서 길안 공서公署의 사방에 섶나무를 가득 쌓아두게 한 뒤 수비 관원에게 말하기를 "만약 전방에서 불리한 보고가 오면 즉시 불을 질러서 공서를 태워라." 하고 파부침주破斧沈舟의 결심을 드러냈다. 동시에 각 부·현에 재촉하여 군대를 모아서 15일에 각 갈래의 병마가 일제히 임강 장수진樟樹鎭으로 반드시 집결하도록 힘을 쓰게 하였다.

13일, 양명은 앞장서서 길안으로 출발하였다. 오문정과 함께 병사를 영솔하여 강을 따라 내려갔다. 15일에 장수진樟樹鎭에 도착하였는데 이때 지부 대덕유가 병사를 이끌고 임강에서 달려왔고, 지부 서련徐璉(1468~1544)이 병사를 이끌고 원주袁州에서 달려왔으며, 지부 형순邢珣(1462~1532)이 병사를 이끌고 감주에서 달려왔고, 통판 호요원胡堯元(?~1526)·동기童琦가 병사를 이끌고 서주瑞州에서 달려왔으며, 통판 담저譚儲, 추관 왕위王暐(1517, 진사)·서문영徐文英, 신감新淦 지현 이미李美, 태화泰和 지현 이즙李楫, 영도寧都 지현 왕천여王天與(1475~1519), 만안萬安 지현 왕면王冕(?~1524)도 모두 병사를 이끌고 와서 모였다. 총 8만의 인마였으나 20만을 일컬어서 성세가 크게 진동하였다. 남창으로 진격하는 것은 시위에 놓인 화살이었다.

바로 이날 신호는 황석기에서 독전하면서 양명이 장수진에서 군사를 크게 모아서 남창의 위기가 아침저녁에 달려 있다는 소식을 들었다. 그는 뱃사람에게 물었다. "이 지역의 이름이 무엇이냐?" 뱃사람이 대답하였다. "황석기입니다." 신호는 지명이 흉함을 느끼고서 즉시 안경에서 대군을 거느리고 철병하여 돌아가 남창을 구원하고자 하였다. 안경 보위전이 신호의 주력군을 열여드레 동안이나 견제하면서 붙잡아두었기에 돌아가서 구원하기에는 대세가 이미 기울었음을 전혀 알지 못하였다.

18일, 양명은 대군을 통솔하고 장수진에서 북진하여 풍성에 이르렀다. 이 때 수많은 모신이 제안하기를, 안경이 포위되어 있고 신호가 군사를 통솔하여 돌아가서 구원하면 우리는 응당 병사를 이끌고 강을 따라 직접 안경으로 나아가 안경 쪽 병사와 함께 동서로 협격하여서 '안경의 병사와 연합하여 강중江中으로 죄어서' 신호의 병사를 강중에서 포위하여 일거에 섬멸하자고 하였다.

양명은 모신의 잘못된 작전 방략을 거부하고 '위점타원圍點打援'의 전술 작전을 제안하였다. 먼저 허점을 틈타 남창을 공격하여서 신호의 소굴을 소탕하고, 신호가 회군하여 구원하러 오기를 기다리고 있다가 편안한 군사로 피로한 군사를 대처하면(以逸待勞) 구원하러 오는 신호의 피곤하여 문드러진 병사들을 전부 섬멸할 수 있을 것이었다. 남창성 안에는 아직 2만~3만의 수비군이 있으므로 만일 먼저 남창을 공격하여서 취하지 않으면 아군에 뒤탈의 우려가 있기 때문에 오히려 신호의 병사들에게 협공을 당하여 포위되어서 곤경에 처할 것이었다.

그는 모신에게 반복하여 말하기를 "그렇지 않다! 우리가 남창에서 일어나 강江에서 서로 지지하면 안경의 군사는 겨우 스스로 지킬 수 있을 뿐이니 반드시 우리 강중을 구원할 수 없다. 남창의 병사가 우리 뒤를 차단하면 남강과 구강의 병사가 우리와 의각掎角이 되니 이는 계책이 아니다. 먼저 남창을 공격하여서 적이 포위망을 뚫고 돌아와 구원할 때 압박하는 것이 훨씬 더 쉽다."라고 하면서 "지금 남강과 구강이 모두 적의 거점이 되었는데, 우리 병사가 두 성城을 넘어서 곧바로 안경으로 나아가면 도적은 반드시 군사를 돌려서 죽기를 각오하고 싸울 터이다. 이는 우리의 배와 등으로 적을 맞는 것이다. 먼저 남창을 무너뜨려서 적이 내부의 거점을 잃고 반드시 돌아와 구원하게 하는 것만 못하다. 이와 같다면 안경의 포위는 저절로 풀어지고 도적은 사로잡히게 될 것이다."[45]라고 하였다.

그는 또 더 나아가 다음과 같이 분석하였다.

이에 앞서 신 등은 병사를 풍성에 주둔시켰는데 여러 의견은 안경이 포위되었으니 마땅히 병사를 이끌고 곧바로 안경으로 나아가야 한다고 하였습니다. 신이 생각하기로는 '구강과 남강이 모두 이미 도적의 거점이 되었고, 남창 또한 성안에 있는 수만 병사 중 정예병이 1만여 명이며 양식과 재화가 충분히 쌓여 있으니, 우리 병사가 안경에 도착하면 도적은 반드시 회군하여서 죽기를 각오하고 싸울 것인데 안경의 병사는 스스로 겨우 지킬 수있을 뿐 반드시 호중湖中에서 우리를 구원할 수 없으며, 남창의 병사가 우리 양도糧道를 차단해버리고 구강과 남강의 적이 합세하여서 잇달아 소란을 일으키면 각지의 구원 또한 바랄 수 없으니 사태를 도모하기 어렵다. 지금 우리 군사가 모이고 있으니 먼저 성세를 더하면 성안이 반드시 진동하여서 두려워할 터이니 이에 힘을 아울러서 급히 공격하면 그 형세로 함락할 수 있을 것이다. 남창을 무너뜨리고 나면 도적은 먼저 담이 무너지고 기운을 빼앗겨서 근본을 잃고 형세상 반드시 구원하려고 돌아올 것이다.' 이와 같다면 안경의 포위는 저절로 풀리고 영왕도 앉아서 잡을 수 있을 것이라고 여겼습니다.[46]

모든 것이 양명이 헤아린 바와 같았다. 풍성에서 양명은 12초哨로 나누어서 남창 일곱 문을 공격하는 작전 방안을 정하였다.

---

45 『왕양명전집』 권33 「연보」 1.

46 『왕양명전집』 권12 「금획신호첩음소擒獲宸濠捷音疏」.

오문정은 1초로서 광윤문廣潤門을 공격하고 곧바로 포정사布政司로 진입하여서 병사를 주둔하며, 병사를 나누어서 왕부의 내문內門을 파수한다.

형순은 2초로서 순화문順化門을 공격하고 곧바로 진수부鎭守府로 진입하여서 병사를 주둔한다.

서련은 3초로서 혜민문惠民門을 공격하고 곧바로 안찰사 찰원察院으로 진입하여서 병사를 주둔한다.

대덕유는 4초로서 영화문永和門을 공격하고 곧바로 도찰원 제학提學 분사分司로 진입하여서 병사를 주둔한다.

호요원, 동기는 5초로서 장강문章江門을 공격하고 곧바로 남창 전위前衛로 진입하여서 병사를 주둔한다.

이즙은 6초로서 광윤문을 협공하고 곧바로 왕부王府 서문으로 진입하여서 병사를 주둔한다.

이미는 7초로서 덕승문德勝門을 공격하고 곧바로 왕부 동문으로 진입하여서 병사를 주둔하며, 여은余恩은 진현문進賢門을 공격하고 곧바로 도사都司로 진입하여서 병사를 주둔한다.

왕천여는 8초로서 진현문을 협공하고 곧바로 종루鐘樓 아래로 진입하여서 병사를 주둔한다.

담저는 9초로서 덕승문을 협공하고 곧바로 남창 좌위로 진입하여서 병사를 주둔한다.

왕면은 10초로서 진현문을 협공하고 곧바로 양춘서원陽春書院으로 진입하여서 병사를 주둔한다.

왕위는 11초로서 순화문을 협공하고 곧바로 남현과 신현의 유학儒學으로 진입하여서 병사를 주둔한다.

추호鄒琥와 부남교傅南喬는 12초로서 덕승문을 협공하고 성 밖의 천녕사

天寧寺를 따라 병사를 주둔한다.[47]

풍성에서 양명은 신호가 신·구 분창墳廠에서 복병 1천여 명으로 성성 남창을 구원할 준비를 한다는 첩보를 입수하였다. 그는 즉시 봉신현奉新縣 지현 유수서劉守緖, 전사典史 서성徐誠에게 명하여서 병사 400명을 영솔하고 야간에 샛길로 신속하게 습격하여서 격파하고 남창성 밖을 둘러싼 적군을 소탕하게(肅淸) 하였다. 일체 진공의 준비가 궤도에 올랐다.

19일, 양명은 시차市汊에서 군사 출병의 맹세대회를 거행하였고 어스름 저녁에 오문정을 선봉으로 하여 남창을 공격하기 위해 출발하였다. 20일, 날이 밝을 무렵 대군이 남창성 밖에 도착하였다. 각 초가 주둔지에 진입하여 진을 치고 사면으로 남창을 포위하였다. 남창성 안에 있는 신호의 수비군은 양명이 신·구 분창을 공격하여서 무너뜨렸기 때문에 일찌감치 담이 졸아들고 가슴이 놀랐다. 이때 양명의 대군이 하늘을 찌를 듯하고 땅을 뒤덮는 기세로 달려와서 사방에서 북을 울리고 함성을 지르며 맹렬한 공격을 퍼붓는 것을 보고 더욱 놀라고 두려워서 전투력을 상실하였다. 오문정은 대포로 성문을 포격하여 성문을 열었고, 각 초의 병사들이 승제繩梯에 올라가 성벽을 오르자 수성하던 반군들은 어지러이 창을 거꾸로 잡고 달아나 숨었다. 남창성을 매우 빠르게 무너뜨리고 의춘왕 공조를 생포하였다. 영왕 궁중의 권속과 궁인들은 대부분 불을 질러서 스스로 타 죽었으며 큰불이 번져서 백성이 거주하는 가옥들을 태웠다. 양명은 성으로 들어가서 즉시 "문을 닫고 있는 자는 살고, 나와서 대적하는 자는 죽는다(閉門者生, 迎敵者死)."라며 호령하고 각 관에 명령하여서 길을 나누어 불을 끄게 하고, 협박에 의해 끌려온 자

47 『왕양명전집』 권17 「패행각초통병관진공둔수牌行各哨統兵官進攻屯守」.

를 석방하고, 부고府庫를 봉하고, 관방關防을 신중하게 지키고, 군민을 안무하여서 신속하게 남창성의 형세를 안정시킨 뒤 즉시 다음 단계의 진공 작전 방략을 모획하였다.

남창성이 격파될 때 신호는 아직 멀리서 병사를 회군하여 구원하러 오고 있었다. 그는 남창성이 공격을 받아 붕괴되었다는 말을 듣고 하늘을 우러러 비탄하면서 말하였다. "대사가 이미 글렀다!" 이사실은 그에게 패배 속에서 승리를 구하는 비상 대책을 제안하였다. 회군하여 곧바로 남경을 무너뜨리고 즉시 대위에 오르거나 지름길로 기蘄(기춘蘄春)·황黃(황주黃州)으로 나가서 곧바로 경사로 나아가는 것이었다. 그러나 이미 마음속이 어지러운(方寸已亂) 신호는 어느 대책도 받아들이지 않았고, 다만 어서 빨리 돌아가 구원하여서 남창의 대본영을 탈취할 생각만 하였다. 바로 한 걸음씩 양명이 설치해놓은 '위점타원'의 함정에 빠져들고 있었던 것이다.

남창에서 양명은 병사를 영솔하는 지부·감군監軍과 창의한 각 향관을 소집하여서 신호가 회군하여 침략할 것에 대비하는 대책을 상의하였다. 뭇 관리는 모두 현재 신호가 여전히 병사가 많으며 세력이 중다하고 흉악한 기염이 치성하며 병력이 아군보다 강하니 '회군하는 군사를 막지 말고(歸師勿遏)' 아군은 마땅히 병사를 거두어 성으로 들어가서 성벽을 견고히 하고 스스로 지키며 사방에서 원군이 오기를 기다려서 다시 시기를 보아 결전을 해야 한다고 판단하였다. 이는 사실 감히 진공전進攻戰을 펼치지 말고 수성守城의 보위전을 하자는 주장이었다.

양명은 성안에서 성벽을 견고히 하고 스스로를 지키는 전략은 반드시 피동적인 형세에서 타격을 받아 포위 곤경의 절망적인 지경에 빠져서 스스로 패배를 취하는 것이라고 인식하였다. 반드시 진공전을 펼쳐서 주도적으로 출격하여 정예병으로 신호의 피로한 병사를 엄습해야 비로소 온전히 승리를 거머쥐고, '위위구조圍魏救趙'의 효과를 낼 수 있었다. 그는 뭇 관원에게 다음과 같이 말하였다.

비록 신호의 기염이 대단하지만 한갓 불을 지르고 노략질하는 참상을 저 지르면서 아직 대적을 만나지 못했기 때문에 고동을 울리고 선동하고 있을 뿐이며, 그 부하도 역시 오로지 봉작封爵의 상만 믿고 있다. 지금 열흘도 안 되어서 급히 돌아오게 되어 병사들의 사기가 저하되었으니, 비유하자면 알을 낳은 새의 둥지가 부서진(卵鳥破巢) 격이라 그 기세가 이미 무너졌다. 견고히 지키고 구원을 기다리는 계책은 스스로 곤경을 초래하는 격이다. 정예의 병사를 투입하여서 지쳐서 돌아오는 틈을 타 공격하여 예봉을 꺾으면 (적의) 무리가 싸우지 않고서도 저절로 무너질 것이다.[48]

그는 정확하게 다음과 같이 분석하였다.

신은 일찍이 독동督同(都督同知, 副摠兵)과 병사를 영솔하는 지부와 감군 및 창의한 각 향관 등의 관리를 모아서 적을 다스리는 계책을 논의하였습니다. 무리 대부분은 영왕의 병세兵勢가 성대하여서 기염이 미치는 바가 마치 털을 그을리는 것과 같다, 지금 사방에서 구원군은 아직 한 사람도 도착하지 않았고 그는 분기탱천하여 모든 무리의 힘을 아울러서 아군에게 닥쳐오니 (아군은 그) 기세를 반드시 지탱하지 못한다, 또한 마땅히 병사를 거둬서 성으로 들어가 성벽을 견고히 하고 스스로를 지키며 각지에서 올 구원을 기다린 뒤 서서히 진퇴를 도모해야 한다고 하였습니다. 신은 영왕

---

48 『왕기집王畿集』 권13 「독선사재보해일옹길안기병서서讀先師再報海日翁吉安起兵書序」.

의 병력이 비록 강하고 군사의 예봉이 날카롭지만 그들은 지나가는 곳에서 한갓 불을 지르고 노략질과 도륙을 하는 참상을 저지르는 것으로 원근에 위세를 부리고 겁을 준 것이지 아직 대적을 만나서 그와 더불어 기정奇正으로 서로 겨뤄보지 못하였다, 그리하여 고동을 울려서 아랫사람을 선동하고 미혹하여서 오로지 봉작의 이익으로 나아오게 설득한 것이다, 지금 나온 지 열흘이 되지 않았는데 문득 물러나 돌아가게 되니 사기가 이미 꺾여서 상실되었다, 아군이 만약 먼저 정예의 병사를 투입하여서 지쳐서 돌아오는 틈을 타 엄습하여서 그 예봉을 한번 꺾으면 병사들은 싸우지 않고 저절로 무너질 것이라 여겼습니다. 이른바 "남보다 앞서면 남의 기세를 꺾을 수 있고, 약점을 공격하면 견고한 것이 약해진다(攻瑕則堅者瑕)."라는 것입니다.[49]

양명은 견결하게 주도적으로 출격함으로써 돌아와 구원하려는 신호의 피로에 지친 병사를 격멸하기를 주장하였다. 그는 우선 심리전(攻心戰)을 전개하여서 남창성의 민심과 군심을 안정시키고 창고를 열어서 성안의 군민을 크게 진휼하였고, 「고시칠문종역군민告示七門從逆軍民」 한 편을 다음과 같이 반포하였다.

도독은 성성 일곱 문 안팎의 군민과 잡역인 등에게 유시한다. 스스로 역적에게 붙어서 용서해줄 수 없는 자나 별도로 논의해야 하는 자 이외에, 영부의 협박을 받아 거짓으로 지휘·천호·백호·교위·호위 및 남창의 전위前衛를 제수받았거나 반란에 가담한 모든 잡색 인역人役의 가속으로서 성성

---

49 『왕양명전집』 권12 「금획신호첩음소」.

에 있는 자는 저마다 거처에 안주하고 생업에 종사하며 달아나 숨지 말기 바란다. 부형과 자제를 설득하여서 개과천선하게 하고, 수악首惡을 사로잡고, 군문에 나아와 첩보를 알리는 자는 일체의 공을 논하여서 상을 줄 것이다. 달아났다가 돌아와서 자수하는 자는 그 본죄를 면한다. 인하여 각 지방에서 앞 항목의 인역 1명은 각자 해당 관할 문의 관리가 있는 곳에 보고하고, 각 친속 1명에게 명하여서 매일 한 차례 타묘打卯(보고)를 하고 수장한 군기軍器를 모두 수효대로 관리에게 보내며 저마다 마땅히 잘못을 뉘우치고 감히 떠돌아다니지 말기 바란다.[50]

21일, 그는 오문정·형순·서련·대덕유를 파견하여서 정병 500명을 영솔하고 길을 나누어 함께 진격하여 미처 생각하지 못한 곳을 노려서(出其不意) 신호의 피로한 병사를 공격하게 하였다. 여은을 파견하여서 병사 400명을 영솔하고 파양호로 가서 적병을 유인하게 하였다. 진괴陳槐·호요원·동기·담저·왕위·서문영·이미·이줍·왕면·왕식王軾(1439~1506)·유수서·유원청劉源淸 등에게 각각 정병 100명을 영솔하고 거짓으로 병사를 사방에 매복시켜서 오문정이 교전하기를 기다린 뒤 사방에서 일어나 협공하게 하였다. 양명은 신호의 구원병을 섬멸할 '자루(口袋)'를 벌려놓았다.

23일, 신호의 선봉 부대는 초사樵舍에 도착하였고 뒤를 따라 강을 뒤엎은 신호의 전선 1천여 척이 이르렀다. 양명은 즉시 각 갈래의 병사를 나누어 독려하여서 밤을 틈타 진격하게 하고, 오문정에게 명하여서 선봉의 군병으로 앞장서게 하고, 여은은 병사를 영솔하여 그 뒤를 잇게 하고, 형순은 군사를 이끌고서 적의 배후를 에워싸게 하고, 서련과 대덕유는 양 날개로서 병사를

---

50 『왕양명전집』 권17 「고시칠문종역군민告示七門從逆軍民」.

나누어 협공을 전개하는 형세를 형성하게 하였다.

24일, 양군은 황가도黃家渡에서 대전을 벌였다. 신호의 병사는 기세가 흉흉하였고, 오문정과 여은의 병사들은 거짓으로 패하여 후퇴하는 체하면서 적을 깊숙이 유인하였다. 신호의 병사는 뒤처질세라 앞다투어 뒤를 쫓는 바람에 전후의 부대가 (서로) 호응할 수 없게 되었다. 이때 형순이 병사를 거느리고 돌격하여서 앞뒤를 끊고 그 가운데로 곧바로 뚫고 들어왔다. 신호의 병사는 무너져 흩어져서 패퇴하였다. 오문정과 여은은 기세를 몰아 추격하였고, 서련과 대덕유가 합세하여 협공을 펼쳤으며, 사방에서 복병이 함께 일어나 신호의 병사는 크게 무너졌다. 신호의 병사는 오문정이 병사를 거느리고 10여 리를 추격하자 물러나 팔자뇌八字腦를 방어하였다. 신호는 거듭 깃발을 올리고 북을 울리면서 패잔병을 수습하고, 사람을 파견하여서 구강과 남강의 군병을 모두 끌어모아 구원하였다. 양명은 구강을 무너뜨리지 않으면 호광의 군병이 끝내 구강을 건너와서 감히 구원을 하지 못할 것이며, 남강을 회복하지 않으면 아군도 남강을 넘어와 적을 추격할 방법이 없다는 사실을 고려하였다. 이에 곧 진괴를 파견하여서 병사 400명을 영솔하고 요주饒州의 지부 임성林珹의 병력과 연합한 뒤 구강을 공격하여서 취하게 하고, 증여曾璵를 파견하여서 병사 400명을 영솔하고 광신 지부 주조좌周朝佐의 병력과 연합한 뒤 남강을 공격하여서 취하게 하였다.

25일, 양군은 팔자뇌에서 대전을 벌였다. 양명은 도찰원에 진좌鎭坐하고 지휘를 하였는데, 중문을 활짝 열어놓고 전황의 보고를 들으면서 사우와 더불어 담소하고 학문을 논하기를 그치지 않았다. 일단 군의 보고가 이르면 곧 당에 올라가서 조치를 취하였다. 처음에는 풍세風勢가 불리하여서 오문정의 병력은 좌절을 겪고 후퇴하였다. 첩보병이 보고를 해오자 양명은 즉시 사람을 파견하여서 가장 먼저 퇴각한 병사를 참살하고 당상으로 돌아와 앉아서 침착하고 태연자약하였다. 뭇 관원이 놀라 의구심을 품고 불안해하였는데 양명은 평정한 태도로 말하기를 "방금 대적하다가 조금 물러났다는 소식을 들었는데, 이는 병가兵家의 상사常事이니 신경 쓸 것 없다."[51]라고 하였다.

전방의 군심을 안정시킨 뒤 오문정은 곧 총포 사이에 반듯하게 서서 시석矢石을 무릅쓰고 불길에 수염을 태우고서도 물러서지 않고 분발하여 각 병사들을 독려하고 영솔하면서 결사적으로 용감하게 싸웠다. 유문례劉文禮는 백기를 잡고 지휘하면서 직접 창을 들어 적기敵騎의 대장을 찔러 죽이니 적군은 어지러이 달아나 물속으로 뛰어들어서 죽었다. 오문정이 대포로 신호의 큰 배를 포격하니 신호는 크게 놀라서 허둥지둥 패주하여 초사로 물러나 방어하였다. 이때 신호의 병사는 아직 10만여 명이었다. 신호는 풍세가 유리하다고 판단하고 즉시 큰 배를 연결하여서 방진方陣을 구축하고 목숨을 건 최후의 일격을 준비하였다.

26일, 양군은 초사에서 대전을 치렀다. 파양호鄱陽湖 위에는 짙은 전운이 감돌았다. 이른 새벽 신호가 아직 신하들을 조견하고 있을 때 양명의 군사는 이미 공격을 감행하였다. 양명은 적벽대전의 화공火攻 전법을 채택하였다. 먼저 오문정을 통해 전선 40여 척을 모아서 기름을 먹여 묶은 갈대 다발(油葦)을 가득 실은 다음 비밀리에 만총滿總을 파견하여서 군사 500명을 영솔하고 하류로부터 몰래 호수를 건너 적의 후방에 잠복하게 하고, 별도로 다른 군사를 보내 만총의 주둔지에 주둔하게 하여서 엄폐하였다. 어스름 새벽(昧爽) 무렵 만총은 북쪽의 잠복한 곳에서 배를 출항하여 공격을 개시하였다. 전선 40여 척에 가득 실은 기름 먹인 갈대 다발에 불을 붙이자 큰불이 활활 타올라 마치 수많은 화룡火龍이 바람을 타고 곧바로 신호의 군영을 향해 치달리는

---

51 『왕양명전집』 권33 「연보」 1.

듯하였다. 오문정이 통솔하는 병사는 배 뒤를 바짝 쫓아서 눈 깜짝할 사이에 신호의 군영으로 뛰어들었다. 큰 배를 연결하여 만든 신호 군의 방진은 얕은 물에 딱 붙어 있었는데 이물과 고물이 서로 바짝 붙어 있어서 황급히 움직일 방법이 없었다. 배의 돛도 베와 대나무와 띠(茅)로 만들어져서 불에 닿자마자 타버렸다. 파양호에서는 신호의 1천여 척 전선이 활활 타오르는 광경만 볼 수 있었다. 연기와 불꽃이 하늘을 뒤덮고 불빛이 호수 면을 붉게 비추었다. 대포를 일제히 쏘아서 신호의 병사는 어지러이 배를 버리고 달아나다가 불에 타 죽거나 물에 빠져 죽은 사람이 3만여 명이나 되었다. 남은 병사는 호수 기슭으로 달아났는데 양명의 복병이 사방에서 뛰어나와 요격하자 신호의 병사는 크게 무너졌다. 오문정은 대포로 신호의 부주副舟를 격파하여서 불빛이 솟구쳤다.

신호의 병력은 사방으로 흩어져서 달아나 숨었다. 큰 배가 금방이라도 가라앉으려 하자 누비婁妃와 궁녀들은 어지러이 물로 뛰어들어서 죽었다. 신호는 궁녀 네 명을 데리고 작은 배에 올라 달아났다. 만안의 지현 왕면이 병사를 영솔하여서 그를 추격하였다. 신호는 물로 뛰어들었으나 물이 너무 얕아서 빠져 죽지 못하고 왕면에게 산 채로 사로잡혔다. 신호는 왕면이 만안의 지현임을 알아본 뒤 왕면에게 말하기를 "네가 나를 살려준다면 마땅히 너에게 후한 작위를 내리겠다."라고 하였다. 왕면이 곧장 신호를 중군의 양명이 있는 곳으로 압송하였다. 신호는 양명을 보고서 역시 한 가닥 실낱같은 희망을 걸고 말하기를 "왕 선생, 내가 호위를 모두 없애고 강등하여서 서민이 될 수 있겠소?" 하였다. 양명은 한마디로 "국법에 달려 있을 뿐입니다."라고 답하였다. 신호는 차꼬를 차고 함거에 들어가게 되자 장탄식을 하면서 말하기를 "주紂는 부녀자의 말을 들어서 망했는데 나는 부녀자의 말을 듣지 않아서 망하는구나, 하늘의 뜻이다(天裁)!"라고 하였다.

이 파양호의 화공 대전에서 신호의 전군은 함몰하였고, 신호의 세자·군왕
郡王·장군 및 이사실·유양정·유길·도흠·왕륜·웅경·노형盧珩 등 가짜 관원
수백 명이 사로잡혔다. 전선 100여 척은 달아나 흩어졌다. 양명은 즉시 각
관원을 파견하여서 길을 나누어 쫓아가 처부수게 하였다.

27일, 먼저 초사를 공격하여서 무너뜨리고, 또 진격하여서 오성吳城을 무
너뜨림으로써 신호 반란의 평정이 승리로 마무리되었다. 28일, 양명은 신호
를 압송하여 남창으로 개선하였다. 성성 안팎의 군민이 모두 나와서 고통에
시달리던 백성을 해방시킨 반란 평정의 영웅인 대유학자를 영접하니 그 환호
성이 천지를 뒤흔들었다.

남창의 관원 진환陳寰(1477~1539)이 입성하는 양명을 남창 군민軍民이 성
대히 환영하는 장면을 묘사하였다.[52]

왕양명 선생이 영번을 평정하고 돌아옴을 기뻐하다, 두 수

喜王陽明先生平寧藩歸二首

한밤 환호성 온 하늘에 사무치고	一夜歡聲遍九天
승리의 깃발과 승첩이 산천을 비추네	勝旗捷節耀山川
기쁘게도 원로가 왕을 사로잡아 오니	可憐元老擒王到
무수한 공훈을 세운 신하를 말 앞에서 맞이하네	無數勛臣迓馬前

깃발이 유유히 임금의 성으로 들어가니	羽旆悠悠入帝城

---

52 『좨주금계진선생집祭酒琴溪陳先生集』 권8 「희왕양명선생평영번귀이수喜王陽明先生平寧藩歸
二首」.

삼군은 춤과 노래로 살아 돌아옴을 경축하네	三軍歌舞慶回生
황혼의 달은 맑은 진영에 비치고	黃昏月照淸營裏
온 땅엔 고운 옷 입은 사람들 술에 취해 눕네	滿地裳衣醉臥聲

　강서의 하늘에 드리웠던 전란의 어두운 먹구름이 말끔히 사라졌다. 양명은 파양전투의 대첩을 묘사한 시 한 수를 읊었다.[53]

파양전투의 승첩　　　　　　　　　　　　　　　　　鄱陽戰捷

군마는 가을바람 나팔 소리에 놀라고	甲馬秋驚鼓角風
깃발은 새벽 진중 구름 속에 붉게 나부끼네	旌旗曉拂陣雲紅
근왕을 함에 감히 분수와 회수*에 뒤질까!	勤王敢在汾淮後
궁궐을 사랑함에 참으로 강수와 한수를 따라 동쪽으로 향하네	戀闕眞隨江漢東
뭇 추한 무리 함부로 개떼처럼 짖어대고	群醜漫勞同吠犬
구중궁궐은 응당 나는 용이라네	九重端合是飛龍
졸졸 흐르는 물로는 창해에 보태지 못하니	涓埃未遂酬滄海
병든 몸 어서 빨리 적송자나 벗하리	病懶先須伴赤松

●'분수'는 분양왕汾陽王 곽자의郭子義를 말하고, '회수'는 임회왕臨淮王 이광필李光弼을 가리킨다.

　30일, 양명은 「금획신호첩음소」를 올려서 조정에 신호의 반란을 평정한 승리의 대첩을 보고하였다. 이때 친정을 나선 어가와 경도의 10만 씩씩한 군사(雄師)는 뜻밖에도 아직 출발조차 하지 않았으며, 양명은 이미 상서롭지 못

---

53 『왕양명전집』 권20 「파양전첩鄱陽戰捷」.

한 일이 닥칠 조짐을 은연중에 예감하였다.

6월 14일 신호가 반란을 일으킨 날부터 7월 27일 초사와 오성吳城을 공격하여서 무너뜨릴 때까지 양명은 당대의 '제갈공명'으로서 큰 지혜와 용기로 병사를 모아 근왕을 위해 기의起義하여 계책을 세우고 모략을 꾸미고, 군막 안에서 작전을 짜고 진공을 주도하고 영활하게 전술을 펼치고, 단독의 군사로 대항하며 홀로 우뚝 서서 지탱하면서 소하蕭何(?~B.C.193)와 조참曹參(?~B.C.189)이 실색을 하듯이 안정되게 지휘하였다(指揮若定失蕭曹). 43일 동안 죽음을 각오하고 전투를 벌여서 신호의 반란을 신속하게 평정하였다. 그는 신호가 갑자기 반란을 일으키고 강서의 수많은 세력 가운데 주도하는 우두머리가 없는(群龍無首) 위급한 정세에서 전혀 두려움 없이 몸을 일으켜서 병사들을 모아 기의하였으며, 신호가 곧바로 남경을 공격하는 형세에 대항하여 계책을 세워서 견제하여 막아 무너뜨렸다. 그는 약세의 병력으로 두 차례 관건이 되는 시각에 전기戰機를 포착하고 주도적인 출격과 진공전 전략을 제시하여서 처음부터 끝까지 신호의 반란을 평정하는 전투에서 주도권을 장악하였다.

그가 파양호의 결전에서 영활하게 적벽赤壁의 화공전법을 채택하여 화선火船과 불랑기佛郎機 화포를 병용한 것이 신호의 반란을 평정하는 데 최종 승리를 견인하였다. 칭송하는 시와 축하하는 편지(頌詩賀啓)가 잇달아 날아올 때 양명은 오히려 더욱 흉험한, 반란을 평정한 뒷일을 처리하는 데 바짝 전념하였다. 8월 3일, 그는 명령을 내려서 주기옹이 통솔하여 유일하게 달려와 구원한 복건의 관군에게 상을 내렸고, 주원과 주진 두 시어侍御에게 서찰을 보내 깊은 감사를 표하였다.

그는 주원에게 보내는 서찰에서 감개무량하게 다음과 같이 말하였다.

영적寧賊이 불궤를 도모한 것이 10여 년이나 되어서 거사를 한 날의 병사가 18만을 헤아렸는데 만 한 달 사이에 결국 포로로 사로잡았으니 하늘의 뜻이 아니고서 어찌 이에 이르렀겠습니까! 현실에 어둡고 엉성한(迂疏) 사람이 우연히 기회를 잡은 것이니 감히 함부로 공으로 삼겠습니까? 멀리서 주신 가르침의 말씀이 세부에 적중하고 시기에 마땅하였으니(曲中機宜) 감사하고 감사합니다! 조발한 병사가 신속히 이른 것은 징집과 파견을 독려해주신 덕분이니 이처럼 충성과 의리가 격렬하였기에 이와 같이 성취할 수 있었습니다. 사방 이웃의 구원은 지금까지 단 한 사람도 호응하는 자가 없었으니 사람 사이의 거리가 어찌 멀지 않겠습니까! 회군을 하는 까닭에 매우 바쁜 나머지 거칠게 쓰느라 다 쓰지 못합니다.

우생友生 수인이 문의文儀 시어 선생 도계道契 집사께 머리를 조아립니다. 천옹泉翁과 세 분 임林 노 선생께도 고루 깊은 뜻(道意)을 전해주십시오. 바쁜 가운데 별도로 다 올리지 못합니다.[54]

주진에게 보낸 서찰에서도 마찬가지로 감개하여 다음과 같이 말한다.

영적의 변란이 원근을 진동하고 두렵게 하였습니다. 한 달 열흘 남짓 동안에 사방의 구원은 한 사람도 도착하는 자가 없었으며, 홀로 민閩(복건)의 병력이 위난을 듣고서 즉시 이르렀습니다. 이 어찌 오직 여러분(諸君)의 충성과 의리가 격렬하고 지원과 보급 담당자(調度)의 방략이 남보다 매우 뛰어난 것이 아니겠습니까! 제(區區)가 의뢰하는 바가 있어서 다행히 일을 완수하였으나 아직 감사를 드리지 못하였는데 도리어 포장하는 글(箋獎)을 보내

---

54 왕수인, 「여주문의수찰與周文儀手札」; 섭원봉葉元封, 『호해각장첩湖海閣藏帖』 권2에 보인다.

주시니 부끄럽고 부끄럽습니다(感怍)! 귀환을 함에 바쁜 나머지 자세히 살

피지 못하고 거칠게 쓰니 마음으로 살펴주시면 다행이겠습니다.

수인이 머리를 조아리고 세형世亨 시어 선생 도계께 올립니다.[55]

양명에게 바로 이날 견소見素 임준林俊이 사람을 파견하여서 보내준 불랑

기 총통이 도착했는데, 양명은 더욱 감개무량하여 「서불랑기유사書佛郎機遺事」

한 편을 지었다.[56]

견소 임 공은 영호寧濠(영왕 신호)의 변란을 듣고서 그날 밤에 주석을 녹여

만든 불랑기 총과 화약방火藥方을 베껴서 사람을 통해 보냈는데, 손수 편

지를 써서 충성을 다하여 적을 토벌하는 데 힘쓰도록 나를 격려하였다. 이

때는 6월인지라 혹독한 더위로 많은 사람이 길에서 목이 말라 죽었다. 공

은 노복 두 사람으로 하여금 양식을 싸서 들고 샛길로 더위를 무릅쓰고 3

천어 리를 밤낮으로 걸어서 와서 나에게 전해주었다. 이들이 도착했을 때

신호는 이미 사로잡힌 지 이레째였다. 나는 감격의 눈물을 흘리며 그를 위

해 글을 쓴다. 신호가 사로잡힌 때는 7월 26일이었으니 처음 일을 시작한

날인 6월 14일로부터 겨우 한 달 하고 19일이 지났을 뿐이다(*19는 14와 모

양이 비슷하여 잘못 쓴 것이다). 세상의 군자가 임무를 맡으면 어려운 일을 두

려워하여 이 때문에 교묘하게 피하지 않는 자가 드물다. 하물며 공과 같이

자기 일을 다하고 나라의 근심을 자기 집안보다 더 먼저 생각하는 사람이

랴! 대체로 공의 충성은 천성에 뿌리를 둔 것이다. 그러므로 늙어서도 더

---

55 왕수인, 「여세형시어수찰與世亨侍御手札」; 섭원봉 『호해각장첩』 권2에 보인다.

56 『왕양명전집』 권24 「서불랑기유사書佛郎機遺事」.

욱 독실하며 몸은 물러났어도 근심은 더욱 깊고 절개는 더욱 날카로웠으
니 …… 「불랑기사영佛郞機私詠」을 지음은 군자의 지취가 같음(同聲)을 읊
은 것이니 장차 말에서 그치지 못할 뿐이다.

불랑기	佛郞機
누가 만들었나?	誰所爲
비간의 창자를 잘라서	截取比干腸
치이(伍子胥)의 가죽으로 쌌네	裹以鴟夷皮
장홍의 피는 걸을 칠하기에 모자라고	萇弘之血衅不足
휴양(張巡)의 분노와 한은 남아 있네	睢陽之怒恨有遺
새어나온 노신의 충성과 의분을 부쳐서	老臣忠憤寄所泄
백 리 적들의 간담을 서늘하게 하네	震驚百里賊膽披
헛되이 상방검을 청하였고	徒請尙方劍
노양공(魯陽文子)이 창을 휘둘렀다는 말 들었네	空聞魯陽揮
단 공(段秀實)의 홀판이 여기에 있지 않은가!	段公笏板不在玆
불랑기	佛郞機
누가 만들었나?	誰所爲

　시는 임준이 3천 리 아득히 먼 곳에서 불랑기 총통을 보내온 붉은 충심을
찬양하고 있다. 임준이 보낸 불랑기 총통은 비록 늦게 도착하여서 사용하지
는 못했지만 당시 수많은 화답시를 통해 볼 때 양명은 신호의 반란을 평정하
면서 실제로 불랑기포를 사용하였던 것이다.
　당룡唐龍은 「견소 공이 신호의 반란을 당하여 불랑기를 양명 공에게 보내
군사의 위세를 도우니 양명 공이 그 충의를 씩씩하게 여기고 노래로 읊었는

데, 그에 화답하다(見素公會宸濠反持佛郎機遺陽明公以助軍威陽明公壯其忠義歌詠之爲和此)」를 지어서 다음과 같이 읊었다.[57]

불랑기	佛郎機
공이 만든 것이네!	公所爲
한 방을 놓으니 장사의 간담을 뒤흔들고	一聲震起壯士膽
두 방을 놓으니 악독한 신하의 가죽을 찢어버리네	兩聲擊碎鴟臣皮
세 방을 놓으니 이글거리는 불꽃이 적벽을 태우고	三聲烈焰燒赤壁
네 방을 놓으니 신령한 빛에 연나라 군사가 달아나네	四聲靈耀奔燕師
다섯 방을 놓으니 호수 물결이 들끓고	五聲颯颯湖水立
여섯 방 일곱 방을 놓으니 벼락이 들이치네	六聲七聲虩虩風霆披
박랑사엔 철퇴 소리 울리고	博浪鐵椎響
상보(呂尙)는 흰 깃발을 휘둘렀네	尙父白旄麾
센 머리 붉은 마음 지금 여기 있네	白首丹心今在玆
불랑기	佛郎機
공이 만든 것이네!	公所爲

비굉은 「불랑기를 얻다(賦得佛郎機)」를 지어서 다음과 같이 읊었다.[58]

불랑기는 서양 총포(異銃)의 이름이다. 왕백안(왕수인) 공이 병사를 일으켜

---

57 「당어석집唐漁石集」 권4 「견소공회신호반지불랑기유양명공이조군위양명공장기충의가영지위화차見素公會宸濠反持佛郎機遺陽明公以助軍威陽明公壯其忠義歌詠之爲和此」.

58 「비굉집費宏集」 권1 「부득불랑기賦得佛郎機」.

서 신호를 토벌할 때 임견소(임준)가 주석을 녹여서 이 총포를 만들었고, 또 손수 화약방을 베낀 뒤 사람을 시켜서 보냈다. 백안이 시로 이 일을 기록하였는데 나에게 같은 시를 지어달라고 청하였다.

누가 불랑기를	誰將佛郎機
멀리 예장성에 보냈나?	遠寄豫章城
임금을 업신여기는 역적 신호가 불궤를 도모하니	逆濠無君謀不軌
적개심을 왕양명에게 의뢰하네	敵愾賴有王陽明
보전의 임견소	莆田林見素
공과 함께 충성을 합했네	與公合忠誠
몸은 비록 집의 밥을 먹어도 마음은 나라에 있어	身雖家食心在國
손에 칼을 들고 흉악한 두목을 베지 못함이 한이었네	恨不手刃除擾槍
화공책을 펼치니 용사가 도우러	火攻有策來贊勇
신속하게 먼 길을 달려왔네	駃足百舍能兼程
신호의 가슴을 꿰뚫고 소굴을 무너뜨리며	洞濠之胸毀濠穴
견소의 분노는 정벌에 대응하네	見素之怒應征平
신호가 사로잡힌 지 이레째 총이 이르니	濠擒七日銃乃至
양명이 글을 보고 두 줄기 눈물을 흘리네	陽明發書雙淚零
두 안씨(안진경과 안고경)는 옛날에 본래 형제였고	二顏在昔本兄弟
두 노인(왕양명과 임준)은 지금 형제와 같네	二老在今猶弟兄
오호라!	吁嗟乎
세도가 더욱 쇠퇴하니	世衰愈降
간사함을 미워하여 분노가 남아 가슴을 늘 채우네	嫉邪余憤常塡膺
무안군은 한의 번병의 뇌물을 많이 받았고	武安多取漢藩賂

하란은 휴양의 병사를 돕지 않았네	賀蘭不救睢陽兵
의리로는 개미에게도 군신이 있거늘	義殊蜂蟻有臣主
행실은 귀신과 도깨비 같으면서 오히려 선비라 하네	行類鬼蜮猶簪纓
오호라!	吁嗟乎
양명의 공은 사직에 있고	陽明之功在社稷
견소의 뜻은 해와 별 같네	見素之志如日星
신하는 충성을 자식은 효도를 위해 죽으려 하니	臣欲死忠子死孝
어찌 쭈그러져 달갑게 삶을 훔치려 할까!	鉅肯蕭縮甘偸生
두 노인에게 달려가 무엇을 바라랴!	走於二老何敢望
소박한 충성을 스스로 허락하여 동맹을 삼네	樸忠自許爲同盟
신호가 지금 깡그리 무너져서 독을 남기지 못하니	濠今澌盡無餘毒
두 노인 따라 안녕을 누리리	得隨二老同安寧
이 기이한 일 듣고서 어찌 잠잠하랴!	聞茲奇事不忍黙
특별히 몇 마디 써서 내 심정을 펴네	特寫數語抒吾情

추수익은 「불랑기 제도를 써서 보낸 견소 임 선생을 위해(佛郞機手卷爲見素林先生賦)」를 지어서 읊었다.[59]

미친 고래가 예장성에서 꼬리를 휘젓고	狂鯨掉尾豫章城
이빨을 갈며 신성한 서울을 삼키려 하네	磨牙勢欲啗神京
물고기 떼 날뛰어서 강물이 온통 비릿하고	鱗鯢雜沓江水腥
산과 언덕을 삼키며 콸콸 동남으로 흐르네	懷襄汩汩東南傾

---

59 『추수익집』 권26 「불랑기수권위견소임선생부佛郞機手卷爲見素林先生賦」.

하늘이 지주처럼 양명을 우뚝 세우니	天遣砥柱屹陽明
만 길 철벽이 가을 어듬을 막네	鐵壁萬仞障秋冥
파양호 일전에 요사한 기운이 맑아지고	鄱湖一戰妖氛清
앉아서 사해에 명령을 내려 갑옷과 병장기를 씻네	坐令四海洗甲兵
견소 노옹은 천하의 영웅이요	見素老翁天下英
고독한 신하의 피눈물이 너른 바다에 떨어지네	孤臣血淚滴滄溟
불랑기 총포 손수 시험하고	佛郎機銃手所試
험한 길 멀리 우국의 정성을 부쳤네	間關遠寄憂國誠
우레와 벼락같은 일격에 도깨비도 놀라고	震霆一擊鬼魅驚
붙잡힌 죄수를 향해 울리는 소리 하늘을 진동하네	猶向纍囚振天聲
충신과 효자는 기질이 같으니	忠臣孝子氣味同
굳은 절의로 한의 조정을 부끄럽게 했네	發蒙振落羞漢廷
당년 규봉의 절개 아직도 기억하니	當年還記圭峰節
죽음에 이르러서 오히려 커다란 분을 품네	易簀含憤猶崢嶸

황관은 「불랑기, 양명의 운을 따다(佛郎機次陽明韻)」를 지어서 읊었다.[60]

불랑기	佛郎機
노신이 만들었네	老臣爲
붉은 마음 나라에 바쳐 해처럼 비추고	赤心許國白日照
촉령 넘어 돌아옴에 뼈와 가죽만 남았네	蜀嶺歸來空骨皮
동월의 산사람은 옛 친구요	東越山人舊知己

---

60 『황관집』 권3 「불랑기차양명운佛郎機次陽明韻」.

천 리에 보내는 편지 정을 남기지 않네	尺書千里情不遺
거대한 이무기가 천기를 삼키려 생각하니	巨蟒思吞蹴天紀
누렇게 덮인 혼돈을 누가 감히 풀어헤치랴!	黃埋鴻洞誰敢披
산사람 분발하여 아홉 겨레 돌아보지 않고	山人九族奮不顧
맨손으로 검을 들고 구름을 향해 흔들었네	赤手仗劍當雲揮
불랑기	佛郎機
늦게 왔으나	遲爾來
정신으로 사귐은 응당 멀지 않으리	神交不遠應爾爲

대부분의 사람은 불랑기 총포가 가정 연간(1522~1566)에 중국에 전래된 것으로 여기지만, 임준이 이미 주석을 녹여서 불랑기를 제조할 수 있었고, 양명·당룡·비굉·추수익·황관 등이 지은 불랑기 시를 통해 볼 때 불랑기 총포가 정덕 연간(1506~1521)에 이미 중국에 전래했으며, 아울러 명대 사람들이 이미 제조하고 실전에 사용할 수 있었음을 분명히 알 수 있다. 당룡이 시에서 "한 방을 놓으니 장사의 간담을 뒤흔들고, 두 방을 놓으니 악독한 신하의 가죽을 찢어버리네. 세 방을 놓으니 이글거리는 불꽃이 적벽을 태우고, 네 방을 놓으니 신령한 빛에 연나라 군사가 달아나네. 다섯 방을 놓으니 호수 물결이 들끓고, 여섯 방 일곱 방을 놓으니 벼락이 들이치네."라고 읊은 구절은 파양호의 화공 대전 중에 양명이 불랑기 화포를 사용하여서 신호의 큰 배로 만든 방진을 불태우는 모든 과정을 명료하게 묘사하였다.

임준이 제조한 불랑기 총포는 늦게 도착하여서 써보지는 못하였지만 양명의 군대 중에서는 실제로 강대한 불랑기포가 있었다. 이때 명조에 전해진 불랑기포는 일종의 중포重炮로서 '대장군포大將軍砲'라 불렸다. 길이 1.4미터, 구경 114밀리미터, 무게 1050근으로, 매 문마다 배치되는 보조 포가 3좌座였으며, 번갈아가며 발사하여 한 번에 500발을 쏘았는데 화력이 맹렬하였다.

진기陳沂(1469~1538)는 「양공예묘지명楊公銳墓志銘」에서 양예가 안경의 보위전에서 사용한 이 '대장군포'를 이렇게 언급하였다. "도적(寇)은 북호北濠에서 나무를 엮어 잔도를 만들어서 성루와 연결한 뒤 병사를 진격하게 하였는데 성안이 크게 혼란스러워졌다. 공이 말하기를 '사태가 위급하다!'고 하였다. 이에 대장군화총大將軍火銃에 돌을 채우고 명주로 싸서 속이고 도적의 병사를 향해 금고金鼓를 성 위에 설치하였다. 도적이 이를 멀리서 보고 크게 무너졌다."[61] 양예가 사용한 대장군화총은 바로 불랑기 중포를 가리키며 그 위력이 놀라웠으므로 신호의 병사들이 놀라서 무너져 달아났던 것이다.

분명히 양명은 이러한 불랑기 중포를 사용하여서 남창성의 성문을 요란하게 열어젖히고 신속하게 남창성을 공격하여 점령하였다. 또한 이러한 불랑기 중포를 파양호의 화공 대전에 투입하여서 신호의 부선을 요란하게 격파하고 신호를 산 채로 사로잡았다. 추수익은 「왕양명선생도보王陽明先生圖譜」에서 다음과 같이 말한다. "26일, 관군이 화공을 펼쳤다. 신호는 바야흐로 뭇

---

61 『국조헌징록』 권108. 생각건대, 일찍이 명 홍치 연간(1488~1505)에 이미 밀수하는(走私) 해상海商이 동남아에서 이러한 불랑기 총포를 획득하였고, 이후 곧 연구하고 모방하여서 제작하였다. 그러므로 정덕 연간(1506~1521)에 이르러 임준이 주석을 녹여서 불랑기 총포를 제조할 수 있었으며, 양예가 안경의 보위전에서 불랑기 대장군포를 사용하였고 양명이 파양호의 화공 대전에서 불랑기 화포를 사용한 것은 조금도 이상하지 않다. 현대 중국의 병기사가兵器史家들은 모두 양명의 이 중요한 역사 사실을 기재한 자료에 주목하지 않고 있다. 호종헌胡宗憲(1512~1565)은 『주해도편籌海圖編』에서 이렇게 말한다. "불랑기포는 쇠(鐵)로 만드는데, 길이가 5~6자(尺)에 배가 크고 목이 길며, 배에는 긴 구멍이 있고, 소총 5개로 번갈아가며 뱃속에 작약炸藥을 채워 넣어서 쏜다. 또 총 겉을 나무로 싸고 쇠로 테를 둘러서 균열을 막는다. 해선의 뱃전(舷) 아래 각 변마다 4~5개를 설치하고 선창船艙 안에서 몰래 쏜다. 다른 배가 가까이 다가와 이 탄환을 한 발 맞으면 배의 판자가 부서지고 물이 들어가서 배가 가라앉는다."(*이 책은 가정 41년[1562]에 간행되었다.) 양명이 파양호의 화공 대전에서 이러한 불랑기포를 사용했을 것이다.

신하와 조회를 하면서 붙잡힌 삼사三司를 힐책하고 있었는데 총성이 사방에서 일어나(銃聲四起) 돌아보니 병사가 없었다. 이에 비빈과 함께 울면서 이별하였다."[62] 여기서 말하는 화공의 '총성이 사방에서 일어났다' 함은 바로 불랑기 화총을 가리킨다.

비채가 보내온 「하왕양명평서계賀王陽明平西啓」에서 이 파양호 대전을 다음과 같이 대유大儒의 '적벽화공' 대전이라고 일컬은 것은 조금도 이상하지 않다.

> 엎드려 살피건대 유자가 병법을 알아서 상신相臣으로서 바깥으로 나가 장수가 되어 괴수를 섬멸하고 왕도王度를 밝히며 뭇 추악한 것(群醜)을 제거하여서 큰 공적을 아뢰었습니다. 구역九域이 함께 기뻐하고, 한 집안(一家)이 더욱 행복하게 되었습니다. 군자가 아니라면 어찌 이렇게 할 수 있겠습니까? 나라에 장인丈人이 있어서 이에 군사를 이끌 수 있었습니다. 방숙方叔은 영명하고 믿음직하여서(顯允) 형만荊蠻을 제어하였습니다. 중니仲尼(공자)는 문무文武를 겸비하여서 협곡夾谷의 회맹을 이루어냈습니다. 공손히 생각건대, 대중승大中丞 양명 노 선생 집사께 하늘이 큰 계책(弘猷)을 주시고 세상은 커다란 덕의 터를 놓으셨습니다(世基碩德). 행실은 고상하되 마음은 홀로 고아하였고, 재능은 크되 쓰임은 끝이 없습니다. 이에 곧은 도로써 사람을 섬겼고, 간사한 사람을 거슬러서 지위를 잃었습니다. 스스로 고독한 충성을 허락하여 백번 꺾여도 돌이키지 않았습니다. 가까이 오라는(前席) 요구를 잇달아 받았으며 자주 소환(賜環)의 명을 받들었습니다. 안팎이 널리 칭송하며 이르는 곳마다 혁혁한 명성이 있었습니다. 험하고 평탄한 곳

---

62 「왕양명선생도보王陽明先生圖譜」.

을 보되 어느 곳을 가더라도 편안하게 자득하지 않음이 없었습니다. 성대한 명성은 믿음직하고 무거운 책임이 귀결되는 바입니다. 세 변방(三陲)을 공제하고 홀로 한 방면을 담당하였습니다. 수레에서 내려 도적을 평정하니 경내가 편안해졌습니다. 은퇴하여서는(退食) 문도를 받으니 '내 도가 남쪽으로 갔다(吾道南矣)' 하는 격입니다. 흔쾌하기는 난봉이 상서로운 세상에 나온 것 같고, 숨어 있기로는 범과 표범이 산에 있는 것 같습니다. 이에 영번寧藩이 차마 천기天紀를 범하는 변을 당하였습니다. 현자로 여겨지는 자가 다섯인데 지백智伯은 인하지 않았고, 경외할 만하지 않은 자가 셋인데 초나라 무왕의 마음은 들끓었습니다. 참소하는 말은 추악한데 덕을 더럽힌 자들이 더욱 소문이 나고 국시國是는 날로 그릇되어가는데 오직 간사하고 사악한 사람(奸回)을 높이 믿었습니다. 죄 없는 인민을 죽이고 선비를 죽이며, 임금(辟)이 아닌데 복을 짓고 위엄을 세웠습니다. 아무런 우환을 끼칠 말을 하지 않아도 단정한 사람에게 죄를 뒤집어씌우고, 오직 이익이 있음을 알면 곧바로 번성한(厚殖) 집안이라도 기울어지게 합니다. 신과 사람이 함께 분노한 것이 여러 해, 길에서 눈을 흘기는 자가 천 리까지 이어졌습니다. (신호가) 넓은 하늘에 빼앗기고 분노가 격동하여서 지혜를 주관함에 숨겨진 악이 더욱 드러남을 두려워하여서 역모를 자행하여 크게 드러냈습니다. 죄수의 무리를 모아 출전을 하고 명리命吏를 찢어 죽여서 성세聲勢를 크게 떨쳤습니다. 죄는 회남왕淮南王(유안劉安)이 장군(위청衛靑)을 죽이려고 도모한 것보다 더 크고, 죄율은 오나라 왕(吳王, 유비劉濞)이 망명하여 반역한 사람을 불러들인 것과 같습니다. (신호는) 무함하여 속여서(矯誣) 무리를 미혹하게 만들며 참람하게 존귀함을 일컬었습니다. 남도에서 왕위를 찬탈하려는(竊鼎) 계책을 세우고 돛을 크게 올려 동쪽으로 내려갔습니다. 비록 난신적자亂臣賊子라도 사람이라면 불공대천不共戴天의 원수임을 알 터인데 뒤를 돌아보고 앞을 우러러봄에 누가 기꺼이 먼저 나라에 보답하겠습니까? 하물며 장안의 해는 멀리 있고, 더불어 촉으로 가는 때는 어렵습니다. 지방관(守臣)이 모두 그물에 걸려들었으니 강토를 지킴에 누가 의각特角이 되겠습니까? 사람의 마음이 소동하고 일의 형세가 거의 위급한데 다행히 천하가 그(신호의)가 일어나는 바를 덮어버리고 공이 대사를 맡아서 몸과 이름을 모두 얻고 지혜와 용기가 만전하였습니다. 단숨에 하북河北의 문장을 치달리고 산동山東의 눈물을 다 쏟았습니다. 뭇 벼슬아치가 호응하고 장사가 먼저 올라갔습니다. 하물며 의지는 오랫동안 남보다 먼저 분발하였고(祖鞭), 힘은 도간이 벽돌을 옮기는 것(侃甓)보다 힘들지 않은 일임에랴! 사직을 기쁘고 편안하게 하고 귀신을 정성으로 감동하게 하였습니다. 마땅히 이에 먼저 행동을 취한 뒤 나중에 보고하였으니(先發後聞) 눈 깜짝할 사이 한 달 동안 세 차례 첩보를 하였습니다. 천연의 참호인 장강은 위나라 오랑캐의 창을 돌리게 하였고, 적벽의 화공은 조만曹瞞(조조)의 배를 모두 태워버렸습니다. 부모 형제(室家)가 서로 경사를 누리며 나라 안(海宇)이 일신하였습니다. 사업은 옛사람을 견줄 수 있으며 공적은 천하를 덮었습니다. 서쪽 사람이 크게 두려워함에 위공魏公의 공훈과 신망이 이미 높아졌고, 하채下蔡의 공이 이루어져서 진晉나라의 경영이 먼저 정해졌습니다. 이와 같이 뛰어난 일이 또한 어찌 요행히 성공했겠습니까? 비록 공이 나라를 바로잡아 유월六月의 군사(반란 평정을 위해 일으킨 정의의 군사)를 일으켰으나 실로 하늘이 공을 주어서 한 지방의 목숨을 살린 것입니다. 저(某)는 요행히 무리에 힘입어서 예전에 등룡登龍에 욕되게 참여하여 어지러운 나라에 거처하면서 평소 '자라 보고 놀란 가슴 솥뚜껑 보고 놀라듯(談虎)' 하였습니다. 은인(二天) 덕에 다행히 면하여 아홉 번 죽음을 겪고 다시 살아났습니다. 하늘에서 기쁨이 내려오고 은혜를 갚을 나위가 없습니다.

스스로 중임을 떠맡음(請纓)에 이미 뒤처짐을 부끄러워하였고 격양擊壤함에 차마 아무에게도 앞장설 수 없습니다. 문이 높으면 말하기 어려우니 굽혀서 받아들이신다면 다행이며, 집은 멀어도 마음은 가까운데 어찌 멀다고 하여 대뜸 버리겠습니까? 엎드려 생각건대 군자의 빛나는 재능(龍光)은 덕음德音이 무성하여 (실상과) 어긋남이 없으며, 대인의 비상한 임기응변(虎變)은 겸謙의 길함을 지켜서 마침이 있습니다. 문안을 살피지(參承) 못하니 더욱 깊이 헤아려주시기 바랍니다.[63]

비굉은 또 「하대중승양명왕공토역성공서賀大中丞陽明王公討逆成功序」를 보내왔는데 양명이 병사를 모아 기의하여서 남창을 공격하고 함락한 일부터 파양호의 화공 대전으로 반란을 평정한 공적에 이르기까지 가장 훌륭한 총결을 하였다.

대중승 양명 왕 공은 학문으로는 태원太原을 탐구하였고 몸에는 뭇 기량을 겸하였으며 일찍이 충직忠直으로써 천하의 바람을 짊어졌습니다. 바야흐로 역근逆瑾(유근)이 천단을 함에 소를 올려서 시폐時弊를 진술하였는데, 말씀이 지극히 절실하게 딱 들어맞았으며, 배척하여 물리침을 당하여서도 달게 받아들이고 멀고 험악한 지역에 처해서도 사양하지 않았습니다. 천자의 성명聖明하심으로 돌이켜 다시 불러서 등용하셨습니다. 오직 자기가 있는 곳에서 반드시 정성을 다하여서 보답하기를 꾀하였고 위임한 것이 또한 날마다 더욱 극진하였습니다. 제(宏)가 일찍이 이르기를 조존操存의 정대함은 제갈량과 범중엄范仲淹(989~1052)에게 비길 만하고, 언론과 의론을 시원

---

63 『비종석선생문집費鍾石先生文集』 권20 「하왕양명평서계賀王陽明平西啓」.

스레 통달하기는 가의賈誼와 육지陸贄(754~805)에게 비길 만하다고 하였습니다. 대체로 옛날 군자는 큰일을 당하였을 때 배운 바를 저버리지 않았습니다. 또한 장수가 되어서 권한을 부여받아(分閫授鉞) 주책籌策을 운용하여 승리를 취함에는 조충국趙充國(B.C.137~B.C.52)과 배도裴度(765~839)의 부류이니 우리는 미치지 못한다고 여기고 스스로 탄식합니다. 얼마 전 민閩의 졸개가 편안하지 못하게 하니 (나라에서는) 공에게 특명을 내려서, 가서 그 죄를 바로잡게 하였습니다. 공이 남·감에서 동으로 가 6월 열엿새(旣望)에 풍성豐城에 이르렀을 때 역번逆藩(신호)의 변란이 일어난 소식을 들었습니다. 이때 강우江右를 순무하는 방악方岳(州郡)의 여러 관원이 (신호에게) 혹은 죽임을 당하고 혹은 붙잡혔으나 여러 고을(郡)에서는 (그의) 명을 따르지 않았습니다. 도적은 수십만을 헤아렸고 배와 노가 강을 뒤덮었으며 유도留都를 범한다는 말을 퍼뜨렸습니다. 또한 (신호가) 병사를 나누어 북으로 올라가니 만 리萬里에 급변을 알렸으나 갑자기 (보고가) 궁궐(九重)에 닿을 수는 없었습니다. 공은 개연히 탄식하며 말하기를 "사태가 군부君父의 어려움보다 급한 것이 있는가? 도적은 흐름을 타고 동쪽으로 내려오는데 나는 구차히 견제를 꾀하지 못하고 또한 강 연안의 여러 고을이 만에 하나 실수를 한다면 한 달 남짓 만에 반드시 경보京輔(서울)를 동요케 할 것이다. 이와 같다면 승부의 주책이 귀결될 바가 없으니 이는 참으로 천하 안위의 큰 시기인지라 의리상 버리고 갈 수 없다."라고 하였습니다. 마침내 태수 오문정 군의 청에 따라 잠시 길안에 머물면서 그 군민軍民을 진무하였습니다. 또한 향환鄕宦 왕여시王與時 공, 유시양劉時讓 공, 추겸지(추수익) 공, 왕의학王宜學 군, 장여립張汝立 군, 이자용李子庸 군의 무리에게 예를 갖춰 그들과 더불어 기의機宜를 헤아리고 기획하여서(籌劃) 틈을 엿보아 행동을 하였습니다. 시어侍御 사사결謝士潔 군, 오여진伍汝珍 군이 사신으로 양광에서 돌아오자 모두 매서운 뜻으로 근왕을 하여 서로 멀고 가까운 곳으로 격문을 가져가서 의용義勇을 호소하여 기필코 도적을 토벌하는 공적을 이루기를 기약하였습니다. 열흘 만에 감의 수령 형순 군, 원袁의 수령 서련 군, 임강의 수령 대덕유 군, 서주瑞州 통수通守 호요원 군이 요속을 거느리고 저마다 자기 병사를 이끌고 이르렀습니다. 또 열흘 뒤에 무주撫州 수령 진괴 군, 신주信州 수령 주조좌周朝佐 군, 요주饒州 수령 임성林珹 군, 건창建昌 수령 증여曾璵 군이 요속과 함께 자기 병사를 거느리고 이르렀습니다. 이때 도적은 이미 남강을 무너뜨리고 구강을 함락한 뒤 바로 안경을 포위하여서 동쪽을 침략하는 기세가 더욱 치열해졌습니다. 공의 의견은 먼저 그 소굴을 취한 뒤 병사를 이끌고 뒤를 추격하여서 그들로 하여금 물러나도 근거지가 없고 진격하여도 앞으로 나아갈 수 없게 하면 대부분 그 기세가 저절로 그치고 진멸하기도 쉽다고 하였습니다. 7월 보름, 이웃 고을에 먼저 도착한 병사를 장수樟樹로 집결시켰습니다. 닷새 뒤 신해일에 진격하여서 성성省城을 함락하니 도적은 마침내 안경의 포위를 풀고 병사를 이끌고 돌아가서 구원을 하려고 하였습니다. 공이 말하기를 "내 본래, 도적이 돌아갈 것이고 돌아가면 반드시 사로잡히게 될 것임을 헤아렸다."라고 하였습니다. 바야흐로 병사들은 불안하고 두려워하였는데 공은 방략을 베풀어서 오 수령 등을 독려하여 준엄한 병사로 대기하게 하였습니다. 또 무주·요주·신주로 병사를 나누어서 파견한 뒤 다시 남강·구강과 함께 의각의 형세를 이루었습니다. 을묘(24일)에 초사에서 적을 패배시켰습니다. 병진에 전투를 하여서 다시 크게 무찔렀습니다. 정사에 화공책을 써서 마침내 수악首惡과 역당逆黨 약간을 사로잡았으며, 앞뒤로 사로잡고 참한 적은 헤아릴 수 없습니다. 공적이 기록된 자가 실로 1만 1천하고도 여럿입니다. 수악이 묶여서 성으로 들어오자 군민이 모여들어 보고서 감격하여 울고 탄식하는 소리가 땅을 흔들었는데 모두 말하기를 "하늘이 공을 내리셔서 우리 지방 만백성의 목숨을 살리셨으니 공이 아니었으면 우리는 어찌 되었을까?" 하였고, 군자는 곧 말하기를 "하늘이 순전히 우리 나라를 도우셔서 실로 공을 낳아 변란을 뽑아버리셨으니 이에 종묘사직의 경사가 오직 한 지방만이라고 하겠는가?" 하였습니다. 대체로 이 도적의 흉악함은 회남왕(淮南)의 백배입니다. 신기神器를 넘본 것이 이미 하루 이틀의 일이 아니며, 안팎의 사람들이 모두 오랫동안 쌓인 위세에 겁을 먹고 해칠 것(陰中)을 두려워하여서 아무도 감히 나서지 못하였습니다. 군사행동을 취하여 변란을 일으키니 우리 지역(吾黨)의 용렬하고 나약한 자들로서 좌오左吳, 주교여朱驕如 같은 자들은 오히려 거사가 열에 아홉은 성공할 것이라고 여겼습니다. 또한 주변의 지혜롭고 용감하여 공명을 이루려는 생각을 지닌 자들로서 그와 더불어 결전을 한번 하려다가 가만히 이해관계를 따져보고서 머뭇거리며 돌이켜 관망하는 자도 열에 아홉이었습니다. 공은 위험한 길에 나서서 맨 처음 의로운 군사(義旅)를 일으켰습니다. 도의는 마땅히 따라야 함을 알았으나 공리功利를 도모하는 것은 아랑곳하지 않았으며, 난을 일으킨 도적은 마땅히 베어야 함을 알았으나 몸과 집안을 염려하는 것은 아랑곳하지 않았습니다. 순리에 따라 군사를 일으킴에 호걸이 호응하여 겨우 한 달 만에 큰 국난이 마침내 평정되니 마른 가지를 꺾고 떨어지는 잎을 흔들어대는 것(摧枯振落)처럼 쉬울 뿐만이 아니었습니다. 충성忠誠의 일념으로 위아래를 믿게 하지 않았다면 이와 같이 신속하게 성공할 수 있었겠습니까? 『춘추』의 「전」에 이르기를 "남의 신하 된 자가 『춘추』의 의리에 통달하지 않으면 변란의 일을 만나서 권도를 행할 줄 모른다(爲人臣而不通春秋之義者, 遭變事而不知權)." 라고 하였으니 오늘날 처한 상황으로 보건대, 지역을 나누어 맡은 것으로 말하자면 전담할 만한 책임이 없었고, 일을 받듦을 말하자면 이미 내려온 명이 있었습니다.(語分地則無專責, 語奉事則有成命). 몸을 잊고 의리에 나아가서는 그 밖의 것을 돌아보지 않았으니 비록 자품과 기국이 줄곧 남과 다르더라도 학문에 정력定力이 없고 권변에 통달하지 않았다면 역시 이와 같이 반드시 작용할 수는 없었습니다.[64]

비굉은 여기에서 어쨌든 참된 말을 하였다. 확실히 양명은 춘추대의에 통달하고, 큰 변란을 만나서 권도를 아는 유종儒宗이요, 배움에는 정력이 있고 행동에는 지혜와 용기가 있는 유장儒將으로서 신호가 반란을 일으켰을 때 그는 "지역을 나누어 맡은 것으로 말하자면 전담할 만한 책임이 없었고, 일을 받듦을 말하자면 이미 내려온 명이 있는"'국외인局外人'에 지나지 않았다. 그럼에도 뜻밖에 10분의 9나 되는 사람이 배회하고 관망하며, 신호의 반란이 10분의 9는 성공을 거머쥐었다고 믿는 고립되고 위태로운 정세 속에서 가장 먼저 병사를 모아 기의를 이끌었고, 고립된 군사로 반란에 대항하고, 주책을 운용하여서 승리를 제어하며 주동적으로 출격하여서 진공전을 펼침에 한 달 사이에 마른 가지를 꺾고 썩은 나무를 부러뜨리듯 반군을 쉽게 섬멸하였다. 그야말로 진정한 반란 평정의 일등공신이었다. 그러나 비채와 비굉도 그에게 '공적이 높으면 주인을 두렵게 하는(公高震主)' 위험을 암시하였다. 이때 일찌감치 조급하고 불안한 '무공 황제' 무종은 이미 근시와 권엄이 빽빽이 둘러싼 가운데 가마에 올라 '남순'하여서 반란을 평정한 승리의 업적을 탈취하였다. '복은 재앙이 의지하는 바요, 재앙은 복이 잠복한 바(福兮禍所倚, 禍兮福所伏)'이니 신호의 반란을 평정한 승리와 개선은 양명 개인에게는 비극의 시작이었다.

---

64 『비굉집費宏集』 권14 「대중승승양명왕공토역성공서大中丞陽明王公討逆成功序」.

세 차례 '포로 헌납(獻俘)':
반란 평정 공신의 비극적 운명의 부침浮沈

남창에 진주한 양명은 아직 의식하고 있지 못했지만 신속하게 신호의 반란을 평정한 일은 무종의 마음 깊숙이 감춰진 두 가지 광적인 콤플렉스를 건드렸다. 그 가운데 하나는, 무종은 오랫동안 무공이 혁혁한 '한무제'와 같은 인물이 되려는 환상을 품고서 경솔하게 유희와도 같은 '북순北巡', '남순南巡'을 통해 남정북전南征北戰으로 세상을 뒤덮는 기이한 공을 세우려는 허황한 시도를 하고 있었다. 그런데 그의 '북순', '남순'의 원대한 계획을 대신들이 저지하였고, 양명이 신호의 반란을 평정한 기이한 공의 기세를 차지하여서 으뜸의 공을 독점함으로써(鰲首獨占) '무공 황제'의 위신을 깎아버렸으니 무종 마음속의 한스러운 고통을 상상할 수 있다. '황제의 마음'을 살피는 데 뛰어난 근시와 권엄은 양명에게 명하여 신호를 다시 파양호에 놓아주고 무종이 친히 그를 사로잡는 황당한 익살극을 연출하라고 제안하였다. 이는 무종의 마음에 쏙 들어서 (무종은) 곧 근시와 권엄을 거느리고 남순하여서 흥미진진하게 '조조를 사로잡았다가 놓아주는(捉放曹)' 전쟁놀이를 연출하였다.

또 다른 하나는, 무종 자신은 '민가의 아이' 출신으로서 생식능력이 없다는 광적인 콤플렉스를 극력히 숨기려는 것이었다. 그는 한편으로는 표방의 어녀와 비술 수련을 통해 생식능력을 증강하려는 생각에 심취하였고, 또 한편으로는 민간의 여자를 강제로 잡아와서 '민가의 아이'를 태자로 세웠다. 이것이 바로 이사실과 유양정이 무종을 토벌하는 격문에서 "이미 마 지휘의 처를 빼앗아 '마 황후'라고 일컬었다. 다시 산서의 창부娼婦를 들여서 '유 낭낭'이라고 일컬었다. 그 마음 씀씀이를 살펴보면 여자를 다루지 못하고 또 이 부인을 이용하여 천하를 속이고 다른 성의 자식을 안아 들여서 길렀다."라고 말한 사실이다. 신호가 군주를 배반하여 반란을 일으킨 이 전쟁에서 신호는 천하 세상 사람들에게 무종이 민가의 다른 성(異姓) 아이라는 진짜 모습을 폭로하였다. 무종을 토벌하는 격문이 사방에 뿌려져서 뭇사람이 모두 이 비밀을 알게 되었다. 무종은 더 이상 이를 숨길 수 없었기에 근심과 두려움, 분노가 극에 달하였다. 공교롭게도 양명은 이때 이러한 두 가지 콤플렉스의 '금기'를 건드림으로써 예측하지 못한 재앙을 초래하였던 것이다.

큰 재앙은 바로 그가 「주문신호위조격방소奏聞宸濠偽造檄榜疏」와 「금획신호첩음소擒獲宸濠捷音疏」를 올린 데서 격발되었다. 먼저 7월 5일 양명은 「주문신호위조격방소」를 올려서 '나라의 근본(國本: 후계자, 황태자)'을 세우는 문제를 제의하였다.

> 지금 천하에 분수에 넘치는 야욕(凱覦)을 가진 자가 어찌 다만 영왕 하나이겠습니까? 천하에 간사한 영웅이 어찌 종실에만 있겠습니까? …… 엎드려 바라건대 황상께서는 통렬하게 스스로를 꾸짖어서 이전에 따르던 일을 바꾸고 잘못을 고치소서(易轍改弦). 간사한 아첨을 물리쳐서(罷斥奸諛) 천하 호걸의 마음을 돌이키시며, 순유하는 자취를 끊어버려서(絶迹巡遊) 천하의 간사한 영웅들의 야망을 막으소서. 나라의 근본을 세워서 정하며(立定國本) 정성껏 다스림을 추구하신다면 태평을 도모할 수 있으며 뭇 신하가 다행

으로 여길 것입니다.[65]

"간사한 아첨(*근시, 권엄)을 물리치라"는 말에 무종은 이미 불같이 화를 냈고, "순유하는 자취를 끊어버리라"는 말에는 더욱 분노를 느꼈으며, "나라의 근본을 세우고 정하라"는 말에 이르러서는 완전히 참을 수 없었다. 나라의 근본을 세우고 정하라는 주장은 태자를 정하여서 황저皇儲를 세우라는 뜻이었다. 무종을 토벌하라는 격문에서 분명히 무종이 민가의 성이 다른 아이로서 가짜 황제라고 지적하였기 때문에 천하의 여론이 흉흉하였다. 양명은 무종을 토벌하라는 격문을 막고 없애는 일은 이미 소용없으며 무종이 결정적인 시기에 결단을 내려서 태자를 세우고 천하에 밝히 내보여야 신호의 무함하는 설을 일소하고 천하 사람들의 의론을 막고 무종의 출신이 결백하다는 점을 밝힐 수 있다고 인식하였다.

7월 30일, 그는 또 「금획신호첩음소」를 올려서 재차 '나라의 근본'을 세우라는 의견을 제시하였다. "더욱이 원컨대 황상께서는 수행을 그만두시고 나라의 근본을 세워서 단정히 팔짱을 끼고 정성을 다하여서(端拱勵精) 종묘사직의 커다란 복(洪休)을 잇고, 간사한 영웅의 분수에 넘치는 야망을 막는다면 천하가 매우 다행이겠고 신들도 매우 다행이겠습니다."[66]라고 하였다. 태자를 택하여 세우라고 건의하는 양명의 주청은 심사숙고한 끝에 올린 것으로서 일찍이 조정 신하와 사대부들의 일치된 호소였다.

바로 이때 양명의 제자이며 원임 이부원외랑 하량승은 특별히 양명에게 투서하여 조정 신하들이 이미 무종에게 태자를 세워서 제위를 선양하라고 청

---

65 『왕양명전집』 권12 「주문신호위조격방소奏聞宸濠偽造檄榜疏」.

66 『왕양명전집』 권12 「금획신호첩음소擒獲宸濠捷音疏」.

하는 모의를 하고 있었음을 다음과 같이 알렸다.

저(良勝)는 어리고 천하며 또한 불초한데 특별히 지우知遇를 입어서 끌어올려주시고 배움에 나아가게 하시며 나아갈 방향을 가르쳐주셨는데 또 지기知己의 정성을 겸하셨으니 그 은혜에 감사합니다. 숙향叔向(양설힐羊舌肹)의 혐의에 연좌되어서 겨우 한 번 편지를 써서 선생님께(左右) 여쭐 수 있었습니다. 그리고 여신汝信(만조萬潮)에게 보내신 편지에서 다시 언급하신 내용을 보았습니다. 그러나 이때는 이미 죄를 얻어서 경건함을 닦으려고 하였으나 길이 없었습니다. 엄주嚴州와 구주衢州의 변란을 듣고서 길을 잡아 민閩으로 들어갔는데 이틀 거리를 하루에 달려서 막사(廬)에 가서 큰일(大擧)을 하시는 데 나아가 큰 공을 세워서 보답하기를 기약하였습니다. 군문의 휴가는 더 늘려달라고 청할 여지가 있지만 거칠고 어리석으며 쓸모가 없어서 아주 작은(尺寸) 효험도 없음을 알겠기에 노복에게 명하여 그만두고 돌아가려고 한 것이 서너 차례였습니다. 안색을 살피지 않고 참으로 옛사람의 풍모를 품고서 감히 깊은 충정衷情을 펴려고 하니 뜻을 굽혀서 받아들이시기를 바라지만 사무에 연루됩니다. 굽혀서 들어주신다면 다행이겠습니다. 바야흐로 역적이 멋대로 흉악한 짓을 하는데 정탐하는 신하(偵臣)의 길이 막혔으니 의로운 격문이 이리저리 내달리지 않는다면 나아가고 그침을 관망하여 알 수 없습니다. 군주의 문에는 어지러이 상주하여도 이르지 못하니 의로써 상황(命)을 제어하지 않는다면 앉아서 기회를 잃어버릴지 알 수 없습니다. 그러므로 말하기를, 이 높은 공은 모두 오직 권도라야 성취할 수 있다고 하는 것입니다. 도는 권도에 지극히 능하여야 이에 쓰임이 큰 것입니다. 각하가 아니면 누가 맡겠습니까! 그러나 치란과 흥망(興壞)은 참으로 우연히 일어나는 일이 아닙니다. 주자가 이르기를 "난세에는 (하늘이) 반드시 어지러움을 그치게 할 수 있는 사람을 내어서 뒷일을 헤아렸다(於亂也, 必生能弭亂之人以擬其後)."하였습니다. 하늘이 낳고 군주가 등용하니 사람들이 그에게 바라는 것입니다. 지난번 각하께서 남·감에서 공을 세우고 가시는 길에 풍산楓山 옹(장무章懋, 1437~1522)의 가르침을 받았는데, 그가 이르기를 "하늘이 이에 무슨 의도가 있는 것인가!" 하였습니다. 다른 진鎭의 어떤 곳은 한 방면을 마주하고 있는데 이런 경우에는 높은 데 거하면서 아래를 제어하여 세 성省으로 이어집니다. 다른 곳은 혹 권당權璫(권세 있는 환관)이 제어하거나 혹 부속副屬이 참여하는데 이런 경우에는 진퇴가 손아귀에 있어서 성대한 공이 지금 바로 결실을 보려 함에 ○ 아군의 상황을 파악함(知己)을 주로 하여서 만약 역모가 일어나기를 기다려서 미리 후방(殿)에 처하여 있다가 섬멸하는 것입니다. 근래 돌아와 다시 뵈었는데 또 이르기를 "이는 각하가 마땅히 지나치게 우려할 바가 아니다."라고 하였습니다. 이어서 하夏 충정공忠靖公(하원길夏原吉, 1366~1430)의 문황文皇(건문제建文帝) 때 일을 언급하였는데, 그때 인종仁宗이 저위儲位에 있었고 불측不測의 기색이 있었습니다. 이는 군주의 명을 가탁하고 소환한 것임을 한부漢府의 여러 공과 함께 한번 보자마자 안 것이니 무릇 권도를 쓰는 것이 어려움을 알 수 있습니다. 지금 군주를 떠난 뒤 날로 멀어져서 친밀하게 총애함이 충정공과 같을지 알 수 없으니 각하의 권도를 쓰는 것이 더욱 어려운 바입니다만 지금이라면 쉽게 할 수 있을 듯합니다. 이른바 난리를 진압하는 사람은 하늘도 그에게 (길을) 열어준다고 합니다. 각하께서 어찌 겸손한 태도를 유지하여 먼저 피할 수 있겠습니까? 아니면 오직 군주의 등용은 인망에 따라 부응하는 것입니까? 난리를 극복함은 다스림의 기틀이며 다스림의 근본은 저이에 있는데, 각하께서 면전에서 상세히 아뢰어서 이에 가장 먼저 간택되었음을 알았습니다만(治之本是在儲貳, 知

閣下面有敷陳, 斯載首簡), 듣건대 이전에 사대부가 이러한 일에서 표제를 극히 멋들어지게 드러내려고 하였으므로 의론은 크게 일었으나 끝내 공허한 말일 뿐이었다 합니다(先時士大夫於此段事, 極欲標致題目, 故大議論, 然竟付虛談而已). 예컨대 송대에는 현명한 군주가 기틀(태자)을 미리 밝히고 아울러 궁중에서 길러서 간택과 지혜가 안정되었으며 범조우范祖禹(1041~1098)·사마광司馬光(1019~1086)과 같은 사람이 깊이 신임을 얻어서 국시國是를 주장하였습니다. (지금은) 또 어떤 사람들이 이론을 세우고 명분을 바로잡을 것입니까? 그 어려움이 이와 같으니 지금의 상황에서 옛날을 본다면 이들 몇 사람과 서로 거리가 어떠합니까! 하물며 선위禪位의 조서를 초안을 잡는데 주루룩 눈물을 흘리며 곧바로 태자에게 부촉하면서 오히려 표정을 바꾸었으니 부자 사이에도 그러함은 본래 공통의 감정입니다(況夫立草禪詔, 法然下涕, 遽屬太子, 猶或改容, 父子之間且然, 固通情也). 일찍이 두세 동지와 함께 이 문제를 대충 논하였더니 이르기를, 모름지기 겉으로 드러내지 않고 재가를 얻어서 조용히 정해진다면 (황제의) 뜻에도 다행히 적중할 것이라 하고 감히 생각을 다 펼쳤습니다(嘗與二三同志漫議及此, 謂須黙奪潛定, 意可幸中, 敢盡布之). 대체로 역근逆瑾(유근)이 가장 먼저 조상의 제도를 어지럽혀서 사향司香에게 날마다 친왕親王을 모시게 하고 아울러 파견하여 서울(國)로 나아가게 하였으니 강력한 번藩이 반역을 꾀한 것은 필시 이에 바탕을 둔 것입니다. 유근을 베고서 이 (옛) 제도를 복구하는 논의가 끝내 되지 않아 식자들이 유감으로 여기고 있습니다. 거의 이미 (기회를) 잃어버렸으나 각하께서 마땅히 뒷날에 오늘과 같은 재실수의 유감이 없게 할 수 있음을 압니다. 그러나 이 또한 궤우詭遇로써 얻으려는 것이 아닙니다. 또한 장자와 현자가 선발에 참여하여서 저 혼미한 가운데 이득을 취하고 어린 사람들이 은연중에 스스로 의기를 잃어버려서 난리의 계제를 열지 않게 한다면 장구한 다스림과 안정이 대부분 여기에 있습니다. 또 듣건대 과거에 수옹遼翁(*양일청楊一清)과 동천東川(*유춘劉春)이 이미 모의를 하였고 지금 권력을 잡고 있는(*양정화楊廷和를 가리킨다. 양일청은 이미 치사하여 떠났다) 한두 사람이 아랫사람에게 맡겼는데 '새가 그 둥지를 불태우는' 격이라 할 수 있어서 끝내 중간에 가로막혔습니다(往者遼翁東川旣已成謀, 而今當柄一二委之於下, 謂得鳥焚其巢, 竟以中沮). 그러므로 또 말하기를 "무릇 이 숨은 공적은 오직 결단을 해야 이에 성취된다."라고 하였습니다. 아! 초야의 죄인이 어찌 감히 참람하고 망령되이 문득 큰 논의에 미치겠습니까! 진실로 처음에는 풍산(*장무)에게 깊이 바랐으나 각하께서 천하에 부응하는 공을 세우심을 경하하였고, 이어서 수옹과 동천이 아직 이루지 못하였으니 각하께서 만세의 안녕을 성취하는 공을 세우기를 기약하였습니다(繼以遼翁東川之未爲, 而期閣下以必成萬世之功也). 각하께서는 역시 진실로 제(良勝)가 자신을 알아줌에 보답하기를 꾀하는 까닭을 아실 터이니 다시 무엇을 일삼겠습니까! 그렇지 않다면 참으로 가장 먼저 버려지는 사물이 되고(棄物之先) 초목과 같이 썩어도 아까울 것 없는 격이니(草木甘腐), 각하께서 처음 알아주고 가르치신 것을 아울러 저버리는 것입니다! 비록 죽더라도 어찌 큰 죄(大戾)를 갚겠습니까! 창성함을 범하였으니 송구하여 숨을 쉴 수도 없습니다.[67]

하량승의 편지에서 "다스림의 근본은 저이에 있는데, 각하께서 면전에서 상세히 아뢰어서 이에 가장 먼저 간택되었음을 알았습니다."라고 한 내용은 바로 양명이 올린 「주문신호위조격방소」와 「금획신호첩음소」를 가리킨다. "이전에 사대부가 이러한 일에서 표제를 극히 멋들어지게 드러내려고 하였으

---

67 『동주초고東洲初稿』 권13 「봉양명선생서奉陽明先生書」 1.

므로 의론은 크게 일었으나 끝내 공허한 말일 뿐이었다 합니다."라고 한 말은 조정에서 일찌감치 어떤 사람이 태자를 세우는 일을 제안하였는데 나중에 실현되지 못했던 일을 가리킨다. "하물며 선위의 조서를 초안을 잡는데 주루룩 눈물을 흘리며 곧바로 태자에게 부촉하면서 오히려 표정을 바꾸었으니 부자 사이에도 그러함은 본래 공통의 감정"이라고 한 말은 당시 조정의 신하가 모의하기를, 무종에게 태자를 세우라고 청한 뒤 제위를 태자에게 선양한다는 조서의 초안을 잡은 일을 말하는데, 이는 기어코 무종의 제지와 저항에 부딪혔다. "일찍이 두세 동지와 함께 이 문제를 대충 논하였더니 이르기를, 모름지기 겉으로 드러내지 않고 재가를 얻어서 조용히 정해진다면 뜻에도 다행히 적중할 것이라 하고 감히 생각을 다 펼쳤습니다."라고 한 말은 무종에게 청하여서 태자를 세우고 제위를 선양하는 일은 다만 '겉으로 드러내지 않고 재가를 얻어 조용히 정할' 수밖에 없으니 대신이 암암리에 모의하고 상의하여 정해서 억지로 무종이 받아들이도록 청해야 한다는 것을 말한다. "과거에 수옹과 동천이 이미 모의를 하였고 지금 권력을 잡고 있는 한두 사람이 아랫사람에게 맡겼는데 '새가 자신의 둥지를 불태우는' 격이라 할 수 있어서 끝내 중간에 가로막혔습니다."라고 한 말은 당시 이미 각신 양일청과 유춘 등의 모획이 이미 성사되었는데 뜻밖에 나중의 집권자(*양정화 등 조관)가 점을 쳐서 「여旅」 괘 상·9의 "새가 그 둥지를 불태우니 나그네가 처음에는 웃지만 나중에는 울부짖는다. 밭두둑에서 소를 잃는다. 흉하다.(鳥焚其巢, 旅人先笑後號咷. 喪牛於易, 凶)"라는 효사爻辭를 얻고서 사정이 중도에 저지를 받아 행해지지 못한 사실을 말한다.

하량승이 말한 내용은 모두 사실로서 그가 직접 목격한 일이다(*이때 하량승은 조정에서 이부원외랑의 직임에 있었다). 하량승은 이 「봉양명선생서奉陽明先生書」에서 경천동지할 비밀을 들춰냈다. 원래 조정에서 무종과 조신들은 일찌감치 이미 태자를 정하여 황저皇儲를 세우는 나라의 기본 대사에 관해 물밑에서 암투를 벌이고 있었다. 각신 양일청, 유춘 등을 우두머리로 한 일파는 황저를 세우기를 주장하였는데, 진정한 주가 황족 혈통의 황자와 황손 가운데 한 사람을 선택하여 태자로 세워서 제위를 주가 황족 혈통으로 돌아가자고 하였다. 무종과 근시·권엄을 우두머리로 한 일파는 '이성의 양아들(異姓義子)' 또는 마 황후나 유 낭낭의 '이성의 자식(異姓子)' 가운데 한 사람을 선택하여 태자로 세워서 무종의 황통 후계자를 보장할 생각을 하였다.

사실 무종은 명 황조의 정치 무대에서 정신의식(心靈)이 왜곡되고 비정상적인(失常) 우스운 소인배의 추악한 황제에 지나지 않았으며, 그의 온갖 황음荒淫과 잔포殘暴한 행위는 이미 보통사람으로서는 생각할 수 없는(匪夷所思) 경지에 이르렀다. 이 패가망신의 황제가 저지른 자손 멸절의 황음포학으로 인하여 주씨 명조의 강산과 사직은 결딴났고 조정에는 엄중한 위기가 발생하였다. 대신들은 모두 근심으로 타는 듯하였다. 그들은 무종의 골수(膏肓)에 깊이 박힌 광증을 치료할 방법이 없었고, 다만 태자를 정해서 황저를 세우는 것이 무종의 통치를 만회하고 조정의 위기를 구할 수 있는 유일한 출구라고 생각하였다.

정덕 10년(1515)에 이르러서 양일청은 무영전 대학사 직각(武英殿大學士直閣)으로서 태자를 선택해 세우는 국가 근본의 대사에 의사 일정을 제출했다. 남경 감찰어사 범로范輅(1474~1536)가 제일 먼저 상주하여서 조정의 암 덩어리(症結)를 터뜨리며 다음과 같이 말하였다. "오늘날 대계가 정해지지 않았고 커다란 의혹이 해결되지 않았습니다. 폐하께서는 홀로 위에 임어해 계신데 황저는 미리 세우지 않았습니다. 종실의 현명한 이가 이성의 양자(義子)보다 낫지 않겠습니까? 폐하께서는 날마다 말을 타고 활을 쏘며 진을 치는 일에 열중하시고 일찍이 이 문제는 염려하지 않으시니 종묘사직을 어찌할 것입니까?"[68] '종실의 현명한 이'란 주씨 혈통 중 한 사람을 택해서 태자를 세우는 것을 가리킨다.

무종은 전혀 아랑곳하지 않았다. 정덕 11년 정월에 남경 예과급사중 서문보徐文溥(1480~1525) 등이 다시 '황저를 택하여 세우라(擇立皇儲)'고 주청하였다.[69] 무종은 여전히 조금도 개의치 않았다. 실제로 양일청·유춘·서문보 등이 일찌감치 황저 태자의 종실 인선을 상의하여서 정하였다. 이것이 바로 하량승이 말한 "수옹과 동천이 이미 모의를 하였고"라고 한 것이다.[70]

그러나 이 소식을 들은 신호는 도리어 크게 기뻐하며 과도한 희망을 걸고 즉시 내관 만예로 하여금 막대한 자금을 지니고 서울로 들어가서 3만 냥은 전녕에게, 1만 냥은 장현臧賢에게 뇌물을 주어 자기 맏아들 대가大哥를 태묘에 분향한다는 명분으로 서울에 맞이하여 들여서 저이를 세우기에 적합한 인선으로 삼을 방법을 찾으려고 하였다.[71] 무종은 당연히 양일청·유춘·서문보

---

68 『국각』 권49, '정덕 10년 10월' 조.

69 『국각』 권50, '정덕 11년 정월' 조. 『국각』 권99 「광동안찰사부사서공문보묘지명廣東按察司副使徐公文溥墓誌銘」에서는 "조정의 이해가 크게 걸린 모든 일을 감히 거리끼지 않고 말하되 …… 시랑 나기羅玘를 구원하여서 논한 것은 (그가) 건저를 (세우기를) 구했기 때문이다. 또 건저를 특별히 아뢴 것은 재이로 인해 20여 사항을 진술하여서 성궁聖躬을 바로잡으려는 것이다."라고 하였고, 『명사』 권188 「서문보전徐公文溥傳」에서도 "또 저이를 택하여 세우라고 청하였는데 답을 받지 못하였다."라고 하였다. 서문보가 저이로 택하라고 청한 이는 누구를 가리키는지 분명하지 않지만 양일청과 유춘이 택한 저이와 일치함을 알 수 있다.

70 양일청과 유춘 등이 정한 저이의 인선은 응당 '순서상 세워야 할(倫序當立)' 홍헌왕興獻王(주우원朱祐杬, 1476~1519)의 맏아들 주후총朱厚熜(1521~1567, *이때 그의 나이 10세였다)이었다. 그러므로 나중에 무종이 죽자 조정에서는 곧 예부에서 정한 의주儀注에 따라 주후총에게 '황태자'의 신분으로 서울에 들어와서 즉위하라고 청하였던 것이다.

71 사분謝蕡(1521, 진사)의 『후감록後鑑錄』 권중 「영부초유寧府招由」에 보인다.

등의 주청을 윤허할 수 없었고, '성이 다른 양자(異姓義子)'를 선발하여서 저이로 세우려는 계획이 방해를 받는 상황에서 곧 민가의 아이를 들여와 기르는데 뜻을 기울여서 자기는 생식능력이 없으니 강제로 민간의 임신부를 데려와 '민가의 아이'로 수월하게 정할 생각을 하였던 것이다.

당시 연수延綏의 총병 마앙馬昻이 범법을 저질러서 직책을 잃었다. 그는 꽃 같은 미모의 누이동생 마령아馬伶兒를 지휘 필춘畢春에게 시집보냈다. 그녀는 곧 임신을 하였다. 마령아는 노래를 잘하고 춤도 잘 추었으며, 또 말을 타고 활쏘기에도 뛰어났으며 타타르(韃靼)어를 할 줄 알았다. 무종은 즉시 강빈江彬을 시켜서 마앙을 찾아가 관직 회복의 조건으로 마령아를 파혼시키고 데려와서 무종에게 바치게 하였다. 무종의 특별한 총애를 받은 임신 중의 마령아는 중관中官이 모두 '마 황후'라 일컬었고, 마앙을 '장인(舅)'이라 칭하였다. 무종은 이미 그녀가 낳는 아들을 황저로 삼을 생각을 하고 있었다.[72]

이는 조정 대신들을 몹시 당황스럽게 만들었다. 3월에 이과급사중 여경呂經 (1475~1544) 등이 상주하여서 다음과 같이 말하였다. "마앙의 여동생을 황상께서는 과연 황저를 위한 계획으로 삼을 생각이신데, 마땅히 세족에서 널리 간택하여 빈어嬪御로 삼으셔야지 어찌 낮고 더러운 곳에 빠져서 스스로를 더럽히십니까! 바라건대 마앙을 베고 아울러 임신부를 내치소서."[73] 무종은 의구히 독단적으로 행동하였고, 양일청은 도리어 8월에 압박을 받아 치사하고 떠났다.

9월에 이르러서 무종이 하루는 마앙의 저택에서 술을 마셨는데 술에 취하자 마앙의 미인 첩을 보고 그녀에게 수청을 들게(侍幸) 하라고 요구하였다.

---

72 『국각』 권50, '정덕 11년 2월' 조에 보인다.

73 『국각』 권50, '정덕 11년 3월' 조.

마앙이 대답하지 않자 무종이 크게 노하였다. 마앙은 깜짝 놀라서 아프다는 핑계로 멀리 달아났으며(逃之夭夭), 이로부터 무종은 마 황후를 멀리하였다. 그러나 그의 음심淫心은 사그라들지 않았다. 민간의 임신부를 계속 찾아다녔고 사방에서 부녀자를 뒤지고 다녔다. 정덕 13년 12월에 마침내 기회가 찾아왔다. 무종은 '북순北巡'을 하는 도중에 편두관偏頭關에서 새로 민간의 임신부 한 사람을 찾아냈다. 바로 여악 유 낭낭劉娘娘(*유미인)이었다. 무종은 또 황저를 세울 희망을 유 낭낭이 낳을 '민가의 아이'에게 걸었다.[74]

양명이 정덕 14년(1519) 7월에 글을 올려서 황저를 택하여 국본을 세우라고 청했을 때는 바로 무종과 유 낭낭이 신혼의 단꿈에 젖어서 아들 낳기를 기다리던 때였다. 유 낭낭은 황후로 자처하고 조정에 간여하였다. 전덕홍은 『양명선생연보』에서 유 낭낭의 비밀스러운 사건을 다음과 같이 언급하였다.

처음 신호는 무종이 영관伶官 장현을 총애한다는 말을 듣고 이에 진영秦榮을 파견하여서 나아가 음악을 배우게 하고 1만 금과 금사보호金絲寶壺를 선물하였다. 하루는 무종이 장현의 집에 행행하였는데 장현이 그 항아리로 술을 따랐다. 정교하고 윤택하며 교묘하고 화려한 것에 놀라서 "어디에서 이것을 얻었느냐?" 하고 물었다. 장현이 사실을 털어놓았다. 무종이 말하기를 "영숙寧叔(영왕)이 어째서 나에게는 바치지 않았지?" 하였다. 이때 소류小劉(유 낭낭)가 새로 총애를 받았는데, 신호는 뇌물을 잘못 준 셈이었고 (소류는 뇌물을 받지 못해서) 마음에 깊이 한을 품고 있었다. 파해서 돌아갈 때 소류가 웃으면서 말하기를 "나리는 아직도 영왕寧王의 물건을 얻을 생

---

74 『국각』, 권50. "갑진. 마앙의 누이를 들인 일로 각신이 진언하였는데, 답하지 않았다." 여기에서 '각신'은 양일청과 유춘 등을 가리킨다.

각을 하고 있는데, 영왕은 나리의 물건을 얻을 생각을 하지 않아도 재물이 충분합니다. 천거하는 소(蕭疏)를 기억하지 않으십니까?' 하였다. 이에 무종이 충忠(장충)·빈彬(강빈)을 더욱 의심하였다. 그러고는 (소류가) 천거하는 소를 칭찬하였기 때문에 마침내 (무종의 의심이) 장현에게 미쳤는데 장현은 이를 알지 못하였다. 신호가 보낸 사람이 장현의 집에 머물고 있었는데, 그 집은 복벽複壁(夾墻)을 많이 쌓고 바깥에 자물쇠를 단 나무 궤짝(木柵)을 설치하여서 문을 열면 긴 골목이 나오고 뒤로 방과 통하였는데 매우 은밀했기 때문에 사람이 알지 못하였다. 전지를 내려서 장현의 집을 대대적으로 수색하였다. 임화林華가 급히 회동관會同館으로 달려가서 말을 얻어 타고 급히 돌아갔다.[75]

"천거하는 소를 기억하지 않으십니까?"라는 말은 장현이 뇌물을 받고 신호의 맏아들 대가를 천거하여 서울에 들어오게 해서 황저의 후보로 삼은 일을 가리킨다. 이는 바로 유 낭낭이 가장 질시하고 원한을 품은 일이었다. 무종은 이미 유 낭낭 소생의 아들을 황저로 택할 생각을 하고서 유 낭낭의 말이면 무조건 듣고 따랐으니, 이때 남순에서 무종이 결국 유 낭낭과 함께 어가를 타고 친히 정벌하러 나선 것은 이상하지 않다. 이는 사실 종실 자제를 골라 황저로 세우라는 대신들의 말을 막으려 한 것이나 다름없었다. 하량승은 이때 양명이 앞장서서 양일청과 유춘의 황저를 세우는 미완성의 대사를 완성해주기를 바라고 "이어서 수용과 동천이 아직 이루지 못하였으니 각하께서 만세의 안녕을 성취하는 공을 세우기를 기약"하였는데, 양명은 공교롭게도 딱 총구에 맞부딪혀서 큰 화가 무종의 남순을 따라 내려오고 있음을 알지 못

---

75 『왕양명전집』 권33 「연보」 1.

하였다.

    양명은 남창에서 이미 위험이 코앞으로 다가왔음을 예감하고 한편으로 8월 17일에 「청지친정소請止親征疏」를 올려서 자기가 직접 신호와 친밀하게 결탁한 사람들을 경도로 압송하겠다고 청하였고, 또 한편으로 8월 25일에 「걸편도성장소乞便道省葬疏」를 올려서 조정에 '도적이 평정된 뒤 말하라(賊平來說)'고 했던 이전의 승낙을 이행하여서 전리로 돌아가게 해달라고 청하였다. 그는 동시에 어사 주절朱節에게 보낸 편지에서 자기에게 닥친 위험한 처지를 다음과 같이 말하였다.

> 근래에 조모님의 병환으로 애통하고 괴로운 마음을 견딜 수 없는데(哀苦狼籍) 겸하여 휴직을 청하는 소도 오랫동안 답을 얻지 못하여서 오직 날마다 문을 닫고 누워서 앓고 있을 따름입니다. 서울에서 온 사람으로부터 거가車駕가 이미 조정으로 돌아왔다고 들었으니 매우 다행하고 다행합니다(甚幸)! 다만 듣건대, 머지않아 또 남순을 한다고 하니 지향하는 바가 어느 곳인지 알지 못하겠습니다만 과연 다시 그렇게 하겠습니까? 저(區區)의 처지가 침상을 갉아서 살갗에 미치는 격이니 어떻게 손을 써야 할지 모르겠습니다만(剝床以膚, 莫知爲措) 아직 손씨孫氏의 동산에서 나눈 말을 기억하시는지요? 경사의 인정과 일의 형세가 어떠합니까? 편한 때에 자세한 곡절을 써서 알려주시기 바랍니다.[76]

    그는 무종이 이미 8월 22일에 근시와 권엄이 어가를 보호하는 가운데 남

---

[76] 왕수인, 「여주수충수찰與朱守忠手札」 2. 이 편지의 진적은 상하이上海 박물관에 소장되어 있다.

정하기 위해 군사를 거느리고 경사에서 출발했음을 알지 못하였다. 무종은
아주 그럴싸하게 스스로를 '총독군무위무대장군총병관후군도독부태사진국공
總督軍務威武大將軍摠兵官後軍都督府太師鎭國公'에 봉하고, 안변백安邊伯 허태許
泰(1504, 무장원)를 총독군무로 삼아 총병관에 충원하고, 평로백平虜伯 강빈을
제독으로 삼아서 기밀 군무를 도와 기획하게 하고, 좌도독 유휘劉暉를 총병관
으로 삼고, 태감 장충을 제독군무로, 태감 장영을 제독으로 삼아서 기밀 군무
를 도와 기획하게 하고, 신호가 반역을 일으킨 죄상을 조사하게 하고, 고장庫
藏과 궁권宮眷 등의 일을 말끔히 다스리게 하고, 태감 위빈을 제독 등의 관리
로 삼고, 병부시랑 왕헌을 독리량향督理粮餉으로 삼고, 좌도독 주주朱周로 하
여금 돕게 하고, 금의위 도독 주녕朱寧으로 하여금 정벌을 수행하게 하였다.

사실 이때는 이미 정벌해야 할 반역도 없었고 토벌해야 할 역적도 없었으
니 무종이 느릿느릿 어가로 남순하여 정벌하는 진정한 목적을 누구라도 명백
히 알 수 있었다. 첫째는 신호를 사로잡아 반란을 평정한 으뜸가는 공을 탈
취하고, 둘째는 반란을 일으킨 신호의 죄상 및 조정 안팎의 관원들과 신호가
결탁한 죄상을 조사하려는 데 지나지 않았다. 이 두 가지는 모두 필연적으로
양명의 뒤통수를 타격하였다. 이것이 바로 양명이 "침상을 갉아서 살갗에 미
치는 격이니 어떻게 손을 써야 할지 모르겠습니다."라고 말한 사실이다.

이를 위해 무종은 정토征討 대군을 두 갈래로 나누어서 남하하였다. 한
갈래는 장충·허태·유휘로 하여금 경변군京邊軍을 영솔하여서 곧바로 강서
남창으로 가서 신호의 반역 상황 및 관원들과 신호가 결탁한 죄증罪證(*주로
양명)을 조사하고, 다른 한 갈래는 근시와 권엄이 무종을 모시고 유유히 순유
하여서 유도 남경에서 편안하게 몸소 신호를 사로잡았다며 세상을 뒤덮는 기
이한 공적을 거두어서 당대의 '한무제'가 되려는 미친 콤플렉스를 만족하려
는 것이었다.

무종은 서울에서 출발한 뒤 길을 가는 내내 유유히 노닥거리면서(悠哉遊哉)
9월 7일에야 임청臨淸에 이르렀는데 역시나 미적거리면서 앞으로 나아가지
않았다. 기괴한 점은 그가 홀연 22일에 몰래 스스로 배 한 척을 타고 북쪽으
로 향하였는데 어디로 갔는지는 아무도 알지 못하였다는 사실이다. 훗날 역
사에서는 그가 장가만張家灣으로 가서 유 낭낭을 만났다고 하였다. 『국각』에
서는 다음과 같이 말하고 있다.

> 계축에 상이 임청에서 배 한 척을 타고 빠르게 저어서 북으로 갔는데 뭇
> 관원은 알지 못하였다. 몇 사람이 쫓아왔다. 처음 행희幸姬 유량劉良의 딸
> 이 비녀(簪)를 증여하여서 언약으로 삼았는데 노구盧溝를 내달리다가 잃어
> 버렸다. 유씨를 불렀는데 오지 않았다. 마침내 첫새벽에 장가만에 이르러
> 함께 남으로 갔다. 호광 참의 임문찬林文纘(1466~1560)의 배를 만나, 들어
> 가서 그의 첩을 빼앗았다.[77]

사실 여기에는 커다란 음모가 숨겨져 있었다. 『국각』에는 별도로 한 가지
사실을 기재하여 이 비밀을 다음과 같이 털어놓았다. "정덕 14년(1519) 8월
을유(*24일)에 남경의 수비와 참찬 등의 관원에게 효유하여서 신호의 거짓 격
문을 훼손하게 하고 이를 위반하는 자는 죄를 주었다. 교방 사악관敎坊司樂官

---

77 『국각』 권51, '정덕 14년 9월' 조. 『명통감明通鑑』 권48의 다음 서술이 비교적 상세하다.
"바야흐로 상이 남으로 출발하였는데 유희劉姬가 아파서 따라가지 않았다. 옥잠玉簪으로
약속을 하여서 부르기로 하였다. 상이 노구교를 지나갈 때 말을 내달리다가 비녀를 잃어
버렸는데 찾지 못하였다. 임청에 이르렀을 때 사자를 보내 유희를 불렀는데 유희는 약속
을 지키지 않았다며 가려고 하지 않았다. 이에 상은 다시 임청에서 배 한 척(單舸)을 타
고 북으로 갔다. 밤낮으로 빠르게 나아가 장가만에 이르러서 그녀를 태우고 함께 남쪽으
로 갔다. 따르는 관원은 아는 자가 없었다. 오가는 데 달을 넘겼다."

장현·시월施鉞·사감司鑑을 오문午門에서 장형에 처하고, 순상위馴象衛의 수자리를 살게 하고 그 집안을 적몰하였다. 주녕은 도둑을 시켜서 밤에 그를 장가만에서 죽여서 입을 막았다."

원래 이사실과 유양정은 무종을 토벌하는 격문에서 유 낭낭은 무종이 강제로 데려온 민간의 부녀자이며, (무종이) 민가의 아이를 들여와 길러서 황저로 세우려 한다는 사실을 폭로하였는데 무종과 유 낭낭으로서는 가장 통한으로 여기는 일이었다. 그런데 장현은 무종이 유 낭낭을 빼앗아 들이고 민가의 아이를 들여와서 기르려는 내막을 가장 잘 알고 있었고 또 신호와 암암리에 결탁하여서 신호의 맏아들 대가를 서울로 보내 황저로 삼을 인선에 천거하였기에, 무종과 유 낭낭은 일찌감치 장현을 제거하여서 뒷일을 말끔히 처리하려고 하였다. 그리하여 무종과 유 낭낭은 먼저 궁중에서 장현을 죽여서 입을 막을 계책을 세우고 남순의 길을 떠나 서울에서 출발한 뒤 유 낭낭이 병이 났다고 둘러대고 장현과 함께 장가만에 머물게 하였다. 이어서 주녕을 통해 도둑을 보내서 밤에 장가만에 잠입하여서 장현을 죽였다. 그런 뒤 다시 주녕을 장가만에 가두었다가 죽였다. 무종은 임청에서 장현이 죽임을 당했다는 소식이 들려오기를 기다린 뒤 (소식을 듣고) 이에 장가만으로 가서 유 낭낭을 다시 데려왔다.[78]

무종 토벌의 격문은 태워버렸고 장현도 죽었으며 사정을 아는 주녕도 임청에 구금되어 있으니 무종은 곧 명분도 정당하고 이유도 타당하게(名正言順) 그의 총비 유 낭낭을 데리고 어가로 남정을 하여서 황저를 택해 세우라고 주청하는 완고한 대신들을 위협하고 천하 사람의 분분한 여론에 재갈을 물렸

---

78 생각건대, 무종은 사실이 드러날까 두려워서 주녕을 임청에 구금해두었다가 나중에 그를 죽였다. 『국각』 권51 '정덕 14년 11월' 조에 보인다.

다. 그리하여 그는 여전히 몸은 임청에 있으면서 다급하게 양명에게 명하여 서 신호와 반역의 도당에게 차꼬를 채워서 남도로 압송하여 바치게 하고 아울러 장영을 차견하여서 진강에서 절浙로 들어가 신호와 죄수들을 넘겨받게 하였다.

9월 11일, 양명은 무주撫州 지부 진괴와 함께 신호를 직접 압송하여서 포로를 바치기 위해 남창을 출발하였다. 그는 이때 포로를 바치러 남도로 가는 길이 흉험하다는 사실을 깊이 알고 있었다. 그의 제자 동주東洲 하량승이 그에게 편지 한 통을 써서 그를 대신하여 무종을 직접 만나 진술할 방법을 모색하였다. 무종이 아직 미적미적 길에 있으면서 언제 남도에 도착할지 알 수 없었고 장충과 허태가 이미 경변군을 거느리고 강서로 출발한 점을 고려하여 하량승이 그에게 권하기를, 포로를 바치기에 가장 좋기로는 광신에 잠시 주둔하여서 형세를 관망하며 기다렸다가 무종이 북상하여서 남도에 이르면 직접 만나서 진술할 수 있다고 하였다.

하량승은 사태에 당면하여 취할 경도와 권도를 주도면밀하게 분석하여서 다음과 같이 말하였다.

우연히 듣건대, 제수諸帥가 성省에 이르러 위세를 부려서 사람들을 놀라게 하는데 비록 반드시 모두 그러한 것은 아니지만 흉포하게 명령을 빙자하 여서 약탈을 하며(鴟張矯虔) 기계機械를 다 드러내어서 주인의 위엄을 믿고 서 능력을 다투어 기필코 얻은 뒤에야 그만둔다 합니다. 가만히 헤아리건 대, 각하께서는 공이 천하에 높으나 겸손함으로써 지키고, 혼탁하고 헝클 어진 틈을 소통하여서 반드시 은연중에 막힌 것을 없앤 것은 유학자의 영 향(作用)이니 이른바 암암리에 신뢰한다(潛孚)고 한 것이 이와 같습니다. 그 러나 포로와 전리품을 바치는 길에 있으니 나아가기도 물러나기도 어려울 터입니다. 반드시 처음 뜻을 이루는 것은 본래 적개헌공敵愾獻功의 떳떳한 전례(常典)입니다. 이미 용어龍馭가 강을 건너 서쪽으로 갔는데 얻은 바가 없고 막혀서 돌아가려고 하나 자취를 옮기기가 꺼려진다고 합니다. 선생님(左右)께서는 오직 적절하게(適意) 일이 생기기 전에(先機) 견해를 정하여서 반드시 여유 있게 대처해야 하지만 지나치게 속을 끓이고(瘋憂) 지나치게 헤아리십니다. 가만히 생각건대 역시 스스로 몸을 바치려고 하나 감히 하지 못하시는 것입니다. 대개 천하의 보배는 마땅히 천하를 위해 아껴야 하는데 하물며 일찍이 주위에서 끼어들어 앞뒤로 올라타고 그 남은 빛을 받으려는 것이겠습니까! 그러므로 나라의 군주(邦君)와 함께 끝까지 상의하여서 곧바로 기실記室에 진달한다면, 모르겠습니다만 가능하겠습니까? 처음 의거하였을 때 종사의 대계는 훌륭한 장수(閫外)의 뜻대로 전제하는 것입니다. 지금 이미 장수를 명하였으며 각하께서는 무치撫治를 얻었으니(*양명이 강서 순무를 겸임한 사실을 가리킨다) 본래 수신守臣이라, 비로소 군사를 일으켜서 바로잡아 다스릴 수 있게 되었으니 이에 반드시 맑게 하고서 이엄할 수 있습니다. 대저 '권權'이라는 한 글자는 본래 남의 신하의 성대한 아름다움이며(盛美) 또한 남의 신하의 큰 거리낌(大忌)입니다. 변화에 직면하면 부득이하게 하는 것인데 혼란이 안정되었으니 이는 경經을 지키는 때인 것입니다. 계엄戒嚴이 뒤따라 (지역의) 경계에서 기다리고 있으니(*강서의 경계를 가리킨다) 하양河陽에 이르는 형적을 피해야 함은 이치상 마땅히 그러합니다. 육사六師(천자의 군대)가 길을 돌이켜서(左途) 돌아갔습니다. 만약 이미 경계를 넘는 것으로 말하자면 개화開化나 엄嚴으로부터 경계를 넘거나, 길을 잡는 것은 휘주徽州로부터 길을 취하면 모두 성에 이를 수 있는데 형적이 모두 사라졌습니다. 포로를 바치는 공적을 이룬(紀績) 것은 모두 군문의 일의 체모에 속합니다. 헌절憲節(순찰사, 안무사)이 잠시 신주信州를 지키고 있고 또한 안무(撫循)를 규정된 직책(常職)으로 삼으며 순철巡轍을 기다려서 또 영근迎覲을 하니 옛날 방악方岳의 예와 같아서 천하로 하여금 다시 당우唐虞의 성대한 전례를 보게 하며 별도로 개물성무開物成務의 의상意象이 있으니 옛날부터 지금까지 가장 특별한 일입니다. 잔치를 마련하여서 붉은 활(彤弓)을 상으로 주는 것은(宴錫) 무엇이겠습니까! 이를 일러 자랑하지(矜) 않으며 아무도 더불어 능력을 다투지 않는다고 하는 것이니 각하의 아량이 그러합니다. 공론이 밝히 빛나서 만세에 밝습니다. 그러나 저 자리는 위엄으로써 도저히 채울 수 없는 탐욕(黷壑之欲)을 채우려고 하니 살육의 참담함을 혹 알 수 없습니다. 일찍이 듣건대 각하께서 말씀하시기를 "아홉 겨레의 죽임을 달갑게 여기고, 한 지방의 목숨을 구한다(甘九族之誅, 救一方之命)."라고 하셨다 하니 저(不肖)의 경경한 감회는 참으로 또한 여기에 있습니다. 공차功次를 따져봄에 여러 통병관이 보내온 심사 단자가 모두 있는데 성적을 사실대로 심사하지 않아서 바로 엿보아 간파할 수 없으니 다시 어떻게 해야 하겠습니까![79]

양명은 하량승의 의견을 받아들였다. 그러나 무종은 한결같은 마음으로 파양호에서 대대적으로 몸을 드러내어서 신호를 직접 잡으려고 하였다. 또한 그와 유 낭낭은 양명이 남도로 와서 면전에서 황저를 택하고 나라의 근본을 세우는 일에 관해 상주할까 봐 우려하였다. 그는 다시 생각을 바꾸어서 어마 태감 장충, 안변백 허태를 차견하여서 신호와 반역 죄수들을 인수하여 남창으로 돌려보내게 하였다.

양명은 25일 광신에 도착하여 장충의 죄수 압송 조회照會와 허태의 죄수

---

79 『동주초고東洲初稿』 권13 「재봉양명선생서再奉陽明先生書」.

압송 수본手本도 여러 장수들에게 보냈다. 양명은 신호와 죄수를 그들에게 인계하는 일이 달갑지 않았다. 석서는 남몰래 양명을 배알하고서 그가 직접 죄수를 압송하여 남도에 들어가고 죄수를 장충과 허태에게 넘겨주지 않으려는 생각을 지지하였다. 석서는 나중에 이 사건을 다음과 같이 언급하였다.

> 지난해(曩歲)에 강주江州의 일이 안정되어서 제(書)가 다행히 신주에서 배알하였습니다. 집사께서 말씀하기를 "행재소에 가서 포로와 전리품을 바치고 (獻捷) 양명산으로 돌아간다면 뜻을 이룰 것이다."라고 하였습니다. 저 또한 명성이 대단하면 처신하기 어려우며 공이 높아도 상을 받을 수 없으며 겸양의 덕을 따르고 이룬 업적을 지켜야(履謙持盈) 하니 시대의 도리가 그러하다고 생각합니다. 지금은 같지 않아서 공자와 맹자가 죽을 때까지 불우했던 것은 어쩔 수 없었던 것이라 하였습니다.[80]

진괴가 충고하여서 말하기를 "죄수와 여러 장수를 내준 뒤 그들과 함께 가서 조회하면 내가 이룬 공은 모두 조정의 위명이 이루어낸 것이라 (조정이) 거스를 수 없을 것입니다."[81]라고 하였는데, 양명은 듣지 않았다. 비굉과 비채도 모두 권고하였지만 양명은 여전히 죄수를 인계하려고 하지 않았다.

26일, 양명은 계속 죄수를 압송하여서 밤새 옥산과 초평역을 지나갔다. 그는 「헌부계첩獻俘揭帖」을 올려서 경위에 대해 다음과 같이 설명하였다.

> 본직은 이미 영왕과 역당을 아울러서 직접 재량으로 관병을 이끌고 수로를

---

80 『원산문선元山文選』 권5 「여왕양명서與陽王明書」 4.

81 『문견만록聞見漫錄』 권상.

따라 지름길로 가되 원래 의정한(原擬) 기일에 비추어(*양명이 이에 앞서 의정한 9월 11일을 가리킨다) 행군을 시작하여서 경사에 압송하려고 하였습니다. 이미 광신 지방에 이르렀는데 지금 또 앞의 이유에 비추어서 해당 차관差官이 본직과 영왕 및 각 당류를 만류하여서 성으로 돌아가게 하였습니다(*강서 남창으로 돌아간 일을 가리킨다). 전항에 언급한 범인은 먼저 안찰사의 감독을 받고 위임받은 관원 등의 책임을 거쳐서 밤낮으로 엄격하게 관방關防을 하였는데, 병이 생기면 즉시 의사를 뽑아서 치료하게 하였습니다. 그 중 모당謀黨 이사실·왕춘·유양정 등이 이미 치료를 많이 받았으나 낫지 않았으며 모두 저마다 목숨을 잃었고(身故), 파견된 관리와 오작忤作 등이 가서 서로 점검을 하고 교부하여서 가매장(淺殯)을 하고 사람을 뽑아서 지키게 하였습니다. 영왕 및 모당 유길劉吉 등과 함께 악염惡焰에 오래 얽혀 있던 모든 사람은 만약 엄금하여서 해보解報를 하지 않는다면 가령 관병이 더욱 근실하게 지킨다고 하더라도 혹 선동하여서 다른 간계를 이끌 수도 있습니다. 지금 만약 성성에 머물게 할 경우 중도에 소홀하다면 더욱 우려할 만합니다. 겸하여 많은 범인이 학리疟痢에 걸렸기에 연도에서 또 즉시 의사를 뽑아서 조치하였습니다. 그 가운데 진국장군 공계栱械와 세자世子 2가二哥가 저마다 목숨을 잃어서 또 차관을 경유하여 사인을 밝히고 관을 사서 염습을 하고 귀계현貴溪縣에 책임을 맡겨서 사람을 뽑아 지키게 하였습니다. 그 외 아직 낫지 않은 사람들은 만약 번갈아 오가며 먼 길을 가게 하면 각 범인의 생명(性命)이 더욱 낭패를 보고 잇달아 사망을 하여서 끝내 범인을 서울로 압송하지 못하게 될지도 모릅니다. 역시 원근을 뒤흔들고 놀라게 하여서 헤아릴 수 없는 변란이 일어날까 두렵습니다. 본직은 영왕을 직접 압송하면서 이미 먼저 조정에 보고를 하였으며 …… 영왕 신호 등을 제외하고 저마다 별도로 차관이 나누어서 압송하며, 궁권宮眷의 부녀자는 각 장군부에서 내사內使가 관반管伴을 하여서 모두 옛 법도에 따라 직접 경외京外에 압송하고, 모든 고장庫藏 등의 항목은 밝은 전지를 받들어서 응당 자세하게 조사하고 점검을 하여서(查盤) 압송을 해야 합니다. ……[82]

양명은 죄수를 인계하지 않아서 장충과 허태에게 큰 죄를 얻었고 (그들을) 크게 분노하게 만들었다. 그들은(*강빈을 포함하여) 유언비어를 날조하여서 무고하기를, 양명과 신호가 결탁하여서 병사를 끼고 반란을 일으키려는 야심이 있었으며, 공을 믿고 오만하여서 무종이 파양호에서 신호를 사로잡지 못하게 하려고 한 것이 바로 이때부터 시작되었다고 하였다. 초평역에서 양명은 장충과 허태가 경변군을 거느리고 이미 서주·회주 일대에 이르렀다는 말을 듣고서 밤새 신속히 출발하여 절중으로 들어가서 장충과 허태를 피하였다. 그는 시를 지어서 분개하고 또 스스로 연민을 갖는 영탄을 하였다.[83]

초평역에서 쓰다, 두 수　　　　　　　　　　　　　書草萍驛二首

9월, 포로를 헌상하러 북상하다가 초평에서 주둔하였는데, 때는 이미 저물었다. 홀연 왕의 군대가 서주·회주에 이르렀다고 전해져서 곧바로 밤새 신속히 출발하였다. 벽에 쓰인 운을 따서 두 수를 쓴다.

九月獻俘北上, 駐草萍, 時已暮. 忽傳王師以及徐淮, 遂乘夜速發. 次壁間韻紀之二首.

---

82 『왕양명전집』 권31 「헌부게첩獻俘揭帖」.

83 『왕양명전집』 권20 「서초평역이수書草萍驛二首」, 「기강서제사부寄江西諸士夫」.

한 차례 전쟁에 공을 이룸은 기이한 일 아니며	一戰功成未足奇
친정한다는 소식 오히려 위태하네	親征消息尙堪危
변방의 봉화가 서북쪽에서 경보를 전하고	邊烽西北方傳警
동남쪽 백성의 역량 이미 피로해졌네	民力東南已盡疲
만 리 가을바람에 전마가 울고	萬里秋風嘶甲馬
온 산에 지는 해 깃발을 넘어가네	千山斜日度旌旗
소신이 어떻게 말을 달려 급보를 전할까?	小臣何儞驅馳急
어가를 돌리고 왕의 군사를 파하기를 청하려고	欲請回鑾罷六師

천 리 바람과 먼지를 검 하나로 맞서고	千里風塵一劍當
온 산에 가을빛 돌아가는 배를 보내네	萬山秋色送歸航
고향 집 백발 양친 헛되이 기다리고	堂垂雙白虛頻疏
문 앞을 세 차례나 지나갔는데 무슨 바쁜 일인지!	門已三過有底忙
격문이 서쪽에서 전해오는 암담한 이 가을	羽檄西來秋黯黯
북쪽으로 관하를 바라보니 밤기운 어둡네	關河北望夜蒼蒼
힘겹게 사마귀 앞발처럼 버티고 있으니	自嗟力盡螳螂臂
이날 국면을 돌이킴은 묘당에 있네	此日回天在廟堂

강서 여러 사대부에게 부치다　　　　　　　寄江西諸士夫

군마를 내달린 지 이미 네 해	甲馬驅馳已四年
가을바람에 돌아오는 길 더욱 아득하네	秋風歸路更茫然
백성의 병 다스릴 재주 없음을 부끄러워하고	慙無國手醫民病
공연히 관직을 차지하고 봉급을 축내네	空有官銜糜俸錢

파양호와 동해의 풍진이 잠시 멈추어도	湖海風塵雖暫息
장강과 상수의 가뭄 아직 이어지고 있네	江湘水旱尙相沿
시를 지으려니 문득 병주의 시구절이 떠오르고	題詩忽憶幷州句
머리 돌려 강서를 보니 고향인가 하네	回首江西亦故園

양명이 죄수를 장충과 허태에게 인계하지 않고 직접 남도로 가서 포로를 바치려고 한 까닭은 무종을 만나 '어가를 돌리고 왕의 군사를 파하기를 청하려고' 하였기 때문이라고 명확하게 말하였다. 그는 더욱 앞날의 흉험함을 예감하였다. 과연 그가 10월 초에 항주부에 이르렀을 때 어마태감 장영은 이미 명을 받들고 항주부에 도착하여서 그로부터 신호와 죄수를 넘겨받아 남창으로 보내고 무종으로 하여금 사로잡게 하려고 하였다. 그는 '대장군'(*무종)의 '균첩鈞帖'을 가지고 왔다. 양명은 그와 함께 한바탕 논쟁을 벌였다.

양일청은 「사례태감장공영묘지명司禮太監張公永墓誌銘」에서 두 사람의 논쟁을 다음과 같이 진실하게 기록하였다.

> 강빈·장충·허태가 상上을 권하여서 왕의 군사(六師)로 영왕을 친히 정벌하게 하였다. 강빈은 장충·허태 등을 파견하여 남경에서 대강大江을 거슬러 올라가 강서江西로 들어가게 하였고, 나누어 장영에게 명하여 절강에서 들어가 왕수인에게 포로를 바치도록 요구하고 그로 하여금 영왕을 다시 강서에 놓아준 뒤 강빈이 직접 전투를 하여 포로를 잡아서 공으로 삼으려고 하였다. 또한 온갖 계책을 써서 상 앞에서 왕수인을 헐뜯어 말하기를 "수인이 강서를 지키면서(鎭) 영왕과 사사로이 관계를 맺었습니다."라고 하여 상이 의심하였다.
>
> 왕수인이 포로를 바치려고 절성浙省에 이르렀는데 장영이 막아서며 그

를 을러서 앞으로 나아가지 못하게 하고 말하기를 "이미 어장御仗의 부월(鉞)을 금하게 하였으니 무신撫臣은 더불어 동등하게 예를 행할 수 없습니다."라고 하였다. 중문을 닫은 지 여러 날이었다. 하루는 왕수인이 장영의 공관에 나아가 와탑臥榻에 반듯이 앉았더니 장영은 기가 죽었다. 이윽고 왕수인의 말과 생각이 충직하고 강개함을 알고서 또한 (스스로) 조금 비밀스러운 일(陰事)을 지니고 있었기에 장영은 더욱 위축되었다. 그러나 짐짓 꼿꼿하게 말하기를 "공은 어째서 나라를 위해 이와 같이 괴로움과 어려움을 겪으려 하십니까? 어째서 일찌감치 내 품에 투신하지 않습니까?"라고 하였다. 왕수인이 말하기를 "어찌 사람인 왕의 절사節使에게 투신하겠습니까? 공이 내 품에 투신하면 더불어서 함께 나랏일을 성취할 수 있을 따름입니다."라고 하였다. 장영이 이어서 말하기를 "나는 나라를 저버리는 자가 아닌데, 또 공은 안화왕安化王(주치번朱寘鐇, 1453~1510)의 사례를 보지 않았습니까?" 하였다. 왕수인이 말하기를 "공이 나라를 저버리지 않았다면 어째서 주상으로 하여금 남정하게 하십니까?" 하였다. 장영이 말하기를 "남정이 역시 무슨 해가 됩니까?" 하였다. 왕수인이 말하기를 "영번寧藩이 틈을 엿본 뒤로 강우江右가 폐허가 되었습니다. 이어서 또 군사가 일어나 수천 리 교외(郊郭)에까지 뼈를 꺾어 불을 때고(析骸而炊) 자식을 바꾸어서 잡아먹지(易子而食) 않음이 없고, 남은 적들의 무리가 강호에 숨어 엎드려서 아직도 기회를 엿보고 있습니다. 만약 왕의 군대가 과연 남으로 온다면 이 무리가 틈을 엿볼 뿐만 아니라 백성은 지탱하지 못하니 반드시 몽둥이를 들고 일어날 것입니다."라고 하였다. 장영이 크게 깨달았다. 비로소 (왕수인이 그에게) 조정(調劑)을 허락하였더니 강 위를 가리키면서 "공의 함거와 함께 온 자들을 우리에게 귀속시키지 않을 수 없습니다."라고 하였다. 왕수인이 말하기를 "내가 이것을 어디에 쓰겠는가?" 하면서 포로를 장영에게

귀속시켰다.[84]

양명은 장영과 함께 장충과 허태를 따라 강서로 온 군대를 단속하고 신속하게 군사를 돌이켜서 회군할 일을 재촉하는 문제를 집중적으로 언급하였다. 양명이 다음과 같이 말하였다. "조종祖宗의 신령에 의지하여 역번逆藩을 붙잡았는데 장충 등은 오히려 군사를 이끌고 저곳에 이르렀으니 아마도 강서의 백성은 끔찍한 악독을 견디지 못할 것입니다. 각하께서는 빨리 나아가 그들을 단속해야 하는데 어찌 오히려 소생하게 하지 않습니까?" 하였다. 장영이 말하기를 "내가 여기에 온 것은 바로 뭇 소인배를 감시하고 다스려서 함부로 하지 못하게 하되 족하의 말과 같이 하려는 것일 뿐입니다."라고 하였다. 양명이 강조하여서 말하기를 "족하께서는 이때에 강서로 가시느니 어찌 제(守仁) 말을 듣고 신호를 인수한 뒤 예궐할 때 포로로 바치지 않습니까? 장충 등이 포로를 이미 바쳤다는 말을 듣고도 오래 군사를 주둔하기에는 명분이 없을 테니 장차 회군하신다면 강서의 백성은 여러 면에서 족하에게 입은 은혜가 많을 것입니다."라고 하였다. 장영이 기뻐하며 응답하였다.[85]

장영은 돌아가면 반드시 무종에게 남정을 그만두고 병사를 물려서 돌아가게 권하며, 양명의 경경한 충심(耿耿忠心)을 진술하고 양명이 억울하게 무함(誣枉)을 받은 점을 밝히고, 장충과 허태의 군대를 단속하여서 감독하겠다고 표명하였다. 양명은 그제야 신호 등 죄수를 장영에게 인계하였다. 나중에

---

84 『국조헌징록』 권117 「사례태감장공영묘지명司禮太監張公永墓誌銘」. 양명과 장영이 논쟁한 일은 책마다 어투가 많이 다르다. 당연히 장영과 진괴(*『문견만록聞見漫錄』)가 말한 내용이 옳다(*두 사람 모두 당사자이다).

85 진괴, 『문견만록聞見漫錄』 권상.

장영은 돌아가 무종을 만나서 과연 온 집안을 담보로 하여 양명의 충심에 두 마음이 없으며 아무 잘못 없이 무함을 받았음을 아뢰어서 호소하기를 "왕년 (1510)에는 치번真鐇의 반란이 있었고 금년에는 신호의 반란이 있었는데, 천하의 왕부王府, 장군과 중위中尉 7천 여 가문이 어찌 오늘과 같은 일을 벌이지 않을 것이라고 보장하겠습니까? 왕수인 한 사람이 무함을 받아 죄를 얻는다면 다른 날 누가 기꺼이 앞장서서 반란을 평정하겠습니까?" 하였다. 그러나 양명은 아직 안심할 수 없어서 병의 요양을 핑계로 항주에 머물면서 무종이 남경으로 행재하기를 기다렸다가 다시 무종의 면전에서 아뢰기로 결정하였다.

그는 「안행절강안찰사교할역범잠류양병案行浙江按察司交割逆犯暫留養病」에서 항주에 머물러 주둔하려는 이유를 다음과 같이 설명하였다.

지금 앞일에 비추어볼 때 본직은 병세가 날로 위중해져서 빨리 낫기는 쉽지 않으며, 나아가기는 불가능하고 물러나기는 더욱 불가능하니 만약 다시 연기한다면 반드시 두 가지 모두 그르칠 것임을 스스로 헤아리고 있습니다. 본직이 잠시 해당 지역에 머물면서 의사를 청하여 잠시 치료를 하고 조금 차도가 있기를 기다렸다가 그대로 성성으로 돌아가거나 혹 그대로 전진하여 연도에서 어가를 맞이하든가, 공문을 갖춰서 은혜를 청하여 병을 치료하고 별도로 가는 것 외에, 근거한 바 원래 압송하려던 죄수는 조사하여서 밝힌 다음 데리고 성성으로 돌아가서 어가가 이르기를 기다려서 심리하여 처리하고자 합니다.[86]

---

86 『왕양명전집』, 권17 「안행절강안찰사교할역범잠류양병案行浙江按察司交割逆犯暫留養病」.

양명의 참된 의도는 실제로 요양을 구실로 항주에 머물면서 무종이 남도로 오기를 기다렸다가 어가가 도성에 도착하면 맞이하여 면전에서 억울함을 밝히며 아뢸 생각이었다. 만일 이때 남창으로 돌아간다면 양이 호랑이 아가리에 들어가는 것이나 다름없었던 것이다.

항성에서 그는 서호 정자사淨慈寺에 머물면서 지루하게 기다리기 시작하였다. 이때 무종은 아직 임청에서 소요하고 머무르다가 10월 22일에 이르러서야 출발하였다. 양명은 아무것도 할 수 없음을 느끼고 전원으로 돌아가 거주하며 곤경에서 벗어나는 것만 못하다고 생각하면서 고통스럽게 시를 지어서 읊었다.[87]

정자사에 묵다, 네 수	宿淨寺四首
깊은 솔숲의 낡은 집 등나무 덮였는데	老屋深松覆古藤
그 옛날 머물렀던 기억이 새롭네	羈棲猶記昔年曾
대숲에선 바둑 두며 한가로운 날 보내고	棋聲竹裏消閒畫
창 앞의 약주머니는 병든 스님 대하네	藥裹窗前對病僧
안개 속 배는 사람을 피하여 새벽에 나오고	煙艇避人長曉出
높은 봉우리 멀리 보며 때로 올랐었네	高峰望遠亦時登
이제야 더욱 많이 얽매었음을 느끼고	而今更是多牽繫
그때처럼 하고자 해도 그럴 수 없네	欲似當年又不能
늘 괴로운 인간세 근심은 다하지 않으니	常苦人間不盡愁

---

87 『왕양명전집』 20 「숙정사사수宿淨寺四首」, 「귀흥歸興」.

매양 산속으로 들어와 쉬려는 마음 방해하네	每拼須是入山休
만약 이 밤 산속에서 묵는다면	若爲此夜山中宿
한밤중에 저절로 온갖 근심 졸이겠네	猶自中宵煎百憂
서강의 수많은 싸움 이제야 안정되고	百戰西江方底定
황제의 군대 남으로 와서 아직 머무네	六飛南向尚淹留
뉘라서 진정 하늘을 돌이킬 힘 있으랴!	何人眞有回天力
여러 원로는 날마다 도모해도 아무것도 할 수 없네	諸老能無取日謀

수많은 싸움하고 돌아오니 몸은 병들고	百戰歸來一病身
시사를 보니 더욱 근심스럽네	可看時事更愁人
세상 사람 진퇴의 계책을 묻지 말라	道人莫問行藏計
이미 도화동 속 봄을 샀으니	已買桃花洞裏春

스님 나를 향해 웃고	山僧對我笑
산으로 돌아가라 설득하네	長見說歸山
십 년 이별을 한 뒤	如何十年別
의구히 한가한 적 없었는지?	依舊不曾閑

돌아가고 싶은 마음　　　　　　　　　　歸興

성명한 조정에 실낱같은 도움도 못 되고	一絲無補聖明朝
양 귀밑머리 헛되이 길어지네	兩鬢徒看長二毛
회음후(한신)는 국사가 아님을 알았고	自識淮陰非國士
소강절(소옹)은 예로부터 호걸이었네	由來康節是人豪

바야흐로 편안히 베개 베기 어려운 때인데	時方多難容安枕
칼 솜씨 쓸모없는 형편이네	事已無能欲善刀
월수 동쪽 옛 은자를 찾아가니	越水東頭尋舊隱
초가집 뒤 높은 봉우리에 흰 구름 이네	白雲茅屋數峰高

그러나 무종의 행적은 비밀스럽고 일정하지 않았기에 앉아서 기다리는 것은 좋은 방법이 아니었다. 양명은 어가를 맞이하러 북상하는 방법을 택하여서 곧바로 남도로 들어가 무종을 영접하기로 계획하였다. 그는 10월 중순경에 곧 항주에서 출발하여 북쪽으로 갔다. 가는 내내 벗을 방문하고 배움을 논하였다. 소주蘇州에 이르러 남호南濠 도목都穆을 예방하였다. 무석無錫에 이르러서는 보암補庵 화운華雲(1488~1560)의 산장을 방문하여서 화운이 소장한 당인唐寅(1470~1524)의 그림에 제자題字를 하였고, 당인의 〈산정일장도山靜日長圖〉에 「옥로玉露」라는 글을 제하였으며, 또 문인 화하華夏의 조모 석인碩人 전씨錢氏를 위해 수서壽序를 지었다.

11월 초쯤에 그는 진강鎭江에 도착하여 대은원待隱園으로 가서, 치사하고 집 안에 거주하던 양일청을 예방하였다. 대은원은 정묘교丁卯橋에 있는 양일청의 별서別墅 석종정사石淙精舍 안에 있었다. 양명과 양일청 두 사람은 마음껏 학문을 강론하고 정치를 논하였으며 현재의 시국에 대해 우분의 눈물을 흘렸다. 바위와 꽃과 산과 대나무가 우거지고 누정樓亭과 대사臺榭가 있는 대은원을 마주한 양명의 가슴속에서는 돌아가 은거하려는 생각이 뭉게뭉게 일었다. 그는 잇달아 시 다섯 수를 지어서 읊었다.[88]

---

88 『왕양명전집』 권20 「양수암대은원차운오수楊邃庵待隱園次韻五首」.

양수암 대은원의 운을 따다, 다섯 수   楊邃庵待隱園次韻五首

대은이라 하는 아름다운 정원   嘉園名待隱

오로지 주인 돌아오기를 기다리네   專待主人歸

이날 참으로 돌아오니   此日眞歸隱

정원의 이름 어긋나지 않았네   名園竟不違

바위 꽃과 더불어 이야기 나누고   巖花如共語

산과 돌은 그대로 서로 의지했네   山石故相依

세상사 모두 잊어버리니   朝市都忘却

다시 사립문 닫을 수고할 것 없네   無勞更掩扉

위대한 은거는 시전에서 하는 것   大隱眞廛市

이름난 정원은 급고원처럼 누추하네   名園陋給孤

유후(장량)는 먼저 병을 구실로 사양하였고   留侯先謝病

범로(범려)는 끝내 호수로 돌아갔네   范老竟歸湖

대나무 심은 것은 속세를 건지려 함 아니고   種竹非醫俗

산을 옮기려 함은 어리석음 아니라네   移山不是愚

(이날 공이 바야흐로 산과 돌을 옮겨서 배치하였다)   (是日公方移山石)

때에 맞게 화합하여 처리하니   對時存燮理

경세제민 저절로 꾀가 이루어지네   經濟自成謨

푸른 들 봄이 깊고   錄野春深地

산 북쪽 밤이라 고요한 때   山陰夜靜時

서리는 오솔길 따라 미끄럽고   冰霜緣徑滑

구름 속 바위는 사람을 향해 우뚝하네 　　雲石向人危

난리를 평정할 마음 여전하고 　　平難心仍在

쓰러진 나라 부축할 힘 쇠퇴하지 않았네 　　扶顚力未衰

강과 호수에 무장한 병사 그득하니 　　江湖兵甲滿

읊기를 마침에 남은 생각 있네 　　吟罷有餘思

이 정원을 오래전에 듣고서 　　玆園聞已久

이제야 처음 와서 보네 　　今度始來窺

저잣거리는 안개로 고요하고 　　市裏煙霞靜

호리병 속처럼 기이하게 얽혔네 　　壺中結構奇

여러 날 멋진 놀이를 하고 　　勝遊須繼日

자리를 비운 지 역시 여러 때 　　虛席亦多時

동산이 궁벽하다 말하지 말라 　　莫道東山僻

창생은 혹 아직 알지 못하리 　　蒼生或未知

아름다운 정원은 공이 은거하기를 기다리고 　　芳園待公隱

곤란한 세상은 공이 형통하기를 기다리네 　　屯世待公亨

꽃과 대나무는 정자를 깊이 두르고 　　花竹深臺榭

바람과 먼지는 갑옷 입은 병사를 덮어버리네 　　風塵暗甲兵

한 몸의 좋은 계책 얻었으나 　　一身良得計

세상의 정을 잊지 못하네 　　四海未忘情

세상사 간난함을 말하려니 　　語及艱難際

술잔을 멈추자 눈물이 흐르려 하네 　　停杯淚欲傾

양일청도 차운시 다섯 수를 지었다.[89]

왕양명의 시를 얻고 운을 따라 답을 하다　　　得王陽明詩依韻寄答

변란을 듣고 번뜻 일어나　　　　　　　　聞變幡然作

몸소 고독한 군대를 이끌었네　　　　　　親提一旅孤

살별은 태백성에 뜨고　　　　　　　　　欃槍浮太白

음산한 기운은 드넓은 파양호에 어둡네　　氛祲暗重湖

강개함은 평원군의 의리요　　　　　　　慷慨平原義

주선함은 영무자의 어리석음이라　　　　周旋寧武愚

공을 이룸 어찌 그리 쉬우랴!　　　　　　成功何易易

드리운 장막에서 원대한 계획을 묘하게 꾸미네　帷幄妙訏謀

이별하는 날 얼음 얼고 서리 내렸는데　　冰霜爲別日

눈 깜짝할 사이에 봄이 돌아오네　　　　轉眼又春歸

나라에 바친 몸 아직 건장한데　　　　　許國身方健

흉악함을 제거함에 어긋나지 않기를　　　除凶愿不違

세상살이 지금 힘들고 어렵지만　　　　　寒暄今契闊

도의로 옛날부터 의지했네　　　　　　　道誼昔因依

무릎을 안고서 아무 말 없고　　　　　　抱膝渾無語

검은 구름 낀 밤중 사립문이 어둡네　　　陰雲暝夜扉

---

89 『석종시고石淙詩稿』 권14 「득왕양명시의운기답得王陽明詩依韻寄答」. 살펴건대, 양일청의
이 차운시는 정덕 15년 봄에 지은 것이다.

전쟁이 한창 험난한 즈음	戎馬艱關際
바람과 먼지 멀리 이어지는 때	風塵澒洞時
마음은 응당 사직에 걸려 있고	心應懸社稷
몸은 안위를 걱정하네	身心繫安危
공이 클수록 도리어 꺼림칙한 일 불러들이고	功大翻招忌
근심이 많아 쉽게 쇠약해질 듯하네	愁多恐易衰
풍당은 늙어서도	馮唐年雖老
끝까지 한의 왕을 생각했지	終動漢王思

많은 사내 황하 물을 마시고	多士從河飲
속된 선비 헛되이 좁은 소견을 가졌네	俗儒徒管窺
평생 경세제민 뜻을 품고	平生抱經濟
임기응변으로 권도를 따랐네	應變蓋權奇
비바람 치는 밤 외로운 등불 아래	風雨孤燈夜
꾀꼬리 울고 꽃 피어 흥이 이는 때	鶯花漫興時
오색구름 어느 곳에 이는지	彩雲何處扎
애오라지 그리움 위로해주려나	聊得慰相思

온갖 험난한 풍파를 다 겪고	歷盡風波險
이 형통한 밝은 길을 밟네	履此陽道亨
통달한 선비는 저절로 쓸모 있으니	通儒自適用
큰 쓸모는 모름지기 군사를 쓰는 것이 아니네	大用不須兵
때맞춰 내리는 비 봄꿈을 일깨우니	急雨警春夢
머문 구름 깊은 정을 얽어매네	停雲繫遠情

중령 샘에 맑은 물이 있으니 中泠有玄酒

만나면 그대 위해 길어주리 相見爲公傾

　"공이 클수록 도리어 꺼림칙한 일 불러들이고"라는 구절은 문제의 근본적인 관건을 말한다. 진강鎭江은 남경에서 아주 가까운 곳에 있었다. 이때 무종은 오히려 멀리 서주徐州와 회안淮安 일대에서 낚시질하고 새를 잡고 즐기면서 남쪽으로 내려올 생각을 하지 않았다. 양명은 진강에서 남경을 멀리 바라보며 날마다 공연히 기다리고 있었는데 커다란 재앙이 돌연 닥쳐왔다. 황제의 측근으로 전횡을 일삼으며 발호하던 간신 강빈이 제기緹騎(금의위 소속 무사)를 각지로 파견하여서 주구走狗로 삼고 민간의 진귀한 보배나 골동품을 대대적으로 토색질하였다. 그는 결국 중귀中貴 수십 명을 파견하여서 무종의 '대장군패大將軍牌'를 지니고서 기세등등하게 진강으로 와서 양명에게 신호가 뇌물을 바친 조정의 중귀와 대신들의 명단과 장부를 내놓으라고 요구하였다. 찾아내지 못하자 곧 대장군패를 꺼내 들고서 양명에게 남창으로 돌아가 강서를 순무하라고 하여서 양명은 남도로 들어가지 못하였다.

　나중에 구양덕歐陽德(1496~1554)은 양명이 진강에서 끝내 남도로 들어가지 못한 이 비밀을 다음과 같이 폭로하였다.

　　강서의 변란으로 포로를 바치러 북상하였는데 …… 사직을 위한 계책 때문에 상이 반드시 분노하고 여러 간당이 틀림없이 헐뜯을 것임을 미리 알았으나 돌아볼 겨를이 없었습니다. 친히 가서 그 일을 담당함에 또 먼저 지각을 발휘하여서 여러 간사한 입을 막고 중간에 기패旗牌를 돌려보내고 대장군 균첩을 받들지 않은 데에는 모두 곡절이 있었습니다. 신호가 뇌물을 바친 요직(要津)의 장부(簿籍)를 획득하여서 명을 내려 태워버린 것입니

다. 강빈은 이 사건으로 옭아매려고 중귀 수십 명을 파견하여서 대장군패
로 힐책하였는데, 진강에서 만났더니 기세가 흉흉하였습니다. 화와 복으로
깨우치고 이치로 밝혀주었더니 그 사람들이 늘어서서 절을 한 뒤 돌아갔
습니다. 마침내 이것으로 여러 간사한 사람들에게 저지당하여서 상을 빕지
못하였습니다. 처음 기회를 틈타 만나서 어지러움을 없애고 바른 데로 돌
이키려고(撥亂反正) 하였으나 결국 그렇게 하지 못하였던 것입니다.[90]

'대장군패'는 스스로 '위무대장군'에 봉한 무종의 성지를 가리킨다. 바로
무종이 양명과 만나기를 거부하고 양명이 남도로 들어와 면전에서 아뢰는 것
을 허락하지 않고 그에게 남창으로 돌아가서 강서를 순무하라고 명령한 것임
을 알 수 있다. 양명이 꿈에도 생각지 못하고 있었지만, 바로 그가 진강에서
애타게 기다리고 있을 때 서주에 있던 무종은 뜻밖에도 예과급사중 축속祝
續(1479~?), 감찰어사 장륜章綸·허맹화許孟和, 병과급사중 제지란齊之鸞 등 '네
기공어사(四紀功)'를 강서로 파견하여서 장충·허태·유휘와 함께 양명의 반역
상황을 조사하게 하였다.[91] 무종의 음험하고 교활한 거짓을 이로써 알 수 있
다. 이에 이르러 양명이 무종의 면전에서 진술하려는 일체의 노력이 모두 헛
수고로 돌아가자 양일청은 그에게 빨리 남창으로 돌아가서 명철보신하라고
하였다. 그가 이때 포로를 바치러 남도로 가는 길은 처음에는 장충·허태에게
막히고, 다음에는 장영에게 막히고, 또 그다음에는 강빈에게 막히고, 마지막
으로 무종의 일방적인 흠정欽定에 의해 봉쇄되었다.

---

90 『구양덕집歐陽德集』 권2 「기왕룡계寄王龍溪」 서2.

91 제지란齊之鸞, 『용천집蓉川集』의 「역관소초歷官疏草」 가운데 「구왕문성공소救王文成公疏」
및 왕천계汪天啓, 「송용천제공지숭덕서送蓉川齊公之崇德序」에 보인다.

11월 중순, 양명은 한없는 비분을 품고서 양일청과 고별한 뒤 호구湖口를 따라 남하하여서 남창으로 돌아갔다. 그는 남창으로 돌아가는 길의 흉험함을 예감하고 배가 팽택을 지나갈 때 얼음이 얼고 눈 덮인 소고산小孤山에 올라 가슴 가득한 충분忠憤과 비정함을 즉흥으로 읊은 「소고에 올라 절벽에 쓰다(登小孤書壁)」이라는 긴 시에 모두 쏟아내서 산의 절벽에 크게 썼다.[92]

사람들 말하기를 소고산은 아주 험한 곳이라	人言小孤殊阻絶
종래 바라볼 수는 있어도 오를 수는 없다 하네	從來可望不可攀
위에는 깎아지른 절벽 떨어질 듯하고	上有顚崖勢欲墮
아래에는 칼 같은 바위 울퉁불퉁 완강하게 버텼네	下有劍石交巉頑
골바람 절벽에 맹렬히 불어 배는 나아가지 못하고	峽風閼壁船難進
집채 같은 파도는 사납게 교룡의 관문을 때리네	洪濤怒撞蛟龍關
돛은 찢어지고 돛대는 부러져 감히 넘을 수 없고	帆檣摧縮不敢越
왕왕 물러나 앞산에 의지하네	往往退次依前山
절벽 곁 모래 기슭에 해는 동쪽으로 옮겨가고	崖傍沙岸日東徙
홀연 거대한 물결을 이루어 서쪽 만으로 통하네	忽成巨浸通西灣
임금 마음은 배 저어가는 괴로움을 불쌍히 여기는 듯하고	帝心似憫舟楫苦
신령의 도끼가 밤에 흔적도 없이 찍어냈네	神斧夜鬪無痕斑
바람과 우레 갑자기 일어 온갖 괴이한 현상이 보이고	風雷倏翕見萬怪
사람의 꾀는 그 사이에 용납될 수 없네	人謀不得容其間
나는 간절한 뜻으로 한번 가려고 하여	我來銳意欲一往
작은 배에 미복으로 휘돌아가는 물결을 따라가네	小舟微服沿回瀾

---

92 『왕양명전집』 권20 「등소고서벽登小孤書壁」.

기우뚱하는 몸으로 숨을 헐떡이며 하늘구멍 우러러보니	側身脅息仰天竇
공중에 걸린 잔도는 거미줄처럼 보이네	懸空絶棧蛛絲慳
바람 불어 새벽에 마신 술로 눈앞이 어질하고	風吹卯酒眼花落
얼어붙은 붉은 계단에 발걸음은 힘이 빠졌네	凍滑丹梯足力孱
푸른 악어는 뿌리는 비에 나타났다 숨고	青鼉吹雨出仍沒
흰 새는 손님을 피해 왔다가는 날아가네	白鳥避客來復還
봉우리에서 사방을 보니 해는 떨어지고	峰頭四顧盡落日
온 세상 풍경 완연히 어둠에 잠겼네	宛然風景入瀛寰
노을에 삼산은 얼마나 먼지	煙霞未覺三山遠
속세의 삶은 반나절 한가함을 얻었네	塵土聊乘半日閒
기이한 강과 바다를 보니 거대하여 험난하고	奇觀江海詎爲險
세상인심 평평한 듯하여도 오히려 어려움이 많네	世情平地猶多艱
아!	嗚呼
세상인심 평평한 듯하여도 오히려 어려움이 많아	世情平地猶多艱
북극을 돌아보니 두 줄기 눈물이 흐르네	回瞻北極雙淚潸

양명은 소고산에 오르는 것을 세상의 벼슬길이 험난하고 가팔라서 고르지 못함에 비유하여서 "세상인심 평평한 듯하여도 오히려 어려움이 많아, 북극을 돌아보니 두 줄기 눈물이 흐르네"라고 하였다. 이는 그가 신호의 반란을 평정한 것과 실패로 끝난, 포로를 헌납하는 남도의 길에 대한 침통한 총결이었으며, 또한 어리석은 군주 무종에 대한 그의 원망과 분노와 연모하는 감정을 털어놓은 것이다. 마음속에서는 또 전원으로 돌아가 거주하려는 현실도 피의 감상感傷이 솟아올랐다.

배가 호구를 지나갈 때 그는 석종산石鐘山에 올라 소보邵寶의 석종산 시

에 차운하여 시 한 수를 읊었다.[93]

포로를 바치러 남도로 갔다가 돌아오면서 석종산에 올라 심 자 운을 따서 짓다   獻俘南都回還登石鐘山次深字韻

내 와서 석종을 두드리니	我來扣石鐘
골짜기와 들은 하늘처럼 깊구나	洞野鈞天深
망태 맨 늙은이 산 앞을 지나가며	荷簣山前過
아직도 나에게 마음 있는지 놀리네	譏予尙有心

배가 남창과 그다지 멀지 않은 남강南康에 이르자 양명은 혜산鞋山을 지나고 멀리 여산廬山을 바라보며 가슴속에서는 더욱 비감한 마음이 일었다. 그는 참소를 당해 쫓겨난 굴자屈子(굴원)와 길이 막혀 울면서 돌아온 양주楊朱에 스스로를 빗대어 시 한 수를 읊었다.[94]

혜산을 지나며 장난삼아 짓다   過鞋山戲題

쌍규룡을 수레에 매어 동해를 건넜으나	曾駕雙虬渡海東
짚신 발 헛디뎌 바람에 떨어지네	青鞋失脚墮天風

---

93 『석종산지石鐘山志』 권13 「헌부남도회환등석종산차심자운獻俘南都回還登石鐘山次深字韻」. 『석종산지』는 양명의 이 시 아래 소보의 「상종석궤上鐘石几」를 수록하였다. "바위는 평평하여 숨을 만하고, 남쪽 못은 아득히 깊네. 수많은 봉우리 푸르름 끝없고, 하나하나 호수 복판에 점을 찍었네.(有石平堪隱, 南溟一望深. 萬峰青不了, 一一點湖心)"

94 『왕양명전집』 권20 「과혜산희제過鞋山戲題」.

이미 천년이 지났으나	經過已是千年後
발자취 의연히 꿈속 같네	踪迹依然一夢中
굴자는 수고로이 세상에 험난함을 아파하고	屈子漫勞傷世隘
양주는 공연히 홀로 길이 막혀 우네	楊朱空自泣途窮
나는 모름지기 광려 꼭대기에 앉아서	正須坐我匡廬頂
차가운 물에 발을 씻고 새벽 날씨에 산보하려네	濯足寒濤步曉空

그러나 그는 슬퍼하며 아파하던 데서 재빨리 떨쳐 일어나 흉험하기 이를 데 없는 남창을 향해 우뚝하게 높이 선 '여산廬山'에서부터 벼슬의 바다에 덮친 풍랑에 맞서 싸울 수 있는 역량과 신념을 길어 올리며 시를 읊었다.[95]

여산을 바라보며   望廬山

사람들 모두 여산이 저토록 기이하다 하고	盡說廬山若個奇
당시의 글과 그림도 의아하게 하네	當時圖畵亦堪疑
구강의 물결은 전날 같지 않은데	九江風浪非前日
오로봉 구름을 어찌 기약할 수 있나?	五老煙雲豈定期
눈은 층층이 험한 높은 절벽에 익숙하고	眼慣不妨層壁險
발걸음은 잦게 짧은 지팡이 따르네	足踔須著短筇隨
향로봉 폭포는 실같이 가늘어 보이고	香爐瀑布微如綫
은하수를 터서 인간세상 못으로 쏟아낼 듯	欲決天河瀉上池

---

95 『왕양명전집』 권20 「망려산望廬山」.

양명은 이러한 신념을 품고 남창으로 돌아왔다. 이때의 남창성은 이미 공포와 혼란의 도가니에 빠져 있었다. 원래 장충·허태·유휘는 10월에 이미 경변군을 이끌고 매우 빠르게 남창에 도착하였다. 장충은 스스로 '천자의 아우(天子弟)'라고 일컬었고, 유휘는 스스로 '천자의 아들(天子兒)'이라고 자처하였으며, 허태는 스스로 '위무부장군이며 천자와 동료(威武副將軍, 與天子同僚)'라고 일컬었다. 그들은 명목상 신호의 반란에 대한 진상을 조사하고 신호의 당여(同黨)로서 고발된 사람들을 체포하러 온 것이라고 하였지만, 실제로는 양명이 반란을 평정한 공을 약탈하고 양명이 신호와 결탁하여서 병사를 이끌고 반역한 죄로 옭아매려는 것이었다.

그들은 경변군을 풀어놓아 함부로 소요를 일으키고 백성의 재물을 약탈하며 온갖 방법으로 주구誅求를 일삼고 수억의 재물을 낭비하였다. 이른바 신호의 '여당餘黨'으로 억울하게 체포된 선비와 백성 중 '역당'으로 무함을 받은 수가 수십만이었다. 심지어 공신 오문정도 체포되었는데 오문정이 크게 꾸짖기를 "내가 구족九族을 돌보지 않고 나라를 위해 큰 도적을 평정하였는데 무슨 죄가 있느냐? 너희는 천자의 복심으로서 (도리어) 충성스럽고 의로운 사람에게 굴욕을 안겨주어서 역적을 위해 원수를 갚으려 하니 법에 따라 마땅히 참해야 할 것이다!"[96]라고 하였다. 이에 장충이 크게 노하여 오문정을 철퇴로 치고 쇠몽치로 찔러서 땅에 쓰러뜨렸다.

그들은 또 사방으로 양명의 죄상을 찾아냈다. 그리하여 경변군을 풀어서 이름을 불러대며 양명을 능멸하고 업신여기고 꾸짖으며 겁 없이 일부러 시비를 걸고 소동을 피웠다. 양명이 남창으로 진격하여 들어간 뒤에 그들은 병사를 풀어서 약탈과 살육을 일삼으면서 (양명이) '공을 탐하여 함부로 사람을 죽

---

96 『명사』 권200 「오문정전伍文定傳」.

이고 이익을 도모하여 불을 지르고 약탈하였다'고 무고하였다. 장충과 허태
는 양명을 질책하기를 "영부寧府의 부는 천하의 으뜸인데 지금 쌓여 있는 부
가 어디에 있는가?" 하였다. 양명이 대답하기를 "신호가 전에 이미 모두 경사
의 요인에게 운반하여서 내통을 약속하였으니 장부를 찾아볼 수 있다."라고
하였다.

제지란은 「천거장재소薦舉將材疏」에서 양명이 남창에서 처한 상황을 다음
과 같이 묘사하였다.

> 바야흐로 신호의 반란 소식이 들려오자 두려워서 허둥지둥하지 않는 사람
> 이 없었습니다. 또한 왕수인의 첩보가 이르자 이익을 좇아 이를 길을 하루
> 에 달리듯 하지 않는 사람이 없었습니다. 허태와 장충이 이미 땅을 내달려
> 바야흐로 그 공을 독차지하려고 하여 다시 신호를 장영에게 귀속시키는
> 것에 화를 내고 밤낮으로 왕수인의 허물을 날조하여서 죄를 꾸며대고 자
> 기 마음을 만족시키기 위해 이르지 않은 곳이 없었습니다. 혹 내통한(交通)
> 형적을 꾸며내고 혹 지적하는 말을 날조하여서 선황(*무종)의 귀에 들어가
> 게 하여서 크게 의심을 하도록 만들었습니다. …… 허태는 장충과 유휘에
> 게 술수를 알려서 안심시키고 스스로는 앞잡이(爪牙)를 파견하여 각지에서
> 잔당을 모았습니다. 유휘는 자기를 매수하려는 것임을 알고 이를 좇아서
> 본받았으니 ……[97]

가장 두려운 점은 무종이 파견한 '네 기공(四紀功)', 곧 축속·장륜·허맹화·
제지란이 황제의 명을 받들고 비밀리에 남창으로 와서 장충·허태·유휘와 함

---

97 『용천집蓉川集』「역관소초歷官疏草·천거장재소薦舉將材疏」.

께 긴밀하게 온갖 계책을 꾸며서 양명이 반역한 죄상을 찾아내려는 일이었다.

나중에 왕천계汪天啓는 「송용천공지숭덕서送蓉川公之崇德序」에서 듣는 사람을 깜짝 놀라게 하는 이 비밀을 폭로하였다.

선제先帝가 친정을 하여서 어가가 이미 경사를 떠났는데 서경瑞卿(*제지란) 및 예과좌급사중 축속, 어사 장륜·허맹화 등을 불러서 팽성彭城(*徐州)에서 기다리게 하였다. 면전에서 난가鑾駕를 돌이키기를 청하였으나 듣지 않고 또 여러 장수들에게 효유하여 명하기를, 강서에 가서 남은 얼자(遺孽)를 베어버리라 하였다. 서경은 여러 장수에게 함부로 죽이지 말라고 경계하였는데, 거대 엄수의 세력이 지나치게 기염이 성대하여서 수신守臣을 짓밟아 뭉갰다. 서경이 홀로 내용을 갖추고 예를 지켜서 대하였기에 그를 굴복시키지 못하였다. 부제府第에서 신호를 국문하는 가운데 신호가 왕수인을 무함하여서 서경이 대의로써 책하자 끝내 입을 다물고 말하지 않았다. 황제는 남도에 머물렀는데(駐蹕) 서경이 여러 차례 환궁할 것을 상소하였으나 황제는 불편하다고 하며 강간江干에 머물면서 입성하지 말라고 명령하였다. 이에 「회란부回鑾賦」를 지어서 스스로 견책하였다. 여러 장수가 강서 수신의 공적을 탈취하였는데 시랑 왕헌王憲이 서경의 조책造冊을 끌어당겨서 말하기를 "상의 뜻을 거슬러서 재앙을 불러들이지 마십시오."라고 하였다. 서경이 정색을 하며 말하기를 "신자臣子는 군주를 불의에 빠뜨려서는 안 됩니다."라고 하였다. 이로 말미암아 의논이 결국 합치되지 않았다. 왕헌이 홀로 상의 뜻에 영합하여 책자를 엮어서 진상하였다. 한 해를 더 지체하였는데, 강빈과 장충 등이 매번 물으면 (서경이) 번번이 대답하기를 "강서 수신의 공적을 기록하지 않고 함부로 여러 귀족에게 공적이 미치게 하였으니 무엇으로 천하 후세에 보이겠습니까? 우리들(之鷹等)은 직책을 빼앗

기고(譏職) 중죄를 얻길 원하며 이 책자는 차마 엮을 수 없습니다!'라고 하였다. ......[98]

무종은 11월 6일에 서주에 도착하였는데, 바로 이때 '네 기공'을 남창으로 파견하여서 반란의 시말을 조사하게 하였다. 제지란은 「구왕문공소救王文公疏」에서 무종이 이 '네 기공'을 파견한 위무대장군 균첩을 다음과 같이 기록하였다.

> 너희들 제공은 태감 장영·장충, 안변백 주녕朱寧, 좌도독 주휘朱暉와 함께 공을 따라 신호가 반역을 일으킨 사정을 상세히 조사하되 시말과 내력, 그리고 근본적인 원인에 대해 살펴보아라. 그리고 안경부安慶府 지부 장문금張文錦(?~1524)이 본래 일컬은 내용에 의하면 다음과 같다. 적의 수괴 오십삼吳十三·능십일凌十一·도승봉涂承奉 등이 구술하기를 '도리어 양경兩京의 한두 사람이 우리를 잘못 팔아넘긴 일' 등의 말을 하였다. 또 도어사 왕수인 등이 차견하여서 상주문을 가져온 인역人役이 공술한 말에 의하면 "신호가 진 앞에서 말하기를 '나는 정통의 가지이며 낭낭의 비밀 전지가 나에게 왔다.'고 하였고, 신호를 사로잡아서 감옥에 가두자 또 말하기를 '사람들이 나를 두고 떠들썩하다.'는 등의 말을 하였습니다."라고 하였다. 너희들은 신호를 직접 심문하여서 어떤 사람과 오가면서 결탁을 하였으며 (반란의) 진정한 정황의 귀속(下落) 등을 추궁하라.[99]

---

98 『용천집』 「역관소초증언歷官疏草贈言·송용천공지숭덕서送蓉川公之崇德序」.

99 『용천집』 「역관소초歷官疏草·구왕문성공소救王文成公疏」.

이 '대장군 균첩'은 바로 양명이 남도로 들어오는 것을 저지한 '대장군패' 와 동시에 발급한 것이었다. 실제로 제지란 외에 축속·장륜·허맹화가 정황을 살피며 장충·허태·유휘에게 가담하여서 양명의 죄명을 지어냈다. 그들은 신호의 입에서 나오는 말을 듣고서 양명이 일찍이 기원형을 남창에 파견하여 강학하게 하였다는 사실을 지극한 보배를 획득했다는 듯이 여기고서 즉시 기원형을 체포하여 유언비어를 날조하고 양명과 신호가 사통했다고 무함하였으며, 무종에게 보고하여서 대형 옥사를 초래하였다. 나중에 제지란이 일곱 차례나 상주하여서 양명을 구원하게 된다.

양명은 남창에서 이러한 크고 작은 온역(瘟神)에 직면하였으나 매우 태연자약하게(自如) 방법을 생각해내 아주 빨리 이 온역을 몰아내기 위해 남도로 군사를 돌려서 곤경에서 벗어났다. 그는 성에서 함부로 날뛰고 발호하는 수많은 경변군을 대상으로 심리전(攻心戰)을 전개하였다. 「고유군민문告諭軍民文」을 반포하여서 백성에게 경변군을 잘 대접하도록 다음과 같이 설득하였다.

> 지금 경변 관군이 거리를 내달리며 만 리 멀리에서 온 것은 모두 조정을 위한 일이 아닌 것이 없다. 그들은 부모를 등지고 처자를 버리고 바람과 서리를 맞으며 추위와 더위를 무릅쓰고 거리에서 쓰러지고 넘어지며 한 해가 다가도록 집안을 돌아볼 겨를도 없었다. 그 질고疾苦를 차마 말로 다 할 수가 없다. 그 마음이 어찌 여기에서 즐거이 거처할 수 있겠는가? 하물며 남방의 낮고 습한 땅은 북쪽 사람들의 기질에 더욱 적합하지 않은데 올봄은 기운이 점점 동하여서 장역瘴疫이 발생하려고 하니 오랜 나그네는 돌아갈 생각에 정회가 더욱 견딜 수 없으리라. 너희들 거민은 자기가 편안함을 얻지 못하는 고통으로 생각하고 즉시 여러 관군이 오랫동안 고향을 떠나 집과 식구를 버려두고 온 고통을 생각하여서 주객의 정을 돈독히 하는

데 힘쓰고 원한을 품지 않게 하라. 일이 잘 해결된 뒤 병사로 인해 곤경에 처한 백성은 조정에서 반드시 근심하여 돌봐줄 것이다. 지금 군마가 성을 막고 있고 유사有司가 공급을 하는데 날마다 대처할(紿) 겨를이 없으니 일단 다투는 등의 송사가 일어나면 모두 마땅히 인내하고 참으며 곧바로 고발하여서 소요를 일으키지 말고 저마다 너희 사명으로 편안히 받아들여서 너희 마음을 편안히 하라.[100]

경변군은 효유하여 알리는(諭告) 이 글을 보자마자 저마다 고향을 생각하는 마음이 일어났다. 11월 22일(음력)은 동지절이었는데, 남창은 신호의 반란을 겪은 뒤라 굶어 죽은 시체가 들에 널렸고 해골은 매장을 하지 못하였다. 양명은 성의 전체 거민에게 명을 내려서 항제巷祭를 진행하고 집집마다 분묘를 만들어서 망자에게 곡하고 술을 부어서 혼을 불러 전奠을 거행하도록 하였다.

양명은 친히 「제유방문濟幽榜文」 한 편을 지어서 반포하였다.

> 엎드려 생각건대, 건곤乾坤의 세계가 상전벽해(滄海桑田)와 같으니 하루 12시간 100각刻에도 자고로 태어나는 사람도 있고 죽는 사람도 있다. 100년 3만 6000날을 어찌 그리 아무 생각도, 거리낌도 없이 함부로 보내겠는가! 현실을 논하자면 누가 세상에서 자기를 이롭게 하고 남에게 손해를 끼치게 하지 않고서 기꺼이 기강을 세우고 펼치겠는가? 신하가 군주를 시해하고 자식이 아비를 시해하니 눈을 부릅뜨고 몰인정한 자가 많으며, 부자는 가난한 자를 속이고 강한 자는 약한 자를 속이니 관청에 소송을 일삼는 자

---

100 『왕양명전집』 권17 「고유군민문告諭軍民文」.

가 넘쳐난다. 그리하여 몸은 차꼬를 차고 목숨은 황천에 떨어진다. 그러므로 군자와 소인이 살아갈 세월이 얼마나 될지 알 수 있다. 대체로 난신적자亂臣賊子가 어느 시대인들 없으랴? 지나간 일은 따라잡을 수 없고 가까운 앞날의 일은 대처할(當鑠) 수 있다. 만약 영왕이 이곳에 나타나 말을 한다면 다행히 우리에게 분명하게 근원을 보여줄 것이다. (그는) 다만 제왕의 높은 지위와 영광을 도모하고 왕의 기업이 무너짐을 돌아보지 않았다. 약간의 선량한 홍루紅樓의 부잣집 딸을 빼앗는다고 어찌 고운 눈썹의 여인을 볼 수 있겠으며, 하얀 얼굴의 소년이 기꺼이 단명하는 귀신이 되려고 하지 않는다. 곳곳에서 원한을 호소하고 굴욕을 호소하며, 의지할 곳 없고 기댈 곳 없어서 외롭고 쓸쓸해한다. 세 살 난 어린아이(孩童)는 애끊게 울지만 부모를 찾기 어렵다. 천금의 재물을 지닌 자가 가업을 일으켰으나 재와 먼지가 되어버렸다. 고관대작(侯門)의 재상도 슬퍼하고 두려워하며, 흥청망청하는 환락과 유흥의 거리도 모두 쓸쓸해졌다(侯門宰相也悽惶, 柳巷花街渾冷落). 떠도는 인생이 긴 꿈과 같은데(浮生若大夢) 보아하니 바쁘게 돌아다닌들 무슨 소용이 있으며, 세상사 뜬구름 같으니(世事如浮雲) 지나가는 데 어찌 온갖 계교를 다 쓰겠는가? 감찰鑑察이 없음을 면하기 어려우니 어디 간들 지은 죄에서 벗어날 수 있으랴? 나무는 뿌리(根)가 있고 물은 샘(源)이 있으나 누가 문중의 종주宗主를 염두에 두겠으며, 양으로는 신神이고 음으로는 귀鬼이나 누가 지경(境上)의 외로운 넋을 가련히 여길까? 3년에 두 해를 세금을 거두지 않아도 구렁텅이에 뒹구는 굶어 죽은 시체가 어찌 없겠으며, 열 사람이 가서 아홉이 돌아오지 않았는데 강호에 빠져 죽은 자 가운데에도 영웅은 있게 마련이다. 산천초목의 정령精靈과 가난하고 곤궁한 홀아비와 과부(鰥寡)는 외롭고 쓸쓸하니 슬퍼하고 황황하며 처참하고 적막하다. 어느 황혼, 어느 밤에 제사 지내는 자는 누구인가! 한번 비바람이 치고, 한번 모래가 날리니 삶에서 벗어나려고 해도 길이 없다. 다행히 재관齋官이 단을 쌓고 수륙재水陸齋를 닦으니 너희들을 위해 혜택을 베풀고 수재修齋를 하는 것이라, 거듭 군자당君子堂에 올라 우리 부처에게 청하려고 하니 이는 바로 신선의 경지라 어찌 모름지기 다시 묘엄궁妙嚴宮을 묻겠는가! 한 가닥 인연의 가없는 광경이다.[101]

이는 바로 양명의 특유한, 세상을 놀리는(玩世) 공손하지 않은 반어적 풍자의 필법인데 실제로는 장충·허태·유휘와 축속·장륜·허맹화에게 들으라고 한 말이다. 그가 이 방문을 발표한 까닭은 오직 '제유濟幽'에 있는 것이 아니라 '파병罷兵'을 더욱 재촉하여 온역의 귀신을 쫓아내려는 것이었다. 장충·허태·유휘는 양명의 현외弦外의 음을 알아듣고서 그를 무릎 꿇리기 위해 초청하여 교장教場에서 활쏘기 시합을 하였다. 양명은 활을 쏘았는데 세 발을 쏘아 세 발 모두 적중시켜서 장충·허태·유휘의 흉흉한 기염을 눌러버렸다.[102]

---

101 양명의 이 「제유방문濟幽榜文」은 현재 「왕수인파병제유방문등초고본王守仁罷兵濟幽榜文等草稿本」으로 존재하는데, '공부자구서망孔夫子舊書網'(인터넷)을 통해 공표되어 있다.

102 양명이 교장에서 활쏘기를 하여 세 발을 쏘아 세 발을 적중시킨 일에 관해서는 제일 처음 전덕홍의 『양명선생연보』에 실렸고, 나중에 위시량魏時亮의 『대유학수大儒學粹』에서 과장과 수식을 하여 서술하였으며, 『황명대유왕양명선생출신정란록』에서 사실을 더욱 과장하여서 연의演義의 허구를 조작하였다. 그러나 당시 실제로 남창에 있었던 추수익이 지은 「왕양명선생도보」에는 그 일이 실려 있지 않다. 서개임徐開任의 『명신언행록明臣言行錄』은 양명이 남창에서 행한 행적을 상세히 기록하고 있는데, 역시 그 일은 실려 있지 않고 다만 다음과 같이 말하였다. "마침 동지가 되었는데 성안의 백성이 갑자기 간과干戈에 걸려서 해골이 매장된 경우도 있고, 그대로 뒹구는 경우도 있었다. 공이 부서에 명령하여서 여러 면으로 거주민을 효유하여 말하기를 '이 절기에 저마다 마땅히 치재하고 죽은 자를 제사하여서 애통을 다하도록 하되 그렇게 하지 않는 자는 불효로 논하겠다.'고 하였다. 이에 하룻밤에 성안에서 초혼하고 아프게 곡을 하여서 비통해하였다. 북군北軍이 듣고서 모두 고향 생각을 하였다. 장충 등은 군사가 공을 욕되게 하려 하지 않고 돌아갈

장충·허태·유휘는 11월 말에 병사를 파하고 군사를 돌려서 남도로 돌아 갔다. 뒷사람(*전덕홍 등)이 모두 말하기를, 양명이 활쏘기를 하였는데 세 발을 쏘아 세 발을 적중시켜서 그들로 하여금 '크게 두렵게(大懼)' 만들었기 때문이라고 한 것은 전혀 통하지 않는 말이다. 장충·허태·유휘는 '상방보검尙方寶劍'을 손에 들고서 황명을 받들어 일을 저질렀는데 어찌 양명 한 사람이 '크게 두려워서' 반사班師하였겠는가? 축속·장륜·허맹화도 황명을 받들어 양명의 반역 상황을 조사하였는데 어떻게 '크게 두려워서' 빈손으로 남도로 돌아갈 수 있었겠는가?

나중에 상서尙書 곽도霍韜(1487~1540)는 이렇게 말한다. "이 전역戰役은 죄인을 이미 잡아들인 뒤인데 마치 (새로 전투를 벌이듯이) 수많은 군사를 출동시킨 것과 같았다. 지방이 이미 평안한데 (무고한) 백성을 죽이고서 첩보를 아뢰었다. 지나간 거조에서 이전 조정을 그르쳤고 다가올 위기에서 국시國是를 흔들었다. 대체로 공적을 물리치고 의리를 해친 장충·허태의 죄는 하늘에 닿으며, 옳고 그름을 따지지 않고 남의 뜻을 따르고 악행을 저질러 같은 무리까지 해치는(詭隨敗類) 축속·장륜 같은 패륜의 무리는 결당하여 악행을 저지르고 무능한 것이 역시 심하다."[103]

(이런 일들이 일어난) 근본적인 원인은 분명히 무종이 이때 이미 보응寶應·양주揚州에 도착하여 즉시 남도에 진입하려고 하였으며, 장충·허태·유휘와 축속·장륜·허맹화 역시 이때 바로 양명과 신호가 결탁하고 반란을 도모한 '증거'를 조사하여서 손에 넣었다는 데 있었다. 그리하여 장충·허태·유휘

생각을 하는 것을 알고서 마침내 기꺼이 군사를 돌렸다." 이에 여기에 의혹을 기록하고 고증을 기다린다.

103 전덕홍, 『양명선생연보』 '정덕 15년(1520) 7월' 조 아래의 인용에 보인다.

는 급히 군사를 이끌고 남도로 돌아가 어가를 보호하였는데, 첫째는 '공적을 물리치고 의리를 적대하여' '자기가 포로를 바쳐서 공적을 가로채려는' 것이었으며, 둘째는 무종에게 양명의 모반 상황을 보고하고 무종에게 금의위 군교를 파견하여서 양명을 사로잡으라고 청하려는 것이었다. 사정은 과연 이와 같았다.

무종은 12월 26일 남도에 진입하였고 장충의 무리도 때마침 남도에 도착하여서 무종에게 양명과 신호가 결탁하여 모반을 꾀하였다고 참소하였다. 무종은 즉시 금의위 군교를 강서로 파견하여서 양명을 잡아오게 하였다. 양일청은 「사례태감장공영묘지명司禮太監張公永墓志銘」에서 사람들을 깜짝 놀라게 할 이 진상을 다음과 같이 폭로하였다.

> 장영이 남경에 이르러서 상을 뵙고 왕수인이 충성을 다하고 또 큰 공적을 세워서 가릴 수 없음을 갖추어 말하였다. 이때 강빈江彬 등이 밤낮 상 앞에서 왕수인을 헐뜯었다. 상과 만나 바둑을 두면서 장영이 말하기를 "이는 왕수인 덕분입니다. 그렇지 않다면 강서의 변란을 버텨낼 수 없었을 터이니 주인이 어찌 이런 즐거움을 누릴 수 있겠습니까?" 하였다. 또 군교를 강서에 파견한 사실을 알고서 장영이 묻기를 "군교는 어디로 갑니까?" 하였다. 상이 답하기를 "수인을 체포하려는 것이다."라고 하였다. 장영이 묻기를 "무슨 까닭으로 그를 체포합니까?" 하였다. 상이 답하기를 "수인이 일찍이 영왕과 사사로운 관계였다고 들었다. 그러므로 체포하는 것일 뿐이다."라고 하였다. 장영이 말하기를 "아주 잘하셨습니다."라고 하였다. 상이 "무슨 말이냐?"라고 물었다. 장영이 답하기를 "모반한 자를 체포하는 것이니 어찌 아주 잘한 것이 아니겠습니까? 다만 진실이 아닐까 두려울 뿐입니다. 수인이 일찍이 유근을 논핵하다가 혹독한 심문을 받았는데 말을 바꾼 적

이 없었으니, 시험 삼아 묻건대 상을 모시고 있는 좌우에 그와 대질할 수 있는 자가 있습니까?' 하였다. 이에 시종에게 두루 물었더니 모두 사양하고 감히 나서지 않고 피해버렸다. 강빈 등이 자기들 뜻대로 되지 않자 다시 상에게 속임수를 써서 말하였다. "지금 곧 수인을 체포하지 말고 시험 삼아 수인을 소환하소서. 수인이 즉시 오지 않으면 모반이 진실일 것입니다."라고 하였다. 이에 장영이 걸음이 빠른 자에게 백금을 내걸고 수인에게 알렸다. 사신이 이르러 수인을 소환하니, 수인은 밥상을 물리지도 않고 (不退食) 사신과 함께 떠났다.[104]

원래 무종은 이미 금의위 군교를 강서로 파견하여서 양명을 체포하게 하였는데 다행히 장영이 구원하였고, 무종은 그제야 다시 사신을 파견하여서 시험 삼아 양명을 소환하여 그가 남도로 오는지 여부를 살펴보았던 것이다. 구체적인 방법으로서 하나는 사신을 남창으로 파견하여서 양명에게 명하여 포로를 바치러 남도에 오게 하는 것, 또 하나는 장영을 남창으로 파견하여서 그가 직접 신호를 압송하여 남도로 돌아오게 하는 것이었다. 무종은 이때 분명히 양명과 신호가 결탁하여 모반을 일으키려는 마음을 품었다는 진실한 증거를 찾지 못하였으며, 다시 남창으로 가 파양호에서 신호를 잡는 익살극을 연출하려고 하였다. 다만 세상 사람의 조소와 멸시를 초래할 수 있었기에 그제야 장영을 남창으로 파견하여서 신호를 압송하여 남도로 돌아오게 하였던 것이다. 무종의 단칼의 재결은 명목상으로는 친히 남정하여서 신호를 '직접 사로잡은' 것으로 삼는 것이었다.

남창에 있는 양명은 장영이 그를 위해 1차 위난을 해결해준 사실을 아직

---

104 『국조헌징록』 권117 「사례태감장공영묘지명司禮太監張公永墓志銘」.

알지 못하였다. 그러나 새로운 흉험이 또 양명을 향해 바싹 다가오고 있었다. 섣달 그믐날 그는 세모의 감회에 젖어서 어사 오희유伍希儒(1511, 진사)와 함께 시를 주고받으며 자기가 한 해 동안 반란을 평정한 풍운을 겪으면서 부침한 운명을 영탄하였다.[105]

섣달 그믐날 오여진(오희유)의 대은원 운에 즉석에서 차운하여 답하다, 다섯 수

除夕伍汝眞用待隱園韻卽席次答五首

이제 한 해가 또 가니	一年今又去
외로운 나그네 돌아갈 곳 없네	獨客尙無歸
인간세 어려운 일 많은데	人世傷多難
고향 집을 오래 떠나왔네	親庭嘆久違
씩씩한 마음 모두 사라지고	壯心都欲盡
다만 노쇠하고 병이 들었네	衰病特相依
여관에서 애오라지 풍속을 따라	旅館聊隨俗
복숭아나무 부적을 얼른 사립문에 바꿔다네	桃符換早扉

지난 젊은 시절을 추억하니	向憶靑年日
감흥이 느꺼워 외롭지 않네	追歡興不孤
풍진에 휩쓸려 세월을 보내고	風塵淹歲月
강호에 정처 없이 떠돌았네	漂泊向江湖
세상을 구제하려 해도 도무지 술수가 없고	濟世渾無術

---

105 『왕양명전집』 권20 「제석오여진용대은원운즉석차답오수除夕伍汝眞用待隱園韻卽席次答五首」.

시대에 어긋나니 어리석음을 비웃네 　　　違時竟笑愚

고달프고 어렵다고 슬퍼하지 말지니 　　　未須悲蹇難

성인들의 유훈이 있다네 　　　列聖有遺謨

남쪽 지역에 난리가 났네 　　　正逢丙亂地

하필이면 한 해가 다 가는 때에 　　　況是歲窮時

하늘의 운수는 끝내 쉼이 없으니 　　　天運終無息

사람의 마음 본래 저절로 위태하다네 　　　人心本自危

근심과 의혹이 마구 몰려드니 　　　憂疑紛迸集

근력은 문득 쇠약해졌네 　　　筋力頓成衰

천년 전 상산의 은자는 　　　千載商山隱

그윽이 내 생각을 미리 알았어라 　　　悠然獲我思

세상의 도는 술잔 사이로 새어나가고 　　　世道從巵漏

인정은 겨우 대롱으로 엿보네 　　　人情只管窺

이리저리 겪어온 수많은 세월 　　　年華多涉歷

변고는 자꾸만 새롭고 기이하네 　　　變故益新奇

자빠지고 위태로운 처지를 꺼리지 말지니 　　　莫憚顚危地

일찍이 전성기를 만나지 않았던가! 　　　曾逢全盛時

바닷가 늙은이의 기심은 이미 그쳤으니 　　　海翁機已息

응당 갈매기는 알고 있다네 　　　應是白鷗知

한 해가 다가고 새로 시작되려니 　　　星窮回歷紀

겨울이 끝나고 봄여름이 일어나네 　　　貞極起元亨

날마다 임금이 수레 돌리기를 바라고	日望天廻駕
우선 비로 병장기를 씻네	先沾雨洗兵
눈은 오히려 남은 해를 아쉬워하고	雪猶殘歲戀
바람은 이미 봄기운을 머금은 지 오래	風已舊春情
다시 도소주를 사양하지 말라	莫更辭藍尾
인생은 얼마 안 있어 기울어지리니	人生未幾傾

이 시 다섯 수는 양명이 자기 일생의 비극적 운명을 거의 총결한 것이라고 할 수 있다. 그는 아직 "날마다 임금이 수레 돌리기를 바라고, 우선 비로 병장기를 씻"을 기대를 하고 있었지만 뜻밖에도 바로 이날 장영이 파견한 순천 검교順天檢校 전병錢秉이 남창으로 곧바로 와서 그에게 내부 사정을 급히 알렸으며, 무종이 파견한 특사도 동시에 남창에 도착하여서 그에게 즉시 포로를 바치러 남도로 오라고 명하였다. 양명은 이것이야말로 무종이 그에게 '반역하려는 미음(反心)'이 있는지 떠보려고 한 것임을 눈치채고서 즉시 "밥상을 물리지도 않고(不退食)" 곧 특사와 함께 길을 떠났다.

정덕 15년(1520) 정월 초하루, 양명은 유길劉吉 일당의 역적 죄수를 압송하여 길을 떠났는데 이는 그가 남도로 포로를 바치러 가는 두 번째 길이었다.[106] 처음 사흘 동안 그는 시를 지어서 포로를 남도에 헌상하는 여정의 어

---

106 전덕홍은 양명이 이때 북쪽으로 남도(남경)에 올라간 것을 무종이 소환하여서 뵈러 간 것이라고 하였는데, 잘못이다. 양명은 이때 명을 받들어서 역당의 죄수를 압송하여 남도로 간 것이라고 스스로 일컬었으니 이른바 '포로 헌상(獻俘)'이다. 「우여극창태숙又與克彰太叔」에서는 "정월 26일에 전지를 받아 왕수인으로 하여금 총병 각 관원과 함께 죄수를 압송하여 유도留都에 이르게 하였다."라고 하였다. 또 「주과동룽야운현동소산유철선인왕관지과견기방불인제석상舟過銅陵野雲縣東小山有鐵船因往觀之果見其仿佛因題石上」 시(진적의 발문)에서 이때의 일을 일컬어 "포로를 바치고 남도에서 돌아왔다(獻俘還自南都)."라고 하였다.

렵고 힘든 일을 읊었는데, 이때 남도로 들어가는 목적을 털어놓았다.[107]

설날 안개 元日霧

설날 어득어득 안개가 하늘을 가리고	元日昏昏霧塞空
문을 나서니 지척도 분간할 수 없네	出門咫尺誤西東
많은 사람 헛디뎌서 구덩이에 빠지고	人多失足投坑塹
나도 수레 멈추고 길 막혀서 우네	我亦停車泣路窮
치우를 참하여 밝은 해가 나오게 하고	欲斬蚩尤開白日
하늘 문 열고 순임금께 절하려 하네	還排閶闔拜重瞳
미천한 신하 맑은 뜻 갖고 있어도	小臣謾有澄清志
어떻게 만 리 바람을 탈 수 있으랴	安得扶搖萬里風

이튿날 비 二日雨

어제 아침 짙은 안개가 설날을 뒤덮더니	昨朝陰霧埋元日
새벽에는 찬 구름 빗소리를 몰아냈네	向曉寒雲迸雨聲
사람의 일 감응 없다 말하지 말지니	莫道人爲無感召
종래 하늘의 뜻 역시 분명했다네	從來天意亦分明

또 추수익의 「구화산양명서원기九華山陽明書院記」에서도 분명히 말하기를 "정덕 경진년 (1520)에 포로를 헌상하러 강을 거슬러 올라갔다(正德庚辰, 以獻俘江上)."라고 하였다.(*『추수익집』 권8) 무종은 분명히 양명에게 포로를 헌상하러 남도로 오라고 명하였는데, 이것으로 그에게 반역하려는 마음이 있는지 떠보았을 뿐이다.

107 『왕양명전집』 권20 「원일무元日霧」, 「이일우二日雨」, 「삼일풍三日風」.

뒷날의 안위는 주발을 따르고	安危他日須周勃
당년의 고통은 가의를 비웃네	痛苦當年笑賈生
근심으로 앉아서 밤을 새며 깜박이는 등을 대하고	坐對殘燈愁徹夜
맑은 새벽 알리는 북소리 고요히 듣네	靜聽晨鼓報新晴

사흘날 비　　　　　　　　　　　　　　　　　三日風

초하루는 안개 이튿날은 비 사흘째는 바람	一霧二雨三日風
농가에선 새해의 풍흉을 점치네	田家卜歲疑凶豐
내 마음 오로지 전쟁이 끝나기를	我心惟愿兵甲解
하늘의 뜻 어찌 이 백성 곤궁하게 하려 했겠는가!	天意豈必斯民窮
용감한 병사 고향으로 돌아갈 생각을 품고서	虎旅歸思懷舊土
임금 수레 환궁한다는 소식 바라네	鑾輿消食望還宮
봄맞이 음식과 탁주로 애오라지 스스로 위안 삼고	春盤濁酒聊自慰
내 충심 근심으로 말라버리게 하지 말지니	無使戚戚干吾衷

초이레 입춘에 그는 상서롭지 않은 예감이라도 한 듯이 시를 지어서 인간 세상에 동매凍梅가 피지 않고 동풍이 무력하여 봄빛이 떠나감을 비탄하였다.[108]

입춘, 두 수　　　　　　　　　　　　　　　立春二首

봄이 간 듯하였는데 또 봄이 와서	纔見春歸春又來

---

108 『왕양명전집』 권20 「입춘이수立春二首」.

봄바람은 그대로라 귀밑머리 성그네	春風如舊鬢毛衰
매화는 아직 피지 않았는데 천기가 드러나고	梅花未放天機泄
원추리는 먼저 지맥의 회복을 알리네	萱草先將地脉回
점점 늙어가는 세월 어려운 세상 만나	漸老光陰逢世難
해마다 품은 마음 누가 풀어주랴	經年懷抱欲誰開
외로운 구름 아득히 떠가는 고향 땅은 멀고	孤雲渺渺親庭遠
온종일 색동옷 입은 노래자를 부러워하네	長日斑衣羨老萊

하늘가 눈 내려서 봄이 더디 옴을 탄식하고	天涯霜雪歎春遲
봄이 오니 하늘가에 다시 슬픈 생각이 드네	春到天涯思轉悲
무너진 집에서 베틀은 오래 버려져 있고	破屋多時空杼軸
봄바람은 다친 상처를 아물게 할 힘이 없네	東風無力起瘡痍
주의 왕 수레는 남쪽 땅 끝에서 길이 막히고	周王車駕窮南服
한의 장수 깃발은 북쪽 변방에서 치욕을 당했네	漢將旌旗受北陲
봄맞이 음식상에 나물이 없음을 탓하지 말라	莫訝春盤斷生菜
인간세상 봄빛은 바로 떠나버렸으니	人間春色正離仳

과연 초여드레에 그가 무호蕪瑚에 도착하자마자 이미 강빈과 장충이 몰래 사람을 보내 양명이 남도로 들어오는 것을 저지하였다. 양명은 무호에서 길이 막혀 나아갈 수도 물러날 수도 없는 진퇴양난의 곤경에 처하였다. 만일 강제로 계속 전진하여서 남도로 들어가려고 한다면 강빈과 장충은 곧 그가 군주 무종의 명령에 항거하고 마음대로 남도에 들어왔다는 죄로 논할 것이고, 만일 뒤로 물러나 남창으로 돌아간다면 이 역시 황제의 소환에 응하지 않고 마음에 반역의 뜻을 품었다는 죄로 그를 연좌할 것이었다. 곤경에 처한

양명은 결사의 각오로(破釜沉舟) 초식을 구사하였다. 그는 관직을 버리고 떠나 구화산九華山으로 달아나 숨어서 나아가지도 물러나지도 않고(不進不退) 무종의 재결과 처분을 기다리기로 결정하였다.

구화산에서 절박한 상황(絶境)에 처한 양명은 매일 초암草庵에 고요히 앉아서(宴坐) 묵묵히 앉아 마음을 맑게 하고(默坐澄心), 마음의 본체(*良知)를 체인하며(體認心體) 구화산 성역에 가득히 퍼진 불교와 선禪의 풍운으로 그의 갈가리 찢긴 상처 입은 영혼을 치유하였다. 날마다 구화산 승경과 명승고적을 돌아다니며 시를 읊고 부賦를 지으면서 거의 절망적으로 무겁게 가라앉았던 그의 심경은 해탈을 얻었으며 오히려 더욱 낙관적으로 자신을 신뢰하기 시작하였다. 청양靑陽 현학縣學의 제생 강학중江學曾과 시종도施宗道가 양명을 찾아와 그와 함께 비를 무릅쓰고 산에 올라서 기이한 경치를 찾았다.

양명은 회포를 풀며 장편 가행歌行을 한 수 지었다.[109]

강, 시 두 사람과 의관 도야와 함께 비를 무릅쓰고 산을 오르니 사람들이 많이 비웃어서 장난으로 가를 짓다

江施二生與醫官陶野冒雨登山人多笑之戲作歌

강생 시생은 호기심 많고	江生施生頗好奇
우연히 도야를 만나니 더욱 기이한 습벽이 있네	偶逢陶野奇更癖
산 너머 좋은 절 있다고 하며	共言山外有佳寺
나에게 가서 놀자고 권하며 다투어 따르려 하네	勸予往游爭願隨

---

109 『왕양명전집』 권20 「강시이생여의관도야모우등산인다소지희작가江施二生與醫官陶野冒雨登山人多笑之戲作歌」.

때는 우레와 비에 구름과 안개로 덮여	是時雷雨雲霧塞
험하고 미끄러워 수레도 말도 타기 어렵다 하네	多傳險滑難車騎
두 사람 힘써 길이 멀지 않다고 주장하며	兩生力陳道非遠
도야가 높은 데 올라 갈림길을 살피자고 청하여	野請登高覘路歧
세 사람이 비를 무릅쓰고 언덕을 오르며	三人冒雨陟岡背
엎어졌다 다시 일어나 서로 끌어당기네	飢仆復起相牽携
동무들 떠들썩하게 웃으며 돌아오라 손짓하는데	同儕咻笑招之返
소매를 떨치고 지름길로 험한 등성을 넘네	奮袂徑往凌嶔崎
돌아올 때 축축이 젖을 것은 아랑곳하지 않고	歸來未暇顧沾濕
말하기를 땅은 가깝고 산길은 평평하다 하네	且說地近山徑夷
푸른 숲에 드리운 노을 점점 맑게 개니	青林宿靄漸開霽
푸른 절벽 붉은 기운 희미하게 떠오르네	碧巘絳氣浮微曦
흥미진진하게 가리키며 반드시 가야 한다 하니	津津指譬在必往
감흥이 격렬하여 옆 사람 비웃음도 들리지 않네	興劇不到傍人嗤
나도 반응하여 크게 웃고	予亦對之成大笑
저도 모르게 늙어서도 어린아이처럼 흥이 이네	不覺老興如童時
평생 산수를 좋아함은 습벽이 되어서	平生山水已成癖
두루 은자를 찾아다니며 굶주림도 피로함도 잊어버렸네	歷深探隱忘饑疲
연래 복잡한 일 마구 얽혔는데	年來事務頗羈縛
이런 경치 만나니 마음은 쇠퇴하지 않네	逢場遇境心未衰
도야는 본래 신선을 추구하여 방외에 뜻을 두었고	野本求仙志方外
두 사람 학사도 그러하네	兩生學士亦爾爲
세상 사람 오로지 명성과 이익을 좇고	世人驅逐但聲利
끓는 물 타는 불을 밟고 위태로움도 달게 여기는데	赴湯踏火甘傾危

시끄러운 속세를 벗어나 행락을 일삼으니	解脫塵囂事行樂
너희들 광간하여 놀림을 받네	爾輩狂簡飜見識
돌아가자꾸나 돌아가자꾸나! 나와 너희들	歸與歸與吾與爾
끝내 양명산 기슭으로 돌아가기를 기약하네	陽明之麓終爾期

구화산에서 곤액을 당하여 앞길이 망망한 상태에서도 양명은 여전히 강학하고 도를 논하기를 잊지 않았고, 스스로 양지의 정신 경계의 초월을 추구하였다. 그는 휴녕休寧으로 가서 인봉仁峰 왕순汪循(?~1519)의 제사를 지냈다. 그곳에서 그는 태극암太極巖을 탐방하고 인봉정사仁峰精舍를 유람한 뒤 시 네 수를 제하였다.[110]

왕진지 태극암에 쓰다, 두 수　　　　書汪進之太極巖二首

구멍 하나에서 누가 혼돈을 열었나?	一竅誰將混沌開
천년의 모양이 도주에 엉겼네	千年樣子道州來
모름지기 태극은 원래 무극임을 알아야 하나니	須知太極元無極
비로소 마음이 명경대 아님을 믿겠네	始信心非明鏡臺

비로소 마음이 명경대 아님을 믿나니	始信心非明鏡臺
모름지기 명경 또한 먼지임을 알아야 하네	須知明鏡亦塵埃
사람마다 원만한 본성이 있으니	人人有個圓圈在

---

110 『왕인봉선생외집汪仁峰先生外集』 권3 「서왕진지태극암이수書汪進之太極巖二首」, 「제인봉정사題仁峰精舍」.

깔개 깔고 식은 재처럼 앉아 있지 말라	莫向蒲團坐死灰

인봉정사에 제하다 　　　　　　　　　　題仁峰精舍

인봉산 아래 인한 사람 있으니	仁峰山下有仁人
이상하게도 산중에는 물물이 봄이로세	怪得山中物物春
산속에 살며 홀로 봄을 즐긴다 하지 말라	莫道山居渾獨春
꽃을 보고 대를 봄에 경륜이 있네	問花移竹亦經綸

산속에 살아도 경륜이 있으니	山居亦自有經綸
산속에 살기 좋아 속세를 떠나네	纔戀山居却世塵
도를 믿는 사람은 의지와 기필함이 없으니	肯信道人無意必
인간은 곳에 따라 몸을 한가하게 하네	人間隨地著閑身

왕순이 정덕 14년(1519) 2월 상순에 양명에게 편지 한 통을 쓰고 난 뒤 얼마 안 되어 20일에 세상을 떠나는 바람에 양명은 답장을 써서 그의 '양지' 의 새로운 학설을 알려줄 기회를 얻지 못하였다. 이때 양명이 왕순을 조문하는 기회를 빌려 태극암, 인봉정사에 시를 제한 것이 왕순의 마지막 편지에 대한 가장 좋은 회답이 되었고, 왕순이 그를 청하여 인봉정사의 기문을 지어 달라고 한 꿈을 원만하게 이룬 셈이었다.

양명이 시 네 수에서 실제로 읊은 것은 이전에 그와 왕순의 논변을 겨냥한 것으로서 '마음'으로 '양지'를 읊어서 주돈이가 말한 '태극은 원래 무극'이란 바로 '마음'을 가리킨 것이며, '마음은 명경대가 아니라'고 인식하였다. 그리하여 마음이 곧 양지이며 '사람마다 원만한 본성이 있다.'고 하였다. 이는 그가 나중에 말한 "사람마다 마음에 공자가 있다(箇箇人心有仲尼)", "사람마다 자기의 나침반이 있다(人人自有定盤針)", "사람마다 가는 길이 서울로 통한다(人人有路透長安)", "누구인들 양지를 갖고 있지 않겠는가?(誰人不有良知在)", "요순은 사람마다 배워서 될 수 있다(堯舜人人學可齊)"라고 한 내용과 같은 뜻으로서, 이 '태극원太極圓'은 바로 '마음'이며 '양지'이다. 정덕 14년 초 이래로 양명의 '양지의 깨달음(良知之悟)'은 구화산에 숨어들어간 곤액 속에서 한 차례 승화하였다.

양명이 구화산에서 반달 동안 곤경에 처한 가운데 무종은 남도에서 마침내 방법을 생각해냈다. 양명이 구화산으로 숨어든 일은 무종에게는 해결하기 어려운 문제를 안겨주었다. 그는 15일에 장영 등에게 전지를 내려, 함께 해결할 방법을 강구하게 명하였다. 제지란은 곧 이 기회를 이용하여서 양명을 극력 구원하였다.

그는 「구왕문성공소救王文成公疏」에서 이때 구원을 한 내막을 다음과 같이 말하였다.

…… 정월 18일에 흠차 제독 찬획기밀군무欽差提督贊劃機密軍務 어용감태감御用監太監 장영, 흠차 제독군무 어마감태감御馬監太監 장충, 흠차 제독군무 괘위무부장군인掛威武副將軍印 충총병관 안변백充摠兵官安邊伯 주태, 흠차 제독군무 괘평적장군인掛平賊將軍印 충총병관 좌도독 주휘 등을 회동하여 친히 감소監所에서 공동으로 추궁하여 질문을 하셨습니다. 그때 신호의 교만하고 방자한 태도와 흉악하고 사나운 성품은 그대로 유지하고 있어서 그가 승여乘輿(황제)를 지적하였습니다. 그 말이 무신의 장계(武狀)에서 나왔는데 또한 말하기를 "은혜는 은혜로 갚고 원수는 원수로 갚는다(有恩報恩, 有仇報仇)."라고 하였습니다. 신 등이 전항의 (왕수인이 신호와 결탁한)

정황(情節)을 자세히 물었더니 모두 그런 일이 없다 하였고, 다만 남경에서 처음 이 일을 접했을 때 (반란 평정의 거사를) 일으킬 것을 강구한 사람은 왕수인이라고 하였습니다. 신 등이 가만히 생각건대, 숙원(修怨)을 품은 자는 반드시 돌이켜서 이를 가는 마음(反噬之心)을 품고 있으며, 남을 무함하는 자는 대부분 악이 넘치는 말을 하기에 원수(仇家)의 말은 대체로 근거로 삼기 어렵습니다. 신호가 남몰래 나쁜 계획(異謀)을 꾸민 지 오래되었는데 하늘이 그의 정신(魄)을 빼앗으니 갑자기 병사를 일으켜서 장차 대사가 요행히 성공하면 천위天位를 힘으로 취할 수 있었을 터이라 참으로 이미 사납게 굴고서 조금도 거리끼는 바가 없었습니다. 그런데 도어사 왕수인은 신묘한 계책에 의지하여 온 힘을 다하여서 그를 사로잡음으로써 마침내 간사한 영웅(奸雄)으로 하여금 하루아침에 희망을 잃어버리게 하였으니 신호의 철천지원수로서 왕수인보다 더한 자가 누가 있겠습니까? 그리하여 반드시 무함하여 얽음으로써 비로소 그 마음을 이루었으니 이는 오히려 자신이 도적이면서 사로잡은 사람을 가리켜 같은 도적이라고 하는 것과 같습니다. 신 등은 우매하나 엎드려 헤아리건대 성명께서는 이미 그 간사함을 통촉하시니 반드시 (무함하는 말을) 듣더라도 믿지 않을 것입니다. 그러나 우려하는 바는, 왕수인이 몸을 잊고 나라를 위해 몸을 바쳐서 공이 사직에 있으나 하루아침에 원수로부터 이와 같이 무함을 받았으니 장차 영웅호걸로 하여금 전철을 경계하고 일부러 도적을 길러서 녹을 차지하려는 풍조를 조성하고, 공을 도모하고 일을 이루려는 뜻을 저해하니 나라가 위급하면 어떤 사람을 시키겠는가 하는 문제입니다. 이는 신 등이 밤낮으로 생각하고 나라의 체모를 깊이 애석해하며 죽음을 무릅쓰고 폐하게 말씀드리는 것입니다. 만약 반드시 죄를 인정하여서 신호의 말이 사실이라고 한다면 신 등은 청컨대 몇 식구의 집안으로 천하제일류의 사람을 위해 대신속환贖하고자 합니다. 다시 균첩鈞帖 내 별도 항목의 사정을 살펴보니 참정 엄횡嚴鋐과 첨사 사치謝侈가 아직 조사 및 보고를 하지 않았습니다. 신 등은 저들을 다방면으로 살펴보고 탐문할 것인데, 관군이 입성했을 때 공적을 탐하여 함부로 죽이고 이익을 도모하여 약탈하는 등의 일은 반드시 없었을 것이라고 보증할 수 없습니다. 그러나 모두 각 초령군관哨領軍官이 고의로 절제節制를 어긴 죄의 경우 위임을 받은 관원이 일컫기를 앞의 일은 이미 태감 장영 등이 앞서 밝혔으니 다시 별도로 의논하기 어렵다고 합니다. 만약 다시 단련鍛煉한다면 아마도 국가의 체모를 손상시킬 것입니다. 엎드려 바라건대 성명께서 살펴 재결하신다면(裁察) 매우 다행이겠습니다![111]

제지란의 구원은 관건의 작용을 일으켰다. 그러나 의심이 많은 무종은 아직 안심을 하지 못하였기에 또 금의위를 구화산으로 파견하여서 양명의 동정을 정탐하였다. 금의위가 구화산에 도착해서 보니 양명은 김지장金地藏(696~794)을 좇아 동암東巖에 조용히 앉아서 징관澄觀을 하며 마음을 경건히 하여 도를 닦기만 할 뿐 반역의 조짐은 조금도 찾아볼 수 없었다. 금의위는 남도로 돌아가서 양명의 정황을 보고하였고, 무종은 마지못해 말하기를 "왕수인은 도를 배우는 사람이라 부르면 곧 올 것이니 어찌 반역을 하겠는가?" 하였다. 이에 그는 23일 양명에게 전지를 내려서 포로를 바치러 남도로 오라고 명하였다.

양명은 26일에 무종의 전지(旨命)를 받고 즉시 구화산을 나와서 죄수를 압송하여 북쪽으로 향하여 곧장 남도의 상신하上新河에 도착하였다. 강빈과 장

---

111 『용천집蓉川集』 「역관소초歷官疏草·구왕문성공소救王文成公疏」. 제지란이 일곱 차례 올린 「구왕문성공소」는 이 『용천집』에 실린 것이 첫 번째이며, 나머지 여섯 차례 올린 「구왕문성공소」는 아마도 무종과 당시 사람들의 행위와 관련이 있고 비평하는 내용이라 거리긴 바가 있어 『용천집』에 수록되지 못했을 것이다.

충이 이때 또 헐뜯는 말을 하여서 양명이 서울에서 무종을 만나지 못하도록 저지하고, 그에게 즉시 남창으로 돌아가 군민을 순무하라는 명을 내릴 것이라고는 아무도 알지 못하였다. 원래 상신하 지역은 남경의 강 복판 삼각주에 강을 끼고 동쪽으로 있었는데 명조 때에는 관선이 왕래하며 정박하는 곳이었다. 신호 및 역당의 죄수 무리는 모두 상신하 강 위 함거에 갇혀 있었다.

양명은 본래 포로를 바치러 서울에 오는 김에 무종을 만나려고 하였다. 그러나 무종은 양명을 만날 생각이 전혀 없었다. 다만 그로 하여금 포로를 바치러 남도로 오게 하였으므로 양명은 죄수와 포로를 압송하여서 곧바로 상신하에 도착하였다. '포로를 바치는' 양명의 임무는 이미 수행되었으므로 그를 남창으로 자연스레 돌려보내어 서울에서 무종을 만나지 못하게 하였던 것이다. 양명은 헐뜯는 말을 듣고 비방을 당하였다. 무종은 이와 같이 양명을 노예 부리듯이 하여, 부르면 즉시 오고 손을 저으면 바로 가게(招之卽來, 揮之卽去) 하였던 것이다. 굼실굼실 혼탁한 상신하의 물결을 마주한 양명은 마른 하늘에 날벼락을 맞은 듯(五雷轟頂)하였다.

전덕홍은 이때 양명의 비분한 심경을 다음과 같이 묘사하였다.

선생은 소명을 받고 상신하에 이르렀는데 여러 총애를 받는 자들이 헐뜯고 막아서 알현하지 못하였다. 밤중에 조용히 앉아서 물결이 기슭을 때리는 것을 보니 출렁출렁 소리가 났다. 생각하기를 '한 몸이 비방을 받았으니 죽으면 그만이지만 노친은 어떻게 하나?' 하고서 문인에게 말하기를 "이때 만약 부모를 빼돌려서 달아날 구멍이라도 있으면 내 죽을 때까지 길이 후회하지 않으리라." 하였다. 강빈은 선생에게 이롭지 않게 하려고 하였는데 선생은 속으로 강빈에게 다른 뜻이 있다고 짐작하여서 곧 무종 앞에서 강빈을 잡을 계획을 하였다. 그가 여러 차례 종사를 위태롭게 하려고 도모한 죄를 낱낱이 따져서 죽음으로써 부딪쳐 천하의 분노를 조금이나마 갚으려는 것이었다. 그리고 서서히 장영의 변해辯解를 얻게 되었다. 그 뒤 형부에서 강빈을 판결한 내용 가운데 "호려虎旅(호분씨虎賁氏와 여분씨旅賁氏: 용맹한 군대)가 밤에 경계를 하니 이미 다행히 우수牛首(남경)에서 계획을 거두었고, 궁거宮車가 느지막이 돌아가니(황제의 죽음) 어찌 표방에 한을 남기랴." 하였다. 선생을 대신하여 말한 것 같았다.[112]

양명이 두 번째로 포로를 바치는 남도 여정은 또 실패하였다. 그는 억누를 수 없는 원한과 울분의 비통한 감정을 품은 채 배를 타고 남창으로 출발하였다. 동릉銅陵을 지나갈 때 그는 특별히 유명한 철선鐵船을 찾아가 본 뒤 '행로난行路難'의 장가長歌 한 수를 지어서 배의 바위 위에 크게 썼다.[113]

배로 동릉 야운을 지나다가 현 동쪽 작은 산에 철선이 있어서 가서 보니 과연 쏙 빼닮았기에 바위 위에 제하다

舟過銅陵野雲縣東小山有鐵船因往觀之果見其仿佛因題石上

동릉에서 철선을 보고 기록하여 사결 시어 도계에게 보내며 행로의 어려움을 보이다.

銅陵觀鐵船, 錄寄士潔侍御道契, 見行路之難也.

---

112 『왕양명전집』 권33 「연보」 2.

113 『왕양명전집』 권20 「주과동릉야운현동소산유철선인왕관지과견기방불인제석상舟過銅陵野雲縣東小山有鐵船因往觀之果見其仿佛因題石上」. 이 시의 진적은 현재 베이징 고궁박물원에 소장되어 있다.

청산은 출렁출렁 성난 파도 같으니 　　　青山滚滚如奔涛

철선은 어디에 정박을 하랴! 　　　鐵船何處來停橈

사람이 나무를 파서 만들었다면 어찌 여기에 있으랴! 　　　人間剖木寧有此

아마도 신선의 솜씨인 듯 　　　疑是神仙之所操

선인은 떠나간 지 이미 천년 　　　仙人一去已千載

산꼭대기엔 날마다 긴 바람 부네 　　　山頭日日長風號

뱃머리는 흙에서 솟아 나온 듯 　　　船頭出土尚彷佛

뒤 언덕 바위는 배 고물이라 하네 　　　後岡有石云船梢

내 이곳을 지나며 헤아려보니 　　　我行過此費忖度

옛사람 마음 씀 근심이 없었네 　　　昔人用心無乃忉

평지에 풍파로 어려우니 　　　由來風波平地惡

철선이 있다 해도 견고하지 않네 　　　縱有鐵船還未牢

진시황이 채찍질해도 꿈쩍하지 않았으니 　　　秦鞭驅之未能動

오의 힘은 상앗대를 어디에서 부리랴! 　　　暴力何所施其篙

내 이 배 타고 봉래섬 찾아가고자 　　　我欲乘之訪蓬島

우레신이 키를 잡으니 무지개가 드리우네 　　　雷師鼓舵虹爲纜

만 리 약수는 풀잎도 띄우지 못하고 　　　弱流萬里不勝芥

다시 여기에 수레를 매어 헛수고 할까 두렵네 　　　復恐駕此成徒勞

세상사 헤쳐 나가기 어려움은 늘 이와 같으니 　　　世路難行每如此

석양에 홀로 서서 머리만 거듭 긁적이네 　　　獨立斜陽首重搔

양명산인이 동릉의 정박한 곳에서 쓰다. 때는 정덕 경진년 춘분, 포로를 바치러 남도로 갔다가 돌아오는 길에.

陽明山人書於銅陵舟次, 時正德庚辰春分, 獻俘還自南都.

양명은 깊이 가라앉은 천년의 '철선'을 빌려 자기가 이때 포로를 바치러 남도로 오간 흉험한 길을 읊어서 '세상사 헤쳐 나가기가 늘 이처럼 어렵다'고 비탄하였다. 이 시는 그가 포로를 바치러 남도로 오았으나 결국 실패로 돌아간 행적의 총결이었고, 새로운 세상사의 풍파가 엄습해오리라고 예감한 것이었다.

양명은 2월 1일경 남창으로 돌아왔다. 과연 무종은 유도에 머물면서(行在) 까닭 없이 파란을 일으켰다. 원래 무종이 가장 꺼린 일은 양명이 신호를 사로잡은 공이었으므로 그는 양명에게 일반 죄수를 포로로 압송하여서 남도로 오게 명하였으나, 은밀히 다시 장영에게 남창으로 가서 수괴 신호를 차꼬에 채워서 남도로 압송하게 하였다. 장영은 일부러 양명에게 유길과 한 무리 죄수를 압송하여서 먼저 출발하게 한 뒤 자기는 무주 지부 진괴와 함께 신호를 압송하여서 뒤에 출발하였다. 2월 6일 신호를 차꼬에 채워서 남경 상신하에 이르렀다.

진괴는 나중에 이 비밀을 다음과 같이 털어놓았다.

장영(＊원래는 왕수인으로 되어 있는데 잘못이다)이 신호를 압송하여 행재에 나아가 목전의 급선무를 면전에서 아뢰되 죽어서 충절을 보인 사람(死節)을 드러내고, 남겨진 공적(遺功)을 기록하고, 협박에 내몰려 따른 사람(脅從)을 용서하고, 백성의 곤궁을 불쌍히 여기라고 하였다. 상이 가납하였다. 이 때 진괴가 강에 배를 정박하였는데 태감 장영이 밤에 진괴를 불러서 그 배로 나오게 해서는 은밀히 말하기를 "상이 안팎 관료 중에 신호와 교통한 사람들의 이름을 알고자 하였는데 내가 이미 그 장부를 얻어서 아직 올리지 못하였으니 이 일을 마땅히 어찌해야 하겠소?" 하였다. 진괴가 그리 해서는 안 된다고 힘써 주장하며 말하기를 "역사에 기록되기를, 광무제光武

帝(25~57)가 왕랑王郎(왕창王昌, ?~24)과 관계된 관리들의 편지를 태워버림
으로써 배반했던 사람들이 스스로 안심하게 만들었습니다. 근래 이현李賢
(1409~1467)이 주청하기를 조흠曹欽(?~1461)과 내통한 안팎 관원들을 묻지
말라고 하였습니다. 이는 모두 성왕聖王과 현상賢相의 일이니 상은 마땅히
멀리 광무를 본받고 공은 마땅히 가까이 이현을 배워서 만세의 칭송을 받
아야 합니다. 만약 이 일이 끝내 행해지면 재앙이 천하에 미칠 뿐만 아니
라 공의 몸도 원한을 일으키는 수렁(怨藪)이 되어서 뉘우쳐도 미칠 수 없
습니다."라고 하였다. 다음 날 장영이 다시 진괴를 불러서 손을 잡고 말하
기를 "밤에 선생의 말씀을 생각하니 진실로 나를 크게 아끼는 말이었습니
다."라고 하며 즉시 문서 상자에서 내통한 글을 꺼내 태워버렸다. 진괴가
다시 말하기를 "뭇 소인배가 상을 이끌어 배를 타고 바다로 나가 보타普
陀를 보게 하려고 합니다. 또한 듣건대 성체聖體가 조화를 어겨서 피를 토
한 것이 세 차례라고 하니 이는 참으로 한심한 일입니다. 태황태후께서 공
에게 명하여 호가扈駕하게 한 것은 바로 오늘에 그 까닭이 있습니다. 공은
마땅히 힘써 상에게 권하여 수레를 돌리게 하면 이는 만세의 공훈입니다."
라고 하였다. 장영이 이에 위험한 말로 직언을 하며 강빈의 무리를 을러서
상은 마침내 군사를 돌렸다.[114]

그러나 무종은 신호를 압송하여 돌아온 장영이 탐탁하지 않았다. 그 이유
는 첫째 무종이 가장 시급하게 요구한 조정 안팎의 관원과 신호가 내통하여
서 결탁한 장부와 문서를 그가 불태웠다는 사실이고, 둘째는 양명과 신호가
내통하여서 결탁하지 않았다는 중요한 '증거'가 되는 중범(要犯) 기원형을 그

114 『광서은현지光緒鄞縣志』 권35 「진괴전陳槐傳」.

가 압송하여서 남도에 이르렀다는 사실이다. 그리하여 무종은 회군하여 서울로 돌아가기를 기꺼워하지 않았고, 결국 다시 양명에게 전지를 내려서 마지막 죄수(*기원형을 포괄하여) 무리를 남도로 압송하게 하였다.

기원형은 먼저 남창에서 체포되었고 이후 남도로 압송되어서 혹형을 받았으며, 마지막에 차꼬를 차고 경사의 조옥詔獄에 갇혔다. 이를 『명사』에서는 다음과 같이 말한다.

> 신호가 패하였다. 장충·허태는 그와 왕수인이 내통했다고 무함하였다. 신
> 호를 취조했더니 그런 일이 없다고 하였다. 장충 등이 심문하기를 멈추지
> 않자 "다만 일찍이 기원형을 파견하여서 배움을 논한 적이 있다."라고 하
> 였다. 장충 등이 크게 기뻐하며 기원형을 매질하고 포락炮烙을 가하였으며
> 차꼬에 채워서 경사의 조옥에 가두었다.[115]

제지란도 「청리형옥소清理刑獄疏」에서 다음과 같이 말한다. "또 압송하여 심문하기 전에 지름길로 압송해왔습니다. 인정과 법(情法)에 따라 가긍可矜하거나 가의可疑한 계(*기冀)원형 등 93명 외에 대행 황제(*무종)의 성지를 받들어 법사에서 확실히 살펴보라고 하였습니다."[116] 기원형이 마지막으로 남도로 압송되어서 형을 받았으며, 윤8월에 회군할 때 다시 그에게 차꼬를 채워서 경사의 조옥에 보냈음을(*제지란의 「두혁모람소杜革冒濫疏」에 보인다) 알 수 있다. 기원형 등 마지막 죄수 무리를 남도로 압송하는 책임을 맡은 사람은 바로 양명이었다. 그런데 그가 급히 죄수와 포로를 남도로 직접 압송한 진정한 목적

---

115 『명사』, 권195 「기원형전冀元亨傳」.

116 『용천집』 「역관소초歷官疏草·청리형옥소清理刑獄疏」.

은 남도에서 무종을 직접 만나 실제 상황을 진술하며 기원형을 위해 억울함을 변론하고 원한을 풀어주려는 것이었다. 양명은 나중에 「자육부신리기원형咨六部伸理冀元亨」에서 말하기를 "본직은 의리상 마땅히 그와 함께 죽으며 몇 차례 그를 위해 상주하여서 곡직을 바로잡으려(伸理)고 하였습니다."[117]라고 하였다. 이는 분명히 그가 죄수를 압송하여 남도에 이르러서 기원형의 억울함을 신원하여 아뢰려고 하였는데 결국 상주하여서 곡직을 바로잡지 못한 까닭은 역시 또 필연적으로 장충·강빈의 저지로 인해 서울에 들어가서 무종을 만나 보지 못했기 때문임을 가리킨다.

3월 초 무렵에 양명은 강서 참정 서련과 함께 기원형과 죄수 무리를 압송하여 길을 떠났다. 이는 그가 세 번째로 포로를 바치러 남도로 가는 행적이었다. 양명이 무호蕪湖에 이르자 과연 강빈·장충이 또 사람을 보내서 서울에 들어오지 못하도록 저지하였고, 죄수를 자기들에게 인계하여 남도로 데려가게 명령하고 양명에게는 즉시 서둘러서 돌아가 강서를 순무하라고 하였다. 양명이 남도에서 무종을 만나 기원형을 위해 억울함을 신원하려는 마음속 바람은 갑자기 물거품이 되었고, 그와 기원형의 운명도 더욱 흉험해져서 예측할 수 없게 되었다. 그는 무한히 비분한 마음으로 다시 구화산으로 숨어들어 정신의 위안을 찾았다.

양명은 소림少林에서 온 주경화상周經和尙과 함께 구화산 동암東巖에서 불법을 설하고 선을 담론하며 기봉機鋒과 방할棒喝을 하면서 '안심법安心法'을 물었다. 양명은 그에게 게偈 한 수를 주었다.[118]

---

117 『왕양명전집』 권17 「자육부신리기원형咨六部伸理冀元亨」.

118 『민국구화산지民國九華山志』 권4 「증주경화상게贈周經和尙偈」.

주경화상에게 주는 게	贈周經和尙偈

소림을 향해 면벽하지 않고	不向少林面壁
도리어 구화로 와서 산을 보다니!	却來九華看山
석장으로 용과 호랑이를 때리고	錫杖打翻龍虎
짚신으로 가파른 바위를 답파하네	雙履蹋破巉巖
이 무뢰한 화상은	這個潑皮和尙
어찌 세간에 용납되랴!	如何容在世間
껄껄!	呵呵
이해하면 너에게 몽둥이 한 대	會得時與爾一棒
이해하지 못하면 새까만 통 속에서 빈둥거려라!	
	會不得且放在黑漆桶裏偸閑

정덕 경진년 3월 8일, 양명산인 왕수인이 여기에 왔다.

正德庚辰三月八日, 陽明山人王守仁到此.

주경선사는 이미 3년 동안 석두石竇에 앉아 있었다. 그는 의관 도야와 함께 양명을 찾아와서 선을 말하였으며, 양명은 그에게 시 한 수를 증정하였다.[119]

---

119 고원경顧元鏡, 『구화산지九華山志』 권5 「송주경화상送周經和尙」. 『왕양명전집』 권20에 「무제無題」 시가 있는데 바로 이 「송주경화상」 시이며, 다만 뒤의 제사가 없으니 아마도 전덕홍이 삭제한 듯하다.

주경화상에게 보내다　　　　　　　　　　　　　送周經和尙

바위 꼭대기 돌사람	巖頭有石人
나를 위해 가파른 산에서 내려왔네	爲我下嶙峋
발에는 오천 냥 해진 짚신 끌고	足曳破履五千兩
몸에는 서른 근 낡은 장삼 걸치고	身披舊衲三十斤
무거운 짐 지고 멀리 감은 향상의 힘이요	任重致遠香象力
서리로 밥을 짓고 눈에 앉은 금강의 몸이로세	餐霜坐雪金剛身
추운 밤 맹호는 늘 발을 따뜻이 하고	夜寒猛虎常溫足
비 온 뒤 독룡은 얽혀서 자네	雨後毒龍來伴宿
손으로 단단한 벽돌을 잡아도 거울은 되지 않고	手握頑磚鏡未成
혓바닥엔 흐르는 샘을 감추고 매실은 점점 익네	舌底流泉梅漸熟
밤에 습득은 한산을 방문하고	夜來拾得過寒山
푸른 대 누런 꽃을 함께 보기 좋네	翠竹黃花好共看
같이 와서 나에게 안심법을 물으니	同來問我安心法
마음 풀어서 그대와 편안하리	還解將心與汝安

암승 주경이 소림에서 석두에 삼 년을 앉아 있었다. 내가 왔다는 말을 듣고 의관 도야와 함께 찾아왔다. 주경은 도의 행적이 있는 자이고, 도야도 평소 의술에 정통하였는데 방외의 인연이 있어서 시를 준다.

巖僧周經, 自少林來, 坐石竇中且三年. 聞予至, 與醫官陶埜來謁. 經蓋有道行者, 埜素精醫, 有方外之緣, 故詩及之.

양명은 심지어 이 동굴의 암승을 위해 시 한 수를 지어서 자기의 동지同志를 격려하였다.[120]

어떤 스님이 바위에서 삼 년 좌선을 하였는데 시로 우리 무리를 격려하다

有僧坐巖中已三年詩以勵吾黨

암승이 목석과 거처함을 이상하게 여기지 말라	莫怪巖僧木石居
우리 무리의 진실함을 몇 사람이 알까!	吾儕眞切幾人知
밤낮 바깥일 경영하고	經營日夜身心外
쪽정이 겨를 훔쳐 먹고 잇새에 끼었네	剝竊秕糠齒頰餘
세속 학자가 늙은 스님 속임을 참지 못하고	俗學未堪欺老衲
옛날 현자 선을 취하여 질그릇 굽고 물고기 잡았네	昔賢取善及陶漁
몇 해 동안 분주하여 무슨 일을 성취했나!	年來奔走成何事
이날 이 사람 나를 일으키네	此日斯人亦起予

3월 9일은 청명절이었다. 양명은 지주池州 지부 하소정何紹正(1475~1527) 등이 동행하는 가운데 또 제산齊山에서 노닐었다. 그는 기은암寄隱巖에 올랐는데 돌아가 은거하여 살 생각이 문득 일어서 시 한 수를 읊었다.[121]

---

120 『왕양명전집』 권20 「유승좌암중이삼년시이려오당有僧坐巖中已三年詩以勵吾黨」.

121 『제산동암지齊山東巖志』 권15 「유기은암제遊寄隱巖題」. 이 시는 상청암上淸巖에서 제하였다. 『왕양명전집』 권20에 양명의 이 「유기은암제」 시가 수록되어 있는데 제목은 「기은암寄隱巖」(*무슨 뜻인지 알 수 없다)으로 잘못되어 있으며, 뜻밖에도 양명이 정덕 5년 남경에서 지은 것으로 비정하였다.

기은암에서 노닐며 제하다   遊寄隱巖題

산수를 만날 때마다   每逢山水地

곧 눌러 살 마음이 이네   便有卜居心

먼지바람 속에 해가 가니   終歲風塵裏

어느 해나 푸른 바닷가로 갈까!   何年滄海潯

그윽한 골짜기 샘물은 가늘게 솟아나고   洞幽泉滴細

꽃은 깊은 돌방에 어둡네   花暝石房深

푸른 절벽에 이름을 남기니   靑壁留姓名

다른 날 함께 찾아보려네   他時好共尋

양명은 기은암 벽에 크게 각석을 제하였는데, 이때 포로를 바치러 가는 행정의 비밀을 의도적으로 다음과 같이 드러냈다.

> 정덕 경진(1520) 청명날에 양명산인 왕수인이 포로를 바치고 남도에서 돌아오다가 이곳에 올랐다. 이때 참정 서린, 지부 하소정이 동행하였고 주사主事 임예林豫·주병周屛, 평사評事 손보孫甫(1514, 진사)가 마침 와서 함께 이름을 제하였다. 도야가 새겼다.[122]

제산에서 당의 두목杜牧(803~852)의 시가 양명의 심경에 매우 큰 공명을 일으켰다. 그는 화답시 두 수를 지어서 상청암 벽에 크게 썼다.[123]

---

122 『제산동암지』 권15.
123 『왕양명전집』 권20 「춘일유제산사용두목지운이수春日遊齊山寺用杜牧之韻二首」.

봄날 제산의 절에서 노닐며 두목지의 운을 쓰다, 두 수

春日遊齊山寺用杜牧之韻二首

꽃이 핀 걸 보았더니 또 꽃이 져서 날리네	卽看花發又花飛
공연히 꽃을 향해 떨어짐을 탄식하네	空向花前歎式微
반평생 행각이 스스로도 우스워	自笑半生行脚過
어떤 사람 늙기도 전에 돌아가기 청하나!	何人未老乞身歸
강어귀 풍류 소리에 봄 물결 뒤치고	江頭鼓角翻春浪
구름 너머 깃발은 지는 해에 펄럭이네	雲外旌旗閃落暉
산중의 사슴과 동무가 됨이 너무도 부럽고	羨殺山中麋鹿伴
연실로 짠 옷 천금으로도 사기 어렵네	千金難買芰荷衣

지친 새는 가지에 깃들다 어지러이 날고	倦鳥投枝已亂飛
숲속 어두운 빛 점점 희미해지네	林間暝色漸霏微
봄 산에 해는 저무는데 외로이 앉아	春山日暮成孤坐
하늘 끝 노니는 사람 돌아갈 생각을 하네	遊子天涯正憶歸
옛 골짜기 눅눅한 구름은 밤비를 머금었고	古洞濕雲含宿雨
푸른 시내 밝은 달은 맑은 빛을 띠네	碧溪明月弄清暉
복사꽃은 인간사 아랑곳하지 않고	桃花不管人間事
산사람 옷을 벗지 않고 웃고 있네	只笑山人未解衣

이 시 두 수에서 양명은 자신의 실패한 세 번째 포로 헌납의 행적에 대한 슬프고도 한스러운 감정을 쏟아냈고, 연 섬유로 짠 옷을 사고 사슴들과 동무가 되려는, 돌아가 숨으려는(歸隱) 마음을 표현하였다. 3월 중순, 양명은 바로

이러한 비정한 마음을 품고서 남창으로 돌아왔다. 그러나 새로운 타격과 박해가 또 그를 에워싸고 뒤덮었다.

'돌아가 쉬자(歸去休)':
반란 평정의 비극적 운명의 종국

양명은 남창으로 돌아온 뒤 돌아가 숨으려는 마음이 절실하였기에 오직 달아나 숨어서 재앙을 피할 생각만 하였다. 그는 한편으로 반란을 평정한 뒤의 사후 마무리를 처리하는 데 매달렸다. 상소를 하여서 관대하게 전량錢糧을 면제하고 백성의 곤경을 시급히 구제하기를 청하고, 영번에서 변칙으로 생산한 관은官銀을 처리하여서 백성 대신 상납할 계획을 하였다. 또 한편으로는 끊임없이 상소하여서 돌아가 성장省葬하기를 청하고 조정 대신에게 차자를 올려서 방귀放歸를 윤허해달라고(允准) 청하였다.

그는 주절朱節에게 보낸 편지에서 자기는 타오르는 '불구덩이(火坑)' 같은 처지에 있음을 다음과 같이 언급하였다.

투핵投劾을 하고 곧바로 가려고 하였으나 예측하기 어려운 재앙이 생길까 염려되고 늙으신 부모님의 우려를 더욱 가중시킬까 두렵습니다. 가지 않으면 심사가 어지러워서 다시 억지로 머물 수도 없습니다. 정신과 지각이 어질어질하여 하루 종일 꿈을 꾸고 있는 듯합니다. 성장省葬을 청하여 지난 가을에 이미 전지를 얻었는데 "도적이 평정된 뒤 말하라(賊平來說)!"고 하였습니다. 겨울 막바지에 다시 청했더니 이부吏部에서는 지금까지 답이 없습니다. 어쩌면 반드시 사람을 죽을 곳에 둔 뒤에야 그만두려는 것입니까(豈必欲置人於死地然後已耶)? 저(僕)의 곤경과 괴로움, 위태함과 의혹은 당연히 도계道契께서도 들으셨을 터인데 조금이라도 한번 마음을 써주지 않으심은 무엇 때문입니까? 바라건대, 수충守忠(주절)께서 제공諸公과 상견하여서 저를 위해 이 심정을 잘 말씀드려서 하루라도 빨리 돌아갈 수 있게 된다면 마치 하루라도 빨리 불구덩이에서 빠져나오는 것과 같을 것이며, 곧 제공이 갱생하게 해주는 것이니 지극히 빌고 빌어 마지않습니다(至禱)! 신호가 반역하였을 때 강서 각 고을의 조세를 면제한다는 가짜 격문으로 일찍이 인심을 샀습니다. 저는 이때 권도로(權宜) 견면蠲免을 하고 이에 따라 주청을 하였는데 지금까지 전지를 받지 못하였습니다. 지금 강서의 백성이 거듭 전쟁(兵革)과 주구誅求의 고통을 당하여서 다시 살아갈 의욕이 없으니 급히 진휼하여 구제해도 오히려 미치지 못할 터인데 또 부세의 징수를 조속히 가중하니 다시 신청하지 않을 수 없었습니다. 바로 꿈속에서 남에게 몽둥이로 맞아도 통증을 느끼지 못하는 것과 같으니 애오라지 다시 신음할 뿐입니다. 어찌해야 좋겠습니까(可如何如何)![124]

3월 25일, 양명은 세 번째로 성장을 청하는 상소를 올리고 아울러 각신 모기毛紀(1463~1545)에게 차자를 보내 간절히 윤허를 청하였다. 모기는 오히려 짐짓 듣기 좋은 말로 거절하며(虛與委蛇) 다음과 같이 회신하였다.

---

124 왕수인, 『왕양명전집보편』「여주수충수찰與朱守忠手札」(三札). 이 수찰의 진적은 상하이박물관에 소장되어 있다.

조정에서는 바야흐로 공적의 기록(功載)을 크게 보아서 대려帶礪의 맹세(封爵)를 계승하니 임금의 꾀(聖謨)가 크고 원대하며 천심이 오래전에 정해져서 본디 말을 기다리지 않아도 될 일입니다. 집사께서는 아름다운 덕을 지니고 스스로 겸손하셔서 공적에 두어도 자처하지 않습니다. 돌아보건대 사사로운 청을 하시니 아마도 마땅한 바가 아니며 역시 천하가 집사께 바라는 바가 아닐 것입니다.[125]

양명이 "어쩌면 반드시 사람을 죽을 곳에 둔 뒤에야 그만두려는 것입니까?"라고 아프게 호소한 말은 이미 사실이었다.

신호와 기원형이 남도로 압송된 뒤 무종은 곧 양명과 신호가 결탁하고 내통하며 반란을 도모한 증거를 찾아내려는 희망을 전부 기원형의 안건에 두었고, 강빈과 장충은 황제의 뜻을 받들어서 기원형에 대한 형신을 바짝 죄어서 엄혹한 고문을 가하고 함부로 단련하여서 큰 옥사를 초래함으로써 양명을 사지로 몰아넣었다. 그들이 기원형을 바해한 것은 허구이며 양명에게 재앙을 전가한 것이 진실이었다. 그러나 기원형은 굳게 지조를 지키며 굽히지 않아서 차라리 죽을지언정 양명을 무함하는 말은 한마디도 내뱉지 않았고, 게다가 제지란도 소를 올려서 양명을 구원하면서 사실과 진상을 명료하게 변론하였다.[126] 기원형의 옥안은 마침내 원옥冤獄을 조성하였으나 재앙이 양명에게까지 미치지는 않았다. 그러나 무종은 여전히 단념하지 않았다. 제지란 등 대신들이 누차 무종에게 회군하여 경도로 돌아갈 것을 권하였으나 일체 듣지 않고 끈질기게 남도에 눌러앉아 있으면서 강빈과 장충이 다시 기원형과 양명

---

125 『오봉문집鰲峰文集』 권18 「답왕양명서答王陽明書」.
126 제지란이 여섯 차례 「구왕문성공소救王文成公疏」를 올린 일은 바로 이때 있었다.

의 죄상을 옭아매기를 기다린 뒤 그들을 함께 체포하여서 서울로 돌아가려고
하였다.

남창에 있던 양명은 남도의 동정이 매우 험악함을 분명히 알아차리고 앉
아서 죽음을 기다릴 수는 없었다. 5월 15일, 그는 분격하여 강서의 수재를 빌
려서 「수재자핵소水災自劾疏」를 올려서 다음과 같이 말하였다.

> 엎드려 생각건대, 황상께서 재해를 마음 아파하고 변란을 불쌍히 여기셔서
> 특별히 현명하고 유능한 사람을 선발하여 신을 대신하여서 순무하게 하소
> 서. 그런 뒤 신을 법대로 죽여서 천하에 처벌을 당당하게 밝힌다면 신은
> 비록 머리가 떨어져도 다행이라 하겠습니다. 다만 법대로 죽이지 않는다면
> 작질과 봉록을 깎고 내쳐서 전리로 돌아가게 하여 직책을 다하지 못한 신
> 하들을 경계하게 하소서.[127]

무종은 아랑곳하지 않았다. 양명은 남경 방면의 강빈·장충·허태의 박해
를 피하기 위해 감주로 내려가서 지방을 순무하고, 감주에서 신호의 반란을
평정한 뒤의 여러 성가신 일을 처리하기로 결정하였다. 6월 상순, 그는 순안
어사巡按御史 당룡과 함께 출발하여서 남하하였다. 가는 길 내내 '불구덩이'
와 '사지死地'에서 빠져나오는 정신적인 해탈을 느꼈다. 신감新淦과 장구章口
에서 도교의 '제17동천洞天' 옥사산玉笥山으로 진입하였다. 그는 경건하고 성
실한 '양명진인陽明眞人'으로서 대수궁大秀宮에서 노닐고, 운등표어사雲騰飆馭
祠를 방문하고, 스스로 분명히 공동산崆峒山의 '광성자廣成子'가 되었음을 느

---

127 『왕양명전집』 권13 「수재자핵소水災自劾疏」.

끼고 잇달아 시 네 수를 읊어서 '도심道心'을 토해냈다.[128]

대수궁 일봉 운을 따다, 세 수	大秀宮次一峰韻三首

이 산은 숨어 지낼 만하니	玆山堪遁迹
위로는 희미한 별이 있고	上應少微星
골짜기 속에는 하늘과 땅이 나뉘고	洞裏乾坤別
굴속에는 해와 달이 빛나네	壺中日月明
도심은 공연히 스스로 경계하고	道心空自警
속세의 꿈은 깨기 어렵네	塵夢苦難醒
험준한 산이 여기서 시작하니	方嶠由來此
아홉 바다와 아득히 떨어져 있네	虛無隔九溟

맑은 시내 굽이굽이 빽빽한 숲을 돌아 흐르니	青溪曲曲轉層林
비로소 도원 길 깊지 않음을 믿겠네	始信桃源路未深
저녁 숲 모락모락 연기 오르는 누각은 고요하고	晚樹煙霏山閣靜
늙은 솔 우레와 빗속에 돌단에 우거졌네	古松雷雨石壇陰
화로에 남은 불로 약 찌꺼기 졸아들고	丹爐遺火飛殘藥
신선의 풍류로 허공에 절묘한 음 떠도네	仙樂浮空寄絶音
산사람 한 번 왔다 하지 말지니	莫道山人纔一到
천년의 자취 여기서 거듭 찾네	千年陳迹此重尋

---

128 『왕양명전집』 권20 「대수궁차일봉운삼수大秀宮次一峰韻三首」; 『동치협강현지同治峽江縣志』
권2 「운등표어사시雲騰飆敔祠詩」.

지는 해 맑은 강 너머로	落日下淸江
저문 잔도를 쓸쓸히 바라보네	悵望閣道晚
사람들 말하기를 옥사산 더욱 기이하다네	人言玉筍更奇節
장강 어귀에 배를 두고 길은 멀지 않다네	漳口停舟路非遠
가마 타고 오솔길로 촌락을 지나가면	肩輿取徑沿村落
마음은 급해서 발이 더딤을 원망하네	心目先馳嫌足緩
산은 어두워 운저에 들어가 자려 하니	山昏欲就雲儲眠
성긴 숲 달빛은 바람과 샘과 어울리네	疏林月色與風泉
문득 꿈에 그리던 신선의 세계에 이르고	夢魂忽忽到眞境
새벽을 도와 자취 숨기고 동천에 오네	侵曉遁迹來洞天
동천은 인간세상 아니고	洞天非人世
나도 세속 사람 아니라네	予亦非世人
당년에 일찍이 자취를 드러냈고	當年曾此寄一迹
손꼽아 헤아리니 어느새 삼천 번의 봄이라네	屈指忽復三千春
바위 끝에 앉으니 돌이 부스러져 떨어졌고	巖頭坐石剝落盡
손수 심은 소나무 측백나무 마른 껍질은 용의 비늘 같네	手種松柏枯龍鱗
서른여섯 봉우리 의구하고	三十六峰僅如舊
산골짜기 점점 열려 시냇물 흘러내리네	澗谷漸改溪流新
허공엔 신선의 풍류 바람에 들렸다 끊어졌다 하고	空中仙樂風吹斷
젓대 소리는 나팔 소리 되어 풍진을 놀라게 하네	化爲鼓角驚風塵
참담한 풍진이 천지를 반나마 가리니	風塵慘淡半天地
어찌 쓸어버리고 나의 참을 돌리랴!	何當一掃還吾眞
따르는 제생 내 말에 놀라서	從行諸生駭吾說
나에게 이 산의 신령이 아닌가 묻네	問我恐是玆山神

그대 광성자를 보지 못했는가!	君不見廣成子
공동산에 높이 누워서 길이 죽지 않고	高臥崆峒長不死
지금에 이르러 일만 팔천 년	到今一萬八千年
양명진인도 이와 같다네	陽明眞人亦如此

운등표어사 시   雲騰飆馭祠詩

옥사산은 신선이 거처하는 곳	玉笥之山仙所居
아래 굴이 있어 운저라 하네	下有元窟名雲儲
사람들 말하기를 이곳에서 기이한 꿈꾼다 하고	人言此中感異夢
나도 그로 인해 화서를 꿈꾸네	我亦因之夢華胥
푸른 산에 달이 밝아 밤이 대낮 같고	碧山明月夜如晝
맑은 시내 졸졸 층층이 흐르네	清溪涓涓流階除
땅의 영험함은 저절로 정신과 함께 그윽하고	地靈自與精神冥
홀연 청허함에 들어 진경을 보네	忽入清虛睹眞境
보배 같은 궁궐은 눈이 부시고	貝闕珠宮炫凡目
화려한 가마와 수레 이리저리 달리네	鸞輿鶴輅分馳騁
황금 동자 쌍쌍이 하늘에서 피리 불고	金童兩兩吹紫宵
옥사산 진인 나란히 앉았네	玉笥眞人坐相幷
내가 혼탁한 세상에 오래 있었음을 비웃고	笑我塵寰久污濁
어찌 와서 노닐면서 잘못된 길을 깔보지 않는가!	胡不來遊凌倒景
잠자리에 누우니 아직 노을이 있음을 느끼는데	覺來枕席尚煙霞
하늘땅 사이에 어디가 내 집이랴!	乾坤何處眞吾家
잠 깨어 보니 세상은 어떠한지	醒眠相看世能幾

꿈속에서 꿈을 말하며 공연히 탄식하네　　　　　　　夢中說夢空咨嗟

18일에 양명은 길안에 도착하였다. 추수익 등 고을의 현자와 사대부들이 모두 와서 만나고 문산사文山祠에 모였다. 그런 뒤 양명은 당룡·이소李素·오희유伍希儒·추수익·왕위王暐 등의 문사들과 함께 칠조七祖 행사行思(671~740)의 도량인 청원산青原山을 유람하며 정상에 올랐다. 양명은 강개하여 장충과 허태가 경변군을 거느리고 남창에 와서 소요를 일으키고 살육을 저지른 경과를 논하고, 감탄하여 말하기를 "이 한 단락의 노고勞苦는 다시 의로운 군사를 일으켰을 때보다 심하다."라고 하였다.

청원산은 수십 리에 걸쳐 면면히 이어져 있었다. 양명은 산봉우리에서 황산곡黃山谷(황정견黃庭堅, 1045~1105)의 청원산 시비詩碑를 보고서 더욱 감개무량하여 '도심'이 크게 일었다. 그는 차운시 한 수를 지었다.[129]

청원산, 황산곡 운을 따다　　　　　　　青原山次黃山谷韻

여러 고을을 찾아보고	咨觀歷州郡
세상사 분주하게 이리저리 치달리다	驅馳倦風埃
휴가를 틈타 명산을 찾으니	名山特乘暇
숲과 골짜기가 뒤얽혔네	林壑盤縈回
구름과 바위는 울퉁불퉁 오솔길을 따르고	雲石緣欹徑
여름날 숲은 층층이 깊어	夏木深層隈
우러러 안개 속에 하늘을 보니	仰窮嵐霏際

---

129 『왕양명전집』 권20 「청원산차황산곡운青原山次黃山谷韻」.

비로소 전각의 문이 열리네	始睹臺殿開
의발은 예로 천축에서 전하고	衣傳西竺舊
건물은 당과 송의 남은 재목이네	構遺唐宋材
솔바람에 계곡물은 급히 흐르고	風松溪溜急
여울 소리 빈산에 슬프게 울리네	湍響空山哀
그윽한 골짜기에 오묘한 향기 풍기고	妙香隱玄洞
스님 집은 벼랑 끝에 걸려 있네	僧屋懸穹崖
옷을 당기니 엄연히 용의 모습	扳衣儼龍象
오르내리며 드리워진 계단에 임하네	陟降臨緯階
신령한 구멍에서 샘물이 떨어져 날리고	飛泉瀉靈竇
굽은 문턱은 구름 서까래에 이어지네	曲檻連雲楳
내 와서 유적에 감개하고	我來慨遺迹
보람 있는 일은 묻혀버렸네	勝事多湮埋
아득한 서방의 가르침이	邈矣西方教
흘러서 중국에 두루 퍼졌네	流傳遍中垓
황극의 교화는 어떠하기에	如何皇極化
도리어 우리를 시기하게 하네	反使吾人猜
양기가 벗겨져도 다행히 다 끊어지지 않았으니	剝陽幸未絕
생명의지가 마른 뿌리에 남아 있네	生意存枯荄
눈앞의 일에 마음이 아프니	傷心眼底事
생전의 술잔을 저버리지 말라!	莫負生前杯
자연에 본성을 두고	煙霞有本性
산수로 돌아가 묻히기를 청하네	山水乞歸骸
구절양장 언덕을 오르느라	崎嶇羊腸坂

수레바퀴 몇 차례나 부서졌나!	車輪幾傾摧
쓸쓸히 사슴과 짝하고	蕭散麋鹿伴
끝내 골짜기를 따르네	澗谷終追陪
담담하고 유쾌하여 참되고 맑음을 돌이키고	恬愉返眞淡
한적하게 떠들썩한 세상을 버리네	閑寂辭喧噮
자연의 소리는 지극한 즐거움을 드러내고	至樂發天籟
악기로 더러운 세상과 이별하네	絲竹謝淫哇
예로부터 저절로 동조하니	千古自同調
어찌 반드시 시대와 함께해야 할까!	豈必時代偕
진중한 그대들	珍重二三子
이 유람은 우연이 아니라네	玆游非偶來
산옹과 함께 자며	且從山叟宿
역부의 재촉을 받지 말라	勿受役夫催
동봉의 안개 속에 달이 올라	東峯上煙月
밤중에 바야흐로 배회하네	夜景方徘徊

길안에서 양명은 참으로 '제생이 내 말을 놀라워하는' 일을 일으켰다. 그는 지방의 유사에게 유양정의 모친을 매장하게 하고 스스로 유양정의 모친을 위해 제문 한 편을 지었다.

아! 유자길劉子吉(유양정) 생은 어머니가 돌아가셨는데 장례를 치르지 못하고 방패와 창을 들었네. 한마음 잘못 생각으로 마침내 여기에 이르렀으니 아, 슬프다! 내 이제 그대의 모친을 장례 지내며 애오라지 그대의 넋을 위로하네. 군주와 신하의 의리로는 비록 그대의 몸을 사사롭게 대할 수 없지

만 벗(朋友) 사이의 정은 오히려 그대의 모친에게서 다 드러냈네.[130]

양명과 유양정의 '붕우' 관계는 강빈과 장충이 전력으로 조사하여서 단련하려는 바, 양명과 신호가 서로 내통하고 결탁한 중요한 '죄상'이었다. 양명은 "양기가 벗겨져도 다행히 다 끊어지지 않았으니, 생명의지가 마른 뿌리에 남아 있는" 위험한 처지에서 도리어 의구히 유양정의 모친을 위해 제문을 지어서 "애오라지 그대의 넋을 위로하네"라고 하였으니, 이는 이미 그가 옥사를 단련하려는 강빈, 장충과 같은 자들에 대한 경멸을 표명한 것이며, 또한 자기와 유양정의 관계가 청렴결백함을 온전히 보인 것이었다.

양명은 6월 하순 감주에 도착하여서 즉시 군정軍政을 정돈하고 대대적으로 사졸의 조열操閱을 시행하고 전법을 교련하였으며, 각 현의 관병에게 모두 감주 교장에 집결하여서 조열을 받으라고 명하였다.

그는 「행영북도신명교장군령行營北道申明教場軍令」 한 편을 반포하였다.

알리는 바, 본원이 영도寧都 등 현의 관병, 기쾌機快 등을 조발하여서 현재 감주 교장에서 조열을 시행하는데 중간에 군령을 지키지 않아 죄가 무고한 사람에게 이를까 하니 응당 금지 약속을 정해야 한다. 부사副使 왕도王度가 발표한 조례의 시행 범례를 참작하니 서로 같았다. 이에 안건을 베껴서 도道에 공표하여 즉시 고시하며 교장에 내걸어서 관병, 기쾌를 효유하여 저마다 준수하게 하라. 만일 위반하는 경우, 사정이 중대한 자는 붙잡아서 군문으로 보내 군령에 따라 참수한다. 사정이 조금 경미한 자는 해당 도에

130 『왕양명전집』 권33 「연보」 1.

서 스스로 해결하고 처치하라.[131]

생각지도 못한 점은 바로 양명이 이와 같이 감주에서 군정을 정돈하고 전법을 조련한 일이 남도의 강빈·장충·허태 등 권간의 두려움을 불러일으켰다는 사실이다. 그들은 사실을 날조하여서 말하기를, 양명이 감주에서 군대를 훈련시켜 '군주의 측근을 숙청하려(淸君側)' 한다고 하였다. 이에 앞서 허태가 강빈에게 말하기를 "왕양명이 병사를 일으켜서 군주 측근의 악을 숙청하려고 한다." 하였는데, 강빈이 놀라서 까닭을 물었더니 허태가 말하기를 "주태가 첫째이고 제독도 면하지 못한다."라고 하였다. 강빈은 즉시 감주로 사람을 보내서 양명의 동정을 정탐하게 하였다. 제사諸司에서도 앞다투어 문첩文帖을 보내서 양명에게 즉시 남창으로 돌아와 흉험한 용병을 하는 상황에 처하지 못하게 명하였고, 동료와 지인, 문인들도 모두 양명에게 속히 성성으로 돌아와서 옳고 그름을 따지는 이 위험하고 의심스러운 상황에서 벗어나라고 권하였다.

양명은 움직이지 않고 「추추음啾啾吟」 한 수를 지어서 풍자하였다.[132]

지혜로운 자는 의혹하지 않고 인한 자는 근심하지 않으니	知者不惑仁不憂
그대는 어찌 두 눈 가득 근심에 사로잡혔나?	君胡戚戚眉雙愁
걸음에 맡겨 오가면 모두 평탄한 길이고	信步行來皆坦道
하늘 뜻에 따라 판단함은 사람의 꾀 아니네	憑天判下非人謀
쓰이면 나아가고 버려지면 쉬니	用之則行舍卽休

131 『왕양명전집』 권31 「행영북도신명교장군령行嶺北道申明敎場軍令」.

132 『왕양명전집』 권20 「추추음啾啾吟」.

이 몸은 호탕하게 떠도는 빈 배라네	此身浩蕩浮虛舟
장부는 대범하게 천지를 떠받치니	丈夫落落掀天地
어찌 궁한 죄수처럼 속박됨을 돌아보랴!	豈顧束縛如窮囚
천금의 구슬로 새를 쏘아 잡고	千金之珠彈烏雀
땅을 팜에 어찌 번거롭게 명검을 쓰랴!	掘土何煩用鑷鏤
그대는 보지 못하는가!	君不見
동쪽 집 늙은이 호환을 막아도	東家老翁防虎患
호랑이 밤에 들어와 머리를 물었네	虎夜入室衙其頭
서쪽 집 아이 호랑이도 몰라보고	西家兒童不識虎
몽둥이 들고 소인 양 호랑이를 몰아대네	執竿驅虎如驅牛
바보는 체한다고 밥을 먹지 않고	癡人懲噎遂廢食
어리석은 사람 물에 빠질까 두려워 먼저 뛰어드네	愚者畏溺先自投
사람은 천명에 통달하면 저절로 쇄락해지니	人生達命自灑落
참소를 근심하고 헐뜯음을 피하려고 공연히 흐느끼네!	憂讒避毀徒啾啾

당시 감주로 와서 배움을 물었던 진구천이 이 참소와 비방과 위태하고 의심스러운 한 장면을 귀로 듣고 눈으로 보았다. 그는 나중에 다음과 같이 말하였다.

예전에 무종이 남순을 하였는데, 선생이 건虔(강서성 감주)에 계셨고 간사한 도적이 군주의 측근에 있었다. 듣기에 의심과 비방으로 선생을 위험하게 하는 자가 있어서 그 소식이 날마다 이르렀고, 제사諸司에서 문첩文帖이 끊임없이 이어진다 하여서 선생께 즉시 홍洪(남창)으로 내려가서 용병을 하는 상황에 처함으로써 간사한 사람에게 의심을 확신하게 하지 말라고 권하였다. 선생이 듣고서 태연히 움직이지 않았다. 문인이 틈을 타서 말하니 선생이 응답하여 말씀하시기를 "내가 장차 가겠다."라고 하였다. 하루는 유준惟濬(진구천)이 역시 이 일로 물으니 선생이 말씀하시기를 "내가 성省에 있을 때 권력을 잡은 내시가 저토록 기염을 토하며 의심과 비방을 하여서 재앙이 목전에 있었는데 나도 고개를 숙이고 대처하였다. 이는 어찌 근심할 만하랴? 나는 이미 군사를 해산하고 일을 놓고 돌아가기를 청하였으며, 다만 벗들과 더불어 학문을 강론하고 도를 논하며 동생童生을 가르치고 예를 익히며 시를 읊으니 어찌 의심할 만하겠는가! 가령 재앙과 환란이 있다 하더라도 역시 두려워하여 피할 수가 없다. 우레가 울려고 하면 곧 우레가 우는 것이니 무슨 까닭에 근심하고 두려워하랴? 내가 경솔하게 행동하지 않는 까닭은 역시 그것에 관해 깊이 고려하기 때문이다!"라고 하였다. 또 한 사람이 벗을 시켜서 사정이 급하다고 알려주었다. 선생이 말씀하시기를 "이 사람은 안타깝게도 배움을 알지 못하니 공들은 어찌 그와 더불어 학문을 강론하지 않는가?" 하였다. 이 벗도 석연해져서 사람들에게 말하기를 "명옹明翁은 참으로 붉은 신발 신은 걸음걸이 의젓하다(赤舃几几) 하는 기상이 있다."라고 하였다.[133]

진구천이 진술한 바는 양명의 「추추음」에 대한 가장 뛰어난 해설이다.

양명은 결코 남창으로 돌아가지 않았다. 그는 감주에서 한걸음 더 나아가 군정을 정돈하고 교화를 실시하며 사학社學을 크게 일으켜서 남도의 황제의 측근인 권간을 반격하였다. 그는 진구천에게 말하기를 "내가 이곳에서 동자童子와 함께 시를 노래하고 예를 익힘에 무슨 의심할 만한 일이 있겠는가?"

---

133 전덕홍, 「각문록서설刻文錄敍說」, 『왕양명전집』 권41에 보인다.

하고, 또 "그대들은 어찌 강학을 하지 않는가? 내가 옛날 성성에 있을 때 권력을 잡은 내시로 인해 재앙이 목전에 있었는데, 나도 고개를 숙이고 대처하였으니 설령 큰 변고가 있었다 하더라도 역시 피할 수 없었다. 내가 경거망동하지 않은 까닭은 역시 그에 관해 깊이 고려했기 때문이다."[134]라고 하였다. 이는 바로 강빈과 허태에게 내놓은 양명의 대답이었다. 진구천이 말하기를, 양명은 감주에서 "다만 벗들과 더불어 학문을 강론하고 도를 논하며 동생을 가르치고 예를 익히며 시를 읊었다."라고 한 말은 바로 양명이 사학을 크게 일으키고 학생들에게 예와 음악과 노래와 시를 익히도록 한 일을 가리킨다.[135]

양명은 신호의 반란 중에 인심이 험악하고 타락한 것과 세상 풍조가 날로 경박해지고 사회의 동란과 부패의 근원이 역시 '사람의 마음(人心)'에 있음을 통감하였다. 그리하여 그는 예악과 교화를 정돈하고 넓히는 일에서 시작하여 사학과 서원을 크게 진흥함에 가장 근본인 사학 향관鄉館의 동생 교육부터 다잡아서 인심을 교화하고 예속을 돈독하게 하였다. 이 또한 일관된 문치 교화의 길이었다.

그는 먼저 부현府縣에 「흥거사학패興擧社學牌」 한 편을 반포하여서 다음과 같이 말하였다.

> 살펴보니 감주 사학 향관의 교독教讀으로서 현명한 이와 그렇지 않은 이가
> 아직 많이 뒤섞여 있다. 이로 인해 시와 예의 가르침은 시행한 지 이미 오
> 래되었으나 순수하고 후덕한 풍속은 흥기함을 보지 못하는 것이다. 이 때

---

134 『왕양명전집』 권33 「연보」 1.

135 전덕홍의 『양명선생연보』는 양명이 사학을 크게 일으킨 일을 정덕 13년 4월에 회군하여서 돌아온 뒤로 비정하는데, 이는 잘못이다.

문에 영북도嶺北道에 이 패를 발령하여서 동 부와 현의 관리에게 동독하니 즉시 각 향관의 교독을 두루 방문하고 택하되 학술이 밝고 바르며 행실이 단정하고 방정하기를 힘쓰는 자를 이에 선발하라. 관부에서는 성명을 장부에 기록하고 행적을 헤아려서 땔감과 먹을거리(薪米)를 지급함으로써 힘써 공부하고 애쓰는 데 보탬이 되게 하고, 예우를 넉넉히 하여서 그들을 높이고 권면하는 뜻을 보이라. 각 동생의 집안에도 저마다 두루 경계하고 신칙하되 스승을 높이고 도를 존중하며 자제를 교훈하는 데 힘쓰게 하며, 악습에 물들고 투박한 데 익숙해져서 스스로 허물을 짓지 말게 하라.[136]

이어서 「사학교조社學教條」를 반포하여서 각 부·현이 소문을 듣고 자극을 받아 사학社學을 일으키게 하였다. 감주부 성안에 5대 사학을 설치하였는데, 동쪽은 의천서원義泉書院, 남쪽은 정몽서원正蒙書院, 서쪽은 부안서원富安書院과 진녕서원鎭寧書院, 북쪽은 용지서원龍池書院이었다. 각 현의 사학도 우후죽순처럼 일어나서 행실이 반듯하고 덕이 순수한 사유師儒를 많이 선발하여서 강론과 독서를 하게 하였고, 뛰어나고 지혜로운 자제를 서원에 나누어 들여서 시를 노래하고 예를 익히도록 가르치고 충의효제忠義孝悌를 펼쳤다.

양명은 친히 「교약教約」, 「훈몽대의訓蒙大意」를 지어서 자신의 『전습록』과 함께 각 사학에 나누어주었다. 그는 또 스스로 사학에 가서 동생이 시를 노래하고(歌詩), 예를 익히며(習禮), 글을 읽는(讀書) 것을 지도하고 가르쳐서 익히게 하였다. 명예를 좇고 이익을 추구하는 관방 부·현의 학교 교육과 달리 양명은 사학이란 '마땅히 효제충신, 예의염치를 오로지 힘써야' 한다고 인식하여서 시를 노래하고, 예를 익히며, 소리 내어 읊는(誦讀) 능력을 함양하고 배

---

136 『왕양명전집』 권17 「홍거사학패興擧社學牌」.

양하는(涵育培養) 방법으로 삼아 "시를 노래함으로 이끌어서 지의志意를 발휘하고, 예를 익히는 것으로 인도하여서 위의威儀를 엄숙하게 하고, 글을 읽는 것으로 일깨워서 지각知覺을 열었다."[137] 그는 사학의 시를 노래하고, 예를 익히며, 글을 읽는 교육에 대해 구체적으로 세 가지 요구 사항을 제시하였다.

무릇 시를 노래함은 모름지기 용모를 단정히 하고 기운을 안정하게 해야 하며, 성음을 맑고 깨끗하게 하여서 절조를 고르게 살펴야 한다. 들뜨고(躁) 급하게 하지(急) 말며, 들끓고(蕩) 들레지(囂) 말며, 쭈그러지고(餒) 주눅 들지(懾) 말라. 오래 하면 정신이 화창하게 트이고 심기가 화평해질 것이다. 매번 배움에는 동생의 많고 적음을 헤아려서 네 개의 반으로 나누고 매일 한 반씩 돌아가면서 시를 노래하게 하되 나머지는 모두 자리를 잡고서 용모를 엄숙하게 하고 듣는다. 닷새마다 네 개의 반이 모두 본학本學에서 돌아가며 노래한다. 매 삭망朔望(초하루와 보름)에는 각 학생을 서원에 모아서 노래한다.[138]

무릇 예를 익힘은 모름지기 마음을 맑고 사려를 엄숙하게 하여서 의절儀節을 살피고 행동거지(容止)를 헤아려서 소홀히 하거나 게을리하지 말며, 기운이 꺾여서(沮) 부끄러워하지 말며, 곧이곧대로(徑) 하여서 거칠게 하지(野) 말고 차분하고 자연스럽게 하되 우회하고 해이한 실수를 하지 않으며, 닦고 근실하되 얽매이고 국한된 실수를 하지 않는다. 이렇게 오래 하면 체모가 익숙해지고 익어서(習熟) 덕성이 견고하게 안정된다. 동생의 분반과 차

---

137 『왕양명전집』, 권32 「연보」 1.
138 양명은 나중에 이것으로 '구성사기九聲四氣' 노래법을 창안하였다.

례는 모두 시를 노래할 때와 같이 하되 매 하루를 사이에 두고 한 반씩 돌아가면서 예를 익히고 그 나머지는 모두 자리에 앉아서 용모를 엄숙하게 하고 관찰한다. 예를 익히는 날에는 교과목 학습(課做)을 면한다. 매 열흘마다 네 개의 반이 모두 본학에서 익힌다. 매 삭망에는 각 학생을 서원에 모아서 익힌다.

무릇 글을 전수함은 한갓 많은 내용을 전하는 데 달려 있지 않고 정확하고 익숙함(精熟)을 귀하게 여긴다. 타고난 자질(資稟)을 헤아려서 200자를 익힐 수 있는 자에게 다만 100자를 전수할 뿐이다. 늘 정신 역량을 여유 있게 하면 싫증내고 고생하는 근심이 없고 스스로 터득하는 아름다움이 있다. 읊조리고 외는 사이에 마음을 오로지하고 뜻을 한결같이 하여서 입으로는 외고 마음으로는 사유를 하며, 글자마다 구절마다 실마리를 끄집어내어서 반복하고 음절을 낮췄다 높였다 하며, 심의心意를 너그럽게 하고 텅 비운다. 오래 하면 의리義理가 푹 젖어들고 총명함이 날로 열릴 것이다.[139]

사학에서 양명은 더욱 특별히 효제충신의 예의禮義 교육과 예의 학습을 중시하였다. 그는 동생에게 적합한(適用) 사학의 의례를 제공하여서 착실하게 익히도록 하였다.

당시 감주로 와서 배움을 물은 고원古源 이정상李呈祥(1484~1554)은 양명이 사학 의례를 제정하여서 동생으로 하여금 준행하게 한 한 광경을 다음과 같이 기록하였다.

---

139 『왕양명전집』 권2 「전습록·교약敎約」 중.

내가 일찍이 감에 가서 양명이 사학을 행하는 방법을 보았는데 매우 좋았다.[140]

양명 선생이 감에서 사학의 방법을 세웠는데, 동자童子들로 하여금 아침저녁으로 정성(昏定晨省)의 예절을 행하게 하고, 관례冠禮와 아울러 선조와 문묘에 제사하는 예의 규약을 정해서 동자들에게 삭망으로 연습하게 하였다. 선조를 제사하는 위차를 정할 때 고조를 중앙에 거하여 남면하게 하고 중조와 조를 동서 양쪽에서 약간 앞에 모시되(位) 한 위패는 서쪽을, 한 위패는 동쪽을 향하게 하였다. 고考의 위패는 중조의 동쪽 아래 조금 뒤로 물려서 서쪽을 향하게 하였다. 조는 중조보다 조금 아래에, 고는 조부의 조금 아래에 위치하게 하였다. 이는 옛날 소목을 합동으로 제사하는 예의와 자못 비슷하다. 『가례』에 견주어보면 (『가례』는) 고조·중조·조·고가 같은 줄에 위치하고 또한 오른쪽에서 왼쪽으로 이르게 하였는데, 이는 존비의 차례를 잃어버렸으니 마음이 끝내 편안하지 않다.[141]

양명이 보기에 예악가시禮樂歌詩는 통일된 것으로서 이는 모두 응당 '마음'에서 추구해야 하는 것이다. 그는 '원래의 소리는 다만 네 마음에서 구해야 한다' 하여서 다음과 같이 인식하였다.

옛사람의 다스림에는 먼저 사람 마음의 화평을 얻은 뒤에 음악을 지었다. 비유하자면 여기에서 시를 노래한다고 하면, 네 심기가 화평하면 듣는 사

람이 저절로 기쁘고 즐거움(悅懌)이 일어난다. 『서』에 이르기를 "시는 뜻을 말한다(詩言志)."고 하였으니 뜻은 곧 음악의 근본이다. "노래는 말을 길게 한 것이다(歌永言)."고 하였으니 노래는 곧 음악 제작의 근본이다. "소리는 길이에 의존하고, 음률은 소리를 조화한다(聲依永, 律和聲)."고 하였으니 음률은 다만 소리를 조화하려 하고, 소리를 조화함은 곧 음률 제작의 근본이다. 어찌 바깥에서 추구한 적이 있었는가?[142]

이로 인해 예악가시의 배움은 바로 '심학'이며, 시를 노래하고 예를 익히며 글을 읽고 외는 것이 모두 '심학'을 함양하고 체인하는 데 있으니, 양명의 사학 교육 진흥은 이학理學을 미루어 넓히고 심학을 널리 퍼뜨리려는 분명한 목적을 갖고 있었다. 그의 『전습록』도 사학의 제생이 "입으로는 외고 마음으로는 사유를 하며 글자마다 구절마다 실마리를 끄집어내는" '교과서'가 되었다.

홍국현興國縣에서 서원을 복구하고 사학을 세울 때 양명의 흥학興學 이념을 가장 잘 깨달은 지현 황사黃泗는 「이역풍속문移易風俗文」에서 양명을 향해 그들이 사학을 세우려는 구상을 다음과 같이 회보滙報하였다.

비직卑職은 현치縣治 뒤편에 대승사大乘寺 유지가 있는 것을 발견하였습니다. …… 이 터를 얻어서 반을 나누어 안호서원安湖書院을 개건하려고 합니다. 중앙에는 강당을 두고 뒤에는 퇴성당退省堂과 존경각尊經閣을 두어서 서원의 승지勝地에 의거하였습니다. 동쪽에는 선현사先賢祠를 두어서 세 분 정 선생(삼정三程: 정향程珦·정호程顥·정이程頤)을 제사하고 전례와 같이 하되 원공元公(주렴계)을 배향하고 두 아드님으로 모시게 하였습니다. 서쪽에

---

142 『왕양명전집』 권3 「전습록」 하.

는 향현사鄕賢祠를 두어서 종소경鍾紹京(659~746) 등 여섯 분을 제사하였습니다. 동쪽과 서쪽 사당의 양쪽 곁에는 각각 재사齋舍 몇 칸을 두어서 문천상文天祥(1236~1283)·방봉신方逢辰(1221~1291)의 잔비殘碑를 옮겨서 증거로 삼았습니다. 성 모퉁이에 미신을 믿는 사당(淫祠)의 집터(基址)를 부숴버리고 각각 사학 1개 소를 세워서, 경학에 능통하고 평소 행실이 단정하고 근실한 사람을 찾아 선발하여서 사사社師 각 1명을 두고 아울러 민간의 준수한 자제로서 진취할 만한 자를 선발하여 사학의 동생으로 충원하여서 학문이 성취하기를 바라며 읍상邑庠에 들여보냅니다. 제자弟子에 결원이 생기면 곧 생유生儒 중에서 향상할 의지를 가진 자를 택하여 서원에 들여보내며, 명망이 있는 자를 발탁하여서 원장으로 삼고 날마다 강론하고 연마하여 옛 성현의 성법成法을 탐구하여서 그 몸을 닦도록 하였습니다. 비직은 또한 들은 바 당도當道의 전수하여 익힌 기록(*『전습록』을 가리킨다)과 교조의 방침(*「교약」을 가리킨다)을 가지고서 날마다 서로 그 사이에서 권하되 준수한 자로 하여금 모두 주렴계周濂溪와 정 선생 네 분의 학행, 종소경·이박李樸(1063~1127) 등의 덕업을 우러러볼 줄 알고 그것에 감동하여서 흥기하는 바가 있게 하였습니다.[143]

양명은 즉시 비문批文을 시행하여 황사를 칭찬하기를 "직책을 잘 수행하여서 마음을 기울여 교화를 하니 보고한 바 사리事理를 모두 비준한다. 이에 따라 시행하라."[144] 하였다. 감주의 각 현은 기본적으로 모두 흥국현의 사학을 본보기 삼아 문교文敎를 크게 일으켰다.

---

143 『건륭흥국현지乾隆興國縣志』 권16 「명문이明文移·이역풍속신문移易風俗申文」.

144 『건륭흥국현지』 권16 「명문이·비흥국현이역풍속신문批興國縣移易風俗申文」

그러나 양명이 감주에서 사학을 크게 일으키고 있을 때 남도에 있던 무종과 강빈·장충·허태는 또 새로이 괴이한 생각을 일으켰다. 기원형의 옥안은 어떤 진전도 없었고 또 양명과 신호의 결탁, 병사를 일으켜서 모반한 어떤 진실한 증거도 찾을 수 없었기 때문에 남경에 머무는(駐蹕) 데 싫증이 난 무종은 또 소주와 항주(蘇杭)·강절江浙·호상湖湘·무당武當 등 남쪽으로 유람할 생각을 하였으므로 대신들은 궁궐 문에 엎드려서 읍소하였다. 무종은 결국 가마를 돌려서 경사로 돌아가려는 바람을 표하였다.

강빈·장충·허태 무리의 간당奸黨은 곧 '포로를 바쳐서 공을 탈취하려고(襲攻)' 하였는데, 장영이 말하기를 "안 됩니다. 이전에 아직 서울을 나오지 않았을 때 신호는 이미 사로잡혔고, (왕수인이) 포로를 바치러 북상하여 옥산玉山을 지나고 전당錢塘을 건너면서 사람들의 이목을 끌었으므로 엄습할 수 없습니다."라고 하였다. 그러나 무종은 그들의 주청을 들어주었다. 왜냐하면 강빈·장충·허태는 무종을 대표하여 강서로 가서 토벌하고 포로를 잡았으니 그들의 공적을 인정하는 것은 바로 무종의 공적을 인정하는 것이며, 무종이 어가를 타고 친정하여서 신호를 사로잡은, 세상을 뒤덮는 공을 세우는 것은 바로 명분도 정당하고 구실도 타당하게(名正言順) 성립하는 것이었기 때문이다. 이에 무종은 전지를 내려서 양명에게 강서에서 승첩을 보고하는 소를 올리게 하였으며, 거듭 공적을 세운 이들의 명단을 기록한 책자(功次冊, *紀功冊)를 확정하게 하였다. 기어코 강빈·장충·허태·유휘·왕헌 등을 조정의 으뜸가는 공적을 세운 사람들로 「중상강서첩음소重上江西捷音疏」와 공적 명단을 기록한 책자에 써넣으라고 명하였다.

감주에 있던 양명은 그들이 감추고 있는 못된 심보와 음모를 알아차리지 못하고서 7월 17일 거듭해서 「중상강서첩음소」를 올렸는데, 다음과 같이 몇 구절을 신경 써서 덧붙여 넣었다.

또 흠차欽差 총독을 군문에 보내시되 태감 장영을 강서에 파견하여서 신호의 반란에 대한 상황을 조사하게 하고 안변백 주태, 태감 장충, 좌도독 주휘에게 각각 병사를 거느리고 남경·강서에 와서 정벌하게 하셨습니다. 이어서 흠차 충독군무 위무대장군 총병관 후군도독부 태사 진국공 주朱(*생각건대, 무종이다)께서 왕의 군사(六師)를 통솔하고 하늘을 받들어 정벌하였으며, 제독 등의 관원을 통솔하는 사례감태감 위빈魏彬, 평로백平虜伯 주빈朱彬 등과 아울러 독리량향 병부좌시랑督理糧餉兵部左侍郎 등의 관원 왕헌 등이 역시 저마다 계속 남경에 이르렀습니다.[145]

양명은 의식하지 못한 사이에 그들의 올가미에 걸려들었다. 무종은 그가 올린 「중상강서첩음소」에서 장영·허태·장충·유휘·위빈·강빈·양저粱儲·왕헌을 신호의 반란을 평정한 1등 공신으로 열거하여서 제일 먼저 공을 포상하고 작위를 줌으로써 신호의 반란을 평정하는 데 수훈을 세운 양명의 공신 자격을 탈취하였고, 강서 지방에서 수훈을 세운 이들(*예컨대 오문정)을 억압하고 배척하였다. 공차책功次冊(공적을 세운 이들의 명단을 기록한 책)은 원래 사원謝源과 오희유伍希儒가 다시 제작하여(重造) 올린 것인데 양명은 그다지 만족스럽지 않아서 그들에게 다시 작성하여 보고하게 하였다. 그러나 모두 무종의 뜻과 간당의 요구에 합치되지 않아서 조정에서는 채택하지 않았으며 결국 별도로 강빈과 한 몸이 되어서 간사한 짓을 자행한 왕헌에게 다시 제작하게 하였는데, 이러한 간당을 모두 1등 공신으로 공차책에 써넣었던 것이다.

왕천계는 「송용천제공지숭덕서送蓉川齊公之崇德序」에서 그들의 음모를 다음과 같이 폭로하였다.

---

145 『왕양명전집』 권13 「중상강서첩음소重上江西捷音疏」.

제장諸將이 강서 수신守臣의 공을 탈취하였다. 시랑 왕헌은 서경瑞卿(*제지란)이 지은 책자를 끌어당기고서 또 말하기를 "상의 뜻을 거슬러서 화를 자초하지 마십시오."라고 하였다. 서경이 정색을 하며 말하기를 "신자臣子는 군주를 불의에 빠뜨려서는 안 됩니다."라고 하였다. 이로 말미암아 의논이 결국 합치하지 못하였다. 왕헌이 홀로 상의 뜻에 영합하여 책자를 만들어서 진상하게 되었다. 1년 동안 머뭇거리며 강빈과 장충이 물을 때마다 번번이 대답하기를 "강서 수신의 공을 계산하지 않아서 모든 상이 함부로 미치면 무엇으로 천하 후세에 보이겠습니까? 제지란 등이 체직遞職을 원하며 중죄를 지어서 이 책자를 차마 만들지 못하였습니다!"라고 하였다.[146]

제지란은 「급출문무간사대신소急黜文武奸邪大臣疏」에서 더욱 통렬히 지적하며 다음과 같이 말하였다.

주태가 강서에 갔는데, 술수를 부려서 장충에게 오문정을 채찍질하고 차꼬에 채워서(箠系) 억지로 삼사三司에 무릎 꿇기(跪)를 강요하게 하였습니다. 마침내 강빈에게 시켜서 왕수인을 해치고 지방의 으뜸가는 공을 매섭게 억눌렀습니다. …… 전 병부시랑이며 현재 상서로 승진한 왕헌이 처음에는 장예張銳에게 뇌물을 주고 이어서 강빈에게 아부하여 세력을 얻었습니다. 앞에서는 함부로 왕의 행차를 호종하는(扈驛) 데 개입하여서 오직 군주의 악을 받드는 일을 일삼고, 환관을 끼고서 뇌물을 받아들여(撒網藏閣) 존비의 체모를 매우 더럽혔으니 나리, 나리 하는 노비(爺爺奴婢)에게 무슨 예법이라 일컬을 게 있겠습니까! 세력을 등에 업고 남을 깔보아 무신撫臣이

---

146 『용천집』 「역관소초증언歷官疏草贈言·송용천제공지숭덕서送蓉川齊公之崇德序」.

기색으로 부림(氣使)을 당하고 있으며, 무리를 지어서 악을 자행하고 공을 시기하여서 바른 의논이 이로 인해 퍼지지 않았습니다.[147]

나중에 왕헌은 자기가 지은 황당한 공차책에 따라 간사한 강빈 무리를 1등 공신에 배열하고 무종에게 상주하여서 상을 내리라고 청하였다.

> 정리병량整理兵糧 병부시랑 겸 좌첨도어사 왕헌 등이 아룁니다. 강서의 첩음은 수가태감隨駕太監 위빈 등, 내각 대학사 양저 등, 주빈·장영·장충·주태·주휘 및 도독 주주朱周·주종朱琮·백옥白玉·송빈宋贇, 태감 우질于經·유상劉祥·주정朱政·왕호王鎬 등, 금의위 지휘 장새張璽·장륜, 도찰어사 왕수인 …… 공적에 각각 차등이 있으니 모두 마땅히 상을 올려주어야 합니다.[148]

양명과 생사를 넘나든 강서 지방의 수훈자들은 모두 최하등에 두었고 심지어는 공을 세우고도 상을 받은 공신의 반열에 들지 못하였다. 양명이 거듭 「중상강서첩음소」와 공차책을 올린 것을 시작으로 하여서 그 스스로 신호의 반란을 평정한 1등 공신의 지위는 곧 무종 및 측근의 권간들에 의해 박탈당하였으며, 양명을 내침으로써 무종도 성공을 날로 먹게 되어서 홀가분하게 신호와 죄수의 무리를 엮어서 난가를 타고 돌아왔다고 할 수 있다.

양명도 역시 무종이 회군하여서 서울로 돌아간 일이 일으킬 흉험함을 예감하고 있었다. 기원형을 서울로 압송하여 조옥에 가둔 것은 양이 호랑이 굴에 들어간 것과 다름없었다. 권간들이 다시 원옥冤獄을 조성하여서 위기가

---

147 『용천집』 「역관소초歷官疏草·급출문무간사대신소急黜文武奸邪大臣疏」.
148 『명무종실록』 권193, '정덕 15년 11월' 조.

자기에게 닥쳐서 흉은 많고 길은 적었다. 당장에 조정 육부로 하여금 기원형의 안건을 심리하게 한다면, 어쩌면 평번平反할 한 가닥 희망이 있을지도 몰랐다.

8월, 양명은 곧 육부를 향해 「자육부신리기원형咨六部伸理冀元亨」을 올려서 기원형의 무고하고 억울한 사정을 통렬하게 진술하였다.

본직本職(왕수인)이 왕년에 귀주貴州로 폄적되었을 때 본생本生(기원형)이 일찍이 좇아서 강학을 하였습니다. 근래 남감에서 그를 초빙하여 자식을 가르치게 하였습니다. 당시 영왕 신호가 암암리에 불궤不軌를 도모하여 그의 포학한 기염이 날로 성하였습니다. 본직은 봉강封疆의 직책을 연이어 받아 화근을 없애고 미연에 방지하려고(曲突徙薪) 하였으나 이미 어찌할 방도가 없었습니다. 장차 은폐 및 잠복된 간사함을 뽑아내고 제거하려고 하였으나 또한 실증이 없었습니다. 마침 신호가 간사한 속임수로 명성을 추구하여서 현자를 예우하고 배움을 구하기에 본직이 본생을 사신으로 보내 기색을 틈타 신호를 찾아보게 하였는데, 기원형이 이 일로 인해 규간하고 대의를 개진하여서 간사한 모략을 저지하려고 하였습니다. 만약 그를 권하여 타이를 수 없다면 역시 상황을 보아 동정을 자세히 살펴서 반역을 일으킬 시기에 관한 기밀을 안다면 비밀히 대비를 할 수 있었을 것이기 때문입니다. 본생은 그(신호)를 만나본 후 의론이 서로 크게 모순됨을 알았고, 신호는 본직이 파견한 사람임을 알고서 한때 분노하여 돌려보냈으며, 악독한 분노를 그치지 않고 은밀히 악당惡黨을 시켜서 사방으로 빌미를 조사하여 붙잡아서(訪緝) 함정에 빠뜨리고 해를 끼치려고 하였습니다. 본생의 평소 성품은 공손하고 삼가서 처음에는 신호의 음모를 알지 못하였는데 본직은 풍문으로 그 설을 듣고서 밀사를 파견하여 샛길로 상덕常德에 잠입하여 그 재앙을 피하게 하였습니다. 나중에 신호가 패망한 뒤 본직이 병사를 일으켜서 공격하여 토벌한 것에 통한을 품고서 비록 앙갚음을 하려는 마음이 이르지 않은 곳이 없었으나 천리와 공도가 있는 바 그 간계를 이룰 수 없게 하였습니다. 이에 본생을 본직이 평소 아끼고 후대하는 인물이라며 문득 헐뜯고서 공모했다고 무고하여서 보복을 하여 설욕하려고 한 것입니다. 또한 본생이 그와 공모했다면 신호가 반역의 거사를 한 날 본생이 어찌 더불어 일을 하지 않고 도리어 상덕으로 돌아와서 무리를 모아 강학을 하였겠습니까? 신호가 평소 공모한 사람은 예컨대 이사실·유양정·왕춘王春의 무리인데, 신호는 아예 한마디도 언급하지 않고 본생을 홀로 일컬어서 더불어 모의를 시작했다고 하였으니, 이는 원한을 품고 함부로 지적한 것으로서 변론하지 않더라도 길을 가는 사람 모두 알 수 있는 사실입니다. 그러나 일을 담당한 사람은 자세히 살피지도 않고 대뜸 그의 말만 믿고서 마침내 본생을 단숨에 이 지경에 빠뜨렸습니다. 본생은 스승을 섬기는 의리가 독실하고 나라에 보답하려는 충성을 간직하고서 헤아릴 수 없는 위험한 곳(虎口)을 밟고 장차 흉악한 사람을 돌이켜서 교화하고 간사한 계획(奸究)을 잠잠히 스러지게 하려고 하였으니 마음을 따져보고 자취를 살펴보면 더욱 마땅히 상과 녹을 주어야 합니다. 이에 지금 몸은 포로가 되어서 갇혔고 처자식은 노비가 되었으며, 가업은 탕진하였고, 종족은 재앙을 만났습니다. 간사한 사람의 말만 믿고서, 반란을 일으킨 적으로 하여금 분함을 설욕하고 원수를 갚게 하였으니 이는 본직의 마음을 아프게 하고 뼈를 깎게 하는 일이며 밤낮으로 원한을 품어서 저절로 멈출 수 없는 것입니다. …… 또 많은 일로 뒤얽히고 복잡하게 얽힌 때(日)에 만일 옥과 돌을 분간하지 않고(玉石不分) 뜻밖에도 충성과 간사함이 뒤바뀌고(倒置) 헛되이 의로운 선비의 의지를 꺾어서 반역한 도적의 마음을 유쾌하게 한다면 본직은 비록 죽은 뒤라

하더라도 장차 그 통한을 갚을 길이 없을 것입니다.[149]

그러나 양명이 올린 자문은 마치 큰 바다에 돌을 던진 것과 같았고 무종은 도리어 유 낭낭의 권유에 따라 윤8월 12일 수레를 타고 경사로 돌아갔다. 양명은 이 소식을 듣자 장영에게 희망을 걸었다. 그는 즉시 비굉에게 편지를 보내서 그로 하여금 서문을 지어서 조정으로 돌아가는 장영에게 보내게 하였다. 비굉은 「봉하제독찬획기밀군무대내상수암장공헌개환조서奉賀提督贊畵機密軍務大內相守庵張公獻凱還朝序」를 지어서 양명의 속뜻을 전하였다. 서문에서 특별히 다음과 같이 지적하여 밝혔다.

> 좌참정 서련 군이 동료 형순 군, 주문광周文光 군과 함께, 안찰사 오문정 군이 그 동료 진괴 군, 사치 군과 함께 모두 공의 덕을 깊이 느끼고서 보답할 방법을 모색하였다. 공이 불후不朽의 뜻을 두고서 평소 문사文辭를 좋아함을 알았으나 나는 증여로 삼기에는 부족함을 알았다. 이에 오로지 나(宏)에게 한 말씀 책임을 지워서 공의 덕이 깊음을 칭송하게 한 것이다. 이윽고 순무 왕백안 군이 또 특별히 글을 보내 정성스러운 뜻을 다 보였다. …… 이에 뭇 아름다운 것들을 모으고 옛 현신·명장의 풍모를 지녔다. 순무 군(왕수인) 및 번얼藩臬(번사藩司와 얼사臬司, 포정사와 안찰사)의 제군의 이른바 감격스러운 일은 대체로 충심에서 나와 그만둘 수 없는 것이었다.[150]

---

149 『왕양명전집』 권17 「자육부신리기원형咨六部伸理冀元亨」.

150 『비굉집費宏集』 권14 「봉하제독찬획기밀군무대내상수암장공헌개환조서奉賀提督贊畵機密軍務大內相守庵張公獻凱還朝序」.

그러나 양명은 아직 이 권간의 흉험함과 간사하고 교활함을 안이하게 생각하고 있었다. 무종은 양명이 올린 「중상강서첩음소」와 공차책을 받은 뒤 수레를 타고 북상하여서 경사로 돌아갔다.[151] 제지란이 말하기를 무종은 남도에 있을 때 이미 늘 피를 토하였고 병세가 가볍지 않다고 하였다. 그러나 무종은 변함없이 길을 가는 내내 산수를 유람하고 비술에 통달한 호승이 전수한 음탕한 쾌락을 즐겼다. 9월 12일 청강淸江에 도착했을 때 그는 또 작은 배를 타고 저수지에서 낚시를 하며 쾌락을 즐기다가 배가 뒤집혀서 물에 빠진 뒤 오한이 들어서 '협양상한夾陽傷寒'이라는 불치의 병증(絶症)을 얻었다. 양명은 이때 감주에서 남창으로 돌아왔는데, 권간이라는 역귀(瘟神)의 무리가 이미 떠났으므로 남창에서 홀가분하게 군정과 교화를 정돈할 수 있다고 생각하였다.

통주에 도착한 무종은 뜻밖에 결국 11월 6일 '신호와 내통하여(通宸濠)' 뇌물을 받은 죄로 양명의 문인이며 감찰어사인 장오산을 체포하여 금의옥에 가두었다. 진짜 이유는 장오산이 당년에 '팔호八虎'를 탄핵하였을 때 장영과 장충에게 죄를 얻었으며, (그로 인해) 두 장씨가 그를 신호와 사사로이 내통했

---

151 전덕홍의 『양명선생연보』에 이르기를 "무종이 남도에 체류한 지 오래되었는데, 뭇 당여가 스스로 포로를 바쳐서 공적을 이어받으려고 하였다. 장영이 말하기를 '옳지 않다. 이전에 아직 서울을 출발하지 않았을 때 신호가 이미 사로잡혔고 포로를 바치러 북상하여 옥산을 지나고 전당을 건넌 것을 사람들이 보고 들었으니 이어받을 수 없다.'고 하였다. 이에 대장군 균첩으로 거듭 첩음을 올리게 하였다. 선생이 이에 이전의 상주문을 간략하게 요약하고 소장 안에 여러 사람의 이름을 적어서 다시 올렸다. 비로소 의논하여 북쪽으로 돌아가기로 논의하였다."라고 하였다. 또 『국각』 권51에 "(*정덕 15년 윤8월) 계사. 강서의 포로를 접수하고 왕수인에게 거듭 첩보를 아뢰게 명령하였는데, 친정에 파견한 장충과 주휘 등의 공적을 서술하게 하였다. 정유. 상이 말을 돌려서 용강을 출발하였다."라고 하였다. 여기서 서술한 바 '왕수인에게 거듭 첩보를 아뢰게 한' 것은 응당 양명이 올린 「중상강서첩음소」가 남경에 도착한 때를 가리킨다.

다고 무고했던 것이다. 나중에 장오산은 또 여러 차례 글을 올려서 저이儲貳를 세우라고 청하였는데, "친족으로서 서열이 가깝고 현명한 자를 택하여 궁중에 들여서 간사한 영웅이 엿보는 일을 해소하소서."[152] 하여 황제의 기휘를 매우 크게 건드렸고, 그 위협이 양명에게 이르렀다. 남창에 있던 양명과 추수익, 왕사王思가 모두 상주하여서 작상爵賞을 사양하고 구원을 논하였는데, 원래 의도는 공로의 작위를 헌납하여 장오산의 죄를 대속하려고 한 것이었다. 무종은 모두 윤허하지 않았다.

무종은 급히 신호를 사사賜死한 뒤 12월 10일 마침내 경사에 도착했고, 장장 4개월에 걸친 회군의 여정을 마치고 원옥으로 해를 입은 사람들에 대한 새로운 또 한 차례의 박해를 시작하였다. 기원형이 가장 먼저 금의옥에 투옥되어서 모질고 혹독한 고문을 받았는데, 창끝은 양명을 겨냥하고 있었다. 장신蔣信(1483~1559)은 「향진사기암재선생원형묘표鄕進士冀暗齋先生元亨墓表」에서 다음과 같이 말한다. "처음 권간 강빈의 무리가 거듭 양명자에게 재앙을 끼치려고 하여 조정에서 국문鞠問을 하였는데, 곤장과 회초리로 온갖 태형을 가하였다. 선생이 말하기를 '원형은 바야흐로 약관 때 이미 충신, 효자가 되고자 원하였는데 지금 의로운 무리가 되지 못한단 말인가?' 하였다."[153] 양명은 남창에서 종일 두렵고 황황하여 불안한 생활을 하고 있었다.

정덕 16년(1521) 새봄이 찾아왔는데 양명은 이미 50세였다. 그는 한없이 비분하여 「돌아가고픈 마음(歸懷)」 한 수를 지어서 다음과 같이 읊었다.[154]

---

152 상세한 내용은 『나홍선집羅洪先集』 권22 「명고문림랑감찰어사치사석반장군묘지명明故文林郞監察御史致仕石磐張君墓誌銘」에 보인다.

153 장신蔣信, 「향진사기암재선생원형묘표鄕進士冀暗齋先生元亨墓表」.

154 『왕양명전집』 권20 「귀회歸懷」.

살아온 지 어느덧 쉰 해	行年忽五十
어느새 머리카락 세었구나!	頓覺毛髮改
마흔아홉 해를 잘못 살았으나	四十九年非
어릴 적 마음은 그대로 있네	童心獨猶在
세상사 점점 바뀌어서	世故漸改涉
구덩이를 만나도 기운은 조금도 쭈그러들지 않네	遇坎稍無餒
매양 유쾌한 일 만나도	每當快意事
담담하게 모욕과 위태로움을 생각하네	退然思辱殆
온 힘을 기울여서 성인이 되는 공부를 하였으니	傾否作聖功
사물을 봄에 어찌 유쾌하지 않으랴!	物睹豈不快
고향 그리움을 어찌하랴!	奈何桑梓懷
허옇게 센 부모는 문에 기대어서 기다리시겠지	衰白倚門待

이때 남창에서 곤경에 처해 있던 양명은 오로지 관직을 버리고 귀가하는 길밖에 없었다. 그리하여 서울에 있는 어사 사원謝源에게 편지를 보내 자신이 빨리 귀성할 수 있도록 손써주고 기원형의 원통함을 씻어달라고 간구하였다.

이별한 지 오래되어서 그리운 생각이 더 합니다. 경사의 모든 일은 사결士 濼(사원)이 있고, 또 여진汝眞(*오희유)이 (그리로) 갔으니 저(區區)의 심사를 마땅히 한번 털어놓겠습니다. 늙으신 부모는 쇠약하고 병이 날로 깊어지니 논공행상 뒤에 귀성할 수 있다면 욕심에 욕심을 더한(騎鶴揚州) 격일 터입 니다. 여러 원로들(諸老)께 한 분 한 분 간절한 마음을 드리고자 합니다. 듣 기에 기翼(기원형) 생의 일에 지극히 마음을 써주셨다 하니 매우 감사하고 감사합니다! 지금 그대(汝)가 있어서 또 이런 일을 당하니 제군은 어떻게 해결해야 하겠습니까? 이 사이에 모든 일은 왕금王金(1502, 진사)이 대략 말할 수 있습니다. 마침 이가 아파서 하나하나 편지에 다 쓰지 못합니다.

사결 시어 도계 문시文侍께 수인이 절하고 씁니다.[155]

조정에서는 여전히 아랑곳하지 않았다. 무종은 '수훈의 공적을 세운' 권간과 총신에게 상을 주고 발탁하는 일에 더욱 열중하였다. 정월에 그는 왕헌을 병부상서로 승진시키고 단영團營을 제독하게 하였다. 이충사李充嗣(1462~1528)를 공부상서로 승진시키고 수리水利를 겸하여서 관장하게 하였다. 3월, 그는 또 태감 장충, 안변백 허태, 평로백 강빈, 도독 주홍朱洪·주휘·주주·주종에게 모두 단영을 제독하고 단영의 교장을 건설하라고 명하였다.

3월 14일에 무종은 갑자기 표방에서 세상을 떠났다. 그는 평생 황당한 도착 행위와 도리에 역행하는 행위를 하다가 결국은 허무하게(寞然) 삶을 마쳤고, 양명의 운명은 새로운 전기를 맞이하였다. 무종은 일찍이 표방의 비술과 음행으로 불치병을 얻었다. 이때 저수지에서 낚시하다가 물에 빠졌었고 음병淫病은 약으로 치료할 수 없어서 경사로 돌아가는 길에 줄곧 피를 토하고 쓰러졌다. 그러나 그는 여전히 병중에도 어녀와 광음狂淫을 자행하였다. 유 낭낭 외에 또 한 사람 왕만당王滿堂이라는 요녀가 있었는데 법술에 능한 요사한 도사 단창段鏘에게 시집을 갔다. 두 사람은 역모를 꾸며서 반란을 일으켜 '대순大順'이라는 가짜 연호를 내세웠다. 요사한 부부는 신속히 체포되었고 왕만당은 완의국浣衣局으로 보내졌다. 무종은 음심이 불끈 일어나 밤낮으로 왕만당을 불러서 표방에서 시중들게 하였으며, 병중에 여자를 가까이하다가

---

155 왕수인, 「여사사결서與謝士潔書」. 이 편지의 진적은 현재 원저우溫州 박물관에 소장되어 있다.

갑자기 돌연사하였던 것이다.[156]

사람에게는 아침저녁으로 재앙과 복이 있다. 폭군 무종의 붕어는 결국 급급하여 위태롭던 혼란한 조정의 빈사 상태를 깨뜨려 없앴다. 양명의 마음을 짓누르고 있던 거대한 악몽을 말끔히 몰아냈으며, 그의 머리 꼭대기에 드리워졌던 '다모클레스의 칼'이 마침내 먼지 구덩이로 떨어졌다. 4월 22일, 대신들이 일찍이 정해놓았던 '어진 태자(賢太子)', 흥헌왕興獻王(주우원朱祐杬, 1476~1519)의 맏아들 주후총朱厚熜(1507~1567)이 즉위하여 황제가 되어서 천하에 대사령을 내렸다. 새로운 황제가 새 정치(更化)를 펼치는 승평의 기상을 드러내기 위해 세종世宗(가정제嘉靖帝, 1521~1567)은 무종의 정치(道)와 완전히 반대로 시행하여서 제일 먼저 원옥冤獄을 바로잡아서 신호의 반란을 평정하는 데 공을 세운 이들에게 포상하였다. 24일, 기원형은 억울함이 밝혀져서 석방되었다(*닷새 뒤 졸하였다). 25일, 양명이 남·감의 반란을 평정한 전공을 포상하고 기록하여서 음자蔭子 왕정헌을 금의 부천호錦衣副千戶로 삼았다. 26일, 제지란이 잇달아 「상공억행소賞功抑倖疏」와 「두혁모람소杜革冒濫疏」를 올려서 조정에서 양명 등 신호의 반란을 평정하는 데 공을 세운 사람들을 공적의 차례에 따라 포상하는 일의 타당함을 의논하여서 처리하라고 주청하였다.

---

156 『국각』 권51에 "(*정덕 16년 2월) 패주霸州의 왕씨 여자 만당滿堂이 미색으로 선발되어서 궁에 들어왔다가 (선발에서 떨어져) 파직되어서 돌아가게 되었다. 수치스럽게 여기고 시집을 가려고 하지 않았다. 별안간 조만흥趙萬興이라는 이가 귀하게 되고 그의 배필이 되는 꿈을 꾸었다. (이를 부모에게 알렸다.) 도사 단창段緣이 요사한 술수를 부려서 (자기가) 조만흥이라고 속임수를 써서 혼인을 하고 요사한 글로써 선동을 하였다. 얼마 뒤 만당을 데리고 역현嶧縣으로 달아나 역모를 꾸미고 연호로 '대순大順'이라 하였다. (단창은) 체포되어서 죽임을 당하였고 칙령(中旨)으로 만당을 완의국에 들여보냈다. 표방에서 모시게 되었다. 상의 수레가 늦어지자(안가晏駕: 황제의 죽음) 비로소 나왔다."라고 하였다. 병중에 있으면서 왕만당을 불러서 가까이 모시게 한 것이 무종이 표방에서 돌연사한 직접적인 원인인데 역사서에서는 모두 꺼려서 말하지 않았다.

새 황제로 화려하게(三把火) 등극한 세종은 뜻밖에도 대신들보다 훨씬 앞서 나아갔다. 그는 양명이 귀향하는 것을 윤허하지 않고, 먼저 5월에 전지를 내려서 양명을 입조하게 하여 논공행상을 행하고자 하면서 말하기를 "왕수인은 반란을 일으킨 도적을 사로잡아 참하였고 지방을 평정하였다. 짐이 정치에 임한 초에 바야흐로 논공행상을 하려고 하니 청한 바를 윤허하지 않는다. 수인에게 조칙을 내리니 빨리 서울로 오라."[157]고 하였다. 이어서 6월에 세종은 또 말을 바꾸어서 양명을 중용하기 위해 전지를 내려서 명하기를, 조칙을 받들어 역마를 갈아타고 서울로 와서 입조하라면서 다음과 같이 말하였다. "너는 예전에 반란을 일으킨 도적을 토벌하여서 평정하고 지방을 안정시켰다. 이에 조정에서 처음으로 새 정치를 펴고자 함에 특별히 소환하여서 쓰려고 한다. 조칙이 이르면 너는 혹시라도 지체하지 말고 역마를 갈아타고 서울로 오라!"[158] 양명을 서울로 불러들여서 '큰 정사(大政)를 맡기려는' 이 매우 급박한(十萬火急) 조명詔命은 오히려 조정에 있는 내각 대신들을 깜짝 놀라게 하였고, 또다시 액운이 양명의 머리 위로 떨어졌다.

세종은 제위에 오른 뒤 무종 황제 측근에 운집했던 강빈·장충·허태·위빈·유휘·주홍·주주 등 간사한 무리를 싹쓸이 숙청하고, 당초 무종의 순유를 권간하다가 폄적당한 관원을 전부 다시 기용하였지만 무종조부터 이어져온 각신과 총애를 받은 대관은 여전히 요직을 차지하고 있었다. 그들은 양명이 신호의 반란을 평정하고 큰 공을 세운 것을 질투하여서 양명이 이 시기에 입조하고 입각하여서 자신들의 부귀영화를 보장하는(養尊處優) 각로의 밥그릇을 빼앗을까 봐 더욱 꺼렸다. 수보 양정화와 양명은 본래 정사가 화합하지 않았

157 『명세종실록』 권2 '정덕 16년 5월' 조.

158 『왕양명전집』 권13 「걸편도귀성소乞便道歸省疏」.

다. 그는 양명이 이 시기에 입조하여서 자기 각로의 풍모를 빼앗을까 싶어 가장 꺼린 인물이었다. 각신 양저梁儲는, 전혀 없다고는 할 수 없지만(莫須有), 반란 평정에 수훈을 세웠다 하여 상을 받았고, 왕헌과 이충사도, 전혀 없다고는 할 수 없지만, 반란 평정의 수훈을 세웠다 하여 상서의 지위에 올랐다. 이들은 이미 뒷돈을 챙길 수 있는(肥缺) 각로의 자리를 탐하고 있었고, 양명의 입조에 마음속으로 더욱 위구심을 가졌다. 또 구조정의 일반 대신들과 포상으로 승진한 일부 재조 관원(*예컨대 축속·장륜·허맹화의 무리)은 줄곧 마음속에 양명은 신호와 결탁하고 사사로이 내통한 죄가 있다는 생각을 견지하고서 그를 위해 변호하지 않았고 더욱이 입조하여서 중용되는 것을 환영하지 않았다.

더구나 공이 높은 비굉이나 교우喬宇 등과 같은 대신들도 있었다. 그들은 스스로 인정하기를, 신호의 반란을 평정하는 데 양명보다 더 큰 공적을 세웠다고 여기며 각로가 되는 꿈을 꾸었다. 그들은 서로 사사로이 교제하고 우호적인 조신의 천거를 받아서 양명에 앞서 이미 입각하였다. 4월, 세종은 비굉을 서울로 소환하여서 입각시켰다. 5월, 세종은 또 교우를 소환하여서 태자태보太子太保에 들였고, 원종고袁宗皐(1453~1522)도 예부상서로 진출하여서 입각하였다. 그들은 권세를 지키기 위해 모두 암암리에 양명의 입조와 입각을 극력 저지한 양면적인 인물들이었다. 실제로 조정의 중요한 직위는 이미 모두 그들이 독차지하였다. 세종은 6월에 이르러 양명을 급히 소환하여서 입조하게 하였으나 조정에서도 실제로 양명에게 내줄 만한 그럴듯한 관위가 없었다. 세종으로서는 그에게 '속 빈 강정(空心湯圑)'의 관직을 줄 수 있을 뿐이었다.

양명은 이 모든 일에 대해 마음속에 계책을 품고 있었다. 역시 돌아가 거하기로 결의하였던 것이다. 그는 스스로를 마치 잡아 죽이려고 사람에게 맡겨진 '횃대 아래의 닭(塒下鷄)'이나 자유로이 날아올라서 구름 속 하늘로 향하기를 갈망하는 '새장 속의 학(籠中鶴)'으로 비유하였다.

광동 우포정사 소분邵黃(1490, 진사)이 치사하고 돌아가면서 남창을 지나다가 그를 예방했을 때 양명은 송별시 한 수를 지어서 마음 아프게 읊었다.[159]

치사한 방백 소문실을 보내다	送邵文實方伯致仕
그대는 보지 못하는가, 횃대 아래의 닭을!	君不見塒下鷄
무리를 모아 떼 지어 부르며 쪼아대고 울다가	引類呼群啄且啼
곡식으로 배를 불려 점점 기름지고 살찌면	稻梁已足脂漸肥
털과 깃이 뽑히고 부뚜막을 채운다네	毛羽脫落充庖廚
또 보지 못하는가, 새장 속의 학을!	又不見籠中鶴
날개를 접고 머리를 수그리고 울타리에 갇혔다가	斂翼垂頭困牢落
하루아침에 새장이 열리면 층층한 구름으로 날아가	籠開一旦入層雲
드높은 창공으로 만 리를 날아가네	萬里翔翔從廖廓
인생에서 산수는 모름지기 진실하니	人生山水須認眞
어찌 이익과 녹으로 몸을 얽어매는가?	胡爲利祿纏其身
네 마리 말이 끄는 높직한 수레는 질곡과 같고	高車駟馬盡桎梏
운대와 기린각은 모두 흙먼지라네	雲臺麟閣皆埃塵
치이(오자서)는 한을 품고 강물을 떠다녔으나	鴟夷抱恨浮江水
어찌 배를 타고 바닷가로 달아난 것과 같겠는가?	何似乘舟逃海濱
순수와 용산은 나의 옛집	舜水龍山予舊宅
그대 또한 안개와 노을의 주인이 되네	讓公且作煙霞伯
옷을 떨치고 문득 공을 좇아 돌아갈 테니	拂衣便擬逐公回

---

[159] 『왕양명전집』 권20 「송소문실방백치사送邵文實方伯致仕」.

나를 위해 먼저 봉우리 바위를 쓸어주오　　　　　爲予先掃峯頭石

양명은 '새장 속의 학'은 되고 싶지 않아서 세종의 소명이 내려왔을 때 왕방상王邦相에게 보낸 편지에서 다음과 같이 진실한 말을 하였다.

> 이러한 일들은 마치 뜬구름이나 썩은 흙과 같아서 어찌 오늘에 이르러 도리어 그 마음을 움직이겠는가? 모든 일은 공론에 맡기고 하늘에서 명을 들을 뿐이니 다시 희망을 가질 필요가 없네. 남들이 나에게 바람이 있고 내가 보답할 것이 있다면 이는 저절로 충후한 도리이며 다만 오늘에 편하게 간구干求해야 할 것이나 단연코 행할 수 없을 따름이네. 기(기원형) 생의 일은 도리어 그와 더불어 부지하기를 극력으로 바라나 다만 구구한 사우師友의 의리에 용납하지 못할 뿐만 아니라 또한 천리와 인심의 소재에 길가는 사람도 모두 그것이 공평하지 않음을 아는데, 하물며 자네는(邦相) 역시 그와 일찍이 서로 잘 아는 사이가 아닌가? …… 남은 정회는 종해宗海 역시 글로 쓰리라 생각하네. 여기에서는 일일이 쓰지 않네. 양명산인이 방상 종제宗弟 계가契家에 절하네. 부모님을 찾아뵙는 일은 본래 전지가 있거든 모름지기 사람을 보내 급히 회보해야 하는데 아마도 이전에 시상을 아뢰는 사람이 길에서 지체하기 때문일 뿐인 듯하네.[160]

이때 임준도 공부상서에 기용되었으나 자기는 결코 부임하지 않았고 다만 양명에게 편지를 보내서 부임하라고 힘써 권유하였다.

---

160 왕수인, 「여방상서與邦相書」. 이 서찰의 진적은 현재 산둥성山東省 칭다오시靑島市 박물관에 소장되어 있다.

마침 듣자 하니 소명을 받고 북상하신다고 합니다. 천자께서는 어질고 성스러우시며 뭇 현자가 화합하고(天子仁聖, 群賢和會) 여러 원로의 보좌(弼亮)가 고립되지 않았으니 오늘날 태평을 이룰 수 있을 것입니다. 오직 백암白巖(교우)이 아직 구도舊都에 이르지 않고 낙洛(낙양)에 거하고 있다 합니다. 그곳은 강기綱紀의 자리라 정치의 체모와 풍속의 교화가 관련되어 있는 곳이니 자잘한 흠(細瑕)은 너그럽게 보아 넘기고(略) 대체를 높이는 것이 첫째 의리입니다. 언로가 열렸으나 고상한 건의로 책난을 하고 번잡하게 진언을 하여서 (군주가) 싫증을 내면 열린 언로가 아마도 막힐 것입니다. 총행의 문(幸門)이 막혔으나 소인배가 연줄을 매개로 삼고 이간질하는 것을 엿보아 끼어들면 막힌 총행의 문 또한 열릴 것입니다. 그러니 오늘날 다행하기도 하고 또한 우려되기도 합니다. 그러나 이때 선비의 기풍 역시 모름지기 한 번 돌아와야 하는데 복용服用이 사치하고, 위엄과 복이 지나치고, 관리를 맞이하고 보냄이 성대하고, 순수巡守는 때맞춰 돌지 않고, 제사諸司는 일을 다스리지 않고, 관료는 간사함에 익숙하고, 아전은 간사함을 멋대로 부리고, 학교는 염치의 도가 없어지고, 잡다한 무리의 붕당을 일으키는 풍조가 일어나서 인민의 뜻에 부합하지 않음을 다 헤아릴 수 없습니다. 덕과 의리로써 그 몸을 바르게 하고 예의로써 풍속을 바르게 하는 것이 있어서 내가 모두 바르면 뭇 소인이 스스로 순종합니다(自帖). 이를 일러서 위엄이 아닌 위엄(不威之威)이라 합니다. 세도의 책임은 집사와 여러 원로가 아니면 누가 지겠습니까? 이만 줄입니다.[161]

양명은 임준의 설득에 거의 마음이 움직였다. 다시 임준에게 편지를 써서

---

161 『견소집見素集』 권23 「기양명寄陽明」.

'소명에 나아가는(趨召)' 일의 마땅함을 자문하였다. 임준은 다시 그에게 소명에 나아가라고 다음과 같이 힘써 권면하는 회신을 보냈다.

보내주신 편지를 받고 겸하여 소명에 나아가라는 가르침을 입었습니다. 성명聖明께서 재위에 계시니 천년에 한번 오는 때라 하겠습니다. 고요皐陶와 기夔를 거두어서 당唐(요), 우虞(순)의 다스림을 도왔으니, 작은 지혜가 세상에 쓰인다면 몸소 앞장서야 하는데 제(某)가 감히 뒤처지겠습니까! 뽕나무와 느릅나무 가지 끝에 해는 지고(桑楡景暮, 늙음) 반행班行에는 일흔 늙은이가 더욱 없으며 석로石老(석서)와 한둘 외에는 다시 서로 아는 사람이 없으며, 정력이 이미 오래전에 쇠하였고 경제經濟의 재주는 본디 결핍하였으니 무엇으로 상의 알아줌에 부응하겠으며, 사람의 책함에 충족하겠습니까(塞)! 지난번 강의康毅(진준陳俊, 1448, 진사) 공은 예순아홉의 늙은이였고, 사도司徒(옹세자翁世資, 1415~1483) 공은 예순여덟이었는데, 제가 지름길로 속히 돌아간다면 이는 예순넷의 혜안惠安(팽소彭韶, 1430~1495) 공 시기입니다. 남을 다하는(盡人) 것은 본래 자기를 다하는(盡己) 것입니다! 근래에 전해 듣기로 집사를 좌할左轄(좌포정사左布政使)로 불렀는데, 대단한 작위를 비워두고서 기다리며 높고 원대한 공적을 이룬 뒤 봉하는(虛殊爵以須, 後封高寄之績) 뜻이 이제야 뚜렷이 밝혀진 것입니다. 조서詔書에 실리고 중화와 이민족에게 전파되며 내세에 전해질 터인데 크게 내세워서 드러낼(掀揭) 대표의 사람이 (공밖에) 어디에 있습니까? 공은 본래 하늘이 낸 사람입니다. 다행히 행실을 착하게(顯) 하여서 겸손하게 현자를 대하여 다스림의 도를 강구하는(側席治道) 뜻에 부응한다면 다행이겠습니다.[162]

---

162 『견소집』 권23 「복양명復陽明」.

양명은 최종적으로 소명에 나아가기로 결정하였는데 석서席書가 중요한 영향을 미쳤다. 석서는 다음과 같이 양명에게 편지를 써서 힘써 권하였다.

…… 천자께서 일어나심(隆興)에 저(書)는 처음 한 문제漢文帝(B.C.180~B.C.157)에 견주었는데, 근래 또 생각하니 대체로 삼대에 역시 있지 않았던 일입니다. 하늘이 불세출의 군주를 내셨으니 반드시 불세출의 신하가 있을 터인데, 금상今上은 시기에 부응하여서 나오셨고 집사께서는 시기에 부응하여서 일어나는 것이니 천년에 한번 나올 만한 현명한 군주와 현량한 신하(明良千載)가 오늘에 있지 않습니까! 원컨대 저는 집사께서 이번 길이 이윤伊尹과 부열傅說의 사업으로 자기 임무를 삼고, 요순의 군주와 백성으로 기약을 삼아서 일대의 창대한 기약을 저버리지 않아야 할 것입니다. …… 태로선생太老先生(*왕화)께는 감히 글을 갖추지 못합니다. 부모님을 뵌 지(趨庭) 한 달 남짓이니 오히려 마땅히 일찍 천폐天陛에 나아가 천자께서 현자를 생각하는 바람을 위로하십시오. 동쪽으로 회계會稽를 바라봄에 지극히 경모함(仰止)을 이길 수 없습니다![163]

석서는 등극한 세종을 '하늘이 낸 불세출의 군주'로 치켜세우며 양명을 부추겼다. 양명은 소명을 받들려고 마음먹었다. 이는 당연히 거스르기 어려운 황제의 명에서 나온 것이지만, 다른 한편으로 새 황제 세종이 진면목을 아직 내보이지 않았으며 상하 신민 모두가 그를 혼군 무종과는 다른 인성仁聖한 천자로서, '천자께서는 어질고 성스러우며 뭇 현자가 조화를 이루는' 시대가 이미 도래하였으며, 치도를 행하고, 바른 신하를 임명하고, 백성(黎元)을 아

---

163 『원산문선元山文選』 권5 「여왕양명서與王陽明書」 4.

끼는 군주로 여겼다. 양명에 대해서는 참으로 "대단한 작위를 비워두고서 기다리며 높고 원대한 공적을 이룬 뒤 봉함"을 받을 만한 사람으로서 그를 당대의 '고요, 기'로 여겨 "겸손하게 현자를 대하여 다스림의 도를 강구하는" 데 부응하는 역할을 하기를 바랐다. 이는 '하늘이 부여한(天所賜與)' 기회였고, 공허한 환상적인 가짜 재상의 자리(假相)도 남창에서 일시 곤경에 처한 양명의 세상에 쓰이고자 하는 마음(用世之心)을 격동하였다. 그는 마침내 소명에 나아가 서울로 들어가기로 결정하였다.

6월 20일, 양명은 소명에 응하여 행정에 올라서 북상하여 서울로 향하였다. 당룡은 그가 이때 소명에 나아간 사실을 '크게 정치를 맡긴(大畀以政)' 조정으로 귀환하는 행정으로 간주하고서 다음과 같이 「송양명선생환조서送陽明先生還朝序」를 지어서 송가를 불렀다.

정덕 병자년(1516), 중승中丞 양명 선생이 절월節鉞을 수령하여 건주로虔州路를 진압하였다. 건주는 장강의 위쪽에 있으며 병사가 더욱 잘 싸웠다. 이에 선생이 병거를 검열하고 병졸을 사열하여서 배치한(部勒) 뒤 (적을) 기다렸다. 기묘일인 14일에 신호가 수신守臣을 죽이고 강 위에서 군대를 증원하여 여러 군읍郡邑을 공격하고 유도留都를 습격하였다. 선생이 마침 배를 타고 민閩으로 향했는데 신호가 큰 배를 보내서 맞이하게 하였다. 서로의 거리가 100리쯤 떨어진 곳에서 선생이 변란 소식을 듣고 급히 길주吉州로 달려가 군중에게 말하기를 "인신人臣이 경내를 나감에 오직 사직을 안전하게 하는 일이라면 (자의로) 판단해서 행할 수 있다. 나는 이에 도적을 토벌하러 간다."라고 하였다. 마침내 신호의 죄를 사방에 격문으로 포고하고 여러 군현에 명령을 내려서 병사를 징발하여 따르게 하였다. 길주·건주·원주袁州·임강臨江 등 제로諸路의 병사가 함께 모였는데, 선생은 맹서

하여 말하기를 "날마다 신호의 해악이 너희 부형이 아니면 자제에게 이르니 너희의 원수를 빨리 붙잡은 뒤에 아침을 먹을 것이다."라고 하였다. 군중이 말하기를 "명을 따르겠습니다(惟命)."라고 하였다. 7월 19일, 예장성豫章城을 쳐서 이기고 신호의 소굴을 무너뜨렸다. 백성이 머리를 숙여 두 번 절하고서 말하기를 "공이 아니면 신호의 방종함이 끝나지 않아서 백성은 모두 혼란스러워질 것입니다."라고 하였다. 엿새 뒤 장강에서 신호를 사로잡고 그 당여를 모두 포로로 붙잡았다. 백성이 머리를 조아리고 절하고서 말하기를 "공이 아니면 신호가 다시 와서 백성이 모두 죽었을 것입니다." 라고 하였다. 신호는 경솔하게 사람의 몸뚱이를 찢어버리고 사람의 겨레를 몰락시켜서 위세를 쌓은 것이 깊었다. 하물며 수만 군중을 동원하여서 강호江湖를 믿고 의지하였으므로 반역을 일으킨 날에 멀고 가까운 곳이 진노하였다. 선생은 정의를 선포하고 앞장서서 토벌하여 그 예봉을 꺾었고 포학을 멈추게 하고 혼란을 수습하여서 나라를 보호하고 공훈을 세웠으며(保大定功), 능히 사직을 안정시키고 어루만졌으니 선생은 틀림없이 사직의 신하(社稷之臣)이다! 천자가 즉위하여 큰 공적을 아름답게 여기니 옥새를 찍은 글로 소환하여서 장차 크게 정치를 맡기려 한다. 나(龍)는 공적을 차례로 적어서 역사가(史氏)가 채택하게 한다.[164]

당룡의 서문에서 분명하게 간파할 수 있는 사실은 양명이 이때 신호의 반란을 평정한 큰 공적으로 소명을 받고서 조정에 돌아가 중용되는 것이지 결코 서울에 들어가 논공행상에 임하려는 것이 아니었다는 점이다. 당룡이 그를 비유하여 '부열傳說'과 같이 '나라를 보호하고 공훈을 세운' '사직의 신하'

---

164 『당어석집唐漁石集』 권2 「송양명선생환조서送陽明先生還朝序」.

라 하고, 옥새를 찍은 글로 소환하여서 '크게 정치를 맡기는' 것이라 한 점으로 볼 때 역시 이는 분명히 세종이 양명을 조정으로 불러들여 새 황제를 보필하는 각신으로 삼으려는 의지가 있었음을 가리킨다.

그리하여 이때 은퇴하고(移疾) 남창에 거하던 엄숭嚴嵩(1480~1567)조차도 시를 지어서 양명을 전송하였다.[165]

앞서 예장에서 난리를 평정한 공적을 쌓고 소명을 받아 나아가는 왕 중승을 보내다　　　　　　　　　　送王中丞赴召前在豫章有平難之績

수놓은 도끼로 흰 서리를 헤치고	繡斧淸霜避
누선으로 푸른 물을 갈랐네	樓船綠水開
풍운 같은 천년의 만남에	風雲千曆會
기린과 봉황 같은 현자들이 오네	麟鳳衆賢來
늙음에 이른 이를 엄중하게 소환하니	投老仍嚴召
길에 이르러 뛰어난 인재에 의지하네	當途賴上才
종래 주책을 펼쳐 보인 곳에	向來籌策地
격문을 보내니 봉홧불이 꺼졌네	投檄淨烽埃

양명은 오히려 머리가 더욱 또렷하고 맑아서 결코 스스로를 '부열'로 여기지 않았고, 더욱 자기가 입조하여서 어떠한 '각로'를 맡을 수 있으리라고 여기지 않았다.

그는 7월 5일 광신廣信에 도착한 뒤 당룡에게 다음과 같이 편지 한 통을

---

165 『검산당집鈐山堂集』 권6 「송왕중승부소전재예장유평난지적送王中丞赴召前在豫章有平難之績」.

써서 회답하였다.

서로 만난 지 두 해에 정은 날로 더욱 두터워지고 뜻은 날로 더욱 진실해
지니 이는 모두 서로 마음으로 밝히 아는 바인지라 말로써 사례할 일이 아
닙니다. 이별한 뒤 또 웅혼한 문장을 잇달아 보내주시니 실정을 지나쳤으
며, 끝에 또 거듭 부열의 일로 견주시니 더욱 그에 어울리지 않아 부끄러
움이 어찌 다함이 있겠습니까! 비록 그러하나 벗이 주시는 것이니 감히 절
하고 받지 않겠습니까! 과연 이와 같다면 다만 나아가 훌륭한 일을 할 뿐
만 아니라 장차 물러나서 바위굴에 숨더라도 역시 어짊을 잃지 않을 뿐이
니 감히 절하고 받지 않겠습니까! …… 저 뜻을 겸손하게 하고 힘써서 때
로 민첩하게 함은 실정을 거짓으로 꾸미고 외양으로 예를 낮추며, 일의 공
적과 명예 사이에서 급급한 것을 말하는 것이 아닙니다. 뜻을 겸손하게 하
는 것은 땅이 아래에 있어서 받아들이지 않음이 없는 것과 같고, 바다가
비어서 받아들이지 않음이 없는 것과 같습니다. 때로 민첩하게 함은 한결
같이 하늘의 덕에 따라 보이지 않고 들리지 않는 곳에서 경계하고 두려워
하여 마치 태화太和의 운행이 쉬지 않는 것과 같습니다. 그러하나 백세에
성인을 기다려도 의혹하지 않으며, (샘물이) 넓고 깊어서 때에 따라 나오는
것(溥博淵泉而時出之)과 같아 말을 하면 백성이 믿지 않음이 없고, 행하면 백
성이 기뻐하지 않음이 없어서 오랑캐(蠻貊) 땅에 베풀어도 도덕이 무궁하게
흘러갑니다. 이것이 본래 부열이 부열 된 까닭입니다.[166]

양명은 돌아가 은거하여서 도를 강론할 준비를 마쳤다. 사정은 과연 그

166 왕수인, 「여당우좌시어與唐虞佐侍御」, 『상해도서관장명청명가수고上海圖書館藏明淸名家手稿』.

가 예상한 바와 같았다. 그가 7월 하순 전당에 도착했을 때 조정의 보신輔臣들은 일찌감치 양명의 입조를 이미 저지하고 방해하기 위해 모두 합심하여서 일어나기 시작하였다. 수보 양정화는 넌지시 과도관科道官으로 하여금 "조정에서 새로 정치를 하고 무종의 국상으로 재정 소비가 크고 번잡하니 포상하는 행사를 하기에는 마땅하지 않다."[167]라고 간언하게 하였다. 이에 조정에서는 황급히 전당에 사람을 파견하여서 양명에게 이르기를, 조정에서 이미 남경 병부상서로 임명하고 기무機務에 참여하여 돕게 하였으니 즉시 남창으로 돌아가고 서울에 들어올 필요가 없다고 하였다. 막아서 들어오지 못하게 하는 조정의 이 명령은 매우 황당한 것이었다. 양명은 소명에 응하여 조정에 중용되는 것이지 논공행상의 잔치에 참석하러 오는 것이 아닌데 어찌 무슨 '포상하는 행사를 하기에 마땅하지 않은' 일에 결부될 것이 있겠는가? 당시 수많은 관원이 모두 어지러이 다시 기용되어서 입조했으니 비굉조차도 이때 조정으로 돌아가 입각하였고 원종고는 예부상서로 승진하여서 입각하였는데, 그들에게는 어찌 '재정의 소비기 크고 번잡히여서 포상히는 행사를 하기에 마땅하지 않은' 것이라고 하지 않는단 말인가?

나중에 양일청은 세종과 마주하여서 양정화의 음모를 다음과 같이 들추어내며 폭로하였다.

> 이때 조명朝命이 아직 내려오지 않았는데 (왕수인이) 홀로 먼저 근왕勤王을 하였으며, 무종이 친정을 하여 보정保定에 이르렀을 때 첩보가 이미 이르렀습니다. 논공행상을 하여서 관작을 수여하는(封拜) 것이 실로 마땅하였습니다. 양정화가 (그의) 공적이 높고 명성이 높은 것을 시기하여서 입조하지

---

167 『왕양명전집』 권34 「연보」 2.

못하게 하였고, 이에 (왕수인은) 남경 병부상서로 승진한 것입니다.[168]

사실 양명이 조정으로 돌아와 입각하는 것을 몰래 막은 것은 전체 각신의 음모이지만 양정화가 주도하여 모의한 것이나 다름없었다.[169] 바로 당당한 각로들은 양명이 입조하여서 입각하는 진로를 몰래 봉쇄하였던 것이다. 양명의 심정은 불을 보듯 뻔하였다. 그는 세종 조정의 두렵고 가증스러운 진면목을 꿰뚫어 보았다. 무종조의 그의 비극적 운명은 세종조에서도 또한 계속 이어지려고 하였다. 그는 분노로 인해 치사하고 돌아가 거하려는 태도를 견결하게 하였다.

조정은 7월 28일에 양명을 남경 병부상서로 승진시켰다. 양명은 8월 상순에 남경 병부상서로 임명하는 칙문勅文을 받았지만 남경의 직임에 나아가지 않았고, 남창으로도 돌아가지 않았다. 그는 먼저 8월 14일 전당에서 「걸치사소乞致仕疏」 한 통을 올려서 치사하여 돌아가 거하게 해달라고 청하였으나

---

168 『양일청집楊一清集』 권5 「밀유록密諭錄·논왕수인위인여하주대論王守仁爲人如何奏對」. 곽도霍韜의 「지방소地方疏」에 이르기를 "당시 대학사 양정화, 상서 교우가 왕수인의 공을 꺼려서 마침내 변론하여 밝혀주지 않았으며, 오희유·사원을 축출하고 사적仕籍에서 삭제하였다."라고 하였다. 또 『명사』 본전本傳(왕수인 열전)에서도 이르기를 "세종이 깊이 알고서 막 즉위하자마자 소명을 내려서 입조시켜 봉작하였다. 그런데 대학사 양정화와 왕경王瓊이 서로 사이가 좋지 않았다. 왕수인이 적을 평정하고 모든 공을 왕경에게 돌렸으므로 양정화가 달가워하지 않았다. 대부분의 대신들도 그의 공을 꺼렸다. 모여서 말하기를, 나라의 슬픈 일을 아직 마치지 못하였으니 논공행상을 하는 잔치를 하기에는 마땅하지 않다고 하였다. 이에 왕수인을 제배하여 남경 병부상서로 삼았다. 왕수인이 부임하지 않았다."라고 하였다. 여기서 말하는 '대신'은 바로 비굉·왕헌·교우의 무리를 가리킨다.

169 전덕홍의 『양명선생연보』에서 이르기를 "선생은 이달 20일에 행정을 시작하여서 전당을 지나갔다. 보신輔臣이 저지하였다."라고 하였다. '보신'이란 곧 전체 각신을 가리킨다. 『왕양명전집』 권34 「연보」 2.

조정에서는 윤허하지 않았다. 양명은 8월 17일 전당에서 다시 「걸편도귀성소乞便道歸省疏」 한 통을 올려서 임지로 가는 길(便道)에 귀성할 수 있게 해달라고 청하였다.

> 신은 길을 취하여 전당에 이르렀는데 고향 땅과 거리가 하루 사이입니다. 친교가 두터운 사이에도 장차 정리에 서로 만나보지 않을 수 없는데 하물며 부자간 천성의 사랑은 해마다 거듭 고심하고 절실하게 생각하는 것이지 않겠습니까? …… 그러므로 신은 감히 죄를 무릅쓰고 청합니다. 엎드려 바라건대 황상께서는 효도로써 다스리시되 천하를 다 포괄하시어 부분에까지 성취하게 하소서(範圍曲成).[170]

양명이 임지로 향하는 길에 귀성하게 해달라고 청한 내용은 실제로는 치사하고 돌아가 거하기를 청한 것인데, 이는 바로 그가 말한 '비록 잠시 돌아가기를 청한 것이지만 실제로는 그곳에서 마치려는 생각이 있었던(雖以暫歸爲請, 實有終焉之念)' 것이다. 못된 생각(鬼胎)을 품은 조정의 각신들은 마음속으로 술수를 부리고 있었다. 바로 양명이 간절한 심정으로 스스로 돌아가 거하

---

170 『왕양명전집』, 권13 「걸편도귀성소乞便道歸省疏」. 『명세종실록』, 권5에 "정덕 16년 8월 계사, 강서 순무우부도어사이며 남경 병부상서로 승진한 왕수인이 소를 올려서 치사를 청하였는데, 우악한 조서를 내려서 윤허하지 않았고 새 임직에 부임하라고 재촉하였다. 8월 병신, 선임 강서 순무우부도어사 왕수인이 소를 올려서 임지로 향하는 길에 귀성을 하도록 청하였는데, 허락하였다."라고 하였으니 양명이 실제로 두 차례 소를 올렸음을 알 수 있다. 하나는 8월 14일에 올린 「걸치사소乞致仕疏」(*이 소는 잃어버려서 전하지 않는다)인데 치사하고 돌아가 거하게 해달라고 청한 것이다. 또 하나는 8월 17일에 올린 「걸편도귀성소」인데 임지로 향하는 길에 귀성하게 해달라고 청한 것이다. 전덕홍은 이 두 차례 올린 다른 청을 서로 뒤섞었다.

기를 청하였기에 조정에서는 뜻밖에도 매우 빨리 양명이 그 길로 귀성하도록 윤허하였던 것이다.

양명은 8월 말 소흥 옛집으로 돌아왔다. 그는 강서에서 온갖 신고와 풍진을 무릅쓰고 반란을 토벌하고 평정한 뒤 5년 만에 칼과 검이 빽빽하게 숲을 이룬(刀叢劍林) 곳에서 삶과 죽음을 넘나들고 부침하며, 황가의 천자를 대신하여 죽음을 무릅쓰는 혈로를 뚫고 나와서 마지막으로 처량하고 쓸쓸하게 숲속으로 돌아가 쉬는 결말을 맞이하였다. 그의 마음속은 매우 또렷하였다. 이때의 귀성은 실제로는 돌아와 쉬는 것이었다. 이후 세종은 다시는 그에게 조정으로 들어오라고 청하지 않았다. 양명의 가슴속에는 오히려 도연명과 같이 소용돌이치는 관료의 세계에서 벗어나 전원으로 돌아가서 거하는 해탈과 유열愉悅이 솟구쳐 올랐다.

그는 시 두 수를 읊조려 마음속에서부터 '귀거휴歸去休'의 긴 휘파람과 함성을 터뜨렸다.[171]

귀흥, 두 수   歸興二首

수많은 전쟁 끝에 돌아오니 백발이 새로 나고   百戰歸來白髮新
이로부터 청산에 한가한 사람이 되네   青山從此作閑人
봉우리는 얽혀서 빽빽한 오랑캐 진이 생각나고   峰攢尚憶冲蠻陣
구름 일어 오히려 오랑캐 먼지인가 의심하네   雲起猶疑見虜塵
섬들은 창해의 저녁 빛에 어슴푸레한데   島嶼微茫滄海暮
복사꽃 흐드러진 무릉의 봄이로세   桃花爛漫武陵春

---

171 『왕양명전집』 권20 「귀흥이수歸興二首」.

이제부터 환단의 비결을 믿고　　　　　　　　　　　　而今始信還丹訣

당년에 진리를 알지 못한 일 비웃으려네　　　　　　　却笑當年識未眞

돌아가 쉬자꾸나 돌아가 쉬어　　　　　　　　　　　歸去休來歸去休

담비 가죽 천 장으로 양 갖옷 한 장을 바꾸지 않으려네　千貂不換一羊裘

청산은 내가 길이 주인 되기를 기다렸는데　　　　　青山待我長爲主

백발이 그의 머리 가득하네　　　　　　　　　　　　白髮從他自滿頭

과수 심고 꽃 옮겨 심는 새 사업으로　　　　　　　種果移花新事業

빽빽한 숲 훤칠한 대에 옛 풍류 이네　　　　　　　茂林脩竹舊風流

다정한 마음에 가장 아끼기로는 창주의 짝이 되어　多情最愛滄洲伴

날마다 낚싯배 부리는 일이라네　　　　　　　　　日日相呼理釣舟

찾아보기

찾아보기

- 인명 가운데 성姓 없이 자字나 호號로 표기한 경우가 많은 경우에는 본이름 외에 따로 항목으로 두고 이름을 괄호 안에 병기했다. 예 감천(담약수) / 백사(진헌장) / 상산(육구연) / 염계(주돈이)
- 개념어는 풀어 쓴 경우에도 해당 항목의 쪽수에 포함했다.
  예 체용일원體用一源(체와 용이 하나, 본체와 작용은 근원이 하나) / 현미무간顯微無間(현상과 본질에 간격이 없음)

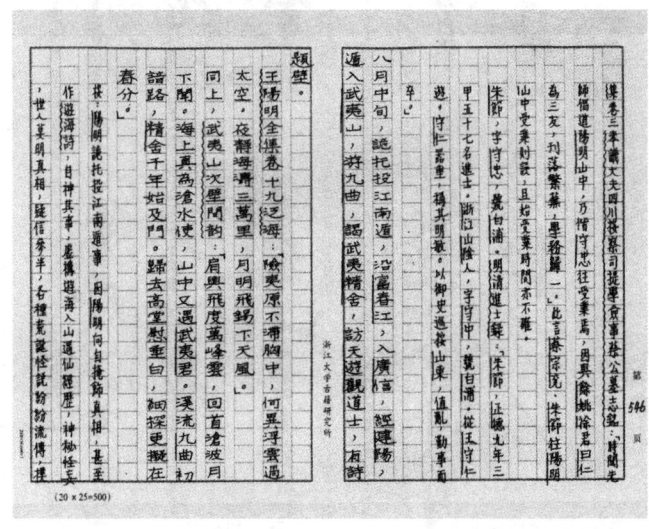

저자 수정난의 육필 원고

왕양명 초서, 「약야계송우시若耶溪送友詩(약야계에서 벗을 보내는 시)」 중 일부.